BUSSE · FUHRMANN · SCHNEIDER · WÄLTERMANN

SGB XIV
Kommentar zum Sozialen Entschädigungsrecht

SGB XIV
Kommentar zum Sozialen Entschädigungsrecht

Sven Busse
Regierungsdirektor, Ministerium für Arbeit, Gesundheit und Soziales des Landes Nordrhein-Westfalen

Maria Monica Fuhrmann
Regierungsdirektorin, Bundesministerium für Arbeit und Soziales

Nicola Schneider
Regierungsdirektorin, Stellvertretende Leiterin der Bundesstelle für Soziale Entschädigung

Frank Wältermann
Ministerialrat, Bundesministerium für Arbeit und Soziales

BOORBERG

Es haben bearbeitet:
Sven Busse
§§ 13–14
§§ 62–70
§§ 89–98
§§ 105–109
§§ 120–122
§§ 126–136

Maria Monica Fuhrmann
§§ 15–20
§§ 29–40
§§ 115–119
§§ 123–125

Nicola Schneider
§§ 41–61
§§ 71–82
§§ 142–158

Frank Wältermann
§§ 1–12
§§ 21–28
§§ 83–88
§§ 99–104
§§ 110–114
§§ 137–141

Bibliografische Information der Deutschen Nationalbibliothek | Die Deutsche Nationalbibliothek verzeichnet diese Publikation in der Deutschen Nationalbibliografie; detaillierte bibliografische Daten sind im Internet über www.dnb.de abrufbar.

ISBN 978-3-415-07486-6

Anfragen gemäß EU-Verordnung über die allgemeine Produktsicherheit (EU) 2023/988 (General Product Safety Regulation – GPSR) richten Sie bitte an:
Richard Boorberg Verlag GmbH & Co KG, Produktsicherheit, Scharrstraße 2, 70563 Stuttgart; E-Mail: produktsicherheit@boorberg.de

Titelfoto: © worrapol-stock.adobe.com | Satz: abavo GmbH, Nebelhornstraße 8, 86807 Buchloe | Druck und Bindung: BELTZ Grafische Betriebe GmbH, Am Fliegerhorst 8, 99947 Bad Langensalza
Richard Boorberg Verlag GmbH & Co KG | Scharrstraße 2 | 70563 Stuttgart
Stuttgart | München | Hannover | Berlin | Weimar | Dresden
www.boorberg.de

Vorwort

Die Schaffung eines neuen Sozialgesetzbuches ist stets ein einschneidender und auch vielbeachteter Schritt in der Gesetzgebung. Dies gilt im Ergebnis für alle bisherigen zwölf Sozialgesetzbücher gleichermaßen, von denen jedes im leistungs- oder verfahrensrechtlichen Bereich neue Akzente gesetzt hat. Für das Sozialgesetzbuch XIV gilt nichts anderes. Ein gewisser Unterschied zu anderen Sozialgesetzbüchern mag darin liegen, dass das Soziale Entschädigungsrecht bereits zuvor in einer im Vergleich zu anderen Gesetzen recht vollständigen Ausprägung bestanden und einerseits eine große Anzahl an Lebenssachverhalten abgedeckt und andererseits ein nur mit wenigen anderen Sozialgesetzen vergleichbares Leistungsniveau für die Berechtigten vorgesehen hat. Beides war Ergebnis eines stetigen Bemühens des Gesetzgebers, den Anwendungsbereich des Sozialen Entschädigungsrechts auf Lebenssachverhalte auszuweiten, in denen sich die Notwendigkeit der Kompensation gesundheitlicher Einschränkungen infolge eines erbrachten Sonderopfers verwirklichte. Die Bandbreite dieser Lebenssachverhalte ging bekanntlich neben der Versorgung von Opfern der beiden Weltkriege über den Schutz von Soldaten der Bundeswehr bis hin zu der wahrscheinlich am stärksten richtunggebenden Öffnung des Sozialen Entschädigungsrechts durch die Schaffung des Opferentschädigungsgesetzes im Jahr 1976. Dass es gerade das Gewaltopferrecht sein würde, das wahrscheinlich nicht nur maßgeblich für den Fortbestand des Sozialen Entschädigungsrechts, sondern auch für dessen Kodifizierung in einem eigenen Sozialen Gesetzbuch verantwortlich sein dürfte, wird freilich in den 1970er Jahren kaum jemand erwartet haben. Dass genau dieser Effekt aber eingetreten ist und das Opferentschädigungsgesetz sowohl in der Praxis als auch in der Rechtsprechung bereits seit längerer Zeit derjenige Teil des Sozialen Entschädigungsrechts ist, von dem ein Großteil der Impulse für Fortentwicklung dieses Rechtssystems ausging, war dagegen seit den 1990er Jahren erkennbar.

Insofern ist es so folgerichtig wie anerkennenswert, dass der Bundesgesetzgeber nach langen Jahren der Vorbereitung seinen Plan, das nicht nur für juristische Laien kaum durchsichtige Dickicht des Sozialen Entschädigungsrechts mit seinen zahlreichen gesetzlichen und untergesetzlichen Normen, die teilweise auch noch namentlich auf die Kriegsopferversorgung zurückgingen, allerdings durch ihre praktische Anwendung auf andere Lebenssachverhalte eine vollkommen neue rechtliche und tatsächliche Bedeutung bekommen haben, zu entwirren, in die Tat umgesetzt hat. Prominentes Beispiel für die Überkommenheit des alten Rechts, gleichermaßen aber für dessen Anwendbarkeit auf aktuelle Lebenssachverhalte ist § 15 des Verwaltungsverfahrensgesetzes der Kriegsopferversorgung, dessen Regelungen unzweideutig für Lebenssachverhalte gedacht waren, die durch die kriegerischen Ereignisse des zweiten Weltkrieges ausgelöst waren, der aber durch seine Anwendung auf Sachverhalte des Opferentschädigungsrechts es in vielen Fällen erst ermöglicht hat, das Gewaltopfer Leistungen erhalten. Vor dem Hintergrund einer solchen Ausgangssituation war es konsequent, diejenigen Regelungen der Sozialen Entschädigung, deren Anwendung nach wie vor richtig und wichtig für die Betroffenen sind, auch in das neue Recht der Sozialen Entschädigung im Sozialgesetzbuch zu überführen.

Dass die Schaffung neuer Rechtsnormen an der ein oder anderen Stelle Wünsche offen gelassen und hiermit Lücken zum Vorgängerrecht nicht geschlossen hat, mag aus Sicht mancher ebenso bedauerlich sein, wie es die Fortführung bestimmter leistungsrechtlicher Vorschriften, die angesichts des im Sozialgesetzbuch XIV deutlich erkennbaren Partizipations- und Teilhabegedankens sind, bedauerlich erscheinen, muss aber wahrscheinlich als notwendiger Kompromiss, der regelhaft bei der Schaffung großer Gesetzeswerke einzugehen ist, verstanden und zumindest gegenwärtig so akzeptiert werden. Aufgabe des Bundesgesetzgebers wird es aber sein, durch Fortentwicklung des Sozialen Entschädigungsrechts an seine eigene langjährige und durchaus erfolgreiche Tradition, diesen Rechtsbereich aktuell zu halten, anzuknüpfen.

Allerdings sollten und dürfen diese Gedanken nicht darüber hinwegtäuschen, dass das SGB XIV sowohl auf der Tatbestands- auch auf der Rechtsfolgenseite ein deutlicher Schritt hin zu einem modernen und zukunftsfähigen Rechtssystem ist und damit insgesamt durchaus positiv bewertet werden darf und neue Standards setzt. Beispiel- und leitbildhaft hierfür sind die Regelung des § 4 Absatz 5, die die Anerkennung psychischer Gesundheitsstörungen zukünftig erleichtern soll, sowie diejenige des § 14 Absatz 1 Nummer 5, mit der eine eigene Anspruchsgrundlage für die erhebliche Vernachlässigung von Kindern geschaffen wird.

Bei einem Blick auf die Rechtsfortentwicklung des Sozialen Entschädigungsrechts in den vergangenen 20 Jahren gibt es aus Sicht der Autoren dieses Werks keinen Grund, daran zu zweifeln, dass Literatur und Judikatur den Prozess der Weiterentwicklung der Sozialen Entschädigung auch in Zukunft tatkräftig unterstützen, bereichern und gestalten werden. In diesem Sinne ist gerade für die Anfangszeit der Umsetzung des SGB XIV von den Verantwortlichen in Verwaltung und Gerichten Mut und Kreativität gefragt, um dem besonders schützenswerten Personenkreis der Sozialen Entschädigung die Rechte zukommen zu lassen, die der Gesetzgeber ihm mit dem SGB XIV einräumt.

Bielefeld, Bonn und Limburg, im November 2024

Sven Busse
Nicola Schneider
Maria Monica Fuhrmann
Frank Wältermann

Inhalt

Abkürzungsverzeichnis

a. a. O.	am angegebenen Ort
Alt.	Alternative
Art.	Artikel
BGB	Bürgerliches Gesetzbuch
BMAS	Bundesministerium für Arbeit und Soziales
BMG	Bundesministerium für Gesundheit
BMFSFJ	Bundesministerium für Familie, Senioren, Frauen und Jugend
BSG	Bundessozialgericht
BT-Drs.	Bundestags-Drucksache
BVG	Bundesversorgungsgesetz
bzw.	beziehungsweise
d. h.	das heißt
DUB	Deutsche Unterstützungsbehörde
EU	Europäische Union
f.	folgende
ff.	fortfolgende
FZV	Fahrzeug-Zulassungsverordnung
HS	Halbsatz
i. d. R.	in der Regel
i. S. d.	im Sinne des/im Sinne der
i. V. m.	in Verbindung mit
KOVVfG	Gesetz über das Verwaltungsverfahren der Kriegsopferversorgung
LSG	Landessozialgericht
m. w. N.	mit weiteren Nachweisen
Nr.	Nummer
OEG	Opferentschädigungsgesetz
PflVG	Gesetz über die Pflichtversicherung für Kraftfahrzeughalter – Pflichtversicherungsgesetz
PTBS	posttraumatische Belastungsstörung
Rn.	Randnummer
S.	Satz/Seite
SGB I	Erstes Buch Sozialgesetzbuch
SGB IX	Neuntes Buch Sozialgesetzbuch

SGB X	Zehntes Buch Sozialgesetzbuch
SGB XIV	Vierzehntes Buch Sozialgesetzbuch
SGG	Sozialgerichtsgesetz
StGB	Strafgesetzbuch
StVG	Straßenverkehrsgesetz
u. a.	unter anderem
vgl.	vergleiche
VV	Verwaltungsvorschrift
z. B.	zum Beispiel

Literaturverzeichnis

Abitz, Karin/Becker-Fischer, Monika: Das Kölner Opferhilfemodell – Basis der Traumaambulanzen im kommenden SGB XIV, Trauma 2022, S. 12

Barkow von Creytz, Dunja: Anm. zu LSG Niedersachsen-Bremen: Keine Entschädigung ohne Beweis einer Gewalttat, NZS 2021, S. 904

Bering, Robert/Ritz-Timme, Stefanie/Siegel, Melanie/Zurek, Gisela: Von der Opferschutzambulanz zur Komplexleistung in Nordrhein-Westfalen, Trauma 2022, S. 20

Dannecker Gerhard/Biermann, Jörg: Die Bedeutung des Strafrechts für das Opferentschädigungsrecht aus materiellrechtlicher und verfahrensrechtlicher Sicht, SGb 2000, S. 101

Drohsel, Franziska: Die neue Traumaambulanz-Verordnung: eine Verbesserung für Betroffene sexualisierter Gewalt?, SozSich 2022, S. 451

Flatten-Whitehead, Isabella/Rassenhofer, Miriam: OEG-Traumaambulanzen – Ein Überblick über den derzeitigen Forschungsstand, Trauma 2022, S. 48

Frank, Andreas: Die Entschädigungswürdigkeit in der deutschen Kriegsopferversorgung, Behindertenrecht 2000, 125

Hökendorf, Jörn: Das neue SGB XIV – Ein Überblick über das Soziale Entschädigungsrecht, WzS 2022, S. 91

Juris Praxiskommentar zum SGB XIV. Zit: jurisPK-SGB XIV/Bearbeiter, §, Rn.

Knickrehm, Sabine (Hrsg.): Gesamtes Soziales Entschädigungsrecht, 2011. Zit.: Knickrehm/Bearbeiter, §, Rn.

Knickrehm, Sabine: Alles neu macht das SGB XIV? Altes und neues Recht der Sozialen Entschädigung, SRa 2022, S. 125

Knickrehm, Sabine/Mushoff, Tobias/Schmidt, Steffen: Das neue Soziale Entschädigungsrecht – SGB XIV: Einführung mit Synopse, 1. Aufl. 2020. Zit.: Knickrehm/Mushoff/Schmidt, Rn.

Köbler, Gerhard: Etymologisches Rechtswörterbuch 1995

Kranig, Andreas: Neuordnung des Sozialen Entschädigungsrechts – Zusammenführung mit der Gesetzlichen Unfallversicherung, SGB 2019, 65

Metzler, Lisa: Wieso hast du dich nicht einfach gewehrt? Mythen und Stereotype über sexualisierte Gewalt und deren Bedeutung für Betroffene, Trauma 2022, S. 74

Mushoff, Tobias: Leistungen der Schnellen Hilfen in einer Traumaambulanz, SGb 2022, S. 596

Rassenhofer, Miriam et al.: „Effektivität der Frühintervention in Traumaambulanzen", Psychotherapeut vom 11. Dezember 2015, DOI 10.1007/s00278-015-0073-0.

Sack, Martin/Sachsse, Ulrich/Schellong, Julia: Komplexe Traumafolgestörungen, 2. Aufl. 2022. Zit: Bearbeiter in Sack/Sachsse/Schellong, 2. Aufl. 2022, S.

Schellong, Julia: Traumaambulanzen nach OEG/SGB XIV im Versorgungsnetzwerk, Trauma 2022, S. 62

Schmachtenberg, Rolf: Erster Arbeitsentwurf eines Gesetzes zur Regelung des Sozialen Entschädigungsrechts, Sozialrecht aktuell, Sonderheft 2017, S. 18 ff.

Schmidt, Benjamin: Kurz-Kommentar zum SGB XIV, 2021

Sozialgesetzbuch Vierzehntes Buch – Soziale Entschädigung (Vierzehntes Buch Sozialgesetzbuch – SGB XIV)[1]

vom 12. Dezember 2019 (BGBl. I S. 2652), zuletzt geändert durch Gesetz vom 23. Dezember 2024 (BGBl. I Nr. 449)

Inhaltsübersicht

---

1 Artikel 1 des Gesetzes zur Regelung des Sozialen Entschädigungsrechts. Gemäß Artikel 60 Absatz 3 Nummer 1 dieses Gesetzes sind die §§ 38, 40, 91, 109 und 113 Absatz 6 am 20. Dezember 2019 in Kraft getreten. Gemäß Artikel 60 Absatz 5 traten die §§ 2, 31 bis 37, 111 bis 112, 115 bis 116 und 138 Absatz 7 am 1. Januar 2021 in Kraft. Gemäß Artikel 60 Absatz 7 ist das Sozialgesetzbuch Vierzehntes Buch – Soziale Entschädigung – am 1. Januar 2024 in Kraft getreten.

Einführung vor § 1

Das heute als Soziale Entschädigung bezeichnete Rechtsgebiet hat eine lange Geschichte. Nach ersten Anfängen in Preußen und im Kaiserreich entwickelte sich die Versorgung der Kriegsbeschädigten und Kriegshinterbliebenen durch staatliche Geldleistungen in Deutschland nach der Einführung der allgemeinen Wehrpflicht. Mit dem Reichsversorgungsgesetz wurde im Jahre 1920 erstmals ein einklagbarer Anspruch auf Versorgung geschaffen. Es rückte die Heilbehandlung und die Berufsfürsorge für Beschädigte in den Vordergrund und machte die Beschädigtenrente allein von einer „Minderung der Erwerbsfähigkeit“ abhängig.

Mit dem Bundesversorgungsgesetz (BVG) vom 21. Dezember 1950[2] wurde das nach dem Zusammenbruch des Dritten Reichs zersplitterte Versorgungsrecht neu kodifiziert. Dabei wurden die Versorgung für Schädigungen durch Kriegsdienst, militärischen Dienst in Friedenszeiten, militärähnlichen Dienst und für gesundheitliche Schädigungen von Zivilpersonen durch unmittelbare Kriegseinwirkungen erstmals in einem Gesetz geregelt.

In den folgenden Jahrzehnten wurde das Bundesversorgungsgesetz durch zahlreiche Gesetze geändert und weiterentwickelt[3]. Zudem wurde das Leistungsspektrum auf andere Personenkreise (insbesondere ehemalige politische Häftlinge der DDR, Wehr- und Zivildienstgeschädigte, Opfer von Gewalttaten, Opfer des SED-Regimes) ausgeweitet.

Die politisch und gesellschaftlich wichtigste Entwicklung war die Überleitung des BVG auf die neuen Bundesländer nach Wiederherstellung der deutschen Einheit.[4] Die in diesem Zusammenhang geltenden Maßgaben waren in der öffentlichen Diskussion stets umstritten und haben auch das BSG und das BVerfG[5] beschäftigt. Erst 2011 wurden die letzten Unterschiede zwischen Ost und West beseitigt.

Mit dem SER-Regelungsgesetz vom 12.12.2019[6] beginnt nun eine neue Zeitrechnung im SER. Den Anstoß für Reformüberlegungen gaben dabei vor allem die sinkende Zahl der Kriegsopfer und Entwicklungen im Opferentschädigungsrecht.

---

2 BGBl. I S. 791.
3 Ausführliche Darstellung in „Übersicht über das Sozialrecht“, Ausgabe 2019/2020, Kapitel 24.
4 Einigungsvertrag, BGBl. II S. 889, 1067.
5 Beschluss vom 14.03.2000, 1 BvR 284/96.
6 BT-Drs. 19/13824.

Die Zahl der Kriegsopfer und ihrer Hinterbliebenen ging und geht aus demografischen Gründen sehr stark zurück. Im Gesetzentwurf für das SER-Regelungsgesetz wurde davon ausgegangen, dass zum Zeitpunkt des Inkrafttretens des Vierzehnten Buches Sozialgesetzbuch (SGB XIV) im Jahr 2024 voraussichtlich weniger als 36 000 Kriegsbeschädigte, deren Angehörige und Hinterbliebene Leistungen nach dem BVG beziehen und die Zahl dieser Berechtigten auch in den Folgejahren noch weiter zurückgehen würden. In den 50er Jahren des letzten Jahrhunderts hatten bis zu ca. 4,5 Mio. Menschen Leistungen nach dem BVG erhalten. Dagegen werde die Zahl der Berechtigten im Bereich der Entschädigung von Opfern einer Gewalttat voraussichtlich tendenziell zunehmen. Aufgrund dieser Entwicklung rückten die Gewaltopfer, als in Zukunft zahlenstärkster Personenkreis der Sozialen Entschädigung, und ihre Bedürfnisse in den Vordergrund. Dabei zeigte sich, dass sich diese Bedürfnisse aufgrund gesellschaftlicher Entwicklungen von denen der Kriegsopfer doch deutlich unterschieden.

Das im Jahr 1950 geschaffene BVG spiegelt trotz aller zwischenzeitlichen Verbesserungen und Änderungen stark die Vorstellungen der damaligen Zeit wider. Es ist insbesondere geprägt von der gesellschaftlichen Situation und dem Familienbild der damaligen Zeit. Im Mittelpunkt stand der Mann als alleinverdienender Ehemann und Vater. War dieser im Krieg getötet oder so verletzt worden, dass er nicht mehr arbeiten konnte, dann mussten er und seine Frau, die Hausfrau und Mutter war, aber keinem Beruf nachging, sowie die gemeinsamen Kinder versorgt werden, und zwar regelmäßig bis zum Lebensende. Da der einzige Ernährer der Familie „wegfiel“, musste ein umfassendes Leistungsspektrum aufgebaut und vorgehalten werden, dass möglichst alle Schädigungsfolgen, zum Teil aber auch darüber hinausgehende Nachteile ausgleichen sollte.

Mit dem BVG, das im Laufe der Zeit zum Leitgesetz der Sozialen Entschädigung wurde, entstand daher ein sehr ausdifferenziertes Leistungssystem mit hoch komplexen Rechtsvorschriften, das bei einem stetig wesentlich kleiner werdenden Personenkreis nicht auf Dauer vorgehalten werden konnte und zudem für die Bürgerinnen und Bürger z. T. schwer verständlich und für die Verwaltung in der Umsetzung schwer durchführbar war.

Außerdem war das BVG, welches mehr als 5 Jahre nach Kriegsende in Kraft getreten war, naturgemäß nicht auf eine schnelle und zügige Leistungserbringung ausgerichtet. Eine solche Unterstützung brauchen jedoch insbesondere Gewaltopfer. Diese werden durch die verübte Tat aus ihrem gewohnten Lebensablauf gerissen. Dies geschieht glücklicherweise aber in der Regel nur für einen kürzeren Zeitraum. Es entspricht ihrem eigenen Interesse, aber auch dem Interesse der Gesellschaft, sie möglichst schnell gesundheitlich wiederherzustellen und am gesellschaftlichen Leben wieder teilhaben lassen zu können.

Außerdem sind Gewaltopfer durch unsere heutigen, ausdifferenzierten Sozialleistungssysteme im Normalfall viel besser und umfassender als früher abgesichert. Es geht regelmäßig nicht mehr um lebenslange Versorgung der geschädigten Person und ihrer Familie, sondern um schnelle Wiedererlangung von Gesundheit und Teilhabe sowie um Entschädigung für das erlittene Unrecht.

Weiterer Reformbedarf ergab sich aus den Beratungen und Abschlussberichten der Runden Tische „Heimerziehung in den 1950er und 1960er Jahren" und „Sexueller Kindesmissbrauch in Abhängigkeits- und Machtverhältnissen in privaten und öffentlichen Einrichtungen und im familiären Bereich", die von 2009 bis 2011 bzw. in 2010/11 tagten, sowie bei vom Bundesministerium für Arbeit und Soziales (BMAS) in den Jahren 2010 bis 2014 veranstalteten „Werkstattgesprächen zum OEG". In diesen Foren wurden die Folgen der gesellschaftlichen Entwicklung und der Veränderung gesellschaftlicher Anschauungen intensiv diskutiert. Deutlich wurde dabei u. a., dass in der Nachkriegszeit psychische Erkrankungen noch mit vielen Tabus belegt waren, während heutzutage die Gesellschaft der Behandlung psychischer Erkrankungen sehr viel aufgeschlossener gegenübersteht. Das BVG bietet jedoch aufgrund seiner Entstehungsgeschichte keine ausreichenden Leistungen zur Erfüllung des Bedarfs an psychotherapeutischer Intervention.

Insbesondere fehlt es darin an schnell abrufbarer psychologischer Beratung, Unterstützung bei der Realisierung von Ansprüchen nach dem Sozialen Entschädigungsrecht und im System der sozialen Sicherung sowie an einer Entschädigungsmöglichkeit bei psychischer Gewalt. Das Leistungssystem des BVG kann zudem die neben den Entschädigungsleistungen erforderlichen und an der Teilhabe ausgerichteten Instrumente frühzeitig einsetzender und niedrigschwelliger Angebote zur Aktivierung und Wiedererlangung von Selbstständigkeit nicht oder nicht hinreichend zur Verfügung stellen. Die Empfehlungen der Runden Tische „Heimerziehung" und „Sexueller Kindesmissbrauch" haben daher dem Gesetzgeber wertvolle Anregungen vor allem für den sensiblen Umgang mit Betroffenen gegeben. Neue zukunftsorientierte Anforderungen an die Entschädigung von Opfern einer Gewalttat wurden zudem bei den „Werkstattgesprächen zum OEG" von den betroffenen Menschen und ihren Verbänden formuliert. Das BMAS hatte außerdem einen Dialog mit Experten aus verschiedenen Bereichen der Wissenschaft initiiert, die ebenfalls Vorschläge zur Reform machten. Drei vom BMAS in den Jahren 2012 bis 2014 geförderte Modellprojekte mit Fokus auf den Themenbereichen Opferbetreuung und Soforthilfen lieferten weitere wichtige Erkenntnisse für das Reformvorhaben.

Wesentliche Folgerungen für den Reformbedarf wurden schließlich aus den Auswirkungen des verheerenden Terroranschlags vom 19. Dezember 2016 auf dem Breitscheidplatz in Berlin offenbar. Vor allem sollten sich die Leistungen zukünftig an den heutigen Bedarfen der Betroffenen, insbesondere Opfer von Gewalttaten einschließlich der Opfer von Terrortaten, ausrichten.

Deutlich wurde auch, dass der Gewaltbegriff des OEG den Gewaltformen, wie sie heute überwiegend auftreten, nicht mehr gerecht wird. Psychische Gewalt, die sich insbesondere in Form von schwerwiegender Bedrohung oder Nachstellung zeigt, ist bisher nur unzureichend erfasst. Dies führte dazu, dass in vielen Fällen, in denen sich solche Verhaltensweisen für die Betroffenen als Gewaltanwendung darstellte, eine staatliche Opferentschädigung wegen der fehlenden „Körperlichkeit" des Angriffs abgelehnt wurde.

Trotz all dieser Mängel waren die Leistungen der Sozialen Entschädigung schon bislang im internationalen Vergleich unerreicht und werden dies aller Voraussicht nach auch bleiben.

In politischer Sicht wird mit der Reform der Sozialen Entschädigung die einstimmig gefasste Entschließung des Deutschen Bundestages vom 13. Dezember 2017[7] umgesetzt, der Auftrag aus dem Koalitionsvertrag zwischen CDU, CSU und SPD vom 12. März 2018 ausgeführt sowie dem Beschluss der 94. Konferenz der Ministerinnen und Minister, Senatorinnen und Senatoren für Arbeit und Soziales (ASMK), in dem die Länder einstimmig die SER-Reform in der 19. Legislaturperiode gefordert haben, entsprochen.

Rechtssystematisch wird mit der Einordnung des Sozialen Entschädigungsrechts in ein neues Sozialgesetzbuch, das SGB XIV, ein schon lange bestehender Auftrag des Gesetzgebers aus dem Ersten Buch Sozialgesetzbuch (SGB I) umgesetzt.

Gänzlich in Kraft trat das SGB XIV zum 1. Januar 2024. Bereits zum 1. Juli 2018 wurden aber folgende Verbesserungen in Kraft gesetzt: Erhöhung der Waisenrenten sowie der zu übernehmenden Bestattungskosten, Verbesserungen bei der Übernahme von Überführungskosten sowie die Gleichbehandlung inländischer und ausländischer Opfer einer Gewalttat. Zudem

7 BT-Drs. 19/234.

wurden die Regelungen zu Leistungen in Traumambulanzen bereits zum 1. Januar 2021 in Kraft gesetzt.

Folgende Überlegungen liegen dem neuen Recht aus gesetzgeberischer Sicht zugrunde:[8]

- Das neue Recht soll einen bürgernahen Zugang zu den Leistungen der Sozialen Entschädigung eröffnen und damit auch bekannter werden.
- Das Soziale Entschädigungsrecht wird in einem eigenen Buch des Sozialgesetzbuchs (Vierzehntes Buch Sozialgesetzbuch – SGB XIV) geregelt. Mit der eigenständigen Regelung des Sozialen Entschädigungsrechts soll der Verantwortung des Staates gegenüber Bürgerinnen und Bürgern, die schädigungsbedingt eine Gesundheitsstörung erlitten haben, in angemessener Weise Rechnung getragen werden.
- Unverzichtbares, das staatliche Einstehen begründendes Wesenselement der Sozialen Entschädigung ist der Nachweis der Kausalität zwischen schädigendem Ereignis, gesundheitlicher Schädigung und Schädigungsfolge. Die Grundsätze zur Feststellung der kausal verursachten Schädigungsfolgen enthält die Versorgungsmedizin-Verordnung, für die eine entsprechende Ermächtigungsgrundlage in das neue Gesetz aufgenommen wurde.
- Die anwenderfreundliche Ausrichtung des SGB XIV soll auch bei einem aus demografischen Gründen kleiner werdenden Berechtigtenkreis, insbesondere wegen des Rückgangs der Zahl der Kriegsopfer, eine hohe Qualität bei der Durchführung des SER sichern.
- Das SGB XIV berücksichtigt sowohl die veränderten gesellschaftlichen Entwicklungen als auch neue wissenschaftliche Erkenntnisse und die Entwicklungen im Recht der sozialen Sicherung.
- Die neuen Regelungen sind klar strukturiert, transparent und erleichtern den Ländern die Gesetzesausführung.
- Die Leistungen nach dem SGB XIV sind auf den Ausgleich schädigungsbedingter Bedarfe ausgerichtet. Ausnahmen hiervon gibt es nur in absoluten Ausnahmefällen.
- Geregelt werden die Entschädigung von schädigungsbedingten Bedarfen von Opfern einer Gewalttat, von auch künftig noch möglichen Opfern der beiden Weltkriege, die eine gesundheitliche Schädigung und eine daraus resultierende Schädigungsfolge beispielsweise durch nicht entdeckte Kampfmittel erleiden, von Personen, die durch Ereignisse im Zusammenhang mit der Ableistung des Zivildienstes eine gesundheitliche Schädigung erlitten haben, sowie von Personen, die durch eine

8 BT-Drs. 19/13824.

Schutzimpfung oder sonstige Maßnahmen der spezifischen Prophylaxe nach dem Infektionsschutzgesetz eine gesundheitliche Schädigung erlitten haben.

- Die Struktur des Gesetzes lässt eine Erweiterung um neue Entschädigungstatbestände zu, damit auf gesellschaftliche Veränderungen und neue Herausforderungen reagiert werden kann.
- Als neue Leistungen werden Schnelle Hilfen eingeführt. Die Schnellen Hilfen (Leistungen in Traumaambulanzen und Leistungen des Fallmanagements) werden als niedrigschwellige Angebote in einem neuen Erleichterten Verfahren zur Verfügung gestellt und erstmals gesetzlich geregelt.
- Im Bereich der Entschädigung von Opfern einer Gewalttat wird der Gewaltbegriff, insbesondere in Fällen von schwerwiegender Bedrohung und Nachstellung sowie von Menschenhandel, um Formen psychischer Gewalt ergänzt.
- Für die Krankenbehandlung richten sich die Leistungen in Art und Umfang nach dem Fünften Buch Sozialgesetzbuch (SGB V). Bei darüber hinausgehenden schädigungsbedingten Bedarfen werden den Berechtigten weitergehende Leistungen zur Verfügung gestellt. Einen Schwerpunkt bilden dabei Mehrleistungen im Bereich psychotherapeutischer Maßnahmen, um alle Möglichkeiten auszuschöpfen, die seelische Verfassung der Betroffenen mit der Vielfalt der zur Verfügung stehenden Behandlungsmethoden zu verbessern.
- Der Teilhabegedanke wird deutlich gestärkt, indem Teilhabeleistungen grundsätzlich ohne den Einsatz von Einkommen und Vermögen erbracht werden.
- Leistungen bei Pflegebedürftigkeit richten sich nach Art und Umfang nach dem Vierten Kapitel des SGB XI. Bei darüber hinausgehenden schädigungsbedingten Bedarfen werden die notwendigen und angemessenen Kosten übernommen.
- Besondere Leistungen im Einzelfall ergänzen die übrigen Leistungen der Sozialen Entschädigung bei finanzieller Hilfebedürftigkeit
- Es werden anrechnungsfreie wesentlich erhöhte Entschädigungsleistungen in Form von monatlichen Zahlungen an Geschädigte und Hinterbliebene erbracht. Geschädigte und Witwen oder Witwer können statt der monatlichen Entschädigungszahlungen Einmalzahlungen als Abfindung wählen.
- Schädigungsbedingte Einkommensverluste von Geschädigten werden ausgeglichen.

- Das seit Jahrzehnten im Sozialen Entschädigungsrecht bewährte Instrument eines Härteausgleichs wird fortgeführt.
- Die Einmalzahlungen für durch Gewalttaten im Ausland Geschädigte werden wesentlich erhöht.
- Personen, die bis zum 31. Dezember 2023 Leistungen nach dem BVG und den Gesetzen, die das BVG für anwendbar erklären, beziehen oder einen entsprechenden Antrag auf diese Leistungen gestellt haben, erhalten im Rahmen des Besitzstandsschutzes weiterhin qualitativ hochwertige Versorgungsleistungen.

Konkret ergeben sich aus diesen Überlegungen folgende Grundstrukturen des SGB XIV:

Es werden neue Leistungen der Schnellen Hilfen eingeführt: Leistungen in Traumaambulanzen und Leistungen des Fallmanagements. Diese Schnellen Hilfen werden auch an Betroffene erbracht, bei denen das schädigende Ereignis bereits länger zurückliegt (z.B. bei Missbrauch in der Kindheit). Leistungen in Traumaambulanzen, die es in vielen Bundesländern bereits gab, werden erstmals gesetzlich verankert. Durch das beim Träger der Sozialen Entschädigung angesiedelte Fallmanagement werden die Betroffenen durch das Antrags- und Leistungsverfahren begleitet. Für den schnellen und unbürokratischen Zugang zu den Schnellen Hilfen gilt ein vereinfachtes Verfahren.

Geschädigte erhalten grundsätzlich Leistungen der Krankenbehandlung entsprechend den Vorschriften des SGB V. Dies gilt auch für Geschädigte, die nicht gesetzlich krankenversichert sind. Die Krankenkassen erbringen diese Leistungen im Rahmen eines gesetzlichen Auftragsverhältnisses. Abweichend vom Recht der gesetzlichen Krankenversicherung haben Geschädigte keine Zuzahlungen zu leisten. Weitere schädigungsbedingt erforderliche Leistungen zur Krankenbehandlung werden ergänzend zu den Leistungen der gesetzlichen Krankenversicherung erbracht. Sie umfassen besondere psychotherapeutische Leistungen, besondere zahnärztliche, implantologische, kieferchirurgische und kieferorthopädische Leistungen sowie Mehrleistungen für Zahnersatz, besondere heilpädagogische Leistungen, besondere Medikation und über allgemeine Krankenhausleistungen hinausgehende Leistungen. Die Versorgung mit Hilfsmitteln wird nach den entsprechenden Vorschriften und Hilfsmittelrichtlinien kraft gesetzlichen Auftrags durch die Unfallversicherung sichergestellt. Das Krankengeld der Sozialen Entschädigung richtet sich grundsätzlich nach den Bestimmungen des SGB V für Krankengeld, sieht aber zugunsten der Geschädigten Sonderregelungen vor.

Ergänzend zugunsten der Geschädigten werden eine Vielzahl von weiteren Leistungen vorgesehen. Angesichts der folgenschweren Auswirkungen psychischer Störungen soll Geschädigten, Angehörigen, Hinterbliebenen und Nahestehenden ein Anspruch auf nach Art und Umfang erweiterte psychotherapeutische Leistungen zustehen, die auch von zur vertragsärztlichen Versorgung nicht zugelassenen qualifizierten Therapeutinnen und Therapeuten erbracht werden können. Durch das umfassende Angebot kann ein schneller Behandlungsbeginn sichergestellt und damit möglichst eine dauerhafte Beeinträchtigung der seelischen Befindlichkeit verhindert werden. Das Krankengeld der Sozialen Entschädigung hat Lohnersatzfunktion und ist höher bemessen als das Krankengeld nach SGB V. Bei der Hilfsmittelversorgung wird auf das umfassende System der Unfallversicherung zurückgegriffen, das dem Grundsatz „Versorgung mit allen geeigneten Mitteln" folgt. Damit soll für Geschädigte auch in Zukunft ein hohes Niveau der Versorgung gewährleistet werden.

Werden Geschädigte durch ein schädigendes Ereignis pflegebedürftig, so haben sie Anspruch auf bedarfsdeckende Leistungen. Dabei werden die Kosten übernommen, soweit Leistungen der sozialen Pflegeversicherung nicht ausreichen. Die Feststellung der Pflegebedürftigkeit richtet sich einheitlich nach den Kriterien des Elften Buches Sozialgesetzbuch (SGB XI – neuer Pflegebedürftigkeitsbegriff nach dem Zweiten Pflegestärkungsgesetz). Kosten für Pflegebedarfe, die die Pflegeversicherung nicht abdeckt, werden übernommen. Das kommt insbesondere bei den Kosten für die ambulante und die stationäre Pflegesachleistung in Betracht, bei denen die Pflegeversicherung nur bis zu einer bestimmten Höhe leistet. Zusätzlich gibt es die Möglichkeit, Pflege im Rahmen eines Arbeitsvertrages mit der pflegebedürftigen geschädigten Person zu organisieren (Arbeitgebermodell).

Das SGB XIV regelt auch Art und Umfang der Teilhabeleistungen im Sozialen Entschädigungsrecht. Zu diesen Leistungen gehören Leistungen zur medizinischen Rehabilitation, Leistungen zur Teilhabe am Arbeitsleben einschließlich unterhaltssichernder und anderer ergänzender Leistungen, Leistungen zur Teilhabe an Bildung sowie Leistungen zur Sozialen Teilhabe. Dadurch werden der Teilhabegedanke und die Förderung der Selbstbestimmung im SGB XIV deutlich gestärkt, transparent herausgestellt und gefördert. Die Teilhabeleistungen werden aus den fürsorgerischen Leistungen des bisherigen BVG herausgelöst und in einem eigenen Kapitel geregelt. Konsequenz der Herauslösung der Teilhabeleistungen aus dem Fürsorgesystem und ihrer Neuordnung ist, dass sie grundsätzlich ohne den Einsatz von Einkommen und Vermögen erbracht werden.

Die erstmalige Eingliederung oder die Wiedereingliederung von Geschädigten in Arbeit und Beruf ist und bleibt auch im zukünftigen Sozialen Entschädigungsrecht eine der vordringlichsten Aufgaben. Hierzu wird auf die bewährte Bandbreite möglicher Leistungen zur Teilhabe am Arbeitsleben des Neunten Buches Sozialgesetzbuch (SGB IX) verwiesen. Berechtigte, die Leistungen zur Teilhabe am Arbeitsleben erhalten, haben zudem Anspruch auf unterhaltssichernde und andere ergänzende Leistungen nach den Regelungen des SGB IX. Die bisher unter der „Hilfe in besonderen Lebenslagen" und dort unter den Eingliederungshilfeleistungen zusammengefassten Leistungen zur Sozialen Teilhabe werden in einer eigenständigen Regelung erfasst. Geschädigte können alle Leistungen erhalten, die in Teil 2 Kapitel 6 SGB IX geregelt sind. Hierzu zählen u.a. die Leistungen für Wohnraum, Leistungen zur Mobilität sowie Hilfen zur Förderung der Verständigung.

Für den Fall, dass als Schädigungsfolge Blindheit eintritt, werden spezielle Geldleistungen erbracht. Bei der Definition der Blindheit und der Höhe der Leistungen wird an die Blindenhilfe im Zwölften Buch Sozialgesetzbuch (§ 72 SGB XII) angeknüpft. Die Leistungen bei Blindheit des SGB XIV werden jedoch als eigene Leistung des Sozialen Entschädigungsrechts anrechnungsfrei erbracht.

Geschädigte mit einem GdS von mindestens 30 erhalten unbefristete monatliche Zahlungen. Mit Ausnahme von Fällen mit sehr schweren Schädigungsfolgen wird die Möglichkeit der Abfindung geschaffen. Die Entschädigungsleistungen bleiben anrechnungsfrei. Sie haben einerseits eine stark immaterielle Komponente, andererseits sollen sie dabei helfen, die Mehrbelastungen durch das schädigende Ereignis auszugleichen.

Durch das schädigende Ereignis bedingte Einkommensverluste werden Geschädigten durch einen Berufsschadensausgleich ersetzt, der weitestgehend unverändert aus dem BVG übernommen wurde.

Besondere Leistungen im Einzelfall, hierunter fallen Leistungen zum Lebensunterhalt, die Leistung zur Förderung einer Ausbildung, Leistungen zur Weiterführung des Haushalts und Leistungen in sonstigen Lebenslagen, ergänzen die übrigen Leistungen nach dem SGB XIV. Sie setzen als fürsorgerische Leistungen finanzielle Hilfebedürftigkeit voraus, soweit der Bedarf nicht ausschließlich schädigungsbedingt ist.

Die Einmalzahlungen für durch Gewalttaten im Ausland Geschädigte werden wesentlich erhöht.

Neu eingeführt wird ein gebundener Anspruch auf Kostenübernahme bei Überführung von verstorbenen Geschädigten aus dem Ausland. Die Kosten der schädigungsbedingten Bestattung von schädigungsbedingt verstorbenen Geschädigten werden bis zu einem Höchstbetrag übernommen. Den Anspruch auf Kostenübernahme hat diejenige Person, die die Überführung oder Bestattung veranlasst hat.

Bewährte Grundsätze des Verfahrensrechts, insbesondere die Regelungen zur Kausalität und Beweiserleichterung, die für die Antragstellerin oder den Antragsteller deutlich günstiger sind als im übrigen Sozialrecht, werden im SGB XIV übernommen und zusammengeführt. Gegenüber dem bestehenden Recht werden mehr Möglichkeiten zu vorläufigen Entscheidungen geschaffen.

Die Sicherung der bisherigen hohen Versorgungsqualität ist ein wesentlicher Baustein der Reform des Sozialen Entschädigungsrechts. Mit Außerkrafttreten des Bundesversorgungsgesetzes werden die bisherigen rechtskräftigen und dauerhaft erbrachten Geldleistungen betragsmäßig festgestellt. Es wird darüber hinaus ein weiterer pauschalierter Betrag aufgeschlagen, um nach dem BVG regelmäßig bezogene einmalige Leistungen abzugelten. Der gesamte Zahlbetrag wird auf Dauer geleistet. Für weitere zehn Jahre ab dem Stichtag werden fürsorgerische Leistungen erbracht.

Neben den allgemeinen Regelungen, die für alle Regelungsbereiche und Personengruppen des Sozialen Entschädigungsrechts gelten, enthält das SGB XIV spezielle Regelungen zum Tatbestand und zum Leistungsspektrum nur für bestimmte Personengruppen des Sozialen Entschädigungsrechts.

Im Bereich der Opfer einer Gewalttat ist der bisherige Begriff des tätlichen Angriffs nicht geeignet, um gleichrangig neben physischer auch psychische Gewalt zu erfassen. Daher wird die bisherige Tatbestandsvoraussetzung modifiziert. So werden als Gewalttat u.a. schwerwiegende Bedrohung und Stalking und der Tatbestand des Menschenhandels erfasst. Weiterhin wird aber auf ein vorsätzliches rechtswidriges Verhalten abgestellt, welches zu einer gesundheitlichen Schädigung mit einer Schädigungsfolge geführt hat.

Das SGB XIV enthält auch Regelungen für Personen, die nach seinem Inkrafttreten durch eine unmittelbare Einwirkung des ersten oder zweiten Weltkrieges geschädigt werden. Diese Fälle sind denkbar, wenn eine gesundheitliche Schädigung beispielsweise durch nicht entdeckte Kampfmittel (z.B. Handgranaten, Bomben, Minen) aus dem ersten oder zweiten Weltkrieg verursacht wird. Das Gesetz regelt weiterhin die Entschädigung für eine über das übliche Ausmaß einer Reaktion auf eine Schutzimpfung oder andere Maßnahme der spezifischen Prophylaxe hinausgehende gesundheitliche Schädigung. Schließlich werden Schädigungen im Zivildienst erfasst.

Träger der Sozialen Entschädigung sind die Länder. Der Bund nimmt u.a. die Aufgaben der zentralen Behörde im Sinne des Artikels 12 Satz 2 des Europäischen Übereinkommens über die Entschädigung für Opfer von Gewalttaten vom 24. November 1983[9] sowie die Aufgaben der Unterstützungsbehörde im Sinne des Artikels 3 Absatz 1 und der zentralen Kontaktstelle im Sinne des Artikels 16 der Richtlinie 2004/80/EG des Rates vom 29. April 2004 zur Entschädigung der Opfer von Straftaten[10] wahr.

Das SGB XIV enthält neben diesen Leistungsvorschriften auch wesentliche Vereinfachungsansätze:

Dadurch, dass das Recht der Sozialen Entschädigung nunmehr einheitlich in einem eigenen Buch des Sozialgesetzbuches, dem SGB XIV, geregelt ist, wird das bislang hoch komplexe Recht komprimiert, übersichtlich und verständlich dargestellt. Klare Formulierungen und ein transparenter Leistungskatalog erleichtern die Inanspruchnahme von Leistungen der Sozialen Entschädigung für die Betroffenen.

Mit der Einführung eines Erleichterten Verfahrens für die Nutzung der Schnellen Hilfen werden Verfahrensabläufe sowohl für die Betroffenen als auch die Verwaltung stark vereinfacht. Für die Leistungserbringung reicht es aus, dass nach summarischer Prüfung auf Grundlage der Angaben der Antragstellerinnen und Antragsteller ein Anspruch bejaht werden kann. Damit können die Leistungen der Schnellen Hilfen unbürokratisch und zügig zur Verfügung gestellt werden.

Im Bereich der Krankenbehandlung wird bei der Versorgung mit Hilfsmitteln kein eigenständiges System mehr vorgehalten. Die Versorgung mit Hilfsmitteln erfolgt künftig nach dem Recht der gesetzlichen Unfallversicherung und wird von den Unfallkassen der Länder gegen Kostenerstattung erbracht. Damit wird der Aufbau von Parallelstrukturen vermieden und gleichzeitig ein weiterhin hohes Versorgungsniveau („mit allen geeigneten Mitteln“) sichergestellt.

Pauschalierungen und Vereinfachungen bei den Geldleistungen erleichtern und beschleunigen das Verwaltungsverfahren. Die Zahl der laufenden Geldleistungen der Sozialen Entschädigung wird auf zwei Leistungen (Entschädigungszahlungen an Geschädigte und Hinterbliebene; Berufsschadensausgleich) fokussiert. Zudem wird mit dem Berufsschadensausgleich nur noch eine Geldleistung individuell berechnet, was wiederum in einer stark vereinfachten Weise erfolgt. Schließlich führt auch die Einführung von Abfin-

9 BGBl. 1996 II S. 1120, 1121; 1997 II S. 740.
10 ABl. L 261 vom 6.8.2004, S. 15.

dungszahlungen dazu, dass Verfahrensabläufe vereinfacht werden und viele Einzelfälle schneller abgeschlossen und nicht mehr über Jahre hinweg bearbeitet werden müssen.

Durch die Herauslösung der Teilhabeleistungen aus dem Fürsorgesystem werden Teilhabeleistungen grundsätzlich ohne den Einsatz von Einkommen und Vermögen erbracht. Dies stellt eine Verbesserung für die Betroffenen dar. Auch die Verwaltung wird entlastet, da oftmals aufwendige Berechnungen sowie Einkommens- und Vermögensprüfungen und damit verbundene Nachweise künftig weitgehend entbehrlich sind.

Zudem wird die Anwendung der Vorschriften zur Einkommens- und Vermögensanrechnung vereinfacht.

Ob und inwieweit sich die Absichten des Gesetzgebers in der Praxis bewähren, ob das Inkrafttreten des SGB XIV ein „großer Wurf" oder gar ein „Jahrhundertwerk" ist, wie es in der Presse hieß, muss die Zukunft zeigen. Gute Fundamente für eine modernes und den Bedürfnissen der betroffenen entsprechendes Entschädigungsrecht sind jedenfalls im SGB XIV gelegt worden. Nun liegt es an allen Beteiligten, dies mit Leben zu erfüllen. Es wird sicherlich noch ein langer Lauf werden. Ausdauer und Zuversicht sind deshalb gefragt!

Kapitel 1
Allgemeine Vorschriften

§ 1
Aufgabe und Anwendungsbereich der Sozialen Entschädigung

(1) Die Soziale Entschädigung unterstützt Menschen, die durch ein schädigendes Ereignis, für das die staatliche Gemeinschaft eine besondere Verantwortung trägt, eine gesundheitliche Schädigung erlitten haben, bei der Bewältigung der dadurch entstandenen Folgen.

(2) Schädigende Ereignisse sind:

1. **Gewalttaten nach Kapitel 2 Abschnitt 2 Unterabschnitt 1,**
2. **Kriegsauswirkungen beider Weltkriege nach Kapitel 2 Abschnitt 2 Unterabschnitt 2 sowie**
3. **Ereignisse im Zusammenhang mit der Ableistung des Zivildienstes nach Kapitel 2 Abschnitt 2 Unterabschnitt 3 sowie**

4. Schutzimpfungen oder andere Maßnahmen der spezifischen Prophylaxe nach Kapitel 2 Abschnitt 2 Unterabschnitt 4, die eine gesundheitliche Schädigung verursacht haben.

(3) Das schädigende Ereignis kann ein zeitlich begrenztes, ein wiederkehrendes oder ein über längere Zeit einwirkendes Ereignis sein.

Erläuterungen

Übersicht **Rn.**

A. Allgemeines

1 § 1 ist nicht nur die Grundnorm des SGB XIV, sondern der gesamten Sozialen Entschädigung. Sie hat im bisher geltenden Recht keinen entsprechenden Vorläufer. Die Vorschrift ist recht kurz und enthält aufgrund ihrer Funktion (nur) die Grundpfeiler des SER:

- Aufgabe und Zweck der Sozialen Entschädigung (Absatz 1),
- den Kausalitätsgrundsatz als tragenden und unverzichtbaren Kern der Sozialen Entschädigung (Absatz 1),
- die Aufzählung der schädigenden Ereignisse, die zu einem Anspruch nach dem SGB XIV führen können (Absatz 2).

2 Da das SGB XIV mehrere Entschädigungstatbestände umfasst, ist die Formulierung von Aufgabe und Zweck weiter als in den bislang geltenden Einzelgesetzen. Der Wortgebrauch orientiert sich am SGB IX sowie an der Behindertenkonvention der Vereinten Nationen.

3 Während in den bisherigen Gesetzen zum SER Formulierungen wie „Wer ... erlitten hat, hat Anspruch ...“ oder „Beschädigte/Geschädigte haben Anspruch ...“ verwendet wurden, spricht § 1 SGB XIV von „Menschen“, die „unterstützt“ werden und beschreibt die Funktion der Sozialen Entschädigung.

4 Damit wird zunächst deutlich gemacht, dass der Kreis der Anspruchsberechtigten über die unmittelbar geschädigte Person hinausgeht und auch weitere Personen umfasst (Hinterbliebene, Angehörige, Nahestehende). Zum

anderen zeigt sich hier ein neuer Ansatz des Gesetzgebers. Bevor der Anspruch des oder der Berechtigten beschrieben und dargelegt wird, wird der Grund für diesen Anspruch klar benannt, nämlich eine besondere Verantwortung des Staates für die Folgen schädigende Ereignisse. Diese besondere Verantwortung ist schon in § 5 SGB I als Voraussetzung verankert und kann sich aus der Heranziehung zu einem besonderen Dienst, aus der Empfehlung oder dem „Nahelegen" einer Prophylaxemaßnahme oder aus der Nicht-Verhinderung einer Gewalttat ergeben. Durch die Betonung der die staatliche Gemeinschaft treffenden Verpflichtung wird zugleich betont, dass es sich bei der Sozialen Entschädigung nicht um Leistungen aufgrund fürsorgerischer oder Billigkeitsüberlegungen handelt.

B. Regelungsinhalt

I. Begriff der Sozialen Entschädigung

Umso überraschender mag es sodann wirken, dass Absatz 1 davon spricht, 5
dass die Soziale Entschädigung Menschen „unterstützt", die durch ein schädigendes Ereignis gesundheitliche Schädigungen erlitten haben. Dieser Begriff scheint eher auf ein System fürsorgerischer Leistungen hinzuweisen. Er hat hier aber eine andere Bedeutung und Funktion. Es wird dadurch verdeutlicht, dass die Leistungen des SGB XIV keinen vollständigen Ersatz oder allumfassenden Ausgleich aller eingetretenen Schädigungsfolgen bieten können und wollen. Dies ergibt sich auch aus der Begründung des Gesetzentwurfs[11]. Der Begriff ist der Versuch, übertriebene Erwartungen von vornherein einzudämmen, aber keine (Ab-)Qualifizierung des Entschädigungsanspruchs. Gleichzeitig wird aber hier sozusagen konkludent auch schon die Erwartung zum Ausdruck gebracht, dass der oder die Betroffene selbst tätig wird oder zumindest mitmacht, da sonst eine Unterstützung nicht denkbar wäre. Dieser Gedanke findet später z.B. im auch für das SER geltenden Grundsatz „Reha vor Rente" seine konkrete Ausgestaltung. In die gleiche Richtung zielt die Formulierung, dass die betroffenen Menschen bei der „Bewältigung" der erlittenen Schädigungen unterstützt werden. Bewältigung kann als Lösung eines schwierigen Problems oder einer anstrengenden Aufgabe bzw. als geistiges Verarbeiten eines Problems, bis es einem keinen Kummer mehr macht, verstanden werden. Aus diesen Begriffsbeschreibungen lässt sich erkennen, dass an ein aktives Verhalten einer Person angeknüpft wird.

11 BT-Drs. 19/13824, S. 170.

6 Weiterhin muss ein schädigendes Ereignis vorliegen. Ein Ereignis kann allgemein als eine Situation angesehen werden, die durch Dynamik oder Veränderung gekennzeichnet ist. Das Gegenteil eines Ereignisses ist ein „Zustand“: eine Situation ohne Veränderung oder Dynamik. Man könnte Ereignis auch als Geschehen definieren, welches den normalen „alltäglichen“ Ablauf als etwas Besonderes unterbricht. Zudem muss dieses Geschehen schädigend wirken, also eine Schädigung hervorrufen, und zwar eine gesundheitliche Schädigung. Damit wird eine Abgrenzung vorgenommen gegenüber Sach- und Vermögensschäden und eher abstrakten „Verletzungen“ der Ehre oder des Ansehens, die eben nicht zu Leistungen der Sozialen Entschädigung führen können. § 4 Absatz 3 stellt die Ausnahme von diesem Grundsatz dar. Welche schädigenden Ereignisse eine besondere Verantwortung im Sinne einer Einstandspflicht der staatlichen Gemeinschaft bedingen, wird später in Kapitel 2 Abschnitt 2 genauer ausgeführt. Zu den dort geregelten schädigenden Ereignissen kommen noch die hinzu, die entweder durch die Besitzstandsregelungen des Kapitels 22 erfasst werden oder die durch Verweisungen anderer Gesetze auf das SGB XIV zu Leistungen nach dem Leistungskatalog des SGB XIV führen, z. B. SED-Unrecht nach dem Strafrechtlichen und dem Verwaltungsrechtlichen Rehabilitierungsgesetz.

7 Folge des schädigenden Ereignisses bzw. der schädigenden Ereignisse (Absatz 3) muss eine gesundheitliche Schädigung sein. Gesundheit kann als Zustand völligen körperlichen, geistigen und seelischen Wohlbefindens definiert werden. Dieses Wohlbefinden muss also durch das schädigende Ereignis beeinträchtigt sein, um zu Leistungen der Sozialen Entschädigung führen zu können. Eine „Mindestanforderung“ an das Ausmaß der Beeinträchtigung wird dabei in § 1 nicht aufgestellt.

8 Schließlich muss die gesundheitliche Schädigung zu Folgen geführt haben, bei deren „Bewältigung“ die staatliche Gemeinschaft „unterstützt“, wobei an dieser Stelle noch nicht ausgeführt wird, welche Art von Schädigungsfolgen entschädigungsfähig sind. Dass Leistungen (nur) wegen der gesundheitlichen und wirtschaftlichen Schädigungsfolgen erbracht werden, ergibt sich ebenso erst aus § 4 Absatz 1 wie die Voraussetzung, dass diese Schädigungsfolgen von der zuständigen Behörde anerkannt sein müssen.

9 Für die Erbringung einer staatlichen Entschädigung ist die ursächliche Verbindung sowohl zwischen schädigendem Ereignis und Gesundheitsschaden (haftungsbegründende Kausalität) als auch zwischen Gesundheitsschaden und Schädigungsfolge (haftungsausfüllende Kausalität) unabdingbar.[12] Die besondere Verantwortung der staatlichen Gemeinschaft im Sinne des

12 BT-Drs. 19/13824, 170; BSG Urteil vom 18.05.2006, B 9a V 2/05.

§ 5 SGB I besteht nur für auf diese Weise begründete Schädigungsfolgen. Damit geht aus Absatz 1 klar hervor, dass sich durch die Reform des SER nichts an der Grundvoraussetzung für Leistungen nach dem SER geändert hat.

Deswegen ist weiterhin davon auszugehen, dass – wie zum bisherigen Recht von der höchstrichterlichen Rechtsprechung[13] bestätigt – die anspruchsbegründenden Tatsachen nachgewiesen sein müssen. Diese Tatsachen müssen daher grundsätzlich ohne vernünftigen Zweifel oder mit an Sicherheit grenzender Wahrscheinlichkeit bewiesen sein, bedürfen also des Vollbeweises. Dieser ist mit der vollen Überzeugung vom Vorliegen einer Tatsache gegeben. Dabei ist jedoch immer zu berücksichtigen, dass eine absolute Gewissheit eigentlich nie zu erreichen sein wird. Deshalb genügt für den Vollbeweis die an Gewissheit grenzende Wahrscheinlichkeit. Somit können auch beim Vollbeweis noch Zweifel in geringem Umfang vorhanden sein, die für die Überzeugungsbildung aber unschädlich sind.[14] Nach der höchstrichterlichen Rechtsprechung ist daher eine Tatsache bewiesen, wenn sie in so hohem Grade wahrscheinlich ist, dass alle Umstände des Falles nach vernünftiger Abwägung des Gesamtergebnisses des Verfahrens und nach der allgemeinen Lebenserwartung geeignet sind, die volle richterliche Überzeugung zu begründen.[15] 10

Eine Ausnahme von diesem Grundsatz stellt § 117 dar, der allerdings nur bei völligem Fehlen aller Beweismittel als ultima ratio zur Anwendung kommen kann. 11

II. Schädigendes Ereignis

Absatz 2 führt abschließend die schädigenden Ereignisse auf, die zu Leistungen nach dem SGB XIV führen können. Diese werden in Kapitel 2 Abschnitt 2 konkretisiert und definiert sowie mit besonderen Vorschriften versehen (s. dortige Kommentierung). Über die Besitzstandsregelungen des Kapitels 22 werden weitere Ereignisse einbezogen, die aus den Gesetzen des SER resultieren, die zum 31. Dezember 2023 aufgehoben werden. 12

Neu gegenüber dem bisherigen Recht ist, dass hinsichtlich von Maßnahmen der spezifischen Prophylaxe nicht mehr nur auf einzelne Vorschriften des alten Muttergesetzes BVG verweisen wird, sondern dass zukünftig alle Regelungen des neuen Muttergesetzes SGB XIV Anwendung finden.

13 BSG-Urteile vom 22.06.1988, 9/9a RV 3/87 und vom 12.12.1995, 9 RV 14/95.
14 BSG-Urteil vom 17.04.2013, B 9 V 1/12 R; Knickrehm in LPK-SGB XIV, Rn. 30 zu § 1.
15 BSG-Urteil vom 17.04.2013, B 9 V 1/12 R.

III. Formen schädigender Ereignisse

13 Absatz 3 legt sodann fest, dass ein schädigendes Ereignis im Sinne des SGB XIV nicht nur ein zeitlich begrenztes, sondern auch ein länger oder wiederkehrend einwirkendes Geschehen sein kann.

14 Die Formulierung des zeitlich begrenzten Ereignisses ist aus dem Unfallversicherungsrecht (§ 8 Abs. 1 S. 2 SGB VII) entnommen. Ein (Arbeits-) Unfall wird dort als zeitlich begrenztes, von außen auf den Körper einwirkendes Ereignis definiert, welches zu einem Gesundheitsschaden oder zum Tod geführt hat.

15 Die Begrifflichkeit des länger einwirkenden Ereignisses ist ebenfalls aus dem SGB VII entnommen, nämlich aus dem Recht der Berufskrankheiten.[16] Angeknüpft wird bei dieser Übernahme daran, dass insbesondere im Bereich der Soldatenversorgung sich die Rechtsprechung bei Krankheiten damit beholfen hatte, Rückgriff beim Berufskrankheitenrecht zu nehmen.[17] Ob dies zukünftig noch eine Relevanz haben wird, ist zweifelhaft, da die Soldatenversorgung spätestens zum 1. Januar 2025 mit dem Inkrafttreten des Soldatenentschädigungsgesetzes (SEG) nicht mehr zum SER zählt.

16 Wiederkehrend einwirkende Ereignisse zählten nach dem Wortlaut der jeweiligen Gesetze des SER bislang zumindest nicht ausdrücklich zu den Entschädigungsrechtlich relevanten Ereignissen. Ihre Aufnahme in das SGB XIV ist eine Reaktion auf neue Erkenntnisse und Entwicklungen der letzten Jahre. Beim Vorliegen etwa von Stalking oder Tatbeständen des Menschenhandels könnte es vorkommen, dass nicht ein einzelnes Ereignis, sondern vielmehr dessen Wiederholung erst zu einem gesundheitlichen Schaden führen kann.

§ 2
Berechtigte der Sozialen Entschädigung

(1) Berechtigte sind Geschädigte sowie deren Angehörige, Hinterbliebene und Nahestehende.

(2) Geschädigte sind Personen, die durch ein schädigendes Ereignis nach diesem Buch unmittelbar eine gesundheitliche Schädigung erlitten haben.

(3) [1]Angehörige sind Ehegatten sowie Kinder und Eltern von Geschädigten. [2]Als Kinder gelten auch in den Haushalt Geschädigter aufgenommene Stiefkinder sowie Pflegekinder im Sinne des § 2 Absatz 1 Satz 1 Nummer 2 des Bundeskindergeldgesetzes.

16 Kranig, SGB 2019, 65, 75.
17 Kranig, SGB 2019, 65, 75.

(4) [1]Hinterbliebene sind

1. **Witwen, Witwer und Waisen,**
2. **Eltern sowie**
3. **Betreuungsunterhaltsberechtigte**

einer an den Folgen einer Schädigung verstorbenen Person. [2]Als Waisen gelten auch in den Haushalt der an den Folgen einer Schädigung verstorbenen Person aufgenommene Stiefkinder sowie Pflegekinder im Sinne des § 2 Absatz 1 Satz 1 Nummer 2 des Bundeskindergeldgesetzes.

(5) Nahestehende sind Geschwister sowie Personen, die mit Geschädigten eine Lebensgemeinschaft führen, die der Ehe ähnlich ist.

Erläuterungen

Übersicht

A. Allgemeines

1 § 2 stellt keine Anspruchsnorm dar, sondern definiert und beschreibt abschließend den Kreis der Berechtigten der Sozialen Entschädigung. Die hier vorgenommene konkrete Umschreibung der verschiedenen Gruppen von Berechtigten ist wichtig für die in Kapitel 4 bis 12 sowie 14 und 15 enthaltene Differenzierung des Leistungskatalogs. Die Vorschrift ist bereits seit dem 1. Januar 2021 in Kraft.

Die Anspruchsberechtigung weiterer Personengruppen als den hier aufgeführten ergibt sich aus den in Kapitel 2 Abschnitt 2 enthaltenen Regelungen.

B. Regelungsinhalt

I. Geschädigte

2 Geschädigte sind alle unmittelbar durch ein schädigendes Ereignis betroffenen Personen. Zudem können auch sog. Schockschadensopfer Geschädig-

te sein (vgl. § 14 Absatz 2). Unter dem Begriff der Geschädigten werden dabei sowohl Personen erfasst, die durch ein schädigendes Ereignis verletzt als auch solche, die durch ein solches getötet wurden. Anders als in den bisherigen Gesetzen des SER wird zudem das Erfordernis der Unmittelbarkeit der Schädigung ausdrücklich im Gesetz genannt. Die Unmittelbarkeit war im SER durch die höchstrichterliche Rechtsprechung[18] entwickelt worden, um den Kreis der Anspruchsberechtigten nach dem BVG nicht unendlich zu erweitern.[19]

II. Angehörige

3 Als nächste anspruchsberechtigte Personengruppe werden in Absatz 3 die Angehörigen genannt. Angehörige sind Ehegatten, Kinder und Eltern einer noch lebenden geschädigten Person. Ehegatten sind nach § 1353 Absatz 1 BGB zwei Personen verschiedenen oder gleichen Geschlechts, die miteinander eine Ehe auf Lebenszeit geschlossen haben. Vom Begriff Ehegatten werden aufgrund § 21 LPartG auch eingetragene Lebenspartnerinnen oder Lebenspartner erfasst.

4 Kinder sind die leiblichen Abkömmlinge von Geschädigten, wozu rechtlich auch Adoptivkinder gehören, sowie Stief- und Pflegekinder. Bei Zweifelsfällen, ob jemand als Kind der oder des Geschädigten anzusehen ist, kann auf die im Bundeskindergeldgesetz (BKGG) enthaltenen Definitionen abgestellt werden.

5 Eltern sind nach §§ 1591, 1592 BGB die Mutter und der Vater des oder der Geschädigten. Darüber hinaus sind auch Adoptiveltern Eltern. Weiterhin ist hier § 88 Absatz 3 SGB XIV zu beachten, der zum einen Stief- und Pflegeeltern den Eltern gleichstellt, wenn diese die geschädigte Person vor der Schädigung unentgeltlich unterhalten haben. Zum anderen werden auch Großeltern dann Eltern gleichgestellt, wenn ihnen die geschädigte Person Unterhalt geleistet hat oder hätte.

III. Hinterbliebene

6 Absatz 4 benennt Hinterbliebene als weitere Gruppe anspruchsberechtigter Personen. Hinterbliebene sind Witwen und Witwer, Waisen sowie Betreuungsunterhaltsberechtigte einer geschädigten Person, wenn diese an den Folgen der Schädigung verstorben ist. Die Regelung gilt wiederum nach § 21

18 Z.B. BSG-Urteil vom 10.12.2002, B 9 VG 7/01.
19 Knickrehm in LPK, Rn. 13 zu § 2.

LPartG entsprechend für hinterbliebene eingetragene Lebenspartnerinnen und Lebenspartner.

Waisen sind Kinder von getöteten Personen, womit wiederum leibliche und Adoptivkinder sowie Stief- und Pflegekinder gemeint sind. **7**

Betreuungsunterhaltsberechtigte sind Partner einer eheähnlichen Lebensgemeinschaft, wenn nach dem Tod des Partners die Betreuung eines gemeinsamen Kindes übernommen wird. **8**

IV. Nahestehende

Nahestehende sind Geschwister einer geschädigten oder getöteten Person sowie Personen, die mit dieser in einem eheähnlichen Verhältnis stehen oder standen. Diese Einbeziehung des persönlichen Umfelds der geschädigten Person in den Berechtigtenkreis ist Folge der Erkenntnis, dass jedes schädigende Ereignis nicht nur für die unmittelbar betroffene Person, sondern auch für deren Umfeld einen Einschnitt darstellt. Deshalb sollen diese Menschen zumindest Zugang zu Schnellen Hilfen haben. **9**

Geschwister sind nach § 1589 BGB Personen, die von der Mutter oder dem Vater der geschädigten oder getöteten Person abstammen, also Schwester oder Bruder. Hierzu gehören dann, ebenso wie beim Kreis der Kinder, Adoptivgeschwister sowie Stief- und Pflegegeschwister. Die Einbeziehung von Geschwistern ist neu gegenüber dem bisherigen Recht. Gleiches gilt für Menschen, die mit der geschädigten oder getöteten Person in einer eheähnlichen Gemeinschaft leben oder lebten. **10**

§ 3
Leistungen der Sozialen Entschädigung

Die Soziale Entschädigung umfasst:

1. **Leistungen des Fallmanagements und Leistungen in einer Traumaambulanz als Schnelle Hilfen nach Kapitel 4,**
2. **die Krankenbehandlung der Sozialen Entschädigung nach Kapitel 5,**
3. **Leistungen zur Teilhabe nach Kapitel 6,**
4. **Leistungen bei Pflegebedürftigkeit nach Kapitel 7,**
5. **Leistungen bei Blindheit nach Kapitel 8,**
6. **Entschädigungszahlungen nach Kapitel 9,**
7. **den Berufsschadensausgleich nach Kapitel 10,**
8. **Besondere Leistungen im Einzelfall nach Kapitel 11,**
9. **Leistungen bei Überführung und Bestattung nach Kapitel 12,**

10. den Ausgleich in Härtefällen nach Kapitel 13,
11. Leistungen bei Wohnsitz oder gewöhnlichem Aufenthalt im Ausland nach Kapitel 14 sowie
12. Leistungen nach den Vorschriften zu Besitzständen nach Kapitel 23.

Erläuterungen

Übersicht **Rn.**

A. Allgemeines

1 Die Vorschrift führt alle nach dem Vierzehnten Buch möglichen Leistungen umfassend und abschließend auf. Diese werden in den Kapiteln 4 bis 14 sowie 23 nach Art und Umfang weiter konkretisiert.

B. Regelungsinhalt

2 Der Leistungskatalog unterscheidet sich deutlich vom bisherigen Recht. Völlig neue bzw. neu konzipierte Regelleistungen sind die Leistungen der Schnellen Hilfen, bei Pflegebedürftigkeit und bei Blindheit sowie der Härteausgleich.

3 Weitgehend gleichgeblieben bei Abweichungen im Leistungsumfang sind dagegen die Krankenbehandlung, der Berufsschadensausgleich und die Leistungen bei Überführung und Bestattung.

4 Fürsorgeleistungen gibt es vom Begriff her nicht mehr, diese werden durch die Teilhabeleistungen und die Besonderen Leistungen im Einzelfall ersetzt.

5 Schließlich gibt es auch keine Auslandsversorgung im Sinne des BVG mehr. Stattdessen gibt es gesonderte Vorschriften zur Leistungserbringung bei Wohnsitz oder gewöhnlichem Aufenthalt im Ausland.

6 Art und Umfang der Leistungen werden bei den jeweils einschlägigen Regelungen dargestellt und kommentiert.

Kapitel 2
Anspruch auf Leistungen der Sozialen Entschädigung

Abschnitt 1
Allgemeine Voraussetzungen

§ 4
Anspruch auf Leistungen für Geschädigte

(1) [1]Geschädigte haben Anspruch auf Leistungen der Sozialen Entschädigung wegen der anerkannten gesundheitlichen und der wirtschaftlichen Folgen einer gesundheitlichen Schädigung, die ursächlich auf ein schädigendes Ereignis zurückzuführen ist. [2]Das Vorliegen der in Satz 1 genannten Anspruchsvoraussetzungen ist auf Antrag festzustellen.

(2) Ein Anspruch entsprechend Absatz 1 besteht auch bei gesundheitlichen Schädigungen, die

1. herbeigeführt worden sind durch einen Unfall von Geschädigten
   a) auf einem Hin- oder Rückweg, der notwendig ist, um Leistungen nach diesem Buch in Anspruch zu nehmen,
   b) bei Inanspruchnahme der ihnen nach diesem Buch zustehenden Leistungen oder
   c) bei der unverzüglichen Erstattung einer Strafanzeige oder auf dem Hin- oder Rückweg hiervon,
2. eine Person bei einem Unfall im Sinne von Nummer 1 bei der notwendigen Begleitung einer geschädigten Person erleidet.

(3) Ein Anspruch entsprechend Absatz 1 besteht auch bei Beschädigung oder Verlust eines im oder am Körper getragenen Hilfsmittels.

(4) [1]Zur Anerkennung einer Gesundheitsstörung als Schädigungsfolge genügt die Wahrscheinlichkeit des ursächlichen Zusammenhangs. [2]Sie ist gegeben, wenn nach dem aktuellen Stand der medizinischen Wissenschaft mehr für als gegen einen ursächlichen Zusammenhang spricht.

(5) Bei psychischen Gesundheitsstörungen wird die Wahrscheinlichkeit des ursächlichen Zusammenhangs im Einzelfall vermutet, wenn diejenigen medizinischen Tatsachen vorliegen, die nach den Erfahrungen der medizinischen Wissenschaft geeignet sind, einen Ursachenzusammenhang zwischen einem nach Art und Schwere geeigneten schädigenden Ereignis und der gesundheitlichen Schädigung und der Schädigungsfolge zu begründen und diese Vermutung nicht durch einen anderen Kausalverlauf widerlegt wird.

(6) [1]Wenn die zur Anerkennung einer Gesundheitsstörung als Schädigungsfolge erforderliche Wahrscheinlichkeit nur deshalb nicht gegeben ist, weil über die Ursache der Gesundheitsstörung in der medizinischen Wissenschaft Ungewissheit besteht, kann mit Zustimmung des Bundesministeriums für Arbeit und Soziales die

Gesundheitsstörung als Schädigungsfolge anerkannt werden. [2]In den Fällen nach Kapitel 2 Abschnitt 2 Unterabschnitt 4 tritt an die Stelle der Zustimmung des Bundesministeriums für Arbeit und Soziales die Zustimmung der zuständigen obersten Landesbehörde. [3]Die Zustimmung kann allgemein erteilt werden.

Erläuterungen

Übersicht | Rn.

A. Allgemeines

1 Kapitel 2 beschäftigt sich mit dem Anspruch auf Leistungen der Sozialen Entschädigung. § 4 als Eingangsnorm des Kapitels regelt den Leistungsanspruch von Geschädigten, also derjenigen Personen, die unmittelbar vom schädigenden Ereignis betroffen sind und von denen sich alle Ansprüche ableiten.

B. Regelungsinhalt

I. Grundsatz und Antragsprinzip

2 Die Regelung beinhaltet in Absatz 1 Satz 1 noch einmal (s. Kommentierung zu § 1) den Kerngedanken der Sozialen Entschädigung: Staatliche Entschädigung wird (nur) geleistet für kausal durch ein schädigendes Ereignis und die daraus folgende Gesundheitsschädigung verursachte Schädigungsfolgen. Dieser Kerngedanke ist überhaupt erst die Grundlage für staatliche Entschädigungsleistungen.

3 Absatz 1 Satz 2 enthält die Bestimmung, dass das Vorliegen der erforderlichen Voraussetzungen auf Antrag festgestellt wird. Diese Regelung muss vor dem Hintergrund der öffentlichen Diskussion gesehen werden, die zur Funktion eines Grund- oder Anerkennungsbescheides in den Jahren vor Verab-

schiedung des SGB XIV geführt wurde. Von Betroffenenverbänden wurde u. a. bei den Beratungen der Runden Tische „Heimerziehung in den 50er und 60er Jahren“ und „Sexueller Kindesmissbrauch in Abhängigkeits- und Machtverhältnissen in privaten und öffentlichen Einrichtungen und im familiären Bereich“[20] ein „unrechtsanerkennender Versagungsbescheid“ gefordert. Dieser sollte ergehen, wenn es trotz nachgewiesener Gewalttat wegen des Fehlens weiterer Leistungsvoraussetzungen nicht zu Leistungen nach dem damaligen Opferentschädigungsgesetz (OEG) kommt. Begründet wurde dies damit, dass vielen Opfern eine materielle Entschädigung nicht so wichtig sei wie die (staatliche) Anerkennung des von ihnen erlittenen Unrechts. Der Gesetzgeber hat im SGB XIV dieser Forderung nur zum Teil entsprochen. Zwar besteht ein Rechtsanspruch auf den Bescheid[21], die Anerkennung („wird ... festgestellt“) erfolgt jedoch nicht in jedem Fall, sondern nur dann, wenn sie beantragt wird. Dies enthebt die zuständigen Behörden davon, in jedem Fall einer Ablehnung einen (Anerkennungs-)Bescheid fertigen zu müssen.

Der Anerkennungsbescheid stellt das Vorliegen der Kausalität zwischen schädigendem Ereignis, gesundheitlicher Schädigung und gesundheitlichen und wirtschaftlichen Schädigungsfolgen fest, woraus eben noch kein konkreter Leistungsanspruch folgt. Da er eine Statusfeststellung (Anerkennung als Geschädigte/Geschädigter) und damit einen rechtlichen Vorteil im Sinne von § 45 Abs. 1 SGB X beinhaltet, ist er als begünstigender Verwaltungsakt zu qualifizieren. Wie groß der Anwendungsbereich des Absatz 1 Satz 2 sein wird und welche Fragen sich ggf. aus einer Ablehnung eines Anerkennungsbescheides ergeben könnten, bleibt abzuwarten. 4

II. Anspruchserweiterungen

Nach Absatz 2 Ziffer 1 a) besteht ausnahmsweise ein Leistungsanspruch auch bei gesundheitlichen Schädigungen auf dem Weg zu oder von einer Leistung nach dem SGB XIV. War bei diesem Weg eine Begleitung notwendig, hat auch die Begleitperson einen Anspruch (Ziffer 2). Voraussetzung ist jeweils die Schädigung durch einen Unfall. Dieser ist identisch mit dem im Unfallversicherungsrecht des SGB VII verwendeten Begriff und damit als zeitlich begrenztes von außen auf den Körper einwirkendes Ereignis, welches zu einem gesundheitlichen Schaden oder zum Tod führt (§ 8 Abs. 1 Satz 2 SGB VII), anzusehen. Nach dem Wortlaut des Absatzes 2 muss zudem ein gewisser, vor allem zeitlicher Zusammenhang zwischen dem Schädigungstatbestand und dem Unfall gegeben sein. Dies entspricht der höchst- 5

20 Abschlussbericht, Anlage 1, S. 73/74.
21 Knickrehm LPK, Rn. 6 zu § 4.

richterlichen Rechtsprechung zum Unfall als Schädigungsfolge im Sinne des BVG[22], nach der keine Ursächlichkeit des militärischen Dienstes für den Unfall gefordert wurde, sondern ein zeitgleicher Ablauf mit einer militärischen Dienstverrichtung ausreichte.

6 Wegen der Orientierung des Unfallbegriffs am SGB VII wird auch hinsichtlich des Begriffs des Hin- und Rückwegs auf das SGB VII abzustellen sein. Hin- und Rückweg ist somit der Weg vom Aufenthaltsort des oder der Geschädigten zum Ort der Inanspruchnahme von Leistungen nach dem SGB XIV. Zudem muss dieser Weg notwendig sein, um Leistungen nach dem SGB XIV in Anspruch zu nehmen. Daher ist davon auszugehen, dass der direkte Weg ohne (nicht notwendige) Umwege gemeint ist. In den vergangenen Jahrzehnten spielten sog. Wegeunfälle vor allem im Bereich des SVG eine Rolle. Da dieses bzw. das ab dem 1. Januar 2025 geltende SEG nicht (mehr) zum Sozialen Entschädigungsrecht zählt, dürfte sich die Praxisrelevanz dieser Regelung für das SGB XIV in engen Grenzen halten. Nach dem Wortlaut ist es gleichgültig, welche Leistung in Anspruch genommen werden soll. Es kann sich daher z. B. um Leistungen in einer Traumaambulanz oder um Reha-Maßnahmen handeln.

7 Geschützt ist weiterhin durch Absatz 1 Ziffer 1 b) auch der Unfall während der Inanspruchnahme solcher Leistungen, also z. B. ein Sturz während einer Reha-Maßnahme.

8 Absatz 1 Ziffer 1 c) korrespondiert mit der in § 17 Absatz 2 enthaltenen Verpflichtung für Geschädigte vor allem im Rahmen der Opferentschädigung, das ihnen Mögliche und Zumutbare zur Aufklärung des Sachverhaltes und zur Strafverfolgung beizutragen. Anders als in § 2 Absatz 1 Satz 1 OEG ist in § 17 die unverzügliche Erstattung einer Strafanzeige nicht mehr ausdrücklich genannt (zu den Gründen s. Kommentierung zu § 17), dennoch wird sie im Regelfall möglich und zumutbar sein. Der Weg zur Polizei, um eine erlittene Gewalttat anzuzeigen, wird daher konsequenterweise vom Gesetz geschützt.

9 Wie in § 8b BVG wird der Leistungsanspruch nach Absatz 3 zudem ausnahmsweise auf Sachschäden ausgedehnt bei Beschädigungen und Verlust von Hilfsmitteln. Ob das getragene Hilfsmittel dabei in irgendeiner Beziehung zur erlittenen Schädigung steht, ist ohne Belang.[23] Als Hilfsmittel sind über die Verweisung in § 46 Absatz 1 Ziffer 1 die in § 31 Abs. 1 SGB VII genannten Hilfsmittel (z. B. Brillen, Kontaktlinsen und Zahnersatz) zu verstehen.

---

22 BSG, Urteil vom 25.11.1958, 10 RV 1055/55.
23 BT-Drs. 19/13824 S. 171.

III. Wahrscheinlichkeit des ursächlichen Zusammenhangs

Absatz 4 enthält eine weitere zentrale Norm der Sozialen Entschädigung. 10
Hier wird nämlich der Beweismaßstab für die Bewertung des ursächlichen Zusammenhangs zwischen Ereignis, Schädigung und Schädigungsfolge festgelegt. Sowohl für die haftungsbegründende als auch für die haftungsausfüllende Kausalität genügt – wie bisher – die Wahrscheinlichkeit, die gegeben ist, wenn nach dem aktuellen Stand der medizinischen Wissenschaft mehr für als gegen einen ursächlichen Zusammenhang spricht. Damit wird zum einen die bloße Möglichkeit eines kausalen Zusammenhangs als nicht ausreichend ausgeschlossen[24], zum anderen wird aber deutlich, dass auch eine hundertprozentige Sicherheit oder Überzeugung nicht erforderlich ist. Zum Begriff des aktuellen Standes der medizinischen Wissenschaft kann in Anlehnung (wiederum) an die höchstrichterliche Rechtsprechung zur gesetzlichen Unfallversicherung[25] davon ausgegangen werden, dass dies die durch Forschung und praktische Erfahrung erzielten Erkenntnisse sind, die von der (großen) Mehrheit der auf dem betreffenden Fachgebiet tätigen Experten anerkannt werden und über die daher Konsens herrscht. Zur Feststellung dieses aktuellen Standes sind dann alle verfügbaren Veröffentlichungen und Werke (Aufsätze, Lehrbücher, Vorträge, Merkblätter etc.) heranzuziehen.

Hinzuweisen ist an dieser Stelle darauf, dass es im Rahmen der Tatsachen- 11
ermittlung dagegen beim Erfordernis des Vollbeweises aller anspruchsbegründenden Tatsachen bleibt. In Ausnahmefällen besteht die Möglichkeit der Glaubhaftmachung (§ 117).

IV. Neue Vermutungsregelung

Nach Absatz 5 gilt für psychische Gesundheitsstörungen eine widerlegbare 12
Vermutung, die als Rechtsfigur der höchstrichterlichen Rechtsprechung[26] entnommen wurde. Diese Regelung ist also eine Ausnahme vom in Absatz 4 niedergelegten Grundsatz.

Grundlage dieser Vermutungsregelung ist die Annahme, dass bei Gesund- 13
heitsstörungen, die auf seelischen Einwirkungen beruhen, regelmäßig erhebliche Schwierigkeiten im Rechtssinne bestehen, den rechtlich entscheidenden Vorgang – das die Entschädigungspflicht auslösende Ereignis – als die wesentliche medizinische Ursache festzustellen. Diese Unsicherheit

24 BT-Drs. 19/13824 S. 171.
25 BSG, Urteil vom 16.3.2021, B 2 U 11/19.
26 BSG, Urteil vom 12.6.2003, B 9 VG 1/02 R; Rundschreiben des BMAS vom 9.5.2006, IVc 2 - 47035/1.

soll sich nicht zum Nachteil der geschädigten Person auswirken. Wenn ein Vorgang daher nach den medizinischen Erkenntnissen in signifikant erhöhtem Maße geeignet ist, eine bestimmte Erkrankung hervorzurufen, verdichtet sich die naheliegende Möglichkeit der Verursachung zur Wahrscheinlichkeit. Dies wiederum führt zur Anspruchsberechtigung. Die Einführung einer solchen Regelung war vor und während des Gesetzgebungsverfahrens vehement von Betroffenenverbänden, insbesondere aus dem Bereich der Bekämpfung sexuellen Missbrauchs, gefordert worden. Ungeachtet der Frage, ob in der medizinischen Wissenschaft zu den psychischen Erkrankungen auch heute noch dieselbe Unsicherheit vorliegt, wie sie es 2003 nach Ansicht des BSG gab, hat der Gesetzgeber die Vermutungsregelung entsprechend der Entscheidung des BSG in das SGB XIV eingefügt.

14 Bemerkenswert ist, dass das BSG in seiner damaligen Entscheidung hinsichtlich der medizinischen Erkenntnisse, die die Eignung zur Begründung eines ursächlichen Zusammenhangs begründen, auf die „Anhaltspunkte für die ärztliche Gutachtertätigkeit im sozialen Entschädigungsrecht und nach dem Schwerbehindertenrecht" (Anhaltspunkte) abgestellt hatte. Die Anhaltspunkte sind zwischenzeitlich durch die Versorgungsmedizinischen Grundsätze (VMG; Anlage zu § 2 der Versorgungsmedizin-Verordnung – VersMedV) ersetzt worden. Ausführungen zur Vermutungsregelung wurden in die VMG durch Artikel 2 der Verordnung zur Änderung der Werkstätten-Mitwirkungsverordnung und der Versorgungsmedizin-Verordnung vom 23. Juni 2023 aufgenommen. Abzuwarten bleibt, ob sich diese neue Vermutungsregelung so in der medizinischen und rechtlichen Praxis bewähren wird, wie sich die betroffenen Verbände und der Gesetzgeber sich dies erhoffen. Anzunehmen ist, dass sich bei psychischen Schädigungsfolgen die Anwendung des § 4 Absatz 5 zum Regelfall entwickeln wird, da sich „geeignete medizinische Tatsachen" für die Begründung eines ursächlichen Zusammenhangs bei psychischen Störungen regelmäßig finden lassen werden.

V. Kann-Versorgung

15 Nach Absatz 6 kann – wie bereits nach § 1 Absatz 3 BVG – in Ausnahmefällen eine Gesundheitsstörung als Schädigungsfolge anerkannt werden, wenn die zur Anerkennung einer Gesundheitsstörung als Folge einer Schädigung erforderliche Wahrscheinlichkeit nur deshalb nicht gegeben ist, weil über die Ursache der festgestellten Gesundheitsstörung in der medizinischen Wissenschaft Ungewissheit besteht (sog. „Kann-Versorgung").

Die Kann-Versorgung ist seit Jahrzehnten bewährt und sieht zugunsten des oder der Geschädigten einen Rechtsanspruch auf Leistungen vor, wenn die gerade aufgeführten Voraussetzungen erfüllt sind. Sie ist daher keine Ermessensleistung durch die zuständige Behörde.[27] Das Wort „kann" ist insoweit irreführend. Es bezieht sich auf die Feststellung der gesundheitlichen Störung, nicht aber auf die Leistungserbringung oder den Leistungsumfang. Entscheidend für die Frage, ob im Einzelfall eine Kann-Versorgung zu erbringen ist, ist das Vorliegen der in den VMG aufgeführten Voraussetzungen.[28] **16**

Die von Absatz 6 geforderte Ungewissheit bezieht sich auf zwei Aspekte. Zum einen allgemein auf die Ursache des Leidens, zum anderen im konkreten Einzelfall auf den ursächlichen Zusammenhang. Eine allgemeine Ungewissheit besteht (nur) dann, wenn es zur Frage der Kausalität bestimmter nachgewiesener Schädigungen für vorliegende Erkrankungen mehrere wissenschaftliche Erklärungsmodelle, Hypothesen, Theorien oder Lehrmeinungen gibt. Der Ursachenzusammenhang muss nach mindestens einer dieser Lehrmeinungen wahrscheinlich sein. Eine fiktive Lehrmeinung, die zwar denkmöglich ist, aber nicht vertreten wird, begründet keine Ungewissheit.[29] **17**

Die Kann-Versorgung bedarf der Zustimmung des BMAS bzw. in Fällen, in denen es um eine Schädigung während des Zivildienstes geht, der Zustimmung der obersten Landesbehörde. Die Zustimmung kann wie bislang auch allgemein erteilt werden. **18**

§ 5
Grad der Schädigungsfolgen, Verordnungsermächtigung

(1) [1]Der Grad der Schädigungsfolgen ist nach den allgemeinen Auswirkungen der körperlichen, seelischen, geistigen oder Sinnesbeeinträchtigungen, die durch die als Schädigungsfolge anerkannten Gesundheitsstörungen bedingt sind, in allen Lebensbereichen zu beurteilen. [2]Er ist nach Zehnergraden von zehn bis 100 zu bemessen. [3]Ein bis zu fünf Grad geringerer Grad der Schädigungsfolgen wird vom höheren Zehnergrad mit umfasst. [4]Vorübergehende Gesundheitsstörungen sind nicht zu berücksichtigen. [5]Als vorübergehend gilt ein Zeitraum von bis zu sechs Monaten. [6]Bei geschädigten Kindern und Jugendlichen ist der Grad der Schädigungsfolgen nach dem Grad zu bemessen, der sich bei Erwachsenen mit gleicher Gesund-

27 BSG, Urteil vom 16.3.1994, 9 RV 11/93.
28 Knickrehm LPK, Rn. 31 zu § 4 SGB XIV.
29 Rösner in MedSach 1990, S. 4.

heitsstörung ergibt, soweit damit keine Schlechterstellung der Kinder und Jugendlichen verbunden ist.

(2) Das Bundesministerium für Arbeit und Soziales wird ermächtigt, durch Rechtsverordnung mit Zustimmung des Bundesrates

1. **die Grundsätze aufzustellen, die für die Bewertung des Grades der Schädigungsfolgen im Sinne des Absatzes 1 maßgebend sind,**
2. **die Grundsätze aufzustellen, die für die Anerkennung einer Gesundheitsstörung als Schädigungsfolge nach § 4 Absatz 4 bis 6 maßgebend sind sowie**
3. **das Verfahren für die Aufstellung und Fortentwicklung der in Nummer 1 und 2 genannten Grundsätze zu regeln.**

Erläuterungen

Übersicht **Rn.**

A. Allgemeines

1 Die Regelung enthält den Beurteilungsmaßstab für den Grad der Schädigungsfolgen und die gesetzliche Grundlage zum Erlass der Versorgungsmedizin-Verordnung.

B. Regelungsinhalt

I. Grad der Schädigungsfolgen

2 Schädigungsfolgen sind körperliche, seelische, geistige oder Sinnesbeeinträchtigungen, die kausal aus der durch das schädigende Ereignis verursachten Gesundheitsstörung entstanden sind. Diese Definition einer Beeinträchtigung in ihrer Auswirkung auf alle Lebensbereiche entspricht § 2 SGB IX mit Ausnahme des zusätzlichen Erfordernisses der Feststellung eines ursächlichen Zusammenhangs mit einem schädigenden Ereignis. § 2 SGB IX orientiert sich wiederum an Artikel 1 Satz 2 des Übereinkommens der Vereinten Nationen vom 13.12.2006 über die Rechte von Menschen mit Behinderungen (UN-Behindertenrechtskonvention – UN-BRK).

Der Begriff der Schädigungsfolge ist der gleiche wie im BVG. In der Formulierung von § 5 kommt jedoch ein modernes Verständnis von Teilhabe und Behinderung zum Ausdruck. Eine Behinderung oder ein Gesundheitsschaden im Sinne des SGB XIV wird als Wechselwirkung zwischen gesundheitlicher Beeinträchtigung und dem persönlichen Umfeld wahrgenommen, nicht mehr isoliert als Krankheit oder Krankheitsfolge. Sie folgt daher, wie auch die UN-BRK, dem bio-psycho-sozialen Modell der ICF (International Classification of Functioning, Disability and Health), also der Klassifikation der Weltgesundheitsorganisation (WHO) für gesundheitliche Störungen. 3

Der Grad der Schädigungsfolgen (GdS) wird aus dem bisherigen Recht, in dem er seit 2007 im BVG galt, übernommen. Der GdS ist entscheidend für die Höhe der monatlichen Entschädigungszahlungen nach § 83. Weitere Auswirkungen auf Erbringung und Umfang von Leistungen hat er, anders als bisher, nicht. 4

§ 5 Abs. 1 Satz 4 regelt außerdem den Fall, dass sich eine Beeinträchtigung für Erwachsene weniger gravierend auswirkt als für Kinder. Dann ist die Beeinträchtigung nach der individuellen Auswirkung für das Kind zu beurteilen. 5

II. Verordnungsermächtigung

Wegen des Außerkrafttretens des BVG ist eine neue gesetzliche Ermächtigung für den Erlass der Versorgungsmedizin-Verordnung (VersMed; bisher: § 30 Absatz 16 BVG) erforderlich. Diese wird durch Absatz 2 geschaffen. Inhaltlich bleibt die VersMedV erhalten und kann zukünftig auf Grundlage der neuen Ermächtigung fortentwickelt und geändert werden. 6

§ 6
Anspruch auf Leistungen für Angehörige, Hinterbliebene und Nahestehende

(1) Angehörige, Hinterbliebene und Nahestehende erhalten Schnelle Hilfen nach Maßgabe der Vorschriften des Kapitels 4 sowie besondere psychotherapeutische Leistungen nach § 43 Absatz 2 Nummer 1 in Verbindung mit § 43 Absatz 4.

(2) Hinterbliebene erhalten darüber hinaus Leistungen zur Teilhabe am Arbeitsleben nach § 63 Absatz 3, Entschädigungszahlungen an Hinterbliebene nach Kapitel 9 Abschnitt 2, Leistungen zum Lebensunterhalt nach § 93 Absatz 1 Satz 2 und die Leistung zur Förderung einer Ausbildung nach § 94.

Erläuterungen

Übersicht **Rn.**

A. Allgemeines

1 Die Regelung führt auf, welche Leistungen Angehörige, Hinterbliebene und Nahestehende jeweils erhalten können. Sie knüpft dabei an die Definition der verschiedenen Berechtigtengruppen – mit Ausnahme der Geschädigten – in § 2 an und verknüpft diese mit den in § 3 aufgeführten Leistungen der Sozialen Entschädigung.

2 § 6 ist keine Anspruchsnorm, sondern benennt lediglich die Leistungen, die aufgrund der Zugehörigkeit zu einer der genannten Berechtigtengruppen möglich sind.

B. Regelungsinhalt

3 Dabei werden in Absatz 1 zunächst die Leistungen aufgeführt, die alle drei Berechtigtengruppen (Angehörige, Hinterbliebene, Nahestehende) erhalten können. Dem Grundgedanken der neuen Sozialen Entschädigung, schnell Unterstützung bereit zu stellen, entsprechend, sind dies zum einen die Schnellen Hilfen. Zum anderen sind dies in Anerkennung der belastenden psychischen Situation der Betroffenen nach der Schädigung oder gar dem Tod einer verwandten oder nahestehenden Person besondere psychotherapeutische Leistungen.

4 Absatz 2 nennt sodann die weiteren möglichen Leistungen für Hinterbliebene. Dies sind Leistungen, die den Verlust eines engen Verwandten anerkennen (Entschädigungszahlung), dadurch entgehenden Unterhalt ausgleichen (Leistungen zur Sicherung des Lebensunterhalts) oder beim beruflichen Fortkommen helfen (Leistungen zur Teilhabe am Arbeitsleben und zur Förderung einer Ausbildung) sollen.

5 Eine Kommentierung zu den möglichen Leistungen erfolgt jeweils bei der einschlägigen Vorschrift.

§ 7
Anspruch auf Leistungen für Ausländerinnen und Ausländer

Ausländerinnen und Ausländer haben dieselben Ansprüche wie Deutsche.

Erläuterungen

Übersicht

A. Allgemeines

Ausländerinnen und Ausländer haben nach dieser Regelung in Erweiterung des Schutzbereichs von BVG und OEG ohne Rücksicht auf ihren aufenthaltsrechtlichen Status dieselben Ansprüche nach dem SGB XIV wie Deutsche. Dies resultiert daraus, dass die Schutzpflicht des deutschen Staates gegenüber den Gefahren, die das SGB XIV erfasst, nicht von Nationalität oder Aufenthaltsstatus der betroffenen Personen abhängig ist. Die Anspruchsberechtigung nach dem SGB XIV ändert allerdings nichts am aufenthaltsrechtlichen Status, insbesondere bleibt eine bestehende Ausreisepflicht erhalten. 1

B. Regelungsinhalt und Historie

Die Regelung ist Schlusspunkt einer längeren Entwicklung zur Behandlung ausländischer Staatsangehöriger im Sozialen Entschädigungsrecht. Nach § 7 BVG hatten Ausländer („andere Kriegsopfer“) nur dann Anspruch auf Leistungen, wenn Sie auf deutscher Seite gekämpft hatten oder auf deutschem bzw. deutsch besetztem Territorium geschädigt worden waren und ihren Wohnsitz bzw. gewöhnlichen Aufenthalt in Deutschland hatten. Nach dem OEG konnten Ausländer nach der ursprünglichen Fassung des OEG[30] nur dann Anspruch erheben, wenn im Verhältnis zu ihrem Heimatstaat die sogenannte Gegenseitigkeit gewährleistet war. Der Heimatstaat musste also Deutschen, die auf seinem Hoheitsgebiet Opfer 2

30 BGBl. I 1976, S. 1181.

einer Gewalttat wurden, Entschädigungsleistungen gewähren, die zudem in ihrer Höhe den OEG-Leistungen vergleichbar waren. Dies war kaum einmal der Fall. In der gesamten Geschichte des OEG konnte die Gegenseitigkeit nur gegenüber einigen wenigen US-amerikanischen und australischen Bundesstaaten festgestellt werden.

3 Als Reaktion auf die Entscheidung des Europäischen Gerichtshofes (EuGH) vom 02.02.1989 in der Rechtssache Cowan[31] wurde § 1 Absatz 4 OEG dann mit Wirkung zum 01.07.1990 so geändert, dass Ausländer einen Anspruch wie Deutsche hatten, wenn sie Staatsangehörige eines (anderen) EU-Mitgliedstaates waren, soweit Rechtsvorschriften der Europäischen Gemeinschaften auf sie anwendbar waren, die eine Gleichbehandlung erforderlich machen, oder soweit dies aufgrund zwischenstaatlicher Vereinbarungen gesetzlich bestimmt war. Die Gleichbehandlung aufgrund Gegenseitigkeit blieb daneben bestehen.[32] Gleichzeitig wurden Regelungen in das OEG eingefügt, nach denen es für „sonstige" Ausländer, also insbesondere solche aus Nicht-EU-Mitgliedstaaten, nach ihrer jeweiligen Aufenthaltsdauer in Deutschland gestaffelte Leistungen gab.

4 Mit dem SER-Regelungsgesetz vom 12.12.2019 wurde dann die völlige Gleichbehandlung von Deutschen und Ausländern im Sozialen Entschädigungsrecht vollzogen. Kurioserweise wurde diese Gleichstellung für das OEG erst mit Gesetz vom 15.04.2020[33], also nach Verabschiedung des SER-Regelungsgesetzes, rückwirkend zum 01.07.2018 nachvollzogen.

5 Der Begriff Ausländerinnen/Ausländer wird in § 7 nicht definiert, sondern vorausgesetzt. In Anlehnung an das Aufenthaltsrecht wird davon auszugehen sein, dass mit dieser Begrifflichkeit jede Person gemeint ist, die nicht die deutsche Staatsangehörigkeit besitzt.

§ 8
Konkurrenz von Ansprüchen

(1) [1]Berechtigte haben wegen eines schädigenden Ereignisses nach diesem Buch gegen den Bund oder die Länder nur die auf diesem Buch beruhenden Ansprüche. [2]Jedoch finden die Vorschriften der beamtenrechtlichen Unfallfürsorge in der jeweils geltenden Fassung Anwendung. [3]Trifft ein Entschädigungsanspruch aufgrund eines schädigenden Ereignisses nach Kapitel 2 Abschnitt 2 Unterabschnitt 1

31 186/87; EURLex, Dokument 61987CJ0186.
32 Gesetz vom 21.7.1993; BGBl. I 1993, S. 1262.
33 BGBl. I 2020, S. 811.

mit einem Schadensersatzanspruch aufgrund fahrlässiger Amtspflichtverletzung zusammen, so wird der Anspruch nach § 839 Absatz 1 des Bürgerlichen Gesetzbuchs nicht dadurch ausgeschlossen, dass die Voraussetzungen für den Entschädigungsanspruch bestehen.

(2) [1]Treffen Ansprüche aus mehreren schädigenden Ereignissen nach § 1 Absatz 2 zusammen, so ist ein einheitlicher Grad der Schädigungsfolgen festzusetzen. [2]Dies gilt auch, wenn Ansprüche aus diesem Gesetz mit Ansprüchen nach dem Soldatenentschädigungsgesetz oder aus anderen Gesetzen, die eine entsprechende Anwendung dieses Gesetzes vorsehen, zusammentreffen.

(3) [1]Ansprüche nach dem Siebten Buch, nach dem Soldatenversorgungsgesetz oder nach der beamtenrechtlichen Unfallfürsorge gehen den Ansprüchen nach diesem Buch vor, soweit beide Ansprüche auf derselben Ursache beruhen. [2]Der Anspruch auf Leistungen nach diesem Buch ruht in Höhe der Versorgung aus der gesetzlichen Unfallversicherung oder nach dem Soldatenversorgungsgesetz und in Höhe des Unterschiedsbetrags zwischen einer Versorgung nach allgemeinen beamtenrechtlichen Bestimmungen und aus der beamtenrechtlichen Unfallfürsorge, soweit beide Ansprüche auf derselben Ursache beruhen.

Erläuterungen

Übersicht **Rn.**

A. Allgemeines

Die Regelung enthält Anspruchsbeschränkungen. Wer einen Antrag nach § 10 SGB XIV gestellt und daraufhin Leistungen bewilligt bekommen hat, für den sind über diese Leistungen hinausgehende Ansprüche, insbesondere Amtshaftungsansprüche gemäß Artikel 34 Grundgesetz und § 839 BGB, ausgeschlossen. Eine Ausnahme sind allerdings Ansprüche nach den Vorschriften der beamtenrechtlichen Unfallfürsorge. **1**

B. Regelungsinhalt

I. Grundsatz

2 Nach § 8 Absatz 1 Satz 1 gilt grundsätzlich, dass Berechtigte wegen eines schädigenden Ereignisses nur die nach dem SGB XIV vorgesehenen Ansprüche haben. Wurde bereits ein anderer Anspruch geltend gemacht, geht dieser gemäß § 120 Absatz 1 auf den zuständigen Träger der Sozialen Entschädigung über. Allerdings erscheint diese Fallkonstellation eher theoretischer Natur zu sein. Es ist nämlich wenig realistisch anzunehmen, dass z. B. ein Amtshaftungsanspruch geltend gemacht, aber ein gesetzlicher Entschädigungsanspruch vollkommen „übersehen" wird.

II. Ausnahmen

3 § 8 Absatz 1 Satz 2 regelt dann die Ausnahme von Satz 1. Ansprüche aus der beamtenrechtlichen Unfallfürsorge, die nach dem Beamtenversorgungsgesetz des Bundes bzw. den entsprechenden Gesetzen auf Landesebene erbracht werden, bestehen weiterhin und gehen gemäß § 8 Absatz 3 den Ansprüchen nach dem SGB XIV vor. Somit soll eine Doppelleistung aus staatlichen Entschädigung- bzw. Versorgungssystemen vermieden werden. Dass die Ansprüche aus der beamtenrechtlichen Unfallfürsorge die Ansprüche nach dem SGB XIV nicht gänzlich ausschließen, sondern ihnen „nur" vorgehen, hat seinen Grund darin, dass es möglicherweise Leistungen nach dem SGB XIV gibt, die nach den Vorschriften der beamtenrechtlichen Unfallfürsorge nicht erbracht werden. Diese Leistungen sollen den Berechtigten nicht vorenthalten werden.

4 § 8 Absatz 1 Satz 3 enthält eine weitere Ausnahme vom Grundsatz des Satzes 1. Ein Amtshaftungsanspruch nach § 839 BGB wird durch einen Entschädigungsanspruch nach dem SGB XIV als Gewaltopfer nicht ausgeschlossen, wenn die Amtshaftung auf einem fahrlässigen Verhalten beruht. Damit behält der oder die Betroffene trotz der prinzipiellen Subsidiarität seinen Anspruch auf Amtshaftung gegenüber dem Beamten oder der Beamtin.

5 Existieren Ansprüche aufgrund mehrerer unterschiedlicher schädigender Ereignisse, wird nach § 8 Absatz 2 ein einheitlicher Grad der Schädigungsfolgen (Gesamt-GdS) festgesetzt, auch dann, wenn – wie bisher in § 3 Absatz 1 OEG – Ansprüche aus dem SGB XIV mit Ansprüchen aus anderen Gesetzen zusammentreffen, die eine entsprechende Anwendung des SGB XIV vorsehen. Für die Bildung dieses Gesamt-GdS gelten die Re-

gelungen der Versorgungsmedizinischen Grundsätze. Beträgt der Gesamt-GdS mindestens 30, dann wird auch eine einheitliche monatliche Entschädigungszahlung erbracht.

III. Vor- und Nachrangigkeit

Schließlich sieht § 8 Absatz 3 vor, dass bei einem Zusammentreffen von 6
Ansprüchen nach dem SGB XIV mit Ansprüchen aus anderen staatlichen oder sozialversicherungsrechtlichen Versorgungssystemen erstere gegenüber letzteren nachrangig sind. Damit sollen Doppelleistungen für denselben Entschädigungstatbestand vermieden werden. Nicht erfasst sind dabei Leistungen aus privaten Versicherungen, da nicht bestraft werden soll, wer aus eigenem Antrieb und aus eigenen finanziellen Mitteln Vorsorge getroffen hat.

Zudem wird der sich bei einem solchen Zusammentreffen ggf. ergebende 7
Ruhensbetrag in § 8 Absatz 3 Satz 2 festgelegt.

§ 9
Ausschluss der Pfändbarkeit von Ansprüchen

Ansprüche auf Entschädigungszahlungen nach Kapitel 9 und die Geldleistung nach § 144 können nicht gepfändet werden.

Erläuterungen

Übersicht **Rn.**

A. Allgemeines

Diese Regelung schützt die Entschädigungszahlungen nach dem SGB XIV 1
vor Pfändungen. Geschützt werden alle nach dem 9. Kapitel des SGB XIV und nach § 144 möglichen laufenden Geldleistungen, und zwar sowohl die monatlichen Entschädigungszahlungen als auch Abfindungen.

B. Regelungsinhalt

2 Das Pfändungsverbot ist dabei Ausfluss des Zwecks der Entschädigungszahlungen nach dem SGB XIV. Diese Leistungen sollen in Anerkennung der erlittenen Schädigung dem oder der Geschädigten voll zugutekommen.

3 Allerdings werden noch weitere Leistungen nach dem SGB XIV über die Vorschriften im SGB I vor Pfändungen geschützt. So schützt § 54 Abs. 1 SGB I Dienst- und Sachleistungen, also z. B. Leistungen der Krankenbehandlung der Sozialen Entschädigung. § 54 Abs. 4 SGB I schließlich schützt über den Verweis auf § 850a ZPO die Leistungen nach § 82 SGB XIV.

4 Nicht vor Pfändung geschützt sind insbesondere die Geldleistungen, die ein Arbeitseinkommen ersetzen sollen, wie z. B. der Berufsschadensausgleich oder das Krankengeld der Sozialen Entschädigung.

5 In der Praxis wird somit bei vielen Einzelleistungen jeweils eine genaue Prüfung der Pfändbarkeit vorgenommen werden müssen.

6 Abschließend sei darauf hingewiesen, dass die oder der Berechtigte unabhängig von § 9 natürlich weiter frei über ihr oder ihm zustehende Entschädigungszahlungen verfügen und diese z. B. auch zur Schuldentilgung einsetzen kann.

§ 10
Antragserfordernis

(1) Leistungen der Sozialen Entschädigung werden auf Antrag erbracht, soweit dieses Buch nichts Abweichendes regelt.

(2) [1]Von Amts wegen werden Besondere Leistungen im Einzelfall nach Kapitel 11 erbracht. [2]Hiervon ausgenommen ist die Leistung nach § 94.

(3) Von Amts wegen können erbracht werden:
1. **Leistungen der Krankenbehandlung nach Kapitel 5,**
2. **Leistungen zur Teilhabe am Arbeitsleben nach § 63,**
3. **Leistungen zur Teilhabe an Bildung nach § 65 und**
4. **Leistungen zur Sozialen Teilhabe nach § 66.**

(4) Sind Geschädigte gesetzlich krankenversichert, gelten Anträge auf Leistungen nach Kapitel 5 zugleich als Anträge auf die entsprechenden Leistungen ihrer Krankenkasse, Anträge auf Leistungen ihrer Krankenkasse zugleich als Anträge auf die entsprechenden Leistungen nach Kapitel 5.

(5) [1]Für Leistungen der Traumaambulanz genügt es, wenn unverzüglich nach der zweiten Sitzung ein Antrag gestellt wird. [2]Bei Kontaktaufnahme des Fallmanagements mit möglicherweise berechtigten Personen genügt es, wenn nach der Kontaktaufnahme ein Antrag gestellt wird.

(6) Der Antrag auf Leistungen der Sozialen Entschädigung als Opfer einer Gewalttat nach Abschnitt 2 Unterabschnitt 1 kann auch gestellt werden über eine Unterstützungsbehörde eines anderen Mitgliedstaates der Europäischen Union im Sinne des Artikels 3 Absatz 1 der Richtlinie 2004/80/EG des Rates vom 29. April 2004 zur Entschädigung der Opfer von Straftaten (ABl. L 261 vom 6.8.2004, S. 15).

Erläuterungen

Übersicht

A. Allgemeines

Die Regelung legt fest, dass Leistungen grundsätzlich nur auf Antrag erbracht werden (Absatz 1) und welche Ausnahmen es von diesem Grundsatz (Absatz 2 bis 4) gibt. Zudem sind besondere Regelungen bei der Inanspruchnahme von Traumaambulanzen sowie für Gewalttaten in grenzüberschreitenden Fällen enthalten. 1

B. Regelungsinhalt

I. Antragserfordernis

Der Antrag ist eine einseitige, empfangsbedürftige, öffentlich-rechtliche Willenserklärung, mit der zum Ausdruck gebracht wird, eine (Sozial-)Leistung in Anspruch nehmen zu wollen.[34] 2

34 Knörr HK-SozEntsch § 60 Rn. 5.

3 Nach Absatz 1 werden zunächst einmal grundsätzlich alle Leistungen nach dem SGB XIV (nur) auf Antrag erbracht. Es liegt somit in der Entscheidung der Berechtigten, ob sie überhaupt und wenn ja, welche Leistungen der Sozialen Entschädigung sie erhalten möchten.[35] Die Gründe hierfür können vielgestaltig sein, etwa weil der Täter oder die Täterin nicht benannt werden soll, weil das mitunter belastende Verwaltungsverfahren gescheut wird oder weil man aufgrund eigenen Vermögens Entschädigungsleistungen nicht nötig zu haben meint. Soweit ersichtlich haben in der Vergangenheit auch einige prominente Opfer von Anschlägen nie einen Antrag auf Opferentschädigung gestellt. Den Staat jedenfalls gehen die Beweggründe von Berechtigten beim Antragsverzicht grundsätzlich nichts an, es sei denn, dass dies im Rahmen des § 17 eine Rolle spielt.

4 Daraus, dass „Leistungen" auf Antrag erbracht werden, ist zudem zu schließen, dass es keinen umfassenden Anspruch auf Leistungen der Sozialen Entschädigung oder auf „Beschädigtenversorgung" gibt, sondern dass jede Leistung einzeln zu beantragen ist.[36] Die höchstrichterliche Rechtsprechung hat hierzu jedoch zum Schutz der Betroffenen geurteilt, dass ein Antrag unter Einbeziehung aller Umstände erkennbaren Willen des Antragstellers bzw. der Antragstellerin auszulegen und daher auf alle nach Lage des Falles in Betracht kommenden Leistungen gerichtet anzusehen ist.[37]

5 Mangels entsprechender Vorschriften in § 10 gibt es weder zwingende Fristen noch Formen für den Antrag. Allerdings ist zu beachten, dass das Antragsdatum nach § 11 wichtig für den Beginn der Leistungserbringung ist. Zu den einzelnen Fallgestaltungen siehe die Kommentierung dort.

6 Zwar gibt es Antragsformulare z. B. auf Leistungen nach dem OEG auf den Webseiten aller Landesministerien und der zuständigen nachgeordneten Behörden sowie ein bundesweit anerkanntes Formular im Internetauftritt des BMAS. Diese stellen jedoch lediglich eine Hilfe und Verfahrenserleichterung dar, mussten aber auch bislang nicht zwingend genutzt werden. Dies wird zukünftig auch für Anträge nach dem SGB XIV gelten.

7 Gestellt werden sollte der Antrag natürlich bei der örtlich und sachlich zuständigen Behörde. Nach § 16 SGB I kann der Antrag aber auch bei jeder anderen Sozialbehörde sowie bei den deutschen diplomatischen und konsularischen Vertretungen im Ausland gestellt werden und ist dann an die zuständige Behörde weiterzuleiten.

---

35 BT-Drs. 19/13824, S. 173.

36 BSG, Urteil vom 01.04.1981, 9 RV 49/80, Breithaupt 1982, 321; Knickrehm LPK Rn. 5 zu § 10.

37 BSG, Urteil vom 11.12.2008, B 9 VS 1/08 R; BSGE 102, 149; BSG, Urteil vom 28.04.2005, B 9a/9 VG 3/04 in SozR 4-3800 § 1 Nr. 9 Rn. 28.

II. Leistungserbringung von Amts wegen

8 Nach Absatz 2 sind Besondere Leistungen im Einzelfall von Amts wegen zu erbringen, also ohne Antrag oder sonstige verfahrenseinleitende Maßnahmen. Besondere Leistungen werden nach § 92 Abs. 1 erbracht, wenn und solange Berechtigte schädigungsbedingt nicht oder nicht ausreichend in der Lage sind, ihre jeweiligen Bedarfe aus ihrem Einkommen oder Vermögen zu decken. Sie von Amts wegen zu erbringen entspricht ihrem Leistungszweck und ist zudem (auch an dieser Stelle) Ausdruck der besonderen Fürsorge der staatlichen Gemeinschaft für die erfassten Personenkreise.

9 Ausgenommen ist die Leistung zur Ausbildungsförderung, also die Rückzahlung des für die Ausbildung erlangten (BaföG-)Darlehens. Diese Rückzahlung ist wiederum selbst fristgebunden und bedarf eines Tätigwerdens des oder der Geschädigten.

10 Absatz 3 stellt eine Erbringung von Amts wegen der dort aufgeführten Leistungen in das Ermessen der zuständigen Behörde. Es handelt sich um die Leistungen der Krankenbehandlung der Sozialen Entschädigung und um einige Teilhabeleistungen. Dem liegt wohl der Gedanke zugrunde, dass diese Leistungen einerseits für die möglichst schnelle körperliche Wiederherstellung und berufliche Wiedereingliederung der Berechtigten besonders wichtig sind, andererseits es aber für die Berechtigten in ihrer belastenden Situation – und angesichts der immer noch bestehenden großen Unkenntnis in weiten Teilen der Öffentlichkeit über die Ansprüche nach dem Sozialen Entschädigungsrecht – schwierig sein könnte, diese Leistungen trotz gegebener Voraussetzungen als zustehend zu erkennen und dann auch zu beantragen. Dies bedeutet zudem, dass sich das Ermessen auf Null reduziert, wenn der Behörde bekannt ist, dass alle erforderlichen Voraussetzungen zur Erbringung der genannten Leistungen vorliegen. Hinsichtlich der Ermessensausübung gelten ansonsten die üblichen Grundsätze.

III. Sonderregelung bei gesetzlich Krankenversicherten

11 Absatz 4 nimmt eine Gleichstellung von Anträgen auf Leistungen der Krankenbehandlung der Sozialen Entschädigung und bei der Krankenkasse in der Weise vor, dass der Antrag auf das eine auch den Antrag auf das andere beinhaltet. Diese Regelung ist als § 18a Abs. 1 Satz 3 BVG bereits im bisherigen Recht enthalten. Nach der Gesetzesbegründung[38] stellt diese Regelung eine Verfahrenserleichterung zugunsten der Geschädigten dar, die sich nicht überlegen müssen, ob die gewünschte Leistung eine der Kran-

38 BT-Drs. 19/13842.

kenkasse oder eine der Sozialen Entschädigung ist. Für weitere Leistungsberechtigte gilt die Regelung nach dem eindeutigen Wortlaut nicht.

IV. Sonderregelung für Leistungen in einer Traumaambulanz

12 Absatz 5 betrifft Anträge auf Leistungen in der Traumaambulanz bzw. auf Leistungen des Fallmanagements (FM). Um den Zugang zu diesen Leistungen möglichst niedrigschwellig und unbürokratisch zu halten, muss vor deren Inanspruchnahme ein Antrag noch nicht vorliegen. Auf einen solchen wird aber nicht gänzlich verzichtet, vielmehr genügt es, wenn der Antrag nach der zweiten Sitzung in der TA gestellt wird. Allerdings muss dies dann unverzüglich, also gemäß § 121 Abs. 1 Satz 1 BGB ohne schuldhaftes Zögern, erfolgen. Somit ergibt sich daraus dann eine Verpflichtung zum Antrag, ohne dessen Vorliegen weitere Leistungen nicht möglich sind. Kein schuldhaftes Zögern wird man annehmen dürfen, wenn die verzögerte Antragstellung auf Folgen der Schädigung, wie z. B. Angstzustände, zurückzuführen sind. Der Antrag muss aber jedenfalls vor der dritten Sitzung in der TA vorliegen.

13 Falls die zuständige Behörde bereits im Rahmen des gesetzgeberisch gewünschten proaktiven Tätigwerdens des Fallmanagements (§ 30 Abs. 6) auf Geschädigte zugegangen ist, dann genügt es nach Absatz 5 Satz 2, wenn ein Antrag nach dieser Kontaktaufnahme gestellt wird. Zu beachten ist, dass dieser Antrag nicht unverzüglich zu stellen ist. Die Erwartungshaltung des Gesetzgebers ist hier demnach weniger strikt als bei den Leistungen in einer TA, was aber dadurch gerechtfertigt ist, dass zu den Leistungen des FM nach § 30 Abs. 4 Ziffer 4 ausdrücklich die Unterstützung bei der Antragstellung und die Aufklärung über die Einleitung des Verfahrens zählen. Darunter fällt sicherlich auch der Hinweis auf zu beachtende Fristen.

V. Sonderregelung EU

14 Absatz 6 bezieht sich auf die EU-Richtlinie 2004/80/EG über die Entschädigung der Opfer von Straftaten. Nach deren Regelungen können Menschen, die in einem anderen Mitgliedstaat der EU Opfer einer Gewalttat geworden sind, sich an eine sogenannte Unterstützungsbehörde wenden, um dort einen Antrag auf staatliche Opferentschädigung zu stellen. Unterstützungsbehörden im Sinne der Richtlinie sind von den einzelnen Mitgliedstaaten benannte Behörden, die Antragstellern die für die Antragstellung erforderlichen Informationen und Formulare übermitteln, die zuständige Behörde im „Tatland“ ermitteln, den Antrag dorthin weiterleiten und das weitere Verfahren begleiten.

Der Antrag kann bei diesen Unterstützungsbehörden wirksam von Opfern einer Gewalttat gestellt werden, die in einem anderen Mitgliedstaat der EU ihren Wohnsitz oder gewöhnlichen Aufenthalt haben. Beispielsweise können französische oder griechische Staatsangehörige ihren Antrag bei der französischen bzw. griechischen Unterstützungsbehörde einreichen. 15

§ 11

Beginn der Leistungserbringung, Kostenregelung für die erste Inanspruchnahme Schneller Hilfen

(1) Leistungen, die auf Antrag erbracht werden, sind ab dem Monat zu erbringen, in dem die Voraussetzungen für die Inanspruchnahme vorliegen, frühestens ab dem Monat, in dem der Antrag auf diese Leistungen gestellt wird.

(2) [1]Abweichend von Absatz 1 sind für Zeiträume vor der Antragstellung Leistungen zu erbringen, wenn der Antrag innerhalb eines Jahres nach dem schädigenden Ereignis gestellt war. [2]War die anspruchsberechtigte Person ohne ihr Verschulden an der Antragstellung verhindert, so verlängert sich diese Frist um den Zeitraum der Verhinderung.

(3) Leistungen, die von Amts wegen erbracht werden, sind frühestens ab dem Monat zu erbringen, in dem der zuständigen Behörde die der Leistung zugrundeliegenden Tatsachen bekannt geworden sind.

(4) [1]Leistungen der Schnellen Hilfen werden für Zeiträume vor der Antragstellung nicht erbracht. [2]Dies gilt nicht für die Inanspruchnahme der ersten beiden Sitzungen in der Traumaambulanz sowie die Kontaktaufnahme des Fallmanagements mit möglicherweise berechtigten Personen.

(5) Die Kosten für die ersten beiden Sitzungen in der Traumaambulanz sowie die erste Kontaktaufnahme durch das Fallmanagement werden auch dann getragen, wenn Ansprüche nach diesem Buch nicht bestehen, auch nicht im Erleichterten Verfahren nach § 115.

Erläuterungen

Übersicht

A. Allgemeines

1 Die Vorschrift trifft Regelungen zum Leistungsbeginn und zu Kostenregelungen bei Schnellen Hilfen.

B. Regelungsinhalt

I. Grundsatz zum Leistungsbeginn

2 Absatz 1 betrifft Leistungen, die auf Antrag erbracht werden und knüpft damit an § 10 Abs. 1 an. Die Leistungen werden ab dem Monat erbracht, in dem ihre Voraussetzungen gegeben sind, frühestens ab dem Antragsmonat. Daraus wird deutlich, dass der Antrag grundsätzlich materiell-rechtliche Voraussetzung für die Leistungserbringung ist: Ohne Antrag keine Leistung. Antragsleistungen sind alle Leistungen nach dem SGB XIV außer denjenigen, für die Sondervorschriften gelten. Diese Ausnahmen werden in den folgenden Absätzen behandelt.

II. Ausnahmen

3 Absatz 2 sieht – wie im bisherigen Recht – vor, dass auch für Zeiträume vor der Antragstellung Leistungen zu erbringen sind, wenn der Antrag innerhalb eines Jahres nach dem schädigenden Ereignis gestellt wird. Diese Regelung nimmt auf der einen Seite Rücksicht auf die Betroffenen, die sich in einer oftmals belastenden Situation befinden und gibt ihnen Zeit, die Erfolgsaussichten und evtl. Belastungen eines Antrags und des folgenden Verwaltungsverfahrens ebenso abzuwägen wie die erhoffte Unterstützung durch die in Betracht kommenden Leistungen. Dies dürfte wohl vor allem Opfern sexueller oder häuslicher Gewalt zugutekommen, vor allem dann, wenn die Täter aus dem familiären oder sonstigen näheren Umfeld stammen.

4 Auf der anderen Seite wird durch die Regelung ein Anreiz für die Betroffenen gesetzt, den Antrag relativ zeitnah zum schädigenden Ereignis zu stellen, wenn die Chancen zur Aufklärung des Sachverhalts noch besonders hoch sind.

5 Die Formulierung „innerhalb eines Jahres nach dem schädigenden Ereignis“ ist in Anlehnung an § 187 BGB so zu verstehen, dass die Frist am Tage nach dem schädigenden Ereignis bzw. der letzten schädigenden Einwirkung beginnt.

Absatz 2 Satz 2 regelt den Fall, dass eine schuldlose Verhinderung der Antragstellung vorliegt. Dann verlängert sich die Jahresfrist um den Zeitraum der Verhinderung. Somit müssen mehrere Voraussetzungen erfüllt sein, damit die Verlängerung greift. Zum einen muss – eigentlich selbstverständlich – die Verhinderung innerhalb der Jahresfrist liegen. Ein wie auch immer geartetes Hindernis nach Ende der Jahresfrist bewirkt keine Verlängerung. Zum anderen darf die antragstellende Person kein Verschulden an der Verhinderung treffen. Als Verhinderungsgrund können viele unterschiedliche Umstände in Betracht, z.B. schwere Erkrankungen oder technische Probleme bei der Übermittlung des Antrags, aber auch Hindernisse aus dem familiären oder häuslichen Umfeld. Ein mögliches Verschulden wird dabei umso genauer zu prüfen sein, je länger die antragstellende Person zuwartet.[39] Bloße Unkenntnis der einschlägigen Gesetzesregelungen begründet keine Entschuldigung für ein Versäumen der Frist. 6

Zum Begriff des Verschuldens kann mit der bisherigen höchstrichterlichen Rechtsprechung zu § 60 BVG[40] auf die Regelungen in § 27 SGB X und § 67 SGG abgestellt werden. Ohne Verschulden handelt danach, wer die nach den Umständen von einer gewissenhaft handelnden Person zu erwartende Sorgfalt beachtet. Bei der Wertung sind Aspekte wie Alter, Bildung, Geisteszustand und Gewandtheit in gesellschaftlichen und wirtschaftlichen Fragen zu berücksichtigen. Der Maßstab zur Beurteilung des Verschuldens ist somit ein subjektiver, auf die einzelne Person abstellender. 7

Nicht verschuldensfähig sind geschäftsunfähige (jünger als 7 Jahre; § 104 BGB), dauerhaft geistesgestörte oder handlungsunfähige (jünger als 15 Jahre, § 36 SGB I) Personen. 8

In der Literatur wird diskutiert, ob im Rahmen des Verschuldens § 208 BGB entsprechend anzuwenden[41] oder zumindest zu berücksichtigen[42] ist. § 208 BGB hemmt die Verjährung von (zivilrechtlichen) Ansprüchen wegen Verletzung der sexuellen Selbstbestimmung bis zur Vollendung des 21. Lebensjahres der geschädigten Person bzw. bei häuslicher Gemeinschaft bis zu deren Beendigung. Geregelt wird also nicht das Versäumen einer Antragsfrist, wie in § 11. Es drückt sich jedoch in dieser Vorschrift ein dem Gesetzgeber wichtiges Anliegen, nämlich der Schutz von (unschuldigen) Opfern sexuellen Missbrauchs, aus. Dieses Anliegen wiederum findet sich auch ausdrücklich in Bestimmungen des SGB XIV wieder (§ 13 Abs. 1 Ziffer 2, Absatz 2). 9

39 Knickrehm LPK Rn. 16 zu § 11.
40 BSG, Urteil vom 15.8.2000, B 9 VG 1/99 R, juris Rn 13.
41 Karl in Schmidt, Rn. 28 zu § 11.
42 Knickrehm LPK, Rn. 20 zu § 11.

Somit erscheint es nicht nur als zulässig, sondern als sachgerecht, dieses gesetzgeberische Anliegen in die Verschuldensprüfung bei einer eigentlich verspäteten Antragstellung mit einzubeziehen.

10 Zuzurechnen ist der antragstellenden Person ein Verschulden einer rechtsgeschäftlich bestellten oder gesetzlichen Vertretung.[43] Dabei ist der Maßstab für die Vertretung derselbe wie bei der antragstellenden Person.

11 Problematisch ist eine Zurechnung natürlich insbesondere in Fällen, in denen z.B. ein Elternteil gleichzeitig Täter oder Täterin ist und deshalb ein Interesse daran hat, dass die Tat nicht bekannt und deswegen ein Antrag nach dem SGB XIV nicht gestellt wird. Hierzu hat das BSG allerdings bereits mehrfach entschieden[44], dass eine Zurechnung dann nicht zulässig ist.

12 Absatz 3 bezieht sich auf Leistungen, die von Amts wegen erbracht werden, und knüpft damit an § 10 Abs. 3 an. Diese können frühestens ab dem Monat erbracht werden, in dem der zuständigen Behörde die der Leistung zugrundeliegenden Tatsachen bekannt werden, womit das Antragsprinzip des Absatzes 1 durchbrochen wird.

13 Die Absätze 4 und 5 enthalten spezielle Regelungen für die Schnellen Hilfen und zur Kostentragung. Sie sollen ein möglichst frühes Einsetzen der Leistungen der Sozialen Entschädigung im Interesse der Betroffenen fördern und bewirken.

14 Absatz 4 Satz 1 konstatiert zunächst das Prinzip, dass Schnelle Hilfen für Zeiträume vor der Antragstellung nicht erbracht werden, macht davon in Satz 2 aber gleich Ausnahmen. In Anknüpfung an § 10 Abs. 5 können die ersten beiden Sitzungen in der TA vor der Antragstellung ebenso in Anspruch genommen werden wie die Kontaktaufnahme durch das Fallmanagement.

III. Kostenregelung bei Schnellen Hilfen

15 Absatz 5 regelt die Kostentragung für die ersten beiden Sitzungen in der TA sowie die Kontaktaufnahme durch das Fallmanagement. Dies erscheint an dieser Stelle auf den ersten Blick etwas befremdlich, erklärt sich aber durch den engen Zusammenhang mit Absatz 4. Dem gesetzgeberischen Willen entspricht es, die Leistungen der Schnellen Hilfen möglichst zeitnah nach der Tat und im Falle des Fallmanagements auch proaktiv zu erbringen und bei der Prüfung der Leistungsberechtigung summarisch (§ 115) vorzugehen. Konsequent ist es daher, das Kostenrisiko für den Fall, dass eine Person, die diese Leistungen ohne Antrag in Anspruch genommen hat und bei der sich

43 Zuletzt BSG, Urteil vom 28.4.2005 – B 9/9a VG 1/04, BSGE 94, 282.

44 Zuletzt Urteil vom 28.4.2005, B 9/9a VG 1/04; BSGE 94,282.

später herausstellt, dass kein Anspruch bestand, nicht bei dieser Person zu belassen, sondern auf einen Regress zu verzichten.

Etwas kurios erscheint, dass für den Fall der Inanspruchnahme der genannten Leistungen bei bestehendem Anspruch nach dem SGB XIV keine entsprechende Regelung besteht. Hier wird davon auszugehen sein, dass im Sinne eines „erst recht"-Schlusses diese Leistungen natürlich auch kostenfrei erbracht werden, die beiden ersten Sitzungen in der TA und die Kontaktaufnahme durch das Fallmanagement also immer kostenlos sind. **16**

§ 12
Übernahme der Aufwendungen für Dolmetscherinnen und Dolmetscher, Übersetzerinnen und Übersetzer sowie Kommunikationshilfen

(1) [1]Bei der Ausführung von Leistungen nach diesem Buch und im Verwaltungsverfahren werden notwendige Aufwendungen für Dolmetscherinnen und Dolmetscher sowie Übersetzerinnen und Übersetzer von dem Träger der Sozialen Entschädigung getragen, wenn eine berechtigte oder antragstellende Person ihren gewöhnlichen Aufenthalt seit weniger als fünf Jahren im Geltungsbereich dieses Buches hat. [2]Für Leistungen in einer Traumaambulanz und psychotherapeutische Leistungen nach Kapitel 5 beträgt diese Frist zehn Jahre.

(2) Hat eine antragstellende oder berechtigte Person ihren gewöhnlichen Aufenthalt im Ausland, werden notwendige Aufwendungen für Übersetzerinnen und Übersetzer bei der Antragstellung nach diesem Buch von dem Träger der Sozialen Entschädigung getragen.

(3) Bei der Ausführung von Leistungen nach diesem Buch und im Verwaltungsverfahren werden notwendige Aufwendungen für Kommunikationshilfen nach Maßgabe des § 9 des Behindertengleichstellungsgesetzes in Verbindung mit der Kommunikationshilfenverordnung übernommen.

Erläuterungen

Übersicht

A. Allgemeines

1 § 12 regelt die Übernahme von Kosten für Übersetzerinnen und Übersetzer, Dolmetscherinnen und Dolmetscher sowie Kommunikationshilfen. Zweck der Vorschrift ist die Ermöglichung und Sicherstellung der Kommunikation zwischen zuständiger Behörde und der antragstellenden oder berechtigten Person. Diese kann ggf. durch fehlende Kenntnisse der deutschen Sprache (Absätze 1 und 2) oder durch eine Hör- oder Sprachbehinderung (Absatz 3) problematisch sein.

B. Regelungsinhalt

I. Anspruch auf Kostenübernahme

2 Absatz 1 beschreibt, wann der Anspruch auf Kostenübernahme greift und was er umfasst. Dabei werden die verwendeten Begriffe nicht definiert, sondern ihre Kenntnis vorausgesetzt.

3 Übersetzerinnen und Übersetzer übertragen ein fremdsprachiges Dokument sinnwahrend in eine andere (hier die deutsche) Sprache.

4 Dolmetscherinnen und Dolmetscher übertragen akustisch mündliche Äußerungen sinnwahrend aus einer fremden Sprache in die Zielsprache (hier deutsch) und ggf. umgekehrt.[45]

5 Für beide genannten Tätigkeiten wird in § 12 eine bestimmte Qualität oder Ausbildung nicht gefordert. Es handelt sich bei Übersetzerin/Übersetzer und Dolmetscherin/Dolmetscher auch nicht um in Deutschland geschützte Berufsbezeichnungen.[46] In der Auswahl der jeweils heranzuziehenden Person besteht daher große Freiheit. Sie dürfte daher wohl in den meisten Fällen nach pragmatischen Erwägungen (Verfügbarkeit, Höhe des Preises, Erfahrungswerte etc.) erfolgen.

6 Übernommen werden die notwendigen Aufwendungen für Übersetzung oder Dolmetschung. Hinsichtlich der Notwendigkeit werden dabei ebenfalls keine Voraussetzungen oder Maßstäbe genannt. Es wird also auf die Umstände des Einzelfalles ankommen. Bei der Bewertung der Notwendigkeit wird zum einen zu prüfen sein, ob eine Übersetzung oder Dolmetschung überhaupt erforderlich war. Zu verneinen wäre dies ggf., wenn z.B. die antragstellende Person über gute deutsche Sprachkenntnisse oder die zuständige Behörde

45 Weber in Schmidt, Rn. 7 zu § 12.
46 Weber in Schmidt, Rn. 7 zu § 12.

selbst über Kenntnisse in der einschlägigen fremden Sprache verfügt. Zum anderen wird zu prüfen sein, ob die konkreten Aufwendungen erforderlich waren. Eine Angemessenheit der Höhe der Aufwendungen wird im Gesetzestext nicht gefordert. Anhaltspunkte für eine angemessene Höhe der konkreten Aufwendungen können z. B. dem JVEG entnommen werden.

Welche Auswirkungen die immer breitere Verfügbarkeit von meist kosten- 7
losen Übersetzungsprogrammen auf die Erforderlichkeit einer Übersetzung hat, wird abzuwarten sein. Dabei dürfte vor allem die Frage der Verbindlichkeit der Übersetzung bzw. der Haftung für Fehler eine Rolle spielen.

Der Anspruch auf Kostenersatz besteht bei der Ausführung von Leistungen 8
und im Verwaltungsverfahren. Mit Verwaltungsverfahren ist natürlich (ausschließlich) das Verfahren nach dem SGB XIV gemeint, und zwar von der Antragstellung (s. dazu allerdings die im nächsten Absatz folgenden Ausführungen!) bis zum Erlass eines bestandskräftigen Bescheides. Auch ein etwaiges Widerspruchsverfahren zählt zum Verwaltungsverfahren, allerdings nicht mehr ein sich daran ggf. anschließendes gerichtliches Verfahren. Vom Begriff der Ausführung der Leistungen sind alle Leistungen nach dem SGB XIV umfasst sowie die zur Ausführung erforderlichen Untersuchungen, Gespräche etc. Sichergestellt werden soll dadurch, dass Sprachbarrieren die Behandlung und letztlich auch die Heilung und Beseitigung der Schädigungsfolgen verhindern.

Der Anspruch auf Kostenübernahme steht antragstellenden und berech- 9
tigten Personen zu, d. h., der Anspruch greift bereits vor dem Beginn des Verwaltungsverfahrens. Dass Absatz 1 von einer Kostentragung „im Verwaltungsverfahren“ spricht, ist deshalb ungenau.

Wegen Fehlens entsprechender Einschränkungen unbeachtlich ist die 10
Staatsangehörigkeit dieser Personen. Also könnte grundsätzlich auch ein Deutscher oder eine Deutsche Anspruch auf Erstattung von Dolmetschungskosten erheben. Hierbei wäre dann allerdings die Notwendigkeit sicherlich besonders intensiv zu prüfen.

Weiterhin muss die antragstellende oder berechtigte Person ihren gewöhn- 11
lichen Aufenthalt in Deutschland haben. Nach § 30 Abs. 3 SGB I hat ein Antragsteller seinen gewöhnlichen Aufenthalt dort, wo er sich unter Umständen aufhält, die erkennen lassen, dass er an diesem Ort oder in diesem Gebiet nicht nur vorübergehend verweilt. Mit dieser Regelung macht § 12 Abs. 1 deutlich, dass ein rein tatsächlicher Aufenthalt in Deutschland nicht ausreicht, jedoch andererseits auch ein Wohnsitz (§ 7 BGB) in Deutschland nicht erforderlich ist.

12 Schließlich muss der gewöhnliche Aufenthalt grundsätzlich seit weniger als fünf Jahren bestehen. Bei einem gewöhnlichen Aufenthalt geht der Gesetzgeber davon aus, dass die Integration in die Gesellschaft soweit fortgeschritten ist, dass Übersetzungen oder Dolmetschungsleistungen nicht mehr erforderlich sind und daher deren Kosten nicht übernommen werden.

13 Eine Ausnahme von der Fünf-Jahres-Regelung hat der Gesetzgeber mit dem Gesetz zur Anpassung des Zwölften und Vierzehnten Buches Sozialgesetzbuch und weiterer Gesetze (SGB XII/XIV-Anpassungsgesetz) vom 28.12.2023 (BGBl. 2023 I Nr. 408) für die Inanspruchnahme von Leistungen in einer Traumaambulanz sowie psychotherapeutischer Leistungen eingeführt. In diesen Fallkonstellationen beträgt die Frist 10 Jahre.

II. Aufenthalt im Ausland

14 Absatz 2 betrifft den Fall, dass die antragstellende oder berechtigte Person ihren gewöhnlichen Aufenthalt im Ausland hat. Dann werden wiederum die notwendigen Übersetzungskosten übernommen, jedoch nicht Dolmetschungskosten, da der Gesetzgeber voraussetzt, dass die Sprache des Aufenthaltsstaates beherrscht wird. Außerdem ist der Anspruch auf die Antragstellung nach dem SGB XIV beschränkt. Werden Leistungen nach § 102 erbracht, besteht also kein Anspruch auf Kostenübernahme für Übersetzungsleistungen.[47]

III. Kommunikationshilfen

15 Absatz 3 sieht vor, dass notwendige Aufwendungen für Kommunikationshilfen nach Maßgabe von § 9 des Behindertengleichstellungsgesetzes (BGG) in Verbindung mit der Verordnung zur Verwendung von Gebärdensprache und anderen Kommunikationshilfen im Verwaltungsverfahren nach dem BGG (Kommunikationshilfenverordnung (KHV)) übernommen werden. § 9 BGG sieht vor, dass Menschen mit Hör- und Sprachbehinderung das Recht haben, mit Trägern öffentlicher Gewalt zur Wahrnehmung eigener Rechte in deutscher Gebärdensprache, mit lautsprachbegleitenden Gebärden oder über andere geeignete Kommunikationshilfen zu kommunizieren. Geeignete Kommunikationshilfen werden auf entsprechenden Wunsch der Leistungsberechtigten kostenfrei zur Verfügung gestellt.

16 Absatz 3 umfasst wiederum wie Absatz 1 eine Übernahme der notwendigen Aufnahmen bei der Ausführung der Leistungen und im Verwaltungs-

47 BT-Drs. 19/14870, S. 30.

verfahren. Mit der Einbeziehung der Leistungserbringung geht § 12 Absatz 3 somit über § 9 BGG hinaus.

Kommunikationsmittel können sachlicher und personeller Natur sein. Der **17**
Begriff umfasst z.B. Gebärdendolmetschung und alle anderen durch Menschen erbrachte Kommunikationshilfen, akustisch-technische Kommunikationshilfen sowie alle einschlägigen Kommunikationsmethoden.

Die entstandenen Aufwendungen müssen notwendig gewesen sein. Dies **18**
bedeutet hier konkret, dass ohne die Kommunikationshilfe eine Kommunikation nicht möglich gewesen wäre. Zur Notwendigkeit und zur Angemessenheit der Aufwendungen kann auf die Ausführungen zu Absatz 1 verwiesen werden.

Abschnitt 2 **Entschädigungstatbestände**

Unterabschnitt 1 **Gewalttaten**

§ 13 Opfer von Gewalttaten

(1) Als Opfer einer Gewalttat erhält bei Vorliegen der Voraussetzungen nach § 4 Absatz 1 Leistungen der Sozialen Entschädigung, wer im Inland oder auf einem deutschen Schiff oder in einem deutschen Luftfahrzeug eine gesundheitliche Schädigung erlitten hat durch

1. **einen vorsätzlichen, rechtswidrigen, unmittelbar gegen ihre oder seine Person gerichteten tätlichen Angriff (körperliche Gewalttat) oder durch dessen rechtmäßige Abwehr oder**
2. **ein sonstiges vorsätzliches, rechtswidriges, unmittelbar gegen die freie Willensentscheidung einer Person gerichtetes schwerwiegendes Verhalten (psychische Gewalttat).**

(2) Ein Verhalten im Sinne von Absatz 1 Nummer 2 ist in der Regel schwerwiegend, wenn es den Tatbestand des sexuellen Missbrauchs (§§ 174 bis 176d des Strafgesetzbuchs), des sexuellen Übergriffs, der sexuellen Nötigung, der Vergewaltigung (§§ 177 und 178 des Strafgesetzbuchs), des Menschenhandels (§§ 232 bis 233a des Strafgesetzbuchs), der Nachstellung (§ 238 Absatz 2 und 3 des Strafgesetzbuchs), der Geiselnahme (§ 239b des Strafgesetzbuchs) oder der räuberischen Erpressung (§ 255 des Strafgesetzbuchs) erfüllt oder von mindestens vergleichbarer Schwere ist.

Erläuterungen

Übersicht **Rn.**

A. Allgemeines zu der Norm

1 Die Norm, die Kapitel 2 Abschnitt 2 Unterabschnitt 1 des Gesetzes einleitet, widmet sich allein den Opfern von Gewalttaten, hat hierfür definitorischen Charakter und steht exemplarisch für die mit dem SGB XIV erfolgende umfassendere Auslegung des Gewaltbegriffs.

B. Textgeschichte

I. Vorgängervorschriften

2 Die Vorschrift folgt einerseits § 1 Absatz 1 Satz 1 OEG im Vorgängerrecht, geht aber andererseits in Absatz 1 Nummer 2 bezogen auf die nichtkörperlichen Gewalttaten hierüber hinaus, indem sie diese nunmehr ausdrücklich in den Anwendungsbereich aufnimmt.

II. Systematische Zusammenhänge

3 Als legaldefinitorische Norm steht die Vorschrift in engem Zusammenhang mit den weiteren Regelungen des Kapitels 2, v. a. mit denen des Abschnitts 2 Unterabschnitt 1, der engste Zusammenhang besteht mit § 14, aber zur Definition psychischer Gewalttaten auch mit § 4 Absatz 1[48].

48 Vgl. Ausführungen dort.

III. Literaturhinweise

Die bislang zum SGB XIV vorliegende Literatur, v.a. LPK-SGB XIV/Rademacker, 1. Aufl. 2022, SGB XIV und Schmidt SGB XIV/Karl, 1. Aufl. 2021, SGB XIV befassen sich ausführlich mit der Norm. Die Anzahl der Publikationen, die sich mit der Vorschrift beschäftigen, wird erfahrungsgemäß zunehmen, sobald praktische Erfahrungen hiermit vorliegen (können), womit ab Mitte 2024 zu rechnen ist. 4

IV. Auslegung der Norm

§ 13 regelt die Voraussetzungen, unter denen Betroffene, die Opfer von Gewalttaten geworden sind, Leistungen des SGB XIV erhalten können. Damit kommt der Norm – gemeinsam mit § 14[49] – die entscheidende Funktion einer Generalklausel zu. Zugleich unterscheidet die Vorschrift zwischen den Opfern körperlicher Gewalttaten in Absatz 1 Nr. 1 und Opfern psychischer[50] Gewalttaten in Absatz 1 Nr. 2 und Absatz 2. In der Rechtsfolge (Opfer einer Gewalttat) unterscheidet die Vorschrift beide Gruppen ausdrücklich nicht und ordnet – anders als bei den Gleichstellungssachverhalten nach § 14 – auch kein Rangverhältnis o.ä. an. Auch unterscheidet sie – qua Definition – Gewalttaten nicht nach Schwere oder kontextualen Faktoren, z.B. Motivation. 5

Wie dargestellt, knüpft die Vorschrift zum einen an den Gewaltbegriff des OEG an, entwickelt ihn aber zum anderen deutlich weiter, was wiederum der durchaus intensiven Beschäftigung in der Judikatur geschuldet sein dürfte[51], aber auch einem zunehmenden gesamtgesellschaftlichen Unverständnis zwischen der unterschiedlichen Einordnung körperlicher und nichtkörperlich begangener Taten. Insofern zeichnete sich bereits deutlich vor der Schaffung des SGB XIV durch die zunehmende und sehr erfreuliche Enttabuisierung von Straftaten gegen die sexuelle Selbstbestimmung ab, dass der dem OEG zugrundeliegende Gewaltbegriff, der v.a. im Kontext der veränderten öffentlichen Sicherheitslage der 1970er gesehen werden muss, mindestens einer Weiterentwicklung bedarf. So führt der Gesetzgeber in der Begründung zum OEG noch aus, dass das Gesetz der in jüngerer Zeit gewachsenen Erkenntnis Rechnung trage, dass Opfern von Gewalttaten stärker aus öffentlichen Mitteln geholfen werden müsse, damit gerade schwer geschädigten Betroffenen staatli- 6

49 Vgl. Ausführungen dort.

50 Zur nicht deckungsgleichen Verwendung der Begriffe „körperlicher" und „psychischer" Gewalttaten, s.u.

51 Exemplarisch, aber keinesfalls abschließend kann hier die „Scheinwaffenproblematik" genannt werden, mit der sich – mit unterschiedlicher rechtlicher Einordnung – die Urteile des BSG vom 24.07.2022 – B 9 VG 4/01 R – und vom 16.12.2014 – B 9 V 1/13 R – befassen.

che Hilfe als ein Gebot der Gerechtigkeit zuteilwerden könnten[52]. Diese Sichtweise muss – so dankenswert und hilfreich sie im Kontext der Zeit und darüber hinaus für viele Betroffene gewirkt hat[53] und noch fortwirkt – im Kontext heutiger Vorstellungen eines fürsorgenden Sozialstaats als überkommen, zumindest aber nicht mehr ausreichend, betrachtet werden[54].

C. Absatz 1

7 Rechtssystematisch § 1 Absatz 1 Satz 1 OEG folgend, kann Opfer einer Gewalttat nur eine natürliche Person („... wer ...“) werden. Dies schließt Schäden z.B. an Tieren oder Sachen von vornherein aus. Eingeschlossen ist jedoch grundsätzlich die Leibesfrucht, womit die Rechtsprechung allerdings – nur – diejenige, die es bereits zu Versorgungsansprüchen nach dem BVG gab[55], nachvollzieht bzw. diesen Personenkreis in den Anwendungsbereich des OEG hineinholt. Die Einbeziehung des Nasciturus hat einen doppelten Schutzcharakter. Denn einerseits schützt das Gesetz die Leibesfrucht damit in den Fällen, in denen die Mutter Opfer einer Gewalttat wird, die auch das ungeborene Kind schädigt. Anderseits ist damit auch ein Schutz für die Fälle vorgesehen, in denen die Mutter Handlungen unternimmt, die als Gewalttaten gegen das ungeborene Kind zu qualifizieren sind. Die jüngere Rechtsprechung zu § 1 Absatz 1 Satz 1 OEG[56] lässt dies nur dann zu, wenn – z.B. der Alkoholkonsum der Mutter in der Schwangerschaft – Handlungen vorgenommen wurden, die so zu qualifizieren sind, dass damit ein Schwangerschaftsabbruch versucht wurde. Ob sich diese Sichtweise auch in Zukunft noch aufrechterhalten lässt, bleibt abzuwarten, kann aber durchaus bezweifelt werden. Denn die Rechtsprechung erkennt zur Einordnung bereits jetzt an, dass ein tätlicher Angriff im Sinne des § 1 Absatz 1 Satz 1 zwar ein körperliches Einwirken auf einen anderen verlangt, aber nicht unbedingt ein aggressives Verhalten voraussetzt[57]. Damit scheint es jedenfalls nicht vollkommen fernliegend, dass auch eine nicht auf einen Schwangerschaftsabbruch –

52 BT-Drucks. 7/2506 vom 27.08.1974.
53 Und an deren Rechtsfortentwicklung die langjährige Rechtsprechung des BSG entscheidenden positiv zu bewertenden Mitanteil hatte.
54 Vgl. zu der in der BSGE vom 16.12.2014 – B 9 V 1/13 R – erfolgten restriktiven Einordnung u.a. die Ausführungen des Autors in Behindertenrecht 2019, 59–62.
55 Z.B. BSGE vom 24.10.1962 – 10 RV 583/59 – und vom 15.10.1963 – 11 RV 1292/61.
56 BSGE vom 24.09.2020 – B 9 V 3/18 R.
57 A.a.O. Rn. 20.

und damit ein versuchtes Tötungsdelikt – gerichtete Handlung als vom Schutzbereich des SGB XIV mitumfasst angesehen werden könnte.

Bereits Verstorbene können – wie im Vorgängerrecht – nicht Opfer einer Gewalttat i. S. d. SGB XIV sein.[58] **8**

Für das Erfüllen der Voraussetzungen des Absatzes 1 ist die Frage der Staatsangehörigkeit, die vor der Neufassung des § 4 Absatz 1 OEG über einen langen Zeitraum zu einer erschwerten Rechtsanwendung und bisweilen zu unbefriedigenden Ergebnissen führte[59], entsprechend § 7 ausdrücklich nicht mehr entscheidend. Ein Sachgrund für eine Differenzierung ließe sich im Übrigen auch unter keinem Aspekt finden. **9**

Wie bereits das Vorgängerrecht in § 1 Absatz 1 Satz 1 OEG regelte, trifft auch Absatz 1 die Regelung, dass als Opfer einer Gewalttat Leistungen erhält, wer im Inland oder auf einem deutschen Schiff oder in einem deutschen Luftfahrzeug eine gesundheitliche Schädigung erlitten hat. Die Einschränkung auf das deutsche Hoheitsgebiet, zu der die Gesetzesbegründung schweigt[60], hat ihren Grund in der im Ausland – wenn überhaupt – nur bedingt vorhandenen Gestaltungsmöglichkeit für Fragen der öffentlichen Sicherheit, die Kernanknüpfungspunkt des Schutzbereichs für Gewaltopfer sind. Eine Ausweitung dieses Schutzbereichs käme der Vorstellung gleich, dass der deutsche Staat überall auf der Welt eine entschädigungsbelegte Sicherheitsgarantie für Menschen abgegeben würde, die Opfer einer Gewalttat geworden sind. Dies widerspräche unter mehreren Aspekten Denkgesetzen u. a. völkerrechtlicher, aber auch sozialrechtlicher Art, was auch eine Ausweitung des räumlichen Geltungsbereichs über die Figur des Härteausgleichs nach § 100 ausschließt[61]. Zu unterscheiden hiervon sind die Regelung des § 15[62] und die des § 3a OEG im Vorgängerrecht, weil hier dem Anwendungsbereich tatbestandlich und auf der Leistungsseite enge Grenzen gesetzt werden bzw. wurden. **10**

Nach dem Wortlaut des Absatz 1 hängt der Versorgungsanspruch davon ab, dass die gesundheitliche Schädigung im Inland eingetreten ist. Wenn sich also nach einer solchen Schädigung deren Folgen erst später andernorts manifestieren, ist dies versorgungsrechtlich unerheblich[63]. **11**

58 Vgl. hierzu auch Schmidt SGB XIV/Karl, 1. Aufl. 2021, SGB XIV § 13 Rn. 17 mit dort genannter Rechtsprechung.
59 Vgl. Rademacker in Knickrehm, Gesamtes Soziales Entschädigungsrecht, 2002, § 1 OEG Rn. 98.
60 Vgl. BT-Drs. 19/1382 S. 176.
61 Ebenso Schmidt SGB XIV/Karl, 1. Aufl. 2021, SGB XIV § 13 Rn. 19.
62 Vgl. Ausführungen dort.
63 Zur Frage des Auseinanderfallens von Handlungs- und Erfolgsort der Primärschädigung vgl. Schmidt SGB XIV/Karl, 1. Aufl. 2021, SGB XIV § 13 Rn. 20.

12 Zusätzlich zu Vorsatz und Rechtswidrigkeit regelt die Norm in Ergänzung zum Vorgängerrecht, dass sich die Gewalttat unmittelbar gegen das Opfer bzw. gegen deren freie Willensentscheidung gerichtet haben muss. Dieses Erfordernis macht es erforderlich, dass ein enger

- zeitlicher sowie
- örtlicher

Zusammenhang zwischen dem schädigenden Ereignis und Einwirkung auf das Opfer bejaht werden kann. Dies setzt voraus, dass eine enge und grundsätzlich untrennbare Verbindung beider Tatbestandselemente gegeben ist[64].

I. Körperliche Gewalttat

13 Die erste Fallgruppe für den Begriff der Gewalttat findet sich in Absatz 1 Nummer 1, 1. Alternative und ist die Kategorie der körperlichen Gewalttat. Dieser Begriff findet sich im Vorgängerecht in § 1 Absatz 1 Satz 1 OEG nicht, da hier tatbestandliche Voraussetzung der tätliche, mithin körperliche Gewaltbegriff war. Allerdings führt dies zunächst zu keiner anderen Bewertung, da die Intention des Gesetzgebers vielmehr eine Ausweitung des Anwendungsbereichs des Gewaltopferschutzes, aber ausdrücklich keine Einschränkung desselben war[65]. Dies eröffnet die grundsätzlich erfreuliche Möglichkeit, die diesem Aspekt des § 1 Absatz 1 Satz 1 OEG ergangene Judikatur und Literatur weiter nutzen zu können. Allerdings ist neben der – naturgemäß – wenig einheitlichen Literatur auch die Rechtsprechung des aktuell u.a. für SER zuständigen 9. Senats des BSG nicht als konsistent zu bewerten. Während die BSG-Rechtsprechung über viele Jahre erkennbar bemüht war, den Anwendungsbereich (auch) des OEG so auszulegen, dass ein – in den Grenzen des Gesetzes bleibender – umfassender Schutz von gewaltbetroffenen Menschen möglich wurde[66], ging diese Praxis in eine einschränkende, bzw. sich sehr viel enger am Wortlaut des Gesetzes und dessen Begründung orientierende über[67]. Es dürften u.a. genau diese Hinweise der Judikatur gewesen sein, die den seit Beginn der 1990er Jahre immer wieder angestoßenen, aber nie zum Abschluss gebrachten Prozess einer umfassenden Reform des SER forciert ha-

64 So auch LPK-SGB XIV/Rademacker, 1. Aufl. 2022, SGB XIV § 13 Rn. 23.

65 BT-Drs. 19/13824, 175.

66 Exemplarisch kann hier auf die durchaus richtungsweisende Entscheidung vom 7.11.1979 – 9 RVg 1/78 – verwiesen werden, mit der der Senat entschied, dass auch eine seelische Einwirkung den Tatbestand des § 1 Absatz 1 Satz 1 OEG erfüllt und damit eine psychische Erkrankung eine gesundheitliche Schädigung i.S. dieser Vorschrift sein kann.

67 Deren Sichtweise sich z.B. an der BSGE vom 16.12 2014 – B 9 V 1/13 R – exemplarisch zeigt.

ben. Denn gerade die bereits angesprochene Scheinwaffenproblematik[68] hat – nicht unter allen Aspekten zu begrüßen[69] – gezeigt, dass es zwischen dem, was von der Rechtsprechung als zulässig vom Schutzbereich des OEG umfasst angesehen wird und dem, was durch gesellschaftliche Entwicklungen, wie der zunehmenden Digitalisierung, aber auch einer gestiegenen Erwartungshaltung der Bevölkerung an den Staat, den Schutz und die Versorgung seiner Bürger umfassend sicher zu stellen, eine deutliche Lücke klaffte, die zu schließen mit den bestehenden Regelungen nicht mehr möglich war[70]. Insofern ist die gesetzgeberische Entscheidung, im Rahmen einer Novellierung der Sozialen Entschädigung auch eine neue Grundordnung des anzuwenden Gewaltbegriffs einzuführen, konsequent und kann – ohne dass die Praxiswirkung hier bereits einfließen kann – als positives Beispiel für die Konzeption des SGB XIV angesehen werden. Hierbei ist stets zu bedenken, dass die Ratio des Gesetzes eine Ausweitung des Schutzbereiches des SGB XIV gegenüber dem OEG ist.[71]

Definitorisch setzt der tätliche Angriff i. S. d. Absatz 1 eine körperliche Ge- **14**
walteinwirkung gegen eine Person voraus. Dies umfasst grundsätzlich jedes Vorgehen, das mittels einer Tätlichkeit in die Sphäre des Opfers eindringt und unter körperlicher Anwendung auf das Opfer einwirkt. Hiervon umfasst sind nach der – insoweit grundsätzlich fortgeltenden – Rechtsprechung beispielsweise Fallgestaltungen, in denen eine Betroffene während einer Fahrt mit dem Fahrrad bei dem Versuch anzuhalten bzw. auszuweichen zu Fall kam und schwerste bleibende Verletzungen davontrug, nachdem Dritte durch plötzliches Querstellen von Hindernissen ihren Fahrweg blockierten.[72] Entscheidend ist auch nicht primär die Tatmotivation. Für die Bejahung der Angriffshandlung muss es nicht zu einer körperlichen Berührung zwischen Täter und Opfer kommen, es reicht vielmehr aus, wenn das Opfer dem gegen ihn gerichteten körperlichen Angriff durch Ausweichen oder Flucht entgehen will und dabei zu Schaden kommt. Auch die Tatmotivation sei insoweit nicht entscheidend. Auch wenn der oder die Täter sich möglicherweise nur einen groben Scherz erlauben wollten und gegenüber dem Opfer keine feindselige Haltung hatten, liege gleichwohl eine Angriffshandlung vor, da das Tun (Aufrichten der Blockade) vorsätzlich und auf Rechtsbruch gerichtet war.[73] Eine frühere Sichtweise des BSG, in der das Gericht

68 Vgl. hierzu Rundschreiben des BMAS 10.10.2017 – SER 2 – 54030.
69 A. A. in Schmidt SGB XIV/Karl, 1. Aufl. 2021, SGB XIV § 13 Rn. 36.
70 Zu dieser dort zutreffend als Spannungsfeld beschriebenen Situation vgl. Schmidt SGB XIV/Karl, 1. Aufl. 2021, SGB XIV § 13 Rn. 30.
71 BT-Drs. 19/13824, 175.
72 BSGE vom 12.12.1995 – 9 RVg 1/94.
73 A. a. O.

einen Angriff verneint, wenn es sich hierbei um eine nicht feindselige Handgreiflichkeit bei einem Volksfest gehandelt hat, wurde hiermit aufgehoben. In dem konkreten Fall war eine junge Frau bei einem Stadtfest auf einer Straße von einem Unbekannten gegen ihren erkennbaren Willen an den Hüften gepackt, hoch in die Luft gehoben worden und erlitt bei einem in der unmittelbaren Folge geschehenen Sturz erhebliche Verletzungen. Dementsprechend muss jede körperliche Gewaltbeibringung einer anderen Person gegenüber als vom Schutzbereich des Gesetzes umfasst angesehen werden, auch wenn diese – zusätzlich zur nicht entscheidenden Motivlage des Täters (s. o.) – in nicht aggressiver Art und Weise erfolgt ist.[74] Ebenfalls nicht erheblich im Rechtssinne ist die Person des Täters und dessen strafrechtliche Verantwortlichkeit für dessen Tun. Anspruch auf Versorgungsschutz hat auch derjenige, der durch den (bedingt) vorsätzlichen, rechtswidrigen tätlichen Angriff eines im strafrechtlichen Sinne schuldunfähigen, aber handlungsfähigen Kindes eine gesundheitliche Schädigung erleidet. Allerdings ergeben sich regelmäßig aus den staatsanwaltschaftlichen und/oder strafgerichtlichen Ermittlungen und Feststellungen wichtige Hinweise auf die Gewalttat. Sind insoweit Erkenntniswege verschlossen, hat dies zur Folge, dass die Nichterweislichkeit eines geltend gemachten Vorgangs zu Lasten der Betroffenen geht.[75] Insoweit hat sich bereits in der Anwendung des OEG ein (weiteres) Spannungsfeld eröffnet, das darin liegt, dass vonseiten Betroffener diese Beweislast als übergroß und namentlich bei Delikten wie dem sexuellen Missbrauch von Kindern und Jugendlichen, zumal dann, wenn er ohne Zeugen geschehen ist, nicht zu erfüllen angesehen wird. Allein nach der Konstruktion des Gesetzes wird sich diese von Betroffenen und Verbänden[76] als Zielkonflikt verstandene Situation nur schwer klären. Der Gesetzgeber wird sich insoweit mittelfristig u. U. entscheiden müssen, ob er an dem Erfordernis der doppelten Kausalität, das seine entschädigungsrechtlichen Ursprünge in der Kriegsopferversorgung hat[77], festhält. Einstweilen hat er dies jedenfalls getan.

15 Gegen wen konkret sich die Angriffshandlung gerichtet hat, ist nicht entscheidend, sie muss aber zumindest darauf ausgerichtet sein, andere Menschen zu treffen. Fehlt einer Handlung, z. B. beim Entfernen eines Gullydeckels, was als gefährlicher Eingriff in den Straßenverkehr nach § 315b StGB anzusehen ist, eine unmittelbare (feindliche) Ausrichtung auf andere Menschen, so kann sie nicht als tätlicher Angriff gegen eine Person angesehen

74 BSGE vom 7.4.2011 – B 8 VG 2/10 R.
75 BSGE vom 3.2.1999 – B 9 VG 7/97 R.
76 Hier namentlich dem WEISSEN RING.
77 Vgl. hierzu z. B. Weishäupl, Die Kausalität in der Kriegsopferversorgung, 1958, Seite 11 ff.

werden.[78] Diese Sichtweise erscheint allerdings im Ergebnis unbefriedigend, zumal die vom BSG vorgenommene Differenzierung zwischen einem – insoweit nicht ausreichenden – Vergehen und einem – insoweit ausreichenden – Verbrechen aus der Sicht der von einer solchen Tathandlung Betroffenen wenig nachvollziehbar erscheinen dürfte. Allerdings hat die Judikatur zu der – ebenfalls bisweilen als problematisch – einzuschätzenden Frage der notwendigen Dauer einer Angriffshandlung darauf hingewiesen, dass der sozialentschädigungsrechtliche Vorgang so lange andauert, wie das daraus folgende Geschehen noch wesentlich durch die Gewaltanwendung geprägt ist. Zudem ist auch eine strafrechtlich im Übrigen stets gebotene Rekonstruierung des Tathergangs bis ins Detail nicht erforderlich.

Auch entsprechend der Vorgängerregelung ist in Absatz 1 Nummer 1, 2. Alternative die rechtmäßige Abwehr gegen eine körperliche Gewalttat vom Schutzbereich umfasst. Als tätlicher Angriff in diesem Sinn muss bereits die Abwehr einer gegenwärtigen und im Übrigen versorgungsrechtlich geschützten Bedrohung angesehen werden[79]. Entsprechendes gilt auch für die unter Umständen über die Notwehr hinausgehende Nothilfe.[80] **16**

II. Psychische Gewalttat

In Abgrenzung von Absatz 1 Nummer 1 eröffnet Nummer 2 den Anwendungsbereich des Gesetzes auch für psychische Gewalttaten, was mit Blick auf die vorstehenden Ausführungen durchaus als legislativer Paradigmenwechsel angesehen werden kann. Wesentlich hierfür dürfte, wie oben dargestellt, die Erkenntnis gewesen sein, dass auch Taten, die ohne eine körperliche Beteiligung einhergehen, so gravierende Folgen für die davon Betroffenen haben können, dass ein Ausschluss dieses Personenkreises als unbillig empfunden wird, ohne ausdrücklich die Möglichkeit zu haben, dies mit den im Gesetz vorhandenen Mechanismen[81] korrigieren zu können. Mitentscheidend für das Vorgehen des Gesetzgebers dürfte z. B. auch die obergerichtliche Entscheidung, dass Stalking nicht (generell) als tätlicher Angriff im Sinne des Opferentschädigungsgesetzes zu werten ist[82], gewesen sein. Definitorisch beschreibt der Gesetzgeber (bzw. grenzt den Tatbestand inso- **17**

78 BSGE vom 10.12.2003 – B 9 VG 3/02 R.
79 BSGE vom 24.07.2002 – B 9 VG 4/01 R – (insoweit mit der Einschränkung, dass der hierin bejahte Angriff, die Bedrohung mit einer scharf geladenen Waffe, nach der der BSGE vom 16.12 2014 – B 9 V 1/13 R – nicht mehr als solcher zu qualifizieren ist).
80 Vgl. Schmidt SGB XIV/Karl, 1. Aufl. 2021, SGB XIV § 13 Rn. 53 mit dort genannten weiteren Fundstellen.
81 Hier namentlich dem Instrument des Härteausgleichs nach § 89 BVG.
82 BSGE vom 7.4.2011 – B 9 VG 2/10 R –.

weit ein), dass eine psychische Gewalttat ein sonstiges vorsätzliches, rechtswidriges, unmittelbar gegen die freie Willensentscheidung einer Person gerichtetes schwerwiegendes Verhalten darstellt. Geschützt ist folglich nicht jedes Handeln, sondern im Kontext der Norm zu definierende Handlungen, für deren nähere Bestimmung auch das Strafrecht – anders als der Weg, den der Gesetzgeber bei Absatz 2 geht – mangels begrifflicher Entsprechung keine Hilfestellung im engeren Sinne bietet.

18 Die rein sprachlich zu stellende Frage, warum den körperlichen Gewalttaten nach Absatz 1 Nummer 1 1. Alternative der Begriff der psychischen und nicht z. B. der seelischen Gewalttaten gegenübersteht, erklärt sich zumindest aus der Gesetzesbegründung[83] nicht. Hierzu mag geführt haben, dass diese Begrifflichkeit z. B. in Zusammenhang mit Übereinkommen des Europarats zur Verhütung und Bekämpfung von Gewalt gegen Frauen und häuslicher Gewalt (Istanbul-Konvention)[84], die die Gesetzesbegründung[85] ausdrücklich als mitentscheidend für die Aufnahme des Tatbestandes benennt, verwendet wird. Vorzugswürdiger wäre hier aber aus Gründen der Rechtsklarheit wohl die synonyme Verwendung eines Begriffspaares gewesen.

19 In der praktischen Rechtsanwendung stellen sich viele Fragen, die die Gesetzesmaterialen nur bedingt beantworten. Dies mag als unglücklich empfunden werden,[86] eröffnet jedoch die Möglichkeit, dass Verwaltungspraxis, Judikatur und Literatur die Norm „mit Leben füllen". Auch kann dieses Schweigen des Gesetzgebers als Anerkennung des Umstandes verstanden werden, dass bezogen auf neue Gewaltphänomene, wie z. B. die unterschiedlichen Ausprägungsformen von Internetkriminalität, bei der Benennung (und Verneinung) bestimmter Anknüpfungspunkte eine Überholung durch die Lebenswirklichkeit unausweichlich gewesen wäre. Insoweit ist das gesetzgeberische Vorgehen grundsätzlich nachvollziehbar.

20 Bereits aus dem Wortlaut muss aber konstatiert werden, dass das Verhalten sich gegen die freie Willensentscheidung richten muss. Insoweit muss die Handlung für das Opfer zumindest nicht gewünscht, in der Regel aber auch (wohl) nicht erlaubt sein.[87] Hierbei wird allerdings – soweit eine strafrechtliche Relevanz nicht vorliegt – die Perspektive des Opfers heranzuziehen sein, da gerade bei Taten im persönlichen Nähebereich, vor allem in Paar-

83 BT-Drs. 19/13824, 175.

84 Vgl. insoweit zur Umsetzung auf nationaler Ebene Gesetz zu dem Übereinkommen des Europarats vom 11.05.2011 zur Verhütung und Bekämpfung von Gewalt gegen Frauen und häuslicher Gewalt BGBl. II S. 1026.

85 A. a. O.

86 So auch Schmidt SGB XIV/Karl, 1. Aufl. 2021, SGB XIV § 13 Rn. 56.

87 Zustimmend Schmidt SGB XIV/Karl, 1. Aufl. 2021, SGB XIV § 13 Rn. 66.

beziehungen, die Definition von Grenzen des Erwünschten nur schwer möglich sein kann. Auch schränkt der Gesetzgeber den Anwendungsbereich auf schwerwiegendes Verhalten ein. Ob für eine Auslegung dieses unbestimmten Begriffs das Strafrecht hilfreich sein kann, das u.a. in § 238 Absatz 1 StGB die Strafbewehrung bei Stalking für denjenigen anordnet, „... wer einer anderen Person in einer Weise unbefugt nachstellt, die geeignet ist, deren Lebensgestaltung schwerwiegend zu beeinträchtigen ...", erscheint fraglich. Denn einerseits liegt in der Konzeption der Norm die bewusste gesetzgeberische Entscheidung, die psychischen Gewalttaten nicht in den Kontext des Strafrechts zu bringen. Andererseits nennt Absatz 2 – der dies tut – nur Tatbestände des § 238 Absatz 2 und 3 StGB. Dementsprechend kann angenommen werden, dass der Gesetzgeber es in den aufgezeigten Grenzen der Praxis überlassen wollte, den Begriff des schwerwiegenden Verhaltens auszugestalten.

Einzubeziehen in den konkreten Anwendungsbereich der psychischen Gewalttaten dürften vor allem solche sein, die wiederum strafrechtlich bewehrt sind, hier 21

1. Bedrohung nach § 241 StGB,
2. Erpressung nach § 253 StGB,
3. Stalking (Nachstellung) nach § 238 StGB,
4. Beleidigung nach § 185 StGB und
5. üble Nachrede nach § 186 StGB.

Für die Praxis entscheidend wird aber eher sein, dass sich die hinter diesen Strafrechtsnormen liegenden Lebenssachverhalte erfüllt haben. Denn bekanntlich ist die staatsanwaltliche und gerichtliche Praxis regelmäßig davon geprägt, dass dort Entscheidungen getroffen werden, die sich aus dem Lebenssachverhalt, aber eben nicht aus der Sicht des Opfers ergeben[88]. 22

D. Absatz 2

Der Absatz beschreibt, wann nach der Vorstellung des Gesetzgebers ein Verhalten im Sinne von Absatz 1 Nummer 2 als in der Regel schwerwiegend anzusehen ist. Dies sind 23

1. sexueller Missbrauch nach §§ 174 bis 176d StGB,
2. sexueller Übergriff, sexuelle Nötigung, Vergewaltigung nach §§ 177 und 178 StGB,

88 Dies können v.a. Entscheidungen nach § 153a oder § 170 Absatz 2 StPO sein.

3. Menschenhandel nach §§ 232 bis 233a StGB
4. Nachstellung nach § 238 Absatz 2 und 3 StGB
5. Geiselnahme nach § 239b StGB oder
6. räuberische Erpressung nach § 255 StGB.

24 Wenngleich die Gesetzesbegründung zu § 13 damit einleitet, dass dessen Aufzählung nicht abschließend ist, verwundert es gerade im Kontext der vielfachen Vorerfahrungen und der Entstehungsgeschichte des SGB XIV, dass in diesem Katalog der sexuelle Missbrauch von Jugendlichen nach § 182 StGB nicht aufgeführt ist, da gerade dessen tatbestandlicher Anwendungsbereich[89] nicht selten diejenigen Fälle erfassen dürfte, in denen Betroffene als Opfer Anträge nach dem SGB XIV stellen. Insofern kann vermutet werden, dass die Norm schlicht übersehen wurde[90]. Klar sein dürfte aber, dass sich bei Erfüllen von dessen Anwendungsbereich auch die Voraussetzungen des § 13 verwirklichen.

25 Wie bereits oben dargestellt, ist bezogen auf den Tatbestand der Nachstellung dessen Anwendungsbereich auf die Voraussetzungen des § 238 Absatz 2 und 3 StGB eingeschränkt hat. Diese Begrenzung muss so verstanden werden, dass der Gesetzgeber die in § 238 Absatz 1 StGB genannten Tatbestände, auch wenn deren Begehung geeignet ist, die Lebensgestaltung des Opfers nicht unerheblich zu beeinträchtigen, jedenfalls regelhaft als nicht ausreichend für die Begehung eines geschützten Sachverhaltes im Sinne des SGB XIV angesehen hat. Diese Einschränkung ist bedauerlich und im Kontext aller Vorerfahrungen des Gewaltopferrechts auch nicht konsequent. Denn beispielsweise die in § 238 Absatz 1 Nummer 4 StGB beschriebenen Handlungen, dem Opfer mit der Verletzung von Leben, körperlicher Unversehrtheit, Gesundheit oder Freiheit ihrer selbst, eines ihrer Angehörigen oder einer anderen ihr nahestehenden Person zu drohen, erscheinen mindestens geeignet, wenn nicht geradezu dazu angetan, eine Schädigung auszulösen. Insofern erscheint es dann wieder konsequent, dass die Gesetzesbegründung[91] ausführt, dass auch Fallgestaltungen des § 238 Absatz 1 StGB vom Anwendungsbereich der Norm erfüllt sein können. Vor diesem Hintergrund erscheint die zunächst vorgenommene Schließung des Anwendungsbereichs des § 238 Absatz 1 StGB und deren nachträgliche Öffnung über das rechtliche Argument der vergleichbaren Schwere zwar im Ergebnis zur Zielerreichung noch ausreichend, aber für die Rechtsanwendung unnötig verkomplizierend.

26 Allein vor diesem Hintergrund ist die gesetzliche Formulierung, dass neben den enumerativ aufgezählten Straftatbeständen auch solche von vergleich-

89 Vgl. u.a. BeckOK StGB/Ziegler, 58. Ed. 1.8.2023, StGB § 182 Rn. 2.
90 So auch Schmidt SGB XIV/Karl, 1. Aufl. 2021, SGB XIV § 13 Rn. 76.
91 BT-Drs. 19/13824, 175.

barer Schwere erfasst sein sollen, zwar als durchaus hilfreich für eine offene Auslegung. Vorzugswürdig wäre aber gewesen, zumindest in der Gesetzesbegründung Kriterien zu benennen, die dem Rechtsanwender Hinweise geben, in welche Richtung der Gesetzgeber hierbei gedacht hat. Nach der betroffenenorientierten Konzeption des Gesetzes im Allgemeinen und der Norm des § 13 im Besonderen scheint hier eine Auslegung sachgerecht, die sich an der Person des Opfers und damit an dessen individueller Betroffenheit durch die (Straf)Tat orientiert. Kriterien, die dagegen eher die Täterseite in den Blick nehmen, wie z. B. Strafart und -maß, scheinen dagegen weniger geeignet zu sein[92], da bei deren Heranziehung die Gefahr gegeben sein kann, das Opfer aus dem Blick zu verlieren.

§ 14
Gleichstellungen

(1) Einer Gewalttat stehen gleich:

1. die vorsätzliche Beibringung von Gift,

2. das Fehlgehen der Gewalttat, so dass sie eine andere Person trifft als die Person, gegen die sie gerichtet war,

3. ein Angriff in der irrtümlichen Annahme des Vorliegens eines Rechtfertigungsgrundes,

4. die wenigstens fahrlässige Herbeiführung einer Gefahr für Leib und Leben eines anderen durch ein mit gemeingefährlichen Mitteln begangenes Verbrechen,

5. die erhebliche Vernachlässigung von Kindern und

6. die Herstellung, Verbreitung und öffentliche Zugänglichmachung von Kinderpornografie nach § 184 b Absatz 1 Satz 1 Nummer 1, 3 und 4 des Strafgesetzbuchs.

(2) [1]Den Opfern von Gewalttaten stehen Personen gleich, die in Folge des Miterlebens der Tat oder des Auffindens des Opfers eine gesundheitliche Schädigung erlitten haben. [2]Den Opfern von Gewalttaten stehen weiterhin Personen gleich, die durch die Überbringung der Nachricht vom Tode oder der schwerwiegenden Verletzung des Opfers eine gesundheitliche Schädigung erlitten haben, wenn zwischen diesen Personen und dem Opfer im Sinne des § 13 oder des Absatzes 1 eine enge emotionale Beziehung besteht. [3]Eine solche Beziehung besteht in der Regel mit Angehörigen und Nahestehenden.

92 A. A. Schmidt SGB XIV/Karl, 1. Aufl. 2021, SGB XIV § 13 Rn. 85.

Erläuterungen

Übersicht **Rn.**

A. Allgemeines zu der Norm

1 Die Norm, die § 13 um Gleichstellungstatbestände für Gewaltopfer ergänzt, hat ebenso wie § 13 selbst definitorischen Charakter für den Gewaltbegriff des SGB XIV.

B. Textgeschichte

I. Vorgängervorschriften

2 Die Vorschrift folgt einerseits auf § 1 Absatz 2 und 3 OEG im Vorgängerrecht, geht aber andererseits in den aufgeführten Gleichstellungsfällen hierüber hinaus.

II. Systematische Zusammenhänge

Als legaldefinitorische Norm steht die Vorschrift in engem Zusammenhang mit den weiteren Regelungen des Kapitels 2, v. a. mit denen des Abschnitts 2 Unterabschnitt 1, der engste Zusammenhang besteht mit § 13, aber zur Definition psychischer Gewalttaten auch mit § 4 Absatz 1. 3

III. Literaturhinweise

Hier kann auf die Ausführungen bei § 13, die für die Norm entsprechend gelten, verwiesen werden. 4

IV. Auslegung der Norm

Indem die Vorschrift Gleichstellungstatbestände benennt, erfüllt sie einen doppelten Zweck. Zum einen hebt sie in § 13 nicht genannte Tatbestände in den Schutzbereich des SGB XIV, zum anderen schafft sie ein gewisses Rangverhältnis innerhalb von Lebenssachverhalten, durch die Betroffene zu Opfern werden. Die in der Norm aufgeführten Gleichstellungssachverhalte[93] sind nicht erweiterbar. Es handelt sich vielmehr um eine abschließende Aufzählung. 5

C. Absatz 1

I. Vorsätzliche Beibringung von Gift nach Absatz 1 Nummer 1

Die Regelung entspricht § 1 Absatz 2 Nr. 1 OEG im Vorgängerrecht. Der Tatbestand ist in § 224 Absatz 1 Nummer 1 StGB strafbewehrt. Nach der Rechtsprechung bedarf es zur Erfüllung der tatbestandlichen Voraussetzungen einer Giftbeibringung im engeren Sinne, die jedenfalls dann nicht erfüllt sind, wenn nicht ein Gift im organischen Sinn, sondern Krankheitserreger beigebracht werden.[94] Für diesen Fall hat das BSG die Beibringung von lebensgefährlichen Krankheitserregern, die strafrechtlich als gefährliche Körperverletzung durch aktives Handeln beurteilt worden ist, zur Erfüllung der Voraussetzungen eines tätlichen Angriffs nach § 1 Absatz 1 Satz 1 OEG genügen lassen, ohne dass noch eine besondere feindselige Einstellung des Täters als innere Tatsache festzustellen wäre. Offen blieb deshalb, ob die Beibringung von Krankheitserregern als Giftbeibringung nach § 1 Absatz 2 Nummer 1 OEG anzusehen ist. Dies dürfte auch den Anwendungsbereich der Norm erheblich einengen. 6

93 So auch Schmidt SGB XIV/Karl, 1. Aufl. 2021, SGB XIV § 14 Rn. 1.
94 BSGE vom 18.10.1995 – 9 RVg 5/95 –.

7 Als Gift im Sinne der Vorschrift wird man jeden Stoff, der Lebewesen über ihre Stoffwechselvorgänge, durch Eindringen in den Organismus ab einer bestimmten Dosis einen Schaden zufügen kann, werten müssen. Mit der Zunahme der Expositionsmenge eines Wirkstoffes steigt die Wahrscheinlichkeit, dass Gesundheitsschädigungen durch eine **Vergiftung** auftreten. Da ab einem bestimmten Dosisbereich nahezu jeder Stoff als giftig einzustufen ist, ist auch das über längere Zeit stattfindende Verabreichen von – für sich betrachtet – ungefährlichen Substanzen von der Norm geschützt.

8 Auch umfasst die Gabe von Dopingmitteln z. B. an Sportler den Begriff des Gifts. Dieses Phänomen traf häufiger Leistungssportler auch der ehemaligen DDR, die hierfür grundsätzlich einen Anspruch nach dem SGB XIV haben können.[95]

9 Wenn sich in der Handlung des Täters nicht bereits andere tatbestandliche Voraussetzungen des § 13 verwirklichen, zählen auch feste gesundheitsschädliche Stoffe wie Glassplitter, kochende oder ätzende Flüssigkeiten oder auch tiefgefrorenes Material und weitere Stoffe zu dem Giftbegriff.[96] Ob es hier (noch) zu einer Anwendungsnotwendigkeit einer Giftbeibringung kommt, dürfte eine im Einzelfall zu beantwortende Frage sein, bei der zu berücksichtigen sein wird, dass es sich bei der Nummer 1 um einen Auffangtatbestand handelt.

10 Ein Spannungsfeld ergibt sich bei der Frage des Alkoholkonsums einer Schwangeren. Da dieser nach der Rechtsprechung[97] nur dann als Angriff gewertet werden kann, wenn hierdurch ein Schwangerschaftsabbruch – mithin eine versuchte Tötung des ungeborenen Lebens – versucht wurde[98], schränkt dies den Anwendungsbereich auch der Nummer 1 ganz erheblich ein. Dies muss durchaus kritisch gesehen werden.

11 Voraussetzung für die Erfüllung der tatbestandlichen Voraussetzungen der Nummer 1 ist zudem, dass die Giftbeibringung vorsätzlich erfolgt ist, wie dies die Norm auch ausdrücklich fordert. Zwar regelte bereits § 1 Absatz 2 Nummer 1 OEG die Notwendigkeit des Vorsatzes. Allerdings erfolgt hierin die Gleichstellung mit dem tätlichen Angriff, wohingegen sie nun einer Gewalttat gleichsteht. Insofern sind Giftbeibringungstaten, die lediglich grob fahrlässig[99] begangen wurden, vom Schutzbereich nicht umfasst.

95 Vgl. hierzu LPK-SGB XIV/Rademacker, 1. Aufl. 2022, SGB XIV § 14 Rn. 13.
96 Hierzu *Schmidt* SGB XIV/Karl, 1. Aufl. 2021, SGB XIV § 14 Rn. 13 mit Fundstellen.
97 BSGE vom 24.09.2020 – B 9 V 3/18 R –.
98 Vgl. hierzu kritische Einordnung bei den Ausführungen zu § 13.
99 Vgl. hierzu BSGE vom 28.4.1998 – B 9 VG 7/98 R –.

II. Fehlgehen der Gewalttat nach Absatz 1 Nummer 2

Während im Vorgängerrecht in § 1 Absatz 1 Satz 1 OEG der Angriff „... gegen seine oder eine andere Person ...“ vom Schutzbereich bereits mitumfasst war, präzisiert der Gesetzgeber des SGB XIV die Regelung in Nummer 2, indem er „das Fehlgehen der Gewalttat, so dass sie eine andere Person trifft, als die Person, gegen die sie gerichtet war“ als geschützten Vorgang benennt. Anders als im Strafrecht, in dem es für die Frage des Vorsatzes (mit)entscheidend ist, wenn eine Angriffshandlung ihr Ziel verfehlt und stattdessen z. B. eine andere Person trifft,[100] ist es im Versorgungsrecht unerheblich, wenn nicht festgestellt werden kann, dass und ob der Täter eine bestimmte Person angreifen wollte, dann aber tatsächlich eine andere Person getroffen hat. Denn auch insoweit gilt der Versorgungsschutz. 12

Dies gilt allerdings dann nicht, wenn der Täter einen Gegenstand, also keinen Menschen, mit seiner Angriffshandlung treffen wollte, dann aber irrtümlich eine Person trifft. In solchen Fallgestaltungen war die Tathandlung bereits im OEG nicht mitumfasst und ist auch vom SGB XIV nicht abgedeckt[101]. 13

III. Irrtümliche Annahme eines Rechtfertigungsgrundes nach Absatz 1 Nummer 3

Auch die Regelung der Nummer 3 greift das Vorgängerrecht auf. Danach war gem. § 1 Absatz 1 Satz 2 OEG der Anwendungsbereich nicht dadurch ausgeschlossen, dass der Angreifer in der irrtümlichen Annahme von Voraussetzungen eines Rechtfertigungsgrundes gehandelt hat. Um derartige Sachverhalte auch vom SGB XIV erfassen zu können, stellt die Norm einer Gewalttat eine Handlung gleich, wenn ein Angriff in der irrtümlichen Annahme des Vorliegens eines Rechtfertigungsgrundes erfolgt ist. Gemeint sind hiermit Sachverhalte, in denen der Täter irrtümlich davon ausging, dass er selbst angegriffen werden würde und sich deshalb hiergegen im Rahmen der Notwehr zur Wehr setzen durfte. Um auch in diesen Fällen – wie im OEG – einen Versorgungsanspruch zu begründen, regelt die Norm, dass einer Gewalttat gleichsteht, wenn der Täter im Irrtum der positiven Annahme eines Rechtfertigungsgrundes gehandelt hat und hierdurch eine Schädigung ausgelöst wurde.[102] 14

100 Zur aberratio ictus vgl. LPK-SGB XIV/Rademacker, 1. Aufl. 2022, SGB XIV § 14 Rn. 18, mit dort genannter BSGE vom 4.2.1998.

101 So übereinstimmend mit dem Vorgänger- und dem übrigen Schrifttum *Schmidt* SGB XIV/Karl, 1. Aufl. 2021, SGB XIV § 14 Rn. 13.

102 Vgl. zu § 1 Absatz 1 Satz 2 OEG Gelhausen/Weiner/Weiner, 7. Aufl. 2021, OEG § 1 Rn. 106–108.

IV. Angriffshandlung durch ein mit gemeingefährlichen Mitteln begangenes Verbrechen nach Absatz 1 Nummer 4

15 Der bereits in § 1 Absatz 2 Nummer 2 OEG geregelte Sachverhalt, nämlich die Gleichstellung mit einer Gewalttat, in den Fällen in denen die wenigstens fahrlässige Herbeiführung einer Gefahr für Leib und Leben eines anderen durch ein mit gemeingefährlichen Mitteln begangenes Verbrechen zu einer Schädigung geführt hat, wird in der Nummer 4 sprachlich unverändert übernommen, was die Fortgeltung der zum Vorgängerrecht entstandenen Judikatur[103] und des Schrifttums ermöglicht.

16 Der Anwendungsbereich der Norm sind Fallgestaltungen, in denen durch eine Tathandlung, die sich nicht unmittelbar gegen das (spätere) Opfer richten muss, Schäden für Leib und Leben angerichtet werden können. Als Anwendungsbeispiele benennt die Gesetzesbegründung zum Vorgängerrecht Fälle von Brandstiftung, Überschwemmung oder Sprengstoffanschläge[104]. Die Begründung zum SGB XIV schweigt hierzu[105] und verweist auf das OEG. Allerdings ist eine Vielzahl von anderen Straftatbeständen ebenfalls denkbar, wenn und soweit sie sich als mit gemeingefährlichen Mitteln begangenes Verbrechen qualifizieren lassen. Abstrakt lassen sich solche Taten dann unter die Voraussetzungen der Norm subsumieren, die geeignet sind, in der konkreten Tatsituation eine unbestimmte Mehrzahl von Menschen an Leib und Leben zu gefährden und deren Wirkungsweise der Täter nicht sicher beherrschen kann[106]. Gerade Feuer kann danach ein gemeingefährliches Tatmittel sein. Die Gemeingefährlichkeit ergibt sich aber nicht schon aus dem Umstand, dass der Täter mit dem Feuer mehrere, zuvor individualisierte Tatopfer töten wollte. Legt der Täter z. B. ein Feuer, um seine ehemalige Lebensgefährtin und deren beiden Kinder zu töten, dann will er eine Mehrfachtötung begehen, nicht aber eine Tötung mit gemeingefährlichen Mitteln, sofern das Feuer nicht auf eine Vielzahl anderer Gebäude überspringen und weitere Menschen gefährden kann[107]. Entscheidend ist, dass es sich bei der Tat um ein Verbrechen, das tatbestandlich Voraussetzung ist, gehandelt hat. Hierunter wird allgemein ein schwerwiegender Verstoß gegen die Rechtsordnung einer Gesellschaft oder die Grundregeln menschlichen Zusammenlebens verstanden. In Abgrenzung zu Vergehen nach § 12 Absatz 2 StGB normiert § 12 Absatz 1 StGB als Verbrechen alle Delikte, die mit mindestens einem Jahr Freiheitsstrafe bedroht sind (z.B.

103 Beispielhaft BSGE vom 7.4.2011 – B 9 VG 2/10 R –.
104 BT-Drs. 7/2506, 14.
105 BT-Drs. 19/13824, 176.
106 BGH, Beschluss vom 12.11.2019 – 2 StR 415/19 –.
107 BGH a. a. O.

Raub, schwere Körperverletzung, Körperverletzung mit Todesfolge, Totschlag, Mord, Brandstiftung, sexueller Missbrauch von Kindern). Ebenfalls in Anlehnung an das Strafrecht ist der Terminus der gemeingefährlichen Mittel zu verstehen, der sich in der definitorischen Mord-Vorschrift des § 211 Absatz 2 StGB ebenfalls so findet. Insoweit ist allerdings die Abgrenzung verschiedener Tatinhalte unter Umständen nicht unproblematisch. Die Rechtsprechung hat hierzu klargestellt, dass der anzuwendende Maßstab (für das Vorgängerrecht) stets ein strafrechtlicher ist, denn mit gemeingefährlichen Mitteln begangene Verbrechen im Sinne von § 1 Absatz 2 Nummer 2 OEG sind nur solche, für die die strafrechtlichen Voraussetzungen des § 12 Absatz 1 StGB bejaht werden können[108]. Tatbestandlich wurde ein OEG-Anspruch in einem Fall verneint, in dem ein Gefängnisinsasse eine gesundheitliche Schädigung erlitten hat, weil ein Mithäftling in einer Nachbarzelle eine Matratze anzündete, um Selbstmord zu begehen. In einem solchen Fall liege gerade keine gemeingefährliche Tatbegehung vor. Etwas anderes gelte auch nicht durch eine besondere Fürsorgepflicht des Staates für in Gewahrsam genommene Personen, sodass auch insoweit die Anwendung der Härteausgleichsvorschrift des § 89 BVG[109] verschlossen bleiben musste. Im Hinblick auf die unveränderte Übernahme aus dem Vorgängerrecht wird diese – durchaus restriktiv einzuordnende – Sichtweise auch für das SGB XIV gleichermaßen anzuwenden sein.

Der Täter muss nicht zwingend vorsätzlich gehandelt haben, es genügt aber **17** nicht, dass er eine gemeingefährliche Situation ausnutzt oder pflichtwidrig eine solche nicht beseitigt. Die Tatbegehung muss mindestens fahrlässig erfolgt sein[110].

V. Die erhebliche Vernachlässigung von Kindern nach Absatz 1 Nummer 5

Die Vorschrift schafft mit der Figur der Vernachlässigung von Kindern, die **18** einer Gewalttat gleichsteht, eine neue sozialentschädigungsrechtliche Rechtsbegrifflichkeit, die das Vorgängerrecht nicht kannte[111]. Nach der Gesetzesbegründung enthält die Norm eine ausdrückliche Regelung der Fälle, in denen in der Praxis bisher schon oft Leistungen nach dem OEG erbracht wurden und dient nur der Klarstellung[112]. Dem kann so nicht gefolgt werden. Denn – wie

108 BSGE vom 18.10.1995 – 9 RVg 1/93 –.
109 Im SGB XIV § 100.
110 LPK-SGB XIV/Rademacker, 1. Aufl. 2022, SGB XIV § 14 Rn. 24.
111 Zur differenzierten Einordnung unter der Geltung des OEG vgl. LPK-SGB. XIV/Rademacker, 1. Aufl. 2022, SGB XIV § 14 Rn. 25–28.
112 BT-Drs. 19/13824, 176.

dies auch das bisher vorliegende Schrifttum einhellig so bewertet – erweitert die Norm durch die Kreierung der Rechtsfigur der Vernachlässigung von Kindern den Anwendungsbereich der staatlichen Gewaltopferentschädigung erkennbar und schafft eben gerade nicht nur eine Klarstellung[113], für die es einer entsprechenden Vorschrift im OEG oder zumindest einer auf dessen Grundlage erfolgten Rechtsanwendung bedurft hätte. An beidem fehlt es. Warum der Gesetzgeber die opferfreundliche Ausweitung des Anwendungsbereichs auf eine unbestritten besonders schützenswerte Personengruppe nicht klar als solche benennt und sich damit hierzu bekennt, erschließt sich nicht ohne Weiteres.

19 Definitorisch kann zunächst davon ausgegangen werden, dass es sich bei Kindern im Sinne der Norm um Menschen handelt, die jünger als 14 Jahre sind. Der Gesetzgeber benennt die Unterscheidung zwischen Kindern und Jugendlichen, und zwar sowohl in § 5 Absatz 1 Satz 6, als auch konkret in der Gesetzesbegründung[114]. Da diese Unterscheidung dann in der Norm aber nicht vorgenommen wird, wird hieraus zu schlussfolgern sein, dass (eben nur) Kinder und nicht auch Jugendliche unter den Schutzbereich der Regelung fallen sollen[115].

20 Als Vernachlässigung im Sinne der Norm wird auf die allgemeine Definition als „die wiederholte oder andauernde Unterlassung fürsorglichen Handelns durch sorgeverantwortliche Personen (…), das zur Sicherung der seelischen und körperlichen Bedürfnisse des Kindes bzw. Jugendlichen notwendig wäre"[116] abzustellen sein. Einer spezifischen Definition bedarf es – dies allerdings in Unkenntnis der Lebenssachverhalte, die geltend gemacht werden – wahrscheinlich nicht, weil es für das Entstehen eines Versorgungsanspruchs auf den Nachweis der Kausalität zwischen der Vernachlässigung und einer geltend gemachten Schädigungsfolge ankommt.

21 Unerheblich ist auch die Frage der Motivation desjenigen, der die Vernachlässigung begeht. Konkret bedarf es vor allem nicht des Vorsatzes, mithin einer besonderen Motivlage oder Willensrichtung, wie beispielsweise der Böswilligkeit gemäß § 225 StGB[117]. Denn dadurch, dass § 14 Absatz 1 die in

---

113 Vgl. u.a. Grühn; Schutz des Kindes im Sozialen Entschädigungsrecht – vom vorsätzlichen rechtswidrigen tätlichen Angriff bis zur erheblichen Vernachlässigung; in SGb 07/2021, S. 414–420.

114 BT-Drs. 19/13824, 176.

115 So auch Bischofs, SGb, 2022, 21–28, a. A. mit der Anlegung des Maßstabes des § 1666 BGB, der sich einzig an der Volljährigkeit orientiert in LPK-SGB XIV/Rademacker, 1. Aufl. 2022, SGB XIV § 14 Rn. 29–44.

116 Hofacker, in: Gewalt gegen Kinder und Jugendliche – Erkennen und Handeln, Leitfaden für Ärztinnen und Ärzte (Stand: März 2012), S. 97.

117 Vgl. hierzu im Einzelnen BeckOK StGB/Eschelbach, 58. Ed. 1.8.2023, StGB § 225 Rn. 1–40.

der Norm genannten Lebenssachverhalte einer Gewalttat gleichstellt, die wiederum nach § 13 Absatz 1 (Nummer 1 und 2)[118] Vorsatz voraussetzt, ist diese Prämisse durch das Erfüllen eines Gleichstellungstatbestandes (mit) erfüllt.[119] Als Beurteilungsmaßstab dürfte entscheidend sein, ob eine Vernachlässigung als objektiv falsches Erziehungsverhalten aus Sicht eines verständigen Dritten zu werten ist. Ebenfalls unerheblich im Rechtssinne ist die Einsichtsfähigkeit des Täters in sein Handeln bzw. sein Unterlassen. Ansonsten würde ein unter Umständen eingeschränktes Bewusstsein eines Täters dazu führen können, das Erfüllen der Voraussetzungen der Norm zu verhindern, was vollkommen unbillige Ergebnisse zur Folge hätte und letztlich einer „Doppelbestrafung" des Opfers gleichkäme.

Eine in der Praxis wahrscheinlich bedeutsame Frage wird die präjudizielle Verbindungen zwischen den tatbestandlichen Voraussetzungen der Norm und weiteren die Frage einer Beeinträchtigung des Kindeswohls in den Blick nehmenden Normen[120] sein. Jedenfalls in den Fällen, in denen eine Kindeswohlgefährdung aufgrund von Vernachlässigung i. S. v. § 1666 BGB durch die Jugendämter bejaht wurde, wird von einer Vernachlässigung im Sinne von Nummer 5 auszugehen sein. In diesen Fällen dürfte auch eine weitere Sachverhaltsaufklärung regelmäßig entbehrlich sein. Mithin kann – jedenfalls so lange praktische Erfahrungen der Praxis und Judikatur zur Auslegung noch fehlen – die Kindeswohlgefährdung als Maßstab zur Erfüllung der tatbestandlichen Voraussetzungen genutzt werden. Die SGB XIV-Behörden werden hierbei aber gehalten sein, die Erkenntnisse aus den Verfahren der Jugendämter – und hier vor allem die Feststellung der Kindeswohlgefährdung – in ausreichendem Umfang zu dokumentieren. 22

Tatbestandlich kann die Vernachlässigung unterschiedliche Bedarfe des Kindes betreffen. So wird die fehlende körperliche, die kognitive und erzieherische und die emotionale Hinwendung zu einem Kind ebenso vom Schutzbereich umfasst sein, wie die unzureichende Beaufsichtigung. Bei letzterer wird allerdings darauf zu achten sein, welche Folgen eine fehlende und ungenügende Aufsicht eines Kindes nach sich zieht. Denn unabhängig von Fragen des Nachweises einer Kausalität zwischen der Tat und einer geltend gemachten Schädigungsfolge dürfte zu fordern sein, dass eine nicht zureichende Beaufsichtigung in zeitlicher und qualitativer Hinsicht als erheblich angesehen werden kann (s. u.). Dies dürfte jedenfalls dann gegeben sein, wenn ein Alleinlassen des Kindes über einem dem Lebensalter 23

118 Vgl. Ausführungen dort.
119 Ebenso LPK-SGB XIV/Rademacker, 1. Aufl. 2022, SGB XIV § 14 Rn. 33.
120 Beispielhaft § 8a SGB VIII.

(noch) nicht entsprechenden Zeitraum stattgefunden hat, wobei dies aus Sicht eines vernünftigen Dritten zu beurteilen sein wird.

24 Nach gegenwärtigem Erkenntnisstand dürfte eine Vernachlässigung im Übrigen in den nachstehenden Fällen anzunehmen sein:

- eine körperliche Vernachlässigung kann erfüllt sein, wenn eine unzureichende Nahrungs- und Flüssigkeitsaufnahme, unzureichende körperliche Hygiene und witterungsunangemessene Kleidung, ungeeigneter Wohnraum und mangelnde medizinische Versorgung[121] vorliegt (bzw. nachgewiesen ist).
- eine kognitive und erzieherische Vernachlässigung kann in einem Mangel an anregenden sprachlichen und anderen Erfahrungen, unzureichende Spielmöglichkeiten, fehlende Fürsorge hinsichtlich regelmäßigen Schulbesuchs und angemessener Schulmaterialien, fehlende Beachtung besonderer Erziehungs- und Förderbedarfe sowie Schwierigkeiten in der Schule liegen. Gerade insoweit wird allerdings die Frage der Erheblichkeit und des hierfür zu fordernden Maßstabes entscheidend sein.
- eine emotionale Vernachlässigung kann u. a. bei fehlenden und unzuverlässigen Reaktionen auf emotionale Signale des Kindes, mangelnde Zuwendung und einen Mangel an Wärme in der Beziehung zum Kind vorliegen.

25 Die Vernachlässigung muss – bereits dem Wortlaut der Norm nach – erheblich sein. Damit kann nicht jede Vernachlässigung ausreichend sein, sie muss vielmehr von einem Ausmaß sein, das nicht unerheblich ist. Es darf sich nicht um unbedeutende einzelne negative Ereignisse handeln, sie müssen sich durch Stärke, Intensität und Dauer auszeichnen. Bereits die Definition des Begriffs Vernachlässigung macht deutlich, dass es sich hier in aller Regel nicht um ein einmaliges Geschehen handelt, sondern um Umstände, die von einer gewissen Dauer und daher geeignet sind, das Kind zu schädigen. Auch eine unangemessene Behandlung, die nicht mehr sozialadäquat ist, kommt hier im Einzelfall in Betracht und kann eine Erheblichkeit begründen.[122] Eine Ausnahme hiervon könnte allerdings gegeben sein, wenn sich in einem erst- oder einmaligen Tun oder Unterlassen – bereits für sich betrachtet – eine derart schwere Missach-

121 Zur Frage der Folgen einer Weigerung, die Kinder ärztlich untersuchen zu lassen, vgl. LPK-SGB XIV/Rademacker, 1. Aufl. 2022, SGB XIV § 14 Rn. 36 mit dort genannter Fundstelle.

122 Grühn; Schutz des Kindes im Sozialen Entschädigungsrecht – vom vorsätzlichen rechtswidrigen tätlichen Angriff bis zur erheblichen Vernachlässigung; in SGb 07/2021, S. 414–420.

tung objektiv bestehender kindlicher Bedürfnisse darstellt, die sich als eindeutig falsches Erziehungsverhalten[123] qualifizieren lässt.

26 Im Rahmen der Subsumtion kann das Alter des Kindes zunächst als wichtigster und praktikabler Maßstab dienen (s.o.). Das Kindesalter wird auf jede der aufgezählten Behandlungen Einfluss haben (können). So dürfte es sinnvoll sein, zunächst abstrakt zu bestimmen, welche Fürsorge in dem jeweiligen Lebensbereich für welche Altersklasse eines Kindes grundsätzlich notwendig wäre und – als eine Umkehrschlussbetrachtung – wie ein fürsorgliches Verhalten im Einzelfall hätte aussehen können bzw. objektiv müssen. Insbesondere bei kleinen Altersunterschieden werden die Linien in der Praxis nicht trennscharf zu ziehen sein, was gerade noch notwendiges Fürsorgeverhalten darstellt. Ein Sonderfall wird sich hier ergeben, wenn das Kind z.B. wegen Entwicklungsstörungen, oder infolge psychischer oder körperlicher Behinderung mehr oder auch andere Bedürfnisse als Kinder der gleichen Altersklasse hat. In diesem Fall ist der tatsächliche Entwicklungsstand des Kindes als Kriterium zu berücksichtigen. Bezüglich des Ausmaßes einer – unabhängig von einem möglichen SGB XIV-Tatgeschehen – bestehenden insoweit relevanten Beeinträchtigung des Kindes kann eine getroffene Feststellung über eine Schwerbehinderteneigenschaft i.S.v. § 2 SGB IX sein. Das Nichtvorliegen einer solchen Feststellung kann allerdings den Betroffenen nicht entgegengehalten werden. Dies gilt schon aus Gründen, die die Betroffenen faktisch gar nicht beeinflussen konnten. Aufbauend auf die Lebensaltereinordnung ist in der Folge zu beurteilen, ob das Tun bzw. Unterlassen hinreichend (erheblich) zur Verwirklichung des Tatbestandsmerkmals war. Ob das Ausbleiben notwendigen fürsorglichen Verhaltens erheblich ist, richtet sich nach Dauer und Intensität des Eingriffs. Eine schematische Betrachtung verbietet sich hier, schon mit Blick auf den notwendigen Individualbezug, der von Kind zu Kind einen anderen erforderlich machen kann. Ganz allgemein dürfte hier aber der Schluss zulässig sein, dass mit steigendem Lebensalter – außer in den Fällen einer Entwicklungsstörung oder allgemein einer sich insoweit auswirkenden Behinderung – eine Zunahme der Erheblichkeit der Handlung bzw. des Unterlassens zu fordern sein wird.

27 Um einerseits dem weiten Anwendungsbereich der Norm[124] entsprechen, aber andererseits gleichermaßen eine Handhabbarkeit in der Praxis erreichen zu können, dürfte sich eine Unterscheidung in klassifizierende Faktoren der Tathandlung anbieten. Indisponible Faktoren in diesem Sinn wer-

123 So die Definition der Gesetzesbegründung BT-Drs. 19/13824, 177.
124 So auch ausdrücklich LPK-SGB XIV/Rademacker, 1. Aufl. 2022, SGB XIV § 14 Rn. 37.

den solche sein, die jedes Kind gleich und beispielhaft die Grundversorgung betreffen, bei denen es – mithin objektiv – nur ein Richtig oder Falsch geben kann. Beispielhaft hierfür wird die Sicherstellung von fester und flüssiger Nahrung, der Zugang zu medizinisch notwendiger Versorgung,[125] die Einhaltung der Schulpflicht, gewisser Hygienemindeststandards usw. Ein Verstoß hiergegen wird im Regelfall schon bei einer geringeren Dauer oder Intensität erheblich im Rechtsinne sein. Disponible Faktoren dürften dagegen eher solche sein, die stark von dem Kind, vor allem aber seinen individuellen Bedürfnissen abhängen. Beispielhaft hierfür können Aspekte der emotionalen oder erzieherischen Vernachlässigung sein. Ganz konkret ist hier z. B. eine beharrliche Nichtbeachtung eines Kindes und seiner Alltagsbedarfe vorstellbar. Regelmäßig kann es auch dazu kommen, dass die Faktoren nicht trennscharf voneinander abgrenzbar sind, sodass sich in der Praxis regelmäßig die Sinnhaftigkeit und auch die Notwendigkeit ergeben wird, den geltend gemachten Lebenssachverhalt – zur Plausibilisierung einer rechtlichen Einordnung – aus der Außenperspektive des objektiven Dritten zu betrachten. Insgesamt dürfte die faktorielle Unterscheidung zur Objektivierung des Tatgeschehens beitragen, v. a. dürfte sie dazu angetan sein, die Fälle einer Vernachlässigung, die als objektiv nicht in Zweifel gezogen werden, im Sinne der Betroffenen relativ klar als solche zu erkennen.

28 Unerheblich für die Erfüllung der tatbestandlichen Voraussetzungen ist es, dass in der Tathandlung ein Straftatbestand – wie § 225 StGB, § 223 StGB durch Unterlassen oder § 171 StGB Verletzung der Fürsorge und Erziehungspflicht – erfüllt ist. Dies hätte dann sogleich in § 13 Absatz 2[126] mitaufgenommen werden können und keiner Regelung in Nummer 5 bedurft. Offensichtlich sollten hiermit weitere Fälle von Vernachlässigung Berücksichtigung finden, sodass sich zwangsläufig die Frage nach der Auslegung und der Eingrenzung des Tatbestandes stellt. Sowohl „erheblich" als auch „Vernachlässigung" sind unbestimmte Rechtsbegriffe und bedürfen daher einer Auslegung.

29 Für die Erfüllung der tatbestandlichen Prämissen der Vorschrift ist es (gerade) nicht erforderlich, dass die Vernachlässigung durch die Eltern (selbst) erfolgt ist. Denn auch eine Vernachlässigung von Kindern durch Pflegeeltern oder auch im institutionellen Rahmen (z. B. in Einrichtungen der Ju-

125 Einschließlich die Gesundheitsuntersuchungen für Kinder und Jugendliche als Leistungen der gesetzlichen Krankenversicherung nach § 26 SGB V, deren Inhalte, Zeitpunkte und Struktur in der Richtlinie über die Früherkennung von Krankheiten bei Kindern des Gemeinsamen Bundesausschuss nach § 91 SGB V festgelegt sind.

126 Vgl. Ausführungen dort.

gendhilfe, Kinderheimen und Psychiatrien) wird normativ nicht ausgeschlossen und damit erfasst.

VI. Die Herstellung, Verbreitung und öffentliche Zugänglichmachung von Kinderpornografie nach Absatz 1 Nummer 6

Die Vorschrift schließt eine Lücke im Bereich der Kinderpornografie im Anwendungsbereich der staatlichen Gewaltopferentschädigung.[127] Insofern fügt sich die Norm gedanklich passend an die – erweiterte – Schutzvorschrift der Nummer 5 an. Wie es der Gesetzesbegründung nur sehr zurückhaltend zu entnehmen ist,[128] ist der Bereich der Kinderpornografie in den letzten Jahren zu einem immer drängender werdenden Handlungsfeld geworden, das der Gesetzgeber verstärkt in den Blick genommen hat[129]. Insofern ist es konsequent und richtig, diesen Bereich von Tathandlungen auch explizit im SGB XIV zu benennen und normativ abzubilden. Die Vorschrift benennt u. a. § 184b Absatz 1 Satz 1 Nummer 1, lit. a) StGB als strafrechtliche Bezugsnorm. Die dort strafrechtlich bewehrten Handlungen stellen bereits für sich solche dar, die vom Schutz des § 13[130] umfasst sind. Allerdings ist nicht auszuschließen, dass sich durch die darüber hinaus in Bezug gesetzten genannten Handlungen Schädigungen im Zusammenhang mit Kinderpornografie ergeben.[131] Inwieweit sich ein tatsächlicher Anwendungsbereich der Vorschrift eröffnet[132], bleibt abzuwarten. Jedenfalls aber erscheint der vom Gesetzgeber beabsichtigte Lückenschluss prima facie sinnvoll. 30

D. Absatz 2

Nach Absatz 2 stehen den Opfern von Gewalttaten Personen gleich, die infolge des Miterlebens der Tat oder des Auffindens des Opfers eine ge- 31

127 BT-Drs. 19/13824, 177.

128 A. a. O.

129 Beispielhaft hierfür ist der zum 1.7.2021 in der jetzigen Form eingeführte § 184b StGB, mit dem im Wesentlichen eine erhebliche Strafverschärfung durch Hochstufung nahezu aller Tatvarianten zu Verbrechen i. S. v. § 12 Absatz 1 StGB erfolgt ist.

130 Vgl. Ausführungen dort.

131 BT-Drs. 19/13824, 177.

132 Nach LPK-SGB XIV/Rademacker, 1. Aufl. 2022, SGB XIV § 14 Rn. 47 erscheint ein praktischer Anwendungsbereich z. B. denkbar, wenn eine Person erfährt, dass von ihr Videoaufzeichnungen mit kinderpornografischem Inhalt erstellt und verbreitet worden sind, ohne dass ein Straftatbestand nach §§ 176 ff. StGB erfüllt worden ist und wenn die Person dadurch eine psychische Schädigung erleidet.

sundheitliche Schädigung erlitten haben. Hiermit wird die langjährige[133] und sehr ausdifferenzierte obergerichtliche Rechtsprechung zu den sogenannten Schockschadensfällen aufgegriffen und kodifiziert. Denn soweit die Judikatur in ständiger Rechtsprechung ausgeführt hat, dass z. B. einer Mutter, die aufgrund der Nachricht von einem vorsätzlichen rechtswidrigen tätlichen Angriff gegen ihr Kind (hier: von seiner Ermordung) einen Schockschaden in Gestalt einer dauernden psychischen Gesundheitsstörung erleidet, wegen der gesundheitlichen und wirtschaftlichen Folgen Anspruch auf Versorgung nach dem OEG hat[134], bedurfte dies unter der Geltung des Vorgängerrechts der (teleologischen) Auslegung.

32 Zur Erfüllung der tatbestandlichen Voraussetzungen muss das sogenannte Primäropfer durch eine vorsätzliche rechtswidrige Handlung zu Schaden gekommen sein. Insoweit schränkt der Gesetzgeber den Anwendungsbereich nicht auf bestimmte i. S. d. SGB XIV geschützte Sachverhalte ein. Es ist deshalb auch nicht ausgeschlossen, dass es sich wiederum um Gleichstellungssachverhalte nach Nummer 5[135] handelt. Denn auch diese erfüllen tatbestandlich über das Rechtsinstitut der Gleichstellung die Voraussetzungen des § 13[136].

33 Anders als es der Begriff des Schockschadens vermuten lässt, bedarf es nicht einer unmittelbaren Reaktion des Sekundäropfers. Diese kann sich durchaus auch erst nach einem Zeitablauf einstellen[137], wie dies auch z. B. für posttraumatische Belastungsstörungen und andere Erkrankungsbilder bei Primäropfern anerkannt ist.

34 Ob zwischen Primär- und Sekundäropfer eine emotionale oder verwandtschaftliche Beziehung besteht, kommt es in den Fällen des Absatz 2 Satz 1 ausdrücklich nicht an.

35 Nach Satz 2 stehen den Opfern von Gewalttaten weiterhin Personen gleich, die durch die Überbringung der Nachricht vom Tode oder der schwerwiegenden Verletzung des Opfers eine gesundheitliche Schädigung erlitten haben, wenn zwischen diesen Personen und dem Opfer nach § 13 oder Absatz 1 eine enge emotionale Beziehung besteht. Die insoweit beschriebenen Einschränkungen dessen, was dem Primäropfer zugestoßen sein muss, lassen eine Gleichstellung mit nicht derart gravierenden Folgen für das Primäropfer ausdrücklich nicht zu. Die in der Norm geforderte enge emotionale

133 Beginnend mit der BSGE vom 7.11.1979 – 9 RVg 1/78 –.
134 A. a. O.
135 Vgl. Ausführungen dort.
136 Differenzierter hierzu, aber mit offenem Ergebnis LPK-SGB XIV/Rademacker, 1. Aufl. 2022, SGB XIV § 14 Rn. 54.
137 Zustimmend LPK-SGB XIV/Rademacker, 1. Aufl. 2022, SGB XIV § 14 Rn. 56.

Beziehung ist im Sinne einer solchen Bindung an den jeweils anderen zu verstehen. Eine solche Beziehung besteht nach dem Normtext in der Regel mit Angehörigen und Nahestehenden, wobei für die letztgenannte Gruppe § 2 Absatz 5 gilt. Allerdings beschränkt sich die Personengruppe des Satzes 2 nicht nur auf Angehörige und Nahestehende. Vielmehr werden darunter z.B. auch Verlobte oder Lebensgefährten zu fassen sein[138]. Maßstäblich führt die Gesetzesbegründung aus, dass in anderen Fällen zu prüfen ist, ob die Beziehung zwischen Primär- und Sekundäropfer vergleichbar stark durch Nähe und Zuneigung geprägt war, wie in den Fällen des Absatz 2 Satz 3.[139] Ob die hierzu gegebene Begründung der Verhinderung einer uferlosen Ausweitung des Tatbestandes angesichts der vielfachen Folgen, die die Überbringung einer Nachricht vom Tode oder der schwerwiegenden Verletzung des Opfers für Dritte mit sich bringen kann, durchgreift, erscheint trotz der notwendigen Begrenzung des Anwendungsbereichs etwas zweifelhaft und wird sich erst bei praktischer Anwendung zeigen können.

Der Nachweis des Eintritts eines Schockschadens beim Sekundäropfer **36**
muss mit dem Vollbeweis festgestellt werden können. Entsprechendes gilt für die enge emotionale Bindung.[140] Entsprechend der Regelung in § 4 Absatz 5, nach dem bei psychischen Gesundheitsstörungen die Wahrscheinlichkeit des ursächlichen Zusammenhangs vermutet wird, wenn medizinische Tatsachen vorliegen, die nach medizinisch-wissenschaftlichen Erfahrungen geeignet sind, einen Ursachenzusammenhang zwischen einem nach Art und Schwere geeigneten schädigenden Ereignis und der gesundheitlichen Schädigung und der Schädigungsfolge zu begründen und diese Vermutung nicht durch einen anderen Kausalverlauf widerlegt wird,[141] gilt diese Regelung auch für mögliche Schockschadenskonstellationen nach § 14 Absatz 2. Inwieweit die in der älteren Judikatur[142] vertretene Auffassung, dass unter Schockschäden im Sinne der BSG-Rechtsprechung[143] keine psychische Beeinträchtigungen von nahen Familienangehörigen, die aufgrund veränderter Lebensumstände infolge der Schädigung des Opfers – ggfls. allmählich – eingetreten sind, fallen, vor dem Hintergrund ggfls. neuer medizinisch-wissenschaftlicher Erkenntnisse uneingeschränkt aufrechterhalten bleiben kann, bleibt abzuwarten.[144] Einer fortentwickelten medizinischen

138 Ebenso LPK-SGB XIV/Rademacker, 1. Aufl. 2022, SGB XIV § 14 Rn. 59.
139 BT-Drs. 19/13824, 177.
140 Schmidt SGB XIV/Karl, 1. Aufl. 2021, SGB XIV § 14 Rn. 47.
141 Vgl. Ausführungen dort.
142 BSG Beschluss vom 17.12.1997 – 9 BVg 5/97 – Rn. 2 mit Verweis auf seinerzeit (aus der Sicht des Senats) wohl aktuelle medizinische Literatur („Pschyrembel, 258. Auflage").
143 BSGE vom 7.11.1979 – 9 RVg 1/78 –.
144 A.A. wohl in Schmidt SGB XIV/Karl, 1. Aufl. 2021, SGB XIV § 14 Rn. 48.

Bewertung von Zusammenhangsfragen bei der Entstehung von psychischen Gesundheitsstörungen wäre dann Rechnung zu tragen.

§ 15
Anspruch auf Leistungen bei Gewalttaten im Ausland

[1]Personen, die durch ein schädigendes Ereignis nach den §§ 13 und 14 im Ausland eine gesundheitliche Schädigung erleiden, erhalten wegen der gesundheitlichen und wirtschaftlichen Folgen auf Antrag Leistungen nach Maßgabe des § 102, wenn sie

1. **ihren gewöhnlichen und rechtmäßigen Aufenthalt im Geltungsbereich dieses Gesetzes haben und**
2. **sich zum Tatzeitpunkt für einen vorübergehenden Zeitraum von längstens sechs Monaten außerhalb des Geltungsbereichs dieses Gesetzes aufgehalten haben.**

[2]Die Frist nach Satz 1 Nummer 2 verlängert sich auf ein Jahr, wenn der Auslandsaufenthalt dem Besuch einer Schule, Hochschule, der Berufsausbildung oder der Leistung eines freiwilligen Dienstes im Sinne des § 32 Absatz 4 Satz 1 Nummer 2 Buchstabe d des Einkommensteuergesetzes dient.

Erläuterungen

Übersicht **Rn.**

A. Allgemeines

1 Die Entschädigung bei Gewalttaten im Ausland ist keine Selbstverständlichkeit, sie hat sich erst im Laufe der Zeit entwickelt: Die Einführung des OEG und damit eines staatlichen Entschädigungssystems für Opfer von Gewalttaten hatte der Gesetzgeber im Gesetzesentwurf damit begründet, dass den Staat eine besondere Verantwortung für Personen treffe, die durch eine vorsätzliche Straftat geschädigt werden. „Seine Aufgabe ist es, die Bürger namentlich vor

Gewalttätern zu schützen."[145] Die Opferentschädigung wird also gewährt, weil der Staat als Inhaber des Monopols für die Bekämpfung von Gewalttaten bei seiner Aufgabe, die Bürger zu schützen, versagt hat und weil die privatrechtlichen Ansprüche des Opfers gegen den Täter oft unzureichend sind.[146]

Hat sich eine Gewalttat jedoch im Ausland ereignet, greift die hinter der Sozialen Entschädigung stehende Ratio nicht – die Schädigung des Opfers ist nicht auf ein Versagen des deutschen Staates zurückzuführen, sodass auch keine Pflicht des deutschen Staates besteht, für im Ausland entstandene Schäden eine Entschädigung zu gewähren. Dementsprechend war das OEG ursprünglich stark vom Territorialprinzip geprägt. Personen, die im Ausland Opfer einer Gewalttat geworden waren, wurden auf die Entschädigungssysteme des Tatlandes verwiesen. Allerdings fehlten in vielen Ländern Entschädigungsregelungen, die auch nur annähernd dem OEG vergleichbar waren. Nicht einmal innerhalb der EU, wo nach der Richtlinie 2004/80/EG jeder Mitgliedstaat angemessene Entschädigungsregelungen zu schaffen habe, waren 2009 in allen Mitgliedstaaten entsprechenden Vorschriften erlassen worden. Wenn Deutsche und ihnen nach damaligem Recht gleichgestellte Personen Opfer von Gewalttaten oder Terroranschlägen wurden, gingen sie vielfach leer aus, was zu einer „unangemessenen Härte führen"[147] könne. 2

Der Leistungsausschluss bei Auslandstaten wurde vor diesem Hintergrund zunehmend als unbefriedigend empfunden, zumal „heutzutage ausländische Reiseziele ... ebenso häufig und selbstverständlich angesteuert werden wie Reiseziele im Inland"[148]. Daher hat der Gesetzgeber 2009 den § 3a in das OEG eingeführt. Da bei Auslandstaten der Aufopferungsgedanke nicht trägt, wurde der Anspruch auf den „Grundsatz der allgemeinen staatlichen Fürsorgepflicht" gestützt.[149] Dem Unterschied zwischen dem im Aufopferungsgedanken auf der einen und dem in der staatlichen Fürsorgepflicht begründeten Anspruch auf der anderen Seite hat der Gesetzgeber dadurch Rechnung getragen, dass es bei Auslandstaten nur einen eingeschränkten Leistungskatalog gab, zudem waren die Leistungsansprüche nach dem OEG nachrangig gegenüber Ansprüchen aus anderen öffentlichen oder privaten Sicherungs- oder Versorgungssystemen.[150] 3

Auch das SGB XIV gewährt bei Auslandstaten Leistungen, betont aber die primäre Entschädigungspflicht des Tatlandes.[151] Entschädigungsleistungen

145 BT-Drs. 7/2506, S. 7.
146 Vgl. BSG, Urteil vom 7.11.1979, 9 RVg 2/78, S. 7; BT-Drs. 16/12273, S. 5.
147 BT-Drs. 16/12273, S. 5.
148 BT-Drs. 16/12273, S. 5.
149 BT-Drs. 16/12273, S. 6.
150 BT-Drs. 16/12273, S. 6.
151 Vgl. BT-Drs. 19/13824, S. 177, unter Verweis auf Art. 2 der RL 2004/80/EG.

nach dem SGB XIV werden nur erbracht, weil im Ausland die Opferentschädigungssysteme aktuell noch sehr lückenhaft seien und oft zu unbefriedigenden Ergebnissen führen.[152] Wie im alten Recht sind auch im SGB XIV die Leistungen bei Auslandstaten geringer als bei Inlandstaten.[153]

B. Regelungsinhalt

I. Allgemeine Anspruchsvoraussetzungen

4 Wie bei Inlandstaten ist eine gesundheitliche Schädigung durch eine Gewalttat i. S. d. § 13 oder durch ein ihr gleichgestelltes schädigendes Ereignis i. S. d. § 14 erforderlich. Es müssen auch alle sonstigen für die Entschädigung notwendigen Voraussetzungen (Kausalität, Antrag etc.) vorliegen.

II. Gewöhnlicher und rechtmäßiger Aufenthalt im Inland

5 Darüber hinaus muss die geschädigte Person nach § 15 Satz 1 Nr. 1 ihren gewöhnlichen und rechtmäßigen Aufenthalt im Geltungsbereich des SGB XIV haben. Der **gewöhnliche Aufenthalt** bestimmt sich nach § 30 SGB I, auf den die Gesetzesbegründung verweist.[154] Nach § 30 Abs. 3 Satz 2 SGB I hat jemand den gewöhnlichen Aufenthalt dort, wo er sich unter Umständen aufhält, die erkennen lassen, dass er an diesem Ort oder in diesem Gebiet nicht nur vorübergehend verweilt.

6 Es muss somit jemand mit gewöhnlichem Aufenthalt in Deutschland im Ausland – also außerhalb des Geltungsbereiches des SGB XIV – Opfer einer Tat i. S. d. §§ 13 oder 14 geworden sein. Es genügt nicht, wenn jemand im Ausland Opfer einer Gewalttat wird und erst im Anschluss den gewöhnlichen Aufenthalt in Deutschland begründet. Hierfür spricht auch die Zusammenschau mit Satz 1 Nr. 2 – jemand mit gewöhnlichem Aufenthalt in Deutschland verweilt vorübergehend im Ausland; während dieser Zeit tritt ein schädigendes Ereignis ein.

7 Ferner muss es sich um einen **rechtmäßigen Aufenthalt** in Deutschland handeln. Ausweislich der Gesetzesbegründung entspricht der Begriff des rechtmäßigen Aufenthalts dem des Ausländer- und Aufenthaltsrechts.[155]

152 BT-Drs. 19/13824, S. 177.
153 Vgl. hierzu die Regelungen in § 102.
154 Vgl. BT-Drs. 19/13824, S. 177.
155 BT-Drs. 19/13824, S. 177.

Während bei Taten im Inland der Aufenthaltsstatus von Ausländern mittlerweile nicht mehr bedeutsam ist und Ausländer unter denselben Voraussetzungen wie Inländer Leistungen erhalten, kommt es bei Auslandstaten weiterhin darauf an, ob der Aufenthalt im Inland ein rechtmäßiger ist. Diese Differenzierung ist sachgerecht, weil im Inland die Polizei alle Menschen unabhängig davon, aus welchen Gründen sie sich im Bundesgebiet aufhalten, vor Gewalttaten schützen muss. Gelingt ihr das nicht, müssen Opfer konsequenterweise Entschädigungsleistungen erhalten. Einschränkungen können sich allenfalls aus den §§ 16 und 17 bzw. §§ 19 und 20 ergeben. Eine Fürsorgepflicht des deutschen Staates für Taten außerhalb seines Hoheitsgebietes kann jedoch nicht dadurch begründet werden, dass man sich zuvor unrechtmäßig im Inland aufgehalten hat. 8

III. Vorübergehender Auslandsaufenthalt

Der Leistungsanspruch bei Gewalttaten im Ausland setzt weiter voraus, dass die antragstellende Person sich zum Tatzeitpunkt für einen vorübergehenden Zeitraum von maximal sechs Monaten im Ausland befunden hat (§ 15 Satz 1 Nr. 2). Denn nur bei solch einem vorübergehenden Aufenthalt „ist noch eine enge Verbindung mit Deutschland gegeben, die Leistungen aus fürsorgerischen Gesichtspunkten rechtfertigt."[156] 9

Dabei kommt es nicht auf die tatsächliche Dauer des Auslandsaufenthaltes an, sondern – wie bei der Vorgängerregelung in § 3a Absatz 1 OEG[157] – darauf, wie lange die betroffene Person im Ausland bleiben wollte, also auf die intendierte Dauer des Auslandsaufenthaltes. Das bedeutet, dass etwa bei einem auf mehrere Jahre angelegten Auslandsaufenthalt auch dann kein Anspruch nach dem SGB XIV besteht, wenn die Tat am ersten Tag der Auslandsreise stattfindet und die betroffene Person innerhalb von sechs Monaten nach Deutschland zurückkehrt. Umgekehrt kann auch bei einem mehr als sechsmonatigem Auslandsaufenthalt ein Anspruch bestehen, wenn die Reise nicht auf mehr als sechs Monate angelegt war. Die Gesetzesbegründung nennt hier als Beispiel den Fall, dass eine Person im Ausland entführt wird und daher länger als sechs Monate dort verbleibt.[158] Dies ist auch folgerichtig, denn bei unfreiwillig längerem Auslandsaufenthalt hat die betroffene Person die enge Verbindung zu Deutschland nicht aufgegeben, sie ist im Gegenteil i. d. R. besonders auf die Unterstützung des deutschen Staates angewiesen. 10

156 BT-Drs. 19/13824, S. 215.
157 Vgl. dazu etwa Knickrehm/Rademacker, § 3a, Rn. 9.
158 BT-Drs. 19/13824, S. 177.

11 Von diesem unfreiwillig längeren Auslandsaufenthalt zu unterscheiden sind Fälle, in denen ein Auslandsaufenthalt zunächst auf sechs Monate oder weniger angelegt war, die betroffene Person aber im Ausland entscheidet, länger als sechs Monate dort zu bleiben. In diesem Fall ist ab der Entscheidung über die Verlängerung der Auslandsaufenthalt auf mehr als sechs Monate angelegt, sodass bei Taten ab diesem Zeitpunkt die Voraussetzung des § 15 Satz 1 Nr. 2 nicht (mehr) erfüllt ist und Ansprüche nach dem SGB XIV nicht bestehen. Denn in der Entscheidung, länger im Ausland zu verbleiben, liegt die freiwillige Aufgabe der engen Verbindung zu Deutschland.

12 Dient der Auslandsaufenthalt dem Besuch einer Schule, Hochschule, der Berufsausbildung oder der Leistung eines freiwilligen Dienstes i. S. d. § 32 Absatz 4 Satz 1 Nr. 2 EstG, ist nach § 15 Satz 2 auch dann von einem vorübergehenden Auslandsaufenthalt auszugehen, wenn dieser auf bis zu einem Jahr angelegt ist. Solche Aufenthalte sind typischerweise auf ein Jahr angelegt und es ist unbefriedigend, wenn während des „Austauschjahres" eine Gewalttat passiert, für die nach deutschem Recht keine soziale Entschädigung gewährt werden kann.[159] Zu berücksichtigen ist ferner, dass dieser Personenkreis – anders als etwa Personen, die berufsbedingt ins Ausland gehen – i. d. R. über wenig eigenes Einkommen verfügt, um eine private Absicherung abzuschließen.

IV. Leistungsumfang

13 Liegen die allgemeinen Leistungsvoraussetzungen und die besonderen Voraussetzungen des § 15 vor, können auch bei Gewalttaten im Ausland Leistungen nach dem SGB XIV gewährt werden. Allerdings sind die Maßgaben des § 102 zu beachten. So werden beispielsweise Leistungen der Schnellen Hilfen nur im Inland erbracht. Wegen der Einzelheiten wird auf die Kommentierung zu § 102 verwiesen. Hervorzuheben ist, dass im SGB XIV wie im alten Recht die Entschädigung nachrangig gegenüber Leistungen aus anderen Sicherungs- oder Versorgungssystemen ist. Allerdings schreibt § 102 Absatz 8 vor, dass die Leistungen zügig zu erbringen seien, „auch wenn im Ausland noch Verfahren anhängig sind". Mit der Leistungserbringung nach

159 Besonders tragisch war der Fall des Diren D. aus Hamburg, der während seiner Zeit als Austauschschüler in den USA erschossen worden war. Zahlreiche Medien hatten über den Fall berichtet, vgl. z. B. https://www.faz.net/aktuell/gesellschaft/kriminalitaet/70-jahre-haft-nach-schuessen-auf-austauschschueler-13425824.html und https://de.wikipedia.org/wiki/Diren_Dede m. w. N. Möglicherweise hatte der Gesetzgeber Fälle wie diese vor Augen, als er in den in § 15 Satz 2 genannten Konstellationen auch einen einjährigen Auslandsaufenthalt als vorübergehend eingestuft hat.

dem SGB XIV darf also nicht zugewartet werden, bis endgültig geklärt ist, ob und wenn ja, welche Leistungen Betroffene von anderer Seite erhalten.

§ 16
Ausschluss von Ansprüchen und Leistungen

(1) Von Ansprüchen nach diesem Buch ist ausgeschlossen, wer das schädigende Ereignis in vorwerfbarer Weise verursacht hat.

(2) Leistungen sind so zu erbringen, dass sie nicht der Person wirtschaftlich zugutekommen, die das schädigende Ereignis verursacht hat.

Erläuterungen

Übersicht **Rn.**

A. Allgemeines

Bei Einführung des OEG hatte der Gesetzgeber „die unschuldigen Opfer von Gewalttaten“[160] vor Augen. Er hat aber zugleich gesehen, dass das Verhalten des Opfers einer Entschädigung entgegenstehen könne und hat daher von Anfang an Versagungsgründe vorgesehen, die zum einen an 1

160 BT-Drs. 7/2506, S. 1; Gelhausen/Weiner, § 2, Rn. 2, bezeichnet dies als grundlegende Wertung des OEG.

das Verhalten des Opfers im Zusammenhang mit der Tat, zum anderen an die „Unbilligkeit“ einer Entschädigung anknüpfen.

2 Auch im SGB XIV sollen Opfer bei Mitverursachung der Tat oder bei Unbilligkeit einer Entschädigung keine Leistungen erhalten. Während im alten Recht die Regelungen in einer Vorschrift (§ 2 OEG) enthalten waren, wurden im SGB XIV die Ausschluss- und Versagungsgründe „verschlankt“ und in mehreren Vorschriften geregelt. Dabei wird auch explizit zwischen Primäropfern einerseits und Angehörigen, Hinterbliebenen und Nahestehenden andererseits differenziert. § 16 spricht zwar nicht ausdrücklich von Geschädigten, sodass der Wortlaut alle anderen Berechtigten umfasst. Allerdings ist der Leistungsausschluss für Angehörige, Hinterbliebene und Nahestehende in § 19 explizit geregelt, wobei auf § 16 verwiesen wird. Daraus ergibt sich im Umkehrschluss, dass § 16 den Ausschluss von Ansprüchen und Leistungen bei Geschädigten, also Primäropfern, regelt.

B. Regelungsinhalt

I. Absatz 1

1. Vorwerfbare Verursachung des schädigenden Ereignisses

3 Nach Absatz 1 der Norm ist von Ansprüchen nach dem SGB XIV ausgeschlossen, wer das schädigende Ereignis in vorwerfbarer Weise verursacht hat. Die Voraussetzung für die Nichtleistung entspricht damit derjenigen in § 2 Absatz 1 Satz 1, 1. Alt. OEG; lediglich der Begriff der Vorwerfbarkeit wurde neu eingefügt.[161]

a) Mitverursachung

4 Mithin behält die bisherige Auslegung zur Verursachung des schädigenden Ereignisses weiterhin seine Gültigkeit. Fast wortgleich wie in der Begründung zum OEG[162] heißt es dazu auch in der Begründung zu § 16, dass „Verursachung im Sinne der Kausaltheorie der wesentlichen Bedingung zu verstehen [ist], die geschädigte Person muss also eine wesentliche Bedingung für das schädigende Ereignis gesetzt haben.“[163] Ihr Beitrag darf nicht hinweggedacht werden, ohne dass die Tat i. S. d. §§ 13 oder 14 ent-

161 Auch der Gesetzgeber geht davon aus, dass die Norm „weitgehend dem bisherigen § 2 Absatz 1 Satz 1, 1. Halbsatz OEG“ entspricht (BT-Drs. 19/13824, S. 178).
162 BT-Drs. 7/2506, S. 15.
163 BT-Drs. 19/13824, S. 178.

fiele.[164] Der Beitrag stellt dann eine wesentliche Bedingung für den Erfolg dar, „wenn sie in ihrer Bedeutung und Tragweite für den Eintritt des Erfolges im Verhältnis zu den übrigen Umständen mindestens annähernd gleichwertig ist“[165], wenn das Opfer also in ähnlicher Weise wie der Täter gegen die Rechtsordnung verstoßen hat. Ob das Verhalten der geschädigten Person eine wenigstens gleichwertige Mitbedingung darstellt, ist durch objektive Abwägung der Teilursachen des schädigenden Ereignisses zu bestimmen.[166] Dabei kommt es nach der Rechtsprechung für die Vergleichbarkeit der Tatbeiträge von Opfer und Angreifer insbesondere auf deren strafrechtliche Einordnung an: Die Tatbeiträge sind vergleichbar, wenn sie jeweils strafbare Handlungen darstellen und die Strafandrohungen etwa gleich sind.[167]

Ein strafbares Verhalten des Opfers ist jedoch nicht zwingend erforderlich: Nach der Rechtsprechung hat ein Opfer seine Schädigung auch dann mitverursacht, wenn es zwar keinen Straftatbestand erfüllt hat, sich aber, ohne sozial nützlich oder sogar von der Rechtsordnung erwünscht zu handeln, bewusst oder leichtfertig der Gefahr einer Schädigung ausgesetzt hat.[168] Gleiches gilt, wenn sich das Opfer einer von ihm erkannten oder leichtfertig verkannten Gefahr nicht entzieht, obwohl ihm dies zumutbar und möglich wäre.[169] Allerdings muss auch im Sozialen Entschädigungsrecht das Recht nicht dem Unrecht weichen, sodass im Falle einer – nicht selbst verschuldeten – Notwehrsituation sich das Opfer verteidigen darf, ohne dass eine Mitverursachung anzunehmen ist.[170] 5

b) Vorwerfbarkeit

aa) Vergleich mit der Rechtslage nach dem OEG

Der Anspruchsausschluss setzt voraus, dass das Opfer das schädigende Ereignis in vorwerfbarer Weise verursacht hat. Das Erfordernis der Vorwerfbarkeit war in § 2 Absatz 1 Satz 1 OEG nicht enthalten. Jedoch stellt sich die Frage, ob durch die Aufnahme dieses Merkmals in § 16 Absatz 1 eine inhaltliche Änderung eingetreten ist oder ob die zur Auslegung des 6

164 Vgl. Urteil des BSG vom 18.4.2001, B 9 VG 5/00 R, wo freilich nicht von Taten i. S. d. §§ 13 und 14, sondern vom Angriff (i. S. d. § 1 OEG) die Rede ist.

165 So bereits in der Begründung zum Entwurf des OEG, BT-Drs. 7/2506, S. 11; Dies stellt einen Unterschied zur gesetzlichen Unfallversicherung dar: Während dort nur ein gegenüber den betrieblichen Gefahren deutlich überwiegendes selbstgeschaffenes Risiko den Versicherungsschutz ausschließt, führt auf dem Gebiet des Sozialen Entschädigungsrechts bereits eine etwa gleichwertige Mitverursachung zur Versagung der Entschädigung.

166 BSG, Urteil vom 7.11.1979, 9 RVg2/78, S. 8.

167 Urteil des BSG vom 18.4.2001, B 9 VG 5/00 R; Gelhausen/Weiner, § 2, Rn. 10.

168 Vgl. statt vieler BSG, Urteil vom 9.12.1998 – B 9 VG 8/97 R, Rn. 13, m. w. N.

169 BSG, Urteil vom 21.10.1998 – B 9 VG 6/97 R, Rn. 19.

170 Knickrehm/Rademacher, § 2, Rn. 14.

§ 2 Absatz 1 Satz 1, 1. Alt OEG ergangene Rechtsprechung weiterhin vollumfänglich gültig ist.[171]

7 Im OEG wurde bei der Mitverursachung gefordert, dass den Geschädigten, der Täter oder Teilnehmer einer Straftat war, „ein Schuldvorwurf trifft“;[172] bei einer Selbstgefährdung des Opfers wurde Mitverursachung angenommen, wenn das Opfer sich vorsätzlich oder grob fahrlässig selbst gefährdet habe.[173] Auch ein leichtfertiges Verhalten des Opfers konnte die Mitverursachung erfüllen.[174]

8 Die Gesetzesbegründung zu § 16 zeigt, dass sich an diesen Maßstäben nichts geändert hat. Denn danach müsse die geschädigte Person ein „Schuldvorwurf“ treffen[175] – dies entspricht dem alten Recht. Weiter führt der Gesetzgeber im Zusammenhang mit häuslicher Gewalt aus, dass im Einzelfall zu prüfen sei, ob die Rückkehr zum gewalttätigen Täter eine „leichtfertige Selbstgefährdung“ darstelle.[176] Der Gesetzgeber geht also davon aus, dass auch ein leichtfertiges Verhalten „vorwerfbar“ i. S. d. § 16 ist. Hätte er eine Änderung im Vergleich zur bisherigen Rechtslage gewollt, hätte es nahe gelegen, sich in der Begründung hierzu zu äußern. Nach alledem ist davon auszugehen, dass auch der Gesetzgeber des SGB XIV das „unschuldige Opfer“ vor Augen hatte und mit dem Merkmal „vorwerfbar“ keinen anderen Maßstab bei der Mitverursachung als im alten Recht schaffen wollte: Einen Schuldvorwurf bei Täterschaft und Teilnahme, zumindest Leichtfertigkeit bei Selbstgefährdung.

bb) Schuldvorwurf

9 Das Opfer muss die wesentliche Bedingung für die Schädigung schuldhaft gesetzt haben. Hieran fehlt es, wenn das Opfer – etwa wegen Schuldunfähigkeit i. S. d. §§ 19, 20 StGB – nicht erkennen konnte, welches Verhalten

171 Zweifelnd: Knickrehm/Mushoff/Schmidt, Rn. 72, wonach „Leichtfertigkeit“ nicht zwangsläufig „Vorwerfbarkeit“ sei.

172 Gelhausen/Weiner, § 2, Rn. 10.

173 Gelhausen/Weiner, § 2, Rn. 11.

174 Vgl. z.B. BSG, Urteil vom 18.10.1995, 9 RVg 5/95: „Ein Hauptzweck des § 2 Abs 1 OEG ist es gerade, diejenigen von der Versorgung auszuschließen, die sich selbst *bewußt oder leichtfertig* in hohem Maße gefährden und dadurch einen Schaden erleiden. Wer *bewußt oder leichtfertig* ein hohes Risiko eingeht, hat die Folgen selbst zu tragen;“; LSG Baden-Württemberg, 23.2.2012, L 6 VG 286/09: „Eine Mitverursachung kann aber auch dann vorliegen, wenn das Opfer zwar keinen Straftatbestand erfüllt hat, sich aber *leichtfertig* durch eine unmittelbare, mit dem eigentlichen Tatgeschehen insbesondere zeitlich eng zusammenhängende Förderung der Tat, z.B. eine Provokation des Täters, der Gefahr einer Gewalttat ausgesetzt und dadurch selbst gefährdet hat. Gleiches gilt, wenn sich das Opfer einer konkret erkannten Gefahr *leichtfertig* nicht entzogen hat, obwohl es ihm zumutbar und möglich gewesen wäre (vgl. BSGE 77, 18; 79, 87; 83, 62).“

175 BT-Drs. 19/13824, S. 178.

176 BT-Drs. 19/13824, S. 178; zur Abgrenzung zwischen Mitverursachung und Unbilligkeit beim Verbleib in einer Gewaltbeziehung vgl. die Ausführungen unter § 17 I.2.c).

geboten gewesen wäre.[177] Dabei ist kein objektiver, sondern ein subjektiver Maßstab anzulegen. Daher ist bei einem alkoholisierten Opfer zu prüfen, ob es angesichts der Alkoholkonzentration im Blut zur Tatzeit noch in der Lage war, die durch sein Verhalten und die weiteren Umstände gegebene Selbstgefährdung zu erkennen und – falls ja – entsprechend der Erkenntnis zu handeln.[178] Allerdings kann in solchen Fällen die Entschädigung nach den Grundsätzen der actio libera in causa ausscheiden.[179]

cc) Leichtfertigkeit

Eine leichtfertige Selbstgefährdung erfordert einen erhöhten Grad an Fahrlässigkeit, der etwa der groben Fahrlässigkeit i. S. des Bürgerlichen Rechts entspricht.[180] Anders als im Bürgerlichen Recht gilt jedoch nicht der objektive Sorgfaltsmaßstab des § 276 BGB, sondern ein individueller Maßstab, der auf die persönlichen Fähigkeiten des Opfers abstellt.[181] Zu prüfen ist danach, ob sich das Opfer auch anders hätte verhalten können oder müssen, und ob es sich der erkannten oder grob fahrlässig nicht erkannten Gefahr nicht entzogen hat, obwohl ihm dies zumutbar gewesen wäre. Dafür ist die gesamte tatnahe Situation, wie sie sich nach natürlicher Betrachtungsweise darstellt, zu würdigen.[182] 10

II. Fallbeispiele

1. Keine leistungsausschließende Mitverursachung

Keine leistungsausschließende Mitverursachung liegt nach der Judikatur etwa in diesen Fällen vor: 11

Das Opfer hat seine Tötung nicht dadurch mitverursacht, dass es seine Geliebte häufig durch Liebschaften mit anderen Frauen gereizt und ge- 12

177 Gelhausen/Weiner, § 2, Rn. 19.
178 BSG, Urteil vom 1.9.1999, B 9 VG 3/97 R.
179 Vgl. BSG, Urteil vom 15.8.1996, 9 RVg 6/94 – im Fall war das Opfer im Tatzeitpunkt handlungsunfähig (es schlief), das Geschehen sei ihm aber laut Gericht zurechenbar, weil es das Geschehen noch im Zustand der Handlungsfähigkeit in Gang gesetzt habe. Gleiches muss gelten, wenn das Opfer im Tatzeitpunkt zwar nicht handlungsunfähig, aber durch Alkoholisierung nicht in der Lage war, die Selbstgefährdung zu erkennen und der Erkenntnis entsprechend zu handeln – auch in solchen Fällen ist die Zurechenbarkeit nach den Grundsätzen der actio libera in causa zu prüfen.
180 BSG, Urteil vom 18.4.2001, B 9 VG 3/00 R.
181 BSG, Urteil vom 21.10.1998, B 9 VG 6/97 R; weil ein subjektiver Maßstab angelegt werde, entschädige das OEG laut Gericht „deshalb auch den geistig Behinderten, der wegen seiner Behinderung eine offensichtlich drohende Gefahr nicht erkennt und deshalb Opfer einer Gewalttat wird, der jeder andere ohne Weiteres hätte entgehen können."
182 BSG, Urteil vom 18.4.2001, B 9 VG 3/00 R; LSG Baden-Württemberg, Urteil vom 23.2.2012, L 6 VG 286/09; ausführlich zur Leichtfertigkeit als Mitverursachungsgrund vgl. LSG Baden-Württemberg, Urteil vom 21.3.2013, L 6 VG 4354/12 m. w. N.

kränkt hatte. Denn sonst hatten sich die beiden immer wieder versöhnt. Dass die Geliebte nach der letzten Liebschaft wie „ein Blitz aus heiterem Himmel" zur Todeswaffe gegriffen hatte, stelle eine ungewöhnliche Reaktion dar. Diese überwiege gegenüber der Enttäuschung, die das Opfer zuvor der Geliebten bereitet hatte. Daher hat das Gericht das Verhalten des Opfers nicht als eine wenigstens gleichwertige Mitbedingung für seine Tötung angesehen.[183]

13 Das LSG Sachsen-Anhalt hatte in einem Fall, in dem das Opfer Nothilfe geleistet hatte, keine Mitverursachung gesehen: Das Opfer hatte vom Balkon aus beobachtet, wie zwei Personen, darunter seine Freundin, verprügelt wurden. Um ihr zu helfen, sprang er vom Balkon und verletzte sich dabei. Diese Selbstgefährdung war laut Gericht nicht leichtfertig und vorwerfbar. „Wenn er den längeren Weg durch das Treppenhaus auf die Straße gewählt hätte, hätte er den Blickkontakt zum Tatgeschehen verloren. Das war ihm in Anbetracht der für seine Freundin gefährlichen Situation mit dem schwerwiegenden Verletzungsrisiko durch die Tritte in den Bauch nicht zuzumuten. In Abwägung der mit dem Angriff möglicherweise verbundenen Verletzungsfolgen war der Sprung von dem Balkon der Parterrewohnung auf das darunter liegende Blumenbeet dem Kläger nicht vorwerfbar. Er hat darauf vertrauen dürfen, diesen Sprung ohne Verletzungen zu überstehen. Auch seine Alkoholisierung zum Zeitpunkt des Sprungs schließt den Anspruch nicht aus. Ihm kann nicht vorgeworfen werden, dass er bei einer Feier Alkohol getrunken hat und deshalb die möglichen Risiken eines Sprungs vom Balkon nicht genau abschätzen konnte. Denn er hat nicht damit rechnen müssen, im Laufe des Abends noch als Nothelfer eingreifen zu müssen. Die möglicherweise aufgrund des Alkoholkonsums größere Risikobereitschaft geht daher nicht zu seinen Lasten."[184]

14 Das LSG Berlin-Brandenburg[185] hatte eine Mitverursachung im Falle von Partnerschaftsgewalt verneint, wobei es die leichtfertige Selbstgefährdung für die jeweiligen Taten einzeln geprüft hatte:[186] Als die Geschädigte nach einem Streit dem davoneilenden Partner in einen Park folgte und die verbale Auseinandersetzung fortsetzte, war für sie in keiner Weise absehbar, dass ihr Partner sie vor Wut plötzlich in das Gesicht schlagen würde. Leichtfertig im Sinne einer groben Fahrlässigkeit handelte die

183 BSG, Urteil vom 7.11.1979, 9 RVg 2/78.

184 BSG, LSG Sachsen-Anhalt, Urteil vom 5.5.2011, L 7 VG 2/06.

185 LSG Berlin-Brandenburg, Urteil vom 10.1.2019, L 13 VG 3/18.

186 Dies ist auch folgerichtig, da zur Mitursächlichkeit – in Abgrenzung zur Unbilligkeit – alle unmittelbaren, nach natürlicher Betrachtungsweise mit dem eigentlichen schädigenden Tatgeschehen, insbesondere auch zeitlich eng verbundenden Umstände zählen (LSG NRW, Urteil vom 17.2.2012, L 13 VG 68/11).

Klägerin auch nicht bei einem anderen Vorfall, da sie, als das Streitgespräch mit ihrem Partner eskalierte, die Wohnung verlassen wollte. Sie hat sich jedenfalls tatsächlich einer drohenden Gefahr entzogen. Dass ihr Partner ihr nacheilen und ihr die schon leicht geöffnete Tür gegen den Kopf stoßen würde, war für die Geschädigte nicht erkennbar gewesen. Auch in einem weiteren Fall hat sich die Geschädigte nicht leichtfertig durch eine unmittelbare Förderung der Tat der Gefahr einer gegen sie gerichteten Körperverletzung ausgesetzt. Der Umstand, dass sie im Laufe des Streits aus Verzweiflung einen Teller mit Nudelbrühe über ihr Gesicht goss, stellt keine Provokation des Täters im Sinne einer leichtfertigen, die Gewährung einer Opferentschädigung entgegenstehenden Selbstgefährdung dar. Denn das Verhalten der Geschädigten hatte, da es sich nicht gegen den Täter richtete, nicht annähernd das Gewicht wie die anschließende Körperverletzung durch den Täter. Die Gefühlswallung, in der sich die Geschädigte in der konkreten Situation erkennbar befand, erreicht nicht das Maß eines grob fahrlässigen Verhaltens.[187]

2. Leistungsausschließende Mitverursachung

Eine leistungsausschließende Mitverursachung hat die Rechtsprechung u. a. in folgenden Fällen bejaht: 15

Ein vom LSG Baden-Württemberg[188] entschiedener Fall hatte eine Auseinandersetzung zwischen zwei Familien um das Sorge- bzw. Umgangsrecht zum Hintergrund. Etwa eine Stunde nach einer verbalen Auseinandersetzung, bei der auch mit Gegenständen geworfen worden war, war das Opfer mit Familienangehörigen und mit Waffen bzw. gefährlichen Werkzeugen zum Wohnort des späteren Täters gefahren. Als das Opfer und sein Sohn mit Stock und Duschstange bewaffnet aus dem Auto gestiegen seien, hätten sie gezeigt, dass sie bereit seien, sich mit diesen Waffen in die bislang weitgehend verbal geführte Auseinandersetzung einmischen zu wollen. „Es wäre lebensfremd anzunehmen, dass der Geschädigte in diesem Augenblick davon ausgegangen ist, sich in der anstehenden Schlägerei nicht selbst zu gefährden."[189] 16

187 Das Gericht hat anschließend geprüft, ob die Rückkehr zum Täter, den das Opfer nach einigen Gewalttaten verlassen hatte, den Versagungsgrund der Unbilligkeit erfüllt. Das Gericht hat dies verneint, denn unter Berücksichtigung der insoweit maßgeblichen Erkenntnisfähigkeit der Geschädigten stellt es kein grob fahrlässiges Verhalten dar, dass sie den Beteuerungen des Täters, es werde nicht wieder zu Gewalttaten kommen, Glauben schenkte, da der Täter sich intensiv um sie bemühte, Reue zeigte und ankündigte, sich einer Therapie zu unterziehen.

188 LSG Baden-Württemberg, Urteil vom 28.9.2018, L 6 VG 2878/17.

189 LSG Baden-Württemberg, Urteil vom 28.9.2018, L 6 VG 2878/17.

17 Auch, wenn in bestimmten Bevölkerungsteilen die Konfliktlösung mit Gewalt anerkannt sei – so das LSG Baden-Württemberg weiter –, habe das Gericht das Verhalten des Opfers als sozial missbilligenswert eingestuft. Der Begriff der sozialen Missbilligung stelle einen Rechtsbegriff dar. Dabei könne nicht auf die etwaigen sozialen Anschauungen einer Gruppe angestellt werden, soweit diese nicht mit der Rechtsordnung in Einklang stehen.

18 In einem weiteren, ebenfalls vom LSG Baden-Württemberg[190] entschiedenen Fall hatte das Gericht die Entschädigung abgelehnt, weil sich der Geschädigte einer konkret erkannten Gefahr nicht entzogen hat. Vielmehr war er auf den Täter zugegangen, obwohl er nach Ansicht des LSG die konkrete Gefahr, vom Täter geschlagen zu werden bzw. in eine Schlägerei mit diesem zu geraten, erkannt hat, jedenfalls aber hätte erkennen müssen. In dem Zugehen auf den Täter hat das Gericht auch keine – gegebenenfalls erlaubte – Abwehr eines Angriffs gesehen, da der erste Schlag erst ausgeführt worden ist, nachdem das Opfer auf den Täter zugegangen war.

19 In einer Entscheidung des LSG Berlin-Brandenburg[191] stand die Entschädigung wegen Erblindung aufgrund eines Wasserwerfereinsatzes durch die Polizei infrage. Der Geschädigte hatte sich im Zusammenhang mit dem G8-Gipfeltreffen in Heiligendamm an einer Versammlung beteiligt, obwohl diese an dem Ort verboten war. Zunächst habe er sich das Geschehen aus sicherer Entfernung 15–20 Minuten lang angeschaut und dabei gesehen, dass die Polizei Wasserwerfer einsetze. Dennoch habe er sich „ins Zentrum des Geschehens“ begeben. Hierin habe das Gericht eine leichtfertige Selbstgefährdung gesehen, sodass die Entschädigung nach dem OEG wegen Mitverursachung versagt wurde. Dass es sich um eine „friedliche“ Demonstration gehandelt habe, sei angesichts des Versammlungsverbotes unmaßgeblich.

III. Rechtsfolge

20 Bei Vorliegen der Voraussetzungen sind Ansprüche nach dem SGB XIV ausgeschlossen. Nach § 2 Absatz 1 Satz 1 OEG waren die Leistungen hingegen zu versagen. Teilweise wird hierin auch eine inhaltliche Änderung gesehen.[192] Nach hier vertretener Ansicht war seitens des Gesetzgebers keine inhaltliche Abweichung zum alten Recht gewollt. Liegt eine Mitverursachung vor, erhält das Opfer keinerlei Entschädigungsleistungen – und zwar

190 LSG Baden-Württemberg, Urteil vom 21.03.2013, L 6 VG 4354/12.
191 LSG Berlin-Brandenburg, Urteil vom 10.5.2022, L 11 VG 44/14.
192 Vgl. Knickrehm/Mushoff/Schmidt, Rn. 71, der davon ausgeht, dass die Versagung die Möglichkeit offenließe, bestimmte Leistungen oder teilweise Leistungen zu erbringen.

zwingend, ein Ermessensspielraum bestand auch bei § 2 Absatz 1 Satz 1, 1. Alt. OEG nicht („Leistungen sind zu versagen, …“). Eine teilweise Leistungserbringung war auch nach altem Recht nicht möglich.[193] Der Gesetzgeber des OEG hat bei einer Mitverursachung die Parallele zum Mitverschulden nach § 254 BGB gesehen, sich aber bewusst gegen eine vergleichbare Regelung entschieden. Denn im Entschädigungsrecht werde die Mitverursachung nur bejaht, wenn der Beitrag des Geschädigten eine wesentliche Bedingung für den Erfolg sei. Daher können die gesetzlich vorgesehenen Leistungen nur im Ganzen erbracht oder ganz versagt werden.[194]

Da sowohl nach altem als auch nach neuem Recht bei Mitverursachung überhaupt keine Leistungen erbracht werden dürfen, ist davon auszugehen, dass der Gesetzgeber des SGB XIV Leistungsversagung und Leistungsausschluss als Synonyme gesehen hat. Hierfür spricht neben der Gesetzesbegründung,[195] dass auch die Rechtsprechung im Zusammenhang mit § 2 Absatz 1 Satz 1 OEG wiederholt auch von „Leistungsausschluss“ gesprochen hat, Versagung und Ausschluss somit synonym verwendet hat.[196] Somit ist davon auszugehen, dass sich im Ergebnis durch den Begriffswechsel von Versagung zu Ausschluss nichts geändert hat – nach altem wie nach neuem Recht erhält die geschädigte Person bei Mitverursachung keinerlei Leistungen. **21**

IV. Absatz 2

Nach dieser Norm sind Leistungen so zu erbringen, dass sie nicht dem Verursacher des schädigenden Ereignisses zugutekommen. Denn wenn der Tä- **22**

193 Vgl. BayLSG, Urteil vom 9.11.2017, L 20 VG 26/15: „… ist nach § 2 Absatz 1 Satz 1 OEG keine teilweise Leistungsversagung möglich (‚wenn‘), sondern es kommt nach dieser Norm nur eine volle Leistungsversagung in Betracht.“; vgl. auch Gelhaussen/Weiner, § 2, Rn. 24: „Die Versorgung muss insgesamt werden, wenn das Opfer die Schädigung mitverursacht hat. Im sozialen Entschädigungsrecht wird … Versorgung entweder gewährt oder insgesamt versagt.“; a. A. Knickrehm/Mushoff/Schmidt, Rn. 71.

194 BT-Drs. 7/2506, S. 11.

195 BT-Drs. 19/13824, S. 178: „Die Norm entspricht weitgehend dem bisherigen § 2 Absatz 1 Satz 1, 1. Halbsatz OEG.“

196 Vgl. etwa LSG Berlin-Brandenburg, Urteil vom 10.5.2022, L 11 VG 44/14: „Das BSG hat im Opferentschädigungsrecht die bewusste oder leichtfertige Selbstgefährdung in Fällen einer hohen Gefahr immer als Leistungsausschlussgrund beurteilt (vgl. die Nachweise bei BSG, Urteil vom 18.10.1995 – 9 RVg 5/95 – juris)“; BSG, Urteil vom 21.10.1998 – B 9 VG 6/97 R, Rn. 15: „… ob der geltend gemachte Versorgungsanspruch nach § 2 Abs 1 OEG ausgeschlossen ist …“; BSG, Urteil vom 29.3.2007 – B 9a VG 2/05 R: „Die Mitverursachung im Sinne der ersten Alternative des § 2 Abs 1 Satz 1 OEG (‚1. Alt‘) ist – als Sonderfall des im zweiten Halbsatz geregelten Ausschlusses des Versorgungsanspruchs wegen sonstiger Unbilligkeitsgründe (‚2. Alt‘, ‚Unbilligkeitsgeneralklausel‘) – stets zuerst zu prüfen. Sie bestimmt abschließend, wann die unmittelbare Tatbeteiligung des Geschädigten Leistungen ausschließt.“; LSG Baden-Württemberg, Urteil vom 18.2.2021, L 6 VG 2770/20: „… liegt eine Unbilligkeit mit der Rechtsfolge eines Leistungsausschlusses … vor“.

ter von der Entschädigung profitierte, würde der das Soziale Entschädigungsrecht prägende Grundsatz der Entschädigung des unschuldigen Opfers ins Gegenteil verkehrt.[197] Weiteres Motiv für die Regelung ist, dass sie Opfer dazu veranlassen könnte, sich aus dem Einflussbereich des Täters zu entfernen und weitere Schädigungen zu vermeiden.[198] Obwohl erstmals ausdrücklich gesetzlich geregelt, war der Fall, dass die Leistung dem Täter wirtschaftlich zugutekommt, bereits im OEG relevant – die Leistungen konnten dann wegen Unbilligkeit versagt werden.[199]

23 Nunmehr hat der Gesetzgeber den Versorgungsbehörden aufgegeben, die Leistungen so zu erbringen, dass sie nicht dem Täter zugutekommen. Die Gefahr, dass die Entschädigung dem Täter zugutekommt, besteht vornehmlich bei Taten innerhalb der Familie und der Partnerschaft. Hier kann der Täter von den Geldleistungen, die das Opfer erhält, profitieren, etwa, wenn daraus die Ausgaben im gemeinsamen Haushalt bestritten werden. Handelt es sich beim Opfer um ein Kind, kommt eine Vermögenspflegschaft in Betracht. Zu beachten ist auch, dass durch die Leistung nach dem SGB XIV der unterhaltspflichtige Schädiger nicht entlastet werden darf.

24 Bei Partnerschaftsgewalt ist es möglich, Geldleistungen auf ein Konto zu überweisen, über das das Opfer die alleinige Verfügungsbefugnis hat. Damit kommen die Leistungen erstmal nur dem Opfer zugute, die Vorgabe des § 16 Absatz 2 ist erfüllt. Es stellt sich die Frage, was passiert, wenn das Opfer danach entscheidet, diese Leistungen dem Täter (teilweise) zur Verfügung zu stellen, etwa, indem der gemeinsame Lebensunterhalt daraus bestritten wird. Dies stellt ein eigenständiges Verhalten des Opfers dar, das nach dem Maßstab des § 17 Absatz 1 zu beurteilen ist und zur Leistungsversagung wegen Unbilligkeit führen kann.

§ 17
Versagung von Leistungen

(1) Leistungen sind zu versagen, wenn es aus in dem eigenen Verhalten der Antragstellerin oder des Antragstellers liegenden Gründen unbillig wäre, Leistungen der Sozialen Entschädigung zu erbringen.

197 BT-Drs. 19/13824, S. 178.
198 BT-Drs. 19/13824, S. 178.
199 Vgl. etwa BSG, Urteil vom 23.10.1985, 9a RVg 4/83; bereits bei Erlass des OEG hat der Gesetzgeber bei den Fällen, in denen es nicht gerechtfertigt wäre, dem Opfer Versorgung zu gewähren, die Konstellation „wenn der Geschädigte den Täter begünstigt" genannt, vgl. BT-Drs. 7/2506, S. 15.

(2) Leistungen können ganz oder teilweise versagt werden, wenn Geschädigte es unterlassen haben, das ihnen Mögliche und Zumutbare zur Aufklärung des Sachverhalts und zur Verfolgung der Täterin oder des Täters beizutragen.

Erläuterungen

Übersicht **Rn.**

A. Allgemeines

Von Beginn an hatte der Gesetzgeber die Entschädigungsansprüche nur dem „unschuldigen Opfer" zugestehen wollen und hatte daher bereits bei Einführung des OEG Versagungsgründe im Gesetz vorgesehen.[200] Nach § 1 Absatz 1 Satz 1 OEG sind Leistungen „zu versagen, wenn der Geschädigte die Schädigung verursacht hat oder wenn es aus sonstigen, insbesondere in dem eigenen Verhalten des Anspruchstellers liegenden Gründen unbillig wäre, Entschädigung zu gewähren." Es bestand Einigkeit, dass die Mitverursachung 1

200 Vgl. die Kommentierung unter § 16 A.

zuerst zu prüfen sei und sie einen Sonderfall der Unbilligkeit darstelle.[201] Daraus wurde gefolgert, dass die Gründe, aus denen sich die Unbilligkeit ergibt, so gewichtig sein müssen, dass sie dem in der 1. Alternative des § 2 Absatz 1 Satz 1 OEG genannten Fall der Mitverursachung an Bedeutung gleichkommen.[202] Genügt ein Tatbeitrag alleine nicht, um die Mitverursachung zu bejahen, kann er alleine nicht zur Bejahung der Unbilligkeit führen; vielmehr sind weitere, darüber hinausgehende Umstände erforderlich, um die Unbilligkeit bejahen zu können.[203]

B. Regelungsinhalt

I. Absatz 1

1. Unbilligkeit

2 Absatz 1 entspricht laut Gesetzesbegründung dem bisherigen § 2 Absatz 2 Satz 1, 2. Alt. OEG.[204] Das ist nicht ganz richtig: Das OEG erfasst allgemein Fälle, in denen die Leistungserbringung unbillig wäre. § 17 erfasst hingegen nur Fälle, in denen die Leistungserbringung aus im eigenen Verhalten der Antragstellenden liegenden Gründen unbillig wäre – dieser Unterfall der Unbilligkeit wurde im OEG zwar auch genannt, aber mit einem „insbesondere" vorangestellt. Anders als im OEG setzt § 17 Absatz 1 somit zwingend voraus, dass die Unbilligkeit aus dem eigenen Verhalten der antragstellenden Person resultiert.[205]

3 Des Weiteren ist zu berücksichtigen, dass im OEG Mitverursachung und Unbilligkeit in einem Satz geregelt waren. Im SGB XIV sind das zwei eigenständige Vorschriften. Es stellt sich daher die Frage, ob auch im neuen Recht die Unbilligkeit von ihrer Bedeutung her der Mitverursachung gleichkommen muss. Der Gesetzgeber scheint davon auszugehen – hierfür spricht, dass seines Erachtens die neue Norm dem bisherigen § 2 Absatz 2 Satz 1, 2. Alt. OEG entspreche.[206] Zwingend ist diese Lesart jedoch nicht. Vertretbar ist auch, die Unbilligkeit als eigenständigen Versagungsgrund zu sehen, dessen Vor-

201 Vgl. etwa BSG, Urteil vom 21.10.1998, B 9 VG 6/97 R, Rn. 16 und Urteil vom 18.4.2001, B 9 VG 5/00 R m. w. N.

202 BSG, Urteil vom 06.07.2006, B 9a VG 1/05 R.

203 Knickrehm/Rademacher, § 2 Rn. 21.

204 BT-Drs. 19/13824, S. 178.

205 Im OEG hatte dies den Hintergrund, dass Sekundäropfern über diese Formulierung Leistungen versagt werden sollten, wenn nicht sie, sondern das Primäropfer einen Unbilligkeitsgrund erfüllt hatten. Nunmehr ist die Leistungsversagung für Sekundäropfer in § 20 explizit geregelt.

206 BT-Drs. 19/13824, S. 178.

liegen unabhängig von der Mitverursachung zu bestimmen ist, sodass auch ein Verhalten, dass nicht einer Mitverursachung entspricht, den Tatbestand der Unbilligkeit erfüllen kann.

Mit diesen Maßgaben kann die bisherige, zu § 2 Absatz 1 Satz 1, 2. Alt. OEG ergangene Rechtsprechung auch zur Auslegung des § 17 Absatz 1 herangezogen werden, einschließlich der Abgrenzung zur Mitverursachung: Während die Mitverursachung die unmittelbare Tatbeteiligung, also alle unmittelbaren, mit dem Tatgeschehen auch zeitlich eng verbundenen Umstände betrifft, erfasst Unbilligkeit die mittelbaren, lediglich erfolgsfördernden Umstände, wie etwa die Vorgeschichte der Tat.[207] 4

2. Fallgruppen

Die Rechtsprechung hat zur Unbilligkeit nach altem Recht Fallgruppen entwickelt.[208] Diese dürften auch im neuen Recht weitgehend einschlägig sein. 5

a) Rechtsfeindliche Betätigung des jetzigen Opfers

Diese Fallgruppe erfasst Personen, die sich kriminell betätigen und Opfer einer aus diesem Milieu stammenden Gewalttat werden. Haben sie sich bewusst außerhalb der staatlichen Gemeinschaft gestellt und realisiert sich die damit verbundene Gefahr in Schädigungen durch eine Gewalttat, so widerspräche es dem Verbot unzulässiger Rechtsausübung, zum Ausgleich der Schädigungsfolgen staatliche Leistungen zu verlangen.[209] Der Gesetzgeber nennt die Betätigung als Zuhälter, Rauschgifthändler oder in sonstiger krimineller Weise – wenn man Opfer der auf solchen Gebieten herrschenden Rivalität unter Konkurrenten werde, solle kein Anspruch auf Versorgung aus öffentlichen Mitteln bestehen.[210] Es kommt darauf an, ob sich das Opfer in ein Milieu begeben hat, indem Gewalttaten üblich sind.[211] Ob das gefahrbringende Verhalten des Geschädigten in unmittelbarem oder mittelbarem Zusammenhang mit dem schädigenden Ereignis steht, ist unerheblich.[212] Ebenso ist unerheblich, ob die Tat im Vergleich zum Verhalten des Opfers eine „Übermaßreaktion" darstellt.[213] Zum einen gibt es keinen Hinweis im Gesetz, dass die Entschädigung nur bei „ange- 6

207 Vgl. LSG Berlin-Brandenburg, Urteil vom 10.1.2019, L 13 VG 3/18, jeweils m. w. N. zur Definition der Mitwirkung und der Unbilligkeit.
208 Vgl. etwa BSG, 7.11.2001, B 9 VG 2/01 R, Rn. 19.
209 BSG, 07.11.2001, B 9 VG 2/01 R, Rn. 19.
210 BT-Drs. 7/2506, S. 15.
211 Vgl. BSG, Urteil vom 24.3.1993, 9/9a RVg 3/91.
212 BSG, Urteil vom 24.3.1993, 9/9a RVg 3/91.
213 BSG, Urteil vom 24.3.1993, 9/9a RVg 3/91.

messenen“ Taten entfallen soll, zum anderen muss gerade bei „Milieu-Taten“ mit Unverhältnismäßigkeiten gerechnet werden.

7 Allenfalls in Ausnahmefällen, wenn das schädigende Ereignis in keinerlei Zusammenhang mit dem kriminellen Milieu stand, kommt eine Entschädigung in Betracht.[214]

8 Ursprünglich wurde die Unbilligkeit auch dann bejaht, wenn ein Gefangener Opfer eines anderen Mitgefangenen wurde, wenn der Strafvollzug wesentliche Ursache für den Angriff war.[215] Diese Rechtsprechung hat das BSG mit Urteil vom 29.3.2007 ausdrücklich aufgegeben.[216] Begründet wurde das mit dem – auch dem Schutz der Gemeinschaft dienenden – Resozialisierungsgedanken.[217]

9 Das BSG hat die Entschädigung eines zum kriminellen Milieu zugehörigen Opfers hingegen selbst dann abgelehnt, wenn das Opfer sich im Zeitpunkt der Tat von der kriminellen Szene distanziert hat und mit den Ermittlungsbehörden zusammenarbeitet.[218] Zwar wirkt auch hier die Zugehörigkeit zum Milieu fort, denn die Tat wäre nicht passiert, wenn sich das Opfer nicht in kriminelle Kreise begeben hätte. Dennoch ist es nach hier vertretener Ansicht nicht unbillig, in solchen Fällen soziale Entschädigungsleistungen zu erbringen.[219] Die Unbilligkeit wird in dieser Fallgruppe damit begründet, dass sich das Opfer bewusst aus der staatlichen Gemeinschaft entfernt hat. Hatte das Opfer im Zeitpunkt der Tat sich jedoch bereit erklärt, mit den Ermittlungsbehörden zusammenzuarbeiten, um so die Bestrafung vergangenen Unrechts zu ermöglichen und künftige Taten zu verhindern, ist das Opfer wieder in die staatliche Gemeinschaft zurückgekehrt. Daher ist es nicht sachgerecht, in diesen Fällen die Entschädigung zu versagen.

---

214 Knickrehm/Rademacher, § 2, Rn. 22.

215 BSG, Urteil vom 18.4.2001, B 9 VG 5/00 R.

216 BSG, Urteil vom 29.3.2007, B 9a VG 2/05 R, Rn. 18: „das Erleiden einer Schädigung allein infolge einer typischen Gefahr der Inhaftierung (‚gefängniseigentümliche Gefahren‘) vermag die Annahme von Unbilligkeit nicht zu begründen. Der Aufenthalt in einem offenbar von erhöhter Gewaltbereitschaft geprägten Gefängnismilieu ist zwar Folge der eigenen Straftat des Gewaltopfers. Dieser Umstand ist aber nicht so gewichtig wie eine – annähernd – gleichwertige Mitverursachung der eigenen Schädigung.“

217 BSG, a. a. O., Rn. 20: „Der Resozialisierungsgrundsatz verpflichtet den Staat, schädlichen Auswirkungen des Freiheitsentzuges auf die Inhaftierten im Rahmen des Möglichen zu begegnen [...]. Die damit verbundene Verantwortung schließt es aus, im Strafvollzug, also im staatlichen Einwirkungsbereich eingetretene Gewalttaten von jeder Opferentschädigung freizustellen.“

218 BSG, Urteil vom 24.3.1993, 9/9a RVg 3/91.

219 So auch Knickrehm/Rademacher, § 2, Rn. 24, der zurecht auf die Parallele zu gefährdeten Zeugen verweist – für diese enthält § 7 des Gesetzes zur Harmonisierung des Schutzes gefährdeter Zeugen Regelungen zur Vermeidung von Nachteilen beim Bezug von Sozialleistungen.

b) Zugehörigkeit zum Kreis der Alkohol- und Drogenkonsumenten

Als weitere Fallgruppe anerkannt ist diejenige der sozialwidrigen, mit besonderen Gefahren verbundenen Zugehörigkeit zum Kreis der Alkohol- und Drogenkonsumenten, wenn sich die mit der Zugehörigkeit zu diesem Kreis verbundene Gefahr verwirklicht hat.[220] Es stellt sich die Frage, ob es dieser Fallgruppe überhaupt bedarf.[221] Konsumiert eine Person illegale Drogen, begibt sie sich in ein entsprechendes „Milieu", insbesondere, wenn es sich um „harte" Drogen handelt, sodass die zuvor unter a) genannte Fallgruppe einschlägig ist. Selbst, wenn sie die Drogen so konsumiert, dass sie nicht Teil der Drogenszene wird, begibt sie sich durch die Verübung der Straftat außerhalb der Gemeinschaft der Rechtstreuen, sodass es unbillig wäre, für die im Zusammenhang mit dem Drogenerwerb oder -konsum stehende Gewalttat Entschädigungsleistungen zu erbringen. Der Konstruktion einer eigenen Fallgruppe im Zusammenhang mit Drogenkonsum bedarf es daher nicht. 10

Beim Alkoholkonsum ist zu beachten, dass Alkohol rechtlich gesehen ein Lebensmittel darstellt und damit (mit Beachtung gewisser Altersgrenzen) uneingeschränkt konsumiert werden darf. Selbst exzessiver Alkoholkonsum ist allein nicht strafbar und kann daher nicht für sich genommen zur Versagung der Entschädigung führen.[222] Kommt es in einer von hohem und regelmäßigem Alkoholkonsum geprägten Gruppe oder Beziehung jedoch zu Gewalttaten, stellt sich die Frage, ob das Verbleiben in der Gruppe oder der Beziehung nicht ein bewusstes oder leicht fahrlässiges Eingehen einer Gefahr und damit einen Fall der unten unter c) behandelten Fallgruppe darstellt. Damit verbleibt auch für die Konstellation der Unbilligkeit wegen Zugehörigkeit zum Kreis der Alkoholkonsumenten kein eigenständiger Anwendungsbereich. 11

c) Bewusstes oder leicht fahrlässiges Eingehen einer Gefahr

Weiter sind Leistungen wegen Unbilligkeit zu versagen, wenn das Opfer bewusst oder leichtfertig eine Gefahr eingegangen ist, der es sich ohne Weiteres hätte entziehen können, es sei denn, für dieses Verhalten liegt ein rechtfertigender Grund vor oder es ist sogar von der Rechtsordnung erwünscht.[223] 12

Für die Abgrenzung zur Mitverursachung kommt es darauf an, ob das Opfer die Tat unmittelbar gefördert hat – wenn ja, ist die Mitverursachung 13

220 Vgl. BSG, Urteil vom 6.7.2006, wo das Gericht das Vorliegen dieser Fallgruppe im zu entscheidenden Fall offen gelassen hat; vgl. auch BSG, Urteil vom 21.10.1998 – B 9 VG 6/97 R, Rn. 19.

221 Vgl. auch Dannecker/Biermann, SGb 2000, 101.

222 Hiervon geht auch der Gesetzgeber aus, vgl. BT-Drs. 19/13824, S. 178: „Ein auf einer Erkrankung, etwa einer Alkoholabhängigkeit, beruhendes Verhalten vermag die Unbilligkeit nicht zu begründen."

223 BSG, Urteil vom 21.10.1998, B 9 VG 6/97 R, Rn. 19 m. w. N.

einschlägig.[224] Unter dem Aspekt der Unbilligkeit sind damit Leistungen zu versagen, wenn das Opfer auf sonstige Weise zur Tat beigetragen hat. Der Gesetzgeber nennt in seiner Begründung zum Gesetzesentwurf als Beispiel für die Selbstgefährdung die Reise in gefährliche Gebiete ins Ausland, v. a., wenn dort (Bürger-)Krieg oder vergleichbare Zustände herrschen.[225]

14 Handelt es sich um eine Tat, die sich innerhalb einer Gewaltbeziehung ereignet hat, ist zu prüfen, ob eine unmittelbare Förderung, etwa durch eine Provokation, der Tat vorangegangen ist, die eine wesentliche, mindestens gleichwertige Bedingung wie der Beitrag des Täters für den Erfolgseintritt darstellt, sodass dann die Mitverursachung zu prüfen ist. Hat sich hingegen die in einer solchen Beziehung jederzeit bestehende Gefahr einer Körperverletzung realisiert oder ist der Beitrag des Opfers nicht mit dem des Täters in etwa gleichwertig, ist die Unbilligkeit zu prüfen. Gut nachvollziehbar ist die Abgrenzung von Mitverursachung und Unbilligkeit innerhalb einer Partnerschaft anhand eines Urteils des LSG Berlin-Brandenburg[226]: Dort hatte das Gericht für einzelne Taten die Mitverursachung geprüft (etwa, als das Opfer dem Täter nach einem verbalen Streit nachgeeilt war und anschließend von ihm geschlagen wurde). Da es innerhalb dieser Partnerschaft wiederholt zu gewalttätigen Übergriffen gekommen war, hatte das Gericht auch geprüft, ob in der Rückkehr in diese Partnerschaft (das Opfer hatte sich zwischenzeitlich getrennt) eine zur Unbilligkeit führende leichtfertige Selbstgefährdung liege, was das LSG im Ergebnis verneint hatte. Denn unter Berücksichtigung der insoweit maßgeblichen Erkenntnisfähigkeit der Geschädigten stellte es kein grob fahrlässiges Verhalten dar, dass sie den Beteuerungen des Täters, es werde nicht wieder zu Gewalttaten kommen, Glauben schenkte, da der Täter sich intensiv um sie bemühte, Reue zeigte und ankündigte, sich einer Therapie zu unterziehen.[227]

15 Die Unbilligkeit bejaht hatte hingegen das BSG[228], wenn das Opfer in einer Lebensgemeinschaft ausharrt, in der sie von ihrem Liebhaber fast täglich

224 BSG, Urteil vom 18.10.1995, 9 RVg 5/95: „Ist nur die unmittelbare Förderung der Tat durch den Geschädigten als Leistungsausschließungsgrund in Betracht zu ziehen, so ist die erste Alternative [also die Mitverursachung, Anm. Fuhrmann] eine abschließende Regelung." Im Fall hatte sich das Opfer durch ungeschützten Geschlechtsverkehr mit HIV angesteckt; dies hatte das Gericht als unmittelbare Beteiligung angesehen.

225 BT-Drs. 19/13824, S. 178; vgl. auch LSG Baden-Württemberg, Urteil vom 18.02.2021, L 6 VG 2770/20: „Nach diesen Maßstäben liegt eine Unbilligkeit mit der Rechtsfolge eines Leistungsausschlusses auch zur Überzeugung des Senats schon deshalb vor, da mit den Reise- und Sicherheitshinweisen des Auswärtigen Amtes der staatlichen Fürsorgepflicht Rechnung getragen worden ist, die Klägerin diese aber nicht beachtet hat."

226 LSG Berlin-Brandenburg, Urteil vom 10.1.2019, L 13 VG 3/18.

227 LSG Berlin-Brandenburg, Urteil vom 10.1.2019, L 13 VG 3/18.

228 BSG, Urteil vom 3.10.1984, 9a RVg 6/83.

geschlagen und häufig misshandelt wurde. Damit habe sie sich leichtfertig einer Gefährdung ausgesetzt, die sie „jederzeit durch verantwortungsbewusstes Handeln [hätte] vermeiden können, indem sie ihren leicht reizbaren, gefährlichen Freund verließ. [...] Aber wenn eine Frau in einer Lebensgemeinschaft verbleibt, die mit einer dauernden Gefahrenlage verbunden ist, in der sie stets mit einer schweren Misshandlung rechnen muss, kann keine staatliche Entschädigung im Fall einer Körperverletzung beansprucht werden."[229] Begründet hat dies das Gericht damit, dass die staatliche Gemeinschaft grundsätzlich keine Verantwortung für die Folgen von selbst herbeigeführten Schädigungen übernommen habe.[230] „Wer in einer eheähnlichen Gemeinschaft verharrt, die ständig mit einer solchen Gefahrenlage wie im gegenwärtigen Fall verbunden ist, macht die staatlichen Sicherungen gegenüber kriminellen Übergriffen wirkungslos."[231]

Auch wenn die Entscheidung kritisiert wurde,[232] ist sie im Grunde zutreffend. Wenn sich das Opfer aus der Gefahrenlage hätte entziehen können, indem es die durch Gewalt geprägte Beziehung verlässt, wäre es unbillig, ihm Entschädigung zu gewähren. Dabei ist zu berücksichtigen, dass das Verharren in der Beziehung (und eventuelle weitere Beiträge des Opfers, wie eine Provokation) nicht der Mitverursachung gleichkommen muss. Denn im SGB XIV kann auch ein Verhalten, das im Vergleich zur Mitverursachung ein „Weniger" darstellt, den Tatbestand der Unbilligkeit erfüllen, s. oben unter I.1. **16**

Allerdings kann Unbilligkeit nur angenommen werden, wenn das Opfer die Beziehung tatsächlich hätte verlassen können. Gemeint ist dabei nicht nur die rein physische Möglichkeit, sich zu entfernen, woran es beispielsweise fehlt, wenn das Opfer gefangen gehalten wird. Vielmehr muss das Opfer auch psychisch in der Lage sein, den Täter zu verlassen. Für diese Ansicht spricht, dass der Gesetzgeber im neuen Recht den wissenschaftlichen Erkenntnissen im Bereich der psychischen Gewalt und den psychischen Auswirkungen von Gewalt Rechnung trägt (psychische Gewalt als Entschädigungstatbestand, Leistungen der Traumaambulanz, um psychische Schäden bzw. deren Chronifizierung zu verhindern). Folgerichtig muss auch i.R. der Unbilligkeit geprüft werden, ob es dem Opfer psychisch möglich war, sich aus der Gewaltbeziehung zu lösen. Dafür spricht auch die Gesetzesbegründung zu § 16, wo es im Zusammenhang mit Partnerschaftsgewalt heißt, **17**

229 BSG, a.a.O.; Orthografie wurde von der Autorin den aktuell geltenden Rechtschreibregeln angepasst.
230 BSG, a.a.O., mit Verweis auf die Begründung zum Entwurf des OEG (BT-Drs. 7/2506, S. 7).
231 BSG, a.a.O.
232 Vgl. etwa Gelhausen/Weiner, § 2, Rn. 34.

dass eine Rückkehr zum Täter die Entschädigung nicht zwangsläufig ausschließe; vielmehr sei eine Einzelfallprüfung vorzunehmen, wobei bei der Frage, ob eine leichtfertige Selbstgefährdung vorliege, ein individueller Sorgfaltsmaßstab anzulegen sei.[233] Diese Überlegungen müssen auch bei der Unbilligkeit i.R. des § 17 gelten, da die Fälle vergleichbar sind.

18 Anders als vom BSG im Urteil vom 3.10.1984[234] postuliert, kann dann die Unbilligkeit nicht nur bei einer vollständigen Willenlosigkeit zu verneinen sein. Vielmehr ist beim Begriff der Leichtfertigkeit anzusetzen. Diese ist nach der Rechtsprechung des BSG[235] durch einen erhöhten Grad von Fahrlässigkeit gekennzeichnet, der etwa der groben Fahrlässigkeit des bürgerlichen Rechts entspreche. Es gelte ein individueller Maßstab, der auf die persönlichen Fähigkeiten des Opfers abstelle. Denn im Recht der Opferentschädigung setze die Zurechnung des selbstgefährdenden Verhaltens voraus, dass das Opfer sich anders hätte verhalten können.[236] Zu prüfen ist, ob sich das Opfer der erkannten oder grob fahrlässig nicht erkannten Gefahr nicht entzogen hat, obwohl ihm dies zumutbar gewesen wäre.[237] Zu berücksichtigen ist dabei die gesamte tatnahe Situation, wie sie sich nach natürlicher Betrachtungsweise darstellt, ebenso wie die individuellen Beziehungen zwischen Täter und Opfer, etwa das frühere Verhalten von Täter und Opfer in vergleichbaren Situationen.[238]

19 Es ist also im Einzelfall zu prüfen, ob es für das konkrete Opfer fahrlässig war, in der von Gewalt geprägten Beziehung zu verbleiben.[239] Dabei ist, wie ausgeführt, ein individueller Sorgfaltsmaßstab anzuwenden, der auf die persönlichen Fähigkeiten des Opfers abstellt.[240] Zu berücksichtigen

233 BT-Drs. 19/13824, S. 178.

234 BSG, Urteil vom 3.10.1984, 9a RVg 6/83.

235 BSG, Urteil vom 21.10.1998, B 9 VG 6/97 R, Rn. 21.

236 BSG, a. a. O., mit Verweis darauf, dass das OEG deshalb auch den geistig Behinderten entschädige, der wegen seiner Behinderung eine offensichtlich drohende Gefahr nicht erkenne und deshalb Opfer einer Gewalttat werde, der jeder andere ohne Weiteres hätte entgehen können. Im zugrunde liegenden Fall war das BSG der Ansicht, dass die Vorinstanz zu Unrecht die Unbilligkeit angenommen habe, denn sie habe einen objektiven Maßstab angelegt.

237 BSG, Urteil vom 18.4.2001, B 9 VG 3/00 R.

238 BSG, a. a. O.

239 Zu den Gründen, warum Frauen in einer Gewaltbeziehung verbleiben, vgl. Metzler, Trauma 2022, 74, 75 – hierzu zählen etwa die Angst vor dem Täter, die Abhängigkeit von ihm, Drohungen etc.; zu den Gründen für fortgesetzten Täterkontakt vgl. Fliß, in Sachs/Sachsse/Schellong, 2. Aufl. 2022, S. 439 f.

240 So auch LSG Berlin-Brandenburg, Urteil vom 26.02.2009, L 11 VG 38/08. Im Fall hatte das Gericht die Unbilligkeit bejaht, da der Täter vor der Tat bereits seit Monaten das Opfer wiederholt tätlich angegriffen habe. Auch habe er wiederholt gedroht, das Opfer zu töten. Um sich dem Täter zu entziehen, hätte das Opfer sich u. a. – wie bereits mehrmals geschehen – zu seinen Eltern begeben können. Als nicht nachvollziehbar hatte das Gericht die Begründung für eines der Treffen angesehen – das Opfer gab an, sich mit dem Täter trotz

ist etwa, ob sich das Opfer früher erfolgreich dem Täter entziehen konnte oder ob das Opfer beispielsweise aufgrund einer Drogenabhängigkeit gar nicht in der Lage war, von sich aus die vertraute Umgebung zu verlassen und sich Hilfe zu suchen.

d) Begünstigung des Täters durch die Versorgung

Wegen Unbilligkeit sind Leistungen schließlich auch dann zu versagen, 20
wenn sie dem Täter zugute kämen. Diese Konstellation ist vor allem dann relevant, wenn Täter und Opfer in einer häuslichen Gemeinschaft zusammenleben bzw. zusammengelebt haben.[241]

Im OEG lautete der Wortlaut noch „Leistungen sind zu versagen, [...] wenn 21
es aus sonstigen, insbesondere dem Verhalten des Anspruchsstellers liegenden Gründen unbillig wäre, Entschädigung zu gewähren." Das Wort „insbesondere" wurde auf Vorschlag des Bundesrates eingefügt, um sicherzustellen, dass die Unbilligkeit auch Fälle erfasst, in denen sie nicht nur aus dem eigenen Verhalten des Opfers resultiert. Es sollte so ausgeschlossen werden, dass die Leistung dem Täter zugute kommt.[242] In § 17 entfällt das Wort „insbesondere". Dies ist folgerichtig, da mit § 20 ein eigener Versagungsgrund für Angehörige, Hinterbliebene und Nahestehende kreiert wurde. Beantragen diese Personen Leistungen der Sozialen Entschädigung und wäre die Leistungserbringung aus einem in ihrer Person liegenden Grund unbillig, ist die Leistung nach § 20 Absatz 1 zu versagen. Das wäre zum Beispiel dann der Fall, wenn der Ehemann seine Ehefrau tötet und anschließend Hinterbliebenenleistungen beantragt.

Die Konstellation der Begünstigung des Täters erfasst aber auch den Fall, 22
dass der Täter zwar nicht selbst Leistungen beantragt, jedoch von den Leistungen, die das Opfer erhält, profitiert. Dies ist insbesondere der Fall, wenn Täter und Opfer in einem Haushalt leben. Bereits nach altem Recht wurde hier eine vorrangige Pflicht der Verwaltung gesehen, Leistungen so zu erbringen, dass sie nicht den Täter begünstigen.[243] Nunmehr ist eine entsprechende Pflicht gesetzlich normiert (§ 16 Absatz 2). Erbringt die Behörde die Leistung explizit dem Opfer, etwa indem Geldleistungen auf ein Konto gezahlt werden, über das allein das Opfer verfügen kann, kommt dennoch eine Leistungsversagung nach § 17 Absatz 1 in Betracht, und zwar dann, wenn das Opfer diese Leistungen (auch) zugunsten des Täters verwendet. Es liegt dann

schwerer Misshandlungen am Vortag getroffen zu haben, um sein Portemonnaie zurückzuerhalten.

241 So die Überlegungen bereits bei Einführung des OEG, vgl. BT-Drs. 7/2506, S. 20.

242 Vgl. BT-Drs. 7/2506, S. 20.

243 Vgl. Rundschreiben des Bundesministeriums für Arbeit und Sozialordnung, VI1-52035 und VI-52036.

ein eigenes, zur Unbilligkeit führendes Verhalten des Opfers vor. Zu beachten ist, dass die Unbilligkeit wieder entfallen kann, wenn der gemeinsame Haushalt von Opfer und Täter aufgelöst wird. Umgekehrt kann es zu Beginn mangels gemeinsamen Haushaltes an der Unbilligkeit fehlen, diese aber nachträglich eintreten, wenn Täter und Opfer nach Leistungsbeginn einen gemeinsamen Haushalt gründen.[244] Zwar sind auch Fälle denkbar, in denen trotz eines gemeinsamen Haushaltes die Geldleistungen nicht dem Schädiger zugute kommen, etwa, wenn die geschädigte Person nur einen geringen Betrag erhält, den sie für persönliche „Extras“ ausgibt oder wenn sie das Geld dazu nutzt, um ihren Unterhaltspflichten gegenüber ihren Kindern nachzukommen (für die der Schädiger seinerseits nicht unterhaltspflichtig ist). Da bei einem gemeinsamen Haushalt jedoch viel dafür spricht, dass Geldleistungen auch dem Schädiger zugute kommen, muss konkret nachgewiesen werden, dass es sich im konkreten Fall ausnahmsweise anders verhält.

3. Weitere Fälle der Unbilligkeit

23 Nach § 2 Absatz 1 Satz 2 OEG waren Leistungen auch zu versagen, „wenn der Geschädigte oder Antragsteller

- an politischen Auseinandersetzungen in seinem Heimatstaat aktiv beteiligt ist oder war und die Schädigung darauf beruht oder
- an kriegerischen Auseinandersetzungen in seinem Heimatstaat aktiv beteiligt ist oder war und Anhaltspunkte dafür vorhanden sind, daß die Schädigung hiermit in Zusammenhang steht, es sei denn, er weist nach, daß dies nicht der Fall ist oder
- in die organisierte Kriminalität verwickelt ist oder war oder einer Organisation, die Gewalttaten begeht, angehört oder angehört hat, es sei denn, er weist nach, daß die Schädigung hiermit nicht in Zusammenhang steht.“

24 Diese Konstellationen sind im SGB XIV nicht obsolet, vielmehr werden sie nach dem gesetzgeberischen Willen vom allgemeinen Begriff der Unbilligkeit erfasst.[245] Da der Tatbestand nicht explizit im Gesetz steht, kann bei Prüfung der Unbilligkeit nicht auf den alten Wortlaut abgestellt werden, sodass nicht nur entsprechende Taten im Heimatstaat der Antragstellenden relevant sind, sondern auch Taten im Ausland – auch, wenn der Heimat-

244 Vgl. Gelhausen/Weiner, § 2 Rn. 39: „... wenn eine von ihrem Ehemann/Lebenspartner geschädigte Frau, die laufende Leistungen erhält, nach einer gewissen Zeit wieder mit dem Schädiger zusammenlebt und mit diesem auch eine gemeinsame Wohnung bezieht. In diesem Fall ist grundsätzlich davon auszugehen, dass dem Schädiger die Leistungen an die Geschädigte zugutekommen.“

245 Vgl. BT-Drs. 19/13824, S. 178.

staat etwa Deutschland ist. Relevant könnte dies beispielsweise für Inländer werden, die freiwillig im Ausland an politischen oder kriegerischen Auseinandersetzungen beteiligen, etwa als „IS-Kämpfer". Zudem sind bei der Beurteilung des in Frage stehenden Verhaltens – gerade im Zusammenhang mit „politischen Auseinandersetzungen" – die Wertungen des Grundgesetzes, etwa die Meinungs- und Pressefreiheit, aber auch die Demonstrations- und Koalitionsfreiheit, zu berücksichtigen.[246] Diesen Wertungen würde es widersprechen, wenn jemand im Ausland von Rechten Gebrauch macht, die unsere Verfassung garantiert und er deswegen in Deutschland keine Leistungen der sozialen Entschädigung erhielte.

4. Rechtsfolge

Liegt Unbilligkeit vor, sind Leistungen zu versagen. Im Gegensatz zu Ab- 25
satz 2 der Norm sieht Absatz 1 nicht die Möglichkeit vor, Leistungen teilweise zu versagen. Im Umkehrschluss folgt darauf, dass die Leistungen ganz zu versagen sind, wenn ihre Erbringung unbillig wäre.[247] Dieser Wortlaut ist teleologisch für die Fallgruppe zu reduzieren, in der sich die Unbilligkeit daraus ergibt, dass die Leistungen dem Täter zugute kämen. Soweit Leistungen – etwa solche der Traumaambulanz oder Krankenbehandlung – nicht dem Täter zugute kommen, sind sie zu erbringen. Denn im Hinblick auf diese Leistungen wäre die Erbringung gerade nicht unbillig.

II. Absatz 2

1. Tatbestand

Nach dieser Norm können Leistungen ganz oder teilweise versagt werden, 26
wenn Geschädigte es unterlassen haben, das ihnen Mögliche und Zumutbare zur Aufklärung des Sachverhalts und zur Verfolgung der Täterin oder des Täters beizutragen.

a) Ratio legis

Hintergrund der Vorschrift ist, dass im Sozialen Entschädigungsrecht der 27
Amtsermittlungsgrundsatz gilt, jedoch kann die Behörde i.d.R. nicht ohne Mitwirkung der Geschädigten ermitteln. Sie kann nicht prüfen, ob Ansprüche bestehen, wenn die geschädigte Person nicht angibt, welche Tat sich zugetragen hat, ob es Zeugen oder andere Nachweise gibt etc. Selbst, wenn Antragstellende entsprechende Angaben machen, verfügen die zuständigen Be-

246 Für eine verfassungskonforme Auslegung des § 2 Absatz 1 Satz 2 OEG bereits Knickrehm/Rademacher, § 2, Rn. 31.

247 A.A. Knickrehm/Mushoff/Schmidt, Rn. 71, wonach die Versagung eine teilweise Leistungserbringung zulässt.

hörden meist nicht über hinreichend Mittel und Kapazitäten, um den Sachverhalt aufzuklären. Etwas anderes gilt für die Polizei, auf deren Ermittlungen sich die Versorgungsbehörden oft stützen; daher sind die Ergebnisse der polizeilichen Ermittlungen im Sozialen Entschädigungsrecht besonders bedeutsam.[248] Zudem wird dadurch auch der nunmehr in § 120 geregelte Regress gegen den Täter erleichtert. Daher verlangte bereits § 2 Absatz 2 OEG, der im Wesentlichen § 17 Absatz 2 entspricht, als Mitwirkungshandlung des Geschädigten „insbesondere" die unverzügliche Erstattung einer Strafanzeige.

28 Die Strafanzeige dient jedoch nicht nur der Sachverhaltsaufklärung, sondern auch, um zur Täterverfolgung beizutragen. Dies soll ermöglichen, den Täter zur Rechenschaft zu ziehen und künftiges Unrecht zu verhindern.[249] Dass das Opfer zur Strafverfolgung beitragen muss, ist auch mit Blick auf den Grund der Existenz des Sozialen Entschädigungsrechts sachgerecht: Leistungen der Sozialen Entschädigung werden erbracht, weil der Staat seine Pflicht, Menschen vor Gewalttaten zu beschützen, nicht erfüllt hat. Um diese Schutzfunktion erfüllen zu können, bedarf es der Mithilfe der Bürger, insbesondere derjenigen, die bereits Opfer geworden sind und die daher zur Fassung und Verurteilung des Täters beitragen können. Es ist sachgerecht, von diesen Menschen, die staatliche Leistungen beantragen, einen Beitrag zur staatlichen Verbrechensbekämpfung zu verlangen.[250]

b) Anzeigepflicht

29 Obwohl die Pflicht, unverzüglich Strafanzeige zu erstatten, nun nicht mehr im Gesetzestext enthalten ist, ist nicht von einer Änderung der Rechtslage auszugehen. Denn zum einen war auch im alten Recht die Anzeigepflicht nur eine Konkretisierung der Mitwirkungspflicht des Geschädigten. Zum anderen geht auch der Gesetzgeber des SGB XIV davon aus, dass § 17 Absatz 2 dem bisherigen § 2 Absatz 2 OEG entspreche und hebt in seiner Begründung die Bedeutung der Ergebnisse der polizeilichen Ermittlungen hervor.[251] Es ist also davon auszugehen, dass Geschädigte auch im neuen Recht grundsätzlich zur Strafanzeige verpflichtet sind.

---

248 Vgl. BT-Drs. 19/13824, S. 178; so bereits in der Begründung zum OEG, BT-Drs. 7/2506, S. 15: „Die Versorgungsämter müssen über zureichende Unterlagen für ihre Beurteilung verfügen können. Hier kommen in erster Linie die Ergebnisse polizeilicher Ermittlungen in Betracht. Deshalb soll, wer Entschädigung beantragt, gehalten sein, den Strafverfolgungsbehörden ohne schuldhaftes Zögern Anzeige zu machen und darüber hinaus an der Sachverhaltsaufklärung mitzuwirken."

249 BT-Drs. 19/13824, S. 178.

250 Vgl. auch Gelhausen/Weiner, § 2 Rn. 53.

251 BT-Drs. 19/13824, S. 178.

c) Möglichkeit und Zumutbarkeit

Die Pflicht zur Mitwirkung an der Aufklärung des Sachverhalts und an der Strafverfolgung des Täters gilt jedoch nicht unbeschränkt: Der Geschädigte muss diesbezüglich nur das ihm Mögliche und – das ist neu gegenüber dem alten Recht – Zumutbare tun. Mit dieser Erweiterung des Wortlauts geht jedoch keine inhaltliche Änderung einher, wurde schon bei Auslegung, was dem Geschädigten möglich ist, ein subjektiver Maßstab angelegt.[252] Mit Verweis auf die Regelungen zu den Grenzen der Mitwirkung im Verwaltungsverfahren nach § 65 SGB I wurde die Unzumutbarkeit der Mitwirkung des Geschädigten insbesondere dann bejaht, wenn hierdurch er selbst oder ihm nahestehende Personen Gefahr liefen, strafrechtlich oder wegen einer Ordnungswidrigkeit verfolgt zu werden.[253] Beim sexuellen Missbrauch von Kindern kann Unzumutbarkeit auch dann vorliegen, wenn der Täter keine verwandte oder nahestehende Person ist.[254] Dies sieht der Gesetzgeber des SGB XIV ebenso, denn er geht davon aus, dass Unzumutbarkeit auch dann vorliegen kann, wenn die Anzeige für die antragstellende Person zu belastend ist oder wenn die Person minderjährig ist.[255] Wann die Anzeige „zu belastend“ ist, ist im Einzelfall zu bestimmen; was für das eine Opfer ertragbar ist, kann für ein anderes unerträglich sein.[256] 30

Zudem geht der Gesetzgeber unabhängig von der Gefahr einer Strafverfolgung davon aus, dass die Mitwirkung in einer verwandtschaftlichen, ehelichen oder eheähnlichen Beziehung zum Täter vorliegen könne.[257] Unzumutbarkeit liegt auch in den Fällen vor, in denen sich das Opfer aufgrund der Anzeige einer erheblichen Gefährdung aussetzt.[258] 31

III. Rechtsfolge

Anders als bei Absatz 1 besteht bei Absatz 2 die Möglichkeit, Leistungen ganz oder teilweise zu versagen. Die Behörde kann somit auch dann, wenn Geschädigte nicht das ihnen Mögliche und Zumutbare zur Aufklärung des 32

252 Vgl. Knickrehm/Rademacher, § 2, Rn. 37 und Gelhausen/Weiner, § 2 Rn. 55.
253 Knickrehm/Rademacher, § 2, Rn. 37 und Gelhausen/Weiner, § 2 Rn. 55.
254 Gelhausen/Weiner, § 2 Rn. 55.
255 BT-Drs. 19/13824, S. 178.
256 Metzler, Trauma 2022, 74, 76 f., nennt speziell für Opfer sexualisierter Gewalt Gründe, warum diese von einer (sofortigen) Anzeige absehen – hierzu zählen u. a. eine Bagatellisierung der Tat oder Stigmatisierung durch das soziale Umfeld, Angst vor dem Täter und dissoziative Prozesse, die dazu führen, dass der Tatverlauf nur lückenhaft erinnert wird.
257 BT-Drs. 19/13824, S. 178 – hier wird allein auf die Beziehung zum Täter abgestellt, die Gefahr einer Strafverfolgung des Täters wird nicht erwähnt.
258 Vgl. Deutsches Institut für Menschenrechte, Entschädigung nach dem Opferentschädigungsgesetz und der gesetzlichen Unfallversicherung, 2013, S. 39 mit Hinweis darauf, dass dies bei Betroffenen von Menschenhandel relevant sei.

Sachverhalts und zur Verfolgung des Täters getan haben, Leistungen erbringen. Die Entscheidung hat die Behörde nach pflichtgemäßem Ermessen zu treffen.

33 Relevant in diesem Zusammen kann beispielsweise sein, ob der Geschädigte zumindest teilweise seiner Mitwirkungspflicht nachgekommen ist, inwieweit die Sachverhaltsaufklärung und die Täterverfolgung auch ohne seine Mitwirkung möglich waren[259] oder ob Gründe vorliegen, die eine (teilweise) Leistungserbringung trotz fehlender Mitwirkung als sachgerecht erscheinen lassen.

§ 18
Ansprüche bei Gebrauch eines Kraftfahrzeugs

Wird eine Gewalttat im Sinne des § 13 durch den Gebrauch eines Kraftfahrzeugs oder eines Anhängers verübt, werden Leistungen nach diesem Buch erbracht.

Erläuterungen

Übersicht		Rn.

A. Allgemeines

1 Die Norm stellt klar, dass bei Gewalttaten, die mittels eines Kraftfahrzeugs oder eines Anhängers verübt werden, ein Anspruch auf Leistungen nach dem SGB XIV besteht.

2 Für derartige Taten enthielt § 1 Absatz 11 OEG einen Ausschluss von Leistungen nach dem OEG, wenn Ansprüche gegen den Entschädigungsfonds für Schäden aus Kraftfahrzeugunfällen nach § 12 Pflichtversicherungs-

259 Vgl. auch BSG, Urteil vom 24.4.1991, 9a/9 RVg 5/89: „*Je nach Bedeutung, die dem Verhalten des Geschädigten für die Strafverfolgung zukommt, je nach dem Umfang der Auswirkungen seines Unterlassens*, insbesondere der finanziellen Einbußen, die er der Verwaltung verursacht, kann im Wege des Ermessens und unter Berücksichtigung des Gewichts eines etwaigen staatlichen Strafanspruchs flexibel reagiert werden.“ Die hier erwähnten finanziellen Einbußen beziehen sich auf den Regressanspruch gegen den Täter, nun in § 120 geregelt.

gesetz (Entschädigungsfonds) bestanden. Der Entschädigungsfonds dient dazu, Lücken bei Schäden im Verkehr zu schließen, etwa wenn der Schädiger wegen Fahrerflucht nicht ermittelt werden kann. Sie dient aber auch zur Deckung der im Straßenverkehr durch Vorsatztaten entstehenden Schäden (§ 12 Absatz 1 Satz 1 Nr. 3 PflVG).

Problematisch bei Vorsatztaten ist, dass die finanziellen Leistungen des Ent- 3
schädigungsfonds auf einen Höchstbetrag pro Tat begrenzt sind; der Entschädigungsfonds leistet im Rahmen der Mindestversicherungssummen.[260] Diese Summen werden auf die vorhandenen Opfer verteilt, was insbesondere bei einer Vielzahl von Opfern, etwa wie beim Anschlag auf dem Berliner Breitscheidplatz 2016, dazu führen kann, dass die Leistung, die ein einzelnes Opfer enthält, seine Schäden nicht annähernd zu decken vermag. Zudem sind die Leistungen nicht kongruent mit denjenigen der Sozialen Entschädigung. Der Gesetzgeber des SGB XIV hat keine sachlichen Gründe gesehen, Betroffenen die Leistungen der Sozialen Entschädigung nur deswegen vorzuenthalten, weil als Tatmittel ein Kraftfahrzeug oder Anhänger verwendet wurde, vielmehr sollten auch diese Personen das volle Leistungsspektrum der Sozialen Entschädigung erhalten können.[261]

Allerdings bleibt es auch im neuen Recht bei der primären Einstandspflicht 4
des Entschädigungsfonds für diese Taten: Die Ansprüche der geschädigten Person gegen den Entschädigungsfonds gehen auf den Träger der Sozialen Entschädigung über, soweit der Träger Leistungen erbracht hat, die nach Art und Umfang den Leistungen nach Schadensersatzrecht entsprechen, die also kongruent sind (§ 120). Indem die geschädigte Person nach § 18 Leistungen der Sozialen Entschädigung verlangen kann, wird zugleich sichergestellt, dass etwaige Uneinigkeiten zwischen dem Träger der Sozialen Entschädigung und dem Entschädigungsfonds bezüglich der von ihnen jeweils zu erbringenden Leistungen nicht zulasten der geschädigten Person gehen.

B. Regelungsinhalt

Die Norm erfasst Gewalttaten mittels eines Kraftfahrzeugs oder eines An- 5
hängers. Für die Bestimmung, ob ein Kraftfahrzeug vorliegt, kann auf die Definition des § 1 Absatz 2 StVG bzw. § 2 Nr. 1 FZV zurückgegriffen werden: **Kraftfahrzeuge** sind danach Landfahrzeuge, die durch Maschinen-

260 In der Gesetzesbegründung (Stand: 19. Oktober 2019) waren 7,5 Millionen Euro bei Personenschäden, 1,22 Millionen Euro bei Sachschäden genannt, vgl. BT-Drs. 19/13824, S. 179.
261 BT-Drs. 19/13824, S. 179.

kraft bewegt werden, ohne an Bahngleise gebunden zu sein oder nicht dauerhaft spurgeführte – maschinengetriebene – Landfahrzeuge. Durch Muskelkraft bewegte Fahrzeuge, etwa ein Lastenrad, fallen nicht darunter. **Anhänger** sind zum Anhängen an ein Kraftfahrzeug bestimmte und geeignete Fahrzeuge (§ 2 Nr. 2 FZV).

6 Auch i. R. des § 18 muss ein **tätlicher Angriff** i. S. des § 13 vorliegen, d. h., es muss eine Gewalttat mittels eines Fahrzeugs oder eines Anhängers verübt worden sein. Unfälle werden von der Norm nicht erfasst.

7 Als tätlicher Angriff ist auch die Schädigung durch vorsätzliches Öffnen der Fahrzeugtür einzustufen, nicht jedoch das fahrlässige Öffnen.[262] Es ist nicht erforderlich, dass die Schädigung durch Fortbewegung des Fahrzeugs durch dessen Maschinenkraft erfolgt ist. Vielmehr genügt es, wenn der Täter das Fahrzeug (z. B. durch Anschieben) oder eine Sache (z. B. Autotür) bewegt hat, wodurch das Opfer einen Schaden erlitten hat.[263]

8 Zu beachten ist, dass nach neuem Recht auch psychische Gewalttaten dem Gewaltbegriff unterfallen, sodass auch nicht-körperliche Taten von § 18 erfasst sein können, etwa die Bedrohung mittels eines Fahrzeugs.

§ 19

Ausschluss von Ansprüchen und Leistungen für Angehörige, Hinterbliebene und Nahestehende, Konkurrenzen

(1) Angehörige, Hinterbliebene und Nahestehende sind von Ansprüchen nach diesem Buch ausgeschlossen, wenn die Voraussetzungen des § 16 in der eigenen Person oder in der Person der oder des Geschädigten vorliegen.

(2) § 18 gilt entsprechend.

Erläuterungen

Übersicht **Rn.**

262 LSG Sachsen-Anhalt, Urteil vom 10.10.2013, L 7 VE 6/13.
263 LSG Sachsen-Anhalt, a. a. O.

A. Allgemeines

Die Norm regelt den Anspruchsausschluss für Angehörige, Hinterbliebene und Nahestehende, wenn sie selbst oder der Geschädigte die Voraussetzungen des § 16 erfüllen. Im alten Recht war die erste Konstellation von § 2 OEG erfasst.[264] Auch für den Fall, dass der Geschädigte die Tat mitverursacht hatte oder den Unbilligkeitstatbestand erfüllt hatte, ging man davon aus, dass damit die abgeleiteten Ansprüche ausgeschlossen waren.[265] 1

Im neuen Recht hat der Gesetzgeber nicht nur die Mitverursachung und die Unbilligkeit in zwei unterschiedlichen Vorschriften geregelt, sondern weitere Vorschriften für den Fall vorgesehen, dass Angehörige, Hinterbliebene oder Nahestehende wegen Mitverursachung oder Unbilligkeit keine Leistungen erhalten sollten. 2

B. Regelungsinhalt

I. Absatz 1

1. Persönlicher Anwendungsbereich

Nach dieser Norm sind Angehörige, Hinterbliebene und Nahestehende von Ansprüchen nach dem SGB XIV ausgeschlossen, wenn die Voraussetzungen des § 16 in ihrer oder in der Person des Geschädigten vorliegen. Wer **Angehörige, Hinterbliebene, Nahestehende** sowie **Geschädigte** sind, ist in § 2 näher definiert. Zu beachten ist in diesem Zusammenhang, dass Personen, bei denen die Voraussetzungen des § 14 Absatz 2 vorliegen, selbst Ge- 3

264 Vgl. BT-Drs. 7/2506, S. 20 – das Wort „insbesondere" wurde eingefügt, damit die Leistung auch dann versagt werden kann, wenn deren Erbringung nicht aufgrund eines Verhaltens des Geschädigten, sondern eines Dritten unbillig wäre: „Die Entschädigung muß auch versagt werden können, wenn anzunehmen ist, daß sie im Ergebnis auch dem Täter zugute kommt. Insbesondere bei Straftaten zwischen Angehörigen, die in häuslicher Gemeinschaft leben, ist dies denkbar. Es ist zweifelhaft, ob aufgrund des § 3 Absatz 1 zweite Alternative, die ausschließlich auf das eigene Verhalten des Anspruchstellern abstellt, in einem solchen Fall die Entschädigung versagt werden kann."

265 Vgl. z. B. BSG Urteil vom 15.8.1996 – 9 RVg 6/94 m. w. N., wonach ein Versagungsgrund in der Person des Opfers auch dessen Hinterbliebene von Leistungen ausschließe, weil sie sich das Verhalten des unmittelbar Geschädigten entgegenhalten lassen müssen, da sie nur einen von dem Opfer der Gewalttat abgeleiteten Versorgungsanspruch haben.

schädigte sind. Soweit es um ihre sich direkt aus § 14 Absatz 2 ergebenden Ansprüche geht, ist nur maßgeblich, ob ein Leistungsausschluss- oder Leistungsversagungsgrund in ihrer Person vorliegt;[266] zu prüfen ist dann, ob die Voraussetzungen des § 16 oder § 17 vorliegen.

4 Dieselbe Person, die einen eigenen Anspruch aus § 14 Absatz 2, etwa wegen der Überbringung der Nachricht vom Tod des Ehegatten, hat, kann zugleich Hinterbliebene sein und in dieser Eigenschaft abgeleitete Ansprüche haben. Bezüglich dieser Ansprüche sind die §§ 19 und 20 einschlägig.

2. Anspruchsausschluss bei Mitverursachung

5 Der Anspruch ist ausgeschlossen, „wenn die Voraussetzungen des § 16 in der eigenen Person oder in der Person der oder des Geschädigten vorliegen“. § 16 Absatz 1 regelt die Verursachung des schädigenden Ereignisses in vorwerfbarer Weise. Zur näheren Auslegung vgl. die Ausführungen zu § 16 Absatz 1. Zu beachten ist, dass nach dem gesetzgeberischen Willen die zu § 2 Absatz 1 OEG, der Vorgängerregelung des § 16 Absatz 1, ergangene Rechtsprechung weiterhin einschlägig ist.[267] Der Anspruchsausschluss nach § 19 Absatz 1 ist sowohl bei (Mit-)Verursachung des schädigenden Ereignisses durch die geschädigte Person als auch durch die Angehörige, Hinterbliebene oder Nahestehende anzuwenden.

3. Reichweite des Verweises auf § 16

6 § 19 Absatz 1 verweist nicht nur auf § 16 Absatz 1, sondern auf die Norm insgesamt, also auch auf Absatz 2. Liest man die Norm, scheint dies ein Versehen zu sein. Denn § 19 Absatz 1 regelt einen Leistungsausschluss, und die zu erfüllenden Voraussetzungen sind in § 16 Absatz 1 geregelt. § 16 Absatz 2 richtet sich hingegen an die Versorgungsbehörde; sie wird verpflichtet, Leistungen so zu erbringen, dass sie nicht der Person zugute kommen, die das schädigende Ereignis verursacht hat.

7 Der Blick in die Gesetzesbegründung zeigt jedoch, dass es sich hierbei – trotz der unpräzisen Formulierung – nicht um ein gesetzgeberisches Versehen handelt. Vielmehr wollte der Gesetzgeber, dass auch Leistungen an Angehörige etc. so erbracht werden, dass sie nicht der Person zugute kommen, die das schädigende Ereignis verursacht hat.[268] Dies kann beispielsweise dann relevant sein, wenn ein minderjähriges Kind wegen der Tö-

266 BT-Drs. 19/13824, S. 179.
267 BT-Drs. 19/13824, S. 179, unter Verweis auf Entscheidungen des BSG zur Putativnotwehr (BSG, 25.3.1999, B 9 VG 1/98 R) und zur Selbstgefährdung durch Provokation des Täters (BSG, 18.4.2001, B 9 VG 3/00 R).
268 BT-Drs. 19/13824, S. 179.

tung der Mutter leistungsberechtigt ist und der Vater, der das Sorgerecht inne hat, die Mutter getötet hat. Die Leistungen an das Kind sind so zu erbringen, dass sie nicht dem Vater zugute kommen, etwa über die Anordnung einer Vermögenspflegschaft. Der Vater selbst ist nach § 19 Absatz 1 i. V. m. § 16 Absatz 1 von Leistungen ausgeschlossen.

II. Absatz 2

Die Norm ordnet die entsprechende Anwendung des § 18 an. Das bedeutet, dass bei Gewalttaten, die mittels eines Kraftfahrzeugs oder eines Anhängers verübt wurden, auch für Angehörige etc. Leistungen nach dem SGB XIV erbracht werden. Zu den Einzelheiten und zum Verhältnis zu den Ansprüchen nach § 12 Absatz 1 Satz 1 Nr. 3 PflVG vgl. die Kommentierung zu § 18. **8**

§ 20
Versagung von Leistungen für Angehörige, Hinterbliebene und Nahestehende

(1) Leistungen für Angehörige, Hinterbliebene und Nahestehende sind zu versagen, wenn die Voraussetzungen des § 17 Absatz 1 in der eigenen Person oder in der Person der oder des Geschädigten vorliegen.

(2) Leistungen für Angehörige, Hinterbliebene und Nahestehende können ganz oder teilweise versagt werden, wenn die Voraussetzungen des § 17 Absatz 2 in der eigenen Person oder in der Person der oder des Geschädigten vorliegen.

Erläuterungen

Übersicht

A. Allgemeines

1 Bei der Norm handelt es sich um die Parallelvorschrift zu § 17: Die zuletzt genannte Norm regelt, unter welchen Voraussetzungen Leistungen für Geschädigte (teilweise) versagt werden können; § 20 überträgt dies auf Angehörige, Hinterbliebene und Nahestehenden. Zwar erfasst der Wortlaut des § 17 auch die in § 20 genannten Personen, da sie ja auch Antragstellende sind. Allerdings ergibt der Umkehrschluss aus § 20, dass in § 17 nur Geschädigte gemeint sind. Hierfür spricht auch, dass bei einem in der Person des Geschädigten liegenden Versagungsgrund der abgeleitete Anspruch der in § 20 Genannten ebenfalls ausgeschlossen ist. Ausweislich der Gesetzesbegründung vertritt der Gesetzgeber ebenfalls diese Auffassung.[269]

2 Der Gesetzgeber hat sich entschieden, die Konstellationen, die früher von § 2 OEG erfasst waren, auf vier Vorschriften zu verteilen und dabei nicht nur zwischen Mitverursachung und Unbilligkeit zu unterscheiden, sondern auch zwischen Geschädigten auf der einen und Angehörigen, Hinterbliebenen und Nahestehenden auf der anderen Seite. Die Ausführungen hierzu unter § 19 A. gelten entsprechend.

B. Regelungsinhalt

I. Absatz 1

1. Persönlicher Anwendungsbereich

3 Nach dieser Norm sind Leistungen für Angehörige, Hinterbliebene und Nahestehende zu versagen, wenn die Voraussetzungen des § 17 in ihrer oder in der Person des Geschädigten vorliegen. Wer **Angehörige, Hinterbliebene, Nahestehende** sowie **Geschädigte** sind, ist in § 2 näher definiert. Zu beachten ist in diesem Zusammenhang, dass Personen, bei denen die Voraussetzungen des § 14 Absatz 2 vorliegen, selbst Geschädigte sind. Soweit es um ihre sich aufgrund von § 14 Absatz 2 ergebende Ansprüche geht, ist nur maßgeblich, ob ein Leistungsausschluss- oder Leistungsversagungsgrund in ihrer Person vorliegt.[270] Dieselbe Person, die einen eigenen Anspruch aus § 14 Absatz 2, etwa wegen der Überbringung der Nachricht vom Tod des Ehegatten, hat, kann zugleich Hinterbliebene sein und

269 Vgl. BT-Drs. 19/13824, S. 179: „Die Vorschrift überträgt die für Geschädigte geltenden Versagungsgründe aus § 17 auf Angehörige, Hinterbliebene und Nahestehende.“
270 Die Ausführungen unter § 19 B. I. 1. gelten entsprechend.

in dieser Eigenschaft abgeleitete Ansprüche haben. Bezüglich dieser Ansprüche sind die §§ 19 und 20 einschlägig.

2. Leistungsversagung bei Unbilligkeit

Nach der Norm sind Leistungen zu versagen, wenn die Voraussetzungen 4
des § 17 – also die Unbilligkeit der Leistungserbringung – in der eigenen Person der Angehörigen, Hinterbliebenen oder Nahestehenden oder in der Person des Geschädigten vorliegen.

Liegen die Voraussetzungen des § 17 in der Person des Geschädigten vor, 5
begründet der Gesetzgeber die Leistungsversagung bei den in § 20 Genannten damit, dass es eine sachgrundlose Ungleichbehandlung darstellen würde, wenn bei Unbilligkeit nur der Geschädigte keine Leistungen erhielte, Angehörige, Hinterbliebene und Nahestehende jedoch schon.[271] Dies ist nachvollziehbar, schließlich handelt es sich hier um einen vom Geschädigten abgeleiteten Anspruch.

Liegt in der Person des Geschädigten keine Unbilligkeit vor, ist zu prüfen, 6
ob in der Person der in § 20 Genannten ein Unbilligkeitsgrund vorliegt. Die in den Ausführungen zu § 17 unter B. I. 2. genannten Fallgruppen sind teilweise sehr „geschädigtenspezifisch". So ist es irrelevant, ob ein Hinterbliebener selbst dem kriminellen Milieu angehört, sofern kein Zusammenhang zur Tat besteht. Unbilligkeit kann jedoch vorliegen, wenn der Hinterbliebene das Opfer ins Milieu „eingeführt" hat oder wenn er mittelbar an der Tat beteiligt war, ohne dass die Voraussetzungen der Mitverursachung i. S. d. § 16 vorliegen. Im Zusammenhang mit dem Alkohol- und Drogenkonsum sind Fälle denkbar, in denen die in § 20 Genannten die geschädigte Person, die aufgrund einer Suchterkrankung nicht mehr frei über den Konsum dieser Stoffe entscheiden konnte, trotz Kenntnis der Sucht mit diesen versorgt und ein Zusammenhang zwischen dem durch den Angehörigen etc. ermöglichten konkreten Rausch und dem schädigenden Ereignis besteht. Eine weitere denkbare Konstellation ist das Nichtabwenden einer Gefahr, obwohl diese für den Angehörigen etc. ohne Weiteres erkennbar war und leicht abzuwenden gewesen wäre.

Als Rechtsfolge ordnet § 20 Absatz 1 die Leistungsversagung an. Anders 7
als bei Absatz 2 ist keine teilweise Versagung möglich. Aufgrund der vollständigen Leistungsversagung ist im konkreten Einzelfall streng zu prüfen, ob die Unbilligkeit tatsächlich gegeben ist.

271 BT-Drs. 19/13824, S. 180.

II. Absatz 2

8 Die Norm enthält einen Leistungsversagungsgrund für den Fall, dass der Geschädigte oder der Angehörige, Hinterbliebene oder Nahestehende es unterlassen hat, das ihm Mögliche und Zumutbare zur Aufklärung des Sachverhaltes und zur Verfolgung des Täters beizutragen. Die Ausführungen unter § 17 B. II. gelten, sowohl im Hinblick auf den Tatbestand als auch auf die Rechtsfolge, entsprechend.

9 Zu beachten ist, dass es Fälle geben kann, in denen es dem Geschädigten nicht möglich oder zumutbar ist, die erforderlichen Angaben zu machen, den in § 20 genannten Personen hingegen schon.[272] Dies ist beispielsweise dann der Fall, wenn die geschädigte Person minderjährig ist oder aufgrund der Tat zu traumatisiert ist, eine der in § 20 genannten Personen hingegen über sachdienliche Kenntnisse verfügt und ihr daher Angaben zur Sachverhaltsaufklärung möglich sind und ihr entsprechende Aussagen auch nicht unzumutbar sind. Vor diesem Hintergrund ist es wichtig, die Merkmale der Möglichkeit und Unzumutbarkeit für die in § 20 Genannten getrennt von den Geschädigten zu prüfen.

Unterabschnitt 2
Kriegsauswirkungen beider Weltkriege

§ 21
Opfer von Kriegsauswirkungen beider Weltkriege

Wer im Inland durch Auswirkungen kriegerischer Vorgänge im Zusammenhang mit einem der beiden Weltkriege, die einen kriegseigentümlichen Gefahrenbereich hinterlassen haben, eine gesundheitliche Schädigung erlitten hat, erhält bei Vorliegen der Voraussetzungen nach § 4 Absatz 1 Leistungen der Sozialen Entschädigung.

Erläuterungen

Übersicht Rn.

272 So auch die Gesetzesbegründung, vgl. BT-Drs. 19/13824, S. 180.

A. Allgemeines

§ 21 enthält den Anspruch von Opfern der beiden Weltkriege auf Leistungen der Sozialen Entschädigung. Während es im BVG für diesen Personenkreis noch eine Vielzahl von Anspruchsgrundlagen gab, verteilt auf mehrere Paragrafen, ist im SGB XIV lediglich noch die (im BVG in dessen § 5 Absatz 1 Buchstabe e enthaltene) Variante des Erleidens einer Gesundheitsschädigung durch Auswirkungen kriegerischer Vorgänge enthalten. Der Gesetzgeber geht also offensichtlich davon aus, dass die anderen, im BVG noch enthaltenen Konstellationen nicht mehr auftreten werden. Angesichts der Tatsache, dass zum Zeitpunkt des Inkrafttretens der Vorschrift das Ende des 1. Weltkriegs mehr als 105 Jahre und des 2. Weltkriegs mehr als 78 Jahre zurückliegt, ist dies eine realistische Annahme. Angesichts des Zeitablaufs dürfte es sich zudem nur um sehr wenige Einzelfälle handeln. 1

B. Regelungsinhalt

Anspruchsberechtigt sind nur „neue" Kriegsopfer, also Personen, die ihre Gesundheitsschäden erst nach dem 1. Januar 2024 erleiden.[273]. Alle anderen Kriegsopfer erhalten Leistungen nach den Übergangsvorschriften des SGB XIV. Entweder nach § 139 SGB XIV, wenn eine Schädigung vor dem 1. Januar 2024 erlitten, aber kein Antrag auf Entschädigungsleistungen gestellt wurde. Weiterhin müssen die für einen Anspruch nach dem BVG erforderlichen Voraussetzungen vorliegen. Oder es besteht ein Anspruch nach § 142 SGB XIV, weil am 31. Dezember 2023 (Außerkrafttreten des BVG) Leistungen nach dem BVG bezogen werden und nicht vom Wahlrecht nach § 132 SGB XIV Gebrauch gemacht wird. Wird vom Wahlrecht Gebrauch gemacht, besteht Anspruch auf die im SGB XIV in den Kapiteln 4 bis 13 geregelten Leistungen. 2

Da der Wortlaut des § 21 SGB XIV dem des § 5 Absatz 1 Buchstabe e weitgehend entspricht, sind die für diese Vorschrift geltenden und entwickelten Grundsätze und Voraussetzungen anzuwenden[274]. Es muss daher für einen Anspruch nach § 21 SGB XIV 3

- eine unmittelbare Kriegseinwirkung gegeben sein, die
- aufgrund nachträglicher Auswirkungen kriegerischer Vorgänge
- einen kriegseigentümlichen Gefahrenbereich hinterlassen hat, der
- zu einer gesundheitlichen Schädigung geführt hat.

273 Hierzu widersprüchlich Dau in LPK SGB XIV, Rd. 3 und 4.
274 Karl in Schmidt, Rn. 9 zu § 21.

4 Die Unmittelbarkeit wird zwar in § 21 SGB XIV nicht ausdrücklich genannt, ist aber aufgrund der Anknüpfung an § 5 BVG mit in die Vorschrift „hineinzulesen“. Unmittelbarkeit bedeutet, dass ein Zusammenhang mit kriegerischen Vorgängen[275] gegeben sein muss.

5 Die „Nachträglichkeit“ der Auswirkungen ist im Gesetzestext ebenfalls nicht enthalten, angesichts des Zeitablaufs sind aber andere Auswirkungen gar nicht denkbar.

6 Kriegseigentümlich ist ein Gefahrenbereich nach der einschlägigen höchstrichterlichen Rechtsprechung[276] dann, wenn dieser als Folge des Kampfgeschehens in einer für Kriegsereignisse typischen und sich von anderen Lebensverhältnissen unterscheidenden Weise entstanden ist.

7 Hinsichtlich der gesundheitlichen Schädigung wird auf die Kommentierung zu § 1 SGB XIV verwiesen.

8 Einziger, aber gravierender Unterschied im Wortlaut zwischen § 21 SGB XIV und § 5 Absatz 1 Buchstabe e BVG ist der örtliche Geltungsbereich. Nach § 21 SGB XIV werden nämlich nur noch schädigende Ereignisse im Inland, also im heutigen Gebiet der Bundesrepublik Deutschland, entschädigt. § 5 Absatz 1 Buchstabe e BVG hatte demgegenüber noch alle schädigenden Ereignisse unabhängig vom Ort einbezogen. Personen, die eine Gesundheitsschädigung außerhalb des Hoheitsgebiets der Bundesrepublik erlitten haben und weder am 31. Dezember 2023 Leistungen nach dem BVG beziehen noch bis dahin einen entsprechenden Antrag gestellt haben, stehen daher ab dem 1. Januar 2024 keine Entschädigungsansprüche mehr zu, da auch die Übergangsvorschriften des SGB XIV für sie nicht gelten.

§ 22
Versagung, Entziehung und Minderung der Leistung

(1) [1]Leistungen der Sozialen Entschädigung sind zu versagen, wenn Geschädigte während der Herrschaft des Nationalsozialismus gegen die Grundsätze der Menschlichkeit oder Rechtsstaatlichkeit verstoßen haben. [2]Anhaltspunkte, die eine besonders intensive Überprüfung erforderlich machen, ob Geschädigte durch ihr individuelles Verhalten gegen Grundsätze der Menschlichkeit oder Rechtsstaatlichkeit verstoßen haben, können sich insbesondere aus einer freiwilligen Mitgliedschaft in der SS ergeben.

---

275 Verwaltungsvorschrift Nr. 5 zu § 5 BVG.
276 BSG-Urteil vom 09.08.1962 – 10 RV 1239/59.

(2) Leistungen sind mit Wirkung für die Zukunft ganz oder teilweise zu entziehen, wenn ein Versagungsgrund im Sinne des Absatzes 1 vorliegt und das Vertrauen der Geschädigten auf eine fortwährende Erbringung der Leistungen im Einzelfall auch angesichts der Schwere der begangenen Verstöße nicht überwiegend schutzbedürftig ist.

(3) Soweit in den Fällen des Absatzes 2 die sofortige Entziehung oder Minderung der Leistungen zu unbilligen Härten führt, soll die Entziehung oder Minderung nach einer angemessenen Übergangsfrist erfolgen.

(4) Die Absätze 1 bis 3 gelten entsprechend für Leistungen aus Ansprüchen, die sich von Geschädigten im Sinne von Absatz 1 ableiten.

Erläuterungen

Übersicht

A. Allgemeines

§ 22 SGB XIV entspricht § 1a BVG und regelt Versagungs- und Entziehungsgründe für den von § 21 erfassten Personenkreis, also Bezieher von Leistungen der Sozialen Entschädigung aufgrund von nachträglichen kriegerischen Auswirkungen. 1

B. Regelungsinhalt

Auch in Zukunft sollen diejenigen, die während des 2. Weltkriegs gegen Grundsätze der Menschlichkeit oder Rechtsstaatlichkeit verstoßen haben, keine staatlichen Entschädigungszahlungen erhalten. Dies gilt auch für deren Hinterbliebene. 2

Es wird sich zwar um eine sehr geringe Zahl von Fällen handeln (s. Kommentierung zu § 31), sofern überhaupt noch Fälle auftreten. Allerdings wäre es aus politischen Gründen kaum zu vermitteln gewesen, auf diese erst im Jahre 1998 nach langen Diskussionen in Öffentlichkeit und Politik eingeführte Regelung zu verzichten. 3

Da der Wortlaut beider Vorschriften, bis auf rein redaktionelle Anpassungen, identisch ist, ist hinsichtlich der Auslegung auf die zu § 1a BVG entwickelten Grundsätze abzustellen. 4

5 Die „Grundsätze der Menschlichkeit oder Rechtsstaatlichkeit“ finden sich bzw. fanden sich auch bereits vor 1998 schon in gesetzlichen Vorschriften, die sich mit der Beseitigung von Unrecht aus der Zeit der NS-Herrschaft, z. B. im Heimkehrergesetz und im Bundesvertriebenengesetz, oder des SED-Regimes, z. B. im Strafrechtlichen und Verwaltungsrechtlichen Rehabilitierungsgesetz, befassen und die zudem vom Bundesverfassungsgericht[277] als Maßstab gebilligt worden waren. Der Begriff findet sich zudem in vielen internationalen Abkommen.[278] Die Grundsätze der Menschlichkeit können als elementarer Kernbestand der in jeder Lebenslage unveräußerlichen Menschenrechte angesehen werden, die niemals beschränkt oder abgeschafft werden können.[279] Ein nach diesem Maßstab versagungs- bzw. entziehungswürdiges Verhalten kann insbesondere durch die Mitwirkung an der systematischen Ermordung von Juden begründet sein.

6 Ein Verstoß gegen Grundsätze der Rechtsstaatlichkeit kann insbesondere bei einer Tätigkeit in der Gerichtsbarkeit während des Dritten Reiches von Bedeutung sein und dürfte heute praktisch eine noch geringere Rolle als Versagungs- oder Entziehungsgrund spielen als die Grundsätze der Menschlichkeit.

7 Erforderlich ist ein Verstoß gegen die Grundsätze der Menschlichkeit oder Rechtsstaatlichkeit während der Zeit des Nationalsozialismus, also ein aktives Tun zwischen dem 31. Januar 1933 und dem 8. Mai 1945.

8 Der Verstoß gegen die Grundsätze der Menschlichkeit oder Rechtsstaatlichkeit muss zudem objektiv nachgewiesen und subjektiv vorwerfbar sein. Der nachgewiesene Verstoß muss daher individuell vorwerfbar sein, was der Fall ist, wenn die Unrechtmäßigkeit der Handlung bei zumutbarer Gewissensanspannung offenkundig gewesen sein müsste[280]. Eine Strafbarkeit des Verhaltens ist nicht erforderlich, da es sich bei der Versagungs- und Entziehungsklausel nicht um eine strafrechtliche Sanktion, sondern um einen ethischen Schuldvorwurf des Staates handelt.[281]

9 Die Versagung von Leistungen bezieht sich auf Geschädigte, während die Entziehung Leistungen an Hinterbliebene betrifft. Nach den Umständen des Einzelfalles kann dabei die Entziehung ganz oder teilweise bzw. nach einer Übergangsfrist (Absatz 3) erfolgen, während die Versagung nur vollständig erfolgen kann.

277 Seit Urteil BVerfG vom 15.03.1961, 2 BvL 8/60.

278 Knickrehm in Handkommentar, Rn. 2 zu § 1a BVG.

279 Frank, Die Entschädigungswürdigkeit in der deutschen Kriegsopferversorgung, Behindertenrecht 2000, S. 125.

280 Urteil BSG vom 24.11.2005, B 9a/9 V 8/03 R.

281 Frank, a. a. O. S. 125.

Unterabschnitt 3
Ereignisse im Zusammenhang mit der Ableistung des Zivildienstes

§ 23

Geschädigte durch Ereignisse im Zusammenhang mit der Ableistung des Zivildienstes

(1) Wer im Zusammenhang mit der Ableistung eines Zivildienstes eine gesundheitliche Schädigung durch eine Tätigkeit, einen Unfall, einen Angriff auf seine Person oder in sonstiger Weise erlitten hat (Zivildienstgeschädigter), erhält bei Vorliegen der Voraussetzungen nach § 4 Absatz 1 Leistungen der Sozialen Entschädigung.

(2) Ein Zusammenhang mit der Ableistung des Zivildienstes besteht auch bei gesundheitlichen Schädigungen, die herbeigeführt worden sind

1. auf dem unmittelbaren Weg von und zu der Dienststelle,
2. auf dem unmittelbaren Hin- oder Rückweg bei Antritt und Beendigung des Zivildienstes,
3. auf einem vom unmittelbaren Weg abweichenden Weg, um
   a) ein Kind, das mit dem Dienstleistenden in einem Haushalt lebt, wegen des Zivildienstes fremder Obhut anzuvertrauen oder
   b) mit anderen Dienstleistenden oder Berufstätigen oder in der gesetzlichen Unfallversicherung versicherten Personen gemeinsam ein Fahrzeug zu benutzen,
4. auf dem Weg von und nach der ständigen Familienwohnung, wenn der Dienstleistende wegen der Entfernung seiner Familienwohnung vom Dienstort oder wegen der Pflicht zum Wohnen in einer dienstlichen Unterkunft am Dienstort oder in dessen Nähe eine Unterkunft hat.

(3) Ein Zusammenhang mit der Ableistung des Zivildienstes besteht auch bei gesundheitlichen Schädigungen, die im Zusammenhang mit der Behandlung oder dem Bezug von Leistungen für eine Zivildienstschädigung herbeigeführt worden sind.

Erläuterungen

Übersicht Rn.

A. Allgemeines

1 Diese Regelung beinhaltet die Anspruchsgrundlage für Zivildienstgeschädigte und entspricht im Wesentlichen dem bisherigen § 47 ZDG. Sie konkretisiert den grundsätzlichen Leistungsanspruch aus § 4 Absatz 1 Satz 1. Umfasst werden auch Wegeunfälle. Es handelt sich um eine „Vorratsregelung“, da der Zivildienst schon seit Jahren ausgesetzt ist, es aber zumindest möglich ist, dass es ihn in der Zukunft irgendwann wieder geben wird.

2 Grundlage für die Aussetzung ist das Gesetz zur Änderung wehrrechtlicher Vorschriften (Wehrrechtsänderungsgesetz) vom 1. Juli 2011. Durch dieses wurde die allgemeine Wehrpflicht für Zeiträume außerhalb des Spannungs- und Verteidigungsfalls ausgesetzt. Als Konsequenz daraus wurde auch die Pflicht zur Ableistung eines Zivildienstes (Wehrersatzdienst) ausgesetzt. Nach § 83 Absatz 4 ZDG endeten die letzten Zivildienstverhältnisse am 31. Dezember 2011. Die Vorschriften zur Sozialen Entschädigung gelten aber natürlich weiter, solange es noch Zivildienstgeschädigte gibt und bei diesen gesundheitliche und/oder wirtschaftliche Folgen der Schädigung vorliegen.

3 Zur Entschädigung von Gesundheitsschäden bei Zivildienstgeschädigten und Soldaten wurde bislang jeweils vom ZDG bzw. SVG auf das BVG verwiesen. Mit der Aufnahme der Zivildienstgeschädigten in das SGB XIV ab dem 1. Januar 2024 und dem Inkrafttreten des Soldatenentschädigungsgesetzes zum 1. Januar 2025 ergibt sich nun zum ersten Mal die Situation, dass die Entschädigung der beiden umfassten Personengruppen nicht nach den gleichen Vorschriften verläuft. Da das SEG nicht auf das SGB XIV verweist, sondern im Gegenteil in seinem Leistungsrecht vom SGB XIV abweicht, zählt die Soldatenversorgung zukünftig nicht mehr zum Sozialen Entschädigungsrecht, bleibt allerdings nach § 68 Nr. 18 SGB I Teil des Sozialgesetzbuches. Diese unterschiedliche Behandlung zweier Personengruppen, die beide Entschädigungsansprüche aufgrund eines Dienstverhältnisses gegenüber dem Staat haben, ist erstaunlich. Wahrscheinlich wird dies nicht zu öffentlichen oder politischen Diskussionen führen, solange beide Dienste ausgesetzt sind. Wie dies aber nach einer Wiedereinführung der Wehrpflicht aussähe, bleibt abzuwarten.

B. Regelungsinhalt

4 Anknüpfend an die bisherige Regelung in § 47 ZDG benennt § 23 die Voraussetzungen für eine Zivildienstbeschädigung und die daraus folgenden

Leistungen. Durch den Bezug auf § 4 Absatz 1 wird zudem verdeutlicht, dass auch hier das Kausalitätsprinzip gilt.

Allerdings werden die in § 47 ZDG noch sehr ausführlich beschriebenen Voraussetzungen nunmehr in § 23 Absatz 1 kürzer gefasst dargestellt. Wie schon bisher muss zwischen dem schädigenden Ereignis und der Ableistung des Zivildienstes ein Zusammenhang bestehen. 5

Für die Feststellung, ob das schädigende Ereignis im Zusammenhang mit dem Zivildienst steht, ist auf den Zweck der beim schädigenden Ereignis ausgeübten Tätigkeit abzustellen. Ein Zusammenhang ist dann zu bejahen, wenn die Tätigkeit zur Erfüllung einer dienstlichen Pflicht erfolgt. Regelmäßig wird diese Tätigkeit während der Dienstzeit ausgeübt worden sein. 6

Die gesundheitliche Schädigung kann nach § 23 neben einer Tätigkeit durch einen Unfall, einen Angriff auf die Person des Geschädigten oder in sonstiger Weise verursacht worden sein. 7

Der Begriff des Unfalls wird im SGB XIV nicht definiert, sondern vorausgesetzt. Man wird annehmen können, dass hier der aus dem Recht der gesetzlichen Unfallversicherung bekannte Begriff des Unfalls verwendet werden kann. Danach ist als Unfall ein zeitlich begrenztes, von außen auf den Körper einwirkendes Ereignis zu verstehen, welches zu einem gesundheitlichen Schaden oder gar zum Tod führt. 8

Hinsichtlich des Angriffs kann sicherlich grundsätzlich auf den synonymen Begriff im Opferentschädigungsgesetz und in § 13 zurückgegriffen werden. Danach muss eine in feindseliger Willensrichtung unmittelbar auf den Körper eines anderen zielende Einwirkung gegeben sein. Im Unterschied zum tätlichen Angriff in § 13 muss jedoch der tätliche Angriff im Sinne des § 23 nicht vorsätzlich, rechtswidrig und tätlich geschehen sein. Vielmehr werden diese Voraussetzungen in § 23 durch das Erfordernis eines Zusammenhangs mit dem Zivildienst ersetzt. 9

Die Verursachung „in sonstiger Weise“ stellt einen Auffangtatbestand dar.[282] Hier wird je nach Einzelfall zu entscheiden sein, ob der Zusammenhang mit dem Zivildienst gegeben ist. 10

282 Karl in Schmidt, Rn. 17 zu § 23.

Unterabschnitt 4
Schutzimpfungen oder andere Maßnahmen der spezifischen Prophylaxe

§ 24
Geschädigte durch Schutzimpfungen oder andere Maßnahmen der spezifischen Prophylaxe

[1]Wer durch eine Schutzimpfung nach § 2 Nummer 9 des Infektionsschutzgesetzes oder durch eine andere Maßnahme der spezifischen Prophylaxe nach § 2 Nummer 10 des Infektionsschutzgesetzes,

1. **die von einer zuständigen Landesbehörde nach § 20 Absatz 3 des Infektionsschutzgesetzes öffentlich empfohlen und in ihrem Bereich vorgenommen wurde,**
2. **die auf Grundlage eines Anspruchs nach einer Rechtsverordnung nach § 20 i Absatz 3 des Fünften Buches vorgenommen wurde oder, im Fall einer Schutzimpfung, gegenüber einer Person, die in der privaten Krankenversicherung versichert ist, in einem dem Anspruch nach einer Rechtsverordnung nach § 20 i Absatz 3 des Fünften Buches entsprechenden Umfang vorgenommen wurde,**
3. **die von Gesundheitsämtern nach § 20 Absatz 5 des Infektionsschutzgesetzes unentgeltlich durchgeführt wurde oder**
4. **die auf Grund einer Rechtsverordnung nach § 20 Absatz 6 oder 7 des Infektionsschutzgesetzes angeordnet wurde oder sonst auf Grund eines Gesetzes vorgeschrieben war,**

eine gesundheitliche Schädigung erlitten hat, die über das übliche Ausmaß einer Reaktion auf eine Schutzimpfung oder andere Maßnahme der spezifischen Prophylaxe hinausgeht, erhält bei Vorliegen der Voraussetzungen nach § 4 Absatz 1 Leistungen der Sozialen Entschädigung. [2]Dies gilt auch, wenn die Schutzimpfung mit vermehrungsfähigen Erregern durchgeführt und eine andere als die geimpfte Person geschädigt wurde.

Erläuterungen

Übersicht **Rn.**

A. Allgemeines

§ 24 enthält die Anspruchsgrundlage für Impfgeschädigte, wobei die möglichen Entschädigungstatbestände detailliert und abschließend aufgeführt werden. 1

Dabei geht die Regelung über das bisherige Recht (§ 60 IfSG) hinaus, indem zum einen künftig auch Schutzimpfungen und andere Maßnahmen der spezifischen Prophylaxe, soweit ein gesetzlicher Anspruch auf sie besteht, und zum anderen ebenfalls Fälle, in denen von Gesundheitsämtern Schutzimpfungen oder andere Maßnahmen der spezifischen Prophylaxe unentgeltlich durchgeführt wurden, erfasst werden. 2

Vom Schutzbereich der Norm sind alle Menschen umfasst, die durch Schutzimpfungen und andere Maßnahmen der spezifischen Prophylaxe eine gesundheitliche Schädigung erlitten haben, die über das übliche Ausmaß einer Impfreaktion hinausgeht. Auch wenn nicht ausdrücklich erwähnt wird, dass die gesundheitliche Schädigung auszugleichende Folgen verursacht hat, so ist durch den Verweis auf § 4 Absatz auch hier der Nachweis der dreigliedrigen Kausalkette Voraussetzung für den Entschädigungsanspruch. 3

B. Regelungsinhalt

I. Begriffsbestimmungen

Schutzimpfung ist nach § 2 Nr. 9 IfSG die Gabe eines Impfstoffes mit dem Ziel, vor einer übertragbaren Krankheit zu schützen. Der Begriff der Gabe umfasst die Einbringung des Impfstoffes in den Körper, jedoch nicht die mit der Einbringung beabsichtigte Immunisierung gegen Infektionen.[283] 4

Andere Maßnahmen der speziellen Prophylaxe sind nach § 2 Nr. 10 IfSG die Gabe von Antikörpern (passive Immunprophylaxe) oder die Gabe von Medikamenten (Chemoprophylaxe) zum Schutz vor Weiterverbreitung bestimmter übertragbarer Krankheiten. Im Unterschied zu Schutzimpfungen ist die praktische Bedeutung von Maßnahmen der Prophylaxe bisher sehr gering, wenn überhaupt vorhanden. Zwar hat die Ständige Impfkommission (STIKO) Empfehlungen zu Propylaxemaßnahmen verabschiedet. Soweit ersichtlich sind solche Maßnahmen auf dem Gebiet der Bundesrepublik jedoch bislang noch nicht vorgenommen worden. Gerichtliche Entscheidungen gibt es dazu jedenfalls nicht. 5

283 BSG, Urteil vom 26.06.1985, 9a RV 3/83 SozR 3850 § 51 Nr. 8; Meßling in LPK, Rn. 39 zu § 24.

6 In der DDR gab es 1978/79 die gesetzlich vorgeschriebene Anti-D-Immunprohylaxe. Die Entschädigung der in diesem Rahmen durch mit dem Hepatitis-C-Virus verseuchtes Blutplasma geschädigten Frauen erfolgte nach Wiederherstellung der deutschen Einheit zunächst über das damals noch geltende Bundes-Seuchengesetz in Verbindung mit dem BVG, später dann über das eigens geschaffene Anti-D-Hilfegesetz.

7 Durch § 24 und den darin festgelegten Entschädigungsanspruch soll zur Akzeptanz der Impfungen und Prophylaxemaßnahmen und damit insgesamt zu einer hohen Impfquote beigetragen werden, die gesellschaftlich wünschenswert und im Sinne des Gemeinwohls erforderlich ist.

II. Schädigendes Ereignis

8 Um als schädigendes Ereignis anerkannt werden zu können, muss die Schutzimpfung bzw. Prophylaxemaßnahme eine von vier ausdrücklich aufgeführten Voraussetzungen erfüllen.

9 1. Sie muss von einer zuständigen Landesbehörde öffentlich empfohlen und in ihrem Zuständigkeitsbereich vorgenommen worden sein (§ 24 Satz 1 Nummer 1).

10 Zuständig sind nach § 20 Absatz 3 IfSG die obersten Landesgesundheitsbehörden, also die jeweiligen Gesundheitsministerien der Länder. Diese sollen nach der genannten Vorschrift Empfehlungen auf Grundlage der jeweiligen Empfehlungen der STIKO aussprechen. Die STIKO ist eine beim Robert-Koch-Institut (RKI) eingerichtete Kommission, die neben den genannten Empfehlungen auch Kriterien zur Abgrenzung von üblichen und über das Übliche hinausgehenden Impfreaktionen entwickelt. Ihre Mitglieder werden vom Bundesgesundheitsministerium im Benehmen mit den Landesgesundheitsministerien ernannt. Die von der STIKO entwickelten Empfehlungen werden vom RKI den Landesgesundheitsministerien übermittelt und danach veröffentlicht (§ 20 Absatz 2 IfSG).

11 2. Oder sie muss auf Grundlage eines Anspruchs nach einer Rechtsverordnung nach § 20i Absatz 3 SGB V vorgenommen worden sein (§ 24 Satz 1 Nummer 2).

12 Diese Regelung ermächtigt das BMG in Satz 1, nach Anhörung der STIKO und des Spitzenverbands Bund der Krankenkassen durch Rechtsverordnung, die nicht der Zustimmung des Bundesrates bedarf, zu bestimmen, auf welche weiteren Schutzimpfungen oder Prophylaxemaßnahmen Versicherte Anspruch haben. Zudem enthielt § 20i Absatz 3 Satz 2 Ziffer 1.a) SGB V befristet bis zum 7. April 2023 eine Ermächtigung für das BMG im

Fall der Feststellung einer epidemischen Lage von nationaler Tragweite durch Rechtsverordnung, die nicht der Zustimmung des Bundesrates bedarf, zu bestimmen, dass Versicherte Anspruch auf bestimmte Schutzimpfungen oder Prophylaxemaßnahmen haben, im Fall einer SarsCoV-2-Schutzimpfung insbesondere, wenn sie ein signifikant erhöhtes Risiko hinsichtlich eines schweren oder tödlichen Krankheitsverlaufs wegen Alters oder ihres Gesundheitszustandes haben, solche Personen behandeln, betreuen oder pflegen oder in zentralen Bereichen der Daseinsvorsorge und für die Aufrechterhaltung zentraler staatlicher Funktionen eine Schlüsselstellung haben. Diese Regelung war im Zuge der „Corona-Gesetzgebung" durch das Dritte Gesetz zum Schutz der Bevölkerung bei einer epidemischen Lage von nationaler Tragweite vom 18.11.2020[284] eingeführt worden. Die Befristung der Ermächtigung erfolgte durch Artikel 2 des Gesetzes zur Stärkung des Schutzes der Bevölkerung und insbesondere vulnerabler Personengruppen vor COVID-19 vom 16.09.2022[285], nach dem schon am 25.11.2021 die epidemische Lage von nationaler Tragweite entfallen war.

Die Regelung ist also sehr stark von der Corona-Pandemie geprägt und er- 13
fasst auch Impfungen oder Prophylaxemaßnahmen, die (noch) nicht von einer zuständigen Landesbehörde empfohlen wurden. Dies kann z. B. der Fall sein, wenn durch einen Arzt eine Corona-Schutzimpfung vorgenommen wurde, die betroffene Person aber hinsichtlich ihres Alters oder ihrer gesundheitlichen Gefährdung nicht zu dem Personenkreis zählte, für den die Impfung von der STIKO empfohlen worden war.

In der ursprünglichen Fassung der Nummer 2 war noch vorgesehen, dass 14
auf die Impfung oder Prophylaxemaßnahme ein gesetzlicher Anspruch nach § 20i SGB V bestanden haben und sie im Inland vorgenommen worden sein musste. Durch das 2. Änderungsgesetz zum Infektionsschutzgesetz und weiterer Gesetze vom 28.05.2021[286] wurde das SGB XIV geändert und der aktuelle Gesetzeswortlaut eingefügt. Zurückzuführen ist die Änderung, die gegenüber der Originalfassung enger ist, auf die Corona-Pandemie und deren Folgen. Allerdings geht der Gesetzgeber nach der Begründung zum gerade genannten Änderungsgesetz[287] davon aus, dass die von Nummer 2 nun nicht mehr erfassten Konstellationen durch die anderen Nummern in § 24 Satz 1 (bereits) erfasst werden. Bei diesen Konstellationen handelt es sich um Schutzimpfungen, die in der bundesweit geltenden Schutzimpfungs-Richtlinie aufgeführt sind.

284 BGBl. I S. 2397.
285 BGBl. I S. 1454.
286 BGBl. I S. 1174.
287 BT-Drs. 19/13824 S. 181.

15 3. Oder sie muss von Gesundheitsämtern nach § 20 Absatz 5 IfSG unentgeltlich durchgeführt worden sein (§ 24 Satz 1 Nummer 3).

16 Nach dieser Regelung kann durch die obersten Landesgesundheitsbehörden bestimmt werden, dass die Gesundheitsämter unentgeltlich Schutzimpfungen oder Prophylaxemaßnahmen gegen bestimmte übertragbare Krankheiten durchführen. Es ist davon auszugehen, dass der Geltungsbereich der Nummer 3 weitestgehend mit dem von Nummer 1 identisch ist, weil wohl nur empfohlene Impfungen oder Prophylaxemaßnahmen auch unentgeltlich vorgenommen werden.

17 4. Oder sie muss aufgrund einer Rechtsverordnung nach § 20 Absatz 6 oder 7 IfSG angeordnet oder sonst auf Grund eines Gesetzes vorgeschrieben worden sein (§ 24 Satz 1 Nummer 4).

18 Mit dieser Regelung werden Impfungen und Prophylaxemaßnahmen im Rahmen einer Impfpflicht erfasst. Eine Impfpflicht kann nach § 20 Absatz 6 Satz 1 IfSG für bedrohte Teile der Bevölkerung angeordnet werden, wenn eine übertragbare Krankheit mit klinisch schweren Verlaufsformen auftritt und mit ihrer epidemischen Verbreitung zu rechnen ist. Wegen des damit verbundenen Eingriffs in Grundrechte der Betroffenen bedarf eine derartige Anordnung einer besonderen verfassungsrechtlichen Rechtfertigung. Dies gilt umso mehr, weil die Anordnung durch das BMG durch Rechtsverordnung erfolgen würde, also ohne Kontrollmöglichkeit des Bundestages und damit ohne parlamentarische Legitimation. Allerdings ist eine Kontrollmöglichkeit durch den Bundesrat gegeben, der dieser Rechtsverordnung zustimmen müsste. Wird die Ermächtigung zu dieser Anordnung vom BMG nicht genutzt, können gemäß § 20 Absatz 7 IfSG die Landesregierungen entsprechende Anordnungen für ihren jeweiligen Zuständigkeitsbereich treffen. Gesetzlich vorgeschriebene Schutzimpfungen oder Prophylaxemaßnahmen gibt es derzeit nur insofern, als Beschäftigte in bestimmten Bereichen oder in Gemeinschaftseinrichtungen ihrem Arbeitgeber einen Impfschutz oder Immunität gegen Masern nachweisen müssen.[288] Diese Nachweispflicht gilt ebenso für die in diesen Bereichen oder Gemeinschaftseinrichtungen beschulten oder betreuten Personen. Die Problematik weiterer Impfpflichten wird sich (erst) wieder stellen, falls es noch einmal eine Pandemie wie Corona geben wird.

288 § 20 Absatz 8 bis 13 IfSG in Verbindung mit dem Masernschutzgesetz.

III. Gesundheitliche Schädigung und Schädigungsfolge

Die Impfung oder Prophylaxemaßnahme muss zu einer gesundheitlichen Schädigung geführt haben. Es reicht aber nicht jede gesundheitliche Schädigung aus. Vielmehr muss diese über das übliche Ausmaß einer Impfreaktion hinausgehen. Was über das übliche Ausmaß hinausgeht, ist im SGB XIV nicht geregelt oder definiert. Eine Orientierung gibt aber die STIKO in ihren Empfehlungen zu Impfreaktionen und deren Meldung (Epidemiologisches Bulletin 34/2020, S. 33 f.). In diesen Empfehlungen werden übliche und damit nicht meldepflichtige Impfreaktionen als das übliche Ausmaß nicht überschreitende, vorübergehende Lokal- und Allgemeinreaktionen beschrieben, die als Ausdruck der Auseinandersetzung des Organismus mit dem Impfstoff anzusehen sind. Dies wird mit konkreten Beispielen illustriert. 19

Weiterhin muss diese gesundheitliche Schädigung zu einer Schädigungsfolge geführt haben. Hierzu wird ausdrücklich auf § 4 Absatz 1 verwiesen. Erforderlich ist daher – wie immer im SGB XIV – eine dauerhafte gesundheitliche oder wirtschaftliche Schädigungsfolge. Die in § 4 formulierten Anforderungen an den Nachweis von Ereignis, Schädigung und Schädigungsfolge sowie den doppelten Kausalzusammenhang gelten auch im Rahmen des § 24. 20

Kapitel 3
Leistungsgrundsätze

§ 25
Voraussetzungen

Leistungen der Sozialen Entschädigung werden für schädigungsbedingte Bedarfe erbracht.

Erläuterungen

Übersicht **Rn.**

A. Allgemeines

1 Diese Regelung ist zwar sehr kurz, aber dennoch von großer Bedeutung für Berechtigte der Sozialen Entschädigung. Denn sie stellt klar, dass – insoweit abweichend vom bisherigen Recht – Leistungen nur noch zum Ausgleich schädigungsbedingter Nachteile erfolgen. Sie wiederholt zudem inzidenter noch einmal die Kausalität zwischen schädigendem Ereignis, Schädigung und Schädigungsfolgen als unverzichtbare Säule der Sozialen Entschädigung. Diese Wiederholung ist durch den Aufbau des SGB XIV bedingt, da die Leistungsgrundsätze ein eigenes Kapitel bilden und nicht etwa, was auch möglich gewesen wäre, bereits im Kapitel 1 bei den Allgemeinen Voraussetzungen erscheinen. Dem Grundprinzip des SGB XIV „vom Allgemeinen zum Besonderen" folgend, enthält § 25 die grundsätzliche Regelung zur Leistungserbringung, die dann in den §§ 26 bis 28 eingeschränkt oder näher spezifiziert wird.

B. Regelungsinhalt

2 § 25 gilt für alle Leistungen und Leistungsformen des SGB XIV, wie sich aus dem Wortlaut deutlich ergibt. Diese Leistungen werden regelmäßig nur für schädigungsbedingte Bedarfe erbracht Diese Bedarfe sind im SGB XIV abschließend aufgeführt (z. B. Bedarfe wegen Pflegebedürftigkeit oder auf Teilhabe), wobei der Umfang der Leistungen von der Zugehörigkeit zu einer Berechtigtengruppe (§ 2) abhängen kann.

3 Der Bedarf muss zudem grundsätzlich schädigungsbedingt sein, also durch die Schädigung oder die Schädigungsfolge kausal verursacht worden sein. Von diesem Grundsatz wird allerdings z. B. bei der Krankenbehandlung zugunsten von Angehörigen oder Nahestehenden aus Fürsorgegründen abgewichen.

4 Nicht festgelegt wird in § 25, in welcher Form und durch wen die Leistungen des SGB XIV erbracht werden. Dies ergibt sich vielmehr aus den Vorschriften des 18. Kapitels.

§ 26
Leistungsformen

(1) Leistungen der Sozialen Entschädigung werden erbracht in Form von Dienstleistungen, Sachleistungen und Geldleistungen.

(2) Geldleistungen werden erbracht als Einmalzahlung oder als laufende Zahlungen.

(3) Auf Antrag werden bei Vorliegen der Voraussetzungen nach § 29 des Neunten Buches durch ein Persönliches Budget folgende Leistungen erbracht:
1. Krankenbehandlung der Sozialen Entschädigung nach Kapitel 5,
2. Leistungen zur Teilhabe nach Kapitel 6,
3. Leistungen bei Pflegebedürftigkeit nach Kapitel 7 sowie
4. Leistungen zur Weiterführung des Haushalts nach § 95.

Erläuterungen

Übersicht **Rn.**

A. Allgemeines

Die Regelung zählt abschließend die Formen auf, in denen Leistungen erbracht werden können. Die in Absatz 3 dargelegte Möglichkeit der Leistungserbringung im Wege des Persönlichen Budgets entspricht dem modernen Verständnis eines Rechts für Menschen mit Behinderungen. 1

B. Regelungsinhalt

I. Leistungsformen

Absatz 1 nennt als mögliche Leistungsformen Dienst-, Sach- und Geldleistungen. Diese Leistungsformen werden im SGB XIV nicht definiert, sondern begrifflich vorausgesetzt. Dabei ist insbesondere die Abgrenzung der einzelnen Leistungsformen untereinander schwieriger als es zunächst erscheinen mag, was allerdings nicht immer zu Problemen führen muss, da § 26 alle Leistungsformen gleichberechtigt behandelt. 2

3 Dienstleistungen können als alle persönlichen Hilfen und Betreuungsleistungen beschrieben werden, die besonders auf die individuellen Bedarfe der leistungsberechtigten Person ausgerichtet sind, also vor allem Information und Beratung.[289] Schwierigkeiten können dann entstehen, wenn nicht eindeutig ist, ob die erbrachte Hilfe eine Sache oder ein sozialer Dienst ist. Eine im SGB XIV geregelte eindeutige Dienstleistung ist das Fallmanagement nach § 30.

4 Wird Hilfe durch Sachen erbracht, liegt eine Sachleistung vor[290]. Diese kommen im SGB XIV insbesondere bei der Krankenbehandlung vor, für die ausdrücklich das Sachleistungsprinzip gilt (vgl. § 44). Das Sachleistungsprinzip bedeutet nicht nur, dass die Hilfe durch die Zurverfügungstellung von Sachen erfolgt, sondern stellt gleichzeitig eine Abgrenzung zum Kostenerstattungsprinzip dar. Kostenerstattung ist im SGB XIV ausnahmsweise im Bereich der Krankenbehandlung vorgesehen. Dabei wird zwar Geld gezahlt, da jedoch durch die Erstattung eine Erbringung von Sachen ersetzt wird, handelt es sich nicht um eine Geld-, sondern um eine Sachleistung im Sinne des SGB XIV. Anders verhält es sich mit dem Persönlichen Budget nach Absatz 3, mit dem sich die Berechtigten Dienst- und Sachleistungen „einkaufen" können. Hier werden also Sachleistungen nicht durch Geld ersetzt, sondern es liegt eine eigenständige gesetzlich geregelte Form der Geldleistung (vgl. § 29 Absatz 2 Satz 1 SGB IX) vor.

5 Geldleistungen sind Geldbeträge, die durch Zahlung an Berechtigte oder – soweit zulässig – an Dritte erbracht werden.[291] Im SGB XIV trifft dies insbesondere auf die monatlichen Entschädigungszahlungen und den Berufsschadensausgleich zu. Eine spezielle Regelung zu Geldleistungen ist in Absatz 2 enthalten. Geldleistungen können danach sowohl als einmalige als auch als dauernde Zahlung erbracht werden. Einmalige Geldleistungen sind die Abfindungen nach § 84 und § 86 sowie die Einmalzahlung nach § 102 Absatz 4. Dauernde Geldleistungen sind die monatlichen Entschädigungszahlungen nach §§ 83, 85, 87, 88 sowie der Berufsschadensausgleich nach § 89.

II. Persönliches Budget

6 Das Persönliche Budget nach Absatz 3 ist wie bereits ausgeführt, eine eigenständige Form der Geldleistung. Mit dieser wird die leistungsberechtigte Person in die Lage versetzt, sich Dienst- und Sachleistungen selbst und nach eigener Einschätzung des Bedarfs einzukaufen. Voraussetzung ist

289 Bienert in Schmidt, Rn. 7 zu § 26.
290 Knickrehm in LPK, Rn. 11 zu § 26.
291 Knickrehm in LPK, Rn. 13 zu § 26.

dabei neben der Stellung eines entsprechenden Antrags zunächst, dass Anspruch auf die abschließend aufgeführten Leistungen besteht. Daraus ergibt sich dann die Höhe des Persönlichen Budgets. Zudem sind, da § 26 Absatz 3 keine eigenständige Regelung zum Persönlichen Budget trifft, die Voraussetzungen des § 29 SGB IX zu erfüllen. Erforderlich ist daher, dass die nach dem Antrag der leistungsberechtigten Person in das Persönliche Budget einfließenden Leistungen budgetfähig sind. Die budgetfähigen Leistungen sind in § 29 SGB IX abschließend aufgeführt. Die in § 26 genannten Leistungen zählen dazu und konkretisieren den Anspruch für das SGB XIV.

§ 27
Vorrang von Leistungen zur Teilhabe

[1]Leistungen zur medizinischen Rehabilitation und zur Teilhabe am Arbeitsleben, die erfolgversprechend und zumutbar sind, haben Vorrang vor dem Berufsschadensausgleich nach Kapitel 10. [2]Im Übrigen gelten die Regelungen des § 9 des Neunten Buches.

Erläuterungen

Übersicht **Rn.**

A. Allgemeines

Diese Regelung enthält den bisher bereits in § 29 BVG niedergelegten und 1
in einem modernen Sozialstaat eigentlich selbstverständlichen Grundsatz „Reha(bilitation) vor Rente“.

2 Dieser Grundsatz ergibt sich bereits aus der Eingangsvorschrift des § 1 Absatz 1 SGB XIV und wird dann über § 27 und § 89 fortgesetzt und konkretisiert.

3 § 1 Absatz 1 spricht nämlich von der Unterstützung von Menschen, die ein schädigendes Ereignis erleiden mussten, bei der Bewältigung daraus entstandener Folgen.

4 Anders als so manche Diskussion in der Öffentlichkeit und manche Forderungen von Betroffenenverbänden es erscheinen lassen, stehen nach dem Willen des Gesetzgebers nicht Entschädigungszahlungen im Fokus des Sozialen Entschädigungsrechts, sondern die Wiederherstellung der körperlichen Integrität bzw. des gesundheitlichen Zustandes vor dem Eintritt des schädigenden Ereignisses. Dazu stehen im SGB XIV die Leistungen der medizinischen Rehabilitation und der Teilhabe am Arbeitsleben zur Verfügung. Diese haben „Vorrang" vor der Zahlung eines Berufsschadensausgleichs (vgl. § 89 Absatz 1 Nummer 2), der schädigungsbedingte Einkommensverluste ausgleichen soll. Insofern wortgleich mit § 89 Absatz 1 Nummer 2 legt § 27 Satz 1 zudem fest, dass diese Leistungen erfolgversprechend und zumutbar sein müssen.

B. Regelungsinhalt

I. Teilhabeleistungen

5 Die möglichen Leistungen zur medizinischen Rehabilitation ergeben sich aus § 62 Absatz 1 Nummer 4 in Verbindung mit Kapitel 5. Damit ist das Leistungsspektrum gegenüber dem BVG weiter und umfasst z. B. Psychotherapie und weitere ergänzende Leistungen der Krankenbehandlung nach § 43. Die Regelungen des SGB XIV sind somit für die Leistungsberechtigten günstiger als nach dem Recht des BVG.

6 Die möglichen Leistungen zur Teilhabe am Arbeitsleben sind in § 63 aufgeführt. Sie gehören zu den in einem eigenen Kapitel enthaltenen Leistungen zur Teilhabe und nicht mehr, wie im BVG, zu den fürsorgerischen Leistungen. Daraus folgt eher theoretisch eine Besserstellung gegenüber dem BVG, weil auch dort ausnahmsweise eine Anrechnung von Einkommen und Vermögen bei Leistungen zur Teilhabe am Arbeitsleben nicht erfolgte.

II. Voraussetzungen für Teilhabeleistungen

Die Leistungen zur medizinischen Rehabilitation und zur Teilhabe am Arbeitsleben müssen erfolgversprechend und zumutbar sein. Es ist also eine Bewertung sowohl unter eher objektiven (Erfolg) und eher subjektiven (Zumutbarkeit) Aspekten vorzunehmen. 7

Mit der Voraussetzung „erfolgversprechend“ wird an die bisherige Rechtslage nach dem BVG und die entsprechende höchstrichterliche Rechtsprechung angeknüpft. Zur Bewertung der jeweiligen konkreten Maßnahme oder Leistung ist eine Aussage über zukünftige Umstände, also eine Prognose, erforderlich. Der Träger der Sozialen Entschädigung muss diese Prognose bei seiner Entscheidung über die Reha- oder Teilhabemaßnahme vornehmen und dazu nach umfassender Sachverhaltsaufklärung alle Umstände des konkreten Einzelfalls in seine Überlegungen einbeziehen. 8

Der Erfolg, den die Leistungen versprechen müssen, kann sich mit Blick auf § 1 nur auf die Besserung oder (teilweise oder vollständige) Heilung der Schädigungsfolgen beziehen. Oder noch konkreter aufgrund des Wortlauts von § 27 Satz 1: Die Reha- oder Teilhabemaßnahmen müssen dazu führen können, dass der GdS bei der oder dem Geschädigten unter 30 sinkt, weil erst ab einem GdS von 30 Berufsschadensausgleich erbracht wird (§ 89 Absatz 1 Nummer 1), wobei dann allerdings auch keine monatliche Entschädigungszahlung nach § 83 mehr in Betracht käme, weil diese ebenfalls einen GdS von mindestens 30 voraussetzt. Wäre eine Reha-Maßnahme oder Teilhabeleistung nicht in der Lage, dies zu bewirken, wäre sie nicht „erfolgversprechend“ im Sinne des § 27. 9

Die Zumutbarkeit ist weder im SGB XIV noch einem anderen Gesetz definiert. Abstrakt wird man Zumutbarkeit als Angemessenheit einer Anforderung an ein Verhalten[292] umschreiben können. Anders formuliert: Zumutbar ist das, was in der konkreten Situation von der einzelnen Person verlangt werden kann. Bei der Bewertung ist also der Blick auf die Person mit ihren gesundheitlichen, wirtschaftlichen und weiteren Gegebenheiten und individuellen Fähigkeiten zu richten. Auch das familiäre und soziale Umfeld wird nicht außer Acht gelassen werden können. Dies alles muss in eine Gesamtschau einfließen, die der Träger der Sozialen Entschädigung vorzunehmen hat. Unzumutbarkeit wird man ohne Weiteres annehmen können bei einer nicht erfolgversprechenden Maßnahme oder Leistung.[293] Gleiches gilt, wenn die leistungsberechtigte Person aus gesund- 10

292 Köbler, Etymologisches Rechtswörterbuch 1995, S. 479.
293 Dau in HK SER, Rn. 3 zu § 29.

heitlichen Gründen nicht in der Lage ist, an der Maßnahme teilzunehmen. Schwierig zu beurteilen werden dabei Fälle sein, in denen mentale oder psychische Hinderungsgründe geltend gemacht werden, z. B. aufgrund von traumatischen Erfahrungen.

III. Vorrang von Teilhabeleistungen

11 Sofern Leistungen zur medizinischen Rehabilitation und zur Teilhabe am Arbeitsleben erfolgversprechend und zumutbar sind, haben sie „Vorrang" vor der Zahlung von Berufsschadensausgleich. Vorrang bedeutet, dass ein Berufsschadensausgleich nicht erbracht wird, solange erfolgversprechende und zumutbare Leistungen noch möglich sind bzw. noch andauern. Solange es noch Maßnahmen der medizinischen Rehabilitation und der Teilhabe am Arbeitsleben gibt, die sowohl erfolgversprechend als auch zumutbar sind, kann ein Anspruch auf Berufsschadensausgleich nicht bestehen. Fehlt dagegen nur eine der beiden Voraussetzungen, ist der Anspruch zu prüfen.

12 § 27 Satz 2 verweist auf die Geltung der Regelungen des § 9 SGB IX. Diese Vorschrift beschäftigt sich mit der Prüfung von Leistungen zur Teilhabe und legt fest, welche Punkte dabei zu prüfen sind. In § 9 Absatz 2 SGB IX ist ein „Vorrang" vor Rentenleistungen festgelegt. Hier findet sich also der Anknüpfungspunkt zum Wortlaut von § 27 Satz 1 (s. o.). Der Verweis auf die Geltung von § 9 SGB IX erfolgt, weil das SGB XIV im Unterschied zum BVG keine Rentenleistungen mehr kennt. Deshalb wird die Anwendbarkeit von § 9 SGB IX auf den Berufsschadensausgleich durch § 27 Satz 2 ausdrücklich festgehalten. Allerdings ist zu beachten, dass § 9 SGB IX bereits über § 7 SGB IX für das SGB XIV gelten würde. § 7 Absatz 1 Satz 1 SGB IX postuliert die Geltung des Teils 1 des SGB IX für die Leistungen zur Teilhabe, sofern für den jeweiligen Rehabilitationsträger nichts Abweichendes geregelt ist. Hiervon macht dann § 7 Absatz 2 SGB IX wiederum eine Ausnahme, der vorschreibt, dass Kapitel 2 bis 4 SGB IX jedenfalls den für die jeweiligen Rehabilitationsträger geltenden Regeln vorgeht. § 9 SGB IX findet sich im Kapitel 2 des SGB IX und fällt daher unter diese Regelung. Es ist davon auszugehen, dass der Gesetzgeber die Geltung des § 9 SGB IX aus Gründen der leichteren Erkennbarkeit zugunsten der Betroffenen nochmals ausdrücklich angeordnet hat.

IV. Prüfungspflicht

13 Inhaltlich enthält § 9 SGB IX neben dem bereits dargelegten Vorrang vor Rentenleistungen eine Prüfungspflicht des Rehabilitationsträgers hin-

sichtlich der Leistungen zur Teilhabe, wenn im Zusammenhang mit einer drohenden Behinderung oder drohender Pflegebedürftigkeit Sozialleistungen erbracht werden sowie der Hinweis, dass die Vorschriften des § 9 Absatz 1 auch für Jobcenter gelten.

§ 28
Verhältnis zu Leistungen anderer Träger

(1) Die Leistungen nach diesem Buch wegen eines schädigenden Ereignisses nach § 1 Absatz 2 gehen Leistungen anderer Träger, insbesondere anderer Sozialleistungsträger vor.

(2) Entschädigungszahlungen nach Kapitel 9 und die Einmalzahlungen nach § 102 Absatz 4 und 5 werden nicht als Einkommen oder Vermögen auf andere Sozialleistungen oder auf Leistungen nach dem Asylbewerberleistungsgesetz angerechnet.

(3) Leistungsansprüche aus privaten Sicherungs- oder Versorgungssystemen sind auf Leistungen nach diesem Buch nicht anzurechnen.

(4) Die Absätze 1 bis 3 gelten, soweit dieses Buch nichts Abweichendes bestimmt.

Erläuterungen

Übersicht **Rn.**

A. Allgemeines

Diese Vorschrift regelt im Kern zum einen, dass Leistungen der Sozialen Entschädigung Leistungen anderer Träger aus derselben Ursache vorgehen, und legt zum anderen fest, dass die Entschädigungszahlungen nach dem SGB XIV auf andere Sozialleistungen nicht angerechnet werden dürfen. 1

B. Regelungsinhalt

I. Vorrang gegenüber Leistungen anderer Träger

2 Absatz 1 der Vorschrift enthält die generelle Aussage, dass die Leistungen des SGB XIV den Leistungen anderer Träger, insbesondere anderer Sozialleistungsträger, vorgehen. Diese Regelung, die es in dieser Form im bisherigen Recht nicht gab, entspringt aus der in § 1 festgelegten besonderen Verantwortung der staatlichen Gemeinschaft für diejenigen, die ein schädigendes Ereignis im Sinne des SGB XIV erlitten und damit im Vergleich zu anderen ein Sonderopfer erbracht haben. Aus dieser besonderen Verantwortung resultiert, dass die staatliche Gemeinschaft für den Ausgleich und – soweit möglich – die Beseitigung der Schädigungsfolgen sorgt und auch die daraus entstehenden Kosten trägt.

3 Zu beachten ist, dass der Vorrang (nur) gegenüber anderen Trägern gilt. Dies bedeutet, dass Leistungen z. B. aus privaten Versicherungen nicht erfasst sind und daher auch nicht von den Leistungen des SGB XIV „verdrängt" werden. Wer aus eigenem Antrieb und aus eigenen finanziellen Mitteln vorgesorgt hat, soll deswegen nicht „bestraft" werden.

4 Andere Träger sind zunächst die ausdrücklich erwähnten anderen Sozialleistungsträger. Dies sind die in den §§ 18 bis 29 SGB I aufgezählten Körperschaften, Anstalten und Behörden. Welche anderen Träger gemeint sind, wird weder im Gesetzestext noch in der Begründung ausgeführt. In Betracht kommen hier bei Gewalttaten im Inland z. B. die Träger der gesetzlichen Unfallversicherung und bei Gewalttaten im Ausland z. B. die Träger von Leistungen nach dem AsylbLG.[294]

5 Nach dem Wortlaut besteht der Vorrang für „Leistungen der Sozialen Entschädigung". Gemeint sind damit die in § 3 abschließend aufgeführten Leistungen.

6 Als schädigendes Ereignis kommen zunächst selbstverständlich die in Abschnitt 2 des SGB XIV aufgeführten Entschädigungstatbestände in Betracht. Darüber hinaus gilt § 28 aber auch für die Entschädigungstatbestände, die in anderen Gesetzen (z. B. Strafrechtliches und Verwaltungsrechtliches Rehabilitierungsgesetz) geregelt sind und hinsichtlich der Entschädigung auf das SGB XIV verweisen.

294 Knickrehm in LPK, Rn. 12 zu § 28.

II. Keine Anrechnung als Einkommen oder Vermögen

Absatz 2 sieht sodann vor, dass die Entschädigungszahlungen und die Einmalzahlung nach § 102 Absatz 4 und 5 nicht als Einkommen oder Vermögen auf andere Sozialleistungen oder Leistungen nach dem AsylbLG angerechnet werden. Eine solche Regelung war ebenfalls im BVG nicht enthalten. Vielmehr fanden sich Regelungen zur Anrechnung in anderen Sozialleistungsgesetzen. Die (Nicht-)Anrechnung wird nunmehr – dem gesetzgeberischen Streben nach Konzentration möglichst aller Vorschriften zum SER im SGB XIV entsprechend – zentral geregelt. Die Grundrenten nach dem BVG wurden wegen ihres überwiegend immateriellen Charakters bereits nach dem bisherigen Recht nicht angerechnet. Dies wird nun für die monatlichen Entschädigungszahlungen und Abfindungen nach dem SGB XIV fortgeführt. Neben der immateriellen Anerkennungsfunktion haben die Entschädigungszahlungen für Geschädigte und Hinterbliebene – wie bisher schon die Grundrenten – den eher materiellen Zweck des Ausgleichs schädigungsbedingter Mehrbelastungen, der aber in seiner Bedeutung hinter dem immateriellen Aspekt zurücktritt. 7

Die Einmalzahlungen nach § 102 Absatz 4 und 5 haben zwar vorwiegend fürsorgerischen Charakter, da eine besondere Verantwortung und Einstandspflicht des deutschen Staates bei Gewalttaten im Ausland nicht gegeben ist, werden aber den Entschädigungszahlungen nach Kapitel 5 hinsichtlich der Nichtanrechenbarkeit gleichgestellt. 8

Die Nichtanrechnung bezieht sich auf Einkommen und Vermögen. Diese werden im SGB XIV nicht definiert, sodass auf den Begriff im jeweilig einschlägigen Sozialleistungsgesetz oder im AsylbLG abzustellen sein wird. Vor allem mit der Anrechnung von aus Entschädigungszahlungen geschaffenem Vermögen geht das SGB XIV über Regelungen in anderen Sozialleistungssystemen hinaus. 9

III. Private Sicherungs- oder Versorgungssysteme

Absatz 3 sieht vor, dass Leistungen aus privaten Sicherungs- oder Versorgungssystemen nicht auf Leistungen nach dem SGB XIV angerechnet werden dürfen. Hier zeigt sich erneut, wie in Absatz 1 der Vorschrift, die gesetzgeberische Absicht, diejenigen nicht zu beachteiligen, die privat Vorsorge getroffen haben. Als private Sicherungssysteme kommen hier z.B. private Unfallversicherungen in Betracht, aber auch Lebensversicherungen oder Versicherungen gegen das Risiko der Erwerbsminderung, da der Zweck der Vorsorge durch § 28 weder vorgegeben noch beschränkt wird. 10

11 Warum von „Systemen“ die Rede ist und nicht nur z.B. von privater Absicherung wird weder aus dem Gesetzestext noch aus der Begründung deutlich. Sofern es sich nicht um eine begriffliche Ungenauigkeit handeln sollte, ist daher erforderlich, dass die Leistungen aus einem „Gebilde“[295] stammen, das eine gewisse Struktur und Organisation aufweisen muss. Es muss also einem Sozialleistungsträger ähneln, was allerdings bei Versicherungsunternehmen prinzipiell zu unterstelle sein wird.

12 Private Versorgungssysteme dürften vor allem Systeme der betrieblichen Altersversorgung oder entsprechende Einrichtungen für Angehörige freier Berufe sein.

IV. Abweichungen von Absatz 1 bis 3

13 Absatz 4 schränkt die Geltung der Absätze 1 bis 3 ein, falls im SGB XIV abweichende Regelungen vorhanden sind. Derartige abweichende Regelungen enthalten § 8 Absatz 3 sowie § 102 Absatz 7 und Absatz 8 Satz 2.

Kapitel 4
Schnelle Hilfen

Abschnitt 1
Leistungen der Schnellen Hilfen

§ 29
Leistungen und Leistungsart

(1) Die Leistungen der Schnellen Hilfen umfassen Leistungen des Fallmanagements und Leistungen in einer Traumaambulanz.

(2) Die Leistungen der Schnellen Hilfen stellen eine Leistung eigener Art dar.

Erläuterungen

Übersicht **Rn.**

295 Knickrehm in LPK Rn. 26 zu § 28.

A. Allgemeines

Die Schnellen Hilfen sind ein neues Element im Recht der Sozialen Entschädigung. Auch wenn Leistungen der Traumaambulanz und des Fallmanagements schon vor Inkrafttreten des SGB XIV in den Ländern teilweise erbracht wurden, hatten die Betroffenen keinen einklagbaren Anspruch auf diese Leistungen. Dies hat der Gesetzgeber geändert, indem er einen flächendeckenden, einklagbaren Anspruch auf Leistungen der Schnellen Hilfen eingeführt hat. 1

Mit den Schnellen Hilfen werden – der Vereinbarung im Koalitionsvertrag[296] entsprechend – „Neue Leistungen der Sofort- bzw. Akuthilfen (u. a. Traumaambulanzen) [...] schnell, niedrigschwellig und unbürokratisch zugänglich gemacht". Hier manifestiert sich der Wille des Gesetzgebers, den Fokus primär auf die Erhaltung bzw. rasche Wiederherstellung der Gesundheit der Betroffenen zu legen, besonders deutlich. In einem Erleichterten Verfahren (§ 115) erhalten Betroffene Hilfe, ehe überhaupt feststeht, ob ein Entschädigungsanspruch besteht. Es genügt, wenn dieser nicht offensichtlich ausgeschlossen ist. Für die ersten beiden Sitzungen in der Traumaambulanz sowie für die Kontaktaufnahme mit dem Fallmanagement ist – abweichend von dem im Sozialen Entschädigungsrecht grundsätzlich geltenden Antragsprinzip – nicht einmal ein Antrag erforderlich (§ 11 Absatz 4). Die Kosten hierfür werden den Betroffenen nicht auferlegt; dies gilt selbst dann, wenn keinerlei Ansprüche nach dem SGB XIV bestehen, auch nicht im Erleichterten Verfahren (§ 11 Absatz 5). 2

Angesichts dieser gesetzlichen Konstruktion ist davon auszugehen, dass auch Personen in den Genuss der Schnellen Hilfen kommen werden, die keinen Anspruch auf sonstige Leistungen nach dem SGB XIV haben. Dies nimmt der Gesetzgeber in Kauf, um Leistungsberechtigten möglichst schnell helfen zu können und so langfristige – und kostenträchtige – gesundheitliche Beeinträchtigungen zu vermeiden. 3

Gerade angesichts der teilweise langen Verfahrensdauer im Sozialen Entschädigungsrecht ist sehr zu begrüßen, dass der Gesetzgeber bestimmte Hilfen unbürokratisch vor einer endgültigen Anspruchsklärung zur Verfügung stellt. Zwar können nach § 119 auch vorzeitige Leistungen gewährt und eine vorläufige Entscheidung getroffen werden, doch handelt es sich dabei um „Kann"-Leistungen mit gewissen Hürden. Auf die Schnellen Hilfen besteht jedoch bei Erfüllung der – sehr niedrigen Voraussetzungen – ein „Soll"-An-

296 Koalitionsvertrag zwischen CDU, CSU und SPD für die 19. Legislaturperiode, S. 95; Mushoff, SGb 2022, S. 596 und Knickrehm, SRa 2022, 125, 127, bezeichnen die Schnellen Hilfen als das „Herzstück" bei der Reform des Sozialen Entschädigungsrechts.

spruch: In den Fällen des § 30 Absatz 4 „soll" das Fallmanagement erbracht werden, und die Leistungen der Traumaambulanz sind in §§ 32 und 33 ebenfalls als „Soll"-Ansprüche ausgestaltet.

B. Regelungsinhalt

I. Absatz 1

4 Absatz 1 der Norm definiert die Leistungen der Schnellen Hilfe als Leistungen des Fallmanagements sowie als Leistungen der Traumaambulanz. Die ebenfalls in diesem Kapitel aufgeführten Kooperationsvereinbarungen gehören damit nicht zu den Schnellen Hilfen. Das ist folgerichtig, weil eine Vereinbarung keine Leistung darstellt. Allerdings können die Kooperationsvereinbarungen vorsehen, dass die Leistungen der Kooperationspartner ebenfalls in dem frühen Stadium wie die Leistungen des Fallmanagements und der Traumaambulanz einsetzen und hierüber im Erleichterten Verfahren entschieden wird. Dies folgt aus der Verortung der Kooperationsvereinbarungen in Kapitel 4, der den Namen „Schnelle Hilfen" trägt. Dies kann bei einer Vielzahl von Leistungen, die nichtstaatliche Organisationen erbringen, auch sinnvoll sein.

II. Absatz 2

5 Der zweite Absatz hebt den besonderen Charakter der Schnellen Hilfen hervor, indem er sie als „Leistung eigener Art" bezeichnet. Der Gesetzgeber weist in seiner Begründung darauf hin, dass es sich hierbei auch nicht um Teilhabeleistungen handelt.[297] Damit ist zugleich klargestellt, dass § 9 SGB IX auf die Schnellen Hilfen keine Anwendung findet.

Abschnitt 2
Fallmanagement

§ 30
Leistungen des Fallmanagements

(1) Beim Fallmanagement werden die Berechtigten von einer Fallmanagerin oder einem Fallmanager aktivierend und koordinierend durch das Antragsverfahren und Leistungsverfahren begleitet.

297 BT-Drs. 19/13824, S. 183.

(2) [1]Leistungen des Fallmanagements werden mit Einwilligung der Berechtigten erbracht, die auch die erforderlichen Datenerhebungen erfasst. [2]Die Einwilligung ist schriftlich zu dokumentieren.

(3) Berechtigte können ein Fallmanagement erhalten.

(4) Geschädigte sollen ein Fallmanagement erhalten, wenn
1. das schädigende Ereignis eine Straftat gegen das Leben oder gegen die sexuelle Selbstbestimmung war oder
2. sie bei Eintritt des schädigenden Ereignisses minderjährig waren.

(5) Das Fallmanagement umfasst insbesondere:
1. die Ermittlung des möglichen Hilfebedarfs, der durch das schädigende Ereignis unter Berücksichtigung der besonderen Umstände des Einzelfalls entstanden ist,
2. den Hinweis auf die in Betracht kommenden Sozialleistungen,
3. die Begleitung der Berechtigten mit dem Ziel des Erhalts zügiger und aufeinander abgestimmter Leistungen, soweit Berechtigte Ansprüche gegen andere Träger von Sozialleistungen nach den Kapiteln 5, 6, 7 und 11 haben oder haben könnten,
4. die Unterstützung bei der Antragstellung, die Aufklärung über die Einleitung und den Ablauf des Verfahrens in der Sozialen Entschädigung sowie
5. die Begleitung des Verfahrens in der Sozialen Entschädigung.

(6) Das Fallmanagement kann die Kontaktaufnahme mit möglicherweise berechtigten Personen umfassen.

(7) Soweit eine Bedarfsermittlung und ein Teilhabeplanverfahren nach den Kapiteln 2 bis 4 des Neunten Buches durchzuführen sind, werden Leistungen des Fallmanagements ergänzend erbracht.

Erläuterungen

Übersicht

A. Allgemeines

1 Die Norm regelt die neue Leistung des Fallmanagements. Zwar haben einige wenige Bundesländer bereits vor Erlass des SGB XIV vergleichbare Leistungen erbracht, doch nunmehr ist die Leistung gesetzlich kodifiziert und Berechtigte haben – bei Vorliegen der Voraussetzungen – einen Anspruch auf das Fallmanagement bzw. auf ermessensfehlerfreie Entscheidung hierüber. Auch wird das (mögliche) Leistungsspektrum kodifiziert.

Der Gesetzgeber hat in § 29 Absatz 2 klargestellt, dass es sich beim Fallmanagement um eine Leistung eigener Art handelt und in der Begründung zum Gesetzesentwurf betont, dass es sich um eine eigenständige Sachleistung handelt, die nicht mit der Aufklärungs-, Beratungs- und Auskunftspflicht aus §§ 13 bis 15 SGB I identisch ist.[298] Das bedeutet, dass die genannten Pflichten aus dem SGB I bestehen bleiben und Betroffene sich beispielsweise auch dann, wenn das Fallmanagement nicht von der Behörde, die die Anträge bearbeitet, durchgeführt wird,[299] die die Anträge bearbeitende Behörde um Beratung ersuchen dürfen.

B. Regelungsinhalt

I. Absatz 1

2 Absatz 1 der Norm definiert das Fallmanagement als die aktivierende und koordinierende Begleitung durch das Antrags- und Leistungsverfahren. Näheres zum Leistungsumfang enthalten Absatz 5 und 6.

3 Die Klarstellung, dass Berechtigte von **einer** Fallmanagerin oder **einem** Fallmanager durch das Verfahren begleitet werden, erfolgte erst aufgrund einer Beschlussempfehlung des AIS-Ausschusses; damit sollte klargestellt werden, dass Berechtigte eine Person als feste Fallmanagerin oder festen Fallmanager haben,[300] die ihnen für alle Fragen des Sozialen Entschädigungsrechts als Ansprechperson zur Verfügung steht.[301] Das ist sinnvoll, weil dann den Berechtigten es nur mit einer Person zu tun haben. Gerade für schwer traumatisierte Personen kann es sehr belastend sein, wenn sie sich bei derselben Behörde an verschiedene Personen wen-

298 BT-Drs. 19/13824, S. 183.
299 Dass dies möglich ist, hat der Gesetzgeber in der Begründung zum Gesetzesentwurf ausdrücklich klargestellt, vgl. BT-Drs. 19/13824, S. 183.
300 Vgl. BT-Drs. 19/14870, S. 31.
301 BT-Drs. 19/13824, S. 184.

den müssen und diese ihnen jeweils nur partiell weiterhelfen können. Über das Fallmanagement erhalten Berechtigte alle Informationen „aus einer Hand“, zudem kann so ein besseres Vertrauensverhältnis zwischen den Beteiligten entstehen.

Allerdings ist davon auszugehen, dass es angesichts von Urlaub, Krankheit etc. in der Praxis durchaus vorkommen wird, dass Berechtigte es mit mehr als einer Person zu tun haben. Mit Blick auf die ratio legis ist aber die Zahl der Personen, die das Fallmanagement gegenüber einer berechtigten Person erbringen, so gering wie möglich zu halten.

§ 30 regelt nicht ausdrücklich, **wer das Fallmanagement durchführt**. Lediglich in der Begründung findet sich der Hinweis, dass es von derselben Behörde, die die Anträge bearbeitet, durchgeführt werden kann, aber auch von einer anderen Stelle, die zu den in § 30 beschriebenen Aufgaben berechtigt ist.[302] Das Fallmanagement stellt eine Leistung des SGB XIV dar. Sachlich zuständig für die Leistungserbringung sind die nach Landesrecht bestimmten Behörden (§ 112 Satz 1). Die Zuständigkeit kann nach § 112 Satz 2 auf gemeinsame Behörden oder auf andere Träger übertragen werden. Mithin führen die Behörden, die auch die sonstigen Leistungen des SGB XIV erbringen, das Fallmanagement durch, es sei denn, es hat eine Aufgabenübertragung stattgefunden. Zu beachten ist, dass diese Aufgabe nur auf eine gemeinsame Behörde oder auf andere Träger übertragen werden kann.[303] Eine Übertragung auf Dritte, die weder gemeinsame Behörde noch Träger sind, also etwa auf externe Berater oder Beratungsstellen, scheidet aus. Dies ist auch nicht im Wege der Kooperationsvereinbarung nach § 39 möglich, da es sich um eine Leistung des SGB XIV handelt, für die § 112 einschlägig ist.[304] Hierfür spricht auch, dass der Gesetzgeber in der Tätigkeit der Beratungsstellen „eine wertvolle Ergänzung zur Arbeit der für die Soziale Entschädigung zuständigen Behörden“[305] sieht. 4

Anders als bei den Leistungen der Traumaambulanz (vgl. § 34 Absatz 1) gibt es beim Fallmanagement **keine feste zeitliche Grenze**. Es wird grundsätzlich erbracht, solange dies von den Berechtigten erwünscht wird und ein entsprechender Bedarf besteht.[306] 5

302 BT-Drs. 19/13824, S. 183.
303 Eine Übertragung auf einen Träger enthält etwa § 77 Absatz 4 (Unfallkassen).
304 A.A. Knickrehm, SRa 2022, 125, 127.
305 BT-Drs. 19/13824, S. 187 – die Möglichkeit, Aufgaben auf Dritte zu übertragen, ist, wo sie gewollt ist, ausdrücklich geregelt (vgl. § 124 Absatz 6 bezüglich eines Teils der Aufgaben der Bundesstelle für Soziale Entschädigung).
306 BT-Drs. 19/13824, S. 183.

II. Absatz 2

6 Das Fallmanagement ist eine freiwillige Leistung. Absatz 2 der Norm stellt klar, dass sie nur mit Einwilligung der Berechtigten – auch zur erforderlichen Datenerhebung – erbracht wird, wobei die Einwilligung schriftlich zu dokumentieren ist. Dies erachtet der Gesetzgeber mit Blick auf die Rechtssicherheit und zum Schutz der Berechtigten (Warn- und Aufklärungsfunktion) für erforderlich.[307]

7 Den freiwilligen Charakter hat der Gesetzgeber in seiner Begründung näher konkretisiert:[308] Alle Schritte, die das Fallmanagement unternimmt, insbesondere die Kontaktaufnahme mit anderen Sozialleistungsträgern, werden mit den Berechtigten abgesprochen. Das Fallmanagement kann auch auf einen bestimmten Verfahrensschritt oder auf eine bestimmte Sozialleistung beschränkt werden. Um diese Freiwilligkeit nicht zu konterkarieren, hat der Gesetzgeber in der Begründung zur Norm weiter klargestellt, dass die fehlende Einwilligung in die Erbringung von Leistungen des Fallmanagements nicht als fehlende Mitwirkung im Sinne der §§ 60 ff. SGB I anzusehen sei.[309] Die Mitwirkungspflichten der §§ 60 ff. SGB I sind unabhängig von der Inanspruchnahme des Fallmanagements zu beachten.

III. Absatz 3

8 Nach dieser Norm **„können"** Berechtigte ein Fallmanagement erhalten. Im Regelfall entscheidet die zuständige Behörde somit nach pflichtgemäßem Ermessen, ob im konkreten Fall ein Fallmanagement erbracht wird. Für die Erbringung von Fallmanagementleistungen spricht die erkennbare Unterstützungsbedürftigkeit einer Person oder wenn absehbar ist, dass aufgrund schwerer Schädigungsfolgen Leistungen aus verschiedenen Bereichen erforderlich sein werden.[310]

9 Die **Entscheidung**, ob und wenn ja, in welchem Umfang ein Fallmanagement erbracht wird, ist, solange noch keine Entscheidung im Regelverfahren vorliegt, **im Erleichterten Verfahren** (§ 115) zu treffen.

10 Leistungen des Fallmanagements können **„Berechtigte"** erhalten. Der Begriff ist in § 2 legaldefiniert und umfasst neben den Geschädigten auch Angehörige, Hinterbliebene und Nahestehende. Selbst, wenn bei einem Teil dieser Personen keine über die Schnellen Hilfen hinausgehenden Leistungen der So-

307 BT-Drs. 19/13824, S. 183.
308 Vgl. BT-Drs. 19/13824, S. 183.
309 BT-Drs. 19/13824, S. 183.
310 BT-Drs. 19/13824, S. 183.

zialen Entschädigung in Betracht kommen, kann die Durchführung eines Fallmanagements sinnvoll sein, etwa um sie bei der Inanspruchnahme weiterer Sozialleistungen, die wegen des schädigenden Ereignisses oder dessen Wechselwirkung mit ihrer persönlichen Lebenssituation in Betracht kommen, zu unterstützen.[311] Allerdings ist zu beachten, dass das Fallmanagement in den Fällen des Absatz 3 eine „Kann"-Leistung darstellt, sie also im Ermessen der Behörde liegt. Bei der hier vorzunehmenden Abwägung wird bei den Berechtigten, die nicht selbst geschädigt sind, auch die Nähe zum schädigenden Ereignis zu berücksichtigen sein. Je weniger die Leistungen außerhalb des SGB XIV mit dem schädigenden Ereignis zusammenhängen, umso weniger spricht für die Durchführung des Fallmanagements.

IV. Absatz 4

Die Vorschrift sieht abweichend von Absatz 3 vor, dass das Fallmanagement in den dort genannten Fällen erbracht werden soll. Weiter unterscheidet sich die Norm von Absatz 3 dadurch, dass sie nicht für alle Berechtigten gilt, sondern auf Geschädigte beschränkt ist, also auf Personen, die durch ein schädigendes Ereignis i. S. d. SGB XIV unmittelbar eine gesundheitliche Schädigung erlitten haben (§ 2 Absatz 2). 11

Das Fallmanagement soll erbracht werden, wenn das schädigende Ereignis eine Straftat gegen das Leben oder die sexuelle Selbstbestimmung war (Nr. 1) oder wenn die geschädigte Person bei Eintritt des schädigenden Ereignisses minderjährig war (Nr. 2). 12

Da der Gesetzgeber davon ausgeht, dass in diesen Fällen regelmäßig ein Bedarf an Leistungen des Fallmanagements besteht,[312] ist zweifelhaft, ob „minder schwere Fälle" im Wege einer teleologischen Reduktion als nicht von der Norm erfasst angesehen werden können. Dogmatisch vorzugswürdig ist, auch in diesen Fällen grundsätzlich vom Erfordernis eines Fallmanagements auszugehen. Fälle, in denen die geschädigte Person offenbar kein Fallmanagement benötigt, sind dann als atypische Fälle zu sehen, in denen aufgrund der „Soll"-Formulierung kein Fallmanagement erbracht wird. Dies gilt unabhängig von ihrer Anzahl im Vergleich zu den Fällen des Absatz 4, in denen das Fallmanagement tatsächlich erforderlich ist. 13

Zu beachten ist, dass Absatz 2 auch i. R. d. Absatz 4 gilt – auch hier dürfen die Leistungen des Fallmanagements nur mit Einwilligung der Geschädigten erbracht werden. 14

311 BT-Drs. 19/13824, S. 183.
312 BT-Drs. 19/13824, S. 183.

V. Absatz 5

15 Die Norm beschreibt mögliche Leistungen des Fallmanagements. Hierzu gehört die Ermittlung des möglichen Hilfebedarfs (Nr. 1), der Hinweis auf in Betracht kommende Sozialleistungen (Nr. 2), die Begleitung Berechtigter mit dem Ziel, zügig und aufeinander abgestimmt Leistungen zu erhalten (Nr. 3), Unterstützung bei der Antragstellung und Erläuterung des Sozialen Entschädigungsverfahrens (Nr. 4) und die Begleitung in diesem Verfahren (Nr. 5).

16 Die Aufzählung ist nicht abschließend. Die Gesetzesbegründung[313] nennt noch weitere Leistungen des Fallmanagements, etwa den Austausch mit Traumaambulanzen, v. a., wenn diese eine weitere psychotherapeutische Behandlung für erforderlich halten, damit die Berechtigten möglichst nahtlos auf weitere Angebote verwiesen werden (vgl. § 34). Bedeutsam ist auch der Austausch mit anderen Akteuren, etwa Organisationen der Opferhilfe, bei Minderjährigen erforderlichenfalls auch Schulen.

17 Mit Blick auf andere Sozialleistungen kann das Fallmanagement in Betracht kommende Leistungen identifizieren und Berechtigte bei der Antragstellung und Koordination der Leistungserbringung unterstützen. Damit werden jedoch keine anwaltlichen Aufgaben übernommen, sodass auch keine Rechtsberatung in Widerspruchs- und Klageverfahren erfolgt.[314]

18 Es findet auch keine Zuständigkeitsverschiebung statt: Mit der Aussage, dass bestimmte Leistungen anderer Träger in Betracht kommen, trifft der Fallmanager oder die Fallmanagerin keine Entscheidung über das Bestehen oder Nichtbestehen solcher Ansprüche; diese Entscheidung obliegt allein den anderen Leistungsträgern.

19 Für eine optimale Leistungserbringung ist es hilfreich, wenn Fallmanager und Fallmanagerinnen in den (örtlichen) Hilfestrukturen gut vernetzt sind. Die Gesetzesbegründung nennt hier beispielhaft die Runden Tische gegen Gewalt.[315] Auch wenn das – ebenso wie eine traumaspezifische Qualifikation und regelmäßige Fortbildungen – wünschenswert ist, handelt es sich dabei nicht um eine Leistung des Fallmanagements. Da § 30 jedoch nur Leistungen regelt und das Gesetz – anders als bei Traumaambulanzen, vgl. § 38 – auch nicht an anderer Stelle geregelt hat, über welche Qualifikation etc. Fallmanager und Fallmanagerinnen verfügen müssen, kann eine solche „Vernetzungspflicht“ nicht aus dem Gesetz abgeleitet werden.

313 BT-Drs. 19/13824, S. 183 f.
314 BT-Drs. 19/13824, S. 184.
315 BT-Drs. 19/13824, S. 184.

Insgesamt ist festzuhalten, dass der Gesetzgeber die Leistungen des Fallmanagements sehr weit gefasst hat. Alles, was einen, auch entfernten, Bezug zum schädigenden Ereignis hat und wenigstens im weitesten Sinne als Verfahrensbegleitung oder Koordination gesehen werden kann, kann als eine Leistung des Fallmanagements angesehen werden. In Zweifelsfällen sollte daher bei der Auslegung ein großzügiger Maßstab angelegt werden. 20

Dass das Fallmanagement eine Vielzahl von Leistungen umfassen kann, bedeutet nicht, dass sie in jedem Fall zu erbringen sind; dies gilt auch bezüglich der in Absatz 5 explizit genannten Leistungen.[316] Es kommt vielmehr darauf an, ob sie im konkreten Fall erforderlich und von der Einwilligung der Berechtigten umfasst sind. Dabei ist die Erforderlichkeit objektiv zu bestimmen. So muss das Fallmanagement beispielsweise Betroffene nicht bei der Antragstellung bei anderen Leistungsträgern unterstützen, wenn dort offensichtlich kein Leistungsanspruch besteht. Die Leistungskapazität des Fallmanagements wäre erschöpft, wenn dieses auf Wunsch der Betroffenen nicht erforderliche Leistungen erbringen müsste. 21

VI. Absatz 6

Die Vorschrift führt als weitere mögliche Leistung des Fallmanagements die Kontaktaufnahme mit möglichen Berechtigten auf. Es handelt sich also um Personen, die die Behörden, die das Soziale Entschädigungsrecht durchführen, nicht kontaktiert haben. Gerade bei Großschadensereignissen, bei denen davon auszugehen ist, dass zahlreiche Personen voraussichtlich Leistungen des Sozialen Entschädigungsrechts erhalten können, bietet sich solch eine Kontaktaufnahme an. Die ausdrückliche Regelung der Möglichkeit, proaktiv auf potenzielle Leistungsberechtigte zuzugehen, ist zu begrüßen. Zum einen können Berechtigte bei einer frühzeitigen Kontaktaufnahme schneller Leistungen, etwa der Traumaambulanz, erhalten. Zum anderen kann so die Diskrepanz zwischen den Gewalttaten, die laut Polizeikriminalstatistik in Deutschland verübt werden, und den Anträgen auf Leistungen der Sozialen Entschädigung verringert werden; dies war auch dem Gesetzgeber ein wichtiges Anliegen, dem er an unterschiedlichen Stellen im SGB XIV Rechnung getragen hat.[317] 22

316 Vgl. BT-Drs. 19/13824, S. 184.

317 Vgl. BT-Drs. 19/13824, S. 175: „Durch neue Leistungsangebote im Sozialen Entschädigungsrecht wird der bisherigen erheblichen Diskrepanz zwischen der Anzahl der angezeigten Gewaltdelikte und der gestellten Anträge auf Leistungen der Opferentschädigung Rechnung getragen. Ziel des neuen Sozialen Entschädigungsrechts ist es, möglichst alle Opfer von Gewalttaten durch das niedrigschwellige Angebot der Schnellen Hilfen zu erreichen."

VII. Absatz 7

23 Absatz 7 regelt das Verhältnis zur Bedarfsermittlung und zum Teilhabeplanverfahren nach dem SGB IX. Werden diese durchgeführt, gehen sie dem Fallmanagement vor. Dies gilt jedoch nur, soweit Leistungsidentität besteht. Soweit die Leistungen des Fallmanagements darüber hinausgehen bzw. einen anderen Inhalt haben, sind sie ergänzend anwendbar.

Abschnitt 3
Traumaambulanz

§ 31
Leistungen in einer Traumaambulanz

(1) In einer Traumaambulanz wird psychotherapeutische Intervention erbracht, um den Eintritt einer psychischen Gesundheitsstörung oder deren Chronifizierung zu verhindern.

(2) Psychotherapeutische Intervention wird nur in Traumaambulanzen erbracht, mit denen die Träger der Sozialen Entschädigung eine Vereinbarung nach § 37 geschlossen haben.

Erläuterungen

Übersicht **Rn.**

A. Allgemeines

I. Hintergrund

1 Obwohl Soldaten und andere Berechtigte nach dem BVG nach dem Zweiten Weltkrieg oft nicht nur körperlich, sondern auch psychisch beeinträchtigt,

teilweise sogar schwer traumatisiert waren, stand in dem 1950 in Kraft getretenen BVG der Ausgleich für erlittene körperliche Gesundheitsschädigungen im Vordergrund. Auch bei Erlass des OEG im Jahre 1976 standen körperliche Verletzungen und deren körperlichen Folgen im Fokus. Allerdings hat die Wissenschaft seitdem viele Erkenntnisse im Bereich der psychischen Folgen von schädigenden Ereignissen, insbesondere Gewalttaten, gewonnen. Auch wenn die körperlichen Folgen der Tat längst verheilt sind, können die Betroffenen noch unter den psychischen Auswirkungen leiden, etwa in Form einer posttraumatischen Belastungsstörung. Vor diesem Hintergrund haben die Regierungsfraktionen im Koalitionsvertrag der 19. Legislaturperiode beschlossen, dass Betroffene schnellen und unbürokratischen Zugang zu Sofortmaßnahmen, etwa Traumaambulanzen, erhalten sollen.

Der Gesetzgeber stützte sich bei Einführung des Anspruchs auf Leistungen 2
der Traumaambulanz zudem auf eine bis 2014 vom Universitätsklinikum Ulm im Auftrag des BMAS durchgeführte Studie „Verbesserter Zugang zu Traumaambulanzen durch aktiven Einbezug der Versorgungsbehörden sowie primärer Anlaufstellen und Evaluation der Effektivität von Sofortinterventionen“ (TRAVESI).[318] Ausweislich dieser Studie[319] führt die Frühintervention – anders als die Behandlung i.R.d. Regelversorgung – zu einer hochsignifikanten und klinisch bedeutsamen Besserung der Traumabelastung und zu einer signifikanten Besserung der depressiven Symptomatik. Die Mehrzahl der in der Traumaambulanz behandelten Studienteilnehmer hatte danach keine weiterführende Behandlung in Anspruch genommen. Nach alledem hat die TRAVESI-Studie ergeben, dass die schnelle, niedrigschwellige Intervention durch traumatologisch spezialisierte Mitarbeiter einer Traumaambulanz der Behandlung im Rahmen der Regelversorgung überlegen ist.[320] Die Effektivität der Behandlung von Gewaltopfern in der Traumaambulanz wurde auch durch andere Studien bestätigt. Eine Auswertung von insgesamt sechs Evaluationsstudien zu OEG-Traumaambulanzen in Deutschland, von denen vier die Wirksamkeit der Frühintervention beleuchteten, hat Folgendes ergeben:[321]

1. Die große Mehrheit der Betroffenen benötigte durchschnittlich fünf Sitzungen.

318 BT-Drs. 19/13824, S. 185.

319 Vgl. die Zusammenfassung der wesentlichen Ergebnisse unter: Miriam Rassenhofer et al., „Effektivität der Frühintervention in Traumaambulanzen“, Psychotherapeut vom 11. Dezember 2015, DOI 10.1007/s00278-015-0073-0.

320 BT-Drs. 19/13824, S. 185.

321 Flatten-Whitehead/Rassenhofer, Trauma 2022, 48, 55.

2. Diese wenigen Sitzungen können zu einem deutlichen Rückgang der PTBS-Symptomatik und einem Abbau von depressiven Symptomen führen.
3. Frühinterventionen können eine Chronifizierung erfolgreich verhindern.

3 Ein weiteres Argument, das für die Traumaambulanz-Behandlung spricht, ist verwaltungsökonomischer Natur: Ausweislich einer Studie aus Nordrhein-Westfalen hat sich im Untersuchungszeitraum die Zahl der Widerspruchsverfahren im OEG bei Personen, die durch eine Traumaambulanz betreut wurden, halbiert.[322]

4 Die Behandlung von Opfern von Gewalttaten in Traumaambulanzen ist nicht neu. Pionierarbeit in diesem Bereich leistete das Land Nordrhein-Westfalen. Das 1995 ins Leben gerufene „Kölner Opferhilfemodell" sowie eine Interventionsstudie des in Köln ansässigen Deutschen Instituts für Psychotraumatologie zeigten positive Effekte der Traumaakuttherapie mit Gewaltopfern, sodass bereits Ende der 1990er Jahre die erste Traumaambulanz aufgebaut wurde.[323]

5 Auch außerhalb Nordrhein-Westfalens entstanden nach und nach Traumaambulanzen, jedoch waren bei Erlass des SGB XIV nicht in allen Bundesländern Traumaambulanzen vorhanden. Deren flächendeckende Einführung war ein wichtiges Ziel des Gesetzgebers, wobei sowohl Traumaambulanzen für Erwachsene als auch solche für Kinder und Jugendliche vorhanden sein müssen.[324] Wie wichtig dem Gesetzgeber ist, dass Erwachsene auf der einen und Kinder und Jugendliche auf der anderen Seite von jeweils auf ihre Bedarfe spezialisierten Experten behandelt werden, kommt auch in der mittlerweile auf Grundlage des § 38 erlassenen Traumaambulanz-Verordnung zum Ausdruck.[325]

6 Des Weiteren stand die Gewährung des Zugangs zur Traumaambulanz früher im Ermessen der zuständigen Behörde. Die Regelungen des SGB XIV gewähren Berechtigten nunmehr einen eigenen, einklagbaren Anspruch auf Leistungen der Traumaambulanz.

322 Ebbinghaus/Rießbeck/Schellong in Sachs/Sachsse/Schellong, 2. Aufl. 2022, S. 216.
323 Vgl. ausführlich Abitz/Becker-Fischer, Trauma 2022, 12–18; zur Entwicklung der auf Grundlage des „Kölner Opferhilfemodells" errichteten Traumaambulanzen hin zu den heutigen, auf dem SGB XIV basierenden Traumaambulanzen in Nordrhein-Westfalen vgl. Bering/Ritz-Timme/Siegel/Zurek, Trauma 2022, 20–32.
324 BT-Drs. 19/13824, S. 185.
325 BGBl. I S. 1816–1831.

II. Kontext

Die Leistungen der Traumaambulanz in Kapitel 4 Abschnitt 3 können nicht isoliert betrachtet werden. Dass es sich hierbei um ein niedrigschwelliges Angebot handelt, das Betroffene ohne große Hürden und sehr rasch in Anspruch nehmen können, hat der Gesetzgeber an anderer Stelle sichergestellt: § 10 Absatz 5 und 11 Absatz 4 Satz 2 enthalten eine Ausnahme von der grundsätzlich geltenden Antragsstellungspflicht und dem Grundsatz, dass Leistungen für Zeiträume vor der Antragstellung nicht erbracht werden: Für die ersten beiden Sitzungen der Traumaambulanz ist kein Antrag erforderlich, die Kosten werden rückwirkend übernommen. Die Kosten für diese beiden Sitzungen sind von der Person, die sie in Anspruch genommen hat, nicht zu erstatten – selbst dann nicht, wenn sie keinerlei Anspruch auf diese Sitzungen hat (§ 11 Absatz 5).[326] Zudem gilt für die Schnellen Hilfen, also auch für die Leistungen der Traumaambulanz, ein erleichtertes Verfahren (§ 115). Hier genügt für die Bejahung des Anspruchs, wenn eine summarische Prüfung ergibt, dass die antragstellende Person nach dem Recht der Sozialen Entschädigung anspruchsberechtigt sein kann. Dabei wird der von ihr dargelegte Sachverhalt als wahr unterstellt, wenn dessen Unrichtigkeit nicht offensichtlich ist. 7

Die hohe Bedeutung der Leistungen der Traumaambulanz kommt schließlich dadurch zum Ausdruck, dass der Anspruch hierauf bereits zum 1. Januar 2021 in Kraft getreten ist (Art. 60 Absatz 5 des Gesetzes zur Regelung des Sozialen Entschädigungsrechts), während der überwiegende Teil des SGB XIV erst zum 1. Januar 2024 in Kraft tritt (Art. 60 Absatz 7 des Gesetzes zur Regelung des Sozialen Entschädigungsrechts). Allerdings ist zu beachten, dass im Zeitraum 1. Januar 2021 bis 31. Dezember 2023 der Kreis der Anspruchsberechtigten begrenzt ist: Berechtigt sind Geschädigte, Angehörige, Hinterbliebene und Nahestehende i. S. d. § 2, wenn die Voraussetzungen nach dem OEG in der zum Tatzeitpunkt geltenden Fassung erfüllt sind (§ 138 Absatz 7). Er- 8

326 Möchte eine Person mehr als zwei Sitzungen in Anspruch nehmen, hat sie spätestens nach der zweiten Sitzung einen Antrag zu stellen. Tut sie dies nicht, kann sie keine weiteren Leistungen erhalten. Es ist durchaus möglich, dass ein und dieselbe nichtberechtigte Person bei diversen, zu unterschiedlichen Trägern gehörenden Traumaambulanzen vorstellig wird und sich so die Leistungen erschleicht, obwohl sie weiß, dass sie diese nicht beanspruchen kann (bspw. dann, wenn ihr Antrag auf SER-Leistungen bereits abgelehnt wurde). In diesem Fall macht sie sich wegen Betruges nach § 263 StGB strafbar. Auch die behandelnde Person macht sich des Betruges strafbar, wenn sie nach der zweiten Sitzung ohne Antrag weitere Leistungen erbringt und diese als „erste zwei Sitzungen“ auf Grundlage des § 11 Absatz 4 abrechnet. In der Praxis dürfte das jedoch kaum möglich sein, da bei der Abrechnung der Name, der Vorname, das Geburtsdatum sowie die Anschrift der Person, die die Leistungen in Anspruch genommen hat, anzugeben sind, vgl. § 12 Absatz 1 Nr. 4 Traumaambulanz-Verordnung.

forderlich ist also eine physische Gewalttat. Ab dem 1. Januar 2024 besteht für alle Opfer von Gewalt und ihnen gleichgestellte Personen, aber auch für Kriegsopfer der beiden Weltkriege, Zivildienst- und Impfgeschädigte ein Anspruch auf Leistungen der Traumaambulanz.

B. Regelungsinhalt

I. Absatz 1

9 Die Norm legt dar, welche **Leistungen in einer Traumaambulanz** erbracht werden: Erbracht wird psychotherapeutische Intervention, die in den beiden folgenden Paragrafen als psychotherapeutische Frühintervention sowie psychotherapeutische Intervention in anderen Fällen näher definiert wird.

10 Des Weiteren regelt die Norm den **Zweck der Intervention**: Sie dient dazu, den Eintritt einer psychischen Gesundheitsstörung oder deren Chronifizierung zu verhindern. Der Gesetzgeber hat die psychische Gesundheitsstörung nicht näher definiert. Allerdings hat er in der Begründung des Referentenentwurfs auf die TRAVESI-Studie Bezug genommen, sodass davon auszugehen ist, dass er zumindest die dort für die Wirksamkeit der Behandlung in der Traumaambulanz herangezogenen Kriterien[327] als bedeutsam erachtet.

11 Die Intervention kann auch präventiv erfolgen, noch bevor die betroffene Person irgendwelche Anzeichen einer psychischen Gesundheitsstörung zeigt. Bei einer bereits eingetretenen psychischen Gesundheitsstörung dient die Intervention der Verhinderung einer Chronifizierung. Der Gesetzgeber hat auch den Begriff der Chronifizierung nicht näher dargelegt, etwa durch Bezugnahme auf die „Chroniker-Richtlinie“[328]. Es ist auch nicht ersichtlich, dass der Gesetzgeber an andere Regelungswerke oder Vorschriften anknüpfen wollte, daher kann davon ausgegangen werden, dass er „Chronifizierung“ im allgemeinen Wortsinn verstanden hat. „Chronisch“ bedeutet danach im Zusammenhang mit Krankheiten „sich langsam entwickelnd und lange dauernd“[329]. Es geht also darum, dass eine bereits eingetretene Gesundheitsstörung nicht dauerhaft bleibt. Angesichts des Gesetzeszweckes, das neue Instrument der Leistungen der Traumaambulanz möglichst schnell, unbürokratisch und

327 Traumabelastung, depressive Symptomatik etc. – vgl. BT-Drs. 19/13824, S. 185.
328 Richtlinie des Gemeinsamen Bundesausschusses zur Umsetzung der Regelungen in § 62 für schwerwiegend chronisch Erkrankte.
329 https://www.duden.de/rechtschreibung/chronisch – abgerufen am 24.2.2025.

niedrigschwellig einem weiten Kreis auch nur potenziell SER-Berechtigten zur Verfügung zu stellen,[330] sollten die Anforderungen an den Zugang zu Traumaambulanzen ohnehin sehr großzügig ausgelegt werden.

Dies gilt auch im Hinblick auf die Frage, was genau unter einer „psychotherapeutischen Intervention“ zu verstehen ist. Der Gesetzgeber hat hierzu in § 34 lediglich bezüglich der ersten fünf bzw. 8 Sitzungen Näheres ausgeführt, und dies auch nicht abschließend („insbesondere“). Dass im Rahmen der psychotherapeutischen Intervention Leistungen erbracht werden, die den in § 31 Absatz 1 genannten Zwecken dienen, wird dadurch gewährleistet, dass die in der Traumaambulanz behandelnden Personen über bestimmte Qualifikationen, einschließlich einer traumaspezifischen Qualifikation, verfügen müssen. Der Gesetzgeber hat diese Qualifikationen in der auf Grundlage der Ermächtigung in § 38 erlassenen Verordnung[331] näher dargelegt und geht dabei davon aus, dass auf diese Weise eine hohe Behandlungsqualität gewährleistet wird.[332] 12

II. Absatz 2

Der Begriff „Traumaambulanz“ ist rechtlich nicht geschützt. Vor diesem Hintergrund stellt die Norm klar, dass psychotherapeutische Intervention nur in solchen Traumaambulanzen erbracht wird, mit denen die Träger der Sozialen Entschädigung eine Vereinbarung nach § 37 geschlossen haben. Das bedeutet nicht, dass andere Traumaambulanzen nicht auch entsprechende Leistungen erbringen können oder dürfen. Diese sind dann aber keine Traumaambulanzen i.S.d. SER mit der Folge, dass sie nicht zulasten des SER-Trägers abrechnen können.[333] Auf diese Weise wird sichergestellt, dass die Traumaambulanzen, die Leistungen nach dem SGB XIV erbringen, die dort und in der Traumaambulanz-Verordnung niedergelegten Anforderungen erfüllen. Zugleich wird so de facto eine zahlenmäßige Beschränkung erreicht, die wiederum eine Qualitätskontrolle ermöglicht. 13

330 Vgl. dazu die Ausführungen zu den weiteren, die Traumaambulanz betreffenden Regelungen unter A. II.

331 §§ 3–6 der Traumaambulanz-Verordnung, BGBl. I S. 1816–1831.

332 „Ziel ist es, eine bundeseinheitlich hohe Qualität der Behandlung in der Traumaambulanz sicherzustellen. Dies erfolgt vornehmlich über die Vorgaben zur Qualifikation der behandelnden Mitarbeiter und Mitarbeiterinnen der Traumaambulanz“ – Referenten-Entwurf der Traumaambulanz-Verordnung, Stand: 14.07.2022, S. 30, https://www.bmas.de/SharedDocs/Downloads/DE/Gesetze/Referentenentwuerfe/ref-traumaambulanz-verordnung-tav-3.pdf;jsessionid=5F77D319D11EF9D4462C27BCA80B6983.delivery1-master?__blob=publicationFile&v=3; abgerufen am 31.12.2022.

333 So auch juris-PK-SGB XIV/Schaumberg, Rn. 40.

§ 32
Psychotherapeutische Frühintervention

(1) Geschädigte sollen psychotherapeutische Frühintervention in einer Traumaambulanz erhalten, wenn die erste Sitzung innerhalb von zwölf Monaten nach dem schädigenden Ereignis oder nach Kenntnisnahme hiervon erfolgt.

(2) Angehörige, Hinterbliebene und Nahestehende sollen psychotherapeutische Frühintervention in einer Traumaambulanz erhalten, wenn die erste Sitzung innerhalb von zwölf Monaten erfolgt, nachdem sie von dem schädigenden Ereignis Kenntnis erlangt haben.

Erläuterungen

Übersicht **Rn.**

A. Allgemeines

1 Die Norm regelt, unter welchen Voraussetzungen psychologische Frühintervention in einer Traumaambulanz erbracht werden kann. Damit wird der Leistung, die vor Inkrafttreten der §§ 31 ff. auf freiwilliger Basis von den Ländern erbracht wurde, Kontur gegeben. Es wird definiert, wer die Leistung unter welchen Voraussetzungen in Anspruch nehmen kann. Zum Kreis der Berechtigten vgl. die Ausführungen unter § 31 A. II.

B. Regelungsinhalt

I. Absatz 1

2 Die Norm betrifft Geschädigte, also Personen, die durch ein schädigendes Ereignis nach dem SGB XIV (bis 31. Dezember 2023: Anspruchsberechtigte nach dem OEG) unmittelbar eine gesundheitliche Schädigung erlitten haben (§ 2 Absatz 2). Diese sollen psychotherapeutische Frühintervention in einer Traumaambulanz erhalten, wenn die erste Sitzung innerhalb von

zwölf Monaten nach dem schädigenden Ereignis oder nach Kenntnisnahme hiervon erfolgt. Die Frühintervention unterscheidet sich somit von der Intervention in sonstigen Fällen durch diesen **Zwölf-Monats-Zeitraum**. Diesen Zeitraum hat der Gesetzgeber gewählt, weil es wichtig sei, Betroffene möglichst frühzeitig zu betreuen, um Eintritt einer psychischen Gesundheitsstörung oder deren Chronifizierung zu verhindern.[334] Bei längerem zeitlichem Abstand sieht der Gesetzgeber den mit den Leistungen der Traumaambulanz verfolgten Zweck als nicht erreichbar an und verweist Betroffene auf die regulären psychotherapeutischen Leistungen.[335]

Im Regelfall beginnt der Zwölf-Monats-Zeitraum ab dem schädigenden 3
Ereignis zu laufen. Handelt es sich um mehrere schädigende Ereignisse, etwa bei häuslicher Gewalt oder beim Stalking, ist auf die letzte Tat abzustellen[336], da der Gesetzgeber einen weiten Zugang zu den Traumaambulanzen gewähren wollte. Er nimmt in allen Fällen, in denen ein Anspruch auf Leistungen der Sozialen Entschädigung lediglich bestehen kann, in Kauf, dass Sitzungen der Traumaambulanz absolviert werden, vgl. § 115. Die Korrektur erfolgt nach den fünf Sitzungen (bzw. acht bei Kindern und Jugendlichen): Danach können weitere Sitzungen nur bei Erforderlichkeit in Anspruch genommen werden, vgl. § 34 Absatz 3 S. 1. Stellt die behandelnde Person i. R. d. ersten fünf bzw. acht Sitzungen fest, dass eine weitere psychotherapeutische Intervention nicht mehr sinnvoll ist, weil etwa aufgrund dem langen Zurückliegen der überwiegenden Zahl der Taten deren Zweck nicht mehr erreichbar ist und die geschädigte Person stattdessen reguläre psychotherapeutische Leistungen benötigt, ist die Erforderlichkeit einer weiteren Behandlung in der Traumaambulanz zu verneinen.

Im Ausnahmefall können schädigendes Ereignis und **Kenntnis** der Geschä- 4
digten hiervon auseinanderfallen. Der Gesetzgeber nennt hier beispielhaft den Fall, dass die geschädigte Person aufgrund der Tat in einen komatösen Zustand fällt.[337] Es kann auch aus medizinischen Gründen erforderlich sein, die Person in ein künstliches Koma zu versetzen. Ein komatöser Zustand kann wenige Stunden, mitunter aber auch Jahre andauern. Schädigendes Ereignis und Kenntnis hiervon können auch dann auseinanderfallen, wenn eine Tathandlung in Abwesenheit des Opfers erfolgt. Denkbar ist dies im Zusammenhang mit Kinderpornografie (§ 14 Absatz 1 Nr. 6 SGB XIV)[338], aber auch bei der psychischen Gewalt (§ 13 Absatz 1 Nr. 2), wenn die Tat on-

334 BT-Drs. 19/13824, S. 185.
335 BT-Drs. 19/13824, S. 185.
336 So auch Mushoff, SGb 2022, 596, 598.
337 BT-Drs. 19/13824, S. 185.
338 So auch Mushoff, SGb 2022, 596, 598.

line erfolgt (etwa bei der Nachstellung oder beim Identitätsdiebstahl) und das Opfer erst zeitversetzt hiervon erfährt.

5 Denkbar wäre es auch, auf den Eintritt einer Schädigung abzustellen, beispielsweise dann, wenn gesundheitliche Schädigungen nicht unmittelbar nach einer Impfung, sondern längere Zeit danach eintreten. Die ratio legis würde solch eine Interpretation der Norm durchaus ermöglichen. Dem steht jedoch der eindeutige Wortlaut der Vorschrift entgegen, in dem ausdrücklich vom schädigenden Ereignis die Rede ist. Diese Fälle werden jedoch von § 33 erfasst.

6 Der Wortlaut des § 32 fordert zudem ausdrücklich, dass die Sitzung innerhalb des Zwölf-Monats-Zeitraums stattfindet. Daher ist die Norm nicht einschlägig, wenn dieser Zeitraum nicht eingehalten wird. Es kommt nicht darauf an, ob ein Verschulden seitens der Berechtigten oder der Traumaambulanz vorliegt. Eine Frühintervention kommt daher auch dann nicht in Betracht, wenn die berechtigte Person innerhalb der Frist um einen Termin bei der Traumaambulanz gebeten hat, dieser jedoch nicht gewährt werden kann.[339] Es handelt sich um eine materielle Ausschlussfrist, über die die zuständige Behörde nicht disponieren kann.[340] Hat das schädigende Ereignis jedoch zu einer akuten, nicht länger als zwölf Monate zurückliegenden Belastung geführt – ist die Krise also nach dem schädigenden Ereignis aufgetreten – kommt eine psychotherapeutische Intervention nach § 33 in Betracht.

II. Absatz 2

7 Die Norm regelt die psychotherapeutische Frühintervention bei Angehörigen, Hinterbliebenen und Nahestehenden. Diese Personengruppen sind in § 2 Absatz 3 bis 5 näher definiert, vgl. dazu die Kommentierung dort. Auch hier verlangt der Gesetzgeber, dass die erste Sitzung in der Traumaambulanz innerhalb eines Zwölf-Monats-Zeitraums in Anspruch genommen wird, u. zw. ab Kenntnis vom schädigenden Ereignis. In seiner Begründung weist der Gesetzgeber darauf hin, dass hier Tat und Kenntnis davon erheblich auseinanderfallen können und nennt beispielhaft den Fall, dass bei einer verschollenen Person lange nach ihrer Tötung Gewissheit über ihr Ableben besteht oder deren Hinterbliebene viel später aus-

339 Der Gesetzgeber hat jedoch in § 8 Absatz 3 der auf Grundlage des § 38 erlassenen Traumaambulanz-Verordnung (BGBl. I S. 1816ff.) festgelegt, dass Berechtigte innerhalb von fünf Werktagen nach Kontaktaufnahme einen Termin in der Traumaambulanz erhalten; ist das nicht möglich, verlängert sich die Frist auf zehn Werktage.

340 So auch Mushoff, SGb 2022, 596, 598.

findig gemacht werden können.[341] Denkbar sind auch andere Fälle, etwa dass kranken oder betagten Angehörigen aus Sorge um deren Gesundheit bewusst die Information um das schädigende Ereignis vorenthalten wird und sie dann später doch davon erfahren.

III. Ausgestaltung als „Soll-Vorschrift"

Die Berechtigten i. S. d. Absatz 1 und 2 „sollen" bei Vorliegen der Voraussetzungen psychotherapeutische Frühintervention erhalten. Das bedeutet, dass grundsätzlich ein Anspruch auf die Leistung besteht, die Verwaltung hat im Regelfall kein Ermessen bezüglich der Leistungsgewährung.[342] Der Zugang zu den Traumaambulanzen kann nur in (atypischen) Ausnahmefällen verwehrt werden.[343] Ein atypischer Fall kann etwa dann vorliegen, wenn die psychotherapeutische (Früh-)Intervention nicht geeignet ist, den Eintritt einer psychischen Gesundheitsstörung oder deren Chronifizierung zu verhindern.[344] Angesichts der niedrigen Voraussetzungen, die der Gesetzgeber für die Inanspruchnahme der Leistungen der Traumaambulanz aufgestellt hat (vgl. dazu auch die Ausführungen zu § 31 A. II.) und seines darin zum Ausdruck kommenden Wunsches, den Zugang in möglichst vielen Fällen zu ermöglichen, ist bei der Annahme eines atypischen Falles Zurückhaltung geboten. 8

§ 33
Psychotherapeutische Intervention in anderen Fällen

Geschädigte sowie Angehörige, Hinterbliebene und Nahestehende sollen psychotherapeutische Intervention in einer Traumaambulanz erhalten, wenn ein mehr als zwölf Monate zurückliegendes schädigendes Ereignis zu einer akuten psychischen Belastung geführt hat und die erste Sitzung innerhalb von zwölf Monaten nach Auftreten der akuten Belastung erfolgt.

341 BT-Drs. 19/13824, S. 185.
342 So auch juris-PK SGB XIV/Schaumberg, § 32 Rn. 21.
343 BT-Drs. 19/13824, S. 185.
344 Vgl. juris-PK SGB XIV/Schaumberg, § 32 Rn. 22.

Erläuterungen

Übersicht — **Rn.**

A. Allgemeines

1 Die von der Uni-Klinik Ulm im Auftrag des BMAS durchgeführte TRAVESI-Studie[345] hat eine klinisch signifikante positive Auswirkung der Behandlung in einer Traumaambulanz vornehmlich in den Fällen konstatiert, in denen die Intervention zeitnah nach dem schädigenden Ereignis erfolgt war. Dennoch hat der Gesetzgeber sich entschieden, den Zugang zu den Traumaambulanzen auch in den Fällen zu öffnen, in denen die Tat länger als zwölf Monate, u. U. schon Jahre oder Jahrzehnte zurückliegt, jedoch zu einer aktuellen psychischen Belastung führt.[346] Die Gründe für die Einführung der Norm hat der Gesetzgeber nicht näher dargelegt. Möglicherweise wollte er den Menschen in ihrer akuten Krise die Option, schnell Hilfe zu erlangen, bieten, gerade angesichts der Probleme, im Regelsystem schnell einen Termin zu erhalten. Auch, wenn der Eintritt einer psychischen Gesundheitsstörung oder deren Chronifizierung seltener verhindert werden kann, kann eine Verbesserung der (akuten) Symptomatik erreicht werden.

2 Zu den weiteren Vorschriften, die im Zusammenhang mit der psychotherapeutischen Intervention relevant sind, vgl. die Ausführungen unter § 31 A. II.

B. Regelungsinhalt

3 Die Norm richtet sich gleichermaßen an Geschädigte wie auch an Angehörige, Hinterbliebene und Nahestehende. Die Begriffe sind in § 2 näher definiert, vgl. dazu die dortige Kommentierung.

4 Im Gegensatz zur Frühintervention wird die Intervention in anderen Fällen nicht innerhalb von zwölf Monaten nach dem schädigenden Ereignis oder

345 „Verbesserter Zugang zu Traumaambulanzen durch aktiven Einbezug der Versorgungsbehörden sowie primärer Anlaufstellen und Evaluation der Effektivität von Sofortinterventionen" (TRAVESI) – vgl. die Zusammenfassung der wesentlichen Ergebnisse unter: Miriam Rassenhofer et al., „Effektivität der Frühintervention in Traumaambulanzen", Psychotherapeut vom 11. Dezember 2015, DOI 10.1007/s00278-015-0073-0.

346 BT-Drs. 19/13824, S. 186.

der Kenntnis davon durchgeführt, sondern **innerhalb von zwölf Monaten** nach einer akuten psychischen Belastung, die durch ein länger zurückliegendes schädigendes Ereignis verursacht wurde. Der Gesetzgeber hatte die Konstellation vor Augen, dass ein schädigendes Ereignis zunächst – u. U. für Jahre oder Jahrzehnte – verdrängt wird, dann aber zu einer akuten psychischen Belastung führt, etwa in den Fällen des sexuellen Missbrauchs.[347]

Denkbar ist auch, dass nach einem schädigenden Ereignis die betroffene Person sich zunächst „zusammenreißt und funktioniert" oder nicht wahrhaben will, was ihr passiert ist o. Ä. und sie erst Tage, Wochen oder Monate nach der Tat eine akute Krise erleidet. Auch wenn nahe liegt, dass der Gesetzgeber diese Zeiträume über § 32 regeln wollte und § 33 für längere zeitliche Abstände zwischen schädigendem Ereignis und Krise gelten sollte, erfasst der Wortlaut des § 33 auch solche Fälle. Geht eine Person also davon aus, dass es ihr trotz des schädigenden Ereignisses „gutgehe" und sie daher keiner Behandlung bedürfe, erlebe sie aber beispielsweise drei Monate nach der Tat eine akute Belastung, kann sie innerhalb von zwölf Monaten ab der Belastung psychotherapeutische Intervention in der Traumaambulanz beanspruchen: In den ersten zwölf Monaten nach dem schädigenden Ereignis auf Grundlage von § 32, in den folgenden drei Monaten, wenn das schädigende Ereignis also mehr als zwölf, die akute Belastung aber nur neun bis zwölf Monate zurückliegt, nach § 33. 5

Nicht erforderlich ist, dass es sich um die erste akute psychische Belastung handelt. Ein und dieselbe Tat kann immer wieder zu neuen akuten Belastungen führen, sodass jedes Mal § 33 einschlägig ist. Allerdings ist darauf zu achten, dass hier nicht die – zeitlich beschränkte – Leistung der Traumaambulanz über die Behauptung immer neuer Krisen für eine längere „Dauertherapie" missbraucht wird. 6

Der Gesetzgeber hat nicht näher definiert, was er unter **„akuten psychischen Belastung"** versteht, verwendet in der Gesetzesbegründung aber die Formulierung „aktuelle psychische Belastung"[348]. Einerseits können Symptome nach längeren symptomfreien Phasen auftauchen, andererseits ist auch denkbar, dass sich vorhandene Symptome verstärkten oder neue Symptome auftauchen.[349] Angesichts der niedrigen Voraussetzungen, die der Gesetzgeber für die Inanspruchnahme der Leistungen der Traumaambulanz aufgestellt hat (vgl. dazu auch die Ausführungen zu § 31 A. II.) und seines darin 7

347 BT-Drs. 19/13824, S. 186.
348 BT-Drs. 19/13824, S. 186.
349 So auch Mushoff, SGb 2022, 596, 598.

zum Ausdruck kommenden Wunsches, den Zugang in möglichst vielen Fällen zu ermöglichen, ist hier eine großzügige Auslegung geboten.

8 Wie § 32 ist auch § 33 als „Soll-Vorschrift" ausgestaltet, d. h., dass bei Vorliegen der Voraussetzungen die Leistungen der Traumaambulanz zu gewähren sind und diese nur in atypischen Ausnahmefällen versagt werden können.[350]

§ 34
Leistungsvoraussetzungen und Leistungsumfang

(1) [1]Geschädigte sowie Angehörige, Hinterbliebene und Nahestehende haben Anspruch auf insgesamt bis zu 15 Sitzungen in der Traumaambulanz nach Maßgabe der folgenden Absätze, sofern die Voraussetzungen nach § 32 oder § 33 vorliegen. [2]Bei Kindern und Jugendlichen beträgt der Höchstanspruch 18 Sitzungen.

(2) [1]Die ersten fünf beziehungsweise bei Kindern und Jugendlichen die ersten acht Sitzungen dienen insbesondere der Abklärung der psychotherapeutischen Behandlungsbedürftigkeit, der Durchführung der Diagnostik und der erforderlichen Akutmaßnahmen. [2]Sie können in Anspruch genommen werden, auch wenn noch keine Entscheidung im Erleichterten Verfahren nach § 115 ergangen ist.

(3) [1]Geschädigte sowie Angehörige, Hinterbliebene und Nahestehende haben Anspruch auf bis zu zehn weitere Sitzungen, wenn diese erforderlich sind und ein Anspruch auf Leistungen der Traumaambulanz festgestellt wurde. [2]Der Anspruch auf bis zu zehn weitere Sitzungen besteht auch dann, wenn die zuständige Behörde zwei Wochen nach Vorliegen des Antrags keine Entscheidung getroffen hat und die Traumaambulanz die dringende Behandlungsbedürftigkeit sowie die geplante Durchführung der weiteren Sitzungen vorab angezeigt hat.

Erläuterungen

Übersicht **Rn.**

350 Vgl. ausführlich die Kommentierung zu § 32 B. III.

A. Allgemeines

Der sich aus § 32 bzw. § 33 ergebende Anspruch auf Leistungen der Traumaambulanz wird in § 34 näher konkretisiert: Die Norm enthält genauere Vorgaben zum Leistungsumfang. Angeknüpft wird an das bereits vor Erlass des SGB XIV in den damals bereits vorhandenen Traumaambulanzen praktizierte „5+10“-Modell[351], das für Kinder und Jugendliche auf ein „8+10“-Modell ausgeweitet wird, d. h., es können insgesamt bis zu 15 bzw. 18 Sitzungen in Anspruch genommen werden. Die Vorschrift enthält zudem detailliertere Vorgaben zur Inanspruchnahme dieser Sitzungen. 1

B. Regelungsinhalt

I. Absatz 1

Die Vorschrift regelt den maximal möglichen Umfang einer Behandlung in der Traumaambulanz. Liegen die in § 32 bzw. § 33 geregelten Voraussetzungen für eine Frühintervention bzw. eine Intervention in anderen Fällen vor, können Berechtigte bis zu 15 bzw. 18 Sitzungen in der Traumaambulanz erhalten. 2

Als **Berechtigte** nennt die Norm Geschädigte, Angehörige, Hinterbliebene und Nahestehende. Diese Begriffe sind in § 2 näher definiert, vgl. dazu die Kommentierung dort. Des Weiteren wird danach differenziert, ob es sich bei den Berechtigten um Erwachsene oder um Kinder und Jugendliche handelt – bei ersteren beträgt der potenzielle Gesamtleistungsumfang 15, bei letzteren 18 Sitzungen. 3

Im SGB XIV ist nicht näher definiert, welche Personen als **Kinder und Jugendliche** anzusehen sind. Teilweise wird daher vorgeschlagen, auf die Definition des § 7 Absatz 1 Nr. 1 und Nr. 2 SGB VIII zurückzugreifen.[352] Hiernach sind Kinder Personen unter 14 Jahren und Jugendliche Personen über 14, aber unter 18 Jahren. Bei Auslegung des Begriffs ist jedoch auch die gesetzgeberische Intention zu beachten: Aus der Begründung der Beschlussempfehlung des Ausschusses für Arbeit und Soziales, auf dessen Initiative die Anzahl der Sitzungen bei Kindern und Jugendlichen erhöht wurde, ergibt sich, dass bei diesen ein höherer Bedarf gesehen wurde, „aufgrund der notwendigen Abstimmung der Traumaambulanz mit den Eltern oder anderen Erziehungsbe- 4

351 BT-Drs. 19/13824, S. 186.
352 jurisPK SGB XIV/Schaumberg, § 34, Rn. 18.

rechtigten sowie weiteren Beteiligten, etwa der Schule".[353] Der Gesetzgeber sieht also bei diesem Personenkreis einen höheren Bedarf aufgrund erforderlicher Abstimmung. Dieser erhöhte Bedarf kann sich auch bei Personen über 18 Jahren ergeben, insbesondere, wenn diese noch zur Schule gehen oder wenn – etwa wegen einer Reifeverzögerung – eine Einbindung der Eltern in die psychotherapeutische Betreuung in der Traumaambulanz erforderlich ist und daher Abstimmungsbedarf mit diesen besteht. Mit Blick auf die ratio legis kann der Begriff „Jugendlicher" in § 34 daher auch derart ausgelegt werden, dass er Heranwachsende bis 21 Jahren erfasst.

II. Absatz 2

5 Nach Absatz 2 der Norm dienen **die ersten** fünf **Sitzungen** (bei Kindern und Jugendlichen die ersten acht Sitzungen) insbesondere der Abklärung der psychotherapeutischen Behandlungsbedürftigkeit, der Durchführung der Diagnostik und der erforderlichen Akutmaßnahmen. Die Aufzählung ist nicht abschließend, wie sich aus dem Wort „insbesondere" ergibt. Das bedeutet, dass auch weitere Leistungen der psychotherapeutischen (Früh-) Intervention erbracht werden können.[354]

6 Grundsätzlich werden Leistungen des SGB XIV auf **Antrag** erbracht. Auch die Leistungen der Traumaambulanz erfordern einen Antrag, der jedoch nicht zwingend vor Leistungsbeginn zu stellen ist; vielmehr genügt eine Antragstellung unverzüglich nach der zweiten Sitzung, vgl. § 10 Absatz 5 Satz 1. Auf diese Weise hat der Gesetzgeber seine Absicht, schnellen und unbürokratischen Zugang zu den Traumaambulanzen zu gewähren, ausgestaltet. Ein weiteres Element, das eine rasche Möglichkeit der Inanspruchnahme der Traumaambulanz-Leistungen gewährleistet, ist das **Erleichterte Verfahren nach § 115**: Für eine positive Entscheidung über die Inanspruchnahme der Leistungen der Schnellen Hilfen genügt es, wenn die antragstellende Person anspruchsberechtigt nach dem SGB XIV sein *kann*, wobei der von ihr dargelegte Sachverhalt als wahr zu unterstellen ist, wenn die Unrichtigkeit nicht offensichtlich ist.

7 Doch auch im Erleichterten Verfahren kann die Entscheidung der Behörde längere Zeit in Anspruch nehmen und so die beabsichtigte schnelle Inanspruchnahme der Traumaambulanz-Leistungen verzögern – insbesondere, wenn der Antrag tatsächlich erst nach der zweiten Sitzung gestellt wird. Dass die Berechtigten trotz Verzögerungen bei der behördlichen Entschei-

353 BT-Drs. 19/14870, S. 31.

354 Zu den in einer Traumaambulanz erbrachten Leistungen vgl. Schellong, Trauma 2022, 62, 64f.

dungsfindung die Leistungen der Traumaambulanz dennoch erhalten, stellt der Gesetzgeber sicher, indem er in § 34 Absatz 2 Satz 2 regelt, dass die ersten fünf bzw. bei Kindern und Jugendlichen acht Sitzungen auch dann in Anspruch genommen werden können, wenn **noch keine Entscheidung im Erleichterten Verfahren ergangen** ist. Dies steht in einem Spannungsverhältnis zu Absatz 1, der gerade einen Anspruch nach § 32 oder § 33 voraussetzt. Solange die Behörde keine Entscheidung getroffen hat, steht aber nicht fest, ob ein Anspruch nach diesen Vorschriften besteht. Da der Gesetzgeber aber verhindern wollte, dass eine nicht zeitnah erfolgende Entscheidung zulasten der Berechtigten geht,[355] ist § 34 Absatz 2 Satz 2 als die speziellere Norm anzusehen.

Die Anwendung des § 34 Absatz 2 S. 2 setzt jedoch voraus, dass keine Ent- **8**
scheidung ergangen ist. Hat die Behörde im Erleichterten Verfahren einen Anspruch verneint, können die Leistungen der Traumaambulanz nicht (weiter) erbracht werden. Das bedeutet, dass auch dann, wenn die ersten fünf bzw. acht Sitzungen noch nicht vollständig absolviert wurden, eine Weiterbehandlung in der Traumaambulanz ausscheidet.

Hat die Behörde in der Kürze der Zeit eine endgültige **Entscheidung ge- 9**
troffen und Ansprüche nach dem SGB XIV insgesamt abgelehnt, besteht auch kein Anspruch auf Leistungen der Traumaambulanz. Zwar spricht § 34 Absatz 2 Satz 2 nur vom „Erleichterten Verfahren". Das Erleichterte Verfahren dient dazu, raschen Zugang zu den Schnellen Hilfen zu ermöglichen, daher kommt es bei der Entscheidung hierüber „in der Regel" zur Anwendung, vgl. § 115 Absatz 1. Kann ohne zeitliche Verzögerung insgesamt über die in Frage kommenden Ansprüche der Sozialen Entschädigung entschieden werden, kann im regulären Verfahren auch über die Leistungen der Schnellen Hilfen entschieden werden.[356] Wenn bereits die Entscheidung im Erleichterten Verfahren dazu führt, dass keine (weiteren) Leistungen der Traumaambulanz in Anspruch genommen werden dürfen, gilt dies erst recht für die umfassende Entscheidung im Regelverfahren.

§ 34 Absatz 2 S. 2 stellt darauf ab, dass keine Entscheidung über die Leis- **10**
tungen (zumindest der) Traumaambulanz getroffen wurde. Dabei ist auch das Bekanntgabeerfordernis zu beachten: Ist eine Entscheidung ergangen, stellt diese einen Verwaltungsakt dar, der erst ab Bekanntgabe wirksam ist (§ 39 Absatz 1 Satz 1 SGB X), d. h., dass erst ab **Bekanntgabe** keine Sitzungen der Traumaambulanz mehr in Anspruch genommen werden kön-

355 BT-Drs. 19/13824, S. 186.
356 BT-Drs. 19/13824, S. 220.

nen.[357] Die Bekanntgabe bestimmt sich nach § 37 SGB X. Zu beachten ist hier die Vorgabe des § 37 Absatz 1 Satz 1 SGB X, wonach ein Verwaltungsakt demjenigen Beteiligten bekannt zu geben ist, für den er bestimmt ist oder der von ihm betroffen wird. Dies ist zum einen die antragstellende Person, also die Person, die Leistungen der Traumaambulanz in Anspruch nehmen möchte. Vom Verwaltungsakt betroffen ist aber auch die Traumaambulanz selbst, da sie nach dem Wegfall des Anspruchs der behandelten Person erbrachte Leistungen nicht zulasten des SGB XIV-Trägers abrechnen kann. Daher ist die Entscheidung auch ihr gegenüber bekannt zu geben.

11 Mit der Bekanntgabe ist der Verwaltungsakt wirksam. Möchte die antragstellende Person bei einer Ablehnung des Anspruchs auf Leistungen der Traumaambulanz diese dennoch (weiter) erhalten, muss sie gegen den ablehnenden Bescheid vorgehen, ggf. im Wege des einstweiligen Rechtsschutzes.

III. Absatz 3

12 Die Vorschrift regelt die Voraussetzungen für die Inanspruchnahme der weiteren – bis zu zehn – Sitzungen in der Traumaambulanz. Voraussetzung ist nach **Satz 1**, dass diese Sitzungen erforderlich sind und der Anspruch auf Leistungen der Traumaambulanz festgestellt wurde.

13 Die **Erforderlichkeit** bestimmt sich im Hinblick auf das Ziel – den Eintritt einer psychischen Gesundheitsstörung oder deren Chronifizierung zu verhindern, vgl. § 31 Absatz 1. Es handelt sich um ein Tatbestandsmerkmal, über dessen Vorliegen oder Fehlen die zuständige Behörde befindet. Auch hierfür gilt das Erleichterte Verfahren nach § 115 – es genügt, wenn die summarische Prüfung ergibt, dass weitere Sitzungen erforderlich sein können.

14 Des Weiteren muss der **Anspruch** auf Leistungen der Traumaambulanz, also auf eine Frühintervention nach § 32 oder eine Intervention in anderen Fällen nach § 33, **festgestellt** sein. Das bedeutet, dass die zuständige Behörde die Entscheidung über das „Ob" der Erbringung der Traumaambulanz-Leistungen positiv entschieden haben muss. Obwohl das Erleichterte Verfahren auf eine schnelle Entscheidungsfindung ausgelegt ist, kann es vorkommen, dass die Behörde bis zum Ablauf der ersten fünf bzw. bei Kindern und Jugendlichen acht Sitzungen **noch keine Entscheidung** treffen konnte. So ist es möglich, dass der Antrag erst nach der zweiten Traumaambulanz-Sitzung gestellt wurde oder dass nur ein sehr kurzer Antrag gestellt wurde und die antragstellende Person noch im Rahmen ihrer Mitwirkungspflicht weitere Angaben machen muss. Verzögerungen können sich auch aus in der

357 So auch jurisPK SGB XIV/Schaumberg, § 34, Rn. 35.

Sphäre der Behörde liegenden Umständen ergeben. Unabhängig von den Gründen der Verzögerung hat der Gesetzgeber entschieden, diese nicht zulasten der antragstellenden Person gehen solle. Daher besteht nach **Satz 2** ein Anspruch auf die weiteren, maximal zehn erforderlichen Sitzungen auch dann, wenn die zuständige Behörde zwei Wochen nach Vorliegen des Antrags keine Entscheidung getroffen hat und die Traumaambulanz die dringende Behandlungsbedürftigkeit sowie die geplante Durchführung der weiteren Sitzungen vorab angezeigt hat.

Im Gesetzesentwurf der Bundesregierung war die **zweiwöchige Frist** noch nicht enthalten.[358] Diese wurde vielmehr erst auf Vorschlag des Ausschusses für Arbeit und Soziales eingefügt, damit die Behörde zumindest eine kurzes Zeitfenster hat, „um die Sachlage, insbesondere die Erforderlichkeit der weiteren Sitzungen, zu prüfen".[359] **15**

Die zweiwöchige Frist beginnt, wenn der Antrag der Behörde vorliegt. Es kommt also auf das tatsächliche Vorliegen des Antrages an. **16**

Wurde der Antrag in der Traumaambulanz gestellt, ist die Traumaambulanz verpflichtet, diesen unverzüglich an die zuständige Behörde weiterzuleiten, § 2 Absatz 1 Satz 3 der auf Grundlage der Ermächtigung in § 38 erlassenen Traumaambulanz-Verordnung. Laut Begründung des Verordnungsentwurfs trage eine elektronische Antragsübermittlung oder eine solche per Fax dem Beschleunigungsgebot Rechnung.[360] **17**

Bei dem **Antrag** handelt es sich um den Antrag i. S. d. § 10 und nicht etwa – wie die die Begründung des Ausschusses für Arbeit und Soziales zur Einführung der zweiwöchigen Frist suggeriert[361] – um einen Antrag auf die weiteren zehn Sitzungen. Einen speziellen Antrag auf die bis zu zehn weiteren Sitzungen sieht das Gesetz nicht vor, es genügt die Anzeige, dass deren Durchführung geplant ist und dringende Behandlungsbedürftigkeit besteht. Für diese Lesart spricht – neben dem eindeutigen Gesetzeswortlaut –, dass im SGB XIV der Antrag i. S. d. § 10 allgemein auf Leistungen der Sozialen Entschädigung gestellt oder auf bestimmte Leistungen, etwa der Schnellen Hilfen, beschränkt werden kann.[362] Ist der Antrag allgemein gestellt, hat die Behörde über – alle – in Betracht kommenden Ansprüche zu befinden. Beschränkt sich der Antrag auf Schnelle Hilfen oder auf Leistungen der **18**

358 Vgl. § 34 i. d. Fassung des Gesetzesentwurfes vom 9.10.2019, BT-Drs. 19/13824.
359 BT-Drs. 19/14870, S. 31.
360 S. 33 des Entwurfs – abzurufen unter: https://www.bmas.de/SharedDocs/Downloads/DE/Gesetze/Referentenentwuerfe/ref-traumaambulanz-verordnung-tav-3.pdf;jsessionid=5F77D319D11EF9D4462C27BCA80B6983.delivery1-master?__blob=publicationFile&v=3
361 BT-Drs. 19/14870, S. 31.
362 Bezüglich der Einzelheiten zum Antrag vgl. die Kommentierung zu § 10.

Traumaambulanz, ist zu prüfen, inwieweit diesbezüglich Ansprüche bestehen. Soweit die Traumaambulanz betroffen ist, ist also zu prüfen, ob und wenn ja, in welchem Umfang, ein Anspruch auf Leistungen der Traumaambulanz besteht. Hätte der Gesetzgeber gewünscht, dass die zehn weiteren Sitzungen gesondert beantragt werden, hätte er eine entsprechende explizite Regelung treffen müssen.

19 Sobald der zuständigen Behörde der Antrag i. S. d. § 10 vorliegt, beginnt die zweiwöchige Frist des § 34 Absatz 3 Satz 2 zu laufen.

20 Die Inanspruchnahme der zehn weiteren Sitzungen erfordert zudem, dass die Traumaambulanz die **dringende Behandlungsbedürftigkeit und die geplante Durchführung der weiteren Sitzungen angezeigt** hat. Eine besondere Form der Anzeige ist gesetzlich nicht vorgeschrieben, jedoch kann hierzu in der Vereinbarung mit der Traumaambulanz nach § 37 eine Regelung getroffen werden.

21 Die Anzeige seitens der Traumaambulanz hat **„vorab"** zu erfolgen. Der Begriff bezieht sich auf die dringende Behandlungsbedürftigkeit sowie die geplante Durchführung der weiteren Sitzungen. Daher ist „vorab" dahingehend zu verstehen, dass die Anzeige vor Inanspruchnahme dieser Sitzungen zu erfolgen hat. Die Begründung des Ausschusses für Arbeit und Soziales spricht zwar davon, dass die zuständige Behörde zwei Wochen ab Beantragung der weiteren Sitzungen zur Prüfung des Anspruchs zur Verfügung haben muss.[363] Damit könnte man „vorab" dahingehend interpretieren, dass die Anzeige der dringenden Behandlungsbedürftigkeit und der Absicht, die weiteren Sitzungen zu erbringen, vor Beantragung der weiteren Sitzungen erfolgen müssten. Allerdings sind, wie oben dargelegt, die weiteren Sitzungen nicht zu beantragen. Zudem war die Anzeigepflicht „vorab" bereits wortgleich im Gesetzesentwurf enthalten, ehe der Passus mit der zweiwöchigen Frist eingefügt wurde. Der Begriff „vorab" ist daher so zu lesen, dass die Anzeige vor Erbringung der bis zu zehn weiteren Sitzungen zu erfolgen hat.

22 Liegt keine Entscheidung der Behörde vor, können die zehn weiteren Traumaambulanz-Sitzungen somit erbracht werden, wenn (kumulativ) 1. zwei Wochen ab Antragstellung vergangen sind, ohne dass die Behörde eine Entscheidung getroffen hat und 2. vor Beginn der weiteren Sitzungen die dringende Behandlungsbedürftigkeit und die Absicht, die weiteren Sitzungen zu erbringen, angezeigt wurden.

363 BT-Drs. 19/14870, S. 31.

Hat die Traumaambulanz auf Grundlage des Absatz 3 Satz 2 mit der Erbringung der zehn weiteren Sitzungen begonnen, kann sie dies nur solange tun, bis die Behörde eine Entscheidung getroffen hat. Bei einer positiven Entscheidung werden die verbleibenden Sitzungen auf Grundlage des Absatz 3 Satz 1 erbracht. Bei einer negativen Entscheidung entfällt eine der Voraussetzungen des Absatz 3 Satz 2, sodass auch die Rechtsgrundlage für die Erbringung der verbleibenden Sitzungen wegfällt. Die Begründung des Ausschusses für Arbeit und Soziales, in der davon die Rede ist, dass unter den Voraussetzungen des Absatz 3 S. 2 eine „Genehmigungsfiktion" eintritt,[364] ist insoweit missverständlich. Für den Eintritt solch einer Genehmigungsfiktion finden sich im Gesetzestext keine Anhaltspunkte.[365] Die Norm soll lediglich im Fall einer fehlenden Entscheidung über den Anspruch auf Leistungen der Traumaambulanz deren Inanspruchnahme ermöglichen – Verzögerungen bei der Entscheidungsfindung gehen nicht zulasten der (potenziell) berechtigten Person, vielmehr soll sie die Leistungen dennoch erhalten können. Hat die Behörde jedoch eine Entscheidung getroffen, besteht keine Unklarheit mehr über die Berechtigung der antragstellenden Person, sodass sie im Falle einer ablehnenden Entscheidung auch nicht schützenswert ist. Sie kann gegen die ablehnende Entscheidung vorgehen, ggf. im Wege des einstweiligen Rechtsschutzes. 23

§ 35

Weiterer Bedarf nach Betreuung in der Traumaambulanz

(1) Besteht bei Personen, die die Betreuung in der Traumaambulanz in Anspruch nehmen, auch nach dieser Betreuung weiterer psychotherapeutischer Behandlungsbedarf, so verweist der Träger der Sozialen Entschädigung sie auf weitere psychotherapeutische Angebote.

(2) [1]Die Traumaambulanz ist verpflichtet, der zuständigen Behörde den weiteren Bedarf so frühzeitig wie möglich mitzuteilen. [2]Die nach Landesrecht zuständigen Behörden legen in den nach § 37 zu schließenden Vereinbarungen die Konsequenzen eines Verstoßes gegen die Informationspflicht aus Satz 1 fest.

364 Vgl. BT-Drs. 19/14870, S. 31.
365 So auch jurisPK SGB XIV/Schaumberg, § 34, Rn. 48.

Erläuterungen

Übersicht Rn.

A. Allgemeines

1 Nicht immer genügen die 15 (bzw. bei Kindern und Jugendlichen 18) Sitzungen in der Traumaambulanz, vielmehr kann auch danach psychotherapeutischer Behandlungsbedarf bestehen. Entsprechende Leistungen können dann als Teil der Krankenbehandlung nach Kapitel 5 in Anspruch genommen werden. § 35 verzahnt die Leistung der Traumaambulanz mit derjenigen der weiteren psychotherapeutischen Behandlung, mit dem Ziel, den Abstand zwischen den beiden möglichst kurz zu halten, damit die in der Traumaambulanz erzielten Erfolge nicht durch eine lange Wartezeit zunichte gemacht werden.[366] Dass lange Wartezeiten üblich sind, hat jüngst die Bundespsychotherapeutenkammer ermittelt: Nach einer von ihr vorgenommenen Auswertung von über 300.000 Versichertendaten für das Jahr 2019 warten rund 40 Prozent der Patienten und Patientinnen mindestens drei bis neun Monate auf den Beginn einer Behandlung, wenn zuvor in einer psychotherapeutischen Sprechstunde festgestellt wurde, dass sie psychisch krank sind und deshalb behandelt werden müssten.[367] Bleibt abzuwarten, inwieweit die Regelung des § 35 künftig einen schnelleren Übergang von der Traumaambulanz in die weitere Behandlung ermöglicht.

B. Regelungsinhalt

I. Absatz 1

2 Nach dieser Norm verweist der Träger der Sozialen Entschädigung Berechtigte[368], bei denen nach der Traumaambulanz-Behandlung weiterer psy-

366 BT-Drs. 19/13824, S. 186.

367 https://www.bptk.de/bptk-auswertung-monatelange-wartezeiten-bei-psychotherapeutinnen/ (abgerufen am 20.1.2023).

368 Zu Recht weist Schaumberg (jurisPK SGB XIV/Schaumberg, § 35, Rn. 12) darauf hin, dass es nicht auf die tatsächliche Inanspruchnahme der Leistungen der Traumaambulanz ankommt, sondern auf die berechtigte Inanspruchnahme.

chotherapeutischer Behandlungsbedarf besteht, auf weitere psychotherapeutische Angebote. **Weitere psychotherapeutische Angebote** sind diejenigen, die in Kapitel 5 geregelt sind.[369] Eine Verweisungspflicht kann demnach nur bestehen, wenn Betroffene **berechtigt** sind, diese Leistungen in Anspruch zu nehmen. Dies ist nicht der Fall, wenn Betroffene lediglich Leistungen der Traumaambulanz beanspruchen können.

Nicht näher geregelt ist der **Begriff des Verweisens**. Laut Gesetzesbegrün- 3
dung „sollen Berechtigten unmittelbar im Anschluss entsprechende Angebote außerhalb der Traumaambulanz zur Verfügung stehen".[370] Dies kann nicht dahingehend verstanden werden, dass die Verwaltungsbehörde dafür sorgen muss, dass die berechtigte Person tatsächlich nahtlos einen Behandlungsplatz erhält.[371] Hätte der Gesetzgeber eine derartig weite Verpflichtung der Verwaltung gewollt, hätte er eine eindeutige Regelung im Gesetz treffen müssen. Vielmehr ist davon auszugehen, dass der Begriff des Verweisens so zu verstehen ist, dass Berechtigten mitgeteilt wird, welche weiteren Angebote für sie in Betracht kommen (konkrete Mitteilung von Therapeuten/Therapeutinnen, Praxen etc. in räumlicher Nähe der Berechtigten).

Der Gesetzgeber scheint zudem davon auszugehen, dass die Behörden mit 4
bestimmten Leistungsanbietern für die weitere Behandlung Verbindung herstellen.[372] Es wäre sicherlich sinnvoll, (vertragliche) Absprachen zu treffen, um einen möglichst nahtlosen Übergang von Traumaambulanz in die weitere Behandlung zu gewährleisten und so den Gesetzeszweck zu erfüllen. Jedoch ist zu beachten, dass eine derartige Verpflichtung nicht ins Gesetz aufgenommen wurde.

Haben die Berechtigten zugleich Anspruch auf Leistungen des Fallma- 5
nagements, kann es zu den Aufgaben des Fallmanagers oder der Fallmanagerin gehören, Anbieter möglicher weiterer psychotherapeutischer Angebote zu kontaktieren und möglichst zeitnahe Termine zu vereinbaren. Das Gesetz bietet jedoch keine Gewähr dafür, dass solch ein Angebot tatsächlich zeitnah vorhanden ist.

II. Absatz 2

Satz 1 der Regelung verpflichtet die Traumaambulanz, der zuständigen Be- 6
hörde so frühzeitig wie möglich mitzuteilen, wenn weiterer psychotherapeu-

369 So auch jurisPK SGB XIV/Schaumberg, § 35, Rn. 20 und Knickrehm/Mushoff/Schmidt, Rn. 112.

370 BT-Drs. 19/13824, S. 186.

371 Ablehnend auch Knickrehm/Mushoff/Schmidt, Rn. 112.

372 Vgl. BT-Drs. 19/13824, S. 314: „... den Ländern noch bis Dezember 2023 Zeit bleibt, um die erforderlichen Verbindungen zu anderen psychotherapeutischen Angeboten herzustellen".

tischer Bedarf besteht. Auf diese Weise soll die zuständige Behörde in die Lage versetzt werden, der berechtigten Person die Behandlung außerhalb der Traumaambulanz möglichst nahtlos zu ermöglichen. Auf Grundlage der Information kann die Behörde, wenn ein Weiterbehandlungsanspruch besteht, die berechtigte Person auf in Betracht kommende Angebote verweisen, damit diese möglichst rasch einen Termin dort vereinbaren kann. Der Sinn und Zweck der Informationspflicht – die möglichst zeitnahe Weiterbehandlung – ist auch bei Auslegung des § 119 (vorzeitige Leistungen und vorläufige Entscheidung) zu berücksichtigen, vgl. die Kommentierung dort.

7 Zu beachten ist, dass die in der Traumaambulanz behandelnden Personen der **Schweigepflicht** unterliegen. Diese steht der Informationspflicht aus Satz 1 entgegen, sofern keine Entbindung von der Schweigepflicht erfolgt. Mit Blick auf die Sanktionierung des Verstoßes gegen die Informationspflicht (vgl. dazu Satz 2) und möglicher Schadensersatzansprüche der Berechtigten[373] empfiehlt es sich für Behandelnde, die Aufklärung über die Schweigepflicht und die Konsequenzen der fehlenden Entbindung hiervon zu dokumentieren.

8 Die Mitteilung der Traumaambulanz hat **„so frühzeitig wie möglich"** zu erfolgen. Ein bestimmter Zeitpunkt ist – anders als noch im Gesetzesentwurf der Bundesregierung[374] – nicht vorgesehen. Das ist sinnvoll, weil der Zeitpunkt, ab dem sich die Notwendigkeit der Weiterbehandlung abzeichnet, von Fall zu Fall variieren kann. Daher ist dieses Merkmal dahingehend auszulegen, dass die Mitteilungspflicht ab dem Zeitpunkt besteht, ab dem absehbar ist, dass nach der Traumaambulanz weitere psychotherapeutische Behandlung erforderlich sein wird.[375]

9 Nach **Satz 2** der Vorschrift legen die nach Landesrecht zuständigen Behörden in den nach § 37 zu schließenden Vereinbarungen die Konsequenzen eines Verstoßes gegen die Informationspflicht aus Satz 1 fest. Ursprünglich verwies der Text auf § 39; dabei handelte es sich jedoch offensichtlich um ein redaktionelles Versehen, das mittlerweile korrigiert wurde.

10 Die Sanktionierung nicht näher konkretisiert; aus dem Gesetz folgt nur, dass der Verstoß gegen die Informationspflicht „Konsequenzen" haben muss. Der Gesetzgeber wollte es den Trägern der Sozialen Entschädigung und den Traumaambulanzen[376] überlassen, eine auf den jeweiligen Ver-

373 Vgl. dazu ausführlich jurisPK-SGB XIV/Schaumberg, § 35, Rn. 35.

374 BT-Drs. 19/13824, S. 32: Danach war der weitere Behandlungsbedarf spätestens nach der fünften Sitzung mitzuteilen.

375 So auch jurisPK-SGB XIV/Schaumberg, § 35, Rn. 31 und Knickrehm/Mushoff/Schmidt, Rn. 112.

376 Da es sich bei der Vereinbarung nach § 37 um einen Vertrag handelt, ist die Regelung der Sanktionierung nicht nur einer, sondern beiden Vertragsparteien überlassen, obwohl in der Gesetzesbegründung nur von den Trägern der Sozialen Entschädigung die Rede ist.

tragspartner und die Schwere des Verstoßes angepasste Regelungen im einzelnen Vertrag zu treffen.[377]

In der Praxis dürfte im Verhältnis Traumaambulanz – Behörde ein Verstoß gegen die Informationspflicht nicht leicht nachzuweisen sein, insbesondere, wenn die behandelnde Person nicht von der Schweigepflicht entbunden wurde. 11

Sofern die berechtigte Person aus dem Verstoß gegen die Informationspflicht Schadensersatzansprüche gegen die Traumaambulanz geltend machen möchte,[378] müsste sie auch nachweisen, dass der Schaden bei (rechtzeitiger) Information nicht entstanden wäre. Zu beachten ist aber, dass § 35 zwar einen nahtlosen Übergang von der Traumaambulanz in die weitere Behandlung ermöglichen möchte, diesen aber nicht garantieren kann. Ob durch die rechtzeitige Information tatsächlich lange Wartezeiten vermieden werden können, hängt vor allem davon ab, ob freie Kapazitäten für die weitere Behandlung vorhanden sind und ob die Behandlung dort – ev. noch vor der Entscheidung nach § 116 – gewährt worden wäre. Schließlich muss eine eventuelle Verzögerung der Weiterbehandlung zu einem Schaden geführt haben. 12

§ 36
Fahrkosten

(1) 1Übernommen werden die erforderlichen Fahrkosten zur nächstgelegenen Traumaambulanz. 2Gleiches gilt für die erforderlichen Fahrkosten einer notwendigen Begleitperson sowie für Kinder, deren Mitnahme erforderlich ist, weil ihre Betreuung nicht sichergestellt ist. 3Übernommen werden auch die notwendigen Betreuungskosten für zu pflegende oder zu betreuende Familienangehörige sowohl für die Berechtigten als auch für die notwendigen Begleitpersonen für Kinder und Jugendliche.

(2) 1Die Fahrkosten werden in Höhe des Betrages zu Grunde gelegt, der bei der Beförderung in der niedrigsten Klasse des zweckmäßigsten öffentlichen Verkehrsmittels zu zahlen ist. 2Bei der Beförderung in einem anderen Verkehrsmittel wird ein Betrag in Höhe der Wegstreckenentschädigung nach § 5 Absatz 1 Satz 2 des Bundesreisekostengesetzes zu Grunde gelegt.

377 BT-Drs. 19/13824, S. 186.
378 Vgl. dazu ausführlich jurisPK-SGB XIV/Schaumberg, § 35, Rn. 35.

Erläuterungen

Übersicht **Rn.**

A. Allgemeines

1 Die Leistungen der Traumaambulanz sind als niedrigschwellige Schnelle Hilfe ausgestaltet. Die Hürden, diese in Anspruch nehmen zu können, setzt der Gesetzgeber sehr niedrig an. Mit der Regelung in § 36 ebnet er eine weitere Hürde auf dem Weg in die Traumaambulanz: Fahr- und Betreuungskosten sollen Berechtigte nicht faktisch an der Inanspruchnahme der Leistungen der Traumaambulanz hindern.[379] Daher werden die notwendigen Fahrkosten übernommen, u. zw. sowohl für Berechtigte als auch für notwendige Begleitpersonen und Kinder, deren Betreuung nicht sichergestellt ist. Übernommen werden auch notwendige Betreuungskosten für zu pflegende oder zu betreuende Familienangehörige der Berechtigten und der notwendigen Begleitpersonen, falls es sich bei den Berechtigten um Kinder und Jugendliche handelt.

2 Diese sehr weitgehende Regelung zeigt, wie wichtig es dem Gesetzgeber war, dass die Leistungen der Traumaambulanz tatsächlich in Anspruch genommen werden können. Angesichts der nicht unerheblichen Kosten und der Tatsache, dass über die Leistungen nur im Erleichterten Verfahren entschieden wird, ist davon auszugehen, dass er dem präventiven Charakter der Behandlung in der Traumaambulanz einen hohen Stellenwert beimisst und davon ausgeht, dass durch eine rasche Intervention dort später (höhere) Kosten vermieden werden können.

379 BT-Drs. 19138/24, S. 186.

B. Regelungsinhalt

I. Absatz 1

1. Übernahme der Fahrkosten

Die Norm bestimmt, dass erforderliche Fahrkosten zur nächstgelegenen Traumaambulanz übernommen werden. Die Höhe der Fahrkosten selbst bestimmt sich nach Absatz 2 der Norm. 3

a) Fahrkosten für Berechtigte

Übernommen werden die **Fahrkosten für Berechtigte (Satz 1)**[380]. Da über Leistungen der Traumaambulanz im Regelfall im Erleichterten Verfahren nach § 115 entschieden wird, genügt die Feststellung des Anspruchs in diesem Verfahren, um eine Berechtigung zu bejahen. 4

Zu berücksichtigen ist aber, dass nach § 34 Absatz 2 die ersten fünf (bzw. acht bei Kindern und Jugendlichen) Sitzungen der Traumaambulanz in Anspruch genommen werden können, bevor eine Entscheidung im Erleichterten Verfahren ergangen ist. Unter den Voraussetzungen des § 34 Absatz 3 Satz 2 können bis zu zehn weitere Sitzungen ohne Entscheidung der zuständigen Behörde in Anspruch genommen werden. Liegen die Voraussetzungen für die Inanspruchnahme der Traumaambulanz-Leistungen nach § 34 vor, sind Betroffene diesbezüglich Berechtigte, sodass die Fahrkosten zu übernehmen sind. Denn die Fahrkosten stellen eine akzessorische Nebenleistung[381] zum Hauptanspruch, dem Anspruch auf Leistungen der Traumaambulanz, dar und teilen deren rechtliches Schicksal. Dies entspricht auch der Intention des Gesetzgebers, der vermeiden wollte, dass Berechtigte durch die Fahrkosten an der Inanspruchnahme der Leistungen der Traumaambulanz faktisch gehindert werden.[382] Dies würde konterkariert, wenn man – unter bestimmten Voraussetzungen – die Möglichkeit eröffnet, noch vor einer Entscheidung der Behörde Leistungen der Traumaambulanz in Anspruch zu nehmen, die dabei anfallenden Fahrkosten aber nicht übernimmt bzw. die Übernahme von einer späteren, positiven Entscheidung abhängig macht. 5

Nach § 10 Absatz 5 Satz 1 besteht für die ersten beiden Sitzungen der Traumaambulanz keine Antragspflicht. Möchte eine Person nach diesen beiden Sitzungen keine weiteren Sitzungen in Anspruch nehmen, muss sie keinen 6

380 Dies steht zwar nicht ausdrücklich im Gesetzeswortlaut, ergibt sich aber aus dem Sinnzusammenhang sowie der Begründung, vgl. BT-Drs. 19138/24, S. 186.
381 So Mushoff, SGb 2022, 596, 601.
382 BT-Drs. 19138/24, S. 186.

Antrag stellen. Die Kosten für die beiden Sitzungen hat nicht sie, sondern die zuständige Behörde zu tragen, vgl. § 11 Absatz 5. Denkbar – wenn auch unwahrscheinlich – wäre es, dass die Person einen (isolierten) Antrag auf Übernahme der Fahrkosten für diese beiden Sitzungen stellt. Als akzessorische Nebenleistung zu den Leistungen der Traumaambulanz wären auch diese zu tragen. In allen Fällen, in denen von den Leistungen der Traumaambulanz Gebrauch gemacht werden darf, sind auch die Fahrkosten zu übernehmen. Diese Lesart trägt dem Willen des Gesetzgebers Rechnung, möglichst alle Hindernisse zu beseitigen, die (potenziell) Berechtige von der Inanspruchnahme der Traumaambulanz-Leistungen abhalten könnte.

7 Da es sich bei den Fahrkosten um eine akzessorische Nebenleistung zu den Leistungen der Traumaambulanz handelt, wird über sie auch im Erleichterten Verfahren nach § 115 entschieden.[383] Eine andere Sicht würde den vom Gesetzgeber gewollten niedrigschwelligen Zugang zu den Traumaambulanzen konterkarieren. Denn (potenziell) Berechtigte könnten vom Besuch der Traumaambulanz abgehalten werden, wenn sie erst den Ausgang des (oft langwierigen) Regelverfahrens abwarten müssten, bis sie die Fahrkosten erstattet bekommen. Zudem gelten im Regelverfahren höhere Anforderungen als im Erleichterten Verfahren. Auch wenn der Gesetzgeber in § 115 nur von den „Leistungen der Schnellen Hilfen“ spricht, ist davon auszugehen, dass er damit nicht nur das Fallmanagement und die psychotherapeutische (Früh-)Intervention in der Traumaambulanz meint. Vielmehr sind die damit zusammenhängenden Leistungen aus § 36 mitgemeint. Dass er die Vorschriften des Kapitel 4 Abschnitt 3 als Einheit sieht, zeigt sich auch darin, dass diese Normen[384] nach Art. 60 Absatz 5 des Gesetzes zur Regelung des Sozialen Entschädigungsrechts einheitlich zum 1. Januar 2021 in Kraft getreten sind (ebenso wie §§ 115 und 116).

8 Zusammenfassend ist festzuhalten: Übernommen werden die Fahrkosten für Berechtigte. Berechtigte sind Personen, die die Leistungen der Traumaambulanz in Anspruch nehmen dürfen. Dabei kann sich die Berechtigung aus § 11 Absatz 4, § 24 Absatz 2 Satz 2, Absatz 3 Satz 2 oder – nach Feststellung des Anspruchs auf Leistungen der Traumaambulanz – aus § 34 Absatz 3 Satz 1 ergeben.

---

383 A. A. jurisPK-SGB XIV/Schaumberg, § 36, Rn. 7.

384 Abgesehen von § 38 – dieser ist bereits nach Art. 60 Absatz 3 Nr. 1 des Gesetzes zur Regelung des Sozialen Entschädigungsrechts am Tag der Verkündung in Kraft getreten. Das frühere Inkrafttreten wurde für erforderlich erachtet, damit die Traumaambulanz-Verordnung zeitnah erarbeitet und erlassen werden kann und den Ländern so genügend Zeit bleibt, sich auf die mit der Rechtsverordnung zu erlassenden und ab 2024 in Kraft tretenden Bestimmungen einzustellen und die erforderlichen Vorkehrungen zu treffen, vgl. BT-Drs. 19/14870, S. 39.

b) Fahrkosten für eine notwendige Begleitperson

Übernommen werden auch die **Fahrkosten einer notwendigen Begleitperson (Satz 2, 1. HS)**. Eine Begleitung ist erforderlich, wenn die berechtige Person den Weg zur Traumaambulanz nicht alleine zurücklegen kann. Eine Begleitung kann zudem erforderlich sein, wenn die berechtigte Person auf eine Unterstützung während der Sitzung in der Traumaambulanz angewiesen ist.[385] In beiden Fällen kann der Unterstützungsbedarf entweder physischer und/oder psychischer Natur sein. 9

Bei der Notwendigkeit der Begleitung handelt es sich um ein objektives Tatbestandsmerkmal, über das die zuständige Behörde zu befinden hat. Bei körperlichen Beeinträchtigungen ist die Erforderlichkeit der Begleitung leicht nachprüfbar. Trägt die berechtigte Person hingegen vor, durch das schädigende Ereignis so erschüttert/traumatisiert o. Ä. zu sein und deshalb eine Begleitung zu benötigen, wird der Nachweis des Gegenteils kaum gelingen, zumal auch bei Auslegung dieses Merkmals die gesetzgeberische Intention, den Weg in die Traumaambulanz zu ebnen, zu beachten ist. Zudem gilt auch hier das Erleichterte Verfahren,[386] sodass eine Verneinung der Notwendigkeit der Begleitung nur bei offensichtlicher Unrichtigkeit in Betracht kommt. 10

Bei traumatisierten Kindern und Jugendlichen ist i. d. R. von der Notwendigkeit der Begleitung auszugehen.[387] 11

c) Fahrkosten für Kinder

Übernommen werden zudem die Fahrkosten für **Kinder, deren** Mitnahme erforderlich ist, weil ihre **Betreuung nicht sichergestellt ist (Satz 2, 2. HS)**. Die Norm definiert den Begriff der Kinder nicht. Es ist davon auszugehen, dass – wie in § 2 Absatz 3 ausgeführt – sowohl leibliche als auch Stiefkinder als auch Pflegekinder gemeint sind. Nach der Definition des § 7 Absatz 1 Nr. 1 des SGB VIII ist Kind, wer noch nicht 14 Jahre alt ist. Es ist zweifelhaft, ob hier auf diese Begriffsbestimmung zurückgegriffen werden kann. Zum einen gibt es Kinder unter 14 Jahren, die für die Dauer des Traumaambulanz-Besuchs alleine gelassen werden können. Zum anderen kann es Kinder jenseits dieses Alters (und auch jenseits der Volljährigkeit) geben, die etwa aufgrund einer Behinderung nicht alleine gelassen werden können. Daher sind Kinder i. S. dieser Norm solche Kinder der berechtigten Person, die für die Dauer des Besuchs in der Traumaambulanz der Betreuung bedürfen. 12

385 jurisPK-SGB XIV/Schaumberg, § 36, Rn. 7.
386 Zu dessen Anwendbarkeit vgl. oben unter a).
387 So auch Knickrehm/Mushoff/Schmidt, Rn. 114.

d) Erforderliche Fahrkosten zur nächstgelegenen Traumaambulanz

13 Zu übernehmen sind die erforderlichen Fahrkosten zur nächstgelegenen Traumaambulanz. Die **nächstgelegene Traumaambulanz** ist ausweislich der Gesetzesbegründung „diejenige, die für die jeweils betroffene Person das altersspezifische Angebot anbietet, also für Erwachsene die nächste Traumaambulanz mit Angeboten für Erwachsene, für Kinder und Jugendliche die nächste Traumaambulanz mit Angeboten für Kinder und Jugendliche. Verfügt die nächstgelegene Traumaambulanz nicht über freie Kapazitäten gilt als nächstgelegen diejenige Traumaambulanz mit freien Kapazitäten, zu der die betroffene Person die kürzeste Anfahrt hat".[388]

14 Der Gesetzgeber stellt also darauf ab, wohin Betroffene die kürzeste Anfahrt haben. Eine Traumaambulanz, die räumlich zwar näher liegt, zu der aber wegen ungünstigerer Verbindungen eine längere Anfahrtszeit erforderlich ist, ist nicht die nächstgelegene Ambulanz. Vielmehr ist das die am schnellsten erreichbare, u. zw. mit dem von der berechtigten Person gewählten Verkehrsmittel.

15 Welche **Fahrkosten erforderlich** sind, ist im Einzelfall zu ermitteln.[389] Grundsätzlich ist – mit Blick auf Absatz 2 Satz 1 – davon auszugehen, dass nur die durch die Beförderung in der niedrigsten Klasse des zweckmäßigsten öffentlichen Verkehrsmittels entstandenen Kosten erforderlich sind. Im Einzelfall können aber auch durch die Nutzung anderer Verkehrsmittel entstandene Kosten erforderlich sein. Denn der Gesetzgeber geht in § 7 der auf Grundlage des § 38 erlassenen Traumaambulanz-Verordnung davon aus, dass in der Regel eine Fahrzeit von einer Stunde mit einem Kraftfahrzeug oder öffentlichen Verkehrsmitteln vom Wohnort des oder der Leistungsberechtigten bis zur Traumaambulanz zumutbar sei. In der Begründung des Verordnungsentwurfs heißt es hierzu: „Diesem Erfordernis kann bei einem längeren Fahrweg wegen schlechter Anbindung auch dadurch Genüge getan werden, dass im Wege eines Härteausgleichs nach § 100 SGB XIV die Kosten für eine schnellere Beförderung übernommen werden (z. B. in Form von „Taxigutscheinen")."[390]

388 BT-Drs. 19138/24, S. 186.
389 jurisPK-SGB XIV/Schaumberg, § 36, Rn. 24.
390 https://www.bmas.de/SharedDocs/Downloads/DE/Gesetze/Referentenentwuerfe/ref-traumaambulanz-verordnung-tav-3.pdf;jsessionid=5F77D319D11EF-9D4462C27BCA80B6983.delivery1-master?__blob=publicationFile&v=3 – S. 36 (zuletzt abgerufen am 15.1.2025).

2. Übernahme der Betreuungskosten

Nach Satz 3 werden auch die notwendigen Betreuungskosten für zu pflegende oder zu betreuende Familienangehörige sowohl für die Berechtigten als auch für die notwendigen Begleitpersonen für Kinder und Jugendliche übernommen. 16

Das Gesetz legt nicht näher dar, wer **„Familienangehöriger“** i. S. der Norm ist. Jedoch definiert § 2 Absatz 2 Angehörige als „Ehegatten sowie Kinder und Eltern von Geschädigten“. Diese Personen sind auf jeden Fall als Familienangehörige anzusehen. Mit Blick auf den Gesetzeszweck, wonach Betreuungspflichten Berechtigte und notwendige Begleitpersonen von Kindern und Jugendlichen nicht faktisch an der Fahrt zur Traumaambulanz hindern sollen,[391] liegt es nahe, den Begriff der Familienangehörigen weiter zu verstehen und zumindest nahe Angehörige i. S. d. § 7 Absatz 3 Pflegezeitgesetz zu erfassen;[392] dies sind: 17

1. Großeltern, Eltern, Schwiegereltern, Stiefeltern,
2. Ehegatten, Lebenspartner, Partner einer eheähnlichen oder lebenspartnerschaftsähnlichen Gemeinschaft, Geschwister, Ehegatten der Geschwister und Geschwister der Ehegatten, Lebenspartner der Geschwister und Geschwister der Lebenspartner,
3. Kinder, Adoptiv- oder Pflegekinder, die Kinder, Adoptiv- oder Pflegekinder des Ehegatten oder Lebenspartners, Schwiegerkinder und Enkelkinder.

Der Wortlaut lässt aber auch eine weitere Interpretation zu, sodass beispielsweise auch Tanten, Onkel etc. erfasst sein können. Dies kann bei zunehmender Alterung der Bevölkerung und fehlenden Ehepartnern und/oder direkten Nachkommen, die die Betreuung übernehmen, an Bedeutung gewinnen. 18

Übernommen werden nur die **notwendigen** Betreuungskosten. Das bedeutet zunächst, dass die Betreuung an sich erforderlich sein muss. Es muss sich also um Familienangehörige handeln, die für die Dauer des Besuchs der Traumaambulanz nicht alleine gelassen werden können. Notwendig sind die Betreuungskosten ferner dann, wenn die Betreuung nicht von anderen Personen kostenfrei übernommen werden kann, sodass eine bezahlte Betreuung erforderlich ist. Schließlich müssen die Betreuungskosten auch der Höhe nach erforderlich sein. Dies ist eine Frage des Einzelfalls. Bei Betreuung durch einen Pflegedienst o. Ä. dürfte es diesbezüglich keine Probleme geben, wenn dieser den Stundensatz, den er auch sonst 19

391 Vgl. BT-Drs. 19138/24, S. 186.
392 Für eine entsprechende Auslegung auch jurisPK-SGB XIV/Schaumberg, § 36, Rn. 33.

verlangt, ansetzt. Unangemessen hohe Betreuungskosten sind nicht als notwendig anzusehen.

II. Absatz 2

20 Die Norm regelt die Höhe der zu übernehmenden Fahrkosten. Nach **Satz 1** werden die Fahrkosten in Höhe des Betrages zugrunde gelegt, der bei der Beförderung in der niedrigsten Klasse des zweckmäßigsten öffentlichen Verkehrsmittels zu zahlen ist. Am zweckmäßigsten ist nicht zwangsläufig das Verkehrsmittel, mit dem die kürzeste Anfahrtszeit besteht. Es kann auch eine längere Fahrt mit weniger Umsteigen zweckmäßig sein. Letztendlich ist auch bei diesem Erfordernis der hinter Kapitel 4, Abschnitt 3 stehenden gesetzgeberische Wille, den Weg in die Traumaambulanz weitgehend zu ebnen, zu beachten. Dies gebietet eine großzügige Auslegung, sodass das Merkmal „zweckmäßigsten" zu bejahen ist, wenn die Begründung für die Inanspruchnahme des jeweiligen Verkehrsmittels vertretbar ist.

21 Da es ausweislich Absatz 1 um die *Übernahme* von Fahrkosten geht, können nur solche Kosten übernommen werden, die tatsächlich entstanden sind. Müssen bestimmte Personen in öffentlichen Verkehrsmitteln für die Beförderung kein Entgelt zahlen (etwa Kinder bis zu einem bestimmten Alter), so können sie auch keine Fahrkosten erhalten. Liegen die tatsächlichen Fahrkosten (etwa wegen einer Vergünstigung, einer vorhandenen Bahncard etc.) unterhalb der Beförderungskosten in der niedrigsten Klasse des zweckmäßigsten Verkehrsmittels, sind auch nur die tatsächlich entstandenen Fahrkosten zu übernehmen.

22 Werden für die Beförderung in die Traumaambulanz nicht öffentliche, sondern andere Verkehrsmittel genutzt, wird nach **Satz 2** ein Betrag in Höhe der Wegstreckenentschädigung nach § 5 Absatz 1 Satz 2 des Bundesreisekostengesetzes zugrunde gelegt. Hiernach beträgt die Wegstreckenentschädigung bei Benutzung eines Kraftfahrzeuges oder eines anderen motorbetriebenen Fahrzeuges 20 Cent je Kilometer zurückgelegter Strecke, höchstens jedoch 130 Euro. Es muss also ein motorbetriebenes Fahrzeug benutzt worden sein, bei Nutzung eines nicht-motorbetriebenen Fahrzeugs scheidet eine Entschädigung aus.

23 Sind die tatsächlich entstandenen Kosten höher als diejenigen, die nach § 36 Absatz 2 Satz 2 i. V. m. § 5 Absatz 1 Satz 2 Bundesreisekostengesetz erstattet werden können, können die darüber hinausgehenden Kosten angesichts des eindeutigen Gesetzeswortlauts nicht übernommen werden.

Unter Umständen kann aber im Einzelfall eine Übernahme im Wege des Härteausgleichs nach § 100 in Betracht kommen.[393]

III. Rechtsnatur des Anspruchs auf Fahrkostenübernahme

Die Fahrkosten werden übernommen, was vom Wortlaut her auf eine tatsächliche Übernahme als Sachleistung deutet.[394] Bei lebensnaher Betrachtung ist aber davon auszugehen, dass Berechtigte mit öffentlichen Verkehrsmitteln oder dem eigenen Pkw zur Traumaambulanz fahren und im Nachhinein die Erstattung der entstandenen Kosten begehren. In diesen Fällen ist der Anspruch aus § 36 auf Erstattung dieser Kosten gerichtet.[395] 24

§ 37
Vereinbarungen mit Traumaambulanzen

(1) [1]Die nach Landesrecht zuständigen Behörden schließen Vereinbarungen mit Traumaambulanzen, die die Voraussetzungen nach diesem Abschnitt erfüllen. [2]Am 1. Januar 2021 bestehende Vereinbarungen bleiben hiervon für die Dauer ihrer Laufzeit unberührt.

(2) [1]Die Vereinbarung muss die wesentlichen Anforderungen an die Traumaambulanz sowie die wesentlichen Leistungsmerkmale festlegen. [2]In der Vereinbarung muss sich die Traumaambulanz verpflichten, nach § 32 und § 33 berechtigte Perso-

---

393 Davon geht der Gesetzgeber auch in der Begründung zu § 7 Traumaambulanz-Verordnung aus, vgl. https://www.bmas.de/SharedDocs/Downloads/DE/Gesetze/Referentenentwuerfe/ref-traumaambulanz-verordnung-tav-3.pdf;jsessionid=5F77D319D11EF9D4462C27BCA80B6983.delivery1-master?__blob=publicationFile&v=3 – S. 36 (zuletzt abgerufen am 15.1.2025).

394 jurisPK-SGB XIV/Schaumberg, § 36, Rn. 20; Mushoff, SGb 2022, 596, 601.

395 Vgl. BSG, Urteil vom 18.11.2014, Az. B 1 KR 8/13 R, Rn. 9 zum insoweit vergleichbaren § 60 SGB V: „Für Transporte demgegenüber, die einer KK bei wirklichkeitsnaher Betrachtung von vornherein nicht als ‚eigene' bzw. eigenorganisierte Naturalleistung zugerechnet werden können (z.B. Fahrten des Versicherten im privaten Pkw oder Benutzung öffentlicher Nahverkehrsmittel) […] ist der Anspruch des Versicherten aus § 60 SGB V vielmehr auf die ‚Kosten' als Ausgleich der entstandenen notwendigen finanziellen Aufwendungen selbst gerichtet. Zwar ist auch insoweit ein Anspruch auf Vorab-Freistellung von Fahrkosten in Form von Naturalleistungen denkbar (z.B. bei Verschaffung einer Fahrkarte oder deren Vorfinanzierung durch einen Fahrgutschein). Hat der Versicherte aber Kosten für eigeninitiierte und durchgeführte Fahrten bereits aufgewandt, erschiene die Annahme einer gleichwohl dabei stattfindenden Naturalleistungsgewährung der KK gekünstelt […]. In derartigen Fällen ist daher schon der Anspruch aus § 60 SGB V selbst auf Erstattung der Kosten gerichtet und ein Rückgriff auf die Regelungen über die naturalleistungsersetzende Kostenerstattung (§ 13 Abs 3 SGB V) entbehrlich (BSG SozR 4-2500 § 60 Nr. 5 Rn. 16). Bestand ein Anspruch auf Übernahme der Fahrkosten, war er mit seinem Entstehen fällig (§ 41 SGB I)."

nen im Rahmen des vereinbarten Leistungsangebotes psychotherapeutisch zu betreuen. [3]Darüber hinaus enthält die Vereinbarung als Mindestinhalt Regelungen über
1. **den psychotherapeutisch zu betreuenden Personenkreis,**
2. **Art und Ziel der Leistung,**
3. **die Anforderungen an die personelle Ausstattung und an die Qualifikation des Personals,**
4. **die im Zusammenhang mit der Leistungserbringung bestehenden Pflichten der Traumaambulanz,**
5. **den Datenschutz sowie**
6. **die Vergütung der von der Traumaambulanz erbrachten Leistungen.**

Erläuterungen

Übersicht **Rn.**

A. Allgemeines

1 Die psychotherapeutische (Früh-)Intervention in der Traumaambulanz kann gem. § 31 Absatz 2 nur in solchen Traumaambulanzen erbracht werden, mit denen die Träger der Sozialen Entschädigung eine Vereinbarung nach § 37 geschlossen haben. Da der Begriff der Traumaambulanz rechtlich nicht geschützt ist, ist diese Regelung wichtig, damit ausgeschlossen ist, dass Einrichtungen, die sich zwar Traumaambulanz nennen, die aber keine Vertragsbeziehung zu den Versorgungsbehörden haben, Leistungen zulasten der Träger der Sozialen Entschädigung abrechnen können. Gerade mit Blick auf das fehlende Antragserfordernis für die ersten beiden Sitzungen (vgl. § 11 Absatz 4) wäre bestünde die Gefahr des Missbrauchs, wenn jede Einrichtung hierfür Erstattung verlangen könnte. § 37 und die auf Grundlage des § 38 erlassene Traumaambulanz-Verordnung[396] regeln das Nähere zu diesen Vereinbarungen.

396 BGBl. I, S. 1816–1831.

B. Regelungsinhalt

I. Absatz 1

2 Nach **Satz 1** dieser Regelung schließen die nach Landesrecht zuständigen Behörden Vereinbarungen mit Traumaambulanzen, die die Voraussetzungen nach Abschnitt 3 des Kapitel 4 erfüllen. Bezüglich des **Vertragspartners** auf öffentlicher Seite besteht eine Diskrepanz zu § 31 Absatz 2, wonach die Träger der Sozialen Entschädigung die Verträge schließen. Aus § 111 ergibt sich, dass die Länder die Träger der Sozialen Entschädigung sind. Die zuständige Behörde wird dann nach Landesrecht bestimmt, vgl. § 112. Die Verträge mit den Traumaambulanzen schließen somit die Behörden, die nach Landesrecht hierfür zuständig sind.

3 **Vereinbarungen** können nur **mit** Traumaambulanzen geschlossen werden, die die Voraussetzungen nach Abschnitt 3 des Kapitel 4 erfüllen. Das bedeutet, dass sie die hier beschriebenen Leistungen zu erbringen haben und bereit sein müssen, die hier definierten Pflichten (etwa die Anzeige weiteren Betreuungsbedarfs nach § 35 Absatz 2) zu erfüllen. In diesem Abschnitt ist auch eine Verordnungsermächtigung enthalten (§ 38). Die auf dieser Grundlage bereits erlassene Traumaambulanz-Verordnung enthält weitere Regelungen, die für die Vereinbarungen mit den Traumaambulanzen bedeutsam sind.

4 Erfüllt eine Traumaambulanz die Voraussetzungen des Abschnitt 3 des Kapitel 4, bedeutet das nicht, dass die zuständigen Behörden einen Vertrag mit ihr schließen müssen; ein **Kontrahierungszwang besteht nicht**.[397] Vielmehr bedeutet die Vorgabe des Satz 1, dass Behörden nur mit solchen Traumaambulanzen kontrahieren *dürfen* (nicht müssen!), die die genannten Voraussetzungen erfüllen.[398] Bei anderer Auslegung bestünde die Gefahr, dass – gerade in Großstädten – die zuständigen Behörden mit einer Vielzahl von Vertragspartnern konfrontiert wären. Es entstünde ein unüberschaubares Angebot und die Qualitätskontrolle wäre nicht mehr gewährleistet. Dass der Gesetzgeber dies gewollt hat, ist nicht erkennbar. Vielmehr zeigt die Gesetzesbegründung, dass mit der Vorgabe des Satz 1 die Kontrahierungsmöglichkeit auf die Traumaambulanzen, die die in der Norm genannten Voraussetzungen erfüllen, beschränkt werden sollte.[399] Für diese Lesart

397 A. A. jurisPK-SGB XIV/Schaumberg, § 37, Rn. 22.
398 Vgl. BT-Drs. 19138/24, S. 187.
399 Vgl. BT-Drs. 19138/24, S. 187: „Satz 1 der Vorschrift stellt klar, dass dabei nur mit solchen Traumaambulanzen kontrahiert werden **darf**, die die Voraussetzungen nach diesem Buch erfüllen." – Hervorhebung nicht im Original.

spricht auch, dass § 37 nur den Mindestinhalt der Vereinbarungen regelt. Die Vertragsparteien können weitere, nicht im Gesetz geregelte Punkte vereinbaren. Diese Möglichkeit der Behörden, ihnen für die Vertragsbeziehung mit den Traumaambulanzen wichtige Punkte zu regeln, würde ihnen genommen, wenn eine Pflicht zum Vertragsabschluss bei Erfüllung der gesetzlichen Vorgaben bestünde.

5 Die Vereinbarung darf laut § 37 Absatz 1 Satz 1 nur mit Traumaambulanzen abgeschlossen werden, die die **Voraussetzungen des Abschnitts 3 des Kapitels 4** erfüllen. Hingegen stellt der Begründungstext auf die Voraussetzungen „nach diesem Buch“, also nach dem SGB XIV ab. Angesichts des eindeutigen Gesetzeswortlauts kann die Norm nicht i. S. d. Begründung ausgelegt werden.[400]

Außerhalb des Abschnitts 3 des Kapitels 4 enthalten § 10 Absatz 5 Satz 1 und § 11 Absatz 4 und 5 Regelungen, die die Traumaambulanzen betreffen. Diese richten sich zwar an den Träger des Sozialen Entschädigungsrecht, betreffen aber auch die Leistungserbringung durch die Traumaambulanz. Diese haben noch vor Antragstellung zwei Sitzungen zu erbringen. Damit diese Leistungserbringung sichergestellt wird, müssen die vertragsschließenden Behörden dies in die Vereinbarung aufnehmen.[401]

6 **Satz 2** stellt klar, dass am 1. Januar 2024 bestehende Vereinbarungen für die Dauer ihrer Laufzeit unberührt bleiben. Der Gesetzgeber wollte mit dieser Regelung einerseits sicherstellen, dass bereits vor diesem Zeitpunkt Verträge vereinbart werden können, damit Leistungen der Traumaambulanz angeboten werden können.[402] Da der Anspruch auf Leistungen der Traumaambulanz bereits zum 1. Januar 2021 in Kraft getreten ist, ist solch eine Regelung auch erforderlich.

7 Es kann im Interesse der Vertragsparteien – etwa mit Blick auf die Planungssicherheit – liegen, auch längere, über den 1. Januar 2024 hinausgehende Laufzeiten zu vereinbaren. Mit § 37 Absatz 1 Satz 2 wollte der Gesetzgeber verhindern, dass diese Verträge vorzeitig gekündigt werden müssen und dadurch Schadensersatzpflichten entstehen.[403]

400 So auch jurisPK-SGB XIV/Schaumberg, § 37, Rn. 20.

401 Die sich in diesem Zusammenhang aus § 2 Absatz 1 der auf Grundlage des § 38 erlassenen Traumaambulanz-Verordnung ergebenden Pflichten der Traumaambulanz sind ebenfalls in die Vereinbarung aufzunehmen.

402 BT-Drs. 19138/24, S. 187.

403 BT-Drs. 19138/24, S. 187.

II. Absatz 2

Absatz 2 regelt, dass die Vereinbarung die wesentlichen Anforderungen an die Traumaambulanz sowie die wesentlichen Leistungsmerkmale festlegen muss. Die Traumaambulanz muss sich verpflichten, nach § 32 und § 33 berechtigte Personen im Rahmen des vereinbarten Leistungsangebotes psychotherapeutisch zu betreuen. 8

Darüber hinaus enthält die Vereinbarung als Mindestinhalt Regelungen über 9

1. den psychotherapeutisch zu betreuenden Personenkreis,
2. Art und Ziel der Leistung,
3. die Anforderungen an die personelle Ausstattung und an die Qualifikation des Personals,
4. die im Zusammenhang mit der Leistungserbringung bestehenden Pflichten der Traumaambulanz,
5. den Datenschutz sowie
6. die Vergütung der von der Traumaambulanz erbrachten Leistungen.

Zu beachten ist, dass nach § 35 Absatz 2 Satz 2 in der Vereinbarung auch die Sanktion eines Verstoßes gegen die Informationspflicht aus § 35 Absatz 2 Satz 1 festzulegen ist. Ferner sind die – teilweise sehr detaillieren – Vorgaben der auf Grundlage des § 38 erlassenen Traumaambulanz-Verordnung bedeutsam. Über die Vereinbarungen mit den Traumaambulanzen haben die zuständigen Behörden sicherzustellen, dass auch die Vorgaben der Verordnung erfüllt werden. 10

§ 38
Verordnungsermächtigung

[1]Das Nähere zu den Vereinbarungen nach § 37 regelt eine vom Bundesministerium für Arbeit und Soziales mit Zustimmung des Bundesrates zu erlassende Rechtsverordnung, die zum 1. Januar 2024 in Kraft tritt. [2]Mindestinhalt der Verordnung sind Bestimmungen

1. **zur Qualifikation des Personals der Traumaambulanz, das die Sitzungen durchführt,**
2. **zur Dauer der einzelnen Sitzung,**
3. **zur Erreichbarkeit der Traumaambulanz und zum Zeitraum, in welchem die Betroffenen einen Termin dort erhalten müssen, unter Berücksichtigung der örtlichen Gegebenheiten,**
4. **zu den Dokumentationspflichten,**

5. zum Abrechnungsverfahren einschließlich der sich daraus ergebenden Datenübermittlungswege,
6. zur Schweigepflichtentbindung und
7. zur Vertraulichkeit.

Erläuterungen

Übersicht **Rn.**

A. Allgemeines

1 § 37 enthält einige Anforderungen an die von den zuständigen Behörden mit den Traumaambulanzen zu schließenden Vereinbarungen. § 38 ermächtigt das Bundesministerium für Arbeit uns Soziales, das Nähere zu diesen Vereinbarungen in einer Verordnung zu regeln. Mindestinhalt der Verordnung sind Bestimmungen

1. zur Qualifikation des Personals der Traumaambulanz, das die Sitzungen durchführt,
2. zur Dauer der einzelnen Sitzung,
3. zur Erreichbarkeit der Traumaambulanz und zum Zeitraum, in welchem die Betroffenen einen Termin dort erhalten müssen,
4. zu den Dokumentationspflichten,
5. zum Abrechnungsverfahren einschließlich der sich daraus ergebenden Datenübermittlungswege,
6. zur Schweigepflichtentbindung und
7. zur Vertraulichkeit.

2 Sinn und Zweck der Verordnung ist es, bundeseinheitliche Qualitätsstandards festzulegen.[404] Dabei schreibt der Gesetzgeber der Qualifikation der behandelnden Personen eine herausragende Bedeutung für die Qualität der Traumaambulanz-Leistungen zu.[405]

404 BT-Drs. 19138/24, S. 187.
405 BT-Drs. 19138/24, S. 187.

B. Traumaambulanz-Verordnung

I. Verordnungsinhalt

Am 20.10.2022 hat das Bundesministerium für Arbeit und Soziales die Traumaambulanz-Verordnung erlassen.[406] Ein Kernelement stellen die Qualifikationsanforderungen an die Behandelnden dar. Dabei wird zwischen der Behandlung von Erwachsenen auf der einen und Kindern und Jugendlichen auf der anderen Seite unterschieden. Als Grundvoraussetzung wird der „Facharztstandard" festgeschrieben. Ferner ist eine traumaspezifische Fortbildung erforderlich, und für die Behandlung von Kindern und Jugendlichen, die Opfer sexuellen Missbrauchs geworden sind, müssen weitere Kenntnisse und Fertigkeiten vorliegen. Verfügt die Traumaambulanz nicht über ausreichend eigene Kapazitäten, um den Anspruch Leistungsberechtigter in quantitativer oder qualitativer Hinsicht zu erfüllen, kann sie sich im Ausnahmefall externer Anbieter bedienen. Weitere Regelungen betreffen die Dauer der Sitzung, die Erreichbarkeit der Traumaambulanz und die Anzahl der Traumaambulanzen. 3

Die Vorschriften gehen stark auf die Bedürfnisse der Opfer ein. Da die Verordnung nicht für alte, vor dem Inkrafttreten der Verordnung am 1. Januar 2024 geschlossene Verträge gilt, werden deren Vorgaben nicht schon ab diesem Zeitpunkt, sondern erst nach und nach in die Vereinbarungen Eingang finden. Dabei wird sich zeigen, inwieweit es in der Praxis gelingen wird, ausreichend Traumaambulanzen zu finden, die bereit sind, die sich aus dem SGB XIV und der Verordnung ergebenden Anforderungen zu erfüllen und entsprechende Vereinbarungen zu unterzeichnen. Eine große Herausforderung dürfte dabei insbesondere der Mangel an Personen mit der erforderlichen Qualifikation sein. 4

II. Umsetzung der Verordnung

Die Verordnung enthält teilweise Pflichten der Traumaambulanz, etwa die Pflicht, Betroffene beim Antrag zu unterstützen oder die Behandlung nur von Personen mit der in der Verordnung genannten Qualifikation durchzuführen. Diese Pflichten sind in die Vereinbarung der zuständigen Behörde mit der Traumaambulanz aufzunehmen.[407] 5

Die Verordnung enthält aber auch Regelungen, die nicht (unmittelbar) den Inhalt der Vereinbarung betreffen. So sind nach § 7 Vereinbarungen mit einer 6

406 BGBl. I, 1816–1831.

407 Denn § 38 ermächtigt nur dazu, das Nähere zu den Vereinbarungen nach § 37 zu regeln, nicht aber, per Verordnung der Traumaambulanz Pflichten aufzuerlegen oder die Behandlung in der Traumaambulanz näher auszugestalten. Daher müssen der diesbezügliche Verordnungsinhalt über die Vereinbarung umgesetzt werden.

ausreichenden Zahl von Einrichtungen zu schließen. Dabei geht der Verordnungsgeber davon aus, dass die Anzahl ausreichend ist, wenn eine Traumaambulanz nach einer zumutbaren Fahrzeit erreicht werden kann (in der Regel nach einer einstündigen Fahrzeit mit einem Kraftfahrzeug oder öffentlichen Verkehrsmitteln). Diese Regelung kann nicht zum Gegenstand der Vereinbarung mit den Traumaambulanzen gemacht werden. Es handelt sich um eine allein von den zuständigen Behörden zu erfüllende Pflicht; sie müssen so viele Verträge schließen, dass ausreichend Traumaambulanzen vorhanden sind, damit Berechtigte sie nach einer zumutbaren Fahrzeit erreichen können. § 38 ermächtigt, „das Nähere zu den Vereinbarungen nach § 37" zu regeln, also nicht zwangsläufig zum Inhalt der Vereinbarungen, sodass auch solche Regelungen wie § 7 von der Verordnungsermächtigung gedeckt sind.

Abschnitt 4
Kooperationsvereinbarungen

§ 39
Kooperationsvereinbarungen für Beratungs- und Begleitangebote

[1]Die Träger der Sozialen Entschädigung können Kooperationsvereinbarungen mit Organisationen schließen, die eine umfassende qualitätsgesicherte Beratung und Begleitung der Berechtigten sicherstellen. [2]Dabei berücksichtigen sie Angebote, die sich an Angehörige besonders schutzbedürftiger Personengruppen richten. [3]Sie können diesen Organisationen Sach- und Geldmittel zur Verfügung stellen.

Erläuterungen

A. Allgemeines

1 Mit dem Fallmanagement wurde eine neue Leistung in das SGB XIV eingeführt. Betroffene, die diese Leistung beanspruchen können, werden von einem Fallmanager oder einer Fallmanagerin nicht nur im Antrags- und Leistungsverfahren nach dem SGB XIV begleitet (§ 30 Absatz 1, Absatz 5 Nr. 4 und Nr. 5). Sie werden zudem nach § 30 Abs. 5 Nr. 2 und 3 auf Sozialleistungen außerhalb des SGB XIV hingewiesen und begleitet, soweit sie Ansprüche gegen andere Sozialleistungsträger nach den Kapiteln 5, 6, 7 und 11 haben oder haben können, um so zügig und aufeinander abgestimmte Leistungen zu erhalten.

2 Dennoch haben Betroffene oft Hilfebedarf, der über das Sozialrecht hinausgeht.[408] So benötigt eine Frau mit Kind, die Opfer häuslicher Gewalt geworden ist und den gewalttätigen Partner verlassen möchte, eine neue, sichere Unterkunft, Unterstützung bei einem ggf. erforderlichen Schulwechsel etc. Es gibt eine Vielzahl von (nichtstaatlichen) Organisationen, die Opfern eine derartige umfassende Unterstützung anbieten. Entsprechende Angebote können Betroffene in der Online Datenbank für Betroffene von Straftaten (ODABS) finden, wo nicht nur allgemeine Informationen zum Sozialen Entschädigungsrecht aufgeführt, sondern auch zur Tat passende, ortsnahe Angebote gesucht werden können. Die Seite ist hier auffindbar:

https://www.odabs.org/

3 Der Gesetzgeber sieht aber auch die Möglichkeit einer direkten Zusammenarbeit zwischen den Trägern der Sozialen Entschädigung und solchen nichtstaatlichen Einrichtungen. Obwohl auch vor Geltung des SGB XIV eine derartige Kooperation möglich war, zeigt der Gesetzgeber durch deren ausdrückliche Aufnahme ins Gesetz, dass er sie als wertvolle Ergänzung zur rein behördlichen Arbeit ansieht.[409]

B. Regelungsinhalt

I. Satz 1

4 Diese Vorschrift ermöglicht es, Kooperationsvereinbarungen mit Organisationen zu schließen, die Berechtigte beraten und begleiten. Dabei müs-

408 Drohsel, SozSich 2022, S. 451 ff., weist in ihrem Beitrag zur Traumaambulanz-Verordnung darauf hin, dass Traumaambulanzen nur für bestimmte Betroffene das richtige Angebot seien. Für andere Betroffene sei ein nichtklinisches Angebot passend, etwa durch spezialisierte Fachberatungsstellen.

409 BT-Drs. 19138/24, S. 187.

sen diese Organisationen nicht zwingend im Bereich der Opferentschädigung tätig sein, sondern können sich auch in weiteren Bereichen der Opferhilfe betätigen.[410] Genau das ist vom Gesetzgeber gewollt, der die Kooperation mit diesen Beratungsstellen und Einrichtungen als Ergänzung zum staatlichen System sieht. Auf die jeweilige Rechtsform (z.B. Verein, Stiftung) und Organisationsform (bundesweit, regional, lokal) der Einrichtungen kommt es nicht an, ebenso wenig auf die Art ihres Tätigwerdens (ehrenamtlich oder hauptamtlich) oder auf ihr jeweiliges Betätigungsfeld (umfassende Opferhilfe, spezialisierte Fachberatungsstellen z.B. für Opfer sexueller oder häuslicher Gewalt, psychosoziale Prozessbegleitung). Oft wird dabei ein ganzheitlicher Ansatz verfolgt, um den Betroffenen Hilfe in allen Situationen und bei allen Lebensentscheidungen, z.B. im Zusammenhang mit einer speziellen Art von Gewalttat, anzubieten.[411]

5 Der Gesetzgeber überlässt die Entscheidung über den Abschluss solcher Vereinbarungen den Trägern der Sozialen Entschädigung **(„Kann-Regelung“)**. Allerdings stellt er klar, dass dann, wenn Vereinbarungen abgeschlossen werden, die Organisationen eine „umfassende **qualitätsgesicherte** Beratung und Begleitung der Berechtigten“ sicherzustellen haben. Nähere Vorgaben zur Qualitätssicherung trifft der Gesetzgeber nicht, eröffnet aber die Möglichkeit, diesbezüglich eine Verordnung zu erlassen (§ 40). Bis dahin besteht hinsichtlich der „umfassende[n] qualitätsgesicherte Beratung und Begleitung der Berechtigten“ ein Interpretationsspielraum, wobei die Vorgaben des § 40 Satz 2 (Qualifikation der Organisation und ihrer Mitarbeiter) als relevante Kriterien zur Auslegung herangezogen werden können. Die Vorgabe des Satz 1 bedeutet jedenfalls, dass die vertragsschließenden Träger der Sozialen Entschädigung nachvollziehbare Qualitätskriterien aufstellen und deren Einhaltung prüfen müssen.

6 Die Kooperationsvereinbarungen selbst sind zwar keine Schnellen Hilfen. Indem der Gesetzgeber sie jedoch in Kapitel 4, der als „Schnelle Hilfen“ überschrieben ist, regelt, bringt er zum Ausdruck, dass eine Vereinbarung dahingehend möglich ist, die Leistungen, die von den Vertragspartnern erbracht werden, als „Schnelle Hilfen“, also zügig und niederschwellig zu erbringen.[412] Ausweislich der Gesetzesbegründung besteht die Möglichkeit, zu vereinbaren, dass die Leistungen „noch vor einer Entscheidung über den Antrag auf Leistungen nach dem SGB XIV“ erbracht werden.[413] Das bedeutet: Die Vertragspartner können vereinbaren, dass die Leistungen, die Gegenstand der

410 BT-Drs. 19138/24, S. 187.
411 BT-Drs. 19138/24, S. 187.
412 BT-Drs. 19138/24, S. 182.
413 BT-Drs. 19138/24, S. 182.

Kooperationsvereinbarung nach § 39 sind, als „Schnelle Hilfen" erbracht werden. Nicht die Kooperationsvereinbarung selbst, aber die darin vereinbarte Leistung ist dann eine Leistung der Schnellen Hilfen, über die im Erleichterten Verfahren nach § 115 entschieden wird.

„Berechtigte" i. S. d. § 39 Satz 1 sind diejenigen, die eine positive Entscheidung bezüglich der nach der Kooperationsvereinbarung zu erbringenden Leistung im Erleichterten Verfahren erhalten haben. 7

II. Satz 2

Nach Satz 2 sind bei Abschluss der Vereinbarungen Angebote zu berücksichtigen, die sich an Angehörige **besonders schutzbedürftiger Personengruppen** richten. Welche Personengruppen besonders schutzbedürftig sind, definiert der Gesetzgeber nicht. Möglich ist eine Auslegung, die allein auf die Personeneigenschaft abstellt, z. B. Kinder. Damit wären dann aber alle Kinder unabhängig von der Intensität und/oder der Dauer der Tat als schutzwürdige Personengruppe anzusehen. Möglich ist, – zusätzlich oder alternativ – die Tat zu berücksichtigen, z. B. Kinder, die Opfer sexualisierter Gewalt geworden sind. Besondere Schutzbedürftigkeit kann sich auch aus den Lebensumständen ergeben, z. B. bei Menschen, die der deutschen Sprache nicht mächtig sind und daher eine besondere Unterstützung benötigen, weil es für sie deutlich schwieriger ist, sich im „Hilfesystem" zurechtzufinden. Letztendlich sind hier viele Auslegungen vertretbar. 8

III. Satz 3

Schließlich regelt **Satz 3** der Norm, dass den Organisationen Sach- und Geldmittel zur Verfügung gestellt werden können. Dies ist eine „Kann-Leistung" und bedeutet im Umkehrschluss, dass auch unentgeltliche Kooperationen möglich sind. 9

§ 40
Verordnungsermächtigung

[1]Das Bundesministerium für Arbeit und Soziales wird ermächtigt, durch Rechtsverordnung, die der Zustimmung des Bundesrates bedarf, die qualitativen Anforderungen an Kooperationsvereinbarungen zu regeln. [2]Mindestinhalte der Verordnung sind:

1. **die Anforderungen an die Qualifikation der Organisationen, mit denen Kooperationsvereinbarungen geschlossen werden können, sowie**
2. **die Anforderungen an die Qualifikation der Mitarbeiterinnen und Mitarbeiter der Organisation nach Nummer 1.**

Erläuterungen

Übersicht **Rn.**

A. Allgemeines

1 Die Norm ist im Zusammenhang mit § 39 zu sehen: § 39 ermächtigt die Träger der Sozialen Entschädigung zum Abschluss von Kooperationsvereinbarungen mit Organisationen, die eine umfassende qualitätsgesicherte Beratung und Begleitung der Berechtigten sicherstellen. § 40 ermächtigt das Bundesministerium für Arbeit und Soziales, mit Zustimmung des Bundesrates qualitative Anforderungen per Verordnung zu regeln.

B. Regelungsinhalt

2 Die Norm ermächtigt, qualitative Anforderungen an Kooperationsvereinbarungen per Verordnung festzulegen. Auf diese Weise wird ein bundeseinheitlicher Standard für die Organisationen etabliert, die in Kooperation mit den Behörden Betroffene unterstützen. Mindestinhalte der Verordnung sind:

- die Anforderungen an die Qualifikation der Organisationen, mit denen Kooperationsvereinbarungen geschlossen werden können, sowie
- die Anforderungen an die Qualifikation der Mitarbeiterinnen und Mitarbeiter der Organisation nach Nummer 1.

Unklar ist, was der Gesetzgeber mit „Qualifikation der Organisation" meint. 3
Möglicherweise geht es darum, dass die Organisation eine bestimmte Mindestanzahl von Mitarbeitenden haben muss oder zu bestimmten Zeiten erreichbar sein muss. Gefordert werden kann auch eine bestimmte Etablierung auf dem Markt, eine Präsenz in einer bestimmten Region etc. Angesichts der in der Gesetzesbegründung zu § 39 sehr weit gefassten Möglichkeiten, als eine Organisation i. S. d. § 39 angesehen zu werden,[414] ist darauf zu achten, dass durch die Anforderungen an die Qualifikation diese Anforderungen nicht wieder zu weit eingeengt werden. Die Gefahr besteht, wenn man versucht, in einer Verordnung Anforderungen aufzustellen, die für alle Organisationen gelten.

Gleiches gilt für die Qualifikation der Mitarbeitenden. Auch hier ist schwer vorstellbar, allgemein Qualifikationen vorzugeben, die die Mitarbeitenden aller Organisationen zu erfüllen haben.[415] Je nach dem, in welchem Bereich die Organisation tätig wird, sind unterschiedliche Qualifikationen erforderlich und sinnvoll. Anders als bei der Traumaambulanz, in der nur psychotherapeutische Intervention erbracht wird (vgl. § 31 Absatz 1), können die Organisationen in ganz unterschiedlichen Bereichen aktiv sein.

Sinnvoller ist, wenn die die Vereinbarung schließenden Träger der Sozialen Entschädigung in der jeweiligen Kooperationsvereinbarung die Anforderungen an die Organisation und deren Mitarbeiter und Mitarbeiterinnen regeln. So können für den spezifischen Bereich, in dem die Organisation mit den Behörden kooperiert, passende Anforderungen aufgestellt werden.

Einführung vor Kapitel 5

Übersicht **Rn.**

414 Vgl. BT-Drs. 19138/24, S. 187 – es kommt weder auf die Rechts- noch die Organisationsform an, ebenso wenig darauf, ob die Mitarbeitenden haupt- oder ehrenamtlich arbeiten.

415 Beschränkt sich die Vorgabe auf allgemeine Formulierungen, dürfte gegenüber dem Erfordernis nach qualitätsgesicherter Beratung und Begleitung aus § 39 Satz 1 nicht viel gewonnen sein.

A. Allgemeines: Auftragsverwaltung

1 Kapitel 5 beinhaltet den ersten großen Leistungsbereich des SGB XIV: die Krankenbehandlung. Das Grundschema des Leistungsrechtes im Zuge der Auftragsverwaltung im SGB XIV wird hier zum ersten Mal deutlich.

Das SGB XIV umfasst einen weitreichenden Leistungskatalog, der Anleihen bei anderen Sozialleistungssystemen macht. Hier verfolgt das SGB XIV den Ansatz, dass neben den bestehenden sozialen Sicherungssystemen kein weiteres umfassendes Parallelsystem im SGB XIV bereitgestellt werden soll. Stattdessen handeln die Sozialleistungsträger auf der Grundlage ihres eigenen Leistungsrechts für die TdSE im Rahmen eines gesetzlichen Auftrages. Für die besonderen Belange des Personenkreises, der nach dem SGB XIV versorgt wird, gibt es jeweils ergänzende Leistungen im SGB XIV, die von den Versorgungsverwaltungen direkt an die Leistungsberechtigten oder die Leistungserbringer erbracht werden.

Im Einzelnen:

- Leistungen der Krankenbehandlung erbringt die **Gesetzliche Krankenversicherung (GKV)** im Rahmen des **SGB V** (§ 42 Abs. 1); ergänzende Leistungen der Krankenbehandlung sind in § 43 geregelt.
- Hilfsmittel für die anerkannten Schädigungsfolgen erbringt die **Gesetzliche Unfallversicherung (DGUV), hier die zuständigen Unfallkassen der Länder** nach dem **SGB VII** (§ 46). Dass die Unfallversicherung zusätzlich für Hilfsmittel in Anspruch genommen wird, obwohl im Rahmen des SGB V die Hilfsmittelversorgung sichergestellt wäre, ist an sich schon eine ergänzende Leistung.
- Für Leistungen bei Pflegebedürftigkeit ist die **Gesetzliche Pflegeversicherung (GPV)** nach **SGB XI** zuständig (§§ 74 und 77 Abs. 2); ergänzende Leistungen stehen in § 75.

Die drei gesetzlichen Auftragsverhältnisse sind im SGB XIV nicht speziell geregelt. D. h. hier gelten §§ 88 ff. SGB X. Geregelt im SGB XIV ist nur die Kostenerstattung im jeweiligen Auftragsverhältnis (§§ 60, 61, 80).

I. Modellprojekt „Soziale Entschädigung"?

2 Die Arbeit der Versorgungsverwaltung im Bereich der Bestandspflege wird sich grundlegend ändern. In der Vergangenheit erbrachte die Versorgungsverwaltung fast alle Leistungen selbst. Nur eine Reihe von Heilbehandlungsleistungen lagen im Zuständigkeitsbereich der Krankenkassen (§ 18c Abs. 1 BVG). Bei Meinungsverschiedenheiten konnte die Versorgungsver-

waltung nach § 18c Abs. 3 BVG auch diese Leistungen anstelle der Krankenkassen selbst erbringen. Die Versorgungsverwaltung war für die Entscheidung in Widerspruchsverfahren zuständig, wenn die Krankenkassen nicht abhelfen konnten. Es bestand keine intensive Arbeitsbeziehung zwischen Auftraggeber und Auftragnehmer. Die Aufwendungen wurden seit 1993 bzw. seit 1998 pauschal erstattet (§§ 19, 20 BVG-Pauschale und OEG, IfSG, AntiDHilfeG-Pauschale).

Künftig muss die Versorgungsverwaltung eine ganze Reihe von Auftragnehmern managen im Einklang mit Wunsch- und Wahlrechten der Versorgungsberechtigten und den ergänzenden und eigenen Leistungen, die die Verwaltung selbst erbringt.

Die neuen Instrumente dieser Fallmoderation und Fallkoordination sind – neben dem Fallmanagement – Bedarfsermittlungen, Teilhabe- und Gesamtplanverfahren, wie das SGB IX sie vorsieht.

Den Vorteil, den der TdSE genießt, besteht darin, dass er der Auftraggeber aller anderen beteiligten Sozialleistungsträger ist und die anderen theoretisch an seine Auffassung binden kann. In der Realität wird sich der TdSE darauf beschränken, die verschiedenen Auftragssysteme zu koordinieren und zu managen und sie mit den Berechtigten und deren Beauftragten abzustimmen.

Das SGB XIV etabliert damit eine völlig neue Art der Zusammenarbeit zwischen den Leistungsträgern mit einer Art „primus inter pares", vielleicht sogar als ein Modell für künftige Sozialleistungssysteme. Dieser enge Kreis der Berechtigten und Leistungsträger muss erweitert werden um die Leistungserbringer, weiter Sozialleistungsträger ohne Auftrag, wie Sozialämter und Eingliederungshilfestellen, die Verbände und andere mit der Sozialen Entschädigung verbundenen Stellen.

Voraussetzung für ein Funktionieren der Koordination aller Leistungsbereiche und Sozialleistungsträger im Sinne der Berechtigten sind vorzüglich ausgebildete Sachbearbeiterinnen und Sachbearbeiter (vgl. § 97 SGB IX). Sie sollten über die Fähigkeit zur Kommunikation mit allen Beteiligten (§ 97 Nr. 3 SGB IX) und über umfangreiche Kenntnisse in den Leistungsbereichen der Sozialgesetzbücher II, V, VII, VIII, IX, XI, XII verfügen.

II. Anspruchsberechtigte Personenkreise der Krankenbehandlung

Im SGB XIV werden an verschiedenen Stellen Personenkreise mit einem 3
Anspruch auf sehr unterschiedliche Leistungsumfänge der Krankenbehandlung definiert.

Im Einzelnen unterscheidet das SGB XIV folgende anspruchsberechtigte Personengruppen:

- GKV- versicherte Geschädigte mit Anspruch auf Krankenbehandlung der Sozialen Entschädigung für Schädigungsfolgen (§§ 41, 42 Abs. 1, 143 Abs. 1 SGB XIV i. V. m. § 57 Abs. 2 SGB XIV).
- Nicht GKV-versicherte Geschädigte mit Anspruch auf Krankenbehandlung der Sozialen Entschädigung für Schädigungsfolgen (§§ 41, 42 Abs. 1, 143 Abs. 1 SGB XIV i. V. m. § 57 Abs. 3 SGB XIV). GKV erbringt für Nichtschädigungsfolgen keine Leistungen aufgrund eines anderweitigen gesetzlichen Auftrags (insbesondere nach § 264 Abs. 1 oder § 264 Abs. 2 SGB V).
- Nicht GKV-versicherte Geschädigte mit Anspruch auf Krankenbehandlung der Sozialen Entschädigung für Schädigungsfolgen (§§ 41, 42 Abs. 1, 143 Abs. 1 SGB XIV i. V. m. § 57 Abs. 3 SGB XIV). GKV erbringt für Nichtschädigungsfolgen Leistungen aufgrund eines anderweitigen (nicht SER begründeten) gesetzlichen Auftrags (insbesondere nach § 264 Abs. 1 oder § 264 Abs. 2 SGB V).
- Geschädigte mit einem Grad der Schädigungsfolgen von 50 und höher, die nach § 42 Abs. 2 SGB XIV i. V. m. § 57 Absätze 2 oder 3 SGB XIV auch für Nichtschädigungsfolgen – über ihren Krankenbehandlungsanspruch für Schädigungsfolgen nach § 42 Abs. 1 SGB XIV hinaus – Leistungen erhalten (im Ermessen stehende Härtefallentscheidung).
- Angehörige und Nahestehende von Geschädigten mit einem Grad der Schädigungsfolgen von 50 und höher, die Leistungen nach § 42 Abs. 3 SGB XIV i. V. m. § 57 Absätze 2 oder 3 SGB XIV erhalten (im Ermessen stehende Härtefallentscheidung).
- Hinterbliebene von Geschädigten, die Leistungen nach § 42 Abs. 4 SGB XIV i. V. m. § 57 Absätze 2 oder 3 SGB XIV erhalten (im Ermessen stehende Härtefallentscheidung).
- Berechtigte mit Anspruch auf Absicherung bei Krankheit nach § 151 SGB XIV – Vertrauensschutzvorschrift hier: Vertrauensschutz für ehemals nach § 10 Abs. 2 BVG Berechtigte und gleichzeitig bestehendem Anspruch auf Behandlung von Schädigungsfolgen nach § 42 Abs. 1 SGB XIV i. V. m. § 143 Abs. 1 SGB XIV.
- Berechtigte mit Anspruch auf Absicherung bei Krankheit nach § 151 SGB XIV – Vertrauensschutzvorschrift hier: Vertrauensschutz für ehemals nach § 10 Absätze 4 bis 6 BVG Berechtigte/Leistungsempfänger.

Die vier Hauptgruppen sind Neufälle, Bestandsfälle, Vertrauensschutzfälle und Härtefälle. Zur besseren Übersichtlichkeit und Vergleichbarkeit sind sie in einer Tabelle zusammengefasst.

Geschädigte können gleichzeitig Bestandsfälle in Bezug auf die Behandlung der anerkannten Schädigungsfolgen sein und Vertrauensschutzfälle in Bezug auf die Nichtschädigungsleiden. Das Gleiche gilt für Neufälle, die gleichzeitig auch Härtefälle sein können.

Dadurch, dass im SGB XIV im Detail nur die einschlägigen Leistungen der Sozialen Entschädigung aufgezählt sind, z. B. die ergänzenden Leistungen nach § 43, und es ansonsten nur Verweise in andere Sozialleistungssysteme und andere Sozialgesetzbücher gibt, ist das Leistungsrecht sehr unübersichtlich.

Hat man es in Bezug auf den Personenkreis nur mit vier Hauptgruppen zu tun, umfasst der Leistungsumfang der Krankenbehandlung Leistungskataloge aus bis zu fünf verschiedenen Sozialleistungssystemen. Hinsichtlich der Leistungen wird weitgehend auf die Vorschriften des SGB V (§ 42 Abs. 1) verwiesen.

	Neufälle	**Härtefälle**	**Bestandsfälle**	**Vertrauensschutzfälle**
Gesetzliche Anspruchsgrundlage	§ 41 i. V. m. § 42 Abs. 1	§ 42 Abs. 2 bis 4	§ 143	§ 151
Anspruchsberechtigter Personenkreis	Neufälle und Wahlfälle: Geschädigte für die Behandlung der SF	Nur Neufälle: Geschädigte für die Behandlung der NSL, Angehörige, Hinterbliebene	Nur Altfälle: Geschädigte für die Behandlung der SF	Nur Altfälle: Geschädigte für die Behandlung der NSL, Angehörige, Hinterbliebene
Auftragsverwaltung	Ja (KK+UV)	Nein	Ja (KK+UV)	Ja (KK)
Abrechnung Krankenbehandlung	§ 60	Spitzabrechnung z. B. nach § 264 Abs. 1 oder § 264 Abs. 2 SGB V	§ 60	§ 60
Abrechnung Hilfsmittel	§ 61 dauerhafte Spitzabrechnung mit UV	Spitzabrechnung z. B. § 264 Abs. 1 oder § 264 Abs. 2 SGB V mit KK	§ 61 dauerhafte Spitzabrechnung mit UV	§ 60 Pauschalabgeltung
Leistungsansprüche nach dem SGB V gegenüber GKV	3. Kap. SGB V	SGB V (eine Begrenzung auf bestimmte Behandlungen oder auf Zeit ist möglich)	3. Kap. SGB V	3. Kap. SGB V

	Neufälle	**Härtefälle**	**Bestandsfälle**	**Vertrauensschutzfälle**
Ergänzende Leistungen § 43	Ja	Nein	Ja	Nein
Verwaltungsgebühren an KV und UV	Ja	Nein	Ja	Ja (KV), Nein (UV)
Hilfsmittel	UK	GKV	UK bzw. OV-Stelle?	GKV
Zahnersatz	GKV + ergänzende Leistungen	GKV	GKV + ergänzende Leistungen	GKV
Kleider- und Wäscheverschleiß, Führzulage, Ersatzleistungen	UK	Kein Anspruch	UK	Kein Anspruch
Eigene Leistungen des TdSE	Ja	Nein	Ja	Nein
Berechtigte zahlen Zuzahlungen, Eigenanteile, Praxisgebühren	Nein	Ja	Nein	Ja
Widerspruchsprüfung durch TdSE bei umstrittenen Leistungsentscheidungen der PK und UK	Ja	Nein	Ja	Ja

B. Altes Recht[416]

4 Das BVG unterschied zwischen Heil- und Krankenbehandlung. Einen Anspruch auf **Heilbehandlung** hatten ausschließlich Geschädigte für sich selbst, vor allem zur Behandlung der Gesundheitsstörungen, d.h. Krankheiten, Teil-

416 Eine ausführliche Darstellung des Heil- und Krankenbehandlungsrechtes nach dem BVG findet sich in der Komm. zu § 151 Rn. 2ff.

habestörungen und Behinderungen, die wesentlich durch die anerkannten Schädigungsfolgen verursacht wurden (§ 10 Abs. 1 BVG). Bei Schwerbeschädigten mit einem GdS von mindestens 50 konnte, wenn kein Ausschlussgrund nach § 10 Abs. 7 BVG vorlag, ein Anspruch auf Heilbehandlung der Nichtschädigungsleiden zulasten des SER hinzukommen (§ 10 Abs. 2 BVG).

Krankenbehandlung erhielten **nach dem BVG** Angehörige (§ 10 Abs. 4a BVG), 5
Pflegepersonen (§ 10 Abs. 4b BVG), Hinterbliebene (§ 10 Abs. 4c und Abs. 4 Satz 3 BVG) der Geschädigten und die Angehörigen von Hinterbliebenen, solange diese eine Leistung zur Teilhabe am Arbeitsleben absolvierten (§ 10 Abs. 5 BVG). Einen Anspruch auf Krankenbehandlung hatten Hinterbliebene und der Geschädigte für ihre Angehörigen, die mit ihnen in häuslicher Gemeinschaft leben und überwiegend von ihnen unterhalten werden oder der Geschädigte für seine unentgeltliche dauerhafte Pflegeperson, wenn kein Ausschlussgrund nach § 10 Abs. 7 BVG vorlag. Bei Angehörigen und Pflegepersonen muss man zwischen Anspruchsberechtigten, das sind immer die Geschädigten, und Leistungsempfängern, das sind Angehörige und Pflegepersonen, unterscheiden.

Das **SGB XIV** kennt im 5. Kapitel nur noch den Begriff der **„Krankenbe-** 6
handlung“. Verwirrenderweise sind die Krankenbehandlungsfälle des SGB XIV zum Großteil die Heilbehandlungsfälle nach § 10 Abs. 1 BVG. Der Heilbehandlungsanspruch nach § 10 Abs. 2 BVG und der Krankenbehandlungsanspruch nach § 10 Abs. 4 BVG hingegen entfallen nach dem SGB XIV bei Neufällen fast vollständig bzw. sind auf wenige Härtefälle begrenzt (§ 42 Abs. 2 bis 4).

Die **Ausschlussgründe** nach § 10 Abs. 7 BVG werden ersetzt durch eine Här- 7
tefallprüfung und eine Ermessensentscheidung des TdSE (s. § 42 Rn. 10ff.).

§ 10 Abs. 8 BVG regelte die Gewährung von Heil- und Krankenbehandlung 8
vor der Anerkennung des Versorgungsanspruchs. In diesem Zusammenhang galt die VV Nr. 11 zu § 10 BVG: Heilbehandlung, Krankenbehandlung, Mutterschaftshilfe und Maßnahmen zur Früherkennung von Krankheiten können nach § 10 Abs. 8 gewährt werden, wenn der Antrag wahrscheinlich zu einer entsprechenden Anerkennung führen wird und Ausschließungsgründe nicht vorliegen. Das gilt auch, wenn zu erwarten ist, dass der Antrag nur deshalb nicht zu einer Anerkennung führen wird, weil nach Abschluss der Behandlung keine Gesundheitsstörung zurückbleibt. In den Fällen der Sätze 1 und 2 führt die Krankenkasse die Maßnahmen nur aufgrund einer Entscheidung der Verwaltungsbehörde durch.

Diese Regelung findet sich im SGB XIV in **§ 119 Abs. 1** außerhalb des 5. Kapitels bei den Verfahrensregelungen als **„Vorzeitige Leistungen und vorläufige Entscheidungen“**. Die Regelung betrifft nicht nur die Leistungen der Krankenbehandlung, sondern auch Leistungen zur Teilhabe und besondere Leistungen im Einzelfall (s. § 119 Rn. 3).

Anspruchsberechtigte erhielten Leistungen der Heil- und Krankenbehandlung nach §§ 11 und 12 BVG.

Die Heilbehandlung umfasste nach § 11 BVG

1. ambulante ärztliche und zahnärztliche Behandlung,
2. Versorgung mit Arznei- und Verbandsmitteln,
3. Versorgung mit Heilmitteln einschließlich Krankengymnastik, Bewegungstherapie, Sprachtherapie und Beschäftigungstherapie sowie mit Brillengläsern und Kontaktlinsen
4. Versorgung mit Zahnersatz,
5. Behandlung in einem Krankenhaus (Krankenhausbehandlung),
6. Behandlung in einer Rehabilitationseinrichtung,
7. häusliche Krankenpflege,
8. Versorgung mit Hilfsmitteln,
9. Belastungserprobung und Arbeitstherapie,
10. nichtärztliche sozialpädiatrische Leistungen,
11. Psychotherapie als ärztliche und psychotherapeutische Behandlung und Soziotherapie.
12. Stationäre Behandlung in einer Kureinrichtung (Badekur)
13. Ersatzleistung
14. Zuschüsse
    - zur Beschaffung, Instandhaltung und Änderung von Motorfahrzeugen oder Fahrrädern anstelle bestimmter Hilfsmittel und deren Instandsetzung,
    - für Abstellmöglichkeiten für Rollstühle und für Motorfahrzeuge, zu deren Beschaffung der Beschädigte einen Zuschuss erhalten hat oder hätte erhalten können,
    - zur Unterbringung von Blindenführhunden,
    - zur Beschaffung und Änderung bestimmter Geräte sowie
    - zu den Kosten bestimmter Dienst- und Werkleistungen,
    - zu stationärer oder teilstationärer Versorgung in Hospizen
15. Haushaltshilfe
16. ergänzende Leistungen zur Rehabilitation, die nicht zu den Leistungen nach den §§ 11a, 26 und 27d gehören; für diese ergänzenden Leistungen gelten die Vorschriften für die entsprechenden Leistungen der Krankenkasse (§ 18c Abs. 2 Satz 1).

17. Brillengläser und Kontaktlinsen; Brillengestell
18. Kleider- und Wäscheverschleiß
19. Führzulage und Beihilfe zu den Aufwendungen für fremde Führung
20. Versehrtenleibesübungen.

Leistungen der Heil- und Krankenbehandlung wurden durch die Verwaltungsbehörden bzw. Krankenkassen erbracht werden, nach § 18c BVG zuständig waren. Die Verwaltungsbehörden waren nach § 18c Abs. 2 S. 2 BVG zuständig für

- die Erbringung von Zahnersatz,
- die Versorgung mit Hilfsmitteln,
- Bewegungs-, Sprach-, Beschäftigungstherapie, Belastungserprobung, Arbeitstherapie,
- Badekuren nach § 11 Abs. 2 und § 12 Abs. 3 BVG,
- Ersatzleistungen,
- Versehrtenleibesübungen,
- Zuschüsse zur Beschaffung von Zahnersatz,
- die Führzulage und Beihilfe zu den Aufwendungen für fremde Führung,
- den Pauschbetrag als Ersatz für Kleider- und Wäscheverschleiß,
- Erstattungen nach § 16g BVG,
- die Beihilfe nach § 17 BVG,
- Leistungen nach § 18 Abs. 3 bis 8 BVG (Kostenerstattung, Zuschüsse) und § 24 BVG (Reisekosten), soweit die Verwaltungsbehörde für die Erbringung der Hauptleistung zuständig ist,
- Kostenerstattungen an Krankenkassen,
- Beiträge zur gesetzlichen Rentenversicherung für Zeiten des Bezugs von Versorgungskrankengeld,
- den Ersatz der Aufwendungen für die Alterssicherung sowie Beiträge zur Arbeitsförderung.

Für alle übrigen Leistungen waren die Krankenkassen zuständig. Waren Berechtigte und Leistungsempfänger Mitglied einer Krankenkasse, so bestimmte sich die Zuständigkeit nach der Mitgliedschaft; bei familienversicherten Berechtigten oder Leistungsempfängern nach der Mitgliedschaft in der Krankenkasse, von der die Familienversicherung nach § 10 SGB V abgeleitet wird.

Badekuren nach § 11 Abs. 2 BVG, Versehrtenleibesübungen nach § 11a BVG und einige Ersatzleistungen nach §§ 31, 32 und 35 bis 38 OrthV, wie z. B. die Zuschüsse zu Kommunikationsgeräten und Maßkonfektion fallen ganz oder in ihrer jetzigen Form mit Inkrafttreten des SGB XIV ab 1.1.2024 weg. Alle anderen BVG-Leistungen bleiben im 5. Kapitel des SGB XIV erhalten, zum Teil in leicht abgewandelter Form. Die Führzulage des § 14 BVG findet sich z. B. in § 46 Abs. 2 Nr. 2 i. V. m. § 2 Abs. 2 OrthVersorgUVV wieder.

C. Neues Recht

9 Im ersten Abschnitt des 5. Kapitels definieren §§ 41 und 42 Abs. 2 bis 4 die **anspruchsberechtigten Personenkreise**. Die Vorschrift regelt zusammen mit § 42 den Personenkreis der Neufälle, der Anspruch auf Krankenbehandlung nach dem 5. Kapitel des SGB XIV. § 41 umreißt den Personenkreis des alten § 10 Abs. 1 BVG, § 42 Abs. 2 entspricht § 10 Abs. 2 BVG und § 42 Abs. 3 und 4 entspricht in etwa § 10 Abs. 4a und c BVG. Unentgeltlich Pflegende erhalten keine Leistungen der Krankenbehandlung mehr (§ 10 Abs. 4b BVG). §§ 42 Abs. 1, 43 bis 53 beschreiben den Leistungsumfang der Krankenbehandlung.

Sie umfasst Leistungen der Krankenbehandlung nach dem Dritten Kapitel, Fünfter Abschnitt Erster Titel und Siebter Abschnitt des SGB V und den **Satzungen** der Krankenkassen (§ 42), ergänzende Leistungen der Krankenbehandlung (§ 43), Hilfsmittelversorgung durch die Landesunfallkassen und Pauschbetrag für außergewöhnlichen Verschleiß von Kleidung und Wäsche (§ 46), Krankengeld (§ 47) einschließlich der Zahlung der Beiträge zur Arbeitsförderung, gesetzlichen Rentenversicherung und zur Alterssicherung (§ 52), Beihilfe bei erheblicher Beeinträchtigung der Erwerbsgrundlage (§ 48), Zuschüsse bei Zahnersatz (§ 49). Unter bestimmten Voraussetzungen umfasst der Leistungsanspruch auch die Erstattung von Kosten bei selbst beschaffter Krankenbehandlung (§ 50) und bei vorübergehendem Auslandsaufenthalt (§ 51). Die Leistungen erfassen weiterhin die im Zusammenhang mit einer Leistung der Krankenbehandlung entstehenden Reisekosten (§ 53).

Im Abschnitt 2 (§§ 54–56) ist die Vergütung der Leistungserbringer geregelt, in Abschnitt 3 (§§ 57–59) die Zuständigkeit für die Leistungserbringung und die Regelungen der Auftragsverhältnisses der TdSE gegenüber den Kranken- und Unfallkassen und der Datenübermittlung und in Abschnitt 4 (§§ 60, 61) die Erstattung von Aufwendungen und Verwaltungskosten.

Der Leistungskatalog und der Leistungsumfang des 5. Kapitels gilt auch für Besitzstands- und Vertrauensschutzfälle der Krankenbehandlung nach § 143 und § 151 im 23. Kapitel.

Kapitel 5
Krankenbehandlung der Sozialen Entschädigung

Abschnitt 1
Leistungen und Nachweispflicht

§ 41
Anspruch auf Leistungen der Krankenbehandlung der Sozialen Entschädigung

(1) Geschädigte haben für anerkannte Schädigungsfolgen Anspruch auf Leistungen der Krankenbehandlung der Sozialen Entschädigung nach den Vorschriften dieses Kapitels.

(2) [1]Ist eine Gesundheitsstörung im Sinne einer Verschlimmerung als Folge einer Schädigung anerkannt, besteht abweichend von Absatz 1 Anspruch auf Leistungen der Krankenbehandlung der Sozialen Entschädigung für die gesamte Gesundheitsstörung. [2]Dies gilt nicht, wenn die als Folge einer Schädigung anerkannte Gesundheitsstörung auf den Zustand, der Leistungen der Krankenbehandlung erfordert, ohne Einfluss ist.

Erläuterungen

§ 41 regelt den Anspruch auf Leistungen bei schädigungsbedingten Gesundheitsstörungen. Er definiert den anspruchsberechtigten Personenkreis und die zu erfüllende schädigungsbedingte Kausalität. Ausschließlich Geschädigte i. S. d. § 2 Abs. 2 haben einen Anspruch auf Krankenbehandlung nach dem 5. Kapitel. Das gilt sowohl für Alt- (§ 143) als auch für Neufälle. 1

Geschädigte sind Personen, die durch ein schädigendes Ereignis i. S. d. SGB XIV unmittelbar eine gesundheitliche Schädigung erlitten haben. Krankenbehandlung umfasst Leistungen zur Behandlung von Krankheiten, Behinderungen und Teilhabestörungen.

Eine Ausweitung des Personenkreises auf Angehörige, Hinterbliebene und Nahestehende, wenn ein Härtefall vorliegt, liegt im Ermessen des TdSE (§ 42 Abs. 3 und 4). Altfälle, die bis zum 31.12.2023 Heil- und Krankenbehandlung zur Behandlung von Nichtschädigungsleiden erhielten, genießen Vertrauensschutz (§ 151). 2

Der Geschädigte selbst hat nur einen Anspruch auf Krankenbehandlung der **anerkannten SF**. Dies entspricht dem Leistungsgrundsatz des § 25, 3 wonach alle Leistungen der sozialen Entschädigung ausschließlich für **schädigungsbedingte Bedarfe** erbracht werden.

4 Leistungen bei Krankenbehandlung nach Kap. 5 sind eine eigenständige Versorgungsleistung der Sozialen Entschädigung nach § 3 Nr. 2. Sie werden nach § 10 Abs. 1 auf Antrag oder nach § 10 Abs. 3 Nr. 1 von Amts wegen erbracht. Dieser Regelung entspricht im alten Recht § 18a Abs. 1 Satz 1 BVG. Der **Antrag** ist die materiell-rechtliche Voraussetzung des Anspruchs auf Versorgung. Er ist auf alle nach Lage des Falles in Betracht kommenden Leistungen anzusehen. Es sei denn, dass er auf bestimmte Leistungen ausdrücklich beschränkt wird (VV Nr. 1 zu § 1 BVG). Ist der Antrag ausdrücklich auf bestimmte Krankenbehandlungsleistungen beschränkt und wurde der Berechtigte nicht über darüber hinausgehende Leistungen beraten, obwohl ein Anspruch ersichtlich war, können die Voraussetzungen eines sozialrechtlichen Herstellungsanspruchs vorliegen.[417]

5 Die Norm regelt den Krankenbehandlungsanspruch für anerkannte Schädigungsfolgen und nicht mehr – wie im BVG – die Heilbehandlung für Gesundheitsstörungen, die auf schädigende Ereignisse zurückzuführen sind. Sie entspricht daher nur mit Einschränkungen der Regelung des § 10 Abs. 1 BVG.

§ 41 Abs. 1 regelt den Krankenbehandlungsanspruch **für anerkannte Schädigungsfolgen** im Sinne der Entstehung. Das SGB XIV unterscheidet im Krankenbehandlungsrecht nicht zwischen anerkannter Schädigungsfolge und Gesundheitsstörung. „Gesundheitsstörung" als Oberbegriff umfasst vorübergehende Krankheiten, über sechs Monate andauernde Behinderungen und Teilhabestörungen, die durch medizinische Rehabilitation behandelt werden können (vgl. § 62 Satz 1 Nr. 4 und Satz 2). Wohingegen Schädigungsfolgen – nach § 5 und auf der Grundlage der Versorgungsmedizinverordnung – immer nur dauerhafte Behinderungen und chronische Krankheiten sein können. Vorübergehende Krankheiten oder Teilhabestörungen sind in der **VersMedV** nicht geregelt.

Menschen mit Behinderungen sind Menschen, die körperliche, seelische, geistige oder Sinnesbeeinträchtigungen haben, die sie in Wechselwirkung mit einstellungs- und umweltbedingten Barrieren an der gleichberechtigten Teilhabe an der Gesellschaft **mit hoher Wahrscheinlichkeit länger als sechs Monate** hindern können (§ 2 Abs. 1 Satz 1 SGB IX).

Im BVG bestand der Heilbehandlungsanspruch **für Gesundheitsstörungen**, die von den anerkannten Schädigungsfolgen verursacht wurden. D.h., die

417 Vgl. LPK-SGB XIV/Waßer zu § 71 Rn. 8 mit Hinweis auf BSG Urt. v. 17.6.2021 – B 3 P 5/19 R.

Kausalkette der wesentlichen Bedingung wurde um den Tatbestand der „Gesundheitsstörung“ erweitert.

Im SGB XIV ist problematisch, dass der Begriff der „Gesundheitsstörung“ als anerkannter Schädigungsfolge in § 4 Abs. 4 und 6 und der VerMedV nicht mit der Definition der „Gesundheitsstörung“ im 5. Kapitel übereinstimmt. Im Bereich der Krankenbehandlung wird Gesundheitsstörung mit Krankheit gleichgesetzt (vgl. § 27 SGB V). Aber die Gesundheitsstörungen, die nach der VersMedV als Schädigungsfolge anerkannt werden, sind keine vorübergehenden Krankheiten i. S. d. SGB V.

Die Krankenbehandlung des 5. Kapitels beinhaltet die Behandlung von **Krankheiten, Behinderungen und Teilhabestörungen** und ist somit weiter gefasst als der Krankheitsbegriff des § 27 Abs. 1 SGB V. Sie umfasst z. B. auch Leistungen der medizinischen Rehabilitation als Teilhabeleistungen i. S. d. § 62 Satz 1 Nr. 4 und Satz 2 und wohl auch als Eingliederungshilfe nach § 109 i. V. m. § 42 Abs. 2 und 3 und § 64 Absatz 1 Nummer 3 bis 6 SGB IX. Das 6. Kapitel des SGB XIV unterscheidet nicht immer klar, ob Teilhabeleistungen von den TdSE in ihrer Rolle als Rehaleistungsträger oder als Eingliederungshilfeträger erbracht werden.

Einen Heilbehandlungsanspruch hatte der Geschädigte auch, wenn die be- 6
handlungsbedürftige Gesundheitsstörung selbst nicht anerkannt war, aber von einer anerkannten Schädigungsfolge verursacht wurde. Zwischen der anerkannten Schädigungsfolge und der Gesundheitsstörung musste ein ursächlicher Zusammenhang bestehen. Es galt das **Kausalitätsprinzip der wesentlichen Bedingung**, der Anspruch auf Heilbehandlung setzte also nicht voraus, dass der Gesamtleidenszustand, der Heilbehandlung erfordert, ausschließlich auf die Schädigungsfolgen zurückzuführen ist.

Dieser Anspruch auf die Behandlung vorübergehender Gesundheitsstörungen, sprich Krankheiten, die wesentlich durch die Schädigungsfolgen mitverursacht wurden, ist im SGB XIV weggefallen.

Ein Beispiel: Am Stumpf einer anerkannten Unterschenkelamputation bilden sich Geschwüre. Diese Gesundheitsstörung konnte nach altem Recht problemlos nach § 10 Abs. 1 BVG behandelt werden. Nach § 41 müsste die „Neigung zur Geschwürbildung an der Amputationsnarbe“ als eigenständige mittelbare Schädigungsfolge erst anerkannt werden, bevor sie behandelt werden darf. Soweit die Anerkennung möglich ist, denn es handelt sich um keine dauerhafte Behinderung über sechs Monate hinweg. Eine Anerkennung nach der VersMedV ist nicht vorgesehen.

Nun könnte man annehmen, dass hier der Gesetzgeber die Krankenbehandlung vereinfachen wollte und selbstverständlich davon ausgeht, dass anerkannte Schädigungsfolgen und alle von ihnen im Wesentlichen verursachten Krankheiten, Behinderungen und Teilhabestörungen nach § 41 behandelt, ausgeglichen und gemildert werden. Eine Verschlechterung war nicht beabsichtigt. Dann hätte aber konsequent auch Abs. 2 geändert werden müssen. Dort wird immer noch zwischen anerkannten Schädigungsfolgen und Gesundheitsstörungen unterschieden.

Abs. 2 regelt die Krankenbehandlung für anerkannte Schädigungsfolgen im Sinne einer Verschlimmerung einer bereits vorhandenen schädigungsunabhängigen Gesundheitsstörung. Der Wortlaut entspricht dem BVG, daher gilt die seit Jahrzehnten ausgeübte Umsetzung.

7 Komplett gestrichen wurde in § 41 im Vergleich zum BVG auch der **Zweck der Heil- bzw. Krankenbehandlung**: „Nach § 10 Abs. 1 BVG wird (…) Heilbehandlung gewährt, um die Gesundheitsstörungen oder die durch sie bewirkte Beeinträchtigung der Berufs- oder Erwerbsfähigkeit zu beseitigen oder zu bessern, eine Zunahme des Leidens zu verhüten, Pflegebedürftigkeit zu vermeiden, zu überwinden, zu mindern oder ihre Verschlimmerung zu verhüten, körperliche Beschwerden zu beheben, die Folgen der Schädigung zu erleichtern oder um dem Beschädigten entsprechend den in § 4 Abs. 1 SGB IX genannten Zielen eine möglichst umfassende Teilhabe am Leben in der Gesellschaft zu ermöglichen.“ Diese sehr umfangreiche Zweckbestimmung der Heilbehandlung im BVG ist im SGB XIV fast komplett weggefallen. Nur § 62 Satz 2 verbindet die Krankenbehandlung zumindest noch mit der Beseitigung von Teilhabestörungen.

Die Folge davon ist, dass es die sogenannte **„ergänzende Heilbehandlung“** (VV Nr. 4 zu § 10 BVG) nicht mehr gibt: Durch die umfassende Zweckbestimmung war eine Relativierung der Heilbehandlung im alten Recht nicht möglich. Im BVG mussten neben den Gesundheitsstörungen, die als Schädigungsfolgen anerkannt bzw. durch anerkannte Schädigungsfolgen verursacht wurden und einer Behandlung bedurften, Gesundheitsstörungen mitbehandelt werden, die weder als Folge einer Schädigung anerkannt noch durch eine Schädigungsfolge verursacht wurden, falls sonst der Zweck der für die als Schädigungsfolge anerkannte Gesundheitsstörung nicht voll erreichbar wäre. Die Mitbehandlung von Nichtschädigungsleiden war in diesem Fall Teil der Behandlung der Schädigungsfolgen, wenn kein anderer Leistungsträger für die Behandlung der Nichtschädigungsleiden zuständig war.

8 Im Gegensatz zum 7. Kapitel und dem BVG kennt das Krankenbehandlungsrecht des 5. Kapitels nicht die Kausalität der wesentlichen Bedingung.

Einen Anspruch auf Pflegeleistungen gibt es auch, wenn anerkannte Schädigungsfolgen und Nichtschädigungsleiden zusammen Pflegebedürftigkeit verursachen und die Schädigungsfolgen annähernd gleichwertig pflegebedürftig sind (§ 71 Abs. 2). Krankenbehandlung nach § 41 Abs. 1 des 5. Kapitels erhält der Geschädigte nur, wenn der Behandlungsbedarf ausschließlich schädigungsbedingt ist. Die einzige Ausnahme steht in Abs. 2: wenn eine Schädigungsfolge als Verschlimmerung anerkannt ist, kann ein Anspruch auf Krankenbehandlung für die gesamte Gesundheitsstörung bestehen. Aber auch nur dann, wenn die anerkannte Gesundheitsstörung den Zustand, der die Behandlung erforderlich macht, tatsächlich beeinflusst.

Das bedeutet, dass die Bezeichnung der anerkannten Schädigungsfolgen im Anerkennungsbescheid den Leistungsumfang der Krankenbehandlung bestimmt und daher eindeutig, aktuell und umfassend sein muss.

Die Konzentration auf die Behandlung der Schädigungsfolgen im Gesetz stößt auf eine jahrzehntelange Verwaltungspraxis, die vom Gesamtleidenszustand eines Menschen ausgeht, der wesentlich durch die anerkannten Schädigungsfolgen mitverursacht wird und daher komplett zulasten der Versorgungsverwaltung abgerechnet wird. Diese Verwaltungspraxis der TdSE wird in Bezug auf die ergänzenden Leistungen (§ 43) die Fixierung auf die Schädigungsfolgen abmildern. Im Bezug auf die Leistungen, die die KK im Zuge der Auftragsverwaltung für die TdSE nach dem SGB V gewährt, wird die Pauschalierung der Kostenerstattung nach § 60 dazu führen, dass die TdSE und die KK sich nicht ständig in Einzelfällen über die Kausalität streiten werden. Vor Gericht werden die Entscheidung über Krankenbehandlungsansprüche aufgrund des Gesetzestextes allerdings auf schädigungsbedingte Ansprüche fixiert sein.

Geschädigte haben auch mit einem GdS von 0 einen Anspruch auf Krankenbehandlung. Das klassische Beispiel dafür ist der schädigungsbedingte Verlust von Zähnen (GdS 0) und der Anspruch auf Zahnersatz.

Nach **Abs. 2** besteht abweichend von Absatz 1 Anspruch auf Leistungen 9
der Krankenbehandlung der Sozialen Entschädigung für die gesamte Gesundheitsstörung, wenn eine Gesundheitsstörung im Sinne einer Verschlimmerung als Folge einer Schädigung anerkannt ist. Dies gilt nicht, wenn die als Folge einer Schädigung anerkannte Gesundheitsstörung auf den Zustand, der Leistungen der Krankenbehandlung erfordert, ohne Einfluss ist. § 41 Abs. 2 ist gleichlautend mit § 10 Abs. 1 S. 2 BVG, sodass die hierzu entwickelten Grundsätze weiter gelten.[418] Die Kausalitätstheorie

418 Z. B. BSG Urt. v. 25.3.1999 – B 9 V 11/98 R, SozR 3-3100 § 10 Nr. 6.

der wesentlichen Bedingung kommt nicht zur Anwendung. Stattdessen wird ein Behandlungsbedarf nur anerkannt, wenn der Verschlimmerungsanteil den Behandlungsbedarf mitverursacht. Der Verschlimmerungsanteil muss keine wesentliche Bedingung des Behandlungsbedarfs sein, aber er muss behandlungsbedürftig sein. Laut der nicht mehr gültigen Verwaltungsvorschrift Nr. 2 zu § 10 BVG übt der anerkannte Verschlimmerungsanteil einen Einfluss auf den behandlungsbedürftigen Zustand aus (§ 10 Abs. 1 Satz 2), wenn er wenigstens eine, wenn auch nicht wesentliche Bedingung für die Behandlungsbedürftigkeit des Gesamtleidens ist; der Verschlimmerungsanteil ist dann nicht Bedingung für die Behandlungsbedürftigkeit, wenn auch ohne ihn der jeweilige Behandlungsbedarf in gleichem Umfang bestehen würde.

10 Der Anspruch auf schädigungsbedingte Krankenbehandlung ergibt sich aus den im aktuellen Anerkennungsbescheid enthaltenen Schädigungsfolgen. Soweit die Gesundheitsstörung im Anerkennungsbescheid nicht hinreichend eindeutig bezeichnet ist, geht dies zulasten der Versorgungsverwaltung. Auch bei einem GdS 0 besteht ein Anspruch auf Krankenbehandlung, das ist z. B. immer der Fall bei Zahnverlust.

§ 42
Krankenbehandlung

(1) [1]Geschädigte erhalten für anerkannte Schädigungsfolgen

1. **Leistungen der Krankenbehandlung entsprechend dem Dritten Kapitel, Fünfter Abschnitt Erster Titel und Siebter Abschnitt des Fünften Buches und**
2. **weitere Leistungen der Krankenbehandlung in den Leistungsbereichen nach Nummer 1 entsprechend der jeweiligen Satzung der nach § 57 Absatz 2 oder Absatz 3 zuständigen Krankenkasse.**

[2]Dabei gelten die Grundsätze der Leistungserbringung des Rechts der gesetzlichen Krankenversicherung.

(2) Geschädigte mit einem Grad der Schädigungsfolgen von 50 oder höher können für Nichtschädigungsfolgen Leistungen entsprechend dem Dritten Kapitel des Fünften Buches erhalten, wenn sie keine anderweitige Absicherung im Krankheitsfall haben oder diese auf Grund der Schädigungsfolgen nicht mehr unterhalten können und das Versagen von Leistungen eine unbillige Härte bedeuten würde.

(3) Angehörige nach § 2 Absatz 3 und Nahestehende nach § 2 Absatz 5 von Geschädigten, die einen Grad der Schädigungsfolgen von 50 oder höher haben, können Leistungen entsprechend dem Dritten Kapitel des Fünften Buches erhalten,

wenn sie keine anderweitige Absicherung im Krankheitsfall haben oder diese auf Grund der Schädigungsfolgen nicht mehr unterhalten können und das Versagen von Leistungen eine unbillige Härte bedeuten würde.

(4) Hinterbliebene nach § 2 Absatz 4 können Leistungen entsprechend dem Dritten Kapitel des Fünften Buches erhalten, wenn sie keine anderweitige Absicherung im Krankheitsfall haben oder diese auf Grund der Schädigungsfolgen nicht mehr unterhalten können und das Versagen von Leistungen eine unbillige Härte bedeuten würde.

(5) Absatz 1 gilt, soweit dieses Buch nichts Abweichendes bestimmt.

Erläuterungen

§ 42 trifft Regelungen zur Ausgestaltung und zum Ausmaß der Krankenbehandlung der Sozialen Entschädigung und orientiert sich hierbei eng am Recht der Gesetzlichen Krankenversicherung. Abs. 1 Satz 1 regelt Art und Umfang der Krankenbehandlung Geschädigter zur Behandlung der anerkannten Schädigungsfolgen, und zwar unabhängig davon, ob sie gesetzlich krankenversichert sind oder nicht. 1

§ 42 Abs. 1 S. 1 regelt Art und Umfang der Krankenbehandlung. Geschädigte haben zur Behandlung der Schädigungsfolgen Anspruch auf Leistungen nach den Vorschriften des 3. Kapitels, 5. Abschnitt, 1. Titel und 7. Abschnitt SGB V, also den §§ 27–43c SGB V in Bezug auf Krankenbehandlung, §§ 55–59 SGB V in Bezug auf Zahnersatz und den in Bezug genommenen Satzungsbestimmungen der nach § 57 Abs. 2 oder Abs. 3 zuständigen Krankenkasse. 2

Das Leistungsspektrum im SGB V für Neu- und Bestandsfälle (§§ 143, 41, 42 Abs. 1) fällt damit geringer aus als das Leistungsspektrum der Härtefälle und Vertrauensschutzfälle (§ 42 Abs. 2 bis 4, 151). Die letztendliche Besserstellung der Neu- und Bestandsfälle entsteht durch die ergänzenden Leistungen des § 43 und die Sonderregelungen

Daher genügt bei einem Anspruch ausschließlich auf schädigungsbedingte Behandlungen bei **Neufällen** (§§ 41, 42 Abs. 1) und **Bestandsfällen** (§ 143) ein eingeschränktes Leistungsspektrum nach dem SGB V. Die schädigungsbedingten Leistungen beginnen mit der Nr. 8, Nr. 12 ist ausgegliedert (Hilfsmittel erbringen nach § 46 die Unfallkassen der Länder), für die Nrn. 27 (§ 47 Krankengeld), 28 (§ 43 ergänzende Leistungen), 29 (§ 53 Fahrkosten) gibt es Sonderregelungen im SGB XIV. Erfasst sind auch Leistungen zur medizinischen Rehabilitation nach § 11 Absatz 2 SGB V in Verbindung mit §§ 40 ff. SGB V.

3 Für schädigungsbedingte Behandlungen nach dem SGB V i. V. m. dem SGB XIV ist weitgehend mit Ausnahme der Hilfsmittelversorgung im Leistungskatalog des § 27 SGB V abgebildet.

Nach **§ 27 SGB V** umfasst die **Krankenbehandlung**

1. Ärztliche Behandlung einschließlich Psychotherapie als ärztliche und psychotherapeutische Behandlung,
2. zahnärztliche Behandlung,

2a. Versorgung mit Zahnersatz einschließlich Zahnkronen und Suprakonstruktionen,

3. Versorgung mit Arznei-, Verband-, Heil- und Hilfsmitteln sowie mit digitalen Gesundheitsanwendungen,
4. häusliche Krankenpflege, außerklinische Intensivpflege und Haushaltshilfe,
5. Krankenhausbehandlung,
6. Leistungen zur medizinischen Rehabilitation und ergänzende Leistungen.

Zur Krankenbehandlung gehört auch die palliative Versorgung der Versicherten.

4 Die Krankenbehandlung nach dem 5. Kapitel umfasst nach **§ 62 Satz 2** auch Leistungen der **medizinischen Rehabilitation** nach § 11 Abs. 2 SGB V in Verbindung mit §§ 40 ff. SGB V. Diese Leistungen sind nach § 62 S. 1 Nr. 4 eigentlich Leistungen zur Teilhabe des 6. Kapitels, werden jedoch nach § 62 S. 2 im Rahmen der Leistungen der Krankenbehandlung nach dem 5. Kapitel erbracht, einschließlich unterhaltssichernder und anderer ergänzender Leistungen.

Der vollständige Leistungskatalog des 3. Kapitels des SGB V gilt u. U. nach § 42 Abs. 2 bis 4 und § 151. Härte- und Vertrauensschutzfälle sind komplett über das SGB XIV i. V. m. dem SGB V gegen das Risiko der Krankheit abgesichert. Und haben nach den SGB V einen umfassenden Anspruch, z. B. auch auf Leistungen der Prävention, der medizinischen Vorsorge oder bei Schwangerschaft.

5 Krankenbehandlungsleistungen nach dem 3. Kapitel des SGB V für **Härte- und Vertrauensschutzfälle** sind

1. Primäre Prävention und Gesundheitsförderung
2. Medizinische Vorsorgeleistungen
3. Empfängnisverhütung
4. Schwangerschaftsabbruch und Sterilisation
5. Leistungen bei Schwangerschaft und Mutterschaft, einschließlich Mutterschaftsgeld

6. Leistungen zur Erfassung von gesundheitlichen Risiken und Früherkennung von Krankheiten
7. Künstliche Befruchtung
8. Ärztliche und zahnärztliche Behandlung
9. Kieferorthopädische Behandlung
10. Arznei- und Verbandmittel
11. Heilmittel
12. Hilfsmittel
13. Häusliche Krankenpflege
14. Soziotherapie
15. Spezialisierte ambulante Palliativversorgung
16. Außerklinische Intensivpflege
17. Haushaltshilfe
18. Krankenhausbehandlung
19. Stationäre und ambulante Hospizleistungen
20. Kurzzeitpflege bei fehlender Pflegebedürftigkeit
21. Übergangspflege im Krankenhaus
22. Leistungen zur medizinischen Rehabilitation
23. Belastungserprobung und Arbeitstherapie
24. Ergänzende Leistungen zur Rehabilitation
25. Nichtärztliche sozialpädiatrische Leistungen
26. Nichtärztliche Leistungen für Erwachsene mit geistiger Behinderung oder schweren Mehrfachbehinderungen
27. Krankengeld
28. Zahnersatz
29. Fahrkosten

Geschädigte haben Anspruch auf Leistungen der Krankenbehandlung nach **Satzungsrecht** nach Abs. 1 S. 1 Nr. 2. Es gilt das Satzungsrecht der Krankenkasse, bei der die Geschädigten Mitglied sind (§ 57 Abs. 2) oder – falls sie nicht gesetzlich krankenversichert sind – die sie nach § 57 Abs. 3 gewählt haben. 6

§ 11 Abs. 6 S. 1 SGB V regelt, dass die Krankenkasse in ihrer Satzung in bestimmten Bereichen zusätzliche, vom Gemeinsamen Bundesausschuss nicht ausgeschlossene Leistungen bei der Versorgung vorsehen kann. Die Satzung muss insbesondere die Art, die Dauer und den Umfang der Leistung bestimmen; sie hat hinreichende Anforderungen an die Qualität der Leistungserbringung zu regeln.

Leistungen kraft **Satzungen** nach Abs. 1 Satz 1 Nr. 2 sind aus dem Katalog des § 11 Absatz 6 SGB V Leistungen im Bereich der medizinischen Rehabilitation, der zahnärztlichen Behandlung ohne die Versorgung mit Zahnersatz, 7 die Versorgung mit nicht verschreibungspflichtigen apothekenpflichtigen Arzneimitteln, im Bereich der häuslichen Krankenpflege und der Haushaltshilfe, sowie Leistungen von nicht zugelassenen Leistungserbringern. Zu den Grundsätzen der Leistungserbringung der gesetzlichen Krankenversicherung nach Absatz 1 Satz 2 zählen zum Beispiel

- die Leistungserbringung grundsätzlich nur durch zugelassene Leistungserbringer
- das Wirtschaftlichkeitsgebot
- die freie Arztwahl
- die Beachtung der Richtlinien des Gemeinsamen Bundesausschusses.

8 Für die Krankenbehandlung gilt, dass die Krankenkassen ihren Versicherten und Zugeteilten für die schädigungsbedingten Erkrankungen auftragsweise alle Leistungen der Krankenbehandlung nach dem SGB V, inklusive ihrer Satzungsleistungen erbringen.

9 Die **Absätze 2 bis 4** treffen **Härtefall**-Regelungen für den Fall, dass Geschädigte mit einem Grad der Schädigungsfolgen von 50 oder höher, ihre Angehörigen oder Nahestehenden, sowie Hinterbliebene von Geschädigten trotz gesetzlicher Verpflichtung keine Absicherung im Krankheitsfall haben.

Eine anderweitige Absicherung ist im Regelfall ein bestehendes Versicherungsverhältnis in der gesetzlichen oder privaten Krankenversicherung. Die reine Verpflichtung zur Versicherung nach § 5 Abs. 1 Nr. 13 SGB V oder nach § 193 Abs. 3 VVG stellt keine anderweitige Absicherung im Krankheitsfall dar. Aus Fürsorgegründen wird von dem Grundsatz, dass Leistungen der Sozialen Entschädigung grundsätzlich nur für anerkannte Schädigungsfolgen erbracht werden, abgewichen. Die Berechtigten werden so gestellt, als wären sie nach den Vorschriften des SGB V als gesetzlich Krankenversicherte leistungsberechtigt. Die Ermessensentscheidung im Einzelfall, ob eine unbillige Härte vorliegt, obliegt der zuständigen Verwaltungsbehörde. Bei der Abwägung sind z.B. Gesichtspunkte wie Einkommen des Geschädigten beziehungsweise der Leistungsempfänger zu berücksichtigen. Die Möglichkeit des Bezugs von Sozialleistungen schließt eine unbillige Härte nicht grundsätzlich aus. Der Anspruch nach den Abs. 2 bis 4 kann auch **zeitlich begrenzt** sein.[419]

10 Schwergeschädigte (GdS ab 50) sind anspruchsberechtigt nach **Abs. 2**. Der Personenkreis entspricht dem des alten § 10 Abs. 2 BVG. Voraussetzung ist, dass eine Gesundheitsstörung, die nicht als Schädigungsfolge anerkannt ist, vorliegt und der medizinischen Behandlung bedarf.

419 SozERG, Drs. 19/13824, S. 188.

Angehörigen und Nahestehenden von Schwerbeschädigten sind anspruchsberechtigt nach **Abs. 3**. Das entspricht dem Personenkreis des alten § 10 Abs. 4a BVG. Angehörige sind nach § 2 Abs. 3 Ehegatten sowie Kinder, einschließlich der in den Haushalt Geschädigter aufgenommene Stiefkinder sowie Pflegekinder i.S.d. § 2 Abs. 1 S. 1 Nr. 2 BKK und Eltern von Geschädigten. Nahestehende sind gemäß § 2 Abs. 5 Geschwister sowie Personen, die mit Geschädigten eine Lebensgemeinschaft führen, die der Ehe ähnlich ist. 11

Hinterbliebene sind anspruchsberechtigt nach Abs. 4. Der Personenkreis entspricht dem des alten § 10 Abs. 4c und Abs. 4 Satz 3 BVG. Die Leistungsgewährung setzt nicht voraus, dass der verstorbene Geschädigte einen GdS von 50 oder höher hatte. Hinterbliebene sind nach der Legaldefinition von § 2 Abs. 4 Witwen, Witwer und Waisen, einschließlich der in den Haushalt der an den Folgen einer Schädigung verstorbenen Person aufgenommenen Stiefkindern sowie Pflegekindern i.S.d. § 2 Abs. 1 S. 1 Nr. 2 BKK, Eltern sowie Betreuungsunterhaltsberechtigte einer an den Folgen einer Schädigung verstorbenen Person. 12

Hinterbliebene eines Geschädigten, der nicht an den Folgen einer Schädigung verstorben ist und die keinen Vertrauensschutz nach § 151 genießen, haben keine Ansprüche auf Leistungen des SGB XIV, auch nicht auf Leistungen der Krankenbehandlung. Sie können kein Härtefall nach Abs. 4 sein.

Alle drei anspruchsberechtigten Personengruppen der Abs. 2 bis 4 müssen dieselben Voraussetzungen erfüllen und erhalten Leistungen nach dem kompletten 3. Kapitel des SGB V, satzungsrechtliche Leistungen sind nicht erfasst. 13

Voraussetzungen für einen Anspruch auf Krankenbehandlung nach Abs. 2 bis 4 sind 14

1. Es besteht keine **anderweitige Absicherung im Krankheitsfall**, oder die **Absicherung kann aufgrund der Schädigungsfolgen** nicht mehr unterhalten werden und
2. das Versagen der Leistungen wäre eine **unbillige Härte**

Ob eine unbillige Härte vorliegt und Leistungen der Krankenbehandlung nach Abs. 2 bis 4 gewährt werden, steht im Ermessen der TdSE.

Eine **anderweitige Absicherung im Krankheitsfall** ist insbesondere ein bestehendes Versicherungsverhältnis in der gesetzlichen oder privaten Krankenversicherung. Vertrauensschutz nach § 151 ist auch eine anderweitige Absicherung. Wer den Vertrauensschutz verlässt, hat keinen Anspruch nach den Absätzen 2 bis 4. Die Verpflichtung zur Versicherung nach § 5 Abs. 1 15

Nr. 13 SGB V oder nach § 193 Abs. 3 VVG stellt dagegen keine anderweitige Absicherung im Krankheitsfall dar.

16 Bei der Abwägung, ob die mangelnde **Absicherung aufgrund der Schädigungsfolgen** besteht, sind laut Gesetzesbegründung[420] zum Beispiel Gesichtspunkte wie das Einkommen des Geschädigten bzw. der Leistungsempfänger zu berücksichtigen. Der TdSE hat alle für die Ermessensentscheidung im Einzelfall notwendigen Sachverhalte zu ermitteln.

Zu berücksichtigen ist bei der Ermessensausübung, dass es sich hier um eine Härtefallprüfung handelt, der sehr viel strengere Prüfungsvorgaben zugrunde liegen als der Prüfung der alten Ausschlussgründe nach § 10 Abs. 7 BVG. Anstelle der Jahresarbeitsentgeltgrenze (2025 liegt sie bei 73.800 Euro), ist hier u. U. eine Einkommens- und Vermögensüberprüfung der gesamten Bedarfs- bzw. Haushaltsgemeinschaft notwendig. Es ist nicht klar, auf welcher Grundlage Einkommen und Vermögen geprüft werden sollen. Die Regelungen des 16. Kapitels zur Einkommens- und Vermögensanrechnung gelten nach § 105 Abs. 1 nur für die Besonderen Leistungen im Einzelfall nach Kapitel 11. Das 16. Kapitel und die Verordnung nach § 109 könnten zur Einkommens- und Vermögensprüfung herangezogen werden.

17 Als zweiter Schritt muss nachgewiesen werden, dass das Einkommen und Vermögen der Bedarfsgemeinschaft **aufgrund der Schädigungsfolgen** so stark gemindert wurde, dass die Krankenversicherungsbeiträge nicht gezahlt werden können.

Die Möglichkeit des Bezuges von Sozialleistungen aus anderen Gründen schließt eine unbillige Härte nicht grundsätzlich aus.

18 Aus Fürsorgegründen wird von dem zentralen Grundsatz des § 25 abgewichen, der besagt, dass Leistungen der Sozialen Entschädigung grundsätzlich nur für anerkannte Schädigungsfolgen erbracht werden. Die Berechtigten werden so gestellt, als wären sie nach den Vorschriften des SGB V als gesetzlich Krankenversicherte leistungsberechtigt.

Nach Ansicht des Gesetzgebers handelt es sich bei der Krankenbehandlung nach Abs. 2 bis 4 um Regelungen für seltene Ausnahmefälle. Der Begriff der **„unbilligen Härte“** ist eng auszulegen. Der Leistungsanspruch nach den Abs. 2 bis 4 kann daher nicht nur zeitlich, sondern auch auf bestimmte Einzelleistungen begrenzt werden.

– Es kann sich z. B. um Fälle handeln, bei denen ein Obdachloser eine schwere Körperverletzung durch eine Gewalttat erlitten hat und im Krankenhaus festgestellt wird, dass eine akut behandlungsbedürftige Krebser-

420 SozERG, Drs. 19/13824, S. 188.

krankung vorliegt. In diesem Fall könnte der TdSE nur für die Krebsbehandlung Leistungen nach Abs. 2 gewähren.
- Es ist auch möglich, dass eine Ehefrau mit ihren Kindern vor ihrem gewalttätigen Ehemann in ein Frauenhaus flüchtet. Frau und Kinder waren bislang familienversichert. Ein Kind leidet chronisch an Asthma und muss permanent behandelt werden. Der Vater soll aber nichts über die aktuelle Adresse oder die behandelnden Ärzte seiner Familie erfahren. In diesem Fall könnte der TdSE die Behandlung des asthmakranken Kindes für den Zeitraum, bis die Mutter eine Arbeitsstelle gefunden hat und ihre Kinder über sie familienversichert sind, als Härtefall nach Abs. 3 übernehmen.
- Die dritte Gruppe nach Abs. 4 ist immer noch der Klassiker des § 10 Abs. 4 Satz 3, alte Kriegerwitwen, die ihr Leben lang über ihren Mann Leistungen der Krankenbehandlung erhielten, nach seinem Tod aber weder einen Anspruch nach § 85 noch nach § 148 haben und keinen wirksamen Krankenversicherungsschutz unter zumutbaren Bedingungen erreichen können. Sie könnten weiter Krankenbehandlung nach Abs. 4 erhalten.

Mit dem Gesetz zur Anpassung des Zwölften und Vierzehnten Buches So- **19**
zialgesetzbuch wurde § 44 Abs. 2 durch Einfügung des Satzes „Dies gilt nicht für die nach § 42 Abs. 2 erbrachte Sachleistungen“[421] ergänzt, da die bisherige Regelung für Neufälle in § 44 Abs. 2 SGB VIX eine Besserstellung im Vergleich zum Recht der gesetzlichen Krankenversicherung darstellt. Die Härtefälle nach § 42 Abs 2 sind damit allerdings gleichzeitig schlechter gestellt als die Vertrauensschutzfälle nach § 151 Abs. 1 Satz 2, die einen Anspruch auf kostenfreie Sachleistung bei Behandlung der Nichtschädigungsleiden haben.

Nach **Abs. 5** gilt Abs. 1 nur, soweit das SGB XIV keine Sonderregelungen **20**
trifft. Um Sonderregelungen in diesem Sinne handelt es sich bei den ergänzenden Leistungen nach § 43, der Hilfsmittelversorgung nach § 46, die für Schädigungsfolgen von den Unfallkassen der Länder auf der Grundlage des SGB VII übernommen wird oder bei der Regelung des § 44 Abs. 2, wonach Geschädigte Sachleistungen ohne Beteiligung an den Kosten erhalten oder die Wahl nach § 49, anstelle der Sachleistungen einen angemessenen Zuschuss zum Zahnersatz zu erhalten.

421 BGBl. I 2023 Nr. 408 (Art. 10).

§ 43
Ergänzende Leistungen der Krankenbehandlung

(1) [1]Geschädigte erhalten für anerkannte Schädigungsfolgen auf Antrag über die Leistungen der Krankenbehandlung nach § 42 hinaus ergänzende Leistungen, wenn diese unter Berücksichtigung der Art und Schwere des Einzelfalls und der besonderen Bedarfe der oder des Geschädigten notwendig sind. [2]Die Krankenkassen sollen der zuständigen Verwaltungsbehörde Fälle mitteilen, in denen die Erbringung einer ergänzenden Leistung der Krankenbehandlung durch die zuständige Verwaltungsbehörde angezeigt ist.

(2) Ergänzende Leistungen sind insbesondere

1. **besondere psychotherapeutische Leistungen, die**
   a) **über die nach dem Leistungskatalog des Fünften Buches anerkannten Behandlungsverfahren hinausgehen,**
   b) **die zulässigen Höchstgrenzen der maximalen Stundenzahl für das jeweilige Verfahren und die Behandlungsfrequenz je Woche überschreiten oder**
   c) **von psychotherapeutisch tätigen Ärztinnen und Ärzten oder Psychotherapeutinnen und Psychotherapeuten, die nicht an der vertragsärztlichen Versorgung teilnehmen, oder von Heilpraktikerinnen und Heilpraktikern, die eine Qualifizierung im Bereich der Psychotherapie nachweisen, erbracht werden,**
2. **besondere zahnärztliche, implantologische, kieferchirurgische und kieferorthopädische Leistungen sowie Mehrleistungen für Zahnersatz,**
3. **besondere heilpädagogische Leistungen nach Vollendung des 18. Lebensjahres,**
4. **besondere verschreibungspflichtige Arzneimittel oder besondere nicht verschreibungspflichtige apothekenpflichtige Arzneimittel,**
5. **besondere über die allgemeinen Krankenhausleistungen hinausgehende ärztliche und nichtärztliche Leistungen im Rahmen einer stationären Behandlung.**

(3) Kosten für in Absatz 2 Nummer 2 genannte Leistungen, die in Umfang, Material oder Ausführung über das schädigungsbedingt Notwendige hinausgehen, sind von den Geschädigten selbst zu tragen.

(4) Angehörige, Hinterbliebene und Nahestehende erhalten auf Antrag besondere psychotherapeutische Leistungen nach Absatz 2 Nummer 1, wenn diese Leistungen

1. **zum Ausgleich von psychischen Beeinträchtigungen erforderlich sind, die mittelbar auf das schädigende Ereignis zurückzuführen sind,**
2. **im Rahmen der individuellen Absicherung im Krankheitsfall nicht oder nicht in ausreichendem Maße erbracht werden und**
3. **zur Erreichung oder Sicherung des Behandlungserfolges notwendig sind.**

Erläuterungen

Übersicht

Über die Regelversorgung durch die Krankenkassen hinaus erhalten die Beschädigten durch die TdSE weitergehende Leistungen, wenn diese unter Berücksichtigung der Art und Schwere des Einzelfalls und der besonderen Bedarfe der oder des Geschädigten notwendig sind. Einen Schwerpunkt bilden dabei Mehrleistungen im Bereich der **psychotherapeutischen Maßnahmen** und des **Zahnersatzes**. 1

§ 43 regelt Ansprüche auf Leistungen, die nicht oder nicht nach Art und Höhe im Leistungskatalog der gesetzlichen Krankenversicherung enthalten sind. Daher werden die Leistungen als „ergänzende Leistungen" ausgewiesen. § 43 ist damit eine Abweichung von der Regelversorgung der Krankenbehandlung i. S. v. § 42 Abs. 5.

Als Basisrechtsgrundlage bildet er in § 43 Abs. 1 Satz 2 einen der zentralen Grundsätze des BVG ab, der in § 18c Abs. 3 BVG verankert war: Der Geschädigte soll mit keinen Kosten belastet werden, die von den anerkannten Schädigungsfolgen verursacht werden. Wenn diese Gefahr im Bereich der Krankenbehandlung besteht, zieht der TdSE den Fall an sich heran und erbringt die Krankenbehandlung anstelle der Krankenkasse oder ergänzt die Leistungen der Krankenkasse.

Ersatzleistungen, als ergänzende Leistungen zu Hilfsmitteln erbringt im neuen Recht nach § 57 Abs. 5 i. V. m. § 46 die Unfallversicherung des Landes. Diese Leistungen sind nicht in § 43 geregelt.

A. Altes Recht

Nach **§ 18c Abs. 3 BVG** konnte die Verwaltungsbehörde anstelle der Krankenkasse die Leistungen erbringen. Die Krankenkassen sollten der Verwaltungsbehörde Fälle mitteilen, in denen die Erbringung der Leistungen durch die Verwaltungsbehörde angezeigt erschien. Auf dieser Basis konnte die Verwaltungsbehörde Fälle an sich ziehen, in denen sie besondere Heilbehandlungsmaßnahmen im Gegensatz zur Krankenkasse für notwendig und 2 zweckmäßig erachtete. Die Verwaltungsbehörde konnte Fälle an sich ziehen, in denen die Leistungen, zu denen die Krankenkasse ihren Mitgliedern verpflichtet war, nach Art und Umfang nicht ausreichend erschienen. Hinzu kamen Leistungen, die die Krankenkasse nach ihrem Recht nicht erbringen konnte, sei es hinsichtlich der Arztwahl, der Unterbringung in einer Spezialeinrichtung, wie z.B. einer Privatklinik, der Behandlung im Ausland oder bei einem stationären Krankenhausaufenthalt mit Leistungen, die über die allgemeinen Krankenhausleistungen hinausgingen.

Es musste sich aber immer um Leistungen handeln, die vom Leistungsumfang der Heil- und Krankenbehandlung nach dem BVG umfasst wurden. Der Leistungsrahmen der §§ 10 bis 24 BVG durfte durch § 18c Abs. 3 BVG keine Erweiterung erfahren.[422]

3 Spezielle ergänzende Leistungen waren im BVG darüber hinaus an verschiedenen Stellen vorgesehen.

Nach § 11 Abs. 3 BVG konnten Beschädigte zur Ergänzung der Versorgung mit Hilfsmitteln unter den Voraussetzungen des § 10 Abs. 1, 2, 7 und 8 als Ersatzleistung Zuschüsse erhalten

1. zur Beschaffung, Instandhaltung und Änderung von Motorfahrzeugen oder Fahrrädern anstelle bestimmter Hilfsmittel und deren Instandsetzung,
2. für Abstellmöglichkeiten für Rollstühle und für Motorfahrzeuge, zu deren Beschaffung der Beschädigte einen Zuschuss erhalten hat oder hätte erhalten können,
3. zur Unterbringung von Blindenführhunden,
4. zur Beschaffung und Änderung bestimmter Geräte sowie
5. zu den Kosten bestimmter Dienst- und Werkleistungen.

4 Nach § 18 Abs. 7 BVG konnten in besonderen Fällen bei der stationären Behandlung eines Beschädigten auch die Kosten für Leistungen übernommen werden, die über die allgemeinen Krankenhausleistungen hinausgehen, wenn es nach den Umständen, insbesondere im Hinblick auf die anerkannten Schädigungsfolgen erforderlich erschien.

5 Nach § 11 Abs. 5 BVG umfasste die Heilbehandlung auch ergänzende Leistungen zur Rehabilitation, die nicht zu den Leistungen nach den §§ 11a, 26 und 27d gehörten; für diese ergänzenden Leistungen galten die Vorschriften für die entsprechenden Leistungen der Krankenkasse (§ 18c Abs. 2 Satz 1 BVG).

422 Wilke/Fehl zu § 18c Rn 9, 479.

Nach § 12 Abs. 1 BVG galt für die Krankenbehandlung § 11 Abs. 1 mit Ausnahme von Satz 1 Nr. 4 (Zahnersatz) entsprechend. Nach § 12 Abs. 2 BVG konnten den Berechtigten Zuschüsse zu den Kosten der Beschaffung von Zahnersatz unter den Voraussetzungen des § 10 Abs. 4, 5, 7 und 8 bis zur Höhe von 80 vom Hundert der notwendigen Kosten gewährt werden. 6

Die Krankenbehandlung umfasste auch Leistungen zur medizinischen Rehabilitation und ergänzende Leistungen; für diese Leistungen galten die Vorschriften für die entsprechenden Leistungen der Krankenkasse (§ 18c Abs. 2 Satz 1).

§ 18 Abs. 2 BVG ist in § 43 Abs. 3 nur bezogen auf Zahnersatz gespiegelt: Bei der Versorgung mit Zahnersatz (§ 11 Abs. 1 Satz 1 Nr. 4) oder mit Hilfsmitteln (§ 11 Abs. 1 Satz 1 Nr. 8, § 12 Abs. 1 Satz 1) durften Sachleistungen auf Antrag in Umfang, Material oder Ausführung über das Maß des Notwendigen hinaus erbracht werden, wenn auch dadurch der Versorgungszweck erreicht wurde und der Berechtigte oder Leistungsempfänger die Mehrkosten übernahm. Das Gleiche galt für Zahnfüllungen. Führte eine Mehrleistung nach Satz 1 oder 2 bei Folgeleistungen zu Mehrkosten, hatte diese der Berechtigte oder Leistungsempfänger zu übernehmen.

Alle ergänzenden Leistungen des BVG waren Ermessensleistungen. Das gilt nicht für die ergänzenden Leistungen nach § 43. Wenn sie schädigungsbedingt erforderlich sind, besteht ein Rechtsanspruch.

B. Neues Recht

Nach **Abs. 1 Satz 1** werden bei der Entscheidung über die Leistungserbringung die persönlichen Bedarfe der Berechtigten und die sonstigen sich aus dem Umfeld ergebenden besonderen Umstände berücksichtigt. Der Hinweis auf das Antragserfordernis dient der Klarstellung. 7

Die Leistungen für die Krankenbehandlung orientieren sich gemäß § 42 Absatz 1 an dem Sozialgesetzbuch V in Bezug auf Art und Umfang. In § 43 ist eine Abweichung vom Rahmen der Regelversorgung i. S. d. § 42 Abs. 5 geregelt. Wenn die Berechtigten zusätzliche Bedarfe haben, die durch die Schädigung verursacht wurden, erhalten sie weitere Leistungen. Voraussetzung dafür ist, dass der spezielle Behandlungsbedarf kausal auf die anerkannten Folgen der Schädigung zurückgeht. Es muss ein ursächlicher wesentlicher Zusammenhang zwischen den Folgen der Schädigung und dem speziellen Behandlungsbedarf bestehen.

Die Gewährung von Zusatzleistungen erfordert außerdem, dass die Leistung zur Deckung des Bedarfs nach Art und Umfang des Einzelfalles erforderlich ist. Dabei sind die Art der schädigungsbedingten Gesundheitsstörung und ihr Schweregrad zu berücksichtigen. Es werden auch die persönlichen Bedürfnisse der Geschädigten (z.B. ein besonderes Vertrauensverhältnis zu einem Therapeuten nicht zu zerstören) und die sonstigen besonderen Umstände, die sich aus dem Umfeld ergeben, berücksichtigt.

Ein weiteres Erfordernis ist, dass die Behandlung einen medizinischen und therapeutischen Nutzen hat, was zumindest dann anzunehmen ist, wenn sie auf dem gesicherten Stand der wissenschaftlichen Erkenntnisse beruht. Die zusätzlichen Leistungen müssen zumindest potenziell dazu beitragen, die Folgen der Schädigung zu lindern.

Die besonderen Leistungen sind nur erforderlich, wenn der Behandlungsbedarf nicht bereits durch die Leistungsumfang nach § 42 abgedeckt ist. Wie an dem Wort „insbesondere“ deutlich wird, ist der Katalog der ergänzenden Leistungen nicht abschließend.

8 Nach **Abs. 1 S. 2** sollen die Krankenkassen der zuständigen Verwaltungsbehörde die Fälle mitteilen, in denen die Erbringung einer ergänzenden Leistung der Krankenbehandlung angezeigt ist. Die Mitteilungen der Krankenkassen sollen dazu beitragen, dass Geschädigte alle schädigungsbedingt erforderlichen Leistungen erhalten und keine Versorgungsdefizite verbleiben.

9 **Abs. 2** führt mit den Nrn. 1 bis 5 einen Katalog der in Betracht kommenden ergänzenden Leistungen der Krankenbehandlung auf. Es handelt sich um die Leistungen, die unter Geltung des BVG bei den Verwaltungsbehörden der Länder häufig nachgefragt wurden und Gegenstand von Härteausgleichen waren. Wie an dem Wort „insbesondere“ deutlich wird, ist der Katalog der ergänzenden Leistungen nicht abschließend.

10 Zu den ergänzenden Leistungen gehören nach Nr. 1 besondere **psychotherapeutische Leistungen**.

Ergänzende Leistung können auch alternativen Therapieformen, Außenseitermethoden und Off-Label-Use von Medikamenten sein. Nach **Buchstabe a** wird mit der Ausweitung des Behandlungsangebotes über die nach der Richtlinie des Gemeinsamen Bundesausschusses über die Durchführung der Psychotherapie (Psychotherapie-Richtlinie) anerkannten Verfahren hinaus Geschädigten ein Zugang zu **alternativen Therapieformen** eröffnet, um alle Möglichkeiten auszuschöpfen, die psychische Befindlichkeit mit der Vielfalt der zur Verfügung stehenden Behandlungsmaßnahmen zu bessern. Hierzu zählen beispielsweise die Gestalttherapie, die Musiktherapie und das Psychodrama.

Anerkannt für die psychotherapeutische Behandlung i. S. v. § 27a Abs. 1 S. 1 Nr. 1 SGB V sind nach § 15 der Richtlinie des Gemeinsamen Bundesausschusses über die Durchführung der Psychotherapie (Psychotherapie-Richtlinie) folgende Behandlungsformen

1. psychoanalytisch begründete Verfahren,
2. Verhaltenstherapie,
3. Systemische Therapie.

Über diese sog. „Richtlinien-Verfahren" hinaus können weitere Therapieverfahren unter den Voraussetzungen von § 20 Psychotherapie-Richtlinie anerkannt werden.

Außenseitermethoden werden solche Behandlungsmethoden genannt, deren Wirksamkeit in der Medizin nicht allgemein anerkannt ist und für die zum Anwendungszeitpunkt keine Leistungspflicht der gesetzlichen Krankenversicherung besteht. **Off-Label-Use** bezeichnet die Verordnung eines Fertigarzneimittels außerhalb des durch die Arzneimittelbehörden zugelassenen Gebrauchs. Die Verwendung kann im Anwendungsgebiet oder der Anwendungsart von der Arzneimittelzulassung abweichen. Im Deutschen spricht man dabei von zulassungsüberschreitender Anwendung. 11

Für alternative Behandlungsmethoden, die nicht zum Leistungskatalog der gesetzlichen Krankenversicherung gehören, gilt das Erfordernis der **Notwendigkeit**. Dies bedeutet, dass sie aus medizinischer Sicht zumindest vertretbar sein müssen, um eine angemessene und ausreichende Versorgung zu gewährleisten. Voraussetzung für die Erbringung dieser Leistungen ist, dass eine für das angestrebte Behandlungsverfahren zu erwartende spürbar positive Einwirkung zu erwarten ist. Es ist in halbjährlichen Abständen oder bei Folgeanträgen zu überprüfen, ob sich diese einstellt oder absehen lässt. Von einer positiven Einwirkung kann im Einzelfall ausgegangen werden, wenn sich die psychische Beeinträchtigung des Geschädigten nicht weiter verschlechtert hat. 12

Im Einzelfall ist nach **Buchstabe b** eine Ausweitung der erforderlichen **Therapiestunden** und der **Behandlungsfrequenz** über die nach der **Psychotherapie**-Richtlinie zulässige **Höchstgrenze** möglich. 13

Nach § 23 Psychotherapie-Richtlinie ist die Behandlung auf maximal drei Behandlungsstunden in der Woche beschränkt, wobei nach § 30 Psychotherapie-Richtlinie folgende Höchstgrenzen in folgenden Bewilligungsschritten vorgesehen sind:

§ 30 Bewilligungsschritte für die Verfahren gemäß § 15

Es sind grundsätzlich die zugehörigen Höchstgrenzen einzuhalten:

1. Analytische Psychotherapie bei Erwachsenen
   - Bewilligungsschritte: bei Einzeltherapie bis 160 Stunden, bei Gruppentherapie bis 80 Doppelstunden
   - Höchstgrenze: bei Einzeltherapie 300 Stunden, bei Gruppentherapie 150 Doppelstunden
2. Tiefenpsychologisch fundierte Psychotherapie bei Erwachsenen
   - Bewilligungsschritte: bei Einzeltherapie bis 60 Stunden, bei Gruppentherapie bis 60 Doppelstunden
   - Höchstgrenze: bei Einzeltherapie 100 Stunden, bei Gruppentherapie 80 Doppelstunden
3. Verhaltenstherapie bei Erwachsenen
   - Bewilligungsschritte: bis 60 Stunden einschließlich Gruppentherapie in Doppelstunden
   - Höchstgrenze: 80 Stunden einschließlich Gruppentherapie in Doppelstunden
4. Systemische Therapie bei Erwachsenen
   - Bewilligungsschritte: bis 36 Stunden einschließlich Gruppentherapie in Doppelstunden
   - Höchstgrenze: 48 Stunden einschließlich Gruppentherapie in Doppelstunden
5. Psychotherapie von Kindern bei analytischer und tiefenpsychologisch fundierter Psychotherapie
   - Bewilligungsschritte: bei Einzeltherapie bis 70 Stunden, bei Gruppentherapie bis 60 Doppelstunden
   - Höchstgrenzen: bei Einzeltherapie 150 Stunden, bei Gruppentherapie 90 Doppelstunden
6. Verhaltenstherapie von Kindern
   - Bewilligungsschritte: bis 60 Stunden, einschließlich Gruppentherapie in Doppelstunden
   - Höchstgrenzen: 80 Stunden, einschließlich Gruppentherapie in 24 Doppelstunden
7. Psychotherapie von Jugendlichen bei analytischer und tiefenpsychologisch fundierter Psychotherapie
   - Bewilligungsschritte: bei Einzeltherapie bis 90 Stunden, bei Gruppentherapie bis 60 Doppelstunden
   - Höchstgrenzen: bei Einzeltherapie 180 Stunden, bei Gruppentherapie 90 Doppelstunden

8. Verhaltenstherapie bei Jugendlichen
   - Bewilligungsschritte: bis 60 Stunden, einschließlich Gruppentherapie in Doppelstunden
   - Höchstgrenzen: 80 Stunden, einschließlich Gruppentherapie in Doppelstunden

Nach § 30 Psychotherapie-Richtlinie ist eine Überschreitung des mit den jeweiligen Bewilligungsschritten festgelegten Therapieumfangs für die folgenden Verfahren nur zulässig, wenn mit der Beendigung des Bewilligungsschrittes das Behandlungsziel nicht erreicht werden kann, aber begründete Aussicht auf Erreichung des Behandlungsziels bei Fortführung der Therapie besteht.

Nach **Buchstabe c** ist auch eine Behandlung durch Personen möglich, die nicht an der **vertragsärztlichen Versorgung** teilnehmen, aber zur Ausübung von Psychotherapie berechtigt sind. Hierzu zählen zum einen psychotherapeutisch tätige Ärztinnen und Ärzte oder Psychotherapeutinnen und Psychotherapeuten ohne Kassenzulassung; zum anderen aber auch Personen mit einer **Heilpraktikererlaubnis**, die eine Qualifizierung im Bereich der Psychotherapie nachweisen. Die Überprüfung dieser erforderlichen Qualifikation obliegt der zuständigen Verwaltungsbehörde. 14

Erforderlich ist die jeweilige Approbation nach § 3 BÄO i. V. m. ÄApprO bzw. § 1 Abs. 1 PsychthG i. V. m. PsychThApprO oder die Heilpraktikererlaubnis nach § 1 Abs. 1 HeilprG i. V. m. § 2 Abs. 1 HeilprG i. V. m. § 2 Abs. 1 der 1. DVO-HeilprG, letztere kann auch auf die Ausübung von Psychotherapie beschränkt sein.

Um als „psychotherapeutisch tätig" im Sinne des Gesetzes zu gelten, müssen Ärzte neben ihrer Approbation auch eine qualifizierte Weiterbildung in einem psychotherapeutischen Fachgebiet nachweisen oder eine anerkannte Zusatzqualifikation in diesem Bereich besitzen.

Zu den ergänzenden Leistungen gehören nach **Nr. 2** besondere zahnärztliche, **implantologische**, kieferchirurgische und kieferorthopädische Leistungen sowie **Mehrleistungen für Zahnersatz**. 15

Zur zahnärztlichen Behandlung nach Vollendung des 18. Lebensjahres zählen nach SGB V in der Regel nicht funktionsanalytische und funktionstherapeutische Maßnahmen sowie implantologische, kieferchirurgische und kieferorthopädische Leistungen. Funktionsanalytische und funktionstherapeutische Maßnahmen werden in Zusammenhang mit einer Zahnbehandlung oder Zahnersatzmaßnahme zur exakten Bewertung der individuellen Mund- und Kiefersituation durchgeführt und dienen insbesondere der Diagnostizierung von Störungen im Zusammenspiel von Zähnen, Gelenken und Muskulatur sowie dem langfristigen Erhalt von Zahnersatz. Nr. 2 stellt u.a. sicher, dass Geschädigte auch nach Vollendung des 18. Lebensjahres einen Anspruch auf kieferchirurgische und kieferorthopädische Behandlung haben, wenn die Schädigungsfolge das Kauen, Beißen, Sprechen oder Atmen erheblich beeinträchtigt oder zu beeinträchtigen droht. Die Versorgung mit Zahnersatz erstreckt sich auf festsitzenden Zahnersatz wie Zahnkronen, Brücken und Suprakonstruktionen sowie auf herausnehmbaren Zahnersatz wie Teil- und Vollprothesen.

Für diese Leistungen werden nach SGB V Festzuschüsse zur **Regelversorgung** gezahlt, deren Höhe vom jeweiligen zahnmedizinischen Befund und von der regelmäßigen Inanspruchnahme zahnärztlicher Vorsorgeuntersuchungen abhängig ist.

Die über die Festzuschüsse hinausgehenden Kosten der Regelversorgung werden ohne eingehende Prüfung aufgrund des Anspruchs der Geschädigten auf kostenfreie Sachleistung nach § 44 Abs. 2 als Mehrleistungen nach Abs. 2 Nr. 2 übernommen.

16 Bei gleichartiger Versorgung mit Zahnersatz muss dagegen der Leistungsausschluss nach Abs. 3 geprüft werden. **„Gleichartiger Zahnersatz“** ist eine verbesserte und teurere Version der „Regelleistung“, die von den Krankenkassen für Zahnersatz bezuschusst wird. Es handelt sich um eine Regelversorgungsmaßnahme mit zusätzlichen zahnärztlichen oder zahntechnischen Leistungen, die nicht von der Krankenkasse bezuschusst werden.

Beispiele für gleichartigen Zahnersatz sind:

- Vollkeramikkrone anstatt einer Metallkrone im Backenzahnbereich.
- Brücke mit Verblendung der Außenflächen bei einem fehlenden Zahn.
- Brücke mit Keramikverblendung rundum aus ästhetischen Gründen.

Bei einer gleichartigen Versorgung findet immer noch eine medizinisch notwendige Regelversorgung statt. Es kommen auf Wunsch des Patienten aber Extra-Leistungen hinzu.

17 Auch bei einer andersartigen Zahnversorgung nach § 55 Abs. 5 SGB V i. V. m. § 43 Abs. 2 Nr. 2 muss der Leistungsausschluss nach Abs. 3 geprüft werden.

„Andersartiger Zahnersatz“ ist eine Form der Versorgung, die nicht der Regelleistung oder einer vergleichbaren Zahnersatzform entspricht. Es handelt sich um eine von der Regelversorgung vollkommen abweichende Versorgung, die für den Patienten jedoch den gleichen Festzuschuss durch die Krankenkasse, wie bei der Regelversorgung erhält. Ein Beispiel für andersartigen Zahnersatz sind Implantate.

Wird die Versorgung auf den Ersatz von nicht schädigungsbedingt verlorenen Zähnen erweitert, können Geschädigte unter den Voraussetzungen von **§ 49** statt der Sachleistung einen **Zuschuss** erhalten. Der Zuschuss umfasst auch den Quotenanteil für den schädigungsbedingt notwendigen Teil des Zahnersatzes in Bezug auf die ergänzenden Leistungen nach § 43 (s. Komm. zu § 49 Rn. 5, 6, 7). 18

Zu den ergänzenden Leistungen nach **Nr. 3** gehören besondere **heilpädagogische Leistungen**. Die Besonderheit gegenüber den Leistungen nach dem SGB V liegt darin, dass diese auch nach Vollendung des 18. Lebensjahres erbracht werden. Die Leistungen umfassen insbesondere Maßnahmen zur Entwicklung, Erziehung, Bildung und Förderung. Eine ärztliche Stellungnahme über die Notwendigkeit und die Eignung der heilpädagogischen Maßnahme sollte vorliegen. Um sicherzustellen, dass die heilpädagogischen Leistungserbringer über ein hinreichendes Qualitätsniveau verfügen, sollten diese in der Regel eine Ausbildung zur staatlich anerkannten Heilpädagogin/zum staatlich anerkannten Heilpädagogen aufweisen. 19

Ergänzende Leistungen nach **Nr. 4** sind besondere verschreibungspflichtige **Arzneimittel** oder besondere nicht verschreibungspflichtige apothekenpflichtige Arzneimittel. Die gesetzliche Grundlage für die Arzneimittelversorgung der Versicherten findet sich in § 31 Abs. 1 Satz 2 SGB V. Der Gemeinsame Bundesausschuss legt in den Richtlinien nach § 92 Abs. 1 Satz 2 Nr. 6 fest, in welchen medizinisch notwendigen Fällen Stoffe und Zubereitungen aus Stoffen, die als Medizinprodukte zur Anwendung am oder im menschlichen Körper bestimmt sind, ausnahmsweise in die Arzneimittelversorgung einbezogen werden. Medikamente, die nicht verschreibungspflichtig sind, werden von der Kasse nicht erstattet (§ 34 SGB V). Gemäß § 31 des Sozialgesetzbuchs (SGB V) haben Versicherte Anspruch auf Versorgung mit apothekenpflichtigen Arzneimitteln, sofern die Arzneimittel nicht nach § 34 oder durch Richtlinien nach § 92 Abs. 1 Satz 2 Nr. 6 ausgeschlossen sind. Verordnungen von verschreibungspflichtigen Arzneimitteln sind nur in medizinisch begründeten Einzelfällen zulässig. 20

Für eine ergänzende Leistung nach § 43 muss in jedem Fall ein Zusammenhang mit der **Behandlung der anerkannten Schädigungsfolgen** gegeben sein.

Unter **besondere Arzneimittel** nach Nr. 4 fallen z. B. 21

- verschreibungspflichtige Arzneimittel mit einem Preis oberhalb des Festbetrags nach §§ 31 Abs. 2, 35 SGB V sowie Arzneimittel, bei deren Anwendung eine Erhöhung der Lebensqualität oder eine Verbesserung der körperlichen Leistungsfähigkeit im Vordergrund stehen.

– verschreibungspflichtige Arzneimittel zur Anwendung bei Erkältungskrankheiten und grippalen Infekten einschließlich der bei diesen Krankheiten anzuwendenden Schnupfenmittel, Schmerzmittel, hustendämpfenden und hustenlösenden Mittel, Mund- und Rachentherapeutika, ausgenommen bei Pilzinfektionen, Abführmittel und Arzneimittel gegen Reisekrankheit.
– nichtverschreibungspflichtige Arzneimittel, die gem. § 34 Abs. 1 S. 1 SGB V von der Arzneimittelversorgung ausgeschlossen sind bzw. nur unter den engen Voraussetzungen von § 34 Abs. 1 S. 2 SGB V i. V. m. den Arzneimittel-Richtlinien nach § 92 Abs. 1 S. 2 Nr. 6 SGB V bei der Behandlung schwerwiegender Erkrankungen als Therapiestandard gelten und daher nur ausnahmsweise auf Kosten der Krankenkassen verordnungsfähig sind, gehören zu den besonderen Arzneimitteln.
– Arzneimittel, bei deren Anwendung eine Erhöhung der Lebensqualität oder eine Verbesserung der körperlichen Leistungsfähigkeit im Vordergrund stehen, sind nach § 34 Abs. 1 S. 7 SGB V ebenfalls nicht verordnungsfähig und gehören daher zu den Arzneimitteln i. S. v. Abs. 2 Nr. 4.[41] Hierzu gehören die nach § 37 Abs. 1 S. 8 SGB V ausgeschlossenen Arzneimittel, die überwiegend zur Behandlung der erektilen Dysfunktion, der Anreizung sowie Steigerung der sexuellen Potenz, zur Raucherentwöhnung, zur Abmagerung oder zur Zügelung des Appetites, zur Regulierung des Körpergewichtes oder zur Verbesserung des Haarwuchses dienen.

22 Um eine fachkundige Beratung sicherzustellen, wird Apothekenpflicht verlangt.

23 Zu den Leistungen nach Nr. 5 zählen **Wahlleistungen** im Bereich der Unterkunft sowie ärztliche und weitere medizinische Wahlleistungen (z. B. durch Physiotherapeuten), sofern sie nicht bereits als allgemeine **Krankenhausleistungen** erbracht werden. Wahlleistungen sind Leistungen, die über den allgemeinen Versorgungsstandard hinausgehen und vom Beschädigten gesondert beantragt werden können. Zu diesen besonderen Leistungen gehören insbesondere die Unterbringung in einem Einbettzimmer, die Mitaufnahme einer oder eines Angehörigen, die Chefarztbehandlung sowie besondere medizinische Behandlungsmaßnahmen während des stationären Aufenthaltes wie beispielsweise Massagen oder homöopathische Verfahren. Die Verwaltungsbehörde prüft, ob diese Wahlleistungen in Anbetracht der Art und Schwere der Erkrankung gerechtfertigt sind. Abweichend von den Regelungen der gesetzlichen Krankenversicherung haben Geschädigte für Wahlleistungen nicht in Vorleistung zu treten. Diese werden von den zuständigen Verwaltungsbehörden direkt mit dem Leistungserbringer abgerechnet.

Wahlleistungen bei stationärem Krankenhausaufenthalt, die über die allgemeinen Krankenhausleistungen hinausgehen, waren in der Vergangenheit der häufigste Fall der ergänzenden Leistungen nach dem BVG (§ 18 Abs. 7 BVG). Es gibt daher besonders viel Rechtsprechung zu dieser Thematik. Gemäß der Rechtsprechung zu § 18 Abs. 7 BVG sind die Mehrkosten für eine medizinische Versorgung nur dann zu übernehmen, wenn sie auf schädigungsbedingte medizinische Gründe zurückzuführen sind. Berufliche, wirtschaftliche oder private Gründe spielen dabei keine Rolle.

Die Voraussetzungen für die Gewährung von Wahlleistungen sind in Abs. 1 S. 2 geregelt. Danach müssen die Wahlleistungen unter Berücksichtigung der individuellen Situation des Beschädigten, vor allem seiner anerkannten Schädigungsfolgen, notwendig sein. Dies bedeutet, dass der Gesundheitszustand des Beschädigten oder die Art der Erkrankung eine besondere Pflege erfordern, die durch die allgemeinen Leistungen nicht abgedeckt ist. Die Verwaltungsbehörde hat nach Abs. 1 S. 1 zu prüfen, ob die Wahlleistungen angesichts der Art und Schwere der Schädigungsfolgen angemessen sind, was nach einer sorgfältigen Abwägung aller Umstände des Einzelfalles zu entscheiden ist.

Abs. 3 stellt klar, dass Mehrkosten für besondere zahnärztliche, implan- 24
tologische, kieferchirurgische und kieferorthopädische Leistungen sowie Mehrleistungen für Zahnersatz, die medizinisch nicht begründet sind, nicht erstattungsfähig sind.

Bei einer **gleichartigen** Versorgung mit Zahnersatz nach § 55 Abs. 4 SGB V und einer **andersartigen** Versorgung nach § 55 Abs. 5 SGB V ist immer zu prüfen, ob die Kosten des Zahnersatzes für in Abs. 2 Nr. 2 genannte Leistungen in Umfang, Material oder Ausführung über das schädigungsbedingt Notwendige hinausgehen. Dann sind sie von den Geschädigten selbst zu tragen.

Da eine schwere Schädigung nicht nur die psychische Gesundheit und Le- 25
bensführung der Geschädigten selbst, sondern auch die der **Angehörigen, Hinterbliebenen und Nahestehenden** beeinträchtigen kann, kommen nach **Abs. 4** Leistungen entsprechend Abs. 2 Nummer 1 je nach Ausmaß der psychischen Folgen auch für diese Personengruppen in Betracht. Als Ausnahme von dem Grundsatz des § 42 Abs. 5, dass nur Geschädigte Anspruch auf Krankenbehandlung haben können, begründet Abs. 4 einen eigenständigen Anspruch von Angehörigen, Nahestehenden und Hinterbliebenen von Geschädigten auf besondere psychotherapeutische Leistungen.

Der Anspruch von Berechtigten nach Abs. 4 ergänzt deren bestehende individuelle Absicherung im Krankheitsfall. Dabei kann es sich sowohl um eine gesetzliche als auch eine private Absicherung handeln.

Angehörige, Hinterbliebene und Nahestehende erhalten auf Antrag besondere psychotherapeutische Leistungen nach Absatz 2 Nummer 1, wenn diese Leistungen

- zum Ausgleich von psychischen Beeinträchtigungen erforderlich sind, die mittelbar auf das schädigende Ereignis zurückzuführen sind,
- im Rahmen der individuellen Absicherung im Krankheitsfall nicht oder nicht in ausreichendem Maße erbracht werden und
- zur Erreichung oder Sicherung des Behandlungserfolges notwendig sind.

Alle drei Voraussetzungen müssen kumulativ erfüllt sein.

26 Um einen Anspruch auf psychotherapeutische Behandlung zu haben, muss diese Behandlung notwendig sein, um psychische Beeinträchtigungen auszugleichen, die auf das schädigende Ereignis zurückgehen, siehe Abs. 4 Nr. 1. Für die Kausalbeziehung gilt die Theorie der wesentlichen Bedingung. Diese Bedarfslage ist von der unmittelbaren gesundheitlichen Schädigung von sogenannten **Schockschadensopfern** (§ 14 Abs. 2) zu unterscheiden, die selbst Geschädigte sind und deren Ansprüche auf ergänzende Leistungen sich nach Abs. 1 richten.

§ 44
Sachleistungsprinzip, Kostenbeteiligung

(1) Leistungen der Krankenbehandlung werden als Sachleistungen erbracht, soweit sich aus diesem Buch, dem Fünften Buch oder dem Neunten Buch nichts Abweichendes ergibt.

(2) [1]Geschädigte erhalten Sachleistungen ohne Beteiligung an den Kosten. [2]Dies gilt nicht für nach § 42 Absatz 2 erbrachte Sachleistungen.

Erläuterungen

1 **§ 44 Abs. 1** bestimmt, dass die Soziale Entschädigung die schädigungsbedingte Krankenbehandlung der Geschädigten als kostenfreie Sachleistung erbringt.

Abs. 2 stellt klar, dass die Geschädigten keine Kostenbeteiligung für die Sachleistungen zu tragen haben, anders als im Recht der gesetzlichen Krankenversicherung. Dies umfasst beispielsweise die Befreiung von Zuzahlungen für Arznei- und Verbandmittel nach § 31 Absatz 3 Satz 1 und 3 SGB V, für Heilmittel nach § 32 Absatz 2 SGB V, für Haushaltshilfen nach § 38 Absatz 5 SGB V einschließlich selbstbeschaffter Haushaltshilfen (§ 38 Absatz 4 SGB V) und für stationäre Krankenhausbehandlungen nach § 39 Absatz 4 SGB V. Auch die Kosten für Maßnahmen der künstlichen Befruchtung nach § 27a SGB V werden vollumfänglich übernommen. Entgegen § 27a Absatz 3 Satz 3 SGB V muss der Geschädigte keinen Eigenanteil zahlen.

Die Geschädigten werden somit nicht mit Kosten belastet, die durch die Schädigung entstanden sind.

A. Altes und Neues Recht

Das Prinzip der **kostenfreien Sachleistung** fand sich in **§ 18 Abs. 1 BVG**. 2

§ 18 Abs. 1 BVG: Die Leistungen nach den §§ 10 bis 24a werden als Sachleistungen erbracht, soweit sich aus diesem Gesetz oder dem Neunten Buch Sozialgesetzbuch nichts anderes ergibt. Sachleistungen sind Berechtigten und Leistungsempfängern ohne Beteiligung an den Kosten zu gewähren. Dasselbe gilt für den Ersatz der Fahrkosten im Rahmen der Heil- und Krankenbehandlung durch die Krankenkassen.

§ 18 Abs. 2 BVG: Bei der Versorgung mit Zahnersatz (§ 11 Abs. 1 Satz 1 Nr. 4) oder mit Hilfsmitteln (§ 11 Abs. 1 Satz 1 Nr. 8, § 12 Abs. 1 Satz 1) dürfen Sachleistungen auf Antrag in Umfang, Material oder Ausführung über das Maß des Notwendigen hinaus erbracht werden, wenn auch dadurch der Versorgungszweck erreicht wird und der Berechtigte oder Leistungsempfänger die Mehrkosten übernimmt. Das Gleiche gilt für Zahnfüllungen. Führt eine Mehrleistung nach Satz 1 oder 2 bei Folgeleistungen zu Mehrkosten, hat diese der Berechtigte oder Leistungsempfänger zu übernehmen.

Während § 18 Abs. 1 S. 2 BVG noch Berechtigte und Leistungsempfänger, 3
also neben den Geschädigten auch Hinterbliebene und Angehörige, von Zuzahlungen freistellte, sind nach § 44 nur noch die **Geschädigten** von Zuzahlungen, Eigenanteilen und Praxisgebühren befreit.

Die Fahrkosten, die im Zusammenhang mit einer Krankenbehandlung entstehen, sind nicht mehr ausdrücklich von der Kostenübernahme ausgenommen, wie es in § 18 Abs. 1 S. 3 BVG der Fall war. Das ist nicht mehr notwendig, weil eine Kostenbeteiligung an den Fahrkosten bzw. Reisekosten in § 53 nicht vorgesehen ist. Nach § 53 werden Reisekosten auf der Grundlage des Bundesreisekostengesetzes gewährt. Eine Eigenbeteiligung ist im Gegensatz zu § 60 Abs. 1 i.V.m. § 61 Satz 1 SGB V nicht vorgesehen.

4 Abs. 1 regelt, dass Leistungen der Krankenbehandlung der Sozialen Entschädigung als Sachleistungen erbracht werden, soweit sich aus dem SGB **XIV, dem** SGB **V** oder dem SGB **IX** nichts anderes ergibt.

5 Das Prinzip der kostenfreien Sachleistung für Geschädigte wird auch durch die **ergänzenden Leistungen** nach § 43 sichergestellt. Versicherte erhalten z.B. nur einen Festzuschuss zum **Zahnersatz (§ 55 Abs. 1 SGB V)**. Für Geschädigte gehören die Mehrleistungen für Zahnersatz zu den ergänzenden Leistungen nach § 43 Abs. 2 Nr. 2, sodass sie die Regelversorgung „Zahnersatz" als kostenfreie Sachleistung erhalten. Kosten selbst tragen müssen sie nur, wenn Kosten für in Absatz 2 Nr. 2 genannte Leistungen, die in Umfang, Material oder Ausführung über die schädigungsbedingte Notwendige hinausgehen (§ 43 Abs. 3).

6 Immer wenn im SGB XIV von **Kostenerstattungen** und **Zuschüssen** die Rede ist, handelt es sich um Geldleistungen, die nur einen Teil der Kosten abdecken und das Sachleistungsprinzip durchbrechen.

Das Prinzip der kostenfreien Sachleistung wird z.B. an zwei Stellen im **5. Kapitel des SGB XIV** eingeschränkt an denen keine Sachleistung, sondern nur eine **nachträgliche Kostenerstattung** vorgesehen ist.

Nach § 50 Abs. 1 Satz 1 werden den Geschädigten entstandene Kosten für eine **selbst beschaffte** notwendige **Behandlung** von Schädigungsfolgen, bevor ihr Anspruch auf Leistungen der Sozialen Entschädigung anerkannt worden ist, Kosten nur in angemessenem Umfang und nicht vollständig erstattet.

Nach § 51 Abs. 1 werden Geschädigten bei einem **vorübergehenden Aufenthalt im Ausland** die Kosten der notwendigen Krankenbehandlung anerkannter Schädigungsfolgen nur bis zur Höhe der Vergütung, die die Krankenkassen bei Erbringung als Sachleistung im Inland zu tragen hätten, erstattet.

Zuschüsse gibt es z.B. nach § 49 nur für den schädigungsbedingten Teil des Zahnersatzes.

7 Vom Sachleistungsprinzip abweichende Regelungen gibt es auch im SGB IX. Z.B. ebenfalls Kostenerstattung für selbstbeschaffte Rehaleistungen nach § 50 Abs. 4 i.V.m. § 18 Abs. 6 und 7 SGB IX. Das Persönliches Budget ist eine Geldleistung (§ 29 Abs 2 Satz 1 SGB IX), die Sachleistungen der Teilhabe der medizinischen Rehabilitation zusammenfasst.

Mit dem Gesetz zur Anpassung des Zwölften und Vierzehnten Buches Sozialgesetzbuch wurde § 44 Abs. 2 durch Anfügung des Satzes „Dies gilt nicht für die nach § 42 Abs. 2 erbrachte Sachleistungen."[423] ergänzt, da die bisherige Regelung für Neufälle in § 44 Abs. 2 SGB VIX eine Besserstellung im Vergleich zum Recht der gesetzlichen Krankenversicherung darstellt. Die Härtefälle nach § 42 Abs. 2 sind damit allerdings gleichzeitig schlechter gestellt als die Vertrauensschutzfälle nach § 151 Abs. 1 Satz 2, die einen Anspruch auf kostenfreie Sachleistung bei Behandlung der Nichtschädigungsleiden haben. 8

§ 45
Nachweispflicht

[1]Für den Nachweis der Berechtigung zur Inanspruchnahme von Leistungen der Krankenbehandlung der Sozialen Entschädigung nach § 42 gilt § 15 Absatz 2 bis 6 des Fünften Buches entsprechend. [2]Abweichend von Satz 1 legitimieren sich Berechtigte, die über keine elektronische Gesundheitskarte nach § 291 des Fünften Buches verfügen, durch Vorlage von Behandlungsscheinen. [3]Diese werden den Berechtigten von der nach § 57 Absatz 3 oder 4 zuständigen Krankenkasse ausgestellt.

Erläuterungen

Übersicht **Rn.**

§ 45 wurde durch das Gesetz zur Anpassung des Zwölften und Vierzehnten Buches Sozialgesetzbuch neu gefasst[424]. Der Gesetzestext lautet nun: 1

> „§ 45 Nachweispflicht
>
> Für den Nachweis der Berechtigung zur Inanspruchnahme von Leistungen der Krankenbehandlung der Sozialen Entschädigung nach § 42 gilt § 15 Absatz 2 bis 6 des Fünften Buches entsprechend. Abweichend von Satz 1 legitimieren sich Berechtigte, die über keine elektronische Gesundheitskarte nach § 291 des Fünften

423 Gesetz zur Anpassung des Zwölften und Vierzehnten Buches Sozialgesetzbuch.
424 Gesetz zur Anpassung des Zwölften und Vierzehnten Buches Sozialgesetzbuch Art 10, Nr. 4.

Buches verfügen, durch Vorlage von Behandlungsscheinen. Diese werden den Berechtigten von der nach § 57 Absatz 3 oder 4 zuständigen Krankenkasse ausgestellt."

2 Satz 1 präzisiert durch die Bezugnahme auf § 42 den Anwendungsbereich der Nachweispflicht. Die Regelungen der Sätze 2 und 3 tragen dem Umstand Rechnung, dass Berechtigten, die über keine elektronische Gesundheitskarte nach § 291 des Fünften Buches Sozialgesetzbuch (SGB V) verfügen, derzeit keine mit der elektronischen Gesundheitskarte technisch kompatible Karte ausgestellt werden kann. Daher hat sich dieser Personenkreis auch gegenüber Ärztinnen und Ärzten, Zahnärztinnen und Zahnärzten oder Psychotherapeutinnen und Psychotherapeuten durch von der zuständigen Krankenkasse auszugebende Behandlungsscheine zu legitimieren. Betroffen sind u. a. Berechtigte, die privat krankenversichert sind und von einer Krankenkasse nur Leistungen der Krankenbehandlung der Sozialen Entschädigung erhalten.

3 Die Gesetzesänderung ist der Tatsache geschuldet, dass es den zuständigen Krankenkassen nicht gelungen ist, eine mit der elektronischen Gesundheitskarte technisch kompatible Karte zu entwickeln, die Informationen über die anerkannten Schädigungsfolgen enthält. Wir erfreuen uns daher der Weiterverwendung des **roten Bundesbehandlungsscheines**.

A. Altes Recht

4 Nach § 18b BVG hatten sich Berechtigte und Leistungsempfänger, die Leistungen nur aufgrund dieses Gesetzes erhielten, sowie die Berechtigten, die nach § 10 des Fünften Buches Sozialgesetzbuch versichert sind, bei Ärzten und anderen Leistungserbringern auszuweisen. § 15 des Fünften Buches Sozialgesetzbuch galt entsprechend.

Nach § 18c Abs. 1 BVG erbrachte die gesetzliche Krankenkasse Heil- und Krankenbehandlungsleistungen für die Versorgungsverwaltung im Rahmen eines gesetzlichen Auftrags nach § 93 SGB X. Die in § 18c Abs. 1 S. 1 BVG abschließend aufgeführten Leistungen wurden zum Teil von der Versorgungsverwaltung in eigener Zuständigkeit erbracht (Zahnersatz, Hilfsmittel, Ergotherapie, Sprachtherapie u. a.). Die übrigen Leistungen wurden von den Krankenkassen für die Verwaltungsbehörde erbracht.

Zuständig war die Krankenkasse, in der Versorgungsberechtigte oder Familienangehörige Mitglied waren. Privatversicherte und andere nichtversicherungspflichtige Personen erhielten sogenannte „rote Bundesbehandlungsscheine“ von der gesetzlichen Krankenkasse bei der sie zugeteilt waren, meistens der AOK.

Die Ärztin/der Arzt hatte – anhand des Bescheides mit den anerkannten Schädigungsfolgen – in den Fällen, in denen anerkannte Schädigungsfolgen behandelt wurden, die Verordnungen entsprechend zu kennzeichnen.

Daneben gab es den Personenkreis (§ 10 Abs. 2, 4 BVG) mit Heil- und Krankenbehandlungsanspruch für Gesundheitsstörungen, die nicht als Schädigungsfolgen anerkannt waren. Diese Personen erhielten eine entsprechend gekennzeichnete Chipkarte von ihrer Krankenkasse.

Nach § 18 Abs. 1 BVG waren Heil- und Krankenbehandlungsleistungen von allen Zuzahlungen befreit. Arznei-, Verband- und Heilmittel waren von der Budgetierung ausgenommen. Diese Leistungen wurden den Krankenkassen über eine Pauschale (§§ 19, 20 BVG) aus Steuermitteln erstattet und nicht aus Mitgliedsbeiträgen der Versicherten finanziert.

Da mittlerweile auch die Kostenerstattung mit den Krankenkassen nach 5 §§ 60, 60a pauschal nach §§ 19, 20 BVG abgerechnet werden, ist das alte Recht der Nachweispflicht auch das neue Recht.

B. Neues Recht

§ 45 Satz 1 bestimmt, dass Berechtigte ihren Anspruch auf Leistungen der 6 Krankenbehandlung nach dem SE gegenüber Ärzten und anderen Leistungserbringern durch einen entsprechenden Nachweis erbringen müssen. Dieser Nachweis wird erbracht durch Vorlage der elektronischen Gesundheitskarte nach § 15 Abs. 2 bis 6 SGB V bzw. des roten Bundesbehandlungsscheines. Die elektronische Gesundheitskarte ist ein wichtiges Dokument für alle Versicherten der gesetzlichen Krankenversicherung. Sie ermöglicht den Zugang zu medizinischen Leistungen und enthält wichtige Daten über den Versicherten.

Die Berechtigten müssen nachweisen, dass sie Anspruch auf Krankenbehandlungsleistungen haben, damit sie entsprechend dem Sachleistungsprinzip des § 44 Abs. 1 eine kostenfreie Sachleistung erhalten können. Ärzten und anderen Leistungserbringern, rechnen in den nachgewiesenen Fällen direkt mit den Krankenkassen, der Versorgungsverwaltung oder bei der Hilfsmittelversorgung mit der zuständigen Unfallkasse des Landes ab, ohne Zuzahlungen, Eigenanteile oder Praxisgebühren von den Berechtigten zu erheben.

7 Die Nachweispflicht für die Berechtigung zur Inanspruchnahme von Leistungen der gesetzlichen Krankenversicherung richtet sich nach § 15 SGB V. Nach § 45 Satz 1 sind die Regelungen des § 15 Abs. 2 bis 6 SGB V entsprechend anzuwenden. Diese Regelungen sehen vor, dass die Versicherten grundsätzlich die elektronische Gesundheitskarte (§ 291 SGB V) vor Beginn der Behandlung vorlegen müssen (§ 15 Abs. 2 S. 1 SGB V). Ausnahmsweise können für andere Leistungen als ärztliche, zahnärztliche oder psychotherapeutische Leistungen auch Berechtigungsscheine verwendet werden (§ 15 Abs. 3 SGB V), die bestimmte Angaben nach § 291a Abs. 2 Nummer 1 bis 9 und 11 SGB V sowie gegebenenfalls das Datum des Fristablaufs enthalten müssen (§ 15 Abs. 4 SGB V). In dringenden Fällen ist es möglich, die elektronische Gesundheitskarte oder den Berechtigungsschein nachträglich vorzulegen (§ 15 Abs. 5 SGB V).

8 Nach § 15 Abs. 6 SGB V haben alle Berechtigten Anspruch auf eine kostenlose Ausstellung der elektronischen Gesundheitskarte, wenn sie sich zum ersten Mal bei einer Krankenkasse versichern oder wenn sie die Krankenkasse wechseln. Auch wenn die Karte verloren geht oder beschädigt wird, ohne dass der Versicherte dies zu vertreten hat, muss die Krankenkasse eine neue Karte kostenlos ausstellen.

§ 46

Versorgung mit Hilfsmitteln, Pauschbetrag für außergewöhnlichen Verschleiß von Kleidung und Wäsche

(1) [1]Geschädigte erhalten für anerkannte Schädigungsfolgen

1. **die in § 31 Absatz 1 des Siebten Buches genannten Hilfsmittel sowie**
2. **einen Pauschbetrag für außergewöhnlichen Verschleiß von Kleidung und Wäsche.**

[2]Zahnersatz gilt nicht als Hilfsmittel.

(2) [1]Art und Umfang der Hilfsmittel sowie der Pauschbetrag richten sich nach

1. **der Rechtsverordnung nach § 31 Absatz 2 des Siebten Buches in der jeweils geltenden Fassung und**
2. **den gemeinsamen Richtlinien der Verbände der Unfallversicherungsträger über die Hilfsmittelversorgung im Bereich der gesetzlichen Unfallversicherung nach § 31 Absatz 2 Satz 2 des Siebten Buches.**

[2]Dabei gelten die Grundsätze der Leistungserbringung des Rechts der gesetzlichen Unfallversicherung.

Erläuterungen

Die **Hilfsmittelversorgung** nach dem SGB XIV ist besonders komplex: 1

1. Die **schädigungsbedingte** Hilfsmittelversorgung läuft nach dem SGB VII, der Rechtsverordnung nach § 31 Abs. 2 des SGB VII und der gemeinsamen Richtlinien der Verbände der Unfallversicherungsträger über die Hilfsmittelversorgung im Bereich der gesetzlichen Unfallversicherung nach § 31 Abs. 2 S. 2 SGB VII (§ 46).
2. Für die schädigungsbedingte Versorgung mit behindertengerechten Betten und für schädigungsbedingte **Pflegehilfsmittel** sind die **Krankenkasse** oder die **Pflegekasse** zuständig, je nachdem ob schädigungsbedingte Pflegebedürftigkeit nach § 72 anerkannt ist oder nicht. Das SGB VII kennt nur Pflegebetten und keine behindertengerechten Betten. Daher müssen entweder die Pflegekasse oder die Krankenkassen die Bettenlieferung übernehmen.
3. Die Hilfsmittelversorgung für **Nichtschädigungsleiden** obliegt der **Krankenkasse**. Sie ist zuständig für Hilfsmittel nach §§ 42 Abs. 2 bis 4 und § 151.
4. Wenn am 31.12.2023 noch ein Hilfsmittelantrag offen ist, entscheidet über diesen Antrag noch die **Orthopädische Versorgungsstelle**, die es ab 1.1.2024 nicht mehr gibt, auf der Grundlage des BVG i. V. m. der Orthopädieverordnung (nach **§ 143 Abs. 2** für schädigungsbedingte Hilfsmittel und nach **§ 143 Abs. 3** für nichtschädigungsbedingte Hilfsmittel).
5. Im Zusammenhang mit der **Teilhabe am Arbeitsleben** übernimmt die **Unfallversicherung** die Kosten für Hilfsmittel, die wegen Art oder Schwere der Behinderung erforderlich sind zur Berufsausübung, zur Teilhabe an einer Leistung zur Teilhabe am Arbeitsleben, zur Erhöhung der Sicherheit auf dem Weg vom und zum Arbeitsplatz oder zur Erhöhung der Sicherheit am Arbeitsplatz selbst (§ 63 Abs. 1 Nr. 1 SGB XIV i. V. m. § 49 Abs. 8 Nr. 4 SGB IX).
6. Nach der Gesetzesbegründung zu § 66 zählt zu den Leistungen der **Sozialen Teilhabe** ebenfalls die Versorgung mit Hilfsmitteln.[425] Im Zusammenhang mit der Soziale Teilhabe übernimmt die **Unfallversicherung**

425 SozERG, Drs. 19/13824, S. 201.

die Kosten für Hilfsmittel, die erforderlich sind, um eine durch die Behinderung bestehende Einschränkung einer gleichberechtigten Teilhabe am Leben in der Gemeinschaft auszugleichen. Hierzu gehören insbesondere **barrierefreie Computer** (§ 66 i. V. m. § 84 SGB IX).

7. Darüber hinaus muss der **TdSE** über eine **Kostenübernahme** entscheiden, falls die Geschädigten sich **selbst** mit Hilfsmitteln **versorgen** und sich den Rollator beim Discounter beschaffen (§ 50) bzw. § 18 Abs. 4 SGB IX, wenn der TdSE als Rehaträger nach § 6 Abs. 1 Nr. 5 SGB IX tätig ist. Beschaffen sich Leistungsberechtigte eine als genehmigt geltende Leistung selbst, ist der leistende Rehabilitationsträger zur Erstattung der Aufwendungen für selbstbeschaffte Leistungen verpflichtet. Mit der Erstattung gilt der Anspruch der Leistungsberechtigten auf die Erbringung der selbstbeschafften Leistungen zur Teilhabe als erfüllt. Sehr komplex sind ebenfalls die **Zahlungsbedingungen** und die Zahlungsgrundlagen. Alle diese Hilfsmittel werden zum Teil spitz erstattet (der Unfallversicherung und der Pflegekasse), zum Teil pauschal erstattet (der Krankenkasse), es gibt Festbeträge (§ 26 SGB V, § 31 SGB VII) und Zuzahlungen, Fallpauschalen und Gesamtpauschalen oder es werden nur die Kosten erstattet (den Berechtigten). Der Erstattungsanspruch umfasst die Zahlung von Abschlägen und Raten im Umfang fälliger Zahlungsverpflichtungen für selbstbeschaffte Leistungen.

Auch die **Eigentumsverhältnisse** sind denkbar kompliziert: Wiedereinsetzbare Hilfsmittel, die die Unfallkasse und die orthopädische Versorgungsstelle gezahlt hat, werden in den gemeinsamen **Hilfsmittelpool** überführt. Die Hilfsmittel im Pool gehören Bund oder Ländern, je nachdem, wer nach §§ 134, 135, 155, 156 für die Hilfsmittel bezahlt hat. Selbst beschaffte Hilfsmittel, für die nur die Kosten erstattet wurden, verbleiben im Eigentum des Berechtigten. Hilfsmittel der Pflegekasse und der Krankenkasse verbleiben im Eigentum der Leistungsträger oder bei Fallpauschalen der Leistungserbringer oder des Anspruchsberechtigten.

Der Anspruchsberechtigte erhält die Hilfsmittel als kostenfreie Sachleistung oder muss **Zuzahlungen** leisten.

Am schlimmsten sind die Fälle, die zunächst von ihrer Krankenkasse mit Hilfsmitteln versorgt wurden und bei denen sich mit der Anerkennung nach dem SGB XIV der zuständige Leistungsträger ändert. In diesen Fällen muss die ursprüngliche Hilfsmittelversorgung **rückabgewickelt** werden oder der neue Träger kauft dem alten die Hilfsmittel zum Restwert ab.

Dadurch, dass im SGB XIV nur die einschlägigen Leistungen der Sozialen Entschädigung aufgezählt sind, z. B. die ergänzenden Leistungen, und es ansonsten nur Verweise in andere Sozialleistungssysteme und andere Sozialgesetzbücher gibt, ist das Leistungsrecht sehr unübersichtlich.

Im Folgenden geht es hier nur um die Leistungen der Unfallkassen der Länder nach § 46.

Nach § 57 Abs. 5 i. V. m. § 46 sind für die Hilfsmittelversorgung sind nicht mehr die orthopädischen Versorgungsstellen (§ 18c Abs. 1 S. 2 BVG) zuständig, sondern die Unfallkasse des Landes im Auftrag der TdSE.

Art und Umfang der Hilfsmittelversorgung regeln die Verordnung über die orthopädische Versorgung Unfallverletzter (OrthVersorgUVV) und die gemeinsamen Richtlinien der Verbände der Unfallversicherungsträger (UV-Hilfsmittelrichtlinie). Diese Richtlinien nehmen in ihrer aktuellen Fassung noch Bezug auf Regelungen des BVG, sodass eine Überarbeitung bis zum Inkrafttreten von § 46 notwendig ist.

So existiert z. B. die **Führzulage** nach § 14 BVG für schädigungsbedingte Blindheit auch im SGB XIV. Bislang erhielten anerkannte Blinde automatisch eine monatliche Geldleistung (zuletzt 193 Euro) zum Unterhalt eines Führhundes oder als Beihilfe zu den Aufwendungen für fremde Pflege. Die Führzulage findet sich im SGB XIV versteckt in § 46 Abs. 2 SGB XIV i. V. m. § 2 Abs. 2 OrthVersorgUVV. Die Verordnung sieht einen monatlichen Zuschuss für den Unterhalt eines Führhundes oder zu den Aufwendungen für fremde Führung in der Höhe des in § 14 BVG festgesetzten Betrages vor. In Art. 53 Nr. 1 SER (BGBl. 2019 I 2652) wird der Bezug auf das BVG gestrichen. Die ab 1.1.2024 geltende Fassung nennt keinen festen Betrag mehr. Die Höhe der Führzulage wird künftig in Nr. 4.8 der gemeinsamen Richtlinien der Verbände der Unfallversicherungsträger festgelegt (§ 46 Abs. 2 Nr. 2 SGB XIV).

Hilfsmittel i. S. d. Unfallversicherung nach § 2 Abs. 1 OrthVersorgUVV und damit auch des SGB XIV sind ausschließlich **Blindenführhunde**, keine **Assistenz- oder Therapiehunde**. Mittlerweile gibt es zwar eine Assistenzhunde-Verordnung (AHundV), die Kostenübernahme ist dort aber nicht geregelt.[426] Ein Therapiehund ist ein Haushund, der gezielt in einer tiergestützten medizinischen Behandlung eingesetzt wird. Er ist abzugrenzen vom Assistenzhund, der als ständiger Begleithund für Menschen mit körperlichen, geistigen oder seelischen Einschränkungen ausgebildet und eingesetzt wird.

Die Kosten für einen Assistenz- oder Therapiehund werden nicht von den Krankenkassen oder den Unfallkassen übernommen. Eine Kostenübernahme für Assistenzhunde kommt u.U als Soziale Teilhabeleistung in Betracht.

426 BGBl. I 2022 Nr. 53 vom 22.12.2022, 2436.

Durch den Verweis des **Abs. 1 S. 1** auf § 31 Abs. 1 SGB VII wird die **Definition** für **Hilfsmittel** übernommen. Danach sind Hilfsmittel alle ärztlich verordneten Sachen, die den Erfolg der Heilbehandlung sichern oder die Folgen von Gesundheitsschäden mildern oder ausgleichen. Bei mehreren in Betracht kommenden gleich geeigneten Hilfsmitteln sind zudem die Grundsätze der Wirtschaftlichkeit und Sparsamkeit zu berücksichtigen.

Um den Sachzusammenhang zwischen zahnärztlichen Leistungen und **Zahnersatz** nicht zu durchbrechen und ein Auseinanderfallen der Leistungsträger zu verhindern, gilt Zahnersatz nach **Abs. 1 Satz 2** nicht als Hilfsmittel. Zahnersatz wird ebenso wie die zahnärztliche und kieferorthopädische Behandlung entsprechend den Vorschriften des SGB V und ergänzend nach § 43 Abs. 2 Nr. 2 erbracht.

Abs. 2 Satz 1 legt die Rechtsgrundlagen im Bereich der gesetzlichen Unfallversicherung fest, auf deren Basis sich Art und Umfang der Hilfsmittel für den Bereich der Sozialen Entschädigung ergeben. Zu den Leistungsgrundsätzen des Rechts der Gesetzlichen Unfallversicherung nach Abs. 2 Satz 2 zählt u. a. der in **§ 26 SGB VII** verankerte Grundsatz **„mit allen geeigneten Mitteln und möglichst frühzeitig"**. Die Hilfsmittelversorgung nach diesen Kriterien gewährleistet nach Ansicht des Gesetzgebers eine angemessene Versorgung, um Geschädigten die erforderlichen Tätigkeiten des täglichen Lebens zu erleichtern und ihnen die selbstbestimmte Soziale Teilhabe und die Teilhabe am Arbeitsleben zu ermöglichen.[427]

In § 26 Abs. 4 Satz 1 wird auch weiterhin sichergestellt, dass **Qualität** und Wirksamkeit der Leistungen zur Heilbehandlung und Teilhabe dem **allgemein anerkannten Stand der medizinischen Erkenntnisse** entsprechen und den **medizinischen Fortschritt** berücksichtigen. Diese Qualitätssicherung fand sich im BVG auf ähnlich hohem Niveau: Die Hilfsmittel sind in erforderlicher Zahl aufgrund fachärztlicher Verordnung in technisch-wissenschaftlich anerkannter, dauerhafter Ausführung und Ausstattung zu gewähren; sie müssen den persönlichen und beruflichen Bedürfnissen des Berechtigten oder Leistungsempfängers angepasst sein und dem **allgemein anerkannten Stand der medizinischen Erkenntnisse und der technischen Entwicklung** entsprechen.

In § 26 Abs. 5 SGB VII werden die **Verantwortlichkeiten** des Unfallversicherungsträgers auch im Zuge der Auftragsverwaltung nach § 57 Abs. 5 festgelegt.

427 SozERG, Drs. 19/13824, S. 190.

Die Unfallversicherungsträger bestimmen im Einzelfall Art, Umfang und Durchführung der Hilfsmittelversorgung und der Leistungen zur Teilhabe nach pflichtgemäßem Ermessen.

Nach § 3 Abs. 2 MPBetreibV hat die Pflichten eines Betreibers wahrzunehmen, wer Patienten mit Medizinprodukten (im vorliegenden Fall Hilfsmitteln) zur Anwendung durch sich selbst oder durch Dritte in der häuslichen Umgebung oder im sonstigen privaten Umfeld aufgrund einer gesetzlichen oder vertraglichen Verpflichtung versorgt. Im Sinne der **Medizinprodukte-Betreiberverordnung** (MPBetreibV) ist der Unfallversicherungsträger im Auftragsverhältnis **Betreiber** des Hilfsmittels i. S. d. § 2 Abs. 2 MPBetreibV und muss die Pflichten eines Betreibers nach § 3 MPBetreibV erfüllen. Er muss als Betreiber ein sicheres und ordnungsgemäßes Anwenden der eingesetzten Hilfsmittel gewährleisten.

Er kann seine Pflichten vertraglich auf Leistungserbringer, aber nicht auf den Auftraggeber, den TdSE übertragen. § 3 Abs. 2 Satz 2 MPBetreibV: Werden Medizinprodukte gemäß Satz 1 aufgrund einer Veranlassung des Versorgenden durch einen Dritten bereitgestellt, so können die dem Versorgenden aus den Pflichten nach Satz 1 resultierenden Aufgaben vertraglich auf den Dritten übertragen werden. In diesen Fällen hat der Versorgende, der die Bereitstellung veranlasst, die erforderlichen Vorkehrungen dafür zu treffen, dass diese Aufgaben ordnungsgemäß erfüllt werden. Die Sätze 1 bis 3 gelten auch, wenn Medizinprodukte, die nach Satz 1 überlassen oder nach Satz 2 bereitgestellt wurden, vom Patienten in eine Gesundheitseinrichtung mitgenommen und dort von ihm angewendet werden.

Wie bisher gilt für die Versorgung mit Hilfsmitteln weiterhin das Prinzip der **kostenfreien Sachleistung** (§ 44 Abs. 2). Teure Hilfsmittel werden in der Regel nur leihweise zur Verfügung gestellt. Der Unfallversicherungsträger kann sich bei besonders wertvollen Hilfsmitteln das Eigentumsrecht vorbehalten. Außerdem kann die Bereitstellung des Hilfsmittels davon abhängen, dass die Leistungsberechtigten eine angemessene Ausbildung auf Kosten des Unfallversicherungsträgers absolvieren, um den Umgang mit dem Hilfsmittel zu erlernen (§§ 4, 5 OrthVersorgUVV). Im BVG gab es in § 13 Abs. 2 Satz 2 BVG eine ähnliche Regelung: Hilfsmittel, deren Neuwert 300 Euro übersteigt, sind in der Regel nicht zu übereignen.

Nach **Abs. 1 S. 1 Nr. 2** erhalten Geschädigte für anerkannte Schädigungsfolgen einen monatlichen Pauschbetrag für **außergewöhnlichen Verschleiß von Kleidern und Wäsche**. Verursachen die anerkannten Schädigungsfolgen einen außergewöhnlichen Verschleiß an Kleidung und Wäsche, sind die dadurch entstehenden Kosten durch einen monatlichen Pauschbetrag zu ersetzen. Für Voraussetzungen und Höhe der Entschädigung für Kleider- und Wäscheverschleiß galt § 15 BVG entsprechend. Verursachen die anerkannten Folgen der Schädigung außergewöhnlichen Verschleiß an Kleidung oder Wäsche, so sind die dadurch entstehenden Kosten mit einem monatlichen Pauschbetrag von im Jahr 2023 25 bis 166 Euro zu ersetzen.

Es handelt sich, wie auch bei der Führzulage nach § 14 BVG, um eine laufende Geldleistung, die in den meisten Fällen eine Hilfsmittelversorgung ergänzt. Z.B. wenn ein schädigungsbedingt zur Verfügung gestellter Rollstuhl einen vermehrten Kleider- und Wäscheverschleiß verursacht.

Daher waren diese beiden laufenden Geldleistungen im BVG im Bereich der Heil- und Krankenbehandlung in §§ 14, 15 BVG aufgeführt und nicht bei den Beschädigtenrenten in §§ 30 ff. BVG. Beide Geldleistungen sind auch im SGB XIV Teil der Krankenbehandlung im 5. Kapitel, und zwar der Hilfsmittelversorgung nach § 46.

Der Kleider- und Wäscheverschleiß ist sogar doppelt berücksichtigt, in § 46 Abs. 1 Nr. 2 und Abs. 2 Nr. 2 i.V.m. Nr. 5 UK-Hilfsmittel-RL. Da die Krankenbehandlung nach dem 5. Kapitel für Altfälle (§§ 143, 151) und Neufälle (§ 42) erbracht wird, werden diese beiden Geldleistungen zu Unrecht in § 144 Abs. 2 Nrn. 1 und 2 zu den Geldleistungen im Bestandsschutz gezählt. Es besteht die Gefahr einer Doppelzahlung. Der Kleider- und Wäscheverschleiß in § 144 Abs. 2 wurde bereits gestrichen. Für die Führzulage in § 144 Abs. 2 Nr. 1 steht die Streichung noch aus.

Die Höhe des Pauschbetrages richtet sich gem. Abs. 2 nach der OrthVersorg-UVV, dessen Höhe durch die auf Grundlage von § 31 Abs. 2 S. 2 SGB VII zu erlassenden gemeinsamen Richtlinien der Verbände der Unfallversicherungsträger festzulegen ist, die derzeit noch auf die Beträge nach § 15 BVG verweisen. Da dieser Verweis ab dem 1.1.2024 ins Leere geht, bedurfte es für die Festlegung der Pauschbeträge einer neuen Regelung. Der Pauschbetrag ergibt sich bislang aus der Multiplikation von 2,548 Euro mit der aufgrund einer Rechtsverordnung nach § 24a Buchstabe der für den jeweiligen Verschleißtatbestand festgesetzten Bewertungszahl. Die sich ergebenden Beträge sind bis 0,49 Euro auf volle Euro abzurunden und von 0,50 Euro an auf volle Euro aufzurunden. Übersteigen in besonderen Fällen die tatsächlichen Aufwendungen die höchste Stufe des Pauschbetrags, so sind sie erstattungsfähig.

In § 110 ist auch anders als in § 56 BVG keine jährliche Anpassung des Kleider- und Wäscheverschleißes vorgesehen. Die jährliche Anpassung müsste künftig auch die DGUV regeln.

Ungeklärt im Gesetz und zwischen Auftraggeber und Auftragnehmer ist, wer den Kleider- und Wäscheverschleiß erbringt. Vor allem weil der Kleider- und Wäscheverschleiß weder in § 57 Abs. 5 in Bezug auf die Zuständigkeit und somit auch nicht in § 61 in Bezug auf die Kostenerstattung erwähnt wird.

Die Entscheidung über den Kleider- und Wäscheverschleiß und die Führzulage obliegt dem TdSE. Bislang werden diese beiden Geldleistungen zusammen mit den monatlichen Bezügen ausgezahlt und jährlich zum 1.7. nach § 56 BVG angepasst.

Bei der jährlichen Anpassung nach § 110 werden beide Leistungen nicht aufgeführt. Hier besteht dringender Regelungsbedarf.

A. Altes Recht

2 Die Hilfsmittelversorgung war in §§ 11 Abs. 1 Nr. 8, Abs. 3, 13, 18c Abs. 1 BVG geregelt, wobei Art, Umfang und besondere Voraussetzungen in der nach § 24a BVG von der Bundesregierung mit Zustimmung des Bundesrates erlassenen Verordnung über die Versorgung mit Hilfsmitteln und über Ersatzleistungen nach dem Bundesversorgungsgesetz (Orthopädieverordnung – OrthV) näher ausgestaltet wurden.

Der Pauschbetrag für Kleider- und Wäscheverschleiß wurde nach § 15 BVG gezahlt.

B. Neues Recht

3 Die schädigungsbedingt erforderlichen Hilfsmittel erbringt die jeweils zuständige Unfallkasse des Landes nach dem Recht der Unfallversicherung (§ 31 Abs. 1 SGB VII).

Hilfsmittel erbringen die Unfallversicherungen der Länder im Zuge einer Auftragsverwaltung. Art und Umfang der Hilfsmittel richten nach der Rechtsverordnung nach § 31 Absatz 2 SGB VII in der jeweils geltenden Fassung und nach den gemeinsamen Richtlinien der Verbände der Unfallversicherungsträger über die Hilfsmittelversorgung im Bereich der gesetzlichen Unfallversicherung nach § 31 Absatz 2 Satz 2 SGB VII.

Die komplette Übernahme aller Leistungen der VO und der Richtlinie in das SGB XIV sorgt dafür, dass die Unfallkassen nicht nur Hilfsmittel erbringen, sondern auch den Kleider- und Wäscheverschleiß, die Führzulage und fast alle Ersatzleistungen der §§ 22 ff. OrthV.

Synopse zur Hilfsmittelversorgung im Sozialen Entschädigungsrecht nach dem Bundesversorgungsgesetz und dem UV-Recht[428]

Regelungsgegenstand Hilfsmittelversorgung	**Bundesversorgungsgesetz**	**Unfallversicherungsrecht**
Verordnungsermächtigung	**§ 24a Buchstabe a und b BVG**	**§ 46 SGB XIV i. V. m. § 31 Abs. 2 SGB VII**
Gesetzliche Grundlagen	Bundesversorgungsgesetz **(BVG)**, Orthopädieverordnung **(OrthV)**	Siebtes Buch Sozialgesetzbuch **(SGB VII)**, Verordnung über die orthopädische Versorgung Unfallverletzter **(OrthVersorgUVV)**, Gemeinsame Richtlinien der Verbände der Unfallversicherungsträger über die Hilfsmittelversorgung **(UV-Hilfsmittelrichtlinien)**, Verordnung über Kraftfahrzeughilfe zur beruflichen Rehabilitation **(Kraftfahrzeughilfe-Verordnung KfZHV)**[429]
Ziel der Heil- bzw. Krankenbehandlung	**§ 10 Abs. 1 BVG** Heilbehandlung wird gewährt, um Gesundheitsstörungen zu beseitigen oder zu bessern	**§ 26 Abs. 2 SGB VII** Heilbehandlung wird gewährt, um einen Gesundheitsschaden zu beseitigen oder zu bessern. **§ 31 Abs. 1 SGB VII** Hilfsmittel sichern den Erfolg der Heilbehandlung und mildern die Folgen von Gesundheitsschäden.
Umfang der Hilfsmittelversorgung	**§ 13 Abs. 1 BVG** Versorgung mit Hilfsmitteln umfasst: – Körperersatzstücke – Orthopädische und andere Hilfsmittel	**§ 31 Abs. 1 SGB VII** Zu den Hilfsmitteln gehören insbesondere – Körperersatzstücke – Orthopädische und andere Hilfsmittel

428 Freundlicherweise hat Referat Vb6 im BMAS die Ursprungsversion der Tabelle zur Verwendung freigegeben.

429 Die KfZHV ist auch nach § 63 Abs. 2 im Bereich der Teilhabe am Arbeitsleben anzuwenden. Hier sollten Doppelversorgungen vermieden werden.

Synopse zur Hilfsmittelversorgung im Sozialen Entschädigungsrecht nach dem Bundesversorgungsgesetz und dem UV-Recht[428]

Regelungsgegenstand Hilfsmittelversorgung	Bundesversorgungsgesetz	Unfallversicherungsrecht
	– Blindenführhunde – Zubehör der Hilfsmittel – Instandhaltung und Ersatz der Hilfsmittel – Ausbildung im Gebrauch	– Änderung, Instandsetzung und Ersatzbeschaffung – Ausbildung im Gebrauch **§ 1 OrthVersorgUVV** Die orthopädische Versorgung umfasst die Ausstattung mit – Körperersatzstücken – Orthopädische und anderen Hilfsmittel. **§ 2 OrthVersorgUVV** Blindenführhunde
Körperersatzstücke	**§ 2 OrthV** Als Körperersatzstücke werden geliefert 1. künstliche Glieder, 2. Gesichtsersatzstücke mit und ohne Brille, 3. künstliche Augen, 4. Mammaprothesen, 5. Perücken, 6. Ersatzstücke zum kosmetischen Ausgleich. Körperersatzstücke können als Erstausstattung doppelt geliefert werden. **§ 3 OrthV** Orthopädische Hilfsmittel: 1. Stützapparate, 2. orthopädisches Schuhwerk, 3. Schuhe für Beinamputierte, 4. Handschuhe, 5. Gehhilfen, 6. Rollstühle, 7. Hilfen zur Lagerung, 8. schützende Hilfen.	**§ 2 OrthVersorgUVV** Körperersatzstücke und Hilfsmittel sind insbesondere – Kunstglieder, – Kunstaugen, – Zahnersatz (nicht von der UK, sondern von der GKV + ergänzende Leistung TdSE) und andere künstliche Körperteile, – Stützapparate, – orthopädisches Schuhwerk, – Stockstützen und andere Gehhilfen, – Krankenfahrzeuge, – Hilfsmittel und Geräte zur Unterstützung oder zum Ersatz von Körperfunktionen, – Perücken, – Gebrauchsgegenstände des täglichen Lebens, die der Überwindung der Verletzungsfolgen dienen, – Zubehör, das dem Zweck des Hilfsmittels dient und ohne das das Hilfsmittel nicht sachgerecht benutzt werden kann.

Synopse zur Hilfsmittelversorgung im Sozialen Entschädigungsrecht nach dem Bundesversorgungsgesetz und dem UV-Recht[428]

Regelungsgegenstand Hilfsmittelversorgung	**Bundesversorgungsgesetz**	**Unfallversicherungsrecht**
Voraussetzung und Qualität der Hilfsmittelversorgung	**§ 13 Abs. 2 BVG** Hilfsmittel sind in erforderlicher Zahl gemäß fachärztlicher Verordnung in technisch-wissenschaftlich anerkannter, dauerhafter Ausführung und Ausstattung zu liefern. Sie müssen den persönlichen und beruflichen Bedürfnissen des Berechtigten angepasst sein und dem allgemein anerkannten Stand der medizinischen Erkenntnisse und der technischen Entwicklung entsprechen.	**§ 3 OrthVersorgUVV** Hilfsmittel sollen dem allgemeinen Stand der technischen Entwicklung entsprechen. Sie sind in der erforderlichen Zahl zu liefern.
Allgemeine Bestimmungen	**§ 1 OrthV** Die Ausstattung mit Hilfsmitteln und Zubehör muss ausreichend und zweckmäßig sein; sie darf das Maß des Notwendigen nicht überschreiten. Orthopädieärztliche Verordnung bestimmt System, technische Ausstattung und den Erbringer. Hilfsmittel werden in einfacher Zahl geliefert (Ausnahme § 2 Abs. 2 OrthV bei Prothesen); Mindestgebrauchszeiten; bei Nichtbeanspruchung kein Anspruch auf Ausgleich.	**§ 26 Abs. 2 SGB VII** Versorgung mit allen geeigneten Mitteln § 1 Abs. 1 OrthVersorgUVV Art und Schwere der Verletzungsfolgen sowie die beruflichen und persönlichen Verhältnisse sind zu berücksichtigen. Nr. 3.3 UV-Hilfsmittel-RL Berechtigten Wünschen der Versicherten ist zu entsprechen. Ablehnung der Kostenübernahme bei Selbstbeschaffung möglich (unangemessene Kosten) Nr. 3.4 UV-Hilfsmittel-RL Grundsätze der Wirtschaftlichkeit und Sparsamkeit sind zu beachten.
Kostenfreie Sachleistung	**§ 18 Abs. 1, 2 BVG** Sachleistungen sind Berechtigten und Leistungsempfängern ohne Beteiligung an den Kosten zu gewähren. Bei der Versorgung mit Hilfsmitteln	**Nr. 3.7 UV-Hilfsmittel-RL** Die Hilfsmittel werden zuzahlungsfrei bereitgestellt. Wünschen Versicherte Ausführungen oder Ausstattungen des Hilfsmittels,

Synopse zur Hilfsmittelversorgung im Sozialen Entschädigungsrecht nach dem Bundesversorgungsgesetz und dem UV-Recht[428]

Regelungsgegenstand Hilfsmittelversorgung	Bundesversorgungsgesetz	Unfallversicherungsrecht
	(§ 11 Abs. 1 Satz 1 Nr. 8, § 12 Abs. 1 Satz 1) dürfen Sachleistungen auf Antrag in Umfang, Material oder Ausführung über das Maß des Notwendigen hinaus erbracht werden, wenn auch dadurch der Versorgungszweck erreicht wird und der Berechtigte oder Leistungsempfänger die Mehrkosten übernimmt.	die für das Erreichen der Rehabilitations- und Teilhabeziele nicht erforderlich sind, hat der Versicherte die Mehrkosten selbst zu tragen.
Stützapparate	**§ 4 OrthV** Als Erstausstattung doppelt, + wasserfester Stützapparat	
orthopädisches Schuhwerk	**§ 5 OrthV** Orthopädische Schuhe einzeln nach Maß und Modell	**Nr. 4.5 UV-Hilfsmittel-RL** Zurichtung des vorhandenen Schuhwerkes, semiorthopädische Schuhe (orthopädische Konfektionsschuhe), vorkonfektionierte Baukastenschuhe und orthopädische Maßschuhe. Die Ausstattung erfolgt in der Regel paarweise.
Schuhe für Beinamputierte	**§ 6 OrthV** Schuhe für Beinamputierte werden als Paar geliefert; ein zusätzlicher Schuh kann geliefert werden (Dreierausstattung). Sie können zusätzlich für den Bedarf des Beinamputierten orthopädisch zugerichtet werden.	**§ 3 Abs. 2 OrthVersorg UVV** Einseitig Beinamputierte erhalten bei der Erstausstattung zu jedem Kunstbein kostenfrei je ein Paar Schuhe. Auf Antrag kann für den erhaltenen Fuß je ein weiterer Schuh geliefert werden (Dreierausstattung).
Handschuhe	**§ 7 OrthV** Handschuhe als Paar geliefert; als Erstausstattung werden zwei Paare geliefert. Zusätzlich kann ein Paar Arbeitshandschuhe geliefert werden + Winterhandschuhe für bestimmte Personenkreise.	**Nr. 4.6 UV-Hilfsmittel-RL** Gefütterte oder ungefütterte Handschuhe, Arbeitshandschuhe. Handschuhe werden kostenfrei ersetzt.

Synopse zur Hilfsmittelversorgung im Sozialen Entschädigungsrecht nach dem Bundesversorgungsgesetz und dem UV-Recht[428]

Regelungsgegenstand Hilfsmittelversorgung	**Bundesversorgungsgesetz**	**Unfallversicherungsrecht**
Handschuhe für Armamputierte	**§ 8 OrthV** Handschuhe für Armamputierte als Paar geliefert. Erstausstattung in doppelter Zahl.	
Zusammentreffen von Ansprüchen	**§ 9 OrthV** Schuhe oder Handschuhe sind auch mitzuliefern, wenn der andere Fuß oder die andere Hand von einem anderen Sozialleistungsträger orthopädisch zu versorgen ist. Die Verpflichtung des anderen Trägers, die Kosten zu erstatten, bleibt unberührt.	**Nr. 4.6 UV-Hilfsmittel-RL** Für die nicht verletzte Hand wird bei Erstausstattung und Ersatz ein Handschuh kostenfrei mitgeliefert. Eine Kostenbeteiligung Dritter ist zu prüfen.
Eigenanteile	**§ 10 OrtV** Bei Ersatz von Schuhen oder Handschuhen wird ein Eigenanteil an den Kosten für jedes Stück erhoben, das für einen Fuß oder eine Hand bestimmt ist, die weder nach dieser Verordnung noch nach den Vorschriften anderer Sozialleistungsträger gelten. Auf Antrag ist der Erlass von Eigenanteilen in Abhängigkeit vom Bruttoeinkommen möglich.	**Nr. 3.7 UV-Hilfsmittel-RL** Haben Versicherte einen Eigenanteil an einem Hilfsmittel zu tragen, entspricht dessen Höhe dem Betrag, der durch OrthVersorgUVV i. V. m. § 10 OrthV festgesetzt ist (z. B. § 3 Abs. 3 OrthVersorgUVV). Auf Antrag kann den Versicherten mit Rücksicht auf ihre wirtschaftlichen Verhältnisse die Erstattung des Eigenanteils ganz oder zum Teil erlassen werden.
Gehhilfen	**§ 11 OrthV** Als Gehhilfen werden insbesondere – Achselstützen, Unterarmgehstützen, Handstöcke, – Gehgestelle, – Gehwagen oder Gehbänkchen geliefert.	**Nr. 4.14 UV-Hilfsmittel-RL** Gehhilfen (z. B. Gehstöcke, Unterarmgehstützen, Rollatoren) sind bereitzustellen, wenn sie für den Erhalt oder die Unterstützung der Gehfähigkeit der Versicherten erforderlich sind.
Rollstühle	**§ 12 OrthV** Voraussetzung ist eine wesentliche Einschränkung der Gehfähigkeit. Straßenrollstühle, E-Rollstühle	**Nr. 4.15 UV-Hilfsmittel-RL** Voraussetzung ist, dass sie für den Erhalt der Mobilität erforderlich sind. Straßenrollstühle, E-Rollstühle

Synopse zur Hilfsmittelversorgung im Sozialen Entschädigungsrecht nach dem Bundesversorgungsgesetz und dem UV-Recht[428]

Regelungsgegenstand Hilfsmittelversorgung	Bundesversorgungsgesetz	Unfallversicherungsrecht
Hilfen zur Lagerung	**§ 13 OrthV** – Kissen und andere Hilfen zur Abstützung, Lagerung oder Polsterung – Spezialmatratzen und Bettauflagen zur Druckentlastung – verstellbare Betteinlegerahmen oder ein **behindertengerechtes Bett.** Ein Bett ist umzurüsten, wenn dies als Hilfe ausreicht. – Ein Hebegerät zur Umlagerung	Hier ist einer der wichtigsten Unterschiede: die UK kennt kein behindertengerechtes Bett, sondern nur Pflegebetten **Nr. 4.12 UV-Hilfsmittel-RL** Pflegehilfsmittel (z. B. Pflegebett, Lifter, Dusch- und Toilettenstühle) sind Sachmittel oder technische Hilfen, die die Pflege erleichtern bzw. die Beschwerden pflegebedürftiger Menschen lindern oder eine selbständige Lebensführung ermöglichen. Pflegehilfsmittel sind, sofern sie nur vom Versicherten benötigt und benutzt werden und nicht Bestandteil einer stationären Pflege sind, ergänzend bereitzustellen.
Medizintechnische Hilfsmittel		**Nr. 4.11 UV-Hilfsmittel-RL** Medizintechnische Hilfsmittel, die dem Erhalt der Vitalfunktionen dienen (z. B. Geräte zur kontrollierten Beatmung), sollen in doppelter Zahl bereitgestellt werden, wenn bei Ausfall des Gerätes der Erhalt der Vitalfunktionen nicht anderweitig sichergestellt ist.
Pflegeverbrauchshilfmittel (s. Komm. zu § 73)		**Nr. 4.13 UV-Hilfsmittel-RL** Pflegeverbrauchshilfsmittel (z. B. Einmalhandschuhe, Einmalunterlagen, Desinfektionsmittel, Produkte der enteralen und parenteralen Ernährung) sind bei Bedarf zu übernehmen, sofern sie nicht Bestandteil bereits gewährter Sachleistungen sind (z. B.

Synopse zur Hilfsmittelversorgung im Sozialen Entschädigungsrecht nach dem Bundesversorgungsgesetz und dem UV-Recht[428]

Regelungsgegenstand Hilfsmittelversorgung	**Bundesversorgungsgesetz**	**Unfallversicherungsrecht**
		stationäre Pflege). Der konkrete Bedarf der Versicherten kann in Abhängigkeit von Art und Schwere der Diagnose dabei stark differieren.
Schützende Hilfen	**§ 14 OrthV** Als schützende Hilfen werden insbesondere geliefert 1. Stumpfstrümpfe, Stumpfschutzhüllen, Stumpfpflegemittel sowie Hautschutzmittel, 2. gefütterte Beinüberzüge oder gefütterte Fußsäcke 3. Rutschhosen für Doppel-Beinamputierte, 4. Narbenschützer und Kopfschutzkappen; sie können als Erstausstattung doppelt geliefert werden, 5. Schutzbrillen für Blinde und einseitig Erblindete.	
Ergänzungen zu HM	**§ 15 OrthV** Ergänzend zu Hilfsmitteln werden geliefert 1. kosmetische Bedarfsartikel für Träger von Gesichtsersatzstücken oder von Perücken, 2. Gummistrümpfe als Beinprothesenüberzug, 3. Trikotschlauchbinden für Prothesenträger, 4. Maßleibbinden, Zurichtungen von Kleidungsstücken und besondere Kleidungsstücke	

Synopse zur Hilfsmittelversorgung im Sozialen Entschädigungsrecht nach dem Bundesversorgungsgesetz und dem UV-Recht[428]

Regelungsgegenstand Hilfsmittelversorgung	**Bundesversorgungsgesetz**	**Unfallversicherungsrecht**
Andere HM	**§ 16 OrthV** Als andere Hilfsmittel werden nach Maßgabe der §§ 17 bis 18a geliefert 1. Hörhilfen, 2. Sehhilfen, 3. Kommunikationshilfen, 4. Stomaversorgungsmittel und Inkontinenzhilfen, 5. sonstige Hilfsgeräte für behinderte Menschen und Gebrauchsgegenstände des täglichen Lebens, 6. behinderungsgerechte Ausstattungen.	**4. UV-Hilfsmittel-RL** – Hörsysteme – Sehhilfen – Kommunikationshilfen – Hilfsmittel zur Teilhabe am Arbeitsleben – Hilfsmittel zur Teilhabe am Leben in der Gesellschaft
Hör-, Seh- und andere Hilfen	**§ 17 OrthV** – Hörgeräte – Schallverstärkende Geräte – Fernrohrbrillen, – Lupen – Bildschirm-Lesegeräte – Stomaversorgungsmitteln – Inkontinenzhilfen – Hautschutz- und Pflegemittel.	**Nr. 4.9 UV-Hilfsmittel-RL** – Hörsysteme, – Hörbrillen, – Spezialausführungen von elektronischen Hörsystemen **Nr. 4.7 UV-Hilfsmittel-RL** – Brillen, – Kontaktlinsen, – andere Sehhilfen
Kommunikationshilfen	**§ 17a OrthV** – Geräte, die Sprache in lesbare Texte umsetzen, – Geräte, die Texte in Sprache umsetzen – Hilfsgeräte zur Verständigung, – Geräte der häuslichen Kommunikation	**Nr. 4.18 UV-Hilfsmittel-RL** – Sprachausgabegeräte, mobile Notrufsysteme als Leistungen zur Teilhabe am Leben in der Gesellschaft
Sonstige Hilfsgeräte, Gebrauchsgegenstände	**§ 18 OrthV** Voraussetzung: Betroffene sind bei nicht beruflichen Verrichtungen des täglichen	**4.18 UV-Hilfsmittel-RL** Versicherte erhalten Gebrauchsgegenstände des täglichen Lebens (Alltagshilfen),

Synopse zur Hilfsmittelversorgung im Sozialen Entschädigungsrecht nach dem Bundesversorgungsgesetz und dem UV-Recht[428]

Regelungsgegenstand Hilfsmittelversorgung	Bundesversorgungsgesetz	Unfallversicherungsrecht
	Lebens dringend auf die Geräte angewiesen – Sonstige Hilfsgeräte, die besonders für behinderte Menschen entwickelt worden sind, behinderungsgerechte Änderungen von Gebrauchsgegenständen des täglichen Lebens – Zusatzausstattungen – Gebrauchsgegenstand des täglichen Lebens in Sonderausführung Ausnahmsweise: Gebrauchsgegenstand des täglichen Lebens in Normalausführung geliefert werden, wenn der behinderte Mensch ihn ohne die Behinderung nicht erwerben würde. Unbewegliche Gegenstände werden nicht geliefert. – Blindenuhren – Uhren mit Sprachausgabe – Schreibmaschinen für Blindenschrift – Computer – Drucker – Armbinden, Abzeichen weiße Handstöcke, – Behinderungsgerechte Zusatzgeräte und Änderungen für ein Fahrrad	die geeignet sind, notwendige Verrichtungen des täglichen Lebens zu erleichtern.
Behindertengerechte Ausstattungen	**§ 18a OrthV** – behinderungsgerechte Sanitärausstattungen – Haltegriffe und Handläufe	**§ 41 SGB VII** Wohnungshilfe (§ 66 SGB XIV, zuständig ist der TdSE, nicht die UK) Gesetzesbegründung: Erbracht werden auch Leistungen für die Beschaffung, den Umbau, die Ausstattung und

Synopse zur Hilfsmittelversorgung im Sozialen Entschädigungsrecht nach dem Bundesversorgungsgesetz und dem UV-Recht[428]

Regelungsgegenstand Hilfsmittelversorgung	Bundesversorgungsgesetz	Unfallversicherungsrecht
		die Erhaltung der Wohnung. Die Leistungen entsprechen den Leistungen der Wohnungshilfe nach § 27c BVG, allerdings ohne Einkommens- und Vermögenseinsatz.
Instandsetzung und Ersatz von Hilfsmitteln	**§ 20 OrthV** Für die Instandsetzung und den Ersatz gelten dieselben Grundsätze wie für die Ausstattung mit Hilfsmitteln. Die Kosten einer durch gewöhnliche Abnutzung erforderlichen Besohlung werden nicht übernommen. Hat der Benutzer Beschädigung, Unbrauchbarkeit oder Verlust eines Hilfsmittels vorsätzlich oder grobfahrlässig herbeigeführt, so besteht für die restliche Gebrauchszeit kein Anspruch auf Instandsetzung oder Ersatz.	**§ 3 Abs. 5 OrthVersorgUVV, Nr. 3.8 UK-Hilfsmittel-RL** Körperersatzstücke und Hilfsmittel sind bei Bedarf instand zu setzen oder zu ersetzen. Bei orthopädischen Schuhen und Prothesenschuhen werden die Kosten der infolge gewöhnlicher Abnutzung erforderlichen Besohlung nicht ersetzt. Der Träger der Unfallversicherung kann die Instandsetzung oder den Ersatz verweigern, wenn der Verletzte die Unbrauchbarkeit oder den Verlust des Körperersatzstücks oder Hilfsmittels durch Mißbrauch vorsätzlich oder grob fahrlässig herbeigeführt hat.
Rückforderung von Hilfsmitteln	**§ 13 Abs. 2 Satz 2 BVG** Hilfsmittel, deren Neuwert 300 Euro übersteigt, sind in der Regel nicht zu übereignen. **§ 21 OrthV** Nicht übereignete Hilfsmittel sind zurückzufordern, sobald sie nicht mehr notwendig sind. Auf die Rückforderung kann verzichtet werden, wenn Umstände des Einzelfalles dies unter Berücksichtigung des Zeitwerts rechtfertigen, insbesondere wenn das Hilfsmittel am Körper getragen wurde.	**§ 4 OrthVersorgUVV** Der Träger der Unfallversicherung kann sich an wertvollen Hilfsmitteln das Eigentum vorbehalten. **Nr. 3.4 UK-Hilfsmittel-RL** Die Grundsätze der Wirtschaftlichkeit und Sparsamkeit (§ 69 Abs. 2 SGB IV) sind zu beachten. Der Unfallversicherungsträger kann sich an Hilfsmitteln das Eigentum vorbehalten oder übertragen lassen. Von dieser Möglichkeit soll er Gebrauch machen, wenn er das Hilfsmittel nicht

Synopse zur Hilfsmittelversorgung im Sozialen Entschädigungsrecht nach dem Bundesversorgungsgesetz und dem UV-Recht[428]

Regelungsgegenstand Hilfsmittelversorgung	**Bundesversorgungsgesetz**	**Unfallversicherungsrecht**
		selbst beschafft/gekauft hat und es für ihn einen Vermögenswert darstellt (vgl. § 4 VO73 bzw. OrthVersorg-UVV). Dies gilt insbesondere für wieder einsatzfähige Hilfsmittel. Vor einer Versorgung mit neuen Hilfsmitteln soll geprüft werden, ob geeignete gebrauchte Hilfsmittel, z. B. über einen Hilfsmittelpool zur Verfügung stehen.
Ersatzleistungen Wichtigste Unterschiede zwischen altem und neuem Recht	– Zuschüsse oder Kostenübernahme – Überschneidung mit §§ 63 Abs. 2 und 66 Abs. 2 SGB XIV Doppelleistungen sind zu vermeiden. Auch bei den Teilhabeleistungen werden KfZ – Zuschüsse auf der Grundlage der KfzHV gewährt.	Hilfen zur Beschaffung eines KfZ in der Regel als **einkommensabhängiger** Zuschuss, Darlehen **§ 2 KfzHV** Die Kraftfahrzeughilfe umfaßt Leistungen 1. zur Beschaffung eines Kraftfahrzeugs, 2. für eine behinderungsbedingte Zusatzausstattung, 3. **zur Erlangung einer Fahrerlaubnis.**
Ersatzleistungen	**§ 22 OrthV** 1. Motorfahrzeuge, 2. Instandhaltung von Motorfahrzeugen, 3. Zusatzgeräte und die Ausstattung von Motorfahrzeugen mit automatischen Getrieben und ähnlichen Vorrichtungen sowie deren Instandsetzung, 4. Änderungen an Motorfahrzeugen, 5. Abstellmöglichkeiten für ein Motorfahrzeug oder einen Rollstuhl, 6. Fahrräder,	**Rechtsgrundlagen** – § 6 OrthVersorgUVV – § 40 SGB VII Kraftfahrzeughilfe – Kraftfahrzeughilfe-VO – Kraftfahrzeughilferichtlinie **Nrn. 4.15 und 4.16 UK-Hilfsmittel-RL** Für die Versorgung mit Kraftfahrzeugen gelten § 6 Abs. 2 und 3 VO73 (bzw. OrthVersorgUVV), die Kraftfahrzeughilfe-Verordnung (KfzHV) in der jeweils geltenden Fassung sowie die Gemeinsamen

Synopse zur Hilfsmittelversorgung im Sozialen Entschädigungsrecht nach dem Bundesversorgungsgesetz und dem UV-Recht[428]

Regelungsgegenstand Hilfsmittelversorgung	Bundesversorgungsgesetz	Unfallversicherungsrecht
	7. Blindenführhundzwinger, 8. Tonaufzeichnungsgeräte und Tonträger, 9. Kommunikationsgeräte, 10. Maßkonfektion. Ersatzleistungen sollen vor Abschluß des Kauf-, Dienst-, Werk-, Miet- oder sonstigen Vertrages beantragt werden. Ein Zuschuß darf erst gezahlt und Kosten dürfen erst übernommen werden, wenn der Besitz nachgewiesen und die Rechnung vorgelegt worden ist.	Kraftfahrzeughilfe-Richtlinien der Verbände der Unfallversicherungsträger in der jeweils geltenden Fassung.
Zuschüsse für Motorfahrzeuge	**§ 23 OrthV** (1) Zur Beschaffung eines auf den Namen des Beschädigten zugelassenen Motorfahrzeugs können folgende Zuschüsse gezahlt werden: 1. bis zu 3.579 Euro an Querschnittgelähmte, Vier- und Dreifachamputierte, Doppel-Oberschenkelamputierte und an andere Beschädigte, die gleich schwer gehbehindert sind oder Pflegezulage nach Stufe V oder VI (§ 35 des Bundesversorgungsgesetzes) erhalten, 2. bis zu 3.068 Euro an Doppel-Unterschenkelamputierte und Hüftexartikulierte sowie an einseitig Beinamputierte, die a) dauernd außerstande sind, eine Beinprothese zu tragen oder	**§ 6 OrthVersorgUVV** (1) Krankenfahrzeuge sind zu gewähren, wenn die Gehfähigkeit des Verletzten durch Unfallfolgen erheblich beeinträchtigt ist und die Behinderung durch Körperersatzstücke oder orthopädische Hilfsmittel nicht genügend behoben werden kann. (2) Anstelle eines Krankenfahrzeugs soll der Träger der Unfallversicherung einem erheblich gehbehinderten Verletzten auf Antrag einen Zuschuß zur Beschaffung eines Kraftfahrzeugs gewähren, wenn der Verletzte in der Lage ist, ein Kraftfahrzeug zu führen oder wenn ihm ein geeigneter Fahrer zur Verfügung steht. (3) Der Träger der Unfallversicherung kann einem Verletzten auf Antrag einen Zuschuß zur Beschaffung eines

Synopse zur Hilfsmittelversorgung im Sozialen Entschädigungsrecht nach dem Bundesversorgungsgesetz und dem UV-Recht[428]

Regelungsgegenstand Hilfsmittelversorgung	Bundesversorgungsgesetz	Unfallversicherungsrecht
	b) nur eine Beckenkorbprothese tragen können oder c) zugleich armamputiert sind, und an andere Beschädigte, die gleich schwer gehbehindert sind oder Pflegezulage nach Stufe III oder IV (§ 35 des Bundesversorgungsgesetzes) erhalten. (2) Einen Zuschuß nach Absatz 1 erhält nicht, wer einen Rollstuhl für den Straßengebrauch oder ein Behindertenfahrrad nach § 12 oder einen Zuschuß nach § 34 in Anspruch genommen hat; in § 12 Abs. 2 genannte Beschädigte können den Zuschuß anstelle eines der beiden Rollstühle für den Straßengebrauch erhalten. (3) Der Zuschuß darf nur zur Beschaffung eines Motorfahrzeugs gezahlt werden, das nach seiner Konstruktion zur Personenbeförderung bestimmt ist und das nicht überwiegend gewerblich genutzt werden soll. (4) Der Zuschuß zur Beschaffung eines gebrauchten Motorfahrzeugs darf gezahlt werden, wenn es mindestens 40 vom Hundert des Neuwerts besitzt. (5) Kann der Beschädigte das Motorfahrzeug nicht selbst führen, darf der Zuschuß nur gezahlt werden, wenn ein Dritter bestimmt ist, der als Führer des Motorfahrzeugs in angemessenem Umfang für Fahrten mit dem Beschädigten zur Verfügung steht.	Kraftfahrzeugs gewähren, wenn seine Wiedereingliederung dadurch gefördert wird. (4) Neben einem Zuschuß kann der Träger der Unfallversicherung dem Verletzten ein Darlehen gewähren. (5) Die Kosten der besonderen Ausrüstung oder des Umbaus eines Kraftfahrzeugs hat der Träger der Unfallversicherung zu übernehmen, soweit diese Einrichtungen wegen der Verletzungsfolgen erforderlich sind. (6) Die Kosten der Haltung des Kraftfahrzeugs sowie die Kosten von Reparaturen hat der Verletzte in der Regel selbst zu tragen. Zu notwendigen größeren Reparaturen kann der Träger der Unfallversicherung einen Zuschuß oder ein Darlehen gewähren.

Synopse zur Hilfsmittelversorgung im Sozialen Entschädigungsrecht nach dem Bundesversorgungsgesetz und dem UV-Recht[428]

Regelungsgegenstand Hilfsmittelversorgung	**Bundesversorgungsgesetz**	**Unfallversicherungsrecht**
Rückzahlung von Zuschüssen für Motorfahrzeuge	**§ 24 OrthV** (1) Veräußert der Beschädigte das Motorfahrzeug innerhalb von fünf Jahren nach der Zulassung auf seinen Namen, so hat er den Betrag zurückzuzahlen, der sich ergibt, wenn für jedes bei Veräußerung des Motorfahrzeugs abgelaufene Vierteljahr von dem Zuschuß ein Zwanzigstel abgezogen wird. (2) Stirbt der Beschädigte innerhalb von vier Jahren nach der Zulassung des Motorfahrzeugs auf seinen Namen, ist die Hälfte des sich nach Absatz 1 ergebenden Betrages zurückzuzahlen.	
Ersatzbeschaffung von Motorfahrzeugen	**§ 25 OrthV** Ein neuer Zuschuß kann gezahlt werden, wenn der Beschädigte sich ein Fahrzeug zum Ersatz des bisherigen beschafft. Wird das neue Fahrzeug innerhalb von fünf Jahren nach der Zulassung des bisherigen auf den Namen des Beschädigten zugelassen, ist auf den Zuschuß der Betrag anzurechnen, der nach § 24 Abs. 1 bei Veräußerung zurückzuzahlen wäre.	**§ 6 KfzHV** Erneute Beschaffung eines Kraftfahrzeugs soll nicht vor Ablauf von fünf Jahren seit der Beschaffung des zuletzt geförderten Fahrzeugs geleistet werden.
Instandhaltungszuschuss	**§ 26 OrthV** (1) Zur Instandhaltung eines Motorfahrzeuges wird ein jährlicher Pauschbetrag in folgender Höhe gezahlt: 1. für ein Motorfahrzeug mit einem Hubraum bis zu 50 Kubikzentimeter: 97 Euro,	**§ 6 Abs. 6 OrthVersorgUVV** Die Kosten der Haltung des Kraftfahrzeugs sowie die Kosten von Reparaturen hat der Verletzte in der Regel **selbst zu tragen**. Zu notwendigen größeren Reparaturen kann der Träger der Unfallversicherung einen Zuschuss oder ein Darlehen gewähren.

Synopse zur Hilfsmittelversorgung im Sozialen Entschädigungsrecht nach dem Bundesversorgungsgesetz und dem UV-Recht[428]

Regelungsgegenstand Hilfsmittelversorgung	**Bundesversorgungsgesetz**	**Unfallversicherungsrecht**
	2. für ein Motorfahrzeug mit einem Hubraum bis zu 500 Kubikzentimeter: 189 Euro, 3. für ein Motorfahrzeug mit einem Hubraum über 500 Kubikzentimeter: 294 Euro, 4. für ein elektrisch angetriebenes Motorfahrzeug: 189 Euro. (2) Der Betrag nach Absatz 1 wird für jedes Kalenderjahr gezahlt, in dem für ein von dem Beschädigten benutztes Motorfahrzeug die Voraussetzungen für einen Zuschuß nach § 23 vorgelegen haben; dabei ist es unerheblich, ob der Zeitwert des Fahrzeugs unter 40 vom Hundert des Neuwerts liegt. Der Betrag wird nur für ein Fahrzeug gezahlt. Im ersten Kalenderjahr wird vom Monat der Zulassung an als Pauschbetrag ein Zwölftel des Betrages nach Absatz 1 je Monat gezahlt.	
Kosten für Zusatzgeräte und automatische Getriebe in Motorfahrzeugen	**§ 27 OrthV** (1) Die notwendigen Kosten werden übernommen für die Sonderausstattung mit 1. Zusatzgeräten bis zu: 1.074 Euro, 2. einem automatischen Getriebe oder einer ähnlichen Vorrichtung bis zu: 1.636 Euro, 3. Zusatzgeräten, die für ein automatisches Getriebe oder eine ähnliche	

Synopse zur Hilfsmittelversorgung im Sozialen Entschädigungsrecht nach dem Bundesversorgungsgesetz und dem UV-Recht[428]

Regelungsgegenstand Hilfsmittelversorgung	Bundesversorgungsgesetz	Unfallversicherungsrecht
	Vorrichtung benötigt werden, bis zu weiteren: 1.074 Euro. Besitz des Fahrzeugs ist Voraussetzung. Wiederholung alle 5 Jahre.	**§ 7 KfzHV** Für eine Zusatzausstattung, die wegen der Behinderung erforderlich ist und ihren Einbau werden die Kosten übernommen.
Änderungskosten bei Motorfahrzeugen	**§ 28 OrthV** Für sonstige Änderungen von Bedienungseinrichtungen eines Motorfahrzeugs werden die Kosten im notwendigen Umfang übernommen. Wenn die Änderungen nach dem Urteil des Arztes der Orthopädischen Versorgungsstelle oder eines technischen Sachverständigen notwendig sind und der Beschädigte das Motorfahrzeug besitzt.	**§ 7 KfzHV** Übernahme einer behindertengerechten Zusatzausstattung in vollem Umfang.
Instandsetzungskosten	**§ 29 OrthV** 1. Bei Zusatzgeräten (§ 27 Abs. 1 Nr. 1 und 3) bis zu: 716 Euro, 2. bei automatischen Getrieben oder ähnlichen Vorrichtungen (§ 27 Abs. 1 Nr. 2) bis zu: 1.432 Euro, 3. bei Änderungen nach § 28 bis zu: 1.432 Euro, innerhalb von jeweils fünf Jahren übernommen, wenn die Voraussetzungen für die Übernahme der Kosten nach § 27 oder § 28 vorliegen. Instandsetzungskosten, die auch ohne die Änderung nach § 28 entstanden wären, werden nicht übernommen.	**§ 7 KfzVH** Für die technische Überprüfung und die Wiederherstellung der technischen Funktionsfähigkeit der eingebauten Zusatzgeräte werden die Kosten in vollem Umfang übernommen.

Synopse zur Hilfsmittelversorgung im Sozialen Entschädigungsrecht nach dem Bundesversorgungsgesetz und dem UV-Recht[428]

Regelungsgegenstand Hilfsmittelversorgung	Bundesversorgungsgesetz	Unfallversicherungsrecht
Änderungskosten für Motorfahrzeuge, die von Dritten geführt werden	**§ 30 OrthV** Die §§ 27 bis 29 sind für Motorfahrzeuge entsprechend anzuwenden, die von Dritten geführt werden (§ 23 Abs. 5), wenn deren Fahrerlaubnis aus gesundheitlichen Gründen eingeschränkt ist; die Voraussetzungen für einen Zuschuß nach § 23 müssen für den Beschädigten gegeben sein.	**§ 7 KfzHV** Die Kosten werden auch übernommen für eine Zusatzausstattung, die wegen der Behinderung eines Dritten erforderlich ist, der für den behinderten Menschen das Kraftfahrzeug führt (§ 3 Abs. 1 Nr. 2).
Abstellmöglichkeiten für Motorfahrzeuge	**§ 31 OrthV** Zu den Mietkosten einer Abstellmöglichkeit für ein Motorfahrzeug kann ein jährlicher Zuschuß bis zu 307 Euro gezahlt werden; § 26 Abs. 2 gilt entsprechend. Zu den Erwerbs- oder Herstellungskosten kann ein einmaliger Zuschuß bis zu 971 Euro gezahlt werden; ein Zuschuß zu einer neuen Abstellmöglichkeit darf frühestens nach zehn Jahren, bei Wohnungswechsel auch eher gezahlt werden.	
Zuschüsse und Kosten bei gemieteten Motorfahrzeugen	**§ 32 OrthV** Zuschüsse und Kostenübernahmen sind in entsprechender Anwendung der §§ 23 bis 31 auch bei gemieteten Motorfahrzeugen zulässig.	
	§ 33 OrthV Zu den Mietkosten einer Abstellmöglichkeit für nicht faltbare handbetriebene oder für elektrisch betriebene Rollstühle für den Straßengebrauch kann ein jährlicher Zuschuß bis zu 133 Euro gezahlt werden.	**4.15.6 UV-Hilfsmittel-RL** Versicherte sind für eine sachgemäße und sichere Unterbringung ihres Rollstuhls bzw. ihrer Mobilitätshilfe verantwortlich. Notwendige Aufwendungen, die ihnen dadurch entstehen, sind zu ersetzen.

Synopse zur Hilfsmittelversorgung im Sozialen Entschädigungsrecht nach dem Bundesversorgungsgesetz und dem UV-Recht[428]

Regelungsgegenstand Hilfsmittelversorgung	Bundesversorgungsgesetz	Unfallversicherungsrecht
Abstellmöglichkeiten für Rollstühle	Zu den Erwerbs- oder Herstellungskosten kann ein einmaliger Zuschuß bis zu 383 Euro gezahlt werden; ein Zuschuß zu einer neuen Abstellmöglichkeit darf frühestens nach fünf Jahren, bei Wohnungswechsel auch eher gezahlt werden.	
Zuschüsse für Fahrräder	**§ 34 OrthV** Ein Zuschuß bis zu 153 Euro zur Beschaffung eines Fahrrades kann den in § 23 Abs. 1 genannten Beschädigten gezahlt werden. Zur Instandhaltung eines Fahrrades wird je Kalenderjahr ein Pauschbetrag von 31 Euro gezahlt.	**4.15.2 UK-Hilfsmittel-RL** Fahrräder, die für Menschen mit Behinderung geeignet sind, können Versicherte im Rahmen der Leistungen zur Teilhabe erhalten. Leistung des 6. Kap. SGB XIV
Zuschüsse für Blindenführhundzwinger	**§ 35 OrthV** Zu den Herstellungskosten eines Blindenführhundzwingers kann ein Zuschuß bis zu 435 Euro gezahlt werden. Ein Zuschuß zu den Kosten eines neuen Zwingers darf frühestens nach fünf Jahren, bei Wohnungswechsel auch eher gezahlt werden.	
Zuschüsse für Tonaufnahme- und Tonwiedergabegeräte	**§ 36 OrthV** Blinde können Zuschüsse von 80 vom Hundert der Beschaffungskosten erhalten für 1. ein Tonaufnahme- und Tonwiedergabegerät, insgesamt jedoch höchstens 205 Euro, sowie für ein entsprechendes Gerät im Taschenformat, höchstens jedoch 135 Euro, 2. Tonträger, höchstens jedoch 20 Euro innerhalb von 12 Monaten.	

Synopse zur Hilfsmittelversorgung im Sozialen Entschädigungsrecht nach dem Bundesversorgungsgesetz und dem UV-Recht[428]

Regelungsgegenstand Hilfsmittelversorgung	Bundesversorgungsgesetz	Unfallversicherungsrecht
Zuschüsse für Telefonausstattung	**§ 37 OrthV** Sind Ohnhänder und Benutzer eines Hörgeräts dringend auf eine besondere Ausstattung ihres Telefons angewiesen, können für die Zusatzausstattung die notwendigen Beschaffungs- und Änderungskosten übernommen und ein Betrag in Höhe des Sechzigfachen der monatlichen Zusatzkosten gezahlt werden.	
Kosten für Maßkonfektion	**§ 38 OrthV** Für die Anfertigung von Maßkonfektionskleidung und Maßkleidung werden Mehrkosten im notwendigen Umfang bis zu 307 Euro jährlich übernommen, wenn eine Änderung von Konfektionskleidung nicht ausreicht, um eine wesentliche Deformierung des Rumpfes auszugleichen; das Tragen eines Hilfsmittels am Rumpf kann einer wesentlichen Deformierung gleichgesetzt werden.	
Führzulage, tierärztliche Behandlung	**§ 14 BVG** Beschädigte, bei denen Blindheit als Folge einer Schädigung anerkannt ist, erhalten monatlich 201 Euro zum Unterhalt eines Führhunds und als Beihilfe zu den Aufwendungen für fremde Führung. **§ 19 OrthV** Kosten für tierärztliche Behandlung eines Blindenführhundes sowie für Arznei- und Verbandmittel werden im	**§ 2 Abs. 2 OrthVersorgUVV** Versicherte, die infolge eines Versicherungsfalls erblindet sind, erhalten zum Unterhalt eines Blindenführhunds oder zu den Aufwendungen für fremde Führung einen monatlichen Zuschuß in Höhe des in § 14 des Bundesversorgungsgesetzes jeweils festgesetzten Betrags.

Synopse zur Hilfsmittelversorgung im Sozialen Entschädigungsrecht nach dem Bundesversorgungsgesetz und dem UV-Recht[428]

Regelungsgegenstand Hilfsmittelversorgung	Bundesversorgungsgesetz	Unfallversicherungsrecht
	notwendigen Umfang erstattet. Nachdressuren können bewilligt werden.	
Kleider- und Wäscheverschleiß	**§ 15 BVG** Verursachen die anerkannten Folgen der Schädigung außergewöhnlichen Verschleiß an Kleidung oder Wäsche, so sind die dadurch entstehenden Kosten mit einem monatlichen Pauschbetrag von 25 bis 166 Euro zu ersetzen. Der Pauschbetrag ergibt sich aus der Multiplikation von 2,548 Euro mit der auf Grund einer Rechtsverordnung nach § 24a Buchstabe d für den jeweiligen Verschleißtatbestand festgesetzten Bewertungszahl. Die sich ergebenden Beträge sind bis 0,49 Euro auf volle Euro abzurunden und von 0,50 Euro an auf volle Euro aufzurunden. Übersteigen in besonderen Fällen die tatsächlichen Aufwendungen die höchste Stufe des Pauschbetrags, so sind sie erstattungsfähig.	Im SGB XIV doppelt als Leistung enthalten: § 46 Abs. 1 Nr. 2 und Abs. 2 Nr. 2 i. V. m. Nr. 5 UK-Hilfsmittel-RL Verursachen die Gesundheitsschäden außergewöhnlichen Verschleiß an Kleidung und Wäsche, sind die dadurch entstehenden Kosten durch einen monatlichen Pauschbetrag zu ersetzen. Für Voraussetzungen und Höhe der Entschädigung für Kleider- und Wäscheverschleiß gilt § 15 Bundesversorgungsgesetz entsprechend. Die Höhe der Pauschbeträge wird jährlich durch die Verordnung zur Anpassung des Bemessungsbetrages und von Geldleistungen nach dem BVG (KOV-Anpassungsverordnungen) bestimmt.

§ 47
Krankengeld der Sozialen Entschädigung

(1) Geschädigte erhalten bei einer durch eine anerkannte Schädigungsfolge verursachten Arbeitsunfähigkeit oder bei einer wegen einer anerkannten Schädigungsfolge erforderlichen stationären Behandlung Krankengeld der Sozialen Entschädigung entsprechend den Regelungen zum Krankengeld des Fünften Buches nach Maßgabe der Absätze 2 bis 9.

(2) Krankengeld der Sozialen Entschädigung erhalten auch

1. hauptberuflich selbständige Erwerbstätige, die keine Wahlerklärung nach § 44 Absatz 2 Satz 1 Nummer 2 des Fünften Buches abgegeben haben,
2. Beschäftigte, die keine Wahlerklärung nach § 44 Absatz 2 Satz 1 Nummer 3 Satz 1 des Fünften Buches abgegeben haben und
3. geringfügig Beschäftigte, deren Beschäftigung keine Versicherungspflicht nach § 5 Absatz 1 des Fünften Buches begründet sowie Familienversicherte nach § 10 des Fünften Buches.

(3) Als arbeitsunfähig im Sinne des § 44 Absatz 1 des Fünften Buches sind auch Geschädigte anzusehen, die ohne arbeitsunfähig zu sein, wegen einer Maßnahme der Krankenbehandlung der Sozialen Entschädigung keine ganztägige Erwerbstätigkeit ausüben können.

(4) [1]Das Krankengeld der Sozialen Entschädigung beträgt 80 Prozent des Regelentgelts, darf jedoch das entgangene regelmäßige Nettoarbeitsentgelt nicht übersteigen. [2]Das Regelentgelt wird bis zur Höhe der jeweils geltenden Leistungsbemessungsgrenze berücksichtigt. [3]Leistungsbemessungsgrenze ist der 360. Teil der jährlichen Beitragsbemessungsgrenze der allgemeinen Rentenversicherung.

(5) Haben Geschädigte von einem anderen Rehabilitationsträger Krankengeld, Versorgungskrankengeld, Verletztengeld oder Übergangsgeld bezogen und ist ihnen im Anschluss daran Krankengeld der Sozialen Entschädigung zu zahlen, so ist bei dessen Berechnung von dem bisher zugrunde gelegten Entgelt auszugehen.

(6) [1]Für die nach dem Künstlersozialversicherungsgesetz Versicherten sowie für Versicherte, die eine Wahlerklärung nach § 44 Absatz 2 Satz 1 Nummer 2 des Fünften Buches abgegeben haben, entsteht der Anspruch auf Krankengeld der Sozialen Entschädigung zu den in § 46 Satz 1 des Fünften Buches geregelten Zeiten. [2]§ 46 Satz 2 bis 4 des Fünften Buches findet keine Anwendung.

(7) Für Versicherte, die eine Wahlerklärung nach § 44 Absatz 2 Satz 1 Nummer 3 des Fünften Buches abgegeben haben, ruht der Anspruch auf Krankengeld der Sozialen Entschädigung abweichend von § 49 Absatz 1 Nummer 7 des Fünften Buches in den ersten sechs Wochen der Arbeitsunfähigkeit nicht.

(8) Das Krankengeld der Sozialen Entschädigung endet nicht vor dem Ende einer stationären Behandlung.

(9) [1]Das Krankengeld der Sozialen Entschädigung ist bis zum Beginn von Leistungen zur Teilhabe am Arbeitsleben oder einer weiteren medizinischen Maßnahme weiter zu zahlen, wenn die Leistungen zur Teilhabe am Arbeitsleben oder eine weitere medizinische Maßnahme

1. nach Abschluss der Krankenbehandlung erforderlich sind und
2. aus Gründen, die die Geschädigten nicht zu vertreten haben, nicht unmittelbar anschließend durchgeführt werden können.

[2]Satz 1 gilt nur, wenn Geschädigte arbeitsunfähig sind und ihnen kein Anspruch auf Krankengeld nach dem Fünften Buch zusteht oder ihnen nach Wiedererlangung der Arbeitsfähigkeit keine zumutbare Beschäftigung vermittelt werden kann.

(10) [1]Ein wegen anerkannter Schädigungsfolgen erkranktes Kind, das dadurch bedingt der Beaufsichtigung, Betreuung oder Pflege bedarf, hat für den betreuenden Elternteil Anspruch auf Krankengeld der Sozialen Entschädigung. [2]Es gilt § 45 des Fünften Buches entsprechend mit der Maßgabe, dass das Krankengeld der Sozialen Entschädigung

1. **abweichend von § 45 Absatz 2 Satz 3 des Fünften Buches 100 Prozent des ausgefallenen Nettoarbeitsentgeltes des betreuenden Elternteils beträgt, aber den 360. Teil der jährlichen Beitragsbemessungsgrenze der allgemeinen Rentenversicherung nicht übersteigen darf,**
2. **abweichend von § 45 Absatz 2 Satz 4 des Fünften Buches 80 Prozent des erzielten regelmäßigen Arbeitseinkommens des betreuenden Elternteils bis zum 360. Teil der jährlichen Beitragsbemessungsgrenze der allgemeinen Rentenversicherung beträgt und**
3. **sich in Fällen des § 45 Absatz 4 des Fünften Buches nach Absatz 4 berechnet.**

Erläuterungen

Übersicht **Rn.**

Krankengeld der Sozialen Entschädigung ist eine Entgeltersatzleistung, die den Ausfall von Einkommen infolge krankheitsbedingter Arbeitsunfähigkeit ausgleichen soll. Es wird von der Krankenkasse im Auftrag der TdSE ausgezahlt, um den Einkommensverlust auszugleichen. Die Höhe des Krankengeldes der Sozialen Entschädigung liegt über der Höhe des Krankengeldes der Krankenversicherung. Es richtet sich nach dem regelmäßigen Einkommen und beträgt in der Regel 80 % des Bruttogehalts, statt 70 %, wie bei der GKV. Krankengeld wird nur für einen begrenzten Zeitraum gewährt, wenn der Arbeitnehmer während der Arbeitsunfähigkeit keinen Lohn oder Gehalt vom Arbeitgeber erhält. 1

Das Krankengeld der Sozialen Entschädigung ist eine Leistung, die an Personen gezahlt wird, die durch eine anerkannte Schädigung, einen Einkommensverlust erleiden. Die Schädigung muss zu einer Arbeitsunfähigkeit oder einer notwendigen stationären Behandlung in einem Krankenhaus oder einer Rehabilitationseinrichtung führen. Dabei spielt es keine Rolle, ob die gesamte Gesundheitsstörung oder nur eine Verschlimmerung davon als Schädigungsfolge anerkannt ist, solange diese einen Einfluss auf die Arbeitsunfähigkeit oder die stationäre Behandlung hat. Das 2

Krankengeld der Sozialen Entschädigung soll das Arbeitsentgelt oder das sonstige Erwerbseinkommen ersetzen, das die Geschädigten ohne die Schädigung erzielen könnten. Das Krankengeld der Sozialen Entschädigung kann auch an Geschädigte gezahlt werden, die nicht Mitglied einer gesetzlichen Krankenversicherung sind.

§ 47 regelt die Ansprüche auf Krankengeld für Personen, die anerkannte Schädigungsfolgen durch ein schädigendes Ereignis erlitten haben, auf der Grundlage der §§ 44 bis 51 SGB V. Allerdings enthält § 47 in den Absätzen 2 bis 9 auch einige spezielle Regelungen, die für diese Personengruppe günstiger sind als die allgemeinen Bestimmungen des SGB V. Damit erfüllt die gesetzliche Solidargemeinschaft ihre besondere Fürsorgepflicht gegenüber den Geschädigten.

3 Für **Zivildienstgeschädigte** gibt es in Bezug auf das Krankengeld der Sozialen Entschädigung eine Sonderregelung in § 104. Danach erhalten Zivildienstgeschädigte, die infolge einer Zivildienstschädigung arbeitsunfähig sind, nach Beendigung des Zivildienstverhältnisses Krankengeld der Sozialen Entschädigung nach § 47 mit folgenden Maßgaben:

1. Zivildienstgeschädigte, die im Zeitpunkt der Beendigung des Zivildienstverhältnisses infolge einer Zivildienstbeschädigung keine Erwerbstätigkeit ausgeübt haben, gelten als arbeitsunfähig, wenn sie nicht oder nur mit der Gefahr, ihren Zustand zu verschlimmern, fähig sind, einer Erwerbstätigkeit oder Berufsausbildung nachzugehen. Als Zeitpunkt des Eintritts der Arbeitsunfähigkeit gilt der Zeitpunkt der Beendigung des Zivildienstverhältnisses.
2. Als vor Eintritt der Arbeitsunfähigkeit bezogenes Einkommen gelten zehn Achtel der vor der Beendigung des Zivildienstverhältnisses bezogenen Geld- und Sachbezüge als Dienstpflichtiger. Hatte der Dienstpflichtige im letzten Kalendermonat vor dem für den Diensteintritt festgesetzten Zeitpunkt Arbeitseinkommen bezogen, so ist dieses Einkommen maßgebend, sofern das für ihn günstiger ist.

A. Altes Recht

4 Das Versorgungskrankengeld hatte, wie das Krankengeld der Sozialen Entschädigung, Entgelt- bzw. Einkommensersatzfunktion. Die gesetzlichen Regelungen zum Versorgungskrankengeld fanden sich in **§§ 16–16h BVG**. Die Entgeltersatzleistung wurde für die Dauer der Arbeitsunfähigkeit erbracht. Sie betrug 80 % des Regellohns und durfte nach § 16a BVG das ent-

gangene regelmäßige Nettoarbeitsentgelt nicht übersteigen. Nach § 16f BVG waren Einkommensanrechnungen möglich. Versorgungskrankengeld wurde pro Kalendertag gezahlt.

Nach § 16 Abs. 1 Buchst. c BVG hatten Hinterbliebene, Witwen und hinterbliebene Lebenspartner (§§ 38, 42 bis 44 und 48 BVG), Waisen (§§ 45 und 48 BVG) und versorgungsberechtigte Eltern (§§ 49 bis 51 BVG), wenn sie arbeitsunfähig werden, sofern ihnen Krankenbehandlung zu gewähren ist (§ 10 Abs. 4 Buchstabe c und Absatz 7 BVG), einen Anspruch auf Versorgungskrankengeld. Nach § 47 haben ausschließlich Geschädigte einen Anspruch auf Krankengeld der Sozialen Entschädigung.

Versorgungskrankengeld wurde nach **§ 18c Abs. 1 BVG** von den **Krankenkassen** für die Verwaltungsbehörde erbracht. 5

Nach **§ 22 BVG** entrichtete die Verwaltungsbehörde für Berechtigte die Beiträge zur gesetzlichen Rentenversicherung für Zeiten des Bezugs von Versorgungskrankengeld sowie den Beitrag zur Arbeitsförderung.

Nach **§ 18a Abs. 7 Satz 1 BVG** endete die Zahlung von Versorgungskrankengeld mit dem Eintritt eines Dauerzustands, der Bewilligung einer Altersrente aus der gesetzlichen Rentenversicherung oder der Zahlung von Vorruhestandsgeld. Ein Dauerzustand war gegeben, wenn die Arbeitsunfähigkeit in 78 Wochen voraussichtlich nicht zu beseitigen war. Versorgungskrankengeld nach dem BVG wurde auch dann weitergezahlt, wenn die Arbeitsunfähigkeit infolge der Schädigung andauerte, bis der Dauerzustand eingetreten war. 6

Mit dem SGB XII/SGB XIV-Anpassungsgesetz wurde zuletzt § 18a BVG im Bestandsrecht sowohl in § 143 Abs. 2 als auch in Abs. 3 ergänzt.[430] In beiden Absätzen heißt es: 7

> „§ 18a BVG in der am 31.12.2023 geltenden Fassung findet auf Leistungen nach Satz 1 und 2 weiter Anwendung."

Die Wiederaufnahme war notwendig, um Dauer von Leistungen der Heil- und Krankenbehandlung und die Feststellung des Dauerzustandes in Bezug auf die Gewährung von Versorgungskrankengeld festzulegen.

Diese Wiederaufnahme wurde in § 47 nicht nachvollzogen. Hier gelten die Vorschriften des § 48 SGB V zur **Dauer des Krankengeldes**.

Nach § 48 Abs. 1 SGB V ist das Krankengeld in der Regel auf höchstens 78 Wochen für dieselbe Krankheit innerhalb einer Rahmenfrist von 3 Jah-

430 SGB XII/SGB XIV-Anpassungsgesetz vom 22.12.2023 (BGBl. I S. 17).

ren begrenzt. Eine Ausnahme von dieser Regelung gilt nach **Abs. 7** nur, wenn das Krankengeld nicht vor dem Ende einer stationären Behandlung endet, sodass in diesem Fall ein längerer Krankengeldbezug möglich ist.

8 Der Regelungsgehalt von **§§ 16g und 16h BVG** wurde nicht ins Recht des Krankengeldes der Sozialen Entschädigung übernommen. Alle anderen rechtlichen Grundlagen des BVG zum Versorgungskrankengeld finden sich in modifizierter Form in § 47 wieder.

B. Neues Recht

9 Das SGB XIV orientiert sich weitgehend an den Regelungen zum Versorgungskrankengeld des BVG. Es gilt immer noch die getrennte Zuständigkeit. Für die Berechnung und Auszahlung des Krankengeldes der Sozialen Entschädigung ist nach § 57 Abs. 2 Nr. 2 i. V. m. § 47 die Krankenkasse im Auftrag der TdSE zuständig. Die Beiträge zur Arbeitsförderung, zur gesetzlichen Rentenversicherung und zur Alterssicherung zahlt der TdSE nach § 52 selbst.

§ 47 regelt die Ansprüche auf Krankengeld für Personen, die anerkannte Schädigungsfolgen durch ein schädigendes Ereignis erlitten haben, auf der Grundlage der §§ 44 bis 51 SGB V.

10 Nach **§ 47 Abs. 1** erhalten Geschädigte bei einer durch eine anerkannte Schädigungsfolge verursachten Arbeitsunfähigkeit oder bei einer wegen einer anerkannten Schädigungsfolge erforderlichen stationären Behandlung Krankengeld der Sozialen Entschädigung entsprechend den Regelungen zum Krankengeld des SGB V.

Sachliche Anspruchsvoraussetzung für das Krankengeld der Sozialen Entschädigung ist das Vorliegen von Arbeitsunfähigkeit i. S. d. Rechtes der Gesetzlichen Krankenversicherung.

11 Nach § 2 der Arbeitsunfähigkeits-Richtlinie des Gemeinsamen Bundesausschusses[431] liegt **Arbeitsunfähigkeit** vor, wenn Versicherte aufgrund von Krankheit ihre zuletzt vor der Arbeitsunfähigkeit ausgeübte Tätigkeit nicht mehr oder nur unter der Gefahr der Verschlimmerung der Erkran-

431 Richtlinie des Gemeinsamen Bundesausschusses über die Beurteilung der Arbeitsunfähigkeit und die Maßnahmen zur stufenweisen Wiedereingliederung nach § 92 Absatz 1 Satz 2 Nummer 7 SGB V (Arbeitsunfähigkeits-Richtlinie) in der Fassung vom 14.11.2013 veröffentlicht im Bundesanzeiger (BAnz AT 27.01.2014 B4) in Kraft getreten am 28. Januar 2014 zuletzt geändert am 15.12.2022 veröffentlicht im Bundesanzeiger (BAnz AT 13.03.2023 B6) in Kraft getreten am 1.4.2023.

kung ausführen können. Bei der Beurteilung ist darauf abzustellen, welche Bedingungen die bisherige Tätigkeit konkret geprägt haben.

Arbeitsunfähigkeit liegt auch vor, wenn aufgrund eines bestimmten Krankheitszustandes, der für sich allein noch keine Arbeitsunfähigkeit bedingt, absehbar ist, dass aus der Ausübung der Tätigkeit für die Gesundheit oder die Gesundung abträgliche Folgen erwachsen, die Arbeitsunfähigkeit unmittelbar hervorrufen.

Arbeitsunfähigkeit besteht auch während einer stufenweisen Wiederaufnahme der Arbeit fort, durch die Versicherten die dauerhafte Wiedereingliederung in das Erwerbsleben durch eine schrittweise Heranführung an die volle Arbeitsbelastung ermöglicht werden soll.

Zwischen der Krankheit und der dadurch bedingten Unfähigkeit zur Fortsetzung der ausgeübten Tätigkeit muss ein **kausaler Zusammenhang** mit den **anerkannten Schädigungsfolgen** erkennbar sein. Ein kausaler Zusammenhang besteht nicht, wenn die anerkannte Schädigungsfolge auf die Arbeitsunfähigkeit oder die erforderliche stationäre Behandlung keinen wesentlichen Einfluss im Sinne der Kausalität der wesentlichen Bedingung hat.

Geschädigte, die **arbeitslos** sind, sind arbeitsunfähig, wenn sie krankheits- **12**
bedingt nicht mehr in der Lage sind, leichte Arbeiten in einem zeitlichen Umfang zu verrichten, für den sie sich bei der Agentur für Arbeit zur Verfügung gestellt haben. Dabei ist es unerheblich, welcher Tätigkeit die oder der Geschädigte vor der Arbeitslosigkeit nachging.

Erwerbsfähige Leistungsberechtigte, die Leistungen zur Sicherung des Lebensunterhalts nach dem SGB II (**Grundsicherung für Arbeitsuchende**) beantragt haben oder beziehen, sind arbeitsunfähig, wenn sie krankheitsbedingt nicht in der Lage sind, mindestens drei Stunden täglich zu arbeiten oder an einer Eingliederungsmaßnahme teilzunehmen.

Geschädigte, bei denen nach Eintritt der Arbeitsunfähigkeit das Beschäfti- **13**
gungsverhältnis endet und die aktuell keinen anerkannten Ausbildungsberuf ausgeübt haben (**An- oder Ungelernte**), sind nur dann arbeitsunfähig, wenn sie die letzte oder eine ähnliche Tätigkeit nicht mehr oder nur unter der Gefahr der Verschlimmerung der Erkrankung ausüben können.

Beginnt während der Arbeitsunfähigkeit ein **neues Beschäftigungsverhältnis**, so beurteilt sich die Arbeitsunfähigkeit ab diesem Zeitpunkt nach dem Anforderungsprofil des neuen Arbeitsplatzes.

Rentnerinnen und Rentner können, wenn sie eine Erwerbstätigkeit ausüben, arbeitsunfähig sein, ebenso wie Menschen, die in Werkstätten für behinderte Menschen oder in Blindenwerkstätten beschäftigt werden.

14 Ist ein für die Ausübung der Tätigkeit oder das Erreichen des Arbeitsplatzes erforderliches **Hilfsmittel** (z.B. Körperersatzstück) defekt, besteht Arbeitsunfähigkeit so lange, bis die Reparatur des Hilfsmittels beendet oder das defekte Hilfsmittel ersetzt ist. Im alten Recht wurde nach § 24 Abs. 2 S. 1 Buchst. a BVG Ersatz für entgangenen Arbeitsverdienst in angemessenem Umfang bei der Anpassung und der Instandsetzung von Hilfsmitteln gewährt. Diese Entgeltersatzleistung wird nun auch unter den Voraussetzungen des § 47 als Krankengeld der Sozialen Entschädigung erbracht.

15 Der Anspruch auf Krankengeld der SE bei **stationärer Behandlung** ergibt sich aus Abs. 1, der § 44 SGB V entspricht. Die Vorschrift orientiert sich an § 16 Abs. 2 Buchst. a BVG, wonach der Krankengeldanspruch bis zum 31.12.2023 zusätzlich davon abhängt, dass die stationäre Behandlung eine ganztägige Erwerbstätigkeit ausschließt. Es muss sich um eine stationäre Behandlung handeln, die aufgrund einer anerkannten Schädigungsfolge notwendig ist, wobei diese in einem Krankenhaus oder einer Rehabilitationseinrichtung erfolgen kann. Eine Arbeitsunfähigkeit muss nicht gesondert festgestellt werden, sondern gilt als unwiderlegbar angenommen.

Der Anspruch auf Krankengeld setzt voraus, dass ein Antrag entsprechend § 10 gestellt wird. Bei rechtzeitiger Antragstellung beginnt die Krankengeldzahlung nach § 46 SGB V entweder mit dem ersten Tag der stationären Behandlung (§ 46 S. 1 Nr. 1 SGB V) oder mit dem Tag, an dem der Arzt die Arbeitsunfähigkeit feststellt (§ 46 S. 1 Nr. 2 SGB V). Allerdings ruht das Krankengeld, wenn der Versicherte noch Anspruch auf Entgeltfortzahlung hat und weiterhin Arbeitsentgelt oder Arbeitseinkommen erhält (§ 49 Abs. 1 Nr. 1 SGB V).

16 **Abs. 2** erweitert den Kreis der Anspruchsberechtigten um

1. hauptberuflich selbstständige Erwerbstätige, die keine Wahlerklärung nach § 44 Absatz 2 Satz 1 Nummer 2 des Fünften Buches abgegeben haben,
2. Beschäftigte, die keine Wahlerklärung nach § 44 Absatz 2 Satz 1 Nummer 3 Satz 1 des Fünften Buches abgegeben haben und
3. geringfügig Beschäftigte, deren Beschäftigung keine Versicherungspflicht nach § 5 Absatz 1 des Fünften Buches begründet sowie Familienversicherte nach § 10 des Fünften Buches.

Diese Personenkreise hätten alle nach § 44 Abs. 2 SGB V keinen Anspruch auf Krankengeld. Dieser Ausschluss wäre i. S. d. Sozialen Entschädigung bei schädigungsbedingter Arbeitsunfähigkeit aber unbillig und kommt nicht zum Tragen.

Für hauptberuflich selbstständig Tätige, die keine Krankengeldwahl nach § 44 Abs. 2 S. 1 Nr. 2 SGB V treffen können, sieht **Abs. 2 Nr. 1** eine Krankengeldzahlung für schädigungsbedingte Arbeitsunfähigkeit vor. 17

Nach Krankenkassenrecht ist diese Personengruppe nach § 5 Abs. 5 SGB V nicht versicherungspflichtig und kann freiwillig in der GKV versichert sein, wenn sie die Voraussetzungen des § 9 SGB V erfüllt. Selbstständige haben nach § 44 Abs. 2 S. 3 SGB V die Möglichkeit, zu wählen, ob sie mit oder ohne Krankengeldanspruch freiwillig versichert sein möchten, wobei bei einem Anspruch auch höhere Beiträge an die GKV zu zahlen sind. **Selbstständige** haben keinen Anspruch nach dem SGB V auf Krankengeld, wenn sie ihre **Wahl** erst nach Eintritt der Arbeitsunfähigkeit der Krankenkasse mitteilen; in diesem Fall gilt die Wahl erst für die Zeit nach Beendigung der Arbeitsunfähigkeit. Diese Regelung soll vermeiden, dass Versicherte sich nur dann für Krankengeld versichern, wenn sie bereits krank sind.

Für selbstständige Geschädigte, die Krankengeld nach § 47 SGB XIV erhalten, gilt keine besondere Regelung zur Ermittlung der Höhe der Leistung, wie sie in § 16b BVG für das Verletztengeld vorgesehen war. Stattdessen orientiert sich die Berechnung des Krankengeldes an den allgemeinen Grundsätzen des § 47 SGB V, die das Arbeitseinkommen als Bemessungsgrundlage heranziehen. Die Sonderregelung des § 16d BVG, die eine Anpassung des Regelentgeltes bei vorangegangenem Bezug von Entgeltersatzleistungen ermöglichte, ist im SGB XIV nicht enthalten. An ihre Stelle tritt die entsprechende Anwendung des § 47b SGB V.

Nach **Abs. 2 Nr. 2** haben Anspruch auf Krankengeld auch Beschäftigte, die keine Wahlerklärung nach § 44 Abs. 2 S. 1 Nr. 3 S. 1 SGB V abgegeben haben. Krankenversicherungsrechtlich haben Versicherte nach § 5 Abs. 1 Nr. 1 SGB V, die bei Arbeitsunfähigkeit nicht mindestens sechs Wochen Anspruch auf Fortzahlung des Arbeitsentgelts aufgrund des Entgeltfortzahlungsgesetzes, eines Tarifvertrags, einer Betriebsvereinbarung oder anderer vertraglicher Zusagen oder auf Zahlung einer die Versicherungspflicht begründenden Sozialleistung haben, keinen Anspruch auf Krankengeld, es sei denn, das Mitglied gibt eine Wahlerklärung ab, dass die Mitgliedschaft den Anspruch auf Krankengeld umfassen soll. 18

Eine weitere Gruppe von Arbeitnehmern, die von der Regelung in Abs. 2 Nr. 2 profitieren, sind die sogenannten **kurzfristig Beschäftigten**. Das sind Personen, die eine Beschäftigung ausüben, die entweder von vornherein auf weniger als eine Woche begrenzt ist oder die typischerweise nicht länger als eine Woche dauert (§ 232 Abs. 3 SGB V und § 27 Abs. 3 Nr. 1 SGB III). Diese Arbeitnehmer haben in der Regel keinen Anspruch auf Entgeltfortzahlung im Krankheitsfall, da dieser erst nach einer Wartezeit von vier Wochen entsteht, siehe § 3 Abs. 3 EntgFG. Um diesen Arbeitnehmern einen Krankengeldanspruch zu ermöglichen, können sie sich gegen Zahlung des allgemeinen Beitragssatzes für eine Krankenversicherung mit Krankengeldanspruch ab der 7. Woche der Arbeitsunfähigkeit entscheiden (siehe § 46 Satz 1 und § 49 Abs. 1 Nr. 7 SGB V). Wenn sie diese Wahl nicht treffen, gilt Abs. 2 Nr. 2, dass sie bei Arbeitsunfähigkeit infolge einer Schädigung dennoch Krankengeld erhalten.

19 Nach **Abs. 2 Nr. 3** haben auch Personen, die einer **geringfügigen Beschäftigung** nachgehen (§§ 8, 8a SGB IV), einen Anspruch auf Krankengeld, wenn sie nicht nach § 5 Abs. 1 SGB V versicherungspflichtig sind und daher kein Krankengeld aus der gesetzlichen Krankenversicherung (GKV) beziehen können.

20 Dies gilt ebenso für **Familienversicherte** nach § 10 SGB V, die nach § 44 Abs. 2 Nummer 1 SGB V ebenfalls keinen Anspruch auf Krankengeld aus der Familienversicherung haben. Diese Personen können grundsätzlich Krankengeld der Sozialen Entschädigung erhalten.

21 **Abs. 3** weitet den Personenkreis des § 44 Abs. 1 SGB V aus und ermöglicht es Geschädigten, die nicht arbeitsunfähig im Sinne des § 44 SGB V sind, aber aufgrund einer Maßnahme der Krankenbehandlung nicht einer ganztägigen Erwerbstätigkeit nachkommen können, Krankengeld der Sozialen Entschädigung zum Ausgleich für den entgangenen Arbeitslohn zu erhalten. Die Regelung orientiert sich an § 16 Abs. 2 Buchstabe b BVG, dessen Grundsätze daher angewendet werden können. Der Grund für die Regelung ist, dass den Berechtigten, die nicht arbeitsunfähig im Sinne von Absatz 1 sind, durch die Durchführung der Maßnahmen Arbeitslohn entgeht, der ihnen durch das Krankengeld der Sozialen Entschädigung ersetzt werden soll. Ausschlaggebend ist, dass keine ganztägige Erwerbstätigkeit möglich ist; eine **Teilzeittätigkeit** schließt den Anspruch auf Versorgungskrankengeld nicht aus.

22 Nach Abs. 3 i. V. m. § 49 Abs. 1 Nr. 1 SGB V **ruht** der Anspruch auf Krankengeld der SE, wenn und solange der Geschädigte Arbeitsentgelt oder Arbeitseinkommen bezieht. Das bedeutet, dass das Krankengeld der SE nicht mehr mit dem Arbeitsentgelt verrechnet wird (§ 16f BVG), sondern in Höhe des Arbeitsentgeltes komplett ausgesetzt wird.

Für selbstständige Geschädigte gilt nach Abs. 3 eine entsprechende Anwendung dieser Regelung, um eine Gleichbehandlung mit abhängig beschäftigten Geschädigten zu gewährleisten. Das Krankengeld der SE soll als Ersatz für entgangenes Erwerbseinkommen dienen und nicht zu einer Überkompensation führen.

Abs. 4 legt die Höhe und Berechnungsgrundlage des Krankengeldes der Sozialen Entschädigung fest. Das Krankengeld der Sozialen Entschädigung ist eine Leistung, die den Verdienstausfall bei Arbeitsunfähigkeit teilweise ausgleicht. Es wird auf der Basis des Regelentgeltes berechnet, das der Arbeitnehmer vor der Erkrankung bezogen hat. Das Regelentgelt umfasst alle laufenden und einmaligen Einnahmen aus dem Arbeitsverhältnis, die im Bemessungszeitraum anfallen. Das Krankengeld der Sozialen Entschädigung beträgt 80 % dieses Regelentgeltes, jedoch höchstens das Nettoarbeitsentgelt, das der Arbeitnehmer ohne die Erkrankung erhalten hätte, siehe Abs. 3 S. 1. Für die Berechnung des Regelentgeltes wird eine Obergrenze festgelegt, die der Leistungsbemessungsgrenze in der gesetzlichen Rentenversicherung entspricht. Diese Grenze wird jährlich angepasst und beträgt für das Jahr 2023 7.950 Euro pro Monat oder 95.400 Euro pro Jahr. Das Regelentgelt wird durch 360 geteilt, um den täglichen Betrag zu ermitteln, der für das Krankengeld maßgeblich ist, siehe Abs. 4 S. 3. Dieser Betrag wird dann mit 80 % multipliziert und gegebenenfalls auf das Nettoarbeitsentgelt begrenzt. Das Krankengeld der Sozialen Entschädigung ist somit in der Regel höher als das Krankengeld nach dem SGB V, das nur 70 % des Regelentgeltes ausmacht und zudem nach einem niedrigeren Beitragsbemessungssatz berechnet wird, siehe § 47 Abs. 1 S. 1 SGB V. Das Krankengeld wird für jeden Kalendertag gezahlt, an dem der Arbeitnehmer arbeitsunfähig ist, unabhängig davon, ob er an diesem Tag hätte arbeiten müssen oder nicht, siehe § 47 Abs. 1 S. 6 SGB V. 23

Das Versorgungskrankengeld für abhängig Beschäftigte, die in der gesetzlichen **Unfallversicherung** versichert sind, bleibt im SGB XIV unverändert bei 80 % des Regelentgeltes (§ 16a Abs. 1 S. 1 BVG). Die Berechnung des Regelentgeltes richtet sich nach den gleichen Grundsätzen wie bei den Entgeltersatzleistungen im SGB V, die bei Arbeitsunfähigkeit oder Mutterschaft gezahlt werden. Somit ergeben sich durch die Einführung des SGB XIV keine wesentlichen Änderungen bei der Höhe des Krankengeldes der Sozialen Entschädigung. 24

Das Nettoentgelt ist die Grundlage für die Berechnung des Regelentgelts, das für das Krankengeld der Sozialen Entschädigung maßgeblich ist, wenn die **Beschäftigung geringfügig** ist. Wenn die Geschädigten nicht in der gesetzlichen Krankenversicherung sind, richtet sich das Krankengeld der Sozialen Entschädigung nach den Einnahmen, die beitragspflichtig wären, wenn sie gesetzlich krankenversichert wären. Die Geschädigten, 25 die nicht gesetzlich krankenversichert sind, müssen ihre tatsächlichen **Einnahmen** gegenüber der Krankenkasse **belegen**.

26 Das Krankengeld wird nach den Vorschriften des § 47 SGB V berechnet, die auch für die Dauer und die Höhe der Zahlung gelten. Dabei ist zu beachten, dass das Krankengeld für jeden Kalendertag gezahlt wird, und dass ein Monat mit 30 Tagen angesetzt wird, wenn das Krankengeld für einen ganzen Monat zu zahlen ist.

Das Regelentgelt, das als Grundlage für die Berechnung des Krankengeldes dient, ergibt sich aus dem Arbeitsentgelt, das der Versicherte im letzten Entgeltabrechnungszeitraum vor Beginn der Arbeitsunfähigkeit erhalten hat. Dabei werden Einmalzahlungen wie Weihnachts- oder Urlaubsgeld abgezogen. Das verbleibende Arbeitsentgelt wird durch die Anzahl der Stunden geteilt, für die es gezahlt wurde. Dieser Stundenlohn wird dann mit der regelmäßigen wöchentlichen Arbeitszeit des Versicherten multipliziert und durch sieben geteilt, um das tägliche Regelentgelt zu erhalten. Wenn das Arbeitsentgelt monatlich festgelegt ist oder wenn eine Berechnung nach dieser Methode nicht möglich ist, wird das Regelentgelt einfach durch 30 geteilt.

27 Bei Ermittlung des **Regellohns** sind insbesondere **zu berücksichtigen**

a) Grundbezüge, wie Stunden-, Schicht- und Akkordlohn, auch wenn sie für Urlaub oder Feiertage gewährt werden, sowie Mehrarbeitsvergütungen und Zuschläge für Sonn- und Feiertagsarbeit, soweit sie **regelmäßig** gezahlt werden,
b) laufende Lohnzulagen, die auf besonderen Bedingungen des Arbeitsverhältnisses beruhen, wie Erschwernis-, Schmutz-, Gefahren- und Nachtarbeitszulagen,
c) Sachleistungen (Deputate)
d) Kinder- und Familienzuschläge sowie Wohnungs- und Ortszulagen,
e) Prämien oder Leistungszulagen, die **regelmäßig** als zusätzliche Vergütung für quantitativ oder qualitativ besonders gute Arbeitsleistungen gezahlt werden,
f) vermögenswirksame Leistungen.

28 Bei Ermittlung des **Regellohns** sind insbesondere **nicht zu berücksichtigen**

a) laufende Vergütungen, die zur Abgeltung von besonderen Aufwendungen aus dem Arbeitsverhältnis gewährt werden, z. B. Reisekosten, Tage- und Übernachtungsgelder, Trennungsentschädigungen, Ersatz für Benutzung eigener Werkzeuge, Ersatz für Arbeitskleidung.

b) betriebliche Vergünstigungen (z.B. Freimilch, Freitabak, Freibier, unentgeltliche oder verbilligte Mahlzeiten im Betrieb, Essensmarken), soweit sie lohnsteuerfrei bleiben,
c) einmalig gezahltes Arbeitsentgelt (z.B. Weihnachtsgeld, Urlaubsgeld, Tantiemen, Provisionen, Gratifikationen, zusätzliche Gehälter, Jubiläumszuwendungen),
d) das Kindergeld aufgrund des Bundeskindergeldgesetzes,
e) Trinkgelder, wenn sie ohne rechtliche Verpflichtung von Dritten gezahlt werden.

Durch das SGB XII/SGB XIV-AnpG wurde ein neuer **Abs. 5** eingefügt: „Haben Geschädigte von einem anderen Rehabilitationsträger Krankengeld, Versorgungskrankengeld, Verletztengeld oder Übergangsgeld bezogen und ist ihnen im Anschluss daran Krankengeld der Sozialen Entschädigung zu zahlen, so ist bei dessen Berechnung von dem bisher zugrunde gelegten Entgelt auszugehen.“[432] **29**

Die Regelung entspricht im Wesentlichen § 16d BVG. Sie stellt sicher, dass bei einem Wechsel des Leistungsträgers bei der Berechnung des Krankengeldes der Sozialen Entschädigung die bisherige Bemessungsgrundlage maßgeblich bleibt. Ohne die Regelung nach Abs. 5 könnte es bei der Anwendung der Vorschriften zum Krankengeld nach SGB V in bestimmten, wenn auch seltenen Fallkonstellationen zu finanziellen Einbußen kommen. Aufgrund der dem Sozialen Entschädigungsrecht immanenten besonderen staatlichen Fürsorgepflicht ist dies nicht hinnehmbar. Abweichend vom BVG umfasst die Aufzählung der bezogenen Entgeltersatzleistungen auch das Versorgungskrankengeld, weil dieses aufgrund der Übergangsregelung des § 108 Absatz 1 SVG und der Übergangsvorschrift des § 81 Absatz 2 SEG auch nach Außerkrafttreten des BVG noch bezogen werden kann.

Nach **Abs. 6** entsteht für die nach dem Künstlersozialversicherungsgesetz Versicherten sowie für Versicherte, die eine Wahlerklärung nach § 44 Absatz 2 Satz 1 Nummer 2 des Fünften Buches abgegeben haben, der Anspruch auf Krankengeld der Sozialen Entschädigung zu den in § 46 Satz 1 SGB V geregelten Zeiten. **30**

Das Krankengeld der SE wird zu den in § 46 S. 1 SGB V festgelegten Zeiträumen gezahlt, d.h. bei stationärer Behandlung infolge einer Schädigung ab dem ersten Tag (§ 46 S. 1 Nr. 1 SGB V) oder sonst ab dem Tag der ärztlichen Bescheinigung der Arbeitsunfähigkeit (§ 46 S. 1 Nr. 2 SGB V). Die Bestimmungen des § 46 S. 7 und 8 SGB V, die für diesen Personen-

432 SGB XII/SGB XIV-AnpG, Art. 10 Nr. 5 Buchstabe a.

kreis eine Wartezeit von sechs Wochen vorsehen, gelten für das Krankengeld der Sozialen Entschädigung nicht. D. h., Abs. 5 sieht zugunsten der genannten Personengruppen von einer Karenzzeit ab.

Die Regelung des SGB V wird als nicht interessengerecht für Geschädigte angesehen. Wegen des fehlenden Lohnfortzahlungsanspruchs soll der Anspruch auf Krankengeld der Sozialen Entschädigung zu den in § 46 Satz 1 SGB V genannten Zeitpunkten entstehen.

31 **Abs. 7** regelt eine Ausnahme von der Regelung des § 47 Abs. 1 Nr. 7 SGB V, die für Versicherte nach § 44 Abs. 2 S. 1 Nr. 3 SGB V gilt. Diese Versicherten haben keinen Anspruch auf Krankengeld für die ersten sechs Wochen der Arbeitsunfähigkeit, die auf den Eintritt der Erwerbsminderung folgt. Abs. 6 sieht jedoch vor, dass diese Regelung nicht für Geschädigte nach dem SGB XIV gilt. Die Geschädigten haben einen Anspruch auf Krankengeld der Sozialen Entschädigung ohne Ruhensfrist, um ihre besondere Situation zu berücksichtigen.

32 **Abs. 8** stellt zu Gunsten Geschädigter sicher, dass entgegen § 48 Absatz 1 Satz 1 SGB V das Krankengeld der Sozialen Entschädigung für Geschädigte, die sich in stationärer Behandlung befinden, nicht endet, wenn die Arbeitsunfähigkeit wegen derselben Krankheit bereits länger als achtundsiebzig Wochen andauert. Nach § 48 Abs. 1 SGB V ist das Krankengeld in der Regel auf höchstens 78 Wochen für dieselbe Krankheit innerhalb einer Rahmenfrist von 3 Jahren begrenzt. Eine Ausnahme von dieser Regelung gilt nach Abs. 7 nur, wenn das Krankengeld nicht vor dem Ende einer stationären Behandlung endet, sodass in diesem Fall ein längerer Krankengeldbezug möglich ist.

33 **Abs. 9** schließt eine Lücke in der Leistungserbringung des BVG, die sich aus der unterschiedlichen unterhaltssichernden Leistung, während der medizinischen und beruflichen Rehabilitation ergeben konnte. Wenn die medizinische Reha mit Versorgungskrankengeld endete, bevor die berufliche Reha mit Übergangsgeld begann, konnte es zu einer Unterbrechung der finanziellen Unterstützung kommen. Abs. 8 stellt sicher, dass in solchen Fällen das Versorgungskrankengeld bis zum Beginn des Übergangsgeldes weitergezahlt wird. Damit soll sichergestellt werden, dass die Geschädigten in diesen Übergangszeiten keine finanziellen Einbußen erleiden und keinen Nachteil beim Bezug von Übergangsgeld haben. Voraussetzung für die Weiterzahlung des Krankengeldes nach **S. 1 Nr. 1** ist, dass die Notwendigkeit einer weiteren rehabilitativen Maßnahme bereits bei Beendigung der ersten Maßnahme festgestellt wurde, um einen sachlichen Zusammenhang zwischen den beiden Maßnahmen zu gewährleisten.

Die Verantwortung für eine verspätete Durchführung einer Rehabilitationsmaßnahme liegt nach **S. 1 Nr. 2** nicht bei den Geschädigten, wenn die Gründe dafür außerhalb ihres Einflussbereichs liegen oder ihnen nicht zuzurechnen sind. Eine Verschuldung liegt insbesondere vor, wenn sie die Umsetzung einer Folgemaßnahme absichtlich behindert oder die Teilnahme abgelehnt haben, selbst wenn die Gründe legitimen Interessen entsprechen und daher nicht missbräuchlich sind oder die Geschädigten schuldhaft ihren Mitwirkungspflichten (siehe §§ 60 ff. SGB I) nicht erfüllt haben. **34**

Die Voraussetzungen für die Fortzahlung der Entschädigung nach Abs. 8 S. 1 sind in S. 2 näher konkretisiert. Danach müssen die Geschädigten weiterhin arbeitsunfähig sein und keinen Anspruch auf Krankengeld nach dem SGB V haben oder ihnen muss nach der Wiederherstellung der Arbeitsfähigkeit keine zumutbare Beschäftigung vermittelt werden können. Die Zumutbarkeit einer Beschäftigung nach S. 2 richtet sich nach § 140 SGB II. Damit sind grundsätzlich alle Beschäftigungen zumutbar, die der Arbeitsfähigkeit einer arbeitslosen Person entsprechen.

Bislang war in § 16 Abs. 3 Satz 2 BVG geregelt, dass den betreuenden **Eltern eines geschädigten Kindes** im Falle einer schädigungsbedingten Erkrankung durch die erforderliche Beaufsichtigung, Betreuung oder Pflege für den betreuenden Elternteil ein Anspruch auf Versorgungskrankengeld in entsprechender Anwendung des § 45 SGB V zustand. Die nach § 45 SGB V geltenden Voraussetzungen, z. B. der erweiterte Begriff des Kindes nach § 10 Abs. 4 SGB V und die Altersgrenzen sowie die Beschränkungen finden Anwendung. Danach wird Eltern Krankengeld nach § 45 SGB V bei Erkrankung des eigenen Kindes gezahlt, wenn es nach ärztlichem Zeugnis erforderlich ist, dass sie zur Beaufsichtigung, Betreuung oder Pflege ihres erkrankten und versicherten Kindes der Arbeit fernbleiben, eine andere in ihrem Haushalt lebende Person das Kind nicht beaufsichtigen, betreuen oder pflegen kann und das Kind das zwölfte Lebensjahr noch nicht vollendet hat oder behindert und auf Hilfe angewiesen ist (§ 45 Abs. 1 S. 1 SGB V). **35**

Abs. 10 modifiziert diese Regelung für den Bereich des Krankengeldes der Sozialen Entschädigung dahingehend, dass das wegen anerkannter Schädigungsfolgen erkrankte Kind für den betreuenden Elternteil jetzt selbst Anspruch auf Krankengeld der Sozialen Entschädigung hat. Anders als nach § 45 SGB V handelt es sich daher nicht um einen Anspruch des betreuenden Elternteils.

Aus der Übertragung des Anspruchs von den Eltern auf das geschädigte Kind ergibt sich in Bezug auf die Beitragszahlung nach § 52 notwendige Klarstellung. Das Kind erhält das Krankengeld anstelle seines Elternteils, aber die Beiträge zur Renten- und Arbeitslosenversicherung werden für das jeweilige Elternteil entrichtet.

Daher regelt § 52 Abs. 3 abweichend von § 52 Abs. 1, dass in Fällen des § 47 Abs. 10 die Beiträge für den Elternteil entrichtet werden, für den das geschädigte Kind Anspruch auf Krankengeld der Sozialen Entschädigung hat oder abweichend von § 52 Abs. 2 dem nicht rentenversicherungspflichtigen oder von der Rentenversicherungspflicht befreiten Elternteil, für den das geschädigte Kind Anspruch auf Krankengeld der Sozialen Entschädigung hat, die Aufwendungen für die Alterssicherung erstattet werden.

36 Der Anspruch auf Krankengeld der Sozialen Entschädigung ist aufgrund der nur entsprechenden Anwendung des § 45 SGB V nicht daran geknüpft, dass das Kind und der betreuende Elternteil gesetzlich krankenversichert sind. Insofern bleibt auch kein Raum für die Anwendung des § 44 Abs. 2 SGB V. Der Anspruch besteht nur für ein Elternteil.

37 Die Soziale Entschädigung sieht für Eltern geschädigter Kinder eine verbesserte Krankengeldleistung vor, die von § 45 SGB V abweicht. Die Nrn. 1 bis 3 regeln die Berechnung des Krankengeldes der Sozialen Entschädigung wie folgt: Das Krankengeld entspricht **100 %** des entgangenen Nettoarbeitsentgeltes, wenn der Berechtigte in einem **abhängigen Beschäftigungsverhältnis** steht. Das Krankengeld darf jedoch nicht höher sein als der 360. Teil der jährlichen Beitragsbemessungsgrenze der allgemeinen Rentenversicherung.

Das Krankengeld entspricht **80 %** des regelmäßigen Arbeitseinkommens, wenn der Berechtigte **selbstständig** erwerbstätig ist. Auch hier gilt die Begrenzung auf den 360. Teil der jährlichen Beitragsbemessungsgrenze der allgemeinen Rentenversicherung. Diese Regelungen gelten unabhängig von der Dauer der Arbeitsunfähigkeit.

§ 48
Beihilfe bei erheblicher Beeinträchtigung der Erwerbsgrundlage

(1) Führt eine notwendige ambulante oder stationäre Behandlung einer anerkannten Schädigungsfolge zu einer erheblichen Beeinträchtigung der Erwerbsgrundlage der oder des Geschädigten, so kann ihr oder ihm eine Beihilfe gezahlt werden.

(2) [1]Eine Beihilfe kann einer oder einem Geschädigten auch gezahlt werden, wenn infolge bestehender, unabwendbarer finanzieller Verpflichtungen die Einkünfte ein-

schließlich des Krankengeldes der Sozialen Entschädigung nicht ausreichen, den notwendigen Lebensunterhalt zu bestreiten. [2]Sie ist ausgeschlossen, wenn die finanziellen Belastungen auf einer Verpflichtung beruhen, durch die die Grundsätze wirtschaftlicher Lebensführung verletzt worden sind.

(3) [1]Die Beihilfe ist in angemessener Höhe zu zahlen. [2]Sie soll pro Tag den 720. Teil der jährlichen Bezugsgröße nach § 18 Absatz 1 des Vierten Buches nicht übersteigen.

(4) [1]Die Beihilfe endet spätestens mit dem Wegfall des Krankengeldes der Sozialen Entschädigung. [2]Wird kein Krankengeld der Sozialen Entschädigung geleistet, weil Geschädigte kein Einkommen erzielt haben, so endet die Beihilfe spätestens mit dem Zeitpunkt, zu dem, sofern Einkommen erzielt worden wäre, das Krankengeld der Sozialen Entschädigung weggefallen wäre.

Erläuterungen

Übersicht **Rn.**

A. Altes Recht

1 Die **Beihilfe** nach **§ 17 BVG** zählte, wie das Versorgungskrankengeld nach §§ 16 ff. BVG, zu den ergänzenden unterhaltssichernden Leistungen, die die eigentlichen Heil- und Krankenbehandlungsleistungen nach § 11 BVG ergänzten. Voraussetzung der Leistung war, dass eine notwendige Maßnahme der Behandlung einer anerkannten Schädigungsfolge (§ 10 Abs. 1, § 11 Abs. 1 und 2) zu einer erheblichen Beeinträchtigung der Erwerbsgrundlage des Beschädigten geführt hat. Während die Vorschriften über die Gewährung von Versorgungskrankengeld allein darauf abstellten, den durch Arbeitsunfähigkeit oder bestimmte Heilbehandlungsmaßnahmen bestehenden Einkommensverlust bis zu einem bestimmten Höchstbetrag auszugleichen, kommt die Gewährung einer Beihilfe in Betracht, wenn eine notwendige Behandlung einer anerkannten Schädigungsfolge trotz der Zahlung von Versorgungskrankengeld weiterhin zu einer erheblichen Beeinträchtigung der Erwerbsgrundlage des Beschädigten geführt hat. Darüber hinaus konnte die Beihilfe auch gewährt werden, wenn die Einkünfte einschließlich des Versorgungskrankengelds infolge bestehender, unabwendbarer finanzieller Verpflichtungen nicht ausreichten, den notwendigen Lebensunterhalt zu bestreiten. Die Beihilfe wurde immer nur zusammen mit Versorgungskrankengeld gezahlt.

Die Leistung sollte im Allgemeinen 36 Euro täglich nicht übersteigen. Die Beihilfe war jedoch nicht zu gewähren, soweit die finanziellen Belastungen auf einer Verpflichtung beruhen, durch die die Grundsätze wirtschaftlicher Lebensführung verletzt worden waren. Davon war auszugehen, wenn bereits beim Eingehen der finanziellen Verpflichtungen damit zu rechnen war, dass die Einkünfte auch ohne vorliegende schädigungsbedingte Arbeitsunfähigkeit nicht ausreichten, den Lebensunterhalt zu bestreiten.

B. Neues Recht

2 Die **Beihilfe nach § 48** orientiert sich an der Beihilfe nach § 17 BVG. Die Beihilfe nach § 48 ist eine finanzielle Unterstützung für Geschädigte, die durch eine Schädigung im Sinne des Bundesversorgungsgesetzes (BVG) erhebliche Einbußen in ihrer Erwerbsfähigkeit oder ihrem Lebensunterhalt erleiden. Altes und neues Recht stellen den Anspruch auf eine Beihilfe in das pflichtgemäße Ermessen der Verwaltung. Der Anspruch ist unter Berücksichtigung aller Umstände des Einzelfalles zu beurteilen.

Maßgeblicher Unterschied ist, dass § 17 BVG eine allgemeine betragsmäßige Grenze von 36 Euro der täglichen Beihilfe normiert, während § 48 Abs. 3 von einer angemessenen Beihilfe spricht, die durch eine dynamische Verweisung auf die Bezugsgröße nach § 18 SGB IV begrenzt wird.

Beihilfe nach § 48 kann nur neben dem oder zumindest einem fiktionalen Anspruch auf Krankengeld der Sozialen Entschädigung gezahlt werden. Der Anspruch auf Beihilfe setzt voraus, dass Geschädigte während einer ambulanten Behandlung wegen der Folgen einer Schädigung arbeitsunfähig sind oder sich in stationärer Behandlung befinden.

Hierdurch bedingt muss es nach Abs. 1 zu einer erheblichen Beeinträchtigung der Erwerbsgrundlage kommen oder der notwendige Lebensunterhalt muss nach Abs. 2 infolge bestehender unabwendbarer finanzieller Verpflichtungen nicht mehr sichergestellt sein.[433]

3 Beihilfe nach **Abs. 1** kommt für selbstständig Erwerbstätige in Betracht, insbesondere für Land- und Forstwirte, Gewerbetreibende und selbstständig Tätige, die durch eine der in Nummer 1 genannten Behandlungsmaßnahmen einen Verlust im Sinne der Vorschriften des Einkommensteuerrechts erleiden. Verlust ist der Betrag, um den die Betriebsausgaben

433 VV Nr. 1 zu § 17 BVG.

die Betriebseinnahmen übersteigen. Beihilfe kommt daher in erster Linie in Betracht, wenn der Betrieb nicht fortgeführt wird, jedoch fortlaufende, unabwendbare Zahlungsverpflichtungen zu erfüllen sind.[434]

Ob durch einen Verlust eine erhebliche Beeinträchtigung der Erwerbsgrundlage eintritt, ist nach den gesamten Umständen des einzelnen Falles zu beurteilen. Bei dieser Beurteilung sind die wirtschaftliche Lage des Beschädigten, die Dauer der Heilbehandlungsmaßnahme, die Höhe des entgangenen Gewinns und die Leistungen anderer Stellen zum Ausgleich von Einkommensverlusten zu berücksichtigen. Bei Heilbehandlungsmaßnahmen von kurzer Dauer wird im Allgemeinen eine erhebliche Beeinträchtigung der Erwerbsgrundlage nicht anzunehmen sein.[435]

Der Begriff der Erwerbsgrundlage betrifft die auf die Zukunft gerichtete Einnahmequelle. Eine erhebliche Beeinträchtigung der Erwerbsgrundlage mit Auswirkungen in der Zukunft geht über den zeitweiligen bloßen Einkommensverlust bei unverändert anfallenden Betriebskosten hinaus.

Erforderlich ist, dass die berufliche Existenz des Geschädigten infolge fehlender Geschäftseinnahmen gefährdet ist. Dies betrifft vor allem den Fall, dass der Betrieb nicht fortgeführt werden kann, unabwendbare Zahlungsverpflichtungen jedoch fortbestehen und zu erfüllen sind. Bei der Beurteilung des Einzelfalles sind beispielsweise die gesamtwirtschaftliche Lage des Geschädigten, die Dauer der Arbeitsunfähigkeit, die Höhe des entgangenen Gewinns und andere Leistungen zum Ausgleich von Einkommensverlusten zu berücksichtigen. Bei Behandlungsmaßnahmen von kurzer Dauer wird in der Regel eine erhebliche Beeinträchtigung der Erwerbsgrundlage nicht anzunehmen sein.

Beihilfe nach **Abs. 2** kommt sowohl für selbstständig Erwerbstätige als 4
auch für Personen, die Einkünfte aus nichtselbständiger Tätigkeit beziehen, in Betracht. Vorausgesetzt wird, dass wegen der schädigungsbedingt notwendigen ambulanten oder stationären Behandlung alle dem Geschädigten zufließenden Einkünfte – einschließlich des Krankengeldes der SE, wenn es gezahlt wird – nicht ausreichen, um den notwendigen Lebensunterhalt zu bestreiten.

Der in Abs. 2 Satz 1 geregelte Tatbestand stellt entscheidend auf das Verhältnis zwischen Einkünften und Bedarf ab. Sie kommt insbesondere in Betracht, wenn der Regellohn die Leistungsbemessungsgrenze nach § 47 Abs. 4 erheblich übersteigt.

434 VV Nr. 2 zu § 17 BVG.
435 VV Nr. 3 zu § 17 BVG.

Nach dem Versagungsgrund des Abs. 2 Satz 2 ist eine Beihilfe ausgeschlossen, wenn die Grundsätze **wirtschaftlicher Lebensführung** verletzt wurden. Das ist der Fall, wenn bereits beim Eingehen der finanziellen Verpflichtungen damit zu rechnen war, dass die Einkünfte unter Berücksichtigung der bestehenden und der vorhersehbaren Verpflichtungen auch ohne die Arbeitsunfähigkeit nicht ausreichten, den notwendigen Lebensunterhalt zu bestreiten.

Für den Begriff des **notwendigen Lebensunterhaltes** ist die Begriffsbestimmung im SGB XII maßgebend. Der notwendige Lebensunterhalt umfasst nach § 27a SGB XII „insbesondere Ernährung, Unterkunft, Kleidung, Körperpflege, Hausrat, Heizung und persönliche Bedürfnisse des täglichen Lebens". Dazu gehören auch „in vertretbarem Umfang Beziehungen zur Umwelt und eine Teilnahme am kulturellen Leben". Der gesamte notwendige Lebensunterhalt ergibt mit Ausnahme der Bedarfe nach dem Zweiten und Vierten Abschnitt des Dritten Kapitel SGB XII den monatlichen Regelbedarf.

Die **unabwendbaren finanziellen Verpflichtungen** müssen bereits vor Beginn der Behandlungsmaßnahmen begründet worden sein. So sind die Grundsätze der wirtschaftlichen Lebensführung verletzt, wenn bereits bei Eingehung der finanziellen Verpflichtungen damit zu rechnen war, dass die Einkünfte unter Berücksichtigung der bestehenden und der vorhersehbaren Verpflichtungen auch ohne die Arbeitsunfähigkeit nicht ausreichen, den notwendigen Lebensunterhalt zu bestreiten.

5 Die Geschädigten haben Anspruch auf Beihilfe in einer Höhe, die ihrer Situation angemessen ist. Dabei ist zu berücksichtigen, wie hoch die Einkommenseinbußen sind, die sie durch den Schaden erlitten haben. Die Angemessenheit der Beihilfe ist kein festgelegter Wert, sondern ein rechtlicher Begriff, der vom Gericht im Einzelfall geprüft und festgelegt werden kann. Nach **Abs. 3** Satz 2 ist eine Beihilfe pro Tag bis zur Höhe des 720. Teils der jährlichen Bezugsgröße nach § 18 Absatz 1 SGB IV (2023 56 Euro) angemessen.

Die **Bezugsgröße** entspricht dem durchschnittlichen Einkommen aller Versicherten in der gesetzlichen Rentenversicherung zwei Jahre zuvor, aufgerundet auf einen Betrag, der durch 420 teilbar ist. Das Bundesministerium für Arbeit und Soziales legt die Bezugsgröße jedes Jahr per Verordnung fest, mit der Zustimmung des Bundesrates. Die Verordnung basiert auf § 18 Abs. 1 und § 17 Abs. 2 S. 1 SGB IV.

Mit der **jährlichen** Änderung dieser Bezugsgröße erfolgt automatisch eine **Anpassung** des Höchstbetrages der Beihilfe.

Abs. 4 regelt die Dauer des Beihilfeanspruchs. Gemäß Abs. 4 S. 1 erlischt der Anspruch, sobald das Krankengeld der Sozialen Entschädigung nicht mehr gezahlt wird. Für Fälle, in denen Geschädigte vor dem schädigenden Ereignis kein Einkommen hatten und daher kein Krankengeld der Sozialen Entschädigung erhalten, bestimmt Abs. 4 S. 2, dass der Beihilfeanspruch spätestens zu dem Zeitpunkt endet, zu dem das Krankengeld der SE ausgelaufen wäre, wenn Geschädigte Einkommen gehabt hätten. 6

§ 49
Zuschüsse bei Zahnersatz

Anstelle der Versorgung mit Zahnersatz können Geschädigte für die Beschaffung eines Zahnersatzes wegen anerkannter Schädigungsfolgen einen Zuschuss in angemessener Höhe erhalten, wenn

1. **sie wegen eines nicht schädigungsbedingten weiteren Zahnverlustes einen erweiterten Zahnersatz anfertigen lassen und**
2. **es sich bei dem erweiterten Zahnersatz um eine nicht teilbare Leistung handelt.**

Erläuterungen

Übersicht **Rn.**

A. Altes Recht

§ 18 Abs. 6 BVG regelte, dass dem Beschädigten anstelle des Zahnersatzes als Sachleistung nach § 11 Abs. 1 Satz 1 Nr. 4 für die Beschaffung eines Zahnersatzes wegen Schädigungsfolgen ein Zuschuss in angemessener Höhe gewährt werden kann, wenn er wegen des Verlustes weiterer Zähne, für den kein Anspruch auf Heilbehandlung nach dem BVG bestand, einen erweiterten Zahnersatz anfertigen ließ. Die Verwaltungsbehörde konnte den Zuschuss unmittelbar an den Zahnarzt zahlen. 1

§ 18 Abs. 6 BVG begründete den Anspruch auf einen Zuschuss zum sogenannten **„erweiterten Zahnersatz"**, in dem zu einem schädigungsbedingten Zahnverlust ein schädigungsunabhängiger Zahnverlust hinzutrat, für den kein Heilbehandlungsanspruch nach § 10 Abs. 2 bestand. Wenn der erforderliche Zahnersatz nur als Einheit hergestellt werden konnte, schied die Gewährung als Sachleistung aus, weil der Anspruch auf Zahnersatz nach § 10 Abs. 1 BVG nur für den schädigungsbedingten Zahnersatz galt.

In diesen Fällen wurde der Zahnersatz **„verquotelt"**. D.h., der Zuschuss wurde ermittelt, indem die Gesamtkosten des erweiterten Zahnersatzes entsprechend dem Verhältnis der schädigungsbedingt zu den nichtschädigungsbedingt zu ersetzenden Zähnen aufgeteilt wurden. Z.B. wenn als schädigungsbedingter Zahnersatz der Verlust der Zähne 11, 12 anerkannt war, der unteilbare Zahnersatz aber 5 Zähne umfasste, betrug der Zuschuss 2 Fünftel der Gesamtkosten.[436]

War der schädigungsbedingte Zahnverlust so unbedeutend, dass er, für sich genommen, keinen Zahnersatz notwendig machte, war als Zuschuss der Betrag zu gewähren, um den sich die notwendigen Kosten des Zahnersatzes durch den Ausgleich des schädigungsbedingten Zahnverlustes verteuern hatten.[437]

B. Neues Recht

2 § 49 orientiert sich weitgehend an § 18 Abs. 6 BVG.

Auch § 49 stellt eine **Abweichung vom Sachleistungsprinzip** nach § 44 Absatz 1 dar. Er regelt die Voraussetzungen, unter denen Geschädigte anstelle einer Versorgung mit Zahnersatz für die Beschaffung eines Zahnersatzes wegen Schädigungsfolgen einen Zuschuss in angemessener Höhe erhalten können.

Nach § 49 können Geschädigte anstelle der Versorgung mit Zahnersatz für die Beschaffung eines Zahnersatzes wegen anerkannter Schädigungsfolgen einen Zuschuss in angemessener Höhe erhalten, wenn

- sie wegen eines nicht schädigungsbedingten weiteren Zahnverlustes einen erweiterten Zahnersatz anfertigen lassen und
- es sich bei dem erweiterten Zahnersatz um eine nicht teilbare Leistung handelt.

436 BMA RS 27.08.1971, BVBl. 1971 S 93, Nr. 62.
437 VV Nr. 5 zu § 18 BVG.

Der Anspruch auf den Zuschuss setzt zum einen voraus, dass bei Geschädigten i. S. v. § 2 Abs. 2 ein Verlust von Zähnen als **Schädigungsfolge** anerkannt wurde und sie daher Anspruch auf Zahnersatz als Sachleistung nach §§ 42, 43 haben. 3

Gleichzeitig muss es sich bei dem erweiterten Zahnersatz, um eine **unteilbare Gesamtleistung** handeln, d. h., eine sachliche oder rechnerische Abgrenzung zwischen schädigungsbedingten und nichtschädigungsbedingten Kosten ist nicht möglich.

Der Zuschuss soll in **„angemessener Höhe"** geleistet werden. Die Angemessenheit wird nicht definiert. Durch die enge Orientierung am alten Recht des § 18 Abs. 6 BVG ist davon auszugehen, dass der Zuschusses nach § 49 ebenfalls durch „Verquotelung" ermittelt wird. D. h., der Zuschuss wird ermittelt, indem die **Gesamtkosten** des erweiterten Zahnersatzes entsprechend dem Verhältnis der schädigungsbedingt zu den nichtschädigungsbedingt zu ersetzenden Zähnen aufgeteilt wird. Z. B. wenn als schädigungsbedingter Zahnersatz der Verlust der Zähne 11, 12 anerkannt ist, der unteilbare Zahnersatz aber 5 Zähne umfasst, beträgt der Zuschuss 2 Fünftel (Quote) der Gesamtkosten. 4

Da der Geschädigte einen Anspruch auf Zahnersatz als kostenfreie Sachleistung nach § 44 Abs. 2 hat, setzen sich die Gesamtkosten bei einer **Regelversorgung** nach § 55 Abs. 1 SGB V zusammen aus der Quote der Leistungen der KK aufgrund von §§ 55–57 SGB V und der Quote des Kostenanteils, den der Versicherte selbst zu tragen hatte. 5

Bei einer **gleichartigen** Versorgung mit Zahnersatz nach § 55 Abs. 4 SGB V ist in Kombination mit § 43 Abs. 3 zu prüfen, ob die Kosten des gleichartigen Zahnersatzes für in Absatz 2 Nummer 2 genannte Leistungen in Umfang, Material oder Ausführung über das schädigungsbedingt Notwendige hinausgehen. Dann sind sie von den Geschädigten selbst zu tragen. Ansonsten werden auch diese Mehrkosten entsprechend der Quote der schädigungsbedingten Versorgung ersetzt. 6

„Gleichartiger Zahnersatz" ist eine verbesserte und teurere Version der „Regelleistung", die von den Krankenkassen für Zahnersatz bezuschusst wird. Es handelt sich um eine Regelversorgungsmaßnahme mit zusätzlichen zahnärztlichen oder zahntechnischen Leistungen, die nicht von der Krankenkasse bezuschusst werden

Beispiele für gleichartigen Zahnersatz sind:

- Vollkeramikkrone anstatt einer Metallkrone im Backenzahnbereich.
- Brücke mit Verblendung der Außenflächen bei einem fehlenden Zahn.
- Brücke mit Keramikverblendung rundum aus ästhetischen Gründen.

Bei einer gleichartigen Versorgung findet immer noch eine medizinisch notwendige Regelversorgung statt. Es kommen auf Wunsch des Patienten aber Extra-Leistungen hinzu.

7 Bei einer **andersartigen Zahnversorgung** nach § 55 Abs. 5 SGB V umfasst der Zuschuss nach § 49 auch die Quote der ergänzenden Leistung nach § 43 Abs. 2 Nr. 2 für besondere zahnärztliche, implantologische, kieferchirurgische und kieferorthopädische Leistungen sowie Mehrleistungen für Zahnersatz.

„Andersartiger Zahnersatz" ist eine Form der Versorgung, die nicht der Regelleistung oder einer vergleichbaren Zahnersatzform entspricht. Es handelt sich um eine von der Regelversorgung vollkommen abweichende Versorgung, die für den Patienten jedoch den gleichen Festzuschuss durch die Krankenkasse wie bei der Regelversorgung erhält. Ein Beispiel für andersartigen Zahnersatz sind Implantate.

§ 50
Erstattung von Kosten bei selbst beschaffter Krankenbehandlung

(1) [1]Entstehen Geschädigten Kosten für eine selbst beschaffte notwendige Behandlung von Schädigungsfolgen, bevor ihr Anspruch auf Leistungen der Sozialen Entschädigung anerkannt worden ist, so werden ihnen diese Kosten in angemessenem Umfang erstattet. [2]Dies gilt auch, wenn nach Abschluss der Krankenbehandlung keine Gesundheitsstörung mehr vorliegt. [3]Als angemessen gelten die Kosten, die bei der Inanspruchnahme der Sachleistung angefallen wären.

(2) [1]Entstehen Geschädigten Kosten für die selbst beschaffte notwendige Behandlung von Schädigungsfolgen in dem Zeitraum, für den sie nach § 11 Absatz 2 Leistungen erhalten können, bevor sie ihren Anspruch auf Leistungen der Sozialen Entschädigung geltend gemacht haben, so werden ihnen diese Kosten in der entstandenen Höhe erstattet. [2]Dies gilt auch, wenn die Geschädigten durch Umstände, die außerhalb ihres Willens lagen, daran gehindert waren, diesen Anspruch vor Beginn der Behandlung geltend zu machen.

(3) Entstehen Geschädigten Kosten für eine selbst beschaffte notwendige Behandlung von Schädigungsfolgen, nachdem ihr Anspruch auf Leistungen der Sozialen Entschädigung anerkannt worden ist, so werden ihnen diese Kosten in der entstandenen Höhe erstattet, wenn

1. **die Leistung unaufschiebbar war und nicht rechtzeitig von der zuständigen Krankenkasse, der zuständigen Unfallkasse des Landes oder der zuständigen Verwaltungsbehörde erbracht werden konnte oder**

2. die zuständige Krankenkasse, die zuständige Unfallkasse des Landes oder die zuständige Verwaltungsbehörde die Leistung zu Unrecht abgelehnt hat.

(4) Die Kosten für selbst beschaffte Leistungen zur medizinischen Rehabilitation nach dem Neunten Buch werden nach § 18 des Neunten Buches erstattet.

(5) Werden Geschädigten die Kosten nach Absatz 1, 2, 3 oder 4 erstattet, so haben sie unter den Voraussetzungen des § 47 Anspruch auf Krankengeld der Sozialen Entschädigung.

Erläuterungen

Übersicht **Rn.**

§ 50 regelt die Kostenerstattung an die Berechtigten bei selbstbeschaffter Krankenbehandlung. Die Kostenerstattung anstelle der Sachleistung ist eine der Ausnahmen der Krankenbehandlung der Sozialen Entschädigung vom Sachleistungsprinzip nach § 44 Absatz 1. Sie legt auf der Basis des „Maß des Notwendigen" nach § 12 Absatz 1 SGB V fest, unter welchen Voraussetzungen die Versicherten die Kosten für selbst beschaffte Leistungen erstattet bekommen. 1

Die Behandlung ist notwendig, wenn sie erforderlich, ausreichend, zweckmäßig und wirtschaftlich für das Erreichen der Ziele der Krankenbehandlung ist.

A. Altes Recht

Nach **§ 18 Abs. 3 BVG** waren Berechtigten, die eine Heilbehandlung, Kran- 2
kenbehandlung oder Badekur **vor der Anerkennung selbst durchgeführt** hatten, die Kosten für die notwendige Behandlung in angemessenem Umfang zu erstatten. Dies galt auch, wenn eine Anerkennung nicht möglich war, weil nach Abschluss der Heilbehandlung keine Gesundheitsstörung zurückgeblieben war, oder wenn ein Beschädigter die Heilbehandlung vor der Anmeldung des Versorgungsanspruchs in dem Zeitraum durchgeführt hatte, für den ihm Beschädigtenversorgung gewährt werden konnte oder wenn ein Beschädigter durch Umstände, die außerhalb seines Willens lagen, an der Anmeldung vor Beginn der Behandlung gehindert war.

3 Nach **§ 18 Abs. 4 BVG** waren Berechtigten, die eine Heil- oder Krankenbehandlung **nach der Anerkennung selbst durchgeführt** hatten, die Kosten in angemessenem Umfang zu erstatten, wenn unvermeidbare Umstände die Inanspruchnahme der Krankenkasse (§ 18c Abs. 2 Satz 1) oder der Verwaltungsbehörde (§ 18c Abs. 1 Satz 2) unmöglich machten. Das galt für Versorgungsberechtigte, die Mitglied einer Krankenkasse waren, jedoch nur, wenn die Kasse nicht zur Leistung verpflichtet war, sowie hinsichtlich der Leistungen, die nach § 18c Abs. 1 Satz 2 von der Verwaltungsbehörde zu gewähren waren. Hatte der Berechtigte oder Leistungsempfänger nach Wegfall des Anspruchs auf Heil- oder Krankenbehandlung eine Krankenversicherung abgeschlossen oder war er einer Krankenkasse beigetreten, so wurden ihm die Aufwendungen für die Versicherung in angemessenem Umfang ersetzt, wenn der Anspruch auf Heil- oder Krankenbehandlung im Vorverfahren oder im gerichtlichen Verfahren rechtsverbindlich rückwirkend wieder zuerkannt wurde.

4 Nach **§ 18 Abs. 5 BVG** bestand ein Anspruch auf **Versorgungskrankengeld**, wenn dem Berechtigten Kostenersatz nach Abs. 3 oder 4 gewährt wurde.

B. Neues Recht

5 Einen Anspruch auf Kostenerstattung für selbst durchgeführte Krankenbehandlung haben nach dem SGB XIV – anders als im BVG – nur die Geschädigten.

Im BVG wurden nur zwei Personengruppen unterschieden, die Kostenerstattung für selbst durchgeführte Heil- und Krankenbehandlung erhalten konnten. Berechtigte, die vor bzw. nach Anerkennung von Ansprüchen nach dem BVG Leistungen selbst durchgeführt haben.

6 § 50 unterscheidet in den Abs. 1 bis 4 vier Personengruppen.

Hinzu kommen nach Abs. 2 die Berechtigten nach § 11 Abs. 2 die innerhalb eines Jahres nach dem schädigenden Ereignis ihren Antrag gestellt haben. Hier besteht rückwirkend ein Leistungsanspruch für die Zeit vor der Antragstellung zurück bis zum Zeitpunkt des schädigenden Ereignisses. War die anspruchsberechtigte Person ohne ihr Verschulden an der Antragstellung verhindert, so verlängert sich diese Frist um den Zeitraum der Verhinderung.

Und nach Abs. 4 die Geschädigten, die einen Anspruch auf Kostenerstattung für selbst beschaffte Leistungen der medizinischen Rehabilitation nach § 18 Abs. 4 SGB IX haben.

Die Erstattung für Leistungen, die vor der Anerkennung durchgeführt wurden, sind an weniger strenge Voraussetzungen geknüpft, wie bei selbst durchgeführten Leistungen nach der Anerkennung.

Maßgeblich ist der Tag der Bekanntgabe des Anerkennungsbescheides.

Abs. 1 regelt die Kostenfolge, wenn Geschädigte die notwendige Krankenbehandlung nach Antragstellung und **vor Anerkennung** des Anspruchs nach § 4 Absatz 1 selbst beschafft haben. Die Kostenerstattung ist eine Möglichkeit, den Schaden zu ersetzen, den der Geschädigte durch die Nichterfüllung der Sachleistung erlitten hat. Dabei muss der Geschädigte die Kosten nachweisen, die er für die selbstständige Durchführung der Maßnahme aufgewendet hat. Die Kostenerstattung ist jedoch auf die Höhe begrenzt, die der Geschädigte hätte aufwenden müssen, wenn er die Sachleistung vom TdSE erhalten hätte. 7

Für die Kostenerstattung gelten dieselben Bedingungen wie bei der Prüfung nach § 119 im Hinblick auf Sachleistungen, die vor Anerkennung, gewährt werden können. Nach § 119 Abs. 1 können Geschädigte Leistungen der Krankenbehandlung sowie Leistungen zur Teilhabe und Besondere Leistungen im Einzelfall erhalten bevor die Anspruchsvoraussetzungen nach § 4 festgestellt sind.

Nach **Abs. 1 S. 2** steht dem Antragsteller ein Kostenerstattungsanspruch auch zu, wenn er die notwendige Behandlung nach der Antragstellung und vor der Anerkennung durchgeführt hat, aber nach Beendigung der Behandlung keine Gesundheitsstörung mehr vorliegt, sodass eine Anerkennung objektiv ausgeschlossen ist. 8

Die **angemessenen** Kosten nach Abs. 1 S. 1 sind die Kosten, die zur Heilung erforderlich sind. Dabei ist nach Abs. 1 S. 3 zu beachten, dass die Kosten nur in dem Umfang angemessen sind, der dem entspricht, was entstanden wäre, wenn der Geschädigte die Sachleistung des TdSE in Anspruch genommen hätte. 9

Eine angemessene Kostenerstattung kann im ambulanten Bereich auch die tatsächlichen Aufwendungen des Geschädigten umfassen, wenn dieser noch keinen Anspruch auf Sachleistungen hat oder diese aus besonderen Gründen nicht in Anspruch nehmen kann. Es wäre nicht zumutbar, den Geschädigten nur einen fiktiven Betrag zu erstatten, der nicht ausreicht, um die selbstbeschaffte Heilbehandlung zu bezahlen. Der Geschädigte kann sich die Heilbehandlung in der Regel nicht zu den niedrigeren Kosten beschaffen, die dem TdSE für die Sachleistung entstehen würden.

Abs. 2 bestimmt, welche Kosten übernommen werden, wenn die Geschädigten die notwendige Krankenbehandlung selbst beschafft haben, bevor sie ihren Anspruch nach § 4 Absatz 1 geltend gemacht haben. Sie erhalten 10 eine Erstattung in Höhe der tatsächlichen Kosten. Die Erstattung der Kosten hängt davon ab, dass die Geschädigten einen Anspruch auf die Sachleistung hatten und dass dieser Anspruch zum Zeitpunkt der Selbstbeschaffung schon fällig war. Nach Abs. 2 werden die Kosten anders als nach Abs. 1 in Höhe der tatsächlichen Ausgaben erstattet.

Abs. 2 S. 2 regelt, dass der Kostenerstattungsanspruch nicht entfällt, wenn Geschädigte aus Gründen, die sie nicht zu vertreten haben, den Leistungsanspruch vor Beginn der Behandlung nicht geltend machen können. Dies ist z.B. der Fall, wenn Geschädigte aufgrund einer Erkrankung den Ursachenzusammenhang zwischen Gesundheitsstörung und Schädigung nicht erkennen konnten (z.B. wegen unklarer Kausalität) oder aufgrund der Art und Schwere der Erkrankung nicht in der Lage waren, Willenserklärungen abzugeben oder hierfür einen Dritten zu beauftragen.

11 **Abs. 3** regelt die Erstattung von selbstbeschafften Leistungen nach der Anerkennung des Anspruches auf Leistungen der SE, wenn die **unaufschiebbaren Leistungen** nicht rechtzeitig erbracht (Abs. 3 Nr. 1) oder **zu Unrecht abgelehnt** (Abs. 3 Nr. 2) wurden.

Nach Abs. 3 kann eine Kostenerstattung für die selbstbeschaffte notwendige Krankenbehandlung nach der Anerkennung des Anspruches nach § 4 Abs. 1 verlangt werden. Im Krankenkassenrecht sind ähnlich gelagerte Fälle in **§ 13 Abs. 3** SGB **V** geregelt, im Teilhaberecht in § 18 Abs. 6 SGB IX. § 50 geht als Lex specialis diesen Regelungen vor.

Eine Leistung nach Abs. 3 Satz 1 Nr. 1 liegt vor, wenn die medizinische Situation so akut war, dass eine sofortige Intervention erforderlich war und kein Spielraum für eine zeitliche Verzögerung bestand. Dies bedeutet, dass die Leistung nicht aufgeschoben werden konnte, ohne dass ein ernsthafter Gesundheitsschaden oder gar Lebensgefahr drohte.

12 **Abs. 3 Satz 1 Nr. 1** verlangt außerdem, dass die Krankenkasse, die Unfallkasse des Landes oder die zuständige Verwaltungsbehörde nicht in der Lage war, die dringend erforderliche Maßnahme rechtzeitig zu erbringen. Die Verwaltungsbehörde hat grundsätzlich das Recht, den Leistungsanspruch zu prüfen, bevor Geschädigte sich die benötigte Leistung entgegen dem Sachleistungsprinzip selbst beschaffen können. Die **Unfähigkeit zur rechtzeitigen Leistungserbringung** kann angenommen werden, wenn eine vorherige Einschaltung der Kassen oder der zuständigen Verwaltungsbehörde nach den Umständen des Falles nicht zumutbar ist, z.B. aus Zeitgründen oder weil der Gesundheitszustand des Geschädigten dies nicht erlaubt.

Der Anspruch auf Kostenerstattung nach **Abs. 3 Satz 1 Nr. 2** besteht nur dann, wenn die zuständige Krankenkasse, die zuständige Unfallkasse des Landes oder die zuständige Verwaltungsbehörde eine Leistung, die den Geschädigten aufgrund ihrer gesetzlichen Rechte zusteht, **unberechtigt ablehnt**. Dies bedeutet, dass die Ablehnung nicht nur formell, sondern auch materiell rechtswidrig sein muss. Die Geschädigten müssen außerdem einen Antrag auf die Leistung gestellt haben und nachweisen können, dass sie durch die Ablehnung einen Schaden erlitten haben.

Diese beiden Fälle des Systemversagens waren bislang in **§ 18 Abs. 4 BVG** 13 geregelt. Die Anforderungen an die Selbstbeschaffung sind hier hoch, da grundsätzlich der Weg der Sachleistungsgewährung einzuhalten ist.

Auch nach Abs. 3 werden die Kosten – wie in Abs. 2 und anders als nach Abs. 1 – in Höhe der tatsächlichen Ausgaben erstattet.

Abs. 4 verweist hinsichtlich der Erstattung der Kosten selbst beschaffter 14 Leistungen zur medizinischen Rehabilitation auf das SGB IX. Für diese Leistungen gilt **§ 18 SGB IX nach § 7 Abs. 2 Satz 1 SGB IX** als spezielle Erstattungsvorschrift.

Nach **§ 62 Satz 2** werden die **Teilhabeleistungen** der **medizinischen Rehabilitation** einschließlich der erforderlichen unterhaltssichernden und anderen ergänzenden Leistungen im Rahmen der Leistungen der **Krankenbehandlung** nach Kapitel 5 erbracht.

Kann über den Antrag auf Leistungen zur Teilhabe nicht innerhalb einer Frist von zwei Monaten ab Antragseingang bei dem leistenden Rehabilitationsträger entschieden werden, teilt er den Leistungsberechtigten vor Ablauf der Frist die Gründe hierfür schriftlich mit (begründete Mitteilung) für eine als genehmigt geltende Leistung selbst beschafft haben. Hier ist der TdSE in seiner Rolle als **Rehabilitationsträger** nach § 6 Abs. 1 Nr. 5 SGB IX zur Kostenerstattung nach § 18 Abs. 4 SGB IX verpflichtet, wenn sich Leistungsberechtigte eine als genehmigt geltende Leistung selbst beschaffen. Mit der Erstattung gilt der Anspruch der Leistungsberechtigten auf die Erbringung der selbstbeschafften Leistungen zur Teilhabe als erfüllt. Der Erstattungsanspruch umfasst auch die Zahlung von Abschlägen im Umfang fälliger Zahlungsverpflichtungen für selbstbeschaffte Leistungen.

Nach § 18 Abs. 5 SGB IX besteht die Erstattungspflicht nicht, wenn und soweit kein Anspruch auf Bewilligung der selbstbeschafften Leistungen bestanden hätte und die Leistungsberechtigten dies wussten oder infolge grober Außerachtlassung der allgemeinen Sorgfalt nicht wussten.

Abs. 5 stellt klar, dass bei Kostenerstattung nach Abs. 1 bis 4 bei Vorliegen 15 der Voraussetzungen Anspruch auf Krankengeld der Sozialen Entschädigung besteht.

§ 51
Erstattung von Kosten für Krankenbehandlung bei vorübergehendem Auslandsaufenthalt

(1) [1]Geschädigten werden bei einem vorübergehenden Aufenthalt im Ausland die Kosten der notwendigen Krankenbehandlung anerkannter Schädigungsfolgen erstattet. [2]Der Anspruch auf Erstattung besteht bis zur Höhe der Vergütung, die die Krankenkassen bei Erbringung als Sachleistung im Inland zu tragen hätten.

(2) Abweichend von Absatz 1 können die Kosten bis zur Höhe der tatsächlich entstandenen Kosten erstattet werden, wenn
1. **eine dem allgemein anerkannten Stand der medizinischen Erkenntnisse entsprechende Behandlung nicht im Inland möglich ist oder**
2. **ein unaufschiebbarer Behandlungsbedarf bestand.**

(3) Bei einer Erstattung der Kosten nach Absatz 1 oder 2 können auch weitere im Zusammenhang mit der Krankenbehandlung anfallende notwendige Kosten für Geschädigte und für eine erforderliche Begleitperson ganz oder teilweise erstattet werden.

(4) Werden Geschädigten Kosten nach Absatz 1 oder 2 erstattet, so haben sie bei Vorliegen der Voraussetzungen des § 47 Anspruch auf Krankengeld der Sozialen Entschädigung.

(5) [1]Geschädigte können stationäre Krankenhausleistungen im Ausland in Anspruch nehmen, wenn zuvor die zuständige Verwaltungsbehörde zugestimmt hat. [2]Die Zustimmung darf nur versagt werden, wenn die gleiche Behandlung oder eine Behandlung, die für Geschädigte ebenso wirksam ist und dem allgemein anerkannten Stand der medizinischen Erkenntnisse entspricht, rechtzeitig bei einem Vertragspartner der zuständigen Krankenkasse im Inland erlangt werden kann. [3]War die stationäre Krankenhausbehandlung im Ausland unaufschiebbar, so darf den Geschädigten das Fehlen der vorherigen Zustimmung nicht entgegengehalten werden, soweit und solange sie daran gehindert waren, die Zustimmung einzuholen.

Erläuterungen

Übersicht **Rn.**

1 Geschädigten werden bei einem vorübergehenden Aufenthalt im Ausland die Kosten der notwendigen Krankenbehandlung anerkannter Schädigungsfolgen erstattet.

Das SGB XIV unterscheidet zwischen drei möglichen Szenarien der Krankenbehandlung im Ausland.

- Krankenbehandlung bei einem **vorübergehenden Auslandsaufenthalt. (§ 51)**
- Krankenbehandlung bei einem **dauerhaften Auslandsaufenthalt**. (§ 101 Abs. 3)
- Akutbehandlung bei **Gewalttaten im Ausland** (§ 15, § 102 Abs. 2 i.V.m. § 51)

Ein wichtiger Aspekt der Gesundheitsversorgung bei einem vorübergehenden Aufenthalt im Ausland nach § 51 ist die Unterscheidung zwischen akuten und geplanten Behandlungen. **Akute Behandlungen** sind solche, die unerwartet und dringend notwendig sind, zum Beispiel bei einem Unfall oder einer plötzlichen Erkrankung während eines Urlaubs oder einer Geschäftsreise. 2

Geplante Behandlungen sind solche, die bewusst im Ausland gesucht werden, weil sie dort günstiger, besser oder überhaupt verfügbar sind, zum Beispiel Zahnersatz, Kuren oder Therapien in speziellen Einrichtungen. Bei geplanten Behandlungen im Ausland handelt es sich um eine Sonderform der selbstbeschafften Krankenbehandlung nach § 50.

Je nach Art der Behandlung gelten unterschiedliche Regelungen für die Kostenübernahme und die Qualitätssicherung.

Es handelt sich ebenso wie bei §§ 49 und 50 um eine Ausnahme vom Sachleistungsprinzip. 3

A. Altes Recht

Für die Heilbehandlung bei einem vorübergehenden Auslandsaufenthalt gab es keine Rechtsgrundlage im BVG. Die Behandlung wurde in der Vergangenheit auf der Grundlage des **§ 18 SGB V** geprüft und gewährt. Sie war nicht auf Geschädigte begrenzt, sondern umfasste auch den Personenkreis des § 10 Abs. 2, 4 und 5 BVG (Hinterbliebene, Angehörige und unentgeltlich Pflegende). 4

Die Heil- und Krankenbehandlung bei einem dauerhaften Auslandsaufenthalt waren in **§ 64a BVG** abgehandelt. Diese Regelung entspricht § 101 Abs. 3.

Die Heilbehandlung bei Gewalttaten im Ausland wurde in **§ 3a Abs. 2 OEG** geregelt.

B. Neues Recht

5 Die Erstattung der Kosten für die notwendige Krankenbehandlung von anerkannten Schädigungsfolgen bei einem vorübergehenden Auslandsaufenthalt ist auf Geschädigte nach §§ 41 und 143 beschränkt. Geschädigte, die unter die Härtefallregelung nach § 42 Abs. 2 bis 4 oder den Vertrauensschutz nach § 151 fallen, haben keinen Anspruch auf Leistungen nach § 51.

Dieser Anspruch ist ein reiner Kostenerstattungsanspruch, der vollständig vom TdSE getragen wird. Die Zuständigkeit der Kranken- und Unfallkassen für die Versorgung mit Sachleistungen der Krankenbehandlung nach § 57 bleibt davon unberührt.

6 Die Voraussetzungen für einen **vorübergehenden Aufenthalt** im Sinne des **Abs. 1 Satz 1** richten sich nach den Regelungen des § 30 Absatz 3 SGB I zu Wohnsitz und gewöhnlichem Aufenthalt. Entscheidend ist die Absicht, wie lange der Aufenthalt im Ausland dauern soll, bevor er angetreten wird. Ein vorübergehender Aufenthalt liegt vor, wenn der Auslandsaufenthalt nicht länger als sechs Monate dauert oder wenn er aus einem wichtigen Grund verlängert wird.

7 Der **Wohnsitz** einer Person ist von ihrem **gewöhnlichen Aufenthalt** abzugrenzen. Ein Wohnsitz liegt vor, wenn eine Person eine Wohnung unter Umständen innehat, die darauf schließen lassen, dass sie die Wohnung beibehalten und benutzen wird. Der gewöhnliche Aufenthalt ist der willentliche Aufenthalt an einem Ort mit der Absicht zu bleiben.

Die Frage, ob ein **Auslandsaufenthalt** als **vorübergehend oder** als **gewöhnlich** anzusehen ist, hängt von der Absicht ab, die die Person bei der Abreise aus Deutschland hatte. Es muss sich um einen zeitlich begrenzten Aufenthalt im Ausland handeln, wie z.B. eine Urlaubsreise, ein Besuch bei Verwandten oder eine Geschäfts- oder Dienstreise. Das SGB I gibt keine klare Regelung dafür, ab wann ein längerer Aufenthalt einen Wechsel des Wohnsitzes oder des Aufenthaltsortes bewirkt. Auch die Definitionen der Begriffe lassen keine feste Grenze zu. In der Regel wird man bei einem Auslandsaufenthalt von weniger als einem Jahr noch von einem vorübergehenden Aufenthalt ausgehen können. Die Rechtsprechung hat jedoch auch schon bei einem kürzeren Aufenthalt („einige Monate") einen gewöhnlichen Aufenthalt im Sinne des § 30 Abs. 3 Satz 2 SGB I angenommen, wenn die Person keine dauerhafte Bindung zu einem anderen Ort aufrechterhalten hat, an den sie zurückkehren wollte.

Für **Minderjährige** gilt in der Regel, dass sie ihren gewöhnlichen Aufenthalt dort haben, wo sie erzogen werden (von dem oder den sorgeberechtigten Elternteil bzw. Eltern). Dabei kommt es darauf an, ob die Erziehung nur vorübergehend oder auf Dauer erfolgen soll.

Diejenigen, die sich in **Einrichtungen zur Rehabilitation** oder in **geschlossenen stationären Einrichtungen** befinden, sowie **Bewohner von Heimen** können ihren gewöhnlichen Aufenthalt in der jeweiligen Einrichtung oder Anstalt begründen, da hierfür keine freiwillige Entscheidung für den Aufenthalt erforderlich ist. Der Wohnsitz unterscheidet sich vom gewöhnlichen Aufenthalt dadurch, dass er dauerhaft bestehen soll und den zentralen Punkt der Lebensverhältnisse darstellt, während der gewöhnliche Aufenthalt eher offen für die Zukunft ist und den örtlichen Schwerpunkt der Lebensverhältnisse beschreibt.

Das Kriterium der **„Notwendigkeit“** bezieht sich auf das „Maß des Notwendigen“ nach § 12 Abs. 1 SGB V. Die Behandlung muss den Zielen der Krankenbehandlung entsprechen und darf nicht über das hinausgehen, was dafür erforderlich ist. Das heißt, sie muss angemessen, zweckmäßig und wirtschaftlich sein. 8

Bei **geplanten Behandlungen** im Ausland muss die Notwendigkeit der Behandlung durch ärztliche oder zahnärztliche Verordnung nachgewiesen sein. Dann ist es möglich, die preiswertere Behandlung im Ausland in Anspruch zu nehmen, wenn sie den Qualitätsstandards des § 70 SGB V entspricht. Hierzu gehört z.B. die Versorgung mit Zahnersatz und stationären Kuren. In solchen Fällen sollte vor Behandlungsbeginn die Kostenübernahme mit dem TdSE geklärt werden. Der Anspruch ist ein reiner Kostenerstattungsanspruch, der vollständig vom TdSE getragen wird.

Abs. 1 Satz 2 begrenzt den Umfang des Erstattungsanspruchs auf die Höhe der Vergütung, die die Krankenkassen bei der Erbringung als Sachleistung im Inland zu tragen hätten. Das bedeutet z. B., in Bezug auf Zahnersatz übernimmt der TdSE die Regelversorgung i. H. d. Krankenkassenansprüche nach § 42 ohne ergänzende Leistungen nach § 43.

Wenn besondere Umstände vorliegen, können abweichend von Abs. 1 in den Fällen nach **Abs. 2 Nrn. 1 und 2** die Kosten der Auslandsbehandlung **bis zur vollen Höhe** der tatsächlich entstandenen Aufwendungen erstattet werden. Diese Kostenerstattung steht im pflichtgemäßen Ermessen der Verwaltung; die Geschädigten haben einen Anspruch auf ordnungsgemäße Ermessensausübung. 9

Die Kostenübernahme in voller Höhe für die Behandlung im Ausland ist nach Abs. 2 Nr. 1 möglich, wenn eine **Behandlungsmethode**, die dem aktuellen Stand der medizinischen Wissenschaft entspricht, **in Deutschland** 10

nicht verfügbar ist. Eine allgemein anerkannte medizinische Behandlung ist eine Behandlung, die auf der Grundlage des aktuellen medizinischen Wissens und der aktuellen medizinischen Praxis als wirksam und angemessen anerkannt ist (§ 13 Abs. 3 SGB V). In solchen Fällen sollte vor Behandlungsbeginn die Kostenübernahme mit dem TdSE geklärt werden.

11 Eine Leistung nach **Abs. 2 Nr. 2** liegt vor, wenn ein **unaufschiebbarer Behandlungsbedarf** vorlag und die medizinische Situation so akut war, dass eine sofortige Intervention erforderlich war und kein Spielraum für eine Verzögerung oder eine vorherige Einschaltung der Kassen oder der zuständigen Verwaltungsbehörde bestand. Dies bedeutet, dass die Leistung nicht aufgeschoben werden konnte, ohne dass ein ernsthafter Gesundheitsschaden oder gar Lebensgefahr drohte.

Ein Beispiel für eine Situation, in der eine medizinische Behandlung im Ausland erforderlich sein kann, ist eine akute Verschlechterung der gesundheitlichen Beeinträchtigungen, die durch die anerkannten Schädigungsfolgen verursacht wurden. In diesem Fall muss die Behandlung so dringend durchgeführt werden, dass es dem Geschädigten nicht zumutbar ist, bis zur Rückkehr nach Deutschland zu warten, oder dass die Rückreise aus gesundheitlichen Gründen nicht möglich ist.

12 Die Kosten der Auslandsbehandlung können nach Abs. 1 oder 2 erstattet werden, wenn die entsprechenden Voraussetzungen erfüllt sind. Darüber hinaus können nach **Abs. 3** auch weitere Kosten, die im Zusammenhang mit der Krankenbehandlung anfallen, erstattet werden. Dies können z. B. **Reise-, Unterbringungs- und Telefonkosten** der oder des Geschädigten sein. Wenn es für den Behandlungserfolg medizinisch notwendig ist, können auch die Kosten einer Begleitperson berücksichtigt werden. Krankentransportkosten sollen jedoch nur in Ausnahmefällen und bei medizinischer Notwendigkeit erstattungsfähig sein.

Die Erstattung der Kosten nach Abs. 3 liegt im Ermessen der zuständigen Verwaltungsbehörde; die Geschädigten haben einen Anspruch darauf, dass das Ermessen ordnungsgemäß ausgeübt wird.

13 **Abs. 4** stellt klar, dass auch bei einer Auslandsbehandlung bei Vorliegen der Voraussetzungen Anspruch auf Krankengeld der Sozialen Entschädigung besteht.

14 Die Voraussetzungen für die Kostenerstattung einer stationären Krankenhausbehandlung im Ausland sind in **Abs. 5** geregelt. Danach ist die vorherige Zustimmung der zuständigen Verwaltungsbehörde erforderlich (Abs. 5 S. 1), die nach Abs. 5 S. 2 nur verweigert werden darf, wenn eine vergleich-

bare oder ebenso wirksame Behandlung nach dem aktuellen Stand der Medizin im Inland bei einem Vertragspartner der zuständigen Krankenkasse rechtzeitig möglich ist. Der Begriff „rechtzeitig" bedeutet, dass die Behandlung aus medizinischer Sicht nicht aufgeschoben werden kann.

Die Zustimmung zur unaufschiebbaren Behandlung kann nach **Abs. 5 S. 3** auch nachträglich erteilt werden, wenn die Geschädigten aus Gründen, die sie nicht zu vertreten haben, nicht in der Lage waren, sie rechtzeitig einzuholen. Die Voraussetzungen für die Unaufschiebbarkeit richten sich nach Abs. 2 S. 1 Nr. 1. 15

Die Verwaltungsbehörde stimmt nur grundsätzlich und nicht der Höhe nach der Kostenerstattung zu. Die Höhe bemisst sich nach den Bestimmungen der Abs. 1 S. 2 und Abs. 2.

§ 52
Beiträge zur Arbeitsförderung, zur gesetzlichen Rentenversicherung und zur Alterssicherung

(1) Für Geschädigte werden für die Zeit, in der sie Krankengeld der Sozialen Entschädigung erhalten, folgende Beiträge entrichtet:
1. **Beiträge zur Arbeitsförderung bei bestehender Versicherungspflicht nach § 26 Absatz 2 Nummer 1 des Dritten Buches und**
2. **Beiträge zur gesetzlichen Rentenversicherung bei bestehender Versicherungspflicht nach § 3 Satz 1 Nummer 3 des Sechsten Buches.**

(2) [1]Geschädigten, die nicht rentenversicherungspflichtig sind oder von der Rentenversicherungspflicht befreit sind, werden auf Antrag für die Zeit, in der sie Krankengeld der Sozialen Entschädigung erhalten, die Aufwendungen für die Alterssicherung erstattet. [2]Aufwendungen für die Alterssicherung sind insbesondere
1. **freiwillige Beiträge zur gesetzlichen Rentenversicherung,**
2. **Beiträge zu öffentlich-rechtlichen berufsständischen Versicherungs- und Versorgungseinrichtungen sowie**
3. **Beiträge zu öffentlichen oder privaten Versicherungsunternehmen auf Grund von Lebensversicherungsverträgen, die der Alterssicherung dienen.**

[3]Die Erstattung erfolgt bis zur Höhe der Beiträge, die zur gesetzlichen Rentenversicherung für die Zeit des Bezugs von Krankengeld der Sozialen Entschädigung zu entrichten wären, wenn die Geschädigten rentenversicherungspflichtig wären.

(3) In Fällen des § 47 Absatz 10 werden
1. **abweichend von Absatz 1 die Beiträge für den Elternteil entrichtet, für den das geschädigte Kind Anspruch auf Krankengeld der Sozialen Entschädigung hat oder**

2. abweichend von Absatz 2 dem nicht rentenversicherungspflichtigen oder von der Rentenversicherungspflicht befreiten Elternteil, für den das geschädigte Kind Anspruch auf Krankengeld der Sozialen Entschädigung hat, die Aufwendungen für die Alterssicherung erstattet.

(4) Die Krankenkasse

1. benennt der zuständigen Verwaltungsbehörde vierteljährlich die Personen, die Krankengeld der Sozialen Entschädigung beziehen,

2. macht gegenüber der zuständigen Verwaltungsbehörde vierteljährlich die für die Entrichtung der Beträge erforderlichen Angaben und

3. legt der zuständigen Verwaltungsbehörde auf Anfrage Nachweise für die nach den Nummern 1 und 2 gemachten Meldungen vor.

Erläuterungen

Übersicht **Rn.**

1 § 52 legt fest, dass für rentenversicherungspflichtige Geschädigte für die Zeit, in der sie Krankengeld der Sozialen Entschädigung erhalten, folgende Beiträge entrichtet werden:

1. Beiträge zur Arbeitsförderung und
2. Beiträge zur gesetzlichen Rentenversicherung.

Für nicht rentenversicherungspflichtige Geschädigte werde Aufwendungen zur Alterssicherung übernommen.

Mit der Regelung in § 52 wird sichergestellt, dass Personen, die Krankengeld der Sozialen Entschädigung erhalten, keine Einbußen bei ihrer Altersvorsorge erleiden. Außerdem bleibt der Schutz vor dem Risiko der Arbeitslosigkeit bestehen, indem die Beitragszahlung zur Arbeitslosenversicherung fortgesetzt wird.

Die Regelung in Abs. 3 trägt der besonderen Situation Rechnung, dass nach § 47 Abs. 10 das Krankengeld der Sozialen Entschädigung dem geschädigten Kind für den betreuenden Elternteil zusteht. Die Beitragszahlungen zur Arbeitsförderung, zur gesetzlichen Rentenversicherung und zur Alterssicherung werden aber für den betreuenden Elternteil geleistet.

A. Altes Recht

Bis 31.12.2023 werden Beiträge zur gesetzlichen Rentenversicherung für Zeiten des Bezuges von Versorgungskrankengeld, Beiträge zur Arbeitsförderung und der Ersatz für Aufwendungen für die Alterssicherung nach **§ 18c Abs. 1 S. 3 i.V.m. § 22 BVG** von der Versorgungsverwaltung entrichtet. 2

Die Trennung der Zuständigkeit für die Berechnung und Auszahlung des Versorgungskrankengeldes nach §§ 16ff. BVG durch die Krankenkassen und die Beitragszahlung nach § 22 BVG durch die Versorgungsverwaltung geht zurück auf § 1385b Abs. 1 RV, § 186 Abs. 1 AFG in der bis 31.12.1991 gültigen Fassung. Dort stand ausdrücklich, dass die Träger der Kriegsopferversorgung und -fürsorge für die Zeit des Bezugs von Versorgungskrankengeld und Übergangsgeld für die Beitragszahlungen zuständig sind.

Ab 1.1.1992 war die Beitragspflicht für die Zeit des Bezugs von Versorgungskrankengeld und Übergangsgeld in § 3 Nr. 3 i.V.m. § 170 Abs. 1 Nr. 2 Buchstabe b SGB VI geregelt. Die getrennte Zuständigkeit wurde beibehalten, weil das maschinelle Verfahren zur Berechnung und Abführung der Beiträge in Zusammenhang mit dem Bezug von Versorgungskrankengeld sich bewährt hatte.

Nach § 22 Abs. 3 BVG benannte die Krankenkasse der Verwaltungsbehörde vierteljährlich die Bezieher von Versorgungskrankengeld, machte die für die Entrichtung der Beträge erforderlichen Angaben und legte auf Anfrage der Verwaltungsbehörde entsprechende Unterlagen vor. 3

Auch im neuen Recht sind die Zuständigkeiten immer noch getrennt. Nach § 57 Abs. 2 Nr. 2 i.V.m. § 47 übernimmt die Krankenkasse die Berechnung des Krankengeldes der Sozialen Entschädigung und nach § 52 zahlt der TdSE die Beiträge zur Arbeitsförderung, zur gesetzlichen Rentenversicherung und zur Alterssicherung. 4

B. Neues Recht

Mit der Regelung in § 52 wird sichergestellt, dass Personen, die Krankengeld der Sozialen Entschädigung erhalten, keine Einbußen bei ihrer Altersvorsorge erleiden. Außerdem bleibt der Schutz vor dem Risiko der Arbeitslosigkeit bestehen, indem die Beitragszahlung zur Arbeitslosenversicherung fortgesetzt wird. 5

Geschädigte, die Krankengeld der Sozialen Entschädigung beziehen, sind nach § 3 Satz 1 Nr. 3 SGB VI in der gesetzlichen Rentenversicherung versicherungspflichtig. Auch sind sie nach § 26 Abs. 2 Nr. 1 SGB III in der Arbeitslosenversicherung versicherungspflichtig, wenn sie unmittelbar vor Beginn der Krankengeldzahlung versicherungspflichtig waren oder Anspruch auf eine laufende Entgeltersatzleistung nach dem SGB III hatten. Diese beiden Gesetzesgrundlagen wurden durch das SGB XII/SGB XIV-AnpG direkt in den Gesetzestext übernommen.[438] Es handelt sich um eine Klarstellung, dass Beiträge nur entrichtet werden, wenn diese beiden entsprechende Versicherungspflichten bestehen.

6 Die Regelung des § 52 zur Beitragspflicht zur Arbeitsförderung, zur gesetzlichen Rentenversicherung und zur Alterssicherung ist gegenüber der Regelung des § 47a SGB V, die die Zahlung von Beiträgen der Krankenkassen an berufsständische Versorgungseinrichtungen bei Krankengeldbezug vorsieht, eine speziellere Norm. Daher hat § 52 Vorrang vor § 47a SGB V.

Die Beiträge zur Renten- und Arbeitslosenversicherung werden vom TdSE entrichtet.

Die Pauschalabrechnung nach §§ 60, 60a SGB XIV n. F. ab 1.1.2024 anstelle der geplanten Spitzerstattung[439] führt dazu, dass der TdSE nicht mehr weiß, welche Personen Krankengeld der Sozialen Entschädigung erhalten haben. Dies ist problematisch, weil der TdSE für diese Personen die Beiträge zur Renten- und Arbeitslosenversicherung berechnen und abführen muss. Um diese Lücke zu schließen, sollte die Meldepflicht der Krankenkassen nach § 22 Abs. 3 BVG wieder eingeführt werden. Diese verpflichtet die Krankenkassen, dem TdSE vierteljährlich die Namen und Daten der Krankengeldempfänger mitzuteilen und auf Anforderung entsprechende Nachweise zu erbringen.

7 Die Beiträge zur gesetzlichen Kranken- und Pflegeversicherung, die bei einem Bezug von Krankengeld der Sozialen Entschädigung anfallen, werden gemäß § 251 Abs. 1 SGB V und § 59 Abs. 1 und Abs. 4 Satz 2 SGB XI übernommen. Eine gesonderte Regelung im SGB XIV ist dafür nicht notwendig.

8 **Abs. 1** legt fest, dass für **rentenversicherungspflichtige** Bezieher von Krankengeld der Sozialen Entschädigung nach § 47 Beiträge zur Arbeitsförderung und zur gesetzlichen Rentenversicherung gezahlt werden.

Die Versicherungspflicht in der Rentenversicherung ergibt sich aus § 3 Satz 1 Nr. 3 SGB VI. Danach sind Personen versicherungspflichtig, die Krankengeld der Sozialen Entschädigung nach § 47 beziehen. Die Versicherungspflicht in der Arbeitslosenversicherung ergibt sich aus § 26 Ab-

438 SGB XII/SGB XIV-AnpG Art. 10 Nr. 6 Buchstabe a.
439 SGB XII/SGB XIV-AnpG Art. 10.

satz 2 Nr. 1 SGB III. Danach sind Personen versicherungspflichtig, die Krankengeld der Sozialen Entschädigung nach § 47 BVG beziehen, wenn sie unmittelbar vor Beginn der Krankengeldzahlung versicherungspflichtig waren oder Anspruch auf eine laufende Entgeltersatzleistung nach dem SGB III hatten. Das können zum Beispiel Arbeitslosengeld, Kurzarbeitergeld oder Insolvenzgeld sein.

Nach Abs. 1 Nr. 1 werden für Geschädigte die Beiträge zur Arbeitsförderung und nach Abs. 1 Nr. 2 die Beiträge zur gesetzlichen Rentenversicherung für die Zeiten des Bezuges von Krankengeld der Sozialen Entschädigung entrichtet. Die Höhe der Beiträge richtet sich nach dem Krankengeld, das die Geschädigten erhalten.

Für Geschädigte, die **nicht** in der gesetzlichen Rentenversicherung **pflichtversichert** sind oder von dieser Pflicht befreit wurden, besteht keine Verpflichtung, Rentenversicherungsbeiträge zu zahlen. Sie sind für ihre Altersvorsorge selbst verantwortlich. Diese Personengruppe kann nach **Abs. 2** einen Antrag stellen, um die nachgewiesenen Kosten für ihre Alterssicherung bis zu dem Betrag erstattet zu bekommen, der nach Abs. 1 Nr. 2 zu zahlen wäre. Zu den Kosten für die Alterssicherung gehören nach Abs. 2 Satz 3 vor allem freiwillige Beiträge zur gesetzlichen Rentenversicherung, Beiträge zu öffentlich-rechtlichen berufsständischen Versicherungs- und Versorgungseinrichtungen sowie Beiträge zu öffentlichen oder privaten Versicherungsunternehmen auf Basis von Lebensversicherungsverträgen. 9

Die Regelung in **Abs. 3** berücksichtigt die besondere Situation, dass das geschädigte Kind nach § 47 Abs. 10 Anspruch auf das Krankengeld der Sozialen Entschädigung für den pflegenden Elternteil hat. Dies bedeutet, dass das Kind nicht nur eine Entschädigung für den erlittenen Schaden erhält, sondern auch eine finanzielle Unterstützung für die Betreuung durch einen Elternteil, der aufgrund des Schadensereignisses arbeitsunfähig ist. Diese Regelung soll vermeiden, dass das Kind und der Elternteil in eine wirtschaftliche Notlage geraten oder ihre Bindung beeinträchtigt wird. 10

Bislang war in § 16 Abs. 3 Satz 2 BVG geregelt, dass den betreuenden Eltern eines geschädigten Kindes im Falle einer schädigungsbedingten Erkrankung durch die erforderliche Beaufsichtigung, Betreuung oder Pflege für den betreuenden Elternteil ein Anspruch auf Versorgungskrankengeld in entsprechender Anwendung des § 45 SGB V zustand. Die nach § 45 SGB V geltenden Voraussetzungen, z.B. der erweiterte Begriff des Kindes nach § 10 Abs. 4 SGB V und die Altersgrenzen sowie die Beschränkungen, finden Anwendung. Danach wird Eltern Krankengeld nach § 45 SGB V bei Erkrankung des eigenen Kindes gezahlt, wenn es nach ärztlichem Zeugnis erforderlich ist, dass sie zur Beaufsichtigung, Betreuung oder Pflege ihres erkrankten und versicherten Kindes der Arbeit fernbleiben, eine andere in ihrem Haushalt lebende Person das Kind nicht beaufsichtigen, betreuen oder pflegen kann und das Kind das zwölfte Lebensjahr noch nicht vollendet hat oder behindert und auf Hilfe angewiesen ist (§ 45 Abs. 1 S. 1 SGB V).

Abs. 9 modifiziert diese Regelung für den Bereich des Krankengeldes der Sozialen Entschädigung dahingehend, dass das wegen anerkannter Schädigungsfolgen erkrankte Kind für den betreuenden Elternteil jetzt selbst Anspruch auf Krankengeld der Sozialen Entschädigung hat. Anders als nach § 45 SGB V handelt es sich daher nicht um einen Anspruch des betreuenden Elternteils.

Aus der Übertragung des Anspruchs von den Eltern auf das geschädigte Kind ergibt sich in Bezug auf die Beitragszahlung nach § 52 notwendige Klarstellung. Das Kind erhält das Krankengeld anstelle seines Elternteils, aber die Beiträge zur Renten- und Arbeitslosenversicherung werden für den jeweiligen Elternteil entrichtet.

Daher regelt § 52 Abs. 3 abweichend von § 52 Abs. 1, dass in Fällen des § 47 Abs. 10 die Beiträge für den Elternteil entrichtet werden, für den das geschädigte Kind Anspruch auf Krankengeld der Sozialen Entschädigung hat oder abweichend von § 52 Abs. 2 dem nicht rentenversicherungspflichtigen oder von der Rentenversicherungspflicht befreiten Elternteil, für den das geschädigte Kind Anspruch auf Krankengeld der Sozialen Entschädigung hat, die Aufwendungen für die Alterssicherung erstattet werden.

§ 53
Reisekosten

(1) [1]Berechtigte haben Anspruch auf Übernahme von Fahrkosten und anderen Reisekosten, die im Zusammenhang mit einer Leistung der Krankenbehandlung entstehen. [2]Den Berechtigten werden für sich, eine notwendige Begleitung sowie für Kinder, deren Mitnahme erforderlich ist, weil ihre anderweitige Betreuung nicht sichergestellt ist, die notwendigen Reisekosten einschließlich des Gepäcktransports sowie der Kosten für Verpflegung und Unterkunft in angemessenem Umfang ersetzt. [3]Maßstab für die Angemessenheit ist das Bundesreisekostengesetz. [4]Kein Anspruch auf Ersatz der Reisekosten besteht, wenn eine stationäre Behandlung ohne zwingenden Grund abgebrochen wird.

(2) Dauert eine Maßnahme länger als acht Wochen, so können auch die notwendigen Reisekosten für im Regelfall monatlich zwei Familienheimfahrten oder monat-

lich zwei Fahrten eines Familienangehörigen zum Aufenthaltsort des Berechtigten übernommen werden.

(3) Bei notwendiger Begleitung wird Ersatz für entgangenen Arbeitsverdienst in angemessenem Umfang geleistet, wenn der Berechtigte der Begleitperson zur Erstattung verpflichtet ist.

Erläuterungen

Übersicht **Rn.**

§ 53 regelt die Übernahme von Reisekosten und den Ersatz für entgangenen Arbeitsverdienst durch den TdSE im Zusammenhang mit Ersatzleistungen der Krankenbehandlung der Sozialen Entschädigung auf der Grundlage des Bundesreisekostengesetzes. 1

Die Erstattung der Reisekosten ist eine Nebenleistung, die im Zusammenhang mit den Behandlungsleistungen der Krankenbehandlung als Hauptleistung erbracht wird.

Trotzdem übernimmt die Krankenkasse Reisekosten nicht nach § 60 SGB V für die Regelleistungen der Krankenbehandlung nach dem Dritten Kapitel, Fünfter Abschnitt Erster Titel und Siebter Abschnitt des SGB V, sondern nach § 57 Abs. 2 Nr. 3 muss sie das Bundesreisekostenrecht nach § 53 anwenden.

Ebenso muss die Unfallkasse des Landes Reisekosten auf der Basis des Bundesreisekostenrechts nach § 57 Abs. 3 Nr. 3 i. V. m. § 53 anwenden, statt nach § 43 SGB VII Reisekosten im Zusammenhang mit der Versorgung mit Hilfsmitteln nach § 46 i. V. m. § 31 SGB VII zu übernehmen.

Es ist zu hoffen, dass die beiden zuständigen Versicherungsträger über die erforderlichen Fachkenntnisse und IT-Ressourcen verfügen, um das BRKG umzusetzen und beispielsweise Tage- und Trennungsgeld zu ermitteln. Das BRKG sieht die Kostenerstattung an die Berechtigten vor.

A. Altes Recht

Nach § 24 BVG hatten Berechtigte Anspruch auf Übernahme der Reisekosten, die im Zusammenhang mit einer Leistung der Heil- oder Krankenbe- 2 handlung sowie bei einer Badekur entstanden waren. Den Berechtigten wurden für sich, eine notwendige Begleitung sowie für Kinder, deren Mitnahme an den Rehabilitationsort erforderlich war, weil ihre anderweitige Betreuung nicht sichergestellt war, die notwendigen Reisekosten einschließlich des erforderlichen Gepäcktransports sowie der Kosten für Verpflegung und Unterkunft in angemessenem Umfang ersetzt. Dauert die Maßnahme länger als acht Wochen, so konnten auch die notwendigen Reisekosten für Familienheimfahrten oder für Fahrten eines Familienangehörigen zum Aufenthaltsort des Berechtigten oder Leistungsempfängers übernommen werden. Wurde eine stationäre Behandlung ohne zwingenden Grund abgebrochen, bestand kein Anspruch auf Ersatz der Reisekosten.

Ersatz für entgangenen Arbeitsverdienst wurde in angemessenem Umfang gewährt bei der Anpassung und der Instandsetzung von Hilfsmitteln, bei notwendiger Begleitung, wenn der Berechtigte der Begleitperson zur Erstattung verpflichtet ist.

Das galt auch im Zusammenhang mit Leistungen, die die Krankenkasse zur Behandlung von Schädigungsfolgen erbrachte.

Wurde ohne behördliche Zustimmung ein Hilfsmittel (§ 13 Abs. 1) angepasst, geändert oder ausgebessert, so wurden Ersatz der baren Auslagen und Entschädigung für entgangenen Arbeitsverdienst in angemessenem Umfang gewährt, wenn die Notwendigkeit der Maßnahme anerkannt war.

Die Vorschriften des § 53 Abs. 1 und 2 entsprechen im Wesentlichen den Bestimmungen des § 24 Abs. 1 BVG. Abs. 3 ist mit der Regelung in § 24 Abs. 2 S. 1 Buchst. a BVG inhaltlich identisch.

Im alten Recht wurde nach § 24 Abs. 2 S. 1 Buchst. a BVG Ersatz für entgangenen Arbeitsverdienst in angemessenem Umfang bei der Anpassung und der Instandsetzung von Hilfsmitteln gewährt. Diese Entgeltersatzleistung wird nun unter den Voraussetzungen des **§ 47** als Krankengeld der Sozialen Entschädigung erbracht (§ 47 Rn. 14).

B. Neues Recht

3 **Reisekosten** sind die Kosten, die bei der Teilnahme an ambulanten und stationären Leistungen für die **Fahrt**, die **Nebenkosten** sowie die **Unterkunft** und die **Verpflegung** entstehen. Das Soziale Entschädigungsrecht berücksichtigt die besonderen Umstände der Geschädigten, indem es die Erstattung von Reisekosten über die Erstattung von Fahrtkosten nach § 60

Abs. 2 bis 4 SGB V hinaus ermöglicht. Die Notwendigkeit von Reisekosten richtet sich nach den individuellen Bedingungen des jeweiligen Falles.

Das Gesetz legt fest, dass das **Bundesreisekostengesetz** als Maßstab für die Angemessenheit von Reisekosten gilt.

Die Reisekostenübernahme gemäß **Abs. 1 Satz 1** erfordert, dass die Reisekosten im Rahmen einer Krankenbehandlungsleistung nach §§ 42, 43 anfallen. Es spielt keine Rolle, ob es sich um eine ambulante oder stationäre Krankenbehandlung handelt. Die Krankenbehandlung ist die Hauptleistung, von der die Reisekosten als Nebenleistung abhängen; die schädigungsbedingte Krankenbehandlung muss also die Reisekosten verursachen.

Die Reisekosten, die nach **Abs. 1 S. 2** erstattet werden, umfassen sowohl die Kosten für die Berechtigten selbst als auch die Kosten für eine **notwendige Begleitung**. Dabei sind die Kosten zu berücksichtigen, die anfallen, um zum Ort der Krankenbehandlung und von dort wieder zurück, in der Regel an den Wohnort, zu gelangen. Die Notwendigkeit von Reisekosten richtet sich nach den Umständen des jeweiligen Einzelfalles. Davon hängt es ab, ob die Nutzung eines Pkws oder Taxis anstelle öffentlicher Verkehrsmittel notwendig ist. Auf jeden Fall notwendig sind die Kosten, die bei Nutzung eines regelmäßig verkehrenden öffentlichen Verkehrsmittels der niedrigsten Klasse unter Berücksichtigung der günstigsten Verkehrsverbindung entstehen.

Eine **Begleitperson** ist erforderlich, wenn Geschädigte aus gesundheitlichen, nicht unbedingt schädigungsbedingten Gründen den Weg von der Wohnung zum Behandlungsort und zurück nicht allein bewältigen können oder wenn ihre Behinderung oder Schädigungsfolge so gravierend ist, dass ohne eine Begleitperson der Erfolg der Behandlungsmaßnahme infrage gestellt wäre.

Dies kann insbesondere bei schwerer Gehbehinderung (Merkzeichen „aG"), Hilflosigkeit (Merkzeichen „H") oder bei Blindheit, aber auch bei psychischen Erkrankungen zutreffen.

Die Begleitung kann auch erst am Ort der Maßnahme notwendig werden, zum Beispiel wegen einer plötzlichen oder verschlimmerten Erkrankung. Es spielt keine Rolle, ob die Begleitung aufgrund einer Schädigungsfolge benötigt wird.

Die Erstattung der Kosten für die **Mitnahme von Kindern** richtet sich nach **Abs. 1 S. 2**. Die Mitnahme von Kindern an den Maßnahmeort ist nur dann erforderlich, wenn keine andere Betreuungsmöglichkeit besteht. Dies kann insbesondere bei Alleinerziehenden der Fall sein, aber auch wenn das andere Elternteil aus bestimmten Gründen nicht in der Lage ist, die Kinder zu betreuen. Die Erforderlichkeit der Mitnahme von Kindern muss im Einzelfall nachgewiesen werden.

Die Erstattung der Reisekosten soll auf der Basis (Abs. 1 S. 2, 3) des Bundesreisekostenrecht berücksichtigen, welcher Maßstab für die **Angemessenheit** gilt. Bei dem Begriff der „Angemessenheit" handelt es sich um einen unbestimmten Rechtsbegriff, der es erlaubt, unter Berücksichtigung der Gesamtumstände im Einzelfall auch höhere Kosten als angemessen anzuerkennen. Die Übernahme höherer Kosten nur in Ausnahmefällen möglich.

Nach **Abs. 1 Satz 4** kann eine stationäre Behandlungsmaßnahme nur dann vorzeitig beendet werden, wenn ein wichtiger Grund vorliegt, der die Fortführung der Maßnahme unzumutbar macht. Dies kann zum Beispiel der Fall sein, wenn ein Familienangehöriger schwer erkrankt ist und die berechtigte Person ihn pflegen oder besuchen muss. Wenn die berechtigte Person die Behandlung ohne wichtigen Grund abbricht oder durch ihr Verhalten einen Abbruch durch die Einrichtung verursacht, verliert sie den Anspruch auf Erstattung der Reisekosten gemäß Satz 4. Dabei ist es unerheblich, ob die berechtigte Person selbst die Maßnahme beendet hat oder nicht.

Die Kosten für **Familienheimfahrten** und **Besuchsreisen** können unter bestimmten Bedingungen erstattet werden, wenn eine berechtigte Person eine Krankenbehandlung an einem anderen Ort erhält. Die Bedingungen sind in **Abs. 2** festgelegt. Eine der Bedingungen ist, dass die Behandlungsdauer mehr als acht Wochen beträgt. Dabei wird die Gesamtdauer der Hauptleistung berücksichtigt. Wenn von Anfang an klar ist, dass die Behandlung länger als 8 Wochen dauern wird, können die Kosten für die Familienheimfahrt oder Besuchsreise schon im ersten Monat erstattet werden.

Die Übernahme von Reisekosten für Familienheimfahrten oder Besuchsreisen von Familienangehörigen nach Abs. 2 ist keine Pflichtleistung, sondern eine Ermessensleistung. Die Ermessensausübung richtet sich nach den besonderen Umständen des jeweiligen Falles. Dabei sind die familiären Verhältnisse und die Zumutbarkeit der Reise besonders zu berücksichtigen. Dies entspricht der bisherigen Rechtspraxis. Reisekosten für Besuchsreisen von Familienangehörigen können nur für einen Zeitraum erstattet werden, der in einem angemessenen Verhältnis zur Anreisedauer steht. Dies sind in der Regel höchstens drei bis vier Tage.

Wenn eine oder ein Berechtigter eine Begleitperson benötigt, die dadurch einen **Verdienstausfall** erleidet, kann sie oder er nach **Abs. 3** einen Ersatzanspruch geltend machen, sofern sie oder er der Begleitperson gegenüber schadenersatzpflichtig ist. Dies gilt nur für den Fall, dass die Begleitperson unentgeltlich tätig ist und zum Beispiel auf unbezahlten Urlaub angewiesen ist, um die Begleitung zu ermöglichen.

Der Anspruch auf Ersatz des Verdienstausfalls besteht nur für Begleitpersonen, die ihre berufliche Tätigkeit aufgrund der Begleitung unterbrechen müssen. Eine professionelle Pflegekraft, die für die Betreuung einer hilfsbedürftigen Person bezahlt wird, gilt nicht als Begleitperson im Sinne des Abs. 3. Die oder der Berechtigte muss die Erstattungspflicht gegenüber der Begleitperson bei der zuständigen Stelle nachweisen. Auf den Nachweis kann verzichtet werden, wenn es sich bei der Begleitperson um einen Familienangehörigen handelt, dessen eigener Arbeitsverdienst regelmäßig auch dem Berechtigten zugutekommt.

Der entgangene Arbeitsverdienst wird in der Regel in Höhe des **Nettoarbeitsentgelts** ersetzt. Bei selbstständig erwerbstätigen Begleitpersonen richtet sich der Ersatz nach dem tatsächlichen Verdienstausfall. Dabei ist grundsätzlich das durch den **Einkommensteuerbescheid** belegte Jahreseinkommen maßgeblich. Der Verdienstausfall, der bei der oder dem Berechtigten selbst durch die Inanspruchnahme von Leistungen der Krankenbehandlung entsteht, wird unter den Voraussetzungen des § 47 durch das Krankengeld der Sozialen Entschädigung als Lohnersatzleistung kompensiert.

Abschnitt 2
Vergütung der Leistungserbringer

§ 54
Vergütung für Leistungen der Krankenbehandlung

(1) Die Leistungserbringer der Krankenbehandlung nach § 42 haben Anspruch auf die Vergütung, die für die Krankenbehandlung der Versicherten der gesetzlichen Krankenkassen zu zahlen ist.

(2) Der Anspruch ist bei der nach § 57 Absatz 2 und Absatz 3 zuständigen Krankenkasse geltend zu machen.

Erläuterungen

1 Abschnitt 2 des 5. Kapitels regelt die Vergütung der Leistungserbringer der Krankenbehandlung nach §§ 41 ff. Der Gesetzgeber differenziert danach, wer für die Leistungserbringung zuständig ist: die Krankenkassen für die Regelversorgung (§ 57 Abs. 2 und 3 i. V. m. § 54), die TdSE für die ergänzenden Leistungen (§ 57 Abs. 1 i. V. m. § 55) oder die Unfallkassen der Länder für Hilfsmittel (§ 57 Abs. 5 i. V. m. § 56).

Die Vergütungssätze werden in der Regel nach dem Leistungssystem des jeweils zuständigen Trägers festgelegt.

A. Altes Recht

2 Nach § 18c Abs. 4 BVG hatten auch, wenn die Heil- und Krankenbehandlung nur aufgrund dieses Gesetzes gewährt wurde, Ärzte, Zahnärzte, Apotheker und andere der Heil- und Krankenbehandlung dienende Personen sowie Krankenanstalten und Einrichtungen nur auf die für Mitglieder der Krankenkasse zu zahlende Vergütung Anspruch. Bei der Beschaffung von Hilfsmitteln im Sinne des § 13 durfte die von der Ortskrankenkasse für ihre Mitglieder am Sitz des Lieferers zu zahlende Vergütung nicht überschritten werden. Soweit zur Versorgung mit einem Körperersatzstück eine Vereinbarung im Sinne des § 13 Absatz 5 geschlossen worden war, durfte abweichend von Satz 2 die in dieser Vereinbarung vorgesehene Vergütung nicht überschritten werden. Ausnahmen von diesen Vorschriften konnten zugelassen werden.

B. Neues Recht

3 § 54 regelt den Umfang des Vergütungsanspruchs von Leistungserbringern für Leistungen der Krankenbehandlung nach § 42 und orientiert sich dabei am alten Recht des § 18c Abs. 4 BVG. Abweichend geregelt ist die Vergütung der Hilfsmittelerbringer, da nach § 57 Abs. 5 die zuständige Unfallkasse des Landes für die zuständige Verwaltungsbehörde die Versorgung mit Hilfsmitteln nach § 46 übernimmt. Die Versorgung mit Hilfsmitteln richtet sich nach § 46 i. V. m. § 31 SGB VII, der Rechtsverordnung nach § 31 Absatz 2 des Siebten Buches in der jeweils geltenden Fassung und den gemeinsamen Richtlinien der Verbände der Unfallversicherungsträger über die Hilfsmittelversorgung im Bereich der gesetzlichen Unfallversicherung nach § 31 Absatz 2 Satz 2 des Siebten Buches.

Die Vergütung an die Hilfsmittelerbringer ist in § 56 gesondert geregelt. 4

Abs. 1 begrenzt den **Vergütungsanspruch der Leistungserbringer** auf die für Versicherte der gesetzlichen Krankenkassen zu zahlende Vergütung. Einen Anspruch als Erbringer haben zugelassene Ärzte, Zahnärzte, Psychotherapeuten, Physiotherapeuten, Krankenhäuser und Apotheken. Ihr Vergütungsanspruch richtet auf die für Versicherte der gesetzlichen Krankenkassen zu zahlende Vergütung nach dem SGB V. 5

Hierzu gehören die Vergütungsbestimmung des 4. Kapitels des SGB V (§§ 69–140h SGB V), einschließlich der aufgrund dieses Kapitels von den Krankenkassen und ihren Verbänden abgeschlossenen Verträge mit den Leistungserbringern. 6

Die rechtlichen Grundlagen für die vertragsärztliche und vertragszahnärztliche Versorgung sind vor allem die Gesamtverträge nach § 85 SGB V, die die Rahmenbedingungen für die vertragsärztliche Tätigkeit festlegen, sowie die Bundesmantelverträge und der einheitliche Bewertungsmaßstab (EBM) nach § 87 SGB V, die die Art und Höhe der Vergütung für die ärztlichen und zahnärztlichen Leistungen regeln. Für die zahntechnischen Leistungen gelten das Bundesleistungsverzeichnis und die Vergütungsvereinbarungen auf Landesebene nach § 88 SGB V. Für die anderen Leistungserbringer im ambulanten Bereich, wie z. B. Heilmittelerbringer, Apotheker oder Hilfsmittelanbieter, sind die entsprechenden Vorschriften des 8. Abschnitts des 4. Kapitels des SGB V sowie die darauf basierenden Verträge anzuwenden. Für die stationäre Versorgung sind insbesondere § 109 SGB V, der die Vertragsfreiheit der Krankenhäuser garantiert, die Verträge zwischen den Landesverbänden der Krankenkassen, den Ersatzkassen und den Krankenhausträgern, die Versorgungsverträge zwischen den einzelnen Krankenkassen und Krankenhäusern sowie das Krankenhausentgeltgesetz (KHEntG), das die Abrechnung der Krankenhausleistungen regelt, relevant. 7

Die Leistungserbringer, die nach Abs. 1 einen Anspruch auf Vergütung haben, müssen diesen Anspruch bei der Krankenkasse anmelden, die für den Geschädigten zuständig ist. Dies ist nach **Abs. 2** die Krankenkasse, bei der der Geschädigte Mitglied oder familienversichert ist, oder nach § 57 Abs. 3 die Krankenkasse, die der Geschädigte nach § 173 SGB V gewählt hat, wenn er nicht Mitglied oder familienversichert ist. Die Krankenkasse erhält dann vom TdSE nach §§ 60, 60a ihre Aufwendungen für die Leistungserbringer pauschal erstattet. 8

§ 55
Vergütung für ergänzende Leistungen

(1) [1]Die Erbringer der in § 43 Absatz 1 genannten ergänzenden Leistungen haben Anspruch auf Vergütung. [2]Der Anspruch ist bei der zuständigen Verwaltungsbehörde geltend zu machen.

(2) Die Höhe der Vergütung für besondere psychotherapeutische Leistungen nach § 43 Absatz 2 Nummer 1 richtet sich

1. **nach § 21 Psychotherapeutenausbildungsreformgesetz (PsychThGAusbRefG) und**
2. **nach der Gebührenordnung für Ärzte in der jeweils geltenden Fassung. § 11 der Gebührenordnung für Ärzte findet keine Anwendung.**

(3) Die Höhe der Vergütung für besondere zahnärztliche, implantologische, kieferchirurgische und kieferorthopädische Leistungen sowie für Mehrleistungen für Zahnersatz nach § 43 Absatz 2 Nummer 2 richtet sich

1. **nach der Gebührenordnung für Zahnärzte in der jeweils geltenden Fassung und**
2. **nach der Bundeseinheitlichen Benennungsliste für zahntechnische Leistungen (BEB).**

(4) [1]Ist eine Leistung nicht von einer in den Absätzen 2 und 3 genannten Gebührenordnung erfasst, so erfolgt eine angemessene Vergütung in Anlehnung an die genannten Gebührenordnungen. [2]Dabei sind die Besonderheiten des Einzelfalls sowie Art und Umfang der erbrachten Leistungen zu berücksichtigen.

(5) Für besondere heilpädagogische Leistungen nach § 43 Absatz 2 Nummer 3 erhalten die Leistungserbringer eine angemessene Vergütung.

(6) [1]Die Höhe der Vergütung für besondere verschreibungspflichtige Arzneimittel nach § 43 Absatz 2 Nummer 4 richtet sich nach der Arzneimittelpreisverordnung in der jeweils geltenden Fassung. [2]Kosten für besondere nicht verschreibungspflichtige Arzneimittel und Arzneimittel, bei denen der Festbetrag überschritten wird, werden in voller Höhe übernommen.

(7) Die Höhe der Vergütung für besondere über die allgemeinen Krankenhausleistungen hinausgehende ärztliche und nichtärztliche Leistungen im Rahmen einer stationären Behandlung nach § 43 Absatz 2 Nummer 5 richtet sich nach § 17 des Gesetzes über die Entgelte für vollstationäre und teilstationäre Krankenhausleistungen in der jeweils geltenden Fassung.

Erläuterungen

Übersicht | Rn.

A. Altes Recht

Nach § 18c Abs. 4 BVG hatten auch, wenn die Heil- und Krankenbehandlung nur aufgrund dieses Gesetzes gewährt wurde, Ärzte, Zahnärzte, Apotheker und andere der Heil- und Krankenbehandlung dienende Personen sowie Krankenanstalten und Einrichtungen nur auf die für Mitglieder der Krankenkasse zu zahlende **Vergütung** Anspruch. Bei der Beschaffung von Hilfsmitteln im Sinne des § 13 durfte die von der Ortskrankenkasse für ihre Mitglieder am Sitz des Lieferers zu zahlende Vergütung nicht überschritten werden. Soweit zur Versorgung mit einem Körperersatzstück eine Vereinbarung im Sinne des § 13 Absatz 5 geschlossen worden war, durfte abweichend von Satz 2 die in dieser Vereinbarung vorgesehene Vergütung nicht überschritten werden. Ausnahmen von diesen Vorschriften konnten zugelassen werden. 1

Durch den Anspruch auf kostenfreie Sachleistung (§ 18 Abs. 1 BVG) und die Zuständigkeit der Versorgungsverwaltung für **Zahnersatz** (§ 11 Abs. 1 Nr. 4 i. V. m. § 18c Abs. 1 BVG) erhielten die Beschädigten als Zahnersatz mindestens 100 % der Regelversorgung, die Krankenbehandlungsberechtigten 80 % (§ 12 Abs. 2 BVG). 2

Die Notwendigkeit des Zahnersatzes und der Kosten war nach den gleichen Grundsätzen wie bei der Gewährung von Zahnersatz als Sachleistung zu beurteilen. 3

§ 18 Abs. 7 BVG regelte in besonderen Fällen die Kostenübernahme bei der stationären Behandlung eines Beschädigten. Kosten konnten auch für Leistungen übernommen werden, die über die allgemeinen **Krankenhausleistungen** hinausgehen, wenn es nach den Umständen, insbesondere im Hinblick auf die anerkannten Schädigungsfolgen erforderlich erscheint. 4

Über die allgemeinen Krankenhausleistungen hinausgehende Mehrleistungen konnten gewährt werden, wenn insbesondere im Hinblick auf die anerkannten Schädigungsfolgen der Gesundheitszustand des Beschädigten oder die Eigenart seiner Erkrankung besondere ärztliche Maßnahmen oder besondere Pflege erforderten. 5

B. Neues Recht

Die Leistungserbringer der Krankenbehandlung (§§ 41 ff.) werden nach dem 5. Kapitel im 2. Abschnitt „Vergütung der Leistungserbringer“ vergütet. Dabei wird unterschieden, wer für die Leistungserbringung verant- 6 wortlich ist: die Krankenkassen (§ 54), die TdSE (§ 55) oder die Unfallkassen der Länder (§ 56). Die Vergütungshöhe hängt in der Regel vom Leistungssystem ab, dem der zuständige Leistungsträger angehört.

7 Die SE hat mit dem SGB XIV eine neue Rechtsgrundlage für die Krankenbehandlung der Berechtigten erhalten, die sich von der gesetzlichen Krankenversicherung nach dem SGB V unterscheidet. Um die besonderen Bedürfnisse der Berechtigten zu berücksichtigen, sieht das SGB XIV vor, dass sie neben den allgemeinen Leistungen nach § 42 auch Anspruch auf ergänzende Leistungen nach § 43 haben, die über das übliche Maß der Krankenversorgung hinausgehen.

8 Diese ergänzenden Leistungen müssen entsprechend vergütet werden, um eine angemessene Finanzierung zu gewährleisten. Daher enthält das SGB XIV spezielle Regelungen zur Vergütung dieser Leistungen. Abs. 2 bis 7 regeln Art und Umfang der Vergütung von Erbringern ergänzender Leistungen der Krankenbehandlung nach § 43.

9 Nach **Abs. 1** müssen die Leistungserbringer, die nach Abs. 1 S. 2 ergänzende Leistungen der Krankenbehandlung nach § 43 erbringen, ihren Anspruch auf Vergütung dieser Leistungen bei dem zuständigen TdSE geltend machen.

10 Für psychotherapeutische Leistungen wird nach **Abs. 2** auf Gebührenordnungen verwiesen, die für die Abrechnung mit Privatpatienten gelten. Die Höhe der Gebühr bemisst sich in Abhängigkeit vom Schwierigkeitsgrad und Zeitaufwand der einzelnen Leistung.

11 Die psychotherapeutischen Leistungen nach § 43 Abs. 2 Nr. 1 werden nach Abs. 2 Nr. 1 für Psychotherapeutinnen und Psychotherapeuten nach § 21 PsychThGAusbRefG vergütet. Dies bedeutet, dass die Entgelte für psychotherapeutische Tätigkeiten von Psychotherapeutinnen und Psychotherapeuten bei Privatbehandlung in einer Rechtsverordnung festgelegt werden, die vom BMG mit Zustimmung des Bundesrates erlassen wird. Die Rechtsverordnung sieht Mindest- und Höchstsätze für die Leistung vor; dabei müssen die berechtigten Interessen sowohl der leistungserbringenden Person als auch der zur Zahlung Verpflichteten berücksichtigt werden. Abs. 2 Nr. 2 bestimmt, dass die GOÄ in ihrer jeweiligen Fassung, mit Ausnahme von § 11 GOÄ, der eine Regelung für die Vergütung von Leistungen trifft, wenn ein öffentlich-rechtlicher Kostenträger vorhanden ist, anzuwenden ist. Nach § 11 GOÄ ist die Gebührenbemessung nach § 5 GOÄ ausgeschlossen.

12 Die speziellen psychotherapeutischen Leistungen sind nach Gebührenordnungen zu bezahlen, die für die Behandlung von Privatpatienten angewen-

det werden. Dies ergibt sich daraus, dass es sich um Leistungen handelt, die über das hinausgehen, was die gesetzlichen Krankenkassen für psychotherapeutische Leistungen nach dem SGB V vorsehen, sowohl in Bezug auf die Art als auch auf den Umfang. Die Gebühr richtet sich nach dem Schwierigkeitsgrad und dem Zeitaufwand der jeweiligen Leistung.

Die Abrechnung von zahnmedizinischen Leistungen, die über die Regel- **13**
versorgung hinausgehen, richtet sich nach **Abs. 3**. Dabei werden die Gebührenordnungen herangezogen, die auch für Privatpatienten gelten. Für zahnärztliche, implantologische, kieferchirurgische und kieferorthopädische Leistungen gilt die Gebührenordnung für Zahnärzte (GOZ) in der jeweils geltenden Fassung gemäß Abs. 3 Nr. 1.

Für zahntechnische Leistungen gibt es in der GOZ keine Preisregelung. **14**
Deshalb wird hier die Bundeseinheitliche Benennungsliste für zahntechnische Leistungen (BEB) angewendet. Die Gebühr für jede Leistung hängt vom Schwierigkeitsgrad und Zeitaufwand ab.

Ärztliche und nichtärztliche Leistungen, die in den in Abs. 2 oder 3 ge- **15**
nannten Gebührenordnungen nicht erfasst sind, werden nach **Abs. 4** entsprechend einer nach Art, Kosten- und Zeitaufwand gleichwertigen Leistung in Anlehnung an bestehende Gebührenordnungen berechnet.

Besonderheiten des Einzelfalles und Art und Umfang der erbrachten Leis- **16**
tungen sind nach Abs. 4 S. 2 zu berücksichtigen.

Nach Abs. 5 ist für heilpädagogische Leistungen nach Vollendung des **17**
18. Lebensjahres die Vergütung angemessen, wenn sie den ortsüblichen Maßstäben für nach Art, Inhalt und Umfang vergleichbaren Leistungen entspricht.

Ergänzende Leistungen umfassen gemäß § 43 Abs. 2 Nr. 4 auch spezielle **18**
verschreibungspflichtige Medikamente. Für die Abgabe verschreibungspflichtiger Arzneimittel gilt nach **Abs. 6** bundesweit ein bundeseinheitlichen Apothekenabgabepreis (§ 31 Abs. 2 SGB V). Dieser richtet sich nach der Arzneimittelpreisverordnung. Rechtsgrundlage hierfür ist § 78 Arzneimittelgesetz (AMG). Für die Verschreibung dieser Medikamente wird nach Abs. 6 S. 1 eine Vergütung in Höhe der Arzneimittelpreisverordnung in der jeweils gültigen Fassung gewährt.

Die Verordnung gilt nicht für Arzneimittel, die ohne Rezept erhältlich sind **19**
und deren Preise nicht festgelegt sind. Die Erstattung für spezielle rezeptfreie Arzneimittel und Arzneimittel, deren Festbetrag überschritten wird, richtet sich nach den tatsächlich angefallenen Kosten (Abs. 6 S. 2).

20 Nach Abs. 7 gilt für die Vergütung für Wahlleistungen § 17 des Gesetzes über die Entgelte für voll- und teilstationäre Krankenhausleistungen (KHEntG) in der jeweils geltenden Fassung.

§ 56
Vergütung für die Versorgung mit Hilfsmitteln

(1) Leistungserbringer der Versorgung mit Hilfsmitteln nach § 46 haben Anspruch auf die Vergütung, die für die Versorgung Versicherter der gesetzlichen Unfallversicherung zu zahlen ist.

(2) Der Anspruch ist bei der zuständigen Unfallkasse des Landes geltend zu machen.

Erläuterungen

Übersicht **Rn.**

A. Altes Recht

1 Hilfsmittel erbrachten bis zum 31.12.2023 die **Orthopädischen Versorgungsstellen** (§ 24 Abs. 2 Satz 1 SGB I) auf der Grundlage der Orthopädieverordnung.

Nach § 13 Abs. 5 BVG konnte das BMAS zur Versorgung mit Körperersatzstücken mit Leistungserbringern oder deren Verbänden Vereinbarungen abschließen, in denen die zu zahlenden Vergütungen und besondere Voraussetzungen der Versorgung geregelt werden. Die **Bundesprothesenliste** war diese bundeseinheitliche Preisliste der Orthopädischen Versorgungsstellen. Sie regelte die Versorgung von Geschädigten mit Körperersatzstücke und legte fest, welche Vergütungen für die verschiedenen Arten von Prothesen gezahlt wurden und welche Qualitätsstandards eingehalten werden mussten.

Daneben gibt es für die Versorgung mit nicht individuell angepassten wiedereinsetzbaren Hilfsmitteln einen zusammen mit der DGUV betriebenen **Hilfsmittelpool**. In der sog. **„Poolvereinbarung“** zwischen den TdSE und der

DGUV als den Betreibern des Pools und den Leistungserbringern sind Pauschale über den Wiedereinsatz, Wartung, Verschrottung, Reparaturen u.ä. vereinbart. Der Hilfsmittelpool wird auch nach dem 1.1.2024 weiter betrieben. Die Verträge mit den Hilfsmittelerbringern bestehen fort.

B. Neues Recht

Nach § 57 Abs. 5 übernimmt die zuständige Unfallkasse des Landes für die zuständige Verwaltungsbehörde die Versorgung mit Hilfsmitteln. Die Versorgung mit Hilfsmitteln richtet sich nach § 46 i.V.m. § 31 SGB VII, der Rechtsverordnung nach § 31 Absatz 2 des Siebten Buches in der jeweils geltenden Fassung und den gemeinsamen Richtlinien der Verbände der Unfallversicherungsträger über die Hilfsmittelversorgung im Bereich der gesetzlichen Unfallversicherung nach § 31 Absatz 2 Satz 2 des Siebten Buches. **2**

Die Vergütung an die Hilfsmittelerbringer ist in § 56 gesondert geregelt.

Die Vergütung für die übrigen Leistungen der Krankenbehandlung nach § 42 ist in § 54 geregelt, der strukturell § 56 entspricht. Die Vergütung für die ergänzenden Leistungen nach § 43 ist in § 55 geregelt.

Für die Vergütung der Hilfsmittelversorgung nach § 46 gelten nach **Abs. 1** die Vergütungsverträge und Vergütungsbestimmungen für die Leistungserbringung nach SGB VII. Zu den Leistungserbringern nach SGB VII zählen insbesondere die am Durchgangsarztverfahren nach § 34 SGB VII Beteiligten, das sind Vertragsärztinnen und -ärzte, Durchgangsärztinnen und -ärzte sowie Krankenhausärztinnen und -ärzte.

Die Leistungserbringer können nur die Vergütung verlangen, die für die Versicherten der Unfallversicherung vorgesehen ist. Dabei sind die geltenden Vergütungsverträge und -bestimmungen für die Leistungen nach dem SGB VII zu beachten. Wenn das Versorgungsziel erreicht ist, können Festbeträge für die Hilfsmittel festgelegt werden, die die Höhe der Vergütung bestimmen. Diese ergeben sich aus § 31 Abs. 1 S. 3 SGB VII i.V.m. § 36 SGB V. Für Hilfsmittel ohne Festbeträge gelten die vertraglich vereinbarten Konditionen mit den Leistungserbringern. Die Verbände der Unfallversicherungsträger können dazu Rahmenvereinbarungen mit Leistungserbringern oder deren Zusammenschlüssen abschließen, denen die Unfallversicherungsträger beitreten können. Wenn es keine vertraglichen Beziehungen und gesetzlichen Beschränkungen gibt, sind die ortsüblichen Preise maßgebend.

Abs. 2 regelt, dass die Unfallkasse des Landes, die gemäß § 57 Abs. 5 das Hilfsmittel bereitgestellt hat, für die Abrechnung der Leistung verantwortlich ist. Die Leistungserbringer müssen ihren Vergütungsanspruch nach Abs. 1 gemäß Abs. 2 bei der zuständigen Unfallkasse des Landes anmelden. Die zuständige Unfallkasse des Landes kann ihrerseits die Kosten für die Hilfsmittelversorgung der Anspruchsberechtigten nach dem SER nach § 61 von der als TdSE zuständigen Verwaltungsbehörde erstattet verlangen.

Abschnitt 3
Zuständigkeit und Datenübermittlung

§ 57
Zuständigkeit

(1) Die Krankenbehandlung der Sozialen Entschädigung wird von der zuständigen Verwaltungsbehörde durchgeführt.

(2) Für Geschädigte, die Mitglied einer Krankenkasse oder nach § 10 des Fünften Buches familienversichert sind, erbringt ihre Krankenkasse für die zuständige Verwaltungsbehörde

1. die Krankenbehandlung nach § 42,
2. das Krankengeld der Sozialen Entschädigung nach § 47 und
3. die Leistungen nach § 53, die mit der Inanspruchnahme einer Hauptleistung nach § 42 in Zusammenhang stehen.

(3) [1]Geschädigte, die weder Mitglied einer Krankenkasse noch nach § 10 des Fünften Buches familienversichert sind, wählen eine nach § 173 des Fünften Buches wählbare Krankenkasse, die für die zuständige Verwaltungsbehörde

1. die Krankenbehandlung nach § 42,
2. das Krankengeld der Sozialen Entschädigung nach § 47 und
3. die Leistungen nach § 53, die mit der Inanspruchnahme einer Hauptleistung nach § 42 in Zusammenhang stehen,

erbringt. [2]Die Wahl der Krankenkasse nach Satz 1 ist innerhalb von zwei Wochen nach Bekanntgabe der Entscheidung über den Anspruch auf Leistungen der Sozialen Entschädigung auszuüben. [3]Wird sie nicht fristgerecht ausgeübt, gilt das Verfahren nach § 175 Absatz 3 Satz 2 des Fünften Buches entsprechend. [4]§ 175 Absatz 4 Satz 1 bis 5 des Fünften Buches gilt entsprechend. [5]Kein Recht auf Wahl der Krankenkasse besteht für Geschädigte, für die bereits eine Krankenkasse nach § 264 Absatz 1 Satz 2 oder Absatz 3 des Fünften Buches zuständig ist. [6]Diese Krankenkasse ist verpflichtet, die Leistungen nach Satz 1 zu erbringen.

(4) Das Wahlrecht nach Absatz 3 gilt entsprechend für Angehörige, Hinterbliebene und Nahestehende, die Leistungen nach § 42 Absatz 3 oder Absatz 4 erhalten.

(5) [1]Die Versorgung mit Hilfsmitteln nach § 46 Absatz 1 Satz 1 Nummer 1 erbringt die zuständige Unfallkasse des Landes für die zuständige Verwaltungsbehörde. [2]Hierzu zählt auch die Wahrnehmung der sich aus dem Medizinprodukterecht ergebenden Pflichten. [3]Sie erbringt auch die Leistungen nach § 53, die mit der Inanspruchnahme einer Hauptleistung nach § 46 Absatz 1 Satz 1 Nummer 1 in Zusammenhang stehen.

(6) [1]Alle weiteren Leistungen erbringt die zuständige Verwaltungsbehörde. [2]§ 18 Absatz 6 Satz 2 und 3 des Neunten Buches bleiben unberührt.

Erläuterungen

Übersicht **Rn.**

Die Leistungserbringung nach dem 5. Kapitel wird durch die Regelungen des 2. Abschnittes zum Leistungserbringerrecht und die Vorschriften des 3. Abschnittes „Zuständigkeit und Datenübermittlung" geregelt. Der 2. Abschnitt legt fest, wie die Leistungserbringer vergütet werden und welche Anforderungen an die Qualität und Wirtschaftlichkeit zu erfüllen sind. Der 3. Abschnitt bestimmt, welche Stelle für die Durchführung und Gewährung der Leistungen zuständig ist (§ 57) und welche Rechtsgrundlagen für die Übermittlung der Abrechnungsdaten zwischen den Leistungserbringern und den Krankenkassen, TdSE oder Unfallkassen der Länder gelten (§ 58). 1

§ 57 regelt die **Zuständigkeit** für die Durchführung der Krankenbehandlungsleistungen nach dem 5. Kapitel. Die Leistungen nach § 42 i.V.m. dem SGB V werden von der Krankenkasse, für die zuständige Verwaltungsbehörde erbracht. Die Krankenkasse erbringt Leistungen der Krankenbehandlung für ihre Mitglieder, die nach § 10 SGB V Familienversicherten sowie für die Geschädigten, die die Krankenkasse nach § 173 SGB V gewählt haben. 2

Hilfsmittel, Ersatzleistungen, Kleider- und Wäscheverschleiß nach § 46 i.V.m. dem SGB VII werden von der zuständigen Landesunfallkasse für die Verwaltungsbehörde erbracht. Alle anderen Leistungen bei Pflegebedürftigkeit führt der zuständige TdSE selbst durch.

A. Altes Recht

3 Bis zum 31.12.2023 war die Zuständigkeit für Leistungen der Heil- und Krankenbehandlung in **§ 18c Abs. 1 bis 3 BVG** geregelt.

Nach Abs. 1 wurde die Heil- und Krankenbehandlung von der Verwaltungsbehörde durchgeführt. Im Rahmen dieser Zuständigkeit erbrachte die Verwaltungsbehörde Zahnersatz, Versorgung mit Hilfsmitteln, Bewegungstherapie, Sprachtherapie, Beschäftigungstherapie, Belastungserprobung, Arbeitstherapie, Badekuren nach § 11 Abs. 2 und § 12 Abs. 3, Ersatzleistungen, Versehrtenleibesübungen, Zuschüsse zur Beschaffung von Zahnersatz, Führhundzulage, Beihilfe zu den Aufwendungen für fremde Führung, Pauschbetrag als Ersatz für Kleider- und Wäscheverschleiß, Erstattungen nach § 16g, Beihilfe nach § 17, Leistungen nach § 18 Abs. 3 bis 8 und § 24, soweit die Verwaltungsbehörde für die Erbringung der Hauptleistung zuständig war, Kostenerstattungen an Krankenkassen, Beiträge zur gesetzlichen Rentenversicherung für Zeiten des Bezugs von Versorgungskrankengeld, Ersatz der Aufwendungen für die Alterssicherung sowie Beiträge zur Arbeitsförderung. Die übrigen Leistungen wurden von den Krankenkassen für die Verwaltungsbehörde erbracht. Insoweit waren die Berechtigten und Leistungsempfänger der Krankenordnung unterworfen.

Nach Abs. 2 oblag die Leistungsverpflichtung nach Abs. 1 Satz 3 den Krankenkassen bei denen die Berechtigten Mitglied oder familienversichertes Mitglied waren. Bei nicht versicherten Beschädigten, Berechtigten und Leistungsempfängern war automatisch die Allgemeine Ortskrankenkasse des Wohnorts zuständig (sogenannte „Zugeteilte“).

Nach Abs. 3 konnte anstelle der Krankenkasse die Verwaltungsbehörde die Leistungen erbringen. Die Krankenkassen sollten der Verwaltungsbehörde Fälle mitteilen, in denen die Erbringung der Leistungen durch die Verwaltungsbehörde angezeigt erschien.

B. Neues Recht

4 Nach Abs. 1 ist der zuständige TdSE grundsätzlich für die **Durchführung** der Krankenbehandlung verantwortlich, kann aber bestimmte Aufgaben an die Krankenkassen (§ 57 Abs. 2 und 3 SGB XIV) oder die Unfallkassen (§ 57 Abs. 5 SGB XIV) übertragen.

Die Vorschrift unterscheidet zwischen der Durchführung und der **Erbringung** von Leistungen. Die Durchführung betrifft die rechtliche Verantwortlichkeit und die Erbringung die tatsächliche Bereitstellung der Leistung. Die Durchführung umfasst die Entscheidung über das Ob und Wie der Leistungsgewährung, die vom zuständigen TdSE getroffen wird. Die Erbringung umfasst die konkrete Versorgung der Leistungsberechtigten mit den erforderlichen Leistungen, die je nach Leistungsart von den Krankenkassen, den Unfallkassen der Länder oder den Verwaltungsbehörden selbst übernommen wird.

§ 57 ist in seiner Systematik parallel zu **§ 77** aufgebaut. Allerdings wird die Krankenbehandlung im Rahmen der Sozialen Entschädigung nach § 57 von der zuständigen Verwaltungsbehörde „durchgeführt" und nicht, wie in § 77, lediglich „erbracht". Der Unterschied besteht darin, dass der TdSE die Ansprüche auf Leistungen der Krankenbehandlung nach dem 5. Kapitel selbst feststellt. Im Gegensatz dazu entscheiden im 7. Kapitel die Pflegekassen durch die Feststellung der Pflegebedürftigkeit und des Pflegegrades über den Grundanspruch auf Pflegeleistungen. Beim TdSE verbleibt lediglich die Kausalprüfung, ob die Pflegeleistungen schädigungsbedingt notwendig sind. **5**

Im Rahmen der Krankenbehandlung der Sozialen Entschädigung erbringt nach **Abs. 2** und **3** die Krankenkasse für ihre (Wahl-)Mitglieder Leistungen der Krankenbehandlung nach § 42 (Abs. 2 Nr. 1), des Krankengeldes der SE nach § 47 (Abs. 2 Nr. 2) und der Übernahme der Reisekosten nach § 53 als Nebenleistungen (Abs. 2 Nr. 3) für den zuständigen TdSE. Insoweit wird in der Gesetzesbegründung ausdrücklich von gesetzlicher Auftragsverwaltung ausgegangen[440]. **6**

Soweit eine Krankenkasse nach § 57 Abs. 2, 3 die Leistungen nach § 42 Abs. 1 Nrn. 1 und 2, d.h. die Leistungen entsprechend dem Dritten Kapitel, Fünfter Abschnitt Erster Titel und Siebter Abschnitt des SGB V erbringt, handelt sie im Auftrag (**Auftragsverwaltung** i. S. v. § 93 SGB X) der zuständigen Verwaltungsbehörde. Das Gleiche gilt für die Entscheidung bei einer Versorgung mit Hilfsmitteln und Kleider- und Wäscheverschleiß, die nach § 57 Abs. 5 die zuständige Unfallkasse des Landes „für die zuständige Verwaltungsbehörde" erbringt. **7**

Es handelt sich jeweils um einen **gesetzlichen Auftrag** i. S. v. § 93 SGB X, sodass die Vorschriften der §§ 89 Abs. 3 und Abs. 5, 91 Abs. 1 und Abs. 3 SGB X entsprechend gelten, soweit die Vorschriften des SGB XIV keine Sonderregelungen enthalten, die als speziellere Vorschriften denen des SGB X vorgehen. Zur Begründung eines gesetzlichen Auftragsverhältnisses **8**

440 BT-Drs. 19/13824, 196.

muss dieses nicht ausdrücklich als „Auftrag“ bezeichnet werden; es genügt, wenn die Aufgabe bei fortbestehender Verpflichtung des ursprünglichen Trägers durch Gesetz einem anderen Träger übertragen wird. Die fortbestehende Verpflichtung der zuständigen Verwaltungsbehörde ergibt sich aus der Formulierung „für die zuständige Verwaltungsbehörde“, aber auch aus dem in § 57 Abs. 1 statuierten Grundsatz ihrer Zuständigkeit sowie aus ihrer Zuständigkeit zur Entscheidung über Widersprüche (§ 58) und aus ihrer Pflicht, den Krankenkassen bzw. den Unfallkassen der Länder nach §§ 60, 60a und 61 die Aufwendungen zu erstatten.

9 **Abs. 2** regelt die Zuständigkeit für die Erbringung von Krankenbehandlung im Rahmen der Sozialen Entschädigung für Geschädigte, die Mitglied einer Krankenkasse oder nach § 10 SGB V familienversichert sind. Nach § 57 Abs. 2 erbringt deren Krankenkasse für die zuständige Verwaltungsbehörde die Leistungen der Krankenbehandlung nach § 42 (Abs. 2 Nr. 1), des Krankengeldes der SE nach § 47 (Abs. 2 Nr. 2) und der Übernahme der Reisekosten nach § 53 als Nebenleistungen (Abs. 2 Nr. 3) Die Krankenkasse erhält vom zuständigen TdSE die Aufwendungen pauschal erstattet, die ihr nach § 57 Abs. 2 entstehen (§§ 60, 60a).

10 **Abs. 3** regelt die Zuständigkeit für die Erbringung der Krankenbehandlung im Rahmen der Sozialen Entschädigung für Geschädigte, die weder nach dem SGB V versichert sind noch nach beamtenrechtlichen Vorschriften einen Anspruch auf Krankenbehandlung haben. Die Geschädigten wählen die für die Leistungserbringung der Krankenbehandlung eine nach § 173 SGB V wählbare Krankenkasse aus. Damit hat der Geschädigte auch die zugehörige Pflegekasse mit ausgewählt. Denn zu jeder Krankenkasse gehört eine Pflegekasse, die für die schädigungsbedingten Pflegeleistungen zuständig ist (§ 46 Abs. 1 S. 2 SGB XI).

Um eine zügige Krankenbehandlung sicherzustellen, ist nach **Abs. 3 Satz 2** das Wahlrecht innerhalb einer Zweiwochenfrist auszuüben. Die Frist beginnt mit der Bekanntgabe der Entscheidung über den Anspruch auf Krankenbehandlung an den Geschädigten.

Wird die Kassenwahl nicht fristgerecht ausgeübt, gilt nach Abs. 3 S. 3 das Verfahren nach § 175 Abs. 3 Satz 2 SGB V entsprechend. Die zur Meldung verpflichtete Stelle ist in diesem Falle die zuständige Verwaltungsbehörde.

Die Geschädigten müssen innerhalb von zwei Wochen nach Erhalt der Mitteilung über ihren Anspruch auf Soziale Entschädigung der zuständigen Verwaltungsbehörde mitteilen, welche Krankenkasse sie gewählt haben. Wenn sie das nicht tun, meldet die Verwaltungsbehörde sie bei der

Krankenkasse an, bei der sie zuletzt versichert waren. Wenn sie vorher keine Versicherung hatten, wählt die Verwaltungsbehörde eine Krankenkasse nach § 173 SGB V für sie aus. Die Geschädigten werden dann schnellstmöglich über die getroffene Wahl informiert.

Die Wahlrechtserklärung nach Abs. 3 Satz 4 bindet die Geschädigten für mindestens 12 Monate an die gewählte Krankenkasse, es sei denn, die Versicherungspflicht oder -berechtigung endet gesetzlich (§ 175 Abs. 4 SGB V). Wenn die Geschädigten in eine andere Krankenkasse eintreten oder familienversichert werden, entfällt die Bindung nach Abs. 3 S. 2 und die Leistungen der Krankenbehandlung der Sozialen Entschädigung werden nach Abs. 2 geregelt.

Die Kündigungsfrist für die Krankenversicherung beträgt 12 Monate. Nach dieser Zeit kann der Versicherte seine Krankenkasse wechseln oder bei der alten bleiben. Die Kündigung muss spätestens zwei Monate vor dem Ende der Bindungsfrist erfolgen, sonst verlängert sich das Versicherungsverhältnis automatisch. Wenn der Versicherte eine neue Krankenkasse wählt, muss er sich nur bei dieser anmelden. Die neue Krankenkasse informiert dann die alte über den Wechsel und die Kündigung (§ 175 Abs. 4 S. 5 SGB V). Eine separate Kündigungserklärung ist nicht nötig.

Satz 5 regelt die Ausnahme von dem Wahlrecht nach Satz 1 für die Geschädigten, die schon einer Krankenkasse nach § 264 Abs. 1 S. 2 oder Abs. 3 SGB V unterliegen. Davon sind vor allem Empfänger von Gesundheitsleistungen nach den §§ 4 und 6 AsylbLG betroffen; für diese Personen schreibt § 264 Abs. 1 S. 2 vor, dass die Krankenkasse die Krankenbehandlung übernimmt, wenn sie von der Landesregierung oder der von der Landesregierung beauftragten obersten Landesbehörde dazu aufgefordert wird und mit ihr eine entsprechende Vereinbarung mindestens auf Ebene der Landkreise oder kreisfreien Städte abschließt.

Die Voraussetzungen für ein Wahlrecht nach S. 1 sind auch für Geschädigte, die unter § 264 Abs. 3 SGB V fallen, nicht erfüllt. Dies betrifft Arbeits- und Erwerbslose, die keine gesetzliche Krankenversicherung haben, andere Hilfeempfänger sowie die vom Bundesministerium für Gesundheit bestimmten Personengruppen, für die die Krankenkassen die Krankenbehandlung im Rahmen ihres gesetzlichen Auftrags gegen Kostenerstattung übernehmen (§ 264 Abs. 1 S. 1 SGB V). Diese Geschädigten müssen eine Krankenkasse im Bereich des zuständigen Sozial- oder Jugendhilfeträgers wählen, die ihre Krankenbehandlung übernimmt. Für diese Geschädigten ist somit schon nach dem SGB V eine Krankenkasse zuständig, ohne dass ein Versicherungsverhältnis besteht.

Die Ausnahme nach **Abs. 3 Satz 4 und 5** verhindert, dass für eine Person verschiedene Krankenkassen zuständig werden.

11 Soweit Geschädigte einen Anspruch auf Leistungen der Krankenbehandlung nach **beamtenrechtlichen Vorschriften** der Unfallfürsorge haben, ist er nach § 8 Abs. 3 gegenüber den Leistungsansprüchen des SGB XIV vorrangig.

Nach **Abs. 4** haben auch Angehörige, Hinterbliebene und Nahestehende, die Leistungen nach § 42 Absatz 3 oder 4 erhalten, das Wahlrecht nach Abs. 3.

Abs. 5 regelt die Zuständigkeit für die Hilfsmittelversorgung nach § 46 (S. 1) und die Übernahme der Reisekosten nach § 53 als Nebenleistungen im Zusammenhang mit der Hilfsmittelversorgung (S. 2). Sie liegt bei der zuständigen Unfallkasse des Landes (S. 1).

Die Unfallkasse des Landes ist eine Körperschaft des öffentlichen Rechts mit Selbstverwaltung, die für die gesetzliche Unfallversicherung der Beschäftigten des öffentlichen Dienstes im jeweiligen Bundesland zuständig ist. Die Verwaltungsbehörde erstattet der Unfallkasse des Landes halbjährlich die Aufwendungen, die ihr nach Abs. 5 entstehen.

Wie die Krankenkassen handeln auch die Unfallkassen im Wege der Auftragsverwaltung. Die Leistungserbringung umfasst auch die Zuständigkeit für die Entscheidung über die Leistungsgewährung dem Grunde nach. § 58 setzt den Erlass eines Verwaltungsaktes über die Leistungsgewährung voraus.

Leistungen, die nach **Abs. 6** die Verwaltungsbehörden selbst erbringen, sind die ergänzenden Leistungen nach § 43, die Beihilfe bei erheblicher Beeinträchtigung der Erwerbsgrundlage nach § 48, die Zuschüsse bei Zahnersatz nach § 49, die Erstattung von Kosten bei selbst beschaffter Krankenbehandlung nach § 50, die Erstattung von Kosten für Krankenbehandlung bei vorübergehendem Auslandsaufenthalt nach § 51, die Zahlung von Beiträgen zur Arbeitsförderung, zur gesetzlichen Rentenversicherung und zur Alterssicherung nach § 52, die Übernahme von Reisekosten nach § 53, sofern die Verwaltungsbehörde für die Hauptleistung zuständig ist, sowie die Erstattung der Aufwendungen und Verwaltungskosten an die Krankenkassen nach § 60 Abs. 1 und 2 und an die Unfallkassen der Länder nach § 61 Abs. 1 und 2. Satz 2 steht in Zusammenhang mit § 50 Absatz 4.

Die Zuständigkeiten nach § 18 Abs. 6 Satz 2 und 3 SGB IX bleiben nach § 7 Absatz 2 SGB IX unberührt.

§ 58
Zuständigkeit zur Entscheidung über Widersprüche

Über Widersprüche gegen Verwaltungsakte, die im Rahmen der Leistungserbringung von Krankenkassen nach § 57 Absatz 2, 3 und 4 und von Unfallkassen der Länder nach § 57 Absatz 5 erlassen werden, entscheidet die für die zuständige Verwaltungsbehörde zuständige Widerspruchsbehörde.

Erläuterungen

Übersicht **Rn.**

Nach § 58 entscheidet die für die TdSE zuständige Widerspruchsbehörde über Widersprüche gegen Verwaltungsakte, die im Rahmen der Leistungserbringung im Auftrag des TdSE von Krankenkassen nach § 57 Absatz 2, 3 und 4 und von Unfallkassen der Länder nach § 57 Abs. 5 erlassen werden. Die Widerspruchsbehörde ist in der Regel die oberste Landesbehörde oder eine von ihr bestimmte Stelle. 1

§ 58 stellt gegenüber § 85 Abs. 2 SGG, wonach grundsätzlich die nächsthöhere Behörde den Widerspruchsbescheid erlässt, eine spezialgesetzliche Regelung dar. Die Regelung ist notwendig, weil nach § 85 Abs. 2 SGG die Widerspruchsstellen der Krankenkassen und der Unfallkassen der Länder nur in Angelegenheiten der Sozialversicherung, nicht aber in Angelegenheiten des Sozialen Entschädigungsrechts, die kraft gesetzlichen Auftrags wahrgenommen werden, entscheiden können.

Darüber hinaus ist dies die Folge sowohl der Finanzverantwortung als auch der Ausübung einer Steuerungsfunktion der Länder.

Eine parallele Vorschrift findet sich im 7. Kapitel (§ 78) zu den Leistungen bei Pflegebedürftigkeit, die die Pflegekassen im Auftrag der TdSE erbringen.

A. Altes Recht

Nach § 18c Abs. 2 Satz 2 BVG entschieden die für die Verwaltungsbehörde zuständigen Widerspruchsbehörden über Widersprüche gegen Verwal- 2 tungsakte, die im Rahmen der Leistungserbringung von Krankenkassen erlassen wurden.

B. Neues Recht

3 Im Rahmen der Auftragsverwaltung erlassen die Krankenkassen nach § 57 Abs. 2, 3 und 4 und die Unfallkassen der Länder bei der Hilfsmittelversorgung nach § 57 Abs. 5 Verwaltungsakte, mit denen sie über die Leistungsansprüche der Geschädigten und Angehörigen, Nahestehenden sowie Hinterbliebenen entscheiden.

Geht ein Widerspruch gegen die Entscheidung über Krankenbehandlungsleistungen bei der Kranken- oder Unfallkasse ein, prüfen sie zunächst auf der Grundlage ihres Leistungsrechtes, ob sie abhelfen können. Erlassen Krankenkasse oder Unfallkasse einen Abhilfebescheid, erhält der TdSE eine Kopie.

Ist aus Sicht der Krankenkasse oder Unfallkasse keine Abhilfe möglich, wird der Widerspruch an die Widerspruchsbehörde des TdSE mit einem Entscheidungsvorschlag weitergeleitet, damit diese einen Widerspruchsbescheid erlässt, siehe auch § 90 Satz 2 SGB X.

Unabhängig von Krankenkasse oder Unfallkasse prüft die Widerspruchsbehörde noch einmal, ggf. unter Einschaltung eines ärztlichen Gutachters, ob ein stattgebender Widerspruchsbescheid (Abhilfebescheid) nach dem SGB V, SGB VII oder SGB XIV möglich ist.

Teilt sie die Ansicht von Krankenkasse oder Unfallkasse, erlässt sie einen Widerspruchsbescheid und sendet eine Kopie an den zuständigen Träger. Bei einer Teilabhilfe erlässt die Widerspruchsbehörde einen Widerspruchsbescheid über die Leistungen, die auch nach erneuter Prüfung nicht gewährt werden können.

Kommt die Widerspruchsbehörde zu dem Ergebnis, dass eine Abhilfe oder eine Teilabhilfe möglich sind, gibt sie den Widerspruch an Krankenkasse oder Unfallkasse zurück mit der Bitte, einen (Teil-)Abhilfebescheid zu erlassen und die Leistung zu gewähren. Die PK ist an die Entscheidung der Widerspruchsbehörde des TdSE gebunden (§ 89 Abs. 5 SGB X).

§ 59
Datenübermittlung

(1) Die Leistungserbringer der Krankenbehandlung sind verpflichtet, der zuständigen Krankenkasse oder der zuständigen Verwaltungsbehörde die in den §§ 294, 294 a, 295, 295 a Absatz 3, §§ 298, 300, 301, 302 und 303 des Fünften Buches genannten Daten zu übermitteln, soweit dies für die Erfüllung der Aufgaben der zuständigen Krankenkasse oder der zuständigen Verwaltungsbehörde erforderlich ist.

(2) Die Leistungserbringer der Krankenbehandlung sind verpflichtet, der zuständigen Unfallkasse des Landes die in den §§ 201 und 203 des Siebten Buches genannten Daten zu übermitteln, soweit dies für die Erfüllung der Aufgaben der zuständigen Unfallkasse des Landes erforderlich ist.

Erläuterungen

Übersicht **Rn.**

1 Die Datenübermittlung an die Krankenkasse oder die Verwaltungsbehörde ist eine gesetzliche Pflicht für die Leistungserbringer der Krankenbehandlung, wenn diese Daten für die Erfüllung der jeweiligen Aufgaben der Träger notwendig sind. Dies dient dem Schutz des Rechts der Geschädigten auf informationelle Selbstbestimmung, das nur durch eine gesetzliche Grundlage eingeschränkt werden darf. [441]

Die Befugnis des jeweiligen Leistungserbringers zur Übermittlung von Daten an die zuständige Krankenkasse bzw. die zuständige Verwaltungsbehörde im Einzelfall ergibt sich aus den in Bezug genommenen Vorschriften des SGB V. Die Datenübermittlung ist beispielsweise zu Zwecken der Abrechnung erforderlich; dazu gehören auch die Weiterleitung von Befunden oder die Mitteilung über Art und Datum der jeweiligen Behandlung.

2 Die Vorschrift ist parallel zu § 79 formuliert, der zu den Vorschriften des 7. Kapitels „Leistungen bei Pflegebedürftigkeit" gehört. Auch die Gesetzesbegründung zu beiden Vorschriften ist identisch, bis auf die Ersetzung der Worte „Krankenkasse" durch „Pflegekasse" und „Leistungserbringer der Krankenbehandlung" durch „Leistungserbringer bei Pflegebedürftigkeit".

441 BT-Drs. 19/13824, 197.

A. Altes Recht

3 § 59 ersetzt § 18c Abs. 6 BVG, wonach Ärzte, Krankenhäuser und sonstige Leistungserbringer verpflichtet waren, der Verwaltungsbehörde und der Krankenkasse die in den §§ 294, 295, 298 und 301 bis 303 SGB V bezeichneten Daten zu übermitteln, soweit dies zur Aufgabenerfüllung der Verwaltungsbehörde oder der Krankenkasse erforderlich war.

4 Bereits § 18c Abs. 6 BVG verweist hinsichtlich der Datenübermittlung auf die im SGB V bezeichneten Daten. Anders als § 18c Abs. 6 BVG nimmt Abs. 2 allerdings auch noch Bezug auf §§ 201, 203 SGB VII, da die Hilfsmittelversorgung und die damit in Zusammenhang stehenden Leistungen nach den Vorschriften des SGB VII von den Unfallkassen der Länder im Auftrag der TdSE erbracht werden.

B. Neues Recht

5 Die datenschutzrechtliche Basis bleiben §§ 67 ff. SGB X. Die Vorschriften zum Datenschutz betreffen das Recht auf informationelle Selbstbestimmung. Im Sozialrecht wird überwiegend mit Sozialdaten i. S. von § 67 Abs. 2 SGB X gearbeitet. Der Sozialdatenschutz ist eingebettet in die grundlegende Norm zum Sozialgeheimnis nach § 35 SGB I. Danach hat jeder Anspruch darauf, dass die ihn betreffenden Sozialdaten (§ 67 Abs. 2 SGB X) von den Leistungsträgern nicht unbefugt verarbeitet werden und die Sozialleistungsträger haben sicherzustellen, dass die Sozialdaten nur Befugten zugänglich sind oder nur an diese weitergegeben werden (§ 35 Abs. 1 S. 1, 2 SGB I). Es handelt sich mithin um ein Verbot mit Erlaubnisvorbehalt: Jede nicht ausdrücklich erlaubte Datenverwendung ist grundsätzlich verboten.

6 Für die Datenübermittlung zwischen Leistungserbringern im SER und der zuständigen Verwaltungsbehörde bzw. der zuständigen Kranken- oder Unfallkasse bedarf es daher der ausdrücklichen bereichsspezifischen gesetzlichen Grundlage in § 59 SGB XIV.

7 Ergänzend gelten daneben subsidiär, nach dem Grundsatz, dass die jeweils spezielleren Vorschriften die allgemeineren verdrängen, zunächst die allgemeinen Vorschriften zum Schutz der Sozialdaten nach §§ 67 ff. SGB X, die als speziellere Vorschriften der daneben ergänzend anwendbaren Verordnung (EU) 2016/679 des Europäischen Parlaments und des Rates vom 27.4.2016 zum Schutz natürlicher Personen bei der Verarbeitung personen-

bezogener Daten, zum freien Datenverkehr und zur Aufhebung der Richtlinie 95/46/EG (Datenschutz-Grundverordnung – DS-GVO)[442] vorgehen. Subsidiär gegenüber den sozialrechtlichen Datenschutzvorschriften gelten auch die Vorschriften des BDSG (§ 1 Abs. 2 S. 1, 2 BDSG).

Dem Datenschutzrecht nach dem SGB X und der **Datenschutz-Grundverordnung** liegen in Bezug auf Sozialdaten drei Grundsätze zugrunde: 8

1. der Grundsatz der Datentransparenz (Art. 5 Abs. 1 Buchstabe a DS-GVO).
2. der Grundsatz der Zweckbindung (§ 67a Abs. 1 SGB X, § 67c Abs. 1 SGB X, §§ 69 ff. SGB X; Art. 5 Abs. 1 Buchstabe b DS-GVO) und
3. der Grundsatz der Datenminimierung, siehe Art. 5 Abs. 1 Buchstabe c DS-GVO.

Transparenz im Datenschutz bedeutet, dass die betroffenen Personen wissen sollen, welche Datenverarbeitung stattfindet. Das heißt, sie sollen über die „W-Fragen" aufgeklärt werden: Wer verarbeitet ihre Daten? Was für Daten werden verarbeitet? Wofür werden die Daten verarbeitet? Wohin werden die Daten übermittelt? Wie lange werden die Daten gespeichert?[443] 9

Der Grundsatz der Transparenz soll die Selbstbestimmung der betroffenen Personen ermöglichen. Nur wer informiert ist, kann entscheiden, ob er mit der Datenverarbeitung einverstanden ist und kann seine Betroffenenrechte wahrnehmen[444].

Die DSGVO sieht verschiedene Pflichten für die Verantwortlichen vor, um den Grundsatz der Transparenz zu erfüllen. Dazu gehören zum Beispiel die Informationspflichten bei der Erhebung von Daten, die Auskunftsrechte der betroffenen Personen, die Meldepflichten bei Datenschutzverletzungen und die Rechenschaftspflichten der Verantwortlichen[445].

Die **Zweckbindung** soll gewährleisten, dass Daten ausschließlich für den Zweck verarbeitet werden, für den sie erhoben wurden. Der Grundsatz umfasst die Erhebung, Speicherung, Veränderung, Nutzung, Übermittlung, Einschränkung der Verarbeitung und Löschung von Sozialdaten. Der Umfang der Datenübermittlung ist auf die Daten beschränkt, die zur Aufgabenerfüllung nach dem SGB XIV erforderlich ist. 10

Der Grundsatz der **Datenminimierung** i. S. d. DSGVO bedeutet, dass personenbezogene Daten nur in dem Umfang und für die Dauer erhoben, verarbeitet und gespeichert werden dürfen, wie es für den jeweiligen Zweck 11

442 ABl. L 119 vom 4.5.2016, 1; L 314 vom 22.11.2016, 72; L 127 vom 23.5.2018.
443 Art. 5 Abs. 1 Buchstabe a DS-GVO Transparenz als Datenschutzgrundsatz der DSGVO.
444 Art. 5 Abs. 1 Buchstabe a DS-GVO Die Transparenzpflichten der DSGVO.
445 Art. 5 Abs. 1 Buchstabe a DS-GVO Grundsätze der Datenschutz-Grundverordnung.

erforderlich ist. Dabei müssen die Daten angemessen, erheblich und notwendig sein.

Die Datenminimierung soll verhindern, dass unnötige oder übermäßige Daten gesammelt werden, die das Risiko von Datenschutzverletzungen erhöhen oder die Rechte und Freiheiten der betroffenen Personen beeinträchtigen könnten. Die Datenminimierung ist auch ein Ausdruck des Grundsatzes der Datensparsamkeit, der besagt, dass Datenvermeidung und -reduzierung Vorrang vor anderen Überlegungen haben soll.

Um die Datenminimierung zu gewährleisten, müssen die Verantwortlichen für die Datenverarbeitung verschiedene Maßnahmen ergreifen, wie z. B.:

- Die Zwecke der Datenverarbeitung klar definieren und dokumentieren.
- Die Daten auf das notwendige Minimum beschränken und keine überflüssigen Daten erheben oder verarbeiten.
- Die Daten anonymisieren oder pseudonymisieren, wenn möglich und angemessen.
- Die Daten regelmäßig überprüfen und löschen, wenn sie nicht mehr benötigt werden oder die Speicherfrist abgelaufen ist.
- Die Daten schützen und sichern, um unbefugten Zugriff, Verlust oder Missbrauch zu vermeiden.
- Die Einwilligung der betroffenen Personen einholen, wenn erforderlich, und ihnen die Möglichkeit geben, ihre Rechte auszuüben, wie z. B. das Recht auf Auskunft, Berichtigung, Löschung oder Widerspruch.

12 **Abs. 1** regelt die Art und den Umfang der zu übermittelnden Daten sowie die Fristen und Verfahren für die Datenübermittlung. Er regelt insbesondere die Datenübermittlung von den Leistungserbringern der Krankenbehandlung an die zuständige Krankenkasse oder die zuständige Verwaltungsbehörde. Die Datenübermittlung ist nur erlaubt, wenn die Informationen für die jeweilige Aufgabenerfüllung notwendig sind. Die Rechtsgrundlage für die Datenübermittlung im Einzelfall sind die in Abs. 1 genannten Vorschriften des SGB V. Die Datenübermittlung dient beispielsweise der Abrechnung der erbrachten Leistungen; dazu können auch Befunde oder Angaben über Art und Datum der Behandlung gehören.

Die Regelung in § 59 entspricht im Wesentlichen derjenigen in § 79, der zu den Leistungen der Pflegeversicherung gehört. Allerdings müssen die Leistungserbringer der Krankenbehandlung nach § 59 zusätzlich die Daten übermitteln, die in § 295a Abs. 3 SGB V (Abrechnung von Notfallleistungen im Krankenhaus) und in § 300 SGB V (Abrechnung der Apotheken und anderer Stellen) vorgesehen sind, die für Leistungen bei Pflegebedürftigkeit irrelevant sind. Die übrigen Vorschriften des SGB V, auf die verwiesen wird, sind gleichlautend.

In Bezug genommen werden nach dem SGB V im Einzelnen: 13

1. § 294 SGB V: Die Vorschrift verpflichtet die an der vertragsärztlichen Versorgung teilnehmenden Ärzte und die übrigen Leistungserbringer, die für die Erfüllung der Aufgaben der Krankenkassen sowie der Kassenärztlichen Vereinigung notwendigen Angaben, die aus der Erbringung, der Verordnung sowie der Abgabe von Versicherungsleistungen entstehen, aufzuzeichnen und bestimmten Stellen gemäß den nachstehenden Vorschriften mitzuteilen.
2. § 294a SGB V: Die Vorschrift verpflichtet die an der vertragsärztlichen Versorgung teilnehmenden Ärzte, Einrichtungen und Krankenhäuser (§ 108 SGB V) u. a., wenn Anhaltspunkte dafür vorliegen, dass eine Krankheit die Folge oder Spätfolge einer Schädigung im Sinne des SER ist, die erforderlichen Daten den Krankenkassen mitzuteilen.
3. § 295 SGB V: Die Vorschrift verpflichtet die an der vertragsärztlichen Versorgung teilnehmenden Ärzte und Einrichtungen u. a., festgestellte Arbeitsunfähigkeitszeiten und erbrachte Leistungen aufzuzeichnen und zu übermitteln.
4. § 298 SGB V: Die Vorschrift erlaubt die Übermittlung versichertenbezogener Daten über ärztliche oder ärztlich verordnete Leistungen im Rahmen eines Prüfverfahrens zur Beurteilung der Wirtschaftlichkeit oder Qualität der ärztlichen Behandlungs- oder Verordnungsweise im Einzelfall.
5. § 301 SGB V: Die Vorschrift verpflichtet nach § 108 SGB V zugelassene Krankenhäuser oder ihre Krankenhausträger zur Übermittlung bestimmter Daten bei Krankenhausbehandlung.
6. § 302 SGB V: Die Vorschrift verpflichtet Leistungserbringer im Bereich der Heil- und Hilfsmittel sowie der digitalen Gesundheitsanwendungen und die weiteren Leistungserbringer gegenüber den Krankenkassen u. a., die von ihnen erbrachten Leistungen nach Art, Menge und Preis zu bezeichnen.
7. § 303 SGB V: Die Vorschrift ermöglicht den Landesverbänden der Krankenkassen und den Verbänden der Ersatzkassen mit den Leistungserbringern oder ihren Verbänden Vereinbarungen insbesondere zur Einschränkung des Umfangs der zu übermittelnden Abrechnungsbelege und -angaben zu vereinbaren.

Die Daten, die in den genannten Vorschriften erwähnt werden, sind also 14
immer – wie schon in der grundlegenden Vorschrift des § 294 SGB V er-

läutert – „Angaben, die sich aus der Erbringung, der Verordnung und der Abgabe von Leistungen der gesetzlichen Krankenversicherung ergeben“, wobei es sich nur um Leistungen der gesetzlichen Krankenversicherung nach dem SGB V handelt. Die Vorschriften richten sich daher auch alle an die Ärzte, die an der vertragsärztlichen Versorgung teilnehmen, und/oder die anderen Leistungserbringer nach dem SGB V.

15 **Abs. 2** bestimmt, dass die Leistungserbringer der Krankenbehandlung verpflichtet sind, bestimmte Daten an die zuständige Unfallkasse des Landes zu übermitteln, wenn diese nach § 57 Abs. 5 für die Hilfsmittelversorgung nach § 46 verantwortlich ist. Diese Regelung entspricht der Regelung in Abs. 1, die eine entsprechende Verpflichtung der Krankenversicherungen vorsieht.

Die Daten, die nach Abs. 2 übermittelt werden müssen, umfassen die Informationen über die medizinische Versorgung und den Gesundheitszustand des Versicherten sowie andere personenbezogene Daten, die für die Durchführung der Hilfsmittelversorgung und der Entscheidung über den Kleider- und Wäscheverschleiß, einschließlich der Prüfung der Anspruchsvoraussetzungen und der Abrechnung der Leistungen, notwendig sind (§ 201 SGB VII). Darüber hinaus müssen Daten über die medizinische Versorgung, den Gesundheitszustand sowie über bestehende und frühere Erkrankungen des Anspruchsberechtigten sowohl an die Unfallkassen der Länder als auch an den TdSE übermittelt werden, wenn dies für die Aufgabenerfüllung nach § 57 erforderlich ist (§ 203 SGB VII).

16 In Bezug genommen werden nach dem SGB VII im Einzelnen:

1. § 201: Die Vorschrift verpflichtet Ärzte und Zahnärzte sowie Psychotherapeuten, Psychologische Psychotherapeuten und Psychotherapeuten für Kinder und Jugendliche, Daten, soweit sie für Zwecke der Heilbehandlung und die Erbringung sonstiger Leistungen einschließlich Überprüfung der Leistungsvoraussetzungen und Abrechnung der Leistungen erforderlich sind, zu erheben, zu speichern und an die Träger zu übermitteln.
2. § 203 verpflichtet Ärzte und Zahnärzte, die nicht an einer Heilbehandlung nach § 34 SGB VII beteiligt sind, dem Unfallversicherungsträger auf Verlangen Auskunft über die Behandlung, den Zustand sowie über Erkrankungen und frühere Erkrankungen des Versicherten zu erteilen, soweit dies für die Heilbehandlung und die Erbringung sonstiger Leistungen erforderlich ist. Der Träger soll Auskunftsverlangen zur Feststellung des Versicherungsfalls auf solche Erkrankungen oder auf solche Bereiche von Erkrankungen beschränken, die mit dem Entschädigungsfall in einem ursächlichen Zusammenhang stehen können.

Einführung vor §§ 60, 60a und 61

Im 4. Abschnitt ist die Erstattung der Aufwendungen der Krankenkassen für die Krankenbehandlung nach dem 5. Kapitel und §§ 143, 151 und die Erstattung der Aufwendungen der Unfallkassen der Länder für die Hilfsmittelversorgung nach § 46 zzgl. der Übernahme von Verwaltungskosten (§§ 60, 60a, 61) durch die TdSE geregelt. 17

Abschnitt 4
Erstattungen von Aufwendungen und Verwaltungskosten

§ 60
Erstattung an Krankenkassen

(1) Den Krankenkassen werden von der zuständigen Verwaltungsbehörde halbjährlich die Aufwendungen erstattet, die ihnen nach § 57 Absatz 2, 3 und 4, den §§ 143 und 151 entstehen.

(2) [1]Für Aufwendungen der Jahre 2024 bis 2029 werden die Erstattungsansprüche der Krankenkassen nach Absatz 1 pauschal abgegolten. [2]Grundlage für die Festsetzung des Pauschalbetrages eines Kalenderjahres ist die Erstattung der Aufwendungen des Vorjahres. [3]Die Festsetzung des Pauschalbetrages für das Jahr 2024 erfolgt dabei auf Grundlage der für die Aufwendungen im Sinne des Absatzes 1 nach § 20 Absatz 1 des Bundesversorgungsgesetzes oder nach Gesetzen, die § 20 des Bundesversorgungsgesetzes ganz oder teilweise für entsprechend anwendbar erklärt haben, jeweils für das Jahr 2023 gezahlten Erstattungsbeträge. [4]Der sich daraus ergebende Betrag wird einmalig für das Jahr 2024 um 10 Prozent erhöht. [5]Der für das Jahr 2024 erhöhte Betrag sowie in den Folgejahren der Betrag nach Satz 2 werden um den Prozentsatz verändert, um den sich die Zahl der Empfängerinnen und Empfänger von Leistungen nach Kapitel 9, den §§ 144 und 148 am 1. Juli des Jahres im Vergleich zum 1. Juli des Vorjahres verändert hat. [6]Dieses Ergebnis wird danach um den Prozentsatz verändert, um den sich die Ausgaben der Krankenkassen je Mitglied und Rentner einschließlich der Familienangehörigen für Leistungen der Krankenbehandlung, mit Ausnahme für Leistungen der Hilfsmittelversorgung, nach dem Dritten Kapitel, Fünfter Abschnitt Erster und Zweiter Titel sowie Siebter und Achter Abschnitt des Fünften Buches jeweils im ersten Halbjahr gegenüber dem ersten Halbjahr des Vorjahres verändert haben.

(3) [1]Der von den einzelnen Ländern zu tragende Anteil am Pauschalbetrag nach Absatz 2 bestimmt sich nach deren Anteil an der Zahl der Empfängerinnen und Empfänger von Leistungen nach Kapitel 9, den §§ 144 und 148 am 1. Juli des je-

weiligen Jahres. [2]Das Bundesministerium für Arbeit und Soziales gibt die von den Ländern zu zahlenden jährlichen Anteile am Pauschalbetrag bekannt. [3]Die zuständige Verwaltungsbehörde zahlt ihren jeweiligen Anteil am Pauschalbetrag in Teilbeträgen an den Spitzenverband Bund der Krankenkassen. [4]Der jeweils für das erste Kalenderhalbjahr zu zahlende Teilbetrag wird als Abschlagszahlung in Höhe von 40 Prozent des Pauschalbetrages des Vorjahres zum 1. Juli des Jahres geleistet. [5]Der verbleibende Restbetrag ist zum Ende des Kalenderjahres zu leisten.

(4) [1]Der Spitzenverband Bund der Krankenkassen verteilt den Pauschalbetrag nach Absatz 2 in Höhe von 75 Prozent auf die Krankenkassen nach ihrem Anteil an den risikoadjustierten Zuweisungen aus dem Gesundheitsfonds nach § 266 des Fünften Buches. [2]Der Spitzenverband Bund der Krankenkassen verteilt den Pauschalbetrag in Höhe von 25 Prozent nach ihrem jeweiligen Anteil an den Anspruchsberechtigten nach § 57 Absatz 3 und 4 und den §§ 143 und 151, die weder Mitglied einer Krankenkasse noch nach § 10 des Fünften Buches familienversichert sind. [3]Die Ermittlung des Anteils einer Krankenkasse an den risikoadjustierten Zuweisungen erfolgt auf Grundlage der Ergebnisse des zum Zeitpunkt der Verteilung aktuell abgeschlossenen Jahresausgleichs nach § 266 Absatz 7 Satz 3 des Fünften Buches. [4]Für die landwirtschaftliche Krankenkasse ist aus dem Anteil an dem Pauschalbetrag nach Absatz 2, der nach risikoadjustierten Zuweisungen aus dem Gesundheitsfonds verteilt wird, vorab ein Anteil abzuziehen, der sich nach dem Verhältnis der Anzahl der Versicherten dieser Krankenkasse zu der Anzahl der Versicherten aller Krankenkassen am 1. Juli des Vorjahres bemisst und an die landwirtschaftliche Krankenkasse auszuzahlen ist. [5]Die Krankenkassen melden dem Spitzenverband Bund der Krankenkassen nach Aufforderung die Anzahl der Anspruchsberechtigten nach § 57 Absatz 3 und 4 und den §§ 143 und 151. [6]Maßgebend für die Anzahl der Anspruchsberechtigten sind jeweils die Verhältnisse zum 1. Juli des Vorjahres.

(5) [1]Für Aufwendungen ab dem Jahr 2030 werden die Erstattungsansprüche der Krankenkassen nach Absatz 1 ebenfalls pauschal abgegolten. [2]Der Berechnung des Pauschalbetrages sind valide Daten zugrunde zu legen.

(6) [1]Näheres zu den Pauschalabgeltungen nach den Absätzen 2 und 5, einschließlich der zu deren Einführung erforderlichen Melde- und Datenaustauschverfahren sowie die Einzelheiten zur Durchführung der Verfahren, regelt eine Verwaltungsvereinbarung, die die Bundesstelle für Soziale Entschädigung mit dem Spitzenverband Bund der Krankenkassen abschließt. [2]Die Vereinbarung bedarf der Zustimmung des Bundesministeriums für Arbeit und Soziales, des Bundesministeriums für Gesundheit und der Länder.

(7) [1]Können sich die Bundesstelle für Soziale Entschädigung und der Spitzenverband Bund der Krankenkassen nicht auf eine Verwaltungsvereinbarung nach Absatz 6 einigen oder stimmen das Bundesministerium für Arbeit und Soziales, das Bundesministerium für Gesundheit oder die Länder einer Verwaltungsvereinbarung nicht zu, können die Bundesstelle für Soziale Entschädigung oder der Spitzenverband Bund der Krankenkassen ein Schiedsstellenverfahren einleiten. [2]Die Schiedsstelle

legt den Vereinbarungsinhalt fest. [3]Entsprechendes gilt, wenn die Bundesstelle für Soziale Entschädigung oder der Spitzenverband Bund der Krankenkassen eine Anpassung der Verwaltungsvereinbarung nach Absatz 6 verlangt und eine Einigung hierüber nicht zustande kommt. [4]Die Entscheidung der Schiedsstelle bedarf der Zustimmung des Bundesministeriums für Arbeit und Soziales sowie des Bundesministeriums für Gesundheit. [5]Die Schiedsstelle besteht aus einem oder einer unparteiischen Vorsitzenden, zwei weiteren unparteiischen Mitgliedern sowie je fünf Vertretern oder Vertreterinnen der Länder und des Spitzenverbandes Bund der Krankenkassen. [6]Der oder die Vorsitzende und die unparteiischen Mitglieder werden von den Ländern und dem Spitzenverband Bund der Krankenkassen gemeinsam bestellt. [7]Können sich die Länder und der Spitzenverband Bund der Krankenkassen nicht auf einzelne oder mehrere unparteiische Mitglieder einigen, werden diese vom Bundesministerium für Arbeit und Soziales im Einvernehmen mit dem Bundesministerium für Gesundheit bestellt. [8]Die Kosten des Schiedsverfahrens tragen die Länder und der Spitzenverband Bund der Krankenkassen zu gleichen Teilen.

(8) [1]Die Schiedsstelle gibt sich eine Geschäftsordnung. [2]Die Mitglieder der Schiedsstelle führen ihr Amt als Ehrenamt. [3]Sie sind an Weisungen nicht gebunden. [4]Jedes Mitglied hat eine Stimme. [5]Die Entscheidungen werden mit der Mehrheit der Mitglieder getroffen. [6]Ergibt sich keine Mehrheit, gibt die Stimme der oder des Vorsitzenden den Ausschlag. [7]Die Rechtsaufsicht über die Schiedsstelle führt das Bundesministerium für Arbeit und Soziales.

(9) Soweit es ab dem Jahr 2030 an einer Regelung für die Festsetzung des Pauschalbetrages nach Absatz 5 fehlt, gelten die Absätze 2 bis 4 sowie 10 entsprechend.

(10) Den Krankenkassen werden von der zuständigen Verwaltungsbehörde kalenderhalbjährlich Verwaltungskosten in Höhe von 5 Prozent der Pauschalbeträge nach den Absätzen 2 und 5 erstattet.

§ 60a
Datenerhebung

(1) [1]Die zuständige Verwaltungsbehörde übermittelt für erstmals ab dem 1. Januar 2024 bewilligte Leistungen nach Kapitel 5 dieses Buches an die nach § 57 Absatz 2 bis 4 zuständige Krankenkasse folgende Daten:

1. den Namen und Vornamen des Berechtigten,
2. das Geburtsdatum und den Geburtsort des Berechtigten,
3. die Anschrift des Berechtigten,
4. das Aktenzeichen der zuständigen Verwaltungsbehörde,
5. die Krankenversichertennummer des Berechtigten,
6. die Rechtsgrundlage und den Zeitpunkt des festgestellten Anspruchs und
7. die anerkannte Schädigungsfolge.

[2]Zusätzlich übermittelt die zuständige Verwaltungsbehörde eine Kopie des aktuellen Anerkennungsbescheides. [3]Die Übermittlung der Daten und der Kopie des Anerkennungsbescheides erfolgt unverzüglich nach Feststellung des Anspruches auf Leistungen der Krankenbehandlung der Sozialen Entschädigung. [4]Die Verwaltungsbehörde informiert die Krankenkasse unverzüglich über ihr bekannte Änderungen der in Satz 1 genannten Daten. [5]Bei Änderung der Anspruchsvoraussetzungen übermittelt sie der Krankenkasse unverzüglich eine Kopie des Neufeststellungsbescheides.

(2) [1]Werden der Krankenkasse Tatsachen bekannt, die zu einer Änderung der nach Absatz 1 übermittelten Daten führen können, so teilt sie dies unverzüglich der zuständigen Verwaltungsbehörde mit. [2]Die Verwaltungsbehörde prüft, ob eine Änderung der nach Absatz 1 übermittelten Daten angezeigt ist und meldet Änderungen nach Absatz 1.

(3) [1]Für Berechtigte, die einen Anspruch auf Leistungen der Krankenbehandlung der Sozialen Entschädigung gemäß § 143 Absatz 1 haben und eine monatliche Zahlung nach § 83 oder § 144 beziehen, ist Absatz 1 mit der Maßgabe anzuwenden, dass eine erstmalige Übermittlung der Daten bis zum 31. Dezember 2024 zu erfolgen hat. [2]Absatz 2 gilt entsprechend.

(4) [1]Die zuständige Krankenkasse meldet der zuständigen Verwaltungsbehörde bis zum 31. Dezember 2024 die ihr bekannten Berechtigten, die einen Anspruch auf eine Absicherung gegen Krankheit nach § 151 Absatz 1 haben, sowie die nicht von Absatz 3 umfassten Berechtigten, die weder Mitglied einer Krankenkasse noch nach § 10 des Fünften Buches familienversichert sind. [2]Für diese Fälle übermittelt die zuständige Verwaltungsbehörde der zuständigen Krankenkasse bis zum 31. Dezember 2025 die in Absatz 1 Satz 1 Nummer 1 bis 6 genannten Daten und eine Kopie des aktuellen Anerkennungsbescheides.

(5) [1]Für die Jahre 2026 bis 2028 teilen die Krankenkassen den zuständigen Verwaltungsbehörden kalenderhalbjährlich mit:

1. die nach den Absätzen 1, 3 und 4 gemeldeten Personen, die Leistungen der Krankenbehandlung der Sozialen Entschädigung erhalten,
2. die Leistungen der Krankenbehandlung der Sozialen Entschädigung, einschließlich des Diagnoseschlüssels, oder als Absicherung gegen Krankheit, die in den Fällen nach Nummer 1 erbracht werden und
3. die Aufwendungen, die bei der Leistungserbringung der Krankenkassen entstanden sind.

[2]Für Datenübermittlungen zwischen den Leistungserbringern der Krankenbehandlung und den Krankenkassen gilt die Mitteilung nach Satz 1 als Aufgabe im Sinne von § 59. [3]Zugleich übermitteln die Krankenkassen die Daten nach Satz 1 in anonymisierter Form an den Spitzenverband Bund der Krankenkassen.

(6) [1]Die Bundesstelle für Soziale Entschädigung stellt den zuständigen Verwaltungsbehörden, dem Spitzenverband Bund der Krankenkassen, dem Bundesministerium für Arbeit und Soziales und dem Bundesministerium für Gesundheit anony-

misierte Auswertungen über die auftragsgemäße Erbringung der Krankenbehandlung nach diesem Buch zur Verfügung. [2]Bei der Bundesstelle für Soziale Entschädigung werden hierfür folgende Daten anonymisiert erfasst:

1. Anzahl der gemeldeten Leistungsfälle aufgegliedert nach
   a) Ländern,
   b) Krankenkassen,
   c) Diagnoseschlüsseln und
   d) Leistungsbereichen sowie

2. die Höhe der Aufwendungen der Krankenkassen.

[3]Die zuständigen Verwaltungsbehörden übermitteln der Bundesstelle für Soziale Entschädigung die von den Krankenkassen zur Verfügung gestellten Angaben nach Absatz 5 in strukturierter und anonymisierter Form. [4]Die Bundesstelle für Soziale Entschädigung legt das strukturierte Format für die anonymisierte Übermittlung der Daten einheitlich fest und erstellt auf dieser Grundlage halbjährlich, erstmals zum 1. Juli 2027 und letztmalig zum 1. Juli 2029, eine Auswertung der von den zuständigen Landesbehörden übermittelten Daten.

(7) [1]Die Krankenkassen melden die in Absatz 5 Satz 1 genannten Daten ab dem Jahr 2029 in anonymisierter Form an den Spitzenverband Bund der Krankenkassen. [2]Für die Datenmeldung legt der Spitzenverband Bund der Krankenkassen das strukturierte Format für die anonymisierte Übermittlung der Daten fest.

Erläuterungen

Die Kostenerstattung an die Krankenkasse wurde im Sommer 2023 noch einmal völlig neu diskutiert und in §§ 60, 60a SGB XIV formuliert. **1**

Durch Artikel 10 des Gesetzes zur Anpassung des Zwölften und des Vierzehnten Buches Sozialgesetzbuch vom 22.12.2023 (BGBl. I Nr. 408 S. 1, 9) wurde § 60 neugefasst und die Regelung zur Datenerhebung in § 60a eingefügt. **2**

Diese Änderungen sind zum 1.1.2024 in Kraft getreten. **3**

Die **wichtigste Änderung** besteht darin, dass anstelle einer dreijährigen Spitzerstattung die Kosten der Krankenbehandlung bereits ab 1.1.2024 pauschal in Form einer **Überbrückungspauschale** bis 2029 auf der Basis der aktuellen Kostenerstattung nach dem BVG (z. B. §§ 19, 20 BVG) erstattet werden. Von 2026 bis 2028 werden Daten erhoben. Auf der Basis dieser Daten soll ab 2030 eine datenbasierte neue **dauerhafte Pauschale** eingeführt werden. **4**

Auszug aus der Bundestags-Drucksache 20/9195 vom 8.11.2023 (Beschlussempfehlung und Bericht)

A. Problem

Die Bundesregierung hat festgestellt, dass infolge der Änderungen des Zweiten Buches Sozialgesetzbuch (SGB II) durch das Bürgergeld-Gesetz vom 16. Dezember 2022 Anpassungen in anderen Gesetzen notwendig sind. Daneben seien Änderungen in bereits verkündeten Gesetzen erforderlich, da einige noch nicht in Kraft getretene Regelungen aufgrund aktueller Gesetzesvorhaben angepasst werden müssten. Die Bundesregierung verfolgt mit diesem Gesetzentwurf das Ziel, alle Regelungen widerspruchsfrei in die bestehende Rechtsordnung einzufügen und Wertungswidersprüche zu vermeiden. Sie sieht Änderungsbedarf im Zwölften Buch Sozialgesetzbuch (SGB XII), insbesondere bei der Berücksichtigung von Einkommen. Auch mit dem Inkrafttreten des Sozialen Entschädigungsrechts im SGB XIV und der Reform des Soldatenentschädigungsrechts sind aus Sicht der Bundesregierung Anpassungen im SGB XII erforderlich. Im Zweiten Buch Sozialgesetzbuch (SGB II) und im Dritten Buch Sozialgesetzbuch (SGB III) seien ebenfalls Änderungen vorzunehmen. Im Recht der gesetzlichen Rentenversicherung des Sechsten Buches Sozialgesetzbuch (SGB VI) hält die Bundesregierung insbesondere klarstellende Änderungen bei den Regelungen zu den Erwerbsminderungsrenten für erforderlich. Im Recht der Rehabilitation und Teilhabe von Menschen mit Behinderungen im Neunten Buch Sozialgesetzbuch (SGB IX) sieht die Bundesregierung neben redaktionellen Änderungen insbesondere Anpassungsbedarf bei der Berechnung der Höhe des Übergangsgelds und bei Bestandteilen der Vermögensanrechnung. Das Soziale Entschädigungsrecht nach dem Vierzehnten Buch Sozialgesetzbuch (SGB XIV) wurde durch das Gesetz zur Regelung des Sozialen Entschädigungsrechts vom 12. Dezember 2019 eingeführt und tritt zum 1. Januar 2024 in Kraft. Aufgrund tatsächlicher und rechtlicher Entwicklungen sei das Gesetz vor dem Inkrafttreten anzupassen. Damit verbunden seien auch Anpassungen im Elften Buch Sozialgesetzbuch (SGB XI). In diesen Zusammenhang seien auch das Bundesversorgungsgesetz (BVG), die Verordnung zur Kriegsopferfürsorge, das Gesetz zur Regelung des Sozialen Entschädigungsrechts, das Gesetz über die Alterssicherung der Landwirte, das Gesetz über die Entschädigung der Soldatinnen und Soldaten und zur Neuordnung des Soldatenversorgungsrechts, das Soldatenversorgungsgesetz, das Wohngeldgesetz, das Bundesausbildungsförderungsgesetz (BAföG) und das Gesetz über die Hilfe für durch Anti-D-Immunprophylaxe mit dem Hepatitis-C-Virus infizierte Personen (Anti-D-Hilfegesetz) anzupassen.

B. Lösung

Annahme des Gesetzentwurfs auf Drucksache 20/8344 in geänderter Fassung mit den Stimmen der Fraktionen SPD, CDU/CSU, BÜNDNIS 90/DIE GRÜNEN und FDP bei Stimmenthaltung der Fraktionen AfD und DIE LINKE. Der Ausschuss für Arbeit und Soziales empfiehlt die Annahme des Gesetzentwurfs in geänderter Fassung, da neben den Klarstellungen und Änderungen zur Anpassung des SGB XII und des SGB XIV aus rechtlichen und rechtsförmlichen Gründen weitere Anpassungen auch unter Berücksichtigung der Regelungen im SGB II erforderlich sind. Sonderregelungen, die bei Leistungserbringungen insbesondere in Gemeinschaftsunterkünften bestehen, werden aufgenommen. Auch das Mindestalter für Leistungen nach dem SGB III, mit dem sich die Förderdauer erhöht, soll von 50 auf 55 Jahre angehoben werden. Weiterhin sollen zum einen auch Fristen und Mitteilungspflichten im Sozialgesetzbuch angeglichen sowie ergänzende Verfahrensregelungen im Ersten und Zehnten Buch Sozialgesetzbuch und im Sozialgerichtsgesetz insbesondere durch Regelungen zum Antrags- und das Schriftformerfordernis in elektronischer Form geändert werden. Durch die im Ausschuss vorgenommenen Änderungen beziehungsweise Ergänzungen des Gesetzentwurfs sollen zum anderen Erstattungen an die Krankenkassen, Zahlungsmodalitäten und Datenerhebungen insbesondere im Anwendungsbereich des SGB XIV neu gefasst werden. Des Weiteren wird neben dem Gesetz über die Alterssicherung der Landwirte auch das Zweite Gesetz über die Krankenversicherung der Landwirte und das Gesetz zur Förderung der Einstellung der landwirtschaftlichen Erwerbstätigkeit geändert.

Stellungnahmen der mitberatenden Ausschüsse

Der Rechtsausschuss hat den Gesetzentwurf auf Drucksache 20/8344 in seiner 72. Sitzung am 8. November 2023 beraten und mit den Stimmen der Fraktionen SPD, CDU/CSU, BÜNDNIS 90/DIE GRÜNEN und FDP bei Stimmenthaltung der Fraktionen AfD und DIE LINKE. die Annahme in der Fassung des Änderungsantrags der Fraktionen SPD, BÜNDNIS 90/DIE GRÜNEN und FDP auf Ausschussdrucksache 20(11)414neu empfohlen.

Der Haushaltsausschuss hat den Gesetzentwurf auf Drucksache 20/8344 in seiner 64. Sitzung am 8. November 2023 beraten und mit den Stimmen der Fraktionen SPD, CDU/CSU, BÜNDNIS 90/DIE GRÜNEN und FDP bei Stimmenthaltung der Fraktionen AfD und DIE LINKE. die Annahme in der Fassung des Änderungsantrags der Fraktionen SPD, BÜNDNIS 90/DIE GRÜNEN und FDP auf Ausschussdrucksache 20(8)4910 (textgleich mit 20(11)414neu) empfohlen.

Der Ausschuss für Bildung, Forschung und Technikfolgenabschätzung hat den Gesetzentwurf auf Drucksache 20/8344 in seiner 59. Sitzung am 8. November 2023 beraten und mit den Stimmen der Fraktionen SPD, CDU/CSU, BÜNDNIS 90/DIE GRÜNEN und FDP bei Stimmenthaltung der Fraktionen AfD und DIE LINKE. die Annahme in der Fassung des Änderungsantrags der Fraktionen SPD, BÜNDNIS 90/DIE GRÜNEN und FDP auf Ausschussdrucksache 20(18)153 (textgleich mit 20(11)414neu) empfohlen.

Der Parlamentarische Beirat für nachhaltige Entwicklung hat sich gemäß Einsetzungsantrag auf Drucksache 20/696 in seiner 46. Sitzung am 20. September 2023 mit dem Gesetzentwurf auf Drucksache 20/8344 befasst und wie folgt Stellung genommen:

Eine Nachhaltigkeitsrelevanz des Gesetzentwurfes ist gegeben. Der Bezug zur nationalen Nachhaltigkeitsstrategie ergibt sich hinsichtlich folgender Leitprinzipien einer nachhaltigen Entwicklung, Sustainable Development Goals (SDGs) und Indikatorenbereiche:

- Leitprinzip 1 – Nachhaltige Entwicklung als Leitprinzip konsequent in allen Bereichen und bei allen Entscheidungen anwenden,
- SDG 16 – Frieden, Gerechtigkeit und starke Institutionen,
- Indikatorenbereich 16.3.a – Gute Regierungsführung.

Die Darstellung der Nachhaltigkeitsprüfung ist plausibel. Eine Prüfbitte ist daher nicht erforderlich.

Beratungsverlauf und Beratungsergebnisse im federführenden Ausschuss

Der Ausschuss für Arbeit und Soziales hat die Beratung des Gesetzentwurfs auf Drucksache 20/8344 sowie der Anträge auf den Drucksachen 20/6275 und 20/7642 in seiner 55. Sitzung am 27. September 2023 aufgenommen und die Durchführung einer öffentlichen Anhörung von Sachverständigen beschlossen.

Die Anhörung zu allen Vorlagen fand in der 58. Sitzung am 16. Oktober 2023 statt. An dieser haben folgende Verbände, Institutionen und Einzelsachverständige teilgenommen:

- Deutscher Gewerkschaftsbund
- Deutscher Verein für öffentliche und private Fürsorge e. V.
- Bundesvereinigung der Deutschen Arbeitgeberverbände e. V.
- WEISSER RING Gemeinnütziger Verein zur Unterstützung von Kriminalitätsopfern und zur Verhütung von Straftaten e. V.
- Deutsche Rentenversicherung Bund
- Deutscher Paritätischer Wohlfahrtsverband – Gesamtverband e. V.
- Sozialverband VdK Deutschland e. V.
- Deutscher Landkreistag
- Professor Dr. med. Jörg M. Fegert, Ulm

Die teilnehmenden Sachverständigen haben schriftliche Stellungnahmen abgegeben, die in der Ausschussdrucksache 20(11)412 zusammengefasst sind. Diese sowie weitere Einzelheiten der Sitzung können dem Protokoll der Sitzung entnommen werden.

Der Ausschuss für Arbeit und Soziales hat die Beratung über den Gesetzentwurf auf Drucksache 20/8344 in seiner 61. Sitzung am 8. November 2023 abgeschlossen. Dabei wurde der Änderungsantrag der Fraktionen SPD, BÜNDNIS 90/DIE GRÜNEN und FDP auf Ausschussdrucksache 20(11)414neu mit den Stimmen der Fraktionen SPD, CDU/CSU, BÜNDNIS 90/DIE GRÜNEN und FDP gegen die Stimmen der Fraktion DIE LINKE. bei Stimmenthaltung der Fraktion der AfD angenommen. [...]

Die Fraktion der der CDU/CSU begrüßte die Änderungen zur Erwerbsminderungsrente und die Anpassungen der Regelsätze in Gemeinschaftsunterkünften. Das Gesetzgebungsverfahren habe insgesamt einen Impuls gegeben, es sei aber auch eine Chance verpasst worden, sich der Grundsicherung im Alter und der Altersarmut intensiver anzunehmen. Die Regelungen nach dem SGB XIV seien dem Alltag der Leistungsberechtigten noch vor ihrem Inkrafttreten zum 1. Januar 2024 gemeinsam mit den Koalitionsfraktionen angepasst worden und sollten gemeinsam fortentwickelt werden. Dies betreffe insbesondere die Versorgungsmedizin-Verordnung, die Versorgung mit Traumaambulanzen und die Programme der Datenverarbeitung.

Die Fraktion BÜNDNIS 90/DIE GRÜNEN ergänzte, dass die neuen Regelungen insbesondere die Möglichkeiten, erwerbsgemindert beschäftigt zu sein oder einer Vollerwerbstätigkeit nachzugehen, flexibler gestalteten und damit neben wirtschaftlichen Aspekten der Sozialversicherung die Lebenschancen der Leistungsberechtigten nach dem SGB VI verbesserten. Auch würden die Lebensverhältnisse durch Angleichungen von Regelungen im SGB II und im SGB XII angeglichen. Im SGB XII sei zum Beispiel der Vermögensschonbetrag, also das Schonvermögen der Leistungsbeziehenden, in zwei Stufen mit dem Bundesteilhabegesetz und mit den Regelungen des Änderungsantrags erheblich erhöht worden.

Die Fraktion der FDP erläuterte, dass neben den gesetzestechnischen und klarstellenden Änderungen auch weitere inhaltliche Änderungen wie die Verlängerung des Eingliederungszuschusses und die Regelungen zum Wiedereingliederungsversuch bei Erwerbsminderungsrenten im Gesetzgebungsverfahren vorgenommen worden seien, die wesentliche Impulse setzen. Die unterschiedlichen Regelungen im SGB II und im SGB XII dienten unterschiedlichen Zielsetzungen. Zum einen seien dies Anreize, um Erwerbstätige wieder in den Arbeitsmarkt zu integrieren. Zum anderen gehe die Anrechnung von Vermögen und Einkommen dem Unterhalt des Staates für eine Grundsicherung im Alter und bei dauerhafter Erwerbsminderung vor. Das SGB XIV sei ebenso weiterzuentwickeln wie Entbürokratisierungsgesichtspunkte bei weiteren Anpassungen des Sozialgesetzbuches einzubeziehen sein.

Die Fraktion der AfD kritisierte die unterschiedlichen Regelungen, Vermögen im Alter oder im Erwerbsleben haben zu dürfen. Dies sei eine Verkennung der Lebensleistung, die wie im eigenen Antrag formuliert anzuerkennen sei. Daher sei der Vermögensschonbetrag für Barvermögen und aus Kapitaleinkünften für Beziehende von Leistungen nach dem SGB XII zu erhöhen und den Regelungen des SGB II anzugleichen. Auch sei das Gesetzesvorhaben zu bürokratisch bearbeitet, setze falsche Akzente und treffe nicht die wesentlichen notwendigen Änderungsbedarfe des Sozialgesetzbuches. Zu begrüßen seien die Regelungen zum Wiedereingliederungsversuch bei Erwerbsminderungsrenten.

Die Fraktion Die LINKE. betonte mit Verweis auf ihren Antrag, dass die Schlechterstellung älterer und erwerbsgeminderter Menschen in der Grundsicherung nicht nachvollziehbar und damit zu ändern sei. Die unterschiedliche Anrechnung von Einkommen aus Erwerbstätigkeit bei Beziehern von Bürgergeld und Sozialhilfe sei nicht nachzuvollziehen und die Argumentation nicht akzeptabel. Die Stellungnahmen des Deutschen Paritätischen Wohlfahrtsverbandes und des Sozialverbandes VdK Deutschland in der Anhörung hätten umfänglich bestätigt, das Einkommen und Vermögen von Leistungsbeziehenden nach dem SGB XII besser zu schützen seien und ein Mehrbedarf für ältere und erwerbsgeminderte Leistungsberechtigte festzulegen sei. Der Übergangzeitraum für Wiedereingliederungsversuche in der Erwerbsminderungsrente sei sinnvoll. Die Anrechnung von Verpflegung in Gemeinschaftsunterkünften schränke die Eigenverantwortung der Leistungsbeziehenden zu stark ein.

5 Begründung

I. § 60 SGB XIV – Erstattung an Krankenkassen

Die derzeit im Gesetz vorgesehene Spitzerstattung der Aufwendungen der Krankenkassen in den Jahren 2024 bis 2026, um eine valide Datengrundlage für eine Pauschalerstattung ab 2027 zu schaffen, ist nicht umsetzbar. Es fehlt insbesondere an entsprechenden automatisierten Datenaustauschverfahren. Es bedarf daher einer Anpassung der Regelungen des § 60 sowie einer alternativen Datenerhebung (siehe insbesondere § 60a neu). Außerdem werden weitere Regelungen des § 60 den Bedürfnissen der Praxis angepasst.

Absatz 1 regelt die Anwendbarkeit des § 60 für sämtliche Aufwendungen, die den Krankenkassen bei der Erbringung von Leistungen nach dem SGB XIV entstehen. Die nach aktueller Rechtslage in § 143 Absatz 5 und § 151 Absatz 2 enthaltenen Regelungen zur Erstattung der Aufwendungen und Zahlung einer Verwaltungskostenpauschale werden aufgehoben. Eine Änderung der materiellen Rechtslage ist damit nicht verbunden.

Absatz 2 sieht vor, dass die Aufwendungen der Krankenkassen für die Jahre 2024 bis 2029 pauschal abgegolten werden. Der Sache nach sollen die bisher nach § 20 Bundesversorgungsgesetz in direkter oder entsprechender Anwendung berechneten Pauschalen fortgeführt werden. Es bedarf jedoch einer Anpassung an die neue Terminologie des SGB XIV. Des Weiteren erfolgt die Anpassung an die Kostensteigerung im Gesundheitssystem nicht länger auf Grundlage einzelner Leistungsbereiche, sondern sämtlicher vom gesetzlichen Auftragsverhältnis umfassten Leistungsbereiche, d. h., die Kostensteigerungen werden genauer als nach aktueller Rechtslage abgebildet.

Die Pauschalbeträge für das Jahr 2024 werden einmalig um zehn Prozent erhöht. Grund hierfür ist, dass die Krankenkassen im Vergleich zur Rechtslage nach dem Bundesversorgungsgesetz ab dem 1. Januar 2024 auch Zahnersatz und weitere Heilmittel (Bewegungstherapie, Sprachtherapie, Beschäftigungstherapie, Arbeitstherapie) erbringen. Eine Erhöhung der Kosten im Bereich des Sozialen Entschädigungsrechts ist hiermit jedoch weder auf Bundes- noch auf Landesebene verbunden. Nach aktueller Rechtslage werden diese Leistungen ebenfalls erbracht, jedoch von der zuständigen Verwaltungsbehörde. Das SGB XIV führt insoweit also nicht zu einer Leistungsausweitung, sondern lediglich zu einer Verlagerung von Zuständigkeiten für die Leistungserbringung. Grundlage für die Berechnung des Erhöhungsbetrages waren daher die bisherigen Kosten der zuständigen Verwaltungsbehörde für selbsterbachte Leistungen der Heil- und Krankenbehandlung. Mangels spezifischer Daten erfolgte eine Schätzung: Im ersten Schritt wurden sämtliche Leistungen identifiziert, die auf Grundlage der einschlägigen Haushaltstitel finanziert werden. Im zweiten Schritt wurde der Anteil der Leistungen an den gesamten Aufwendungen anhand der Statistik zu den Leistungsanteilen in der gesetzlichen Krankenversicherung geschätzt. Im Ergebnis lag der Anteil der Leistungen, die ab 1. Januar 2024 von den Krankenkassen zu erbringen sind, bei geschätzt zehn Prozent der Pauschalbeträge.

Für den Vergleich der Zahl der Leistungsempfänger im Sinne von Absatz 2 Satz 4 im Rahmen der Festsetzung der Pauschalbeträge für das Jahr 2024 ist für den Stand zum 1. Juli des Vorjahres (2023) auf die Zahl der rentenberechtigten Geschädigten und Hinterbliebenen im Sinne der Terminologie des Bundesversorgungsgesetzes zurückzugreifen.

Da die Pauschalbeträge nach § 20 Bundesversorgungsgesetz oder Gesetzen, die § 20 Bundesversorgungsgesetz ganz oder teilweise in Bezug nehmen, seit rund 30 Jahren fortgeschrieben werden, kommt eine dauerhafte Anwendung dieser Regelungen nicht in Betracht. Ab 2030 wird es daher eine Pauschalabgeltung auf valider Datengrundlage, die in den Jahren 2024 bis 2029 geschaffen werden wird, geben (siehe Absatz 5).

Absatz 3 regelt die Aufteilung der Pauschalbeträge auf die Länder und die Zahlweise. Um Überzahlungen zu vermeiden, beträgt der Teilbetrag für das erste Halbjahr lediglich 40 Prozent der Pauschalbeträge des Vorjahres. Die Regelungen zur Kostentragung von Bund und Ländern des Kapitels 20 und der §§ 155, 156 werden durch Absatz 3 nicht berührt.

Absatz 4 sieht die Aufteilung der Pauschalbeträge durch den Spitzenverband Bund der Krankenkassen auf die Krankenkassen vor.

Absatz 5 regelt, dass für die Aufwendungen ab dem Jahr 2030 der Berechnung des Pauschalbetrages valide Daten zugrunde zu legen sind. Der Schaffung dieser Datengrundlage dient unter anderem die mit § 60a eingeführte Datenerhebung.

Absatz 6 sieht vor, dass das Nähere zu den pauschalen Erstattungsverfahren nach Absatz 2 und 5 in einer Verwaltungsvereinbarung geregelt wird.

Soweit es das Erstattungsverfahren nach Absatz 5 anbelangt, bedarf es neben verwaltungstechnischen Regelungen insbesondere Regelungen zur Konzeption des Pauschalbetrages (z. B. notwendige Datengrundlage über § 60a hinaus), dessen Festsetzung, Anpassung und Fortentwicklung sowie Aufteilung auf die Länder und die einzelnen Krankenkassen. Soweit erforderlich kann sich die Bundesstelle für Soziale Entschädigung durch Dritte (z. B. Gutachter) unterstützen lassen (siehe § 124 Absatz 6 SGB XIV n. F.).

Absätze 7 und 8 betreffen das derzeit in § 60 Absatz 4 und 5 geregelte Schiedsstellenverfahren. Die Änderungen sind moderat und betreffen insbesondere die Zusammensetzung der Schiedsstelle sowie verfahrenstechnische Konkretisierungen (z. B. Berechtigung zur Anrufung der Schiedsstelle, Geschäftsordnung). Außerdem wird die Beschränkung der Auslagenerstattung für die Mitglieder der Schiedsstelle entsprechend dem Bundesreisekostengesetz gestrichen. Wie die Praxis zeigt, können bei derartigen Beschränkungen insbesondere die notwendigen unabhängigen Mitglieder kaum gewonnen werden. Die Entschädigung kann, wie in der Praxis häufig anzutreffen, in einer Geschäftsordnung geregelt werden. Die Ehrenamtlichkeit der Tätigkeit in der Schiedsstelle bleibt hiervon unberührt. Sie steht einer Erstattung von Reisekosten und anderen Barauslagen sowie einer Entschädigung für den Zeitaufwand nicht entgegen.

Absatz 9 konkretisiert die bestehende Regelung dahingehend, dass nur soweit es ab dem Jahr 2030 an einer Regelung für die Festsetzung des Pauschalbetrages nach Absatz 5 fehlt, die an sich bis 2029 befristete Pauschale nebst Verteilungsverfahren weiter gilt. Außerdem wird die Verwaltungskostenpauschale im Sinne des Absatzes 10 in diesem Fall weiterhin auf Basis der an sich bis 2029 befristeten Pauschale berechnet.

Absatz 10 konkretisiert die bereits bisher bestehende Regelung zum Ersatz der Verwaltungskosten (§ 60 Absatz 2 a. F.) angesichts der Einführung einer befristet geltenden Pauschalabgeltung (§ 60 Absatz 3 n. F.). Es handelt sich um eine redaktionelle Folgeanpassung.

6 **II. § 60a – Datenerhebung**

Die Datenerhebung dient dem für die Umsetzung des SGB XIV notwendigen Datenaustausch sowie der Schaffung einer validen Datengrundlage für die Berechnung der Pauschale im Sinne des § 60 Absatz 5. Soweit möglich, erfolgt idealerweise ein maschineller Datenaustausch.

Nach Absatz 1 übermittelt die zuständige Verwaltungsbehörde der zuständigen Krankenkasse für die ab dem Inkrafttreten des SGB XIV am 1. Januar 2024 erstmals bewilligten Leistungen die enumerativ aufgezählten Daten und eine Kopie des aktuellen Anerkennungsbescheides. Dieses bundeseinheitliche Meldeverfahren ermöglicht den Krankenkassen eine rechtmäßige und bedarfsgerechte Leistungserbringung. Um eine zeitnahe Leistungserbringung zu ermöglichen, erfolgt die Meldung an die Krankenkasse unverzüglich nach Anerkennung des Leistungsanspruches. Die Vorschriften des Zweiten Kapitels des SGB X zum Sozialdatenschutz bleiben hiervon unberührt.

Nach Absatz 2 meldet die Krankenkasse der zuständigen Verwaltungsbehörde ihr bekannte Änderungen der Daten nach Absatz 1, um unter anderem eine zeitnahe Leistungserbringung zu gewährleisten.

Nach Absatz 3 gilt Absatz 1 mit einer Übergangsfrist bis zum 31. Dezember 2024 auch für bestimmte Personenkreise, die bereits vor dem 1. Januar 2024 Leistungen bezogen haben, nämlich Personen, die eine monatliche Entschädigungszahlung nach § 83 oder eine Geldleistung nach § 144 beziehen.

Absatz 4 sieht eine Datenübermittlung durch die Krankenkassen an die zuständige Verwaltungsbehörde vor, die sich auf Personen bezieht, die bereits vor dem 1. Januar 2024 Leistungen bezogen haben und von der Übermittlung nach Absatz 3 nicht erfasst werden. Die Regelung beschränkt sich auf Fälle, in denen die Krankenkassen von einer Anspruchsberechtigung im Sinne des § 143 Kenntnis erlangen. Eine Pflicht der Krankenkassen zur aktiven Ermittlung aller insoweit Anspruchsberechtigten besteht nicht.

Absatz 5 regelt, dass über die Absätze 3 und 4 hinausgehend auch die Daten derjenigen Personen übermittelt werden, die nach § 151 im Rahmen der Besitzstandsregelung auch für Nichtschädigungsfolgen Leistungen der Krankenbehandlung erhalten (Absicherung gegen Krankheit). Da diese Personen wie gesetzlich Krankenversicherte umfassend Leistungen von den Krankenkassen erhalten, sind die Krankenkassen in der Lage, diese Personen namentlich zu benennen. Die zuständige Krankenkasse meldet diese Personen der zuständigen Verwaltungsbehörde, damit diese der Krankenkasse die dort noch nicht vorliegenden Daten im Sinne des Absatzes 1 übermitteln kann. Da sowohl Krankenkassen als auch Verwaltungsbehörden Daten übermitteln, gilt für diesen Personenkreis ein Übergangszeitraum bis zum 31. Dezember 2025.

Absatz 6 regelt die Übermittlung von Daten, die als eine der Grundlagen für die Festsetzung eines validen Pauschalbetrages zur Erstattung der Aufwendungen der Krankenkassen im Sinne des § 60 Absatz 5 n.F. benötigt werden. Da die organisatorischen Voraussetzungen für diese Datenübermittlung erst noch geschaffen werden müssen, setzt diese erst im Jahr 2026 ein.

Absatz 7 sieht vor, dass die Bundesstelle für Soziale Entschädigung die nach Absatz 6 erhobenen Daten auswertet und diese Auswertung den beteiligten Akteuren zur Verfügung stellt. Die Auswertung beinhaltet insbesondere die Zusammenstellung der Daten zu einer bundesweiten Statistik und die Gliederung nach geeigneten Kriterien. Für diesen Zweck übermitteln die zuständigen Verwaltungsbehörden der Bundesstelle für Soziale Entschädigung die erforderlichen anonymisierten Daten. Sie dient zudem auch als eine der Grundlagen der Konzeption eines Pauschalbetrages nach § 60 Absatz 5.

Absatz 8 ermöglicht dem Spitzenverband Bund der Krankenkassen die in Absatz 6 vorgesehene Datenerhebung in anonymisierter Form auch über das Jahr 2028 hinaus fortzuführen. Ziel ist es, mithilfe dieser statistischen Daten eine angemessene Aufteilung des Pauschalbetrages nach § 60 Absatz 5 auf die Krankenkassen sicherzustellen.

§ 61
Erstattung an Unfallkassen der Länder

(1) Den Unfallkassen der Länder werden von der zuständigen Verwaltungsbehörde die Aufwendungen erstattet, die ihnen nach § 57 Absatz 5 entstehen.

(2) [1]Den Unfallkassen der Länder werden von der zuständigen Verwaltungsbehörde Verwaltungskosten in Höhe von 10 Prozent des Erstattungsbetrages nach Absatz 1 erstattet. [2]Die Höhe der Pauschale wird nach Ablauf von zwei Jahren nach Inkrafttreten der Regelung von den Trägern der Sozialen Entschädigung und der Deutschen Gesetzlichen Unfallversicherung e. V. evaluiert. [3]Diese treffen zu den Einzelheiten der Evaluierung eine Vereinbarung.

(3) [1]Die Länder können mit den Unfallkassen Vereinbarungen zur Durchführung des Verfahrens nach den Absätzen 1 und 2 treffen. [2]Haben die Vereinbarungen finanzielle Auswirkungen für den Bund, bedürfen sie der Zustimmung des Bundesministeriums für Arbeit und Soziales.

Erläuterungen

1 § 61 regelt die Erstattung von Aufwendungen und Verwaltungskosten an die Unfallkassen der Länder, die Leistungen der Krankenbehandlung nach § 46 erbringen.

2 Die **Unfallkassen der Länder** sind Träger der gesetzlichen Unfallversicherung für Beschäftigte des öffentlichen Dienstes in den Ländern. Sie sind

zuständig für die Prävention, Rehabilitation und Entschädigung von Arbeitsunfällen und Berufskrankheiten.

Die Versorgung mit Hilfsmitteln nach § 46 erbringt die zuständige Unfallkasse des Landes für die zuständige Verwaltungsbehörde. Sie erbringt auch die Leistungen nach § 53 (Reisekosten), die mit der Inanspruchnahme einer Hauptleistung nach § 46 in Zusammenhang stehen, z.B. die Fahrkosten zum Orthopädietechniker zur Anprobe der Prothese. 3

Nach § 57 Absatz 5 i. V. m. § 46 Abs. 1 sind die Unfallkassen der Länder im Auftrag der TdSE zuständig für die Erbringung von Hilfsmitteln und den Kleider- und Wäscheverschleiß. Erbringung und Abrechnung des Kleider- und Wäscheverschleißes sind noch nicht zwischen Auftraggeber und Auftragnehmer geregelt. Im Moment ist noch offen, ob die TdSE oder die Unfallversicherung den Kleider- und Wäscheverschleiß feststellen, gewähren und auszahlen. 4

Bislang war eine Regelung über die Kostenerstattung für Hilfsmittel nicht notwendig, da die Orthopädischen Versorgungsstellen als Teil der Versorgungsverwaltung nach § 24 Abs. 2 SGB I Hilfsmittel nach der Orthopädie-Verordnung erbrachten. 5

Nach **Abs. 1** werden den Unfallkassen der Länder diese Aufwendungen halbjährlich von der zuständigen Verwaltungsbehörde spitz erstattet. Die Höhe der Kostenerstattung richtet sich nach dem Recht und den Verträgen der Unfallkassen. Durch die halbjährliche Abrechnung soll der Verwaltungsaufwand reduziert werden. 6

Nach **Abs. 2** erhalten die Unfallkassen der Länder zusätzlich eine Erstattung von Verwaltungskosten in Höhe von 5 Prozent des Erstattungsbetrages nach Abs. 1. 7

Zur Zeit verhandeln TdSE und Unfallkassen der Länder über eine Erhöhung der Verwaltungskostenpauschale. 8

Nach **Abs. 3** können die Länder mit den Unfallkassen eine **Vereinbarung** zur Durchführung des Verfahrens nach Abs. 1 und 2 treffen. Die Vereinbarung regelt lediglich das Verfahren zur Erstattung der Kosten, die den Ländern durch die Durchführung der Bundesaufgaben entstehen. Die Höhe der Erstattung richtet sich nach dem tatsächlichen Aufwand, nicht nach einer Pauschale. Die Vereinbarung ist freiwillig und kann jederzeit gekündigt werden. Eine Schlichtungsstelle ist nicht vorgesehen, da die Vereinbarung keine materiellen Rechte und Pflichten begründet, sondern nur eine Verfahrensvereinfachung darstellt. 9

10 Die Vereinbarung bedarf der Zustimmung des Bundesministeriums für Arbeit und Soziales, wenn sie finanzielle Auswirkungen für den Bund hat. Das Erfordernis der Zustimmung schützt die finanziellen Interessen des Bundes, da der Bund beispielsweise die Kosten für Leistungen an Personen übernimmt, die im Ausland, auf einem deutschen Schiff oder einem deutschen Luftfahrzeug Opfer von Gewalt wurden. Darüber hinaus beteiligt sich der Bund nach Art. 104a Abs. 3 GG nicht an Sach-, sondern nur an Geldleistungen. Zur Verwaltungsvereinfachung sind im SGB XIV aber Pauschalen vorgesehen, die unabhängig von Geld- und Sachleistungen eine Kostenbeteiligung des Bundes an den Gesamtkosten und damit auch an den Hilfsmittelversorgungen festlegen (z. B. im pauschalierten Abrechnungsverfahren nach § 156). Dadurch sind die finanziellen Interessen des Bundes eigentlich immer betroffen.

11 Eine solche Vereinbarung wäre sicher sinnvoll, da weder die Auszahlung noch die Erstattung des Kleider- und Wäscheverschleißes oder der Ersatzleistungen nach der Rechtsverordnung nach § 31 Absatz 2 des Siebten Buches in der jeweils geltenden Fassung und den gemeinsamen Richtlinien der Verbände der Unfallversicherungsträger über die Hilfsmittelversorgung im Bereich der gesetzlichen Unfallversicherung nach § 31 Absatz 2 Satz 2 des Siebten Buches geregelt sind. Bei den Ersatzleistungen handelt es sich nicht um Sach- sondern um Geldleistungen, z. B. ein Kfz-Zuschuss oder die Kostenübernahme für den behindertengerechten Umbau eines Kfz. Auch die Zahlung und Erstattung der Fahrkosten nach § 53 ist noch nicht geklärt.

12 § 61 tritt am 1. Januar 2024 in Kraft. Anders als im Verhältnis zu den Krankenkassen ist im Auftragsverhältnis der Unfallkassen keine Pauschalerstattung, sondern eine dauerhafte Spitzabrechnung vorgesehen. Im Bereich der Hilfsmittel lassen sich die hierfür tatsächlich aufgewandten finanziellen Mittel regelmäßig ohne großen Verwaltungsaufwand eindeutig beziffern. Es handelt sich um wenige Fälle mit sehr großen Kostenschwankungen. In diesem Leistungssegment ist eine dauerhafte Spitzerstattung sinnvoll.

13 Der Kleider- und Wäscheverschleiß hingegen ist eine laufende monatliche Geldleistung, die für eine Spitzerstattung ungeeignet ist. Am besten wäre es, unabhängig davon, wer den Kleider- und Wäscheverschleiß gewährt, wenn der TdSE ihn zusammen mit der Überweisung der monatlichen Entschädigungszahlung nach § 83 auszahlen würde. Eine Pauschalierung ist nicht sinnvoll. Eine dauerhafte Spitzerstattung würde den Verwaltungsaufwand vergrößern und durch die Zahlung von Verwaltungskosten verteuern.

14 Bei der Leistungserbringung nach § 57 Abs. 5 handelt es sich – ebenso wie bei der Leistungserbringung durch die Krankenkassen nach § 57 Abs. 2

und 3 – um Auftragsverwaltung i. S. von § 93 SGB X. Deshalb gelten § 89 Abs. 3 und 5 SGB X sowie § 91 Abs. 1 und 3 SGB X entsprechend. Auf Verlangen der beauftragten Landesunfallkasse hat der TdSE nach § 91 Abs. 3 SGB X für die zur Ausführung des Auftrags erforderlichen Aufwendungen einen angemessenen Vorschuss zu zahlen. Es handelt sich dabei um Abschlagszahlungen für den tatsächlich entstehenden Aufwand. Nach der Gesetzesbegründung soll eine Abschlagszahlung über § 91 Abs. 3 SGB X hinaus auch auf Verlangen der Verwaltungsbehörde möglich sein. Abschlagszahlungen sind in diesem Leistungsbereich noch weniger sinnvoll als nach § 80 gegenüber den Pflegekassen.

Kapitel 6
Leistungen zur Teilhabe

§ 62
Leistungsumfang

[1]Leistungen zur Teilhabe sind

1. **Leistungen zur Teilhabe am Arbeitsleben sowie unterhaltssichernde und andere ergänzende Leistungen,**
2. **Leistungen zur Teilhabe an Bildung,**
3. **Leistungen zur Sozialen Teilhabe und**
4. **Leistungen zur medizinischen Rehabilitation.**

[2]Handelt es sich bei den Leistungen nach Satz 1 Nummer 1 bis 3 um eine Versorgung mit Hilfsmitteln, werden diese entsprechend § 46 Absatz 1 Satz 1 Nummer 1 und Absatz 2 erbracht. [3]Die §§ 56 und 57 Absatz 5, die §§ 58 und 59 Absatz 2 und § 61 gelten entsprechend. [4]Die Leistungen nach Nummer 4 einschließlich der erforderlichen unterhaltssichernden und anderen ergänzenden Leistungen werden im Rahmen der Leistungen der Krankenbehandlung nach Kapitel 5 erbracht.

Erläuterungen

Übersicht **Rn.**

A. Allgemeines zu der Norm

I. Textgeschichte/Gesetzgebungsmaterialien

1 Nach der Gesetzesbegründung liegt der Normzweck in der Darstellung, welche Leistungen zur Teilhabe nach dem SGB XIV erbracht werden.

II. Vorgängervorschriften

2 Die Vorschrift knüpft an § 25b Absatz 1 Satz 1 BVG an, der in Absatz 1 ebenfalls eine Auflistung der nach dem BVG in Betracht kommenden fürsorgerischen Leistungen enthält. Die in den weiteren Absätzen des § 25b enthaltenen Bestimmungen, die das Leistungsverhältnis betreffen, sind nicht Bestandteil von § 62.

III. Systematische Zusammenhänge

3 Die Norm leitet das Sechste Kapitel der Leistungen zur Teilhabe ein und ist damit quasi programmatisch für den Leistungskanon der Teilhabeleistungen des SGB XIV.

B. Auslegung der Norm

I. Regelungsinhalt und Bedeutung der Norm

4 Die Vorschrift stellt klar, dass Leistungen zur Teilhabe am Arbeitsleben sowie unterhaltssichernde und andere ergänzende Leistungen, Leistungen zur Teilhabe an Bildung, Leistungen zur Sozialen Teilhabe und Leistungen zur medizinischen Rehabilitation diejenigen Leistungsangebote des SGB XIV sind, die der Gesetzgeber für die Betroffenen vorsieht. Abzugrenzen nach Satz 2 ist hiervon, dass die Leistungen zur medizinischen Rehabilitation abweichend auf der Grundlage der Regelungen des Kapitels 5 zur Krankenbehandlung (§§ 41 bis 53) erbracht werden. Damit bleiben die Leistungen zur medizinischen Rehabilitation zwar Teilhabeleistungen im Rechtssinne, sie werden allerdings im Rahmen der Krankenbehandlung erbracht, was seinen Grund in der im Fünften Kapitel sehr detailreichen Regelungen entsprechender Ansprüche haben dürfte.

Die Leistungen des Sechsten Kapitels werden nach § 25 für schädigungsbedingte Bedarfe erbracht, wodurch ein gewisser Gleichlauf mit § 25a Absatz 12 BVG entsteht. Die Teilhabeleistungen sind solche sui generis und nicht vom Bezug von Entschädigungszahlungen des Gesetzes abhängig, allerdings müssen die Voraussetzungen der Eröffnung des Anwendungsbereichs des Gesetzes nach § 4 Absatz 1 erfüllt sein.

Ein wesentlicher Unterscheid zum Vorgängerrecht besteht darin, dass die Leistungen zur Teilhabe, auch die Leistungen zur Sozialen Teilhabe ohne den Einsatz von Einkommen und Vermögen erbracht werden[446]. Ihrer Rechtsnatur nach sind die SGB XIV-Teilhabeleistungen separiert von den Fürsorgeleistungen des Vorgängerrechts.

II. Normzweck

Der Zweck der Norm ist einerseits die kataloghafte Auflistung der Teilhabeleistungen, andererseits deren Abgrenzung gegenüber den Leistungen außerhalb des Sechsten Kapitels – mit Ausnahme derjenigen nach Nummer 4 (s. o.). 5

§ 63
Leistungen zur Teilhabe am Arbeitsleben

(1) Geschädigte erhalten als Leistungen zur Teilhabe am Arbeitsleben

1. **Leistungen nach den §§ 49 bis 55 des Neunten Buches,**
2. **Leistungen im Eingangsverfahren und im Berufsbildungsbereich einer anerkannten Werkstatt für behinderte Menschen nach § 57 des Neunten Buches,**
3. **Leistungen im Arbeitsbereich einer anerkannten Werkstatt für behinderte Menschen nach § 58 des Neunten Buches einschließlich des Arbeitsförderungsgeldes nach § 59 des Neunten Buches,**
4. **Leistungen bei anderen Leistungsanbietern nach § 60 des Neunten Buches,**
5. **ein Budget für Arbeit nach § 61 des Neunten Buches und**
6. **ein Budget für Ausbildung nach § 61 a des Neunten Buches.**

(2) Die Leistungen zur Teilhabe am Arbeitsleben umfassen zudem Leistungen zum Betrieb, Unterhalt, Unterstellen und Abstellen eines Kraftfahrzeuges.

(3) Hinterbliebene erhalten Leistungen zur Teilhabe am Arbeitsleben, soweit der Antrag innerhalb eines Zeitraums von fünf Jahren nach dem Tod des oder der Geschädigten gestellt wird.

446 Und damit in ausdrücklicher Abkehr der Regelungen des §§ 25cff. BVG.

Erläuterungen

Übersicht **Rn.**

A. Allgemeines zu der Norm

I. Textgeschichte/Gesetzgebungsmaterialien

1 § 63 setzt die im SER bereits tradierten Regelungen für Teilhabe am Arbeitsleben im SGB XIV nahezu nahtlos fort und passt diese im Kern an die durch die Strukturen des Bundesteilhabegesetzes vorgegebenen und hieraus abgeleitete Systematik an.

II. Vorgängervorschriften

2 Die Vorschrift steht in der Nachfolge bisheriger Regelungen in § 26 BVG und von Abschnitt 1 (§§ 1 bis 17) der KFürsV zur Teilhabe am Arbeitsleben.

III. Systematische Zusammenhänge

3 Anders als im Vorgängerrecht finden sich die Leistungen nunmehr nicht mehr in einer Rechtsverordnung, sondern im Gesetz selbst, wodurch eine gewisse Stärkung ihres Rechtscharakters erkennbar wird, sicherlich aber auch der Wunsch des Gesetzgebers deutlich wird, das – immer noch verschachtelte – Recht der Sozialen Entschädigung klarer und anwenderfreundlicher zu strukturieren.

B. Auslegung der Norm

I. Regelungsinhalt und Bedeutung der Norm

Nach Absatz 1 erhalten Geschädigte Leistungen zur Teilhabe am Arbeitsleben. Eine Zuordnung der Leistungen erfolgt dabei auf die entsprechenden Regelungen der §§ 49 ff. Dies geschieht mittels einer Rechtsfolgen- und einer Rechtsgrundverweisung. Insoweit grenzt sich das SGB XIV – sehr bewusst – vom Behinderungsbegriff des SGB IX[447] ab, dessen Erfüllung nicht Voraussetzung ist. 4

1. Leistungen nach Absatz 1 Nummer 1

Die Leistungen beinhalten ambulante und stationäre Maßnahmen. Zudem werden Leistungen an den Arbeitgeber des Geschädigten erbracht. Nach § 70 richten sich Art, Ausmaß und Dauer der Leistungen zur Teilhabe am Arbeitsleben nach der Besonderheit des Einzelfalles sowie der Art des Bedarfs[448]. Kernelement ist das im SGB IX – zwischenzeitlich – etablierte Wunsch- und Wahlrecht des Betroffenen, das in § 69 eigens Erwähnung findet. 5

Die Leistungen zur Teilhabe am Arbeitsleben ergeben sich aus der nicht enumerativen Aufzählung in § 49 Absatz 3 SGB IX.

Die berufliche Ausbildung, die den in der Regel ersten Zugang zum Arbeitsmarkt ermöglichen soll, ist von der beruflichen Weiterbildung, die z. B. bei einer bereits abgeschlossenen Berufsausbildung des Betroffenen in Betracht kommt, abzugrenzen. Auch eine akademische Ausbildung ist vom Anwendungsbereich ausdrücklich umfasst[449]. Für jede Form der Ausbildung besteht grundsätzlich ein umfassender Anspruch auf Erstattung der hierfür notwendigen Kosten. Dies gebietet der entschädigungsrechtliche Charakter der Leistung und verbietet Leistungskürzungen, die den Erfolg der Ausbildung gefährden können. Hierzu zählen auch Kosten, die z. B. für die Beförderung erforderlich sind und selbstredend notwendige, v. a. behinderungsbedingt notwendige Ausbildungsplatzausstattungen, bis hin zu einer Arbeits- (bzw. dann eher Ausbildungs-)Assistenz. 6

---

447 § 2 Absatz 1 SGB IX.

448 BT-Drs. 19/13824, S. 198.

449 Vgl. hierzu Judikaturhinweise in Schmidt in SGB XIV Soziale Entschädigung, 1. Auflage 2021 Rn 8 ff. zu § 63.

2. Leistungen nach Absatz 1 Nummer 2 und 3

7 Danach besteht die Möglichkeit der Förderung in einer Werkstatt für Menschen mit einer Behinderung. Solche Maßnahmen bestehen zumeist aus den folgenden Elementen:

- Leistungen im Eingangsverfahren nach §§ 57 Absatz 1 und 2 SGB IX zur Feststellung der Geeignetheit der Werkstatt bzw. der Maßnahme an sich für längstens drei Monate,
- im Berufsbildungsbereich nach §§ 57 Absatz 3 und 4 SGB IX, mit dem Ziel einer Entwicklung, Verbesserung und Wiederherstellung der Leistungsfähigkeit für längstens zwei Jahre[450] und
- im Arbeitsbereich nach § 58 SGB IX, wenn die Beschäftigung auf dem ersten (bzw. dem allgemeinen) Arbeitsmarkt[451] nicht möglich ist, der Betroffene aber prognostisch ein Mindestmaß wirtschaftlich verwertbarer Arbeitsleistung erbringen kann[452]. Insoweit ist, kann und sollte nach den Grundsätzen des SGB IX der Aspekt der Nützlichkeit der Tätigkeit des Geschädigten in den Mittelpunkt der Überlegungen gestellt werden. Die Erbringung dieser Leistung unterliegt – anders als im Eingangs- und Berufsbildungsbereich – keiner zeitlichen Einschränkung, sie soll vielmehr solange erbracht werden, wie es im Einzelfall erforderlich ist, d. h. bis zu einer Möglichkeit der Beschäftigung auf dem allgemeinen Arbeitsmarkt oder bis zum Erreichen einer Altersgrenze zur Inanspruchnahme einer Altersrente aus der gesetzlichen Rentenversicherung

3. Leistungen nach Absatz 1 Nummer 4

8 Grundsätzlich besteht eine Wahlfreiheit, bei welchem Anbieter Betroffene die Leistungen in Anspruch nehmen; insoweit gelten für die anderen Leistungsanbieter dieselben Regelungen wie für eine Werkstatt für Menschen mit Behinderungen. Ratio dieser Regelung ist es, die Vielfalt aller Anbieter abzudecken und v. a. ein für den Betroffenen möglichst passgenaues Angebot zu finden. Dieser Aspekt kann im Sozialen Entschädigungsrecht besondere Bedeutung bekommen, wenn Betroffene z. B. an einer komplexen posttraumatischen Belastungsstörung leiden und es spezielle Anbieter gibt, die ein (Arbeits)Umfeld für diese Art der Erkrankung vorsehen. Allerdings müssen andere Anbieter zwingend berufliche Bildung oder Beschäftigung anbieten und dabei rehabilitative Ziele verfolgen.

450 Wenn und soweit die Voraussetzungen des § 219 Absatz 2 SGB IX (Mindestmaß an wirtschaftlich verwertbarer Arbeitsleitung) vorliegen.

451 Einschließlich der Beschäftigung in einem Inklusionsbetrieb.

452 Nach der hierzu entwickelten auch älteren Rechtsprechung ist der Aspekt der Wirtschaftlichkeit insoweit nicht entscheidend, sodass der Maßstab als niedrig angesehen werden kann.

4. Leistungen nach Absatz 1 Nummer 5

Das Budget für Arbeit als Eingliederungshilfeaspekt[453] soll als Ausgleich der erforderlichen Kompensation für die schädigungsbedingt erforderlichen Maßnahmen, namentlich z.B. Anleitung und Begleitung des Betroffenen in der Arbeitssituation fungieren. Das Nähere regelt § 61 Absatz 2 SGB IX unmittelbar, wobei nach dessen Satz 3 – und dies dürfte für SGB XIV gleichermaßen bedeutsam sein – sich Dauer und Umfang der Leistungen nach den Umständen des Einzelfalles richten und bestimmen. 9

V.a. um Leistungsmissbrauch zu verhindern, kommt das Budget für Arbeit nach § 61 Absatz 3 SGB IX nicht in Betracht, wenn zu vermuten steht, dass der Arbeitgeber die Beendigung eines anderen Beschäftigungsverhältnisses veranlasst hat, um durch die ersatzweise Einstellung eines Geschädigten den Lohnkostenzuschuss zu erhalten.

5. Leistungen nach Absatz 1 Nummer 6

Durch das Gesetz zur Anpassung des Zwölften und des Vierzehnten Buches Sozialgesetzbuch und weiterer Gesetze vom 22.12.2023[454] ist das Budget für Ausbildung nach § 61a SGB IX in den Katalog der Norm aufgenommen worden. Dies erfolgte im Hinblick darauf, dass mit dem Gesetz zur Entlastung unterhaltspflichtiger Angehöriger in der Sozialhilfe und der Eingliederungshilfe vom 10.12.2019[455] das Budget für Arbeit als weitere Leistung der Teilhabe am Arbeitsleben aufgenommen wurde. SGB XIV-Geschädigte können im wesentlichen dieselben Leistungen zur Teilhabe am Arbeitsleben wie Menschen mit (vom SGB XIV unabhängiger) Behinderung beanspruchen, sodass § 63 entsprechend zu erweitern war. 10

Nach Absatz 2 umfassen die Leistungen zur Teilhabe am Arbeitsleben auch Leistungen zum Betrieb, Unterhalt, Unterstellen und Abstellen eines Kraftfahrzeugs. Diese Regelung folgt § 10 Absatz 2 Satz 1 KFürsV und eröffnet entsprechend § 49 Absatz 8 Satz 1 Nr. 1 SGB IX den Anwendungsbereich zur Kraftfahrzeughilfe-Verordnung.[456] Diese umfasst entsprechend § 2 KfzHV Leistungen 11

- zur Beschaffung eines Kraftfahrzeugs,
- für eine behinderungsbedingte Zusatzausstattung und
- zur Erlangung einer Fahrerlaubnis.

453 § 61 SGB IX.
454 BGBl. I Nr. 408.
455 BGBl. I S. 2135, 2137.
456 BGBl. I S. 2251 mit Änderungen.

12 Zusätzlich werden entsprechend § 63 Absatz 2 SGB XIV folgende Aufwendungen ersetzt:

- Leistungen zum Betrieb,
- Unterhalt,
- Unterstellen und Abstellen eines Kraftfahrzeuges.

Entsprechend Absatz 3 erhalten auch die Hinterbliebenen eines Geschädigten Leistungen zur Teilhabe am Arbeitsleben. Anknüpfungspunkt dieses – an sich zunächst nicht selbsterklärenden – Anspruchs ist, dass der bei Hinterbliebenen bestehende Teilhabebedarf ursächlich durch die Schädigungsfolgen des Verstorbenen bzw. dessen Tod selbst entstanden ist. Hinterbliebene im Sinne dieser Regelung sind:

- Witwen und Witwer,
- Waisen und in den Haushalt des Verstorbenen aufgenommene Stiefkinder sowie Pflegekinder,
- Eltern und
- Betreuungsunterhaltsberechtigte einer an den Folgen der Schädigung verstorbenen Person.

13 Weitere Voraussetzung ist, dass der Antrag innerhalb von fünf Jahren nach dem Tod des Geschädigten gestellt wird. Diese Regelung zeigt die Ratio dieser Norm, nämlich den notwendigen Ursachenzusammenhang zwischen den Folgen des geschützten Ereignisses und dem Bedarf der Integration in den Arbeitsmarkt, deutlich auf[457]. Innerhalb der Maßnahme selbst, d.h. wenn diese einmal begonnen wurde, gibt es allerdings keine Höchstdauer, sodass eine einmal bewilligte Maßnahme so lange fortzusetzen ist, bis ihr gesetztes Ziel erreicht ist, bzw. ein Rentenanspruch aus der gesetzlichen Rentenversicherung entsteht.

§ 64
Unterhaltssichernde und andere ergänzende Leistungen

(1) [1]Geschädigte und Hinterbliebene, die Leistungen zur Teilhabe am Arbeitsleben nach § 63 erhalten, erhalten auch die folgenden unterhaltssichernden und anderen ergänzenden Leistungen:

1. **Übergangsgeld nach § 65 Absatz 3, 4 und 7 des Neunten Buches sowie nach den §§ 66 bis 72 des Neunten Buches oder Unterhaltsbeihilfe unter den Voraussetzungen des Absatzes 3,**
2. **Reisekosten nach § 73 des Neunten Buches und**

457 BT-Drs. 19/13824, S. 199.

3. Haushalts- oder Betriebshilfe und Kinderbetreuungskosten nach § 74 des Neunten Buches.

[2]Übergangsgeld nach Satz 1 Nummer 1 wird nicht erbracht beim Bezug von Leistungen im Arbeitsbereich einer anerkannten Werkstatt nach § 63 Absatz 2 des Neunten Buches oder beim Bezug von Leistungen nach § 63 Absatz 3 Satz 2 des Neunten Buches.

(2) Für die Berechnung des Übergangsgeldes während der Teilnahme an Leistungen zur Teilhabe am Arbeitsleben ist Leistungsbemessungsgrenze im Sinne des § 67 Absatz 4 des Neunten Buches der 360. Teil der jährlichen Beitragsbemessungsgrenze der allgemeinen Rentenversicherung.

(3) [1]Geschädigte und Hinterbliebene, die vor Beginn der Leistung zur Teilhabe am Arbeitsleben nicht erwerbstätig gewesen sind, erhalten anstelle des Übergangsgeldes Unterhaltsbeihilfe. [2]§ 71 Absatz 3 und Absatz 4 Satz 1 des Neunten Buches ist anzuwenden. [3]Für die Bemessung der Unterhaltsbeihilfe ist § 93 entsprechend anzuwenden mit der Maßgabe, dass in Fällen des Verbleibs in der eigenen Unterkunft der monatliche Regelbedarf das Zweifache der jeweils maßgebenden Regelbedarfsstufe nach der Anlage zu § 28 des Zwölften Buches beträgt.

(4) [1]Geschädigten und Hinterbliebenen, die nicht rentenversicherungspflichtig oder von der Rentenversicherungspflicht befreit sind, werden für die Zeit, in der sie Übergangsgeld erhalten, die Aufwendungen für die Alterssicherung erstattet. [2]Die Erstattung erfolgt bis zur Höhe der Beiträge, die für die Zeit, in der die Geschädigten und Hinterbliebenen Übergangsgeld beziehen, zur gesetzlichen Rentenversicherung zu entrichten wären, wenn die Geschädigten und Hinterbliebenen rentenversicherungspflichtig wären. [3]Aufwendungen für die Alterssicherung sind insbesondere

1. freiwillige Beiträge zur gesetzlichen Rentenversicherung,
2. Beiträge zu öffentlich-rechtlichen berufsständischen Versicherungs- und Versorgungseinrichtungen sowie
3. Beiträge zu öffentlichen oder privaten Versicherungsunternehmen auf Grund von Lebensversicherungsverträgen, die der Alterssicherung dienen.

(5) § 64 Absatz 2 Satz 1 des Neunten Buches gilt für Geschädigte und Hinterbliebene entsprechend.

Erläuterungen

Übersicht — **Rn.**

A. Allgemeines zu der Norm

I. Vorgängervorschriften

1 § 64 entspricht für Geschädigte im Kern § 26 Absatz 4 BVG und entwickelt für Hinterbliebene die Vorschrift § 26 Absatz 6 BVG[458] fort.

II. Systematische Zusammenhänge

2 Die Norm soll den Anwendungsbereich der unterhaltssichernden und ergänzenden Leistungen nicht einschränken[459], für die Hinterbliebenen werden die Leistungen immer erbracht, wenn sie Leistungen zur Teilhabe am Arbeitsleben erhalten. Insoweit erweitert § 64 den Anwendungsbereich gegenüber § 26 Absatz 6 BVG nicht unerheblich und stärkt die Rechtsposition der Hinterbliebenen spürbar.

B. Auslegung der Norm

3 Nach Absatz 1 beinhaltet der Katalog der Norm folgende über § 63 hinausgehende Leistungsarten:

- Übergangsgeld nach § 65 Absatz 3, 4 und 7 sowie §§ 66 bis 72 SGB IX,
- Reisekosten nach § 73 SGB IX und
- Haushalts- oder Betriebshilfe und Kinderbetreuungskosten nach § 74 SGB IX sowie
- Unterhaltsbeihilfe nach § 64 Absatz 3

Insoweit finden die genannten Regelungen des SGB IX unmittelbar Anwendung. Die Unterhaltsbeihilfe, die anstelle des Übergangsgeldes gezahlt wird, stellt eine Sonderform der Hilfe für Geschädigte und Hinterbliebene dar, die vor Beginn der Leistung zur Teilhabe am Arbeitsleben nicht erwerbstätig gewesen sind, und knüpft an § 26a Absatz 3 Satz 1 BVG an.

458 BT-Drs. 19/13824, Seite 2.
459 BT-Drs. 19/23824, Seite 199.

I. Übergangsgeld nach Absatz 1 Nummer 1 und Absatz 2

Der Anspruch an sich ergibt aus Absatz 1. Absatz 2 verweist bezüglich der Höhe in das SGB IX. 4

Definitorisch ist das Übergangsgeld nach den §§ 64 bis 74 SGB IX eine Entgeltersatzleistung die die Berechtigten während der Teilnahme an rehabilitativen Maßnahmen[460] erhalten können. Der Begriff des Übergangsgeldes existierte neben in § 26a Absatz 3 Satz 1 BVG bereits im Vorgängerrecht im Gesetz über die Angleichung der Leistungen zur Rehabilitation[461] und stellt mithin eine ebenso tradierte wie für die Betroffenen wichtige Leistung zur Absicherung der finanziellen Aufwände während der Teilnahme an einer Bildungs- bzw. Rehabilitationsmaßnahme. 5

Zur Höhe des Übergangsgeldes gelten grundsätzlich die Bestimmungen des SGB IX. Für die Leistungen nach dem SGB XIV ist § 66 Absatz 1 Satz 4 SGB IX einschlägig, nach dem das Übergangsgeld 80 % der Berechnungsgrundlage beträgt, wenn die Leistungsempfänger eine der Voraussetzungen von § 66 Absatz 1 Satz 3 Nummer 1 (Leistungsempfänger ein Kind im Sinne des Einkommensteuerrechts haben) erfüllen, und im Übrigen 70 % der Berechnungsgrundlage. Damit liegen die SGB XIV-Sätze über denen anderer Rehabilitationsträger, bei deren Zuständigkeit 75 % bzw. 68 % der Berechnungsgrundlage zu zahlen sind. Die gewollte Leistungsprivilegierung der Berechtigten des Sozialen Entschädigungsrechts gegenüber den übrigen Sozialsystemen setzt sich insoweit auch hier fort. 6

Wie zur Höhe des Übergangsgeldes enthält das SGB IX dann in § 71 auch Regelungen zu Weiterzahlungen z. B. in den Fällen gesundheitsbedingter Unterbrechung der Maßnahme oder nach deren Abschluss bei Arbeitslosigkeit. 7

II. Reisekosten nach Absatz 1 Nummer 2

Als Reisekosten gelten die erforderlichen *Fahrtkosten, Verpflegungskosten* und *Übernachtungskosten* soweit sie in Zusammenhang mit der Teilnahme an einer Maßnahme als Leistung zur Teilhabe am Arbeitsleben entstehen bzw. entstanden sind. Hierbei sind auch die Kosten zu erstatten, die für besondere Beförderungsmittel, deren Inanspruchnahme wegen der Art oder Schwere der anerkannten Schädigungsfolgen erforderlich ist, entstehen. Entsprechendes gilt für eine wegen der Schädigungsfolgen erforderlichen 8

460 Gilt nach § 44 SGB IX auch für eine stufenweise Wiedereingliederung in das Arbeitsleben nach den sog. „Hamburger Modell".

461 BGBl. I S. 1881, aufgehoben mit dem SGB IX zum 1.7.2001.

Begleitperson. Zudem die Kosten für Kinder, deren Mitnahme an den Rehabilitationsort erforderlich ist, weil ihre anderweitige Betreuung nicht sichergestellt ist. Letztlich auch die Kosten eines erforderlichen Gepäcktransports. Die Regelungen ergeben sich im Übrigen konkret aus § 73 SGB IX. Die SGB XIV-Berechtigten unterfallen damit den – im Übrigen vollständigen – Regelungen des SGB IX. Lücken im Anwendungsbereich dieser Regelungen sind jedenfalls nicht bekannt geworden.[462]

III. Haushalts- oder Betriebshilfe und Kinderbetreuungskosten nach Absatz 1 Nummer 3

9 Voraussetzung für die Haushaltshilfe nach § 74 Absatz 1 SGB IX ist die kumulative Erfüllung folgender Prämissen:

- den Leistungsempfängern ist wegen der Teilnahme an einer Maßnahme die Weiterführung des Haushalts nicht möglich,
- eine andere im Haushalt lebende Person kann den Haushalt nicht weiterführen und
- im Haushalt ein lebt Kind, das bei Beginn der Haushaltshilfe noch nicht zwölf Jahre alt ist oder wenn das Kind eine Behinderung hat und auf Hilfe angewiesen ist.

10 Regelhaft werden entgegen der gesetzlichen Formulierung („Haushaltshilfe wird geleistet …") jedenfalls die für das SGB XIV zuständigen Durchführungsbehörden der Länder keine personelle Hilfe in Form einer Haushaltshilfe „zur Verfügung" stellen können bzw. ist dies unter Umständen vom Berechtigen auch gar nicht gewünscht. Insoweit dürfte in der Mehrzahl der Fälle eine Kostenerstattung auf der Grundlage der Regelung stattfinden.

11 In Übertragung der Regelung des § 38 Absatz 4 SGB V, der nach § 74 Absatz 1 Satz 2 SGB IX entsprechend gilt, werden grundsätzlich keine Kosten übernommen, wenn Verwandte und Verschwägerte bis zum zweiten Grad die Haushaltsführung des Geschädigten übernehmen, Abweichendes gilt nur für die erforderlichen Fahrkosten und einen Verdienstausfall, wenn die Erstattung solcher Kosten in einem angemessenen Verhältnis zu den sonst für eine Ersatzkraft entstehenden Kosten steht. Verwandte und Verschwägerte bekommen folglich keine Entlohnung für die Haushaltsführung an sich, allerdings fördert der Gesetzgeber durchaus deren Tätigwerden, indem er sie von einem Verdienstausfall freihält und ihnen die erforderlichen Fahrkosten ersetzt.

462 Die jüngere Judikatur befasst sich im Wesentlichen mit Einzelfragen, zumeist zur Frage, ob es sich bei bestimmten Maßnahmen um solche der medizinischen Rehabilitation handelt oder nicht.

Die Kosten für die Mitnahme eines Kindes zu einer rehabilitativen Maßnahme werden nach Absatz 1 erstattet, wenn der Geschädigte es anstelle der Versorgung im Haushalt, z.B. durch eine Haushaltshilfe, mit zu der Maßnahme nimmt. Folgerichtig gilt dies auch für die Kosten, die dadurch entstehen, dass das Kind anderweitig untergebracht wird. Der insoweit etwas unbestimmte Begriff der anderweitigen Unterbringung erfährt seine Grenzen darin, dass nur Kosten für Kinderbetreuung bis zu einem Betrag von 160 € je Kind und Monat übernommen werden und wenn dies durch die Ausführung einer Leistung zur Teilhabe am Arbeitsleben unvermeidbar ist. In diesem Fall werden dann allerdings keine Kosten für eine Haushaltshilfe usw. zusätzlich erstattet. 12

Betriebshilfen, die eine Sonderform der agrarsozialen Sicherung darstellen, können entsprechend § 74 Absatz 4 SGB IX gewährt werden. Sie wird als „Zurverfügungstellung“ (siehe hierzu Ausführungen zu Haushaltshilfen) einer Ersatzkraft oder durch Erstattung der Kosten für eine selbst beschaffte Ersatzkraft in angemessener Höhe gewährt. Wie bereits zu § 74 Absatz 1 Satz 2 SGB IX zu den Haushaltshilfen oben ausgeführt, werden Kosten auch bei der Betriebshilfe nicht erstattet, wenn Verwandte und Verschwägerte bis zum zweiten Grade tätig werden; allerdings können auch hier die erforderlichen Fahrkosten und der Verdienstausfall erstattet werden, wenn die Erstattung in einem angemessenen Verhältnis zu den sonst für eine Ersatzkraft entstehenden Kosten steht. Die Regelungen der Betriebshilfe dürften zurückgehende Praxisrelevanz haben, allerdings kann hier der Aspekt der mithelfenden Familienangehörigen – ebenso wie bei der Haushaltshilfe – von großer Bedeutung und für die Betroffenen sehr hilfreich sein. In beiden Fallgestaltungen dürfte sich eine umfassende Beratung der Geschädigten durch die Durchführungsbehörden in einschlägigen Konstellationen daher dringend anbieten, da erfahrungsgemäß die Hemmschwelle, Angehörige in der eigenen Häuslichkeit oder den eigenen Betrieb tätig werden zu lassen, gegenüber Dritten deutlich niedriger sein dürfte. Zudem kann jedenfalls in einer nicht geringen Anzahl an denkbaren Konstellationen der den Arbeitsmarkt seit Längerem prägende Fach- bzw. allgemeine Arbeitskräftemangel der Beschäftigung eines Außenstehenden entgegenstehen und die Mithilfe von Angehörigen nahelegen bzw. unter Umständen sogar unumgänglich machen[463]. 13

463 In diesem Zusammenhang ist allerdings zu berücksichtigen, dass zwischen dem Geschädigten und dem mithelfenden Angehörigen faktisch ein Subordinationsverhältnis entsteht, das charakterisierend ist. Insoweit dürfte es sich anbieten, Maßstäbe, die für ähnliche Konstellationen, wie z.B. § 35 Absatz 2 BVG, entwickelt worden sind, auch insoweit zur Anwendung zu bringen, siehe hierzu u.a. Vogl in: Gesamtes Soziales Entschädigungsrecht, 1. Auflage 2012, Rn 35 zu § 35 BVG.

IV. Unterhaltsbeihilfe nach Absatz 3

14 Die Unterhaltsbeihilfe stellt eine Sonderform der finanziellen Unterstützung dar und ersetzt das Übergangsgeld für SGB XIV-Berechtigte. Während § 65 Absatz 5 SGB IX dies im Anwendungsbereich des SGB IX bei einer erstmaligen beruflichen Ausbildung, einer berufsvorbereitenden Bildungsmaßnahme, einer betrieblichen Qualifizierung im Rahmen unterstützter Beschäftigung, im Eingangsverfahren sowie im Berufsbildungsbereich der Werkstätten für Menschen mit Behinderungen und anderen Leistungsanbietern, vorsieht, beschränkt § 64 Absatz 3 dies nicht auf bestimmte Maßnahmen, sondern öffnet den Anwendungsbereich derart, dass die Unterhaltsbeihilfe für Geschädigte und Hinterbliebene, die vor Beginn der Leistung zur Teilhabe am Arbeitsleben nicht erwerbstätig gewesen sind, eingreift. Der Gesetzgeber sieht hier also eine klare Erweiterung für SGB XIV-Berechtigte vor. § 93 SGB IX ist für die Bemessung entsprechend anzuwenden, wobei § 93 Absatz 1 Satz 2 SGB IX auf die Vorschriften des 3. und 4. Kapitels des SGB XII mit der dortigen Bedarfsstruktur verweist. Eine Einkommensanrechnung findet entsprechend § 72 SGB IX nicht statt. Indes findet aber – insoweit sicherlich konsequent – eine Anrechnung nach § 105[464] statt. Die maßgebliche Einkommensgrenze bestimmt sich nach § 107 Absatz 3.[465] Nach dem Gesetz zur Anpassung des Zwölften und des Vierzehnten Buches Sozialgesetzbuch und weiterer Gesetze vom 22.12.2023[466] wird klargestellt, dass § 93 entsprechend mit der Maßgabe anzuwenden ist, dass in Fällen des Verbleibs in der eigenen Unterkunft der monatliche Regelbedarf das Zweifache der jeweils maßgebenden Regelbedarfsstufe nach der Anlage zu § 28 SGB XII beträgt. Hiermit soll die unter der Geltung des Vorgängerrechts bestehende Rechtslage aus § 26a Absatz 3 Satz 2 BVG i. V. m. §§ 16 und 21 KFürsV fortgeführt und Leistungsverschlechterungen im SGB XIV verhindert werden.

V. Aufwendungen für die soziale Sicherung nach Absatz 4 und 5

15 Die Regelungen runden die Vorschrift für Geschädigte und Hinterbliebene, die nicht rentenversicherungspflichtig oder von der Rentenversicherungspflicht befreit sind, für die Zeit, in der sie Übergangsgeld erhalten, ab, wie dies in einer Vielzahl von Fällen anderer, zumeist sozialrechtlicher, Leistungsnormen vorgesehen ist.[467] Im Einzelnen werden folgende Beitragsarten umfasst:

464 Vgl. Ausführungen dort.
465 Vgl. Ausführungen dort.
466 BGBl. I Nr. 408.
467 Beispielhaft kann hier § 58 IfSG, der die Verdienstausfallentschädigungen aus § 56 IfSG ergänzt, genannt werden.

1. Beiträge zur Alterssicherung

16 Wenn und soweit Geschädigte oder Hinterbliebene – entgegen den üblichen Konstellationen, zumeist, weil sie im letzten Jahr vor Beginn des Bezugs des Übergangsgeldes nicht der gesetzlichen Rentenversicherungspflicht unterlagen – nicht erfüllen, sind ihnen Aufwendungen für ihre Alterssicherung zu erstatten und zwar bis zur Höhe der Beiträge, die für die Zeit, in der sie Übergangsgeld beziehen, zu entrichten gewesen wären. Dies sind v.a. die freiwilligen Beiträge zur gesetzlichen Rentenversicherung und Beiträge zu öffentlich-rechtlichen berufsständischen Versicherungs- und Versorgungseinrichtungen sowie vergleichbare Vorsorgeaufwendungen mit entsprechender Zielrichtung.

2. Beiträge zur Kranken- und Pflegeversicherung

17 Da § 63 Absatz 4 Satz 3 in den Anwendungsbereich der Norm zwar die Beiträge der Alterssicherung benennt, dies aber ausdrücklich keine abschließende Aufzählung darstellt, kommt weiter z.B. auch die Erstattung von Beiträgen zur Kranken- und Pflegeversicherung in Betracht.[468]

§ 65
Leistungen zur Teilhabe an Bildung

Geschädigte, die auf Grund der Schädigungsfolgen zum leistungsberechtigten Personenkreis im Sinne von § 99 des Neunten Buches gehören, erhalten Leistungen zur Teilhabe an Bildung entsprechend Teil 2 Kapitel 5 des Neunten Buches.

Erläuterungen

Übersicht **Rn.**

468 Vgl. hierzu im Einzelnen (und zutreffend) Schmidt SGB XIV/Schmidt § 64 Rn. 44ff.

A. Allgemeines zu der Norm

I. Vorgängervorschriften

1 Anders als es die Systematik des § 27d BVG im Vorgängerrecht vorsah, regelt die Norm die Leistungen zur Teilhabe an Bildung nun separat. § 27d Absatz 1 Nr. 3 BVG sah im Rahmen der Leistungen Eingliederungshilfe vor.

II. Systematische Zusammenhänge

2 Leistungen zur Teilhabe an Bildung stellten einen zentralen Pfeiler des Sozial(leistungs)gefüges dar[469] und finden sich u.a. in §§ 19 Absatz 2, 28 SGB II, § 34 SGB XII, § 6b BKGG und § 3 Absatz 3 AsylbLG.

B. Auslegung der Norm

I. Regelungsinhalt und Bedeutung der Norm

3 Das Eingliederungshilferecht soll im SGB XIV auch für die Leistungen zur Teilhabe an Bildung maßgebend sein, was zwar bereits Inhalt des § 27d Absatz 1 Nr. 3 BVG war, aber durch die jetzige Systematik, nach der Geschädigte, die aufgrund der Schädigungsfolgen zum anspruchsberechtigten Personenkreis nach § 99 SGB IX gehören, Leistungen zur Teilhabe an Bildung entsprechend Teil 2 Kapitel 5 SGB IX erhalten können, verstärkt wird. Insoweit findet § 112 SGB IX unmittelbar Anwendung.

II. Anspruchsberechtigter Personenkreis

4 § 99 SGB IX sieht in den Absätzen 1 bis 3 folgende Personengruppen als leistungsberechtigt vor:

– Menschen mit Behinderungen im Sinne von § 2 Absatz 1 Satz 1 und 2 SGB IX, die wesentlich in der gleichberechtigten Teilhabe an der Gesellschaft eingeschränkt sind. Voraussetzung ist mithin ausdrücklich nicht das Vorliegen einer Schwerbehinderung[470] im Sinne von § 2 Absatz 2 SGB IX.

---

469 Diese Bedeutung bekommt neben der der Regelsysteme im Sozialen Entschädigungsrecht einen herausgehobenen Charakter, weil der ansonsten eher ursachenunabhängige Charakter des Bedarfs an Leistungen im SGB XIV auch für die Fälle angewandt werden kann, in denen der Bildungsbedarf Ausdruck einer durch einen geschützten Lebenssachverhalt entstandenen Lebenssituation ist bzw. sein kann.

470 Also mit einem festgestellten Grad der Behinderung von mindestens 50.

- Menschen, die von einer wesentlichen Behinderung bedroht sind, d.h. bei denen der Eintritt einer wesentlichen Behinderung nach fachlicher Erkenntnis mit hoher Wahrscheinlichkeit zu erwarten ist.
- Menschen mit anderen geistigen, seelischen, körperlichen oder Sinnesbeeinträchtigungen, durch die sie in Wechselwirkung mit einstellungs- und umweltbedingten Barrieren in der gleichberechtigten Teilhabe an der Gesellschaft eingeschränkt sind, können ebenfalls Leistungen der Eingliederungshilfe erhalten. Insoweit liegt die Leistungsgewährung allerdings im Ermessen der zuständigen Behörde. Dies lässt den Schluss auf eine gewisse gedankliche Stufigkeit des Gesetzgebers und damit auch die Anlegung eines strengeren Maßstabes für diese Betroffenengruppe durchaus zu. Allerdings sollte ein restriktiverer Umgang wohl erwogen und im Ergebnis nur sehr zurückhaltend erfolgen, da einerseits eine Benachteiligung dieser Gruppe nicht willkürlich erfolgen und andererseits verhindert werden muss, dass aus einer „nur" durch eine Wechselwirkung entstandenen Einschränkung eine vollständige Teilhabebeeinträchtigung entsteht oder sich manifestiert, weil Leistungen nicht gewährt wurden. Dies widerspräche klar der Ratio der Norm, v.a. aber der des SGB XIV an sich.

Ein Spannungsfeld ergibt sich bei der Anlegung dieser Maßstäbe im Lichte der UN-Behindertenrechtskonvention. Die insoweit vom Bundesgesetzgeber bisher entfalteten Aktivitäten eines nicht mehr oder zumindest weniger ausgeprägt defizitorientierten Ansatzes im SGB IX werden jedenfalls mittlerweile zunehmend kritisch gesehen.[471] Eine gewisse Halbherzigkeit im gesetzgeberischen Handeln kann jedenfalls nicht weggeleugnet und auch nicht mit der auch weiterhin erforderlichen praktischen Handhabbarkeit sozialrechtlicher Leistungsvorschriften und ihrer hierfür festzulegenden Prämissen erklärt werden. Anzuerkennen bleiben aber auch eine Reihe von systematischen Verbesserungen in diesem Rechtsbereich, die u.a. im Zuge des Bundesteilhabegesetzes geschaffen oder bedeutend ausgedehnt wurden.[472] 5

471 Vgl. hierzu ausführlich Schmidt SGB XIV/S. Schmidt SGB XIV § 65 Rn. 4–13.
472 In diesem Zusammenhang zu nennen ist beispielsweise der Teilhabenverfahrensbericht nach § 41 SGB IX und die wesentlich gestärkte Rolle der Bundesarbeitsgemeinschaft für Rehabilitation im Allgemeinen.

III. Leistungsumfang

6 Nach § 112 SGB IX beinhalten die Leistungen zur Teilhabe an Bildung folgendes:

- Hilfen zu einer Schulbildung, insbesondere im Rahmen der allgemeinen Schulpflicht und zum Besuch weiterführender Schulen einschließlich der Vorbereitung hierzu; die Bestimmungen über die Ermöglichung der Schulbildung im Rahmen der allgemeinen Schulpflicht bleiben unberührt, und
- Hilfen zur schulischen oder hochschulischen Ausbildung oder Weiterbildung für einen Beruf.
- Leistungen zur Unterstützung schulischer Ganztagsangebote in der offenen Form gem. den weiteren Bedingungen des § 112 Absatz 1 Satz 2 SGB IX sowie
- heilpädagogische und sonstige Maßnahmen, wenn die Maßnahmen erforderlich und geeignet sind, der leistungsberechtigten Person den Schulbesuch zu ermöglichen oder zu erleichtern.

7 Die gesetzgeberische Aufzählung muss als eine solche verstanden werden, die das System der Bildung insgesamt in den Blick nimmt und alle hierfür erforderlichen Voraussetzungen – soweit dies leistungsträgerseitig möglich ist – schaffen soll. Dies schließt denknotwendigerweise notwendige Assistenzleistungen für die Betroffenen[473], Fahrdienste und Hilfsmittel ein.

IV. Normzweck

8 Entsprechend den obigen Darstellungen, aber auch mit Blick auf den gesamtgesetzgeberischen Auftrag des SGB XIV muss die Norm zwar nicht als uferlos, aber klar so verstanden werden, dass es Aufgabe der Leistungsträger ist, den Betroffenen alle Bildungschancen zu ermöglichen, die im Einzelfall geeignet sein können, den Bildungsstand der Leistungsberechtigten zu verbessern. Insofern sollte eine Ablehnung von Anträgen nur dann erfolgen, wenn dieses Ziel nicht oder nicht wirtschaftlich vertretbar erreicht werden kann. Als sachgerechter Gradmesser für die Leistungserbringung des Anspruchsbereichs der Leistungen zur Teilhabe an Bildung kann nach Auffassung des Autors der im Bereich der gesetzlichen Unfallversicherung anzulegende Maßstab, nachdem Hilfen allen geeigneten Mitteln zu erbringen sind[474], herangezogen werden.

473 Beispielsweise alle in Betracht kommenden Formen der Schulbegleitung, also Integrationshelfer oder Schulassistenten usw., bzw. deren zukünftige Fortentwicklungen.

474 § 1 Nummer 2 SGB VII.

§ 66
Leistungen zur Sozialen Teilhabe

(1) Geschädigte, die auf Grund der Schädigungsfolgen zum leistungsberechtigten Personenkreis im Sinne von § 99 des Neunten Buches gehören, erhalten Leistungen zur Sozialen Teilhabe entsprechend Teil 2 Kapitel 6 des Neunten Buches.

(2) [1]Abweichend von Absatz 1 werden Leistungen zur Mobilität nach § 83 des Neunten Buches erbracht. [2]Sie umfassen zudem Leistungen zum Betrieb, Unterhalt, Unterstellen und Abstellen eines Kraftfahrzeuges.

Erläuterungen

Übersicht

A. Allgemeines zu der Norm

I. Vorgängervorschriften und Normsystematik

Die Norm folgt auf § 27d Absatz 1 Nr. 3 BVG und verweist auf die Leistungen der Eingliederungshilfe des SGB IX zur sozialen Teilhabe und damit auf §§ 113 bis 116 SGB IX. Dies gilt allerdings nicht für die Leistungen zur Mobilität, denn abweichend von Absatz 1 werden diese nach § 83 SGB IX erbracht und umfassen zudem Leistungen zum Betrieb, Unterhalt, Unterstellen und Abstellen eines Kraftfahrzeuges. 1

B. Auslegung der Norm

I. Regelungsinhalt und Bedeutung der Norm

Voraussetzung dafür, dass Geschädigte einen Anspruch auf Leistungen der sozialen Teilhabe im Sinne der Norm haben, ist, dass sie aufgrund der anerkannten Schädigungsfolgen zum leistungsberechtigten Personenkreis der Eingliederungshilfe entsprechend § 99 SGB IX zählen. Die Vorschrift for- 2 dert ausdrücklich, dass die Behinderung[475] kausal auf der Schädigung beruhen muss. Hiermit wird also zunächst das Sondersystem der Sozialen Entschädigung als Eingangsvoraussetzung des Regelsystems der Eingliederungshilfe ausgestaltet.

3 Konkrete Zugangsvoraussetzung ist, dass die Betroffenen entweder Menschen mit einer Behinderungen nach § 2 Absatz 1 Satz 1 und 2 SGB IX[476] und wesentlich in der gleichberechtigten Teilhabe an der Gesellschaft eingeschränkt sind oder von einer solchen wesentlichen Behinderung bedroht sind und nach der Besonderheit des Einzelfalles Aussicht besteht, dass die Aufgabe der Eingliederungshilfe nach § 90 SGB IX, nämlich die gleichberechtigte Teilhabe am Leben in der Gemeinschaft zu ermöglichen oder zu erleichtern[477], erfüllt werden. Soweit die Norm eine Leistungsberechtigung auch bei nicht wesentlicher Behinderung nach § 99 Absatz 3 SGB IX als Ermessensleistung vorsieht, vgl. Ausführungen zu § 65.

4 Die Zielsetzung der Norm entspricht denen der entsprechenden Regelungen des SGB IX (s. o.) und nimmt die (allgemeinen) Vorgaben der UN-BRK, die unabhängig von § 113 Absatz 1 Satz 2 SGB IX sind, in den Blick. Danach hat der eigene Wohnraum besondere Bedeutung für ein selbstbestimmtes Leben. Konkretes Ziel ist mithin, die Betroffenen in die Situation zu versetzen, ein möglichst selbstbestimmtes und eigenverantwortliches Leben führen zu können und dies nach Möglichkeit in den eigenen vier Wänden bzw. dem eigenen Wohnbereich.

5 Die in Betracht kommenden Leistungen sind nach § 113 Absatz 2 SGB IX grundsätzlich zunächst folgende:

- Leistungen für Wohnraum nach § 77 SGB IX,
- Assistenzleistungen nach § 116 Absatz 1 SGB IX sowie § 78 SGB IX,
- heilpädagogische Leistungen nach § 79 SGB IX,
- Leistungen zur Betreuung in einer Pflegefamilie nach § 80 SGB IX,
- Leistungen zum Erwerb und Erhalt praktischer Kenntnisse und Fähigkeiten nach § 81 SGB IX,
- Leistungen zur Förderung der Verständigung nach§ 116 Absatz 1 SGB IX sowie § 82 SGB IX,
- Leistungen zur Mobilität nach § 83 SGB IX sowie § 66 Absatz 2 SGB XIV,
- Hilfsmittel nach § 84 SGB IX,
- Besuchsbeihilfen nach § 115 SGB IX.

475 Im Sinne des Eingliederungshilferechts.
476 Folglich müssen die Betroffenen nicht die Voraussetzungen einer Schwerbehinderung (ab einem Grad der Behinderung von 50) nach § 2 Absatz 2 Satz 1 SGB IX erfüllen.
477 § 90 Absatz 5 SGB IX (konkret zur sozialen Teilhabe).

6 Praxisentscheidend ist, dass diese Leistungsaufzählung zwar bereits eine Vielzahl von Lebenskonstellationen abdecken dürfte, aber nicht abschließend ist. Bei weiteren zur Bedarfsdeckung erforderlichen Konstellationen kommen weitere Leistungen durchaus in Betracht und sind stets im Sinne der (weitgehenden) Zielrichtung der Norm auch zu prüfen und ggfls. zu gewähren.

7 Der Anwendungsfall der Leistungen zur Mobilität nach Absatz 2 bzw. § 83 SGB IX kann einschlägig sein, wenn solche Hilfen für Betroffene infolge ihrer anerkannten Schädigungsfolgen erforderlich sind. Konkret sind dies

- Leistungen zur Beförderung, insbesondere durch einen Beförderungsdienst nach § 83 Absatz 1 Nr. 1 SGB IX und
- Leistungen für ein Kraftfahrzeug nach § 83 Absatz 1 Nr. 2 SGB IX.

8 Die Beförderungsleistungen für einen Beförderungsdienst sollten in der Regel auf qualifizierte gewerbliche Angebote beschränkt sein.[478] Diese Leistung kann mit Zustimmung des Betroffenen als Pauschale gewährt werden, was vor dem Hintergrund einer Regelmäßigkeit der Inanspruchnahme eines Beförderungsdienstes auch zweckmäßig sein kann. Die Leistungen für ein Kraftfahrzeug orientieren sich nach § 83 Absatz 3 Satz 2 SGB IX an der Kraftfahrzeughilfe-Verordnung. Diese werden durch Absatz 2 Satz 2 um Leistungen zum Betrieb, Unterhalt, Unterstellen und Abstellen eines Kraftfahrzeuges erweitert.

§ 67

Zusammentreffen von Teilhabeleistungen mit Pflegeleistungen in Einrichtungen oder Räumlichkeiten im Sinne des § 43a des Elften Buches in Verbindung mit § 71 Absatz 4 des Elften Buches

[1]Werden Leistungen zur Teilhabe nach § 62 Satz 1 Nummer 1 bis 3 in Einrichtungen oder Räumlichkeiten im Sinne des § 43 a des Elften Buches in Verbindung mit § 71 Absatz 4 des Elften Buches erbracht, so umfasst die Leistung auch die Pflegeleistung in diesen Einrichtungen oder Räumlichkeiten. [2]Satz 1 gilt auch für nicht schädigungsbedingte Pflegebedarfe. [3]In den Fällen der Sätze 1 und 2 gilt § 75 Absatz 3. [4]Stellt der Leistungserbringer fest, dass Berechtigte so pflegebedürftig sind, dass die Pflege in diesen Einrichtungen oder Räumlichkeiten nicht sichergestellt werden kann, vereinbaren der Träger der Sozialen Entschädigung und die zuständige Pflegekasse mit dem Leistungserbringer, dass die Leistung bei einem anderen Leistungserbringer erbracht wird. [5]Dabei ist den berechtigten Wünschen der Berechtigten Rechnung zu tragen.

478 Folglich wohl keine privaten oder gar familiären Angebote.

Erläuterungen

Übersicht **Rn.**

A. Allgemeines zu der Norm

I. Überblick

1 In Ergänzung der Regelung des § 68 regelt die Norm die Fälle des *Zusammentreffens von SGB XIV-Teilhabeleistungen mit Pflegeleistungen.*

II. Vorgängervorschriften

2 Die Vorschrift hat keine Entsprechung in dem bis zum 31. Dezember 2023 geltenden SER, da hier die Fürsorge- und Pflegeleistungen vollkommen eigenständig geregelt waren.

III. Systematische Zusammenhänge

3 Grundlage der in der Norm enthaltenen Regelungen ist § 43a SGB XI[479], der die Leistungsträgerzuständigkeit für Menschen mit den Pflegegraden 2 bis 5 in vollstationären Einrichtungen der Behindertenhilfe im Sinne von § 71 Absatz 4 SGB XI, in denen die Teilhabe am Arbeitsleben oder am Leben in der Gemeinschaft, die schulische Ausbildung oder die Erziehung von Menschen mit Behinderungen im Vordergrund stehen.[480]

479 Hierzu und zu der im Kontext der UN-BRK geführten Diskussion zu § 43a SGB XI siehe LPK-SGB XIV/Nebe, 1. Aufl. 2022, SGB XIV § 67 Rn. 2–4.

480 Vgl. hierzu NK-GesundhR/Heribert Renn, 2. Aufl. 2018, SGB XI § 43a Rn. 2–3.

B. Auslegung der Norm

I. Regelungsinhalt und Bedeutung der Norm

Durch die Vorschrift soll sichergestellt werden, dass in den Fällen, in denen die SGB XIV-Teilhabeleistungen nach § 62 Satz 1 Nr. 1 bis 3 in einer Einrichtung nach § 43a SGB XI (vgl. Ziffer I c) erbracht werden, diese auch die (in der Einrichtung erbrachten bzw. zu erbringenden) Pflegeleistungen umfassen. Die Ratio der Norm ist – entsprechend dem Credo des BTHG – die Erbringung der dem Betroffenen zustehenden Leistungen aus einer Hand.[481] 4

II. Übernahme von Pflegeleistungen nach Satz 1 und 2

Die auf § 62 Satz 1 Nr. 1 bis 3 verweisenden Regelungen finden Anwendung für Geschädigte und Hinterbliebene, die danach Leistungen beziehen. Wenn und soweit diese Betroffenengruppe Pflegeleistungen beanspruchen kann, werden (auch) diese Leistungen aus einer Hand erbracht. Hauptanwendungsfall sind im Übrigen 5

- Leistungen zur Teilhabe am Arbeitsleben,
- unterhaltssichernde und andere ergänzende Leistungen,
- Leistungen zur Teilhabe an Bildung,
- Leistungen zur Sozialen Teilhabe.

Die Norm findet Anwendung, wenn die Teilhabeleistungen in einer stationären Einrichtung erbracht werden. 6

Voraussetzung für die Eröffnung des Anwendungsbereichs ist es, dass der bei dem Betroffenen bestehende Bedarf an Teilhabeleistungen seine Ursache in den anerkannten Schädigungsfolgen hat. Der Bedarf an (zusätzlichen) Pflegeleistungen muss folglich nicht schädigungsbedingt sein, woraus der stufige Regelungscharakter der Vorschrift erkennbar wird. 7

Anzuwenden ist die Regelung auf Einrichtungen aller Art, soweit eine umfassende (will sagen ganzheitliche) Versorgung und Betreuung der Betroffenen stattfindet, wie z. B. solche der Eingliederungshilfe. Dagegen nicht umfasst sind z. B. Kur-[482] oder Rehabilitationseinrichtungen der Rentenversicherungsträger. 8

481 Vgl. hierzu Präambel und § 72 Absatz 2 der Gemeinsamen Empfehlung „Reha-Prozess" der Bundesarbeitsgemeinschaft für Rehabilitation (BAR).

482 Synonym gebrauchter Begriff, der so in den SGB allerdings nicht mehr verwendet wird, aber umgangssprachlich erhalten geblieben ist.

III. Übernahme der Vergütung nach Satz 3

9 Entsprechend der Verweisung in Satz 3 erfolgt die Übernahme einer Vergütung in Anwendung von § 75 Absatz 3, der die Gewährung von ergänzenden Leistungen bei Pflegebedürftigkeit regelt. Danach werden bei der Erbringung von Pflegeleistungen in Einrichtungen oder Räumlichkeiten im Sinne des § 43a SGB IX 15 % der Vergütung durch den Träger der Sozialen Entschädigung getragen und zwar zu einem Betrag von 266 € pro Monat.

10 Ob es vor dem Hintergrund der Tatsache, dass ein Auseinanderfallen von Kosten- und Leistungsträgerschaft für die Teilhabe- und die Pflegeleistungen eben gerade nicht besteht, der Norm bedurft hätte, wird teils im Schrifttum bezweifelt.[483]

IV. Sicherstellung der Leistungserbringung durch Wahl der passenden Einrichtung nach Satz 4 und 5

11 Die Regelungen tragen der Tatsache Rechnung, dass eine Veränderung des Gesundheitszustandes und des (daraus resultierenden) Pflegebedarfs dazu führen kann, dass eine einmal gewählte Einrichtung diesen höheren Pflegebedarf nicht mehr im Sinne der Betroffenen decken kann. Durch eine solche Änderung wird zumeist ein Wechsel der Einrichtung erforderlich sein.

12 Entscheidend ist hierbei, dass eine solche Festlegung nach Satz 5 immer den berechtigten Wünschen der Betroffenen Rechnung tragen muss.[484] Zu differenzieren ist hier nach Wünschen, die die Betroffenen haben mögen, ohne objektiv begründet zu sein und solchen, die im Sinne der Vorschrift berechtigt sind. Hier ist im Zweifel der Maßstab eines verständigen Dritten anzulegen, dessen Anwendung aber nicht dazu führen darf, Wünsche der Betroffenen, deren Berücksichtigung z. B. für die Leistungserbringer mit vertretbarem, höherem Aufwand verbunden sind, außen vor zu lassen. Die Gesetzesbegründung[485] hierzu ist denkbar kurz und begegnet gewissen Zweifeln. Denn soweit hierin ausgeführt wird, „Berechtigte Wünsche sind solche Wünsche, die sich innerhalb des jeweiligen gesetzlichen Leistungsrechts bewegen und zugleich unter dem Aspekt der Wirtschaftlichkeit noch angemessen sind", darf dies nicht so verstanden werden,

483 Vgl. Schmidt SGB XIV/S. Schmidt, 1. Aufl. 2021, SGB XIV § 67 Rn. 9.
484 Insoweit auch hier dem Grundsatz „Nichts über uns ohne uns" folgend und zusätzlich zur expliziten Regelung des § 69.
485 BT-Drs. 19/13824, S. 202.

dass der Aspekt der Wirtschaftlichkeit entscheidend ist. Zwar gelten (auch) für alle Träger von Sozialleistungen die Grundsätze der Wirtschaftlichkeit und Sparsamkeit[486], dieses fiskalische Moment darf aber nicht zum allein führenden in der Entscheidung über eine Art der Unterbringung werden. Vielmehr muss eine solche – für die Betroffenen unter Umständen weitreichende – Entscheidung in einem ganz wesentlich von partizipativen Aspekten geprägten Prozess getroffen werden. Lediglich wenn Wünsche des Betroffenen bei einer an den Zielen der Maßnahmen ausgerichteten Betrachtung nicht zu rechtfertigen sind oder aber einer Zielerreichung entgegenstehen können, kann hiervon abgewichen werden. Leistungserbringer und -träger sind in einem solchen Fall gehalten, die Gründe für ein Abweichen von den Wünschen der Betroffenen transparent und gut nachvollziehbar zu dokumentieren.

Inwieweit es für alle in Betracht kommenden Lebenssachverhalte die Mög- 13
lichkeit gibt, eine Vereinbarung im Sinne des Satzes 4 zu schließen und welche konkreten Inhalte diese haben kann, bleibt angesichts der z. B. nicht erfassten Fälle privat Pflegeversicherter derzeit noch unscharf.[487]

§ 68
Zusammentreffen von Teilhabeleistungen mit Pflegeleistungen außerhalb von Einrichtungen oder Räumlichkeiten im Sinne des § 43a des Elften Buches in Verbindung mit § 71 Absatz 4 des Elften Buches

(1) Treffen außerhalb von Einrichtungen oder Räumlichkeiten im Sinne des § 43 a des Elften Buches in Verbindung mit § 71 Absatz 4 des Elften Buches Leistungen zur Teilhabe nach § 62 Satz 1 Nummer 1 bis 3 und Leistungen der sozialen Pflegeversicherung zusammen, so gilt § 13 Absatz 4 Satz 1 bis 3 und Absatz 4 a des Elften Buches für den zuständigen Träger der Sozialen Entschädigung und für die zuständige Pflegekasse entsprechend.

(2) [1]Werden Leistungen zur Teilhabe nach § 62 Satz 1 Nummer 1 bis 3 außerhalb von Einrichtungen oder Räumlichkeiten im Sinne des Absatzes 1 erbracht und besteht darüber hinaus ein Anspruch auf Leistungen der häuslichen Pflege nach den

486 Diese Grundsätze ergeben sich aus Artikel 114 Absatz 2 Satz 1 GG, § 6 HGrG, § 7 BHO und den synonymen Regelungen in allen Landes- und kommunalen Haushaltsordnungen und sind Ausfluss der allgemeinen Haushaltsregeln der öffentlichen Hand.

487 Kritisch zu der Norm auch Schmidt SGB XIV/S. Schmidt, 1. Aufl. 2021, SGB XIV § 67 Rn. 10–13.

§§ 64 a bis 64 f, 64 i und 66 des Zwölften Buches, so umfassen die Leistungen zur Teilhabe nach § 63 Satz 1 Nummer 1 bis 3 diese Leistungen der häuslichen Pflege nach dem Zwölften Buch, solange die Teilhabeziele erreicht werden können. [2]Satz 1 gilt entsprechend in den Fällen, in denen Berechtigte vorübergehend Leistungen nach den §§ 64 g und 64 h des Zwölften Buches in Anspruch nehmen. [3]Die Sätze 1 und 2 gelten nicht, wenn Berechtigte vor Vollendung des für die Regelaltersgrenze im Sinne des Sechsten Buches erforderlichen Lebensjahres keine Leistungen zur Teilhabe nach § 62 Satz 1 Nummer 1 bis 3 erhalten haben, es sei denn, es handelt sich um einen Teilhabebedarf, der durch ein schädigendes Ereignis verursacht worden ist, welches erst nach Vollendung des für die Regelaltersgrenze im Sinne des Sechsten Buches erforderlichen Lebensjahres eingetreten ist.

Erläuterungen

Übersicht **Rn.**

A. Allgemeines zu der Norm

I. Überblick

1 In Ergänzung zu § 67 trifft die Norm Regelungen für den Fall des Zusammentreffens von Teilhabeleistungen mit Pflegeleistungen außerhalb von Einrichtungen oder Räumlichkeiten im Sinne von §§ 43a in Verbindung mit 71 Absatz 4 SGB XI. Hierzu verweist Absatz 1 auf § 13 Absatz 4 und 4a SGB XI wohingegen Absatz 2 in § 103 Absatz 2 SGB IX nachgebildet ist. Die Norm soll wie bereits § 67 dazu dienen, die Leistungserbringung im Sinne der Betroffenen nahtlos zu ermöglichen.

II. Vorgängervorschriften

2 Die Norm hat keine direkte oder indirekte Entsprechung in dem bis zum 31. Dezember 2023 geltenden SER.

III. Systematische Zusammenhänge

Als Ausfluss der Gestaltung der Teilhabeleistungen des SGB XIV ist die Norm notwendig, um eine Regelungslücke für den Fall des Zusammentreffens von SGB XIV-Teilhabeleistungen und solchen der Pflegeversicherung und Hilfe zur Pflege zu verhindern. 3

B. Auslegung der Norm

I. Regelungsinhalt und Bedeutung der Norm

1. Zusammentreffen nach Absatz 1

Wenn Betroffene Anspruch auf Leistungen nach dem SGB XI und zugleich auf Leistungen der Eingliederungshilfe haben, werden diese durch den Träger der Sozialhilfe erbracht, wobei bezüglich der Pflegeleistungen die Entscheidung der jeweiligen Pflegekasse die Grundlage darstellt[488]. Die zwischen den Leistungsträgern zu treffende Vereinbarung über Art und Inhalt der Leistungen bedarf der Zustimmung der Betroffenen. Dies gilt auch (und evtl. sogar v. a.), wenn die Leistungen auch die Hilfe zur Pflege umfassen. 4

In den Anwendungsfällen des SGB XIV sollen diese Grundsätze entsprechend gelten und gelebt werden. Entscheidend ist in diesem Zusammenhang die Rolle des SER-Trägers. Denn dieser ist es, der im Außenverhältnis zum Betroffenen die Leistungen der Pflegeversicherung auf der Grundlage der von der Pflegekasse getroffenen Entscheidung übernimmt und im Innenverhältnis der Pflegekasse deren Aufwendungen für die Erbringung der Pflegeleistungen erstattet. Wie bereits für die Fälle außerhalb des SGB XIV dargestellt, bedarf die hierüber zu treffende Vereinbarung der Leistungsträger der Zustimmung der Betroffenen; kommt diese Zustimmung dagegen nicht zustande, findet eine gemeinsame Leistungserbringung nicht statt. Das insoweit bei den Betroffenen liegende „Veto-Recht" ist Kerngrundsatz der Regelung(en) und zwingend zu beachten[489], was zusätzlich durch die Regelung des § 69 klargestellt wird. 5

Tritt der Fall ein, dass der SGB XIV-Träger zusätzlich Leistungen zur Teilhabe oder Leistungen zur Sozialen Teilhabe erbringen kann, ist in die jeweiligen SGB IX-Planverfahren, wiederum soweit der Betroffene dem zustimmt, die zuständige Pflegekasse in beratender Rolle einzubeziehen. 6

488 Was bereits aus rein praktischen Erwägungen, nämlich des Vorhandenseins des MDK für die Pflegekassen sachgerecht ist.

489 Vor dem Hintergrund dieser Regelungen sind die beteiligten Sozialleistungsträger gehalten, den individuellen Wünschen und Erwartungen der Betroffenen Rechnung zu tragen.

2. Zusammentreffen nach Absatz 2

7 Die Norm regelt die Fälle des Zusammentreffens von Leistungen zur Teilhabe nach dem SGB XIV und Leistungen zur Pflege nach dem SGB XII. Konkrete Anwendungsfälle sind im Kern:

- Leistungen der häuslichen Pflege in Form von Pflegegeld nach § 64a SGB XII,
- häusliche Pflegehilfe nach § 64b SGB XII,
- Verhinderungspflege nach § 64c SGB XII,
- Pflegehilfsmittel nach § 64d SGB XII,
- Maßnahmen zur Verbesserung des Wohnumfelds nach § 64e SGB XII,
- Übernahme von Aufwendungen einer Pflegeperson nach § 64f SGB XII,
- teilstationäre Pflege nach § 64g SGB XII,
- Kurzzeitpflege nach § 64h SGB XII und
- Zahlung eines Entlastungsbetrags nach §§ 64i sowie 66 SGB XII.

8 Diese Leistungen werden im Bedarfsfall an die Berechtigten, dies sind wiederum Geschädigte und Hinterbliebene im Fall von deren Pflegebedürftigkeit, vom SGB XIV-Träger gemeinsam mit den Leistungen zur Teilhabe erbracht.

9 Allerdings steht diese Leistungserbringung unter der Prämisse, dass die mit der Erbringung der Leistungen zur Teilhabe verfolgten Ziele nicht durch die Pflegebedürftigkeit ausgeschlossen werden. Insofern ist der SGB XIV-Träger gehalten, initial und begleitend im Blick zu behalten, ob die Teilhabeziele noch realisiert werden können. Ist dies nicht (mehr) der Fall, bietet die Norm keine Grundlage für eine Weitergewährung, was allerdings bei einer erstmaligen positiven Entscheidung zugunsten der Betroffenen unter dem Vorbehalt der Erfüllung der Voraussetzungen des § 48 Absatz 1 Satz 1 SGB X steht[490]. § 24 SGB X gilt entsprechend.

10 Eine Begrenzung der inhaltlichen Anwendung regelt auch Satz 3, für den Fall, dass Betroffene erst nach Vollendung des (jeweiligen) Lebensjahres für die Regelaltersgrenze erstmals Anspruch auf Teilhabeleistungen haben. Diese in § 103 SGB IX nachgebildete Regelung soll leistungsausschließend verhindern, dass Betroffene, die erst spät pflegebedürftig werden, in Bezug auf die anzuwendenden Einkommens- und Vermögensschongrenzen jüngeren Betroffenen gleichgestellt werden. Der Gesetzgeber begründet dies damit, dass Ältere im Gegensatz zu Jüngeren im Laufe ihres Lebens Gelegenheit hatten, Vorsorge für dieses Risiko zu treffen[491]. Zwar erscheint die

490 Insoweit muss die Verwaltungsbehörde den Nachweis einer – hier wohl zumeist einschlägigen – wesentlichen Verschlechterung des Gesundheitszustandes führen können.
491 BT-Drs. 18/10523, S. 58.

Regelung vor dem Hintergrund der Tatsache, dass die Leistungen zur Teilhabe in Gänze vollends ohne Anrechnung von Einkommen und Vermögen gewährt werden und, worauf der Gesetzgeber ebenfalls hingewiesen hat, Berechtigte nach dem SGB XIV gegenüber Beziehern von Eingliederungshilfeleistungen bessergestellt werden[492], grundsätzlich nachvollziehbar und führt auch den Rechtsgedanken des bis zum 31. Dezember 2023 geltenden SER fort[493]. Inwieweit die Norm allerdings zu einer Altersdiskriminierung[494] führen kann, kann derzeit noch nicht abschließend beantwortet werden. Ausgeschlossen ist dies aber nicht.

Eine Ausnahme dieser Ausnahme gilt nach Satz 3, 2. Satzteil, wenn der Teilhabebedarf durch ein schädigendes Ereignis verursacht worden ist, das erst nach dem Erreichen der Regelaltersgrenze eingetreten ist. Insofern federt die Norm diejenigen Sachverhalte, in denen die Schädigungsfolge quasi auslösend für den Bedarf war, von vorneherein ab, jedenfalls sind insoweit Diskussionen zur Frage einer Altersdiskriminierung ausgeschlossen. 11

§ 69

Wunsch- und Wahlrecht

[1]Bei der Entscheidung über die Leistungen zur Teilhabe und bei der Ausführung dieser Leistungen wird den berechtigten Wünschen der Berechtigten entsprochen. [2]Dabei sind Art und Schwere der Schädigung, Gesundheitszustand und Lebensalter besonders zu berücksichtigen. [3]Im Übrigen gilt § 8 des Neunten Buches.

Erläuterungen

Übersicht — **Rn.**

492 BT-Drs. 19/13824 S. 203.

493 So z. B. die Regelung des § 8 Absatz 8 BSchAV zum sog. fiktiven Altersersatzeinkommen in der bis zum 31.12.2023 geltenden Fassung.

494 Insoweit käme ein Verstoß gegen §§ 1, 7 und 15 AGG in Betracht.

A. Allgemeines zu der Norm

I. Überblick

1 Die Vorschrift regelt, dass das in anderen Bereichen des Sozialrechts mittlerweile etablierte Wunsch- und Wahlrecht der Betroffenen (ausdrücklich) auch im SGB XIV Anwendung findet.

II. Vorgängervorschriften

2 Die Norm hat keine explizite Vorgängervorschrift in dem bis zum 31. Dezember 2023 geltenden SER, knüpft aber an die Regelung des § 25d Absatz 5 BVG an.

III. Parallelvorschriften

3 Die Vorschrift verweist ausdrücklich auf § 33 SGB I und v. a. auf § 8 SGB IX, dessen wörtliche Wiederholung aus dem dortigen Absatz 1 Satz 1 sich ebenfalls in der Norm findet. Die Norm entspricht dem Wortlaut des § 97.

IV. Systematische Zusammenhänge

4 Das Wunsch- und Wahlrecht steht – bezogen auf das SGB XIV – in untrennbarem Zusammenhang mit § 70 und konkretisiert den bereits in § 25d Absatz 5 BVG allerdings eher als explizit beschriebenen Individualgrundsatz der Leistungen des SER.

B. Auslegung der Norm

I. Regelungsinhalt und Bedeutung der Norm

5 Die Vorschrift stellt eine Art Programmsatz für die Leistungserbringung im SGB XIV dar, sie ist hingegen keine eigene, materiell-rechtlich isoliert anwendbare Anspruchsgrundlage.

6 Inhaltlich gilt die Regelung für die SGB XIV-Teilhabeleistungen sowie bei den besonderen Leistungen im Einzelfall nach §§ 92 bis 98 (Artikel 11). Aufgrund der Platzierung der Norm in Artikel 6 gilt sie nicht für die weiteren Leistungen des SGB XIV.[495]

495 Zu weiteren Einschränkungen, vgl. Knickrehm/Mushoff/Schmidt, Neues SozEntschR, Rn. 232.

Zu den aus § 69 herleitbaren Ansprüchen, aber auch deren Grenzen, vgl. Ausführungen zu § 68. Die Existenz der Vorschrift bedeutet auch nicht, dass der Leistungsträger kein Ermessen mehr bei der Erbringung der SGB XIV-Leistungen habe,[496] vielmehr stellen die Wünsche des Betroffenen einen der heranzuziehenden Entscheidungsaspekte dar. Allerdings ist der SGB XIV-Träger grundsätzlich gehalten, im Rahmen einer Abwägungsentscheidung stets die berechtigten Wünsche der Betroffenen im Blick zu behalten, da ansonsten dessen Anliegen im Laufe des Entscheidungsprozesses leerlaufen würde.[497] 7

Nach Satz 2 sind Art und Schwere der Schädigung, Gesundheitszustand und Lebensalter besonders zu berücksichtigen. Neben den im übrigen Teilhaberecht etablierten (gesamt-)gesundheitlichen und vom Lebensalter der Betroffenen ausgehenden Betrachtungen stellt der Aspekt der Schwere der Schädigung einen unmittelbaren Bezug zum entschädigungsrechtlichen Charakter des SGB XIV her, indem er es ausdrücklich ermöglicht und fordert, die sich aus einer Schädigung unmittelbar oder mittelbar ergebenden Folgen in besonderer Weise zu berücksichtigen. Damit geht die Norm z. B. erkennbar über die Regelung des § 8 SGB IX hinaus, der – naturgemäß – derartige, an Kausalitätskriterien anknüpfende, Erwägungen nicht kennt. 8

Satz 3 erklärt § 8 SGB IX für anwendbar, der wiederum auf § 33 SGB I verweist, wodurch die insoweit geltenden und bereits sehr weit gefassten Wunsch- und Wahlrechtskriterien Anwendung finden und hierauf Rücksicht zu nehmen ist. Dies sind im Kern 9

- die persönliche Lebenssituation,
- das Alter,
- das Geschlecht,
- die Familie,
- die religiösen und weltanschaulichen Bedürfnisse,
- die persönlichen Verhältnisse,
- der Bedarf und die Leistungsfähigkeit sowie
- die örtlichen Verhältnisse.

Besondere Bedeutung kommt in diesem Zusammenhang wiederum die stets vom Leistungsträger mitzudenkende Schwere der SGB XIV-Schädi- 10

496 Zu der durch die Norm nicht vorhandenen Ermessensreduktion „auf Null“ vgl. Schmidt SGB XIV/S. Schmidt, 1. Aufl. 2021, SGB XIV § 69 Rn. 6.

497 A. A. in Schmidt SGB XIV/S. Schmidt, 1. Aufl. 2021, SGB XIV § 69 Rn. 6, wonach ein berechtigter Wunsch im Regelfall nur einen Teilaspekt der Gesamtentscheidung des Trägers der Sozialen Entschädigung bildet.

gung zu, die den vorgenannten – und weder in sich, noch im Kontext der Norm bestehenden – Katalog erweitern kann, was bedeuten kann, dass das im Rahmen des allgemeinen Teilhaberechts bereits u. U. bestehende Spannungsfeld zwischen den Vorstellungen des Leistungsträger und denen des Berechtigten zugunsten der Betroffenen auszulegen ist.

11 Eine Grenze des für den Leistungsträger möglichen kann und wird sich regelmäßig beim Aspekt der Kosten[498] zeigen. Allerdings hat der Gesetzgeber – erfreulich deutlich – die Regelung des § 25b Absatz 5 Satz 3 BVG, wonach Wünschen der Leistungsberechtigten, die sich auf die Gestaltung der Leistung richten, entsprochen werden soll, soweit sie angemessen sind und keine unvertretbaren Mehrkosten erfordern, in das SGB XIV nicht aufgenommen, wodurch jedenfalls eine unmittelbare „Kostenbremse" im Gesetz selbst nicht vorhanden ist. Die mittelbare Beeinflussungsmöglichkeit des Leistungsträgers auf die Ausgestaltung von Leistungen mit Blick auf Kostenfolgen wird hiermit allerdings keineswegs kassiert, sie wird aber in den allgemeinen Kontext der Anwendung der Vorschrift integriert. Im Ergebnis kann und muss dies zum einen – insoweit auch konsequent – als ein Gleichlauf der Vorschrift mit anderen sozialrechtlichen Wunsch- und Wahlrechtsnormen verstanden werden, zum anderen stärkt es die Position der Berechtigten gegenüber dem Leistungsträger.

§ 70
Besonderheiten der Leistungsbemessung

Art, Ausmaß und Dauer der Leistungen zur Teilhabe richten sich nach der Besonderheit des Einzelfalls sowie der Art des Bedarfes.

Erläuterungen

Übersicht **Rn.**

498 Vgl. insoweit die Ausführungen zu § 67.

A. Überblick über die Norm

I. Vorgängervorschriften

Die Vorschrift folgt auf § 25b Absatz 5 Satz 1 BVG. 1

II. Parallelvorschriften und systematische Zusammenhänge

Die Norm entspricht § 98 und hat – wegen ihres programmatischen Charakters – mehrere parallele Vorschriften innerhalb des allgemeinen Sozialrechts und auch dem SER. Dies sind im Wesentlichen § 33 Satz 1 SGB I, §§ 1, 7 und 8 SGB IX sowie § 69 SGB IV und § 12 SGB V[499], wobei die beiden letztgenannten nur wirtschaftliche Aspekte zum Inhalt haben.[500] 2

B. Auslegung der Norm

I. Regelungsinhalt und Bedeutung

Die Vorschrift schreibt den Individualisierungsgrundsatz für die SGB XIV-Teilhabeleistungen fest. In Ergänzung zu §§ 68 und 69 soll klargestellt werden, dass auch und vor allem die Teilhabeleistungen des SGB XIV den individuellen Erfordernissen des Einzelfalls anzupassen sind. Dies soll ausdrücklich auch dann gelten, wenn die Betroffenen beispielsweise ihr Wunsch- und Wahlrecht[501] nicht ausgeübt haben, oder dies nicht ausgeübt werden kann, weil die gesundheitlichen Verhältnisse der Berechtigten dies aktuell nicht zulassen oder eine Akutbedarfslage besteht, die dies einschränkt oder unmöglich macht. Zu denken ist hier z. B. an Lebenssituationen, in denen Betroffene aus Gründen der Schädigung oder wegen ihres Gesundheitszustandes ihr Wunsch- und Wahlrecht nicht ausüben können oder wollen und die Voraussetzungen für eine rechtliche Betreu- 3

499 Vgl. hierzu auch tabellarische Auflistung in LPK-SGB XIV/Nebe, 1. Aufl. 2022, SGB XIV § 70 Rn. 4.
500 Vgl. insoweit Ausführungen zu § 67.
501 Vgl. insoweit Ausführungen zu § 69.

ung nach § 1814 BGB[502] aber nicht vorliegen. Auch in diesen Fällen soll und wird der Träger des SER nicht aus seiner Verantwortung, eine bedarfs- und betroffenenorientierte Leistungsgewährung vorzunehmen, entlassen. So programmatisch die Norm wirkt, so weitreichend ist ihr Anwendungsbereich. Denn gerade im Kontext der ebenfalls pauschal richtunggebenden §§ 68 und 69 rundet § 70 das Bild der zu gewährenden SGB XIV-Teilhabeleistungen zu einem vollends personenzentrierten[503] Ansatz ab. Insbesondere in der Konsequenz aller drei Normen lässt sich durch die vom Gesetzgeber gewollte Hinwendung zu den SGB XIV-Leistungsberechtigten ein gewisses – wenn auch nicht vorbehaltloses – Übergewicht aufseiten der individuellen Betroffenenwünsche gegenüber wirtschaftlichen Gesichtspunkten erkennen[504]. Eine solche Lesart, die von allgemeinen sozialrechtlichen Grundsätzen, wie sie z. B. in § 69 SGB IV und § 12 SGB V[505] statuiert sind, zugunsten der Betroffenen abweicht, lässt sich aufgrund des faktischen Sonderopfercharakters aller mit dem SGB XIV geschützten Lebenssachverhalte begründen[506].

Es wird Aufgabe von Verwaltung, Rechtsprechung und Literatur sein, solche theoretischen Überlegungen und Einordnungen, wie sie naturgemäß vor dem Vorhandensein von praktischen Erfahrungen mit dem Gesetz nur möglich sind, anhand der konkreten Lebenssachverhalte von SGB XIV-Berechtigten mit Leben zu füllen. Hierbei wird sich zeigen, inwieweit wertende Vorüberlegungen, wie die vorstehenden mit der Lebenswirklichkeit in Einklang zu bringen sind[507].

C. Altes Recht

4 Nach § 35 BVG erhielten Geschädigte, die infolge der anerkannten Schädigungsfolgen hilflos waren, eine **Pflegezulage**. Hilflos i. S. d. § 35 waren Geschädigte, wenn sie für eine Reihe von häufig und regelmäßig wiederkehrenden Verrichtungen zur Sicherung ihrer persönlichen Existenz im Ablauf eines jeden Tages fremder Hilfe dauernd bedurften. Diese Vorausset-

502 I. d. F. des Artikel 1 Gesetz zur Reform des Vormundschafts- und Betreuungsrechts vom 4. Mai 2021 (BGBl. I S. 882).
503 Und damit dem des SGB IX und des BTHG entsprechenden.
504 Leicht einschränkend in LPK-SGB XIV/Nebe, 1. Aufl. 2022, SGB XIV § 70 Rn. 18.
505 Vgl. Ziffer I.
506 Insoweit zutreffend gewählte Formulierung des einer vorbehaltlosen Verankerung des Individualisierungsprinzips in LPK-SGB XIV/Nebe, 1. Aufl. 2022, SGB XIV § 70 Rn. 18.
507 Nach der Wahrnehmung des Autors ist dies in dem bis zum 31.12.2023 geltenden SER bereits in aller Regel betroffenenorientiert gelungen, sodass mit der verstärkten Hinwendung z. B. zu Teilhabeaspekten im SGB XIV insoweit kein Bruch eintreten sollte.

zungen waren auch erfüllt, wenn die Hilfe in Form einer Überwachung oder Anleitung zu den in Satz 2 genannten Verrichtungen erforderlich war oder wenn die Hilfe zwar nicht dauernd geleistet werden musste, jedoch eine ständige Bereitschaft zur Hilfeleistung erforderlich war. War die Gesundheitsstörung so schwer, dass sie dauerndes Krankenlager oder dauernd außergewöhnliche Pflege erforderte, so war die Pflegezulage je nach Lage des Falles unter Berücksichtigung des Umfangs der notwendigen Pflege zu erhöhen (Stufen II, III, IV, V und VI). Daneben gab es eine sog. „automatische" Pflegezulage: Blinde erhielten stets mindestens eine Pflegezulage der Stufe III, (§ 35 Abs. 1 S. 3 BVG); erwerbsunfähige Hirnbeschädigte eine Pflegezulage mindestens der Stufe I (§ 35 Abs. 1 S. 4 BVG), ohne dass der Grad der Hilflosigkeit im Einzelnen geprüft werden musste.

Nach § 35 Abs. 2 BVG gab es eine „erhöhte" Pflegezulage, wenn die tatsächlichen Kosten für fremde Hilfe auf der Grundlage eines Arbeitsvertrages über der pauschalen Pflegezulage nach § 35 Abs. 1 BVG lagen. Die Pflegezulage wurde in diesen Fällen um die angemessenen Kosten für die Hilfe von Dritten erhöht. Ursprünglich hatten nur alleinlebende Hilflose einen Anspruch auf erhöhte Pflegezulage für Fremdpflege. Durch ständige BSG-Rechtsprechung wurde eine Erhöhung auch gewährt, wenn Hilfeleistungen durch einen in häuslicher Gemeinschaft lebenden Ehegatten, Lebenspartner oder Elternteil[508] erbracht wurden.

Die Kosten einer nicht nur vorübergehenden Heimpflege wurden nach § 35 Abs. 6 BVG übernommen, wenn die geeignete Pflege nicht anders sichergestellt werden konnte. „Nicht nur vorübergehend" wurde in § 30 Abs. 1 Satz 4 BVG als ein Zeitraum von mindestens sechs Monaten definiert. Bei den Kosten wurden die Versorgungsbezüge zum Teil angerechnet.

Für die Ermittlung der **Hilflosigkeit** und der Stufen der Pflegezulage waren die in Teil A Nr. 4 der Versorgungsmedizin-Verordnung aufgestellten Grundsätze maßgebend. 5

Danach waren hilflos „diejenigen, die infolge von Gesundheitsstörungen – nach dem Neunten Buch Sozialgesetzbuch (SGB IX) und dem Einkommensteuergesetz „nicht nur vorübergehend" – für eine Reihe von häufig und regelmäßig wiederkehrenden Verrichtungen zur Sicherung ihrer persönlichen Existenz im Ablauf eines jeden Tages fremder Hilfe dauernd bedurften.

Häufig und regelmäßig wiederkehrende Verrichtungen zur Sicherung der persönlichen Existenz im Ablauf eines jeden Tages waren insbesondere An-

508 Z. B. BSG 4.2.1998 B 9 V 28/96R.

und Auskleiden, Nahrungsaufnahme, Körperpflege, Verrichten der Notdurft. Außerdem waren notwendige körperliche Bewegung, geistige Anregung und Möglichkeiten zur Kommunikation zu berücksichtigen. Hilflosigkeit lag im oben genannten Sinne auch dann vor, wenn ein psychisch oder geistig behinderter Mensch zwar bei zahlreichen Verrichtungen des täglichen Lebens der Hilfe nicht unmittelbar bedurfte, er diese Verrichtungen aber infolge einer Antriebsschwäche ohne ständige Überwachung nicht vornahm. Die ständige Bereitschaft war z. B. anzunehmen, wenn Hilfe häufig und plötzlich wegen akuter Lebensgefahr notwendig war.

Der Umfang der notwendigen Hilfe bei den häufig und regelmäßig wiederkehrenden Verrichtungen musste erheblich sein. Dies war der Fall, wenn die Hilfe dauernd für zahlreiche Verrichtungen, die häufig und regelmäßig wiederkehrten, benötigt wurde. Einzelne Verrichtungen, selbst wenn sie lebensnotwendig waren und im täglichen Lebensablauf wiederholt vorgenommen wurden, genügten nicht (z. B. Hilfe beim Anziehen einzelner Bekleidungsstücke, notwendige Begleitung bei Reisen und Spaziergängen, Hilfe im Straßenverkehr, einfache Wund- oder Heilbehandlung, Hilfe bei Heimdialyse ohne Notwendigkeit weiterer Hilfeleistung). Verrichtungen, die mit der Pflege der Person nicht unmittelbar zusammenhingen (z. B. im Bereich der hauswirtschaftlichen Versorgung) mussten außer Betracht bleiben. Das BSG hat bestätigt, dass bei der Beurteilung der Hilflosigkeit hauswirtschaftlicher Hilfebedarf grundsätzlich nicht zu berücksichtigen war (BSG Urt. 2.7.1997 9 RV 19/95).

Nach BSG-Rechtsprechung (BSG Urt. 10.12.2002 B9V3/01R) bestand ein Anspruch auf Pflegestufe 1 ab einem täglichen Pflegebedarf von 2 Stunden für die o. g. Verrichtungen. Ein außergewöhnlicher Pflegebedarf, der den Anspruch auf eine Pflegestufe von II oder mehr beinhaltet, setzte wöchentlich im Tagesdurchschnitt mindestens vier Stunden an berücksichtigungsfähigen Hilfeleistungen voraus (BSG, Urt. 30.11.2006 B 9a V 9/05 R).

6 In Bezug auf die schädigungsbedingte Pflege hat das BVG das Erste[509] und Zweite Pflegestärkungsgesetz[510] nicht umgesetzt. Insbesondere die neue Definition der **Pflegebedürftigkeit** in § 14 SGB XI und die Bewertung in Pflegegrade § 15 SGB XI hat § 35 BVG nicht nachvollzogen. Das Zweite Gesetz zur Stärkung der pflegerischen Versorgung und zur Änderung weiterer Vorschriften, das vollumfänglich zum 1.1.2017 in Kraft trat, änderte die Rahmenbedingungen und die gesetzlichen Vorgaben für die Pflege

509 Erstes Pflegestärkungsgesetz – PSG I, BGBl. I 2015, 2222.
510 Zweites Pflegestärkungsgesetz – PSG II vom 21.12.2015 mit Wirkung zum 1.1.2017, BGBl. I 2015, 2424 (§ 14 SGB XI n. F.).

umfassend. Das Neue Begutachtungsassessment (NBA) erfasst alle relevanten Aspekte der Pflegebedürftigkeit, unabhängig davon, ob diese auf körperlichen, psychischen oder kognitiven Beeinträchtigungen beruhen. Die Einstufung in die fünf Pflegegrade hängt nicht mehr von der eingeschränkten Alltagskompetenz oder der besonderen Härte im Einzelfall ab, sondern wird für alle Antragsteller einheitlich und wesentlich differenzierter vorgenommen. Maßgeblich für die Einstufung ist der Grad der Selbstständigkeit einer Person in allen pflegerelevanten Bereichen. Die nach dem SGB XI gewährten Leistungen beruhen allein auf dem festgestellten Pflegegrad, sodass alle pflegebedürftigen Personen innerhalb des jeweiligen Pflegegrades Zugang zu den gleichen Leistungen haben.

Seit 2017 führten die unterschiedlichen Voraussetzungen für die Leistungs- 7
gewährung nach § 35 BVG und dem SGB XI vermehrt zu Widersprüchen und Klagen. Es gab Antragsteller, die laut MD-Gutachten einen Pflegegrad von zwei oder sogar drei hatten, nach § 35 BVG aber nicht einmal die Stufe 1 der Hilflosigkeit erreichten, weil sie keine zwei Stunden täglich berücksichtigungsfähige Hilfeleistungen benötigten. Durch die Übernahme des Pflegebedürftigkeitsbegriffes und der Einteilung in die Pflegegrade des SGB XI in das SGB XIV ist dieser Konflikt ab 1.1.2024 ausgeräumt.

I. Bestandsfälle und Bestandsschutzfälle

Bestandsfälle sind Altfälle, die sowohl nach dem BVG als auch nach den 8
Kapiteln 1 bis 22 des SGB XIV einen originären Anspruch auf Leistungen der SE haben. **Bestandsschutzfälle** sind Altfälle, deren BVG-Ansprüche nicht ins SGB XIV übernommen wurden und die ab 1.1.2024 ausschließlich aus Vertrauensschutzgründen Leistungen nach dem 23. Kapitel des SGB XIV erhalten. Die Bezeichnungen sind leistungs- und nicht personenbezogen. So kann z. B. ein Geschädigter Bestandsfall in Bezug auf Entschädigungsleistungen zum Ausgleich seiner anerkannten Schädigungsfolgen sein und zugleich Bestandsschutzfall in Bezug auf die Krankenbehandlung oder Pflege seiner Nichtschädigungsleiden.

Bestandsfälle, die zum 31.12.2023 **schädigungsbedingt** Pflegezulage nach 9
§ 35 Abs. 1 BVG erhalten haben oder nach § 142 Abs. 2 erhalten hätten und ab dem 1.1.2024 einen monatlichen Betrag nach § 144 erhalten, der diese frühere Pflegezulage mit umfasst (§ 144 Abs. 1 Nr. 10), haben keinen Anspruch auf Pflegeleistungen nach dem 7. Kapitel. Sie können bei Bedarf Pflegeleistungen nach dem 7. Kapitel beantragen, mit der Konsequenz, dass der monatliche Betrag nach § 144 um die Höhe der Pflegezulage nach § 35 Abs. 1 BVG zum Zeitpunkt des 31.12.2023 gekürzt wird (§ 146 Abs. 2 SGB XIV).

Bestandsfälle, die zum 31.12.2023 schädigungsbedingt Pflegezulage nach **§ 35 Abs. 2 und 6 BVG** erhalten haben oder nach § 142 Abs. 2 erhalten hätten, haben in Bezug auf die Pflegeleistungen kein Wahlrecht nach § 152, sondern erhalten ab 1.1.2024 automatisch Pflegeleistungen nach dem 7. Kapitel (§ 146 Abs. 1 SGB XIV).

10 Nach Ausübung des **Wahlrechtes oder der automatischen Überleitung der § 35 Abs. 2 und 6 BVG-Fälle** zugunsten der Leistungen nach Kapitel 1–22 gelten nur die anerkannten Schädigungsfolgen und der Grad der Schädigungsfolgen als rechtsverbindlich festgestellt (§ 152 Abs. 1 Satz 2). Weder in § 152 noch in § 146 ist ein Automatismus festgelegt, der die „Hilflosigkeit" und die sechs Pflegestufen des § 35 BVG in die Anerkennung der Pflegebedürftigkeit nach § 14 SGB XI und in Pflegegrade nach § 15 SGB XI umwandelt. Jeder Fall muss zunächst von der PK einen Bescheid über die Anerkennung der Pflegebedürftigkeit, den Pflegegrad und die Pflegeleistungen nach dem SGB XI erhalten, bevor die TdSE dann über das Vorliegen der Kausalität und die eigenen Pflegeleistungen nach §§ 73, 75 und 76 entscheiden können (s. Komm. § 146).

11 Die **Bestandsschutzfälle**, die zum 31.12.2023 befristete Geld- oder Sachleistungen der früheren Hilfe zur Pflege für **nichtschädigungsbedingte** Pflegebedürftigkeit Geschädigter und die Pflege von Hinterbliebenen und Angehörigen nach § 26c BVG erhalten, können Bestandsschutz bis längstens zum 31.12.2033 genießen (s. § 145 Abs. 2 Nr. 1 SGB XIV). Voraussetzung ist, dass bei einem Ablauf der jeweiligen Bewilligungsfrist binnen zwei Wochen die Weiterbewilligung beantragt wird (s. Komm. § 145).

12 **Versicherungspflicht** in der sozialen Pflegeversicherung bestand für alle Personen mit Wohnsitz oder gewöhnlichem Aufenthalt im Inland, die nach dem BVG oder nach Gesetzen, die eine entsprechende Anwendung des BVG vorsehen, einen Anspruch auf Heilbehandlung oder Krankenbehandlung haben (§ 21 Nr. 1 SGB XI a. F.) bzw. für alle Personen die ergänzende Hilfe zum Lebensunterhalt im Rahmen der Kriegsopferfürsorge nach dem BVG oder nach Gesetzen beziehen, die eine entsprechende Anwendung des BVG vorsehen (§ 21 Nr. 3 SGB XI a. F.).

Neufälle, die ab 1.1.2024 Anträge stellen, sind nach § 21 Nr. 3 SGB XI n. F. pflichtversichert, wenn sie Leistungen zum Lebensunterhalt nach § 93 SGB XIV erhalten. Alle Neufälle, die weder nach dem SGB XI versichert noch nach beamtenrechtlichen Vorschriften einen Anspruch auf Leistungen bei Pflegebedürftigkeit haben, erhalten die Leistungen des 4. Kapitels des SGB XI nach § 75 Abs. 5, ohne dass Beiträge gezahlt werden. Die PK erhalten Kostenerstattung nach § 80.

D. h. alle Bestandsfälle (Geschädigte mit ihren familienversicherten Angehörigen und krankenbehandlungsberechtigte Hinterbliebene) nach dem BVG und alle Geschädigten, die nach dem 7. Kapitel Leistungen erhalten, sind gesetzlich pflegeversichert oder haben einen Anspruch nach § 75 Abs. 5 und erhalten Pflegeleistungen der PK nach dem 4. Kapitel SGB XI.

Im SGB XIV gibt es somit ab 1. Januar 2024 **zwei Personengruppen**, die Pflegeleistungen nach dem SGB XI i. V. m. dem SGB XIV erhalten können: Schädigungsbedingt Pflegebedürftige nach dem 7. Kapitel bzw. als Bestandsfälle nach § 146 SGB XIV und nichtschädigungsbedingt Pflegebedürftige als Bestandsschutzfälle nach § 145 Abs. 2 Nr. 1 SGB XIV. 13

Beide Personengruppen erhalten durch die PK die Anerkennung der Pflegebedürftigkeit und eines Pflegegrades und Leistungen nach dem 4. Kapitel des SGB XI. Darüber hinaus erhalten beide Personengruppen ergänzende und weitergehende Pflegeleistungen nach dem SGB XIV durch den TdSE. Besonders für die PK dürfte es schwierig sein, die beiden anspruchsberechtigten Personenkreise auseinanderzuhalten. Vor allem, da es zum 1.1.2024 deutlich mehr Bestandsfälle nach § 145 als nach § 146 i. V. m. §§ 71 ff. geben wird.

Zwischen der Versorgung beider Personengruppen mit Pflegeleistungen gibt es wesentliche Unterschiede: 14

	7. Kapitel (§§ 71 ff. SGB XIV), Bestandsfälle § 146 SGB XIV	**Bestandsschutzfälle § 145 Abs. 2 Nr. 1 SGB XIV i. V. m. § 26 c BVG a.R.**
Anspruchsberechtigter Personenkreis	Schädigungsbedingt Pflegebedürftige (etwa 2500 Bestandsfälle nach § 35 Abs. 2, 6 BVG, Stand 4/2022[511] und Neufälle)	Nichtschädigungsbedingt Pflegebedürftige (4044 Bestandsschutzfälle nach § 26c BVG, Stand 12/2020[512])
Gesetzliche Pflegeversicherungspflicht bzw. Anspruch auf Leistungen nach dem 4. Kapitel des SGB XI gegenüber der PK	Ja (Auffangtatbestand § 21 Nrn. 1, 3 SGB XI für Bestandsfälle, für Neufälle § 21 Nr. 3 SGB XI, § 75 Abs. 4, 5)	Ja (Auffangtatbestand § 21 Nrn. 1, 3 SGB XI)
Neufälle nach dem 1.1.2024 (Antragsdatum)	Ja	Nein

511 BMAS, Länder, interne Statistiken.
512 Statistisches Bundesamt (Destatis); Statistik der Kriegsopferfürsorge 2020.

	7. Kapitel (§§ 71 ff. SGB XIV), Bestandsfälle § 146 SGB XIV	Bestandsschutzfälle § 145 Abs. 2 Nr. 1 SGB XIV i. V. m. § 26 c BVG a.R.
Anspruch zeitlich begrenzt	Nein	Ja, bis 31.12.2033 (§ 146 Abs. 1)
Kausalitätsprüfung durch den TdSE	Ja (medizinische Kausalität)	Ja (wirtschaftliche Kausalität)
Einkommens- und vermögensabhängig	Nein	Ja
Auftragsverwaltung: PK im Auftrag der TdSE	Ja (PK § 77 Abs. 2, 3 SGB XIV, UK § 77 Abs. 4 SGB XIV)	Nein
Kostenerstattung durch TdSE an PK	Ja (PK § 80 Spitzabrechnung bis 2027, UK § 81 dauerhafte Spitzabrechnung)	Nein
5 % Verwaltungskosten vom TdSE an PK	Ja (PK § 80 Abs. 3, S. 2; UK § 81 Abs 2)	Nein
Pflegebedürftigkeit, -grad	Entscheidung der PK	Entscheidung der PK
Pflegeleistungen durch PK	4. Kapitel SGB XI	SGB XI
Pflegehilfsmittel, wohnumfeldverbessernde Maßnahmen	Grundsätzlich zuständig ist die PK. Bei ergänzenden Leistungen des TdSE nach § 75 Abs. 1 Nr. 3 ist die jeweilige Unfallkasse des Landes – UK – zuständig (§ 77 Abs. 4 SGB XIV)	Zuständig ist die PK
Widerspruchsprüfung durch TdSE bei umstrittenen Leistungsentscheidungen der PK	Ja (§ 78 SGB XIV)	Nein
Eigene und ergänzende Leistungen des TdSE	§§ 73, 75, 76	§ 146 Abs. 2 Nr. 1 SGB XIV i. V. m. § 26c BVG a.R.
Zusammenarbeit TdSE und der PK	„Übereinkunft zwischen den Trägern der Sozialen Entschädigung und dem GKV-Spitzenverband Bund der Pflegekassen über die Zusammenarbeit bei der Erbringung der Leistungen bei Pflegebedürftigkeit nach dem 7. Kapitel des SGB XIV und über die Spitzabrechnung nach § 80 SGB XIV"	Jahrelange Praxis

D. Neues Recht

Im Folgenden geht es ausschließlich um die Pflegeleistungen bei schädigungsbedingter Pflegebedürftigkeit nach dem 7. Kapitel: 15

Pflegeleistungen, die aufgrund eines schädigenden Ereignisses i. S. d. § 1 Abs. 2 zu erbringen sind, haben gegenüber den Leistungen der sozialen Pflegeversicherung nach § 28 Abs. 1 SGB XIV i. V. m. § 13 Abs. 1 Nr. 1 SGB XI Vorrang. 16

Besonders doppeldeutig ist in diesem Zusammenhang die Rolle der PK: Den Leistungen der Pflegeversicherung gehen die Entschädigungsleistungen wegen Pflegebedürftigkeit nach dem SGB XIV und nach den Gesetzen, die eine entsprechende Anwendung des SGB XIV vorsehen, vor. D. h. die Leistungen der PK als Auftragnehmer nach § 77 Abs. 2 gehen den Leistungen der PK als eigenständiger SLT vor.

Ansprüche auf Pflegeleistungen nach dem SGB VII, dem Soldatenversorgungsgesetz (und ab 1. Januar 2025 dem Soldatenentschädigungsgesetz – SEG) oder der beamtenrechtlichen Unfallfürsorge gehen den Ansprüchen nach dem SGB XIV vor, soweit beide Ansprüche auf derselben Ursache beruhen (§ 8 Abs. 3). 17

Kapitel 7
Leistungen bei Pflegebedürftigkeit

Abschnitt 1
Anspruch und Pflegebedürftigkeit

§ 71
Anspruch auf Leistungen bei Pflegebedürftigkeit

(1) Geschädigte haben Anspruch auf Leistungen bei Pflegebedürftigkeit, wenn sie auf Grund der anerkannten Schädigungsfolgen pflegebedürftig sind.

(2) Anspruch auf Leistungen bei Pflegebedürftigkeit besteht auch, wenn

1. **Gesundheitsstörungen, die keine Schädigungsfolge sind, im Zusammenwirken mit anerkannten Schädigungsfolgen Pflegebedürftigkeit verursachen und**
2. **die Auswirkungen der Schädigungsfolgen für die Beurteilung der Pflegebedürftigkeit den anderen Gesundheitsstörungen annähernd gleichwertig sind.**

Erläuterungen

1 § 71 regelt den Anspruch auf Leistungen bei Pflegebedürftigkeit für Geschädigte, die aufgrund der anerkannten Schädigungsfolgen pflegebedürftig sind. Der Anspruch besteht auch, wenn andere Gesundheitsstörungen im Zusammenwirken mit den Schädigungsfolgen die Pflegebedürftigkeit verursachen und die Schädigungsfolgen annähernd gleichwertig sind. Die Leistungen bei Pflegebedürftigkeit umfassen unter anderem Pflegesachleistungen, Pflegegeld, Verhinderungspflege, Kurzzeitpflege und teilstationäre Pflege. Die Leistungen richten sich nach dem Pflegegrad, der nach § 72 festgestellt wird. Die Leistungen bei Pflegebedürftigkeit werden nach den Vorschriften des Elften Buches erbracht, soweit das Vierzehnte Buch nichts Abweichendes bestimmt.

2 § 71 definiert den anspruchsberechtigten Personenkreis und die zu erfüllende schädigungsbedingte Kausalität. Ausschließlich **Geschädigte** i. S. d. § 2 Abs. 2 haben einen Anspruch auf Pflegeleistungen. Geschädigte sind Personen, die durch ein schädigendes Ereignis i. S. d. SGB XIV unmittelbar eine gesundheitliche Schädigung erlitten haben. Anders als im BVG haben Angehörige, Hinterbliebene und Nahestehende keinen Anspruch auf Pflegeleistungen, weder einen eigenen noch hat der Geschädigte einen abgeleiteten Anspruch für seine Angehörigen.

3 Der Geschädigte selbst hat nur einen Anspruch auf Pflegeleistungen, wenn die **anerkannte SF** mindestens annähernd gleichwertig die **Ursache der Pflegebedürftigkeit** ist. Dies entspricht dem Leistungsgrundsatz des § 25, wonach alle Leistungen der sozialen Entschädigung ausschließlich für **schädigungsbedingte Bedarfe** erbracht werden.

Geschädigte, die schädigungsunabhängig pflegebedürftig sind, erhalten keine Pflegeleistungen nach dem 7. Kapitel. Der Antrag ist an die zuständige PK weiterzuleiten. Der Geschädigte ist über die Weiterleitung zu informieren bzw. an seine gesetzliche oder private Pflegeversicherung zu verweisen.

4 Die Abs. 1 und 2 regeln zwei verschiedene Fallkonstellationen.

Abs. 1 betrifft Fälle, bei denen die Schädigungsfolgen allein für sich genommen Pflegebedürftigkeit verursachen. Bewirken in diesen Fällen oft später hinzugekommene, schädigungsunabhängige Gesundheitsstörungen einen wesentlich höheren Pflegegrad, entfällt ein Anspruch auf Pflegeleistungen nach dem SGB XIV nicht. Lässt ein MD-Gutachten einen abgrenzbaren schädigungsbedingten Pflegegrad bzw. -bedarf erkennen, sind die Aufwendungen in entsprechender Höhe durch den TdSE (weiterhin) zu übernehmen.[513]

Abs. 2 regelt Fälle in denen die Pflegebedürftigkeit erst im Zusammenwirken von Schädigungsfolgen und Nichtschädigungsleiden entsteht. Bei multikausaler Pflegebedürftigkeit müssen beide im Gesetz genannten Voraussetzungen erfüllt sein: Nichtschädigungsleiden und Schädigungsfolgen müssen zusammen die Pflegebedürftigkeit bewirken und die Schädigungsfolge muss annähernd gleichwertig die Pflegebedürftigkeit verursachen. Sind die Schädigungsfolgen wesentliche Bedingung der Pflegebedürftigkeit, werden alle Pflegeleistungen durch das SGB XIV erbracht. Eine Aufteilung der Pflegeleistungen in schädigungsbedingte und schädigungsunabhängige oder ein Herausrechnen eines schädigungsbedingten und eines schädigungsunabhängigen Pflegegrades ist nicht vorgesehen. **5**

In Abs. 2 wird ausschließlich für den Anspruch auf Pflegeleistungen die Prüfung auf der Grundlage der **Kausalität der wesentlichen Bedingung** normiert. Im BVG galt dieser Grundsatz noch allgemein für alle Leistungsansprüche nach der VV Nr. 2 zu § 1 BVG: **Ursachen** sind die Bedingungen, die wegen ihrer besonderen Beziehung zum Erfolg zu dessen Eintritt wesentlich mitgewirkt haben. Haben mehrere Umstände zu einem Erfolg beigetragen, sind sie versorgungsrechtlich nur dann nebeneinanderstehende Mitursachen, wenn sie in ihrer Bedeutung und Tragweite für den Eintritt des Erfolges annähernd gleichwertig sind. Kommt einem der Umstände gegenüber dem anderen eine überragende Bedeutung zu, ist dieser Umstand allein Ursache. **6**

Im alten Recht lag nach der VV Nr. 2 zu § 35 BVG schädigungsbedingte Hilflosigkeit vor, wenn die Schädigungsfolgen neben anderen Gesundheitsstörungen zumindest die annähernd gleichwertige Bedingung für den Eintritt der Hilflosigkeit waren. Diese sogenannte **„Theorie der wesentlichen Bedingung“** gilt auch in Bezug auf die Feststellung der **schädigungsbedingten Pflegebedürftigkeit**. Daraus folgt in Bezug auf das SGB XIV: die anerkannten Schädigungsfolgen sind wesentliche Bedingung der Pflegebedürftigkeit, wenn sie im Vergleich zu anderen Gesundheitsstörungen eine „annähernde Gleichwertigkeit“ aufweisen. **7**

Die **Kausalkette** des § 4 Abs. 1 wird um einen sechsten Tatbestand erweitert: **8**

1. Antrag
2. Person des Anspruchsberechtigten (s. Rn. 1 zu § 71)
3. Schädigendes Ereignis

513 Vgl. BSG Urt. v. 10.12.2003 – B 9 V 7/03 R, BSGE 92, 42 (45 f.).

4. Gesundheitliche Schädigung durch das schädigende Ereignis
5. Dauerhafte gesundheitliche anerkannte Folgen der Schädigung
6. Pflegebedürftigkeit im Wesentlichen aufgrund der anerkannten Schädigungsfolgen

9 Leistungen bei Pflegebedürftigkeit nach Kap. 7 sind eine eigenständige Versorgungsleistung der Sozialen Entschädigung nach § 3 Nr. 4 und müssen daher nach § 10 Abs. 1 eigens beantragt werden. Leistungen von Amts wegen sind nicht vorgesehen. Eine entsprechende Antragsvoraussetzung findet sich in § 33 Abs. 1 SGB XI. Der **Antrag** ist die materiell-rechtliche Voraussetzung des Anspruchs auf Versorgung. Er ist auf alle nach Lage des Falles in Betracht kommenden Leistungen anzusehen. Es sei denn, dass er auf bestimmte Leistungen ausdrücklich beschränkt wird (VV Nr. 1 zu § 1 BVG). Ist der Antrag ausdrücklich auf bestimmte Pflegeleistungen beschränkt und wurde der Berechtigte nicht über darüber hinausgehende Leistungen bei Pflegebedürftigkeit beraten, obwohl ein Anspruch ersichtlich war, können die Voraussetzungen eines sozialrechtlichen Herstellungsanspruchs vorliegen.[514]

10 Basis der Pflegeleistungen ist das 4. Kapitel des SGB XI. In der „Übereinkunft zwischen den Trägern der Sozialen Entschädigung und dem GKV-Spitzenverband Bund der Pflegekassen über die Zusammenarbeit bei der Erbringung der Leistungen bei Pflegebedürftigkeit nach dem 7. Kapitel des SGB XIV und über die Spitzabrechnung nach § 80 SGB XIV (Nr. 3.1)" haben Länder und PK sich darauf verständigt, dass **Anträge auf Pflegeleistungen** nach dem 7. Kapitel i. V. m. dem 4. Kapitel SGB XI sofort an die zuständige PK weitergeleitet werden. Der Antrag umfasst alle notwendigen Leistungen nach dem 7. Kapitel auch wenn sie dort nicht ausdrücklich genannt sind. Die PK holt ein MD-Gutachten ein, entscheidet über die Pflegebedürftigkeit, ggf. über den Pflegegrad und die Leistungen nach dem 4. Kapitel SGB XI und erlässt einen Bescheid. Kopien des MD-Gutachtens und des Bescheides gehen an den TdSE. Der prüft ggf. ob, die anerkannten SF wesentliche Bedingung der Pflegebedürftigkeit sind und entscheidet ggf. über ergänzende Leistungen nach § 75 in einem eigenen Bescheid.

11 Voraussetzung für die Kausalprüfung und damit für den Bezug von Pflegeleistungen nach dem 7. Kapitel ist das Vorliegen eines Bescheides des TdSE über ein **schädigendes Ereignis** nach § 1 Abs. 2 i. V. m. einem Entschädigungstatbestand im Sinne des Kapitel 2 Abschnitt 2 (§§ 13 bis 24 SGB XIV). Der Bescheid muss die Schädigungsfolgen und den GdS anerkennen.

514 Vgl. LPK-SGB XIV/Waßer zu § 71 Rn. 8 mit Hinweis auf BSG Urt. v. 17.6.2021 – B 3 P 5/19 R.

Zur **Anerkennung einer Gesundheitsstörung als Schädigungsfolge** genügt nach § 4 Abs. 4 SGB XIV die **Wahrscheinlichkeit des ursächlichen Zusammenhangs**. Sie ist gegeben, wenn nach dem aktuellen Stand der medizinischen Wissenschaft mehr für als gegen einen ursächlichen Zusammenhang spricht. Als Schädigungsfolge wird jede Gesundheitsstörung bezeichnet, die in ursächlichem Zusammenhang mit einer Schädigung steht. Die Auswirkungen der Schädigung werden mit dem Grad der Schädigungsfolgen GdS bemessen.[515] Bei der Festlegung eines GdS sind vorübergehende Gesundheitsstörungen nicht zu berücksichtigen. Als vorübergehend gilt ein Zeitraum von bis zu sechs Monaten (§ 5 Abs. 1 Satz 4). Der GdS spiegelt hier den GdB nach dem SGB IX und die dortige Definition von Behinderung: Behinderungen sind körperliche, seelische, geistige oder Sinnesbeeinträchtigungen, die in Wechselwirkung mit einstellungs- und umweltbedingten Barrieren Menschen an der gleichberechtigten Teilhabe an der Gesellschaft mit hoher Wahrscheinlichkeit länger als sechs Monate hindern können. Eine Beeinträchtigung nach Satz 1 liegt vor, wenn der Körper- und Gesundheitszustand von dem für das Lebensalter typischen Zustand abweicht (§ 2 Abs. 1 SGB IX). 12

Pflegebedürftigkeit muss im Wesentlichen aufgrund der anerkannten Schädigungsfolgen bestehen. Bestandsfälle und Neuanträge müssen **zunächst von der PK** in Hinsicht auf das Vorliegen der Pflegebedürftigkeit und die Feststellung des Pflegegrades beurteilt werden. Darüber und über die notwendigen Pflegeleistungen nach dem SGB XI erlässt die PK einen Bescheid, der dem TdSE in Kopie zugeht. Der TdSE prüft auf der Grundlage des MD-Gutachtens und des SGB XI-Bescheides, ob der aktuelle Pflegebedarf durch die anerkannten Schädigungsfolgen im Wesentlichen verursacht wird. 13

Die Kausalitätsprüfung ist einfach, wenn ein enger zeitlicher und wissenschaftlich begründeter Zusammenhang zwischen der Pflegebedürftigkeit und dem schädigenden Ereignis besteht. 14

Im SER ist es aber möglich, dass viele Jahre zwischen dem schädigenden Ereignis und dem Antrag auf Anerkennung nach dem SGB XIV vergehen.

Es kann ebenfalls sein, dass die Pflegebedürftigkeit erst Jahre nach dem schädigenden Ereignis eintritt, entweder durch eine Verschlimmerung der SF oder durch das Hinzutreten schädigungsunabhängiger Pflegebedarfe.

Problematisch sind Fälle, bei denen neben den anerkannten Schädigungsfolgen weitere schädigungsunabhängige Gesundheitsstörungen pflegebedürftig sind.

515 Teil A Nr. 1 „Schädigungsfolgen" der VersMedV.

Probleme bei der Einschätzung der Kausalität ergeben sich vor allem bei Pflegebedarfen aufgrund psychischer Schädigungsfolgen, die mit anlagebedingten Gesundheitsstörungen zusammen den Pflegebedarf verursachen.

Oft ist schon eine eindeutige Zuordnung von Gesundheitsstörungen in solche, die schädigungsbedingt und solche, die anlage- oder altersbedingt sind, kaum möglich, besonders wenn medizinische Unterlagen aus der Zeit vor dem schädigenden Ereignis fehlen.

Es kann durch Altersbeschwerden und den Verlust an Alltagskompetenz mit der Zeit zu einer Verschiebung der Kausalität kommen. Bis hin zu der Feststellung, dass die anerkannte Schädigungsfolge nicht länger eine wesentliche Bedingung der Pflegebedürftigkeit ist. Wobei der Einfluss der schädigungsbedingten Gesundheitsstörungen auf vorzeitige Alterungs- oder Abnutzungsprozesse berücksichtigt werden muss und u.U. als mittelbare Schädigungsfolge anzuerkennen ist.

Hier ist es nur möglich, sich im Einzelfall auf das Gutachten des MD und der behandelnden Ärzte und Therapeuten zu stützen.

15 Obwohl die Wahrscheinlichkeit des Ursachenzusammenhangs von Schädigungsfolge und Pflegebedarf genügt, ist oft eine eindeutige Zuordnung der Pflegebedarfe nicht möglich. Die im Einzelfall erforderliche wertende Betrachtung[516] wird durch BSG-Rechtsprechung definiert. Die anerkannten Schädigungsfolgen müssen die Pflegebedürftigkeit „annähernd gleichwertig“ bedingen. Beurteilt wird das Vorliegen der **„annähernden Gleichwertigkeit“** von Schädigungsfolgen und anderen Gesundheitsstörungen auf der Grundlage der Theorie der wesentlichen Bedingung. Die anerkannten Schädigungsfolgen müssen eine wesentliche Ursache der Pflegebedürftigkeit sein, d.h. es muss mehr für als gegen einen ursächlichen Zusammenhang sprechen.

Hier hält der Gesetzgeber bewusst an der Vorgabe des BVG zur annähernden Gleichwertigkeit fest und folgt nicht der neueren BSG-Rechtsprechung im Recht der Unfallversicherung, wonach im SGB VII ein ursächlicher Zusammenhang aufgrund der Schädigungsfolge nur abgelehnt werden kann, wenn einem anderen Umstand eine überragende Bedeutung zukommt.[517]

16 Erlässt die PK einen Bescheid mit **neuer Feststellung des Pflegegrades oder -bedarfes**, muss der TdSE erneut die Kausalität auf der Grundlage des aktuellen Pflegebedarfes prüfen. Haben sich die Schädigungsfolgen

516 Vgl. BSG Urt. v. 12.6.2001 – B 9 V 5/00 R, BSGE 88, 153.
517 Vgl. BSG Urt. v. 9.5.2006 – B 2 U 1/05 R, BSGE 96, 196; BSG Urt. v. 30.3.2017 – B 2 U 6/15 R.

gebessert, ist zu prüfen, ob weiterhin schädigungsbedingte Pflegebedürftigkeit besteht.

Verursachen Nichtschädigungsleiden einen erhöhten Pflegebedarf, ist zu prüfen, ob weiterhin die anerkannten Schädigungsfolgen wesentliche Mitursache der Pflegebedürftigkeit sind. Wenn die anerkannten Schädigungsfolgen im Zusammenwirken mit veränderten schädigungsunabhängigen Umständen noch annähernd gleichwertig die gesteigerte Pflegebedürftigkeit verursachen, sind weiterhin die jetzt durch Nichtschädigungsleiden erhöhten Gesamtkosten vom TdSE zu übernehmen.[518]

§ 72
Pflegebedürftigkeit und Pflegegrad

(1) Für den Begriff der Pflegebedürftigkeit, für das Verfahren zur Ermittlung des Pflegegrades und für die Einordnung in die Pflegegrade gilt das Zweite Kapitel des Elften Buches.

(2) [1]Liegt eine Entscheidung der Pflegekasse über den Pflegegrad vor, so ist sie für die zuständige Verwaltungsbehörde bindend. [2]Liegt eine Entscheidung nicht vor, so wirkt die zuständige Verwaltungsbehörde auf eine unverzügliche Entscheidung der Pflegekasse hin.

(3) [1]Kommt ein Anspruch nach dem Elften Buch nicht in Betracht, so ermittelt die zuständige Verwaltungsbehörde den Pflegegrad in eigener Verantwortung. [2]Sie kann sich dabei sachverständiger Dritter bedienen.

Erläuterungen

Übersicht **Rn.**

Der § 72 SGB XIV regelt die Definition und Ermittlung der **Pflegebedürftigkeit** und des Pflegegrades für die Leistungen bei Pflegebedürftigkeit im 1

518 Zu § 35 BVG i. d. S.: BSG Urt. v. 10.12.1975 – 9 RV 162/75, BSGE 41, 80.

Rahmen der Sozialen Entschädigung. Dieser Paragraf tritt zum 1. Januar 2024 in Kraft und verweist auf das Zweite Kapitel des Elften Buches, das die allgemeinen Regelungen zur Pflegeversicherung enthält. Damit soll eine einheitliche und transparente Bewertung der Pflegebedürftigkeit gewährleistet werden. Die zuständige Verwaltungsbehörde ist an die Entscheidung der Pflegekasse über den Pflegegrad gebunden, sofern eine solche vorliegt. Andernfalls kann sie den Pflegegrad selbst ermitteln oder sich sachverständiger Dritter bedienen.

2 Voraussetzung für die Gewährung einer Pflegezulage nach § 35 BVG war das Vorliegen von „Hilflosigkeit". Die Begriffe der Pflegebedürftigkeit (vgl. §§ 14, 15 SGB XI) und der Hilflosigkeit (vgl. § 35 BVG, § 33b EStG) stimmten nicht überein.

Nach der in § 35 Abs. 1 S. 2 BVG enthaltenen Definition waren Beschädigte hilflos, wenn sie für eine Reihe von häufig und regelmäßig wiederkehrenden Verrichtungen zur Sicherung ihrer persönlichen Existenz im Ablauf eines jeden Tages fremder Hilfe dauernd bedurften.

Ob ein Zustand der **Hilflosigkeit** vorlag, war nach der VV Nr. 1 zu § 35 eine Tatfrage, die nicht allein nach ärztlichen Schlussfolgerungen beurteilt werden konnte, diese Frage war vielmehr auf der Grundlage der allgemeinen Lebenserfahrung unter Berücksichtigung aller in Betracht kommenden Umstände des einzelnen Falles zu entscheiden. In der Verwaltungsrealität hat man sich in der Verwaltungsbehörde meist darauf beschränkt, festzustellen, ob der Antragsteller mindestens zwei Stunden täglich Pflege benötigt (BSG 12.2.2003, Az. B9V 13/01 R BSG: „Vielmehr sieht der Senat einen täglichen Zeitaufwand für sich genommen erst dann als hinreichend erheblich an, wenn dieser mindestens zwei Stunden erreicht."). Dies führte in der Vergangenheit dazu, dass Antragsteller trotz Vorlage eines MD-Gutachtens, das einen Pflegegrad von 0, 1 oder 2 bestätigte, dennoch keinen Anspruch auf Pflegezulage hatten.

3 Mit dem SGB XIV strebt der Gesetzgeber eine deutlich stärkere Anbindung an das SGB XI an. Die Regelung beinhaltet eine deutliche Abkehr von der bisherigen Pflegezulagensystematik nach dem BVG. Im BVG war das SGB XI bislang nur Grundlage für die Hilfe zur Pflege nach § 26c BVG. Die Begrifflichkeiten und Voraussetzungen für Leistungen der Pflegebedürftigkeit nach dem 7. Kapitel hingegen richten sich nach dem SGB XI. Eigene Voraussetzungen oder Kriterien zur Beurteilung des Pflegebedarfs nach dem SER gelten ab 1.1.2024 nicht mehr. Auch die in der VersMedV für die Ermittlung der Stufen der Pflegezulage nach § 35 Abs. 1 S. 4 BVG aufgestellten Grundsätze sind nicht mehr maßgebend.

Für den Begriff der Pflegebedürftigkeit[519] und das Verfahren zur Ermittlung des Pflegegrades gelten nunmehr allein die Vorschriften des SGB XI (§ 72 Abs. 1). § 72 SGB XIV überträgt die Zuständigkeit für die Beurteilung und Leistungsgewährung an die Pflegekassen und nutzt deren Fachkompetenz und Leistungsressourcen (§ 71 Abs. 2, § 77 Abs. 2 und 3). Dies führt zu deutlichen Vereinfachungen sowohl des materiellen Leistungsrechts als auch des Verwaltungsverfahrens. Doppelte sich widersprechende Feststellungen des Pflegegrades und der Pflegestufe im SER und damit auch voneinander abweichende Entscheidungen zur Pflegebedürftigkeit und Hilflosigkeit werden vermieden. 4

A. Absatz 1

§ 72 Abs. 1 enthält für den Pflegebedürftigkeitsbegriff einschließlich der Pflegegrade und des Verfahrens zur Ermittlung des Pflegegrades eine Verweisung auf das Zweite Kapitel des SGB XI. Er regelt die Voraussetzungen für die Anerkennung von Pflegebedürftigkeit und die Einstufung in einen Pflegegrad im Rahmen der Sozialen Entschädigung. Nach dieser Vorschrift gilt als pflegebedürftig, wer wegen einer Schädigungsfolge im Sinne des § 4 Absatz 1 oder einer Gesundheitsstörung, die mit einer solchen Schädigungsfolge vergleichbar ist, für wenigstens sechs Monate in erheblichem oder höherem Maße der Hilfe bedarf. Die Einstufung in einen Pflegegrad erfolgt nach den §§ 14 und 15 des Elften Buches Sozialgesetzbuch. Die Leistungen bei Pflegebedürftigkeit richten sich nach den §§ 74 bis 76. 5

§ 14 SGB XI definiert den Begriff der Pflegebedürftigkeit für die Leistungen der sozialen Pflegeversicherung. Er legt fest, welche Voraussetzungen erfüllt sein müssen, um als pflegebedürftig anerkannt zu werden und welche Kriterien für die Ermittlung des Grades der Pflegebedürftigkeit herangezogen werden. § 14 SGB XI wurde zum 1. Januar 2017 neu gefasst und orientiert sich an dem Konzept der Selbstständigkeit und der Lebensführung der pflegebedürftigen Person. Er berücksichtigt nicht nur die körperlichen, sondern auch die kognitiven und psychischen Beeinträchtigungen sowie die gesundheitlich bedingten Belastungen oder Anforderungen, die eine Person nicht selbstständig kompensieren oder bewältigen kann. Der § 14 SGB XI unterscheidet sechs Bereiche, in denen die Selbst- 6

519 Der Begriff der Pflegebedürftigkeit wurde durch das Zweite Gesetz zur Stärkung der pflegerischen Versorgung und zur Änderung weiterer Vorschriften (Zweites Pflegestärkungsgesetz – PSG II) vom 21.12.2015 (BGBl. I 2424) mit Wirkung zum 1.1.2017 grundlegend geändert.

ständigkeit oder die Fähigkeiten einer Person beeinträchtigt sein können: Mobilität, kognitive und kommunikative Fähigkeiten, Verhaltensweisen und psychische Problemlagen, Selbstversorgung, Bewältigung von und selbstständiger Umgang mit krankheits- oder therapiebedingten Anforderungen und Belastungen sowie Gestaltung des Alltagslebens und sozialer Kontakte. Für jeden dieser Bereiche werden pflegefachlich begründete Kriterien festgelegt, die bei der Begutachtung durch den Medizinischen Dienst (MD) oder andere unabhängige Gutachter angewendet werden. § 14 SGB XI bestimmt außerdem, dass die Pflegebedürftigkeit auf Dauer, voraussichtlich für mindestens sechs Monate, und mit mindestens der in § 15 SGB XI festgelegten Schwere bestehen muss. Der § 14 SGB XI ist die Grundlage für die Gewährung von Leistungen der sozialen Pflegeversicherung, wie z.B. Pflegegeld, Pflegesachleistungen, Verhinderungspflege oder Tages- und Nachtpflege.

7 **§ 14 SGB XI Begriff der Pflegebedürftigkeit**

(1) Pflegebedürftig im Sinne dieses Buches sind Personen, die gesundheitlich bedingte Beeinträchtigungen der Selbständigkeit oder der Fähigkeiten aufweisen und deshalb der Hilfe durch andere bedürfen. Es muss sich um Personen handeln, die körperliche, kognitive oder psychische Beeinträchtigungen oder gesundheitlich bedingte Belastungen oder Anforderungen nicht selbständig kompensieren oder bewältigen können. Die Pflegebedürftigkeit muss auf Dauer, voraussichtlich für mindestens sechs Monate, und mit mindestens der in § 15 festgelegten Schwere bestehen.

(2) Maßgeblich für das Vorliegen von gesundheitlich bedingten Beeinträchtigungen der Selbständigkeit oder der Fähigkeiten sind die in den folgenden sechs Bereichen genannten pflegefachlich begründeten Kriterien:

1. Mobilität: Positionswechsel im Bett, Halten einer stabilen Sitzposition, Umsetzen, Fortbewegen innerhalb des Wohnbereichs, Treppensteigen;
2. kognitive und kommunikative Fähigkeiten: Erkennen von Personen aus dem näheren Umfeld, örtliche Orientierung, zeitliche Orientierung, Erinnern an wesentliche Ereignisse oder Beobachtungen, Steuern von mehrschrittigen Alltagshandlungen, Treffen von Entscheidungen im Alltagsleben, Verstehen von Sachverhalten und Informationen, Erkennen von Risiken und Gefahren, Mitteilen von elementaren Bedürfnissen, Verstehen von Aufforderungen, Beteiligen an einem Gespräch;
3. Verhaltensweisen und psychische Problemlagen: motorisch geprägte Verhaltensauffälligkeiten, nächtliche Unruhe, selbstschädigendes und autoaggressives Verhalten, Beschädigen von Gegenständen, physisch aggressives Verhalten gegenüber anderen Personen, verbale Aggression, andere pflegerelevante vokale Auffälligkeiten, Abwehr pflegerischer und anderer unterstützender Maßnahmen, Wahnvorstellungen, Ängste, Antriebslosigkeit bei depressiver

Stimmungslage, sozial inadäquate Verhaltensweisen, sonstige pflegerelevante inadäquate Handlungen;

4. Selbstversorgung: Waschen des vorderen Oberkörpers, Körperpflege im Bereich des Kopfes, Waschen des Intimbereichs, Duschen und Baden einschließlich Waschen der Haare, An- und Auskleiden des Oberkörpers, An- und Auskleiden des Unterkörpers, mundgerechtes Zubereiten der Nahrung und Eingießen von Getränken, Essen, Trinken, Benutzen einer Toilette oder eines Toilettenstuhls, Bewältigen der Folgen einer Harninkontinenz und Umgang mit Dauerkatheter und Urostoma, Bewältigen der Folgen einer Stuhlinkontinenz und Umgang mit Stoma, Ernährung parenteral oder über Sonde, Bestehen gravierender Probleme bei der Nahrungsaufnahme bei Kindern bis zu 18 Monaten, die einen außergewöhnlich pflegeintensiven Hilfebedarf auslösen;
5. Bewältigung von und selbständiger Umgang mit krankheits- oder therapiebedingten Anforderungen und Belastungen:
   a) in Bezug auf Medikation, Injektionen, Versorgung intravenöser Zugänge, Absaugen und Sauerstoffgabe, Einreibungen sowie Kälte- und Wärmeanwendungen, Messung und Deutung von Körperzuständen, körpernahe Hilfsmittel,
   b) in Bezug auf Verbandswechsel und Wundversorgung, Versorgung mit Stoma, regelmäßige Einmalkatheterisierung und Nutzung von Abführmethoden, Therapiemaßnahmen in häuslicher Umgebung,
   c) in Bezug auf zeit- und technikintensive Maßnahmen in häuslicher Umgebung, Arztbesuche, Besuche anderer medizinischer oder therapeutischer Einrichtungen, zeitlich ausgedehnte Besuche medizinischer oder therapeutischer Einrichtungen, Besuch von Einrichtungen zur Frühförderung bei Kindern sowie
   d) in Bezug auf das Einhalten einer Diät oder anderer krankheits- oder therapiebedingter Verhaltensvorschriften;
6. Gestaltung des Alltagslebens und sozialer Kontakte: Gestaltung des Tagesablaufs und Anpassung an Veränderungen, Ruhen und Schlafen, Sichbeschäftigen, Vornehmen von in die Zukunft gerichteten Planungen, Interaktion mit Personen im direkten Kontakt, Kontaktpflege zu Personen außerhalb des direkten Umfelds.

(3) Beeinträchtigungen der Selbständigkeit oder der Fähigkeiten, die dazu führen, dass die Haushaltsführung nicht mehr ohne Hilfe bewältigt werden kann, werden bei den Kriterien der in Absatz 2 genannten Bereiche berücksichtigt.[520]

520 Durch das Zweite Gesetz zur Stärkung der pflegerischen Versorgung und zur Änderung weiterer Vorschriften (Zweites Pflegestärkungsgesetz – PSG II) vom 21.12.2015, BGBl. I 2424.

B. Absatz 2

8 Entscheidungen der Pflegekassen über den Pflegegrad sind für den TdSE bindend. In den wenigen Fällen in denen noch kein Pflegeversicherungsverhältnis des Antragstellers zum Zeitpunkt des Antrages besteht, stellt die Versorgungsbehörde den Pflegegrad fest.

Die Pflegekassen stellen verbindlich den Pflegegrad fest und gewähren die zustehenden Pflegeleistungen. Dabei richten sie sich nach ihren allgemeinen Grundsätzen, z. B. den Vorrang der häuslichen Pflege nach § 3 SGB XI: Die Pflegeversicherung soll mit ihren Leistungen vorrangig die häusliche Pflege und die Pflegebereitschaft der Angehörigen und Nachbarn unterstützen, damit die Pflegebedürftigen möglichst lange in ihrer häuslichen Umgebung bleiben können. Leistungen der teilstationären Pflege und der Kurzzeitpflege gehen den Leistungen der vollstationären Pflege vor.

Erst nach der Feststellung, welcher Grad der Pflegebedürftigkeit vorliegt, ist von der Verwaltungsbehörde die Kausalität zu prüfen, wenn neben den anerkannten Schädigungsfolgen noch weitere versorgungsfremde Gesundheitsstörungen vorhanden sind. Hierbei ist die Kausalitätstheorie der wesentlichen Bedingung anzuwenden. Die Kausalität muss neu bewertet werden, wenn sich wesentliche Änderungen bei den Schädigungsfolgen entwickeln oder neue Gesundheitsstörungen den Grad der Pflegebedürftigkeit oder das Verhältnis zwischen Schädigungsfolgen und Nichtschädigungsleiden verändern. Die Einordnung in die Pflegegrade ist in § 15 SGB XI geregelt.

9 **§ 15 Ermittlung des Grades der Pflegebedürftigkeit, Begutachtungsinstrument**

(1) Pflegebedürftige erhalten nach der Schwere der Beeinträchtigungen der Selbständigkeit oder der Fähigkeiten einen Grad der Pflegebedürftigkeit (Pflegegrad). Der Pflegegrad wird mit Hilfe eines pflegefachlich begründeten Begutachtungsinstruments ermittelt.

(2) Das Begutachtungsinstrument ist in sechs Module gegliedert, die den sechs Bereichen in § 14 Absatz 2 entsprechen. In jedem Modul sind für die in den Bereichen genannten Kriterien die in Anlage 1 dargestellten Kategorien vorgesehen. Die Kategorien stellen die in ihnen zum Ausdruck kommenden verschiedenen Schweregrade der Beeinträchtigungen der Selbständigkeit oder der Fähigkeiten dar. Den Kategorien werden in Bezug auf die einzelnen Kriterien pflegefachlich fundierte Einzelpunkte zugeordnet, die aus Anlage 1 ersichtlich sind. In jedem Modul werden die jeweils erreichbaren Summen aus Einzelpunkten nach den in Anlage 2 festgelegten Punktbereichen gegliedert. Die Summen der Punkte wer-

den nach den in ihnen zum Ausdruck kommenden Schweregraden der Beeinträchtigungen der Selbständigkeit oder der Fähigkeiten wie folgt bezeichnet:

1. Punktbereich 0: keine Beeinträchtigungen der Selbständigkeit oder der Fähigkeiten,
2. Punktbereich 1: geringe Beeinträchtigungen der Selbständigkeit oder der Fähigkeiten,
3. Punktbereich 2: erhebliche Beeinträchtigungen der Selbständigkeit oder der Fähigkeiten,
4. Punktbereich 3: schwere Beeinträchtigungen der Selbständigkeit oder der Fähigkeiten und
5. Punktbereich 4: schwerste Beeinträchtigungen der Selbständigkeit oder der Fähigkeiten.

Jedem Punktbereich in einem Modul werden unter Berücksichtigung der in ihm zum Ausdruck kommenden Schwere der Beeinträchtigungen der Selbständigkeit oder der Fähigkeiten sowie der folgenden Gewichtung der Module die in Anlage 2 festgelegten, gewichteten Punkte zugeordnet. Die Module des Begutachtungsinstruments werden wie folgt gewichtet:

1. Mobilität mit 10 Prozent,
2. kognitive und kommunikative Fähigkeiten sowie Verhaltensweisen und psychische Problemlagen zusammen mit 15 Prozent,
3. Selbstversorgung mit 40 Prozent,
4. Bewältigung von und selbständiger Umgang mit krankheits- oder therapiebedingten Anforderungen und Belastungen mit 20 Prozent,
5. Gestaltung des Alltagslebens und sozialer Kontakte mit 15 Prozent.

(3) Zur Ermittlung des Pflegegrades sind die bei der Begutachtung festgestellten Einzelpunkte in jedem Modul zu addieren und dem in Anlage 2 festgelegten Punktbereich sowie den sich daraus ergebenden gewichteten Punkten zuzuordnen. Den Modulen 2 und 3 ist ein gemeinsamer gewichteter Punkt zuzuordnen, der aus den höchsten gewichteten Punkten entweder des Moduls 2 oder des Moduls 3 besteht. Aus den gewichteten Punkten aller Module sind durch Addition die Gesamtpunkte zu bilden. Auf der Basis der erreichten Gesamtpunkte sind pflegebedürftige Personen in einen der nachfolgenden Pflegegrade einzuordnen:

1. ab 12,5 bis unter 27 Gesamtpunkten in den Pflegegrad 1: geringe Beeinträchtigungen der Selbständigkeit oder der Fähigkeiten,
2. ab 27 bis unter 47,5 Gesamtpunkten in den Pflegegrad 2: erhebliche Beeinträchtigungen der Selbständigkeit oder der Fähigkeiten,
3. ab 47,5 bis unter 70 Gesamtpunkten in den Pflegegrad 3: schwere Beeinträchtigungen der Selbständigkeit oder der Fähigkeiten,

4. ab 70 bis unter 90 Gesamtpunkten in den Pflegegrad 4: schwerste Beeinträchtigungen der Selbständigkeit oder der Fähigkeiten,
5. ab 90 bis 100 Gesamtpunkten in den Pflegegrad 5: schwerste Beeinträchtigungen der Selbständigkeit oder der Fähigkeiten mit besonderen Anforderungen an die pflegerische Versorgung.

(4) Pflegebedürftige mit besonderen Bedarfskonstellationen, die einen spezifischen, außergewöhnlich hohen Hilfebedarf mit besonderen Anforderungen an die pflegerische Versorgung aufweisen, können aus pflegefachlichen Gründen dem Pflegegrad 5 zugeordnet werden, auch wenn ihre Gesamtpunkte unter 90 liegen. Der Medizinische Dienst Bund konkretisiert in den Richtlinien nach § 17 Absatz 1 die pflegefachlich begründeten Voraussetzungen für solche besonderen Bedarfskonstellationen.

(5) Bei der Begutachtung sind auch solche Kriterien zu berücksichtigen, die zu einem Hilfebedarf führen, für den Leistungen des Fünften Buches vorgesehen sind. Dies gilt auch für krankheitsspezifische Pflegemaßnahmen. Krankheitsspezifische Pflegemaßnahmen sind Maßnahmen der Behandlungspflege, bei denen der behandlungspflegerische Hilfebedarf aus medizinisch-pflegerischen Gründen regelmäßig und auf Dauer untrennbarer Bestandteil einer pflegerischen Maßnahme in den in § 14 Absatz 2 genannten sechs Bereichen ist oder mit einer solchen notwendig in einem unmittelbaren zeitlichen und sachlichen Zusammenhang steht.

(6) Bei pflegebedürftigen Kindern wird der Pflegegrad durch einen Vergleich der Beeinträchtigungen ihrer Selbständigkeit und ihrer Fähigkeiten mit altersentsprechend entwickelten Kindern ermittelt. Im Übrigen gelten die Absätze 1 bis 5 entsprechend.

(7) Pflegebedürftige Kinder im Alter bis zu 18 Monaten werden abweichend von den Absätzen 3, 4 und 6 Satz 2 wie folgt eingestuft:

1. ab 12,5 bis unter 27 Gesamtpunkten in den Pflegegrad 2,
2. ab 27 bis unter 47,5 Gesamtpunkten in den Pflegegrad 3,
3. ab 47,5 bis unter 70 Gesamtpunkten in den Pflegegrad 4,
4. ab 70 bis 100 Gesamtpunkten in den Pflegegrad 5.

10 Die Ermittlung des Pflegegrades ist die Voraussetzung für die Inanspruchnahme von Leistungen aus der Pflegeversicherung. Sie orientiert sich an der Schwere der Beeinträchtigungen der Selbstständigkeit oder der Fähigkeiten (§ 15 Abs. 1 S. 1 SGB XI) und berücksichtigt die individuellen Bedürfnisse und Lebenssituationen der pflegebedürftigen Personen. Zur Ermittlung des Pflegegrades beschreibt § 15 Abs. 2 SGB XI ein entsprechend den sechs Bereichen in § 14 Abs. 2 SGB I in sechs Module gegliedertes Begutachtungsinstrument. Vielfach wird auch von einem „neuen **Begutachtungsassessment (NBA)**" gesprochen. Dieses besteht zum einen aus konkreten Angaben für die erforderliche Schwere von Einschränkungen im Sinne von § 14 SGB XI und gibt darüber hinaus einen komplexen Berechnungsmodus vor, anhand dessen die festgestellten Einschränkungen in die Ermittlung von Pflegegraden einfließen. Die in §§ 18–18c SGB XI geregelten Anforderungen an das Verfahren zur Feststellung der Pflegebedürftigkeit zeichnen sich durch eine besondere Komplexität aus. Flankiert werden diese Vorschriften durch eine Verordnungsermächtigung gemäß § 16 SGB XI zugunsten des Bundesministeriums für Gesundheit nach § 16 SGB XI zur pflegefachlichen Konkretisierung sowohl der Inhalte des Begutachtungsinstruments nach § 15 SGB XI als auch zum Verfahren zur Feststellung der Pflegebedürftigkeit nach § 18 SGB XI. Daneben gibt es Richtlinien des Medizinischen Dienstes Bund gemäß § 17 Abs. 1 SGB XI ebenfalls zur pflegefachlichen Konkretisierung sowohl der Inhalte des Begutachtungsinstruments nach § 15 SGB XI, als auch zum Verfahren zur Feststellung der Pflegebedürftigkeit nach § 18 SGB XI sowie Richtlinien des Spitzenverbands Bund der Pflegekassen nach § 17 Abs. 1a SGB XI zur Pflegeberatung. Zusätzlich erlässt der Medizinische Dienst Bund Richtlinien zur Stärkung der Dienstleistungsorientierung für die Versicherten im Begutachtungsverfahren (§ 18b SGB XI).

Auf die entsprechenden Kommentierungen zum SGB XI wird verwiesen.

Das Neue Begutachtungsassessment (NBA) ist ein Verfahren zur Einstu- 11
fung von Pflegebedürftigen in Deutschland. Es wurde im Jahr 2017 eingeführt und löste das bisherige System der Pflegestufen ab. Das NBA soll eine individuellere und gerechtere Beurteilung der Pflegebedürftigkeit ermöglichen, indem es nicht nur die körperlichen, sondern auch die kognitiven und psychischen Beeinträchtigungen der Antragsteller berücksichtigt. Das NBA basiert auf sechs Modulen, die verschiedene Lebensbereiche abdecken: Mobilität, kognitive und kommunikative Fähigkeiten, Verhaltensweisen und psychische Problemlagen, Selbstversorgung, Bewältigung von und selbstständiger Umgang mit krankheits- oder therapiebedingten Anforderungen und Belastungen sowie Gestaltung des Alltagslebens und sozialer Kontakte. Für jedes Modul werden Punkte vergeben, die sich zu einem Gesamtwert addieren. Je nach Gesamtwert wird der Antragsteller einer von fünf Pflegegraden zugeordnet, die unterschiedliche Leistungen der Pflegeversicherung vorsehen.

Dem NBA liegt ein ganzheitlicher moderner Pflegeansatz zugrunde. Der 12
auf Mobilität und die täglichen Verrichtungen zur Sicherung der Existenz beschränkte Hilflosigkeitsbegriff des BVG wird ausgeweitet auf den Pflegebedarf aufgrund der gesamten Lebenssituation eines Menschen. Vor al-

lem wichtig für die Opfer von Gewalttaten ist die Einbeziehung psychischer Beeinträchtigungen, der Gestaltung des Alltagslebens und von sozialen Kontakten. Es gibt Opfer von Gewalttaten, die keine körperlichen Schädigungsfolgen haben und nach der Definition des BVG nicht hilflos gewesen sind. Aufgrund psychischer Schädigungsfolgen können diese Menschen ihr Haus und vielleicht nicht einmal ihr Bett verlassen. Diese Menschen werden erstmals Pflegeleistungen nach dem SER erhalten.

Wichtig ist, dass die Beurteilung der Pflegebedürftigkeit und des Pflegegrades allein den Pflegekassen als fachkompetenten Spezialisten obliegt und sich nicht zu einem Ärzte- und Gutachterstreit entwickeln kann.

13 Der Personenkreis der Empfänger von Pflegeleistungen wird ausgeweitet. Es gilt nicht mehr die Regelung, dass mindestens eine reine Pflegezeit von zwei Stunden notwendig sein muss,[521] um einen Anspruch auf Pflegeleistungen zu begründen. Auch Fälle, bei denen die Schädigungsfolgen einen Pflegegrad 1 mit nur geringen Beeinträchtigungen der Selbstständigkeit oder der Fähigkeiten verursachen, erhalten Pflegeleistungen nach dem SGB XIV. Und zum ersten Mal werden auch hauswirtschaftliche Pflegebedarfe berücksichtigt.[522]

14 Die **Pflegekassen** sind nach § 4 Abs. 2 SGB V und § 46 Abs. 1 S. 1 SGB XI Teil der gesetzlichen Krankenversicherung und werden bei jeder Krankenkasse errichtet. Sie sind für die Durchführung der sozialen Pflegeversicherung zuständig und finanzieren die Leistungen für die pflegebedürftigen Versicherten. Die Pflegekassen unterliegen der Rechtsaufsicht des Bundes und der Länder. Die Pflegekassen arbeiten mit den Krankenkassen, den Pflegeeinrichtungen, den Pflegeberatungsstellen und anderen Akteuren des Gesundheits- und Pflegewesens zusammen, um eine qualitativ hochwertige, bedarfsgerechte und wirtschaftliche Pflege zu gewährleisten. Die Pflegekassen sind rechtsfähige Körperschaften des öffentlichen Rechts mit Selbstverwaltung und haben die gleichen Organe wie die Krankenkassen, bei denen sie errichtet sind. Die Pflegekassen haben nach § 46 Abs. 2 S. 1 SGB XI die Aufgabe, die pflegerische Versorgung der Versicherten sicherzustellen und zu verbessern. Sie erbringen Leistungen zur Prävention, Rehabilitation, Pflege, Betreuung und Entlastung von pflegebedürftigen Personen und ihren Angehörigen. Die Pflegekassen finanzieren sich aus den Beiträgen der Versicherten und der Arbeitgeber sowie aus Steuermitteln des Bundes.

---

521 BSG Urt. 10.12.2002 B9V3/01R.

522 S. Komm. zu § 74, anders als im BSG Urt. 2.7.1997 – 9 RV 19/95 geurteilt.

Private Krankenversicherungsunternehmen, bei denen die Pflegeversicherung durchgeführt wird, gehören nicht zu den Pflegekassen im Sinne von § 46 SGB XI. Privat krankenversicherte Personen sind zwar nach Art und Umfang der Leistungen des SGB XI versicherungspflichtig und müssen einen Vertrag zur Absicherung im Pflegefall mit ihrer privaten Krankenversicherung schließen (§ 23 SGB XI). Aber die Bezeichnung „Pflegekasse“ wird im SGB XI durchgehend nur für die Pflegekassen nach § 46 SGB XI verwendet. 15

Daher sind private Krankenversicherungsunternehmen an der Gewährung von Pflegeleistungen nach dem 7. Kapitel nicht beteiligt.

Im 7. Kapitel nimmt die **Pflegekasse** zwei unterschiedliche Rollen ein: in Bezug auf die Feststellung der Pflegebedürftigkeit und den Pflegegrad nach § 72 ist sie direkt zuständiger Versicherungsträger, in Bezug auf die Leistungsgewährung nach § 74 Abs. 1 wird sie ggf. nach der Feststellung der Kausalität durch den TdSE zum Auftragnehmer nach § 77 Abs. 2 und 3. 16

Alle pflegebedürftigen Bestandsfälle sind versicherungspflichtig in der Gesetzlichen Pflegeversicherung (§ 21 SGB XI a. F.). Bei den Neufällen kann es eine kleine Anzahl Geschädigter geben, die nicht versicherungspflichtig sind. Sie erhalten dennoch Leistungen der Pflegeversicherung nach § 75 Abs. 5. D.h. die Geschädigten haben Ansprüche sowohl nach dem SGB XI als auch nach dem SGB XIV. Stellen sie einen Antrag, umfasst er alle notwendigen Pflegeleistungen nach beiden Leistungssystemen.

Wichtig ist, zeitnah die Pflege der Anspruchsberechtigten sicher zu stellen. Bei Ansprüchen gegenüber zwei Leistungssystemen, ist immer das System schneller bei der Leistungsgewährung, das keine Kausalität prüfen muss. Daher werden alle Anträge auf Pflegeleistungen als erstes an die Pflegekasse weitergeleitet. Der Geschädigte erhält in der Regel zunächst einen Bescheid seiner Pflegekasse nach dem SGB XI. In diesem Bescheid entscheidet die Pflegekasse allein nach ihrem Recht über Pflegebedürftigkeit, Pflegegrad und Pflegeleistungen. Der TdSE erhält eine Kopie dieses Bescheides. Er hat keinerlei Widerspruchs- oder Klagerechte gegen diesen Bescheid. Die Entscheidungen der Pflegekasse betreffen den TdSE zu diesem Zeitpunkt nicht. Ausschließlich der Antragsteller könnte in seinen Rechten verletzt sein und hat ein Widerspruchs- und Klagerecht.

Der TdSE prüft, ob die Pflegebedürftigkeit im Wesentlichen durch die anerkannten Schädigungsfolgen verursacht wird. Liegt eine schädigungsbedingte Pflegebedürftigkeit vor, informiert der TdSE die Pflegekasse und fordert sie auf, Kostenerstattung nach § 80 geltend zu machen. Erst durch die Kausalentscheidung des TdSE ändert sich die Rolle der Pflegekasse. Aus dem Versicherungsträger wird ein Auftragnehmer[523] nach § 77 Abs. 2 oder 3. Die Pflegekasse hat keine Einspruchsmöglichkeit gegen den von dem TdSE entschiedenen Rollenwechsel. Weitere Konsequenzen des Wechsels betreffen § 13 Abs. 1 SGB XI: Die Leistungsgewährung der Pflegekasse als Auftragnehmer der TdSE gehen den Leistungen als Träger nach dem SGB XI vor, und § 28 Abs. 1: Die Leistungen der Pflegekasse als Auftragnehmer nach dem SGB XIV gehen den Leistungen als Sozialleistungsträger nach dem SGB XI vor. Die Pflegekasse kommt sich als Auftragnehmer nach § 77 SGB XIV, genau wie die GKV und die Unfallkassen der Länder nach § 57, selbst ins Gehege.

17 Das Auftragnehmer-Verhältnis betrifft nur die Leistungsgewährung, nicht die Grundentscheidung. Rechtliche Auseinandersetzungen zwischen TdSE und Pflegekassen sind auf die Leistungsgewährung nach § 74 Abs. 1 und die Kostenerstattung nach § 80 beschränkt. Daher entscheidet nach § 78 z. B. die Widerspruchsbehörde des TdSE nur über Widersprüche der Geschädigten zur Leistungsgewährung der Pflegekasse.

Genauso wenig, wie die TdSE der Entscheidung der Pflegekassen über Pflegebedürftigkeit und -grad widersprechen kann, kann die Pflegekasse, die Kausalitätsprüfung des TdSE infrage stellen.

Die Zuständigkeiten sind klar geregelt und es gibt nur ein Entscheidungsverfahren über den Pflegebedarf pro Fall. Der Leistungsumfang beinhaltet bei schädigungsbedingter Pflegebedürftigkeit nach § 74 Nr. 1 SGB XIV alle Leistungen entsprechend dem Vierten Kapitel des SGB XI. Da der Leistungsumfang nach dem SGB XI und dem SGB XIV gleich ist, muss die Pflegekasse keinen neuen Bescheid erlassen, sondern nur Kostenerstattung geltend machen. Es kommt zu keinen Doppelleistungen der beiden zuständigen Leistungsträger nach verschiedenen Rechtsgrundlagen über Pflegeleistungen mehr, folgerichtig hat der Gesetzgeber die Ruhensvorschrift nach § 34 Abs. 1 Nr. 2 SGB XI bei Bezug von Entschädigungsleistungen wegen Pflegebedürftigkeit nach § 35 BVG ersatzlos gestrichen.

523 Zum gesetzlichen Auftrag nach § 92 SGB X, s. Komm. zu § 57.

Die TdSE und die Pflegekassen haben in ihrer **Übereinkunft zur Zusammenarbeit** in Bezug auf Neuanträge dieses Verfahren geregelt:[524] 18

> **„Neuanträge auf Pflegeleistungen nach §§ 74, 75 SGB XIV**
>
> Die TdSE leiten Anträge auf Pflegeleistungen nach dem 7. Kapitel SGB XIV an die zuständigen PK weiter. Der Antrag umfasst alle benötigten Leistungen der PK nach dem SGB XI und der TdSE nach dem SGB XIV.
>
> Die PK holt ein MD-Gutachten ein und leitet dies nach Einwilligung des Berechtigten an den TdSE weiter. Die Kosten für MD-Gutachten sind Teil der 5 %-Verwaltungskosten.
>
> Die PK entscheidet über die Leistungen nach dem SGB XI und erlässt einen Bescheid an den Antragsteller. Der TdSE erhält eine Kopie des Bescheides.
>
> Zu diesem Zeitpunkt kann die PK nur einen Bescheid nach SGB XI erlassen und nicht in der Rolle als Auftragnehmerin nach SGB XI i. V. m. SGB XIV auftreten, weil die Kausalität durch den TdSE noch nicht geprüft wurde.
>
> Die TdSE prüfen, ob die anerkannten Schädigungsfolgen (SF) wesentliche Bedingung der Pflegebedürftigkeit sind und informieren die PK über das Ergebnis der Kausalitätsprüfung.
>
> Die TdSE entscheiden über ergänzende Leistungen nach § 75 SGB XIV und erlassen einen Bescheid an den Antragsteller. Die PK erhalten eine Kopie des Bescheides."

C. Absatz 3

Nach § 72 Abs. 2 gilt für die **Feststellung der Pflegebedürftigkeit** und des Pflegegrades das SGB XI entsprechend, soweit dieses Buch nichts Abweichendes bestimmt. Das bedeutet, dass die gleichen Kriterien und Verfahren zur Beurteilung der Pflegebedürftigkeit und des Pflegegrades angewendet werden, wie sie für die Leistungen der gesetzlichen Pflegeversicherung gelten. Der Pflegegrad wird von einem unabhängigen Gutachter oder einer unabhängigen Gutachterin festgestellt, der oder die von dem Medizinischen Dienst (MD) oder einer anderen von den Landesverbänden der Pflegekassen zugelassenen Stelle beauftragt wird. 19

Den **Regelfall** bildet danach die Entscheidung der Pflegekasse nach § 72 Abs. 2 S. 1 SGB XIV. Die Entscheidung über den Pflegegrad ist für den TdSE bindend. Dies ist verwaltungsökonomisch sinnvoll, zur Vermeidung dop- 20

524 Übereinkunft zwischen den Trägern der Sozialen Entschädigung und dem GKV-Spitzenverband Bund der Pflegekassen über die Zusammenarbeit bei der Erbringung der Leistungen bei Pflegebedürftigkeit nach dem 7. Kapitel des SGB XIV und über die Spitzabrechnung nach § 80 SGB XIV, 3.1 Neuanträge auf Pflegeleistungen nach §§ 74, 75 SGB XIV.

pelter Prüfungen und zeitaufwendiger gegenseitiger Vorhaltungen abweichender Gutachter- und Ärztestellungnahmen. Die Kernkompetenz für die NBA nach § 15 SGB XI liegt beim MD.

21 Nach § 72 Abs. 2 S 2 soll der TdSE darauf „hinwirken", dass die Pflegekasse **„unverzüglich"** eine Entscheidung trifft, wenn diese noch aussteht. Unklar bleibt dabei, mit welchen Mitteln der TdSE darauf hinwirken kann, dass die Pflegekasse unverzüglich eine Entscheidung trifft. Die Gesetzesbegründung äußert sich dazu nicht. Nach § 18 Abs. 3 SGB XI leitet die Pflegekasse die Anträge zur Feststellung von Pflegebedürftigkeit unverzüglich an den MD oder die von der Pflegekasse beauftragten Gutachter weiter. Dem Antragsteller ist spätestens 25 Arbeitstage nach Eingang des Antrags bei der zuständigen Pflegekasse die Entscheidung der Pflegekasse schriftlich mitzuteilen. Es existieren bereits enge zeitliche Vorgaben in § 18 Abs. 3–3b SGB XI. Eine weitere Beschleunigung über das SGB XI hinaus erscheint weder sinnvoll noch möglich.

D. Absatz 4

22 Nach der Gesetzesbegründung ermittelt die zuständige Verwaltungsbehörde den Grad der Pflegebedürftigkeit nach § 72 Abs. 3 SGB XIV selbst, wenn keine Versicherung bei der sozialen oder privaten Pflegeversicherung besteht.[525]

Eine Entscheidung der zuständigen Verwaltungsbehörde in eigener Verantwortung nach § 72 Abs. 3 SGB XIV stellt einen **Ausnahmefall** dar. Die Regelentscheidung durch die Pflegekasse ist immer zu bevorzugen. Sogar wenn die TdSE selbst ermittelt, weil keine Versicherung bei der sozialen oder privaten Pflegeversicherung besteht, geht die Gesetzesbegründung davon aus, dass sich der TdSE dabei in der Regel des MD bedient.[526]

23 Sinnvoll ist es bei Privatversicherten, die gutachterliche Stellungnahme zu Pflegebedürftigkeit und Pflegegrad der **Privaten Krankenversicherung** als Grundlage für die Entscheidung des TdSE ersatzweise heranzuziehen. Die Beurteilung der Pflegebedürftigkeit und des Pflegegrades unterliegt nach § 23 Abs. 6 Nr. 1 SGB XI bei privaten Krankenversicherungsunternehmen den gleichen Kriterien, wie bei den gesetzlichen Pflegekassen. Auch die Vertragsleistungen des privaten Krankenversicherungsunternehmens, bei dem die Pflegeversicherung durchgeführt wird, müssen gemäß § 23 SGB XI nach

525 BT-Drs. 19/13824, 204.
526 BT-Drs. 19/13824, 204.

Art und Umfang den Leistungen des Vierten Kapitels des SGB XI gleichwertig sein. Sodass auch in Bezug auf die Leistungsgewährung eine Orientierung möglich ist.

Im Hinblick auf die hohe Komplexität der Ermittlung des Pflegegrades nach dem SGB XI unter Anwendung des NBA erscheint es fast unmöglich, weitere **„sachverständige Dritte"** zu finden. 24

§ 73
Kostenübernahme vor Pflegebedürftigkeit im Sinne des Elften Buches

[1]Für Geschädigte, bei denen auf Grund eines schädigenden Ereignisses voraussichtlich nur weniger als sechs Monate eine Einschränkung der Selbständigkeiten oder der Fähigkeiten vorliegt und daher eine Pflegebedürftigkeit im Sinne des Elften Buches nicht gegeben ist, können Kosten im Umfang der Leistungen nach dem Siebten Kapitel des Zwölften Buches übernommen werden. [2]Dies gilt nicht, wenn die Pflege durch ein Arbeitgebermodell nach § 76 sichergestellt wird.

Erläuterungen

Übersicht **Rn.**

A. Allgemeines

§ 73 regelt die Kostenübernahme, wenn eine **vorläufige Pflegebedürftigkeit** im Sinne des SGB XI (noch) nicht vorliegt. Eine schädigungsbedingte Pflegebedürftigkeit nach § 14 Abs. 1 S. 3 SGB XI muss auf Dauer, d.h. voraussichtlich für mindestens sechs Monate, und mit mindestens der in § 15 SGB XI festgelegten Schwere bestehen. 1

Diese Vorschrift soll Geschädigten helfen, die aufgrund eines schädigenden Ereignisses für weniger als sechs Monate eine Einschränkung der Selbstständigkeiten oder der Fähigkeiten haben und daher nicht als pflegebedürftig im Sinne des SGB XI gelten. Die Ansprüche bei Pflegebedürftigkeit nach §§ 74 ff. sind in diesen Fällen nicht gegeben. Die Kosten können im Umfang der Leistungen nach dem Siebten Kapitel des SGB XII übernommen werden. Wird die Pflege durch ein Arbeitgebermodell i. S. d. § 76 sichergestellt, ist keine Kostenübernahme möglich.

2 Laut Gesetzesbegründung können dem Grundgedanken der Sozialen Entschädigung folgend, für diese Geschädigten die **schädigungsbedingten Mehraufwendungen** erstattet werden. Ebenso wie bei den Leistungen der häuslichen Pflege werden auch hier Kosten der Beschäftigung von Ehegatten sowie Eltern nicht erstattet.[527]

3 **Dauerhaftigkeit** wird nach der VersMedV[528] nach dem SGB IX und dem EStG als „nicht nur vorübergehend" definiert, womit ein Zustand gemeint ist, der mit hoher Wahrscheinlichkeit länger als sechs Monate andauert (§ 2 Abs. 1 S. 1 SGB IX).

4 Nach Ansicht des Gesetzgebers gibt es für Fälle mit einem Pflegebedarf unter sechs Monaten eine Versorgungslücke, weil keine Pflegebedürftigkeit i. S. d. § 14 SGB XI vorliegt.

Er hat deswegen eine gesonderte Regelung geschaffen. Um die Lücke zu schließen, verweist § 73 auf das Sozialhilferecht des 7. Kapitels des SGB XII.

Nach **§ 13 Abs. 2 SGB XI** sind hier allerdings die Leistungen nach dem SGB V einschließlich der Leistungen der häuslichen Krankenpflege nach § 37 des Fünften Buches **vorrangig**. Dies gilt auch für krankheitsspezifische Pflegemaßnahmen, soweit diese im Rahmen der **häuslichen Krankenpflege** nach **§ 37 SGB V** und des Satzungsrechtes der Krankenkassen zu leisten sind. § 42 Abs. 1 S. 1 regelt Art und Umfang der Krankenbehandlung Geschädigter, unabhängig davon, ob sie gesetzlich krankenversichert sind oder nicht. Das Leistungsspektrum bestimmt sich nach den in Bezug genommenen Vorschriften des SGB V und den in Bezug genommenen Satzungsbestimmungen der nach § 57 Absatz 2 oder Absatz 3 zuständigen Krankenkasse.

Erfasst sind dabei auch Leistungen zur medizinischen Rehabilitation nach § 11 Absatz 2 SGB V in Verbindung mit §§ 40 ff. SGB V und Leistungen kraft Satzung.[529]

Nach § 13 Abs. 3 Nr. 1 SGB XI gehen sowohl die Leistungen der Pflege- als auch der Krankenversicherung den Fürsorgeleistungen nach dem 7. Kapitel der SGB XII vor.

---

527 BT-Drs. 19/13824, 204.
528 Anlage zu § 2 der Versorgungsmedizin-Verordnung (VersMedV), Stand 1.1.2020, Teil A 4. b, S. 19.
529 BT-Drs. 19/13824, 188.

Menschen mit Pflegebedarfen unter sechs Monaten erhalten Leistungen der häuslichen Krankenpflege nach § 37 SGB V.

Alle Geschädigten haben nach § 42 Abs. 1 Nrn. 1, 2 SGB XIV i.V.m. § 37 SGB V einen Anspruch auf häusliche Krankenpflege, einschließlich aller Satzungsleistungen entsprechend § 37 Abs. 2 S 4 SGB V.

§ 37 SGB V Häusliche Krankenpflege 5

(1) Versicherte erhalten in ihrem Haushalt, ihrer Familie oder sonst an einem geeigneten Ort, insbesondere in betreuten Wohnformen, Schulen und Kindergärten, bei besonders hohem Pflegebedarf auch in Werkstätten für behinderte Menschen neben der ärztlichen Behandlung häusliche Krankenpflege durch geeignete Pflegekräfte, wenn Krankenhausbehandlung geboten, aber nicht ausführbar ist, oder wenn sie durch die häusliche Krankenpflege vermieden oder verkürzt wird. § 10 der Werkstättenverordnung bleibt unberührt. Die häusliche Krankenpflege umfaßt die im Einzelfall erforderliche Grund- und Behandlungspflege sowie hauswirtschaftliche Versorgung. Der Anspruch besteht bis zu vier Wochen je Krankheitsfall. In begründeten Ausnahmefällen kann die Krankenkasse die häusliche Krankenpflege für einen längeren Zeitraum bewilligen, wenn der Medizinische Dienst (§ 275) festgestellt hat, daß dies aus den in Satz 1 genannten Gründen erforderlich ist.

(1a) Versicherte erhalten an geeigneten Orten im Sinne von Absatz 1 Satz 1 wegen schwerer Krankheit oder wegen akuter Verschlimmerung einer Krankheit, insbesondere nach einem Krankenhausaufenthalt, nach einer ambulanten Operation oder nach einer ambulanten Krankenhausbehandlung, soweit keine Pflegebedürftigkeit mit Pflegegrad 2, 3, 4 oder 5 im Sinne des Elften Buches vorliegt, die erforderliche Grundpflege und hauswirtschaftliche Versorgung. Absatz 1 Satz 4 und 5 gilt entsprechend.

(2) Versicherte erhalten in ihrem Haushalt, ihrer Familie oder sonst an einem geeigneten Ort, insbesondere in betreuten Wohnformen, Schulen und Kindergärten, bei besonders hohem Pflegebedarf auch in Werkstätten für behinderte Menschen als häusliche Krankenpflege Behandlungspflege, wenn diese zur Sicherung des Ziels der ärztlichen Behandlung erforderlich ist. § 10 der Werkstättenverordnung bleibt unberührt. Der Anspruch nach Satz 1 besteht über die dort genannten Fälle hinaus ausnahmsweise auch für solche Versicherte in zugelassenen Pflegeeinrichtungen im Sinne des § 43 des Elften Buches, die auf Dauer, voraussichtlich für mindestens sechs Monate, einen besonders hohen Bedarf an medizinischer Behandlungspflege haben; § 37c Absatz 3 gilt entsprechend. Die Satzung kann bestimmen, dass die Krankenkasse zusätzlich zur Behandlungspflege nach Satz 1 als häusliche Krankenpflege auch Grundpflege und hauswirtschaftliche Versorgung erbringt.

Die krankheitsspezifischen Pflegemaßnahmen, soweit diese im Rahmen der häuslichen Krankenpflege nach § 37 des Fünften Buches zu leisten sind, gehen den SGB XII-Maßnahmen vor. (§ 13 Abs. 2 SGB XI i.V.m. § 37 SGB V). 6

Zunächst dürfen Ärzte häusliche Krankenpflege grundsätzlich nur für 14 Tage verordnen. Wenn es notwendig ist, können Folgeverordnungen auch für einen längeren Zeitraum ausgestellt werden. Dies müssen Ärzte aber auf der Verordnung begründen. Ist absehbar, dass mehr als sechs Monate lang Bedarf an Grundpflege und hauswirtschaftlicher Versorgung besteht, kann es nötig sein, einen Pflegegrad zu beantragen. Liegt ein Pflegegrad vor, übernimmt die gesetzliche Pflegeversicherung die Kosten für die Grundpflege und hauswirtschaftliche Versorgung – und es darf keine Verordnung ausgestellt werden. Anders ist es bei der Behandlungspflege: diese dürfen Ärzte parallel zu Leistungen der Pflegeversicherung verordnen. Grundsätzlich gilt, dass Patienten nur dann häusliche Krankenpflege erhalten, wenn sie selbst oder Angehörige diese nicht übernehmen können. Dies müssen Patienten bei ihrer Krankenkasse bestätigen. Denn häusliche Krankenpflege ist eine antragspflichtige Leistung. Der Antrag ist Teil des Verordnungsformulars und wird vom Patienten zur Genehmigung bei der Kasse eingereicht.

7 Laut KBV lag im Jahr 2017 die Dauer der häuslichen Krankenpflege bei durchschnittlich 98 Tagen pro Krankheitsfall in 2,62 Mio, Fällen.[530]

Häusliche Krankenpflege umfasst die Behandlungspflege und in bestimmten Konstellationen auch die Grundpflege und hauswirtschaftliche Versorgung. Ambulante Pflegedienste übernehmen Maßnahmen zur Sicherung der ärztlichen Behandlung – zum Beispiel das Herrichten der Medikamente, die Wundversorgung oder die Kompressionsbehandlung. Auch die Grundpflege, zum Beispiel das Waschen und Zähne putzen, sowie hauswirtschaftliche Tätigkeiten wie einkaufen, kochen und Wäsche waschen können zur häuslichen Krankenpflege gehören, sofern der Patient selbst oder ein Angehöriger dies nicht erledigen kann. Diese Leistungen werden aber nur in bestimmten Fällen von der Krankenkasse bezahlt. Beispielsweise dann, wenn der Patient kurz nach einem Krankenhausaufenthalt Unterstützung braucht oder wenn die Krankenkasse sie in ihrer Satzung vorsieht.

Dies ist einer der Gründe, warum im SGB XIV das Satzungsrecht der Krankenkassen in den Leistungskatalog der Krankenbehandlung aufgenommen wurde.

8 Durch die Vorrangigkeit der Versicherungsleistung nach dem SGB V dürfte es in der Praxis Fälle nach § 73 kaum geben. Der behandelnde Arzt verordnet zunächst häusliche Krankenpflege nach dem SGB V, die dann mit An-

530 Kassenärztliche Bundesvereinigung, Häusliche Krankenpflege, Hinweise zur Verordnung für Ärzte, 2019, S. 3.

erkennung der Pflegebedürftigkeit in häusliche Pflege nach dem SGB XI übergeht.

Die Ansprüche nach dem SGB V sind weitreichender als die fürsorgerischen Leistungen nach dem SGB XII vor allem in Hinblick auf die **hauswirtschaftliche Versorgung**. § 73 regelt nur einen in Bezug auf Umfang und Dauer begrenzten Ausgleich für zeitlich begrenzte schädigungsbedingte Pflegebedarfe. 9

Vorgesehen ist die Leistung ausschließlich für Fälle, die in ihrer Schwere das für Pflegebedürftigkeit nach dem SGB XI erforderlichen Maß erreichen, aber nicht dauerhaft vorliegt. Für schädigungsbedingte Pflegebedarfe, die dieses Ausmaß nicht erreichen, sieht § 73 keine Leistungen vor. D.h. die tatsächlichen pflegerischen Bedarfe werden nicht in allen Fällen abgedeckt.

Die **Leistungen** nach § 73 SGB XIV i.V.m. **§ 63 SGB XII** umfassen: 10

1. häusliche Pflege in Form von
   a) Pflegegeld (§ 64a),
   b) häuslicher Pflegehilfe (§ 64b),
   c) Verhinderungspflege (§ 64c),
   d) Pflegehilfsmitteln (§ 64d),
   e) Maßnahmen zur Verbesserung des Wohnumfeldes (§ 64e),
   f) anderen Leistungen (§ 64f),
   g) digitalen Pflegeanwendungen (§ 64j),
   h) ergänzender Unterstützung bei Nutzung von digitalen Pflegeanwendungen (§ 64k),
2. teilstationäre Pflege (§ 64g),
3. Kurzzeitpflege (§ 64h),
4. einen Entlastungsbetrag (§ 64i) und
5. stationäre Pflege (§ 65).

Die Hilfe zur Pflege schließt Sterbebegleitung mit ein.

Eine Unterscheidung nach Leistungen für verschiedene Pflegegrade entfällt. Da bei dem Personenkreis, der Ansprüche nach § 73 geltend machen kann, gerade keine Pflegebedürftigkeit und kein Pflegegrad vorliegt.

Leistungen nach § 73 müssen vom Geschädigten beim TdSE **beantragt** werden. Der TdSE gewährt die vorläufigen Pflegeleistungen, beauftragt die Leistungserbringer und rechnet die Kosten mit ihnen ab. Sollten **Pflegehilfsmittel** notwendig sein, werden sie nicht von der Unfallversicherung der Länder im Zuge der Auftragsverwaltung erbracht. Deren Zuständigkeit ist begrenzt auf Pflegehilfsmittel iZm Ergänzenden Leistungen nach § 75 Abs. 1 Nr. 3 11

i. V. m. § 77 Abs. 4. Pflegehilfsmittel iZm vorläufiger Pflegebedürftigkeit erbringt der TdSE in Eigenregie.

Die Leistungen nach § 73 i. V. m. dem 7. Kapitel des SGB XII werden ohne Einsatz von Einkommen und Vermögen erbracht, denn es handelt sich um **schädigungsbedingte Mehraufwendungen**. Da es sich in ihrem Ursprung um Sozialhilfeleistungen handelt, werden die Leistungen im Gegensatz zur Regelversorgung nach dem 4. Kapitel des SGB XI in voller Höhe der tatsächlich entstehenden Kosten übernommen. Ergänzende Leistungen nach § 75 müssen nicht geprüft werden.

Bei der Pflegeleistung nach § 73 handelt es sich um eine **Ermessensleistung**. Wobei das Ermessen in Bezug auf die Leistungsgewährung (Entschließungsermessen) und den Leistungsumfang auf Null reduziert ist. Denn laut Gesetzesbegründung gilt in Bezug auf die Leistung der Grundgedanke der Sozialen Entschädigung, dass Geschädigten die schädigungsbedingten Mehraufwendungen vollständig erstattet werden. Es gilt die Kausalität der wesentlichen Bedingung.

In Bezug auf den Leistungsumfang bilden die Leistungen nach dem 7. Kapitel des SGB XII die Obergrenze. Wobei die „Obergrenze“ nicht unterschritten werden kann, weil die Leistungen nach dem SGB XII das Existenzminimum absichern und daher eine Leistung unterhalb des SGB XII-Niveaus nicht in Betracht kommt. Auch in Bezug auf den Leistungsumfang ist daher das Ermessen auf Null reduziert.

12 Der **Leistungsumfang** für schädigungsbedingte Pflege ist abschließend in §§ 73 bis 76 SGB XIV geregelt. Neben Leistungen entsprechend dem 7. Kapitel des SGB XII und dem 4. Kapitel des SGB XI sind danach ergänzende Leistungen nach § 75 SGB XIV sowie Leistungen bei Pflegebedürftigkeit im Arbeitgebermodell nach § 76 SGB XIV vorgesehen. Das Leistungsniveau der Regelversorgung nach dem SGB XI wird für pflegebedürftige Anspruchsberechtigte durch ergänzende Leistungen der Sozialen Entschädigung aufgestockt. Die Leistungen werden von den TdSE erbracht, die mit den Pflegekassen und Unfallkassen der Länder auf der Grundlage eines gesetzlichen Auftrages zusammenarbeiten.

Die Leistungen sollen dazu beitragen, die Selbstbestimmung und Lebensqualität der pflegebedürftigen Berechtigten zu erhalten oder zu verbessern. Zum ersten Mal erhalten schädigungsbedingt Pflegebedürftige Zugang zum modernen Leistungsrecht des SGB XI, das bislang den nichtschädigungsbedingt Pflegebedürftigen nach § 26c BVG vorbehalten war.

Mit am wichtigsten dabei ist eine umfassende Pflegeberatung von Fachleuten, sodass die Pflegeleistungen zur aktuellen Lebenssituation der Pflegebedürftigen passen, und die Pflegekurse für Angehörige und ehrenamtliche Pflegepersonen (§ 45 SGB XI), die vom BVG als Pflegende bislang sehr alleingelassen wurden.

Abschnitt 2
Umfang der Leistungen bei Pflegebedürftigkeit

§ 74
Leistungen bei Pflegebedürftigkeit

Geschädigte erhalten bei schädigungsbedingter Pflegebedürftigkeit im Sinne des Abschnitts 1

1. **Leistungen bei Pflegebedürftigkeit entsprechend dem Vierten Kapitel des Elften Buches,**
2. **ergänzende Leistungen bei Pflegebedürftigkeit nach § 75,**
3. **Leistungen bei Pflegebedürftigkeit im Arbeitgebermodell nach § 76.**

Erläuterungen

Übersicht **Rn.**

A. Allgemeines

§ 74 regelt die Leistungen bei Pflegebedürftigkeit für Berechtigte der Sozialen Entschädigung. Die Leistungen richten sich nach dem Grad der Pflegebedürftigkeit und dem Umfang der Selbsthilfe. Schädigungsbedingte Leistungen bei Pflegebedürftigkeit werden von den Pflegekassen auf der Grundlage des SGB XI erbracht und sind den Pflegekassen von den TdSE zu erstatten. 1

Grundsätzlich erfordert § 25 SGB XIV einen Zusammenhang zum schädigungsbedingten Bedarf. Ist die Pflegebedürftigkeit nach den oben genannten Voraussetzungen als sekundäre Schädigungsfolge anerkannt, erhalten Geschädigte ohne weitere Kausalitätsprüfung für jede einzelne Leistung oder Folgeversorgung alle notwendigen Leistungen entsprechend dem Vierten Kapitel des SGB XI (§ 74 Nr. 1 SGB XIV). Die Leistungen der Regelversorgung sind nach dem SGB XI oft an den Pflegegrad gekoppelt. In jedem Fall wird nur ein schädigungsbedingter Pflegegrad festgestellt, der im Weiteren nicht in schädigungsbedingte und nichtschädigungsbedingte Anteile aufgeteilt wird.

I. Nr. 1

2 Beim Umfang des Leistungsanspruchs dienen die Leistungen nach §§ 28–45f SGB XI als Ausgangspunkt (§ 74 Nr. 1 SGB XIV).

Die Leistungen der Regelversorgung nach dem 4. Kapitel des SGB XI sind in § 28 SGB XI aufgelistet:

Die Pflegekassen gewähren folgende Leistungen im Zuge der Auftragsverwaltung nach § 77 Abs. 2 und 3:

1. Pflegesachleistung (§ 36 SGB XI),
2. Pflegegeld für selbst beschaffte Pflegehilfen (§ 37 SGB XI),
3. Kombination von Geldleistung und Sachleistung (§ 38 SGB XI),
4. häusliche Pflege bei Verhinderung der Pflegeperson (§ 39 SGB XI),
5. Pflegehilfsmittel und wohnumfeldverbessernde Maßnahmen (§ 40 SGB XI),
6. Tagespflege und Nachtpflege (§ 41 SGB XI),
7. Kurzzeitpflege (§ 42 SGB XI),
8. vollstationäre Pflege (§ 43 SGB XI),
9. Pauschalleistung für die Pflege von Menschen mit Behinderungen (§ 43a SGB XI),

9a. Zusätzliche Betreuung und Aktivierung in stationären Pflegeeinrichtungen (§ 43b SGB XI),

10. Leistungen zur sozialen Sicherung der Pflegepersonen (§ 44 SGB XI),
11. zusätzliche Leistungen bei Pflegezeit und kurzzeitiger Arbeitsverhinderung (§ 44a SGB XI),
12. Pflegekurse für Angehörige und ehrenamtliche Pflegepersonen (§ 45 SGB XI),

12a. Umwandlung des ambulanten Sachleistungsbetrags (§ 45a SGB XI),

13. Entlastungsbetrag (§ 45b SGB XI),
14. Leistungen des Persönlichen Budgets nach § 29 SGB IX,

15. zusätzliche Leistungen für Pflegebedürftige in ambulant betreuten Wohngruppen (§ 38a SGB XI),
16. Ergänzende Unterstützung bei Nutzung von digitalen Pflegeanwendungen (§ 39a SGB XI) und digitale Pflegeanwendungen (§ 40a SGB XI),
17. Leistungsanspruch beim Einsatz digitaler Pflegeanwendungen (§ 40b SGB XI).

(1a) Versicherte haben gegenüber ihrer Pflegekasse oder ihrem Versicherungsunternehmen Anspruch auf Pflegeberatung (§ 7a SGB XI).

(1b) Bis zum Erreichen des in § 45e Absatz 2 Satz 2 SGB XI genannten Zeitpunkts haben Pflegebedürftige unter den Voraussetzungen des § 45e Absatz 1 SGB XI Anspruch auf Anschubfinanzierung bei Gründung von ambulant betreuten Wohngruppen.

(2) Personen, die nach beamtenrechtlichen Vorschriften oder Grundsätzen bei Krankheit und Pflege Anspruch auf Beihilfe oder Heilfürsorge haben, erhalten die jeweils zustehenden Leistungen zur Hälfte; dies gilt auch für den Wert von Sachleistungen.

(4) Pflege schließt Sterbebegleitung mit ein; Leistungen anderer Sozialleistungsträger bleiben unberührt.

Leistungen bei Pflegebedürftigkeit der Sozialen Entschädigung sind unabhängig von Einkommen und Vermögen zu erbringen. 3

Die Regelversorgung mit Pflegehilfsmitteln und ergänzende **Pflegehilfsmittel** erbringt nach § 77 Abs. 4 i. V. m. § 75 Abs. 1 Nr. 3 bzw. nach § 77 Abs. 2 und 3 i. V. m. § 40 SGB XI die **Pflegekasse**. 4

Pflegehilfsmittel (§ 40 SGB XI), z. B. Pflegebett, Lifter, Dusch- und Toilettenstühle, sind Sachmittel oder technische Hilfen, die die Pflege erleichtern bzw. die Beschwerden pflegebedürftiger Menschen lindern oder eine selbstständige Lebensführung ermöglichen.

Wiedereinsetzbare Pflegehilfsmittel, die nicht individuell angepasst werden, stellen Pflegekassen vorzugsweise leihweise zur Verfügung. Sie verbleiben im Eigentum der Pflegekasse. Bei einem Neukauf zulasten des Bundes und der Länder verbleiben die Pflegehilfsmittel im Eigentum von Bund und Ländern und werden bei Rücknahme durch den Leistungserbringer in den Hilfsmittelpool der TdSE aufgenommen. Nach § 40 Abs. 3 SGB XI sollen die Pflegekassen technische Pflegehilfsmittel in allen geeigneten Fällen vorrangig leihweise überlassen. Pflegehilfsmittel sind, sofern sie nur vom Versicherten benötigt und benutzt werden und nicht Bestandteil einer stationären Pflege sind, ergänzend bereitzustellen.

5 Ursprünglich sah das SGB XIV vor, dass die Unfallkassen entsprechend § 46 auch die Pflegehilfsmittel im Auftrag der TdSE erbringen sollten. Dies hätte dazu geführt, dass bereits von der Pflegekasse mit Pflegehilfsmitteln versorgte Versicherte, nach einer Anerkennung nach dem SGB XIV, die Pflegehilfsmittel wieder abgeben müssten und stattdessen von der UK versorgt würden. Diese Rückabwicklung würde im Allgemeinen zu einem doppelten Leistungsaufwand und doppelten Kosten führen und würde keine Verbesserung für den Pflegebedürftigen mit sich bringen, der sein schon benutztes Pflegehilfsmittel wieder abgeben müsste.

6 Im Gegensatz zu § 44 Abs. 2 im 5. Kapitel ist im 7. Kapitel nicht festgelegt, dass Geschädigte Pflegesachleistungen ohne Beteiligung an den Kosten erhalten. Das ist eine Abkehr vom alten SER-Grundsatz, dass kein Geschädigter durch **schädigungsbedingte Mehraufwendungen** belastet sein soll. Etwaige **Zuzahlungen, Eigenanteile und Kostenbeteiligungen** nach SGB XI sind vom Geschädigten zu zahlen und werden der PK nicht durch den TdSE im Zuge der Spitzabrechnung nach § 80 erstattet. So haben Geschädigte z.B. auch die Zuzahlung in Höhe von 10 %, maximal 25 Euro, zu den Kosten der Pflegehilfsmittel nach § 40 Abs. 3 Satz 4 SGB XI selbst zu tragen.

7 **Pflegeverbrauchshilfsmittel** (z.B. Einmalhandschuhe, Einmalunterlagen, Desinfektionsmittel, Produkte der enteralen und parenteralen Ernährung) werden bei Bedarf übernommen, sofern sie nicht Bestandteil bereits gewährter Sachleistungen sind (z.B. stationärer Pflege). Die Aufwendungen der Pflegekasse für Pflegeverbrauchshilfsmittel sind nach § 40 Abs. 2 SGB XI gedeckelt: „Die Aufwendungen der Pflegekassen für zum Verbrauch bestimmte Pflegehilfsmittel dürfen monatlich den Betrag von 40 Euro nicht übersteigen; bis zum 31. Dezember 2021 gilt ein monatlicher Betrag in Höhe von 60 Euro. Die Leistung kann auch in Form einer Kostenerstattung erbracht werden."

8 Der Leistungskatalog des § 28 SGB XI ist in vollem Umfang anzuwenden. Im 4. Kapitel sind daneben in den §§ 29–35a SGB XI **gemeinsame Vorschriften** geregelt.

Hier ist grundsätzlich für jede Regelung die Prüfung erforderlich, ob und inwieweit sie im Rahmen des SGB XIV anzuwenden ist. Dabei sind die Besonderheiten im Rahmen des SER zu berücksichtigen.

Die Vorschriften des Vierten Kapitels des SGB XI sind grundsätzlich dann nicht für Leistungen bei Pflegebedürftigkeit nach dem SGB XIV anwendbar, wenn und soweit sie sich auf das **versicherungsrechtliche Mitgliedschaftsverhältnis** beziehen, wie die erforderliche **Vorversicherungszeit** nach § 33 Abs. 2, 3 SGB XI oder das **Erlöschen des Anspruchs bei Ende der Mitgliedschaft** nach § 35 SGB XI. Denn die Leistungsansprüche nach dem SGB XIV fußen nicht auf einem Versicherungsverhältnis, sondern einem erbrachten Sonderopfer für die Gesellschaft von Menschen, die eine gesundheitliche Schädigung durch ein Ereignis erlitten haben, für das die staatliche Gemeinschaft eine besondere Verantwortung trägt (§ 1 Abs. 1 SGB XIV).

Daher gab und gibt es z. B. im SER auch kein **Wirtschaftlichkeitsgebot** (§ 29 SGB XI). 9

§ 29 Abs. 1 SGB XI: Die Leistungen müssen wirksam und wirtschaftlich sein; sie dürfen das Maß des Notwendigen nicht übersteigen. Leistungen, die diese Voraussetzungen nicht erfüllen, können Pflegebedürftige nicht beanspruchen, dürfen die Pflegekassen nicht bewilligen und dürfen die Leistungserbringer nicht zulasten der sozialen Pflegeversicherung bewirken.

§ 29 Abs. 2 SGB XI: Leistungen dürfen nur bei Leistungserbringern in Anspruch genommen werden, mit denen die Pflegekassen oder die für sie tätigen Verbände Verträge abgeschlossen haben,

Stattdessen gilt der Grundsatz, dass alle schädigungsbedingten Aufwendungen von der staatlichen Gemeinschaft getragen werden. Daher werden die versicherungsrechtlichen Leistungen im SGB XIV durch ergänzende Leistungen vervollständigt.

Nicht anwendbar sind die Regelungen des SGB XI zudem für Inhalte, bezüglich derer das SGB **XIV eigene Vorschriften** enthält, die dann vorrangig Anwendung finden, so ist z. B. das **Antragserfordernis** nicht in § 33 Abs. 1 S 1 SGB XI, sondern in § 10 SGB XIV geregelt. 10

In Bezug auf Pflegeleistungen bei **gewöhnlichem Aufenthalt im Ausland** geht § 101 Abs. 4 den Regelungen des § 34 Abs. 1 Nr. 1 SGB XI vor. Danach ruht der Anspruch nicht, sondern der TdSE kann bei Pflegebedürftigkeit im Sinne des § 71 Absatz 1 ein Pflegegeld in Höhe der Leistungen nach § 37 des 11. Buches erbringen. Kosten für ergänzende Leistungen nach § 75 Absatz 2 werden nur dann erstattet, wenn entsprechende Sachleistungen auch im Wohnsitzstaat vorgesehen sind.

Entsprechend anwendbar auf die Leistungserbringung nach dem SGB XIV sind hingegen z. B. die Regelungen zur **Befristung** nach § 33 Abs. 1 S. 4 bis 8 SGB XI. 11

II. Nrn. 2 und 3: Ergänzende Leistungen und Arbeitgebermodell

Im Gegensatz zu den Leistungen im Rahmen der Regelversorgung nach dem 4. Kapitel des SGB XI sind die ergänzenden Leistungen und die Leistungen nach dem Arbeitgebermodell detailliert im §§ 75, 76 SGB XIV ge- 12 regelt. Sie werden in § 74 nur aufgezählt, um einen vollständigen Leistungskatalog aller Pflegeleistungen an einer Stelle wiederzugeben.

§ 75
Ergänzende Leistungen bei Pflegebedürftigkeit

(1) [1]Werden schädigungsbedingte Bedarfe nach § 74 Nummer 1 nur teilweise gedeckt, werden die über die Leistungen des Vierten Kapitels des Elften Buches hinausgehenden, notwendigen und angemessenen Kosten übernommen. [2]Dies gilt bei folgenden Leistungsarten:

1. **Pflegesachleistung nach § 36 des Elften Buches,**
2. **Häusliche Pflege bei Verhinderung der Pflegeperson nach § 39 des Elften Buches,**
3. **Pflegehilfsmittel und wohnumfeldverbessernde Maßnahmen nach § 40 des Elften Buches,**
4. **Tagespflege und Nachtpflege nach § 41 des Elften Buches,**
5. **Kurzzeitpflege nach § 42 des Elften Buches,**
6. **Vollstationäre Pflege nach § 43 des Elften Buches.**

(2) Bei Kombination von Geldleistung und Sachleistung nach § 38 des Elften Buches wird der prozentuale Anteil übernommen, der auf die Sachleistung entfällt.

(3) Bei Pflege in Einrichtungen oder Räumlichkeiten im Sinne des § 43 a des Elften Buches in Verbindung mit § 71 Absatz 4 des Elften Buches werden 15 Prozent der Vergütung übernommen.

(4) Für Geschädigte, die einen Anspruch nach § 4 Absatz 1 haben, trägt die zuständige Verwaltungsbehörde die Beiträge zur sozialen Pflegeversicherung, so lange sie nach § 21 des Elften Buches pflegeversichert sind.

(5) [1]Geschädigte, die weder nach dem Elften Buch versichert sind noch nach beamtenrechtlichen Vorschriften einen Anspruch auf Leistungen bei Pflegebedürftigkeit haben, erhalten die Leistungen des Vierten Kapitels des Elften Buches sowie die Leistungen nach Absatz 1. [2]Absatz 2 bis 4 gilt entsprechend.

Erläuterungen

A. Allgemeines

§ 75 bildet die Anspruchsgrundlage für Leistungen, mit denen die Leistungen der Pflegeversicherung ergänzt werden. Die Leistungen der Pflegeversicherung sind grundsätzlich unabhängig von den tatsächlichen Kosten der Pflegeleistung auf eine bestimmte Höhe begrenzt (gedeckelt). Regelmäßig kann damit nicht der gesamte notwendige Pflegebedarf gedeckt werden. Die Leistungen einer privaten Pflegeversicherung müssen den Leistungen nach dem SGB XI nach Art und Umfang gleichwertig sein (§ 23 SGB XI). 1

Im SER werden für schädigungsbedingte Bedarfe auch die über diesen Leistungsumfang hinausgehenden angemessenen Kosten übernommen. § 75 zählt die ergänzenden Leistungen bei Pflegebedürftigkeit abschließend auf. Er sieht vor, dass der zuständige TdSE die tatsächlich entstehenden notwendigen und angemessenen Kosten übernimmt, die über die Leistungen der sozialen Pflegeversicherung hinausgehen, wenn schädigungsbedingte Bedarfe nur teilweise gedeckt werden. Dies gilt für verschiedene Leistungsarten wie Pflegesachleistung, häusliche Pflege bei Verhinderung der Pflegeperson, Pflegehilfsmittel und wohnumfeldverbessernde Maßnahmen, Tagespflege und Nachtpflege, Kurzzeitpflege und vollstationäre Pflege. § 75 enthält einen Anspruch der Geschädigten gegenüber dem TdSE auf Übernahme aller Pflegebedarfskosten ohne Anrechnung von Einkommen und Vermögen.

§ 75 regelt auch die Übernahme von Beiträgen zur sozialen Pflegeversicherung für Geschädigte nach § 4 Absatz 1 SGB XIV sowie die Gewährung von Leistungen bei Pflegebedürftigkeit für Geschädigte, die weder nach dem Elften Buch versichert sind noch nach beamtenrechtlichen Vorschriften einen Anspruch auf Leistungen bei Pflegebedürftigkeit haben.

Die ergänzenden Leistungen nach § 75 sollen dazu beitragen, dass die Geschädigten eine angemessene und bedarfsgerechte Pflege erhalten und ihre Lebensqualität verbessern können.

Die ergänzenden Leistungen erbringt grundsätzlich der TdSE (§ 77 Abs. 5 SGB XIV), während die Leistungen bei Pflegebedürftigkeit nach § 74 Nr. 1 SGB XIV durch die Pflegekassen „für die zuständige Verwaltungsbehörde“ erbracht werden (§ 77 Abs. 2 und 3 SGB XIV).

2 In der Gesetzesbegründung[531] heißt es: „Reichen die Leistungen des SGB XI nicht aus, um die schädigungsbedingten Bedarfe vollständig zu decken, werden ergänzende Leistungen bei Pflegebedürftigkeit erbracht. Dies betrifft insbesondere Leistungsbereiche, in denen nach dem SGB XI eine Höchstgrenze für Leistungen – insbesondere bei der ambulanten und stationären Pflegesachleistung – besteht. Hier erstattet der Träger der Sozialen Entschädigung den Geschädigten die tatsächlich entstandenen Kosten für schädigungsbedingte Pflegeleistungen, soweit sie angemessen sind. Die Leistungen, bei denen dies in Betracht kommt, sind in Absatz 1 Satz 2 abschließend aufgeführt. Absatz 2 regelt, wie bei der Kombination von Sachleistung und Pflegegeld zu verfahren ist. Gemäß Absatz 3 ist in den Fällen des § 43a SGB XI (Pflege in Einrichtungen oder Räumlichkeiten im Sinne des § 43a SGB XI in Verbindung mit § 71 Absatz 4 SGB XI) die Kostenübernahme nicht auf einen Höchstbetrag gedeckelt, wenn der Pflegebedarf schädigungsbedingt ist, d.h. der Träger der Sozialen Entschädigung übernimmt 15 Prozent der vereinbarten Vergütung. Absatz 4 regelt die Übernahme der Beiträge zur Pflegeversicherung durch den Träger der Sozialen Entschädigung. Absatz 5 trifft eine Regelung für den Fall, dass Geschädigte nicht in der sozialen Pflegeversicherung versichert sind. Es gilt auch hier der Grundsatz, dass nur für schädigungsbedingte Pflegebedarfe geleistet und die Leistung ohne Einsatz von Einkommen und Vermögen erbracht wird."

3 Die **Voraussetzung** für die ergänzenden Leistungen nach § 75 Abs. 1 ist, dass die schädigungsbedingten Pflegebedarfe nach § 74 Nr. 1 nur teilweise gedeckt werden. Ohne Anspruch gegen einen anderen Sozialleistungsträger wären darüber hinausgehende Bedarfe von den Pflegebedürftigen selbst oder bei finanzieller Unzumutbarkeit nach dem 11. Kapitel des SGB XII vom Sozialhilfeträger über die Hilfe zur Pflege nach dem 7. Kapitel des SGB XII zu decken.

Das SGB XIV schafft einen umfassenden Schadensausgleich für ein Ereignis, für das die staatliche Gemeinschaft eine besondere Verantwortung trägt (§ 1 Abs. 1).

Daher gilt im SGB XIV der Grundsatz der umfassenden Kostenübernahme für alle schädigungsbedingten Bedarfe (§ 25). Für den Umfang des Leistungsanspruchs sind die Leistungen nach dem SGB XI nur die Basis (§ 74 Nr. 1). Reicht die Regelversorgung nach dem 4. Kapitel des SGB XI zur vollständigen Deckung der schädigungsbedingten Bedarfe nicht aus, werden ergänzende Leistungen nach § 75 Abs. 1 erbracht. Ermessen steht den TdSE nach § 75 Abs. 1 S. 1 SGB XIV dabei nicht zu.

531 BT-Drs. 19/13824, 204.

Im Gegensatz zu den ergänzenden Leistungen der Krankenbehandlung nach § 43 müssen ergänzende Leistungen nach § 75 nicht eigens beantragt werden. Der Antrag auf Pflegeleistungen gegenüber der PK gilt umfassend. Der Bescheid der PK wird an die TdSE weitergeleitet und die Leistungen werden nach § 75 entsprechend ergänzt. Das ist darauf zurückzuführen, dass Pflegesachleistungen nach dem SGB XI immer nur einen Teil des pflegerischen Bedarfs abdecken und wenn sie über die Pflegegeldzahlung hinausgehen in jedem Fall nach dem SGB XIV ergänzt werden müssen, um sicherzustellen, dass die Geschädigten nicht mit schädigungsbedingten Kosten belastet werden. 4

B. Absatz 1

§ 75 Abs. 1 S 2 zählt die ergänzenden Leistungen bei Pflegebedürftigkeit abschließend auf. Die TdSE übernehmen die über die Leistungen der sozialen Pflegeversicherung hinausgehenden, notwendigen und angemessenen Kosten für schädigungsbedingte Pflegebedarfe. Dies gilt für folgende Leistungsgruppen: 5

- Pflegesachleistung nach § 36 des Elften Buches (SGB XI),
- Häusliche Pflege bei Verhinderung der Pflegeperson nach § 39 SGB XI,
- Pflegehilfsmittel und wohnumfeldverbessernde Maßnahmen nach § 40 SGB XI,
- Tagespflege und Nachtpflege nach § 41 SGB XI,
- Kurzzeitpflege nach § 42 SGB XI,
- Vollstationäre Pflege nach § 43 SGB XI.

Die Pflegeleistungen, für die ergänzende Kosten übernommen werden, sind abschließend aufgezählt. Ergänzt werden ausschließlich Leistungen des 4. Kapitels des SGB XI, die bereits von der PK gewährt wurden. Wird schädigungsbedingte Pflegebedürftigkeit festgestellt, sind grundsätzlich die Gesamtkosten der angemessenen und notwendigen Pflegebedarfe zu entschädigen. Für eine nochmalige Kausalitätsprüfung in Bezug auf einzelne Leistungen, die ggf. zu einer Unterscheidung zwischen schädigungsbedingten und schädigungsunabhängigen Pflegebedarfen führt, bietet das Gesetz keine Grundlage.[532] Vom TdSE sind daher nur noch die Notwendigkeit und Angemessenheit der zu übernehmenden Kosten zu prüfen. 6

Bei der Prüfung der **Angemessenheit und Notwendigkeit der Kosten** ist die gesetzlich normierte enge Anbindung an die Leistungen nach dem SGB XI 7

532 BSG Urt. v. 10.12.2003 – B 9 V 7/03 R, BSGE 92, 42.

zu berücksichtigen. Die ergänzenden Leistungen nach § 75 Abs. 1 vervollständigen bereits gewährte gesetzliche Leistungen des SGB XI. Sind anfallende Kosten notwendig und angemessen, handelt es sich um Pflichtleistungen der zuständigen Behörde, nicht um Ermessensleistungen (§ 75 Abs. 1 S. 1).

8 Die nach dem SGB XI zu gewährenden Leistungen sind ihrer Art nach grundsätzlich angemessen und umgekehrt dürfte wohl auch gelten, dass nicht im SGB XI genannte Leistungen – von besonderen Ausnahmefällen abgesehen – grundsätzlich nicht angemessen sind. Ein Kostenaufwand ist zur Sicherstellung angemessener Pflege dem Umfang nach angemessen und erforderlich, soweit sich aus dem MD-Gutachten ein dem Umfang der in Anspruch genommenen Pflegeleistungen entsprechender Hilfebedarf ergibt. Kosten sind ihrer Höhe nach angemessen, soweit sie durch zugelassene (ambulante oder stationäre) Pflegeeinrichtungen im Sinne von §§ 71, 72 SGB XI auf der Basis geltender Versorgungsverträge erhoben werden.

9 Ein Abweichen von der Übernahme der Gesamtkosten ist möglich, wenn der Pflegebedarf im Nachhinein durch eine schädigungsunabhängige, weitere Gesundheitsstörung nicht mehr überwiegend von den Schädigungsfolgen verursacht wird. Hier muss geprüft werden, ob ein schädigungsbedingt abgrenzbarer Mehrbedarf existiert. Bestand ein schädigungsbedingter Pflegegrad von 2 und erhöht er sich schädigungsunabhängig auf 4, kann der schädigungsbedingte Pflegebedarf weiter in Höhe des Pflegegrades 2 von der PK als Auftragsverwaltung erbracht und vom TdSE nach § 75 ergänzt werden. Den Unterschiedsbetrag zwischen Grad 2 und Grad 4 erbringt die PK und der versicherte Pflegebedürftige.

10 Im Zusammenhang mit Pflegeleistungen, die nach § 75 Abs. 1 ergänzt werden, finden sich in den Abrechnungen der Leistungserbringer verschiedene Kostenfaktoren. Grundsätzlich übernehmen PK und TdSE ausschließlich Aufwendungen für schädigungsbedingte Pflegeleistungen. Der Geschädigte trägt selbst Kosten der Lebenshaltung und Unterbringung, die auch alle gesunden Menschen für sich sicherstellen müssen.

11 Als Beispiel ist im Folgenden die **Stationäre Pflege nach § 43 SGB XI** in Ihre Kostenfaktoren aufgefächert.

Die **Pflegekassen** übernehmen nach § 74 Abs. 1 i. V. m. dem 4. Kapitel des SGB XI die **pflegebedingten Aufwendungen**, die Aufwendungen für Betreuung und die Aufwendungen für Leistungen der medizinischen Behandlungspflege bis zu einem bestimmten Betrag je nach Pflegegrad (§ 43 Abs. 2 SGB XI). Wenn dieser Betrag höher ist als die Summe der pflegebedingten Aufwendungen, der Aufwendungen für Betreuung und der Aufwendungen für Leistungen der medizinischen Behandlungspflege, übernehmen die Pflegekassen auch einen Teil der Aufwendungen für Unterkunft und Verpflegung (§ 43 Abs. 2 Satz 4 SGB XI).

In den Vergütungsvereinbarungen, in Anlehnung an die Versorgungsverträge, werden Pflegesätze vereinbart. Diese umfassen die Entgelte der Versicherten oder ihrer Kostenträger für die vollstationären Pflegeleistungen der Einrichtung sowie für die Betreuung und, soweit kein Anspruch auf Häusliche Krankenpflege nach § 37 SGB V besteht, für die medizinische Behandlungspflege. In den Pflegesätzen dürfen keine Aufwendungen berücksichtigt werden, die nicht der Finanzierungszuständigkeit der sozialen Pflegeversicherung unterliegen. Solche Aufwendungen können auch nicht durch den TdSE als ergänzende Leistung übernommen werden.

Der Anspruch betrug 2023 je Kalendermonat abhängig vom Pflegegrad:

- 770 Euro für Pflegebedürftige des Pflegegrades 2,
- 1262 Euro für Pflegebedürftige des Pflegegrades 3,
- 1775 Euro für Pflegebedürftige des Pflegegrades 4,
- 2005 Euro für Pflegebedürftige des Pflegegrades 5.

Zusätzlich zahlt die Pflegekasse die vereinbarte Vergütung für zusätzliche Betreuung und Aktivierung nach § 43b SGB XI in vollstationären Pflegeeinrichtungen.

12 Im Fall der stationären Pflege übernimmt der TdSE den sog. **„Einrichtungseinheitlichen Eigenanteil" (EEE)** als ergänzende Leistung nach § 75 Abs. 1. Es handelt sich um den Kostenanteil für Pflegeleistungen, die der Versicherte nach dem SGB XI selbst tragen müsste, weil sie über den Anteil der Pflegeversicherung hinausgehen. Der EEE wird im Rahmen der Vergütungsverhandlung einrichtungsindividuell berechnet. Er ist für alle Bewohner der Pflegeeinrichtung unabhängig vom Pflegegrad gleich.

13 Soweit betriebsnotwendige **Investitionsaufwendungen** nach § 82 Abs. 2 Nr. 1 SGB XI durch öffentliche Förderung gemäß § 9 SGB XI nicht vollständig gedeckt sind, kann die Pflegeeinrichtung diesen Teil der Aufwendungen den Pflegebedürftigen gesondert berechnen. Investitionsaufwendungen können als ergänzende Leistung nach § 75 vom TdSE übernommen werden, weil sie ohne schädigungsbedingte Pflegebedürftigkeit beim Geschädigten nicht entstehen würden.

14 Ergänzende Leistungen in Bezug auf die stationäre Pflege umfassen in der Regel nicht die Kosten für **Unterkunft, Verpflegung und Betreuung** einschließlich (infolge der Schädigung) „notwendiger" Pflege.[533] Die Aufwen-

533 BSG Rechtsprechung zu § 35 Abs. 6 S. 1 BVG Vgl. BSG Urt. v. 10.12.2003 – B 9 V 7/03 R, BSGE 92, 42 (46).

dungen für **Unterkunft und Verpflegung** umfassen die Kosten für die Bereitstellung eines Zimmers, die Verpflegung die Ver- und Entsorgung (Energie, Wasser, Abfall), die Reinigung aller Räumlichkeiten der Einrichtung, die Wartung und Unterhaltung der Gebäude, Einrichtung und Ausstattung, technischen Anlagen und Außenanlagen und die Bereitstellung, Instandhaltung und Reinigung der von der Einrichtung zur Verfügung gestellten Wäsche sowie die hauswirtschaftliche Versorgung der Pflegebedürftigen. Die Aufwendungen für Unterkunft und Verpflegung sind grundsätzlich von den Pflegebedürftigen selbst zu tragen (§ 82 Abs. 1 Nr. 2 SGB XI), es sei denn, sie haben einen Anspruch auf Leistungen zum Lebensunterhalt nach § 93 SGB XIV.

Die Höhe der Aufwendungen für Unterkunft und Verpflegung kann je nach Einrichtung und Region variieren. Sie wird von den Einrichtungen in einem gesonderten Vertrag mit den Pflegebedürftigen vereinbart. Pflegebedürftige, die in einem Pflegeheim wohnen, haben Anspruch auf Leistungen zum Lebensunterhalt nach § 93 oder Wohngeld gegenüber dem TdSE oder der Wohngeldstelle, wenn ihr Einkommen für Unterkunft und Verpflegung nicht ausreicht. Für Heimbewohner hängt die Höhe des Wohngeldanspruchs vom Mietniveau der Region ab, in der sich das Heim befindet.

15 Weder als ergänzende Leistung nach § 75 noch von den Versicherten selbst oder der Hilfe zum Lebensunterhalt sind Kosten zu übernehmen, die dazu bestimmt sind, die für den Betrieb der Pflegeeinrichtung notwendigen Gebäude und sonstigen abschreibungsfähigen Anlagegüter herzustellen, anzuschaffen, wiederzubeschaffen, zu ergänzen, instand zu halten oder instand zu setzen; (ausgenommen sind die zum Verbrauch bestimmten Güter (Verbrauchsgüter), die der Pflegevergütung nach Absatz 1 Satz 1 Nr. 1 zuzuordnen sind), Kosten für den Erwerb und die Erschließung von Grundstücken, Miete, Pacht, Erbbauzins, Nutzung oder Mitbenutzung von Grundstücken, Gebäuden oder sonstigen Anlagegütern, die innerbetriebliche Umstellung von Pflegeeinrichtungen, die Schließung von Pflegeeinrichtungen oder ihre Umstellung auf andere Aufgaben.

16 Sofern die **Ausbildungsvergütung** Bestandteil der pflegebedingten Aufwendungen ist, ist diese über die Pflegeversicherung zu finanzieren. Diese müssen gesondert ausgewiesen werden. Die Ausbildungskosten werden gleichermaßen auf alle Bewohner mit einem Pflegegrad von mindestens 2 aufgeteilt.

17 Versicherte in zugelassenen Pflegeeinrichtungen im Sinne des § 43 SGB XI haben Anspruch auf intensivpflegerische Versorgung im Rahmen der **Häuslichen Krankenpflege**, sofern sie auf Dauer, voraussichtlich für mindestens sechs Monate, einen besonders hohen Bedarf an medizinischer Behandlungspflege haben. Weitergehende Regelungen werden durch die Richtlinie des Gemeinsamen Bundesausschusses über die Verordnung von Häuslicher Krankenpflege bestimmt. Dazu vereinbaren die **Krankenkassen gemäß § 132a Abs. 4 SGB V in Verbindung mit § 37 Abs. 2 S. 3 SGB V Zuschläge** mit der Einrichtung. Die vereinbarten Zuschläge werden von der zuständigen Krankenkasse direkt an die Einrichtung überwiesen. Der Versicherte zahlt auf Basis des Zuschlags eine gesetzliche Zuzahlung. Diese Zuzahlung ist eine **ergänzende Leistung nach § 43 Abs. 1** und nicht nach § 75. Sie wird daher ausschließlich **auf Antrag** als Leistung nach dem 3. Kapitel des SGB V ergänzt und dem Geschädigten vom TdSE erstattet.

Der Pflegeplatz ist im Fall **vorübergehender Abwesenheit** von der vollsta- 18
tionären Pflegeeinrichtung gemäß § 87a Abs. 1 SGB XI für einen Abwesenheitszeitraum von bis zu 42 Tagen im Kalenderjahr für den Pflegebedürftigen freizuhalten. Abweichend hiervon verlängert sich der Abwesenheitszeitraum bei Krankenhausaufenthalten und bei Aufenthalten in Rehabilitationseinrichtungen für die Dauer dieser Aufenthalte. In den Rahmenverträgen nach § 75 SGB XI sind für die nach § 87a Abs. 1 S. 5 und 6 SGB XI bestimmten Abwesenheitszeiträume, soweit drei Kalendertage überschritten werden, Abschläge von mindestens 25 vom Hundert der Pflegevergütung, der Entgelte für Unterkunft und Verpflegung und der Zuschläge nach § 92b SGB XI vorzusehen. Aufnahme- und Entlassungstag werden als ein Pflegetag berechnet. Auch diese Aufwendungen sind schädigungsbedingter Pflegebedarf und können nach § 75 Abs. 1 Nr. 6 ergänzt werden, wenn der Geschädigte mit Kosten belastet wird.

C. Absatz 2

§ 75 Abs. 2 regelt, dass bei **Kombination von Geldleistung und Sachleis- 19
tung** nach § 38 SGB XI der prozentuale Anteil übernommen wird, der auf die Sachleistung entfällt. Dies bedeutet, dass die zuständige Verwaltungsbehörde die Kosten für die Pflegesachleistung anteilig übernimmt, wenn der Geschädigte neben der Geldleistung auch eine Pflegesachleistung in Anspruch nimmt. Die Höhe des prozentualen Anteils richtet sich nach dem Grad der Schädigungsfolgen und dem Pflegegrad des Geschädigten. Die Vorschrift soll sicherstellen, dass die schädigungsbedingten Bedarfe des Geschädigten angemessen berücksichtigt werden.

Nimmt der Pflegebedürftige die ihm nach § 36 Abs. 3 SGB XI zustehende 20
Sachleistung nur teilweise in Anspruch, erhält er daneben nach § 38 SGB XI

ein anteiliges Pflegegeld im Sinne des § 37 SGB XI. Das Pflegegeld wird um den Vomhundertsatz vermindert, in dem der Pflegebedürftige Sachleistungen in Anspruch genommen hat. An die Entscheidung, in welchem Verhältnis er Geld- und Sachleistung in Anspruch nehmen will, ist der Pflegebedürftige für die Dauer von sechs Monaten gebunden. Anteiliges Pflegegeld wird während einer Kurzzeitpflege nach § 42 für bis zu acht Wochen und während einer Verhinderungspflege nach § 39 für bis zu sechs Wochen je Kalenderjahr in Höhe der Hälfte der vor Beginn der Kurzzeit- oder Verhinderungspflege geleisteten Höhe fortgewährt. Pflegebedürftige in vollstationären Einrichtungen der Hilfe für behinderte Menschen (§ 43a) haben Anspruch auf ungekürztes Pflegegeld anteilig für die Tage, an denen sie sich in häuslicher Pflege befinden.

D. Absatz 3

21 § 75 Abs. 3 regelt die Höhe der ergänzenden Leistungen der TdSE bei Pflegebedürftigkeit für Geschädigte, die in Einrichtungen oder Räumlichkeiten im Sinne des **§ 43a SGB XI** i. V. m. § 71 Abs. 4 SGB XI gepflegt werden. Danach werden 15 Prozent der Vergütung übernommen, die der Leistungserbringer mit dem zuständigen Träger der Sozialhilfe vereinbart hat. Diese Regelung soll vermeiden, dass Geschädigte, die in solchen Einrichtungen oder Räumlichkeiten leben, finanziell schlechter gestellt sind als Geschädigte, die in anderen Formen der Pflege versorgt werden. Die ergänzenden Leistungen nach § 75 Abs. 3 SGB XIV sind neben den Leistungen nach § 74 Nr. 1 SGB XIV zu gewähren.

22 Die Übernahme nur eines Teils der Kosten (15 %) deckt ausschließlich die pflegerischen Bedarfe. Hauptzweck der Einrichtung ist es Teilhabeleistungen zu erbringen. Es ist möglich, dass der Geschädigte parallel zu Leistungen der Pflege einen Anspruch auf Leistungen der Teilhabe nach dem 6. Kapitel des SGB XIV (§§ 62 ff.) hat. Deshalb enthalten §§ 67, 68 SGB XIV Sonderregelungen für den Fall des **Zusammentreffens von Teilhabeleistungen mit Pflegeleistungen** innerhalb und außerhalb von Einrichtungen und Räumlichkeiten im Sinne von § 43a SGB XI i. V. m. § 71 Abs. 4 SGB XI.

23 § 43a SGB XI ist eine gesetzliche Regelung, die die Leistungen der Pflegeversicherung für Menschen mit Behinderungen, die in einer vollstationären Einrichtung der Behindertenhilfe leben, festlegt. Die Regelung soll die besonderen Bedürfnisse dieser Personengruppe berücksichtigen und ihnen eine angemessene Teilhabe am gesellschaftlichen Leben ermöglichen. Die Leistung besteht aus einem pauschalen Zuschuss zu den pflege-

bedingten Kosten, der 15 Prozent der vereinbarten Vergütung, höchstens aber 266 Euro monatlich, beträgt. Die Leistung kann mit dem Pflegegeld kombiniert werden, wenn die Pflegebedürftigen zeitweise zu Hause gepflegt und betreut werden. Die Leistung wird von den Pflegekassen direkt an die Einrichtung gezahlt.

Einrichtungen nach § 43a SGB XI sind keine Pflegeeinrichtungen. Vielmehr 24
nimmt § 43a Satz 1 SGB XI auf Einrichtungen der Hilfe für behinderte Menschen im Sinne von § 71 Abs. 4 Nr. 1 SGB XI Bezug, soweit es sich dabei um vollstationäre Einrichtungen handelt, in denen die Teilhabe am Arbeitsleben, an Bildung oder die soziale Teilhabe, die schulische Ausbildung oder die Erziehung von Menschen mit Behinderungen im Vordergrund des Einrichtungszwecks stehen. § 43a Satz 3 SGB XI ergänzt um Einrichtungen für Pflegebedürftige i. S. v. § 71 Abs. 4 Nr. 3 SGB XI, die Leistungen der Eingliederungshilfe für Menschen mit Behinderungen nach Teil 2 des SGB IX erhalten.

Bei den Einrichtungen i. S. d. § 43a SGB XI handelt es sich ausschließlich 25
um **vollstationäre** Einrichtungen, die für die dort untergebrachten Menschen alle in der Zeit ihres Aufenthaltes erforderlichen Leistungen erbringen. Vollstationäre Leistungen umfassen auch die erforderlichen Pflegeleistungen. Deshalb haben die Pflegekassen keine Pflegeleistungen zu erbringen und müssen sich stattdessen an den Kosten der Einrichtung beteiligen. Die Pflegekasse übernimmt als Kompensation einen Anteil des Heimentgelts zur Abgeltung der in § 43 Abs. 2 SGB XI genannten Aufwendungen für Pflegeleistungen. Dazu gehören alle pflegebedingten Aufwendungen einschließlich der Aufwendungen für Betreuung und medizinische Behandlungspflege, die in vollstationären Einrichtungen der Hilfe für behinderte Menschen erbracht werden.

Nicht von § 75 Abs. 3 SGB XIV umfasst sind Einrichtungen zur medizini- 26
schen Vorsorge und zur medizinischen Rehabilitation nach § 71 Abs. 4 Nr. 1 SGB XI sowie Krankenhäuser.

E. Absatz 4

§ 75 Abs. 4 regelt die Übernahme der Beiträge zur sozialen Pflegeversiche- 27
rung für Geschädigte, die einen Anspruch nach § 4 Abs. 1 haben. Der TdSE übernimmt die Beiträge zur sozialen Pflegeversicherung, wenn die Geschädigten nach § 21 SGB XI gesetzlich pflegeversicherungspflichtig sind. Dies gilt unabhängig davon, ob sie schädigungsbedingt pflegebedürftig sind oder nicht.

28 Von der Gesetzessystematik passen weder Abs. 4 noch Abs. 5 in das 7. Kapitel des SGB XIV. Es besteht kein Zusammenhang mit einer schädigungsbedingten Pflegebedürftigkeit. Stattdessen zahlt der TdSE unter der Voraussetzung des § 21 Nr. 1 für die Geschädigten auf Dauer bzw. bei Berechtigten nach § 21 Nr. 3 SGB XI i.V.m. § 145 Abs. 2 Nr. 4. längstens bis 2033 die Pflegeversicherungsbeiträge. Die Geschädigten sind damit komplett über das SGB XI pflegeversichert **für schädigungsunabhängige Pflegebedarfe**. Die Übernahme der Beiträge steht auch in keinem Zusammenhang mit dem Auftragsverhältnis des § 77 Abs. 2 und 3. Über die Zahlung der Beiträge hinaus, gibt es keinen Anspruch der PK auf Kostenerstattung für Pflegeleistungen nach § 21 SGB XI i.V.m. § 75 Abs. 4 SGB XIV. Es muss auch kein aktueller Pflegebedarf vorliegen, sondern die Geschädigten werden – wie alle anderen Versicherungspflichtigen – für den Eventualfall abgesichert.

29 § 21 SGB XI regelt die Versicherungspflicht in der sozialen Pflegeversicherung für bestimmte leistungsberechtigte Personen, wenn sie gegen das Risiko der Krankheit weder in der gesetzlichen Krankenversicherung noch bei einem privaten Krankenversicherungsunternehmen versichert sind.

Versicherungspflicht in der sozialen Pflegeversicherung besteht für alle **Bestandsschutzfälle** mit Wohnsitz oder gewöhnlichem Aufenthalt im Inland, die nach dem BVG oder nach Gesetzen, die eine entsprechende Anwendung des BVG vorsehen, einen Anspruch auf Heilbehandlung oder Krankenbehandlung haben (§ 21 Nr. 1 SGB XI a.F.) bzw. für alle Bestandsschutzfälle, die ergänzende Hilfe zum Lebensunterhalt im Rahmen der Kriegsopferfürsorge nach dem BVG oder nach Gesetzen beziehen, die eine entsprechende Anwendung des BVG vorsehen (§ 21 Nr. 3 SGB XI a.F.).

Neufälle, die ab 1.1.2024 Anträge stellen, sind nach § 21 Nr. 3 SGB XI n.F. pflichtversichert, wenn sie Leistungen zum Lebensunterhalt nach § 93 SGB XIV erhalten.

30 **§ 21 SGB XI a.F.**, gültig bis 31.12 2023 (Versicherungspflicht in der sozialen Pflegeversicherung für sonstige Personen a.F.)

Versicherungspflicht in der sozialen Pflegeversicherung besteht auch für Personen mit Wohnsitz oder gewöhnlichem Aufenthalt im Inland, die

1. nach dem Bundesversorgungsgesetz oder nach Gesetzen, die eine entsprechende Anwendung des Bundesversorgungsgesetzes vorsehen, einen Anspruch auf Heilbehandlung oder Krankenbehandlung haben,

...

3. ergänzende Hilfe zum Lebensunterhalt im Rahmen der Kriegsopferfürsorge nach dem Bundesversorgungsgesetz oder nach Gesetzen beziehen,

die eine entsprechende Anwendung des Bundesversorgungsgesetzes vorsehen,

…

wenn sie gegen das Risiko Krankheit weder in der gesetzlichen Krankenversicherung noch bei einem privaten Krankenversicherungsunternehmen versichert sind.

§ 21 SGB XI n. F. ab 1.1.2024 (Versicherungspflicht in der sozialen Pflegeversicherung für sonstige Personen)

Versicherungspflicht in der sozialen Pflegeversicherung besteht auch für Personen mit Wohnsitz oder gewöhnlichem Aufenthalt im Inland, die

1. nach dem Bundesversorgungsgesetz oder nach Gesetzen, die eine entsprechende Anwendung des Bundesversorgungsgesetzes vorsehen, **bis zu deren Außerkrafttreten** einen Anspruch auf Heilbehandlung oder Krankenbehandlung hatten,

…

3. Nach § 145 Abs. 2 Nr. 4 SGB XIV ergänzende Hilfe zum Lebensunterhalt nach dem Bundesversorgungsgesetz weiter erhalten oder Leistungen zum Lebensunterhalt nach § 93 des Vierzehnten Buches beziehen,

…

wenn sie gegen das Risiko Krankheit weder in der gesetzlichen Krankenversicherung noch bei einem privaten Krankenversicherungsunternehmen versichert sind.

F. Absatz 5

§ 75 Abs. 5 regelt die Leistungen bei Pflegebedürftigkeit für Geschädigte, die **31**
weder nach dem SGB XI versichert sind noch nach beamtenrechtlichen Vorschriften einen Anspruch auf Leistungen bei Pflegebedürftigkeit haben. Diese Geschädigten erhalten die Leistungen des 4. Kapitels des SGB XI sowie die ergänzenden Leistungen nach Absatz 1. Die TdSE übernehmen die über die Leistungen des 4. Kapitels des SGB XI hinausgehenden, notwendigen und angemessenen Kosten. Absatz 2 bis 4 gilt für diese Geschädigten entsprechend. Es gilt auch hier der Grundsatz, dass nur für **schädigungsbedingte Pflegebedarfe** geleistet und die Leistung ohne Einsatz von Einkommen und Vermögen erbracht wird. Die PK erhalten Kostenerstattung nach § 80.

Es handelt sich um die Fälle, die bis 31.12.2023 gesetzlich pflegeversiche- **32**
rungspflichtig nach § 21 Nr. 1 SGB XI waren, weil sie einen Anspruch auf

Heil- oder Krankenbehandlung nach dem BVG hatten. Ein Anspruch auf Krankenbehandlung nach dem 5. Kapitel des SGB XIV führt nach neuem Recht nicht mehr zu einer Versicherungspflicht. Diese Geschädigten haben jetzt nach Abs. 5 einen Anspruch auf Pflegeleistungen nach dem 7. Kapitel des SGB XIV bei schädigungsbedingter Pflegebedürftigkeit auf Leistungen nach dem SGB XI.

33 Abs. 4 gilt entsprechend, d.h. die Geschädigten i.S.v. Abs. 5 haben einen Anspruch auf Zahlung der Pflegeversicherungsbeiträge und Pflegeleistungen für **nichtschädigungsbedingte** Pflege, wenn sie Leistungen zum Lebensunterhalt nach § 93 beziehen und damit pflegeversicherungspflichtig nach § 21 Nr. 3 SGB XI sind. Die PK erhält die Beiträge, aber keine Kostenerstattung nach § 80 SGB XIV.

34 Die Versicherungspflicht zur Abdeckung des Risikos der Pflegebedürftigkeit besteht auch für Personen, die bei einem **privaten** Krankenversicherungsunternehmen versichert sind (§ 23 SGB XI); da sich ihre Leistungsansprüche aber nicht direkt aus dem SGB XI, sondern aus dem Versicherungsvertrag ergeben, gehören sie zu dem von § 75 Abs. 5 SGB XIV erfassten Personenkreis.

35 Die Vorschrift steht im systematischen Zusammenhang mit **§ 77 Abs. 3**. Beide behandeln denselben Personenkreis: Geschädigte, die weder nach dem SGB XI versichert sind noch nach beamtenrechtlichen Vorschriften einen Anspruch auf Leistungen bei Pflegebedürftigkeit haben. Diese Geschädigten wählen nach § 57 Abs. 3 eine Krankenkasse. Die bei dieser Krankenkasse errichtete Pflegekasse (vgl. §§ 46 Abs. 1 S. 2, 48 Abs. 1 SGB XI) ist nach § 77 Abs. 3 zuständig für die Erbringung der Leistungen nach § 74 Nr. 1 SGB XIV für die zuständige Verwaltungsbehörde.

§ 76
Häusliche Pflege im Arbeitgebermodell

(1) [1]Stellen Geschädigte die häusliche Pflege durch von ihnen beschäftigte besondere Pflegekräfte auf Grundlage eines Arbeitsvertrages sicher (Arbeitgebermodell), so werden ihnen die hierfür erforderlichen und angemessenen Kosten erstattet. [2]Bei der Erstattung ist das Pflegegeld nach § 37 des Elften Buches anzurechnen. [3]Kosten der Beschäftigung von Ehegatten sowie Eltern werden Berechtigten erstattet, wenn dadurch eine fachgerechte Pflege gewährleistet ist.

(2) [1]Während einer stationären Behandlung werden den Geschädigten die erforderlichen und angemessenen Kosten für die besondere Pflegekraft für einen Zeitraum von bis zu drei Monaten weiter erstattet. [2]Eine Erstattung über diesen Zeitraum hinaus kann unter Berücksichtigung der Umstände des Einzelfalls erfolgen.

(3) Die angemessenen Kosten umfassen auch die Arbeitgeber- und Arbeitnehmerbeiträge zur Sozialversicherung und zur Arbeitsförderung, die auf das Arbeitsentgelt der besonderen Pflegekraft entfallen.

(4) [1]Aufwendungen für die Erfüllung der Pflichten der Geschädigten als Arbeitgeber können in angemessener Höhe erstattet werden. [2]Als angemessen gilt in der Regel ein Betrag in Höhe von bis zu 35 Euro monatlich.

Erläuterungen

Übersicht **Rn.**

A. Allgemeines

§ 76 ist eine Vorschrift, die die häusliche Pflege im Arbeitgebermodell regelt. Das Arbeitgebermodell ermöglicht es Geschädigten, die häusliche Pflege durch von ihnen beschäftigte besondere Pflegekräfte auf Grundlage eines Arbeitsvertrages sicherzustellen. Die Vorschrift sieht vor, dass die Geschädigten die hierfür erforderlichen und angemessenen Kosten erstattet bekommen, unter voller Anrechnung des Pflegegeldes nach § 37 SGB XI. Die Vorschrift gilt auch für die Beschäftigung von Ehegatten oder Eltern als besondere Pflegekräfte, wenn dadurch eine fachgerechte Pflege gewährleistet ist. Die Vorschrift regelt zudem die Erstattung der Kosten für die besondere Pflegekraft während einer stationären Behandlung der Geschädigten, die Erstattung der Sozialversicherungs- und Arbeitsförderungsbeiträge für die besondere Pflegekraft und die Erstattung der Aufwendungen für die Erfüllung der Pflichten der Geschädigten als Arbeitgeber. 1

2 Gesetzesbegründung[534]: In der Sozialen Entschädigung ist auch die Erstattung von Kosten für eine Pflegekraft oder mehrere Pflegekräfte möglich, die die geschädigte Person selbst als Arbeitgeber beschäftigt (Arbeitgebermodell). Da in diesem Fall keine Leistung des SGB XI unmittelbar greift, werden hier die angemessenen Kosten voll erstattet, das Pflegegeld nach dem SGB XI wird jedoch angerechnet. Die Ergebnisse der Pflegebegutachtung nach dem SGB XI sind auch hier zu beachten. Die Träger der Sozialen Entschädigung entscheiden nach pflichtgemäßem Ermessen über den Umfang der erforderlichen Pflege. Kosten eines Arbeitsvertrags mit Ehegatten oder Eltern sind dann erstattungsfähig, wenn in diesen Fällen die fachgerechte Pflege des oder der Geschädigten gewährleistet ist. Bei den besonderen Pflegekräften kann es sich um examinierte Pflegekräfte handeln, dies ist aber nicht Voraussetzung. Die Gestaltung des Arbeitsvertrages richtet sich nach den Bedarfen der geschädigten Person.

Absatz 2 enthält eine Regelung, die sicherstellt, dass die Kosten für angestellte besondere Pflegekräfte für einen vorübergehenden Zeitraum weiter erstattet werden, damit eine kontinuierliche Pflege auch nach einem stationären Aufenthalt gewährleistet werden kann. In Einzelfällen kann die Erstattung auch über den Zeitraum von drei Monaten hinausgehen.

Absatz 3 stellt klar, dass auch die auf das Arbeitsentgelt entfallenden Arbeitnehmer- und Arbeitgeberbeiträge zur Sozialversicherung und zur Arbeitsförderung (§ 1 Absatz 1 SGB IV) als angemessene Kosten im Sinne des Absatzes 4 erstattet werden.

Gemäß Absatz 4 werden regelmäßig Kosten in Höhe von bis zu 35 Euro monatlich für die Erfüllung von Arbeitgeberpflichten übernommen, z.B. für die Beauftragung von Dritten zur Lohnabrechnung und Versteuerung. Erstattungsfähig sind die Kosten auch dann, wenn die Pflege durch die vorgenannten Angehörigen unter Berücksichtigung der gesundheitlichen und familiären Situation des Geschädigten fachgerecht erbracht werden kann.

B. Altes Recht

3 **§ 35 Abs. 2 BVG** besagt: Wird fremde Hilfe im Sinne des Absatzes 1 von Dritten aufgrund eines Arbeitsvertrages geleistet und übersteigen die dafür aufzuwendenden angemessenen Kosten den Betrag der pauschalen Pflegezulage nach Absatz 1, wird die Pflegezulage um den übersteigenden Betrag erhöht. Leben Beschädigte mit ihren Ehegatten, Lebenspartnern oder einem

534 BT-Drs. 19/13824, 204f.

Elternteil in häuslicher Gemeinschaft, ist die Pflegezulage so zu erhöhen, dass sie nur ein Viertel der von ihnen aufzuwendenden angemessenen Kosten aus der pauschalen Pflegezulage zu zahlen haben und ihnen mindestens die Hälfte der pauschalen Pflegezulage verbleibt (**„familiäres Privileg"**). In Ausnahmefällen kann der verbleibende Anteil bis zum vollen Betrag der pauschalen Pflegezulage erhöht werden, wenn Ehegatten, Lebenspartner oder ein Elternteil von Pflegezulageempfängern mindestens der Stufe V neben den Dritten in außergewöhnlichem Umfang zusätzliche Hilfe leisten. Entstehen vorübergehend Kosten für fremde Hilfe, insbesondere infolge Krankheit der Pflegeperson, ist die Pflegezulage für jeweils höchstens sechs Wochen über Satz 2 hinaus so zu erhöhen, dass den Beschädigten die pauschale Pflegezulage in derselben Höhe wie vor der vorübergehenden Entstehung der Kosten verbleibt. Die Sätze 2 und 3 gelten nicht, wenn der Ehegatte, Lebenspartner oder Elternteil nicht nur vorübergehend keine Pflegeleistungen erbringt.

Berechtigte nach § 35 Abs. 2 BVG waren damit finanziell bessergestellt als Leistungsberechtigte gemäß § 35 Abs. 1 BVG. Mindestens die Hälfte der Pflegezulage verblieb sowohl bei Inanspruchnahme professioneller als auch familiärer Pflegekräfte beim Berechtigten und weiteren Familienangehörigen. Voraussetzung hierfür war, dass der jeweilige Ehegatte, Lebenspartner oder ein Elternteil des Berechtigten neben bestehenden Pflegearbeitsverträgen Pflegeleistungen erbringt bzw. allenfalls vorübergehend nicht erbringt (§ 35 Abs. 2 S. 5 BVG).[535]

In Bezug auf das Arbeitgebermodell nach § 76 wurde das **familiäre Privileg** abgeschafft, das tatsächlich gezahlte Pflegegeld wird in voller Höhe auf die Leistungen nach § 76 angerechnet. Dadurch kommt es zu einer Schlechterstellung schädigungsbedingt Pflegebedürftiger im Vergleich zu § 35 Abs. 2 BVG zu § 76 SGB XIV. 4

In Bezug auf **ambulante Pflege** gleicht im neuen Recht die **Kombinationsleistung** gemäß § 38 SGB XI noch am meisten dem familiären Privileg nach § 35 Abs. 2 BVG, allerdings besteht der entscheidende Unterschied zwischen den beiden Leistungen in dem Umstand, dass bei der Kombinationsleistung das verbleibende Pflegegeld vom Grad der Inanspruchnahme ambulanter Sachleistung direkt abhängt, während bei der Pflegezulage gemäß § 35 Abs. 2 BVG mindestens die Hälfte der Pflegepauschale garantiert in der Familie der geschädigten Person verblieb. Die Sonderrege-

535 BSGE vom 14.06.2018, B 9 V 3/17 R. Das BSG entschied, dass der mitpflegende Vater einen Anspruch auf die Hälfte der Pflegezulage sogar dann hat, wenn die Mutter des Geschädigten einen Arbeitsvertrag i. S. v. § 35 Abs. 2 BVG mit dem Geschädigten geschlossen hat.

lung in § 35 Abs. 2 BVG förderte die nicht erwerbsmäßige Pflege durch Familienangehörige, während die Kombinationsleistung in § 38 SGB XI auch in Fällen zulässig ist, in denen neben ambulanten Sachleistungen der nicht erwerbsmäßige Pflegeanteil durch Pflegepersonen erbracht wird, die mit der pflegebedürftigen Person nicht verwandt sind.

5 Pflegezulagenempfänger als **Bestandsfälle nach § 35 Abs. 2 und 6 BVG** erhalten ab 1.1.2024 Leistungen nach Kapitel 7 SGB XIV. Ein Wahlrecht gibt es für diese Leistungsempfänger in Bezug auf Pflegeleistungen nicht (§ 146 Abs. 1 SGB XIV). Die TdSE setzen Altfälle mit Pflegearbeitsverträgen verwaltungsintern von § 35 Abs. 2 BVG zu § 76 SGB XIV um. Die TdSE und PK wirken bei den Berechtigten darauf hin, weitere notwendige Pflegeleistungen parallel zu den Pflegearbeitsverträgen bei den PK zu beantragen.

C. Neues Recht

6 Bei **Neufällen** informieren die TdSE die PK in jedem Fall über Anträge nach § 76 SGB XIV und leiten eine Kopie des Antrages auf Pflegeleistungen an die PK weiter.

Die PK prüft, ob Pflegebedürftigkeit vorliegt, bestimmt den Pflegegrad und den wöchentlich notwendig Pflegeaufwand und ob dem Antragsteller weitere Leistungen nach dem SGB XI zustehen.[536] Das MD-Gutachten ist die Grundlage für die Prüfung der Notwendigkeit und Angemessenheit der Kostenerstattung nach § 76.

D. Absatz 1

7 § 76 Abs. 1 gewährt einen Anspruch auf Erstattung der erforderlichen und angemessenen Kosten, wenn Pflegebedürftige ihre häusliche Pflege durch von ihnen beschäftigte Personen auf der Grundlage eines Arbeitsvertrages sicherstellen. Das Pflegegeld wird hierauf angerechnet (§ 76 Abs. 1 S. 2 SGB IV). Damit führen die Regelungen des § 76 Abs. 1 im Ergebnis bezüglich des Pflegegeldes zu einer ergänzenden Leistung.

8 Nach § 76 Abs. 1 werden „besondere Pflegekräfte" von den Geschädigten selbst beschäftigt.

536 Übereinkunft zwischen den Trägern der Sozialen Entschädigung und dem GKV-Spitzenverband Bund der Pflegekassen über die Zusammenarbeit bei der Erbringung der Leistungen bei Pflegebedürftigkeit nach dem 7. Kapitel des SGB XIV und über die Spitzabrechnung nach § 80 SGB XIV.

Voraussetzung für einen Kostenerstattungsanspruch nach § 76 Abs. 1 ist ein **Arbeitsvertrag** zwischen dem geschädigten Pflegebedürftigen und einer von ihm beschäftigten „besonderen Pflegekraft". Ein Arbeitsvertrag definiert die Rechte und Pflichten von Arbeitgeber und Arbeitnehmer. Die Gestaltung des Arbeitsvertrages im Detail richtet sich nach den Bedarfen der geschädigten Person. Während der Arbeitnehmer sich dazu verpflichtet, die ausgehandelte Arbeit zu leisten, schreibt der Vertrag umgekehrt fest, dass der Arbeitgeber als Gegenleistung ein Arbeitsentgelt zahlt. **9**

Pflegebedürftiger und Pflegekraft sind bei der Gestaltung des Arbeitsvertrages frei.

Je nachdem wie hoch laut MD-Gutachten der Pflegebedarf des Geschädigten ist, können mehrere Pflegearbeitsverträge notwendig sein. Der TdSE übernimmt die aus seiner Sicht erforderlichen und angemessenen Kosten. Das ist i. d. R. das Bruttoentgelt einschließlich aller Sozialabgaben, Arbeitnehmerbeiträgen zu den Sozialversicherungssystemen und Steuern und die Arbeitgeberbeiträge nach Abs. 3.

Basis der meisten bestehenden Arbeitsverträge nach § 35 Abs. 2 BVG ist – auch aufgrund von Beratungen durch die Versorgungsverwaltung – das Tarifrecht der **Caritas**: die Richtlinien für Arbeitsverträge in den Einrichtungen des Deutschen Caritasverbandes – kurz AVR. Die AVR legen die Arbeitsbedingungen für ungelernte und examinierte Pflegekräfte in den jeweiligen Regionen Deutschlands verbindlich fest. Sie enthalten unter anderem Bestimmungen über die Höhe der Entgelte und die durchschnittliche wöchentliche Arbeitszeit, über den Umfang des Erholungsurlaubs und über die Absicherung im Krankheitsfall. Die Bestimmungen werden durch schriftliche Bezugnahme Bestandteil des Arbeitsvertrages. **10**

Bis der seit Jahren angekündigte bundesweit gültige Pflegetarif in Kraft tritt, werden die AVR wohl auch weiterhin Grundlage der Pflegearbeitsverträge nach § 76 Abs. 1 sein.

Einen oder mehrere Arbeitsverträge schließt der schädigungsbedingt Pflegebedürftige mit **„besonderen Pflegekräften"**. Der Begriff „besondere Pflegekraft" stammt ursprünglich aus dem Sozialhilferecht. Dort wird z.B. in § 64f Abs. 1 SGB XII unterschieden zwischen Pflegepersonen und besonderen Pflegekräften. Pflegepersonen i. S. d. SGB XI sind Personen, die nicht erwerbsmäßig einen Pflegebedürftigen im Sinne des § 14 SGB XI in seiner häuslichen Umgebung pflegen. Besondere Pflegekräfte sind hingegen Mitarbeiterinnen oder Mitarbeiter eines Pflegedienstes. **11**

Diese Definitionen gelten nicht für das SGB XIV. Besondere Pflegekräfte nach § 76 sind gerade keine Mitarbeiter eines Pflegedienstes, sondern werden vom Pflegebedürftigen direkt eingestellt. Nach der Gesetzesbegründung zu § 76 kann es sich bei besonderen Pflegekräften um examinierte Pflegekräfte handeln oder auch nicht. Ehegatten und Eltern, Pflegepersonen i. S. d. Sozialhilferechtes können ausdrücklich auch besondere Pflegekräfte nach § 76 sein.

12 Durch den Abschluss eines eigenen Arbeitsvertrages nach § 76 wird die Pflegekraft zu einer besonderen Pflegekraft in einem besonderen Vertrauens- und Abhängigkeitsverhältnis. Es ist etwas Besonderes, seinen Chef oder seine Chefin zu pflegen. Der Mensch im Pflegebett entscheidet über die Übernahme nach der Probezeit, Überstunden und Urlaubsanträge und ob man den Nachmittag freibekommt, um zum Zahnarzt zu gehen. Die Pflegekräfte sind immer dieselben und werden nicht vom Pflegedienst ausgewechselt. Bei Unzufriedenheit können beide Seiten den Arbeitsvertrag lösen. Der Pflegebedürftige ist als Arbeitgeber seiner Pflegekräfte autark und selbstbestimmt.

Der Pflegebedürftige ist als Arbeitgeber durch den Arbeitsvertrag der alleinige Schuldner für das Arbeitsentgelt seiner Pflegekraft. Würde der TdSE Schuldner aufgrund des Arbeitsvertrages, läge eine Pflegesachleistung vor, laut Gesetz handelt es sich aber um einen Anspruch auf Kostenerstattung für Arbeitsentgelt.

Entgegen der Ausführung in der Gesetzesbegründung, die TdSE hätten „nach **pflichtgemäßem Ermessen**“ über den Umfang der erforderlichen Pflege zu entscheiden, räumt die Vorschrift den Trägern allerdings keinen Ermessensspielraum im Rechtssinn ein. Denn bei der Erforderlichkeit und Angemessenheit handelt es sich um gerichtlich voll überprüfbare Rechtsbegriffe.

Pflege im Arbeitgebermodell kostet meist mehrere Tausend Euro pro Monat. Für den Pflegebedürftigen empfiehlt es sich daher vor Unterzeichnung des Arbeitsvertrages die Kostenübernahme durch den TdSE abzuklären und Abschlagszahlungen auszuhandeln, damit die Pflege sichergestellt ist und er nicht mit mehreren Tausend Euro in Vorlage treten muss.

13 Um die **fachgerechte Pflege** im Arbeitgebermodell sicherzustellen, kann man sich der Instrumente des SGB XI im Zuge des Auftragsverhältnisses nach § 77 bedienen. Das SGB XI geht bei der Gewährung von Pflegegeld grundsätzlich von nichtprofessionellen Pflegepersonen (§ 19 SGB XI) aus und ordnet zur Sicherstellung der Qualität der häuslichen Pflege regelmäßig abzurufende **Beratungen** durch anerkannte Beratungsstellen an (§ 37 Abs. 3 SGB XI). Im Rahmen von § 76 Abs. 1 soll die Pflege der Geschädigten mithilfe der

pflegenden Person „in geeigneter Weise sichergestellt" (vgl. § 37 Abs. 1 S. 2 SGB XI) werden. Z.B. durch **Pflegekurse** für Angehörige und ehrenamtliche Pflegepersonen nach § 45 SGB XI. Danach haben die Pflegekassen für Angehörige und sonstige an einer ehrenamtlichen Pflegetätigkeit interessierte Personen unentgeltlich Schulungskurse durchzuführen, um soziales Engagement im Bereich der Pflege zu fördern und zu stärken, Pflege und Betreuung zu erleichtern und zu verbessern sowie pflegebedingte körperliche und seelische Belastungen zu mindern und ihrer Entstehung vorzubeugen. Die Kurse sollen Fertigkeiten für eine eigenständige Durchführung der Pflege vermitteln. Auf Wunsch der Pflegeperson und der pflegebedürftigen Person findet die Schulung auch in der häuslichen Umgebung des Pflegebedürftigen statt.

Der Anforderungslevel des § 76 muss hier nicht über den SGB XI-Anforderungen liegen, die für alle Pflegekräfte gesetzlich versicherter Pflegebedürftiger gelten. Auf dieser Grundlage kann grundsätzlich jeder Arbeitsfähige „Pflegekraft" im Sinne von § 76 Abs. 1 sein und eine fachgerechte Pflege gewährleisten.

Schädigungsbedingt Pflegebedürftige in **ambulant betreuten Wohngrup-** 14
pen können ebenfalls Arbeitsverträge nach § 76 über ihren schädigungsbedingten individuellen Pflegebedarf abschließen. Hierbei muss die Abgrenzung zu dem Wohngruppenzuschlag nach § 38a SGB XI der anderen Mitglieder der Pflegewohngemeinschaft sichergestellt sein.

Der **Wohngruppenzuschlag** ist im Leistungsumfang des § 74 Nr. 1 enthalten und wird von der PK im Auftrag der TdSE erbracht. Es handelt sich nicht um einen Arbeitsvertrag i. S. d. § 76, weil er unabhängig vom schädigungsbedingten individuellen Pflegebedarf existierende, allgemeine Bedarfe der Wohngruppe regelt. Die Mitglieder der Wohngruppe beauftragen gemeinsam eine Person, allgemeine organisatorische, verwaltende, betreuende oder das Gemeinschaftsleben fördernde Tätigkeiten zu verrichten oder die Wohngruppenmitglieder bei der Haushaltsführung zu unterstützen. Der Arbeitsvertrag über solche Aufgaben regelt nicht die schädigungsbedingte Pflege des Geschädigten, sondern organisiert das Zusammenleben in der Wohngruppe.

Auf den Kostenerstattungsanspruch nach § 76 wird das tatsächlich gezahl- 15
te **Pflegegeld** in voller Höhe angerechnet (§ 76 Abs. 1 S. 2), um Doppelleistungen zu verhindern. Ein „familiäres Privileg" (vgl. Rn. 3), wie noch in § 35 Abs. 2 Satz 2 ff. BVG festgeschrieben, ist nach § 76 nicht mehr notwendig. Die Pflege- und Unterstützungspflichten der nächsten Familienangehörigen müssen nach § 76 nicht unentgeltlich geleistet werden. Auch Ehegatten, Lebenspartner und Eltern können jetzt auf gesetzlicher Grundlage mit

dem Geschädigten einen Pflegearbeitsvertrag abschließen. Das Gesetz setzt hier die seit den 1990er Jahren bestehende ständige Rechtsprechung des BSG um.[537]

16 In den seltenen Fällen, in denen der Anspruch auf Pflegegeld höher ist als die Kostenerstattung für den Arbeitsvertrag oder in denen der Geschädigte mehrere Pflegepersonen beschäftigt, die ihn entgeltlich und unentgeltlich pflegen, könnte eine analoge Anwendung der Regelungen zur **Kombinationsleistung** nach § 38 SGB XI in Betracht kommen (vgl. Rn. 4) und der überschüssige Anteil des Pflegegeldes könnte an den Geschädigten ausgezahlt werden.

17 In der Übereinkunft über die Zusammenarbeit zwischen den TdSE und dem GKV-Spitzenverband ist in Bezug auf die **Altfälle mit Pflegearbeitsverträgen** (§ 35 Abs. 2 BVG) festgelegt, dass die TdSE Altfälle mit Pflegearbeitsverträgen verwaltungsintern von § 35 Abs. 2 BVG zu § 76 SGB XIV umsetzen. Die TdSE und PK wirken bei den Berechtigten darauf hin, weitere Pflegeleistungen parallel zu den Pflegearbeitsverträgen bei den PK zu beantragen.[538] Eine fiktive Anrechnung des Pflegegeldes bei Bestandsfällen, die der Anregung zur Antragstellung nicht nachkommen, ist nicht vorgesehen. Sie widerspräche dem Grundsatz der Sozialen Entschädigung, dass der Geschädigte mit keinerlei schädigungsbedingten Kosten belastet werden soll.

18 Bei **Neuanträgen** auf häusliche Pflege im Arbeitgebermodell nach § 76 informieren die TdSE die Pflegekassen in jedem Fall über Anträge nach § 76 SGB XIV und leiten eine Kopie des Antrages auf Pflegeleistungen an die PK weiter. Die PK prüft, ob dem Antragsteller weitere Leistungen, wie z. B. Pflegegeld nach dem SGB XI, zustehen. [539]

E. Absatz 2

19 Abs. 2 enthält eine Regelung, die sicherstellt, dass die Kosten für angestellte besondere Pflegekräfte für einen vorübergehenden Zeitraum weiter erstattet werden, damit eine kontinuierliche Pflege auch nach einem stationären Aufenthalt in einem Krankenhaus oder einer Rehaklinik gewährleistet

537 Z. B. BSG 4.2.1998 – B9V 28/96R.

538 Übereinkunft zwischen den Trägern der Sozialen Entschädigung und dem GKV-Spitzenverband Bund der Pflegekassen über die Zusammenarbeit bei der Erbringung der Leistungen bei Pflegebedürftigkeit nach dem 7. Kapitel des SGB XIV und über die Spitzabrechnung nach § 80 SGB XIV.

539 Übereinkunft zwischen den Trägern der Sozialen Entschädigung und dem GKV-Spitzenverband Bund der Pflegekassen über die Zusammenarbeit bei der Erbringung der Leistungen bei Pflegebedürftigkeit nach dem 7. Kapitel des SGB XIV und über die Spitzabrechnung nach § 80 SGB XIV.

werden kann. In Einzelfällen kann die Erstattung auch über den Zeitraum von drei Monaten hinausgehen.

So muss ein Arbeitsvertrag nicht gekündigt werden und die Pflegekraft muss sich nicht arbeitslos melden, wenn feststeht, dass die Pflege nur vorübergehend unterbrochen ist. Der Geschädigte wird vor ungedeckten Kosten aufgrund von Kündigungsfristen geschützt. In Einzelfällen kann die Erstattung auch über den Zeitraum von drei Monaten hinausgehen (§ 76 Abs. 2 S. 2). Bei der Verlängerung über drei Monate hinaus handelt es sich um eine Ermessensleistung des TdSE. Im Ermessen liegt auch die Dauer der Verlängerung. 20

Vom Begriff der **stationären Behandlung** sind grundsätzlich alle voll- und teilstationären Behandlungen erfasst, solange es sich nur um eine vorübergehende und keine dauerhafte Unterbringung handelt. Klassisches Beispiel der stationären Behandlung ist die Krankenhausbehandlung. Es gibt aber auch stationäre Unterbringungen in Rehabilitationseinrichtungen. 21

Eine **vollstationäre Behandlung** liegt vor, wenn der Patient zeitlich ununterbrochen – mindestens aber einen Tag und eine Nacht – untergebracht ist. Ambulant geplante Behandlungen können ebenfalls zu stationären Fällen umgewandelt werden, wenn eine Entlassung des Patienten am gleichen Tag aufgrund von besonderer nicht voraussehbarer Umstände nicht mehr möglich ist.

Eine **teilstationäre Behandlung** beschränkt sich auf die Unterbringung der Patienten in Tages- und Nachtkliniken. Es ist demnach keine ununterbrochene Anwesenheit des Patienten notwendig. Die teilstationäre Behandlung ist definiert durch die eingeschränkte Verweildauer, z.B. in Tageskliniken, in denen der Patient tagsüber behandelt wird und die Nacht zu Hause verbringt oder in Nachtkliniken, wo der Patient abends oder nachts behandelt wird und tagsüber an einem anderen Ort untergebracht ist. Im Vordergrund stehen dabei spezifische Krankheitsbilder, bspw. aus den Fachgebieten Psychiatrie, somatische Erkrankungen und Geriatrie. Diese erfordern oft eine regelmäßige Behandlung und Unterbringung in einer medizinisch-organisatorischen Infrastruktur über einen längeren Zeitraum hinweg oder in einzelnen Intervallen. 22

F. Absatz 3

Absatz 3 stellt klar, dass auch die auf das Arbeitsentgelt entfallenden Arbeitnehmer- und Arbeitgeberbeiträge zur Sozialversicherung und zur Arbeits- 23 förderung (§ 1 Abs. 1 SGB IV) als angemessene Kosten im Sinne des Absatzes 4 erstattet werden.

24 Die Übernahme der Arbeitgeberbeiträge als schädigungsbedingte Kosten, die dem Geschädigten selbst entstehen, ist unproblematisch. Arbeitnehmerbeiträge sind anders als Arbeitgeberbeiträge bereits in der Kostenerstattung des Bruttolohnes enthalten. Sie an dieser Stelle noch einmal extra aufzuführen könnte zu Doppelerstattungen führen. Die Arbeitgeber erhalten Kostenerstattung i.H.d. Bruttogehalts ihrer Pflegekräfte, inklusive aller Sozialabgaben und Steuern, zu denen der Arbeitnehmer verpflichtet ist, einschließlich der Arbeitnehmerbeiträge und zusätzlich die Arbeitgeberbeiträge.

25 Bei einem bestehenden Arbeitsvertrag würde die doppelte Kostenerstattung der Arbeitnehmeranteile an den Geschädigten durch den TdSE entweder zu einer Gehaltserhöhung von über 18 % für den Arbeitnehmer führen oder, wenn der Arbeitgeber die erstatteten Arbeitnehmeranteile nicht an seine Pflegekraft weitergibt, zu einer ungerechtfertigten Bereicherung des Arbeitgebers. Die Arbeitnehmeranteile liegen im Jahr 2023 bei der KV bei 7,3 %, der RV bei 9,3 %, AV 1,3 % und PV 1,525 % (Kinderlose 1,875 %). D.h. Pflegekräfte nach § 76 erhalten ein 18,525 % bzw. bei Kinderlosen 18,875 % höheres Gehalt als vergleichbare anderweitig angestellte Pflegekräfte.

26 Diese Überkompensation hat zwei mögliche Ursprünge, einen im alten und einen im neuen Recht.

27 Im alten Recht wurde die Möglichkeit, Ehefrauen mit einem Arbeitsvertrag entgeltlich als Pflegekräfte zu beschäftigen durch das BSG erst in den 1990er Jahren eröffnet. Zu diesem Zeitpunkt befanden sich viele der Ehefrauen der Kriegsversehrten des 2. Weltkrieges bereits im Rentenalter, sodass die Arbeitgeber und Arbeitnehmeranteile des Pflegeentgeltes tatsächlich nicht an die Versicherungssysteme, sondern direkt an den Geschädigten ausgezahlt wurden. Der Pflegebedürftige hat die Versicherungsbeiträge nicht abgeführt, weil seine Pflegekraft bereits Rentnerin war. Als der BRH anlässlich mehrerer Prüfungen, diese Verfahrensweise bemängelte, ist es den einschlägigen Pflegezulageempfängern gelungen, BMAS und Versorgungsbehörden davon zu überzeugen, dass in Bezug auf die Höhe der ausgezahlten Pflegezulage Vertrauensschutz bestünde und die Auszahlungssumme nicht herabgesetzt werden könne. Schließlich handele es sich um eine Kostenerstattung im Rahmen der Pflegezulage nach § 35 Abs. 2 BVG, die mit Arbeits- und Beitragsrecht nichts zu tun habe.

28 Im neuen Recht werden u.U. die Ansprüche unentgeltlich pflegender Personen mit denen der aufgrund von Arbeitsverträgen pflegenden Personen vermischt. Nach § 19 i.V.m. §§ 44ff. SGB XI übernimmt die PK für unentgeltlich pflegende Personen die Arbeitgeber- und Arbeitnehmerbeiträge zu den Versicherungssystemen. Wird die häusliche Pflege im Arbeitgebermodell unter Anrechnung des Pflegegeldes durchgeführt, ist die besondere Pflegekraft aber selbst Arbeitnehmer, mit allen damit verbundenen Beitragspflichten. Erwerbsmäßige Pflegekräfte mit Arbeitsvertrag nach § 76 sind aber keine Pflegepersonen i. S. d. § 19 SGB XI. Ihnen stehen die Leistungen für Pflegepersonen nach §§ 44 ff. SGB XI nicht zu.

Für Neufälle sollte diese Praxis abgestellt werden und den Vertrauensschutz der Altfälle hätte man besser im 23. Kapitel verankert. 29

G. Absatz 4

Gemäß Absatz 4 werden regelmäßig Kosten in Höhe von bis zu 35 Euro monatlich für die Erfüllung von **Arbeitgeberpflichten** übernommen, z.B. für die Beauftragung von Dritten zur Lohnabrechnung und Versteuerung. Erstattungsfähig sind die Kosten auch dann, wenn die Pflege durch die vorgenannten Angehörigen unter Berücksichtigung der gesundheitlichen und familiären Situation des Geschädigten fachgerecht erbracht werden kann. 30

Die Abrechnung von Pflegearbeitsverträgen ist aufwändig und in Abs. 4 wird ein Anreiz geschaffen, ein **Lohnbüro** oder einen **Steuerberater** mit der professionellen Abrechnung zu beauftragen. Es geht um die Abrechnung des Tariflohnes mit den Meldepflichten und Beitragszahlungen der Arbeitgeberanteile im Bezug auf Renten-, Arbeitslosen-, Unfall-, Pflege- und Krankenversicherung der Pflegekräfte, Rückberechnung und Anpassung der Arbeitsverträge bei Tariferhöhungen, Berechnen der notwendigen Abschlagszahlungen durch den TdSE, Überstunden, Nachtzuschläge, Wochenend- und Feiertagszuschläge, Bereitschaftszeiten, Krankheits- und Urlaubsvertretungen und Kurzzeitpflege, Weihnachts- und Urlaubsgeld und Steuern. 31

Die 35 Euro monatlich werden den schädigungsbedingt Pflegebedürftigen pauschal **pro Arbeitsvertrag** bei Nachweis entsprechender Kosten erstattet. 32

Vorgänger der Regelung ist im **alten Recht § 25c Abs. 3 BVG**: Einkommen ist insoweit nicht einzusetzen, als der Einsatz des Einkommens im Einzelfall bei Berücksichtigung der besonderen Lage der Beschädigten oder Hinterbliebenen vor allem nach Art und Schädigungsnähe des Bedarfs, Dauer und Höhe der erforderlichen Aufwendungen sowie nach der besonderen Belastung der Leistungsberechtigten und ihrer unterhaltsberechtigten Angehörigen unbillig wäre. Bei ausschließlich schädigungsbedingtem Bedarf ist Einkommen nicht einzusetzen. 33

34 Auf dieser Grundlage wurden die angemessenen Kosten für Steuerberater an Pflegezulageempfänger, die mit Pflegepersonen Arbeitsverträge nach § 35 Abs. 2 BVG geschlossen hatten, als **ausschließlich schädigungsbedingter Bedarf** anerkannt. Nach einem Rundschreiben des BMAS[540] waren i.d.R. bis zu 20 Euro monatlich pro geschlossenen Arbeitsvertrag gegen Nachweis der entsprechenden Kosten erstattungsfähig. Hierunter fielen ausschließlich die Steuerberatungskosten, die in unmittelbarem Zusammenhang mit den Meldepflichten eines Arbeitgebers für Arbeitsverträge standen. Die Erstattung höherer Aufwendungen war bei deren Nachweis möglich, z.B. wenn Arbeitsverträge aufgrund von Tarifänderungen rückwirkend angepasst werden mussten.

35 Im SGB XIV ist keine Erhöhung der pauschalierten Zahlung vorgesehen. Übersteigen die tatsächlichen Aufwendungen für die Arbeitgeberpflichten 35 Euro monatlich pro Arbeitsvertrag, sind sie nach § 76 Abs. 4 S. 2 nicht mehr als angemessen anzusehen.

Abschnitt 3
Zuständigkeit und Erstattung

§ 77
Zuständigkeit

(1) Leistungen bei Pflegebedürftigkeit nach diesem Buch werden von der zuständigen Verwaltungsbehörde nach Maßgabe der folgenden Absätze erbracht.

(2) Für Geschädigte, die Mitglied einer Pflegekasse oder nach § 25 des Elften Buches familienversichert sind, erbringt ihre Pflegekasse für die zuständige Verwaltungsbehörde die Leistungen bei Pflegebedürftigkeit nach § 74 Nummer 1 und § 75 Absatz 1 Satz 2 Nummer 3.

(3) [1]Für Geschädigte, die weder nach dem Elften Buch versichert sind noch nach beamtenrechtlichen Vorschriften einen Anspruch auf Leistungen bei Pflegebedürftigkeit haben, erbringt die Pflegekasse, die der Krankenkasse ihrer Wahl gemäß § 57 Absatz 3 entspricht, für die zuständige Verwaltungsbehörde Leistungen bei Pflegebedürftigkeit nach § 74 Nummer 1 und § 75 Absatz 1 Satz 2 Nummer 3. [2]§ 57 Absatz 3 gilt entsprechend.

(4) Die übrigen Leistungen nach § 75 und § 76 erbringt die zuständige Verwaltungsbehörde.

540 BMAS, Rundschreiben vom 15.6.2009 – IVc1-47280-8.

Erläuterungen

Nach der Gesetzesbegründung[541] zu § 77 regelt die Norm die Zuständigkeit für die Erbringung der Leistungen bei Pflegebedürftigkeit. Die im SGB XI vorgesehenen Leistungen werden von der Pflegekasse, in der Berechtigte Mitglied sind oder die bei der Krankenkasse besteht, die sie gemäß § 57 gewählt haben, für die zuständige Verwaltungsbehörde erbracht. Pflegehilfsmittel und wohnumfeldverbessernde Maßnahmen werden von der zuständigen Landesunfallkasse für die Verwaltungsbehörde erbracht. Alle anderen Leistungen bei Pflegebedürftigkeit erbringt die zuständige Verwaltungsbehörde selbst. 1

§ 77 Abs. 1 regelt die Zuständigkeit für die Gewährung der Leistungen bei schädigungsbedingter Pflegebedürftigkeit. Im BVG war für schädigungsbedingte Pflege nach § 35 BVG ausschließlich die Versorgungsverwaltung zuständig. Grundsätzlich liegt die Zuständigkeit auch im SGB XIV bei der „Verwaltungsbehörde". Die Verwaltungsbehörde ist die Behörde, die für die Gewährung der Sozialen Entschädigung nach dem SGB XIV zuständig ist. Sie wird von den TdSE (§§ 111, 112) als zuständige Behörde bestimmt. 2

§ 111 regelt die Trägerschaft der Sozialen Entschädigung. TdSE sind die Länder, die für die Durchführung und Finanzierung der Leistungen zuständig sind. Die sachliche und örtliche Zuständigkeit legen die Länder nach den §§ 112 und 113 fest. Die Länder können die Aufgaben der Sozialen Entschädigung an andere Stellen übertragen oder mit anderen Ländern zusammenarbeiten. Danach ist die jeweils nach Landesrecht bestimmte Verwaltungsbehörde zuständig für Leistungen bei schädigungsbedingter Pflegebedürftigkeit.

§ 77 Abs. 2 regelt die Zuständigkeit für die Erbringung von Leistungen bei Pflegebedürftigkeit für Geschädigte, die Mitglied einer Pflegekasse oder nach § 25 des Elften Buches familienversichert sind. Nach § 77 Abs. 2 SGB XIV erbringt deren Pflegekasse für die zuständige Verwaltungsbehörde die Leistungen bei Pflegebedürftigkeit nach § 74 Nr. 1. Die Pflegekasse erhält von der zuständigen Verwaltungsbehörde halbjährlich die Aufwendungen erstattet, die ihr nach § 77 Abs. 2 SGB XIV entstehen (§ 80 SGB XIV). 3

§ 77 Abs. 3 regelt die Zuständigkeit für die Erbringung von Leistungen bei Pflegebedürftigkeit für Geschädigte, die weder nach dem SGB XI versichert sind noch nach beamtenrechtlichen Vorschriften einen Anspruch auf Leistungen bei Pflegebedürftigkeit haben. In diesen Fällen wird § 57 Abs. 3 4

541 BT-Drs. 19/13824, 205.

SGB XIV entsprechend angewendet. Die Geschädigten wählen für die Leistungserbringung der Krankenbehandlung eine nach § 173 SGB V wählbare Krankenkasse aus. Damit hat der Geschädigte auch die zugehörige Pflegekasse mit ausgewählt. Denn zu jeder Krankenkasse gehört eine Pflegekasse, die für die schädigungsbedingten Pflegeleistungen zuständig ist (§ 46 Abs. 1 S. 2 SGB XI).

5 Welche Pflegekasse zuständig ist, ergibt sich aus § 77 Abs. 2 und Abs. 3 SGB XIV. Für Geschädigte, die Mitglied einer Pflegekasse oder nach § 25 SGB XI familienversichert sind, werden die Leistungen durch „ihre Pflegekasse" erbracht (§ 77 Abs. 2 SGB XIV).

6 Pflegekassen sind die bei jeder gesetzlichen Krankenkasse (§ 4 Abs. 2 SGB V) als rechtsfähige Körperschaft des öffentlichen Rechts mit Selbstverwaltung errichteten Pflegekassen (§ 46 Abs. 1 S. 1, Abs. 2 S. 1 SGB XI) sowie die Deutsche Rentenversicherung Knappschaft-Bahn-See als Träger der Krankenversicherung (§ 46 Abs. 1 S. 2 SGB XI). Private Kranken- bzw. Pflegeversicherungsunternehmen werden durch § 77 Abs. 2 SGB XI nicht zur Leistungserbringung herangezogen. Eine gesetzliche Verpflichtung zur Leistungserbringung im Auftrag der zuständigen Verwaltungsbehörde sowie die im Gegenzug dazu vorgesehene lediglich pauschale Aufwandserstattung nach § 80 SGB XIV ließe sich für ein privates Unternehmen im Hinblick auf Art. 12, 14 GG auch nicht ohne Weiteres verfassungsgemäß begründen.

7 Private Krankenversicherungsunternehmen, bei denen die Pflegeversicherung durchgeführt wird, gehören nicht zu den Pflegekassen im Sinne von § 46 SGB XI. Privat krankenversicherte Personen sind zwar nach Art und Umfang der Leistungen des SGB XI versicherungspflichtig und müssen einen Vertrag zur Absicherung im Pflegefall mit ihrer privaten Krankenversicherung schließen (§ 23 SGB XI). Aber die Bezeichnung „Pflegekasse" wird im SGB XI durchgehend nur für die Pflegekassen nach § 46 SGB XI verwendet.

Daher sind private Krankenversicherungsunternehmen an der Gewährung von Pflegeleistungen nach dem 7. Kapitel nicht beteiligt.

8 Soweit Geschädigte einen Anspruch auf Leistungen bei Pflegebedürftigkeit nach beamtenrechtlichen Vorschriften haben, der nach § 8 Abs. 3 SGB XIV gegenüber den Leistungsansprüchen des SGB XIV vorrangig ist, bedarf es weder einer Leistungsregelung noch einer Zuständigkeitsregelung. Deshalb treffen § 75 Abs. 5 SGB XIV und § 77 Abs. 3 SGB XIV lediglich Regelungen für Geschädigte, die keinen Anspruch auf Leistungen bei Pflegebedürftigkeit nach beamtenrechtlichen Vorschriften haben.

9 Für privat Pflegeversicherte und Personen ohne beamtenrechtliche Ansprüche regelt § 77 Abs. 3 die zuständige gesetzliche Pflegekasse. Danach

wählen Geschädigte, die weder nach dem SGB XI versichert sind noch nach beamtenrechtlichen Vorschriften einen Anspruch auf Leistungen bei Pflegebedürftigkeit haben, gemäß § 57 Abs. 3 SGB XIV eine Krankenkasse. Die bei dieser Krankenkasse errichtete Pflegekasse ist dann für die Leistungserbringung nach § 74 Nr. 1 SGB XIV zuständig (§ 77 Abs. 3 SGB XIV) und entscheidet in diesem Rahmen auch über den Grad der Pflegebedürftigkeit. Finden die Zuständigkeitsregelungen der § 77 Abs. 2 und 3 SGB XIV auch auf die Entscheidung über den Pflegegrad Anwendung, läuft allerdings § 72 Abs. 3 SGB XIV weitgehend leer, was im Hinblick auf seinen Ausnahmecharakter und den Gesetzeszweck allerdings unproblematisch ist.

Soweit eine Pflegekasse nach § 77 Abs. 2,3 die Leistungen nach § 74 Nr. 1, d.h. die Leistungen entsprechend dem Vierten Kapitel des SGB XI, erbringt, handelt sie **im Auftrag** (Auftragsverwaltung i.S.v. § 93 SGB X) der zuständigen Verwaltungsbehörde. Das Gleiche gilt für die Entscheidung über ergänzende Leistungen bei einer Versorgung mit Pflegehilfsmitteln und wohnumfeldverbessernden Maßnahmen, die nach § 77 Abs. 4 SGB XIV die zuständige Unfallkasse des Landes „für die zuständige Verwaltungsbehörde" erbringt. **10**

Es handelt sich jeweils um einen gesetzlichen Auftrag i. S. v. § 93 SGB X, sodass die Vorschriften der §§ 89 Abs. 3 und Abs. 5, 91 Abs. 1 und Abs. 3 SGB X entsprechend gelten, soweit die Vorschriften des SGB XIV keine Sonderregelungen enthalten, die als speziellere Vorschriften denen des SGB X vorgehen. Zur Begründung eines gesetzlichen Auftragsverhältnisses muss dieses nicht ausdrücklich als „Auftrag" bezeichnet werden; es genügt, wenn die Aufgabe bei fortbestehender Verpflichtung des ursprünglichen Trägers durch Gesetz einem anderen Träger übertragen wird. Die fortbestehende Verpflichtung der zuständigen Verwaltungsbehörde ergibt sich aus der Formulierung „für die zuständige Verwaltungsbehörde", aber auch aus dem in § 77 Abs. 1 SGB XIV statuierten Grundsatz ihrer Zuständigkeit sowie aus ihrer Zuständigkeit zur Entscheidung über Widersprüche (§ 78 SGB XIV) und aus ihrer Pflicht, den Pflegekassen bzw. den Unfallkassen der Länder nach §§ 80, 81 SGB XIV die Aufwendungen zu erstatten. **11**

In eigener Zuständigkeit erbringt die Verwaltungsbehörde die ergänzenden Leistungen bei Pflegebedürftigkeit nach § 75 SGB XIV mit Ausnahme der Pflegehilfsmittel und wohnumfeldverbessernden Maßnahmen (§ 75 Abs. 1 S. 2 Nr. 3 SGB XIV) sowie die Kostenerstattung bei häuslicher Pflege im Arbeitgebermodell nach § 76 SGB XIV. **12**

§ 77 Abs. 4 regelt die Versorgung mit Pflegehilfsmitteln und wohnumfeldverbessernden Maßnahmen als ergänzende Leistungen nach § 75 Abs. 1 S 2 Nr. 3. Danach erbringt die zuständige Pflegekasse im Auftrag des TdSE **13** auch die ergänzenden Pflegehilfsmittel und wohnumfeldverbessernden Maßnahmen, die nach § 77 Abs. 2 und 3 i.V.m. § 74 Abs. 1 auch schon für die Regelversorgung mit diesen Leistungen zuständig ist.

14 Die Leistungen nach § 74 Nr. 1 SGB XIV werden dadurch in jedem Fall durch eine Pflegekasse erbracht. Das umfasst auch die Versorgung mit Pflegehilfsmitteln und wohnumfeldverbessernden Maßnahmen (§ 74 Nr. 1 SGB XIV i.V.m. § 40 SGB XI).

15 Nach § 77 Abs. 5 erbringt die übrigen Leistungen nach § 75 und § 76 die zuständige Verwaltungsbehörde.

Dabei handelt es sich um die ergänzenden Leistungen nach § 75 SGB XIV – mit Ausnahme der ergänzenden Leistungen bei der Versorgung mit Pflegehilfsmitteln und wohnumfeldverbessernden Maßnahmen nach § 75 Abs. 1 S. 2 Nr. 3 SGB XIV –, die Kostenübernahme für Pflegeleistungen vor Feststellung der Pflegebedürftigkeit nach § 73 und vor allem um die Erstattung von Kosten der häuslichen Pflege im Arbeitgebermodell nach § 76 SGB XIV, die das SGB XI nicht kennt.

16 Als ergänzende Leistungen des TdSE kommen z.B. die Kostenübernahme für zum Verbrauch bestimmte Pflegehilfsmittel in Betracht, soweit die tatsächlichen Kosten die von der Pflegekasse zu leistenden 40 Euro monatlich (§ 40 Abs. 2 SGB XI) übersteigen. Weiterhin werden die Zuzahlungen nach § 40 Abs. 3 Satz 4 SGB XI als ergänzende Leistungen zu übernehmen sein. Ggf. kann auch die Übernahme von Mehrkosten nach § 40 Abs. 1 S. 3 SGB XI im Rahmen des SER noch angemessen sein, wenn sich Pflegebedürftige für eine besondere Ausstattung des Pflegehilfsmittels entscheiden, die das Maß des Notwendigen übersteigt und daher nicht von der Pflegekasse zu tragen ist. Da auch nach § 75 Abs. 1 S. 1 SGB XIV nur notwendige Kosten übernommen werden, dürfte der Spielraum hierfür allerdings nur begrenzt sein. Ein besonders kostenintensiver Bereich sind die wohnumfeldverbessernden Maßnahmen. Hierfür leistet die Pflegekasse nur subsidiär und nach ihrem Ermessen Zuschüsse, die 4000 Euro je Maßnahme nicht übersteigen dürfen. Hier dürfte daher viel Raum für eine notwendige und angemessene Kostenübernahme als ergänzende Leistung sein.

§ 78
Widersprüche

Über Widersprüche gegen Verwaltungsakte, die im Rahmen der Leistungserbringung von Pflegekassen nach § 77 Absatz 2 und 3 erlassen werden, entscheidet die für die Verwaltungsbehörde zuständige Widerspruchsbehörde.

Erläuterungen

1 Nach § 78 entscheidet die für die TdSE zuständige Widerspruchsbehörde über Widersprüche gegen Verwaltungsakte, die im Rahmen der **Leistungserbringung** von Pflegekassen nach § 77 Abs. 2 und 3 erlassen werden. Die Widerspruchsbehörde ist in der Regel die oberste Landesbehörde oder eine von ihr bestimmte Stelle.

2 Die TdSE und der GKV-Spitzenverband Bund der Pflegekassen haben in ihrer **Übereinkunft zur Zusammenarbeit** auch die Bearbeitung von Widersprüchen nach § 78 geregelt:

A. Bearbeitung von Widersprüchen nach § 78 SGB XIV[542]

I. Rechtslage

3 Über Widersprüche gegen Verwaltungsakte über Leistungen, die die PK im Rahmen der Auftragsverwaltung nach § 77 Abs. 2 und 3 SGB XIV[543] erbringen, entscheiden die Widerspruchsbehörden der TdSE (§ 78 SGB XIV).

542 Übereinkunft zwischen den Trägern der Sozialen Entschädigung und dem GKV-Spitzenverband Bund der Pflegekassen über die Zusammenarbeit bei der Erbringung der Leistungen bei Pflegebedürftigkeit nach dem 7. Kapitel des SGB XIV und über die Spitzabrechnung nach § 80 SGB XIV, 5. Bearbeitung von Widersprüchen nach § 78 SGB XIV.

543 Für Widersprüche gegen Entscheidungen über Leistungen für Pflegehilfsmittel und wohnumfeldverbessernde Maßnahmen nach § 77 Abs. 4 SGB XIV sind nach derzeitiger Rechtslage die Unfallkassen zuständig (§ 78 SGB XIV).

II. Zuständigkeiten

4 Die TdSE sind zuständig für Widersprüche der Berechtigten nach § 77 Abs. 2 und 3 SGB XIV gegen Verwaltungsakte über Pflegeleistungen (§ 78 SGB XIV). Die PK sind zuständig für Widersprüche über die Anerkennung der Pflegebedürftigkeit oder über die Höhe des Pflegegrades.

III. Verfahren

5 Geht ein Widerspruch gegen die Entscheidung über Pflegeleistungen bei der PK ein (jedoch nicht gegen die Pflegebedürftigkeit und Pflegegradeinstufung), prüft sie zunächst, ob sie abhelfen kann. Erlässt die PK einen Abhilfebescheid, erhält der TdSE eine Kopie.

Ist aus Sicht der PK keine Abhilfe möglich, wird der Widerspruch an die Widerspruchsbehörde des TdSE mit einem Entscheidungsvorschlag weitergeleitet, damit diese einen Widerspruchsbescheid erlässt, siehe auch § 90 Satz 2 SGB X.

Unabhängig von der PK prüft die Widerspruchsbehörde noch einmal, ggf. unter Einschaltung eines ärztlichen Gutachters, ob ein stattgebender Widerspruchsbescheid (Abhilfebescheid) nach dem SGB XI oder SGB XIV möglich ist.

Teilt sie die Ansicht der PK, erlässt sie einen Widerspruchsbescheid und sendet eine Kopie an die PK. Bei einer Teilabhilfe erlässt die Widerspruchsbehörde einen Widerspruchsbescheid über die Leistungen, die auch nach erneuter Prüfung nicht gewährt werden können.

Kommt die Widerspruchsbehörde zu dem Ergebnis, dass eine Abhilfe oder eine Teilabhilfe möglich ist, gibt sie den Widerspruch an die PK zurück mit der Bitte einen (Teil-)Abhilfebescheid zu erlassen und die Leistung zu gewähren. Die PK ist an die Entscheidung der Widerspruchsbehörde des TdSE gebunden (§ 89 Abs. 5 SGB X).

6 In der **Gesetzesbegründung**[544] heißt es:

> „Über Widersprüche gegen Entscheidungen der Pflegekasse über Leistungen bei Pflegebedürftigkeit entscheidet, wie bereits bislang, die für die Verwaltungsbehörde zuständige Widerspruchsbehörde. Dies ist Folge sowohl der Finanzverantwortung als auch der Ausübung einer Steuerungsfunktion der Länder."

7 Für die Gewährung der Pflegezulage nach § 35 BVG war bisher allein die zuständige Verwaltungsbehörde verantwortlich. Deshalb bedurfte es im

544 BT-Drs. 19/13824, 205.

Rahmen des BVG auch keiner Vorschrift, die die Zuständigkeit für Entscheidungen über Widersprüche regelte. Jedenfalls bezüglich Pflegeleistungen gibt es daher auch für § 78 SGB XIV keine Vorgängervorschrift im BVG. Die Formulierung „wie bereits bislang" kann sich daher nur auf die Zuständigkeit für die Widerspruchsbearbeitung nach § 18c Abs. 2 S. 2 BVG im Zuge der Heil- und Krankenbehandlung nach §§ 10–24 BVG beziehen; „Über Widersprüche gegen Verwaltungsakte, die im Rahmen der Leistungserbringung von Krankenkassen erlassen werden, entscheidet die für die Verwaltungsbehörde zuständige Widerspruchsbehörde."

Pflegebedürftige haben ein Widerspruchsrecht gegenüber allen Entscheidungen der Pflegekasse und der TdSE (Art. 19 Abs. 4 GG). **8**

Aufgrund der Bindung der zuständigen Verwaltungsbehörde an die Entscheidung der Pflegekasse über den Pflegegrad besitzt der TdSE keinen Rechtsschutz gegen die Entscheidung der Pflegekasse.

Eine parallele Vorschrift findet sich im 5. Kapitel (§ 58 SGB XIV) zu den Leistungen der Krankenbehandlung, die GKV und UK im Auftrag der TdSE erbringen. **9**

§ 79
Datenübermittlung

Für die Erbringer von Leistungen bei Pflegebedürftigkeit gelten die §§ 104 bis 106 des Elften Buches in entsprechender Anwendung, soweit dies für die Erfüllung der Aufgaben der zuständigen Pflegekasse oder der zuständigen Verwaltungsbehörde erforderlich ist.

Erläuterungen

A. Altes Recht

1 §§ 59, 79 ersetzen § 12 Abs. 2 KOV VwVerfG: Mit Einverständnis oder auf Wunsch des Antragstellers oder Versorgungsberechtigten kann die

Verwaltungsbehörde von öffentlichen, freien gemeinnützigen und privaten Krankenanstalten sowie Krankenanstalten öffentlich-rechtlicher Körperschaften und Trägern der Sozialversicherung Krankenpapiere, Aufzeichnungen, Krankengeschichten, Sektions- und Untersuchungsbefunde sowie Röntgenbilder zur Einsicht beiziehen. Die Verwaltungsbehörde hat für die Wahrung des ärztlichen Berufsgeheimnisses Sorge zu tragen. Unter denselben Voraussetzungen kann die Verwaltungsbehörde von privaten Ärzten, die den Antragsteller oder Versorgungsberechtigten behandeln oder behandelt haben, Auskünfte einholen und Untersuchungsunterlagen zur Einsicht beziehen.

Auf dieser Grundlage ist aktuell die Einverständniserklärung der Berechtigten die Grundlage für die Datenübermittlung zwischen Versorgungsverwaltung, anderen Leistungsträgern und Leistungserbringern, unabhängig davon, in welcher Form die Daten vorliegen, ob es sich um analoge oder digitale Daten handelt.

2 Die datenschutzrechtliche Basis bleiben §§ 67 ff. SGB X. Die Vorschriften zum Datenschutz betreffen das Recht auf informationelle Selbstbestimmung. Im Sozialrecht wird überwiegend mit Sozialdaten i. S. v. § 67 Abs. 2 SGB X gearbeitet. Der Sozialdatenschutz ist eingebettet in die grundlegende Norm zum Sozialgeheimnis nach § 35 SGB I. Danach hat jeder Anspruch darauf, dass die ihn betreffenden Sozialdaten (§ 67 Abs. 2 SGB X) von den Leistungsträgern nicht unbefugt verarbeitet werden und die Sozialleistungsträger haben sicherzustellen, dass die Sozialdaten nur Befugten zugänglich sind oder nur an diese weitergegeben werden (§ 35 Abs. 1 S. 1, 2 SGB I). Es handelt sich mithin um ein Verbot mit Erlaubnisvorbehalt: jede nicht ausdrücklich erlaubte Datenverwendung ist grundsätzlich verboten.

3 Für die Datenübermittlung zwischen Leistungserbringern im SER und der zuständigen Verwaltungsbehörde bzw. der zuständigen Pflegekasse bedarf es daher der ausdrücklichen bereichsspezifischen gesetzlichen Grundlage in § 79 SGB XIV.

4 Ergänzend gelten daneben subsidiär, nach dem Grundsatz, dass die jeweils spezielleren Vorschriften die allgemeineren verdrängen, zunächst die allgemeinen Vorschriften zum Schutz der Sozialdaten nach §§ 67 ff. SGB X, die als speziellere Vorschriften der daneben ergänzend anwendbaren Verordnung (EU) 2016/679 des Europäischen Parlaments und des Rates vom 27.4.2016 zum Schutz natürlicher Personen bei der Verarbeitung personenbezogener Daten, zum freien Datenverkehr und zur Aufhebung der Richtlinie 95/46/EG (Datenschutz-Grundverordnung – DS-GVO)[545] vorgehen.

545 ABl. L 119 vom 4.5.2016, 1; L 314 vom 22.11.2016, 72; L 127 vom 23.5.2018.

Subsidiär gegenüber den sozialrechtlichen Datenschutzvorschriften gelten auch die Vorschriften des BDSG (§ 1 Abs. 2 S. 1, 2 BDSG).

Dem Datenschutzrecht nach dem SGB X und der **Datenschutz-Grundverordnung** liegen in Bezug auf Sozialdaten drei Grundsätze zugrunde: 5

1. der Grundsatz der Datentransparenz (Art. 5 Abs. 1 Buchstabe a DS-GVO).
2. der Grundsatz der Zweckbindung (§ 67a Abs. 1 SGB X, § 67c Abs. 1 SGB X, §§ 69 ff. SGB X; Art. 5 Abs. 1 Buchstabe b DS-GVO) und
3. der Grundsatz der Datenminimierung, siehe Art. 5 Abs. 1 Buchstabe c DS-GVO.

Transparenz im Datenschutz bedeutet, dass die betroffenen Personen wissen sollen, welche Datenverarbeitung stattfindet. Das heißt, sie sollen über die „W-Fragen" aufgeklärt werden: Wer verarbeitet ihre Daten? Was für Daten werden verarbeitet? Wofür werden die Daten verarbeitet? Wohin werden die Daten übermittelt? Wie lange werden die Daten gespeichert?[546] 6

Der Grundsatz der Transparenz soll die Selbstbestimmung der betroffenen Personen ermöglichen. Nur wer informiert ist, kann entscheiden, ob er mit der Datenverarbeitung einverstanden ist und kann seine Betroffenenrechte wahrnehmen[547].

Die DS-GVO sieht verschiedene Pflichten für die Verantwortlichen vor, um den Grundsatz der Transparenz zu erfüllen. Dazu gehören zum Beispiel die Informationspflichten bei der Erhebung von Daten, die Auskunftsrechte der betroffenen Personen, die Meldepflichten bei Datenschutzverletzungen und die Rechenschaftspflichten der Verantwortlichen[548].

Die **Zweckbindung** soll gewährleisten, dass Daten ausschließlich für den Zweck verarbeitet werden, für den sie erhoben wurden. Der Grundsatz umfasst die Erhebung, Speicherung, Veränderung, Nutzung, Übermittlung, Einschränkung der Verarbeitung und Löschung von Sozialdaten. Der Umfang der Datenübermittlung ist auf die Daten beschränkt, die zur Aufgabenerfüllung nach dem SGB XIV erforderlich sind. 7

Der Grundsatz der **Datenminimierung** i. S. d. DS-GVO bedeutet, dass personenbezogene Daten nur in dem Umfang und für die Dauer erhoben, verarbeitet und gespeichert werden dürfen, wie es für den jeweiligen Zweck erforderlich ist. Dabei müssen die Daten angemessen, erheblich und notwendig sein. 8

Die Datenminimierung soll verhindern, dass unnötige oder übermäßige Daten gesammelt werden, die das Risiko von Datenschutzverletzungen erhöhen oder

546 Transparenz als Datenschutzgrundsatz der DSGVO.
547 Die Transparenzpflichten der DSGVO.
548 Grundsätze der Datenschutz-Grundverordnung.

die Rechte und Freiheiten der betroffenen Personen beeinträchtigen könnten. Die Datenminimierung ist auch ein Ausdruck des Grundsatzes der Datensparsamkeit, der besagt, dass Datenvermeidung und -reduzierung Vorrang vor anderen Überlegungen haben soll.

Um die Datenminimierung zu gewährleisten, müssen die Verantwortlichen für die Datenverarbeitung verschiedene Maßnahmen ergreifen, wie z.B.:

- Die Zwecke der Datenverarbeitung klar definieren und dokumentieren.
- Die Daten auf das notwendige Minimum beschränken und keine überflüssigen Daten erheben oder verarbeiten.
- Die Daten anonymisieren oder pseudonymisieren, wenn möglich und angemessen.
- Die Daten regelmäßig überprüfen und löschen, wenn sie nicht mehr benötigt werden oder die Speicherfrist abgelaufen ist.
- Die Daten schützen und sichern, um Unbefugten Zugriff, Verlust oder Missbrauch zu vermeiden.
- Die Einwilligung der betroffenen Personen einholen, wenn erforderlich, und ihnen die Möglichkeit geben, ihre Rechte auszuüben, wie z.B. das Recht auf Auskunft, Berichtigung, Löschung oder Widerspruch.

B. Neues Recht

9 Laut Gesetzesbegründung[549] ist die Vorschrift notwendig, da eine Einschränkung des Rechts der Geschädigten auf informationelle Selbstbestimmung einer gesetzlichen Grundlage bedarf. Abs. 1 verpflichtet die Leistungserbringer bei Pflegebedürftigkeit, der zuständigen Pflegekasse oder der zuständigen Verwaltungsbehörde die bezeichneten Daten zu übermitteln, soweit die Informationen für deren jeweilige Aufgabenerfüllung erforderlich sind. Die Befugnis des jeweiligen Leistungserbringers zur Übermittlung von Daten an die zuständige Pflegekasse bzw. die zuständige Verwaltungsbehörde im Einzelfall ergibt sich aus den in Bezug genommenen Vorschriften des SGB XI. Die Datenübermittlung ist beispielsweise zu Zwecken der Abrechnung erforderlich; dazu gehören auch die Weiterleitung von Befunden oder die Mitteilung über Art und Datum der jeweiligen Behandlung.

10 Die Erbringer von Pflegesachleistungen sollen, wenn sie Leistungen nach dem SGB XIV abrechnen, die gleichen Datenübermittlungspflichten haben, die sie auch im Rahmen der Leistungserbringung nach dem SGB XI haben.

549 BT-Drs. 19/13824, 205.

Daher gelten bezüglich der Datenübermittlung im SGB XIV §§ 104 bis 106 SGB XI.

Nach § 104 SGB XI haben die Leistungserbringer das Recht und die Pflicht, folgende Daten zu erfassen und an die zuständigen Stellen weiterzuleiten: 11

1. Die Ergebnisse der Überprüfung der Notwendigkeit von Pflegehilfsmitteln gemäß § 40 Abs. 1 des Elften Buches Sozialgesetzbuch (SGB XI),
2. Die relevanten Informationen für die Beurteilung der Wirtschaftlichkeit oder der Qualität der Leistungen im Einzelfall im Rahmen von Prüfverfahren nach den §§ 79, 112, 113, 114, 114a, 115 und 117 SGB XI,

2a. Die vertraglichen Vereinbarungen und die erbrachten Leistungen im Zusammenhang mit Versorgungsverträgen nach den §§ 72 bis 74 SGB XI, Pflegesatzvereinbarungen nach den §§ 85 und 86 SGB XI, Vergütungsvereinbarungen nach § 89 SGB XI sowie Verträgen zur integrierten Versorgung nach § 92b SGB XI,

3. Die Abrechnungsdaten für die pflegerischen Leistungen nach § 105 SGB XI.

Diese Daten sind für die Erfüllung der Aufgaben der Pflegekassen und ihrer Verbände notwendig und dürfen nur zu diesem Zweck verwendet werden.

Die Abrechnung pflegerischer Leistungen richtet sich nach den Vorschriften des § 105 SGB XI. Danach haben die Pflegekassen mit den zugelassenen Pflegeeinrichtungen und -diensten Vergütungsvereinbarungen zu schließen, die die Höhe und die Struktur der Vergütung für die erbrachten Leistungen festlegen. Die Vergütung soll die notwendigen Kosten der Pflegeeinrichtung oder des Pflegedienstes sowie eine angemessene Vergütung der Pflegekräfte berücksichtigen. Die Vergütungsvereinbarungen sind für alle Pflegebedürftigen, die Leistungen aus der sozialen Pflegeversicherung beziehen, verbindlich. 12

Die Abrechnung der pflegerischen Leistungen erfolgt zwischen der Pflegeeinrichtung oder dem Pflegedienst und der zuständigen Pflegekasse. Die Pflegeeinrichtung oder der Pflegedienst stellt der Pflegekasse monatlich eine Rechnung über die erbrachten Leistungen aus, die von der Pflegekasse innerhalb von 14 Tagen zu begleichen ist. Die Pflegekasse kann die Rechnung nur aus wichtigem Grund beanstanden, zum Beispiel bei offensichtlichen Fehlern oder Unstimmigkeiten. Die Pflegeeinrichtung oder der Pflegedienst hat die Möglichkeit, die Beanstandung zu begründen oder zu korrigieren.

Die Abrechnung der pflegerischen Leistungen ist für alle Beteiligten transparent und nachvollziehbar zu gestalten. Die Pflegeeinrichtung oder der Pflegedienst hat der Pflegekasse und dem Pflegebedürftigen auf Verlangen

Auskunft über die erbrachten Leistungen und die dafür berechneten Kosten zu erteilen. Die Pflegekasse hat ihrerseits dem Medizinischen Dienst der Krankenversicherung (MDK) oder einem anderen unabhängigen Gutachter alle erforderlichen Unterlagen zur Prüfung der Qualität und Wirtschaftlichkeit der pflegerischen Leistungen zur Verfügung zu stellen.

13 Nach § 106 SGB XI können die Pflegekassen und die Verbände der Leistungserbringer im Rahmen der Vertragsverhandlungen nach § 75 Absatz 1 SGB XI abweichende Vereinbarungen über die Qualität, die Qualitätssicherung und die Vergütung der Pflegeleistungen treffen, soweit dies zur Sicherstellung einer bedarfsgerechten, wirtschaftlichen und leistungsfähigen pflegerischen Versorgung erforderlich ist. Abweichende Vereinbarungen sind nur zulässig, wenn sie den Grundsätzen des § 75 Absatz 2 SGB XI entsprechen und die Rechte der Pflegebedürftigen und ihrer Angehörigen nicht beeinträchtigen. Abweichende Vereinbarungen bedürfen der Genehmigung der zuständigen Aufsichtsbehörde.

14 Die Vorschrift ist parallel zu § 59 formuliert, der zu den Vorschriften des 5. Kapitels „Krankenbehandlung" gehört. Auch die Gesetzesbegründung zu beiden Vorschriften ist identisch, bis auf die Ersetzung der Worte „Krankenkasse" durch „Pflegekasse" und „Leistungserbringer der Krankenbehandlung" durch „Leistungserbringer bei Pflegebedürftigkeit".

Abschnitt 4
Erstattungen von Aufwendungen und Verwaltungskosten

§ 80
Erstattung an Pflegekassen

(1) Den Pflegekassen werden von der zuständigen Verwaltungsbehörde halbjährlich die Aufwendungen erstattet, die ihnen nach § 77 Absatz 2 und 3 entstehen.

(2) Den Pflegekassen werden von der zuständigen Verwaltungsbehörde halbjährlich Verwaltungskosten in Höhe von 5 Prozent des Erstattungsbetrages nach Absatz 1 erstattet.

(3) [1]Ab dem 1. Januar des dritten auf das Inkrafttreten dieses Gesetzes nach Artikel 60 Absatz 7 des Gesetzes zur Regelung des Sozialen Entschädigungsrechts folgenden Kalenderjahres werden die Erstattungsansprüche der Pflegekassen nach Absatz 1 pauschal abgegolten. [2]Ab diesem Zeitpunkt werden den Pflegekassen Verwaltungskosten in Höhe von 5 Prozent des Pauschalbetrages nach Satz 1 erstattet. [3]Näheres zur Pauschalabgeltung regelt eine Verwaltungsvereinbarung, die

die Bundesstelle für Soziale Entschädigung mit dem Spitzenverband Bund der Krankenkassen als Spitzenverband Bund der Pflegekassen abschließt. [4]Die Verwaltungsvereinbarung kann auch eine vorläufige Regelung treffen. [5]Die Vereinbarung bedarf der Zustimmung des Bundesministeriums für Arbeit und Soziales, des Bundesministeriums für Gesundheit und der Länder.

(4) [1]Können sich die Bundesstelle für Soziale Entschädigung und der Spitzenverband Bund der Pflegekassen bis zu dem in Absatz 3 Satz 1 genannten Zeitpunkt nicht auf eine Verwaltungsvereinbarung einigen, entscheidet eine Schiedsstelle über die Einzelheiten der Pauschalabgeltung. [2]Die Entscheidung der Schiedsstelle bedarf der Zustimmung des Bundesministeriums für Arbeit und Soziales, des Bundesministeriums für Gesundheit und der Länder. [3]Die Schiedsstelle besteht aus einem oder einer unparteiischen Vorsitzenden, zwei weiteren unparteiischen Mitgliedern sowie je zwei Vertretern und Vertreterinnen der Bundesstelle für Soziale Entschädigung und des Spitzenverbandes Bund der Pflegekassen. [4]Der oder die Vorsitzende und die unparteiischen Mitglieder werden von der Bundesstelle für Soziale Entschädigung und dem Spitzenverband Bund der Pflegekassen gemeinsam bestellt. [5]Können sich die Bundesstelle für Soziale Entschädigung und der Spitzenverband Bund der Pflegekassen nicht auf einzelne oder alle unparteiischen Mitglieder einigen, werden sie vom Bundesministerium für Arbeit und Soziales im Einvernehmen mit dem Bundesministerium für Gesundheit bestellt.

(5) [1]Die Mitglieder der Schiedsstelle führen ihr Amt als Ehrenamt. [2]Auslagen werden ihnen in entsprechender Anwendung des Bundesreisekostengesetzes erstattet. [3]Die Mitglieder der Schiedsstelle sind an Weisungen nicht gebunden. [4]Jedes Mitglied hat eine Stimme. [5]Die Entscheidungen werden von der Mehrheit der Mitglieder getroffen. [6]Ergibt sich keine Mehrheit, gibt die Stimme des oder der Vorsitzenden den Ausschlag. [7]Die Rechtsaufsicht über die Schiedsstelle führt das Bundesministerium für Arbeit und Soziales.

(6) Bis zur Entscheidung der Schiedsstelle gelten die Absätze 1 und 2.

Erläuterungen

Übersicht — Rn.

A. Allgemeines

1 § 80 regelt die Erstattung von Aufwendungen und Verwaltungskosten an die Pflegekassen, die im gesetzlichen Auftrag Leistungen bei Pflegebedürftigkeit für Geschädigte nach dem Sozialen Entschädigungsrecht erbringen, und ist damit lex specialis zu § 91 SGB X, der allgemein die Aufwandserstattung im Rahmen der Auftragsverwaltung regelt.

2 Die Erstattung an die Pflegekassen erfolgt nach § 80 SGB XIV zunächst halbjährlich auf der Grundlage der tatsächlich entstandenen Aufwendungen, die nach § 77 Absatz 2 und 3 SGB XIV zu ermitteln sind. Dabei werden auch Verwaltungskosten in Höhe von 5 Prozent des Erstattungsbetrages berücksichtigt. Ab dem 1. Januar des dritten auf das Inkrafttreten des Gesetzes folgenden Kalenderjahres werden die Erstattungsansprüche der Pflegekassen nach § 80 Absatz 3 SGB XIV pauschal abgegolten. Die Pauschalabgeltung soll in einer Verwaltungsvereinbarung zwischen der Bundesstelle für Soziale Entschädigung und dem Spitzenverband Bund der Krankenkassen als Spitzenverband Bund der Pflegekassen geregelt werden. Die Verwaltungsvereinbarung bedarf der Zustimmung des Bundesministeriums für Arbeit und Soziales, des Bundesministeriums für Gesundheit und der Länder. Wenn keine Einigung über die Verwaltungsvereinbarung erzielt werden kann, entscheidet eine Schiedsstelle über die Einzelheiten der Pauschalabgeltung. Die Schiedsstelle besteht aus einem oder einer unparteiischen Vorsitzenden, zwei weiteren unparteiischen Mitgliedern sowie je zwei Vertretern und Vertreterinnen der Bundesstelle für Soziale Entschädigung und des Spitzenverbandes Bund der Pflegekassen. Die Entscheidung der Schiedsstelle bedarf ebenfalls der Zustimmung des Bundesministeriums für Arbeit und Soziales, des Bundesministeriums für Gesundheit und der Länder.

Die Erstattungsregelung soll einen finanziellen Ausgleich zwischen den Trägern der Sozialen Entschädigung und den Pflegekassen schaffen und einen Anreiz für eine qualitätsgesicherte und bedarfsgerechte Pflege gewährleisten.

3 Laut Gesetzesbegründung[550] kommt der Staat mit dem Sozialen Entschädigungsrecht einer gesamtgesellschaftlichen Verantwortung nach. Daher dürfen Aufwendungen und Verwaltungskosten der Pflegekassen im Bereich der Leistungen bei Pflegebedürftigkeit im Rahmen der Sozialen Entschädigung nicht zulasten der Beitragszahler der Pflegeversicherung gehen.

550 BT-Drs. 19/13824, 206.

Die Pflegekassen erbringen Leistungen nach § 77 Abs. 2 und 3 im Auftrag des zuständigen TdSE. Es handelt sich insoweit um eine gesetzliche Auftragsverwaltung nach § 93 SGB X. Nach § 91 Abs. 1 S 1 SGB X ist der Auftraggeber zur Erstattung der Aufwendungen an den Auftragnehmer verpflichtet.

B. Absatz 1

Abs. 1 verpflichtet die TdSE zu einer halbjährlichen Erstattung an die Pfle- 4
gekassen i.H.d. Aufwendungen für Leistungen der Sozialen Entschädigung bei Pflegebedürftigkeit nach dem § 74 Abs. 1. Die Abrechnung erfolgt für die Dauer von drei Jahren i.H.d. in jedem Einzelfall konkret erbrachten Aufwendungen, sog. Spitzerstattung.

Die TdSE und der GKV-Spitzenverband Bund der Pflegekassen haben die Zusammenarbeit bei der Spitzerstattung in einer Übereinkunft geregelt.

Die **Spitzerstattung**[551] ist bis zur Einführung einer digitalen Lösung zu- 5
nächst ein papiergebundenes Erstattungsverfahren. Die TdSE benennen den PK feste Ansprechpartner und Kontaktdaten der für die Spitzerstattung zuständigen Stelle(n) in ihrem Land.

Die PK senden bei allen Neufällen bei der **erstmaligen Kostenerstattung** Belege mit einer Aufstellung aller laufenden und einmaligen Aufwendungen eines Halbjahres zusammen mit den zahlungsbegründenden Unterlagen (Rechnungen mit Bestätigung der Pflegeleistungsempfänger, die Leistungen in Anspruch genommen zu haben, Kopien der Verträge zwischen Pflegeeinrichtung und Pflegebedürftigen) für Pflegeleistungen in einem bestimmten Pflegefall an die TdSE.

Bei nachfolgenden Halbjahresabrechnungen ist eine erneute Übersendung der zahlungsbegründenden Unterlagen nur notwendig, wenn sich Leistungsumfang oder -kosten geändert haben.

Einmal im Halbjahr rechnen die PK die Belege mit den TdSE ab.

Die TdSE prüfen die rechnerische und sachliche Richtigkeit der Belege einschließlich der 5 % Verwaltungskosten, informieren die PK ggf. über Abzüge und Korrekturen und weisen die Verwaltungskosten in dem Vorgang gesondert aus und ordnen die Zahlung der Leistungs- und Verwaltungskosten an.

---

551 Übereinkunft zwischen den Trägern der Sozialen Entschädigung und dem GKV-Spitzenverband Bund der Pflegekassen über die Zusammenarbeit bei der Erbringung der Leistungen bei Pflegebedürftigkeit nach dem 7. Kapitel des SGB XIV und über die Spitzabrechnung nach § 80 SGB XIV, 4 Spitzerstattung.

In der Gesetzesbegründung, aber nicht im Gesetzestext, ist von der Zahlung angemessener Vorschüsse die Rede. Sowohl Auftraggeber als auch Auftragnehmer können einen Vorschuss oder Abschlagszahlungen nach § 91 Abs. 3 SGB X für die zur Ausführung des Auftrags erforderlichen Aufwendungen verlangen. Es handelt sich wohl um eine Reminiszenz der Kostenerstattungsregelung der §§ 19, 20 BVG. Allerdings gibt es so wenige schädigungsbedingte Pflegefälle, dass beide Seiten auf das Aushandeln von Vorschüssen und Abschlagszahlungen verzichtet haben.

6 Nach § 71 Abs. 2 Nr. 2 besteht der Anspruch auf Leistungen bei schädigungsbedingter Pflegebedürftigkeit auch, wenn die Schädigungsfolgen zumindest annähernd gleichwertig sind. Für die Spitzerstattung bedeutet das, ist eine schädigungsbedingte Pflegebedürftigkeit anerkannt, werden der Pflegekasse alle Aufwendungen für Pflegeleistungen in diesem Fall erstattet. Es gilt die Ganz-oder-gar-nicht-Regelung mit Anerkenntnis der schädigungsbedingten Kausalität werden alle Pflegeleistungen erstattet, ohne Anerkenntnis gar keine. Eine Prüfung einzelner Leistungen auf ihre Kausalität hin entfällt. Sind einzelne Leistungen zu 100 % den Nichtschädigungsleiden zuzuordnen, werden sie trotzdem von den TdSE erstattet. Die Anerkennung der schädigungsbedingten Pflegebedürftigkeit schließt sie mit ein.

C. Absatz 2

7 Abs. 2 sieht halbjährlich eine Erstattung von **Verwaltungskosten** vor. Eine Erstattung in Höhe von 5 Prozent des halbjährlichen Erstattungsbetrages für Aufwendungen nach Absatz 1 ist angemessen.

Leistungskosten und Verwaltungskosten werden getrennt erstattet. An den Leistungskosten beteiligt sich in unterschiedlicher Höhe, je nach Opfergruppe, aber immer unter 50 % der Gesamtkosten, der Bund entsprechend Art 104a Abs. 3 GG: Bundesgesetze, die Geldleistungen gewähren und von den Ländern ausgeführt werden, können bestimmen, dass die Geldleistungen ganz oder zum Teil vom Bund getragen werden. Bestimmt das Gesetz, dass der Bund die Hälfte der Ausgaben oder mehr trägt, wird es im Auftrage des Bundes durchgeführt.

Die Verwaltungskosten i.H.v. 5 % trägt hingegen vollständig das Land, als TdSE nach § 111. Art 104a Abs. 5 GG gibt das so wieder: Der Bund und die Länder tragen die bei ihren Behörden entstehenden Verwaltungsausgaben und haften im Verhältnis zueinander für eine ordnungsmäßige Verwaltung.

D. Absatz 3

Zur Verwaltungsvereinfachung werden nach § 80 Abs. 3 S. 1 den Pflegekassen ab dem 1. Januar des dritten auf das Inkrafttreten dieses Gesetzes nach Artikel 59 Absatz 6 folgenden Kalenderjahres die Aufwendungen **pauschal** erstattet. Das SGB XIV tritt am 1.1.2024 in Kraft. Das darauffolgende dritte Kalenderjahr beginnt somit am 1.1.2027. 8

Kostenerstattung im Rahmen der Auftragsverwaltung nach § 93 SGB X bedeutet, dass dem Auftragnehmer seine tatsächlichen Aufwendungen in Form einer Spitzerstattung erstattet werden (§ 91 Abs. 1 SGB X). Wenn stattdessen eine Pauschalabgeltung initiiert werden soll, bedarf dies einer ausdrücklichen gesetzlichen Regelung und lässt sich mit diesem Grundsatz nur vereinbaren, wenn sie sich eng an tatsächlich entstandenen Aufwendungen orientiert.

Ab diesem Zeitpunkt ist davon auszugehen, dass eine hinreichend valide Datenbasis für eine Pauschalierung vorliegt. Nach Absatz 3 Satz 2 richtet sich die Höhe der an die Pflegekassen zu erstattenden Verwaltungskosten ab 1.1.2027 nach dem pauschalen Erstattungsbetrag. Auch hier sind 5 Prozent angemessen. Einzelheiten der durch Verwaltungsvereinbarung nach Absatz 3 Satz 3 zu regelnden Pauschalerstattung betreffen u. a. die Grundlagen der Bemessung des pauschalen Erstattungsbetrages für Aufwendungen für Leistungen bei Pflegebedürftigkeit sowie Verfahrensregelungen, etwa zu den Zeitabständen, in denen die Grundlagen der Pauschalabgeltung von den Vereinbarungspartnern regelmäßig überprüft werden.

Die Bundesstelle für Soziale Entschädigung und der Spitzenverband Bund der Pflegekassen können in der Verwaltungsvereinbarung auch eine vorläufige Regelung treffen, etwa für den Fall, dass wider Erwarten für eine abschließende Regelung noch keine ausreichende Datenbasis vorliegt. Auf Grund der nicht unerheblichen finanziellen Auswirkungen bedarf nach Absatz 3 Satz 5 die Verwaltungsvereinbarung der Zustimmung des BMAS und des BMG. Dies gilt auch für spätere Änderungen. 9

Einzelheiten der durch die Verwaltungsvereinbarung zu regelnden Pauschalerstattung betreffen u. a. die Grundlagen der Bemessung des pauschalen Erstattungsbetrags für Aufwendungen für Leistungen bei Pflegebedürftigkeit sowie Verfahrensregelungen, etwa zu den Zeitabständen, in denen die Grundlagen der Pauschalabgeltung von den Vereinbarungspartnern regelmäßig überprüft werden. 10

11 Vorläufige Regelungen können in der Verwaltungsvereinbarung z. B. für den Fall getroffen werden, dass wider Erwarten für eine abschließende Regelung noch keine ausreichende Datenbasis vorliegt. Vorschussregelungen (vgl. § 91 Abs. 3 SGB X) sind demgegenüber bei einer regelmäßig zu zahlenden Pauschalabgeltung nicht erforderlich, wenn angemessene Zeitabstände für die Zahlungen vereinbart werden.

12 In der Verwaltungsvereinbarung ist sicherzustellen, dass mit dem pauschalen Aufwendungserstattungsbetrag die tatsächlichen Aufwendungen der Pflegekasse (mindestens im Wesentlichen) erfasst werden. Denn es war das erklärte Ziel des Gesetzgebers, das SER als gesamtgesellschaftliche Aufgabe im Verantwortungsbereich der staatlichen Gemeinschaft auszugestalten (§ 1 Abs. 1 SGB XIV) und nicht die Beitragszahler der Sozialversicherung damit zu belasten. Nur dies ist auch verfassungsgemäß, denn die organisatorische und finanzielle Selbstständigkeit der Sozialversicherungsträger ist verfassungsrechtlich garantiert (Art. 87 Abs. 2 GG). Beitragsmittel dürfen nicht ohne finanziellen Ausgleich zur Finanzierung versicherungsfremder allgemeiner Staatsaufgaben verwendet werden.

13 Die gesetzlich vorgesehene Abfolge, nach der zunächst drei Jahre in Folge die tatsächlichen Aufwendungen festzustellen sind, verdeutlicht, dass die Höhe der vereinbarten Pauschalabgeltung an diesen tatsächlichen Aufwendungen unter Berücksichtigung gegebenenfalls erwartbarer Entwicklungen zu orientieren ist. Nach der Gesetzesbegründung ist ab diesem Zeitpunkt davon auszugehen, dass eine hinreichend valide Datenbasis für eine Pauschalierung vorliegt. Die Vereinbarung dient nicht der Minimierung erstattungsfähiger Kosten, sondern lediglich der Verwaltungsvereinfachung. Denn die exakte Ermittlung der von den Pflegekassen erbrachten tatsächlichen Aufwendungen für die Leistungen bei Pflegebedürftigkeit nach § 74 Nr. 1 SGB XIV verursacht selbst wiederum einen erheblichen Verwaltungsaufwand. Lediglich dieser soll minimiert werden.

E. Absatz 4

14 Abs. 4 enthält einen Konfliktlösungsmechanismus. Für den Fall, dass eine Verwaltungsvereinbarung nicht rechtzeitig zustande kommt, entscheidet über die Einzelheiten der Pauschalabgeltung eine Schiedsstelle. Diese ist neben drei unparteiischen Mitgliedern mit jeweils zwei Vertreter/innen der Bundesstelle für Soziale Entschädigung und dem Spitzenverband Bund der Pflegekassen besetzt. Auf die unparteiischen Mitglieder – einschließ-

lich des/der Vorsitzenden – müssen sich die Bundesstelle für Soziale Entschädigung und der Spitzenverband Bund der Pflegekassen einigen; andernfalls werden sie vom BMAS im Einvernehmen mit dem BMG bestellt.

F. Absatz 5

Abs. 5 regelt einen Anspruch auf Ersatz von Auslagen, die aufgrund der Ausübung des Ehrenamts anfallen, sowie die Unabhängigkeit der Mitglieder der Schiedsstelle, die Einzelheiten des Abstimmungsverfahrens und die Rechtsaufsicht. Auslagen, die den Mitgliedern der Schiedsstelle entstehen, werden in entsprechender Anwendung des Bundesreisekostengesetzes ersetzt. **15**

Ähnliche Schiedsstellenregelungen sind in zahlreichen Vorschriften zum Leistungserbringerrecht nach dem SGB V oder dem SGB XI enthalten, um den Abschluss von Versorgungs- und Vergütungsverträgen u. Ä. sicherzustellen (vgl. z. B. § 18a Abs. 3 KHG, § 89 SGB V, § 111b SGB V, § 76 SGB XI). **16**

G. Absatz 6

Abs. 6 enthält eine Übergangsregelung für den Fall, dass keine Verwaltungsvereinbarung zustande kommt und auch eine Entscheidung der Schiedsstelle nicht rechtzeitig ab dem 1.1.2027 vorliegt. Dauerhaft bis zur Entscheidung der Schiedsstelle wird die Spitzabrechnung fortgeführt. **17**

§ 81
Erstattung an Unfallkassen der Länder

(weggefallen)

Kapitel 8
Leistungen bei hochgradiger Sehbehinderung, Blindheit und Taubblindheit

§ 82
Anspruch und Umfang

(1) Ist als Schädigungsfolge hochgradige Sehbehinderung nach Teil A Nummer 6 Buchstabe d der Versorgungsmedizin-Verordnung eingetreten, erhalten Geschädigte unabhängig vom Lebensalter die Hälfte des Betrags nach § 72 Absatz 2 des Zwölften Buches, der für blinde Menschen nach Vollendung des 18. Lebensjahres geleistet wird.

(2) [1]Ist als Schädigungsfolge Blindheit nach Teil A Nummer 6 Buchstabe a bis c der Versorgungsmedizin-Verordnung eingetreten, erhalten Geschädigte unabhängig vom Lebensalter den Betrag nach § 72 Absatz 2 des Zwölften Buches, der für blinde Menschen nach Vollendung des 18. Lebensjahres geleistet wird. [2]§ 72 Absatz 5 des Zwölften Buches gilt entsprechend.

(3) Ist als Schädigungsfolge Taubblindheit im Sinne von § 3 Absatz 1 Nummer 8 Schwerbehindertenausweisverordnung eingetreten, erhalten Geschädigte unabhängig vom Lebensalter den zweifachen Betrag nach § 72 Absatz 2 des Zwölften Buches, der für blinde Menschen nach Vollendung des 18. Lebensjahres geleistet wird.

(4) Die Leistungen nach den Absätzen 1 bis 3 sind vorrangig gegenüber landesrechtlichen Leistungen für blindheitsbedingte Mehraufwendungen.

Erläuterungen

Übersicht **Rn.**

A. Altes Recht

1 Das 8. Kapitel besteht nur aus einem Paragrafen: § 82. Es ersetzt die bis zum 31.12.2023 in § 35 Abs. 1 S. 6 BVG normierten Ansprüche bei **schädigungsbedingter Blindheit**. War die Blindheit als Schädigungsfolge anerkannt, erhielten Blinde automatisch mindestens die Pflegezulage nach Stufe III (2022 877 Euro).

Die beiden anderen „automatischen“ Pflegezulageempfängergruppen waren die erwerbsunfähigen Hirnbeschädigten nach § 35 Abs. 1 S. 4 BVG und die Doppelamputierten ohne weitere Gesundheitsstörungen nach der VV Nr. 10 zu § 35 BVG. Beide Behindertengruppen erhielten automatisch ohne Nachweis der Hilflosigkeit oder weiterer Prüfungen eine Pflegezulage der Stufe I. Diese beiden Geschädigtengruppen erhalten künftig keine gesondert ausgewiesenen Leistungen nach dem SGB XIV mehr. 2

§ 82 ersetzt nicht die **Führzulage** nach § 14 BVG. Danach erhalten Menschen mit anerkannter schädigungsbedingter Blindheit eine monatliche Geldleistung (2022 193 Euro) zum Unterhalt eines Führhundes oder als Beihilfe zu den Aufwendungen für fremde Führung. Die Führzulage findet sich im SGB XIV versteckt in § 46 Abs. 2 SGB XIV i. V. m. § 2 Abs. 2 OrthVersorgUVV (s. Komm. zu § 46). Anstelle des Bezuges auf § 14 BVG soll künftig in § 2 Abs. 2 OrthVersorgUVV ein konkreter Geldbetrag genannt werden. 3

Bis zum 31.12.2023 hatten Geschädigte für ihre blinden Angehörigen, schädigungsunabhängig erblindete Geschädigte und blinde Hinterbliebene einen einkommensabhängigen Anspruch auf **Blindengeld** nach § 27d Abs. 1 Nr. 4, Abs. 3 und 6 BVG i. V. m. § 72 SGB XII. Dieser Anspruch wurde vor dem Hintergrund des Leistungsgrundsatzes nach § 25 SGB XIV gestrichen: Leistungen der Sozialen Entschädigung werden im SGB XIV ausschließlich für schädigungsbedingte Bedarfe erbracht. 4

Das Blindengeld nach § 27d Abs. 1 Nr. 4 BVG zählt nicht zu den in § 144 abschließend aufgezählten Geldleistungen und ist keine befristete oder auf Zeit erbrachte Leistung i. S. d. § 145. **Schädigungsunabhängig erblindete Bestandsschutzfälle** erhalten nach **§ 142 Abs. 1** weiterhin Blindengeld, wenn der Anspruch nach § 27d Abs. 1 Nr. 4 BVG zum 31. Dezember 2023 bestandskräftig festgestellt war. 5

Schädigungsunabhängig erblindete Neufälle sind ab 1. Januar 2024 an die für Landesblindengeld bzw. Blindenhilfe zuständigen Stellen zu verweisen. 6

B. Neues Recht

Geschädigte, die als Schädigungsfolge eine hochgradige Sehbehinderung, Blindheit oder Taubblindheit anerkannt haben, erhalten Leistungen nach Kapitel 8. In § 82 wird weder die Leistung genauer bezeichnet noch wird ein Leistungsgrund genannt. 7

Im SGB XIV gibt es im Gegensatz zum § 12 SGB V oder § 29 SGB XI kein Wirtschaftlichkeitsgebot, daher mag eine Leistung ohne Leistungszweck oder -ziel im SGB XIV möglich sein.

In anderen Sozialleistungsgesetzen müssen Leistungen ausreichend, zweckmäßig und wirtschaftlich sein, sie dürfen das Maß des Notwendigen nicht überschreiten. Leistungen, die nicht notwendig oder unwirtschaftlich sind, dürfen Sozialleistungsträger nicht bewilligen. Dies bedeutet im Einzelnen:

- Ausreichend: Die Leistungen müssen dem Einzelfall angepasst sein.
- Zweckmäßig: Entscheidend ist, dass die Leistung für das Erreichen eines Ziels sinnvoll ist.
- Wirtschaftlich: Das angestrebte Ziel muss durch die Leistung effektiv und effizient zu erreichen sein.
- Notwendig: Die Leistung muss objektiv erforderlich sein.

8 Durch die Orientierung am Blindengeld des § 72 SGB XII und der Vorrangigkeit gegenüber landesrechtlichen Leistungen für blindheitsbedingte Mehraufwendungen im Abs. 4 kann man bei der Leistung nach § 82 vom gleichen Leistungsgrund ausgehen: Blinden Menschen wird zum Ausgleich der durch die **Blindheit bedingten Mehraufwendungen** Blindenhilfe gewährt (§ 72 Abs. 1 S. 1 SGB XII). Das pauschale Blindengeld finanziert den laufenden Mehraufwand, der durch die blindheitsspezifischen, auch immateriellen Bedürfnisse blinder Menschen entsteht. Wobei dieser Mehraufwand nicht nachgewiesen werden muss, sondern vorausgesetzt wird.

9 § 82 unterscheidet, anders als § 35 Abs. 1 Satz 6 BVG und § 72 SGB XII, die ausschließlich Blinde bedenken, drei schädigungsbedingt sehbehinderte Personengruppen: Geschädigte, die als Schädigungsfolge eine **hochgradige Sehbehinderung, Blindheit oder Taubblindheit** anerkannt haben. Nach § 5 Abs. 2 ist der Beurteilungsmaßstab für die Anerkennung von Schädigungsfolgen und die Festlegung des GdS die VersMedV.

Anders als in der Blindenhilfe und der Pflegezulage setzten daher Leistungen nach § 82 bereits bei Störungen des Sehvermögens unter der Schwelle von Blindheit oder gleich zu achtenden Störungen ein. Hochgradig sehbehindert i. S. d. § 82 Abs. 1 SGB XIV ist nach Teil A Nr. 6 lit. d VersMedV, wessen Sehschärfe nicht mehr als ein Zwanzigstel beträgt.

Durch die Orientierung an der VersMedV, und damit am Schwerbehindertenrecht, wird der Leistungsgrund des § 82 über die reine Erstattung von schädigungsbedingten Mehraufwendungen hinaus ausgeweitet. Das Schwerbehindertenrecht ist Teilhaberecht und fördert durch eine Vielzahl von Nachteilsausgleichen, die volle, wirksame und gleichberechtigte Teilhabe von Menschen mit Behinderung, z. B. bei organischen Störungen des Sehapparates durch die über das Merkzeichen „Bl." vermittelten Nachteilsausgleiche.

10 Voraussetzung für den Leistungsanspruch nach § 82 ist die schädigungsbedingte hochgradige Sehschädigung an beiden Augen (Abs. 1 und 2). Abs. 3 fordert anerkannte Schädigungsfolgen an zwei Funktionssystemen mit jeweils paarigen Organen (Augen und Ohren).

Bei der Anerkennung von Schädigungsfolgen an paarigen Organen können **Kausalitätsprobleme** auftreten. Das SER unterscheidet zwei Fallkonstellationen:

War ein Auge bereits vor der Schädigung hochgradig geschädigt und führt die Schädigungsfolge am anderen Auge insgesamt zu einer hochgradigen Sehschädigung, ist nach der Kausalität der wesentlichen Bedingung[552] die hochgradige Sehschädigung als Schädigungsfolge anzuerkennen.

War dagegen die Sehschädigung eines Auges bereits als Schädigungsfolge anerkannt und entsteht später die hochgradige Sehschädigung durch eine schädigungsunabhängige Beeinträchtigung des anderen Auges, wird die hochgradige Sehschädigung nicht als Schädigungsfolge anerkannt.[553]

Auch Taubblindheit ist keine Schädigungsfolge, wenn der schädigungsbedingt ertaubte Geschädigte später durch eine Augenkrankheit sein Sehvermögen einbüßt.

Wenn der schädigungsbedingte Blinde nichtschädigungsbedingt ertaubt, wird er ebenfalls nicht zum Taubblinden nach Abs. 3, sondern bleibt ein Blinder nach Abs. 2.

11 **Abs. 1** bestimmt, dass Geschädigte mit einer **hochgradigen Sehbehinderung** nach Teil A Nummer 6 Buchstabe d der Versorgungsmedizin-Verordnung unabhängig vom Lebensalter die Hälfte des Betrags erhalten, der für blinde Menschen nach Vollendung des 18. Lebensjahres nach § 72 Absatz 2 des Zwölften Buches geleistet wird. Dieser Betrag betrug im Jahr 2022 409 Euro monatlich. Hochgradig sehbehindert ist nach Teil A Nr. 6 lit. d VersMedV, wessen Sehschärfe nicht mehr als ein Zwanzigstel beträgt.

12 **Abs. 2** bestimmt, dass Geschädigte mit einer **Blindheit** nach Teil A Nummer 6 Buchstabe a bis c der Versorgungsmedizin-Verordnung unabhängig vom Lebensalter den vollen Betrag erhalten, der für blinde Menschen nach Vollendung des 18. Lebensjahres nach § 72 Absatz 2 des Zwölften Buches geleistet wird. Dieser Betrag betrug im Jahr 2022 818 Euro monatlich.

552 Anlage zu § 2 VersMedV in Abschn. C 6.2.4.
553 BSG Urt. 2.8.1977 (9 RV 90/76); Anlage zu § 2 VersMedV in Abschn. C 6.4.

Abs. 2 übernimmt den versorgungsrechtlichen Blindheitsbegriff aus „Teil A Nummer 6 lit. a bis c der VersMedV". Blind ist danach, wem das Augenlicht fehlt. Als blind anzusehen ist auch, wessen Sehschärfe auf keinem Auge und auch nicht beidäugig mehr als ein Fünfzigstel beträgt oder wenn andere Störungen des Sehvermögens von einem solchen Schweregrad vorliegen, dass sie dieser Beeinträchtigung der Sehschärfe gleichzustellen sind.

13 **Abs. 3** bestimmt, dass Geschädigte mit einer **Taubblindheit** im Sinne von § 3 Absatz 1 Nummer 8 Schwerbehindertenausweisverordnung unabhängig vom Lebensalter den zweifachen Betrag erhalten, der für blinde Menschen nach Vollendung des 18. Lebensjahres nach § 72 Absatz 2 des Zwölften Buches geleistet wird. Dieser Betrag betrug im Jahr 2022 1636 Euro monatlich.

Da die VersMedV den Begriff Taubblindheit nicht beinhaltet, wird die Leistung an die Definition in § 3 Abs. 1 Nr. 8 SchwbAwV (Merkzeichen „TBl") geknüpft. Danach ist ein schwerbehinderter Mensch taubblind, wenn er wegen einer Störung der Hörfunktion einen GdB von mindestens 70 und dazu wegen einer Störung des Sehvermögens einen GdB von 100 hat. Bislang führte „TBl" lediglich zur Befreiung von der Rundfunkbeitragspflicht (§ 4 Abs. 1 Nr. 10 RdFunkBeitrStVtr). Bundesrechtliche Nachteilsausgleiche gab es nicht.

§ 82 legt fest, dass der Bedarf eines Taubblinden doppelt so hoch ist, wie bei einem Blinden. Damit soll der Kombination schwerster Schädigungsfolgen, die zudem in einer ungünstigen Wechselbeziehung zueinanderstehen, ausreichend Rechnung getragen werden.

Eine zusätzliche Erhöhung der monatlichen Entschädigungszahlung nach § 83 Abs. 3 kommt darüber hinaus nicht mehr in Betracht, obwohl Taubblinde die Voraussetzungen dieser Vorschrift an sich erfüllen.[554]

14 Die sehbehinderten Personengruppen nach § 82 erhalten automatisch eine eigenständige Geldleistung unabhängig von Pflegeleistungen des 7. Kapitels oder der alten Pflegezulage des BVG. Die Regelungen des § 72 SGB XII in Bezug auf die Anrechnung der Leistungen zur Pflege finden keine Anwendung. Die Leistungen orientieren sich zwar am Blindengeld des SGB XII, sind aber einkommensunabhängig. Abweichend von § 72 SGB XII gibt es in § 82 keine unterschiedlichen Leistungshöhen für Kinder und Erwachsene.

15 **Abs. 4** bestimmt, dass die Leistungen nach den Absätzen 1 bis 3 vorrangig gegenüber landesrechtlichen Leistungen für blindheitsbedingte Mehraufwendungen sind.

554 BT-Drs. 19/13824, 209.

Kapitel 9
Entschädigungszahlungen

Abschnitt 1
Entschädigungszahlungen an Geschädigte

§ 83
Monatliche Entschädigungszahlung

(1) Geschädigte erhalten eine monatliche Entschädigungszahlung von
1. 418 Euro bei einem Grad der Schädigungsfolgen von 30 und 40,
2. 837 Euro bei einem Grad der Schädigungsfolgen von 50 und 60,
3. 1 255 Euro bei einem Grad der Schädigungsfolgen von 70 und 80,
4. 1 673 Euro bei einem Grad der Schädigungsfolgen von 90,
5. 2 091 Euro bei einem Grad der Schädigungsfolgen von 100.

(2) Die monatliche Entschädigungszahlung nach Absatz 1 Nummer 5 erhöht sich für Geschädigte mit schwersten Schädigungsfolgen um 20 Prozent.

(3) [1]Schwerste Schädigungsfolgen liegen vor bei blinden Ohnhändern oder Geschädigten mit Verlust beider Arme im Oberarm und beider Beine im Oberschenkel. [2]Von schwersten Schädigungsfolgen ist ebenfalls auszugehen, wenn bei
1. Querschnittsgelähmten mit Blasen- und Mastdarmlähmung,
2. Hirnbeschädigten mit schweren psychischen und physischen Störungen,
3. Ohnhändern mit Verlust beider Beine im Oberschenkel,
4. blinden Doppel-Oberschenkelamputierten oder
5. Blinden mit völligem Verlust einer oberen und einer unteren Gliedmaße

eine weitere wesentliche Schädigungsfolge vorliegt, so dass der Leidenszustand vergleichbar außergewöhnlich ist wie bei den Geschädigten nach Satz 1. [3]Schwerste Schädigungsfolgen können auch andere Geschädigte mit einem GdS von 100 haben, wenn deren außergewöhnlicher Leidenszustand vergleichbar ist mit den Geschädigten nach Satz 1.

Erläuterungen

Übersicht **Rn.**

A. Allgemeines

1 Im Kapitel 9 werden die monatlichen Entschädigungszahlungen geregelt. Wie bisher haben diese für Geschädigte sowohl einen materiellen als auch einen immateriellen Aspekt, dessen jeweilige Höhe aber nicht bestimmbar ist. Zum einen soll mit der Zahlung die Anerkennung der durch die erlittene gesundheitliche Schädigung verlorenen gesundheitlichen Integrität verdeutlicht und zum anderen ein Ausgleich der Mehrbelastungen aufgrund des schädigenden Ereignisses hergestellt werden. Statt der vielen nach dem BVG möglichen Geldzahlungen gibt es im SGB XIV für Geschädigte nur noch zwei Geldleistungen (monatliche Entschädigungszahlung und Berufsschadensausgleich). Die Entschädigungszahlungen sind allerdings gegenüber dem bisherigen Recht deutlich erhöht und werden weiterhin unbefristet erbracht. Zudem werden im SGB XIV – ebenfalls anders als bislang – alle Entschädigungszahlungen ohne Anrechnung von Einkommen und Vermögen gezahlt.

B. Regelungsinhalt

I. Höhe der Entschädigungszahlungen

2 Die Regelung des § 83 enthält in Absatz 1 die Höhe der Entschädigungszahlungen für Geschädigte, die in fünf statt bislang in acht Stufen gezahlt werden. Die Staffelung ergibt sich dabei aus der GdS-Höhe. Für besonders schwer Geschädigte (GdS 100 und Vorliegen besonders schwerer Schädigungsfolgen) sind zudem Erhöhungen der monatlichen Zahlungen vorgesehen.

3 Wie bereits nach geltendem Recht wird die Höhe des GdS anhand der Versorgungsmedizin-Verordnung (VersMedV) festgestellt (vgl. § 5 Absatz 2).

4 Anders als im BVG werden die Geldleistungen zur Entschädigung nicht mehr als (Grund-)Renten, sondern als monatliche Entschädigungszahlungen bezeichnet. Damit wird auch eine begriffliche Abgrenzung von anderen Leistungssystemen vorgenommen und der eigenständige Charakter des SER und seiner Leistungen betont.

5 Die monatlichen Entschädigungszahlungen an Geschädigte werden in 5 Stufen zusätzlich einer „Sonderstufe“ für besonders schwer gesundheitlich Betroffene gezahlt. Neu ist, dass die einzelnen Stufen nicht mehr nach einem GdS von 10 gestaffelt werden, sondern dass nunmehr jeweils eine Staffelung nach einem GdS von 20 zwischen den einzelnen Stufen liegt. Gleichgeblie-

ben ist, dass für den Anspruch auf eine monatliche Entschädigungszahlung mindestens ein GdS von 30 vorliegen muss.

Die Staffelung nach 20er-Graden berücksichtigt, dass auch bei der Bemessung und Feststellung des GdS gewisse Spielräume und Unsicherheiten bestehen, die sich in einem um 10 Grad höheren oder niedrigeren GdS ausdrücken konnten. Dies hat nunmehr, jedenfalls für die drei unteren GdS-Stufen, keine finanziellen Auswirkungen mehr. Außerdem ist zu erhoffen, dass sich in Zukunft durch die neue Staffelung viele Widersprüche und gerichtliche Verfahren vermeiden lassen, in denen es oftmals „nur" um die geringfügige Anhebung des GdS ging, um in die nächsthöhere Entschädigungsstufe – mit entsprechender Erhöhung der monatlichen Zahlung – zu gelangen. 6

Die monatlichen Entschädigungszahlungen sind gegenüber den bisherigen Grundrenten für Geschädigte deutlich erhöht, wobei die Staffelung nach 20er Graden vor allem für den jeweils unteren einbezogenen Gds (30, 50, 70) eine noch deutlichere Steigerung der Höhe der monatlichen Entschädigungszahlung bewirkt. Erhielten z.B. Geschädigte mit einem GdS von 30 bzw. 40 bislang 171 bzw. 233 Euro monatlich, so erhalten sie nunmehr jeweils 400 Euro monatlich, also mehr als bzw. annähernd eine Verdopplung der monatlichen Zahlung. Ähnlich verhält es sich mit den weiteren Stufen. 7

II. Besonders schwere gesundheitliche Schädigungsfolgen

Mit der „Sonderstufe" für besonders schwere gesundheitliche Schädigungsfolgen bei Geschädigten mit einem GdS von 100 knüpft § 83 Absatz 2 und 3 zum einen an die Schwerstbeschädigtenzulage nach § 31 Absatz 4 BVG an, die gezahlt wurde, wenn die oder der Beschädigte mit einem GdS von 100 gesundheitlich außergewöhnlich betroffen war. Zum anderen wird mit der ausdrücklichen Nennung von Beispielen an die Regelung in § 3a Absatz 2 Satz 2 OEG angeknüpft, die eine Erhöhung der Einmalzahlung für Opfer einer Gewalttat im Ausland beim Vorliegen bestimmter aufgeführter Schädigungsfolgen vorsah. Allerdings war diese Aufzählung abschließend, während nach § 83 Absatz 3 Satz 3 auch andere, vom Leidenszustand vergleichbare gesundheitliche Schädigungsfolgen zur Erhöhung der Zahlung führen können. Die Erhöhung der monatlichen Entschädigungszahlung entspricht einer oftmals vorgebrachten Forderung von Betroffenenverbänden. 8

Kurios mutet in diesem Zusammenhang an, dass andererseits in § 102 Absatz 4, der Nachfolgeregelung zu § 3a Absatz 2 OEG, eine Erhöhung bei besonders schweren Schädigungsfolgen nicht mehr vorgesehen ist. Eine Erklärung findet sich dafür in der Gesetzesbegründung nicht. 9

10 Im Hinblick darauf, dass im SGB XIV die Wiederherstellung des gesundheitlichen Zustands vor dem schädigenden Ereignis im Fokus stehen sollte und weniger Geldzahlungen, was auch in der Reihenfolge der möglichen Leistungen nach dem SGB XIV deutlich wird, kann diese Erhöhung inkonsequent erscheinen. Andererseits hat die deutliche Erhöhung sicherlich zur Akzeptanz der gesamten SER-Reform in Öffentlichkeit und Politik beigetragen. Zudem ist zu berücksichtigen, dass angesichts der heutigen wirtschaftlichen und gesellschaftlichen Situation Grundrentenbeträge von z. B. monatlich 171 Euro nicht mehr als Anerkennung des erlittenen Leids und Unrechts angesehen wurden.

11 Außerdem ist darauf hinzuweisen, dass die erhöhten monatlichen Beträge auch einen Ausgleich für den Wegfall weiterer Leistungen sind, die es im SGB XIV nicht mehr gibt, z. B. verschiedene Zuschläge oder die Ausgleichsrente. Dies wird jedoch wieder dadurch etwas relativiert, dass die erhöhten Beträge ohne Anrechnung von Einkommen und Vermögen gezahlt werden, was bei der Ausgleichsrente nach dem BVG der Fall war. Auch war die Zahl der berechtigten Empfänger von Ehegatten- und Kinderzuschlägen insgesamt sehr gering.

§ 84
Abfindung

(1) [1]Geschädigte, die einen Anspruch auf eine monatliche Entschädigungszahlung nach § 83 Absatz 1 Nummer 1 bis 5 haben, erhalten auf Antrag eine Abfindung. [2]Der Antrag ist innerhalb eines Jahres nach Bewilligung der Entschädigungszahlung zu stellen.

(2) [1]Die Abfindung erfolgt jeweils für fünf Jahre und beträgt das 60-fache der monatlichen Entschädigungszahlung nach § 83 Absatz 1 Nummer 1 bis 5. [2]Auf die Abfindung sind bereits geleistete monatliche Entschädigungszahlungen anzurechnen.

(3) Mit Zahlung der Abfindung sind die Ansprüche auf die monatlichen Entschädigungszahlungen für die Dauer von fünf Jahren abgegolten.

Erläuterungen

Übersicht **Rn.**

A. Allgemeines

Diese Regelung schafft die Grundlage für die Inanspruchnahme einer Abfindung der monatlichen Entschädigungszahlung. Im Unterschied zum geltenden Recht erfolgt die Abfindung für fünf statt zehn Jahre, allerdings nicht beschränkt auf den Zweck des Kaufs von Grundbesitz oder Wohneigentum und in voller Höhe des abgefundenen Zahlungszeitraums. 1

B. Regelungsinhalt

I. Anspruch auf Abfindung

§ 84 Absatz 1 Satz 1 enthält zunächst den Anspruch auf eine Abfindungszahlung. Alle Geschädigten können unabhängig von der Höhe ihres jeweiligen GdS eine Abfindung erhalten. Von der aus Fürsorgegründen erwogenen Ausnahme für Geschädigte mit einem GdS von 100 wurde im Laufe des Gesetzgebungsverfahrens Abstand genommen. Hier überwogen letztlich doch Gleichbehandlungsgesichtspunkte und Beschwerden von Verbänden die zunächst vorhandenen Bedenken. 2

Anders als die Kapitalabfindung nach § 72 BVG ist die Abfindung nach § 84 nicht an einen bestimmten Zweck oder an bestimmte Voraussetzungen (z.B. Alter) gebunden. Ihre Bewilligung steht zudem auch nicht im Ermessen der Behörde, sondern ist beim Vorliegen eines Antrags stets zu erbringen. Damit wird der Eigenverantwortung der Berechtigten, wie es einem modernen Gesetz entspricht, Rechnung getragen und deren Stellung gegenüber der Verwaltung gestärkt. 3

Wie grundsätzlich alle Leistungen des SGB XIV (vgl. § 10), wird auch die Abfindung ausschließlich auf Antrag der leistungsberechtigten Person erbracht. 4

II. Abfindungszeitraum

Nach § 84 Absatz 1 Satz 2 ist der Antrag binnen eines Jahres nach Bewilligung der monatlichen Entschädigungszahlung zu stellen. Diese Regelung dient vor allem der Klarheit der Rechtslage für Berechtigte und Verwaltung, die dann im jeweiligen Einzelfall nach Ablauf eines Jahres nicht mehr mit 5 einem Antrag auf Abfindung rechnen muss. Da § 84 Absatz 2 („erfolgt jeweils") eine wiederholte Beantragung der Abfindung zulässt, ist fraglich, wie die Jahresfrist in diesem Fall zu berechnen ist. Offensichtlich kann nicht erwartet werden, dass Berechtigte sich mit ihrem Antrag für die gesamte Zukunft festlegen. Dann wäre die Festlegung des Abfindungszeitraums auf 5 Jahre völlig widersinnig. Vielmehr ist davon auszugehen, dass der Gesetzgeber hier voraussetzt, dass die zuständige Behörde für die Zeit nach Ablauf des Abfindungszeitraums wiederum einen Bescheid über den Übergang von der Abfindung zur monatlichen Entschädigungszahlung erlässt bzw. den Bescheid über die Bewilligung der Abfindungszahlung entsprechend abändert. Die Jahresfrist läuft dann ab Bekanntgabe des neuen bzw. abgeänderten Bescheids.

6 Dem Sinn der Abfindung folgend, ist es zudem natürlich auch möglich und dem oder der Geschädigten anzuraten, den Antrag auf eine weitere Abfindung vor Ablauf der 5 Jahre zu stellen, sodass keine Lücken in den Bewilligungen auftreten. Dies dürfte auch im Interesse der Verwaltung liegen.

7 § 84 Absatz 2 regelt Zeitraum und Höhe der Abfindung. Vorgeschrieben wird dabei ein Zeitraum von 5 Jahren. Der Abfindungszeitraum ist damit kürzer als bei der Kapitalabfindung nach §§ 72ff. BVG möglich. Einen Grund für den gewählten Zeitraum enthält die Gesetzesbegründung nicht. Es kann davon ausgegangen werden, dass 5 Jahre einen Kompromiss zwischen dem Interesse an einer hohen Abfindungssumme und gleichzeitig einen überschaubaren Abfindungszeitraum aufseiten der Geschädigten und andererseits dem Interesse der Behörde an einer klaren und verlässlichen Rechtslage darstellt.

8 Abgefunden wird dabei ausschließlich die monatliche Entschädigungszahlung, nicht der Berufsschadensausgleich, der aus seiner Zweckbestimmung heraus betragsmäßig schwankend sein kann, noch eine andere Leistung. Falls die Entschädigungszahlung nach § 83 Absatz 2 erhöht ist, wird sie in voller Höhe (2000 + 400 Euro) abgefunden, weil es sich um eine Betragserhöhung handelt und nicht wie die Schwerstbeschädigtenzulage nach § 31 Absatz 4 BVG als eigene Leistung ausgestaltet ist (anderer Ansicht: Schmidt, SGB XIV).

9 Die Abfindungssumme beträgt das 60-fache der monatlichen Entschädigungszahlung. Es wird also kein „Abfindungsabschlag" bzw. keine Abzinsung vorgenommen. Nach § 74 Absatz 2 Satz 2 BVG galt für die Kapitalabfindung noch, dass höchstens der 9-fache Jahresbetrag gezahlt wurde.

10 Der Abfindungszeitraum kann nach jeweils 5 Jahren um denselben Zeitraum auf Antrag verlängert werden. Eine Begrenzung des Gesamtzeitraums der Abfindung wird nicht vorgenommen.

Gemäß § 84 Absatz 2 Satz 2 werden bereits geleistete monatliche Entschädigungszahlungen auf die Abfindung angerechnet. Diese Regelung berücksichtigt, dass der Antrag auf Abfindung innerhalb eines Jahres nach Leistungsbewilligung gestellt werden kann und damit vor Antragstellung entsprechend auch schon Zahlungen erbracht worden sein können. 11

III. Konsequenzen der Abfindung

§ 84 Absatz 3 benennt die Folge der Abfindung, dass nämlich die Ansprüche auf die monatliche Entschädigungszahlung nach § 83 damit abgegolten sind. Dieser Hinweis ist eigentlich überflüssig, da mit der Auszahlung des Betrags die gesetzliche Leistungspflicht erfüllt ist.[555] Damit hat Absatz 3 lediglich eine Warnfunktion gegenüber der antragstellenden Person. Diese sollte sich die Entscheidung zur Beantragung einer Abfindung – ggf. unter Inanspruchnahme des Fallmanagements nach § 30 – gut überlegen und sich der Konsequenzen bewusst sein. 12

Abschnitt 2
Entschädigungszahlungen an Hinterbliebene

§ 85
Monatliche Entschädigungszahlung an Witwen und Witwer sowie an Partner einer eheähnlichen Gemeinschaft

(1) [1]Eine monatliche Entschädigungszahlung in Höhe von 1 103 Euro erhält die Witwe oder der Witwer des oder der schädigungsbedingt verstorbenen Geschädigten. [2]Dieser Betrag erhöht sich um jeweils 52 Euro monatlich für jedes im Haushalt lebende minderjährige Kind, das eine monatliche Entschädigungszahlung für Waisen bezieht oder einen monatlichen Betrag nach § 144 Absatz 1 erhält, in dem eine Geldleistung nach § 45 Absatz 1 des Bundesversorgungsgesetzes in der am 31. Dezember 2023 geltenden Fassung enthalten ist.

(2) [1]Die monatliche Entschädigungszahlung nach Absatz 1 erhalten auch Partner einer eheähnlichen Gemeinschaft, sofern ein Partner an den Schädigungsfolgen verstorben ist und der andere unter Verzicht auf eine Erwerbstätigkeit die Betreuung eines gemeinschaftlichen Kindes ausübt. [2]Dieser Anspruch besteht für die ersten drei Lebensjahre des Kindes.

(3) Der Anspruch auf die monatliche Entschädigungszahlung erlischt, wenn Witwen oder Witwer oder überlebende Partner einer eheähnlichen Gemeinschaft heiraten.

---

555 Mushoff in LPK, Rn. 31 zu § 84.

Erläuterungen

Übersicht | Rn.

A. Allgemeines

1 § 85 regelt die monatlichen Entschädigungszahlungen an Witwen und Witwer. Bei den Zahlungen an diese Hinterbliebenen steht ebenfalls neben einem gewissen Ausgleich, um sich auf die neue Lebenssituation einstellen zu können, wie bei Geschädigten der immaterielle Aspekt im Vordergrund. Statt der vielen nach dem BVG möglichen Geldzahlungen gibt es im SGB XIV für Hinterbliebene nur noch eine (monatliche Entschädigungszahlung). Diese Entschädigungszahlung ist allerdings gegenüber dem bisherigen Recht deutlich erhöht und wird weiterhin unbefristet erbracht. Zudem werden im SGB XIV – ebenfalls anders als bislang – alle Entschädigungszahlungen ohne Anrechnung von Einkommen und Vermögen gezahlt. Überlebende Partner einer eingetragenen Lebenspartnerschaft erhalten dieselben Leistungen wie Witwen/Witwer. Dies ist in § 21 des Gesetzes über eingetragene Lebenspartnerschaften geregelt und muss daher an dieser Stelle nicht ausdrücklich im Gesetzestext des SGB XIV erwähnt werden.

B. Regelungsinhalt

I. Voraussetzungen und Höhe des Anspruchs

2 § 85 Absatz 1 enthält den Anspruch auf eine monatliche Entschädigungszahlung für Witwen und Witwer. Deren Betrag ist – wie bei den monatlichen Entschädigungszahlungen für Geschädigte – gegenüber dem geltenden Recht deutlich erhöht und wird zudem – als Neuerung – als zusätzliche Anerkennung für jedes im Haushalt lebende Kind und dessen notwendige Betreuung, die zukünftig allein auf den Schultern der Witwe bzw. des Witwers liegt, erhöht.

Witwen und Witwer sind Ehepartner eines durch ein schädigendes Ereignis verstorbenen Ehegatten, die mit diesem bis zum Todeseintritt in einer wirksamen Ehe verheiratet waren. Außer diesem formalen Aspekt sind keine weiteren Voraussetzungen, z. B. Zusammenleben in einer gemeinsamen Wohnung, keine Trennung o. ä., zu erfüllen. 3

Auch eine Mindestdauer der Ehe, wie sie bislang in § 38 Absatz 2 BVG enthalten war, um eine sogenannte „Versorgungsehe" zu verhindern, ist nicht enthalten. Die Gesetzesbegründung enthält hierzu keine Ausführungen. Angesichts der gesetzgeberischen Absicht, mit dem SGB XIV ein modernes Entschädigungsgesetz zu schaffen, welches sich an den Bedarfen der aktuellen Berechtigten orientiert und sich dabei von inzwischen überkommenen Vorstellungen löst, ist davon auszugehen, dass hier gesellschaftlichen und sozialen Entwicklungen Rechnung getragen wird. Dies gilt insbesondere für die geänderten Rollen von Mann und Frau, was z.B. dazu geführt hat, dass viel mehr (Ehe-)Frauen als früher erwerbstätig und damit nicht mehr von ihrem Ehemann wirtschaftlich abhängig sind. In den Jahrzehnten nach Inkrafttreten des BVG war die „Gefahr" von Versorgungsehen – und damit die zweckentfremdete Verwendung von staatlichen Geldern – daher viel größer und gegenwärtiger als heutzutage. Ein Ausschluss von Versorgungsehen ist damit inzwischen obsolet geworden. 4

Dem Grundgedanken des SGB XIV entsprechend, dass nur noch schädigungsbedingte Folgen ausgeglichen werden, erfordert die Zahlung einer Entschädigungszahlung an Witwen bzw. Witwer, dass der oder die Geschädigte schädigungsbedingt verstorben ist. Hierzu wird auf die Ausführungen insbesondere zu § 1 und § 25 verwiesen. 5

Nach § 85 Absatz 1 Satz 2 erhöht sich die Entschädigungszahlung um 50 Euro für jede im Haushalt der Witwe bzw. des Witwers lebende minderjährige Waise. Diese Erhöhung trägt dem Umstand Rechnung, dass die Witwe oder der Witwer nach dem Tod des oder der geschädigten allein für die Kinder verantwortlich ist, sowohl in finanzieller Hinsicht als auch hinsichtlich der Betreuung.[556] Erfasst von dieser Regelung werden alle in § 3 Absatz 2 aufgeführten Kinder. 6

Die Erhöhung ist in gewisser Weise eine Nachfolgeregelung zum Kinderzuschlag nach § 33b BVG, allerdings ohne die dort enthaltenen Einschränkungen und Anrechnungen. 7

556 BT-Drs. 19/13824, S. 207.

II. Gleichstellung der Partner einer eheähnlichen Gemeinschaft

8 In § 85 Absatz 2 ist, wie im bisherigen Recht bereits für Gewaltopfer vorgesehen, ein auf drei Jahre befristeter Anspruch auf den sog. Betreuungsunterhalt für überlebende Partner einer eheähnlichen Gemeinschaft vorgesehen.

9 Diesem Anspruch liegt ein Urteil des Bundesverfassungsgerichts zugrunde, welches mit Beschluss vom 09.11.2004[557] entschieden hatte, dass der Ausschluss von Partnern einer nichtehelichen Lebensgemeinschaft, die nach dem gewaltsamen Tod des anderen Partners die Betreuung der gemeinsamen Kinder unter Verzicht auf eine eigene Erwerbstätigkeit übernimmt, verfassungswidrig sei. Daraufhin war das OEG entsprechend geändert und die heute in § 1 Absatz 5 Satz 2 OEG enthaltene Regelung eingefügt worden. Diese Regelung findet sich nunmehr wortgleich in § 85 Absatz 2 Satz 1 wieder. Eine eheähnliche Lebensgemeinschaft ist nach dem BVerfG gegeben, wenn eine Verbindung zwischen den Partnern auf Dauer angelegt ist und innere Bindungen aufweist, die ein gegenseitiges Einstehen in den Not- und Wechselfällen des Lebens begründen. Zudem müssen die Partner in einer Wohnung zusammenleben und es darf daneben keine weitere Lebensgemeinschaft bestehen.

10 Der überlebende Partner der eheähnlichen Gemeinschaft muss dann auf die Ausübung einer Erwerbstätigkeit verzichten. Für einen Verzicht reicht eine Reduzierung der Arbeitszeit, egal in welchem Umfang nicht aus, es muss vielmehr auf die Ausübung vollständig verzichtet werden.

11 Zudem muss der überlebende Partner die Betreuung, im Sinne der Wahrnehmung der elterlichen Sorge im Sinne von § 1626 BVG (mindestens) eines gemeinsamen Kindes übernehmen. Dabei ist nicht gefordert, dass auf die Erwerbstätigkeit verzichtet wird, um die Betreuung zu übernehmen. Ein kausaler Zusammenhang ist insoweit nicht erforderlich.

12 Für den Begriff des Kindes ist wiederum auf § 3 Absatz 2 abzustellen.

13 Der Anspruch ist auf die ersten 3 Lebensjahre des Kindes begrenzt. Diese Frist ist aus § 1615l BGB entnommen, der Unterhaltsansprüche von Vater und Mutter aus Anlass der Geburt regelt. Das Gesetz spricht in § 85 Absatz 2 nur von einem Kind. Es dürfte aber unproblematisch anzunehmen sein, dass bei mehreren gemeinsamen Kindern der Anspruch für jedes der Kinder gilt. Nicht übernommen hat der Gesetzgeber die Möglichkeit der Fristverlängerung aus Billigkeitsgründen (§ 1615l Absatz 2 Satz 4 BGB), die nach § 1615l Absatz 2 Satz 5 BGB vor allem aus Belangen des Kindes oder den

557 1 BvR 684/98.

Möglichkeiten der Kindeserziehung herrühren können. In Betracht kommen hier z. B. eine Behinderung oder schwere Krankheit des betreuten Kindes.[558] Falls in der Praxis des SER ein solcher Fall auftreten sollte, käme ggf. wohl die Prüfung eines Härteausgleichs nach § 100 in Betracht.

III. Neue Ehe

Für den Fall, dass Witwen oder Witwer eine neue Ehe eingehen, ist in § 85 Absatz 3 vorgesehen, dass der Anspruch erlischt, weil dann der für eine staatliche Entschädigungszahlung erforderliche Bezug zum Tod des oder der Geschädigten fehlt und in dessen Folge auch die staatliche Einstandspflicht nicht mehr gegeben ist. 14

Erlöschen bedeutet, dass der Anspruch auf Hinterbliebenenrente auch dann nicht wieder auflebt, wenn die Witwe oder der Witwer sich wieder scheiden lassen oder die neue Ehe aus anderen Gründen aufgelöst wird. Anders als in der bisherigen Regelung des § 44 BVG ist auch keine Abfindung sozusagen zum Ausgleich der wegfallenden monatlichen Zahlung vorgesehen. Daher werden sich Witwen und Witwer ihre Entscheidung für eine neue Ehe sorgfältig überlegen müssen. 15

Zu beachten ist dabei allerdings die Möglichkeit einer Abfindung nach § 86. Witwen und Witwer können diese in Höhe von 126 600 Euro in Anspruch nehmen. Eine Rückzahlverpflichtung bei Wiederverheiratung gibt es nicht. Damit ist es möglich und zulässig, dass eine Witwe oder ein Witwer die Abfindung nach § 86 erhält und kurz danach wieder heiratet, ohne eine Rückzahlung fürchten zu müssen. 16

§ 86
Abfindung für Witwen und Witwer

(1) [1]Witwen und Witwer erhalten auf Antrag eine Abfindung anstelle der monatlichen Entschädigungszahlung. [2]Der Antrag ist innerhalb eines Jahres nach Bewilligung der Entschädigungszahlung zu stellen.

(2) [1]Die Abfindung beträgt 132 386 Euro. [2]Auf die Abfindung sind bereits geleistete monatliche Entschädigungszahlungen anzurechnen.

(3) Mit der Zahlung der Abfindung sind alle Ansprüche auf die monatlichen Entschädigungszahlungen abgegolten.

---

558 Mushoff LPK, Rn. 30 zu § 85.

Erläuterungen

Übersicht **Rn.**

A. Allgemeines

1 Diese Regelung sieht auch für Witwen/Witwer eine Abfindungsmöglichkeit vor und erweitert damit deren Entscheidungsfreiheit. Wie bei Geschädigten ist die Abfindung nicht an Voraussetzungen gebunden und wird in Höhe der Zahlung für den gesamten abgefundenen Zeitraum erbracht, im Unterschied zu Geschädigten sind allerdings mit Zahlung der Abfindung alle Ansprüche auf die monatliche Entschädigungszahlung abgegolten. Im Hinblick auf diese Folge entspricht die Abfindung nicht dem Betrag der Entschädigungszahlung für fünf Jahre wie bei Geschädigten, sondern dem Betrag für zehn Jahre, allerdings nicht beschränkt auf den Zweck des Kaufs von Grundbesitz oder Wohneigentum und in voller Höhe des abgefundenen Zahlungszeitraums.

B. Regelungsinhalt

I. Anspruch auf Abfindung

2 § 86 Absatz 1 Satz 1 enthält zunächst den Anspruch auf eine Abfindungszahlung. Alle Witwen und Witwer können eine Abfindung enthalten. Für den Begriff des Witwers bzw. der Witwe gilt das zu § 85 Ausgeführte. Ebenso gilt § 86 nach § 21 LPartG entsprechend auch für hinterbliebene eingetragene Lebenspartner und Lebenspartnerinnen. Betreuungsunterhaltsberechtigte (§ 85 Absatz 2) zählen nicht zum Kreis der Berechtigten des § 86.

3 Anders als die Kapitalabfindung nach § 72 BVG ist die Abfindung nach § 84 nicht an einen bestimmten Zweck oder an bestimmte Voraussetzungen (z. B. Alter) gebunden. Ihre Bewilligung steht zudem auch nicht im Ermessen der Behörde, sondern ist bei Vorliegen eines Antrags stets zu erbringen. Damit wird der Eigenverantwortung der Berechtigten, wie es einem moder-

nen Gesetz entspricht, Rechnung getragen und ihre Stellung gegenüber der Verwaltung gestärkt.

Wie grundsätzlich alle Leistungen des SGB XIV (vgl. § 10), wird auch die Abfindung ausschließlich auf Antrag der leistungsberechtigten Person erbracht. 4

Nach § 86 Absatz 1 Satz 2 ist der Antrag binnen eines Jahres nach Bewilligung der monatlichen Entschädigungszahlung zu stellen. Diese Regelung dient vor allem der Klarheit der Rechtslage für Berechtigte und Verwaltung, die dann im jeweiligen Einzelfall nach Ablauf eines Jahres nicht mehr mit einem Antrag auf Abfindung rechnen muss, und dies auf Dauer, da anders als bei Geschädigten eine wiederholte Beantragung und Bewilligung nicht möglich ist. 5

II. Höhe der Abfindung

§ 86 Absatz 2 Satz 1 regelt die Höhe der Abfindung. Deren Betrag entspricht dem 10-fachen Jahresbetrag der monatlichen Entschädigungszahlung nach § 85 Absatz 1 Satz 1. Die nach § 85 Absatz 1 Satz 2 mögliche Erhöhung der monatlichen Entschädigungszahlung wird nicht berücksichtigt. Es findet somit keine individuelle Berechnung der Abfindungssumme statt, sondern diese ist für alle Berechtigten nach § 85 gleich hoch. Ebenso wie bei der Abfindung für Geschädigte, wird kein „Abfindungsabschlag“ bzw. keine Abzinsung vorgenommen. Nach § 74 Absatz 2 Satz 2 BVG galt für die Kapitalabfindung noch, dass höchstens der 9-fache Jahresbetrag gezahlt wurde. 6

Gemäß § 86 Absatz 2 Satz 2 werden bereits geleistete monatliche Entschädigungszahlungen auf die Abfindung angerechnet. Diese Regelung berücksichtigt, dass der Antrag auf Abfindung innerhalb eines Jahres nach Leistungsbewilligung gestellt werden kann und damit vor Antragstellung entsprechend auch schon Zahlungen erbracht worden sein können. 7

III. Konsequenzen der Abfindung

§ 86 Absatz 3 benennt die Folge der Abfindung, dass nämlich die Ansprüche auf die monatliche Entschädigungszahlung nach § 85 damit abgegolten sind, anders als bei Geschädigten jedoch nicht nur für den Abfindungszeitraum, sondern dauerhaft. Damit hat Absatz 3 eine – zudem im Vergleich zu § 84 deutlich höhere – Warnfunktion gegenüber der antragstellenden Person. Diese sollte sich die Entscheidung zur Beantragung einer Abfindung – ggf. unter Inanspruchnahme des Fallmanagements nach § 30 – gut überle- 8 gen und sich der Konsequenzen bewusst sein. Dabei muss der Vorteil des Erhalts einer doch recht hohen Summe verbunden mit den daraus resultierenden Möglichkeiten gegen den dauerhaften Verlust sicherer monatlicher Zahlungen abgewogen werden.

9 In der Regelung des Absatzes 3 zeigt sich zudem, dass der staatlichen Gemeinschaft gegenüber Witwen und Witwern eine geringere – und zwar nicht mehr zwingend lebenslange – Verantwortung zukommt als bei Geschädigten.

§ 87
Monatliche Entschädigungszahlung an Waisen

(1) Waisen eines schädigungsbedingt verstorbenen Elternteils erhalten jeweils eine monatliche Entschädigungszahlung in Höhe von 408 Euro.

(2) Waisen schädigungsbedingt verstorbener Eltern erhalten jeweils eine monatliche Entschädigungszahlung in Höhe von 638 Euro.

(3) Die monatlichen Entschädigungszahlungen werden gezahlt, bis die Waise 18 Jahre alt wird.

(4) Nach Vollendung des 18. Lebensjahres der Waise werden die monatlichen Entschädigungszahlungen gezahlt

1. **für die Dauer einer Ausbildung, längstens bis die Waise 27 Jahre alt wird, wenn diese die Arbeitskraft der Waise überwiegend in Anspruch nimmt und nicht mit der Zahlung von Dienstbezügen, Arbeitsentgelt oder sonstigen Zuwendungen in entsprechender Höhe verbunden ist, oder**
2. **in den Fällen des § 2 Absatz 2 mit Ausnahme des § 2 Absatz 2 Satz 1 Nummer 2 Buchstabe a des Bundeskindergeldgesetzes sowie in den Fällen des § 2 Absatz 3 des Bundeskindergeldgesetzes mit der Maßgabe, dass an die Stelle der Vollendung des 25. Lebensjahres die Vollendung des 27. Lebensjahres tritt.**

Erläuterungen

Übersicht Rn.

A. Allgemeines

Diese Regelung enthält den Anspruch auf Waisenrente, die im Unterschied zu anderen Sozialsystemen wie bisher bis zum 27. und nicht bloß bis zum 25. Lebensjahr gezahlt werden kann. Aus Fürsorgegründen ist für Waisen eine Abfindung nicht möglich. 1

§ 87 regelt die monatlichen Entschädigungszahlungen an Waisen. Bei den Zahlungen an diese Hinterbliebenen steht ebenfalls neben einem gewissen Ausgleich, um sich auf die neue Lebenssituation einstellen zu können, wie bei Geschädigten der immaterielle Aspekt im Vordergrund. Statt der vielen nach dem BVG möglichen Geldzahlungen gibt es im SGB XIV für Hinterbliebene nur noch eine monatliche Entschädigungszahlung. Diese Entschädigungszahlung ist allerdings gegenüber dem bisherigen Recht deutlich erhöht. Zudem werden im SGB XIV – ebenfalls anders als bislang – alle Entschädigungszahlungen ohne Anrechnung von Einkommen und Vermögen gezahlt. 2

B. Regelungsinhalt

I. Voraussetzungen und Höhe des Anspruchs

§ 87 Absatz 1 und 2 enthält den Anspruch auf eine monatliche Entschädigungszahlung für Waisen, also die hinterbliebenen Kinder eines oder einer verstorbenen Geschädigten.[559] Zur Frage, wer alles unter den Begriff des Kindes fällt, wird auf die Ausführungen zu § 2 Absatz 3 und 4 verwiesen. Das „Kindschaftsverhältnis“ muss zum Zeitpunkt des Todeseintritts bestehen. Im Vergleich zum bisherigen Recht werden die Begriffe Halb- und Vollwaise nicht mehr verwendet. 3

Dem Grundgedanken des SGB XIV entsprechend, dass nur noch schädigungsbedingte Folgen ausgeglichen werden, erfordert die Zahlung einer monatlichen Entschädigungszahlung für Waisen, dass der oder die Geschädigte schädigungsbedingt verstorben ist. Hierzu wird auf die Ausführungen insbesondere zu § 1 und § 25 verwiesen. 4

§ 87 Absatz 1 beinhaltet den Anspruch von Waisen eines schädigungsbedingt verstorbenen Elternteils. Der Tod kann dabei sowohl sofort beim schädigenden Ereignis als auch später eingetreten sein. Erforderlich ist jeweils 5

559 Mushoff in LPK, Rn. 13 zu § 87.

die Kausalität zwischen Ereignis, Schädigung und Schädigungsfolge (s. Kommentierung zu § 4).

6 § 87 Absatz 2 enthält den Anspruch von Waisen schädigungsbedingt verstorbener Eltern. Der Tod beider Eltern muss daher kausal auf ein schädigendes Ereignis zurückzuführen sein. Dabei kann wiederum der Tod sofort durch das schädigende Ereignis oder später eingetreten sein. Nicht erforderlich ist, dass es sich um dasselbe schädigende Ereignis handelt.[560] Auch Kinder, deren Eltern als Folge unterschiedlicher schädigender Ereignisse versterben, erhalten die Entschädigungszahlung nach § 87 Absatz 2. Möglich ist somit sowohl, dass von Anfang an ein Anspruch nach § 87 Absatz 2, als auch, dass zunächst ein Anspruch nach § 87 Absatz 1 und später dann nach § 87 Absatz 2 besteht.

7 Im Vergleich zum bisherigen Recht beinhaltet § 87 Absatz 2 eine Einengung der Anspruchsvoraussetzungen. Im Rahmen des § 46 BVG waren nämlich auch Kinder, bei denen ein Elternteil schädigungsbedingt und der andere nicht schädigungsbedingt verstorben waren, als Vollwaisen anzusehen. An dieser Stelle zeigt sich erneut der Grundsatz des SGB XIV, nur schädigungsbedingte Umstände in den Schutzbereich einzubeziehen.

8 Die Zahlung nach § 87 Absatz 2 ist gegenüber der nach § 87 Absatz 1 erhöht. Allerdings beträgt sie, wie schon im bisherigen Recht, weniger als das Doppelte.

II. Dauer des Anspruchs

9 § 87 Absatz 3 begrenzt – wie in den Sozialversicherungssystemen – die Anspruchsdauer grundsätzlich auf die Vollendung des 18. Lebensjahres.

10 § 87 Absatz 4 legt dann fest, unter welchen Voraussetzungen die Entschädigungszahlung längstens bis zur Vollendung des 27. Lebensjahres erbracht werden kann. Die Formulierung dieses Absatzes war in seiner ursprünglichen Fassung misslungen und enthielt insbesondere falsche Verweise auf Vorschriften des Bundeskindergeldgesetzes (BKGG). Deshalb wurde die Norm durch Artikel 8 des Gesetzes zur Stärkung eines inklusiven Arbeitsmarktes vom 06.06.2023[561] korrigiert.

11 Eine Verlängerung der Bezugsdauer ist einerseits möglich für die Zeit einer Ausbildung, die die Arbeitskraft überwiegend in Anspruch nimmt und nicht mit der Zahlung von Dienstbezügen oder sonstigem entsprechendem Entgelt verbunden ist. Erfasst ist die Dauer der Ausbildung. Diese wird nicht durch

560 Weber in: Schmidt, Rn. 12 zu § 87.
561 BGBl. I Nr. 146.

Ferien, zustehenden Erholungsurlaub oder (länger andauernde) Krankheit unterbrochen.

Begrifflich umfasst Ausbildung sowohl den Bereich der Schule als auch den des Berufs und entspricht insoweit der bisherigen Rechtslage. Daher ist die bisherige höchstrichterliche Rechtsprechung im Hinblick darauf, wann die erforderlichen Voraussetzungen zur Annahme einer Ausbildung erfüllt sind, weiterhin anwendbar. Für die Annahme einer Schulausbildung ist daher zu fordern, dass der Besuch einer allgemeinbildenden öffentlichen oder privaten Schule gegeben ist, an der Unterricht nach staatlich genehmigten Lehrplänen erteilt wird.[562] Für den Begriff der Berufsausbildung ist auf § 1 Absatz 3 BBiG abzustellen und zu fordern, dass die für die Ausübung einer qualifizierten beruflichen Tätigkeit in einer sich wandelnden Arbeitswelt notwendigen beruflichen Fertigkeiten, Kenntnisse und Fähigkeiten in einem geordneten Ausbildungsgang vermittelt werden und der Erwerb der erforderlichen Berufserfahrungen ermöglicht wird. 12

Durch die Ausbildung muss zudem die Arbeitskraft der Waise überwiegend in Anspruch genommen werden. Anhaltspunkte oder einen Maßstab dafür, wann dies erreicht ist, sind im Gesetz nicht genannt. Es wird davon ausgegangen werden dürfen, dass die Voraussetzung beim Absolvieren einer regulären schulischen oder beruflichen Ausbildung regelmäßig erfüllt ist. 13

Der inzwischen korrigierte Verweis auf das BKGG in Absatz 4 Nummer 2 bewirkt, dass eine Übergangszeit zwischen zwei Ausbildungsabschnitten oder zwischen einer Ausbildung und einem der in § 2 Absatz 2 Nummer 2 Buchstabe d) BKGG genannten Dienste von höchstens 4 Monaten der Zahlung der monatlichen Entschädigungszahlung nicht entgegensteht. Zudem wird durch den modifizierten Verweis auf § 2 Absatz 2 Nummer 3 BKGG ermöglicht, dass die Entschädigungszahlung bis zum 27. Lebensjahr erbracht werden kann, wenn die Waise wegen körperlicher, geistiger oder seelischer Behinderung außerstande ist, sich selbst zu unterhalten. Diese Regelung ist günstiger als in anderen sozialen Sicherungssystemen, in denen auf das 25. Lebensjahr abgestellt wird. Zugleich wird damit aber auch eine Abweichung von der bisherigen Rechtslage deutlich. Eine Weitergewährung über das 27. Lebensjahr hinaus, wie sie bislang nach § 45 Absatz 3 Buchstabe d) BVG für die sogenannten „gebrechlichen Waisen“ möglich war, gibt es nicht mehr. Der Gesetzgeber hat sich bewusst von dieser Regelung, die sich typischerweise vor allem an der Situation der Kriegsopfer orientierte, als nicht mehr zeitgemäß abgewandt. 14

562 BSG, Urteil vom 20.7.2011 – B 13 R 52/10 R.

15 Weiterhin darf die Ausbildung nicht mit der Zahlung von Dienstbezügen etc. in entsprechender Höhe verbunden sein. Gemeint sind alle Zahlungen, die ein Äquivalent für die geleistete Arbeit darstellen. Die Ausbildungsvergütung selbst stellt kein solches Äquivalent dar und steht daher der Zahlung der monatlichen Entschädigungszahlung nicht entgegen.

III. Keine Abfindung möglich

16 Zu beachten ist, dass bei der monatlichen Entschädigungszahlung für Waisen aus Fürsorgegründen keine Abfindung vorgesehen ist. Der Waise soll ihr Anspruch in voller Höhe erhalten bleiben.

§ 88
Monatliche Entschädigungszahlung an hinterbliebene Eltern

(1) Ist die oder der Geschädigte an den Folgen einer Schädigung gestorben, so erhalten Eltern eine monatliche Entschädigungszahlung, wenn sie

1. **voll erwerbsgemindert im Sinne des Sechsten Buches sind oder**
2. **aus anderen zwingenden Gründen eine zumutbare Erwerbstätigkeit nicht ausüben können oder**
3. **das 60. Lebensjahr vollendet haben,**

frühestens jedoch von dem Monat an, in dem der oder die Geschädigte das 18. Lebensjahr vollendet hätte.

(2) Die monatliche Entschädigungszahlung an Eltern beträgt für jedes Kind, das an den Folgen der Schädigung gestorben ist,

1. **für ein noch lebendes Elternteil 261 Euro,**
2. **für beide Elternteile je 157 Euro.**

(3) Den Eltern werden gleichgestellt

1. **Stiefeltern oder Pflegeeltern, wenn sie die Geschädigte oder den Geschädigten vor der Schädigung unentgeltlich unterhalten haben,**
2. **Großeltern, wenn die oder der Verstorbene ihnen Unterhalt geleistet hat oder hätte.**

Erläuterungen

Übersicht **Rn.**

A. Allgemeines

§ 88 regelt die monatlichen Entschädigungszahlungen an Eltern. Bei den Zahlungen an diese Hinterbliebenen steht ebenfalls neben einem gewissen Ausgleich, um sich auf die neue Lebenssituation einstellen zu können, wie bei Geschädigten der immaterielle Aspekt im Vordergrund. Statt der vielen nach dem BVG möglichen Geldzahlungen gibt es im SGB XIV für Hinterbliebene nur noch eine (monatliche Entschädigungszahlung). Während diese Entschädigungszahlungen für Witwen, Witwer und Waisen gegenüber dem bisherigen Recht deutlich erhöht ist, gilt dies nicht für die Entschädigungszahlung an Eltern. Zudem werden im SGB XIV – ebenfalls anders als bislang – alle Entschädigungszahlungen ohne Anrechnung von Einkommen und Vermögen gezahlt. 1

§ 88 orientiert sich in seinen Voraussetzungen an der bisherigen Regelung in § 50 BVG. Die Entschädigungszahlung für Eltern hat vor allem immateriellen Charakter und wird voraussichtlich im SGB XIV eine geringere Bedeutung als im BVG haben. Erforderlich ist wie bei allen Entschädigungszahlungen, dass der Tod des oder der Geschädigten ursächlich auf die durch ein schädigendes Ereignis verursachte Gesundheitsschädigung zurückzuführen ist. 2

B. Regelungsinhalt

I. Anspruchsvoraussetzungen

§ 88 Absatz 1 enthält die Voraussetzungen zum Erhalt der monatlichen Entschädigungszahlung. Diese entsprechen § 50 BVG. Anspruchsberechtigt sind Eltern, also die leiblichen Eltern und die Adoptiveltern des oder der Geschädigten. Weitere Personen werden durch Absatz 3 diesen Eltern gleichgestellt. 3

Die Eltern müssen entweder voll erwerbsgemindert sein, aus anderen zwingenden Gründen eine zumutbare Erwerbstätigkeit nicht ausüben können oder das 60. Lebensjahr vollendet haben. Voll erwerbsgemindert ist, wer eine Rente wegen Erwerbsminderung aus der gesetzlichen Rentenversicherung (§ 43 Abs. 2 SGB VI) bezieht oder zumindest einen Anspruch darauf hat, falls für den Bezug rentenversicherungsrechtliche Voraussetzungen 4 nicht erfüllt sein sollten. Zwingende Gründe, die der Ausübung einer zumutbaren Erwerbstätigkeit entgegenstehen, können sich insbesondere aus familiär oder ethisch begründeten Verpflichtungen ergeben, z.B. Pflege von Angehörigen.[563] Die beiden vorstehenden Voraussetzungen sind aber mit Vollendung des 60. Lebensjahres der Eltern obsolet. Im Hinblick auf den starken unterhaltsrechtlichen Aspekt der monatlichen Entschädigungszahlung an Eltern beginnt diese erst mit dem Monat, in dem der oder die Geschädigte das 18. Lebensjahr vollendet hätte.

II. Anspruchshöhe

5 Absatz 2 führt die Leistungshöhe auf. Diese ist geringer als nach dem BVG. Außerdem sind die Erhöhungsmöglichkeiten bei Tod des einzigen oder letzten Kindes, die das BVG noch kennt, als typische Kriegsopferregelung, die nicht mehr zeitgemäß ist, nicht mehr enthalten. Sie wären auch unter Gleichheitsaspekten[564] problematisch gewesen.

III. Gleichstellung mit Eltern

6 Absatz 3 enthält dann die Gleichstellung zunächst der Stief- und Pflegeeltern mit den Eltern im Sinne von Absatz 1, falls sie die geschädigte Person unentgeltlich unterhalten haben. Zum Begriff der Stief- und Pflegeeltern wird auf die Kommentierung zu § 2 verwiesen. Gleichgestellt werden auch Großeltern, wenn ihnen von der oder dem Geschädigten Unterhalt geleistet wurde oder geleistet worden wäre, wenn der oder die Geschädigte nicht verstorben wäre. Großeltern sind die Eltern des Vaters oder der Mutter.

IV. Keine Abfindung möglich

7 Eine Abfindungsmöglichkeit ist für die monatliche Entschädigungszahlung an Eltern nicht vorgesehen.

563 Mushoff in LPK, Rn. 16 zu § 88.
564 Mushoff in LPK, Rn. 19 zu § 88.

Kapitel 10
Berufsschadensausgleich

§ 89
Voraussetzung und Höhe

(1) Hat eine Geschädigte oder ein Geschädigter infolge der gesundheitlichen Schädigung einen Einkommensverlust, so erhält sie oder er monatlich einen Berufsschadensausgleich, wenn
1. bei ihr oder ihm ein Grad der Schädigungsfolgen von mindestens 30 anerkannt worden ist und
2. Leistungen zur medizinischen Rehabilitation oder zur Teilhabe am Arbeitsleben
   a) bei ihr oder ihm nicht mehr erfolgversprechend sind oder
   b) ihr oder ihm nicht mehr zugemutet werden können.

(2) [1]Einkommensverlust ist der Unterschiedsbetrag zwischen dem derzeitigen Bruttoeinkommen aus gegenwärtiger oder früherer Tätigkeit (derzeitiges Einkommen) und dem höheren Vergleichseinkommen. [2]Ist die Rente aus der gesetzlichen Rentenversicherung gemindert, weil das Erwerbseinkommen in einem in der Vergangenheit liegenden Zeitraum, der nicht mehr als die Hälfte des Erwerbslebens umfasst, schädigungsbedingt gemindert war, so ist die Rentenminderung abweichend von Satz 1 der Einkommensverlust. [3]Das Ausmaß der Minderung wird ermittelt, indem der Rentenberechnung für Geschädigte Entgeltpunkte zugrunde gelegt werden, die sich ohne Berücksichtigung der Zeiten ergäben, in denen das Erwerbseinkommen der Geschädigten schädigungsbedingt gemindert ist.

(3) [1]Das Vergleichseinkommen errechnet sich nach den Sätzen 2 bis 5. [2]Zur Ermittlung des Durchschnittseinkommens sind die Grundgehälter der Besoldungsgruppen der Bundesbesoldungsordnung A aus den vorletzten drei der Anpassung vorangegangenen Kalenderjahren heranzuziehen. [3]Beträge des Durchschnittseinkommens bis 0,49 Euro sind auf volle Euro abzurunden und von 0,50 Euro an auf volle Euro aufzurunden. [4]Der Mittelwert aus den drei Jahren ist um den Prozentsatz anzupassen, der sich aus der Summe der für die Rentenanpassung des laufenden Jahres sowie des Vorjahres maßgebenden Veränderungsraten der Bruttolöhne und -gehälter je Arbeitnehmer (§ 68 Absatz 2 in Verbindung mit § 228 b des Sechsten Buches) ergibt; die Veränderungsraten werden jeweils bestimmt, indem der Faktor für die Veränderung der Bruttolöhne und -gehälter je Arbeitnehmer um eins vermindert und durch Vervielfältigung mit 100 in einen Prozentsatz umgerechnet wird. [5]Das Vergleichseinkommen wird zum 1. Juli eines jeden Jahres neu festgesetzt; wenn das nach den Sätzen 1 bis 6 errechnete Vergleichseinkommen geringer ist als das bisherige Vergleichseinkommen, bleibt es unverändert. [6]Es ist durch das Bundesministerium für Arbeit und Soziales zu ermitteln und im Bundesanzeiger bekannt zu geben; die Beträge sind auf volle Euro aufzurunden.

(4) Berufsschadensausgleich nach Absatz 1 ist der Nettobetrag des Vergleichseinkommens (Absatz 5) abzüglich des Nettoeinkommens aus gegenwärtiger oder früherer Erwerbstätigkeit (Absatz 6).

(5) [1]Der Nettobetrag des Vergleichseinkommens wird längstens bis zum Ablauf des Monats, in dem die oder der Geschädigte die Regelaltersgrenze nach dem Sechsten Buch erreicht, pauschal ermittelt. [2]Abweichend von Satz 1 wird die Pauschale für die Zeit bis zum Ablauf des Monats ermittelt, in dem die oder der Geschädigte auch ohne die Schädigung oder ohne den Nachschaden nach Absatz 8

1. wegen Erreichens oder Inanspruchnahme einer gesetzlichen Altersgrenze aus dem Erwerbsleben ausscheidet oder ausscheiden müsste oder

2. auf Grund eines Gesetzes, eines Tarifvertrags, einer Betriebsvereinbarung oder einer Vereinbarung mit dem Arbeitgeber von der Möglichkeit des vorzeitigen Übergangs in den Ruhestand unter Verzicht auf Erwerbseinkommen Gebrauch macht und deswegen die Erwerbstätigkeit aufgibt oder aufgeben würde.

[3]Satz 2 Nummer 1 und Nummer 2 sind nicht anwendbar, wenn die oder der Geschädigte glaubhaft macht, dass sie ohne die Schädigung noch erwerbstätig wären. [4]Die Ermittlung der Pauschale nach Satz 1 erfolgt, indem das Vergleichseinkommen wie folgt gemindert wird

1. bei verheirateten Geschädigten um 18 Prozent, der 716 Euro übersteigende Teil um 36 Prozent und der 1 790 Euro übersteigende Teil um 40 Prozent und

2. bei nicht verheirateten Geschädigten um 18 Prozent, der 460 Euro übersteigende Teil um 40 Prozent und der 1 380 Euro übersteigende Teil um 49 Prozent.

[5]Im Übrigen gelten 50 Prozent des Vergleichseinkommens als dessen Nettobetrag.

(6) [1]Das Nettoeinkommen aus gegenwärtiger oder früherer Erwerbstätigkeit wird pauschal aus dem derzeitigen Bruttoeinkommen ermittelt, indem

1. das Bruttoeinkommen aus gegenwärtiger Erwerbstätigkeit um die in Absatz 5 Satz 1 Nummer 1 und 2 genannten Vomhundertsätze gemindert wird,

2. Renten aus der gesetzlichen Rentenversicherung sowie Renten wegen Alters, Renten wegen verminderter Erwerbsfähigkeit und Landabgaberenten nach dem Gesetz über die Alterssicherung der Landwirte um den Vomhundertsatz gemindert werden, der für die Bemessung des Beitrags der sozialen Pflegeversicherung (§ 55 des Elften Buches) gilt, und um die Hälfte des Vomhundertsatzes des allgemeinen Beitragssatzes der Krankenkassen (§ 241 des Fünften Buches); die zum 1. Januar festgestellten Beitragssätze gelten insoweit jeweils vom 1. Juli des laufenden Kalenderjahres bis zum 30. Juni des folgenden Kalenderjahres,

3. sonstige Geldleistungen von Leistungsträgern (§ 12 des Ersten Buches) mit dem Nettobetrag berücksichtigt werden und

4. das übrige Bruttoeinkommen um die in Nummer 2 genannten Vomhundertsätze und zusätzlich um 19 vom Hundert des 562 Euro übersteigenden Betrages gemindert wird; Nummer 2 letzter Halbsatz gilt entsprechend.

[2]In den Fällen des Absatzes 8 tritt an die Stelle des Nettoeinkommens im Sinne des Satzes 1 der nach Absatz 5 ermittelte Nettobetrag des Durchschnittseinkommens.

(7) Der Berufsschadensausgleich wird in den Fällen einer Rentenminderung im Sinne des Absatzes 2 Satz 2 nur gezahlt, wenn die Zeiten des Erwerbslebens, in denen das Erwerbseinkommen nicht schädigungsbedingt gemindert war, von einem gesetzlichen oder einem gleichwertigen Alterssicherungssystem erfasst sind.

(8) [1]Eine Einkommensminderung, die auf einen Nachschaden zurückzuführen ist, bleibt bei der Berechnung des Berufsschadensausgleichs unberücksichtigt. [2]Ein Nachschaden ist ein Schaden, der

1. keine gesundheitliche Schädigung nach § 4 darstellt und

2. zeitlich nach einem schädigenden Ereignis gemäß § 4 eintritt.

[3]Arbeitslosigkeit, schädigungs- oder altersbedingtes Ausscheiden aus dem Erwerbsleben sind grundsätzlich kein Nachschaden. [4]Satz 1 findet auch Anwendung bei erfolgreich durchgeführten Maßnahmen der beruflichen Rehabilitation, wenn die oder der Geschädigte auf den im Anschluss möglichen Einkommenserwerb ohne rechtfertigenden Grund verzichtet oder bei Elternzeit über den Zeitraum des Elterngeldbezuges hinaus.

(9) Geschädigte nach Absatz 1, die einen gemeinsamen Haushalt mit ihrer Ehegattin oder ihrem Ehegatten, einem Verwandten oder einem Stief- oder Pflegekind führen oder ohne die Schädigung führen würden, erhalten als Berufsschadensausgleich einen Betrag in Höhe der Hälfte der wegen der Folgen der Schädigung notwendigen Mehraufwendungen bei der Führung des gemeinsamen Haushalts.

Erläuterungen

Übersicht **Rn.**

A. Allgemeines zu der Norm

I. Textgeschichte/Gesetzgebungsmaterialien

1 Die Vorschrift, genau wie die gesamten Regelungen des Kapitels 10, sind erst spät im laufenden Gesetzgebungsverfahren in der jetzt kodifizierten Fassung in das Gesetz aufgenommen worden.

II. Vorgängervorschriften

2 Die Norm folgt den Regelungen der §§ 29, 30 Absatz 3 bis 12 BVG.

III. Parallelvorschriften

3 Das Rechtsinstitut des Berufsschadensausgleiches (BSA) hat in anderen leistungsgesetzlichen Bestimmungen des deutschen Sozialrechts keine Entsprechung; eine Ausnahme bilden insoweit die Regelungen des Kapitels 6 des Soldatenentschädigungsgesetzes (SEG)[565].

IV. Literaturhinweise

4 Die Kommentarliteratur zum BVG hat sich intensiv mit dem BSA befasst, außerhalb der Kommentierung zum SGB XIV zuletzt in Knickrehm, Gesamtes Soziales Entschädigungsrecht: Handkommentar, Nomos Verlag 2011.

B. Auslegung der Norm

I. Regelungsinhalt und Bedeutung

5 Die Norm übernimmt – anders als es dem betroffenen- und teilhabezentrierten Ansatz des SGB XIV im Übrigen entspricht – Inhalt und Regelungszweck der berufsbezogenen Regelungen der §§ 29, 30 Absatz 3 bis 12 BVG weitgehend unverändert. Dies mag man mit Blick auf den ausschließlich final entschädigungsrechtlichen Charakter der Vorschrift im Sinne einer Rentengewährung bedauern, allerdings bietet die Übernahme der tradierten BSA-Struktur[566] den Vorteil, dass z.B. die umfangreiche Rechtsprechung zum Vorgängerrecht weiter genutzt werden kann, was angesichts von ansonsten bestehenden Unsicherheiten in der Anwendung neuer Tatbestands- und Rechts-

565 Artikel 1 G. v. 20.08.2021 BGBl. I S. 3932, 3933 (Nr. 60).
566 BT-Drs. 19/13824, S. 208.

folgenbegriffe[567] jedenfalls in der Anfangszeit der Anwendung des SGB XIV Vorteile bieten dürfte. Ungeachtet dessen wird die Rechtsprechung und Literatur das Rechtsinstitut des BSA im Laufe der Zeit unter Berücksichtigung übriger Grundsätze des Gesetzes auszuformen haben. Dass es durchaus entschädigungsrechtliche Alternativen zum BSA des BVG bzw. des SGB XIV gibt, zeigen die Regelungen der §§ 37 bis 41 in Kapitel 6 des SEG, das zum 1. Januar 2025 in Kraft tritt. Denn der dort geregelte „Erwerbsschadensausgleich" dürfte – jedenfalls nach Struktur und Aufbau der Regelungen – im System der Entschädigung beruflicher Auswirkungen durch die Folgen einer versorgungsrechtlich geschützten Schädigung zu einem sachangemessenen finanziellen Ausgleich führen und zugleich den Zugang hierzu nicht unerheblich vereinfachen. Ob diese Regelungen mittel- oder langfristig vorbildhaft für das SGB XIV sein können, wird einerseits von ihrer Praktikabilität und andererseits von der Bereitschaft des Bundesgesetzgebers abhängen, sich neuen Entschädigungsformen zu öffnen. Eine Hinwendung zu einem zumindest transparenteren System der Entschädigung berufsbezogener Schäden erscheint jedenfalls mindestens überlegenswert.

Der Berufsschadensausgleich hat eine interessante und vom Bemühen des Gesetzgebers, stets entschädigungsrechtlich umfassende Lösungen für die jeweils in den Blick genommenen Adressaten zu finden, geprägte Geschichte[568], die allerdings mit der Einführung der vor allem nettobezogenen Entschädigungsstruktur zum 1. Juli 2011 mit dem Gesetz zur Änderung des Bundesversorgungsgesetzes und anderer Vorschriften vom 20. Juni 2011[569] eher von historischer Bedeutung ist. 6

II. Voraussetzungen nach Absatz 1

Tatbestandlich fordert die Norm 7

- Geschädigte
- mit einem Grad der Schädigungsfolgen von mindestens 30,
  - bei denen Leistungen
  - zur medizinischen Rehabilitation oder
  - zur Teilhabe am Arbeitsleben
    - nicht mehr erfolgversprechend sind oder
    - ihnen nicht mehr zugemutet werden können,

567 Namentlich kann hier auf der Tatbestandsebene die Regelung des § 14 Absatz 1 Nr. 5, der erheblichen Vernachlässigung von Kindern, genannt werden.

568 Hierzu im Einzelnen Knickrehm, Gesamtes Soziales Entschädigungsrecht: Handkommentar, Nomos Verlag 2011 (zum BVG), LPK-SGB XIV/Dau, 1. Aufl. 2022, SGB XIV § 89 Rn. 1, 2 und Schmidt SGB XIV/Weber, 1. Aufl. 2021, SGB XIV § 89 mit dort genannten weiteren Verweisen.

569 BGBl. I 2011, 1114 ff.

- die infolge der gesundheitlichen Schädigung
- einen Einkommensverlust erlitten haben

und ordnet hierfür als Rechtsfolge Berufsschadensausgleich an.

8 Wie bereits durch die Regelung des § 29 BVG[570] geschehen, gilt auch im SGB XIV der Grundsatz „Reha(bilitation) vor Rente“. Ein BSA wird deshalb solange nicht gewährt, wie die begründete Aussicht auf eine Rehabilitation der Betroffenen besteht. Dies muss sich in konkreten und bestimmbaren Angeboten, die Geschädigte haben oder haben können, ausdrücken. Es genügt nicht, dass die theoretische, aber nicht in der Einflusssphäre der Betroffenen liegende, Möglichkeit einer Rehabilitation besteht, vielmehr bedarf es eines mit einer Zielstellung versehenen und erreichbaren Angebotes. Ebenfalls genügt es nicht, dass der Träger der Sozialen Entschädigung den Gesundheitszustand der Geschädigten für besserungsfähig hält und deshalb eine Nachuntersuchung von Amts wegen angesetzt[571] wird. Eine Sperrwirkung im Sinne der Nummer 2 tritt hierdurch allein nicht ein. Denn ansonsten hätte es die Verwaltungsbehörde in der Hand die Leistungsvoraussetzungen des BSA selbst zu steuern, was den entschädigungsrechtlichen Charakter der Norm konterkarieren würde.

9 Die Anwendung der Nummer 2 wird regelmäßig keine unbillige Härte gegenüber den Betroffenen darstellen, weil den Berechtigten grundsätzlich eine Schadensminderungspflicht[572] obliegt und zudem erwartet werden kann, dass nur dann staatliche Leistungen in Anspruch genommen werden, wenn dies auch tatsächlich erforderlich ist.

III. Einkommensverlust nach Absatz 2

10 Definitorisch ist nach Satz 1 der Einkommensverlust der Unterschiedsbetrag zwischen dem derzeitigen monatlichen Einkommen aus gegenwärtiger oder früherer Tätigkeit (derzeitiges Einkommen) und dem höheren Vergleichseinkommen. Insoweit führt die Norm die Nettoberechnungsweise fort, die seit dem BVG-Änderungsgesetz vom 13. Dezember 2007[573] bisher schon im BVG Grundlage für die Berechnung des Berufsschadensausgleichs war und die zuvor geltende Bruttoberechnung abgelöst hat.

570 Der zudem Leistungen nach § 32 BVG, also die Ausgleichsrente, mitumfasste und auch diese unter den Vorbehalt von Rehabilitationsleistungen stellte.

571 Dieser Fall dürfte gerade bei lebensjüngeren Geschädigten mit einer psychischen Gesundheitsstörung, z.B. einer posttraumatischen Belastungsstörung nicht selten vorkommen.

572 Die Grundsätze des § 254 BGB sind insoweit im Rahmen gewisser Grenzen analog anwendbar, wenn und soweit diese nicht mit den besonderen entschädigungsrechtlichen Regelungen des SGB XIV kollidieren.

573 BGBl. I 2007, 2904 ff.

11 Die Sätze 2 und 3 regeln den sogenannten Renten-Berufsschadensausgleich. Der Einkommensverlust im Sinne des Satzes 1 ist danach der konkrete Betrag, wenn die Rente der Berechtigten aus der gesetzlichen Rentenversicherung gemindert ist, weil zuvor das Erwerbseinkommen in einem Zeitraum, der nicht mehr als die Hälfte des Erwerbslebens umfasst hat, schädigungsbedingt gemindert war, so ist die Rentenminderung der Einkommensverlust. An die Stelle des Einkommensverlustes tritt mithin ein Fiktivbetrag, der sich wiederum durch Vergleich eines Fiktiv(renten)betrages mit der tatsächlich bezogenen Rente ergibt. Diese Konstruktion war und ist ein Zugeständnis an diejenigen Berechtigten, deren Erwerbs- und damit Rentenbiografie durch die Folgen einer Schädigung negativ beeinflusst wurden. Konkret wird das Ausmaß dieser Minderung dadurch ermittelt, indem einer Rentenberechnung diejenigen Entgeltpunkte zugrunde gelegt werden, die sich ohne Berücksichtigung der Zeiten ergäben, in denen das Erwerbseinkommen der Geschädigten schädigungsbedingt gemindert war und ist. Um dies zu ermitteln, muss der Träger der Sozialen Entschädigung eine Rentenvergleichsberechnung vornehmen, was in der Regel durch Amtshilfe[574] bei dem Träger der Rentenversicherung erfolgen sollte, der bereits die geminderte Rente auszahlt. Die Sätze 2 und 3 beziehen sich ausschließlich auf Leistungen der gesetzlichen Rentenversicherung nach dem SGB VI, nicht hingegen auf Zusatzversorgungssysteme wie Betriebsrenten oder entsprechende Leistungen im öffentlichen Dienst[575]. Derartige Zusatzleistungen sind beim Renten-BSA nicht schadensmindernd zu berücksichtigen[576]. Denn der Gesetzgeber hat die Norm ausschließlich auf die gesetzliche Rente beschränkt. Folglich kann dahinstehen, ob eine Rentenminderung durch die Zusatzversorgung oder aber wegen einer vom Arbeitgeber abgeschlossenen Lebensversicherung gemindert oder sogar ausgeglichen wird. Diese Sichtweise erscheint vor dem Hintergrund des allgemeinen Gleichheitssatzes aus Artikel 3 GG keineswegs unproblematisch.

IV. Vergleichseinkommen nach Absatz 3

12 Grundsätzlich errechnet sich das Vergleichseinkommen danach nach den Sätzen 2 bis 5. Zur Ermittlung des fiktiven Vergleichseinkommens gilt nach Satz 2, dass als Durchschnittseinkommen die Grundgehälter der Besoldungsgruppen der Bundesbesoldungsordnung A heranzuziehen sind. Die Sätze 3 bis 6 legen im Kern Berechnungs- und Anpassungseinzelheiten fest. Diese

574 Im Sinne von §§ 3 bis 7 SGB X.
575 Prominent hier die Leistungen der Versorgungsanstalt des Bundes und der Länder (VBL).
576 BSGE vom 26.11.1991 – 9a RV 7/90 –.

werden aber in der SGB XIV-Berufsschadensausgleichsverordnung, deren Ermächtigungsgrundlage in § 91 enthalten ist, konkretisiert. Nach den derzeit vorliegenden Informationen[577] werden deren Inhalte im Kern denjenigen der BSchAV nach § 30 Absatz 14 BVG entsprechen, sodass auch insoweit die tradierte Gesamtsituation des Rechtsinstituts des BSA keine wesentliche Änderung erfährt. Dies kann durchaus kritisch gesehen werden.

V. Geltung des Nettoprinzips nach Absatz 4

13 Konkret definiert Absatz 4, dass der BSA nach Absatz 1 der Nettobetrag des Vergleichseinkommens abzüglich des Nettoeinkommens aus gegenwärtiger oder früherer Erwerbstätigkeit ist, was in Anwendung der Absätze 5 und 6 gilt. Im Unterschied zu der Regelung des § 30 Absatz 6 Satz 1 BVG existieren die dort genannten und ebenfalls anzurechnenden Leistungen Ausgleichsrente und Ehegattenzuschlag im SGB XIV nicht mehr, was sich in Einzelfällen erhöhend auf die BSA-Zahlbeträge auswirken dürfte.

VI. Absenkung nach Absatz 5

14 Die Absenkung in Absatz 5 entspricht grundsätzlich § 30 Absatz 7 BVG und beschreibt die Festsetzung des Nettobetrags des Vergleichseinkommens in einer pauschalierten Form. Der Absatz ist – in den Grenzen des Korsetts der Vorschrift im Übrigen – erfreulicherweise durch das Gesetz zur Anpassung des Zwölften und des Vierzehnten Buches Sozialgesetzbuch und weiterer Gesetze vom 22. Dezember 2023[578] neu gefasst, wobei die bislang in der § 7 Absatz 1 Nummer 2 und 3 BSchAV (Fassung zur Durchführung von § 30 Absatz 3 bis 12 und § 40a Absatz 1 BVG) enthaltene Regelung nunmehr in das Gesetz übernommen wurde, was der Normklarheit dienlich sein dürfte. Das (Brutto-)Vergleichseinkommen wird ansonsten nach Satz 2 durch Kürzung um pauschal 50 % in das Nettovergleichseinkommen umgewandelt. Ob die auch nach dem SGB XII/XIV-Änderungsgesetz beibehaltene unterschiedliche Behandlung Verheirateter und Unverheirateter, die wiederum so dem Vorgängerrecht entnommen wurde, für die Lebenswirklichkeit des SGB XIV als einem modernen Sozialleistungs- und Teilhabegesetz noch entspricht, kann und muss durchaus in Zweifel gezogen werden.

---

577 SGB XIV-BSchAV v. 6.11.2023, BGBl. I 2023 Nr. 301.
578 BGBl. I Nr. 408.

VII. Umwandlung nach Absatz 6

Der komplizierte Rechenweg nach Absatz 6 entspricht § 30 Absatz 8 BVG und beschreibt die Festsetzung des Nettobetrags des Einkommens aus derzeitiger oder früherer Erwerbstätigkeit in pauschalierter Form in unveränderter Systematik zum BVG. Obwohl gegen diese Berechnung in der Vergangenheit – dem Grunde und der Höhe nach – keine durchgreifenden Bedenken vorgetragen wurden, führt sie dazu, dass die Norm alles andere als transparent und (laien-)anwenderfreundlich wird. **15**

VIII. Anwendungseinschränkung nach Absatz 7

Nach dieser Vorschrift wird der sogenannte Renten-BSA, wie bereits zuvor in § 30 Absatz 9 BVG geregelt, nur dann wegen einer schädigungsbedingten Rentenminderung gezahlt, wenn Zeiten des Erwerbslebens *ohne* schädigungsbedingtes Mindereinkommen von einem gesetzlichen oder einem gleichwertigen Alterssicherungssystem erfasst sind. Die Regelung stärkt das entschädigungsrechtliche Moment des BSA, indem sie eine Fokussierung auf diejenigen Zeiten der Beitragszahlung vornimmt, die ihre Ursache in den anerkannten Schädigungsfolgen haben. Ausgeschlossen sind mithin Zeiten, in denen eine geringere oder keine Beitragsentrichtung anderweitige, z. B. konjunkturelle, Gründe hatte. **16**

Rechtssystematisch wäre die Regelung der Norm in Absatz 2 besser aufgehoben gewesen. **17**

IX. Nachschaden nach Absatz 8

Absatz 8 regelt die Besonderheit der sogenannten Nachschadensfälle, wie dies bereits in § 30 Absatz 11 BVG erfolgt ist. Mit dem Gesetz zur Anpassung des Zwölften und des Vierzehnten Buches Sozialgesetzbuch und weiterer Gesetze vom 22. Dezember 2023[579] wird die Regelung insofern klarer formuliert, als die Nachschadensfälle ausdrücklich als ein Schaden bezeichnet, der keine gesundheitliche Schädigung nach § 4 darstellt (Nummer 1) und zeitlich nach einem schädigenden Ereignis ebenfalls nach § 4 eintritt (Nummer 2). Durch die Berechnung des derzeitigen Einkommens beim Hinzutreten einer nachträglich hinzugetretenen schädigungsunabhängigen Gesundheitsstörung soll verhindert werden, dass nicht auf den anerkannten Schädigungsfolgen beruhende Einkommensverluste durch den BSA kompensiert werden. **18**

579 A. a. O.

19 Das soll damit verhindert werden, dass an die Stelle des gegenwärtig noch tatsächlich erzielten Bruttoeinkommens ein fiktives Durchschnittseinkommen gesetzt wird. Dieses wird der Besoldungsgruppe der Bundesbesoldungsordnung A entnommen, der der Geschädigte ohne den Nachschaden zuzuordnen (gewesen) wäre. Die entschädigungsrechtlich relevante Einkommensminderung ergibt sich in der Folge aus dem Vergleich von zwei Beträgen, die keinen individuellen Bezug mehr zu dem Geschädigten haben. Dies gilt nach Satz 1 2. Halbsatz wiederum nicht für Fälle von Arbeitslosigkeit und altersbedingtem Ausscheiden aus dem Erwerbsleben. Besonders die Privilegierung der Fälle von Arbeitslosigkeit mag entschädigungsrechtlich zwar sehr fürsorgend und deshalb positiv erscheinen. Objektiv und nicht zuletzt gesamtfiskalisch betrachtet ergibt sich aber – v.a auch deshalb, weil es sich nicht um eine Errungenschaft des SGB XIV, sondern wiederum um einen übernommenen Regelungsinhalt aus dem BVG handelt – mit Blick auf die vielfachen vollkommen unabhängig von SGB XIV-geschützten Ursachen von Arbeitslosigkeit kaum eine Rechtfertigung einer solchen Regelung.[580] Ganz offenkundig ist diese Regelung aber der ausdrückliche Wille des Gesetzgebers, da nach der Gesetzesbegründung zum Gesetz zur Anpassung des Zwölften und des Vierzehnten Buches Sozialgesetzbuch und weiterer Gesetze vom 22. Dezember 2023[581] diese Regelung ausdrücklich als kein Anwendungsfall des Nachschadens beschrieben wird.

X. Haushaltsführungs-BSA nach Absatz 9

20 Der Absatz regelt eine weitere Sonderform des BSA, wie zuvor § 30 Absatz 12 BVG, den sog. Haushaltsführungs-BSA (eingeführt als „Hausfrauen-BSA"). Zweck der Norm ist es, den schädigungsbedingten Mehraufwand bei der Führung des Haushalts zu kompensieren. Systematisch handelt es sich um einen pauschalen Aufwendungsersatzanspruch, der gezahlt wird, weil das Fehlen einkommensmindernder Parameter dies bedingt. Anspruch haben Betroffene, die einen gemeinsamen Haushalt mit ihren Ehegatten oder einer anderen der einer in Absatz 9 genannten Personen führen oder ohne die Schädigung führen würden. Regelungszweck ist die Kompensation schädigungsbedingten Mehraufwandes bei der Führung eines Haushalts. Dieser wird in Höhe der Hälfte des Mehraufwandes pauschal als BSA gezahlt. Die Leistung hängt allerdings davon ab, dass Geschädigte konkret

580 Hierzu u.a. bereits zu § 30 Absatz 12 BVG kritisch Dau in Knickrehm, Gesamtes Soziales Entschädigungsrecht: Handkommentar, Nomos Verlag 2011, Rn. 11 zu § 30 BVG am Beispiel der Massenarbeitslosigkeit.

581 BT-Drs. 20/8344 Seite 19.

nachweisen, dass und in welcher Höhe ihnen notwendige Mehraufwendungen entstehen.

Insgesamt darf bezweifelt werden, ob die Norm eine praktische Bedeutung gewinnt. Bereits dem Hausfrauen-BSA des BVG kam nur eine sehr geringe Bedeutung zu, schaffte aber insbesondere für kriegsbeschädigte Frauen des 2. Weltkrieges eine zusätzliche finanzielle Kompensationsmöglichkeit. Ob sich solche Konstellationen auch unter der Geltung des SGB XIV verwirklichen, bleibt abzuwarten, erscheint aber wenig wahrscheinlich. **21**

§ 90
Feststellung

(1) [1]Der Berufsschadensausgleich ist bei monatlich feststehendem Einkommen endgültig festzustellen. [2]Bei monatlich nicht feststehendem Einkommen ist der Berufsschadensausgleich entsprechend den im Zeitpunkt der Bescheiderteilung bekannten Einkommensverhältnissen vorläufig festzusetzen und jeweils nachträglich endgültig festzustellen. [3]Eine Neufeststellung erfolgt nur, wenn sich das Einkommen um mehr als fünf Euro verändert hat.

(2) Ein monatlich feststehendes Einkommen ist gegeben, wenn sich ein bestimmter Monatsbetrag aus Gesetz, Tarif-, Arbeits- oder sonstigem Vertrag ergibt.

(3) Sonderleistungen, wie Weihnachtsgratifikationen, zusätzliche Monatsgehälter und Erfolgsprämien, sind als Einkommen in den Monaten zu berücksichtigen, in denen sie gezahlt werden.

Erläuterungen

Übersicht **Rn.**

A. Allgemeines zu der Norm

I. Vorgängervorschriften

1 Die Norm folgt § 60a Absatz 5 BVG und übernimmt dessen Regelungen im Wesentlichen.

II. Systematische Zusammenhänge

2 Satz 3 enthält die Bagatellgrenze für die Neufeststellung eines Einkommensverlustes von fünf Euro, die exakt derjenigen des § 62 Absatz 1 BVG entspricht.

B. Auslegung der Norm

I. Regelungsinhalt und Bedeutung der Norm

3 Die Vorschrift trifft Regelungen über die endgültige und die vorläufige Festsetzung von BSA, wobei Absatz 1 Satz 2 SGB die Ermächtigung dafür trifft, eine Leistungsgewährung durch einen vorläufigen Verwaltungsakt[582] vorzunehmen. Die Norm unterscheidet die Fälle, in denen

1. bei monatlich feststehendem Einkommen der Berufsschadensausgleich endgültig festzustellen ist;
2. bei monatlich nicht feststehendem Einkommen der Berufsschadensausgleich entsprechend den im Zeitpunkt der Bescheiderteilung bekannten Einkommensverhältnissen vorläufig festzusetzen und jeweils nachträglich endgültig festzustellen ist.

4 Die Differenzierung hat ihre Notwendigkeit in den Sachverhalten der Ziffer 2, in denen Berechtigte, z. B. wegen schwankenden Einkommens aus selbstständiger Tätigkeit, kein feststehendes Einkommen haben. Ziffer 1 ist hingegen der Fall bei abhängig Beschäftigten. Bei diesen muss der Betrag aber nicht notwendigerweise auch monatlich zur Auszahlung kommen, hier sind auch seltenere Auszahlungszeitpunkte denkbar, wenn eine Zuordnung zu dem jeweiligen Monat möglich ist[583].

5 In den Fällen der Ziffer 2 sind dem jeweiligen (vorläufigen) Festsetzungsbescheid die bekannten Einkommensverhältnisse zugrunde zu legen. Konkret sind dies die Umstände, die im Rahmen üblicher und umfassender Sachver-

582 Hierzu auch § 22 Absatz 5 VfG-KOV.
583 So auch VV Nr. 2 lit. b) zu § 60a BVG.

haltsaufklärung ermittelt werden konnten. Reine Prognosen sind nicht zu treffen[584], sachgerecht erscheint, die Festsetzung an möglichst objektiven Parametern zu orientieren.

6 Die Bagatellgrenze des Satz 3 ordnet an, dass Neufeststellungen des BSA unterbleiben, wenn sich die Einkommensverhältnisse um nicht mehr als fünf Euro geändert haben. In diesen Fällen, verbleibt es bei dem zuvor erteilten Bescheid. Diese Bagatellgrenze gilt sowohl bei Abweichungen zugunsten wie zuungunsten der Berechtigten.

7 Nach Absatz 3 und in der Nachfolge von § 60a Absatz 4 BVG findet das Zuflussprinzip, einer der zentralen Grundsätze im deutschen Steuerrecht sowie in anderen Rechtsgebieten[585], wonach auf den Zeitpunkt des Geldeingangs und nicht der Fälligkeit abzustellen ist, Anwendung. Danach sind Sonderleistungen wie z.B. Weihnachtsgratifikationen, zusätzliche Monatsgehälter und Erfolgsprämien in dem Monat ihrer Auszahlung anzurechnen und zu berücksichtigen.

§ 91
Verordnungsermächtigung

Das Bundesministerium für Arbeit und Soziales wird ermächtigt, im Einvernehmen mit dem Bundesministerium der Finanzen durch Rechtsverordnung, die der Zustimmung des Bundesrates bedarf, zu bestimmen:

1. **welche Vergleichsgrundlage und in welcher Weise diese zur Ermittlung des Einkommensverlustes heranzuziehen ist,**
2. **wie der Einkommensverlust bei einer vor Abschluss der Schulausbildung oder vor Beginn der Berufsausbildung erlittenen Schädigung zu ermitteln ist,**
3. **wie der Berufsschadensausgleich festzustellen ist, wenn die oder der Geschädigte ohne die Schädigung neben einer beruflichen Tätigkeit weitere berufliche Tätigkeiten ausgeübt oder einen gemeinsamen Haushalt im Sinne des § 89 Absatz 9 geführt hätte,**
4. **wie der Berufsschadenausgleich bei einem berücksichtigungsfähigen Schaden nach einem Nachschaden im Sinne des § 89 Absatz 8 festgestellt wird und welche Einkommen berücksichtigt werden,**
5. **wie in besonderen Fällen das Nettoeinkommen abweichend von § 89 Absatz 6 Satz 1 Nummer 3 und 4 zu ermitteln ist.**

584 VV Nr. 3 Satz 1 zu § 60a BVG benennt insoweit „...voraussehbare Entwicklungen..."
585 Z.B. § 11 SGB II.

Erläuterungen

Übersicht **Rn.**

A. Allgemeines zu der Norm

I. Vorgängervorschriften

1 Die Norm folgt auf die bisherige Verordnungsermächtigung in § 30 Absatz 14 BVG.

II. Systematische Zusammenhänge

2 Die SGB XIV-BSchAV dient der Konkretisierung der Regelungen in §§ 89 und 90.

B. Auslegung der Norm

I. Regelungsinhalt und Bedeutung der Norm

3 Die Norm schafft eine Ermächtigungsgrundlage für das Bundesministerium für Arbeit und Soziales, im Einvernehmen mit dem Bundesministerium der Finanzen durch eine Rechtsverordnung, die der Zustimmung des Bundesrates bedarf, im Verordnungswege bestimmte in den Ziffern 1 bis 5 aufgeführte Inhalte zum BSA zu regeln. Hierbei knüpfen die Inhalte der Ziffern nahtlos an § 30 Absatz 14 BVG an. Neben dem auf der Bundesebene notwendigen Beteiligungsprozess des Finanzressorts kommt der Zustimmung des Bundesrates Bedeutung zu. Einerseits sind nach § 111 die Länder Träger der Sozialen Entschädigung, andererseits – bzw. deshalb – kommt ihnen eine wesentliche Kostentragungsverantwortung der SGB XIV-Leistungen zu, sodass neben dem föderal gebotenen auch der Aspekt der Ausgabenkontrolle zu beachten ist.

4 Da das Verordnungsgebungsverfahren erst Ende 2023 abgeschlossen werden konnte,[586] lassen sich – wie bei allen Entscheidungen über Gesetze und Ver-

586 Die SGB XIV-BSchAV ist am 1.1.2024 (BGBl. I Nr. 301) in Kraft getreten.

ordnungen – noch keine abschließenden Aussagen zur Wirkung konkreter Inhalte machen.[587] Ausdrücklich positiv ist zu bewerten, dass das Bundesministerium für Arbeit und Soziales zur Erarbeitung des Entwurfs der SGB XIV-BSchAV eine Arbeitsgruppe unter breiter Länderbeteiligung initiiert und angeboten hat,[588] sodass die praktischen Erfahrungen der Länder Eingang in die Verordnung finden konnten.

Kapitel 11
Besondere Leistungen im Einzelfall

§ 92
Anspruch und Umfang

(1) Geschädigte erhalten Besondere Leistungen im Einzelfall, soweit und solange sie nicht oder nicht ausreichend in der Lage sind, den jeweiligen Bedarf aus ihrem Einkommen und Vermögen zu decken, und dieses Unvermögen durch die Schädigungsfolgen entstanden ist.

(2) Für den Einsatz von Einkommen und Vermögen gilt Kapitel 16.

(3) [1]Ein Zusammenhang zwischen den Schädigungsfolgen und dem Unvermögen, den jeweils anzuerkennenden Bedarf aus dem eigenen Einkommen und Vermögen zu decken, wird vermutet, sofern nicht das Gegenteil offenkundig oder nachgewiesen ist. [2]Der Zusammenhang ist stets anzunehmen bei minderjährigen Geschädigten sowie Geschädigten, die Entschädigungszahlungen bei einem Grad der Schädigungsfolgen von 100 und einen Berufsschadensausgleich nach Kapitel 10 oder die Leistungen bei Pflegebedürftigkeit nach Kapitel 7 erhalten.

(4) Besondere Leistungen im Einzelfall sind:
1. **Leistungen zum Lebensunterhalt nach § 93,**
2. **die Leistung zur Förderung einer Ausbildung nach § 94,**
3. **Leistungen zur Weiterführung des Haushalts nach § 95 sowie**
4. **Leistungen in sonstigen Lebenslagen nach § 96.**

(5) Besondere Leistungen im Einzelfall können als Darlehen erbracht werden, wenn dies unter Berücksichtigung der Ziele der Sozialen Entschädigung nach den Umständen des Einzelfalls zur Deckung des festgestellten Bedarfs geboten erscheint und die Voraussetzungen für eine Beihilfe nicht oder nicht in voller Höhe vorliegen.

587 Dies gilt auch für die in Schmidt SGB XIV/Weber, 1. Aufl. 2021, SGB XIV § 91 Rn. 1, 2 zum Ausdruck gebrachte Erwartung, einige Regelungsinhalte der Rechtsverordnung möglichst einfacher, transparenter und bürgerfreundlicher zu gestalten.

588 Was gleichermaßen für die Verordnung zum Einkommen und Vermögen im SGB XIV nach § 109 und Auslandszuständigkeitsverordnung nach § 113 Absatz 6 gilt.

(6) [1]Hinterbliebene erhalten Leistungen nach Absatz 4 Nummer 1 und 2, soweit und solange sie nicht oder nicht ausreichend in der Lage sind, den jeweiligen Bedarf aus ihrem Einkommen und Vermögen zu decken, und dieses Unvermögen durch den Tod der oder des Geschädigten entstanden ist. [2]Ein Zusammenhang zwischen dem Tod der oder des Geschädigten und diesem Unvermögen wird vermutet, sofern nicht das Gegenteil offenkundig oder nachgewiesen ist. [3]Der Zusammenhang ist stets anzunehmen bei Hinterbliebenen, die voll erwerbsgemindert im Sinne des Sechsten Buches sind.

(7) § 26 des Zwölften Buches gilt entsprechend.

Erläuterungen

Übersicht **Rn.**

A. Allgemeines zu der Norm

I. Vorgängervorschriften

1 Die Norm folgt im Wesentlichen auf §§ 25a, 25b Absatz 4, 26d, 27a sowie 27d Absatz 2 BVG.

II. Systematische Zusammenhänge

2 Die Vorschrift steht im Kern in engem Zusammenhang mit den Normen des Sechsten Kapitels.

B. Auslegung der Norm

I. Regelungsinhalt und Bedeutung der Norm

3 Kernregelung ist, dass auf die besonderen Leistungen im Einzelfall grundsätzlich eine Anrechnung von Einkommen und Vermögen erfolgt, die in

Kapitel 16 näher geregelt ist. Damit wird – in den Grenzen der nachstehenden Ausführungen – die Systematik des SGB XII übernommen.[589]

4 Eine Anrechnung erfolgt nach § 105 Absatz 1 nicht auf Leistung zur Förderung einer Ausbildung nach § 94 SGB XII. Zudem sind nach § 105 Absatz 3 Einkommen und Vermögen dann nicht einzusetzen, wenn der Bedarf ausschließlich aus den anerkannten Schädigungsfolgen resultiert[590]. § 105 Absatz 4 schließt eine Berücksichtigung ebenfalls aus, wenn dies Billigkeitsgesichtspunkten zuwiderliefe.

5 Die besonderen Leistungen sind – anders als die Fürsorgeleistungen des BVG – nicht mehr vom Bezug von Entschädigungszahlungen[591] abhängig. Sie stellen vielmehr eine eigene Anspruchsgrundlage dar. Ausreichend ist, dass Schädigungsfolgen festgestellt wurden[592].

6 Nach Absatz 2 gelten zur Feststellung der (Hilfe-)Bedürftigkeit die besonderen Regelungen des Kapitels 16 zum Einsatz von Vermögen.

7 Absatz 3 knüpft an § 25a Absatz 2 BVG an und kodifiziert die gesetzliche Vermutung für die Annahme der wirtschaftlichen Kausalität in folgenden Fällen:

- minderjährige Geschädigte,
- Geschädigte, mit einem Grad der Schädigungsfolgen von 100 und einen Berufsschadensausgleich[593]
- Geschädigte mit einem Grad der Schädigungsfolgen von 100, die Leistungen bei Pflegebedürftigkeit nach Kapitel 7 beziehen.

8 Der insoweit mit dem Wortlaut „...ist stets anzunehmen..." gesetzliche Auftrag im Sinne einer Rechtsvermutung[594] ist ebenso sinnvoll, wie realitätsnah. Denn die sozialentschädigungsrechtlichen Erfahrungen mit den genannten Personengruppen zeigen, dass bei ihnen bestehende Bedarfe in einer Vielzahl der Fälle auf der Schädigung beruhen und es ist gerade dieser Personenkreis, bei dem es sachgerecht ist, aufwendige Ermittlungen zu konkreten Ursachen bestimmter Bedarfe nicht durchführen zu müssen. In-

---

589 Zu den wichtigsten Änderungen und der Abgrenzung zwischen der Kriegsopferfürsorge des BVG und den besonderen Leistungen im Einzelfall des SGB XIV vgl. LPK-SGB XIV/Kruse, 1. Aufl. 2022, SGB XIV § 92 Rn. 7–11.

590 Insoweit erfolgt eine Fortsetzung der Rechtsfigur der wirtschaftlichen Kausalität der Fürsorgeleistungen des BVG.

591 D.h. von den BVG-Entschädigungsleistungen.

592 Insoweit darf die im Vorgängerrecht gewonnene Erkenntnis, dass z.B. bestimmte Beeinträchtigungen unterhalb der Schwelle der Rentenberechtigung einen (schädigungsbedingten) Teilhabebedarf auslösen können, leitmotivisch gewesen sein.

593 Vgl. hierzu Ausführungen zu Kapitel 10, v.a. § 89 und 90.

594 Die Gesetzesbegründung BT-Drs. 19/1382 spricht auf Seite 209 richtigerweise von einer gesetzlichen Fiktion.

soweit dient die Regelung vordergründig den Betroffenen, gesamthaft aber auch der Verwaltungsvereinfachung. Einschränkend kann angemerkt werden, dass die zugunsten der Minderjährigen erfolgte Annahme, dass für sie in der Regel keine konkreten Berufsaussichten bestehen oder bestanden haben und somit auch keine Prognose über den weiteren beruflichen Lebensweg gestellt werden kann, was sicherlich als erfreuliche Hinwendung des Gesetzes zu der Gruppe der im Kindesalter Geschädigten verstanden werden darf, aber auch etwas grob erscheint. Dass insoweit Fehlanreize gesetzt werden, erscheint allerdings mit Blick auf die Rechtsnatur der Leistungen wenig wahrscheinlich.

9 Der mögliche Leistungskatalog der besonderen Leistungen im Einzelfall wird in den Ziffern 1 bis 4 des Absatz 4 beschrieben. Hierbei handelt es sich um eine enumerative Aufzählung;[595] weitere Leistungen kommen mithin insoweit nicht in Betracht.

10 Die bereits aus dem BVG bekannte und dort nicht selten genutzte Möglichkeit der Darlehnsgewährung, wie sie bereits in § 25b Absatz 4 BVG eröffnet war, schafft auch Absatz 5 mit der entsprechend gegebenen Möglichkeit, wenn die Voraussetzungen für eine Beihilfe nicht oder nicht in voller Höhe vorliegen, aber eine zumindest darlehensweise Leistungserbringung geboten erscheint.

11 Eine darlehensweise Gewährung kann beispielsweise in Betracht kommen, wenn eine Beihilfe aufgrund des einzusetzenden Einkommens und Vermögens nicht möglich oder der Höhe nach begrenzt ist oder wenn die Voraussetzungen für eine Beihilfe nicht vorliegen. Damit geht die Norm über § 25b Absatz 4 BVG hinaus und schafft einen ermessenbehafteten Tatbestand zu der Frage, was im Sinne des Gesetzes *„…geboten erscheint…“*. Wie bereits an anderer Stelle angemerkt[596], dürfte der Judikatur zur Ausfüllung und Auslegung dieses Rechtsbegriffes größere Bedeutung zukommen.

12 Einerseits in konsequenter Behandlung dieser Betroffenengruppe und andererseits in Fortführung des bereits in § 25a Absatz 2 Satz 3 Nummer 3 BVG enthaltenen Rechtsgedankens erhalten nach Absatz 6 auch Hinterbliebene die Leistungen zum Lebensunterhalt und die Leistung zur Förderung einer Ausbildung, wenn sie hilfebedürftig sind und die Hilfebedürftigkeit durch den Tod der oder des Geschädigten entstanden ist. Auch für die Hinterbliebenen gilt die in Absatz 3 oben beschriebene Fiktionsannahme, dass ein Zusammenhang zwischen dem Tod des Geschädigten

595 Vgl. auch BT-Drs. 19/1382 Seite 209.
596 Vgl. Ausführungen des Autors zu § 92 in SGB XIV – Ein Überblick über das neue Soziale Entschädigungsrecht, 2021.

und dem Unvermögen des Hinterbliebenen den jeweiligen Bedarf aus eigenem Einkommen und Vermögen zu decken, immer dann vermutet wird, sofern nicht das Gegenteil offenkundig oder nachgewiesen ist. Auch hier ist der Zusammenhang stets anzunehmen bei Hinterbliebenen, die voll erwerbsgemindert im Sinne des SGB VI sind. Die Regelungen entlasten mithin die Betroffenen von einer unter Umständen schwierigen Nachweisführung, tragen aber auch wiederum zu einer erfreulichen Vereinfachung der Verwaltungsverfahren bei. Eine vermeintliche Einschränkung gegenüber § 25a Absatz 2 Satz 3 Nummer 3 BVG nimmt Absatz 6 allerdings insoweit vor, als die in der Vorgängervorschrift noch enthaltene weitere Beweiserleichterung, wonach der Zusammenhang auch dann anzunehmen ist, wenn die Hinterbliebenen „...das 60. Lebensjahr vollendet haben.“, nunmehr nicht mehr gilt. Allerdings erscheint deren Nichtfortführung unbedenklich, da die Lebenswirklichkeit mittlerweile zeigt, dass eine Privilegierung allein aufgrund eines Lebensalters, das noch vergleichsweise weit von der Regelaltersgrenze der gesetzlichen Rentenversicherung[597] entfernt ist, kaum zu rechtfertigen gewesen wäre. Inwieweit eine solche bereits gegen das Verbot der Altersdiskriminierung[598] verstoßen hätte, kann dahinstehen. Die Gesetzbegründung schweigt hierzu insgesamt.[599]

Mit dem Gesetz zur Anpassung des Zwölften und des Vierzehnten Buches Sozialgesetzbuch und weiterer Gesetze vom 22. Dezember 2023[600] wurde der Norm ein 7. Absatz angefügt, nach dem § 26 SGB XII entsprechend gilt. Hintergrund ist nach der Gesetzesbegründung[601], dass der Gesetzgeber entsprechend dem Vorgängerrecht aus § 51 KFürsV erreichen will, dass auch unter der Geltung des SGB XIV Leistungen eingeschränkt werden können, wenn Berechtigte ihr Einkommen und Vermögen vermindern, um die Erbringung oder die Erhöhung von Leistungen des SGB XIV zu erreichen. § 51 KFürsV verwies in Satz 2 bereits auf § 26 SGB XII, sodass der Normabsatz konsequent erscheint. 13

597 Nach § 35 Satz 2 SGB VI liegt diese bei der Vollendung des 67. Lebensjahres.
598 Vgl. §§ 1, 7, 15 AGG.
599 Vgl. BT-Drs. 19/1382 Seite 209/210.
600 BGBl. I Nr. 408.
601 BT-Drs. 20/8344 Seite 49.

§ 93
Leistungen zum Lebensunterhalt

(1) [1]Geschädigte erhalten Leistungen zum Lebensunterhalt. [2]Hinterbliebene erhalten Leistungen nach Satz 1 für einen Zeitraum von bis zu fünf Jahren nach dem Tod der oder des Geschädigten. [3]Die Vorschriften des Dritten und Vierten Kapitels sowie § 145 Absatz 1 und 2 des Zwölften Buches gelten entsprechend unter Berücksichtigung der besonderen Lage der Geschädigten und Hinterbliebenen. [4]Leistungen zum Lebensunterhalt werden nur erbracht, soweit der Lebensunterhalt nicht aus den übrigen Leistungen nach diesem Gesetz bestritten werden kann.

(2) Sind für Geschädigte und Waisen Leistungen zum Lebensunterhalt während der Erbringung von Leistungen nach dem Achten Buch erforderlich, erbringt diese der Träger der Sozialen Entschädigung nach Maßgabe des Absatzes 1, soweit nicht der Träger der öffentlichen Jugendhilfe Leistungen nach § 39 des Achten Buches erbringt.

(3) [1]Ansprüche nach dem Bundesausbildungsförderungsgesetz gehen Ansprüchen nach diesem Buch vor. [2]Soweit für Geschädigte weitere Leistungen zum Lebensunterhalt während der Erbringung von Leistungen zur Ausbildungsförderung nach dem Bundesausbildungsförderungsgesetz erforderlich sind, erbringt diese der Träger der Sozialen Entschädigung nach Maßgabe des Absatzes 1.

(4) Der Anspruch auf Leistungen zum Lebensunterhalt kann nicht abgetreten, übertragen, verpfändet oder gepfändet werden.

Erläuterungen

Übersicht **Rn.**

A. Allgemeines zu der Norm

I. Vorgängervorschriften

Die Vorschrift folgt unmittelbar auf § 27a BVG, der die ergänzende Hilfe zum Lebensunterhalt im Vorgängerrecht regelte. 1

II. Systematische Zusammenhänge

Die Norm bzw. deren Regelungsgehalt stehen in engem Zusammenhang mit § 92 Absatz 4 sowie 93 bis 96. 2

III. Literaturhinweise

Zum Vorgängerrecht des § 27a BVG insbesondere „Empfehlungen zur Kriegsopferfürsorge", Richard Boorberg Verlag, Stand 1. Januar 2021, Abschnitt 27a.1. 3

B. Auslegung der Norm

I. Regelungsinhalt und Bedeutung der Norm

Intention der Vorschrift ist es, in Ausfüllung der Aufzählung aus § 92 Absatz 4 Nummer 1 Grundsätze und Einzelheiten zur Erbringung der dort genannten Leistungen zum Lebensunterhalt[602] zu regeln. Die Norm dient im Kern der Bestimmung des anspruchsberechtigten Personenkreises und der Abgrenzung zu anderen Sozialleistungen. Die Einkommensanrechnung für die Leistungen zum Lebensunterhalt bestimmt sich nach § 107 Absatz 3.[603] 4

II. Absatz 1

Einen Anspruch auf die Besonderen Leistungen im Einzelfall haben sowohl Geschädigte nach Absatz 1 Satz 1, als auch Hinterbliebene nach Absatz 1 Satz 2 in der beschriebenen zeitlichen Grenze von fünf Jahren nach dem Tod der oder des Geschädigten. Dieser aus dem Vorgängerrecht[604] nicht bekannte Begrenzungszeitraum soll dazu dienen, Hinterbliebenen nach dem Tod der/des Geschädigten einen hinreichenden Zeitraum einzuräumen, um sich auf die veränderte (wirtschaftliche) Situation einzustellen und ihren Le- 5

602 Vgl. Ausführungen zu § 92 Absatz 4.
603 Vgl. Ausführungen dort.
604 Explizit in § 27a BVG abweichend geregelt.

bensunterhalt wieder selbst sichern zu können[605]. Zwar erscheint die Zielrichtung der Regelung grundsätzlich nachvollziehbar, allerdings kann der gewählte Zeitraum – wie alle vorfestgelegten Leistungszeiträume für den Bezug von (Sozial-)Leistungen – im Einzelfall als willkürlich empfunden werden, wenn genau das vom Gesetzgeber erwartete Ziel innerhalb des Zeitrahmens nicht erreicht wurde. Insoweit kann angenommen werden, dass die Regelung des § 100 hier durchaus in den Fällen zur Anwendung kommen kann, in denen die Fünf-Jahres-Regelung zu einer unbilligen Härte führt. Einzuräumen ist aber, dass eine zeitlich unbeschränkte Leistungsgewährung auch für Hinterbliebene angesichts einer stärkeren wirtschaftlichen Autonomie der Menschen im Vergleich zum Vorgängerrecht einerseits als uferlos hätte empfunden werden können und andererseits Anreize bei den Betroffenen, ihr Leben (finanziell) eigenständig zu gestalten, hätte nehmen können. Die Regelung wird – soweit ersichtlich – im bisherigen Schrifttum auch nicht erkennbar kritisiert.

6 Nach Satz 3 regelt sich der Leistungsumfang, der im Wesentlichen am notwendigen Bedarf nach dem Dritten und Vierten Kapitel des SGB XII ausgerichtet ist[606]. Im Grundsatz setzt das SGB XIV die Systematik des SGB XII fort. Im Einzelnen werden die Bedarfe für Unterkunft und Heizung als Leistungen zum Lebensunterhalt bis zu einer Angemessenheitsgrenze erstattet, die sich nach § 35 SGB XII, und differenziert nach der jeweiligen Wohnform, in der Geschädigte oder Hinterbliebene leben, nach § 42 Nummer 4 lit. b und nach § 42a SGB XII, richtet. Soweit Bedarfe für Unterkunft und Heizung als Leistungen zum Lebensunterhalt erstattet werden, sind Einkommen und Vermögen einzusetzen. Zu trennen sind lebensunterhaltssichernde Leistungen von schädigungsbedingten Sachleistungen, die als Leistungen zur Sozialen Teilhabe nach § 66 und damit ohne Einsatz von Einkommen und Vermögen zu erstatten sind. Die Abgrenzung zwischen lebensunterhaltssichernden Leistungen und schädigungsbedingten Sachleistungen ist im SGB XIV gleichermaßen vorzunehmen wie die Abgrenzung zwischen lebensunterhaltssichernden Leistungen nach dem SGB XII und Eingliederungshilfeleistungen nach Teil 2 des SGB IX.[607] Nach der Gesetzesbegründung können Aufwendungen für Unterkunft und Heizung, die die Angemessenheitsgrenze nach § 42a Absatz 5 Satz 4 SGB XII um mehr als 25 Prozent übersteigen, nur als Sachleistung erbracht werden, wenn ein Berechtigter in einer Wohnform

605 Vgl. auch BT-Drs. 19/1382 Seite 210.
606 Zu den Leistungen im Einzelnen vgl. LPK-SGB XIV/Kruse, 1. Aufl. 2022, SGB XIV § 93 Rn. 7.
607 Der insoweit vorgenommene Gleichlauf zwischen den Sozialgesetzbüchern ist erkennbar gewollt und dient der erfreulichen Harmonisierung des Sozialleistungsrechts, ohne dieses allerdings deutlich einfacher zu gestalten.

nach § 42a Absatz 2 Satz 1 Nummer 2 SGB XII lebt. Bei Geschädigten und Hinterbliebenen, die in einer Wohnung nach § 42a Absatz 2 Satz 1 Nummer 1 SGB XII leben, werden Aufwendungen für Flächen, die aufgrund des Umfangs schädigungsbedingt erforderlicher Assistenzleistungen benötigt werden, nicht als Bedarfe für Unterkunft und Heizung im Rahmen der Leistungen zum Lebensunterhalt, sondern als Bedarfe im Rahmen der Leistungen zur Sozialen Teilhabe nach § 66 anerkannt[608].

Um der besonderen Situation der SGB XIV-Berechtigten (umfassend) entsprechen und genügen zu können, trifft Satz 3 die Regelung, dass die Vorschriften des Dritten und Vierten Kapitels des SGB XII entsprechend unter Berücksichtigung der besonderen Lage der Geschädigten und Hinterbliebenen gelten. Damit eröffnet der Gesetzgeber einen Leistungsrahmen, der bestimmte Anwendungshärten verhindern soll. 7

Satz 4 entspricht der bisherigen Rechtslage aus dem Vorgängerrecht des § 27a Satz 1 BVG und trifft die Subsidiaritätsregelung, dass ergänzende Hilfe zum Lebensunterhalt Geschädigten und Hinterbliebenen (nur) zu erbringen ist, soweit der Lebensunterhalt nicht aus den übrigen Leistungen nach diesem Gesetz und dem einzusetzenden Einkommen und Vermögen bestritten werden kann. 8

III. Absatz 2

Nach Absatz 2 gilt der Grundsatz, dass Leistungen zum Lebensunterhalt nach Absatz 1 auch an Geschädigte bzw. Hinterbliebene erbracht werden, die zugleich Leistungen der Kinder- und Jugendhilfe nach dem SGB VIII erhalten. Praktische Anwendungsfälle sind mithin Kinder oder Jugendliche, die während des Bezugs von Leistungen zur Erziehung im elterlichen Haushalt untergebracht sind. Damit stellt die Norm grundsätzlich sicher, dass auch dieser Personenkreis an den SGB XIV-Leistungen teilhat. Eine Anwendungsausnahme ist nach dem letzten Satzteil allerdings dann vorgesehen, wenn nach Leistungen zum Unterhalt des Kindes oder des Jugendlichen nach § 39 SGB VIII gezahlt werden. Dies ist dann der Fall, wenn Kinder oder Jugendliche sich während des Bezugs von Leistungen zur Erziehung außerhalb des elterlichen Haushalts befinden. Konkret sind dies Unterbringungen im Rahmen einer teil- oder vollstationären Hilfe. 9

608 BT-Drs. 19/1382 Seite 210.

IV. Absatz 3

10 Als weitere faktische Subsidiaritätsnorm wirkt Absatz 3, der anordnet, dass Ansprüche nach dem Bundesausbildungsförderungsgesetz denjenigen des SGB XIV vorgehen. Konkret sind dies die unterhaltssichernden Leistungen nach §§ 12 und 13 BAföG für Schüler und Studierende.

11 Absatz 3 Satz 2 eröffnet die Möglichkeit, dass der Träger der Sozialen Entschädigung neben den Leistungen des BAföG weitere Leistungen zum Lebensunterhalt an Geschädigte erbringt, sofern hierfür ein Mehrbedarf besteht. Insofern verweist das Gesetz an dieser Stelle in die Grundnorm des Absatz 1 und bildet damit faktisch eine Rückausnahme, die allerdings an das Vorhandensein eines schädigungsbedingten Bedarfs gebunden ist.

V. Absatz 4

12 Wiederum mit dem Gesetz zur Anpassung des Zwölften und des Vierzehnten Buches Sozialgesetzbuch und weiterer Gesetze vom 22. Dezember 2023[609] wurde der Vorschrift ein Absatz 4 angefügt, der regelt, dass der Anspruch auf Leistungen zum Lebensunterhalt nicht abgetreten, übertragen, verpfändet oder gepfändet werden kann. Damit vollzieht der Gesetzgeber die entsprechenden sozialhilferechtlichen Regelungen aus § 17 Absatz 1 Satz SGB XII sowie § 42 Absatz 4 Satz SGB II nach, was sogar eine Besserstellung der Berechtigten gegenüber dem Vorgängerrecht darstellt, da im BVG Leistungen zum Lebensunterhalt sowie ergänzende Hilfe zum Lebensunterhalt pfändbar waren.

§ 94
Leistung zur Förderung einer Ausbildung

(1) Soweit bei Geschädigten und Waisen die Förderung einer Ausbildung nach dem Bundesausbildungsförderungsgesetz als Darlehen schädigungsbedingt erfolgt, übernimmt der Träger der Sozialen Entschädigung auf Antrag die Rückzahlung des Darlehens.

(2) [1]Bei Waisen wird unterstellt, dass der Bedarf schädigungsbedingt ist, wenn
1. **der Tod eines Elternteils während der Ausbildung eintritt oder**
2. **die Ausbildung innerhalb von fünf Jahren nach dem Tod eines Elternteils beginnt.**

609 BGBl. I Nr. 408.

[2]Im Fall des Satzes 1 Nummer 1 gelten die Darlehensleistungen ab dem Zeitpunkt des Todes als schädigungsbedingt.

(3) [1]Der Antrag ist für nach § 17 Absatz 2 oder 3 des Bundesausbildungsförderungsgesetzes geleistete Darlehen spätestens drei Monate nach Bekanntgabe des Bescheids des Bundesverwaltungsamtes nach § 18 Absatz 9 des Bundesausbildungsförderungsgesetzes zu stellen. [2]Für nach § 17 Absatz 3 des Bundesausbildungsförderungsgesetzes in der bis zum 31. Juli 2019 anzuwendenden Fassung geleistete Darlehen ist der Antrag spätestens drei Monate nach Zugang der Mitteilung der Kreditanstalt für Wiederaufbau nach § 18 c Absatz 8 des Bundesausbildungsförderungsgesetzes zu stellen. [3]Dem Antrag ist der Bescheid nach Satz 1 beziehungsweise die Mitteilung nach Satz 2 beizufügen. [4]Der Antrag kann in den Fällen des Satzes 1 bereits vor der Bekanntgabe des Bescheides und in den Fällen des Satzes 3 bereits vor dem Zugang der Mitteilung gestellt werden. [5]Sofern in den Fällen des Satzes 1 der Bescheid im Zeitpunkt der Antragstellung noch nicht vorliegt, ist dieser unverzüglich nach dessen Bekanntgabe nachzureichen. [6]Sofern in den Fällen des Satzes 2 die Mitteilung im Zeitpunkt der Antragstellung noch nicht vorliegt, ist diese unverzüglich nach ihrem Zugang nachzureichen.

(4) [1]Der Träger der Sozialen Entschädigung teilt den Eingang eines Antrags nach Absatz 3 Satz 1 oder 2 für ein nach § 17 Absatz 2 oder 3 des Bundesausbildungsförderungsgesetzes geleistetes Darlehen dem Bundesverwaltungsamt und für ein nach § 17 Absatz 3 des Bundesausbildungsförderungsgesetzes in der bis zum 31. Juli 2019 anzuwendenden Fassung geleistetes Darlehen der Kreditanstalt für Wiederaufbau zur Freistellung der antragstellenden Person von der Verpflichtung zur Darlehensrückzahlung nach dem Bundesausbildungsförderungsgesetz unverzüglich mit. [2]Zudem teilt er der in Satz 1 genannten zuständigen Stelle unverzüglich seine darauf ergangene Entscheidung mit, sobald diese unanfechtbar geworden ist. [3]Die Mitteilung nach Satz 2 erfolgt bei vollständiger Ablehnung oder einer Entscheidung, die Rückzahlung des Darlehens in einer bestimmten Teilhöhe zu übernehmen, zur Beendigung der Freistellung; bei vollständiger Übernahme erfolgt sie ausschließlich für die weitere Darlehensverwaltung. [4]Die Mitteilungen nach den Sätzen 1 und 2 ergehen jeweils unter Angabe des Namens der antragstellenden Person und der Amt-Förderungsnummer.

(5) [1]Der Träger der Sozialen Entschädigung zahlt die von ihm zu übernehmende Darlehensschuld nach Kenntnis von der Unanfechtbarkeit des Bescheides nach Absatz 3 Satz 1 und nach Unanfechtbarkeit seiner Entscheidung über die teilweise oder vollständige Übernahme der Darlehensschuld in einer Summe an das Bundesverwaltungsamt zurück. [2]§ 18 Absatz 10 des Bundesausbildungsförderungsgesetzes findet keine Anwendung. [3]Nach Kenntnis vom Zugang der Mitteilung nach Absatz 3 Satz 2 zahlt der Träger der Sozialen Entschädigung die von ihm zu übernehmende Darlehensschuld einschließlich der Zinsen nach § 18 c Absatz 2 Satz 1 des Bundesausbildungsförderungsgesetzes binnen drei Monaten in einer Summe an die Kreditanstalt für Wiederaufbau zurück.

Erläuterungen

Übersicht **Rn.**

A. Allgemeines zu der Norm

I. Vorgängervorschriften

1 Die Norm folgt in Teilen dem Vorgängerrecht auf § 27 BVG und § 18 KfürsV.

II. Parallelvorschriften

2 Es bestehen Parallelitäten zu § 17 BAföG.

B. Auslegung der Norm

I. Regelungsinhalt und Bedeutung der Norm

3 Die Vorschrift regelt den Anspruch auf die Leistung zur Förderung einer Ausbildung im Rahmen des SGB XIV und gestaltet damit die Regelungen des § 92 Absatz 1 und 6 aus. Voraussetzung für den Bezug der Leistungen ist ein aus den anerkannten Schädigungsfolgen resultierender Bedarf. Offenbar um der Sondersituation von Anspruch und mit der Norm erfolgender Bedarfsdeckung gerecht zu werden, richtet sich die Prüfung eines Bedarfs zur Förderung einer Ausbildung(sleistung) nach den Vorschriften des BAföG und durch dessen Leistungserbringer, was – in Abkehr von den Grundsätzen des Vorgängerrechts[610] – auch zur Folge hat, dass die wirtschaftliche Kausalität im SGB XIV nicht Voraussetzung für die Leistungsgewährung ist.

610 Hier § 25a Absatz 1 BVG.

Entsprechend der in § 10 Absatz 2 für § 94 geregelten Ausnahme werden dessen Leistungen – anders als die übrigen Leistungen des Kapitels 11[611] – nur auf Antrag erbracht.

Die Norm wird in der vorliegenden Kommentierung als nicht unkritisch gesehen[612], erscheint aber ihrer Zielrichtung und Konzeption mit Blick auf den besonderen Anspruchscharakter nicht unstimmig. Ob und inwieweit beispielsweise das Zusammenspiel der durchführungsverantwortlichen SGB XIV-Behörden mit den zuständigen BAföG-Stellen diesen Eindruck bestätigt, bleibt freilich abzuwarten.

II. Absatz 1

4 Anspruchsberechtigt sind Geschädigte und ihre Waisen, ausdrücklich keine Witwen, wodurch sich der Anwendungsbereich des § 27 Absatz 1 lit a und b BVG wiederholt.

5 Die nach der Norm anwendbare Vorschrift des § 17 BAföG sieht die Gewährung in Form eines Zuschusses bzw. in Darlehnsform vor, letzteres ist beim Besuch von Höheren Fachschulen, Akademien und Hochschulen sowie bei der Teilnahme an einem Praktikum, das im Zusammenhang mit dem Besuch dieser Ausbildungsstätten steht, gegeben. In diesen Fällen wird der monatliche Förderungsbetrag zur Hälfte als Darlehen geleistet.

6 In Bezug auf SGB XIV-relevante Lebenssachverhalte regelt die Vorschrift, dass der SGB XIV-Träger die Rückzahlung eines gewährten Darlehens ab dem Zeitpunkt des schädigenden Ereignisses zu übernehmen hat, wenn die Schädigung während der Dauer einer noch nicht abgeschlossenen Ausbildung und BAföG-Förderung eingetreten ist und sich dadurch die Ausbildung verlängert.

III. Absatz 2

7 Fiktional trifft die Norm die Regelung, dass der Bedarf an Ausbildungsförderung bei Waisen immer dann schädigungsbedingt ist, wenn der (wiederum schädigungsbedingte) Tod eines Elternteils während der Ausbildung eintritt oder die Ausbildung der Waisen innerhalb von fünf Jahren nach dem Tod eines Elternteils begonnen wird. Diese Fünf-Jahres-Regelung stellt allerdings keine Ausschlussfrist dar. Nach der Gesetzesbegründung[613] soll

611 Und auch anders als es den Sozialhilfe- und KOF-Grundsätzen im Übrigen entspricht.

612 Vgl. LPK-SGB XIV/Kruse, 1. Aufl. 2022, SGB XIV § 94 Rn. 5, in der die Norm als „...eigentlich systemwidrig..." beschrieben wird.

613 BT-Drs. 19/13824 S. 211.

in den Fällen, in denen der Tod eines Elternteils oder beider Elternteile länger als fünf Jahre zurückliegt, eine Einzelfallprüfung erfolgen. Diese Einschränkung stellt sich mit Blick auf die bekannten denkbaren Folgen, die der Tod eines oder gar beider Elternteile auf die Entwicklung eines Kindes oder Jugendlichen haben kann, als geradezu selbstverständlich dar. Um dieses Ergebnis zu erzielen, wäre es aus der Sicht des Autors rechtstechnisch vorzugswürdiger gewesen, die Norm um einen Satz zu ergänzen, wonach sie dann unbeachtlich ist, wenn ein Zusammenhang zwischen dem Tod von Eltern(teilen) und einer Ausbildungsverzögerung aufgrund der Umstände des Einzelfalles angenommen werden kann. Dies hätte unter Umständen eine einheitlichere und betroffenenorientiertere Anwendung ermöglicht. Eine Ergänzung de lege ferenda scheint angeraten.

IV. Absatz 3

8 Der Absatz regelt, unter welchen Voraussetzungen die Berechtigten die – ihnen obliegende – Verpflichtung zur Rückzahlung beantragen können. Ein solcher Antrag muss innerhalb von drei Monaten nach der Bekanntgabe des zugrundeliegenden Bescheides des Bundesverwaltungsamtes nach § 18 Absatz 9 des BAföG[614] gestellt werden. Nach Satz 2 ist für die nach § 17 Absatz 3 BAföG in der bis zum 31. Juli 2019 anzuwendenden Fassung geleisteten Darlehen der Antrag innerhalb von drei Monaten nach Zugang der Mitteilung der Kreditanstalt für Wiederaufbau nach § 18c Absatz 8 BAföG zu stellen. Satz 3 fordert zudem, dass dem Antrag der Bescheid des Bundesverwaltungsamts bzw. die Mitteilung der Kreditanstalt für Wiederaufbau beizufügen ist. Allerdings begründet diese Obliegenheit bei den Antragstellern keine Ablehnung eines Antrages, wenn Bescheid oder Mitteilung nachgereicht werden; die Norm dient – richtigerweise – der im Interesse der Betroffenen liegenden Beschleunigung des Verwaltungsverfahrens[615] und nicht der Abschneidung von Ansprüchen. Die zuständigen Behörden sind deshalb gehalten, fehlende Bescheide oder Mitteilungen nachzufordern. Nach dem mit dem Gesetz zur Anpassung des Zwölften und des Vierzehnten Buches Sozialgesetzbuch und weiterer Gesetze vom 22. Dezember 2023[616] eingefügten Satz 4 kann der Antrag in den Fällen des Satzes 1 bereits vor Bekanntgabe des Bescheides

614 Rechtstechnisch hätte sich hier eine abstrakte Behördenangabe wie beispielsweise „… des Bescheides nach § 18 Absatz 9 BAföG der hierfür zuständigen Behörde…“ angeboten, um für den Fall eines Zuständigkeitswechsels das SGB XIV nicht anpassen zu müssen.

615 So auch BT-Drs. 19/13824 S. 211, 4. Absatz, allerdings ist der Verweis dort mit „…§ 4 Satz 3…“ beschrieben, gemeint sein dürfte aber Absatz 3 Satz 3.

616 BGBl. I Nr. 408.

und in den Fällen des Satzes 3 bereits vor Vorgang der Mitteilung gestellt werden. Beides soll einer aus Betroffenensicht nachvollziehbaren und wünschenswerten Beschleunigung des Verfahrens dienen.

V. Absatz 4

Der ebenfalls mit dem Gesetz zur Anpassung des Zwölften und des Vierzehnten Buches Sozialgesetzbuch und weiterer Gesetze vom 22. Dezember 2023[617] neu eingefügte Absatz 4 bestimmt, dass der Träger der Sozialen Entschädigung relevante Sachverhalte dem Bundesverwaltungsamt und der Kreditanstalt für Wiederaufbau mitteilt, um z. B. zu verhindern, dass Zinsen und Mahnkosten auf die darlehnsnehmenden Berechtigten zukommen. 9

VI. Absatz 5

Der Träger der Sozialen Entschädigung zahlt danach nach Kenntnis von der Unanfechtbarkeit eines Bescheids des Bundesverwaltungsamts[618] bzw. nach Kenntnis des Zugangs der Mitteilung der Kreditanstalt für Wiederaufbau die von ihm zu übernehmende Darlehensschuld in einer Summe an die jeweiligen Darlehensgeber zurück. Dies erfolgt allerdings erst nach Kenntnis von der Unanfechtbarkeit des Bescheides nach Absatz 3 Satz 1. Die Übernahme der Darlehnsschuld durch den Träger der Sozialen Entschädigung umfasst nach dem Änderungen mit dem Gesetz zur Anpassung des Zwölften und des Vierzehnten Buches Sozialgesetzbuch und weiterer Gesetze vom 22. Dezember 2023[619] auch die Zinsen nach § 18c Absatz 2 Satz 1 BAföG. Die Norm dient im Innenverhältnis der beteiligten Behörden bzw. Leistungsträger einem gewollt beschleunigten Ablauf. 10

§ 95
Leistungen zur Weiterführung des Haushalts

(1) [1]Geschädigte mit eigenem Haushalt erhalten Leistungen zur Weiterführung des Haushalts, wenn weder sie selbst noch, falls sie mit anderen Haushaltsangehörigen zusammenleben, die anderen Haushaltsangehörigen den Haushalt führen können und die Weiterführung des Haushalts geboten ist. [2]Die Leistungen sollen

617 A. a. O.
618 Siehe Fußnote 614.
619 BGBl. I Nr. 408.

in der Regel nur vorübergehend erbracht werden. [3]Leistungen sind unbefristet zu erbringen, wenn

1. **durch die Leistungen die Unterbringung in einer stationären Einrichtung vermieden oder aufgeschoben werden kann oder**
2. **unwahrscheinlich ist, dass die fehlende Fähigkeit, den Haushalt zu führen, behoben werden kann.**

(2) Die Leistungen umfassen die persönliche Betreuung von Haushaltsangehörigen sowie die sonstige zur Weiterführung des Haushalts erforderliche Tätigkeit.

(3) [1]Geschädigten im Sinne des Absatzes 1 sind die angemessenen Aufwendungen für eine haushaltsführende Person zu erstatten. [2]Es können auch angemessene Beihilfen geleistet sowie Beiträge der haushaltsführenden Person für eine angemessene Alterssicherung übernommen werden, wenn diese nicht anderweitig sichergestellt ist. [3]Ist neben oder anstelle der Weiterführung des Haushalts die Heranziehung einer besonderen Person zur Haushaltsführung erforderlich oder eine Beratung oder zeitweilige Entlastung der haushaltsführenden Person geboten, sind die angemessenen Kosten zu übernehmen.

(4) Die Leistungen können auch durch Übernahme der angemessenen Kosten für eine vorübergehende anderweitige Unterbringung von Haushaltsangehörigen erbracht werden, wenn diese Unterbringung in besonderen Fällen neben oder statt der Weiterführung des Haushalts geboten ist.

Erläuterungen

Übersicht — **Rn.**

A. Allgemeines zu der Norm

I. Vorgängervorschriften

1 Die Norm folgt auf der im Katalog des § 25b Absatz 1 Nummer 4 BVG geregelten Leistungen § 26d BVG nach, schränkt allerdings anders als die-

ser den Anwendungsbereich auf Geschädigte – und nicht mehr auch auf Hinterbliebene – ein.

II. Parallelvorschriften

Abgesehen vom zeitlichen Anwendungsbereich der Norm trifft diese Regelungen, wie sie sich auch in § 70 SGB XII finden. 2

B. Auslegung der Norm

I. Regelungsinhalt und Bedeutung der Norm

Kerninhalt der Norm ist das gesetzgeberische Ziel, dass auch unter der Geltung des SGB XIV der Verbleib der Geschädigten in ihrem häuslichen Wohnumfeld erleichtert bzw. erkennbar gefördert werden soll, wenn für die Berechtigten die Möglichkeit der Führung des eigenen Haushalts nicht mehr besteht. Leistungsseitig orientiert sich § 94 an § 70 SGB XII, mit dessen Wortlaut er im Wesentlichen übereinstimmt. Die Leistung zur Weiterführung des Haushalts ist im Grundsatz darauf ausgerichtet, nur vorübergehende Zeiträume abzudecken, allerdings regelt Absatz 1 Satz 3 Ausnahmen, sodass de facto auch die Grundlage für eine Dauerleistung geschaffen worden ist. 3

II. Absatz 1

Die Leistung kommt in Betracht für Geschädigte (s. o.), die aufgrund einer Schädigung[620] ihren eigenen Haushalt nicht weiterführen können. Zur Führung des Haushalts werden grundsätzlich alle alltagsrelevanten Verrichtungen gezählt. Der Begriff der Haushaltsführung ist insoweit § 1356 Absatz 1 BGB[621] entnommen und meint die Aufrechterhaltung eines eigenständigen häuslichen Wohnumfeldes. Ob der Geschädigte allein oder mit anderen gemeinsam im Haushalt lebt, ist nicht entscheidend[622]. 4

Entscheidend ist, dass weder der Geschädigte, noch eine im Haushalt mit ihm lebende Person (Haushaltsangehöriger) den Haushalt führen kann. Auch insoweit muss sich dieses Außerstandesein auf alle alltagsrelevanten Tätigkeiten (s. o.) und nicht nur auf einzelne Verrichtungen beschränken[623]. Bei Geschädigten, die einen gemeinsamen Haushalt führen, stellt 5

620 Die Leistung wird nur für (rein) schädigungsbedingte Bedarfe erbracht.
621 Insoweit sind auch Aspekte des Artikel 13 GG betroffen.
622 Hierzu einschränkend in LPK-SGB XIV/Kruse, 1. Aufl. 2022, SGB XIV § 95 Rn. 11 zu Einpersonenhaushalten.
623 Siehe hierzu auch Schmidt SGB XIV/S. Schmidt, 1. Aufl. 2021, SGB XIV § 95 Rn. 11–15.

sich die oft nicht einfach zu beantwortende Frage, ob die weiteren Haushaltsangehörigen – die ihrerseits ebenso hierzu verpflichtet sein können und werden – die Führung des Haushalts sicher stellen können[624]. Hier dürfte es sich anbieten, sich die Konstellation des jeweiligen Haushalts mit Möglichkeiten und Einschränkungen aller dort lebender Personen sehr kritisch anzusehen und die faktische Situation vor und nach der Schädigung zu vergleichen. Weder darf hier eine unterproportionale Beteiligung der anderen Haushaltsangehörigen, noch eine überproportionale Beteiligung des Geschädigten selbst erfolgen. Entscheidend wird die Beantwortung der Frage sein, ob und wie sich die Schädigung auf die Haushaltsführung ausgewirkt hat.

6 Wie eingangs dargestellt, stellt Absatz 1 den Regel- und den Ausnahmefall der Leistungserbringung dar, indem die Norm anordnet, dass die Leistungen in der Regel nur vorübergehend erbracht werden soll. Eine Ausnahme hiervon tritt ein, wenn durch die Leistungen die Unterbringung in einer stationären Einrichtung vermieden oder aufgeschoben werden kann oder unwahrscheinlich ist, dass die fehlende Fähigkeit, den Haushalt zu führen, behoben werden kann. Diese gesetzliche Konstruktion erscheint bezogen auf das gewollte Ergebnis zwar durchaus sinnvoll, allerdings schon deshalb etwas ungewöhnlich, weil der Regelfall mit dem Befehl „...sollen... erbracht werden..." und der Ausnahmefall mit dem Befehl „...sind unbefristet zu erbringen..." versehen ist. Gerade mit Blick für in SER-Konstellationen häufig nicht mehr gegebene Besserung eines Gesundheitszustandes der Geschädigten bleibt abzuwarten, ob der Ausnahmefall tatsächlich ein solcher bleibt. Insoweit kann ein Spannungsfeld entstehen, da – nach der Regelnorm – der Haushalt aufzulösen ist, wenn ein dauerhafter Hilfebedarf besteht[625]. Der Rechtsanwender sollte sich hier weniger von der Struktur der Norm und vielmehr von ihrer – unter Umständen nicht sofort durchscheinenden – Ratio, nämlich der Hilfe des Betroffenen, die eben auch eine nicht nur vorübergehende sein kann, leiten lassen.

III. Absatz 2

7 Hiernach besteht Anspruch auf die persönliche Betreuung von Haushaltsangehörigen sowie die sonstige zur Weiterführung des Haushalts erforderliche Tätigkeit. Gemeint sind hiermit alle im Rahmen der Haushaltsführung in Be-

624 Inwieweit die in Schmidt SGB XIV/S. Schmidt, 1. Aufl. 2021, SGB XIV § 95 Rn. 15 genannte BVerwGE vom 5.6.1968 – V C 116.67 – genannte Entscheidung einen tauglichen Beurteilungsmaßstab bietet, wird sich zeigen.

625 Hierzu Schmidt SGB XIV/S. Schmidt, 1. Aufl. 2021, SGB XIV § 95 Rn. 21.

tracht kommenden und notwendigen Tätigkeiten, die einerseits von den persönlichen Verhältnissen der Berechtigten und andererseits von dem durch die anerkannten Schädigungsfolgen geprägten besonderen Bedingungen abhängen. Insbesondere bei Kindern und Jugendlichen ist auf das Moment der persönlichen Betreuung das Hauptaugenmerk zu legen, was bedeutet, dass die Leistung so zu zentrieren ist, dass die Betroffenen durch die Art und Weise der Betreuung ihre Autonomie und damit das Ziel der Norm erreichen.

Unter dem Begriff der sonstigen Tätigkeiten sind solche zu fassen, die zur hauswirtschaftlichen Versorgung an sich zu zählen sind, dies sind beispielsweise Reinigungstätigkeiten in den Wohnräumen. 8

IV. Absatz 3

Der Absatz befasst sich mit der wichtigen Frage des Umfangs der Leistung, d.h. der Leistung der Höhe nach. Hiernach sind den Geschädigten angemessene Aufwendungen für eine sogenannte haushaltsführende Person zu erstatten. In Betracht kommen hierbei Personen aus dem Umfeld des Berechtigten, die nicht gewerbsmäßig für diese Aufgabe tätig ist. Da solche Personen nicht jedem Berechtigten zur Verfügung stehen, sieht Satz 2 die Kostenübernahme für eine selbst beschaffte professionelle Haushaltshilfe vor, wenn und soweit die erforderliche Hilfe aus dem Umfeld erfolgen kann. Insoweit angemessen sind die Kosten, die hierfür entstehen und nach Lage des Falles angemessen sind. Zudem kommt im Rahmen einer Beihilfengewährung die Erstattung von Aufwendungen in Betracht, die je nach Fallgestaltung in einem angemessenen Umfang erbracht werden. Der Maßstab sollte hierbei neben der Angemessenheit auch der Charakter der Leistung sein. Wenn beispielsweise eine Leistung als eine Art Aufwandsentschädigung gezahlt wird, die dazu führt, dass der Berechtigte dieser Person seine Wertschätzung ausdrückt und hierdurch die Betreuung sicher gestellt bleibt, kann eine solche Zahlung durchaus erstattungsfähig sein. Entsprechendes gilt für eine angemessene Alterssicherung, allerdings wird hier sehr sorgfältig zu prüfen sein, ob diese notwendig ist und warum die nicht anderweitig sichergestellt werden kann. 9

Der Begriff der Heranziehung einer besonderen Person zur Haushaltsführung im Sinne des Satzes 3 ist als eine Unterstützung der Haushaltsgemeinschaft zu verstehen, die sich aus den Besonderheiten der häuslichen Konstellation ergeben muss. In der Regel wird es sich hierbei um professionelle Kräfte handeln.[626] 10

626 So auch LPK-SGB XIV/Kruse, 1. Aufl. 2022, SGB XIV § 95 Rn. 28.

V. Absatz 4

11 Als quasi ultima ratio sieht Absatz 4 die Übernahme der angemessenen Kosten für eine vorübergehende anderweitige Unterbringung von Haushaltsangehörigen vor, wenn diese Unterbringung in besonderen Fällen neben oder statt der Weiterführung des Haushalts geboten ist. Anders als Absatz 1 kommt diese Leistung mithin nur befristet in Betracht, da ansonsten der Anwendungsbereich des § 95, nämlich die Weiterführung des Haushalts, sinnentleert würde. Für den Fall, dass eine solche Unterbringung erforderlich und vom Normzweck noch umfasst ist, sind grundsätzlich alle Aufwendungen erstattungsfähig, die für eine außerhalb der Häuslichkeit stattfindende Unterbringung entstehen. Das Gesetz schränkt den Anwendungsbereich insoweit nicht ein, sodass auch professionelle Hilfeangebote, wie z.B. Heime, in Betracht kommen[627]. Leistungen nach Absatz 4 stehen im Ermessen der durchführungsverantwortlichen Behörde.

§ 96
Leistungen in sonstigen Lebenslagen

Geschädigte können Leistungen auch in sonstigen Lebenslagen erhalten, wenn diese den Einsatz öffentlicher Mittel unter Berücksichtigung der Ziele der Sozialen Entschädigung rechtfertigen.

Erläuterungen

Übersicht **Rn.**

627 A.A. wohl in Bezug auf private Angebote, die Vorrang haben, in Schmidt SGB XIV/S. Schmidt, 1. Aufl. 2021, SGB XIV § 95 Rn. 20.

A. Allgemeines zu der Norm

I. Vorgängervorschriften

Die Norm folgt klar § 27d Absatz 2 BVG des Vorgängerrechts und trägt damit gleichsam das „fürsorgende" Leitmotiv des BVG in das SGB XIV hinein. 1

II. Systematische Zusammenhänge

Neben § 73 Satz 1 SGB XII für die Sozialhilfe regelt § 96 im Anschluss an die Einzelleistungen des 11. Kapitels eine ermessensgesteuerte Leistungsmöglichkeit für Fälle, die z. B. vorhersehbar waren. 2

B. Auslegung der Norm

I. Regelungsinhalt und Bedeutung der Norm

Die Ratio der Norm ist die Erkenntnis, dass auch bei bestem Willen eine abschließende Aufzählung von Bedarfslagen nicht gelingen kann und es – um dem Charakter des SGB XIV gerecht zu werden – einer Norm bedarf, die die Bedarfe umfasst, die im Gesetz nicht genannt sind. Dies passierte bereits im Vorgängerecht, indem auch § 27d Absatz 2 BVG solche Bedarfe erfasst. Die Norm(en) soll(en) diejenigen Bedarfe abdecken, die nicht schon durch die anderen (zahlreichen) Leistungen des SGB XIV umfasst sind. Unter der Geltung des Vorgängerrechts haben sich – allesamt für den Bereich der Gewaltopfer – folgende Anwendungsbeispiele für die Leistungen in sonstigen bzw. besonderen Lebenslagen gezeigt: 3

- Kosten für einen Wohnungs- oder Wohnortwechsel nach einer Gewalttat, auch Kauf von Einrichtungsgegenständen,
- Kosten für Beratungsleistungen oder den Besuch von Selbsthilfegruppen,
- Kosten für präventive Sicherungsmaßnahmen an Haustüren von weiterhin gefährdeten Geschädigten,
- Kosten für Namensänderungen nach einer Gewalttat.

Die Gesetzesbegründung[628] spricht bei den Anwendungsfällen von atypischen Bedarfen, was der Norm allerdings nicht vollständig gerecht wird. Vielmehr ist es das Ziel, solche Bedarfe zu decken, die bei der Konzeption des Gesetzes nicht erkannt wurden, nicht erkannt werden konnten, oder sich erst danach entwickelt oder etabliert haben. 4

628 BT-Drs. 19/13824 S. 211.

5 Dadurch, dass sich die Vorschrift nur an Geschädigte richtet und nur schädigungsbedingte Bedarfe geleistet werden, ist ihr der unmittelbare Zusammenhang mit der Schädigung immanent.

6 Wie bereits im Vorgängerrecht wohnt auch § 96 Chancen und Risiken gleichermaßen inne. Auf der einen Seite ermöglichet es die Norm, auf solche – oben beispielhaft aufgezählten – Bedarfslagen zu reagieren und sie decken zu können, ohne dass es hierfür eine explizite oder implizite (eigene) Rechtsgrundlage gibt. Dies kommt dem betroffenenorientierten Ansatz des SGB XIV sehr entgegen, wenngleich dies auch bereits Inhalt des BVG war. Auf der anderen Seite bietet die Norm aber keine Rechtfertigung dafür, dann Leistungen des SGB XIV zu gewähren, wenn bestimmte Kompensationsmechanismen in anderen Vorschriften beschrieben sind, die dortigen Voraussetzungen aber nicht erfüllt werden. Eine Anwendung wird in solchen Fällen auch nicht durch die (zusätzliche) Bezugnahme auf § 100[629] ermöglicht, da weder die Einzel- noch die – rechtssystematisch ohnehin fragliche – additive Normanwendung eine direkte oder indirekte Umgehung anderer Leistungsvorschriften zulässt. Muss beispielsweise eine Leistungserbringung nach § 95 abgelehnt werden, weil der Betroffene nicht mehr sachgerecht in der eigenen Häuslichkeit wohnen kann, ermöglicht § 96 keine Rückausnahme, wenn eine dauerhafte Nachunterbringung in einem Heim erforderlich ist[630]. Die Grenzen der Anwendung des § 96 ergeben sich im Kern aus den Grenzen des Artikel 20 Absatz 3 GG[631].

7 Eine Leistungsgewährung nach § 96 steht – selbstverständlich – dem Grunde und der Höhe nach im Ermessen der durchführungsverantwortlichen Behörde, was sich bereits aus der sprachlichen Konstruktion der Norm ergibt.

8 Zur Frage, ob die Norm auch eine darlehnsweise Gewährung ermöglicht, schweigt die Vorschrift ebenso wie die Gesetzesbegründung[632]. Vor dem Hintergrund des erkennbar auf Kompensation spezifischer und unter Umständen akuter Bedarfslagen gerichteten Normzwecks (vgl. Beispielsfälle oben) wird hier regelmäßig die Gewährung im Rahmen eines Darlehens einer solchen Interessens- und Bedarfslage nicht gerecht werden können. Zwar sieht § 92 Absatz 5 dies wohl vor (bzw. schließt es nicht aus), allerdings erscheint es sehr fraglich, ob der Gesetzgeber das Mittel einer Auffangnorm tatsächlich mit dem – recht bürokratisch wirkenden – Mittel

629 Im Vorgängerrecht § 89 BVG.
630 Vgl. insoweit Ausführungen zu § 95 Absatz 4.
631 Und insoweit daraus, dass die vollziehende Gewalt an Gesetz und Recht gebunden ist.
632 BT-Drs. 19/13824 S. 211.

des Darlehens verbinden wollte. Aus Gründen einer zeit- und interessengerechten Handlungsfähigkeit der Behörden zur Deckung der Bedarfe von Betroffenen wird sich hierfür kaum ein sachgerechter Anwendungsfall ergeben können[633], weshalb die Rechtsanwender hiervon per se Abstand nehmen sollten.

§ 97
Wunsch- und Wahlrecht

[1]Bei der Entscheidung über die Besonderen Leistungen im Einzelfall und bei der Ausführung dieser Leistungen wird den berechtigten Wünschen der Berechtigten entsprochen. [2]Dabei sind Art und Schwere der Schädigung, Gesundheitszustand und Lebensalter besonders zu berücksichtigen. [3]Im Übrigen gilt § 8 des Neunten Buches entsprechend.

Erläuterungen

Übersicht **Rn.**

A. Allgemeines zu der Norm

I. Vorgängervorschriften

Die Norm hat keine explizite Vorgängervorschrift in dem bis zum 31. Dezember 2023 geltenden SER, knüpft aber an die Regelung des § 25d Absatz 5 BVG an. 1

633 Zustimmend LPK-SGB XIV/Kruse, 1. Aufl. 2022, SGB XIV § 96 Rn. 13.

II. Parallelvorschriften

2 Die Vorschrift verweist ausdrücklich auf § 33 SGB I und v. a. auf § 8 SGB IX, dessen wörtliche Wiederholung aus dem dortigen Absatz 1 Satz 1 sich ebenfalls in der Norm findet. Die Norm entspricht dem Wortlaut des § 69.

III. Systematische Zusammenhänge

3 Das Wunsch- und Wahlrecht steht – bezogen auf das SGB XIV – in untrennbarem Zusammenhang mit § 98 und konkretisiert den bereits in § 25d Absatz 5 BVG allerdings eher als explizit beschriebenen Individualgrundsatz der Leistungen des SER.

B. Auslegung der Norm

I. Regelungsinhalt und Bedeutung der Norm

4 Das Wunsch- und Wahlrecht ist – wie bereits bei § 69 dargestellt[634] – programmatisch für das Kapitel 11, wie es entsprechend für das Kapitel 6 gilt. Auch insoweit ist die Vorschrift keine eigene materiell-rechtlich isoliert anwendbare Anspruchsgrundlage.

5 Grundsätzlich gelten die Ausführungen bei § 69 grundsätzlich entsprechend[635]. Konkret bezogen auf Kapitel 11 soll die Norm auch für die besonderen Leistungen im Einzelfall sicherstellen, dass auch die Leistungen dieses Kapitels den berechtigten Wünschen der Berechtigten entsprechen. Auch insoweit ist hier entscheidend, dass die Existenz der Vorschrift nicht bedeutet, dass der Leistungsträger kein Ermessen mehr bei der Erbringung der SGB XIV-Leistungen habe; vielmehr stellen die Wünsche des Betroffenen einen der heranzuziehenden Entscheidungsaspekte dar. Allerdings ist der SGB XIV-Träger grundsätzlich gehalten, im Rahmen einer Abwägungsentscheidung stets die berechtigten Wünsche der Betroffenen im Blick zu behalten.

6 Nach Satz 2 sind wiederum Art und Schwere der Schädigung, Gesundheitszustand und Lebensalter besonders zu berücksichtigen. Gerade bezogen auf die Leistungen des Kapitels 11 soll hier der Aspekt der Schwere der Schädigung einen unmittelbaren Bezug zum entschädigungsrechtlichen Charakter des SGB XIV herstellen. Als berechtigt werden regelhaft solche

634 Vgl. Ausführungen dort.
635 Hierzu im Einzelnen auch LPK-SGB XIV/Kruse, 1. Aufl. 2022, SGB XIV § 97.

Wünsche anzusehen sein, wenn sich die Vorstellungen der Betroffenen im Rahmen des Leistungsrechts halten und dem Leistungszweck entsprechen.

Der zu § 69 Satz 3 inhaltsgleiche Satz 3 der Norm erklärt ebenfalls § 8 SGB IX für anwendbar, der wiederum auf § 33 SGB I verweist, wodurch die insoweit geltenden und bereits sehr weit gefassten Wunsch- und Wahlrechtskriterien Anwendung finden und hierauf Rücksicht zu nehmen ist. Dies sind – hier wiederholend – im Kern **7**

- die persönliche Lebenssituation,
- das Alter,
- das Geschlecht,
- die Familie,
- die religiösen und weltanschaulichen Bedürfnisse,
- die persönlichen Verhältnisse
- der Bedarf und die Leistungsfähigkeit sowie
- die örtlichen Verhältnisse.

Der Schwere der anerkannten Schädigungsfolgen ist auch an dieser Stelle besonderes Gewicht zuzumessen. **8**

Insgesamt kann als Ratio der Norm festgehalten werden, dass vor allem Aspekte der Selbstbestimmung hierdurch in möglichst starkem Maß Eingang in die jeweiligen Verfahren finden. **9**

§ 98
Besonderheiten der Leistungsbemessung

Art, Ausmaß und Dauer der Besonderen Leistungen im Einzelfall richten sich nach der Besonderheit des Einzelfalls sowie der Art des Bedarfes.

Erläuterungen

Übersicht Rn.

A. Allgemeines zu der Norm

I. Vorgängervorschriften

1 Die Vorschrift folgt auf § 25b Absatz 5 Satz 1 BVG.

II. Parallelvorschriften

2 Die Norm entspricht § 70 und hat – wegen ihres programmatischen Charakters – mehrere parallele Vorschriften innerhalb des allgemeinen Sozial- und auch SER. Dies sind im Wesentlichen § 33 Satz 1 SGB I, §§ 1, 7 und 8 SGB IX sowie § 69 SGB IV und § 12 SGB V, wobei die beiden letztgenannten nur wirtschaftliche Aspekte zum Inhalt haben.

B. Auslegung der Norm

I. Regelungsinhalt und Bedeutung der Norm

3 § 98 schreibt für den Bereich der Leistungen des Kapitels 11 den Individualisierungsgrundsatz fest, wie dies in § 70[636] bereits für die SGB XIV-Teilhabeleistungen erfolgt ist.

4 Wichtig ist, dass dies ausdrücklich auch dann gelten soll, wenn die Betroffenen beispielsweise ihr Wunsch-und Wahlrecht[637] nicht ausgeübt haben, oder dies nicht ausgeübt werden kann, weil die gesundheitlichen Verhältnisse der Berechtigten dies aktuell nicht zulassen oder eine Akutbedarfslage besteht, die dies einschränkt oder unmöglich macht. Zu denken ist hier ebenfalls z.B. an Lebenssituationen, in denen Betroffene aus Gründen der Schädigung oder wegen ihres Gesundheitszustandes ihr Wunsch- und Wahlrecht nicht ausüben können oder wollen; dies gilt in besonderem Maße für die besonderen Leistungen im Einzelfall.

5 Mit der zu § 70 wortgleichen tatbestandlichen Formulierung „Art des Bedarfs" verweist der Gesetzgeber auf die in Kapitel 11 eröffneten Leistungen, die konkret in § 92 Absatz 4 genannt sind.[638]

6 Auch in Bezug auf § 98 wird es Aufgabe von Verwaltung, Rechtsprechung und Literatur sein, die Norm im Laufe der Anwendungszeit „mit Leben zu füllen"[639].

636 Vgl. Ausführungen dort.
637 Vgl. insoweit Ausführungen zu § 97.
638 Schmidt SGB XIV/S. Schmidt, 1. Aufl. 2021, SGB XIV § 98 Rn. 6.
639 Vgl. auch insoweit Ausführungen zu § 70.

Kapitel 12
Überführung und Bestattung

§ 99
Leistungen bei Überführung und Bestattung

(1) [1]Stirbt eine Geschädigte oder ein Geschädigter an den Schädigungsfolgen, so hat diejenige Person, die die Überführung veranlasst hat, einen Anspruch auf Übernahme der Kosten der Überführung. [2]Der Anspruch auf Übernahme umfasst die tatsächlich entstandenen Kosten der Überführung an den Ort der Bestattung, soweit sie erforderlich und angemessen sind.

(2) [1]Stirbt eine Geschädigte oder ein Geschädigter an den Schädigungsfolgen, so hat diejenige Person, die die Bestattung veranlasst hat, einen Anspruch auf Übernahme der Kosten der Bestattung. [2]Der Anspruch auf Übernahme umfasst die Kosten der Bestattung bis zur Höhe eines Siebtels der im Zeitpunkt des Todes geltenden jährlichen Bezugsgröße nach § 18 Absatz 1 des Vierten Buches.

(3) Der Tod gilt stets als Schädigungsfolge, wenn eine Geschädigte oder ein Geschädigter an einer Gesundheitsstörung stirbt, die als Schädigungsfolge anerkannt ist.

(4) Auf den Betrag nach den Absätzen 1 und 2 werden einmalige Leistungen angerechnet, die anlässlich des Todes auf Grund öffentlich-rechtlicher Vorschriften zum Zweck der Übernahme der Kosten der Überführung und Bestattung erbracht werden.

(5) Die Kosten der Überführung und Bestattung werden nicht übernommen, wenn die Voraussetzungen des § 16 oder des § 17 Absatz 1 in der Person der oder des Geschädigten oder derjenigen Person, die die Überführung oder Bestattung veranlasst hat, vorliegen.

(6) Leistungen bei Überführung und Bestattung können ganz oder teilweise versagt werden, wenn die Voraussetzungen des § 17 Absatz 2 in der Person der oder des Geschädigten oder derjenigen Person, die die Kosten veranlasst hat, vorliegen.

Erläuterungen

Übersicht

A. Allgemeines

1 Diese Regelung enthält den Anspruch auf Übernahme bzw. Erstattung der Kosten für Überführung und Bestattung eines oder einer an den Schädigungsfolgen verstorbenen Person. Der Umfang dieser Leistung ist gegenüber dem geltenden Recht deutlich verbessert und wird zudem jährlich angepasst.

B. Regelungsinhalt

I. Überführung

2 Nach § 99 Absatz 1 werden die Überführungskosten übernommen. Voraussetzung ist dabei zunächst, wie bei fast allen Leistungen des SGB XIV, dass der oder die Geschädigte an den kausal herbeigeführten Schädigungsfolgen verstirbt. In diesem Fall werden die Kosten der Überführung, also des Transports vom Sterbeort zum Bestattungsort, übernommen, soweit sie tatsächlich entstanden sowie erforderlich und angemessen sind. Erforderlich sind die Kosten, die objektiv geboten sind, während bei der Bewertung der Angemessenheit auch subjektive oder individuelle Aspekte einbezogen werden. Hierzu zählt die „Ortsüblichkeit"[640] ebenso wie die Orientierung am kulturellen oder religiösem Umfeld des oder der Verstorbenen. Ob hierbei auch – eher wenig zeitgemäß erscheinende – Aspekte wie die Standesgemäßheit oder die familiäre Herkunft eine Rolle spielen[641], muss die Praxis zeigen oder ggf. von der Rechtsprechung herausgearbeitet werden. Eher erscheint es nachvollziehbar, bei der Angemessenheit auf die finanzielle Leistungsfähigkeit der Erben oder derjenigen Person abzustellen, die die Überführung veranlasst. Hier wird jeder Einzelfall individuell zu würdigen sein.

3 Veranlasst hat die Überführung, wer sie tatsächlich in Auftrag gibt oder durchführen lässt. Eine bestimmte familiäre oder freundschaftliche Beziehung zwischen verstorbener Person und Veranlasser ist nicht erforderlich.

4 Die veranlassende Person muss zudem für einen Anspruch nach § 99 Absatz 1 die Kosten auch tatsächlich getragen haben.

5 Da sich zur Anspruchsberechtigung in § 99 und auch in § 101 keine weiteren Regelungen finden, sind nach § 30 SGB I nur Personen anspruchs-

640 Vogl in LPK, Rn. 19 zu § 99.
641 Kerner in Schmidt, Rn. 11 zu § 99.

berechtigt, die ihren Wohnsitz oder gewöhnlichen Aufenthalt in Deutschland haben.[642] Für Menschen, die im Ausland leben, kommt daher eine Übernahme der Überführungs- und Bestattungskosten nur im Wege des Härteausgleichs nach § 100 in Betracht.[643] Die Härte würde dann darin liegen, dass die vom Gesetzgeber in § 7 postulierte Gleichbehandlung von Deutschen und Ausländern bei dieser Leistung nicht umgesetzt wurde. Eventuell kann man auch über eine Heranziehung des Grundgedankens des § 7 schon im Rahmen des § 99 zu einem Anspruch gelangen.

II. Bestattung

§ 99 Absatz 2 regelt den Anspruch auf Übernahme der Bestattungskosten, also der Kosten, die unmittelbar entstehen, um die Bestattung durchführen zu können.[644] Auch hier wird zu fordern sein, dass diese Kosten erforderlich waren. Weitere Voraussetzungen, wie zu Absatz 1 die Angemessenheit, müssen wohl angesichts der Begrenzung des Anspruchs nicht erfüllt sein. Zur Begrenzung der Höhe des Anspruchs wird auf die Bezugsgröße nach § 18 Absatz 1 SGB IV verwiesen. Durch diese dynamische Verweisung ist eine regelmäßige Anpassung nicht erforderlich und die Berücksichtigung von Preissteigerungen etc. für die Zukunft gewährleistet. 6

Anspruchsberechtigt ist, wie zu Absatz 1, diejenige Person, die die Bestattung veranlasst und die Bestattungskosten tatsächlich getragen hat. Auch hier stellen sich die zu Absatz 1 aufgeführten Fragen zu Personen mit Wohnsitz oder gewöhnlichem Aufenthalt im Ausland. 7

III. Fiktion der Kausalität

§ 99 Absatz 3 regelt, dass der Ursachenzusammenhang zwischen Tod und Schädigung anzunehmen ist, wenn der oder die Geschädigte an den anerkannten Schädigungsfolgen verstirbt. Es handelt sich dabei um eine nicht widerlegbare gesetzliche Vermutung. 8

IV. Vermeidung von Doppelleistungen

§ 99 Absatz 4 sieht vor, dass zur Vermeidung von Doppelleistungen zweckgleiche Leistungen aufgrund öffentlich-rechtlicher Vorschriften auf den Betrag nach Absatz 1 und 2 angerechnet werden. Dabei handelt es sich vor allem 9

642 Vogl in LPK, Rn. 18 zu § 99.
643 Skeptisch: Kerner in Schmidt, Rn. 13 zu 3 99.
644 Vogl in LPK, Rn. 22 zu § 99.

um Sterbegelder, die beim Todesfall nach den Vorschriften der gesetzlichen Unfallversicherung bzw. an Bundes- oder Landesbeamte erbracht werden.

V. Ausschluss der Kostenübernahme

10 § 99 Absatz 5 und 6 übertragen die Versagungs- und Ausschlussgründe der §§ 16 und 17 auf die Übernahme von Überführungs- und Bestattungskosten. Zu diesen Versagungs- und Ausschlussgründen wird auf die dortige Kommentierung verwiesen.

Kapitel 13
Härtefallregelung

§ 100
Ausgleich in Härtefällen

(1) Soweit sich im Einzelfall aus der Anwendung der Vorschriften dieses Buches eine besondere Härte ergibt, kann mit Zustimmung der zuständigen obersten Bundesbehörde oder der zuständigen obersten Landesbehörde ein angemessener Ausgleich erbracht werden.

(2) Eine besondere Härte ist gegeben, wenn der Ausschluss von Leistungen insgesamt oder der Ausschluss von einzelnen Leistungen dem Sinn und Zweck dieses Buches widerspricht.

(3) Die zuständige oberste Bundesbehörde oder die zuständige oberste Landesbehörde kann Härteausgleichen in vergleichbaren Fallgestaltungen allgemein zustimmen.

Erläuterungen

Übersicht **Rn.**

A. Allgemeines

Durch diese Regelung wird das im Sozialen Entschädigungsrecht seit Jahrzehnten – und bereits vor dem BVG existierende – bewährte Rechtsinstrument des Härteausgleichs nach § 89 BVG weitergeführt. Dies ermöglicht im Interesse der Betroffenen angemessene Lösungen auch in außergewöhnlich gelagerten Fallkonstellationen. 1

B. Regelungsinhalt

I. Anspruchsvoraussetzungen

§ 100 Absatz 1 führt die erforderlichen Voraussetzungen für einen Ausgleich auf. Es muss eine besondere Härte gegeben sein. Dieser Begriff wird in § 100 Absatz 2 legal definiert. Für eine besondere Härte muss der Ausschluss von Leistungen insgesamt oder von einzelnen Leistungen dem Sinn und Zweck des SGB XIV widersprechen. Diese Definition wurde aus der Verwaltungsvorschrift 1 Satz 1 zu § 89 übernommen. 2

Der Härteausgleich ist Folge der Erkenntnis, dass es dem Gesetzgeber nie gelingen wird, alle möglichen Konstellationen und Einzelfälle mit seinen Regelungen zu erfassen. Aufgrund der dem Sozialen Entschädigungsrecht zugrundeliegenden besonderen staatlichen Verantwortung kann es aber nicht hingenommen werden, dass entschädigungswürdige Sachverhalte nicht entschädigt werden. 3

II. Besondere Härte

Allerdings sind bis zur Anwendung des Härteausgleichs einige Hürden zu überwinden, damit § 100 nicht zur Umgehung des vom Gesetzgeber Gewollten führt. Wird bei Anwendung des SGB XIV eine Lücke entdeckt, die im Einzelfall dazu führt, dass kein Leistungsanspruch besteht, ist zunächst zu prüfen, ob diese Lücke nach dem gesetzgeberischen Willen ein gezielter Ausschluss ist. 4

Kann dies verneint werden, ist zu prüfen, ob die Lücke durch Auslegung oder durch die analoge Anwendung anderer Vorschriften geschlossen werden kann. 5

Nur wenn dies nicht möglich ist, ist festzustellen, ob dadurch eine besondere Härte gegeben ist. Besonders bedeutet, dass der Ausschluss nicht lediglich eine Härte für die antragstellende Person ist, sondern dieser in einem 6 krassen Missverhältnis[645] zum Sinn und Zweck der Sozialen Entschädigung stehen muss und sich in der Gesamtbetrachtung als unbillig erweist. Dies kann insbesondere dann gegeben sein, wenn es für einen Anspruch nur an einer Voraussetzung fehlt, auf die die antragstellende Person keinen Einfluss hat, oder wenn mehrere Voraussetzungen jeweils sehr knapp verfehlt werden.

7 Schließlich muss sich die Härte aus dem SGB XIV ergeben, nicht aus anderen Gesetzen. So können z.B. Härten, die auf ehe- oder familienrechtliche Vorschriften zurückzuführen sind, nicht zu einem Härteausgleich nach § 100 führen.

8 Dass sich die Härte aus dem SGB XIV ergeben muss, bedingt gleichzeitig, dass der Härteausgleich auch nur denjenigen zugutekommen kann, die zum berechtigten Personenkreis des SGB XIV zählen.[646] Somit ist die Schaffung einer Anspruchsberechtigung über § 100 nicht möglich.

9 Im Gegensatz zur früheren Regelung in § 89 BVG spricht § 100 Absatz 1 von einem „angemessenen" Ausgleich. Daraus wird deutlich, dass der Härteausgleich nicht immer dazu führen muss, dass eine zum Leistungsspektrum des SGB XIV zählende Leistung in voller Höhe erbracht wird. Vielmehr eröffnet diese Vorschrift die Möglichkeit, den Umfang der Leistungen oder die Höhe einzelner Leistungen an den Umständen des Einzelfalles zu orientieren. Die Entscheidung darüber ist nach pflichtgemäßem Ermessen zu treffen.

10 Der Härteausgleich bedarf schließlich noch der Zustimmung der obersten Bundes- oder Landesbehörde. Die Differenzierung ergibt sich aus der unterschiedlichen Kostenträgerschaft für die im SGB XIV geregelten Entschädigungstatbestände. Für Härteausgleich an Kriegsopfer und Zivildienstgeschädigte ist demnach die oberste Bundesbehörde, für Gewaltopfer und Impfgeschädigte die jeweilige oberste Landesbehörde zuständig. Die Einholung dieser Zustimmung ist ein verwaltungsinterner Vorgang, kann also nicht beantragt werden. Im sozialgerichtlichen Verfahren ist aber eine verweigerte Zustimmung voll überprüfbar. Hält das Sozialgericht die Verweigerung der Zustimmung und die darauf beruhende Ablehnung eines Antrags für rechtswidrig, wird die Behörde zur Neubescheidung unter Beachtung der gerichtlichen Rechtsauffassung verurteilt.[647] Sofern nach Ansicht des Gerichts eine Ermessensreduzierung auf Null vorliegt, erfolgt die Verurteilung zum Erlass des begehrten Verwaltungsakts.

645 Dau in LPK, Rn. 3 ff. zu § 100.
646 B. Schmidt in Schmidt, Rn. 5 zu § 100.
647 Dau in LPK, Rn. 8 zu § 100.

III. Allgemeine Zustimmung

§ 100 Absatz 3 sieht vor, dass die jeweils zuständige Bundes- oder Landesbehörde Härteausgleichen in vergleichbaren Fallgestaltungen allgemein zustimmen kann. Für den Fall, dass eine bereits anerkannte besondere Härte mehrfach auftritt, dient dies der Verwaltungsvereinfachung und spart Ressourcen. 11

Kapitel 14 Regelungen bei Wohnsitz oder gewöhnlichem Aufenthalt im Ausland

§ 101 Leistungen bei Wohnsitz oder gewöhnlichem Aufenthalt im Ausland

(1) Geschädigte, ihre Angehörigen oder Hinterbliebenen sowie Nahestehende, die ihren Wohnsitz oder gewöhnlichen Aufenthalt im Ausland haben, erhalten Leistungen nach Maßgabe der Absätze 2 bis 9.

(2) [1]Leistungen der Schnellen Hilfen nach Kapitel 4 werden im Inland erbracht. [2]Die im Zusammenhang mit der Inanspruchnahme der nächstgelegenen Traumaambulanz erforderlichen Fahrkosten werden in angemessenem Umfang erstattet.

(3) [1]Die nachgewiesenen Kosten für medizinisch notwendige und angemessene Leistungen der Krankenbehandlung für Schädigungsfolgen im Umfang der §§ 42 und 43 werden bis zur Höhe des Zweifachen der Vergütung, die die Krankenkasse bei Erbringung als Sachleistung im Inland zu erbringen hätte, erstattet. [2]In besonders begründeten Fällen kann auch der darüber hinausgehende Betrag teilweise oder ganz erstattet werden. [3]Die Krankenbehandlung kann auch im Inland nach vorheriger Genehmigung durch die zuständige Verwaltungsbehörde durchgeführt werden, wenn medizinische Gründe oder Kostengründe dies erfordern. [4]Reisekosten können in diesem Fall in angemessenem Umfang erstattet werden. [5]Die Kosten für Arzneimittel und Verbandmittel sowie Heilmittel und Hilfsmittel können in voller Höhe erstattet werden. [6]Leistungen nach den Sätzen 1 bis 5 werden erbracht, soweit diese Bedarfe nicht durch bestehende gesetzliche oder private Versicherungen oder staatliche Leistungen des Wohnsitzstaates im Wohnsitzstaat gedeckt werden können. [7]§ 28 Absatz 3 findet keine Anwendung. [8]Ist im Staat des Wohnsitzes weder eine Leistung zweckentsprechend der Leistung des Krankengeldes der Sozialen Entschädigung oder der Beihilfe bei einer erheblichen Beeinträchtigung der Erwerbsgrundlage zu verwirklichen, noch können Geschädigte diesen Bedarf durch einen bestehenden privaten oder gesetzlich bestehenden Versicherungsschutz decken und entsteht ihnen hieraus ein Nachteil, wird den Geschädigten eine Leistung in Form der Zahlung eines Kran-

kengeldes der Sozialen Entschädigung oder eine Beihilfe bei erheblicher Beeinträchtigung der Erwerbsgrundlage erbracht, wie sie ihm auch bei einem Wohnsitz oder gewöhnlichem Aufenthalt im Inland gezahlt worden wäre.

(4) [1]Bei Pflegebedürftigkeit im Sinne des § 71 Absatz 1 kann ein Pflegegeld in Höhe der Leistungen nach § 37 des Elften Buches erbracht werden. [2]Kosten für ergänzende Leistungen nach § 75 Absatz 2 werden nur dann erstattet, wenn entsprechende Sachleistungen auch im Wohnsitzstaat vorgesehen sind.

(5) Leistungen bei Blindheit nach § 82 werden erbracht.

(6) [1]Entschädigungszahlungen nach Kapitel 9 werden erbracht, soweit der Leistungszweck erreicht werden kann. [2]Der Leistungszweck wird insbesondere dann nicht erreicht, wenn der Aufenthaltsstaat Zahlungen nach diesem Buch auf eigene Sozialleistungen ganz oder teilweise anrechnet. [3]Die Sätze 1 und 2 gelten nicht, wenn ein ausländischer Staat subsidiäre Leistungen als Entschädigung wegen eines schädigenden Ereignisses erbringt, das in Deutschland stattgefunden hat.

(7) [1]Geschädigte, die ihren Wohnsitz oder gewöhnlichen Aufenthalt im Ausland haben, haben keinen Anspruch auf Berufsschadensausgleich nach Kapitel 10 dieses Buches. [2]Verlegen Geschädigte, für die bereits ein monatlicher Berufsschadensausgleich nach § 90 dieses Buches bewilligt wurde, ihren Wohnsitz oder gewöhnlichen Aufenthalt ins Ausland, so ist ihnen auf Antrag eine Abfindung in Höhe des 30-fachen des festgestellten monatlichen Berufsschadensausgleiches auszuzahlen. [3]Der Antrag auf Auszahlung der Abfindung ist bei dem Träger der Sozialen Entschädigung bis spätestens drei Monate nach Verlegung des Wohnsitzes oder gewöhnlichen Aufenthalts ins Ausland zu stellen. [4]Durch die Zahlung der Abfindung nach Satz 2 sind alle Ansprüche der Geschädigten auf Berufsschadensausgleich nach diesem Buch abgegolten.

(8) [1]Leistungen zum Lebensunterhalt nach § 93 können erbracht werden, soweit Berechtigte keine anderweitigen Leistungen für denselben Leistungszweck, insbesondere aus sozialen Sicherungs- und Fürsorgesystemen des Aufenthaltsstaates, erhalten. [2]Art, Form und Umfang der Leistung und der Einsatz von Einkommen und Vermögen richten sich nach den besonderen Verhältnissen des Aufenthaltsstaates unter Berücksichtigung der notwendigen Lebensbedürfnisse vor Ort.

(9) Die Leistung zur Förderung einer Ausbildung nach § 94 wird erbracht.

Erläuterungen

Übersicht **Rn.**

A. Allgemeines

Diese sehr ins Detail gehende und differenzierte Regelung enthält besondere Vorschriften zur Leistungserbringung für Berechtigte, die außerhalb Deutschlands leben. In solchen Konstellationen ist die Leistungserbringung eine besondere Herausforderung für die zuständige Behörde, da es z. B. nach dem SGB XIV vorgesehene Leistungen im Ausland nicht gibt, die Lebensumstände erheblich von Deutschland abweichen und auch eine Kontrolle der Erbringung nicht oder nur schwer möglich ist. Deswegen werden die meisten Leistungen im Ausland nur unter bestimmten Voraussetzungen oder gar nicht erbracht bzw. der Anspruch wird beim Verlassen Deutschlands abgefunden. 1

B. Regelungsinhalt

I. Berechtigte

§ 101 Absatz 1 führt zunächst einmal die Berechtigten auf. Dies sind Geschädigte, Angehörige, Hinterbliebene und Nahestehende. Zur Definition dieser Personengruppen wird auf die Kommentierung zu § 2 verwiesen. Entscheidend für einen Anspruch ist der Wohnort bzw. gewöhnliche Aufenthalt im Ausland. In konsequenter Anwendung des § 7, wonach die Nationalität keine Auswirkung auf Höhe und Umfang des Anspruchs hat, wird nicht zwischen Deutschen und Ausländern unterschieden. Bei Wohnsitz oder gewöhnlichem Aufenthalt im Ausland besteht der Anspruch auf Leistungen jedoch nicht in gleicher Höhe wie im Inland, vielmehr legt § 101 Absatz 1 Satz 2 fest, dass die Leistungen nach Maßgabe der Absätze 2 bis 9, also in modifiziertem Umfang, erbracht werden. 2

II. Schnelle Hilfen

3 § 101 Absatz 2 gilt für die Schnellen Hilfen, also Leistungen der Traumaambulanz und des Fallmanagements. Diese werden ausschließlich im Inland erbracht. Grund dafür ist, dass die Träger der Sozialen Entschädigung im Ausland weder Strukturen eines Fallmanagements noch für Traumaambulanzen – sofern beide Instrumente überhaupt vorhanden wären – installieren oder betreiben können. Es wäre ihnen zudem sicherlich auch keine Qualitätskontrolle möglich.[648] Um eine Nutzung von zumindest einer Schnellen Hilfe in Deutschland für Berechtigte überhaupt zu ermöglichen, sieht § 101 Absatz 2 Satz 2 die Übernahme von Fahrkosten zur nächstgelegenen Traumaambulanz vor. Dese Regelung entspricht grundsätzlich der in § 36 Absatz 1 Satz 1, allerdings mit der zusätzlichen Bedingung, dass die Fahrkosten nicht nur erforderlich, sondern auch angemessen sein müssen. In der Praxis dürfte daher nach diesen Regelungen z.B. die Nutzung einer Traumaambulanz in Nordrhein-Westfalen durch eine berechtigte Person mit Wohnsitz in Belgien oder den Niederlanden denkbar und erstattungsfähig sein, eine theoretisch denkbare Anreise per Flug aus den USA zur Nutzung derselben Traumaambulanz aber nicht erstattungsfähig sein. Nächstgelegene Traumaambulanz dürfte nicht nur die örtlich nächste sein, sondern ggf. auch die zeitlich am schnellsten zu erreichende.

III. Krankenbehandlung

4 § 101 Absatz 3 regelt die Krankenbehandlung für Berechtigte, wobei hier das Prinzip der Kostenerstattung[649] gilt. Selbstverständlich ist, dass eine Erstattung nur von nachgewiesenen und auf der Schädigung beruhender Kosten möglich und zulässig ist. Die sehr detaillierten Regelungen begrenzen wiederum die Höhe des Anspruchs. Grundsätzlich ist nach Satz 1 eine Erstattung für medizinisch notwendige und angemessene Leistungen vorgesehen.

5 Diese werden begrenzt auf das Zweifache der Vergütung für die im Inland von der Krankenkasse zu erbringende Sachleistung. Bei Geltendmachung eines Erstattungsantrags ist daher zunächst die medizinische Notwendigkeit und Angemessenheit zu prüfen. Ist diese zu bejahen, besteht Anspruch auf Erstattung bis zur angegebenen Höhe. Wird diese Höhe überschritten, liegt es nach Satz 2 im Ermessen der zuständigen Behörde zu entscheiden, ob der überschießende Betrag ganz oder teilweise erstattet wird. Erforder-

648 BT-Drs. 19/13824, S. 213.
649 Leopold in LPK, Rn. 30 zu § 101.

lich ist hierfür eine besondere Begründung. Diese kann z. B. in besonderen, vom Inland abweichenden Umständen im Wohnsitzstaat liegen (höheres Kostenniveau für bestimmte einzelne oder allgemein für alle Maßnahmen der Krankenbehandlung oder für Notfallversorgung). Als Alternative zur Erstattung der Kosten einer Krankenbehandlung im Ausland führt Satz 3 die Durchführung der Krankenbehandlung im Inland an. Hierzu bedarf es einer vorherigen Genehmigung der zuständigen Behörde. Die Behandlung kann also nicht „auf eigene Faust" unternommen werden. Die Genehmigung steht im Ermessen („kann") der Behörde. Die Durchführung im Inland kommt aus medizinischen oder Kostengründen in Betracht, also wenn die erforderliche Behandlung im Wohnsitzstaat mangels vorhandener Strukturen oder Möglichkeiten nicht oder aber nicht zu vertretbaren Kosten durchgeführt werden kann.[650] Findet die Krankenbehandlung im Inland statt, können die angemessenen Reisekosten übernommen werden (Satz 4). Die Angemessenheit wird nicht näher konkretisiert, sie wird daher jeweils im Einzelfall zu prüfen sein.

Satz 5 sieht für die Krankenbehandlung im Ausland vor, dass Kosten für Arznei-, Verband, Heil- und Hilfsmittel in voller Höhe erstattet werden können, die Entscheidung darüber steht demnach wiederum im Ermessen der zuständigen Behörde. Satz 6 bestimmt, dass alle Leistungen der Krankenbehandlung im Ausland sowie die Krankenbehandlung im Inland nach Satz 4 unter dem Vorbehalt stehen, dass sie nicht bereits durch gesetzliche oder private Versicherungen oder durch staatliche Leistungen des Wohnsitzstaates gedeckt sind. Deckung bedeutet insoweit, dass ein Anspruch nicht nur theoretisch besteht, er muss auch realisierbar sein. 6

Diese Regelung stellt eine Ausnahme vom Prinzip dar, dass Leistungen aus privaten Sicherungssystemen nicht auf Leistungen nach dem SGB XIV anzurechnen sind. Die Geltung von § 28 Absatz 3 wird daher konsequenterweise ausgeschlossen (Satz 7). Satz 8 trifft eine Regelung zum Krankengeld der Sozialen Entschädigung (§ 47) und zur Beihilfe bei erheblicher Beeinträchtigung der Erwerbsgrundlage (§ 48). Falls eine zweckentsprechende Leistung im Wohnsitzstaat nicht realisierbar und auch durch eine gesetzliche oder private Versicherung nicht zu decken ist, wird die Leistung nach § 47 oder § 48 in Höhe des im Inland zustehenden Betrags erbracht. Voraussetzung dafür ist, dass dem oder der Berechtigten sonst ein Nachteil entstünde. Welcher Natur dieser Nachteil sein muss, wird nicht erläutert. Es wird aber davon ausgegangen werden dürfen, dass der Nachteil gegeben ist, wenn Berechtigte trotz Vor- 7

650 BT-Drs. 19/13824, S. 214.

liegens der Voraussetzungen für eine Leistung nach § 47 oder § 48 diese wegen ihres Wohnsitzes und der dortigen Umstände nicht erlangen können.

IV. Pflegebedürftigkeit

8 § 101 Absatz 4 sieht vor, dass bei Pflegebedürftigkeit Pflegegeld gezahlt und Kosten für weitere Pflegeleistungen erstattet werden können, wenn es diese auch im Staat des Wohnsitzes gibt. Die Erbringung ist also in das Ermessen der zuständigen Behörde gestellt. Zu beachten ist hier, dass nur die Pflegebedürftigkeit nach § 71 Absatz 1 zu einem Leistungsanspruch führt, die „Gleichstellungen" nach § 71 Absatz 2 sind nicht erfasst. Der Leistungsexport wird also für diese Fallgestaltungen ausgeschlossen,[651] die den Grundsatz durchbrechen, dass nur noch für schädigungsbedingte Folgen und Bedarfe Leistungen erbracht werden. § 101 Absatz 4 Satz 2 sieht eine Kostenerstattung für ergänzende Leistungen bei Pflegebedürftigkeit vor, allerdings nur dann, wenn diese Leistungen auch im Wohnsitzstaat vorgesehen sind. Dadurch sollen höhere Kosten verhindert werden, die durch die Beschaffung einer im Wohnsitzstaat unüblichen oder unbekannten Leistung entstehen könnten

V. Blindheit

9 Nach § 101 Absatz 5 werden Leistungen bei Blindheit in vollem Umfang erbracht. Wie ein Blick auf § 3 Nummer 5 zeigt, ist der Begriff hier so zu verstehen, dass alle in § 82 aufgeführten Leistungen gemeint sind. Ein Grund, warum die Leistungen bei hochgradiger Sehbehinderung und bei Taubblindheit ausgeschlossen sein sollten, ist auch nicht erkennbar. Allerdings wäre hier, wie auch in § 3 Nummer 5, eine Bezugnahme auf die Leistungen nach Kapitel 8 im Interesse der Klarheit der Regelung vorzugswürdig gewesen.

VI. Entschädigungszahlungen

10 § 101 Absatz 6 sieht vor, dass Entschädigungszahlungen erbracht werden, sofern der Leistungszweck nicht durch Anrechnung auf Sozialleistungen zunichte gemacht wird. Zweck der Leistungen der Sozialen Entschädigung ist nach § 1 der Ausgleich eines erbrachten Sonderopfers. Dieser Ausgleich ist jedoch nicht mehr gegeben, wenn der Wohnsitzstaat die Entschädigungszahlungen auf seine Leistungen anrechnet, womit sie ihm oder ihr nicht mehr zugutekommen. Satz 3 sieht vor, dass subsidiäre Ent-

651 Leopold in LPK, Rn. 44 zu § 101.

schädigungszahlungen eines anderen Staates für ein in Deutschland eingetretenes schädigendes Ereignis der Erbringung von Entschädigungszahlungen nach dem SGB XIV nicht entgegenstehen.

VII. Berufsschadensausgleich

§ 101 Absatz 7 enthält die Regelungen zum Berufsschadensausgleich (BSA). 11
Nach Satz 1 wird dieser im Ausland nicht erbracht. Grund dafür sind die Schwierigkeiten bei der Feststellung der erforderlichen Voraussetzungen in anderen Staaten[652], wobei diese jedoch abhängig von der Entfernung, dem Entwicklungsstand und anderen Aspekten sehr unterschiedlich ausgeprägt sein dürften. So sollte es in anderen EU-Mitgliedstaaten eher wenig Probleme bereiten, einen Berufsschadensausgleich festzustellen, bei Staaten außerhalb Europas und auf anderen Kontinenten sieht dies sicherlich anders aus. Der Gesetzgeber hat sich jedoch, wohl auch unter Einbeziehung einer gegebenenfalls höheren Missbrauchsgefahr als bei anderen Leistungen, dazu entschieden, keine differenzierte Lösung für den BSA zu entwickeln, sondern einen Anspruch bei Wohnsitz oder Aufenthalt im Ausland auszuschließen.

Geschädigte, die zum Zeitpunkt der Schädigung im Ausland leben, haben 12
daher von Anfang an keinen Anspruch auf BSA. Bei Geschädigten, die erst später ihren Wohnsitz oder gewöhnlichen Aufenthalt ins Ausland verlegen, sieht Satz 2 vor, dass ihr Anspruch abgefunden wird. In diesem Fall wird der Bescheid zum BSA nach § 48 SGB X aufgehoben und sie erhalten auf Antrag einmalig den 30-fachen Monatsbetrag des BSA. Dieser Antrag ist gemäß Satz 3 binnen drei Monaten nach dem Umzug zu stellen, die Frist kann nicht verlängert werden. Mit der Zahlung der Abfindung sind dann nach Satz 4 alle Ansprüche auf BSA abgegolten. Der Gesetzestext sprach hier ursprünglich von der Abfindung „nach Satz 1“ statt nach Satz 2. Dieses Versehen ist durch Artikel 8 des Gesetzes zur Förderung eines inklusiven Arbeitsmarktes vom 6. Juni 2023[653] korrigiert worden. Ziehen Geschädigte, die eine Abfindung nach Satz 2 ausgezahlt bekommen haben, später wieder nach Deutschland zurück, lebt der Anspruch auf BSA nicht wieder auf. Was geschieht, wenn Geschädigte einen Antrag auf Abfindung zu spät stellen, daher keine Abfindung erhalten und später wieder nach Deutschland zurückkommen, ist nicht geregelt[654]. Nach Sinn und Zweck der Vorschrift müsste auch in einem solchen Fall der Anspruch erloschen sein. Der insoweit klare Wortlaut von Satz 4 spricht jedoch gegen eine solche Auslegung.

652 BT-Drs. 19/13824, S. 214.
653 BGBl. 2023 I Nr. 146.
654 Leopold in LPK, Rn. 53 zu § 101.

VIII. Besondere Leistungen im Einzelfall

13 § 101 Absatz 8 und 9 beschäftigen sich mit Besonderen Leistungen im Einzelfall. Von den in Kapitel 11 aufgeführten Leistungen werden hier lediglich § 93 und § 94 behandelt, was im Umkehrschluss bedeutet, dass die Leistungen nach § 95 und § 96 im Ausland nicht erbracht werden.[655] Bei Leistungen zum Lebensunterhalt gilt das Subsidiaritätsprinzip. Sie werden nur dann erbracht, wenn Berechtigte keine anderen Leistungen für denselben Zweck erhalten. Nach Absatz 8 Satz 2 richten sich Art, Form und Umfang der Leistungen sowie der Einsatz von Einkommen und Vermögen nach den besonderen Verhältnissen im Wohnsitzstaat, wobei die dortigen notwendigen Lebensbedürfnisse zu berücksichtigen sind. Damit wird den zuständigen Behörden eine Überprüfungspflicht aufgebürdet, die ihnen der Gesetzgeber bei anderen Leistungen, z.B. dem BSA, aber auch bei Leistungen nach § 95 und § 96 gerade nicht auferlegen[656] wollte. Die Leistung nach § 94 wird ohne weitere Voraussetzungen erbracht.

IX. Weitere Leistungen

14 Leistungen, die in § 101 keine Erwähnung finden, werden im Ausland nicht erbracht. Eine Ausnahme hiervon sind die Kosten für Überführung und Bestattung.[657] Deren Erstattung erfolgt unabhängig vom Wohnort an die Person, die die Überführung und/oder Bestattung veranlasst hat. Zudem besteht, da dies im Gesetzestext nicht ausgeschlossen wird, auch die Möglichkeit, Leistungen an Berechtigte im Ausland im Wege des Härteausgleichs nach § 100 zu erbringen.[658]

---

655 B. Schmidt in Schmidt, Rn. 28 zu § 101.
656 BT-Drs. 19/13824, S. 215.
657 Leopold in LPK, Rn. 25 zu § 101.
658 BT-Drs. 19/13284, S. 212.

Kapitel 15
Besonderheiten der Leistungserbringung für einzelne Entschädigungstatbestände

§ 102
Leistungen bei Gewalttaten im Ausland

(1) Berechtigte nach § 15 erhalten Leistungen nach Maßgabe der folgenden Absätze.

(2) [1]Geschädigte erhalten Leistungen der Schnellen Hilfen ausschließlich im Inland. [2]Fahrkosten zu Traumaambulanzen werden für Fahrten im Inland übernommen. [3]§ 101 Absatz 2 Satz 2 gilt entsprechend.

(3) [1]Geschädigte erhalten Leistungen der Krankenbehandlung der Sozialen Entschädigung grundsätzlich im Inland. [2]Besteht unmittelbar nach dem schädigenden Ereignis ein akuter Behandlungsbedarf im Ausland, so können Kosten, die anderweitig nicht gedeckt sind, nach § 51 übernommen werden.

(4) Geschädigte erhalten Einmalzahlungen in Höhe von
1. **2 719 Euro bei einem Grad der Schädigungsfolgen von mindestens 30, aber weniger als 50,**
2. **8 156 Euro bei einem Grad der Schädigungsfolgen von 50 und 60,**
3. **13 594 Euro bei einem Grad der Schädigungsfolgen von 70 und 80,**
4. **21 751 Euro bei einem Grad der Schädigungsfolgen von 90,**
5. **29 907 Euro bei einem Grad der Schädigungsfolgen von 100.**

(5) [1]Ist eine Person, bei der die Voraussetzungen nach Absatz 1 vorliegen, an den Folgen der Schädigung gestorben, erhalten Hinterbliebene eine Einmalzahlung. [2]Die Einmalzahlung beträgt bei Halbwaisen 2 719 Euro, bei Vollwaisen 3 660 Euro und bei weiteren Hinterbliebenen 8 156 Euro.

(6) [1]Angehörige und Hinterbliebene haben Anspruch auf Leistungen der Schnellen Hilfen. [2]Diese werden im Inland erbracht. [3]Überführungs- und Bestattungskosten werden nach § 99 erstattet.

(7) [1]Leistungen aus anderen öffentlichen oder privaten Sicherungs- oder Versorgungssystemen sind auf die Leistungen nach den Absätzen 3 bis 6 anzurechnen. [2]Hierzu zählen auch Leistungen aus Sicherungs- oder Versorgungssystemen, insbesondere Systemen der Opferentschädigung des Staates, in dem sich die Gewalttat ereignet hat.

(8) [1]Leistungen nach den Absätzen 2 bis 6 sind zügig zu erbringen, auch wenn im Ausland noch Verfahren anhängig sind. [2]Sieht der ausländische Staat Leistungen für Opfer von Gewalttaten vor und hat eine berechtigte Person einen Antrag auf solche Leistungen nicht gestellt, so können Leistungen nach den Absätzen 3 bis 5 in entsprechender Anwendung der §§ 66 und 67 des Ersten Buches ganz oder teilweise versagt werden.

Erläuterungen

Übersicht **Rn.**

A. Allgemeines

1 § 102 regelt die Leistungserbringung bei Gewalttaten im Ausland. Wie schon im bisherigen Recht (§ 3a OEG) erhalten die Geschädigten und Hinterbliebenen nicht die Regelleistungen. Vielmehr gilt hier ein eingeschränktes Leistungsspektrum. Grund dafür ist, dass bei Gewalttaten im Ausland eine besondere Verantwortung und daraus folgend eine Einstandspflicht des deutschen Staates nicht gegeben ist. Die Entschädigung der Gewaltopfer ist nämlich Aufgabe des Staates, in dem die Gewalttat stattgefunden hat. Der deutsche Staat ist auch nicht etwa in der Rolle eines Bürgen für andere Staaten, die dieser Aufgabe nicht nachkommen. Die Leistungen nach § 102 erfolgen daher aus Fürsorgegründen.[659] Nach dem Grundgedanken des SGB XIV werden Leistungen natürlich auch in diesen Fallkonstellationen nur für schädigungsbedingte Folgen erbracht.

B. Regelungsinhalt

I. Berechtigte

2 § 102 Absatz 1 benennt die Berechtigten unter Verweis auf § 15. Erforderlich ist daher der gewöhnliche und rechtmäßige Aufenthalt in Deutschland und dass im Tatzeitpunkt der Auslandsaufenthalt für längstens sechs Monate bzw. längstens ein Jahr in den Fällen des § 15 Absatz 2 angelegt war. In

659 BT-Drs. 19/13824 S. 215.

den Absätzen 2 bis 8 finden sich dann die Maßgaben, nach denen eine Leistungserbringung erfolgt.

II. Schnelle Hilfen

§ 102 Absatz 2 bestimmt, dass – wie nach § 101 Absatz 2 – Schnelle Hilfen nur im Inland erbracht werden, da deutsche Behörden im Ausland keine Traumaambulanzen unterhalten oder ein Fallmanagement organisieren können[660]. Fahrkosten werden (nur) für Fahrten im Inland übernommen. Sie müssen über den Verweis auf § 101 Absatz 2 Satz 2 zudem erforderlich und angemessen sowie für eine Fahrt zur nächstgelegenen Traumaambulanz aufgebracht worden sein. 3

III. Krankenbehandlung

Nach § 102 Absatz 3 Satz 1 werden Leistungen der Krankenbehandlung grundsätzlich (nur) im Inland erbracht. Auch hier findet demnach kein Leistungsexport statt. Die Ausnahme von dieser Regel gilt nach Satz 2 für einen akuten Behandlungsbedarf im Ausland unmittelbar nach dem schädigenden Ereignis. In diesem Fall liegt es im Ermessen der zuständigen Behörde („können"), die Kosten zu übernehmen, die aus anderen Quellen nicht gedeckt werden. Hinsichtlich dieser Quellen werden keine Ausführungen gemacht. Daher sind hier alle entsprechenden Leistungen aus gesetzlichen oder privaten Versicherungen oder Sicherungssystemen erfasst. Akuter Behandlungsbedarf bedeutet, dass die Behandlung keinen Aufschub duldet und nicht abgewartet werden kann. Dass zudem der Behandlungsbedarf unmittelbar nach der Gewalttat auftreten muss, betont noch einmal den erforderlichen engen zeitlichen Zusammenhang.[661] Für einen akuten Behandlungsbedarf geraume Zeit nach dem Zeitpunkt der Gewalttat gibt es daher keine Kostenerstattung. 4

IV. Einmalzahlungen

§ 102 Absatz 4 trifft Regelungen zur Einmalzahlung an Geschädigte. Deren Höhe richtet sich – ebenso wie die monatliche Entschädigungszahlung nach § 83 – nach der Höhe des GdS und wird in fünf Stufen gezahlt. Dabei fällt auf, dass die nach § 3a Absatz 2 OEG noch mögliche Einmalzahlung bei einem GdS von 10 oder 20 ersatzlos entfallen ist. Damit wird eine zweifelhafte Privilegierung der Opfer von Gewalttaten im Ausland gegenüber Opfern von Gewalttaten im Inland beseitigt. Die unterschiedliche Bezeichnung 5

660 Leopold in LPK, Rn. 17 zu § 102.
661 Leopold in LPK, Rn. 21 zu § 102.

der jeweils untersten Stufe in § 83 (GdS von 30 und 40) und in § 102 (GdS von mindestens 30, aber weniger als 50) ist eine gesetzgeberische Nachlässigkeit ohne Auswirkungen, da beide Formulierungen dasselbe umfassen. Die Beträge der Einmalzahlungen sind gegenüber dem bisherigen Recht deutlich erhöht, was seinen Grund auch darin haben dürfte, dass die Beträge nach § 3a OEG seit 2011 nicht mehr angepasst worden waren. Im SGB XIV werden demgegenüber die Einmalzahlungen nach § 102 Absatz 4 und 5 in die regelmäßigen jährlichen Anpassungen einbezogen.

6 Auffallend ist auch, dass die in § 3a Absatz 2 Satz 2 OEG noch vorhandene Möglichkeit der Erhöhung der Einmalzahlung bei besonders schweren Schädigungsfolgen – die für die monatliche Entschädigungszahlung im SGB XIV in allerdings anderer Formulierung wird gerade erst eingeführt – in § 102 nicht mehr enthalten ist. Ein Grund für diese, allerdings nur einen kleinen Personenkreis betreffende, Leistungsverschlechterung ist der Gesetzesbegründung nicht zu entnehmen.

7 § 102 Absatz 5 regelt die Einmalzahlung an Hinterbliebene im Sinne des § 2 Absatz 4. Der Kreis der Anspruchsberechtigten ist gegenüber dem bisherigen Recht erweitert, da jetzt auch Eltern und Betreuungsunterhaltsberechtigte dazu gehören. Auch die Höhe der Einmalzahlung ist gegenüber dem bisherigen Recht deutlich erhöht.

V. Schnelle Hilfen für Hinterbliebene und Angehörige

8 Nach § 102 Absatz 6 haben Hinterbliebene und auch Angehörige nach § 2 Absatz 3 Anspruch auf Leistungen der Schnellen Hilfen, die – ebenso wie in § 101 – nur im Inland erbracht werden. Wegen der Gründe dafür wird auf die Ausführungen zu § 101 Absatz 2 verwiesen. Satz 3 sieht vor, dass Überführungs- und Bestattungskosten übernommen werden. Diese Regelung ist eigentlich in Absatz 6 falsch platziert, da als Anspruchsberechtigte nicht nur Angehörige und Hinterbliebene in Betracht kommen, sondern alle, die die Überführung oder Bestattung veranlasst haben.

VI. Anrechnung von Leistungen

9 § 102 Absatz 7 betont den fürsorgerischen und daher auch subsidiären Charakter der Leistungen für Gewalttaten im Ausland, indem in Abweichung von § 28 Absatz 4 vorgeschrieben wird, dass Leistungen aus anderen, sowohl öffentlichen als auch privaten, Sicherungs- und Versorgungssystemen angerechnet werden.

VII. Verfahrensregelungen

Abschließend sieht § 102 Absatz 8 einige Verfahrensregelungen vor. So sind die Leistungen zügig zu erbringen, auch dann, wenn ein Entschädigungsverfahren im Ausland noch läuft. Lange Bearbeitungszeiten im Ausland sollen nicht zulasten der Berechtigten gehen. Diese Regelung entspricht zudem der dem SGB XIV zugrundeliegenden Prinzip der beschleunigten Erbringung von Leistungen.[662] Andererseits trifft Berechtigte auch die Pflicht, am Entschädigungsverfahren im Ausland mitzuwirken, weil die Nichtstellung eines möglichen Antrags zur Versagung des Anspruchs nach § 102 führen kann. 10

§ 103
Leistungen für Zivildienstgeschädigte und Hinterbliebene

Zivildienstgeschädigte erhalten bei Vorliegen der Voraussetzungen nach § 23
1. **nach Beendigung des Dienstverhältnisses Leistungen der Sozialen Entschädigung,**
2. **während des Dienstverhältnisses Leistungen des Kapitels 4 Abschnitt 3 und des Kapitels 9 Abschnitt 1.**

Erläuterungen

Übersicht		**Rn.**
A.	**Allgemeines**	1
B.	**Regelungsinhalt**	2–5

A. Allgemeines

§ 103 beinhaltet besondere Vorschriften für Zivildienstgeschädigte. Wie nach bisherigem Recht (§§ 47, 50 ZDG) wird bei der Leistungserbringung unterschieden zwischen der Zeit während des Dienstverhältnisses und der Zeit nach dessen Beendigung. Dabei müssen stets die Voraussetzungen des § 23 erfüllt sein. Da der Zivildienst bereits seit Jahren ausgesetzt ist, handelt es sich sozusagen um eine Vorratsregelung für den Fall, dass es zukünftig wieder Zivildienst geben sollte. Daher hat die Regelung derzeit nur Bedeutung für diejenigen, die zum Zeitpunkt des Inkrafttretens des SGB XIV be- 1

662 Schmidt/B. Schmidt, Rn. 19 zu § 102.

reits Leistungen nach dem ZDG in Verbindung mit dem BVG erhalten und dann ins neue Recht wechseln.

B. Regelungsinhalt

2 Gemäß § 103 Nummer 1 erhalten Geschädigte nach Beendigung des Zivildienstverhältnisses Leistungen der Sozialen Entschädigung, also alle nach dem SGB XIV möglichen Leistungen.

3 Dagegen erhalten Geschädigte während des Zivildienstes, wenn Ansprüche auf andere Leistungen wegen des Dienstverhältnisses bestehen, lediglich Leistungen der Traumaambulanz und monatliche Entschädigungszahlungen.

4 Weitere für Zivildienstgeschädigte nach bisherigem Recht geltende Regelungen (§§ 48, 49 ZDG) wurden nicht ins SGB XIV übernommen. Gründe hierfür sind aus der Gesetzesbegründung[663] nicht ersichtlich.

5 Besondere Regelungen für Hinterbliebene von Zivildienstgeschädigten sind nicht getroffen worden, sie erhalten alle nach dem SGB XIV für Hinterbliebene möglichen Leistungen.

§ 104
Krankengeld der Sozialen Entschädigung für Zivildienstgeschädigte

Zivildienstgeschädigte, die infolge einer Zivildienstschädigung arbeitsunfähig sind, erhalten nach Beendigung des Zivildienstverhältnisses Krankengeld der Sozialen Entschädigung nach § 47 mit folgenden Maßgaben:

1. **Zivildienstgeschädigte, die im Zeitpunkt der Beendigung des Zivildienstverhältnisses infolge einer Zivildienstbeschädigung keine Erwerbstätigkeit ausgeübt haben, gelten als arbeitsunfähig, wenn sie nicht oder nur mit der Gefahr, ihren Zustand zu verschlimmern, fähig sind, einer Erwerbstätigkeit oder Berufsausbildung nachzugehen. Als Zeitpunkt des Eintritts der Arbeitsunfähigkeit gilt der Zeitpunkt der Beendigung des Zivildienstverhältnisses.**
2. **Als vor Eintritt der Arbeitsunfähigkeit bezogenes Einkommen gelten zehn Achtel der vor der Beendigung des Zivildienstverhältnisses bezogenen Geld- und Sachbezüge als Dienstpflichtiger. Hatte der Dienstpflichtige im letzten Kalendermonat vor dem für den Diensteintritt festgesetzten Zeitpunkt Arbeitseinkommen bezogen, so ist dieses Einkommen maßgebend, sofern das für ihn günstiger ist.**

663 BT-Drs. 19/13824, S. 216.

Erläuterungen

Übersicht **Rn.**

A. Allgemeines

1 § 104 beinhaltet eine weitere besondere Vorschrift für Zivildienstgeschädigte, und zwar für den Erhalt von Krankengeld der Sozialen Entschädigung nach Beendigung des Zivildienstverhältnisses. Da der Zivildienst bereits seit Jahren ausgesetzt ist, handelt es sich auch hier sozusagen um eine Vorratsregelung für den Fall, dass es zukünftig wieder Zivildienst geben sollte. Daher hat die Regelung derzeit nur Bedeutung für diejenigen, die zum Zeitpunkt des Inkrafttretens des SGB XIV bereits Leistungen nach dem ZDG in Verbindung mit dem BVG erhalten und dann ins neue Recht wechseln.

B. Regelungsinhalt

2 Voraussetzung für die Erbringung des Krankengelds der Sozialen Entschädigung ist die Arbeitsunfähigkeit aufgrund der erlittenen Schädigung. Es muss also Kausalität zwischen gesundheitlicher Schädigung und Arbeitsunfähigkeit gegeben sein. § 104 Nummer 1 stellt dabei eine Fiktion auf. Arbeitsunfähigkeit gilt demnach als gegeben, wenn Zivildienstgeschädigte bei Beendigung des Zivildienstes wegen der erlittenen Schädigung keine Erwerbstätigkeit ausüben und sie nicht oder nur unter Verschlimmerungsgefahr für ihren Gesundheitszustand fähig sind, einer Erwerbstätigkeit nachzugehen. Diese Voraussetzung weicht von dem bei § 47 in Verbindung mit § 44 SGB V verwendeten Begriff ab. Dies hat seinen Grund darin, dass bei Zivildienstleistenden im Vergleich zu anderen der Bezug zur letzten versicherten Erwerbstätigkeit fehlt.[664] Sie hätten daher eigentlich keinen Anspruch auf Krankengeld der Sozialen Entschädigung. Diese Lücke schließt § 104.

3 § 104 Nummer 2 regelt die Berechnung des Krankengelds für Zivildienstgeschädigte. Als vor Eintritt der Arbeitsunfähigkeit bezogenen Einkommen gelten – wiederum in Abweichung von § 47 – zehn Achtel der vor Beendi-

664 Vogl in LPK, Rn. 11 zu § 104.

gung des Zivildienstverhältnisses bezogenen Geld- und Sachbezüge als Dienstpflichtiger, wobei in Satz 2 eine Günstigkeitsregelung enthalten ist.

Kapitel 16
Einsatz von Einkommen und Vermögen

§ 105
Grundsätze

(1) Die Vorschriften dieses Kapitels gelten für die Besonderen Leistungen im Einzelfall nach Kapitel 11 mit Ausnahme der Leistung zur Förderung einer Ausbildung nach § 94.

(2) Für den Begriff und den Einsatz von Einkommen und Vermögen sowie die Verpflichtungen anderer gelten das Elfte Kapitel des Zwölften Buches sowie die hierzu erlassenen Verordnungen entsprechend, soweit in den folgenden Vorschriften nichts Abweichendes geregelt ist.

(3) Einkommen und Vermögen sind nicht einzusetzen bei ausschließlich schädigungsbedingtem Bedarf.

(4) Leistungen der Sozialen Entschädigung dürfen nicht von dem Einsatz von Einkommen oder dem Einsatz oder der Verwertung von Vermögen abhängig gemacht werden, soweit dies im Einzelfall bei Berücksichtigung der besonderen Lage derjenigen Person, die Einkommen oder Vermögen einzusetzen oder zu verwerten hat, oder für ihre unterhaltsberechtigten Angehörigen unbillig wäre.

Erläuterungen

Übersicht — **Rn.**

A. Allgemeines zu der Norm

I. Vorgängervorschriften

Die Norm folgt § 25c BVG. 1

II. Parallelvorschriften

Für den Bereich der Sozialhilfe regelt § 43 SGB XII den Einsatz von Einkommen und Vermögen. 2

B. Auslegung der Norm

I. Regelungsinhalt und Bedeutung der Norm

In der unmittelbaren Nachfolge von § 25c BVG stellt die Vorschrift die Grundsätze für den Einsatz von Einkommen und Vermögen bei Leistungen des SGB XIV, deren Erbringung eine finanzielle Hilfebedürftigkeit voraussetzen, zusammen und regelt – anders als das Vorgängerrecht[665] – dies an zentraler Stelle. 3

Außerdem regelt die Norm, in welchen Fällen Ausnahmen von einer Anrechnung von Einkommen und Vermögen bestehen. Dies ist dann der Fall, wenn ein ausschließlich schädigungsbedingter Bedarf besteht oder dies im Einzelfall bei Berücksichtigung der besonderen Lage derjenigen Personen, die Einkommen oder Vermögen einzusetzen oder zu verwerten hat, oder für ihre unterhaltsberechtigten Angehörigen unbillig wäre[666]. 4

II. Absatz 1

Der Absatz stellt einleitend klar, dass die Vorschriften des Kapitels 16 ausschließlich für die Besonderen Leistungen im Einzelfall in Kapitel 11 gelten, ausdrücklich aber nicht für die Leistungen zur Förderung einer Ausbildung nach § 94[667], da dies im Hinblick auf die vom SER-Träger zu übernehmende BAföG-Darlehnsschuld unter den dort näher geregelten Voraussetzungen nicht von Belang wäre. 5

665 In dem z.B. in § 42 KFürsV weitere Regelungen enthalten waren.
666 Zum danach mutmaßlich verbleibenden Anwendungsbereich vgl. Schmidt SGB XIV/S. Schmidt, 1. Aufl. 2021, SGB XIV § 105 Rn. 2.
667 Vgl. Ausführungen dort.

6 Rechtssystematisch etwas weniger offensichtlich ist die Anwendung auf die bereits im Vorgängerrecht[668] normierte Unterhaltsbeihilfe aus § 64 Absatz 3[669]. Da nach § 64 Absatz 3 Satz 3 allerdings wegen der Höhe der Unterhaltsbeihilfe § 93 entsprechend anzuwenden ist und die dortigen Leistungen zu denen des Kapitels 11 gehören, ist klargestellt, dass § 105 mithin auch für die Unterhaltsbeihilfe Anwendung findet. Dieses Ergebnis scheint auch konsequent und wird auch ausdrücklich in der Gesetzesbegründung[670] so bestätigt.[671]

III. Absatz 2

7 Der Absatz verweist für den Begriff und den Einsatz von Einkommen und Vermögen sowie die Verpflichtungen anderer auf Kapitel 11 des SGB XII sowie die hierzu erlassenen Verordnungen, allerdings nur soweit das SGB XIV nichts Abweichendes vorsieht. Damit erfolgt in deutlicher Abkehr vom Vorgängerrecht des BVG eine – systematisch dem SGB XIV entsprechende – Hinwendung zu den übrigen Sozialgesetzbüchern. Anders als in der Vergangenheit ist das Sozialhilferecht zwischenzeitlich in seinem Leistungsumfang so ausgestaltet, dass dessen Regelungen für die Soziale Entschädigung Anwendung finden können.[672]

8 Inhaltlich finden damit die Regelungen der §§ 82 bis 94 SGB XII[673] aus dem 11. Kapitel Anwendung. Von besonderer Bedeutung für das SGB XIV sind hierbei:

- § 82 SGB XII mit Regelungen zum Einkommen und im Kern dazu, dass alle Einkünfte in Geld oder Geldeswert hierzu gehören.
- § 85 SGB XII mit Regelungen zu den Einkommensgrenzen, wobei insoweit § 107 mit eigenen SGB XIV-Regelungen zu beachten und einschlägig ist.
- § 87 SGB XII mit Regelungen zum Einsatz des Einkommens über der Einkommensgrenze und dem Grundsatz, dass, wenn das zu berücksichtigende Einkommen die Einkommensgrenze übersteigt, die Aufbringung der Mittel in angemessenem Umfang zuzumuten ist.
- § 88 SGB XII mit Regelungen zum Einsatz des Einkommens unter der Einkommensgrenze für den Fall, dass z. B. andere (bedarfsdeckende) Leistungen erbracht werden.

668 Hier in § 26a BVG geregelt.
669 Vgl. Ausführungen dort.
670 BT-Drs. 19/13824, 216 zu Absatz 2.
671 Etwas zurückhaltender Schmidt SGB XIV/S. Schmidt, 1. Aufl. 2021, SGB XIV § 105 Rn. 7.
672 Vgl. insoweit Vgl. BT-Drs. 19/13824, 216/217.
673 Vgl. Auflistung in Schmidt SGB XIV/S. Schmidt, 1. Aufl. 2021, SGB XIV § 105 Rn. 8

- § 90 SGB XII zum einzusetzenden Einkommen, wobei insoweit wiederum § 108 entsprechend zu berücksichtigen ist.
- § 91 SGB XII zur darlehnsweisen Gewährung, wobei insoweit § 92 Absatz 5 Sonderregelungen trifft.
- §§ 93, 94 SGB XII zum Übergang von Ansprüchen gegen Dritte.

IV. Absatz 3

Der Absatz regelt, dass Einkommen und Vermögen dann nicht einzusetzen sind, wenn ein ausschließlich schädigungsbedingter Bedarf gegeben ist. Dies bedeutet, dass der im Raum stehende Bedarf sich allein aus den – vom SGB XIV-Träger – anerkannten Schädigungsfolgen ergibt. Dieser dem Vorgängerrecht[674] entnommene Grundsatz stellt sicher, dass immer dann, wenn Berechtigte Bedarfe haben, für die die Schädigungsfolgen allein verantwortlich sind, keine finanzielle Beteiligung erfolgen soll. Hiermit wird dem auf dem Staatshaftungsgedanken und der Sonderopfertheorie basierenden Leitbild des SGB XIV in besonderer Weise entsprochen. Um diese Kausalität zu bejahen, bedarf es des Nachweises einer geschlossenen Kausalkette. Vereinfachte Kausalitätsbetrachtungen, wie sie sich z.B. in § 4 Absatz 5 finden, genügen nicht. Vielmehr muss erwiesen sein, dass der Bedarf bei Wegdenken der anerkannten Schädigungsfolgen ebenfalls nicht vorhanden wäre. Diese Kausalitätsbetrachtung ist allerdings tatbestandlich im SGB XIV – wie zuvor im BVG – immer dann anzuwenden, wenn das Gesetz den Maßstab nicht herabsetzt[675]. Vorliegend ist es nicht ausreichend, wenn die Schädigungsfolgen nur annähernd gleichwertige Bedingungen für das Entstehen des Bedarfs setzen würden. Denn erst dann, wenn die anerkannten Schädigungsfolgen gleichsam bedarfsauslösend wirken, erfüllt sich das Tatbestandsmerkmal des ausschließlich schädigungsbedingten Bedarfs. Entsprechendes gilt, wenn weitere schädigungsfremde Ursachen vorhanden sind. Diese dürfen in ihrer Bedeutung nicht an die anerkannten Schädigungsfolgen heranreichen. Die Beantwortung der Frage eines solchen schädigungsbedingten Bedarfs wird in der Praxis eine sein, für die die medizinische Einschätzung des Ärztlichen Dienstes eine Hilfestellung darstellen kann. Die letztendliche Entscheidung wird und muss sich aber an der zu beantwortenden Rechtsfrage, die nicht allein auf ärztliche Bewertungen gestützt werden kann, orientieren. Dies bedarf einer verwaltungsseitigen Beurteilung und Begründung. 9

674 § 25c Absatz 3 BVG.
675 Soweit LPK-SGB XIV/Kruse, 1. Aufl. 2022, SGB XIV § 105 Rn. 18 von einer „strengen Kausalität" spricht, dürfte aber genau dies gemeint sein.

V. Absatz 4

10 Letztlich dürfen Leistungen nicht von dem Einsatz von Einkommen oder dem Einsatz oder der Verwertung von Vermögen abhängig gemacht werden, soweit dies im Einzelfall bei Berücksichtigung der besonderen Lage des Falles unbillig wäre. Damit spricht der Gesetzgeber für den Fall der Unbilligkeit ein klares Verbot aus. Durch diese weitere Ausnahme hat die zuständige Behörde die verfahrensgestaltende Möglichkeit aber auch die entsprechende Obliegenheit den Besonderheiten des Einzelfalles Rechnung zu tragen. Bereits unter der Geltung des Vorgängerrechts, dessen Ausgestaltung der KOF-Vorschriften über einen langen Zeitraum von Fällen aus dem Anwendungsbereich des reinen Kriegsopferrechts geprägt war, war eine schematische Betrachtung der seinerzeitigen Fallgestaltungen in der Anwendung der einschlägigen Regelungen[676] kaum möglich. Entsprechend wird dies für den deutlich heterogener zu erwartenden Berechtigtenkreis des SG XIV der Fall sein, sodass zu hoffen ist, dass sich neben dem Schrifttum auch die Judikatur mit dieser Frage befassen kann.

11 Die Unbilligkeitsreglung gilt nicht nur für ein Verbot des Einkommenseinsatzes des Berechtigten. Gleichermaßen gilt dies nach dem Wortlaut der Norm auch für diejenigen, deren Einkommen neben den Leistungsberechtigten einzusetzen wäre. Somit gilt dies beim Einsatz von Einkommen nach §§ 106 Absatz 3 und 107 Absatz 2 für die dort genannten und in Anspruch zu nehmenden Personen.

§ 106
Berücksichtigung von Einkommen

(1) Nicht als Einkommen zu berücksichtigen sind

1. **Leistungen nach diesem Buch mit Ausnahme von Leistungen, die dem Ersatz von Einkommen dienen, und**
2. **das Hinterbliebenengeld nach § 844 Absatz 3 des Bürgerlichen Gesetzbuches.**

(2) Übergangsgeld und Unterhaltsbeihilfe gelten nur dann als Einkommen, wenn neben Leistungen nach § 62 Satz 1 Nummer 1 Besondere Leistungen im Einzelfall in Betracht kommen.

(3) [1]Als Einkommen gilt neben dem Einkommen der Berechtigten auch das Einkommen der nicht dauernd getrennt lebenden Ehegatten oder der Personen, die mit Berechtigten eine eheähnliche Lebensgemeinschaft führen, soweit es die für

676 Hier § 25c Absatz 3 Satz 1 BVG.

die Berechtigten maßgebliche Einkommensgrenze nach § 107 Absatz 1 übersteigt. [2]Bei minderjährigen unverheirateten Berechtigten ist zur Deckung des Bedarfs auch das Einkommen der Eltern oder eines Elternteils einzusetzen, bei denen die Berechtigten leben. [3]Abweichend von Satz 2 ist Einkommen der Eltern oder eines Elternteils nicht zu berücksichtigen, solange Berechtigte schwanger sind oder mindestens ein Kind bis zur Vollendung seines sechsten Lebensjahres betreuen. [4]Zahlungen auf Grund eines bürgerlich-rechtlichen Unterhaltsanspruches sind insoweit Einkommen der Berechtigten, als das Einkommen der Unterhaltspflichtigen die für sie nach § 107 Absatz 1 zu ermittelnde Einkommensgrenze übersteigt. [5]Ist ein Unterhaltsbetrag gerichtlich festgesetzt, sind die darauf beruhenden Zahlungen Einkommen der Berechtigten.

Erläuterungen

Übersicht **Rn.**

A. Allgemeines zu der Norm

I. Vorgängervorschriften

Die Norm folgt auf §§ 26a Absatz 4, 25e Absatz 2 Satz 1, 25d Absatz 2 und 25e Absatz 2 Satz 1 BVG. 1

II. Parallelvorschriften

Satz 3 übernimmt die in § 19 Absatz 4 sowie in § 27 Absatz 2 Satz 3 SGB XII in Verbindung mit § 39 Satz 3 Nummer 1 SGB XII genannte Regelung für das SGB XIV, trifft aber im Kern Abweichungsregelungen zu §§ 82 bis 84 SGB XII. 2

B. Auslegung der Norm

I. Regelungsinhalt und Bedeutung der Norm

3 Diese Norm schafft eine vom SGB XII[677] abweichende Sonderreglung für die Anrechnung bzw. Nichtanrechnung von Einkommen für die Berechtigten der Sozialen Entschädigung.

II. Absatz 1

4 Absatz 1 Satz 1 Nummer 1 stellt den Grundsatz auf, dass SGB XIV-Leistungen selbst nicht als Einkommen zu berücksichtigen sind. Eine Ausnahme gilt für die Leistungen, die dem Ersatz von Einkommen dienen, folglich

- das Krankengeld der Sozialen Entschädigung und
- der Berufsschadensausgleich.

5 Ausdrücklich nicht als Einkommen bei der Berechnung von Leistungen des SGB XIV zu berücksichtigen sind u.a.

- die Leistungen zur Teilhabe nach Kapitel 6,
- die Entschädigungszahlungen nach Kapitel 9,
- die besonderen Leistungen im Einzelfall nach Kapitel 11 sowie
- das Hinterbliebenengeld nach § 844 Absatz 3 BGB[678].

6 Die Nichtanrechnung dieser Leistungen folgt dem zutreffend entwickelten Gedanken, dass es sich hierbei jeweils um solche handelt, die primär dem immateriellen Ausgleich der Folgen einer Gewalttat dienen sollen. Neben den genannten SGB XIV-Leistungen gilt dies gleichermaßen für das Hinterbliebenengeld nach BGB. Denn diese Leistung billigt dem Hinterbliebenen unter näher bestimmten Voraussetzungen unabhängig vom Nachweis einer medizinisch fassbaren Gesundheitsbeschädigung für dessen seelisches Leid eine Geldentschädigung zu[679]. Die Zielrichtung dieses bürgerlich-rechtlichen Anspruchs geht damit sogar über die des Kapitels 6 hinaus, da ein Kausalitätsnachweis nicht gefordert, sondern im Fall des „...besonderen persönlichen Näheverhältnisses..." unterstellt wird.[680]

---

677 S. o. Rn. 2.
678 Vgl. hierzu BeckOK BGB/Spindler, 67. Ed. 1.8.2023, BGB § 844 Rn. 42–46.
679 BT-Drs. 18/11397, 8.
680 Vgl. Burmann/Heß/Hühnermann/Jahnke/Jahnke, 27. Aufl. 2022, BGB § 844 Rn. 114a, 115.

III. Absatz 2

Ergänzend zu Absatz 1 Nummer 1 ordnet Absatz 2 eine weitere Ausnahme der Berücksichtigung von SGB XIV-Leitungen an. Danach gelten Übergangsgeld und Unterhaltsbeihilfe, die nach § 64 als Entgeltersatzleistung während der Teilnahme an einer Leistung zur Teilhabe am Arbeitsleben gewährt werden[681], nur dann als Einkommen, wenn neben Leistungen nach § 62 Satz 1 Nummer 1 besondere Leistungen im Einzelfall in Betracht kommen; dies folgt dem Rechtsgedanken aus § 26a Absatz 4 BVG. Da allerdings eine Anrechnung von Einkommen nur bei einer Leistungsgewährung nach dem 11. Kapitel durchgeführt wird, läuft diese Regelung faktisch leer[682]. 7

IV. Absatz 3

In Nachbildung sozialhilferechtlicher Grundsätze und in der Nachfolge von § 25d Absatz 2 und § 25e Absatz 2 Satz 1 BVG enthält Absatz 3 Regelungen für Personen, die mit Berechtigten eine Lebensgemeinschaft führen, die der Ehe ähnlich ist bzw. im Ergebnis Einstandsgemeinschaften darstellen, die in §§ 19 und 27 Absatz 2 SGB XII geregelt sind. Zudem enthält der Absatz ergänzende Vorschriften zum Umfang des heranzuziehenden Einkommens.[683] Danach ist Einkommen bei nicht dauernd getrenntlebenden Ehegatten oder der Personen, die mit Berechtigten eine eheähnliche Lebensgemeinschaft führen, nur dann heranzuziehen, wenn dieses die maßgebliche Einkommensgrenze nach § 107 übersteigt. Letztlich legt Satz 4 fest, dass Zahlungen aufgrund eines bürgerlich-rechtlichen Unterhaltsanspruchs immer dann als Einkommen zu berücksichtigen sind, wenn das Einkommen der Unterhaltspflichtigen die für sie nach § 107 Absatz 1 zu ermittelnde Einkommensgrenze übersteigt. Dies gilt mithin uneingeschränkt, wenn ein Unterhaltsbetrag zivilrechtlich festgesetzt ist. Als Rückausnahme aus Satz 5 werden Zahlungen, die nicht gerichtlich festgesetzt sind, nur insoweit als Einkommen berücksichtigt, wenn das Einkommen der Unterhaltspflichtigen die nach § 107 Absatz 1 anzunehmende Einkommensgrenze übersteigt. 8

681 Vgl. Ausführungen dort.
682 Ebenso Schmidt SGB XIV/S. Schmidt, 1. Aufl. 2021, SGB XIV § 106 Rn. 8.
683 Kritisch zu dieser gesetzlichen Konstruktion Schmidt SGB XIV/S. Schmidt, 1. Aufl. 2021, SGB XIV § 106 Rn. 12.

§ 107
Einkommensgrenze

(1) [1]Einkommen der Berechtigten ist nur einzusetzen, soweit es während der Dauer des Bedarfs im Monat eine Einkommensgrenze übersteigt. [2]Abweichend von den in § 85 Absatz 1 des Zwölften Buches genannten Beträgen sind hierbei zu berücksichtigen

1. **als Grundbetrag ein Betrag in Höhe des Dreifachen der Regelbedarfsstufe 1 nach der Anlage zu § 28 des Zwölften Buches,**
2. **die Aufwendungen für die Unterkunft sowie**
3. **als Familienzuschlag ein Betrag in Höhe von 90 Prozent der Regelbedarfsstufe 1 für nicht getrennt lebende Ehegatten und für jede Person, die von Berechtigten oder deren nicht getrennt lebenden Ehegatten überwiegend unterhalten wird. [3]Die Einkommensgrenze nach den Sätzen 1 und 2 beträgt höchstens das Achtfache der Regelbedarfsstufe 1 zuzüglich eines Betrags in Höhe von 75 Prozent des jeweiligen Familienzuschlags.**

(2) [1]Ist bei minderjährigen unverheirateten Berechtigten zur Deckung des Bedarfs auch das Einkommen der Eltern oder eines Elternteils einzusetzen, so werden die Einkommen Berechtigter und ihrer Eltern oder eines Elternteils unabhängig voneinander betrachtet. [2]Dabei gilt für die Berechtigten die sich aus Absatz 1 ergebende Einkommensgrenze. [3]Für die Eltern oder den Elternteil gilt eine eigene Einkommensgrenze, bei deren Ermittlung die in Absatz 1 genannten Beträge zu berücksichtigen sind. [4]Werden beide Einkommensgrenzen überschritten, so ist vorrangig das Einkommen der Berechtigten einzusetzen.

(3) Die Absätze 1 und 2 gelten nicht bei Leistungen zum Lebensunterhalt.

Erläuterungen

Übersicht **Rn.**

A. Allgemeines zu der Norm

I. Vorgängervorschriften

1 Die Vorschrift ist an §§ 25e, 26c Absatz 5, 27d Absatz 6 sowie 27 Absatz 2 Satz 3 BVG angelehnt bzw. entspricht zum Teil deren Zielrichtungen.

II. Parallelvorschriften

2 Bereits nach dem Wortlaut grenzt sich die Norm vom § 85 SGB XII ab, um insoweit eigene sozialentschädigungsrechtliche Grenzen zu ziehen.

B. Auslegung der Norm

I. Regelungsinhalt und Bedeutung der Norm

3 § 107 schafft Regelungen zu den Einkommensgrenzen in und für Kapitel 16. Grundsätzlich ordnet die Vorschrift an, dass das Einkommen der Berechtigten nur dann einzusetzen ist, wenn es während der Dauer des (Hilfe-)Bedarfs eine Einkommensgrenze übersteigt. Diese programmatische Feststellung schafft den Rahmen für die weiteren Regelungen der Norm und soll sicherstellen, dass den Berechtigten ausreichende finanzielle Mittel zur Sicherung des Lebensunterhalts verbleiben.[684]

II. Absatz 1

4 In der Folge bestimmt Absatz 1 die Einkommensgrenze[685], die bei Einkommen der Berechtigten zu beachten ist. Diese setzt sich wie in § 85 Absatz 1 SGB XII aus einem Grundbetrag, den Aufwendungen für die Unterkunft, sowie einem Familienzuschlag zusammen, erhöht diese über die SGB XII-Sätze hinaus in allen drei Varianten, was auch hier zu einer Privilegierung der SER-Berechtigten gegenüber denen der Sozialhilfe führt.

5 Absatz 1 grenzt die Einkommensanrechnung bewusst von der (allgemeinen) sozialhilferechtlichen Regelung des § 85 Absatz 1 SGB XII[686] ab und bestimmt die maßgebliche Einkommensgrenze für Berechtigte. Die Einkommensgrenze gilt mithin für die Leistungen zur Weiterführung des Haushalts nach § 95 und die Leistungen in sonstigen Lebenslagen nach § 96, die An-

684 Vgl. insoweit Vgl. BT-Drs. 19/13824, 218.

685 Zur aber eher theoretischen Abgrenzung dieser Einkommensgrenze als eine Zumutbarkeitsgrenze vgl. LPK-SGB XIV/Kruse, 1. Aufl. 2022, SGB XIV § 107 Rn. 7.

686 Vgl. hierzu u. a. BeckOGK/Decker, 1.7.2017, SGB XII § 85 Rn. 0.1–34.

spruch als Geschädigte haben[687]. Weitere Berechtigtengruppen des SGB XIV sind zunächst folglich nicht adressiert, allerdings schafft § 106 Absatz 3 hiervon eine Ausnahme für Ehegatten und Partner einer eheähnlichen Lebensgemeinschaft und für Unterhaltsverpflichtete, letztere mit der Ausnahme, dass eine gerichtlich festgesetzte Unterhaltszahlung auch geleistet wird.

III. Absatz 2

6 Der Absatz regelt, wie der Einsatz von Einkommen minderjähriger unverheirateter Berechtigter und ihrer Eltern oder eines Elternteils zu erfolgen hat. Nach Satz 1 gilt grundsätzlich, dass diese Einkünfte getrennt voneinander betrachtet werden. Damit schafft die Norm eine eigene sozialentschädigungsrechtliche Regelung, die sich von der sozialhilferechtlichen in § 85 Absatz 2 SGB XII abgrenzt. Nach Satz 2 ist bei minderjährigen unverheirateten Berechtigten zur Deckung des Bedarfs auch das Einkommen ihrer Eltern oder eines Elternteils einzusetzen, bei denen die Berechtigten leben. Zudem gilt hiernach für das Einkommen der minderjährigen unverheirateten Berechtigten die Einkommensgrenze des Absatzes 1. Entsprechend dem Satz 3 existiert für die Eltern oder einen Elternteil eine eigene Einkommensgrenze, für deren Ermittlung es auf die in Absatz 1 genannten Beträge ankommt. Die Sätze 2 und 3 haben für die dort genannten Fallgestaltungen unterschiedliche Ergebnisse zur Folge. Während die Verweisung in Satz 2 bedeutet, dass die dort in Bezug genommene Einkommensgrenze nach Absatz 1 Anwendung findet, bedeutet der Verweis in Satz 3 auf die in Absatz 1 genannten Beträge, dass den Eltern oder einem Elternteil ein Familienzuschlag für jede zu unterhaltende Person oder für die sie nach der Entscheidung über die Erbringung der Sozialhilfe unterhaltspflichtig werden[688] eingeräumt wird. Bei der Einkommensgrenze des Absatzes 1 kommt es hingegen für die Gewährung des Familienzuschlags lediglich darauf an, dass in jedem Monat des Leistungsbezugs überwiegender Unterhalt gezahlt wird. Für die Fälle, in denen sowohl die Einkommensgrenze der Berechtigten als auch die Einkommensgrenze der Eltern oder eines Elternteils überschritten werden, sieht Satz 4 ein Vorrang-Nachrang-Verhältnis im Rahmen des Einkommenseinsatzes vor. Vorrangig ist insoweit das Einkommen der Berechtigten (selbst), nachrangig in diesem Fall das der Eltern oder des Elternteils.[689]

---

687 Vgl. hierzu § 97 mit entsprechenden Ausführungen dort.

688 Hierzu zustimmend mit Bezug auf Gesetzesbegründung BT-Drs. 19/13824, 218 in LPK-SGB XIV/Kruse, 1. Aufl. 2022, SGB XIV § 107 Rn. 20.

689 BT-Drs. 19/13824, 218.

IV. Absatz 3

Der Absatz trifft die Regelung, dass die Absätze 1 und 2 nicht bei Leistungen zum Lebensunterhalt nach § 93[690] gelten. In der Praxis hat dies zur Folge, dass die betroffenenfreundlichen Regelungen der ersten beiden Absätze bei den Leistungen zum Lebensunterhalt keine Anwendung finden und dass damit das anzurechnende bzw. zu berücksichtigende Einkommen auf die Leistungen anzurechnen ist. Da der Gesetzgeber bei der Regelung über die Unterhaltsbeihilfe in § 64 Absatz 3 Satz 3 die Regelung des § 93 für entsprechend anwendbar erklärt, gelten die Regelungen dieses Absatzes ausdrücklich auch für die Berechnung der Unterhaltsbeihilfe, was mit Blick auf deren Rechtsnatur[691] auch grundsätzlich folgerichtig erscheint. 7

§ 108
Berücksichtigung von Vermögen

(1) Entschädigungszahlungen nach Kapitel 9 und die Einmalzahlungen nach § 102 Absatz 4 und 5 sind nicht als Vermögen einzusetzen.

(2) Von Berechtigten selbst oder zusammen mit ihren Angehörigen genutztes Wohneigentum im Sinne des § 17 Absatz 2 des Wohnraumförderungsgesetzes ist nicht zu verwerten.

(3) [1]Bei minderjährigen unverheirateten Berechtigten ist zur Deckung des Bedarfs auch Vermögen der Eltern oder eines Elternteils einzusetzen oder zu verwerten. [2]Abweichend von Satz 1 ist Vermögen der Eltern oder eines Elternteils nicht einzusetzen oder zu verwerten, solange Berechtigte schwanger sind oder mindestens ein Kind bis zur Vollendung seines sechsten Lebensjahres betreuen.

Erläuterungen

Übersicht **Rn.**

690 Vgl. Ausführungen dort.
691 Vgl. Ausführungen dort.

A. Allgemeines zu der Norm

I. Vorgängervorschriften

1 Die Norm folgt auf § 25f BVG im Vorgängerrecht, strafft und erweitert aber dessen Regelungsinhalt.

II. Parallelvorschriften

2 Die Vorschrift grenzt sich von §§ 90, 91 SGB XII als der sozialhilferechtlichen Grundnorm über das einzusetzende Vermögen ab.

B. Auslegung der Norm

I. Regelungsinhalt und Bedeutung der Norm

3 Diese Vorschrift bestimmt, welches Vermögen abweichend von den §§ 90 und 91 SGB XII einzusetzen und zu verwerten ist, wobei der Vermögensbegriff an sich demjenigen der Sozialhilfe entnommen ist und entspricht.

II. Absatz 1

4 In der Nachfolge von § 25f BVG regelt der Absatz, dass grundsätzlich das gesamte verwertbare Vermögen von den Berechtigten einzusetzen ist, insoweit gelten entsprechend § 105 Absatz 2[692] auch die sozialhilferechtlich in § 90 Absatz 2 und 3 SGB XII geregelten Ausnahmetatbestände. Zu dem einzusetzenden Vermögen gehören nach dem Wortlaut auch Ansparungen aus Leistungen nach dem SGB XIV selbst. Insoweit differenziert der Gesetzgeber – ganz ausdrücklich – nicht nach Einzelleistungen, aus denen das Vermögen angespart worden sein kann. Mithin gilt dies beispielsweise auch für Ansparungen aus der zur Kompensation von imma-

---

692 Vgl. Ausführungen dort.

teriellen Schäden[693] gezahlten Leistungen des Kapitels 9[694]. So soll der besonderen Stellung der Betroffenen dadurch entsprochen werden, dass im Sozialen Entschädigungsrecht im Vergleich zum SGB XII höhere Vermögensschonbeträge gelten. Dennoch erscheint die Regelung – auch wenn sie insoweit den Gedanken des § 25f Absatz 1 Satz 2 BVG wiederholt – nicht frei von Bedenken hiergegen.[695] Anders als aus der Vollzugssicht, für die die Regelung eine recht einfache Rechtsanwendung ermöglicht, dürfte sich aus der Sicht der Betroffenen jedenfalls nur schwer erschließen, warum eine Leistung, die zur Kompensation eines immateriellen Schadens gezahlt worden ist, diesen Charakter verlieren soll, nur, weil die Leistung nicht (zeitnah) ausgegeben, sondern angespart wurde. Insofern könnten auch bereits Billigkeitsaspekte einer Anwendung entgegenstehen, wenn Berechtigte Geldausgaben aus gesundheitlichen Gründen nicht vornehmen können; insoweit erscheint zwar eine Kompensation über die Härtefallregelung des § 100 vorstellbar, aber kaum zielführend[696]. Ob die bereits zum Vorgängerrecht ergangene obergerichtliche Rechtsprechung[697] vor dem Hintergrund der mit dem SGB XIV im Vergleich zum BVG deutlich erhöhten Entschädigungszahlungen in Kapitel 9 wieder Aktualität bekommt bzw. aufgegriffen wird, bleibt abzuwarten. Unbilligkeitsaspekte ließen sich – z. B. bei schwer Betroffenen und damit Beziehern hoher Leistungen – wohl trotz grundsätzlich das Kapitel 16 durchziehender und auch nachvollziehbarer Subsidiaritätserwägungen je nach Lage eines Einzelfalls aber durchaus finden.

III. Absatz 2

Wie bereits in § 25f Absatz 1 Satz 5 BVG geregelt, bleiben nach Absatz 2 die 5
Nachzahlungen aus Entschädigungszahlungen des SGB XIV für den Zeitraum von bis zu einem Jahr geschützt und unterfallen solange nicht den Schongrenzen. Die Norm zeigt, dass auch dem Gesetzgeber des SGB XIV das bei Absatz 1 erörtere Spannungsverhältnis und der Notwendigkeit einer Abmilderung dessen durchaus bewusst war. Die Norm schafft aber – wie bei allen Fristenregelungen – mit der Jahresfrist Unschärfen und ggf.

693 Die Gesetzesbegründung BT-Drs. 19/13824, 218 spricht hier – recht zurückhaltend – von immateriellen Mehrbelastungen.

694 Vgl. insgesamt BT-Drs. 19/13824, 218.

695 A. A. wohl in LPK-SGB XIV/Kruse, 1. Aufl. 2022, SGB XIV § 108 Rn. 11, 12.

696 Die vielfache Anwendung des § 89 BVG im Vorgängerrecht hat gerade gezeigt, dass dessen Heranziehung als allgemeine Kompensationsnorm für Härten aller Art das Dickicht der Regelungen des SER für Außenstehende noch undurchdringlicher gemacht hat.

697 BVerwGE vom 27.5.2010 – 5 C 7/09 –, allerdings zu einer Vorfassung des zum 31.12.2023 außer Kraft getretenen § 25f BVG.

Härten[698]; insofern mag auch Absatz 2 die Bedenken gegen die gesetzgeberische Regelung des Absatzes 1 nicht ausräumen.

IV. Absatz 3

6 Der Absatz bestimmt, wie zuvor schon § 25f Absatz 3 BVG, dass das von Berechtigten selbst oder zusammen mit ihren Angehörigen genutzte Wohneigentum nicht zu verwerten ist. Zum Begriff des Wohneigentums verweist die Norm auf § 17 Absatz 2 des Wohnraumförderungsgesetzes. Hinsichtlich der Grundsystematik entspricht die Regelung § 90 Absatz 2 Nummer 8 SGB XII. Was als angemessen i. S. v. Absatz 3 anzusehen ist, bestimmt sich nach den Gegebenheiten des Einzelfalles. Maßgebliche Kriterien sind regelhaft:

- Anzahl der Bewohner
  - ggf. deren spezifischer Bedarf, der sich z. B. in Größe und Beschaffenheit (hier v. a. Barrierefreiheit) ausdrücken kann
- Anzahl und Größe der Wohnräume
  - ggf. Größe, Beschaffenheit und Zugänglichkeit des Wohngrundstücks

7 Der Wert der Immobilie dürfte zumeist dagegen von untergeordneter Bedeutung sein[699]. Denn der Schutzzweck des Absatzes 3 besteht darin, die Wohnsituation der SGB XIV-Berechtigten nachhaltig zu schützen und damit einerseits den Zweck des Artikel 13 Grundgesetz spezialgesetzlich fortzuführen und andererseits den – ggf. – spezifischen Bedürfnissen der Betroffenen nach besonderem Wohnraum ausreichend Rechnung zu tragen. Insofern wird bei der Beurteilung der Frage der Angemessenheit von Wohnraum regelmäßig eine gesamtwertende Betrachtung aller Umstände des Einzelfalles und unter Umständen auch eine solche von Alternativen erforderlich sein. Beispielsweise dürfte allein ein möglicherweise vergleichsweise hoher Grundstückswert für sich betrachtet noch kein Ausschlusskriterium bei der Frage der Angemessenheit darstellen. Dies dürfte erst dann der Fall sein, wenn es zu einem groben Missverhältnis zwischen dem finanziellen und dem Nutzwert aufseiten der Betroffenen kommt, das sich fiskalisch nicht mehr rechtfertigen lässt.

698 Zur Klassifizierung der Norm als Härtefallregelung vgl. Schmidt SGB XIV/S. Schmidt, 1. Aufl. 2021, SGB XIV § 108 Rn. 7.

699 A. A. wohl in Schmidt SGB XIV/S. Schmidt, 1. Aufl. 2021, SGB XIV § 108 Rn. 9, in der Grundstückswert neben weiteren Kriterien als (mit)ausschlaggebend aufgeführt ist.

V. Absatz 4

Deutlich weniger ausführlich als dies in § 25f Absatz 4 BVG im Vorgängerrecht geregelt war, bestimmt der Absatz 4 der Norm, dass bei einer Leistungserbringung an minderjährige unverheiratete Berechtigte grundsätzlich auch das Vermögen der Eltern oder eines Elternteils einzusetzen und zu verwerten ist. Dies gilt allerdings nach Satz 2 solange nicht, wie Berechtigte schwanger sind oder mindestens ein Kind bis zur Vollendung seines sechsten Lebensjahrs betreuen, was Betroffenen sinnvolle Freiräume schaffen soll. Die Gesetzesbegründung[700] führt aus, dass Voraussetzung ein rechtliches Eltern-Kind-Verhältnis sei. Dies findet sich allerdings in der Norm so nicht wieder, sodass die Nichterfüllung dieses Kriteriums einer Anwendung der Norm nicht entgegenstehen dürfte. 8

§ 109
Verordnungsermächtigung

Das Bundesministerium für Arbeit und Soziales wird ermächtigt, im Einvernehmen mit dem Bundesministerium der Finanzen, durch Rechtsverordnung, die der Zustimmung des Bundesrates bedarf, zu bestimmen, welche weiteren

1. **Einkünfte nicht als Einkommen zu berücksichtigen sind und wie das Einkommen im Einzelnen zu berechnen ist,**
2. **Beträge von dem Einkommen abzusetzen sind sowie**
3. **Vermögensgegenstände als Schonbeträge zu berücksichtigen und in welcher Höhe kleinere Barbeträge oder sonstige Geldwerte nicht als Vermögen einzusetzen oder zu verwerten sind.**

Erläuterungen

Übersicht **Rn.**

700 BT-Drs. 19/13824, 218 zu Absatz 4.

A. Allgemeines zu der Norm

I. Vorgängervorschriften

1 Die Vorschrift folgt auf § 27f BVG, ist jedoch im Hinblick auf die zu regelnden Sachverhalte konkreter, wodurch sich eine bessere Vereinbarkeit mit Artikel 80 Grundgesetz ergeben soll.

II. Parallelvorschriften

2 Die Verordnung zum Einkommen und Vermögen im SGB XIV (EEV) dient der Konkretisierung der Regelungen in §§ 105 bis 108.

B. Auslegung der Norm

I. Regelungsinhalt und Bedeutung der Norm

3 Die bereits zum 20. Dezember 2019 in Kraft getretene Norm schafft eine Ermächtigungsgrundlage für das Bundesministerium für Arbeit und Soziales, im Einvernehmen mit dem Bundesministerium der Finanzen durch eine Rechtsverordnung, die der Zustimmung des Bundesrates bedarf, im Verordnungswege Einzelregelungen für Kapitel 16 zu treffen. Dies ist nach der Aufzählung in der Norm die Festlegung,

- welche Einkünfte nicht als Einkommen zu berücksichtigen sind,
- wie das Einkommen im Einzelnen zu berechnen ist,
- welche Beträge von dem Einkommen abzusetzen sind sowie
- welche Vermögensgegenstände als Schonbeträge zu berücksichtigen und
- in welcher Höhe kleinere Barbeträge oder sonstige Geldwerte nicht als Vermögen einzusetzen oder zu verwerten sind.

4 Neben dem auf der Bundesebene notwendigen Beteiligungsprozess des Finanzressorts kommt der Zustimmung des Bundesrates Bedeutung zu. Einerseits sind nach § 111 die Länder Träger der Sozialen Entschädigung, andererseits – bzw. deshalb – kommt ihnen eine wesentliche Kostentragungsverantwortung der SGB XIV-Leistungen zu, sodass neben dem föderal gebotenen auch der Aspekt der Ausgabenkontrolle zu beachten ist.

5 Das Verordnungsgebungsverfahren wurde Ende 2023 abgeschlossen.[701] Ausdrücklich positiv ist zu bewerten, dass das Bundesministerium für Arbeit

701 Die Verordnung zum Einkommen und Vermögen im SGB XIV (EEV) vom 6.11.2023, BGBl. I Nr. 302, ist am 1.1.2024 in Kraft getreten.

und Soziales zur Erarbeitung des Verordnungsentwurfs eine Arbeitsgruppe unter breiter Länder- und Vollzugsbehördenbeteiligung initiiert und angeboten hat,[702] sodass die praktischen Erfahrungen der Länder Eingang in die Verordnung finden konnten.

Kapitel 17
Anpassung

§ 110
Höhe und Zeitpunkt der Anpassung, Verordnungsermächtigung

(1) Die Höhe der Entschädigungszahlungen nach Kapitel 9, der Betrag nach § 89 Absatz 8 Satz 1 sowie die Höhe der Einmalzahlungen nach § 102 Absatz 4 und 5 werden jeweils entsprechend dem Prozentsatz angepasst, um den sich der aktuelle Rentenwert in der gesetzlichen Rentenversicherung verändert.

(2) Die sich durch die Anpassung ergebenden Beträge sind bis 0,49 Euro auf volle Euro abzurunden und ab 0,50 Euro auf volle Euro aufzurunden.

(3) Die Anpassung erfolgt durch Rechtsverordnung des Bundesministeriums für Arbeit und Soziales mit Zustimmung des Bundesrates jeweils zum gleichen Zeitpunkt, zu dem die Renten der gesetzlichen Rentenversicherung angepasst werden.

(4) Die Anpassung nach Absatz 1 wirkt sich nicht auf bereits ausgezahlte Leistungen aus, insbesondere nicht auf die Abfindung nach den §§ 84 und 86.

Erläuterungen

Übersicht **Rn.**

702 Was gleichermaßen für die Berufsschadensausgleichsverordnung nach § 91 sowie die Auslandszuständigkeitsverordnung nach § 113 Absatz 6 gilt.

A. Allgemeines

1 Diese Regelung enthält die Vorschriften zur Anpassung der Geldleistungen nach dem SGB XIV. Wie bislang schon erfolgt die Anpassung weiterhin im seit Jahrzehnten bewährten Verbund mit der gesetzlichen Rentenversicherung, d.h. die Entschädigungszahlungen nach dem SGB XIV werden zum selben Zeitpunkt und mit dem gleichen Prozentsatz wie die Altersrenten erhöht. Ebenso wie bisher erfolgt die Anpassung durch eine Verordnung des Bundesministeriums für Arbeit und Soziales mit Zustimmung des Bundesrates.

B. Regelungsinhalt

I. Form der Anpassung

2 § 110 Absatz 1 benennt zunächst abschließend die Vorschriften, die der jährlichen Anpassung unterfallen. Es sind dies die monatlichen Entschädigungszahlungen an Geschädigte und Hinterbliebene, der Betrag, der der Berechnung des Berufsschadensausgleichs nach einem Nachschaden zugrunde gelegt wird sowie die Einmalzahlungen an Geschädigte und Hinterbliebene von Gewalttaten im Ausland.

3 Die Anpassung erfolgt – wie bisher nach dem BVG – in Höhe des Prozentsatzes, um den sich der aktuelle Rentenwert in der gesetzlichen Rentenversicherung verändert. Der Begriff des aktuellen Rentenwerts ist in § 68 Absatz 1 Satz 1 SGB VI definiert als der Betrag, der einer monatlichen Rente wegen Alters der allgemeinen Rentenversicherung entspricht, wenn für ein Kalenderjahr Beiträge aufgrund des Durchschnittsentgelts gezahlt worden sind. Mit dieser Anpassungsmethode werden die Berechtigten der Sozialen Entschädigung an der Entwicklung der Löhne und Gehälter beteiligt.

II. Rundung

4 Nach Absatz 2 werden die sich nach Absatz 1 ergebenden Beträge weiterhin und insoweit abweichend von der gesetzlichen Rentenversicherung gerundet. Beträge bis 0,49 Euro werden ab-, Beträge ab 0,50 Euro aufgerundet.

III. Verordnungsermächtigung

5 Absatz 3 enthält die Ermächtigung zum Erlass einer Verordnung zur Anpassung. In der Praxis wird diese Verordnung wie bisher auf den Zahlenwerten

der Rentenwertbestimmungsverordnung, die für die Renten aus der gesetzlichen Rentenversicherung gilt, beruhen. Deswegen darf sie auch erst nach dem Beschluss über die Rentenwertbestimmungsverordnung im Bundesrat verabschiedet werden. Die Zustimmungsbedürftigkeit der Verordnung ergibt sich aus Artikel 104a Absatz 4 des Grundgesetzes.

IV. Bereits ausgezahlte Leistungen

Nach Absatz 4 wirkt sich die Anpassung nicht auf bereits ausgezahlte Leistungen aus. Dies betrifft vor allem die Abfindungen für monatliche Entschädigungszahlungen nach §§ 84, 86. Während des Abfindungszeitraums stattfindende Anpassungen bleiben also unberücksichtigt. Demgegenüber ist eine zwischen dem Antrag auf Abfindung und der Auszahlung des Abfindungsbetrags stattfindende Anpassung zu berücksichtigen.[703] **6**

Kapitel 18
Organisation, Durchführung und Verfahren

Abschnitt 1
Organisation und Durchführung

§ 111
Träger der Sozialen Entschädigung

Träger der Sozialen Entschädigung sind die Länder.

Erläuterungen

Übersicht **Rn.**

703 Mushoff in LPK, Rn. 14 zu § 110; B. Schmidt in Schmidt, Rn. 9 zu § 110.

A. Allgemeines

1 Diese Vorschrift regelt, wer Träger der Sozialen Entschädigung ist. Wie nach dem bisherigen Recht sind die Länder (alleiniger) Träger der Sozialen Entschädigung. Dies ergibt sich allerdings bereits aus Artikel 83 GG, da die Länder das Bundesgesetz SGB XIV als eigene Angelegenheit ausführen und das GG nichts anderes bestimmt oder zulässt.

B. Regelungsinhalt

I. Herleitung der Gesetzgebungskompetenz

2 Die Kompetenz des Bundes zur Regelung der Trägerschaft wird in der Gesetzesbegründung[704] aus Artikel 73 Absatz 1 Nr. 13 und Artikel 74 Absatz 1 Nr. 7 GG hergeleitet. Artikel 73 Nr. 13 GG betrifft jedoch – soweit hier einschlägig – nur die ausschließliche Kompetenz für die Versorgung der Kriegsopfer und ihrer Hinterbliebenen, also nur einen, dazu auch noch zukünftig sehr kleinen Personenkreis der Berechtigten der Sozialen Entschädigung.

II. Öffentliche Fürsorge

3 Artikel 74 Nr. 7 GG bezieht sich auf die konkurrierende Gesetzgebung für den Bereich der öffentlichen Fürsorge, wobei dieser Begriff weit auszulegen ist.[705] Er umfasst eben nicht nur die Fürsorge im traditionellen Sinne, die heute Sozialhilfe heißt. Vielmehr greift dieser Begriff dann, wenn eine Situation an tatsächlicher oder zumindest möglicher Bedürftigkeit gegeben ist, für die der Gesetzgeber Regelungen schafft. Diese Situation liegt bei den Berechtigten nach der Sozialen Entschädigung nach § 1 geradezu beispielhaft vor. Sie haben aufgrund eines schädigenden Ereignisses eine gesundheitliche Schädigung erlitten, für deren gesundheitliche und wirtschaftliche Folgen die staatliche Gemeinschaft eine besondere Verantwortung trägt und daher Entschädigungsleistungen erbringt. Aufgrund dieser besonderen Verantwortung ist eine möglichst bundesweit einheitliche Erbringung der Leistungen erforderlich,[706] was ein zusätzliches Argument für die Regelung durch den Bund darstellt (Artikel 72 Absatz 2 GG).

---

704 BT-Drs. 19/13824 S. 151.
705 Weber in LPK, Rn. 7 zu § 111.
706 BT-Drs. 19/13824, S. 151.

III. Ausblick

Die Begründung der Gesetzgebungskompetenz des Bundes über die öffentliche Fürsorge erscheint nicht besonders naheliegend oder überzeugend. Solange aber die Länder von der konkurrierenden Gesetzgebung keinen Gebrauch machen und es einen Konsens in Politik und Gesellschaft über die Gesetzgebungskompetenz des Bundes zu geben scheint, muss diese nicht infrage gestellt werden. Andererseits ist angesichts des Vorliegens dieses Konsenses zu fragen, warum dies nicht im Grundgesetz ausdrücklich verankert wird. Dies insbesondere in Anbetracht der vielen Missbrauchsskandale der letzten Jahre, die die Situation der Opfer in das öffentliche Interesse gerückt haben. Eine ausdrückliche Kompetenzzuweisung für die Gewaltopfer im Grundgesetz könnte für diese Menschen zumindest ein starkes Symbol der staatlichen Solidarität sein. 4

§ 112
Sachliche Zuständigkeit

[1]Sachlich zuständig sind die nach Landesrecht bestimmten Behörden. [2]Die Zuständigkeit kann auf gemeinsame Behörden oder auf andere Träger übertragen werden.

Erläuterungen

Übersicht **Rn.**

A. Allgemeines

Diese Vorschrift knüpft an § 111 an und regelt, dass ihrer Trägerschaft im SER folgend auch die Bestimmung der sachlich zuständigen Behörden (allein) bei den Ländern liegt. Eine Übertragung auf andere Träger ist allerdings möglich. 1

B. Regelungsinhalt

I. Sachlich zuständige Behörden

2 § 112 Satz 1 führt aus, dass sachlich zuständig die nach Landesrecht bestimmten Behörden sind. Weitere Vorgaben, wie im bisherigen Recht nach dem Gesetz über das Verwaltungsverfahren der Kriegsopferversorgung (KOVVfG) und dem Gesetz über die Errichtung der Verwaltungsbehörden der Kriegsopferversorgung (KOVVwG bzw. Errichtungsgesetz), gibt es nicht mehr. Die Länder sind also wesentlich freier als bisher in der Bestimmung der sachlich zuständigen Behörden, insbesondere sind sie nicht mehr dazu verpflichtet, besondere Behörden für die Durchführung des Sozialen Entschädigungsrechts zu betreiben. Dies vollzieht die Entwicklung der letzten Jahre in einigen Bundesländern nach, die ihre Versorgungsverwaltungen geschlossen und deren Aufgaben auf andere Behörden der allgemeinen Verwaltung (z. B. Sachsen-Anhalt) oder Behörden in kommunaler Trägerschaft übertragen haben (z. B. Baden-Württemberg, Nordrhein-Westfalen).

II. Übertragung der Zuständigkeit

3 § 112 Satz 2 eröffnet für die Länder die Möglichkeit, die Zuständigkeit auf gemeinsame Behörden oder andere Träger zu übertragen. Es könnten also z. B. mehrere Länder gemeinsam eine SER-Behörde einrichten, was bei der relativ geringen Zahl der Berechtigten nach dem SER sicherlich zu einer höheren Effektivität und besseren Ressourcennutzung beitragen könnte.[707] Gleichzeitig bestünde durch eine solche, wenn auch ggf. begrenzte Konzentration der Fachkenntnisse die Aussicht auf eine Steigerung der Qualität des Verfahrens und der wünschenswerten Einheitlichkeit der Entscheidungen.

4 Eine Übertragung auf andere Träger ist soweit ersichtlich bislang noch nicht vorgenommen worden. Denkbar wäre eine Übertragung auf einen Träger, der ähnliche Aufgaben wie eine SER-Behörde wahrnimmt. Hier kämen theoretisch die Unfallkassen der Länder[708] in Betracht, zu denen es bereits bei der sogenannten „unechten Unfallversicherung“ (Einbeziehung z. B. von „Nothelfern“) gewisse Parallelen gibt. Dagegen erschiene eine Übertragung auf einen „fachfremden“ Träger kaum vertretbar und wäre Betroffenen und Öffentlichkeit gerade aufgrund der besonderen Verantwortung der staatlichen Gemeinschaft für die SER-Berechtigten kaum zu vermitteln. Generell würde

707 Weber in LPK, Rn. 10 zu § 112.
708 BT-Drs. 19/14870, S. 29.

sich bei einer Übertragung auf einen anderen Träger ohnehin immer die Frage der Qualität(ssicherung) stellen.

§ 113
Örtliche Zuständigkeit

(1) Die örtliche Zuständigkeit der Behörden nach § 112 bestimmen die Länder.

(2) Bei der Entschädigung von Opfern einer Gewalttat nach den §§ 13 bis 15, bei der Entschädigung von Berechtigten nach § 21 sowie den Leistungen an Angehörige, Hinterbliebene und Nahestehende dieser Personen ist dasjenige Land zuständig, in dem die berechtigte Person ihren Wohnsitz, bei Fehlen eines Wohnsitzes ihren gewöhnlichen Aufenthalt hat.

(3) Für die Festsetzung nach § 8 Absatz 2 ist das Land zuständig, das über die Ansprüche aus dem letzten schädigenden Ereignis entscheidet.

(4) Bei der Entschädigung von Berechtigten nach § 23 ist dasjenige Land zuständig, in dem die antragstellende Person zum Zeitpunkt des Dienstbeginns ihren Wohnsitz, bei Fehlen eines Wohnsitzes ihren gewöhnlichen Aufenthalt hat.

(5) [1]Bei der Entschädigung nach § 24 ist dasjenige Land zuständig, in dem die ursächliche Schutzimpfung oder andere Maßnahme der spezifischen Prophylaxe vorgenommen wurde. [2]Wurde die ursächliche Schutzimpfung oder andere Maßnahme der spezifischen Prophylaxe auf Grund einer Rechtsverordnung nach § 20 i Absatz 3 des Fünften Buches im Ausland vorgenommen, ist dasjenige Land zuständig, in dem die Antragstellerin oder der Antragsteller zum Zeitpunkt der Antragstellung ihren oder seinen Wohnsitz oder gewöhnlichen Aufenthalt hat, oder, wenn im Zeitpunkt der Antragstellung ein Wohnsitz oder gewöhnlicher Aufenthalt im Geltungsbereich dieses Gesetzes nicht vorhanden ist, ist dasjenige Land zuständig, in dem die Antragstellerin oder der Antragsteller zuletzt ihren oder seinen Wohnsitz oder gewöhnlichen Aufenthalt gehabt hat oder in dem die Behörde oder die Einrichtung ihren Sitz hat, für die die Antragstellerin oder der Antragsteller oder deren oder dessen Angehörige oder deren oder dessen Angehöriger tätig ist oder war.

(6) Das Bundesministerium für Arbeit und Soziales wird ermächtigt, durch Rechtsverordnung, die der Zustimmung des Bundesrates bedarf, die örtliche Zuständigkeit für Personen, die ihren Wohnsitz oder gewöhnlichen Aufenthalt im Ausland haben, zu bestimmen.

Erläuterungen

Übersicht **Rn.**

A. Allgemeines

1 § 113 regelt die örtliche Zuständigkeit, wobei deren Bestimmung nach Absatz 1 bei den Ländern liegt, während die Bestimmung des zuständigen Landes durch die Absätze 2 bis 6, getrennt nach Entschädigungstatbeständen, erfüllt wird.

B. Regelungsinhalt

I. Örtliche Zuständigkeit

2 Nach § 113 Absatz 1 liegt neben der Bestimmung der sachlich zuständigen Behörden (§ 112) auch die Bestimmung der jeweiligen örtlichen Zuständigkeit bei den Ländern. Diese Regelung dient der Klarstellung und hat lediglich deklaratorischen Charakter[709], da sich dies bereits aus der nach dem GG den Ländern zugewiesenen Durchführungszuständigkeit ergibt. Enthalten ist auch eine Ermächtigungsgrundlage für den Erlass einer Rechtsverordnung zur Regelung der örtlichen Zuständigkeit für nicht in Deutschland lebende Berechtigte durch den Bund.

II. Zuständigkeit nach Wohnort

3 § 113 Absatz 2 regelt, welches Land für die Entschädigung von Gewaltopfern und Kriegsopfern sowie deren Angehörigen, Hinterbliebenen und Nahestehenden zuständig ist. Ausschlaggebend dafür ist der Wohnsitz bzw.

709 B. Schmidt in Schmidt, Rn. 4 zu § 113.

der gewöhnliche Aufenthalt (§ 30 SGB I) der antragstellenden Person. Gemeint ist jeweils der gegenwärtige Wohnsitz bzw. Aufenthalt. Die Zuständigkeit wechselt damit bei jedem Umzug in ein anderes Land.

Für die Kriegsopfer wird mit § 113 Absatz 2 die bisherige Regelung weitergeführt. Für die Gewaltopfer galt früher hinsichtlich der Zuständigkeit das sogenannte Tatortprinzip. Zuständig war danach das Land, auf dessen Territorium die Gewalttat begangen worden war. Dies entspricht auch dem der Gewaltopferentschädigung zugrundeliegenden Gedanken, dass eine staatliche Einstandspflicht vorliegt, weil der Staat mit seinen Polizeiorganen die Tat nicht hat verhindern können. Für die Polizei sind die Länder zuständig. Somit war es folgerichtig, aus dem „Versagen“ der Polizei eine Zuständigkeit des Landes des Tatorts herzuleiten. 4

Im Interesse einer möglichst wohnortnahen Betreuung der Betroffenen wurde für das OEG gemäß Artikel 3 Nummer 3 des SER-Regelungsgesetzes mit Wirkung vom 20.12.2019 von diesem Prinzip abgegangen. Es erfolgte ein stufenweiser Übergang[710] vom Tatort- zum Wohnortprinzip. Dies hatte mehrere Vorteile. Zum einen wurden dadurch die in der Praxis oftmals hinsichtlich der Zuständigkeitsentscheidung sehr problematischen Fälle „entschärft“, in denen sich entweder die Begehung einer Gewalttat über mehrere Länder hinzog bzw. in denen mehrere Gewalttaten vorlagen, die alle zu einer gesundheitlichen Schädigung beitrugen. Hier war die Herleitung der Zuständigkeit oftmals nicht nur tatsächlich und rechtlich schwierig, sondern auch umstritten, weil sich im OEG – wie zukünftig auch im SGB XIV (§ 133 Absatz 1 Satz 1) – aus der Entscheidung über die Zuständigkeit auch die Pflicht zur (teilweisen) Kostentragung ergibt. Zum anderen ist das Wohnortprinzip natürlich auch günstiger für die Betroffenen, denen eine wohnortnahe Betreuung ermöglicht wird, was vor allem im Bereich der Traumaambulanzen und des Fallmanagements vorteilhaft sein dürfte. 5

Allerdings wird zu beobachten sein, ob sich zukünftig, z. B. als Folge eines Anschlags mit einer Vielzahl von Opfern und weiteren Anspruchsberechtigten, nicht doch wieder eine Diskussion über die örtliche Zuständigkeit ergeben oder ein Land, das aufgrund des Wohnortprinzips finanziell besonders betroffen ist, die Forderung nach einer Rückkehr zum Tatortprinzip fordern wird. 6

Problematisch und mit bürokratischem Mehraufwand[711] verbunden, könnten für die Verwaltungspraxis natürlich auch Fälle werden, in denen eine 7

710 S. hierzu Weber in LPK, Rn. 10 zu § 113.
711 Schmidt/B. Schmidt, Rn. 7 zu § 113.

leistungsberechtigte Person mehrfach umzieht und damit die örtliche Zuständigkeit ebenso wie die Kostentragung mehrfach wechselt.

III. Zuständigkeit bei Zusammentreffen von Ansprüchen

8 § 113 Absatz 3 legt fest, welches Land örtlich zuständig ist, wenn Ansprüche aus mehreren unterschiedlichen Entschädigungstatbeständen zusammentreffen, also z. B. jemand zunächst einen Impfschaden erleidet und dann später Opfer einer Gewalttat wird. Dann ist das Land zuständig, in dem das letzte schädigende Ereignis stattgefunden hat.

9 Absatz 3 greift jedoch nicht, wenn Ansprüche aus mehreren Gewalttaten zusammentreffen. Diese Konstellation ist nämlich bereits von Absatz 2 umfasst. Absatz 3 spricht nur von der Zuständigkeit für die Feststellung eines einheitlichen GdS. Nach Zweck und Regelungsinhalt des § 113 macht jedoch nur die Auslegung Sinn, dass auch die Erbringung der Leistungen von der Zuständigkeitszuweisung erfasst wird. Nach § 136 Absatz 1 führt dies jedoch nicht dazu, dass das auf diese Weise zuständig gewordene Land auch alle den Ländern zugewiesenen Kosten tragen muss. Vielmehr findet dann eine Teilung der Kostentragung statt. Dies bedeutet in der Praxis, dass das nach Absatz 3 zuständige Land gegenüber dem oder der Leistungsberechtigten die Leistungen erbringt, sich dann aber vom Land, welches für das „andere“ schädigende Ereignis zuständig ist, die Kosten erstatten lässt.

IV. Zuständigkeit bei Zivildienstschädigung

10 § 113 Absatz 4 regelt die örtliche Zuständigkeit für die Entschädigung für Zivildienstgeschädigte. Ebenso wie bei Gewalt- und Kriegsopfern richtet sich diese nach dem Wohnort bzw. gewöhnlichen Aufenthalt. Allerdings nicht nach dem gegenwärtigen Wohnsitz oder Aufenthalt, sondern dem Wohnsitz oder Aufenthalt bei Dienstbeginn (§ 25 ZDG). Anders als bei Kriegs- und Gewaltopfern wechselt die örtliche Zuständigkeit also nicht bei einem Umzug der leistungsberechtigten Person.

V. Zuständigkeit bei Impfschäden

11 § 113 Absatz 5 regelt die Zuständigkeit für die Entschädigung von Impfschäden. Unterschieden wird dabei danach, ob die Schutzimpfung oder Prophylaxemaßnahme im Inland oder im Ausland stattgefunden hat. Obwohl die Vorschrift lang geraten ist, ist sie doch einfacher als die bisherige Regelung (vgl. § 66 IfSG). Nach Satz 1 ist das Land zuständig, auf dessen

Territorium das schädigende Ereignis stattgefunden hat, also die Schutzimpfung oder Prophylaxemaßnahme vorgenommen worden ist. Dies ist folgerichtig, da insbesondere die Schutzimpfungen oftmals auf landesrechtlichen Empfehlungen beruhen[712], die durchaus unterschiedlich sein können. Außerdem besteht zumindest die Möglichkeit, dass die Empfehlungen der StIKo nicht in allen Ländern zeitgleich umgesetzt werden und somit eine unterschiedliche Rechtslage in unterschiedlichen Ländern besteht. Insgesamt ist diese Regelung nicht so betroffenenfreundlich wie bei Gewalt- und Kriegsopfern.

§ 113 Absatz 5 Satz 2 bezieht sich auf Impfungen und Prophylaxemaßnahmne 12
im Ausland. Da es in diesen Fällen an einem Bezug zu landesrechtlichen Empfehlungen oder Vorgaben fehlt und das schädigende Ereignis auch nicht auf dem Territorium eines Landes stattfand, musste eine andere Anknüpfung gefunden werden. Örtlich zuständig in diesen Fällen ist daher das Land des Wohnsitzes bzw. gewöhnlichen Aufenthalts zum Zeitpunkt der Antragstellung. Durch das Zweite Gesetz zur Änderung des Infektionsschutzgesetzes vom 28.05.2021[713] wurde Satz 2 um die Fallgestaltung ergänzt, dass weder ein Wohnsitz noch ein gewöhnlicher Aufenthalt in Deutschland existiert. Dann ist das Land des letzten Wohnsitzes oder gewöhnlichen Aufenthalts zuständig oder das Land, in dem die Behörde oder Einrichtung ihren Sitz hat, für die die antragstellende Person tätig war oder ist. Die letztgenannte Variante trifft vor allem auf Mitarbeiterinnen und Mitarbeiter internationaler Organisationen zu.

VI. Verordnungsermächtigung

§ 113 Absatz 6 enthält die Ermächtigung des BMAS zu einer Verordnung, 13
in der die Zuständigkeit für Personen geregelt wird, die im Ausland ihren Wohnsitz oder gewöhnlichen Aufenthalt haben. Diese Verordnungskompetenz bestand bereits nach dem bisherigen Recht.

Die auf § 113 Absatz 2 beruhende Auslandszuständigkeitsverordnung nach 14
dem SGB XIV wurde am 20. Oktober 2023 verabschiedet.[714] Sie weist in ihrem § 2 jedem Land Zuständigkeiten für Personen mit Wohnsitz oder gewöhnlichem Aufenthalt in einem bestimmten Staat oder einer bestimmten Weltregion zu. Erfasst sind dabei sämtliche Staaten der Welt.

712 Weber in LPK, Rn. 35 zu § 113.
713 BGBl. I 2021, 1174, 1179.
714 BR-Drs. 427/23.

§ 114
Aufgaben des Bundesministeriums für Arbeit und Soziales

(1) Das Bundesministerium für Arbeit und Soziales wirkt auf die bundeseinheitliche Durchführung dieses Buches durch geeignete Maßnahmen hin.

(2) Das Bundesministerium für Arbeit und Soziales nimmt die Aufgaben der zentralen Kontaktstelle im Sinne des Artikels 16 der Richtlinie 2004/80/EG wahr.

Erläuterungen

Übersicht **Rn.**

A. Allgemeines

1 § 114 führt die Aufgaben des BMAS im Bereich der Sozialen Entschädigung auf.

B. Regelungsinhalt

I. Bundeseinheitliche Durchführung

2 § 114 Absatz 1 sieht vor, dass das BMAS auf die im Interesse der Betroffenen sehr wünschenswerte einheitliche Gesetzesanwendung aller 16 Länder hinwirken soll, wobei nicht ausgeführt wird, durch welche Maßnahmen dieses „Hinwirken“ umgesetzt werden soll oder kann.

3 Das „Hinwirken“ auf eine einheitliche Gesetzesanwendung knüpft an die Herleitung der Gesetzgebungskompetenz des Bundes (auch) über die Notwendigkeit einer bundesweit einheitlichen Regelung (s. insoweit Kommentierung zu § 111) an. Als Maßnahmen stehen dem BMAS zunächst die insgesamt 6 Verordnungen zur Verfügung, für die Ermächtigungsgrundlagen im SGB XIV enthalten sind (§§ 5 Absatz 4, 38, 40, 91, 109, 113 Absatz 6). Diese bedürfen jedoch alle der Zustimmung des Bundesrates, sodass der Spielraum des BMAS durchaus eingeschränkt ist.

Weiterhin kann das BMAS – wie bislang auch schon – durch empfehlende Rundschreiben zu Rechtsfragen Stellung nehmen und dadurch auf eine einheitliche Gesetzesanwendung durch die Länder hinwirken. Diese Rundschreiben werden üblicherweise vor ihrer Herausgabe mit den Ländern abgestimmt, um von Anfang an die erforderliche Akzeptanz bei den Ländern sicherzustellen. Diese Rundschreiben werden gewöhnlich auf der Internetseite des BMAS veröffentlicht. Zudem wirkt das BMAS durch Veranstaltungen, wie z. B. die jährliche Versorgungsmedizinische Tagung oder Erfahrungsaustausche mit Mitarbeiterinnen und Mitarbeitern aus den Sozialministerien und SER-Verwaltungen der Länder, auf eine möglichst bundeseinheitliche Rechtsanwendung in der Sozialen Entschädigung hin. 4

II. Zentrale Kontaktstelle

Nach § 114 Absatz 2 nimmt das BMAS weiterhin die Aufgaben der zentralen Kontaktstelle nach der EU-Richtlinie über die Entschädigung für Opfer von Straftaten (Richtlinie 2004/80/EG) wahr. Dies betrifft vor allem die Weitergabe von Informationen und den Austausch auf EU-Ebene mit anderen Mitgliedstaaten und der EU-Kommission. Bedeutsam könnte in diesem Zusammenhang die bereits mehrfach angekündigte Reform der o. g. Richtlinie werden. 5

Weitere Aufgaben, die bislang das BMAS nach § 6 OEG erfüllte, werden nach §§ 123, 124 (s. dortige Kommentierung) zukünftig der neu zu gründenden Bundesstelle für Soziale Entschädigung zugewiesen. 6

Abschnitt 2
Verfahren zur Prüfung des Leistungsanspruchs

§ 115
Erleichtertes Verfahren bei Leistungen der Schnellen Hilfen

(1) Leistungen der Schnellen Hilfen werden in der Regel im Erleichterten Verfahren erbracht.

(2) [1]Im Erleichterten Verfahren genügt es, wenn eine summarische Prüfung ergibt, dass die antragstellende Person nach dem Recht der Sozialen Entschädigung anspruchsberechtigt sein kann. [2]Dabei ist der im Antrag dargelegte Sachverhalt als wahr zu unterstellen, wenn nicht dessen Unrichtigkeit offensichtlich ist.

(3) Im Erleichterten Verfahren wird weder eine Feststellung über die Richtigkeit oder Unrichtigkeit des von der antragstellenden Person vorgetragenen Sachverhaltes noch

über das Bestehen oder Nichtbestehen weiterer, über die Schnellen Hilfen hinausgehende Ansprüche getroffen.

Erläuterungen

Übersicht **Rn.**

A. Allgemeines

1 Die Feststellung, ob eine antragstellende Person Anspruch auf Leistungen der Sozialen Entschädigung hat, kann u. U. sehr langwierig sein. Das Erleichterte Verfahren stellt sicher, dass die Schnellen Hilfen nach Kapitel 4 tatsächlich „schnell", also unbürokratisch und erforderlichenfalls unmittelbar nach dem schädigenden Ereignis erbracht werden können.[715] Gerade bei den Leistungen der Traumaambulanz hat sich gezeigt, dass eine rasche Inanspruchnahme bedeutsam für den Erfolg ist.[716] Aber auch die Unterstützung durch das Fallmanagement oder durch Organisationen, mit denen eine Kooperationsvereinbarung nach § 39 geschlossen wurde, ist oft erforderlich, ehe der Sachverhalt vollständig ermittelt und das Vorliegen der Anspruchsvoraussetzungen festgestellt wurde. Wenn der Gesetzgeber die hohe Bedeutung der Schnellen Hilfen im Neuen Sozialen Entschädigungsrecht betont, ist es nur konsequent, wenn er für ihre Inanspruchnahme ein niedrigschwelliges Erleichtertes Verfahren zur Verfügung stellt.

2 Die im Erleichterten Verfahren getroffene Entscheidung stellt einen Verwaltungsakt i. S. d. § 31 SGB X dar, vgl. auch § 116 Absatz 2 und 3. Das bedeutet, dass sie wie alle Verwaltungsakte mit Widerspruch und Klage angegriffen werden kann. Da der Gesetzgeber davon ausgeht, dass Leistungen der Schnellen Hilfen rasch zu erbringen sind, dürfte im Regelfall im Eilverfahren der

715 BT-Drs. 19/13824, S. 220.

716 Vgl. die vom Universitätsklinikum Ulm im Auftrag des BMAS durchgeführte Studie „Verbesserter Zugang zu Traumaambulanzen durch aktiven Einbezug der Versorgungsbehörden sowie primärer Anlaufstellen und Evaluation der Effektivität von Sofortinterventionen" (TRAVESI) – Näheres dazu bei der Kommentierung zu § 31.

Anordnungsgrund gegeben sein, wenn die Erbringung Schneller Hilfen infrage steht.

B. Regelungsinhalt

I. Absatz 1

Nach dieser Norm werden Leistungen der Schnellen Hilfen in der Regel im Erleichterten Verfahren erbracht. **Leistungen der Schnellen Hilfen** sind die in Kapitel 4, das „Schnelle Hilfen" heißt, genannten Leistungen. Hierzu zählen nach der Definition des § 29 Absatz 1 die Leistungen des Fallmanagements und der Traumaambulanz. Die ebenfalls in Kapitel 4 aufgeführten Kooperationsvereinbarungen gehören damit nicht zu den Schnellen Hilfen. Das ist folgerichtig, weil eine Vereinbarung keine Leistung darstellt. Allerdings können die Kooperationsvereinbarungen vorsehen, dass die Leistungen der Kooperationspartner ebenfalls in dem frühen Stadium wie die Leistungen des Fallmanagements und der Traumaambulanz einsetzen und hierüber im Erleichterten Verfahren entschieden wird. Dies folgt aus der Verortung der Kooperationsvereinbarungen in Kapitel 4. 3

Zu den Leistungen der Traumaambulanz zählt nicht nur die psychotherapeutische (Früh-)Intervention nach §§ 32, 33 (im Umfang von bis zu 15 bzw. bei Kindern und Jugendlichen bis zu 18 Sitzungen, vgl. § 34), sondern auch die Übernahme der Fahr- und Betreuungskosten nach § 36. Denn hierbei handelt es sich um eine akzessorische Nebenleistung zu den Leistungen der Traumaambulanz, über die ebenfalls im Erleichterten Verfahren zu entscheiden ist.[717] Eine andere Sicht würde den vom Gesetzgeber gewollten niedrigschwelligen Zugang zu den Traumaambulanzen konterkarieren. Denn (potenziell) Berechtigte könnten vom Besuch der Traumaambulanz abgehalten werden, wenn sie erst den Ausgang des (oft langwierigen) Regelverfahrens abwarten müssten, bis sie die Fahr- und Betreuungskosten erstattet bekämen. Zudem gelten im Regelverfahren höhere Anforderungen als im Erleichterten Verfahren. Es ist möglich, dass ein Anspruch im Erleichterten Verfahren bejaht, im Regelverfahren jedoch verneint wird. Die Befürchtung, trotz positiver Entscheidung im Erleichterten Verfahren die Fahr- und Betreuungskosten selbst tragen zu müssen, könnte Betroffene davon abhalten, die Leistungen der Traumaambulanz in Anspruch zu nehmen. Daher ist davon auszugehen, dass der Gesetzgeber mit den „Leistungen der Schnellen Hilfen" in § 115 alle in Kapitel 4 geregelten Leistungen 4

717 A.A. jurisPK-SGB XIV/Schaumberg, § 115 Rn. 7.

meint. Dass er die Vorschriften des Kapitel 4 Abschnitt 3 als Einheit sieht, zeigt sich auch darin, dass diese Normen nach Art. 60 Absatz 5 des Gesetzes zur Regelung des Sozialen Entschädigungsrechts einheitlich zum 1. Januar 2021 in Kraft getreten sind[718] (ebenso wie §§ 115 und 116).

5 Leistungen der Schnellen Hilfen werden **in der Regel** im Erleichterten Verfahren erbracht. Eine Entscheidung im regulären Verfahren ist damit nicht ausgeschlossen. Um die gesetzgeberische Intention nicht zu konterkarieren, kommt eine Entscheidung im Regelverfahren über die Leistungen der Schnellen Hilfen jedoch nur dann in Betracht, wenn auch in diesem Verfahren so rasch wie im Erleichterten Verfahren entschieden werden kann. Dies dürfte nur in einfach gelagerten Fällen in Betracht kommen.[719]

II. Absatz 2

6 Die Vorschrift legt dar, woraus das Erleichterte Verfahren besteht. Nach **Satz 1** findet nur eine summarische Prüfung statt, ob die antragstellende Person nach dem Recht der Sozialen Entschädigung anspruchsberechtigt sein kann. Die Formulierung legt nahe, dass es um die Frage geht, ob der Anspruch auf Leistungen der Sozialen Entschädigung dem Grunde nach bestehen kann. Da jedoch über den **Anspruch auf Leistungen der Schnellen Hilfen** entschieden wird, kommt es zudem darauf an, ob nach einer summarischen Prüfung ein Anspruch auf Leistungen der Schnellen Hilfen bestehen kann. Dies ist, wenn der Antrag nicht auf eine spezielle Leistung eingeschränkt wurde, für alle in Betracht kommenden Schnellen Hilfen gesondert zu prüfen. Es ist möglich, dass für eine Schnelle Hilfe der Anspruch bejaht, für eine andere verneint wird.

7 Es genügt, dass ein Anspruch bestehen **kann**, es muss also die (nicht ganz fernliegende) Möglichkeit eines Anspruchs bestehen.

8 Es erfolgt lediglich eine **summarische**, also eine nur überschlägige **Prüfung** der Rechtslage. Hier dürfte der Anspruch v. a. dann zu verneinen sein, wenn der dargelegte Sachverhalt offensichtlich keinen Tatbestand des SGB XIV erfüllt (etwa, wenn die Person schildert, selbst einen Unfall verursacht zu haben und dabei verletzt worden zu sein oder wenn sie vorträgt, aufgrund von Fernsehberichterstattung über Fremde traumatisiert zu sein).

---

718 Abgesehen von § 38 – dieser ist bereits nach Art. 60 Absatz 3 Nr. 1 des Gesetzes zur Regelung des Sozialen Entschädigungsrechts am Tag der Verkündung in Kraft getreten. Das frühere Inkrafttreten wurde für erforderlich erachtet, damit die Traumaambulanz-Verordnung zeitnah erarbeitet und erlassen werden kann und den Ländern so genügend Zeit bleibt, sich auf die mit der Rechtsverordnung zu erlassenden und ab 2024 in Kraft tretenden Bestimmungen einzustellen und die erforderlichen Vorkehrungen zu treffen, vgl. BT-Drs. 19/14870, S. 39.

719 BT-Drs. 19/13824, S. 220.

Sofern nicht offensichtlich unrichtig, wird der vorgetragene **Sachverhalt als wahr unterstellt**. Offensichtliche Unrichtigkeit ist beispielsweise gegeben, wenn das Tatgeschehen aufgezeichnet wurde oder erwiesen ist, dass die antragstellende Person nicht am Tatort war. Schildern ein oder mehrere Zeugen einen anderen Tathergang, führt das allein noch nicht zur offensichtlichen Unrichtigkeit. Denn es bedarf einer tiefergehenden, über die summarische Prüfung hinausgehenden Untersuchung, um zu ermitteln, welche Person das Geschehen korrekt wiedergibt. Auch wenn die Aussage der antragstellenden Person teilweise widersprüchlich ist oder einzelne Details nicht zutreffen, kann daraus keine offensichtliche Unrichtigkeit abgeleitet werden.[720] Dies kann darauf zurückzuführen sein, dass die betroffene Person traumatisiert ist oder schlichtweg Einzelheiten beim Tatgeschehen keine Beachtung geschenkt hat und das Gedächtnis nun Lücken (unzutreffend) auffüllt. Da in solchen Fällen weitere Ermittlungen notwendig sind, liegt gerade keine offensichtliche Unrichtigkeit vor. Offensichtliche Unrichtigkeit kann nur angenommen werden, wenn sie ohne Weiteres erkennbar ist.[721] 9

III. Absatz 3

Die Norm enthält eine Klarstellung zur **Reichweite des Erleichterten Verfahrens**. Die Richtigkeit des von der antragstellenden Person vorgetragenen Sachverhalts wird ausschließlich für das Erleichterte Verfahren unterstellt. Darüber hinaus wird keine Feststellung über die Richtigkeit oder Unrichtigkeit des Sachverhalts getroffen. Ferner stellt die Regelung klar, dass sich die Entscheidung im Erleichterten Verfahren ausschließlich auf die Schnellen Hilfen beschränkt; über das Bestehen oder Nichtbestehen weiterer Ansprüche wird keine Feststellung getroffen. 10

Die Entscheidung im Erleichterten Verfahren vermag auch kein „Präjudiz" für das reguläre Verfahren zu treffen. Zudem schafft sie keinen Vertrauenstatbestand, der über die Schnellen Hilfen hinausgeht. Es empfiehlt sich, dies im Bescheid klar und für Laien verständlich zu kommunizieren. 11

720 So auch Knickrehm/Mushoff/Schmidt, Rn. 399; jurisPK-SGB XIV/Schaumberg, § 115, Rn. 22.
721 jurisPK-SGB XIV/Schaumberg, § 115, Rn. 22.

§ 116
Weiteres Verfahren

(1) Nach der Entscheidung im Erleichterten Verfahren wird geprüft, ob Ansprüche auf Leistungen der Sozialen Entschädigung bestehen, es sei denn, die antragstellende Person hat den Antrag ausdrücklich auf Schnelle Hilfen beschränkt.

(2) [1]Ergibt die weitere Prüfung, dass keine Leistungsansprüche der Sozialen Entschädigung bestehen, wird der Antrag abgelehnt. [2]Zugleich wird der Verwaltungsakt, der zuvor im Erleichterten Verfahren ergangen ist, mit Wirkung für die Zukunft widerrufen.

(3) Ergibt die weitere Prüfung, dass Leistungsansprüche der Sozialen Entschädigung bestehen, erging im Erleichterten Verfahren aber ein nicht begünstigender Verwaltungsakt, wird der im Erleichterten Verfahren ergangene Verwaltungsakt widerrufen und über den Antrag neu entschieden.

Erläuterungen

Übersicht **Rn.**

A. Allgemeines

1 Die Norm ergänzt § 115 und regelt das Verfahren nach der Entscheidung im Erleichterten Verfahren. Hier gelten die allgemeinen Regelungen (§§ 117–119 und die Vorschriften des SGB X). So gilt der Amtsermittlungsgrundsatz (§ 20 SGB X) und die durch Kausalität verbundene „Anspruchstrias" – schädigendes Ereignis, Schädigung, Schädigungsfolge – muss nachgewiesen werden. Hierbei sind jedoch Erleichterungen zu beachten (vgl. etwa § 117 und § 4 Absatz 4 bis 6). Es findet also das „reguläre" Anspruchsprüfungsverfahren statt, das auch stattfände, wenn keine Schnellen Hilfen beantragt worden wären.

B. Regelungsinhalt

I. Absatz 1

Das weitere Verfahren kommt zur Anwendung, wenn **eine Entscheidung im Erleichterten Verfahren ergangen** ist. Es ist also das sich an das Erleichterte Verfahren anschließende Verfahren. Es ist nicht durchzuführen, wenn die antragstellende Person ihren **Antrag ausdrücklich auf Schnelle Hilfen beschränkt** hat. Denn Leistungen des SGB XIV werden grundsätzlich auf Antrag erbracht, vgl. § 10. Enthält der Antrag keine Beschränkung, prüft die Behörde zunächst im Erleichterten Verfahren, ob und wenn ja, welche Schnellen Hilfen in Betracht kommen. Anschließend prüft sie im weiteren Verfahren, ob und wenn ja, auf welche weiteren Leistungen des SGB XIV ein Anspruch bestehen könnte. 2

Der Antrag muss **ausdrücklich** auf Schnelle Hilfen beschränkt sein, um vom weiteren Verfahren abzusehen. Es muss deutlich sein, dass die antragstellende Person keine darüber hinausgehenden Leistungen möchte. Dabei ist der Antrag auszulegen und im Zweifel davon auszugehen, dass alle Leistungen, auf die ein Anspruch besteht, gewollt sind. Allein in der Formulierung, „schnelle Hilfe" haben zu wollen, kann jedenfalls keine Beschränkung des Antrags auf Leistungen der Schnellen Hilfen gesehen werden.[722] Es ist eher davon auszugehen, dass die antragstellende Person die ihr nach dem SGB XIV zustehenden Leistungen möglichst rasch erhalten möchte. 3

Möglich ist aber auch, dass eine Beschränkung auf die Schnellen Hilfen gewollt ist, um beispielsweise nicht zur Verfolgung des Täters beitragen zu müssen (vgl. dazu die Kommentierung zu § 17 Absatz 2). Da es sich um einen sensiblen Bereich handelt, empfiehlt sich in Zweifelsfällen eine eindeutige Klärung. 4

II. Absatz 2

Die Vorschrift regelt den Fall, dass die Prüfung im weiteren Verfahren ergibt, dass kein Anspruch auf Leistungen der Sozialen Entschädigung besteht. Der Antrag wird dann abgelehnt und der zuvor im Erleichterten Verfahren ergangene Verwaltungsakt wird mit Wirkung für die Zukunft widerrufen. Das Gesetz unterscheidet nicht danach, ob der zuvor im Erleichterten Verfahren ergangene Verwaltungsakt begünstigend war oder nicht. Handelte es sich jedoch um einen begünstigenden Verwaltungsakt, führt der Wi- 5

722 jurisPK-SGB XIV/Schaumberg, § 116, Rn. 20.

derruf dazu, dass keine weiteren Leistungen der Schnellen Hilfen in Anspruch genommen werden können. So können beispielsweise Leistungen der Traumaambulanz auch dann nicht (weiter) in Anspruch genommen werden, wenn die nach § 34 mögliche Höchstanzahl von 15 bzw. 18 Sitzungen noch nicht ausgeschöpft wurde.

6 Der im Erleichterten Verfahren ergangene Verwaltungsakt wird **mit Wirkung für die Zukunft** widerrufen. Das bedeutet, dass die Traumaambulanzen (und ggf. die Organisationen, mit denen Kooperationsvereinbarungen nach § 39 geschlossen wurden) für bereits erbrachte Leistungen der Schnellen Hilfen die vereinbarte Vergütung erhalten. Die Kosten dieser Leistungen sind von der antragstellenden Person nicht zu erstatten. Denn die Leistungen wurden zurecht auf Grundlage des positiven Bescheids im Erleichterten Verfahren erbracht. In dieser Regelung kommt erneut der Wille des Gesetzgebers zum Ausdruck, die Hürden für den Zugang zu den Leistungen der Schnellen Hilfen sehr niedrig zu halten, damit möglichst viele (potenziell) Berechtigte sie in Anspruch nehmen.[723]

7 Als Verwaltungsakt ist der **Widerruf ab Bekanntgabe wirksam** (§ 39 Absatz 1 Satz 1 SGB X),[724] d.h., dass erst ab Bekanntgabe keine Leistungen der Schnellen Hilfen mehr in Anspruch genommen werden können. Die Bekanntgabe bestimmt sich nach § 37 SGB X. Zu beachten ist hier die Vorgabe des § 37 Absatz 1 Satz 1 SGB X, wonach ein Verwaltungsakt demjenigen Beteiligten bekannt zu geben ist, für den er bestimmt ist oder der von ihm betroffen wird. Dies ist zum einen die antragstellende Person. Vom Verwaltungsakt betroffen ist aber auch die Traumaambulanz oder die Organisation, die Beratungs- und Begleitangebote nach § 39 erbringt[725]. Denn sie kann nach Widerruf des im Erleichterten Verfahren ergangenen Verwaltungsaktes erbrachte Leistungen nicht mehr zulasten des SGB XIV-Trägers abrechnen. Daher ist die Entscheidung auch ihr gegenüber bekannt zu geben.

8 Ablehnung und Widerruf können in einem Bescheid enthalten sein.[726]

---

723 Diese gesetzgeberische Intention kommt auch in § 11 Absatz 5 zum Ausdruck, wonach die Kosten für die ersten beiden Sitzungen der Traumaambulanz sowie die erste Kontaktaufnahme durch das Fallmanagement auch dann getragen werden, wenn Ansprüche nach dem SGB XIV nicht einmal im Erleichterten Verfahren bestehen.

724 So auch jurisPK SGB XIV/Schaumberg, § 116, Rn. 27.

725 Falls zwischen ihr und der zuständigen Behörde vereinbart wurde, dass diese Leistungen als Schnelle Hilfe erbracht werden sollen.

726 So auch jurisPK SGB XIV/Schaumberg, § 116, Rn. 26.

III. Absatz 3

Die Norm regelt den Fall, dass im Erleichterten Verfahren ein nicht begünstigender Verwaltungsakt ergangen ist, die weitere Prüfung jedoch ergibt, dass Leistungsansprüche der Sozialen Entschädigung bestehen. Dann wird der im Erleichterten Verfahren ergangene Verwaltungsakt widerrufen und über den Antrag neu entschieden. Die im Erleichterten Verfahren abgelehnten Schnellen Hilfen werden somit nicht automatisch gewährt. Vielmehr findet eine neue Prüfung statt, die – trotz Bestehens von Ansprüchen nach dem SGB XIV – dazu führen kann, dass gerade auf Schnelle Hilfen kein oder nur ein teilweiser Anspruch besteht. 9

Der Widerruf und die neue Entscheidung können in einem Bescheid erfolgen.[727]

§ 117
Beweiserleichterungen

(1) Die Angaben der antragstellenden Person, die sich auf die mit der Schädigung im Zusammenhang stehenden Tatsachen beziehen, sind, wenn Beweismittel nicht vorhanden oder nicht zu beschaffen oder ohne Verschulden der antragstellenden Person oder ihrer Hinterbliebenen verlorengegangen sind, der Entscheidung zu Grunde zu legen, soweit sie nach den Umständen des Falles glaubhaft erscheinen.

(2) Eine Tatsache erscheint glaubhaft, wenn bei mehreren ernstlich in Betracht zu ziehenden Möglichkeiten das Vorliegen einer davon relativ am wahrscheinlichsten ist, weil nach Gesamtwürdigung aller Umstände besonders viel für diese Möglichkeit spricht.

(3) Die Verwaltungsbehörde kann von der antragstellenden Person in besonderen Fällen die Abgabe einer eidesstattlichen Versicherung verlangen.

Erläuterungen

Übersicht **Rn.**

727 So auch jurisPK SGB XIV/Schaumberg, § 116, Rn. 31.

A. Allgemeines

1 Mit Absatz 1 und 3 der Norm wurde die Regelung des § 15 KOVVfG fast wortgleich in das SGB XIV übernommen. Mit Absatz 2 wollte der Gesetzgeber die zur Auslegung der Glaubhaftmachung nach § 15 Satz 1 KOVVfG ergangene höchstrichterliche Rechtsprechung kodifizieren.[728] Dies hat zur Folge, dass die Judikatur nunmehr bei der Frage, wann eine Tatsache glaubhaft gemacht ist, an diese Definition gebunden ist.

2 Die Norm tritt mit Außerkrafttreten des KOVVfG zum 1.1.2024 in Kraft. Wie auch bei § 15 KOVVfG besteht der Zweck des § 117 darin, im Falle des unverschuldeten Beweisnotstands der antragstellenden Person Abhilfe zu schaffen. Sie ist auf alle Entschädigungstatbestände des SGB XIV (geregelt in Kapitel 2, Abschnitt 2) anwendbar.

3 Kommt die Vorschrift zur Anwendung, tritt anstelle des Vollbeweises der abgesenkte Beweismaßstab der Glaubhaftmachung.

B. Regelungsinhalt

I. Absatz 1

4 Nach Absatz 1 der Vorschrift sind die Angaben der antragstellenden Person, die sich auf die mit der Schädigung im Zusammenhang stehenden Tatsachen beziehen, der Entscheidung zugrunde zu legen, soweit sie nach den Umständen des Falles glaubhaft erscheinen. Voraussetzung ist, dass Beweismittel nicht vorhanden oder nicht zu beschaffen oder ohne Verschulden der antragstellenden Person oder ihrer Hinterbliebenen verlorengegangen sind.

5 Es muss also ein Beweisnotstand vorliegen. Entgegen § 15 KOVVfG stellt das neue Recht dabei nicht auf fehlende „Unterlagen“, sondern auf fehlende „Beweismittel“ ab. Da § 15 KOVVfG bereits in diesem Sinne ausgelegt wurde,[729] stellt die Wortlautänderung keine Neuerung dar. Der Beweisnotstand muss sich auf **Tatsachen** beziehen, **die mit der Schädigung im Zusammenhang stehen**. Mit Blick auf die Gesetzesbegründung[730] ist davon auszugehen, dass mit „Schädigung“ der Akt der Schädigung, also das schädigende

728 BT-Drs. 19/13824, S. 220f.

729 Vgl. etwa LSG Niedersachsen-Bremen, Urteil vom 26.11.2020, L 10 VE 60/17, wonach § 15 KOVVfG auch bei fehlenden Zeugen anwendbar sei. Sind Tatzeugen vorhanden, kommt § 15 VOVfG nicht in Betracht, vielmehr ist eine Beweiswürdigung vorzunehmen (so LSG Niedersachsen-Bremen, Urteil vom 30.1.2020, L 10 VE 63/16). Ausführlich zur Frage, wer als „Zeuge“ i. S. d. § 15 KOVVfG in Betracht kommt: SG Aachen, Urteil vom 27.10.2020, S 12 VG 3/18.

730 BT-Drs. 19/13824, S. 220.

Ereignis gemeint ist und nicht die weiteren Elemente der Kausaltrias schädigendes Ereignis – Schädigung/Gesundheitsstörung – Schädigungsfolge(n).[731] Hinsichtlich des Vorliegens einer Gesundheitsstörung ist das Vorliegen eines Beweisnotstandes ohnehin schwer vorstellbar, da Antragstellende auf deren Vorliegen untersucht werden können. Denkbar wäre dies allenfalls nach dem Tod des Primäropfers. Gegen die Annahme, dass § 117 auch den Ursachenzusammenhang zwischen schädigendem Ereignis und Gesundheitsstörung oder zwischen Gesundheitsstörung und Schädigungsfolge erfasst, spricht, dass der Gesetzgeber die Kausalität in § 4 ausführlich geregelt und in dieser Norm auch Erleichterungen zur Anerkennung einer Gesundheitsstörung als Schädigungsfolge vorgesehen hat (§ 4 Absatz 4 bis 6). Diese feintarierte Regelung würde durch eine weite Auslegung des § 117 unterlaufen.

Die Vorgängernorm, § 15 Satz 1 KOVVfG, hatte die Opfer der Weltkriege im Blick, die durch die besonderen Kriegsverhältnisse oft keinen Zugriff mehr auf ihre Krankengeschichten, Befundberichte etc. hatten.[732] Der von der Norm geforderte **Beweisnotstand** liegt jedoch nicht nur dann vor, wenn Beweismittel, zu denen auch Zeugen gehören,[733] nicht (mehr) vorhanden oder nicht zu beschaffen sind. Die Gesetzesbegründung nennt hier auch den Fall, dass die Ladung des Täters für die geschädigte Person nicht zumutbar sei.[734] Somit geht der Gesetzgeber davon aus, dass fehlende Zumutbarkeit der Ladung eines Zeugen als ein Fall des Beweisnotstandes anzusehen ist. Es kommen auch weitere Fälle in Betracht, in denen die Ladung der Zeugen nicht zumutbar ist, etwa wenn diese zwar keine Täter sind, aber im „Lager" des Täters stehen, beispielsweise Verwandte des Täters, die die Tat zugelassen oder den Täter gedeckt haben und die der antragstellenden Person vorwerfen, die Tat durch den Entschädigungsantrag öffentlich gemacht zu haben.[735] Auch sind Fälle denkbar, etwa bei häuslicher Gewalt, in denen die minderjährigen Kinder Zeugen sind. Es ist im Einzelfall zu prüfen, inwie- 6

731 A. A. Knickrehm/Mushoff/Schmidt, Rn. 404; vgl. demgegenüber etwa LSG Baden-Württemberg, Urteil vom 15.9.2022, L 6 VG 1148/22 (zur Vorgängerregelung): „Nach Maßgabe des § 15 Satz 1 des Gesetzes über das Verwaltungsverfahren der Kriegsopferversorgung (KOVVfG), der gemäß § 6 Abs. 3 OEG anzuwenden ist, sind bei der Entscheidung die Angaben der Antragstellenden, die sich auf die mit der *Schädigung, also insbesondere auch mit dem tätlichen Angriff im Zusammenhang stehenden Tatsachen* beziehen, zugrunde zu legen, wenn sie nach den Umständen des Falles glaubhaft erscheinen."

732 Vgl. z. B. LSG Sachsen-Anhalt, Beschluss vom 13.5.2019, L 7 VE 11/18.

733 LSG Sachsen-Anhalt, Beschluss vom 13.5.2019, L 7 VE 11/18.

734 BT-Drs. 19/13824, S. 220; der beschuldigte Täter war bereits nach der Rechtsprechung des BSG kein Zeuge i. S. d. § 15 S. 1 KOVVfG, vgl. BSG, Urteile v. 17.04.2013 – B 9 V 1/12 R sowie B 9 V 3/12 R.

735 In diesen Fällen stellt sich ohnehin die Frage nach einer Mittäterschaft oder Beihilfe, sodass diese Personen ein Zeugnisverweigerungsrecht haben und daher keine „verfügbaren Beweismittel" i. S. d. § 117 sind.

weit ihnen eine Aussage zumutbar ist.[736] Auch wenn es sich hier nicht um das Strafverfahren, sondern um das soziale Entschädigungsverfahren handelt, kann es gerade für Minderjährige sehr belastend sein und mit schwerwiegenden Loyalitätskonflikten einhergehen, über Taten eines Elternteils zu berichten.

7 Des Weiteren muss es sich um einen **unverschuldeten Beweisnotstand** handeln. Ein verschuldeter Beweisnotstand liegt vor, wenn die antragstellende Person Beweismittel vernichtet. Er kommt aber auch dann in Betracht, wenn ursprünglich vorhandene Beweismittel durch Zeitablauf verloren gegangen sind, weil der Antrag auf Leistungen des SGB XIV verspätet gestellt wurde und Beweismittel aus diesem Grunde durch Zeitablauf verloren gegangen sind.[737]

8 Die Zumutbarkeit der früheren Antragstellung bzw. Erstattung der Strafanzeige zu einem früheren Zeitpunkt ist von Amts wegen zu ermitteln; dem wird nicht genüge getan, wenn lediglich darauf verwiesen wird, dass die frühere Antragstellung bzw. Strafanzeige „ohne ersichtlichen Grund“ unterblieben ist.[738] Vielmehr ist zu prüfen, inwieweit das (subjektiv) möglich und zumutbar ist, wobei alle relevanten Umstände zu berücksichtigen und einer umfassenden abschließenden Würdigung zu unterziehen sind.[739] Hierbei ist zu berücksichtigen, dass das SGB XIV ebenso wenig wie das OEG eine Frist für die Antragstellung enthalten. Diese gesetzliche Wertung darf nicht durch eine zu rasche Annahme eines verschuldeten Beweisnotstandes aufgrund verspäteter Antragstellung unterlaufen werden.

9 Liegen die genannten Voraussetzungen vor, sind die Angaben der antragstellenden Person zugrunde zu legen, soweit sie glaubhaft erscheinen. Erforderlich ist, dass die antragstellende Person **konkrete Angaben** zum schädigenden Ereignis macht, anhand derer das Gericht im Sinne eines Glaubhafterscheinens zu der Überzeugung gelangen kann, dass das behauptete schädigende Ereignis sich so ereignet hat.[740] Die Beweiserleichterung kann

---

736 Hökendorf, WzS 91, 94, nennt die Unzumutbarkeit der Zeugenvernehmung ebenfalls als einen Fall des Beweisnotstandes.

737 BSG, Urteil vom 13.12.1994, 9/9a RV 9/92; LSG NRW, Urteil vom 3.7.2020, L 13 VG 28/20 und Beschluss vom 11.1.2021, L 13 VG 46/20 B; SG Regensburg, Urteil v. 18.9.2018 – S 13 VG 23/17, Rn. 46 m. w. N.

738 SG Regensburg, Urteil v. 18.9.2018 – S 13 VG 23/17.

739 SG Regensburg, Urteil v. 18.9.2018 – S 13 VG 23/17; hier sind auch persönliche und rechtliche Umstände sowie Umfeld-Umstände aufgezählt, die einer Anzeige-Erstattung entgegenstehen können, etwa naheliegende familiäre Folgen für das Opfer, v. a. wenn der Beschuldigte ein Familienmitglied sei.

740 Barkow von Creytz, NZS 2021, S. 904; vgl. auch LSG NRW, Urteil vom 3.7.2020, L 13 VG 28/20, in dem die Glaubhaftigkeit verneint wurde, da „für die Beurteilung der Glaubhaftigkeit der Angaben des Klägers […] schon zu wenige eigene Angaben des Klägers vorliegen“.

vor diesem Hintergrund nicht angewandt werden, wenn die antragstellende Person mangels Erinnerung an das schädigende Ereignis keine Angaben hierzu machen kann.[741] Ergibt sich aus dem Vortrag der antragstellenden Person zwar nicht das Vorliegen einer Gewalttat, enthält er jedoch Hilfstatsachen, die für eine Gewalttat sprechen könnten, kommt die Anwendung des § 117 Absatz 1 in Betracht.[742]

II. Absatz 2

Dieser Absatz definiert die **Glaubhaftigkeit**. Eine entsprechende Definition war in § 15 KOVVfG nicht enthalten, vielmehr hat die Judikatur dieses Merkmal näher bestimmt. Nach ständiger Rechtsprechung[743] bedeutet Glaubhaftmachung das Dartun einer überwiegenden Wahrscheinlichkeit, d.h. der guten Möglichkeit, dass sich der Vorgang so zugetragen habe, wobei durchaus gewisse Zweifel bestehen bleiben können. Dieser Beweismaßstab sei durch seine Relativität gekennzeichnet. Es müsse nicht absolut mehr für als gegen die glaubhaft zu machende Tatsache sprechen. Es reiche die gute Möglichkeit aus, d.h. es genüge, wenn bei mehreren ernstlich in Betracht zu ziehenden Möglichkeiten das Vorliegen einer davon relativ am wahrscheinlichsten sei, weil nach Gesamtwürdigung aller Umstände besonders viel für diese Möglichkeit spreche. Von mehreren ernstlich in Betracht zu ziehenden Sachverhaltsvarianten müsse eine den übrigen gegenüber ein gewisses (kein deutliches) Übergewicht zukommen. Die bloße Möglichkeit einer Tatsache reiche jedoch nicht aus. 10

Der Gesetzgeber hat die Essenz dieser Rechtsprechung in den Gesetzestext aufgenommen. Nach § 117 Absatz 2 erscheint eine Tatsache glaubhaft, wenn bei mehreren ernsthaft in Betracht zu ziehenden Möglichkeiten das Vorliegen einer davon relativ am wahrscheinlichsten ist, weil nach Gesamtwürdigung aller Umstände besonders viel für diese Möglichkeit spricht. Die weiteren Ausführungen der Judikatur wurden in die Gesetzesbegründung aufgenommen.[744] 11

741 LSG Niedersachsen-Bremen, Urteil vom 26.11.2020, L 10 VE 60/17.

742 Vgl. auch LSG Berlin-Brandenburg, Urteil vom 10.5.2022, L 11 VG 44/14: Dort fehlte es ebenfalls an Angaben des Täters zu den mit der Schädigung im Zusammenhang stehenden Tatsachen – aus seinen Angaben „ergibt sich unmittelbar kein vorsätzlicher, rechtswidriger tätlicher Angriff." Bezüglich der vom Kläger vorgetragenen Hilfstatsachen, aus denen sich eine Vorsatztat ergeben könnte, hat das Gericht die Anwendbarkeit des § 15 KOVVfG abgelehnt, da es diesbezüglich am Beweisnotstand fehlte. Im Umkehrschluss folgt daraus, dass bei Vorliegen eines Beweisnotstands auch bezüglich solcher Hilfstatsachen die Anwendung des § 117 Absatz 1 möglich ist.

743 Vgl. statt vieler etwa BSG, Urteil vom 17.4.2013, B 9 V 3/12 R, Rn. 36.

744 BT-Drs. 19/13824, S. 220f.

12 Über die Glaubhaftigkeit entscheidet die zuständige Behörde bzw. das Gericht. Im letzteren Fall findet der Grundsatz der freien richterlichen Beweiswürdigung aus § 128 Absatz 1 Satz 1 SGG Anwendung, sodass das Gericht im Einzelfall grundsätzlich frei darin ist, ob es die Beweisanforderungen als erfüllt ansieht.[745] Dabei hindert § 117 nicht, andere Erkenntnisquellen als die Angaben der antragstellenden Person bei Bewertung der Glaubhaftigkeit mit einzubeziehen.[746]

13 Umstritten ist die Glaubhaftigkeit in den Fällen des „späten Wiedererinnerns“ bzw. bei Erinnerungen, die (bei aktiven Erinnerungsbemühungen) i.R. von Therapien „wiederentdeckt“ werden. Die Gerichte bezweifeln die Erlebnisbasiertheit solcher Erinnerungen und weisen auf fremd- und autosuggestive Vorgänge hin.[747] Die Rechtsprechung geht unter Verweis auf einschlägige Fachliteratur davon aus, dass traumatische Erlebnisse i.d.R. besonders langfristig erinnert werden; substanzielle Beeinträchtigungen treten auch bei PTBS-Patienten i.d.R. nicht auf.[748] Bei Taten in der Kindheit wird aber auch auf die „kindliche Amnesie“ verwiesen, wonach „im Hinblick auf Ereignisse bis zum vierten Lebensjahr keine und im Hinblick auf Ereignisse bis zum sechsten Lebensjahr nur eine stark eingeschränkte Aussagetüchtigkeit anzunehmen ist“.[749]

14 Fehlt der Behörde oder dem Gericht die Sachkunde für die Beurteilung der Glaubhaftigkeit, was gerade bei sexualisierter Gewalt in der Kindheit der Fall sein kann, kann ein **aussagepsychologisches Gutachten**[750] eingeholt werden. Diese Gutachten werden teilweise kritisiert, weil sie für die Opfer als belastend empfunden werden können.[751] Dennoch hebt der Gesetzgeber

745 BSG, Beschluss vom 8.8.2001 B 9 V 23/01 B; BSG, Urteil vom 17.4.2013, B 9 V 3/12 R, Rn. 36; LSG Baden-Württemberg, Urteil vom 15.9.2022, L 6 VG 1148/22.

746 LSG Niedersachsen-Bremen, Beschluss vom 11.5.2021, L 10 VE 67/18: Dort hatten Haushaltsangehörige der antragstellenden Person eine häusliche Atmosphäre geschildert, bei der es nicht nahe gelegen habe, dass die von der antragstellenden Person behaupteten Taten tatsächlich stattgefunden hatten.

747 Vgl. LSG NRW, Urteil vom 26.6.2020, L 13 VG 3/20; vgl. auch LSG Sachsen-Anhalt, Beschluss vom 13.5.2019, L 7 VE 11/18, in dem der sexuelle Missbrauch in der Kindheit zwar nicht ausgeschlossen erschien, das Gericht ihn jedoch nicht als die wahrscheinlichste Möglichkeit angesehen hatte: „Näher liegt, dass ihre Angaben auf Pseudoerinnerungen beruhen und wesentlich durch ihre psychische Erkrankung sowie durch suggestive Einflüsse geprägt sind.“

748 LSG Niedersachsen-Bremen, Beschluss vom 11.5.2021, L 10 VE 67/18 und Urteil vom 26.11.2020, L 10 VE 60/17.

749 LSG Sachsen-Anhalt, Beschluss vom 13.5.2019, L 7 VE 11/18.

750 Ausführlich zur gutachterlichen Diagnostik Ebbinghaus in Sachs/Sachsse/Schellong, 2. Aufl. 2022, S. 164–186.

751 Vgl. z.B. Porter/ter Balk, ASR 16, S. 20; Ebbinghaus in Sachs/Sachsse/Schellong, 2. Aufl. 2022, S. 180, weist darauf hin, dass gerade Opfern von sexuellem Missbrauch oder Gewalt in der Kindheit vom nahen Umfeld nicht geglaubt wurde und die Opfer nun meinen, kein

in seiner Begründung deren Zulässigkeit hervor.[752] Zugleich weist er darauf hin, dass eine aussagepsychologische Begutachtung nur ausnahmsweise in Betracht komme.[753] Aufgrund der mit der Begutachtung einhergehenden Belastungen für die Betroffenen ergibt sich bereits aus dem Verhältnismäßigkeitsgrundsatz, dass eine Begutachtung ausscheidet, wenn andere, mildere Mittel zur Verfügung stehen, um die Glaubhaftigkeit der Angaben der antragstellenden Person zu prüfen.

Grundsätzlich gehört die Würdigung von Aussagen zum Wesen der Rechtsfindung und die bei der Beweiswürdigung auftretenden aussagepsychologischen Fragen stellen eine für Richter und Anwälte zentrale, in der juristischen Fachliteratur eingehend abgehandelte Materie dar.[754] Dies ist ein weiterer Grund, der gegen die regelhafte Einholung aussagepsychologischer Gutachten spricht. Diese sollen vielmehr erst dann eingeholt werden, wenn dem Gericht die Sachkunde für die Beurteilung der Glaubhaftigkeit fehlt,[755] also „wenn Sachverhalt oder Aussageperson solche Besonderheiten aufweisen, die eine Sachkunde erfordern, die ein Richter normalerweise nicht hat“[756]. Diese Ausführungen der Rechtsprechung beziehen sich auf Richter (und Anwälte), aber nicht auf Mitarbeitende in den Versorgungsbehörden. Diese sind meist keine Volljuristen, sodass die Argumentation auf sie nicht ohne Weiteres übertragbar ist. Daher kommt es auf den Einzelfall an, also darauf, ob die konkrete Person, die über die Glaubhaftigkeit befindet, aufgrund ihrer Erfahrung und mithilfe einschlägiger Literatur in der Lage ist, i. R. d. Glaubhaftigkeitsprüfung auch aussagepsychologische Fragestellungen zu beurteilen. Mit Blick auf den Opferschutz wird man auch bei der Behörde die Einholung eines aussagepsychologischen Gutachtens nicht als Regelfall ansehen können. 15

Auch dann, wenn ein Gutachten eingeholt wurde, hat die zuständige Behörde bzw. das Gericht die Entscheidung zu treffen, ob unter Berücksichtigung aller Umstände des Einzelfalls – einschließlich des Gutachtens – die Angaben der antragstellenden Person glaubhaft erscheinen, also von 16

Verfahren aushalten zu können, bei dem sie ihre Glaubhaftigkeit erneut infrage gestellt sehen.

752 BT-Drs. 19/13824, S. 221, unter Verweis auf BSG, Urteil vom 17.4.2013, B 9 V 1/12 R.

753 BT-Drs. 19/13824, S. 221; so auch Porter/ter Balk, ASR 16, S. 21; auch Ebbinghaus in Sachs/Sachsse/Schellong, 2. Aufl. 2022, S. 180, spricht sich für eine genaue Prüfung der Notwendigkeit der Begutachtung aus, „um eine zusätzliche Gefährdung des Gesundheitszustandes der Betroffenen zu vermeiden“.

754 BayLSG, Urteil vom 21.4.2015, L 15 VG 24/09; LSG BaWü, Urteil vom 15.12.2011, L 6 VG 584/11.

755 BT-Drs. 19/13824, S. 221; BayLSG, Urteil vom 21.4.2015, L 15 VG 24/09.

756 BayLSG, Urteil vom 21.4.2015, L 15 VG 24/09; so auch LSG BaWü, Urteil vom 15.12.2011, L 6 VG 584/11.

mehreren in Betracht kommenden Möglichkeiten am wahrscheinlichsten sind (relative Wahrscheinlichkeit).

III. Absatz 3

17 Absatz 3 ist zusammen mit § 23 SGB X zu lesen. Nach Absatz 1 Satz 1 dieser Norm kann in den Fällen, in denen eine Glaubhaftmachung genügt, auch die **Versicherung an Eides** statt zugelassen werden. Jedoch darf die Behörde nach Absatz 2 Satz 1 bei der Ermittlung des Sachverhalts eine Versicherung an Eides statt nur verlangen und abnehmen, wenn die Abnahme der Versicherung über den betreffenden Gegenstand und in dem betreffenden Verfahren durch Gesetz oder Rechtsverordnung vorgesehen und die Behörde durch Rechtsvorschrift für zuständig erklärt worden ist. § 117 Absatz 3 enthält für das soziale Entschädigungsverfahren solch eine Ermächtigung. Hiernach kann die Verwaltungsbehörde von der antragstellenden Person **in besonderen Fällen** die Abgabe einer eidesstattlichen Versicherung verlangen.

18 Wann ein besonderer Fall i. d. S. vorliegt, wird im Gesetz nicht näher definiert. Nach der Begründung des Gesetzesentwurfes könne eine Versicherung an Eides statt „nur dann verlangt werden, wenn die Umstände des Einzelfalles sie als das gebotene Mittel erscheinen lassen“.[757] Es bietet sich an, sich an § 23 Absatz 2 Satz 2 SGB X zu orientieren, wonach eine Versicherung an Eides statt nur gefordert werden soll, wenn andere Mittel zur Erforschung der Wahrheit nicht vorhanden sind, zu keinem Ergebnis geführt haben oder einen unverhältnismäßigen Aufwand erfordern. Hierbei handelt es sich um eine „Sollvorschrift“, d. h., dass dann, wenn keiner der in der Norm genannten „typischen“ Fälle vorliegt, grundsätzlich keine eidesstattliche Versicherung verlangt werden soll. Diese typischen Fälle können als die vom Gesetzgeber in § 117 Absatz 3 genannten besonderen Fälle angesehen werden, wobei i. R. d. § 117 Absatz 3 auch zu prüfen ist, ob sich aufgrund der Besonderheiten des Sozialen Entschädigungsrechts oder des Einzelfalls etwas anderes ergibt.

757 BT-Drs. 19/13824, S. 221.

§ 118
Beiziehung von Unterlagen und Anhörung

(1) [1]Mit Einwilligung der antragstellenden Person kann die zuständige Verwaltungsbehörde zur Aufklärung des Sachverhalts von öffentlichen, freien gemeinnützigen und privaten Krankenhäusern sowie Krankenhäusern öffentlich-rechtlicher Körperschaften und Trägern der Sozialversicherung Krankenpapiere, Aufzeichnungen, Krankengeschichten, Sektions- und Untersuchungsbefunde sowie Röntgenbilder im erforderlichen Maße zur Einsicht beiziehen. [2]Die Verwaltungsbehörde hat für die Wahrung des ärztlichen Berufsgeheimnisses Sorge zu tragen. [3]Unter denselben Voraussetzungen kann die Verwaltungsbehörde von privaten Ärztinnen und Ärzten und anderen Therapeutinnen und Therapeuten, die die antragstellende Person behandeln oder behandelt haben, Auskünfte einholen und Untersuchungsunterlagen zur Einsicht beziehen.

(2) [1]Die Verwaltungsbehörde ist befugt, von den Auskunftspersonen die eidesstattliche Versicherung zu verlangen, dass sie nach bestem Wissen die reine Wahrheit gesagt und nichts verschwiegen haben. [2]In gleicher Weise kann von den Sachverständigen die eidesstattliche Versicherung verlangt werden, dass sie das Gutachten unparteiisch und nach bestem Wissen erstattet haben.

(3) [1]Ist die Anhörung vor den zuständigen Verwaltungsbehörden mit Schwierigkeiten verbunden, namentlich wegen der Entfernung des Aufenthaltsorts der zu hörenden Personen vom Sitz der Verwaltungsbehörde, so kann eine andere Verwaltungsbehörde und, wenn die Anhörung vor dieser ebenfalls Schwierigkeiten unterläge, eine andere Behörde um die Erledigung ersucht werden. [2]Dasselbe gilt bei Gefahr im Verzug.

Erläuterungen

Übersicht **Rn.**

A. Allgemeines

Die Norm entspricht im Wesentlichen § 12 Absatz 2 und § 13 KOVVfG. Sie ist im Zusammenhang mit den §§ 20 und 21 SGB X zu sehen: § 20 SGB X 1 regelt den Amtsermittlungsgrundsatz, und nach § 21 SGB X bedient sich die zuständige Behörde der Beweismittel, die sie nach pflichtgemäßem Ermessen zur Sachverhaltsermittlung für erforderlich hält. Dabei kann sie nach Satz 2 u. a. Auskünfte einholen, Beteiligte anhören, Zeugen und Sachverständige vernehmen oder die Äußerung von Beteiligten, Sachverständigen und Zeugen einholen, Urkunden und Akten beiziehen und den Augenschein einnehmen. § 118 ergänzt diese allgemeinen Normen, soweit das Soziale Entschädigungsrecht betroffen ist.

B. Regelungsinhalt

I. Absatz 1

2 Absatz 1 Satz 1 regelt, **welche** medizinischen **Unterlagen** die zuständige Behörde **von wem** beiziehen kann. Aufgrund der spezifischen Aufzählung ist davon auszugehen, dass es sich um eine abschließende Aufzählung handelt. Hätte der Gesetzgeber eine weitergehende Öffnung gewollt, hätte er eine offenere Formulierung, etwa „und weitere medizinische Unterlagen", gewählt. Sollten hier nicht aufgeführte Unterlagen erforderlich sein, um über den Antrag auf Leistungen des SGB XIV entscheiden zu können, kann der Patient diese von seinen Ärzten herausverlangen bzw. Einsicht in seine Patientenakte nehmen und die Informationen daraus der zuständigen Behörde übermitteln.

3 Auskünfte und Untersuchungsunterlagen kann die Behörde nach Satz 3 auch von privaten Ärztinnen und Ärzten und anderen Therapeutinnen und Therapeuten beziehen. Während die Ärzteschaft auch in § 12 Absatz 2 KOVVfG enthalten war, sind die Therapeutinnen und Therapeuten erst im SGB XIV aufgenommen worden. Dies ist zu begrüßen, da den Befunden in diesem Bereich eine nicht unwesentliche Rolle zukommt und diese mit der Aufnahme der psychischen Gewalt (§ 13 Absatz 1 Nr. 2) als Gewaltform i. S. d. SGB XIV künftig eine noch größere Bedeutung gewinnen werden.

4 Ob auf Grundlage der Vorgängernorm, § 12 Absatz 2 KOVVfG, Ärzte zur Abgabe von **Befundberichten** verpflichtet waren, war umstritten.[758] Das Berufsgericht für Heilberufe Berlin hat dies abgelehnt, da nicht angenommen werden könne, dass die Regelung über § 100 SGB X hinausgehe, weil das KOVVfG weitgehend durch das SGB X abgelöst worden sei.[759] Dieses Argument trägt nun nicht mehr, da der Gesetzgeber die Vorschrift nicht

758 Bejahend: Hamburgisches Berufsgericht für die Heilberufe, Urteil vom 25.4.1990, II HeilBG 15/89; verneinend: Berufsgericht für Heilberufe Berlin, Urteil vom 4.6.2021, 90 K 2.19 T.
759 Berufsgericht für Heilberufe Berlin, Urteil vom 4.6.2021, 90 K 2.19 T, Rn. 58.

in das SGB XIV übernommen hätte, wenn er sie angesichts von § 100 SGB X für überflüssig gehalten hätte. Dies gilt insbesondere mit Blick auf die vom Gesetzgeber zuerst genannte Gesetzesfolge des SGB XIV, die Rechts- und Verwaltungsvereinfachung.[760] Des Weiteren ist zu beachten, dass nach § 100 SGB X Auskünfte nur insoweit zu erteilen sind, als sie zur Durchführung der Aufgaben des Leistungsträgers erforderlich sind. Das Berufsgericht für Heilberufe Berlin hat in seiner o.g. Entscheidung die Pflicht zur Abgabe des Befundberichts auch wegen der fehlenden Erforderlichkeit abgelehnt.[761] Allerdings enthält weder § 12 Absatz 2 KOVVfG noch § 118 Absatz 1 das Merkmal der Erforderlichkeit; es genügt, wenn die fraglichen Informationen der Sachverhaltsaufklärung dienen. Daraus folgt, gerade im Vergleich mit § 100 SGB X, dass die fragliche Information auch dann gefordert werden kann, wenn die Behörde andere Möglichkeiten hat, den Sachverhalt aufzuklären. Ihr steht ein Auswahlermessen zu, wobei sie Verhältnismäßigkeitsgesichtspunkte zu beachten hat, aber auch den Grundsatz der Verwaltungsökonomie.

Die Unterlagen und Auskünfte dürfen nur mit **Einwilligung** der antrag- 5
stellenden Person beigezogen werden. Die Einwilligung ist ausdrücklich zu erteilen und kann nicht schon konkludent im Leistungsantrag gesehen werden.

Satz 2 verpflichtet die Behörde, für die Wahrung des ärztlichen Berufs- 6
geheimnisses Sorge zu tragen.

II. Absatz 2

Absatz 2 ist zusammen mit § 23 SGB X zu lesen. Nach Absatz 2 dieser 7
Norm darf die Behörde bei der Ermittlung des Sachverhalts eine **Versicherung an Eides** statt nur verlangen und abnehmen, wenn die Abnahme der Versicherung über den betreffenden Gegenstand und in dem betreffenden Verfahren durch Gesetz oder Rechtsverordnung vorgesehen und die Be-

760 BT-Drs. 19/13824, S. 152 f.; dort heißt es u. a.: „Dadurch, dass das Recht der Sozialen Entschädigung nunmehr einheitlich in einem eigenen Buch des Sozialgesetzbuches, dem SGB XIV, geregelt ist, wird das bislang hoch komplexe Recht komprimiert, übersichtlich und verständlich dargestellt. Klare Formulierungen und ein transparenter Leistungskatalog erleichtern die Inanspruchnahme von Leistungen der Sozialen Entschädigung für die Betroffenen.“ Dem stünde die Aufnahme einer Vorschrift, die neben § 100 SGB X keinen Anwendungsbereich hat, entgegen.

761 Berufsgericht für Heilberufe Berlin, Urteil vom 4.6.2021, 90 K 2.19 T, Rn. 58. Dabei hat das Gericht zur Auslegung der Erforderlichkeit auf die Kommentarliteratur zu § 100 SGB X verwiesen, wonach Erforderlichkeit anzunehmen sei, wenn dem Träger ohne die erbetene Information die Erfüllung seiner Aufgaben unmöglich oder jedenfalls wesentlich erschwert werde.

hörde durch Rechtsvorschrift für zuständig erklärt worden ist. § 118 Absatz 2 enthält solch eine Ermächtigung, um von der Auskunftsperson oder den Sachverständigen eine eidesstattliche Versicherung zu verlangen. Anders als bei § 117 Absatz 3 ist die eidesstattliche Versicherung zwar nicht auf besondere Fälle beschränkt. Doch gilt auch hier § 23 Absatz 2 Satz 2 SGB X, wonach eine Versicherung an Eides statt nur gefordert werden soll, wenn andere Mittel zur Erforschung der Wahrheit nicht vorhanden sind, zu keinem Ergebnis geführt haben oder einen unverhältnismäßigen Aufwand erfordern.

III. Absatz 3

8 Die Norm enthält – wie zuvor § 13 Absatz 2 KOVVfG – eine Ausprägung des Amtshilfegrundsatzes. Sie ermöglicht der zuständigen Verwaltungsbehörde in zwei Fällen, eine andere Verwaltungsbehörde oder – subsidiär – eine andere Behörde, um die Durchführung der Anhörung zu ersuchen: Bei Gefahr in Verzug oder wenn die anzuhörende Person sich so weit weg von der zuständigen Behörde aufhält, dass eine Anhörung schwierig wäre. Da die Norm auf die Praktikabilität der Durchführung der Anhörung abstellt, kommt es bei Gefahr in Verzug nicht auf den gewöhnlichen, sondern auf den tatsächlichen Aufenthalt der anzuhörenden Person an. Dies gilt jedenfalls dann, wenn anderenfalls der Zweck der Anhörung vereitelt werden würde.

§ 119
Vorzeitige Leistungen und vorläufige Entscheidung

(1) Bevor die Anspruchsvoraussetzungen nach § 4 festgestellt sind, können Geschädigte Leistungen der Krankenbehandlung sowie Leistungen zur Teilhabe und Besondere Leistungen im Einzelfall erhalten.

(2) [1]Kann nach dem Ergebnis der Ermittlungen über den Anspruch oder dessen Umfang noch nicht endgültig entschieden werden, sind jedoch die Voraussetzungen für die Bewilligung einzelner Leistungen mit Wahrscheinlichkeit gegeben, kann über die Erbringung vorläufig entschieden werden. [2]Voraussetzung hierfür ist, dass ein Antrag auf vorläufige Entscheidung vorliegt und ein berechtigtes Interesse an der vorläufigen Entscheidung besteht. [3]Umfang und Grund der Vorläufigkeit sind in der Entscheidung anzugeben. [4]Nach Abschluss der Ermittlungen ist unverzüglich die endgültige Entscheidung zu treffen.

Erläuterungen

Übersicht **Rn.**

A. Allgemeines

1 Diese Vorschrift hatte, wie zahlreiche andere Vorschriften des SGB XIV auch, Vorläufer im alten Recht: Absatz 1 orientiert sich an § 10 Absatz 8 BVG, Absatz 2 entspricht § 22 Absatz 4 KOVVfG. Damit behält die zu den alten Vorgängervorschriften ergangene Judikatur, soweit altes und neues Recht übereinstimmen, weiterhin seine Gültigkeit.

2 Die rasche Inanspruchnahme der Leistungen der Schnellen Hilfen wird durch ein erleichtertes Verfahren (§ 115) sichergestellt. Betroffene können jedoch auch vor Entscheidung über ihren darüber hinausgehenden Antrag ein Interesse daran haben, bestimmte Leistungen zu erhalten. Dies wird durch § 119 ermöglicht.

B. Regelungsinhalt

I. Absatz 1

3 Nach Absatz 1 können Geschädigte vor Feststellung der Anspruchsvoraussetzungen nach § 4 bestimmte Leistungen erhalten, und zwar – wie schon nach § 10 Absatz 8 BVG – Leistungen der Krankenbehandlung (Kapitel 5), aber auch, und das ist neu, Leistungen zur Teilhabe (Kapitel 6) sowie besondere Leistungen im Einzelfall (Kapitel 11). Diese Ausweitung stellt gerade in den Fällen, in denen die endgültige Entscheidung über den Antrag lange Zeit in Anspruch nimmt, eine wesentliche Verbesserung für die Betroffenen dar – soweit die neuen Möglichkeiten der vorzeitigen Leistungserbringung in der Praxis auch tatsächlich genutzt werden.

4 Ob entsprechende Leistungen erbracht werden, liegt im **Ermessen** der Behörde. Das Gesetz regelt nicht näher, welche Gesichtspunkte bei der Ermessensausübung zu berücksichtigen sind, die Vorgaben aus der Verwal-

tungsvorschrift zu § 10 Abs. 8 BVG (VV Nr. 11 zu § 10) wurden nicht ins SGB XIV übernommen. Ausweislich der Gesetzesbegründung ist erforderlich, dass keine Ausschließungsgründe vorliegen und der Antrag voraussichtlich zu einer entsprechenden Anerkennung führen wird.[762] Die Erbringung der Leistung dürfte jedenfalls bei unwahrscheinlicher Anerkennung keiner pflichtgemäßen Ermessensausübung entsprechen. Des Weiteren ist in das Ermessen einzustellen, ob eine sofortige Leistungserbringung erforderlich ist oder ob die Entscheidung über das Vorliegen der Anspruchsvoraussetzungen abgewartet werden kann. Zu berücksichtigen ist ebenfalls, ob identische Leistungen von einem anderen Leistungsträger früher beansprucht werden können, die dann vom SER-Leistungsträger ggf. nachträglich erstattet werden können. Weiter ist, wenn es um eine an die (Früh-)Intervention in der Traumaambulanz anschließende Behandlung geht, die Wertung des § 35 zu berücksichtigen: Ziel der Pflicht der Traumaambulanz, die Versorgungsbehörde über einen weiteren Behandlungsbedarf zu informieren, ist die Ermöglichung einer raschen Anschlussbehandlung, vgl. ausführlich die Kommentierung bei § 35. Dieses Ziel würde konterkariert, wenn die endgültige Feststellung des Anspruchs, die sich im Einzelfall lange hinauszögern kann, abgewartet werden würde. Dies bedeutet zwar nicht, dass bezüglich der Weiterbehandlung nach der Traumaambulanz die weitere Behandlung stets zu bewilligen wäre. Aber es ist ein Aspekt, der in die Ermessensausübung einzustellen ist.

5 **Berechtigt sind** ausschließlich Geschädigte, also durch ein schädigendes Ereignis i. S. d. SGB XIV unmittelbar geschädigte Personen (§ 2 Absatz 2), nicht aber die weiteren in § 2 genannten berechtigten Personen.

6 Werden Leistungen auf Grundlage des Absatz 1 erbracht, gelten für die **Rücknahme oder** den **Widerruf** des gewährenden Verwaltungsaktes und für die Leistungserstattung die allgemeinen Vorschriften des SGB X (§§ 44 ff. SGB X).

II. Absatz 2

7 Nach dieser Vorschrift kann über die Erbringung einzelner Leistungen vorläufig entschieden werden. Die Norm entspricht weitgehend § 22 Absatz 4 KOVVfG.

762 BT-Drs. 19/13824, S. 221; zu berücksichtigen ist jedoch, dass das Erfordernis, dass die Voraussetzungen für die Bewilligung der Leistung wahrscheinlich gegeben sind, in den Normtext des § 119 Absatz 1 – anders als in denjenigen des Absatz 2 – nicht aufgenommen worden ist.

Im Gegensatz zu Absatz 1 ist die Norm nicht auf Geschädigte beschränkt, sodass alle Berechtigten des Sozialen Entschädigungsrechts vorläufige Leistungen erhalten können.

Die Entscheidung, vorläufig Leistungen zu erbringen, steht im **Ermessen** 8
der zuständigen Behörde. Bei der Ermessensausübung ist auch § 17 Absatz 1 Nummer 1 SGB I zu beachten, wonach die Leistungsträger verpflichtet sind, darauf hinzuwirken, dass jeder Berechtigte die ihm zustehenden Sozialleistungen in zeitgemäßer Weise, umfassend und zügig erhält. Zwar ist in der Konstellation des § 119 Absatz 2 noch unklar, ob die fragliche Leistung der antragstellenden Person tatsächlich zusteht, sodass § 17 Absatz 1 Nummer 1 SGB I nicht unmittelbar anwendbar ist. Doch je höher die Wahrscheinlichkeit ist, dass der antragstellenden Person die Leistung zusteht, desto mehr spricht das Gebot der zügigen Leistungserbringung dafür, die Leistung vorläufig zu bewilligen.

Wie im vorherigen Absatz ist auch hier bei der Ermessensausübung die 9
Wertung des § 35 zu berücksichtigen, sofern eine vorläufige Entscheidung über an eine an die Leistungen der Traumaambulanz anschließende Behandlung beantragt wird. In § 35 hat der Gesetzgeber zum Ausdruck gebracht, dass er eine möglichst nahtlose Weiterbehandlung für notwendig erachtet, sodass in diesen Fällen im Regelfall von einem berechtigten Interesse ausgegangen werden kann.

Die vorläufige Entscheidung setzt voraus, dass nach dem Ergebnis der Ermitt- 10
lungen über den Anspruch oder dessen Umfang **noch nicht endgültig entschieden werden kann**, die Voraussetzungen für die Bewilligung einzelner Leistungen jedoch mit Wahrscheinlichkeit gegeben sind. § 119 Absatz 2 ist somit bei wahrscheinlichem Vorliegen der Anspruchsvoraussetzungen einschlägig; steht der Anspruch dagegen dem Grunde nach fest und bestehen lediglich hinsichtlich des Umfangs Unklarheiten, kommt auch eine Vorschusszahlung nach § 42 Absatz 1 SGB I in Betracht. Vorläufige Entscheidung und Vorschusszahlung schließen sich nicht gegenseitig aus; denn der Gesetzgeber hat bei Einführung des § 42 Absatz 1 SGB I im Jahre 1976 § 22 Absatz 4 KOVVfG nicht aufgehoben und auch nicht den Erlass von Vorschussbescheiden im Versorgungsrecht ausgeschlossen.[763] Auch bei Aufhebung des § 22 Absatz 4 KOVVfG und Einführung der Nachfolgerregelung in § 119 Absatz 2 wurde § 42 Absatz 1 SGB I unangetastet gelassen. Diese Vorschrift kommt allerdings nur bei Geldleistungen in Betracht, nach § 42 SGB I können also nur Vorschusszahlungen gewährt werden. Nach § 119 Absatz 2 kann hingegen über alle Leistungen des SGB XIV vorläufig entschieden werden.

763 BSG, Urteil vom 16.6.1999 – B 9 V 13/98 R.

11 Für eine vorläufige Entscheidung müssen noch **weitere Ermittlungen erforderlich** sein, und zwar objektiv. Es genügt nicht, wenn die zuständige Behörde vom Erfordernis weiterer Ermittlungen ausgeht.[764]

12 Das Vorliegen der Voraussetzungen für die Bewilligung einzelner Leistungen muss mit **Wahrscheinlichkeit** gegeben sein. Der Gesetzgeber hat den Grad der Wahrscheinlichkeit nicht näher definiert. Laut Duden[765] bedeutet „wahrscheinlich" „mit ziemlicher Sicherheit". Mangels anderweitiger Anhaltspunkte ist davon auszugehen, dass dieser Wortsinn vom Gesetzgeber gemeint war. Es muss also nicht völlige Gewissheit bestehen – sonst wäre § 119 Absatz 2 gar nicht einschlägig –, aber es muss trotz gewisser Unsicherheiten sehr viel für das Bestehen des Anspruchs sprechen.

13 Weiter setzt die vorläufige Entscheidung einen entsprechenden **Antrag** voraus, sie darf also nicht von Amts wegen erfolgen. Erforderlich ist zudem ein **berechtigtes Interesse** an der vorläufigen Entscheidung. Dieses kann nach Ansicht des Gesetzgebers „auch ein wirtschaftliches sein, etwa Bedürftigkeit".[766]

14 Im Bescheid hat die Behörde Umfang und Grund der **Vorläufigkeit** anzugeben. Dies ist bedeutsam, weil sich daraus ergibt, inwieweit der Adressat auf den Inhalt des Bescheides vertrauen darf. Ausnahmsweise kann eine Bindung der Verwaltung an den vorläufigen Bescheid eintreten, wenn sich aus dessen Inhalt nicht ergibt, dass er nur vorläufig wirken soll.[767] Maßgeblich ist der „Empfängerhorizont" eines verständigen Beteiligten.[768] Dieser muss erkennen können, dass es sich um eine vorläufige Regelung handelt und über die Leistungsberechtigung erst in einem weiteren Bescheid endgültig entschieden wird.

15 § 119 Absatz 2 Satz 4 schreibt schließlich vor, dass nach Abschluss der Ermittlungen unverzüglich die **endgültige Entscheidung** zu treffen ist. Bis zu diesem Punkt stimmen § 22 Absatz 4 KOVVfG und § 119 Absatz 2 wenn nicht auch wörtlich, so doch inhaltlich überein. Der letzte Satz des § 22 Absatz 4 KOVVfG, wonach die Behörde bei Erlass des endgültigen Bescheides nicht an den vorläufigen Bescheid gebunden ist, wurde jedoch nicht in § 119 Absatz 2 übernommen. Daraus kann jedoch nicht gefolgert werden, dass im neuen Recht eine entsprechende **Bindung** besteht. Es gehört gerade

764 Vgl. LSG Saarland, Urteil vom 24.9.2002, L 5 VS 18/01.

765 https://www.duden.de/rechtschreibung/wahrscheinlich_vermutlich_mutmaszlich, aufgerufen am 28.10.2022.

766 BT-Drs. 19/13824, S. 222.

767 BSG, Urteil vom 16.6.1999, B 9 V 13/98 R; die Ausführungen des Gerichts betreffen zwar einen Vorschussbescheid, doch sind sie auf vorläufige Entscheidungen übertragbar.

768 Vgl. ausführlich BSG, Urteil vom 16.6.1999, B 9 V 13/98 R.

zum Wesen eines vorläufigen Verwaltungsaktes, dass sein Regelungsgehalt nur ein vorläufiger ist. Er wurde erlassen, als noch Unsicherheit über den Anspruch oder dessen Umfang herrschte. Diese Unsicherheit ist bei Erlass des endgültigen Bescheides beiseitegeräumt. Auch wenn bei Erlass des vorläufigen Bescheids die Voraussetzungen für die damit vorläufig bewilligten Leistungen wahrscheinlich vorgelegen hatten, kann sich bei endgültiger Entscheidungsreife etwas anderes ergeben. Genügt der vorläufige Bescheid den Anforderungen des § 119 Absatz 2 Satz 3, ist dem Adressaten bewusst, dass die endgültige Entscheidung auch ganz anders ausfallen kann.

Mit Erlass des endgültigen Bescheides erledigt sich der vorläufige Bescheid **16**
(§ 39 Absatz 2 SGB X). Eine ausdrückliche Aufhebung ist nicht erforderlich und hätte ohnehin nur deklaratorische Wirkung.[769] Ergibt die endgültige Prüfung, dass kein Anspruch auf die vorläufig bewilligte **Leistung** bestanden hatte, kann sie in entsprechender Anwendung des § 50 Absatz 2 SGB X **zurückgefordert** werden. Ein schutzwürdiges Vertrauen i. S. d. § 50 Absatz 2 Satz 2 i. V. m. § 45 Absatz 2 SGB X besteht bei einem vorläufigen Bescheid nicht, da dem Adressaten im vorläufigen Bescheid Umfang und Grund der Vorläufigkeit mitgeteilt wurden. Er weiß oder kann jedenfalls wissen, dass die Leistungen von ihm zurückzuerstatten sind, wenn die endgültige Sachverhaltsaufklärung ergibt, dass er keinen Anspruch auf die vorläufig bewilligte Leistung hat.[770]

Ob die vorläufig gewährten Leistungen zurückgefordert werden, steht im **17**
Ermessen der Behörde. Bei der Ermessensausübung sind alle für die Rückforderung der zu Unrecht bezogenen Leistungen zu berücksichtigen. Hierzu gehören etwa die persönlichen und wirtschaftlichen Verhältnisse des Betroffenen, die Verwaltungspraktikabilität, das Vorgehen in vergleichbaren Fällen (Gleichbehandlung) sowie Billigkeitsgesichtspunkte.[771] Die Aspekte, die die Behörde bei der Ermessensausübung berücksichtigt hat, hat sie in der Begründung des Rückforderungsbescheides anzugeben, § 35 Absatz 1 Satz 3 SGB X. Wurde das Ermessen nicht oder nicht fehlerfrei ausgeübt, ist der Rückforderungsbescheid rechtswidrig.

769 BSG, Urteil vom 16.6.1999, B 9 V 4/99 R.
770 Vgl. BSG, Urteil vom 16.6.1999, B 9 V 4/99 R.
771 Vgl. BSG, Urteil vom 16.6.1999, B 9 V 4/99 R.

Abschnitt 3
Weitere Regelungen

§ 120
Ansprüche gegen Schadensersatzpflichtige

(1) § 116 des Zehnten Buches gilt für den Übergang eines Anspruchs der oder des Berechtigten auf Ersatz eines Schadens auf den oder die jeweiligen Kostenträger der Sozialen Entschädigung entsprechend.

(2) [1]Ein Ersatzanspruch kann nicht zum Nachteil der oder des Berechtigten geltend gemacht werden. [2]Dies gilt insbesondere, wenn die Schadensersatzleistungen der Schädigerin oder des Schädigers oder eines Dritten nicht ausreichen, um den gesamten Schaden zu ersetzen. [3]In diesen Fällen sind die Schadensersatzansprüche der oder des Berechtigten vorrangig gegenüber den Ansprüchen des Kostenträgers.

(3) Von der Geltendmachung des Ersatzanspruchs kann abgesehen werden, wenn diese keinen Erfolg verspricht.

(4) [1]Die Krankenkassen haben der Verwaltungsbehörde die Tatsachen mitzuteilen, aus denen sich ergibt, dass ein Dritter den Schaden verursacht hat. [2]Auf Anfrage haben die Krankenkassen und die Unfallkassen der Länder der Verwaltungsbehörde Angaben darüber zu machen, in welcher Höhe ihnen Kosten für Leistungen der Krankenbehandlung entstanden sind. [3]Keine Angaben sind erforderlich für nichtstationäre ärztliche Behandlungen und die Versorgung mit Arzneimitteln und Verbandmitteln.

Erläuterungen

Übersicht **Rn.**

A. Allgemeines zu der Norm

I. Vorgängervorschriften

Die Norm knüpft an § 81a BVG sowie § 5 OEG und § 63 Absatz 4 IfSG im Vorgängerrecht an. 1

II. Parallelvorschriften

Die Vorschrift selbst verweist auf § 116 SGB X und hat Parallelen zu den spezialgesetzlichen Regressvorschriften anderer Sozialgesetze, z. B. § 110 SGB VII.[772] 2

B. Auslegung der Norm

I. Regelungsinhalt und Bedeutung der Norm

Die Vorschrift schafft die Grundlage dafür, dass die Träger der Sozialen Entschädigung nach § 111 bzw. die von Ihnen hierfür für zuständig erklärten Behörden[773] die Möglichkeit haben, einen Regressanspruch gegen Dritte in den Grenzen der Norm durchzusetzen. Dabei harmonisiert die Vorschrift die Regressnahme im SER mit der anderer Sozialrechtsbereiche, wodurch erwartet werden kann, dass sich die Anwendung der Vorschrift an die anderer Gesetze – noch stärker – anpasst. 3

II. Absatz 1

Kernaussage des Absatzes ist, dass § 116 SGB X[774] für den Übergang eines Anspruchs der oder des Berechtigten auf Ersatz eines Schadens auf den oder die jeweiligen Kostenträger der Sozialen Entschädigung entsprechend gilt. Damit strukturiert die Norm das Schadensersatzrecht des SGB XIV im Vergleich zum Vorgängerrecht neu (und erfreulich einfacher). Entsprechend der Kostentragungsverantwortung der Leistungen ist für die Frage, auf wen der Anspruch übergeht, die Kostenträgerschaft nach Kapitel 21 entscheidend. 4

---

772 § 110 SGB VII hat, auch durch den Absatz 1a, der Aspekte der sogenannten Schwarzarbeit in den Blick nimmt, eine etwas andere Gestaltungsfunktion innerhalb des Rechts der Unfallversicherung.

773 Diese müssen grundsätzlich nicht mit den eigentlichen Durchführungsbehörden identisch sein, was die Länder im Rahmen ihrer Trägerschaft, z. B. durch Landesorganisations- oder eigene Landesausführungsgesetze autonom festlegen.

774 Als der sozialrechtlichen Grundnorm für Ansprüche gegen Schadenersatzpflichtige.

5 Wie bereits im Vorgängerrecht dürfte der Hauptanwendungsbereich für eine Regressnahme im Bereich der Leistungen für Gewaltopfer nach §§ 13, 14 in der Nachfolge von §§ 1 ff. OEG liegen. Denn in diesem Bereich wird sich weiterhin am ehesten ein zivilrechtlicher Schadenersatzanspruch in Zusammenhang mit einem vom SGB XIV geschützten Tatbestand verwirklichen können.[775] Grundsätzlich verfolgt die Vorschrift die Idee, dass der Staat dann für bestimmte Lebenssachverhalte nicht – in der finanziell letzten Konsequenz – haften soll, wenn ein Dritter für das Entstehen dieses Sachverhalts eintrittspflichtig ist und gemacht werden kann.

6 Kerninhalt der Regressnorm ist die Statuierung einer cessio legis, wie sie auch in anderen Sozialrechtsbereichen und nach dem entsprechend anwendbaren § 116 SGB X Anwendung findet. Danach geht der Ersatzanspruch auf den Träger (hier den des SGB XIV) über, soweit dieser auf Grund des Schadensereignisses Sozialleistungen zu erbringen hat, die der Behebung eines Schadens der gleichen Art dienen und sich auf denselben Zeitraum wie der vom Schädiger zu leistende Schadensersatz beziehen[776]. Die Norm wirkt insoweit letztlich fiskalisch und mag sich deshalb in der Art und Weise der Anwendung von den Vorschriften, die der Feststellung, Anerkennung und Kompensation von geschützten Lebenssachverhalten dienen sollen, unterscheiden. Denn die §§ 120 bis 121 haben – mit Ausnahme der Regelungen in Absatz 2 – einen anderen „Adressatenkreis", nämlich nicht das Opfer bzw. den Betroffenen, sondern den Verursacher. Da Grundlage der Ansprüche gegen etwaige Verursacher solche aus dem Zivilrecht sind, besteht die Notwendigkeit, diese auch dort klageweise geltend zu machen, wenn und soweit dies im Einzelfall geboten und erforderlich ist. Wie bereits im Vorgängerrecht[777] setzt auch der für anwendbar erklärte § 116 Absatz 1 Satz 1 SGB X nicht voraus, dass Leistungen auch tatsächlich gewährt worden bzw. geflossen sind. Ausreichend ist bereits, dass der Träger aufgrund des Schadensereignisses Sozialleistungen zu erbringen hat. Im Falle einer Gewalttat kann der Anspruch damit im Augenblick der Verwirklichung des geschützten Ereignisses, mithin der Schädigung, übergehen. Ab diesem Zeitpunkt kann der/die Geschädigte demzufolge auch nicht mehr (selbst) über seinen/ihren Schadensersatzanspruch verfügen – dieses liegt vielmehr nun beim SGB XIV-Träger. Allerdings beschränkt sich der Forderungsübergang auf eine sachlich und zeitlich kongruente Leistung.[778] Kongruenz ist in diesem Zusammenhang als eine Deckungsgleichheit von Schadenersatz

775 Was allerdings auch für alle andere Anwendungsbereiche des SGB XIV eine Regressnahme Dritter keinesfalls ausschließt.

776 Hierzu u. a. BeckOGK/Kater, 1.5.2021, SGB X § 116 Rn. 1–316.

777 Vgl. hierzu u. a. Fehl in Wilke, SozEntSchR, § 81a BVG Rn. 3 ff.

778 Hierzu u. a. BeckOGK/Kater, 1.5.2021, SGB X § 116 Rn. 98–140.

und Sozialleistung zu verstehen. Eine solche Kongruenz in sachlicher Hinsicht ist immer dann gegeben, wenn die SGB XIV-Leistungen der Behebung des eingetretenen Schadens dienen.[779] In zeitlicher Hinsicht ist diese gegeben, wenn die SGB XIV-Leistungen für den eingetretenen Schaden denselben Zeitraum umfassen, in dem der Schadensersatzanspruch für den Berechtigten gegen den Schädiger besteht. Mithin liegt ein gesetzlicher Forderungsübergang vor, soweit Sozialleistungen der Behebung eines Schadens der gleichen Art dienen und sich auf denselben Zeitpunkt wie der vom Schädiger zu leistende Schadensersatz beziehen.

III. Absatz 2

Der bereits im Vorgängerrecht geltende Grundsatz, dass die Geltendmachung von Schadensersatzansprüchen nicht zu Nachteilen für den Leistungsberechtigten führen darf, findet im SGB XIV Fortsetzung, indem Absatz 2 Satz 1 die Regelung des § 81a Absatz 1 Satz 3 BVG aufgreift und wiederholt. Hierdurch wird ein Rangverhältnis innerhalb des Gesetzes geschaffen, an dessen erster Stelle die Betroffenen, in der Regel das Gewaltopfer, und erst an zweiter Stelle fiskalische Aspekte stehen. Wie der Begriff des Nachteils zu verstehen ist, definiert das Gesetz nicht. Mit Blick auf die opferschützende Ratio der Norm[780] sind dies mithin Nachteile aller Art. Grundsätzlich können dies solche finanzieller Art für das Opfer sein, wie sie noch leitbildhaft für das Vorgängerrecht waren[781], die darin liegen, dass eigene Ansprüche des Opfers nicht (mehr) befriedigt werden können, weil Fiskusforderungen von dem Schuldner vorranging bedient wurden. Nach Satz 2 und 3 gehen die Ansprüche des SER-Berechtigten grundsätzlich denen der öffentlichen Hand vor, z.B. dann, wenn die Ersatzleistungen des Schädigers oder eintrittspflichtiger Dritter nicht ausreichen, um den gesamten Schaden zu ersetzen. 7

Mittlerweile deutlich an Praxisrelevanz gewonnen haben dürften die Fallgestaltungen, in denen Gewaltbetroffenen anderweitige Nachteile erwachsen können. Soweit die Gesetzesbegründung[782] hier auf ein älteres Rundschreiben des Bundesministeriums für Gesundheit und Soziale Sicherung[783] verweist, das beispielhaft Fallgestaltungen benennt, in denen zu befürchten ist, dass die gerichtliche Geltendmachung des Anspruchs für ein kindliches Op- 8

779 Vgl. insoweit LPK-SGB XIV/Weber, 1. Aufl. 2022, SGB XIV § 120 Rn. 12 mit dort zitierter Rechtsprechung.
780 BT-Drs. 19/13824 S. 222.
781 Vgl. hierzu u.a. Fehl in Wilke, SozEntSchR, § 81a BVG Rn. 3ff.
782 BT-Drs. 19/13824 S. 222.
783 Vom 26.11.2002 – IV c 2 – 62039 –.

fer zu schweren gesundheitlichen Schädigungen führen könnte, reicht dieser Ansatz wohl nicht aus, um den begründeten Interessen von Gewaltopfern insgesamt zu entsprechen. Vielmehr ist es aus Opferschutzgründen geboten, die Anwendung der Norm weder auf bestimmte Opfergruppen, noch auf die mögliche Schwere einer Einwirkung zu beschränken, bzw. sie von ihr abhängig zu machen. Dem Sinn und Zweck der Vorschrift kann nur eine Handhabung gerecht werden, bei der die Behörden umfassend in den Blick nehmen, ob durch eine Regressnahme erwartbar ist, dass es zu nachteiligen Folgen für das Opfer kommen kann. Indizien hierfür können neben strafrechtlichen Ermittlungsergebnissen oder Verurteilungen getroffene Maßnahmen nach dem Gewaltschutzgesetz,[784] wie z.B. Annäherungs- oder Betretungsverbote,[785] die das Opfer gegen den Täter erwirkt hat, sein.

9 Dennoch müssen die Nachteile fassbar und damit objektiv erkennbar sein. Allein die subjektive und durch keinerlei Anhaltspunkte zu stützende Sorge des Opfers, der Täter könne versuchen, ihm zu schaden, reicht für ein Absehen von Regressmaßnahmen noch nicht aus. Entsprechend problematisch stellt es sich mit einer in jüngerer Zeit von Antragstellern bisweilen geforderten generellen Regressverzichtserklärung im Rahmen einer Antragstellung dar, wenn diese nicht näher begründet wird. Solchen subjektiv durchaus nachvollziehbaren Erwartungen der Betroffenen muss der gesetzliche Auftrag, dass Ansprüche gegen Schadensersatzpflichtige für die staatliche Gemeinschaft durchzusetzen sind, gegenübergestellt werden. Denn wenn Behörden vollkommen anlasslos auf den Versuch der Regressnahme verzichten würden, liefe der gesetzliche Auftrag leer. Ob allerdings die Rechtsfigur einer grundsätzlich vorzunehmenden Regressierung zu einem Sozialgesetzbuch passt, dessen klare Fokussierung auf das Opfer gerichtet ist, wird eine sein, die sich mit zunehmender Erfahrung im Gesetzesvollzug unter Umständen erneut stellen wird. Insoweit erscheint es jedenfalls vorstellbar, die vorhandenen personellen staatlichen Ressourcen besser in den Opferschutz, als in oft langwierige und rechtlich komplexe zivilrechtliche Regressverfahren zu investieren. Aber auch ohne solche hypothetischen Betrachtungen einer Situation de lege ferenda sind die Durchführungsbehörden auch nach der gegenwärtigen Rechtslage gehalten und verpflichtet, den Opferinteressen stets Vorrang zu geben.

784 BGBl. S. 3513 ff.

785 Im Kern alle Maßnahmen, die auf der Grundlage von § 1 Absatz 1 Nummer 1 GewSchG getroffen wurden.

IV. Absatz 3

Der bereits im Vorgängerrecht in der Verwaltungsvorschrift Nummer 8 Satz 3 zu § 81a BVG niedergelegte Grundsatz, dass von einer Regressnahme abgesehen werden kann, wenn diese keine Aussicht auf Erfolg bietet, wurde als Absatz 3 nunmehr ins Gesetz aufgenommen. Die Norm ist allerdings deutlich weiter gefasst, als die Verwaltungsvorschrift und beschränkt die Möglichkeit des Absehens von einer Regressierung nicht auf die gerichtliche Geltendmachung, sondern eröffnet diese Möglichkeit umfassend, wenn die Forderung uneinbringlich erscheint. In der Praxis bedeutet dies, dass die zuständige Behörde dieses in allen Stadien eines Regressverfahrens abschließen kann. Ein Recht des Schuldners auf eine solche Maßnahme besteht aber nicht, vielmehr steht die Anwendung im Ermessen der Behörde.[786] Die Eröffnung des Anwendungsbereichs der Norm für verfahrensbeendende Maßnahmen außerhalb einer gerichtlichen Geltendmachung ist erfreulich, entspricht aber wohl der langjährig geübten Praxis der Behörden. 10

V. Absatz 4

Damit die für Regress zuständigen Behörden in die Situation versetzt werden können, Leistungen zu regressieren, bedarf es ihrer Kenntnis von den insoweit entscheidungserheblichen Sachverhalten. Hierzu verpflichtet Absatz 4, wie zuvor § 81a Absatz 3 BVG, die Krankenkassen, (alle) Tatsachen mitzuteilen, aus denen sich ergibt, dass ein Dritter den Schaden verursacht hat. Sofern die Verwaltungsbehörde hinsichtlich der Höhe der Kosten für Leistungen der Krankenbehandlung Informationen zur Geltendmachung des Schadensersatzanspruchs benötigt, bietet Satz 2 die Grundlage, diese Informationen bei den Kranken- und Unfallkassen zu erfragen, wovon aber nach Satz 3 Angaben zu nichtstationärer ärztlicher Behandlung und die Versorgung mit Arzneimitteln und Verbandsmitteln – wohl zur Beschränkung des Verwaltungsaufwandes – ausgenommen sind, denn diese Kosten werden nach Absatz 1 i. V. m § 116 Absatz 8 SGB X in pauschalierter Form ersetzt. 11

Wünschenswert wäre sicher gewesen, dass die Norm eine Übermittlungspflicht analog den Krankenkassen auch für die Pflegekassen vorgesehen hätte, da die insoweit entstehenden Kosten, z. B. in Fällen schwerer Schädigungen, sehr hoch sein können und die Kodifizierung einer solchen Meldepflicht das Regressverfahren für die zuständigen Behörden deutlich vereinfacht hätte.[787] 12

786 So auch LPK-SGB XIV/Weber, 1. Aufl. 2022, SGB XIV § 120 Rn. 21.
787 Zustimmend Schmidt SGB XIV/B. Schmidt, 1. Aufl. 2021, SGB XIV § 120 Rn. 13.

§ 121
Erstattung von Leistungen durch öffentlich-rechtliche Stellen

[1]Hat ein Träger der Sozialen Entschädigung Leistungen erbracht und stellt sich nachträglich heraus, dass eine andere öffentlich-rechtliche Stelle, die nicht Leistungsträger nach § 12 des Ersten Buches ist, zur Leistung verpflichtet gewesen wäre, hat die zur Leistung verpflichtete Stelle die Aufwendungen zu erstatten. [2]Der Umfang der Erstattung richtet sich nach den Rechtsvorschriften, die für die verpflichtete Stelle gelten.

Erläuterungen

Übersicht **Rn.**

A. Allgemeines zu der Norm

I. Vorgängervorschriften

1 Die Norm folgt auf § 81b BVG im Vorgängerrecht.

II. Systematische Zusammenhänge

2 Die Vorschrift hat zusammenhängende Regelungen mit § 12 SGB I, § 16 SGB IX, §§ 102 ff. hier v. a. § 105 SGB X.

B. Auslegung der Norm

I. Regelungsinhalt und Bedeutung der Norm

3 Die Vorschrift regelt den Umgang mit Erstattungsansprüchen des Trägers der Sozialen Entschädigung gegenüber anderen öffentlich-rechtlichen Leistungsträgern, die aber nicht Sozialleistungsträger im Sinne von § 12 SGB I sind.

II. Satz 1

Wenn ein Träger der Sozialen Entschädigung Leistungen erbracht hat und sich nachträglich herausstellt, dass eine andere öffentlich-rechtliche Stelle, welche nicht Leistungsträger nach § 12 SGB I, ist, zur Leistung verpflichtet gewesen wäre, hat die zur Leistung verpflichtete Stelle die Aufwendungen zu erstatten. Es müssen folglich vom SGB XIV-Träger bereits Leistungen erbracht worden sein. Bei den in den Blick genommenen öffentlich-rechtlichen Stellen, die nicht unter § 12 SGB I fallen, kann es z. B. um Beihilfestellen öffentlich-rechtlicher Dienstherren für ihre Beamten und ggfls. auch für ihre Arbeitnehmer oder öffentlich-rechtlich konstituierte berufsständische Versicherungen[788], beispielsweise Versorgungswerke in öffentlicher Trägerschaft gehen. Diese sind allerdings abzugrenzen gegen andere nicht öffentlich-rechtliche Institutionen dieser Art, wie z. B. Altersversorgungseinrichtungen für Ärzte[789] oder Rechtsanwälte, die rein privatrechtlich organisiert sind. Entscheidendes Kriterium ist folglich die öffentlich-rechtliche Verfasstheit der Stelle. Die Anzahl dieser Stellen dürfte überschaubar sein.[790] 4

Voraussetzung für einen Erstattungsanspruch ist, dass die andere Stelle aus eigens anzuwendendem Recht zu einer Leistung verpflichtet gewesen wäre. Insoweit stellt sich die Vorfrage, welche Leistungen in Anwendung der Norm in Betracht kommen. Da die Norm Stellen adressiert, die nicht Sozialleistungen i. S. v. §§ 18 bis 29 SGB I erbringen, können dies nur Leistungen sein, die einerseits außerhalb des sozialrechtlichen Gefüges bestehen und normiert sind, aber andererseits von ihrer Ziel- und Zweckrichtung her auf die Kompensation von Gesundheitsstörungen ausgelegt sind. Ein wesentlicher Anwendungsfall dürften die (dienstrechtlichen) Beihilfen als finanzielle Unterstützung in Krankheits-, Geburts-, Pflege- und Todesfällen für Beamte und Richter[791] sein. Ungeachtet der vollkommen anderen rechtlichen Qualifizierung dieser Zuwendungen, die allerdings auch nicht als Ausfluss der hergebrachten Grundsätze des Berufsbeamtentums gewertet werden[792], wird bei solchen und vergleichbaren Leistungen eine Deckungsgleichheit mit denen des SGB XIV anzunehmen und gegeben sein. Im Einzelfall kann als Prüfungsmaßstab die Zielrichtung der von der anderen Stelle zu erbringenden Leistung herangezogen werden. 5

788 BT-Drs. 19/13824, S. 222.
789 Z. B. die regional organisierten Ärzteversorgungswerke.
790 Vgl. zu der entsprechenden Situation in § 81b BVG in Fehl in Wilke, SozEntschR, § 81b Rn. 1.
791 Im Sinne der Beihilfeverordnungen von Bund und Länder in Abhängigkeit vom jeweiligen Dienstverhältnis.
792 BVerfGE vom 13.2.2008 – 2 BvR 613/06 –.

Wenn und soweit eine Übereinstimmung, z. B. in Form einer zweckgleichen Bedarfsdeckung, gegeben ist, dürfte hierdurch der Anwendungsbereich der Norm bereits eröffnet sein[793].

6 Sinn und Zweck der Vorschrift ist eine Erstattungsgrundlage des Trägers des SER, wenn sich im Nachhinein herausstellt, dass eine andere Stelle zur Leistung verpflichtet war. Dies impliziert, dass eine Anwendung der Norm nur dann möglich ist, wenn sich – bezogen auf den Erkenntnishorizont des SER-Trägers – die Leistungspflicht einer dritten Stelle erst nach der eigenen Erbringung erweist. Auch im Hinblick auf den dem SER-Träger obliegenden Untersuchungsgrundsatz nach § 20 SGB X[794] und des grundsätzlich durch § 242 BGB gesetzten Rahmens muss der Träger alles ihm Mögliche tun, Erkenntnisse zu anderen Leistungsverpflichteten zu erkennen. Dies bedeutet im Ergebnis, dass von der Anwendung der Norm nur solche Fälle erfasst sind, in denen der SER-Träger die (wahre) Rechtslage nicht erkennen konnte. Dagegen sind solche Fallgestaltungen nicht umfasst, die durch eine vorschriftswidrige Verwaltungspraxis entstanden sind[795]. Die Frage, ob eine schlichte Gutgläubigkeit des SER-Trägers bereits ausreichend ist, wird in der Literatur zwar teils bejaht[796], hierfür spricht aber nicht, dass der Gesetzgeber des SGB XIV die Norm gegenüber der Vorgängervorschrift des § 81b BVG nahezu unverändert belassen und hierbei v. a. die Formulierung „...stellt sich nachträglich heraus..." wortgleich übernommen hat. Hätte hier weniger der erwartbare Erkenntnisstand des SER-Trägers als die faktische Situation im Vordergrund gestanden, wäre die erneute Nutzung des Adjektivs „...nachträglich..." mit dessen zeitlicher Zielrichtung nicht konsequent. Insofern spricht einiges für eine enge Auslegung der Norm.

7 Die Parallelvorschrift des § 105 Absatz 1 SGB X gilt ausdrücklich nicht für Fallgestaltungen, in denen die tatsächlich zuständige öffentlich-rechtliche Stelle bereits selbst Leistungen erbracht hat, noch bevor diese von der SGB XIV-Leitungspflicht Kenntnis hatte. Diese Konstellation ist nach dem Wortlaut des Satz 1 nicht umfasst, wird aber wohl im Rahmen der Auslegung nach Sinn und Zweck der Vorschrift auch hierauf anwendbar sein[797]. Dessen ungeachtet wäre eine gesetzliche Klarstellung hier ausdrücklich wünschenswert, zumal § 105 SGB X (mit den dortigen Verweisnormen) hier durchaus vor-

793 So auch Schmidt SGB XIV/B. Schmidt, 1. Aufl. 2021, SGB XIV § 121 Rn. 5.
794 Vgl. hierzu u. a. BeckOGK/Mutschler, 1.6.2019, SGB X § 20 Rn. 1–13.
795 Vgl. hierzu BSGE von 31.10.1978 – 4 RJ 30/78 – zur Vorgängernorm § 81b BVG.
796 So z. B. Schmidt SGB XIV/B. Schmidt, 1. Aufl. 2021, SGB XIV § 121 Rn. 6.
797 Zur Gebotenheit einer teleologischen Reduktion und Bejahung der (dadurch) erweiterten Anwendung der Vorschrift übereinstimmend LPK-SGB XIV/Weber, 1. Aufl. 2022, SGB XIV § 121 Rn. 6 und Schmidt SGB XIV/B. Schmidt, 1. Aufl. 2021, SGB XIV § 121 Rn. 7.

bildhaft (hätte) sein können, was auch dem im Übrigen gewollten Gleichlauf mit den anderen Sozialgesetzbüchern entsprochen hätte.

III. Satz 2

Der Umfang der Erstattung zugunsten des SGB XIV-Trägers richtet sich grundsätzlich nach den Rechtsvorschriften, die für die verpflichtete Stelle gelten. Die Vorschrift hat also eine Doppelnatur. Denn einerseits führt dies dazu, dass die dritte Stelle – anstatt an den ihr gegenüber eigentlich Berechtigten – an den SER-Träger leistet. Andererseits findet die Erstattung der Höhe nach dort ihre Grenze, wo dieselbe Höhe der (zuerkannten) SGB XIV-Leistungen liegen. Dies bedeutet allerdings gleichzeitig, dass die dritte Stelle von ihrer Leistungspflicht gegenüber „ihrem" Berechtigten dann nicht frei wird, wenn die Leistung dieser Stelle höher ist als die vom SER-Träger erbrachte SGB XIV-Leistung. Dieser Fall dürfte zwar eher von theoretischer Natur sein, da die SGB XIV-Leistungen bekanntlich mit einem Grad an Bedarfs(ab)deckung ausgestattet sind, der schwer zu übertreffen sein wird. Allerdings kann gerade mit Blick auf – u.U. auch de lege ferenda zu schaffende – Anspruchsgrundlagen öffentlich-rechtlicher Träger und/oder stark pauschalierte Leistungen[798] ein solcher Fall freilich nicht ausgeschlossen werden. 8

§ 122
Überzahlung von Geldleistungen nach dem Tod der oder des Berechtigten

Hat der Träger der Sozialen Entschädigung Geldleistungen für die Zeit nach dem Tod der oder des Berechtigten zu Unrecht erbracht, gilt § 118 Absatz 3 bis 4 a des Sechsten Buches Sozialgesetzbuch entsprechend.

Erläuterungen

Übersicht **Rn.**

798 Zu denken ist hierbei an geldwerte Vorteile, die z.B. den recht weitreichenden Leistungen für spezielle Lebens- und Dienstsachverhalte des SVG nachgebildet sein können.

A. Allgemeines zu der Norm

I. Vorgängervorschriften

1 Die Norm folgt auf § 66 Absatz 2 Satz 4 BVG im Vorgängerrecht, die allerdings kontextual im Zusammenhang mit Zahlungen stand, wohingegen § 122 nur Überzahlungen adressiert.

II. Parallelvorschriften

2 Die Parallelität ergibt sich im Kern mit der entsprechend anzuwendenden Vorschrift des § 118 Absatz 3 bis 4a SGB VI.

B. Auslegung der Norm

3 Bereits die o. a. Vorgängerregelung erklärte § 118 Absatz 3 bis 4a SGB VI für anwendbar. Damit werden auch im SGB XIV die im Bereich der gesetzlichen Rentenversicherung etablierten Regelungen, dass und wie nach dem Tod des Berechtigten zu Unrecht erbrachte Geldleistungen zurückgefordert werden können, übernommen. Der regelmäßige Anwendungsfall wird die beim SGB XIV-Träger verspätet eingehende Mitteilung über den Tod eines Zahlungsempfängers sein. In diesem Fall gelten die Zahlungen als unter Vorbehalt erbracht, zudem werden die kontoführenden Geldinstitute zur Zusammenarbeit mit dem Träger der Sozialen Entschädigung verpflichtet.

I. Zum entsprechend anwendbaren § 118 Absatz 3 SGB VI

4 § 118 Absatz 3 SGB VI schafft eine Regelung, nach der Geldleistungen, die für die Zeit nach dem Tod des Berechtigten auf ein Konto bei einem Geldinstitut überwiesen wurden, als unter Vorbehalt erbracht gelten.[799]

799 Entsprechend eingeschränkt durch die notwendige Bezugnahme auf Verordnung (EU) Nr. 260/2012 des Europäischen Parlaments und des Rates vom 14.3.2012 zur Festlegung der technischen Vorschriften und der Geschäftsanforderungen für Überweisungen und Lastschriften in Euro und zur Änderung der Verordnung (EG) Nr. 924/2009 (ABl. L 94 vom 30.3.2012, S. 22).

Diese Vorschrift soll einen Interessenausgleich zwischen der staatlichen Gemeinschaft[800] und dem Geldinstitut schaffen. Einerseits soll das kontoführende Kreditinstitut nicht von rechtswidrig geleisteten Zahlungen auf Kosten der Berechtigten profitieren, andererseits sollen sie keinen Schaden dadurch erleiden, dass über den Betrag von einem Verfügungsberechtigten bereits anderweitig verfügt wurde, sofern es sich um eine ordnungsgemäße Kontoführung handelte und das Geldinstitut als „redlicher bzw. gutgläubiger Zahlungsmittler" auftrat[801]. Diese Gedanken gelten entsprechend für das SGB XIV. Zur konkreten Umsetzung dieser Ziele gelten nach § 118 Absatz 3 Satz 1 SGB XIV Geldleistungen, die für die Zeit nach dem Tod des Berechtigten überwiesen wurden, als unter Vorbehalt erbracht. Dies hat zur Folge, dass Zahlungen, die zu einem Zeitpunkt geleistet wurden, als der Berechtigte noch lebte, er aber vor Beginn des Monats verstarb, für den die Bezüge überwiesen wurden, keine Grundlage im SGB XIV mehr haben. Dementsprechend haben auch Zahlungen, die erst nach dem Tod eines Berechtigten geleistet wurden, keine Rechtsgrundlage im SGB XIV.[802] Mit dem Tod eines Berechtigten endet die Bindungswirkung von Bewilligungsbescheiden und damit die daraus resultierende Rechtsgrundlage für eine Zahlung.[803] 5

Die vorstehenden Ausführungen betreffen die sogenannten laufenden Zahlungen, mithin diejenigen, die für den jeweils zustehenden Monat geleistet werden. Dementgegen sind Nachzahlungen, die für zurückliegende Zeiträume z. B. aufgrund eines Erhöhungsantrages und der Feststellung eines höheren GdS für Zeiten vor dem Tod des Berechtigten zuerkannt wurden, von der Regelung des § 118 Absatz 3 SGB VI nicht umfasst.[804] Dies gilt auch dann, wenn die Nachzahlung erst nach dem Tod des SGB XIV-Berechtigten geleistet wird.[805] 6

Der bei den laufenden Zahlungen durch den Tod des Berechtigten einsetzende Vorbehalt (s. o.) entfaltet seine Wirkung unmittelbar und ohne weitere Notwendigkeiten gegenüber dem Geldinstitut, das die Zahlung erhalten hat, den Erben des Berechtigten als neuen Kontoinhabern und auch gegenüber Dritten, die z. B. über den Tod des Berechtigten hinaus Zugriff auf sein Konto haben. 7

Eine Rücküberweisungspflicht des Geldinstitutes besteht ausdrücklich auch nach Auflösung des betroffenen Kontos. Diese längere Zeit offene Frage hat 6

800 In Bezug auf das SGB VI die Versichertengemeinschaft, die nur eine Teilmenge hiervon ist.
801 BeckOGK/Körner, 1.9.2020, SGB VI § 118 Rn. 19.
802 BeckOGK/Körner, 1.9.2020, SGB VI § 118 Rn. 20b.
803 BSGE, vom 3.6.2009 – B 5 R 120/07 R –.
804 BeckOGK/Körner, 1.9.2020, SGB VI § 118 Rn. 20a.
805 Ebenda.

das BSG für § 118 Absatz 3 Satz 2 SGB VI beantwortet[806] und führt aus, dass der Anspruch eines Trägers der gesetzlichen Rentenversicherung gegen das Geldinstitut auf Rücküberweisung zu Unrecht erbrachter Geldleistungen, die für die Zeit nach dem Tod des Berechtigten überwiesen worden sind, nicht durch die Auflösung des Kontos des Rentenempfängers erlischt.

7 Eine Verpflichtung zur Rücküberweisung besteht nach § 118 Absatz 3 Satz 3 SGB VI allerdings nicht, soweit über den entsprechenden Betrag bei Eingang der Rückforderung bereits anderweitig verfügt wurde, es sei denn, dass die Rücküberweisung aus einem Guthaben erfolgen kann. Damit kann die Bank die Erstattung verweigern, wenn das Konto keine ausreichende Deckung (mehr) aufweist. Der Grund für die fehlende Deckung kann unterschiedlich sein. Neben Kontoverfügungen erkennt die obergerichtliche Rechtsprechung sogar den Einwand an, wenn sich das Geldinstitut bei einer nach dem Tod des Leistungsberechtigten getätigten Barabhebung an einem institutsfremden Geldautomaten beruft.[807] Diese Bewertung scheint mit Blick auf die zunehmend geschaffenen Verbundsysteme von Geldinstituten und Sparkassen, die es ermöglichen bei jeweils nicht kontoführenden Häusern ohne Erhebung von Gebühren Geld abzuheben, sehr weitgehend und könnte geeignet sein, ein Ungleichgewicht zwischen den Interessen der Geldinstitute und denen der staatlichen (Sozial-)Gemeinschaft hervorzurufen.

8 Das Geldinstitut darf nach § 118 Absatz 3 Satz 4 SGB VI den überwiesenen Betrag nicht zur Befriedigung eigener Forderungen verwenden. Der Begriff der Forderung ist hier umfassend zu verstehen. Folglich ist unerheblich, ob diese unmittelbar oder mittelbar in Zusammenhang mit der Geschäftsbeziehung des verstorbenen Kunden entstanden ist.

II. Zum entsprechend anwendbaren § 118 Absatz 4 SGB VI

9 Die Vorschrift schafft die Grundlage dafür, dass der Träger auch einen Erstattungsanspruch gegen Empfänger von Geldleistungen und hierüber verfügende Personen hat. Anders als gegenüber Geldinstituten müssen die Ansprüche gegen die genannten (natürlichen) Personen mittels eines Verwaltungsaktes durchgesetzt werden. In Abweichung von den sonstigen im Sozialrecht greifenden vielfachen Schutzmechanismen, kommt es hierauf bei der auf § 118 Absatz 4 SGB VI gestützten Behördenentscheidung nicht an.[808]

806 BSGE des Großen Senats vom 20.2.2019 – GS 1/18 –.
807 Urteil des LSG Berlin-Brandenburg vom 23.7.2020 – L 3 R 647/18 –.
808 Hierzu auch mit Hinweisen auf Rechtsprechung vgl. Schmidt SGB XIV/S. Schmidt, 1. Aufl. 2021, SGB XIV § 122 Rn. 20.

Eine Sonderstellung nehmen dagegen die Erben des Berechtigten ein. Denn für sie trifft § 118 Absatz 4 Satz 4 SGB VI die Regelung, dass ein Anspruch gegen sie nach § 50 SGB X unberührt bleibt. Erben können sich, anders als die anderen in Anspruch Genommenen, z.B. auf Vertrauensschutzgesichtspunkte berufen, die neben den allgemein geltenden z.B. auch die Handlungsfrist des § 45 Absatz 4 Satz 2 beinhaltet. Gerade diese zu beachtende Jahresfrist kann bei Verwaltungshandlungen erhebliche Auswirkungen haben, sodass die SGB XIV-Behörden (auch) nach dem Tod eines Berechtigten gut beraten sind, alle Verfahrenshandlungen unverzüglich vorzunehmen. 10

Der in der Praxis eines ergänzenden Sozialleistungssystems keineswegs unwahrscheinliche Fall, dass mehrere Leistungsträger Ansprüche gegen Empfänger der verfügenden Person, die nicht Erben sind, gelten machen, wenn z.B. SGB V-, SGB VI- und SGB XIV-Leistungen parallel bezogen wurden, wird in Ansehung von § 118 Absatz 4 SGB VI im Ergebnis so auszulegen sein, dass ein gegen den Empfänger oder die verfügende Person gerichteter Erstattungsanspruch insgesamt nicht den Betrag übersteigen darf, der ihm aus den zu Unrecht an den verstorbenen Leistungsberechtigten gezahlten Leistungen zugeflossen ist.[809] 11

III. Zum entsprechend anwendbaren § 118 Absatz 4a SGB VI

Nach dieser Vorschrift verjähren die Ansprüche nach § 118 Absatz 3 und 4 SGB VI in vier Jahren nach Ablauf des Kalenderjahres, in dem der Träger Kenntnis von der Überzahlung und in den Fällen des Absatzes 4 zusätzlich Kenntnis von dem Erstattungspflichtigen erlangt hat. Der Begriff der Kenntnis ist bei Ereignissen wie dem Tod eines Leistungsberechtigten auslegungsbedürftig. Von der Rechtsprechung als ausreichend wird insoweit angesehen, dass der Träger positiv Kenntnis vom Tod hatte, die Notwendigkeit, um den Tod des Betroffenen gewusst haben zu können, genüge hiernach nicht.[810] Ob der insoweit für den Bereich des SGB VII entschiedene Lebenssachverhalt, in dem eine Verletztenrente nach einer MdE um 20 v.H. viele Jahre über den Tod des Berechtigten auf dessen fortbestehendes Postsparbuch, welches in den Besitz der Ehefrau überging, überwiesen wurde, für Lebenssachverhalte außerhalb solcher besonderer Konstellationen und v.a. vor dem Hintergrund einer zunehmenden Vernetzung von Behörden[811] und mittlerweile recht weitgehender Bestimmungen 12

809 Im Einzelnen hierzu Schmidt SGB XIV/S. Schmidt, 1. Aufl. 2021, SGB XIV § 122 Rn. 22.
810 Urteil des LSG Niedersachsen-Bremen, Urteil vom 30.3.2017 – L 16/3 U 58/14 –.
811 Namentlich kann hier der auch für und von SER-Behörden bereits langjährig genutzte Sterbedatenabgleich genannt werden.

über Auskunfts- und Mitteilungsverpflichtungen[812] auf andere Sachverhalte übertragbar ist, erscheint zumindest zweifelhaft.

13 Für die Berechnung der Vier-Jahres-Frist gelten die allgemeinen Regelungen der §§ 203 ff. BGB entsprechend.

§ 122a
Zahlung

[1]Die Leistungen nach § 3 Satz 1 Nummer 5 bis 7 sowie 11 und 12 werden in Monatsbeträgen zuerkannt, auf volle Eurobeträge aufgerundet und monatlich im Voraus gezahlt. [2]Die Leistung nach § 48 wird tageweise zuerkannt.

Kapitel 19
Bundesstelle für Soziale Entschädigung

§ 123
Bundesstelle für Soziale Entschädigung

[1]Unter der Bezeichnung „Bundesstelle für Soziale Entschädigung" führt das Bundesamt für Soziale Sicherung die Aufgaben nach § 124 aus. [2]Dabei unterliegt es der Fachaufsicht des Bundesministeriums für Arbeit und Soziales.

Erläuterungen

Übersicht **Rn.**

A. Allgemeines

1 Mit dem SGB XIV wurde das Recht der Sozialen Entschädigung umfassend neu geordnet. Zudem wurde das Recht erweitert. Damit eine bundeseinheitliche Rechtsauslegung durch die das Recht ausführenden Länder gewähr-

812 Z. B. § 196 SGB VI.

leistet ist – bevor sich zu einzelnen Fragen eine höchstrichterliche Rechtsprechung herausbildet – ist die Rolle des Bundes nicht zu unterschätzen. Bislang wurde dies u.a. durch Rundschreiben des BMAS erreicht, zudem nahm das Ministerium vor Inkrafttreten des neuen Rechts Aufgaben wahr, die sich aus europäischem Recht ergaben. Nunmehr wird eine Vielzahl dieser Aufgaben durch eine zum 1. Januar 2024 neu gegründete „Bundesstelle für Soziale Entschädigung“ (Bundesstelle) wahrgenommen.

B. Regelungsinhalt

Die Bundesstelle ist Teil des Bundesamtes für Soziale Sicherung (ehemals Bundesversicherungsamt); ihre Aufgaben ergeben sich aus § 124 SGB XIV. Hierbei handelt es sich teilweise um Aufgaben, die nach altem Recht vom BMAS wahrgenommen wurden, die jedoch nichtministerieller Natur sind. Des Weiteren unterstützt die Bundesstelle das BMAS bei Aufgaben im Zusammenhang mit dem SGB XIV, etwa bei der Koordinierung des Austausches zwischen Bund und Ländern. 2

Die Bundesstelle ist ein integraler Bestandteil des Bundesamtes für Soziale Sicherung, also keine eigenständige Behörde oder Dienststelle im personalvertretungsrechtlichen Sinne. 3

Die Fachaufsicht über die Tätigkeit der Bundesstelle obliegt dem BMAS.

§ 124
Aufgaben der Bundesstelle für Soziale Entschädigung

(1) Die Bundesstelle für Soziale Entschädigung nimmt Aufgaben des Bundes auf dem Gebiet der Sozialen Entschädigung nach Maßgabe der folgenden Absätze wahr.

(2) Die Bundesstelle für Soziale Entschädigung ist zuständig für die
1. **Aufgaben nach § 60 Absatz 6, § 60a Absatz 6 und § 80 Absatz 3 Satz 3,**
2. **Aufgaben der zentralen Behörde im Sinne des Artikels 12 Satz 2 des Europäischen Übereinkommens vom 24. November 1983 über die Entschädigung für Opfer von Gewalttaten (BGBl. 1996 II S. 1120, 1121) und**
3. **Aufgaben als Unterstützungsbehörde im Sinne des Artikels 3 Absatz 1 der Richtlinie 2004/80/EG.**

(3) Die Bundesstelle für Soziale Entschädigung unterstützt die Länder zur Wahrung der bundeseinheitlichen Gesetzesanwendung bei der Aus- und Fortbildung im Bereich der Sozialen Entschädigung.

(4) Die Bundesstelle für Soziale Entschädigung unterstützt als Kompetenzzentrum für Soziale Entschädigung das Bundesministerium für Arbeit und Soziales bei Aufgaben der Qualitätssicherung und bei der bundeseinheitlichen Durchführung der Sozialen Entschädigung insbesondere durch

1. **die Begleitung der Umsetzung und Fortschreibung der Rechtsverordnung nach § 40,**
2. **die Organisation von Veranstaltungen des Bundesministeriums für Arbeit und Soziales für Mitarbeiterinnen und Mitarbeiter der Behörden und der Personen, die Leistungen der Schnellen Hilfen erbringen,**
3. **die Organisation von Erfahrungsaustauschen des Bundesministeriums für Arbeit und Soziales für Personen, die an der Durchführung dieses Buches beteiligt sind,**
4. **die Entwicklung von Arbeitshilfen und Formularen,**
5. **das Führen eines Verzeichnisses von im Sozialen Entschädigungsrecht erfahrenen medizinischen Gutachtern,**
6. **das Erstellen und Führen der amtlichen Statistik nach § 126,**
7. **die Erstellung des Berichts nach § 132 sowie**
8. **die Abwicklung von Forschungsprojekten im Bereich der Sozialen Entschädigung.**

(5) Die Bundesstelle für Soziale Entschädigung erledigt weitere Aufgaben des Bundes, die mit den in den Absätzen 2 bis 4 genannten Aufgaben zusammenhängen und mit deren Durchführung sie vom Bundesministerium für Arbeit und Soziales beauftragt wird.

(6) Die Wahrnehmung der Aufgaben nach § 60 Absatz 6 und nach Absatz 4 Nummer 2 bis 5 kann die Bundesstelle für Soziale Entschädigung ganz oder teilweise auf Dritte übertragen oder sich bei der Wahrnehmung der Aufgaben nach Absatz 4 Nummer 2 bis 8 durch Dritte unterstützen lassen.

Erläuterungen

Übersicht **Rn.**

A. Allgemeines

1 Die Bundesstelle wird mit dem SGB XIV komplett neu errichtet. Auch, wenn die Ausgestaltung ihres Aufgabenbereichs präzise und ausführlich anmutet – immerhin hat § 124 sechs Absätze, von denen der vierte acht Ziffern enthält –, sind teilweise offene Formulierungen enthalten. Daher wird sich die konkrete Ausgestaltung in der Praxis im Zusammenspiel zwischen Bundesstelle und BMAS zeigen.

B. Regelungsinhalt

I. Absatz 1

2 Die Norm stellt klar, dass die Bundesstelle nur Aufgaben des Bundes wahrnimmt. Genaueres regeln die weiteren Absätze. Diese enthalten im Wesentlichen koordinierende und unterstützende Aufgaben. Das ist auch folgerichtig, da die Länder die Träger der Sozialen Entschädigung sind (§ 111).

II. Absatz 2

3 Die Vorschrift regelt drei Bereiche, für die die Bundesstelle zuständig ist:

Nach **Nummer 1** ist die Bundesstelle zuständig für den Abschluss von Verwaltungsvereinbarungen mit dem Spitzenverband Bund der Krankenkassen zur Pauschalierung von Erstattungsansprüchen der Kranken- und Pflegekassen für Aufwendungen von Leistungen der Krankenbehandlung und Leistungen bei Pflegebedürftigkeit (§ 60 Abs. 3 Satz 3 und § 80 Abs. 3 Satz 3).

4 Nach **Nummer 2** nimmt die Bundesstelle die Aufgaben als Zentrale Behörde nach Art. 12 Satz 2 des Europäischen Übereinkommens über die Entschädigung für Opfer von Gewalttaten vom 24. November 1983 wahr.

5 Art. 12 dieses Übereinkommens sieht vor, dass die zuständigen Behörden der Staaten, die das Übereinkommen ratifiziert haben, die zuständigen Behörden einer anderen Vertragspartei auf Ersuchen in Angelegenheiten des Übereinkommens unterstützen. Zu diesem Zweck bestimmt jeder Vertragsstaat eine zentrale Behörde, welche die Rechtshilfeersuchen entgegennimmt und bearbeitet – dies ist in Deutschland ab 2024 die Bundesstelle.

6 Nach **Nummer 3** ist die Bundesstelle Unterstützungsbehörde i. S. d. Artikel 3 der Richtlinie 2004/80/EG (Deutsche Unterstützungsbehörde – DUB).

Die Aufgabe der Zentralen Kontaktstelle gemäß Artikel 16 der Richtlinie verbleibt beim BMAS, vgl. § 114 Abs. 2.

7 Die DUB ist bei Gewalttaten im EU-Ausland relevant – sie unterstützt in Deutschland wohnende Menschen, die im EU-Ausland Opfer einer Gewalttat geworden sind, ihre Opferentschädigungsansprüche nach den dort geltenden Regelungen geltend zu machen. Dabei informiert die DUB Betroffene über das einschlägige Recht im Ausland, über die zu beachtenden Antragsfristen, das Verfahren, die erforderlichen Unterlagen etc. Sie stellt Betroffenen die Antragsformulare des Tatlandes zur Verfügung und übermittelt sie – ebenso wie weitere für die Geltendmachung des Anspruchs notwendige Unterlagen – an den Staat, in dem die Schädigung stattgefunden hat. Die DUB übersetzt die Dokumente sowie den Schriftverkehr im Entschädigungsverfahren kostenfrei und informiert Betroffene über den aktuellen Verfahrensstand. Auf das Entschädigungsverfahren im Tatland hat die DUB jedoch keinen Einfluss; die dort zuständigen Behörden entscheiden nach ihrem nationalen Recht, ob und wenn ja, in welcher Höhe eine Entschädigung gewährt wird.[813]

III. Absatz 3

8 Damit das SGB XIV bundeseinheitlich angewendet wird, unterstützt die Bundesstelle nach Absatz 3 die primär hierfür zuständigen Länder bei der Aus- und Fortbildung im Bereich der Sozialen Entschädigung. Die Norm gestattet eine weite Auslegung und umfasst alle Fort- und Ausbildungen, die im Zusammenhang mit dem SGB XIV und den auf dessen Grundlage erlassenen Verordnungen stehen. Sie reicht von der Konzeption entsprechender Aus- und Fortbildungsprogramme bis zu deren Durchführung.

IV. Absatz 4

9 Absatz 4 listet die Aufgaben der Bundesstelle als Kompetenzzentrum für Soziale Entschädigung auf. Dabei unterstützt die Bundesstelle das BMAS bei der Qualitätssicherung und bei der bundeseinheitlichen Durchführung des Sozialen Entschädigungsrechts; die zuletzt genannte Aufgabe des BMAS ergibt sich aus § 114 Abs. 1. Bei den explizit aufgezählten Leistungen der Bundesstelle handelt es sich vornehmlich um Dienstleistungen bei der Durchführung und Begleitung des Gesetzes und um Unterstützung von Bund und Ländern beim Austausch und bei der Vernetzung.

813 Zur DUB vgl. ausführlich https://www.bmas.de/DE/Soziales/Soziale-Entschaedigung/Entschaedigte-nach-dem-alten-SER/Opferentschaedigungsrecht/anspruch-auf-entschaedigung-bei-gewalttaten.html (abgerufen am 27.2.2025).

Zu beachten ist, dass die Aufzählung nicht abschließend ist („insbesondere“); die Bundesstelle kann auch weitere Leistungen erbringen, die der Qualitätssicherung und der bundeseinheitlichen Gesetzesdurchführung dienen.

V. Absatz 5

Das BMAS kann nach Absatz 5 der Bundesstelle weitere Aufgaben im Bereich der Sozialen Entschädigung zuweisen, es muss sich allerdings um Bundesaufgaben handeln. Zudem müssen sie mit den in den Absätzen 2–4 genannten Aufgaben im Zusammenhang stehen. 10

VI. Absatz 6

Nach Absatz 6 kann sich die Bundesstelle bei ihren Aufgaben aus Absatz 4 durch Dritte unterstützen lassen, ein Teil der Aufgaben kann zudem ganz oder teilweise auf Dritte übertragen werden. Ausgenommen ist die Begleitung der Umsetzung und Fortschreibung der Rechtsverordnung nach § 40; diese regelt die qualitativen Anforderungen an die Kooperationsvereinbarungen mit Beratungsorganisationen nach § 39. Während die Aufgaben aus Absatz 4 Nr. 2 bis 5 auf Dritte übertragen werden können, ist bei den Aufgaben aus Nr. 6 bis 8 lediglich eine Unterstützung durch Dritte möglich. Zu beachten ist, dass bei Einbindung Dritter eine Ausschreibung erforderlich sein kann. 11

§ 125
Fachbeirat Soziale Entschädigung

(1) Der Fachbeirat berät das Bundesministerium für Arbeit und Soziales und die Bundesstelle für Soziale Entschädigung in grundsätzlichen Fragen der Aufgabenwahrnehmung im Bereich der Sozialen Entschädigung.

(2) [1]Mitglieder des Fachbeirats sind:

1. **fünf Vertreterinnen oder Vertreter von Verbänden, die die Interessen von Gruppen der Berechtigten der Sozialen Entschädigung wahrnehmen,**
2. **fünf Vertreterinnen oder Vertreter der Länder und**
3. **vier Vertreterinnen oder Vertreter der Wissenschaft, die sich mit den medizinischen, psychischen und sozialen Folgen schädigender Ereignisse im Sinne dieses Buches beschäftigen.**

[2]Die Vertreterinnen oder Vertreter der Länder werden auf gemeinsamen Vorschlag der Länder ernannt.

(3) [1]Die Mitglieder des Fachbeirats werden für einen Zeitraum von drei Jahren vom Bundesministerium für Arbeit und Soziales ernannt. [2]Das Bundesministerium für Gesundheit hat ein Vorschlagsrecht zur Benennung eines Mitglieds für die Wahrnehmung der Interessen von Impfgeschädigten. [3]Das Bundesministerium für Familie, Senioren, Frauen und Jugend hat ein Vorschlagsrecht zur Benennung eines Mitglieds für die Wahrnehmung der Interessen der Betroffenen von sexualisierter Gewalt in Kindheit und Jugend. [4]Scheidet ein Mitglied vorzeitig aus, wird für den Rest der Amtszeit eine Nachfolgerin oder ein Nachfolger berufen.

(4) [1]Die Mitglieder des Fachbeirats sind ehrenamtlich tätig. [2]Sie haben Anspruch auf Erstattung ihrer notwendigen Auslagen.

(5) Der Fachbeirat arbeitet auf der Grundlage einer Geschäftsordnung, die das Bundesministerium für Arbeit und Soziales erlässt.

(6) Die Geschäftsführung des Fachbeirats erfolgt durch die Bundesstelle für Soziale Entschädigung.

Erläuterungen

Übersicht | **Rn.**

A. Allgemeines

1 Ein aus Verbände-, Länder- und Wissenschaftsvertretern bestehender Fachbeirat berät das BMAS und die Bundesstelle in grundsätzlichen Fragen des Sozialen Entschädigungsrechts. Durch die Tätigkeit des Beirats werden Aufgaben, Befugnisse und Beschlüsse anderer Gremien nicht berührt.

B. Regelungsinhalt

I. Absatz 1

2 Die Norm beschreibt die Aufgabe des Beirats als Beratungsgremium.

II. Absatz 2

Die Vorschrift regelt die Zusammensetzung des Fachbeirats. Dieser enthält je fünf Mitglieder aus dem Kreis der Interessenvertretungen im Bereich der Sozialen Entschädigung und der Länder sowie vier Mitglieder aus der Wissenschaft aus dem Bereich des Sozialen Entschädigungsrechts. 3

III. Absatz 3

Zuständig für die Ernennung der Beiratsmitglieder, deren Amtszeit die Norm auf drei Jahre festlegt, ist das BMAS. Allerdings haben BMG und BMFSFJ ein Vorschlagsrecht zur Benennung eines Mitglieds für die Wahrnehmung der Interessen von Impfgeschädigten bzw. von Betroffenen von sexualisierter Gewalt in Kindheit und Jugend. Zu beachten ist dabei, dass die vorgeschlagenen Mitglieder die Kriterien nach Abs. 2 erfüllen müssen. 4

Auch wenn das Gesetz keine über die Vorgaben des Abs. 2 und 3 hinausgehenden Regelungen zur Zusammensetzung des Beirats enthält, sollte darauf geachtet werden, dass auch andere Gruppen, die Leistungen nach dem Recht der Sozialen Entschädigung erhalten können, angemessen repräsentiert sind. Hilfreich wäre, sich dabei daran zu orientieren, aus welchen Bereichen die größten Gruppen von Leistungsempfängern stammen. Dabei können und sollen bei jeder Amtszeit Änderungen berücksichtigt werden. So könnte es anfangs sinnvoll sein, eine Vertretung der Opfer der beider Weltkriege im Beirat zu haben. Da diese Opfergruppe jedoch rasch abnimmt, kann dies nach ein oder zwei Amtszeiten anders zu beurteilen sein. 5

IV. Absatz 4 bis 6

Die letzten drei Absätze regeln organisatorische Fragen rund um den Fachbeirat: Dessen Mitglieder arbeiten ehrenamtlich und erhalten nur ihre notwendigen Auslagen erstattet. Das BMAS erlässt eine Geschäftsordnung, auf deren Grundlage der Beirat arbeitet. Zuständig für die Geschäftsführung des Beirats ist die Bundesstelle für Soziale Entschädigung. 6

Kapitel 20
Statistik und Bericht

§ 126
Amtliche Statistik

(1) Die Bundesstelle für Soziale Entschädigung erstellt eine amtliche Statistik
1. zur Zahl der Leistungsempfängerinnen und Leistungsempfänger sowie
2. zu den Ausgaben und Einnahmen der Sozialen Entschädigung.

(2) Grundlage der amtlichen Statistik sind die Daten, die der Bundesstelle für Soziale Entschädigung von den Trägern der Sozialen Entschädigung übermittelt werden.

(3) Die Bundesstelle für Soziale Entschädigung legt die amtliche Statistik kalenderhalbjährlich dem Bundesministerium für Arbeit und Soziales vor und veröffentlicht sie in geeigneter Form.

Erläuterungen

1 Anders als im SER bis zum 31. Dezember 2023 erfolgt mit der Norm die Festlegung des „Ob und Wie“ einer amtlichen Statistik und regelt, dass eine solche über die Anzahl der Leistungsberechtigten sowie die Ausgaben und Einnahmen der Sozialen Entschädigung zu führen ist. Die Statistik soll der Information der Öffentlichkeit und spezifischen Informationsbedarfen[814] dienen, wobei hierunter z. B. Anfragen von Bürgern, der Presse oder aus dem politischen Raum zu fassen sein dürften. Einschränkungen für die Nutzung der aus der Statistik gewonnenen Daten enthält die Norm nicht.

2 Zuständig für die Führung der amtlichen Statistik ist die Bundesstelle. Unter der Geltung des SER bis zum 31. Dezember 2023 wurden Daten aufgrund gesetzlicher und untergesetzlicher Bestimmungen[815] (i. d. R. sog. Rundschreiben des BMAS) vom Bundesministerium für Arbeit und Soziales selbst erhoben.

3 Die Statistik basiert nach Absatz 2 auf den Daten aus den monatlichen Meldungen der für die Durchführung der Sozialen Entschädigung sachlich zuständigen Stellen nach § 131.

4 Absatz 3 legt einen kalenderhalbjährlichen Turnus fest, nach dem die Bundesstelle die Statistik dem BMAS vorzulegen hat. Ferner wird die Bundes-

814 Gesetzesbegründung, BT-Drs. 19/13824, S. 224.
815 Beispielsweise die Statistik über die Anzahl Versorgungsberechtigter nach dem BVG.

stelle für Soziale Entschädigung verpflichtet, die Statistik in geeigneter Form zu veröffentlichen.

Ein Mitgrund der in Artikel 20 des SGB XIV enthaltenen Regelungen zu Statistiken dürfte einerseits das Fehlen solcher verbindlicher Vorgaben im alten Recht und andererseits die von Dritten regelmäßig veröffentlichten Statistiken in Zusammenhang mit dem SER[816] sein. Inwiefern amtliche Statistiken dazu führen, eine „Deutungshoheit" über die Tätigkeit staatlicher Stellen zu erhalten, bleibt freilich abzuwarten. 5

§ 127
Erhebungsmerkmale

(1) Zur Beurteilung der Auswirkungen dieses Buches und zu dessen Fortentwicklung werden folgende Merkmale erhoben:

1. das Geschlecht der leistungsberechtigten Person,
2. das Land und die Kennnummer des zuständigen Trägers der Sozialen Entschädigung,
3. die Zugehörigkeit zu den Empfängergruppen:
   a) Geschädigte, aufgegliedert nach dem Grad der Schädigungsfolgen,
   b) Angehörige, Hinterbliebene und Nahestehende,
4. die Art des schädigenden Ereignisses:
   a) Gewalttat, aufgegliedert nach
      aa) Gewalttat im Inland oder
      bb) Gewalttat im Ausland,
   b) Weltkriegsauswirkungen und Fälle nach § 139,
   c) Schutzimpfung oder eine andere Maßnahme der spezifischen Prophylaxe,
   d) Ereignis im Zusammenhang mit der Ableistung des Zivildienstes,
   e) Gewahrsam im Sinne des Häftlingshilfegesetzes,
   f) rechtsstaatswidrige Verwaltungsmaßnahme im Sinne des Verwaltungsrechtlichen Rehabilitierungsgesetzes,
   g) rechtsstaatswidrige Entscheidung oder Maßnahme im Sinne des Strafrechtlichen Rehabilitierungsgesetzes,
5. die Zahl der Anträge im Erhebungsmonat, aufgegliedert nach Empfängergruppen,
6. die Zahl der im Erhebungsmonat erledigten Anträge, aufgegliedert nach
   a) Leistungsempfängergruppen und
   b) der Art der Erledigung, aufgegliedert nach
      aa) Ablehnung,
      bb) Bewilligung,

816 Namentlich die vom WEISSEN RING regelmäßig veröffentlichten „Statistiken zur staatlichen Opferentschädigung".

cc) Rücknahme des Antrags und
dd) sonstige Erledigung,

7. die Zahl der Fälle im Erhebungsmonat mit
   a) Ausübung des Wahlrechts nach § 152 Absatz 1 oder
   b) Überführung nach § 152 Absatz 4.

(2) In den von der Richtlinie 2004/80/EG erfassten Fällen werden zudem folgende Merkmale erhoben:

1. die Staatsangehörigkeit der Person, die eine Entschädigungsleistung erhält,
2. der Staat, in dem die gesundheitliche Schädigung eingetreten ist,
3. Art und Umfang der Entschädigungsleistung,
4. Zahl der Ablehnungen und
5. die Dauer des Verwaltungsverfahrens einschließlich eines etwaigen Widerspruchsverfahrens.

§ 128
Erhebungsmerkmale zu den Ausgaben und Einnahmen der Sozialen Entschädigung

Zur Beurteilung der Auswirkungen dieses Buches und zu dessen Fortentwicklung wird jeweils die Gesamtsumme der Ausgaben und die Gesamtsumme der Einnahmen der Sozialen Entschädigung erhoben, aufgegliedert nach den in § 127 Absatz 1 Nummer 4 genannten Arten des schädigenden Ereignisses.

§ 129
Hilfsmerkmale

Hilfsmerkmale sind:

1. Name und Anschrift des Auskunftspflichtigen sowie
2. Name, Telefonnummer und E-Mail-Adresse der für eventuelle Rückfragen zur Verfügung stehenden Person.

Erläuterungen

1 Zur Konkretisierung der in § 126 verankerten Statistikpflichten benennen die §§ 127 bis 129 sogenannte Erhebungs- und Hilfsmerkmale, deren offensichtliches Ziel es ist, ein im SER bis 2023 nicht umfassend erhebbares

Bild[817] der Antragstellenden, des/der geltend gemachten Antragsbegehren und der erfolgten sozialentschädigungsrechtlichen Einordnung erhalten zu können. Unabhängig von der wohl anzunehmenden Konformität der Regelungen mit dem Grundsatz der Datenminimierung nach der DSGVO[818] besteht neben den Vorteilen solcher Normen auch immer eine gewisse Gefahr, dass mit großem (Personal- und Kosten-)Aufwand aller beteiligten Behörden hier Datensammlungen entstehen und (fort)geführt werden, deren Anlage und Pflege nicht automatisch in einem annehmbaren Verhältnis zu öffentlichen Informationsinteressen stehen müssen. Es muss deshalb Aufgabe der fachlich und politisch Handelnden sein, die Regelungen regelmäßig auf ihre Praktikabilität und ihre Notwendigkeit zu überprüfen und notwendigenfalls Anpassungen vorzunehmen.

Die Erhebungs- und Hilfsmerkmale haben durch das Gesetz zur Anpassung des Zwölften und des Vierzehnten Buches Sozialgesetzbuch und weiterer Gesetze vom 22. Dezember 2023[819] Änderungen und Konkretisierungen erfahren. 2

§ 130
Stichtag für die Erhebungen

Stichtag für die Erhebungen ist der letzte Kalendertag des jeweiligen Monats.

Erläuterungen

Die Regelung benennt lediglich den letzten Kalendertag des Monats als Stichtag für die Erhebungen und wirkt damit nur innerhalb bzw. zwischen den erhebenden und der zu meldenden Behörde. 1

817 Das bis zum 31. Dezember 2023 geltende SER sieht im Vergleich zu den Regelungen des Kapitels 20 keine und v. a. auch nur annähernd umfassende und systematisierte statistische Erhebungen vor.

818 Artikel 5 Absatz 1 lit. c DSGVO.

819 BGBl. I Nr. 408.

§ 131
Auskunftspflicht, Übermittlung statistischer Daten

(1) [1]Für die Erhebungen besteht Auskunftspflicht. [2]Auskunftspflichtig sind die für die Durchführung der Sozialen Entschädigung sachlich zuständigen Stellen. [3]Die Angaben zu den Hilfsmerkmalen nach § 129 Nummer 2 sind freiwillig.

(2) [1]Die Auskunftspflichtigen übermitteln die Datensätze aus der Erhebung monatlich in elektronischer Form an die Bundesstelle für Soziale Entschädigung. [2]Diese Daten dürfen bei der Bundesstelle für Soziale Entschädigung ausschließlich für statistische Zwecke und durch eine von Verwaltungsaufgaben räumlich, organisatorisch und personell getrennte Einheit genutzt werden.

(3) [1]Die Bundesstelle für Soziale Entschädigung stellt dem Bundesministerium für Arbeit und Soziales die monatlichen Meldungen unverzüglich in elektronischer Form für die Verwendung gegenüber den gesetzgebenden Körperschaften, für Forschungsprojekte zur Evaluierung dieses Buches und zur Weiterentwicklung des Sozialen Entschädigungsrechts und für Zwecke der Planung zur Verfügung, jedoch nicht für die Regelung von Einzelfällen. [2]Die in Satz 1 genannten Daten kann die Bundesstelle für Soziale Entschädigung den Trägern der Sozialen Entschädigung sowie Kranken-, Pflege- und Unfallkassen zur Planung der Leistungserbringung und -abrechnung zur Verfügung stellen.

(4) [1]Datensätze nach Absatz 2 dürfen auch dann in tabellarischer Form an die Bundesstelle für Soziale Entschädigung übermittelt werden, wenn Tabellenfelder nur einen einzigen Fall ausweisen. [2]Tabellen, deren Tabellenfelder nur einen einzigen Fall ausweisen, dürfen nur dann übermittelt werden, wenn sie nicht differenzierter als auf Regierungsbezirksebene, bei Stadtstaaten auf Bezirksebene, aufbereitet sind.

Erläuterungen

Übersicht **Rn.**

A. Allgemeines zu der Norm

1 In Fortführung der bisherigen Regelungen des Kapitels 20 erfolgt in § 131 die Festlegung, dass die für die Durchführung der Sozialen Entschädigung sachlich zuständigen Stellen der Länder verpflichtet sind, die statistischen Angaben ihrer Bereiche zu liefern. Mithin wird hier eine Rechtspflicht für die Länder kreiert, deren erkennbares Ziel statistische Transparenz sein dürfte.

Diese Verpflichtung der Länder besteht für die Erhebungsmerkmale nach §§ 127 bis 129 Nummer 1, nur für die Hilfsmerkmale nach § 129 Nummer 2[820] gilt dies nicht.

Die Daten sind nach Absatz 2 monatlich und nur in elektronischer Form von den Ländern zu melden. Die Daten sollen neben der Bundesstelle für Soziale Entschädigung als Behörde des Geschäftsbereichs auch dem Bundesministerium für Arbeit und Soziales als der zuständigen obersten Bundesbehörde zur Verfügung gestellt werden. Absatz 4 beschäftigt sich mit den Grenzen der Übermittlungsbefugnisse durch die nähere Beschreibung für Datensätze in tabellarischer Form und soll damit dafür sorgen, dass der Schutz von Sozialdaten einzelne Leistungsempfänger, denkbar z. B. für Gesetzesbereiche mit sehr geringen Fallzahlen und/oder öffentlichkeitswirksame Taten mit wenigen Betroffen, gewahrt werden. 2

B. Auslegung der Norm

Die Konzeption der Vorschrift macht deutlich, dass der Bund ein hohes Interesse an den Daten der Länder hat und auch recht weitgehende Regelungen in die der Ländervollzugszuständigkeit trifft. Insofern ist ein gewisser Gleichlauf mit anderweitigen neueren Regelungen zu Datenerfassung und -auswertung erkennbar, namentlich mit § 41 SGB IX. Anders als beim Teilhabeverfahrensbericht, bei dem mit der Einbindung der Bundesarbeitsgemeinschaft für Rehabilitation eine Repräsentanz der Sozialversicherungsträger eine wichtige Funktion für die Bewertung von ihr erhobener Daten zukommt,[821] obliegt die Aufgabe der Datensammlung im SGB XIV einer Bundesbehörde. Auch ist ein dem jährlich von der BAR veröffentlichten und durchaus in Fachkreisen vielbeachteten Teilhabeverfahrensbericht[822] entsprechendes zu etablierendes Format der Öffentlichmachung der erhobenen Daten nicht vorgesehen. 3

Die Norm enthält zudem keinerlei Sanktionsmechanismen für den Fall, dass Daten nicht, nicht rechtzeitig, nicht vollständig oder in anderer Weise nicht ordnungsgemäß geliefert werden. 4

820 Namen, Telefonnummer und E-Mail-Adresse der für eventuelle Rückfragen zur Verfügung stehenden Person bei den Länderbehörden.

821 § 41 Absatz 2 Satz 2 und 3 SGB IX.

822 § 41 Absatz 3 SGB IX.

§ 132
Bericht

(1) [1]Die Bundesregierung legt dem Deutschen Bundestag einen Bericht über die Auswirkungen dieses Buches sowie über die gegebenenfalls notwendige Weiterentwicklung dieser Vorschriften vor. [2]Der Bericht darf keine personenbezogenen Daten enthalten.

(2) Der Bericht ist erstmals bis zum 1. Januar 2028 und sodann alle vier Jahre vorzulegen.

Erläuterungen

1 Die Norm legt – wie mittlerweile bei fast allen gesetzgeberischen Aktivitäten üblich[823] – fest, dass die Bundesregierung dem Bundestag zum 1. Januar 2028, und danach alle vier Jahre einen Bericht über die Auswirkungen der Regelungen des SGB XIV und nicht unwahrscheinlicher Weiterentwicklungsbedarfe vorlegt. Exemplarisch wird in der Gesetzesbegründung[824] der Zeitpunkt der Antragstellung in der Traumaambulanz benannt, was durchaus als Hinweis darauf gedeutet werden kann, dass dieser Zeitpunkt aus der Sicht des Gesetzgebers u. U. einer Neubetrachtung und -bewertung bedarf.

Kapitel 21
Kostentragung

§ 133
Aufteilung der Kosten zwischen Bund und Ländern

[1]Der Bund trägt die Ausgaben für Geldleistungen wegen schädigender Ereignisse im Geltungsbereich dieses Buches nach Kapitel 2 Abschnitt 2 Unterabschnitt 1 zu 40 Prozent, die Länder zu 60 Prozent. [2]Die Ausgaben für Sachleistungen tragen die Länder in voller Höhe. [3]Geldbeträge, die zur Abgeltung oder an Stelle einer Sachleistung gezahlt werden, gehören nicht zu den Geldleistungen. [4]Soweit die Kostenträgerschaft bei den Ländern liegt, ist Kostenträger das nach § 113 zuständige Land.

---

823 Beispielhaft für sehr umfassende Berichts- und Begleitungspflichten im Bereich des Sozialrechts finden sich in § 25 Absatz 2 bis 4 BTHG.

824 BT-Drs. 19/13824, S. 225.

Erläuterungen

Übersicht **Rn.**

A. Allgemeines zu der Norm

Entsprechend der bereits in dem bis zum 31. Dezember 2023 geltenden Regelung in § 4 Absatz 7 OEG findet sich auch im SGB XIV eine Kostentragungsregelung für die Leistungen für Opfer von Gewalttaten im Inland in §§ 13 ff. Gegenüber der Vorgängervorschrift erfolgt eine sprachliche Änderung dahin, dass nun nicht mehr von „den Ländern entstehenden Kosten, die der Bund trägt", gesprochen wird, sondern eine faktische Aufteilung erfolgt. Zudem entfällt die Regelung des § 4 Absatz 7 Satz 2 OEG, nach der der Bund zur Vereinfachung der Abrechnung den Ländern in einem pauschalierten Verfahren jeweils 22 Prozent der ihnen nach Absatz 1 entstandenen Ausgaben erstattet. 1

B. Einzelregelungen der Norm

I. Geld- und Sachleistungen

Geldleistungen für Opfer von Gewalttaten trägt der Bund zu 40 v. H. und die Länder zu 60 v. H. Die bislang nicht in § 4 Absatz 7 OEG genannten Sachleistungen tragen die Länder dagegen allein. Durch diese Unterscheidung in Leistungsarten besteht nun erstmalig die Notwendigkeit, diese gegeneinander abzugrenzen. Begründet wird diese Unterscheidung mit finanzverfassungsrechtlichen Erwägungen.[825] 2

II. Abgrenzung

Für eine (Abrechnungs-)Praxis zwischen Bund und Ländern ergibt sich die Schwierigkeit, dass das Gesetz und dessen Begründung[826] selbst eine Diffe- 3

825 BR-Drs. 351/19, Seite 284.
826 BT-Drs. 19/13824, S. 225.

renzierung nicht vornehmen. Die Länder haben dies im Gesetzgebungsverfahren erfolglos eingefordert[827]. Unabhängig davon, dass im Rahmen des von der Bundesregierung anstelle einer solchen Klarstellung präferierten Dialoges mit den Ländern[828] Einigungen erzielt werden sollten, wäre eine gesetzliche Klarstellung aus Gründen der beiderseitigen Rechtssicherheit vorzuziehen gewesen. Zur konkreten Zuordnung der Leistungen des SGB XIV verhält sich das mit den Ländern konsentierte Rundschreiben des Bundesministeriums für Arbeit und Soziales vom 27. Juli 2023.[829] Danach sind als Geldleistungen i.S.d. SGB XIV Leistungen nach folgenden Normen anzusehen:

- § 36 Fahrkosten (zur Traumaambulanz/Notwendige Betreuungskosten)
- § 46 Abs. 1 Satz 1 Nr. 2 Pauschbetrag für außergewöhnlichen Verschleiß von Kleidung und Wäsche
- § 47 Krankengeld der Sozialen Entschädigung
- § 48 Beihilfe bei erheblicher Beeinträchtigung der Erwerbsgrundlage
- § 52 Beiträge zur Arbeitsförderung, zur gesetzlichen Rentenversicherung und zur Alterssicherung
- § 53 Abs. 1 und Abs. 2 Reisekosten
- § 53 Abs. 3 Erstattung Verdienstausfall Begleitperson
- § 63 Abs. 1 Nr. 1 i.V.m. § 49 Abs. 7 SGB IX – LTA – Übernahme erforderlicher Unterkunfts- und Verpflegungskosten sowie Kosten, die mit der Leistungsausführung in unmittelbarem Zusammenhang stehen
- § 63 Abs. 1 Nr. 1 i.V.m.§ 49 Abs. 8 Nr. 1 SGB IX – Kfz-Hilfe
- § 63 Abs. 1 Nr. 1 i.V.m. § 49 Abs. 8 Nr. 2 SGB IX – Ausgleich für unvermeidbare Verdienstausfälle
- § 63 Abs. 1 Nr. 1 i.V.m. § 50 SGB IX – Leistungen an Arbeitgeber
- § 63 Abs. 1 Nr. 3 i.V.m. § 59 SGB IX – Arbeitsförderungsgeld
- § 63 Abs. 1 Nr. 5 i.V.m. § 61 SGB IX – Budget für Arbeit
- § 63 Abs. 2 Leistungen zum Betrieb, Unterhalt, Unterstellen und Abstellen eines Kraftfahrzeuges
- § 64 Abs. 1 Nr. 1 Übergangsgeld
- § 64 Abs. 1 Nr. 2 Reisekosten
- § 64 Abs. 3 Unterhaltsbeihilfe
- § 64 Abs. 4 Erstattung von Beiträgen
- § 66 Abs. 2 i.V.m. § 83 Abs. 1 Nr. 2 SGB IX – Leistungen zum Betrieb, Unterhalt, Unterstellen und Abstellen eines Fahrzeugs
- § 74 Nr. 1 bzw. § 75 Abs. 2 bzw. Abs. 5 i.V.m. § 38 SGB XI – Anteil Pflegegeld bei der Kombination Sach- und Geldleistung

827 BR-Drs. 351/19, Ziffer 30.
828 BT-Drs. 19/13824.
829 AZ: Vb6-53408/4.

- § 74 Nr. 1 bzw. § 75 Abs. 5 i. V. m. § 38a SGB XI – Zulage für Pflegebedürftige in ambulant betreuten Wohngruppen
- § 74 Nr. 1 bzw. § 75 Abs. 1 Nr. 2 bzw. § 75 Abs. 5 i. V. m. § 39 SGB XI – Häusliche Pflege bei Verhinderung der Pflegeperson
- § 74 Nr. 1 bzw. § 75 Abs. 5 i. V. m. § 44 SGB XI – Soziale Sicherung der Pflegepersonen
- § 74 Nr. 1 bzw. § 75 Abs. 5 i. V. m. § 44a SGB XI – Zusätzliche Leistungen bei Pflegezeit und kurzzeitiger Arbeitsverhinderung
- § 74 Nr. 1 bzw. § 75 Abs. 5 i. V. m. § 45b SGB XI – Entlastungsbetrag
- § 74 Nr. 1 bzw. § 75 Abs. 5 i. V. m. § 45e SGB XI Anschubfinanzierung zur Gründung von ambulant betreuten Wohngruppen
- § 75 Abs. 4 Beiträge zur sozialen Pflegeversicherung
- § 76 Abs. 1, 2 und 4 Häusliche Pflege im Arbeitgebermodell
- § 76 Abs. 3 Beiträge zur Sozialversicherung
- § 82 Leistung bei hochgradiger Sehbehinderung, etc.
- § 83 Monatliche Entschädigungszahlung an Geschädigte
- § 84 Abfindung
- § 85 Monatliche Entschädigungszahlung an Witwen/Witwer etc.
- § 86 Abfindung
- § 87 Monatliche Entschädigungszahlung an Waisen
- § 88 Monatliche Entschädigungszahlung an hinterbliebene Eltern
- § 89 Berufsschadensausgleich
- § 93 i. V. m. 3. und 4. Kapitel SGB XII Leistungen zum Lebensunterhalt (es sei denn, eine Einzelleistung wird ausnahmsweise nicht in Geld, sondern als Sachleistung erbracht)
- § 94 Leistung zur Förderung einer Ausbildung
- § 101 Abs. 1 Leistungen bei Wohnsitz oder gewöhnlichem Aufenthalt im Ausland – je nach Leistung
- § 101 Abs. 3 Satz 8 Krankengeld der Sozialen Entschädigung, Beihilfe
- § 101 Abs. 4 Satz 1, Satz 2 – Pflegegeld – Erstattung für ergänzende Leistungen
- § 101 Abs. 5 Leistungen bei Blindheit
- § 101 Abs. 6 Entschädigungszahlungen
- § 101 Abs. 7 Satz 2 Abfindung für Berufsschadensausgleich
- § 143 Abs. 1 i. V. m. Kapitel 5 zu den Geldleistungen nach Kapitel 5 (siehe dazu auch die Einführung vor Kapitel 5 am Ende)
- § 143 Abs. 2 und 3 Heil- und Krankenbehandlung (Abweichung vom Grundsatz nach § 143 Abs. 1 SGB XIV) (Weiter-)Gewährung von Leistungen nach dem BVG; Einstufung abhängig von der konkreten nach BVG wei-

tergewährten Leistung (siehe insoweit Rundschreiben des BMA vom 30. Juni 1997 VI 1-52036-VI 1-51028, Bundesarbeitsblatt 9/1997, S. 98 f.)
- § 144 Geldleistungen als Besitzstand
- § 145 Befristete oder auf Zeit erbrachte Leistungen; Einstufung abhängig von der konkreten nach BVG weitergewährten Leistung (siehe insoweit Rundschreiben des BMA vom 30. Juni 1997, a. a. O.)
- § 146 i. V. m. Kapitel 7 Zu den Geldleistungen nach Kapitel 7 (siehe die Erläuterungen dort)
- § 147 Pflegeausgleich
- § 148 Entschädigungszahlung bei nicht schädigungsbedingtem Tod
- § 151 Absicherung gegen Krankheit je nach Leistung, grundsätzlich gilt im SGB V das Sachleistungsprinzip
- § 251 Abs. 1 SGB V Tragung von Krankenversicherungsbeiträgen
- § 170 Abs. 1 Nr. 2 Buchst. b) SGB VI Tragung von Rentenversicherungsbeiträgen
- § 64 Abs. 1 Nr. 2 SGB IX Übernahme von Beitragsleistungen zur Sozialversicherung
- § 59 Abs. 1, Abs. 3 und Abs. 4 Satz 2 SGB XI Tragung von Pflegeversicherungsbeiträgen

4 Alle übrigen Leistungen werden nicht als Geldleistungen angesehen.

§ 134
Kostentragung durch den Bund

(1) [1]Der Bund trägt die Ausgaben für Leistungen nach Kapitel 2 Abschnitt 2 Unterabschnitt 1 in voller Höhe, wenn der oder die Geschädigte zur Tatzeit den Wohnsitz oder gewöhnlichen Aufenthalt nicht im Geltungsbereich dieses Buches hatte. [2]Das Gleiche gilt, wenn die Schädigung auf einem deutschen Schiff, einem deutschen Luftfahrzeug oder an einem Ort im Ausland eingetreten ist.

(2) Der Bund trägt die Ausgaben für Leistungen nach Kapitel 2 Abschnitt 2 Unterabschnitt 2 und Unterabschnitt 3 in voller Höhe.

Erläuterungen

Übersicht **Rn.**

A. Allgemeines zu der Norm

Regelungsinhalt der Norm ist die von § 133 abweichende Kostentragungs- 1
regelung für die Fälle, in denen der oder die Geschädigte zur Tatzeit seinen/ihren Wohnsitz oder gewöhnlichen Aufenthalt nicht im Geltungsbereich des Gesetzes hatte oder die Schädigung auf einem deutschen Schiff, einem deutschen Luftfahrzeug oder an einem Ort im Ausland eingetreten ist. Die Regelung folgt § 1 Absatz 6 OEG. Bezogen auf die Opfer der kriegerischen Auswirkungen der Weltkriege[830] und für Anspruchsberechtigte nach dem Zivildienstgesetz[831] regelt Absatz 2 zudem, dass hier (ebenfalls) der Bund zuständig ist und fasst die Berechtigtengruppen zusammen.

B. Auslegung der Norm

Die Norm wirkt – wie alle Regelungen des Kapitels 21 – (nur) im Innenver- 2
hältnis zwischen Bund und den Ländern. Entgegen der bisherigen Rechtslage aus § 4 Absatz 5 OEG sieht die Norm vor, dass der Bund die Kosten immer dann zu tragen hat, wenn Berechtigte zum maßgeblichen Tatzeitpunkt ihren Wohnsitz oder gewöhnlichen Aufenthalt nicht im Geltungsbereich des Gesetzes gehabt haben. Zuvor galt dies nur für die Fälle des § 4 Absatz 6 Satz 1 OEG. Diese Änderung ist vor dem Hintergrund des Wechsels vom Tatort- zum Wohnortprinzip[832] zu sehen und trägt der Tatsache Rechnung, dass das zuvor auf die in § 4 Absatz 6 Satz 1 OEG genannten Anwendungsfälle nicht mehr beschränkt werden konnte.

Grundsätzlich sollte mit dem Wechsel vom Tatort- zum Wohnortprinzip u.a. 3
die unter der vorherigen Rechtslage die nicht selten vorkommende Fallgestaltung der fraglichen Leistungsträgerzuständigkeit für Taten beseitigt werden, die z.B. durch mehraktige Geschehensabläufe eingetreten sind. Angesichts allerdings keinesfalls abwegiger Sachverhalte, in denen sich z.B. Gewalttaten über einen längeren Zeitraum in mehreren Ländern ereignet haben, ohne, dass konkrete Feststellungen zum Ausmaß der Taten, v.a. aber zu deren gesundheitlichen Auswirkungen auf Berechtigte[833], möglich sind, ist die Frage der Kostentragung (nach wie vor) offen. Der Ratio des Gesetzes folgend, scheint es bei derartigen Fallgestaltungen sinnvoll und geboten, dass sich die

830 Artikel 120 GG i.V.m. § 1 Ziffer 8 des Ersten Überleitungsgesetz für das BVG.
831 § 51 Absatz 4 Satz 1 ZDG.
832 Gesetz zur Neuregelung des Sozialen Entschädigungsrechts (BR-Drs. 549/19).
833 Vorstellbar hier dürften z.B. Fälle fortgesetzten sexuellen Missbrauchs (im familiären Kontext) bei mehrmaligem Umzug in andere Länder sein.

betroffenen Behörden/Länder auf eine Zuständigkeit einigen, die sich z. B. nach feststellbaren Kriterien (Zeitdauer, Schwere der Taten u. ä.) bestimmen sollte. Leistungsträgerstreitigkeiten sollten nach Möglichkeit vermieden werden, schon damit die Verwaltungsverfahren und eine Leistungserbringung an die Betroffenen nicht durch diesen Aspekt verzögert werden; dies verbietet sich aus Opferschutzgründen ausdrücklich. Die Bildung von Kostenquoten erscheint ebenfalls – außer für Ausnahmefälle, die ansonsten nur gerichtlich geklärt werden könnten – aus Gründen der Praktikabilität kaum sinnvoll[834]. Insoweit ist zu bedenken, dass bei Übernahme der Verantwortung durch einzelne Länder über die Jahre hin ein Ausgleich unter den Ländern sehr wahrscheinlich ist und die begrenzten Ressourcen der öffentlichen Hand besser in die Sorge für die Berechtigten, als in die Beschäftigung mit internen Vorgängen investiert werden sollten.

§ 135
Kostentragung durch die Länder

(1) Die Länder tragen die Ausgaben für Leistungen nach Kapitel 2 Abschnitt 2 Unterabschnitt 4 in voller Höhe.

(2) Verpflichtet zur Zahlung der Entschädigung nach § 24 ist das nach § 113 Absatz 5 zuständige Land.

Erläuterungen

Übersicht **Rn.**

A. Allgemeines zu der Norm

1 In der Nachfolge von § 66 Absatz 2 IfSG bestimmt die Norm, dass die Länder die Kosten für die in § 24 genannten Fallgestaltungen weiterhin in voller Höhe tragen. Hintergrund ist die Tatsache, dass entsprechend § 24 Absatz 1 Impfungen geschützt sind, die auf Regelungen (nur) der Länder zurückgeführt werden können.

834 Differenzierter hierzu Schmidt SGB XIV/Kerner, 1. Aufl. 2021, SGB XIV § 134 Rn. 4–9.

B. Auslegung der Norm

Entsprechend dem im SGB XIV – wie bereits im Vorgängerrecht – durchgehenden „Verursachungsprinzip“ für die Kostenentstehung weist die Norm die Kosten konsequent den Ländern zu[835]. Unterhalb der Länder stellt Absatz 2 klar, dass das Land kostentragungsverantwortlich ist, in dem die Impfung bzw. die Prophylaxemaßnahme, die den Anspruch ausgelöst hat, vorgenommen wurde. 2

Für Impfungen, die nicht im Inland vorgenommen wurden, sieht Absatz 2 vor, 3
dass das Land die Kosten zu tragen hat, in dem der Antragsteller zum Zeitpunkt der Antragstellung seinen Wohnsitz hatte. Bei Fehlen eines Wohnsitzes ist der gewöhnliche Aufenthalt maßgeblich. Die insoweit vorgenommene Durchbrechung des „Verursachungsprinzips“ weist einzelnen Ländern die Kostenverantwortung für Sachverhalte zu, die sich außerhalb ihrer rechtlichen und tatsächlichen Sphäre ereignet haben. Auch angesichts der sehr abgestuften Vorgängerregelung des § 66 Absatz 2 IfSG[836] scheint die Norm mit Blick auf die u. U. für das betroffene Land hohen finanziellen Auswirkungen[837] nicht unbedenklich, zumal hier auch eine Kostenverantwortung des Bundes denkbar gewesen wäre[838]. Aus der – aus Gründen der bestehenden Notwendigkeit grundsätzlich nachvollziehbaren – Zuständigkeitszuweisung des § 113 Absatz 5 Satz 2 die alleinige finanzielle Verantwortung folgen zu lassen, erscheint jedenfalls keineswegs zwingend.

§ 136
Kostentragung beim Zusammentreffen von Ansprüchen

[1]In den Fällen des § 8 Absatz 2 sind die Kosten, die durch das Hinzutreten einer weiteren Schädigung verursacht werden, von dem Land zu tragen, das für die Entscheidung über Ansprüche aus der weiteren Schädigung zuständig ist. [2]Das gilt entsprechend für den Bund, soweit dieser nach allgemeinen Regeln die Kosten zu tragen hat.

835 Dies gilt auch für Schutzimpfungen gegen COVID-19 entsprechend § 60 Absatz 1a IfSG, da die obersten Gesundheitsbehörden der Länder die insoweit geschützten Impfungen empfohlen haben.

836 Hierzu auch Knickrehm/Mushoff/Schmidt – Neues SozEntschR, 1. Auflage 2022, Rn. 393.

837 Zu denken ist hier v. a. an die Fälle, in denen schwere Impfschäden vorliegen, die hohe SGB XIV-Leistungen begründen.

838 Analog dem Gedanken des § 134 Absatz 2.

Erläuterungen

Übersicht **Rn.**

A. Allgemeines zu der Norm

1 Die Vorschrift befasst sich mit der Frage der (wiederum internen) Kostentragung in folgenden Fallgestaltungen:

- es bestehen in der Person eines Betroffenen mindestens zwei parallele SGB XIV-Ansprüche, die auf verschiedene schädigende Vorgänge zurückzuführen sind (Beispiel: Betroffener wird Opfer mehrerer Gewalttaten)
- es bestehen Ansprüche eines Betroffenen nach dem SGB XIV parallel mit Ansprüchen aus anderen Gesetzen, die eine entsprechende Anwendung des SGB XIV regeln (Beispiel: Betroffener hat nach einer Schutzimpfung Ansprüche nach §§ 60ff. IfSG und wird unabhängig davon Opfer einer Gewalttat).

I. Textgeschichte/Gesetzgebungsmaterialien

2 Im laufenden Gesetzgebungsverfahren wurde der Satz 2 ergänzt[839], der klarstellt, dass die Norm auch dann gilt, wenn Ansprüche von Betroffenen bestehen, die vom Bund zu tragen sind.

II. Vorgängervorschriften

3 Eine Vorgängerregelung besteht in § 4 Absatz 8 OEG, der (mit Ausnahme des Verweises und der expliziten Nennung der Länder) wörtlich in Satz 1 übernommen wurde. Satz 2 hat im Vorgängerrecht keine Entsprechung.

839 BT-Drs. 19/14870, S. 35.

III. Parallelvorschriften

Eine entsprechende Regelung findet sich in § 66 Absatz 3 IfSG und auch bereits in § 59 Absatz 3 BSeuchG[840]. 4

B. Auslegung der Norm

I. Bedeutung der Norm

Zwar hat die Vorschrift durch den Wechsel von Tatort- zum Wohnortprinzip 5 eine Reihe von vorherigen und z. B. wegen der sog. mehraktigen Geschehensabläufe[841] und den „Mehrfachtaten"[842] schwierigen Anwendungsfällen verloren, sie bleibt aber – auf der Ebene der Kostentragung – wegen der Statuierung des sozialentschädigungsrechtlichen Grundsatzes, dass die durch das Hinzutreten einer weiteren Schädigung verursachten Kosten von dem Land zu tragen sind, das für die Entscheidung über Ansprüche aus der weiteren Schädigung zuständig ist, im Innenverhältnis der Beteiligten von Bedeutung.

II. Anwendung der Norm

Unabhängig von den o. a. zwei Anwendungsfällen des Satzes 1 ist die Norm 6 immer dann von praktischer Relevanz, wenn durch das Zusammentreffen Schnittmengen in der Bewertung entstehen. Um das Gesamtausmaß der bei dem Betroffenen bestehenden gesundheitlichen Einschränkungen zu würdigen, ist entsprechend § 8 Absatz 2 ein einheitlicher GdS festzusetzen. Diese Festsetzung folgt den üblichen Vorgaben der VersMedV und unterscheidet nicht darin, ob die bestehenden Einschränkungen aus Sachverhalten resultieren, die aus identischen oder verschiedenen Anwendungen des SGB XIV folgen. Zuständig hierfür ist gem. § 113 Absatz 3 das Land, welches für die Feststellung des letzten schädigenden Ereignisses zuständig ist. Ein Prüfrecht dieses Landes in Bezug auf die Höhe eines von einem anderen Land

840 BGBl. I 2262 ber. 1980 I S. 151, aufgehoben durch das SeuchRNeuG, BGBl. I S. 1054.

841 Ein mehraktiger Geschehensablauf (i. S. d. Auslegung des OEG) war gegeben, wenn mehrere, im Wesentlichen gleichartige Handlungen (Teilakte) von einem einheitlichen Entschluss getragen werden und aufgrund eines gewissen zeitlichen Zusammenhangs so miteinander verbunden sind, dass sich das gesamte Tätigwerden des Täters bei natürlicher Betrachtungsweise objektiv noch als ein einheitliches Geschehen darstellt.

842 Mit dem im OEG gängigen Begriff der Mehrfachtaten waren Fälle gemeint, in denen – in erheblichem zeitlichen Abstand voneinander – mehrere tätliche Angriffe auf das Opfer in verschiedenen Bundesländern erfolgen, die letztlich zusammen eine Gesundheitsstörung ergeben, allerdings auf einem jeweils neu und separat gefassten Vorsatz beruhen, sodass die einzelnen Tathandlungen nicht mehr als ein zusammengehöriges Tun bewertet werden können. Vgl. hierzu BSEG vom 18.11.2015 (B 9 V 1/14 R).

festgesetzten Einzel-GdS für eine zuvor gegenständliche Beeinträchtigung besteht nicht[843] und dürfte sich zudem bereits aus Gründen des Betroffenenschutzes verbieten. Aufgrund der Konstruktion des § 83 Absatz 1 Ziffer 1 bis 3 mit Zusammenfassung zweier GdS zu einer Entschädigungszahlung[844] sind Fallgestaltungen möglich, in denen das Hinzutreten einer weiteren Schädigungsfolge zwar den GdS (rechnerisch) erhöht, nicht aber zu einer höheren Entschädigungszahlung führt. Anwendungsfälle können z. B. leichtere Gesundheitsstörungen sein, da es nach den Vorgaben der VersMedV[845] außer in Ausnahmefällen nicht gerechtfertigt ist, dass ein GdS von 10 oder 20 den Gesamt-GdS erhöht. In diesen Fällen hat das Hinzutreten einer weiteren Schädigung keine monetären Auswirkungen.

7 Satz 2 der Vorschrift hat, wie oben dargestellt, die Zielsetzung, deutlich zu machen, dass es für die Frage der Kosten(last)verteilung unerheblich ist, ob sich der/die Kostenträger auf Bundes- oder Landesseite befinden. Dies können Fallgestaltungen sein, in denen Betroffene parallele SGB XIV-Ansprüche wegen Taten mit reinem Inlandsbezug und zusätzlich Ansprüche wegen Gewalttaten im Ausland haben. Aufgrund der Konstruktion des für Taten mit Auslandsbezug einschlägigen § 102, der neben dem Anspruch auf die Schnellen Hilfen sowie einer Fahrtkostenerstattung Einmalzahlungen vorsieht[846], ist bei diesen Konstellationen die Frage der Festsetzung eines einheitlichen GdS (s. o.) zu vernachlässigen. In diesen Fällen – wie im Übrigen auch in denen des Satzes 1 – gilt der Grundsatz, dass der für die zuerst eingetretene Schädigung verantwortliche Leistungs- und Kostenträger in gleichem Umfang wie vor der weiteren geschützten Gewalttat zahlungspflichtig ist und der für die weitere Schädigung zuständige Träger die insoweit entstehenden Kosten aufzubringen hat.

843 Zustimmend Weber in Knickrehm, SGB XIV, 1. Auflage 2022 zu § 136 Satz 1.
844 Die es nach § 31 Absatz 1 BVG im Vorgängerrecht nicht gab.
845 Teil A, Ziffer 3, lit. d), ee).
846 Und damit in gewisser Nachfolge der Systematik des § 3a OEG zu sehen ist.

Kapitel 22
Übergangsvorschriften

§ 137
Zeitlicher Geltungsbereich

Dieses Buch gilt für Anträge auf Leistungen der Sozialen Entschädigung, die ab dem 1. Januar 2024 gestellt werden, soweit die Vorschriften dieses Kapitels nichts Abweichendes bestimmen.

Erläuterungen

Übersicht **Rn.**

A. Allgemeines

§ 137 regelt den zeitlichen Anwendungsbereich des SGB XIV und enthält die Bestimmung, dass (grundsätzlich) das SGB XIV für Anträge auf Leistungen der Sozialen Entschädigung gilt, die ab dem 1. Januar 2024 gestellt werden. Dies gilt jedoch nur, soweit in Kapitel 22 nichts anderes bestimmt ist. 1

B. Regelungsinhalt

Abgestellt wird also nicht auf das Datum der Schädigung, einen objektiv feststellbaren Umstand, sondern auf den subjektiv von der antragstellenden Person zu beeinflussenden Zeitpunkt der Antragstellung. Dies könnte potenziellen Antragstellerinnen und Antragstellern die Möglichkeit eröffnen, bei schädigenden Ereignissen vor dem 1. Januar 2024 ihre Antragstellung danach auszurichten, ob ihre Ansprüche nach bisherigem oder nach zukünftigem Recht höher oder besser ausgestaltet sind. 2

Diese Möglichkeit wird allerdings durch die weiteren Regelungen in Kapitel 22 weitgehend eingeschränkt (vgl. hierzu die Kommentierung zu §§ 138 bis 141), sodass anders als in § 137 anklingend regelmäßig das Datum des schädigenden Ereignisses entscheidend für den Leistungsumfang ist.[847] 3

847 So auch Rademacker in LPK, Rn. 4 zu § 137.

§ 138
Besonderer zeitlicher Geltungsbereich für Opfer von Gewalttaten

(1) [1]Personen, die in der Zeit vom 16. Mai 1976 bis 31. Dezember 2023 geschädigt worden sind, erhalten Leistungen nach diesem Buch, wenn die Voraussetzungen nach dem Opferentschädigungsgesetz in der zum Tatzeitpunkt geltenden Fassung erfüllt waren. [2]Wurde die Schädigung durch mehrere Taten herbeigeführt, findet diese Vorschrift Anwendung, wenn die letzte Tat in dem in Satz 1 genannten Zeitraum stattgefunden hat.

(2) Hinterbliebene einer in der Zeit vom 16. Mai 1976 bis 31. Dezember 2023 geschädigten Person erhalten Leistungen nach diesem Buch, wenn für die geschädigte Person die Voraussetzungen nach Absatz 1 erfüllt waren.

(3) [1]Personen, die in der Zeit vom 23. Mai 1949 bis 15. Mai 1976 geschädigt worden sind, erhalten Leistungen nach diesem Buch, wenn sie
1. **die Voraussetzungen nach dem Opferentschädigungsgesetz in der zum 31. Dezember 2023 geltenden Fassung erfüllen,**
2. **allein in Folge dieser Schädigung einen Grad der Schädigungsfolgen von mindestens 50 haben,**
3. **bedürftig sind und**
4. **ihren Wohnsitz oder gewöhnlichen Aufenthalt im Inland haben.**

[2]Bedürftig sind Personen, wenn sie nicht oder nicht ausreichend in der Lage sind, ihren Lebensunterhalt aus ihrem Einkommen und Vermögen zu decken. [3]Für den Einsatz von Einkommen und Vermögen gilt Kapitel 16. [4]Die Entschädigung umfasst alle nach diesem Buch vorgesehenen Leistungen mit Ausnahme des Berufsschadensausgleichs.

(4) [1]Hinterbliebene einer in der Zeit vom 23. Mai 1949 bis 15. Mai 1976 geschädigten Person erhalten Leistungen für Hinterbliebene nach diesem Buch, solange sie bedürftig sind und ihren Wohnsitz oder ständigen Aufenthalt im Inland haben. [2]Absatz 3 Satz 2 und 3 gilt entsprechend.

(5) [1]In dem in Artikel 3 des Einigungsvertrages genannten Gebiet gilt dieses Buch nur für Ansprüche aus Taten, die nach dem 2. Oktober 1990 begangen worden sind. [2]Die Absätze 1 und 2 gelten entsprechend. [3]Die Absätze 3 und 4 gelten mit der Maßgabe, dass auf die Zeit vom 7. Oktober 1949 bis zum 2. Oktober 1990 abgestellt wird.

(6) [1]Für Taten vor dem 23. Mai 1949 werden keine Leistungen nach diesem Buch erbracht. [2]In dem in Artikel 3 des Einigungsvertrages genannten Gebiet gilt dies für Taten vor dem 7. Oktober 1949.

(7) Für Taten im Zeitraum vom 1. Januar 2021 bis zum 31. Dezember 2023 sollen für Geschädigte, Angehörige, Hinterbliebene und Nahestehende im Sinne des § 2 die Leistungen nach den §§ 31 bis 36 erbracht werden, wenn die Voraussetzungen nach dem Opferentschädigungsgesetz in der zum Tatzeitpunkt geltenden Fassung erfüllt sind.

Erläuterungen

Übersicht **Rn.**

A. Allgemeines

Diese Regelung enthält die Ansprüche aus Gewalttaten vor dem Inkrafttreten des SGB XIV, also vor dem 1. Januar 2024. Grundgedanke ist dabei, dass Personen, die einen Antrag nach Inkrafttreten stellen, gegenüber Personen, die ihren Antrag vor dem Inkrafttreten stellen, nicht bevorzugt werden. Inhaltlich entspricht die Vorschrift weitgehend dem bisherigen § 10a OEG, ergänzt um Regelungen für den Zeitraum bis zum Außerkrafttreten von BVG und OEG sowie für Zeiträume vor der Gründung von Bundesrepublik und DDR. 1

B. Regelungsinhalt

I. Zeitraum der Geltung des OEG

§ 138 Absatz 1 betrifft den Zeitraum vom Inkrafttreten bis zum Außerkrafttreten des OEG. Für Gewalttaten, die in dieser Zeit verübt wurden, haben Geschädigte (nur) dann einen Anspruch nach dem SGB XIV, wenn sie auch nach dem im Zeitpunkt der Tat geltenden Recht einen OEG-Anspruch gehabt hätten. Dies soll eine Ungleichbehandlung gegenüber Personen verhindern, die im gleichen Zeitraum geschädigt wurden, aber bereits vor dem Inkrafttreten des SGB XIV einen Antrag gestellt haben, der jedoch mangels Vorliegens der Anspruchsvoraussetzungen bestandskräftig abgelehnt worden war. Dies kann insbesondere Fälle psychischer Gewalt betreffen. 2

Die Regelung war im Gesetzgebungsverfahren sehr umstritten[848]. Betroffenenverbände forderten eine uneingeschränkte Einbeziehung aller Gewalttaten vor Inkrafttreten des SGB XIV, also auch von Taten vor dem Inkrafttreten des OEG. Dies hätte jedoch bedeutet, dass in vielen Fällen Jahrzehnte 3

848 S. BT-DRs. 19(11) 492, S. 34 ff.

zurückliegende Sachverhalte hätten aufgeklärt werden müssen. Dies wäre angesichts der verstrichenen Zeit, des Ablaufs von Aktenaufbewahrungsfristen und des Fehlens von Zeugen oftmals vergebens gewesen. Zuzugeben ist, dass gerade Opfer sexualisierter Gewalt – vor allem, wenn die Opfer zur Tatzeit Kinder oder Jugendliche waren – oder auch der neu in den Schutzbereich der Sozialen Entschädigung einbezogenen psychischen Gewalt sich oft erst lange nach den geltend gemachten Taten an die SER-Behörden wenden und dann gravierende Beweisschwierigkeiten bestehen. Gerade aber vor diesem Hintergrund hätte man den Opfern evtl. durch eine zeitlich unbegrenzte Einbeziehung aller Taten der Vergangenheit Hoffnungen auf Entschädigung gemacht, die sich dann als nicht erfüllbar herausstellen. Für diese Betroffenen kann die Lösung also oftmals nicht im SGB XIV liegen, vielmehr sollte geprüft werden, ob in diesen Fällen nicht Lösungen mit weniger strikten Beweisanforderungen und dementsprechend begrenzten Leistungen, wie sie z. B. der Fonds sexueller Missbrauch darstellte, geschaffen oder aufrecht erhalten bleiben sollten.

4 § 138 Absatz 1 spricht davon, dass jeweils die zum Tatzeitpunkt geltenden Voraussetzungen nach dem OEG erfüllt sein müssen. Damit ist angesichts der zwischen 1976 und 2023 vorgenommenen Änderungen im OEG (z. B. zur Anspruchsberechtigung von Ausländern) in allen Fällen die jeweilige Rechtslage einschließlich insbesondere von Stichtagsregelungen individuell zu prüfen.[849]

5 Zu beachten ist ferner, dass auf den Tatzeitpunkt abgestellt wird und nicht auf den Eintritt der dadurch kausal verursachten gesundheitlichen Schädigung, der durchaus später liegen kann, im Extremfall sogar erst nach dem Inkrafttreten des SGB XIV. In einer solchen Konstellation stellen sich dann Fragen unter Gleichheitsaspekten.[850] Z. B. wenn bei einem tätlichen Angriff im Dezember 2023 eine Person körperliche Schädigungen erleidet, eine andere aber einen sogenannten Schockschaden, der erst später im Februar 2024 auftritt. Dann hätte die erstgenannte Person Ansprüche nach dem OEG, die letztgenannte Person jedoch nach dem SGB XIV. Damit läge sicherlich ein Wertungswiderspruch vor, für den es im Gesetz keine Lösung gibt. Allerdings ist davon auszugehen, dass dies eine Konstellation sein wird, die – wenn überhaupt – nur in äußerst wenigen Fällen auftritt.

6 § 138 Absatz 1 Satz 2 stellt bei Herbeiführung der Schädigung durch mehrere Taten hinsichtlich der Anwendbarkeit des SGB XIV bzw. des OEG auf die letzte Tat im genannten Zeitraum ab. Fraglich ist, wie mit sogenannten mehr-

849 Rademacker in LPK, Rn. 13 zu § 138.
850 Kerner in Schmidt, Rn. 6b zu § 138.

aktigen Geschehensabläufen zu verfahren ist, in denen nicht mehrere einzelne Taten in einem Fortsetzungszusammenhang, sondern mehrere Handlungen vorliegen, die als eine Tat zu werten sind. Die gleiche Frage stellt sich bei einem „Dauerdelikt", wie z.B. der schweren Vernachlässigung eines Kindes.[851] Orientiert an der Zielrichtung der Regelung, eine klare Abgrenzung und Bestimmung der Anwendbarkeit zu ermöglichen, kommt man hier zu der Auslegung, dass „letzte Tat" im Sinne von letzter zur Tat zählenden Handlung zu verstehen ist.[852] Immer dann, wenn diese Tat nach dem 31. Dezember 2023 liegt, ist nicht das OEG, sondern das SGB XIV anzuwenden.

Auch Hinterbliebene von Personen, die während der Geltung des OEG geschädigt worden sind, können nach § 138 Absatz 2 (nur) dann SGB XIV-Leistungen erhalten, wenn die geschädigte Person nach dem im Zeitpunkt der Gewalttat geltenden Recht leistungsberechtigt nach dem OEG gewesen wäre. Dies ist folgerichtig, denn ihr Anspruch leitet sich vom Anspruch des oder der Geschädigten ab. 7

II. Zeitraum vor Geltung des OEG

Absatz 3 der Regelung entspricht weitgehend dem bisherigen § 10a OEG. Allerdings mit der Abweichung, dass sich die für den Anspruch erforderliche wirtschaftliche Bedürftigkeit nicht mehr nach dem BVG und der darauf fußenden Anrechnungsverordnung bestimmen kann, sondern nach den Vorgaben des Kapitels 16 festzustellen ist. Außerdem ist weiterhin der Berufsschadensausgleich aus dem Leistungsspektrum ausgenommen, die nach § 10a OEG ausgeschlossene Ausgleichsrente wird nicht mehr erwähnt, weil sie nicht mehr zum Leistungsspektrum der Sozialen Entschädigung gehört. Wer Leistungen nach Absatz 3 erhalten will, muss zunächst die Voraussetzungen des OEG in der letzten Fassung erfüllen, also Opfer eines rechtswidrigen tätlichen Angriffs geworden sein, der eine gesundheitliche Schädigung verursachte, auf der wiederum gesundheitliche und wirtschaftliche Folgen beruhten. Außerdem muss die antragstellende Person zum leistungsberechtigten Personenkreis gehören und ihren Wohnsitz oder ständigen Aufenthalt in Deutschland haben. Auch hinsichtlich dieser Vorschrift gab es während des Gesetzgebungsverfahrens Forderungen nach Streichung, da sie als diskriminierend angesehen wurde. 8

851 Rademacker in LPK, Rn. 19 zu § 138.
852 So sinngemäß auch Kerner in Schmidt, Rn. 7 zu § 138.

9 § 138 Absatz 4 sieht folgerichtig für Hinterbliebene der von Absatz 3 erfassten Geschädigten Leistungen vor, wenn sie bedürftig sind und in Deutschland leben.

10 Für Taten in dem in Artikel 3 des Einigungsvertrages genannten Gebiet gilt nach Absatz 5 weiterhin die bisher in § 10 OEG enthaltene Regelung mit der Begrenzung auf den Zeitraum nach Wiederherstellung der deutschen Einheit. Für Taten in der Zeit des rechtlichen Bestehens der DDR gelten die Härteregelungen der Absätze 3 und 4 entsprechend.

11 § 138 Absatz 6 schließt Entschädigungsansprüche für Gewalttaten vor der Gründung von DDR und Bundesrepublik Deutschland aus. Diese Regelung hat keinen Vorläufer im bisherigen Recht. Allerdings wurden auch bisher schon Entschädigungsleistungen für in diesem Zeitraum verübte Taten nicht erbracht.[853] Dies ist folgerichtig, da vor der Staatsgründung noch keine besondere staatliche Verantwortung begründet werden kann.

III. Sonderregelung für Leistungen in einer Traumaambulanz

12 § 138 Absatz 7 bezieht sich auf Leistungen in Traumaambulanzen und trägt dem vorzeitigen Inkrafttreten der §§ 31 ff. zum 1. Januar 2021 Rechnung. Für den Zeitraum zwischen diesem Datum und dem Inkrafttreten des SGB XIV werden Leistungen in Traumaambulanzen erbracht, wenn die Voraussetzungen des OEG in der zum Zeitpunkt geltenden Fassung erfüllt werden. Gemeint sind hier die Voraussetzungen nach § 1 OEG. Außerdem ist zu beachten, dass zwar die Tat im genannten Zeitraum verübt worden sein muss, der Zeitpunkt der Schädigung aber keine Rolle spielt.

§ 139
Besonderer zeitlicher Geltungsbereich für Kriegsopfer beider Weltkriege

[1]Personen, die vor dem 1. Januar 2024 geschädigt worden sind, erhalten Leistungen nach diesem Buch, wenn die Voraussetzungen nach dem Bundesversorgungsgesetz in der bis zum 31. Dezember 2023 geltenden Fassung erfüllt waren. [2]Die monatliche Entschädigungszahlung wird erbracht, ohne dass in diesem Zeitraum geprüft wird, ob die Anspruchsvoraussetzungen weiterhin vorliegen.

853 Kerner in Schmidt, Rn. 15 zu § 138.

Erläuterungen

Übersicht **Rn.**

A. Allgemeines

§ 139 regelt die Ansprüche für Opfer beider Weltkriege. 1

B. Regelungsinhalt

Diese Übergangsvorschrift ist dabei im Zusammenhang mit § 22 zu sehen, 2 durch den die Versorgung von Kriegsopfern in das SGB XIV als neues Muttergesetz des SER eingefügt wird.

Zwar wird es angesichts des überaus hohen Alters der meisten Kriegsopfer 3 nur noch in wenigen Einzelfällen zu einer Antragstellung kommen. Dennoch ist es nicht auszuschließen, dass Ansprüche aus Schädigungen während des 2. Weltkrieges erst nach dem Inkrafttreten des SGB XIV geltend gemacht werden. Für diese Fälle gilt § 139. Vorgesehen ist, dass in diesen Fällen Leistungen nach dem SGB XIV erbracht werden, wenn die Voraussetzungen nach dem BVG erfüllt waren.

Satz 2 der Vorschrift hat keinen Anwendungsbereich.[854] Die Regelung be- 4 zieht sich noch auf die in einer frühen Fassung des Gesetzentwurfs vorgesehene Befristung der monatlichen Entschädigungszahlungen auf jeweils fünf Jahre.[855] Dies ließ sich jedoch politisch nicht durchsetzen, sodass die Befristung aus dem Gesetzentwurf herausgenommen wurde. Der Gesetzgeber hat es jedoch bislang unterlassen, den gegenstandslos gewordenen Satz 2 zu streichen.

854 Kerner in Schmidt, Rn. 21 zu § 139; Dau in LPK, Rn. 1 zu § 139.
855 Schmachtenberg, Sozialheft aktuell, Sonderheft 2017, S. 18 ff.

§ 140
Besonderer zeitlicher Geltungsbereich für Zivildienstgeschädigte

Personen, die vor dem 1. Januar 2024 geschädigt worden sind, erhalten Leistungen nach diesem Buch, wenn die Voraussetzungen nach dem Zivildienstgesetz in der bis zum 31. Dezember 2023 geltenden Fassung erfüllt waren.

Erläuterungen

Übersicht **Rn.**

A. Allgemeines

1 § 140 regelt die Ansprüche von Zivildienstgeschädigten, die erstmals nach dem Inkrafttreten des SGB XIV geltend gemacht werden.

2 Diese Übergangsvorschrift ist im Zusammenhang mit § 23 zu sehen, durch den die Versorgung Zivildienstgeschädigter in das neue Muttergesetz des SER eingefügt wird. Dadurch und durch das Inkrafttreten des Soldatenentschädigungsgesetzes (SEG) wird zugleich erstmals die Versorgung von Wehrpflichtigen und Zivildienstgeschädigten unterschiedlich geregelt. Bislang erhielten beide Personenkreise grundsätzlich Leistungen in Anwendung des BVG, wobei es allerdings auch besondere Vorschriften für Zivildienstgeschädigte im ZDG gab.

B. Regelungsinhalt

3 Zwar ist der Zivildienst bereits seit 2011 ausgesetzt, sodass die letzten Zivildienstverhältnisse 2012 ausliefen. Dennoch ist es möglich, dass Ansprüche aus diesen Schädigungen erst nach dem Inkrafttreten des SGB XIV geltend gemacht werden. Für diese Fälle gilt § 140. Vorgesehen ist, dass in diesen Fällen Leistungen nach dem SGB XIV erbracht werden, wenn die Voraussetzungen nach dem ZDG zum Schädigungszeitpunkt erfüllt waren. Es dürfte sich dabei um wenige Einzelfälle handeln.

Durch die Regelung wird zudem sichergestellt, dass (neue) Leistungsansprüche nach dem ZDG in Verbindung mit dem BVG nicht mehr entstehen können[856] und somit nach dem 31. Dezember 2023 nur noch ein gesetzliches Regelwerk für Zivildienstgeschädigte gilt. Der Zeitpunkt der Antragstellung spielt für die Entscheidung, ob ein Ereignis als Zivildienstbeschädigung zu beurteilen ist, keine Rolle. 4

§ 141
Besonderer zeitlicher Geltungsbereich für Geschädigte durch Schutzimpfungen oder einer anderen Maßnahme der spezifischen Prophylaxe

[1]Personen, die vor dem Inkrafttreten dieses Buches geschädigt worden sind, erhalten Leistungen nach diesem Buch, wenn die Voraussetzungen nach § 60 des Infektionsschutzgesetzes in der bis zum 31. Dezember 2023 geltenden Fassung erfüllt waren. [2]Hinterbliebene einer bis zum 31. Dezember 2023 geschädigten Person erhalten Leistungen nach diesem Buch, wenn für die geschädigte Person die Voraussetzungen nach Satz 1 erfüllt waren.

Erläuterungen

Übersicht **Rn.**

A. Allgemeines

§ 141 regelt die Ansprüche von durch eine Schutzimpfung oder eine Maßnahme der spezifischen Prophylaxe Geschädigten und deren Hinterbliebenen, die erstmals nach Inkrafttreten des SGB XIV geltend gemacht werden. 1

Die Norm gehört zu den Übergangsvorschriften des Kapitels 22 und ist im Zusammenhang mit § 24 zu sehen. Während bislang die staatliche Entschädigung für gesundheitliche Schäden durch Schutzimpfungen oder Maßnahmen der spezifischen Prophylaxe (Impfschäden) außerhalb des „Mutter- 2

856 Kerner in Schmidt, Rn. 10 zu § 140; Lilienfeld in LPK, Rn. 3 zu § 140.

gesetzes" BVG geregelt und deshalb die Zuordnung zum Sozialen Entschädigungsrecht nicht ohne Zweifel war, ist diese nunmehr – unter Herauslösung aus dem IfSG – Teil des neuen „Muttergesetzes" SGB XIV und die Zuordnung zum SER eindeutig. § 141 gilt gleichermaßen für Geschädigte (Satz 1) und Hinterbliebene (Satz 2).

3 Im Gegenzug bedeutet dies, dass zukünftig die mit Impfungen zusammenhängenden Fragen nicht mehr (nur) in einem Gesetz geregelt werden.

B. Regelungsinhalt

4 § 141 regelt die Entschädigung für sogenannte Altfälle im Impfschadensrecht. Grundsätzlich sieht § 137 für Altfälle vor, dass jeweils das Recht zum Zeitpunkt des Antrags anzuwenden ist. § 141 macht davon eine Ausnahme und sieht bei Anträgen, die nach dem 1. Januar 2024 gestellt werden, sich aber auf ein schädigendes Ereignis vor diesem Datum beziehen, die Leistungserbringung nach dem SGB XIV vor. Allerdings ist der Anspruch daran geknüpft, dass die jeweils geltenden Voraussetzungen des IfSG erfüllt sein müssen.

5 Anders als bei den Übergangsregelungen für Gewaltopfer, Kriegsopfer und Zivildienstgeschädigte ist für impfgeschädigte zu beachten, dass bei ihnen regelmäßig das schädigende Ereignis (Impfung) und die Schädigung (unübliche Impfreaktion) zeitlich auseinanderfallen.[857] Fraglich ist daher, wie Fälle einzuordnen sind, in denen z. B. die Impfung im November 2023 erfolgte, während die unübliche Impfreaktion erst im Januar oder Februar 2024 auftritt. In solchen Konstellationen wird davon auszugehen sein, dass die Schädigung im Sinne des SGB XIV erst im Januar bzw. Februar eintritt und damit § 141 nicht anwendbar ist, weil keine Schädigung vor dem Inkrafttreten des SGB XIV gegeben ist. Vielmehr sind diese Konstellationen von der allgemeinen Regelung für den zeitlichen Geltungsbereich in § 137 umfasst. Die Rechtsfolge ist jedoch die gleiche: Erbracht werden Leistungen nach dem SGB XIV.[858]

857 Meßling in LPK, Rn. 6 zu § 141.
858 A. A. wohl Kerner in Schmidt, Rn. 3 zu § 141.

Vorbemerkung zu Kapitel 23

Der Ursprung der Sozialen Entschädigung ist das Militärpensionsgesetz vom 27.6.1871, das erste Pensionsgesetz des Deutschen Kaiserreichs. Anstelle des Militärpensionsgesetzes sind am 1.7.1906 das Offizierspensionsgesetz und das Mannschaftpensionsgesetz in Kraft getreten. Über Zweites Kaiserreich, Weimarer Republik, Nazi-Diktatur und Bonner Republik hinweg hat sich an der Definition der „Dienstbeschädigung" und der Kausalkette, die zur Anerkennung einer Dienstbeschädigung bzw. Schädigungsfolge führt, nicht allzu viel geändert. Nur Duelle finden im SGB XIV keine Berücksichtigung mehr. 6

> § 5 Offizierspensionsgesetz:[859]
>
> „Als Dienstbeschädigungen gelten Gesundheitsstörungen, welche infolge einer Dienstverrichtung oder durch einen Unfall während der Ausübung des Dienstes eingetreten oder durch den Wehrdienst eigentümliche Verhältnisse verursacht oder verschlimmert sind. Eine Gesundheitsstörung, die von dem Verletzten vorsätzlich herbeigeführt worden oder infolge eines Zweikampfes eingetreten ist, gilt nicht als Dienstbeschädigung."

Hierzu zählen alle Gesundheitsstörungen, die mit einer nach Zeit und Ort bestimmten dienstlichen Veranlassung in ursächlichem Zusammenhange stehen. Das schädigende Ereignis braucht nicht eines zu sein, das auf jeden Betroffenen gesundheitsschädigend einwirken muss, es genügt vielmehr, wenn der Nachweis erbracht worden ist, dass es auf den Einzelnen seine schädigende Wirkung ausgeübt hat.[860]

In § 1 Abs. 1 BVG liest sich das so: „Wer durch eine militärische oder militärähnliche Dienstverrichtung oder durch einen Unfall während der Ausübung des militärischen oder militärähnlichen Dienstes oder durch die diesem Dienst eigentümlichen Verhältnisse eine gesundheitliche Schädigung erlitten hat, erhält wegen der gesundheitlichen und wirtschaftlichen Folgen auf Antrag Versorgung." 7

Im SGB XIV muss man sich das Ganze etwas zusammensuchen: §§ 1 Abs. 1, 4 Abs. 1, 21 SGB XIV: „Die Soziale Entschädigung unterstützt Menschen, die durch ein schädigendes Ereignis, für das die staatliche Gemeinschaft eine besondere Verantwortung trägt eine gesundheitliche Schädigung erlitten haben. Wer im Inland durch Auswirkungen kriegerischer Vorgänge, 8

859 Gesetz über die Pensionierung der Offiziere, einschließlich der Sanitätsoffiziere des Reichsheeres, der kaiserlichen Marine und der kaiserlichen Schutztruppen vom 31.5.1906.
860 Handbuch zum Offizierspensionsgesetz, Hrsg. Mahnkopf, Berlin 1919, S 10.

die einen kriegseigentümlichen Gefahrenbereich hinterlassen haben, eine gesundheitliche Schädigung erlitten hat, erhält bei Vorliegen der Voraussetzungen nach § 4 Absatz 1 Leistungen der Sozialen Entschädigung. Geschädigte haben Anspruch auf Leistungen der Sozialen Entschädigung wegen der anerkannten gesundheitlichen und wirtschaftlichen Folgen einer gesundheitlichen Schädigung, die ursächlich auf ein schädigendes Ereignis zurückzuführen ist."

9 In Bezug auf die Anspruchsvoraussetzungen, die Kausalkette und die anerkannten Schädigungsfolgen im SER gibt es keinen Bruch zwischen BVG und SGB XIV (vgl. § 152 Abs. 1 S 2). Ausschließlich im Hinterbliebenen- und im Leistungsrecht haben sich mit Inkrafttreten des SGB XIV anspruchsberechtigte Personengruppen und Leistungsansprüche geändert. Die grundlegendste Änderung ist die Konzentration auf die anerkannten Schädigungsfolgen und schädigungsbedingte Bedarfe (§ 25). Diese neue Konzentration steht nicht im Widerspruch zum Grundanspruch der Sozialen Entschädigung nach § 5 SGB I: Wer einen Gesundheitsschaden erleidet, für dessen Folgen die staatliche Gemeinschaft in Abgeltung eines besonderen Opfers oder aus anderen Gründen nach versorgungsrechtlichen Grundsätzen einsteht, hat ein Recht auf

1. die notwendigen Maßnahmen zur Erhaltung, zur Besserung und zur Wiederherstellung der Gesundheit und der Leistungsfähigkeit und
2. angemessene wirtschaftliche Versorgung.

Ein Recht auf angemessene wirtschaftliche Versorgung haben auch die Hinterbliebenen eines Beschädigten.

Dieser Grundanspruch wurde nur bislang weitreichender auf schädigungsunabhängige Bedarfe ausgedehnt, wenn damit der Gesamtleidenszustand und die Gesamtsituation der Geschädigten und ihrer Angehörigen gemildert wurde. Bislang bestand das Hauptziel der Sozialen Entschädigung darin, einem Sonderopfer der Gesellschaft ein selbstbestimmtes Leben zu ermöglichen und den Unterhalt der Familie sicherzustellen, wenn der Ernährer ausgefallen war (vgl. z. B. § 25 Abs. 4 BVG).

10 Das SGB XIV geht von einem moderneren Familienbild aus, in dem nicht ein Mensch allein die gesamte Familie unterhält und Hinterbliebene für ihren Lebensunterhalt selbst aufkommen können und höchstens vorübergehend Unterstützung, z. B. in Form fürsorgerischer Leistungen benötigen. Das neue Gesetz konzentriert den Leistungsanspruch daher auf die Person des Sonderopfers und auf den Ausgleich der Teilhabestörungen, die durch die anerkannten Schädigungsfolgen im Leben des Geschädig-

ten entstanden sind. Nur wenn nachgewiesen ist, dass die Familie in Mitleidenschaft gezogen ist und auch Angehörige und Hinterbliebene weitergehende Leistungen benötigen, oder ein Härtefall vorliegt, gibt es das zeitlich begrenzte Instrument der fürsorgerischen Leistungen (Kap. 11, § 93 Abs. 1 S. 2) und Härtefallregelungen für Einzelfälle und -leistungen an verschiedenen Stellen des SGB XIV (vgl. z. B. § 42 Abs. 2–4, § 100).

In der Gesetzesbegründung formuliert der Gesetzgeber diese neue Sichtweise so: „Mit den Regelungen in den Kapiteln 1 bis 22 wird das Recht der Sozialen Entschädigung für Neufälle weiterentwickelt und an veränderte gesellschaftliche Entwicklungen und Erkenntnisse angepasst. Für bereits bestehende Leistungsbezieher besteht ein Wahlrecht, ob sie in das neue Recht wechseln oder Leistungen im Rahmen des Besitzstandsschutzes weiter beziehen möchten."[861]

Im 23. Kapitel sind daher zwei Anspruchsgruppen zu unterscheiden: Bestandsfälle und Bestandsschutzfälle. Bestandsfälle haben ein echtes Wahlrecht nach § 152, weil sie sowohl nach den Kapiteln 1 bis 22 als auch nach dem 23. Kapitel Leistungsansprüche verwirklichen können. Es handelt sich um Geschädigte mit schädigungsbedingten Bedarfen und um Hinterbliebene, wenn der Geschädigte an den Schädigungsfolgen verstorben ist. Bestandsschutzfälle, z. B. Hinterbliebene, wenn der Geschädigte an Nichtschädigungsleiden verstorben ist, haben nur Vertrauensschutz im 23. Kapitel und keinerlei Ansprüche nach den Kap. 1 bis 22. Wenn sie den Schutzbereich des 23. Kapitels verlassen, müssen sie die Folgeanträge auf Sozialhilfe und Eingliederungshilfe bei den jeweiligen Trägern stellen. Direkte Anträge auf Leistungen der Sozialen Entschädigung nach Kapitel 1–22, ohne dass ein Anspruch nach Kap. 23 festgestellt wurde, würden durch die Konzentration auf die Bedarfe des Geschädigten und den Ausgleich der anerkannten Schädigungsfolgen im SGB XIV abgelehnt. **11**

Der Vertrauensschutzbereich des 23. Kapitels ist daher sehr umfassend und weitreichend. Er deckt nicht nur den Moment oder das erste Jahr nach dem Inkrafttreten des SGB XIV ab, sondern regelt alle SER-Ansprüche für den Rest des Lebens der Altfälle.

Immer mehr Bestandsfälle werden in ihrem eigenen Interesse und zur Verwaltungsvereinfachung automatisch in das neue Recht der Kap. 1 bis 22 geschoben. Alle Heil- und Krankenbehandlungsberechtigten erhalten Leistungen nach dem 5. Kapitel bzw. dem SGB V (§§ 143 Abs. 1, 151). Alle schädigungsbedingt Pflegebedürftigen, die Pflegesachleistungen in Form von ambulanter **12**

861 SozERG, Drs. 19/13824, S. 228.

und stationärer Pflegeleistung oder auf der Grundlage von Pflegearbeitsverträgen bekommen, erhalten automatisch Leistungen nach dem 7. Kapitel (§ 146 Abs. 1).

Als neueste Gesetzesänderung erhalten alle geschädigten oder hinterbliebenen Grundrentenempfänger, die neben der Grundrente keine weiteren Leistungen beziehen, automatisch die Entschädigungsleistungen nach dem 9. Kapitel und müssen kein Wahlrecht ausüben, um die für sie immer günstigere Entschädigungsleistung zu beziehen.

Kapitel 23
Vorschriften zu Besitzständen

Abschnitt 1
Grundsätze und Leistungen

§ 142
Grundsätze

(1) [1]Personen, deren Ansprüche nach dem Bundesversorgungsgesetz oder nach einem Gesetz, das das Bundesversorgungsgesetz ganz oder teilweise für anwendbar erklärt, in der bis zum 31. Dezember 2023 geltenden Fassung bis zum 31. Dezember 2023 bestandskräftig festgestellt sind, erhalten diese Leistungen nach dem Bundesversorgungsgesetz oder nach dem Gesetz, das das Bundesversorgungsgesetz für anwendbar erklärt, in der am 31. Dezember 2023 geltenden Fassung weiter, soweit dieses Kapitel nichts Abweichendes bestimmt. [2]Kurzfristige Unterbrechungen im Leistungsbezug unmittelbar vor dem 31. Dezember 2023 lassen die Ansprüche auf Leistungen nach Satz 1 jeweils unberührt.

(2) [1]Über einen bis zum 31. Dezember 2023 gestellten und nicht bestandskräftig beschiedenen Antrag auf Leistungen nach dem Bundesversorgungsgesetz oder nach einem Gesetz, das das Bundesversorgungsgesetz ganz oder teilweise für anwendbar erklärt, ist nach dem im Zeitpunkt der Antragstellung geltenden Recht zu entscheiden. [2]Wird hierbei ein Anspruch festgestellt, werden ebenfalls Leistungen nach Absatz 1 Satz 1 erbracht.

(3) weggefallen

Erläuterungen

1 Wird altes Recht durch neues Recht abgelöst, stellt sich die Frage, was für Personen gilt, die Leistungen nach altem Recht beziehen. Grundsätzlich

gilt nach § 142, dass die Vorschriften zu **Besitzständen** für Leistungen gelten, die bei Außerkrafttreten des BVG bereits bestandskräftig festgestellt oder beantragt sind. Die Besitzstandsregelungen sollen sicherstellen, dass die Berechtigten, die bis zum 31.12.2023 Leistungen bezogen oder beantragt haben, durch die Rechtsänderung nicht schlechter gestellt werden. Aus Gründen des **Vertrauensschutzes** sollen Berechtigte ab 2024 keine geringeren Leistungen beziehen, als die im Dezember 2023. Eine Verringerung der Leistungen durch geänderte Lebenssachverhalte (z. B. durch Einkommen, Vermögen, Bemessungsgrundlagen, GdS) ist nicht ausgeschlossen.

Das SGB XIV trat im Wesentlichen am 01.01.2024 in Kraft und löste die bisherigen leistungsrechtlichen Vorschriften des BVG ab. Die Bestimmungen zu den Personenkreisen, die Ansprüche auf Leistungen nach dem SGB XIV haben, wurden in Bezug auf Opfer beider Weltkriege, Opfer von Gewalttaten, Zivildienst- und Impfgeschädigte aus dem BVG und den früheren sogenannten „Nebengesetzen" OEG, IfSG, ZDG direkt in das SGB XIV gezogen. Andere anspruchsberechtigte Personengruppen nach dem SGB XIV sind weiterhin in ihren Nebengesetzen definiert: HHG, StrRehaG, VwRehaG und ausschließlich in Bezug auf Leistungen der Krankenbehandlung im AntiDHG. 2

Das **AntiDHG** ist in diesem Sinne kein Gesetz, das das BVG für anwendbar erklärt, da es nur einige Vorschriften des BVG für „entsprechend" anwendbar erklärt. Das AntiDHG wird nicht in das SGB XIV übergeleitet. Die AntiDHG-Pauschale zwischen den TdSE und der GKV über die Abgeltung von Krankenbehandlungsleistungen wird aber Teil der Pauschalabgeltung für die Jahre 2024 bis 2029 nach § 60. Somit sind die Krankenbehandlungsleistungen des AntiDHG, die zum 31.12.2023 aktuell gewährt werden, auch durch den Bestandsschutz des 23. Kapitels geschützt. 3

Eine Sonderregelung gilt für **Wehrdienstgeschädigte** nach §§ 80 ff. SVG: Sie werden aus dem Verbund der Sozialen Entschädigung nach dem SGB XIV herausgelöst und erhalten **ab 1.1.2025** Entschädigungsleistungen nach dem **Soldatenentschädigungsgesetz (SEG)**. Wehrdienstgeschädigte genießen keinerlei Besitzstandsschutz nach dem 23. Kapitel des SGB XIV, auch nicht im Übergangsjahr 2024. Stattdessen bleibt für Wehrdienstgeschädigte das Leistungsrecht des BVG mit allen dazugehörigen Verordnungen und Verfahrensabläufen ein Jahr länger in Kraft. Durch Art. 6 SozSEG legt § 107 SVG fest, dass das Leistungsrecht des BVG im Jahr 2024 weiter für Wehrdienstgeschädigte gültig ist.[862] Nach § 88 Abs. 5 SVG sind auch die wichtigsten Verordnungen des BVG 2024 weiter gültig, wie z. B. die Ausgleichsrentenverordnung, die 4

862 Art. 6 SozERG, Drs. 19/13824, S. 86, 235.

Kriegsopferfürsorgeverordnung, die Versehrtenleibesübungsverordnung, die Orthopädieverordnung und die Berufsschadensausgleichsverordnung.

Für alle anderen Personengruppen außer den Wehrdienstgeschädigten trat mit Ablauf des 31.12.2023 das bisherige Soziale Entschädigungsrecht außer Kraft.

5 Alle Berechtigten mit Ansprüchen auf Leistungen nach dem BVG sind ab dem 1.1.2024 automatisch Bestandsfälle nach dem 23. Kapitel des SGB XIV. Das BVG tritt mit Ablauf des 31.12.2023 außer Kraft. Die Berechtigten i. S. d. § 142 SGB XIV sind automatisch Besitzstandsfälle. Die Besitzstandsleistungen nach §§ 142 ff. werden nahtlos weiter gewährt. Hiervon ausgenommen sind solche Besitzstandsleistungen, die laut Gesetz ausdrücklich beantragt oder von Amts wegen neu festgestellt und berechnet werden müssen. Diese Besitzstandsleistungen müssen durch Bescheid neu festgestellt werden.

Von Amts wegen ergehen Bescheide über die Geldleistung nach § 144 und über schädigungsbedingte Pflegeleistungen nach § 146 Abs. 1 i. V. m. dem 7. Kapitel.

Anträge nach neuem Recht müssen Berechtigte auf Leistungen der Krankenbehandlung nach § 143 Abs. 1, die jeweilige Weiterbewilligung nach Fristablauf auf Leistungen nach § 145, auf Wahlleistungen nach § 146 Abs. 2 und auf Neufeststellung nach § 149 stellen.

6 Ab 1.1.2024 können Anspruchsberechtigte **Anträge nach dem alten Recht** nur in wenigen Ausnahmefällen stellen, die in Kapitel 23 definiert sind. Das alte Recht wirkt nur dann fort, wenn es im 23. Kapitel ausdrücklich festgestellt wird, z. B. bei **Bestandsschutzfällen der Hinterbliebenenversorgung nach §§ 147 und 148**. Wenn der Tod des Geschädigten nicht schädigungsbedingt ist, hätten Hinterbliebene keinen Anspruch auf Leistungen der Kapitel 1 bis 22 des SGB XIV. Aus Vertrauensschutzgründen können sie, selbst wenn der Tod des Geschädigten Jahre nach dem 1.1.2024 eintritt noch Erstanträge auf Hinterbliebenenversorgung und Pflegeausgleich unter den Voraussetzungen des BVG stellen.

7 Keinen Anspruch auf Besitzstandsleistungen haben Berechtigte, wenn das schädigende Ereignis vor dem 01.01.2024 geschah, aber **nach dem 31.12.2023 der Erstantrag** gestellt wird. Dies gilt auch wenn 2023 schon Leistungen der sogenannten „schnellen Hilfen“, wie Traumaambulanzen und Fallmanagement in Anspruch genommen werden, ohne dass ein Erstantrag gestellt wurde. Vgl. § 11 Abs. 4: Leistungen der Schnellen Hilfen werden für Zeiträume vor der Antragstellung nicht erbracht. Dies gilt nicht für die Inanspruchnahme der ersten beiden Sitzungen in der Traumaambulanz sowie

die Kontaktaufnahme des Fallmanagements mit möglicherweise berechtigten Personen.

Das SGB XIV und nicht mehr das BVG gilt für Anträge auf Leistungen der Sozialen Entschädigung, die ab dem 1. Januar 2024 gestellt werden (vgl. § 137). Bei solchen Anträgen handelt es sich um Neufälle nach den Kapiteln 1 bis 22 des SGB XIV und nicht um Bestandsfälle.

Der Besitzstandsschutz gilt für **Geld-, Sach- und Dienstleistungsansprüche**. Er gilt ebenfalls für Leistungen in **Härtefällen**, z.B. nach § 89 BVG oder § 10a OEG und allgemeine Härtefallleistungen, wie z.B. die schädigungsbedingte orthopädische Fußpflege. Bestandsschutz gilt für alle Leistungen, wenn ein unbefristeter Grundanspruchsbescheid vorliegt. Dabei ist unerheblich, wenn die Höhe der Leistung variiert, durch Rentenerhöhungen, Einkommen- und Vermögensanrechnungen oder Änderungen anderer Sozialleistungszahlungen, wie Regelsätze in der Sozialhilfe oder Kindergeld. Bestandsleistungen müssen zum 1.1.2024 nicht neu beschieden werden, die bestehenden Leistungsbescheide gelten weiter. Es sei denn im 23. Kapitel ist eine neue Leistungs- und Anspruchsprüfung ausdrücklich vorgesehen, wie z.B. bei der Zusammenfassung aller Geldleistungen nach § 144 und der Aufstockung um 25 %. Hierbei handelt es sich um eine Sonderregelung für eine neue Geldleistung mit eigenen Anspruchsvoraussetzungen und Berechnungsmodalitäten. 8

Ziel des Besitzstandsschutzes ist die Sicherung der bisherigen hohen Versorgungsqualität. Laut Gesetzesbegründung ist dies ein wesentlicher Baustein der Reform des Sozialen Entschädigungsrechts[863].

Nicht erfasst sind Leistungen, die Betroffene nach altem Recht in **Zukunft**, also nach dem 31. Dezember 2023, hätten beantragen können, die aber das neue Recht nicht oder nicht mehr so vorsieht. Die Erwartung, bestimmte Leistungen in der Zukunft in Anspruch zu nehmen, unterfällt nicht dem Besitzstandsschutz. Es gibt Ausnahmen von dieser Regel, die im 23. Kapitel speziell geregelt sind, z.B. § 148 in Bezug auf die Hinterbliebenenversorgung bei nichtschädigungsbedingtem Tod. 9

Ebenfalls nicht erfasst sind befristete und der Anzahl nach begrenzte Leistungen.

Der Besitzstandsschutz gilt für **Leistungsansprüche** nach dem BVG oder einem Gesetz, das dieses für anwendbar erklärt. Für die Leistungserbringung gilt grundsätzlich weiterhin das BVG oder das Gesetz, das das BVG für entsprechend anwendbar erklärt, jeweils in der bis zum Tag des Außerkraft- 10

863 SozERG, Drs. 19/13824, S. 149.

tretens des BVG geltenden Fassung, wenn nicht Kapitel 23 etwas Abweichendes bestimmt. Maßgebend für den Besitzstandsschutz ist die letzte und aktuell gültige Bewilligung der jeweiligen Leistung. Für die Leistungshöhe des Besitzstandes ist der aktuelle Anpassungsbescheid maßgebend, der die aktuelle Renten- und Einkommenshöhe oder die Preisentwicklung berücksichtigt.

11 Bei einer **befristeten Bewilligung** besteht der Besitzstandsschutz grundsätzlich nur für den Zeitraum, für den die Leistung bewilligt wurde. Wird anschließend die Weiterbewilligung dieser Leistungen beantragt, gilt § 137: Für die Entscheidung gilt neues Recht, es sei denn, es ist ausdrücklich, wie z. B. in § 145, etwas anderes geregelt.

12 Der Besitzstand umfasst auch Leistungsansprüche, die der Geschädigte für Leistungen an seine **Familienmitglieder** hat (§ 25 Abs. 4 BVG). Das sind der Ehegatte oder der Lebenspartner des Beschädigten, die Kinder des Beschädigten, die Kinder, die nach § 33b Abs. 2 BVG als Kinder des Beschädigten gelten, und seine Pflegekinder (Personen, mit denen der Beschädigte durch ein familienähnliches, auf längere Dauer berechnetes Band verbunden ist, sofern er sie in seinen Haushalt aufgenommen hat und ein Obhuts- und Pflegeverhältnis zu den natürlichen Eltern nicht mehr besteht), sonstige Angehörige, die mit dem Beschädigten in häuslicher Gemeinschaft leben sowie Personen, deren Ausschluss eine offensichtliche Härte bedeuten würde, wenn der Beschädigte den Lebensunterhalt des Familienmitglieds überwiegend bestreitet, vor der Schädigung bestritten hat oder ohne die Schädigung wahrscheinlich bestreiten würde. Kinder gelten nach Satz 2 Nr. 2 und 3 über die Vollendung des 18. Lebensjahrs hinaus als Familienmitglieder, wenn sie mit dem Beschädigten in häuslicher Gemeinschaft leben oder die Voraussetzungen des § 33b Abs. 4 Satz 2 bis 7 BVG erfüllen (inkl. sog. „gebrechlicher Kinder"). Zu den weiter gültigen Leistungsansprüchen gehört z. B. die Unterbringung in besonderen Wohnformen für Menschen mit Behinderungen.

13 Der **Grundanspruch auf Bestandsschutz** nach § 142 betrifft alle Leistungen, die im 23. Kapitel an keiner anderen Stelle ausdrücklich geregelt sind. Insbesondere handelt es sich um unbefristete Leistungen der Kriegsopferfürsorge, die nicht unter § 145 fallen. Im Bereich der Geldleistungen handelt es sich z. B. um Blindenhilfe nach § 27d Abs. 1 Nr. 4 BVG für die sog. „Zivilblinden" oder im Bereich der Dienst- und Sachleistungen um unbefristete Bewilligungen z. B. im Zuge der Eingliederungshilfe nach § 27d Abs. 1 Nr. 3 BVG i. V. m. Teil 2 des SGB IX oder der Hilfe zur Pflege nach § 26c BVG.

„Eingefrorene Geldleistungen“ nach § 48 Abs. 3 SGB X sind nicht im abschließenden Leistungskatalog des § 144 aufgezählt. Die eingefrorene Geldleistung ist aber fast immer eine Geldleistung des § 144. Hier ist ein zusätzlicher Prüfschritt erforderlich, um festzustellen, ob die eingefrorene Leistung nach § 142 oder § 144 ausgezahlt wird. 14

Die Leistungshöhe, die dem Berechtigten ohne den Vertrauensschutz zustehen würde, plus 25 % Aufschlag, muss verglichen werden mit der eingefrorenen Leistung, die für Dezember 2023 tatsächlich ausgezahlt wurde. Ist der Betrag nach § 144 SGB XIV höher als die eingefrorene Leistung im Dezember, ist ein weiteres „Einfrieren“ nicht nötig. Der Fall wird zum normalen Bestandsfall des § 144. Ist der eingefrorene Betrag jedoch niedriger, handelt es sich um einen Fall nach § 142. Der Betrag ist weiter auszuzahlen und jährlich abzuschmelzen, bis die tatsächlich zustehende Leistungshöhe erreicht ist. Was zumindest schneller vonstattengehen dürfte, da der 25 %-Aufschlag beim Abschmelzen zu berücksichtigen ist.

Der Leistungsanspruch muss **„bestandskräftig“** festgestellt sein. Hierunter fallen Verwaltungsakte, über die endgültig entschieden wurde, die dem Berechtigten bis zum 31.12.2023 bekannt gegeben worden sind, wenn kein Rechtsbehelfsverfahren anhängig ist und die Rechtsbehelfsfrist abgelaufen ist. Hierzu zählen auch Leistungsbescheide, die bis zum 31.12. bestandskräftig bewilligt worden sind, ohne dass bislang die Leistung erbracht wurde. Ein Bescheid über eine Badekur nach § 11 Abs. 2 BVG ist z. B. weiterhin gültig, auch wenn die Kur erst im Jahr 2024 angetreten wird. 15

Liegt zum 31.12.2023 ein unbefristeter Bescheid vor, erbringt der TdSE die Leistung, solange die **Leistungsvoraussetzungen weiterhin vorliegen**. Der Anspruch unterliegt nicht – wie bei befristeten Bescheiden – der Frist bis längstens 31.12.2023 nach § 145 Abs. 1. Der Nachteil ist, dass die Geldleistungen nach § 142 nicht jährlich zum 1.7. angepasst werden. Geldleistungen nach § 142 sind in § 150 bei der jährlichen Anpassung von **Geldleistungen** nicht aufgezählt. Die zum 31.12.23 ausgezahlte Höhe wird beibehalten. 16

Die **Sach- und Dienstleistungen** sind dagegen weiterhin als kostenfreie Leistung zu gewähren und passen sich der Höhe nach auch nach dem 1.1.2024 der **Preisentwicklung** an. Andernfalls würde mit den Jahren eine Finanzierungslücke zwischen geschützter Leistungshöhe und tatsächlichem Bedarf entstehen, der immer größer wird, und eine Ergänzung der Sach- oder Dienstleistung ggf. durch Sozialamt oder Eingliederungshilfestelle notwendig machen würde. Der Grundanspruch des SER auf eine kostenfreie Sach- bzw. Dienstleistung wäre dann nicht mehr erfüllt, stattdessen würde der TdSE nur noch einen Zuschuss zahlen. 17

18 **Einkommen und Vermögen** sind auch weiterhin auf die Leistungen anzurechnen, wenn dies im BVG vorgesehen war. Der Anrechnungsmodus richtet sich allerdings nach den Vorgaben im 23. Kapitel.

19 Ändert sich der **Lebenssachverhalt** und stellt der Berechtigte einen Antrag auf Neufeststellung nach § 149, ändert sich der Status der Berechtigten vom Bestandsfall zum Neufall, wenn die Leistungen nach den Kap. 1 bis 22 günstiger sind (s. Komm. zu § 149).

20 Abs. 1 S. 2 erstreckt den Besitzstandsschutz auch auf Leistungen, die bis „unmittelbar" vor dem 31. Dezember 2023 bezogen wurden und 2024 wieder bezogen worden wären, wenn das Recht sich nicht geändert hätte. Wenn es sich um eine **„kurzfristige" Unterbrechung** über den Jahreswechsel 2023/2024 hinaus handelt, bleibt der Grundanspruch nach § 142 auf die Leistung unberührt. Die Leistung kann nach dem Außerkrafttreten des BVG weiter bezogen werden.

21 Die unbestimmten Rechtsbegriffe **„unmittelbar"** vor dem 31.12.2023 und **„kurzfristig"** unterbrochen, sind weder im Gesetz noch in der Gesetzesbegründung definiert. Der Grundanspruch des § 142 erstreckt sich auf Geld-, Dienst- und Sachleistungen und im BVG gibt es die unterschiedlichsten Anlässe und Ereignisse, die zu einer Unterbrechung von einigen Wochen bis zu mehreren Monaten im Leistungsbezug führen können. Z. B.:

- Familienheimfahrten über Weihnachten und Neujahr unterbrechen stationäre Reha-Maßnahmen und Heimaufenthalte (z. B. § 24 Abs. 1 S. 3 BVG).
- Schwankende Einkünfte bei Selbstständigen, Gewinnbeteiligungen, Dividendenausschüttungen, Abfindungen aus Sozialplänen, Gratifikationen oder Bonuszahlungen etc. führen zu einer Unterbrechung im Leistungsbezug von einkommensabhängigen oder fürsorgerischen Leistungen.
- Der Anspruch auf Versorgungskrankengeld ruht während der Elternzeit und solange Arbeitslosengeld, Unterhaltsgeld, Mutterschaftsgeld oder Kurzarbeitergeld bezogen werden (§ 16 Abs. 4, 5 BVG).
- Stationäre Krankenhausaufenthalte führen zu einer Unterbrechung der Pflegeleistungen, der medizinischen oder beruflichen Reha (Übergangsgeld), der Haushaltshilfe oder des Kuraufenthaltes.
- Eine Leistung wird solange unterbrochen bis das einzusetzende Vermögen bis zur Schonbetragsgrenze aufgebraucht ist (z. B. § 45 Abs. 3 S. 6 BVG).
- Unterbrechungen und Verlängerung des Bezugs von Kinderzuschlag (§ 33b BVG) und Waisenrente (§ 45 BVG) durch Wechsel, Unterbrechung oder Verlängerung von Schul- oder Berufsausbildung.

– Ruhenstatbestände nach § 65 BVG, wenn es aufgrund desselben schädigenden Ereignisses Ansprüche auf Leistungen der Unfallversicherung und Unfallfürsorge gibt.

Der Blick in andere SGB gibt keine Lösung, da eine derartige Vielfalt von Unterbrechungsmöglichkeiten in keinem anderen Rechtsgebiet existiert. Einige gesetzliche Unterbrechungstatbestände sind von ihrer Dauer her völlig unbestimmt, z. B. der Vermögensaufbrauch. Wenn es hier zu keiner untergesetzlichen Regelung in Form eines Rundschreibens kommt, wird der TdSE im Einzelfall entscheiden müssen.

Unkompliziert ist die Situation, wenn die unterbrochene Leistung im SGB XIV **22** in vergleichbarer Form existiert, sodass die alte Leistung nicht mehr aufgenommen werden muss, sondern durch die SGB XIV-Leistung ab 1.1.2024 ersetzt wird. Das trifft z. B. auf das Versorgungskrankengeld zu, das in allen Altfällen durch das Krankengeld der Sozialen Entschädigung ersetzt wird. Alle Berechtigten erhalten ab 1.1.2024 Krankengeld nach § 47 SGB XIV i. V. m. §§ 44 ff. SGB V, sodass die Unterbrechung 2023 im Versorgungskrankengeldbezug unerheblich ist und die Leistung sowieso neu beschieden und berechnet werden muss. Höhe und Berechnung des Krankengeldes der Sozialen Entschädigung bei Beziehern von Arbeitslosengeld, Unterhaltsgeld oder Kurzarbeitergeld richtet sich z. B. ab 1.1.2024 nach § 47b SGB V.

Abs. 2 erweitert den Besitzstandsschutz auf Anträge, die bis zum 31. Dezem- **23** ber 2023 gestellt aber noch nicht bestandskräftig beschieden sind. Durch das Einbeziehen **offener Anträge** in den Besitzstandsschutz, wird sichergestellt, dass dessen Anwendbarkeit nicht von der – von den Antragstellern nicht (allein) zu beeinflussenden – Dauer des Verwaltungsverfahrens abhängt. Aufgrund der Dauer von Widerspruchs- und Klageverfahren im SER führt dies dazu, dass über Jahre hinweg Kenntnisse des alten BVG-Rechtes neben den SGB XIV-Kenntnissen bei den TdSE vorhanden sein müssen und beide Rechtssysteme parallel angewandt werden. Das dürfte insbesondere eine Herausforderung an die IT-Systeme der TdSE sein.

Nach § 142 Abs. 2 werden von den Besitzstandsschutzregelungen auch Leis- **24** tungsansprüche umfasst, die am 01.01.2024 noch **nicht bestandskräftig** beschieden worden sind. Es handelt sich z. B. um vor dem 01.01.2024 gestellte Anträge, die erst nach dem 31.12.2023 auf der Grundlage des BVG und nicht des SGB XIV entschieden werden. Die Leistungsvoraussetzungen des BVG in der Fassung zum 31.12.2023 müssen erfüllt sein. Wenn Widerspruchsverfahren, Klagen, Berufungen, Revisionen und Nichtzulassungsbeschwerden anhängig sind, kann es in Einzelfällen dazu kommen, dass erst mehrere Jahre nach Inkrafttreten des SGB XIV bestandskräftig über einen offenen Antrag nach dem BVG aus der Zeit vor dem 1.1.2024 entschieden wird.

Hierunter fallen nicht nur **Erstanträge**, sondern beispielsweise auch **Neufeststellungs-, Verschlimmerungs- und Überprüfungsanträge und Anträge auf weitergehende BVG-Leistungen**. Voraussetzung ist nur, dass die Anträge i. S. d. § 16 SGB I bis zum 31.12.2023 rechtsverbindlich bei einem Leistungsträger eingegangen sind und zum 01.01.2024 noch ein Verwaltungsverfahren oder ein Widerspruch oder eine Klage anhängig sind. (§ 87 SGG, § 74 VwGO) oder Widerspruchs-, Klagefristen und andere Rechtsbehelfsfristen zu diesem Zeitpunkt noch nicht abgelaufen sind (§ 84 Abs. 1 SGG, § 70 VwGO).

25 „Nicht bestandskräftig" i. S. d. § 142 Abs. 2 sind Anträge, die noch nicht endgültig, sondern nur **vorläufig** entschieden sind. Das Verwaltungsverfahren nach dem BVG ist noch nicht abgeschlossen, wenn rechtskräftige Bescheide nach §§ 10 Abs. 8, 25 Abs. 5 oder 60a BVG, nach § 22 Abs. 4 KOVVfG oder § 43 SGB I vorliegen. Die vorläufigen Leistungen werden weiter erbracht, bis ein endgültiger Bescheid vorliegt in dem der Leistungsanspruch und die Leistungshöhe nach dem BVG abschließend rechtskräftig festgestellt werden.

26 § 142 Abs. 2 betrifft nur offene Anträge. Keine Anwendung findet die Regelung auf **offene Verwaltungsverfahren von Amts** wegen bezüglich einer Minderung oder eines Entzugs von Leistungen nach §§ 45, 48 SGB X, § 66 SGB I oder § 2 OEG. Überprüfungen von Amts wegen sind in § 149 Abs. 1 Satz 2 abgehandelt und müssen als zusätzliche Hürde § 149 Abs. 2 nehmen und landen bei Änderung der GdS oder der anerkannten Schädigungsfolgen im neuen Recht. Dies trägt dem obersten Ziel des Bestandsschutzes laut Gesetzesbegründung Rechnung: der Sicherung der bisherigen hohen Versorgungsqualität.[864]

27 Abs. 3 wurde durch das SGB XII/SGB XIV AnpG gestrichen[865]. Er verwies auf § 152, wonach anstelle des Besitzstandsschutzes die Leistungserbringung nach den Kapiteln 1 bis 22 des SGB XIV gewählt werden kann. Der Verweis auf das Wahlrecht in § 143 war eine Dopplung, die nicht notwendig war und nicht zur Rechtsklarheit beigetragen hat. Das Wahlrecht ist abschließend in § 152 geregelt.

864 SozERG, Drs. 19/13824, S. 149.
865 BGBl. I 2023 Nr. 408.

§ 143
Heil- und Krankenbehandlung

(1) [1]Geschädigte, deren Anspruch auf Heilbehandlung nach dem Bundesversorgungsgesetz oder nach einem Gesetz, das das Bundesversorgungsgesetz ganz oder teilweise für entsprechend anwendbar erklärt, bestandskräftig festgestellt worden ist, erhalten ab 1. Januar 2024 Leistungen der Krankenbehandlung nach Kapitel 5. [2]Die §§ 45, 54 bis 59 und 61 gelten entsprechend.

(2) [1]Abweichend von Absatz 1 erhalten Geschädigte, deren Ansprüche auf einzelne Leistungen der Heilbehandlung nach dem Bundesversorgungsgesetz oder nach einem Gesetz, das das Bundesversorgungsgesetz ganz oder teilweise für entsprechend anwendbar erklärt, bis zum 31. Dezember 2023 bestandskräftig festgestellt worden sind, diese Leistungen in dem bewilligten Umfang. [2]Dies gilt auch für Ansprüche auf einzelne Leistungen der Heilbehandlung, die bis zum 31. Dezember 2023 beantragt, aber noch nicht bestandskräftig beschieden worden sind. [3]§ 18 a des Bundesversorgungsgesetzes in der am 31. Dezember 2023 geltenden Fassung findet auf Leistungen nach den Sätzen 1 und 2 weiter Anwendung.

(3) [1]Personen, deren Ansprüche auf einzelne Leistungen der Krankenbehandlung nach dem Bundesversorgungsgesetz oder eines Gesetzes, das das Bundesversorgungsgesetz ganz oder teilweise für entsprechend anwendbar erklärt, bis zum 31. Dezember 2023 bestandskräftig festgestellt worden sind, erhalten für sich oder die jeweils berechtigten Leistungsempfängerinnen und Leistungsempfänger diese Leistungen in dem bewilligten Umfang. [2]Dies gilt auch für Ansprüche auf einzelne Leistungen der Krankenbehandlung, die bis zum 31. Dezember 2023 beantragt, aber noch nicht bestandskräftig beschieden worden sind. [3]§ 18 a des Bundesversorgungsgesetzes in der am 31. Dezember 2023 geltenden Fassung findet auf Leistungen nach den Sätzen 1 und 2 weiter Anwendung.

(4) Zuständig für die Erbringung der Leistungen nach den Absätzen 2 und 3 bleiben die bis zum Außerkrafttreten des Bundesversorgungsgesetzes zuständigen Verwaltungsbehörden oder Krankenkassen.

(5) weggefallen

§ 143a
Wahrnehmung von Pflichten bei der Versorgung mit Hilfsmitteln

(1) [1]Die zuständige Verwaltungsbehörde nimmt für Hilfsmittel, die bis zum 31. Dezember 2023 nach dem Bundesversorgungsgesetz oder nach einem Gesetz, das das Bundesversorgungsgesetz ganz oder teilweise für entsprechend anwendbar erklärt,

erbracht wurden, die sich aus dem Medizinprodukterecht ergebenden Pflichten wahr. [2]Gleiches gilt für Hilfsmittel, die nach § 142 Absatz 2 oder § 143 Absatz 2 und 3 erbracht werden. [3]Die zuständige Verwaltungsbehörde kann im Einzelfall die zuständige Unfallkasse des Landes mit der Wahrnehmung der Pflichten beauftragen.

(2) [1]Im Fall einer Beauftragung nach Absatz 1 Satz 3 gilt § 61 Absatz 1 entsprechend. [2]§ 61 Absatz 2 gilt entsprechend mit der Maßgabe, dass anstelle des Erstattungsbetrages die Anschaffungskosten des Hilfsmittels zugrunde gelegt werden und die Verwaltungskosten einmalig nach Auftragserteilung zu erstatten sind.

Erläuterungen

Übersicht **Rn.**

A. Altes Recht

1 Die Vorschrift enthält eine Sonderregelung zu den Bestandsfällen für den Leistungsbereich der Heil- und Krankenbehandlung nach dem alten Recht. Das BVG unterschied zwischen Heil- und Krankenbehandlung. Einen Anspruch auf **Heilbehandlung** hatten ausschließlich Geschädigte für sich selbst, vor allem zur Behandlung der Gesundheitsstörungen, die wesentlich durch die anerkannten Schädigungsfolgen verursacht wurden (§ 10 Abs. 1 BVG). Bei Schwerbeschädigten mit einem GdS von mindestens 50 konnte, wenn kein Ausschlussgrund nach § 10 Abs. 7 BVG vorlag, ein Anspruch auf Heilbehandlung der Nichtschädigungsleiden zulasten des SER hinzukommen (§ 10 Abs. 2 BVG).

Voraussetzung für den Anspruch auf Krankenbehandlung nach § 143 Abs. 1 ist, dass der Grundanspruch auf Heilbehandlung der Geschädigten nach dem BVG oder einem Gesetz, das das BVG ganz oder teilweise für entsprechend anwendbar erklärt, i. S. v. § 40 SGB I bestandskräftig festgestellt worden ist.

2 **Krankenbehandlung** erhielten **nach dem BVG** Angehörige (§ 10 Abs. 4a BVG), Pflegepersonen (§ 10 Abs. 4b BVG) und Hinterbliebene (§ 10 Abs. 4c BVG) der Geschädigten. Einen Anspruch auf Krankenbehandlung hatten Hinterbliebene und der Geschädigte für seine Angehörigen, die mit ihm in häuslicher Gemeinschaft leben und überwiegend von ihm unterhalten werden oder für seine unentgeltliche dauerhafte Pflegeperson, wenn kein

Ausschlussgrund nach § 10 Abs. 7 BVG vorlag. Bei Angehörigen und Pflegepersonen muss man zwischen Anspruchsberechtigten, das sind immer die Geschädigten, und Leistungsempfängern, das sind Angehörige und Pflegepersonen, unterscheiden.

B. Neues Recht

Bestandsschutzfälle nach § 143 und **Vertrauensschutzfälle** nach § 151, die 3
zum Zeitpunkt des Außerkrafttretens des BVG einen rechtskräftig festgestellten Anspruch auf Heil- und Krankenbehandlung haben, erhalten ab 1.1.2024 Leistungen der Krankenbehandlung nach dem 5. Kapitel des SGB XIV. In Bezug auf Krankenbehandlung existiert kein Wahlrecht nach § 152. Es handelt sich durch den Verweis auf die Leistungen des 5. Kapitels des SGB XIV um eine Sonderregelung zum Besitzstand.

Alle Alt- und Neufälle erhalten Leistungen der Krankenbehandlung entsprechend dem Dritten Kapitel, Fünfter Abschnitt Erster Titel und Siebter Abschnitt **SGB V** und weitere Leistungen der Krankenbehandlung entsprechend der jeweiligen Satzung. Die Leistungen erbringt die nach § 57 Abs. 2 oder 3 zuständige **Krankenkasse** im Auftrag der Versorgungsverwaltung. Die Leistungen nach § 143 und 151 werden nach dem SGB XII/ SGB XIV-Änderungsgesetz nicht mehr spitzabgerechnet, sondern nach § 60 pauschal abgegolten.[866]

Das **SGB XIV** kennt im 5. Kapitel nur noch den Begriff der **„Krankenbe-** 4
handlung“. Verwirrenderweise sind die Krankenbehandlungsfälle des SGB XIV zu 99 % die Heilbehandlungsfälle nach § 10 Abs. 1 BVG. Der Heilbehandlungsanspruch nach § 10 Abs. 2 BVG und der Krankenbehandlungsanspruch nach § 10 Abs. 4 BVG hingegen entfallen nach dem SGB XIV bei Neufällen fast vollständig bzw. sind auf wenige Härtefälle begrenzt (§ 42 Abs. 2 bis 4).

Die **Bestandsschutzfälle** der Krankenbehandlung genießen **Vertrauensschutz** 5
und haben weiterhin einen Anspruch auf Absicherung gegen Krankheit nach § 151. Der Umfang der Vertrauensschutzleistungen richtet sich dabei nicht mehr nach § 12 BVG, sondern nach dem 3. Kapitel des SGB V. So verringert sich z. B. der 80 %-Zuschuss bei Zahnersatz (§ 12 Abs. 2 BVG) und es entfallen die Ansprüche auf Badekuren (§ 12 Abs. 3 BVG), Brillengläser, Kontaktlinsen, Brillengestelle (§ 11 Abs. 6 BVG) oder Versehrtenleibesübungen (§ 11a BVG).

866 Es handelt sich um eine rechtsförmliche Folgeänderung zur Neufassung des § 60 und der Einfügung des § 60a. Diese finden für den Personenkreis des § 143 nunmehr unmittelbar Anwendung (siehe § 60 Absatz 1 n. F.).

Diese Ansprüche auf im Kapitel 5 nicht mehr vorgesehene Leistungen, wie z.B. Badekuren oder Versehrtenleibesübungen werden pauschal nach § 144 Absatz 1 Satz 3 durch die 25 %-Erhöhung der laufenden Geldleistungen abgegolten. Sofern sich im Einzelfall darüber hinaus eine besondere Härte ergibt, besteht die Möglichkeit eines Härteausgleichs nach § 100, nicht nach § 42 Abs. 2 bis 4.

6 Abweichend von Absatz 1 können nach **Absatz 2** einzelne Leistungen der Heilbehandlung, wenn diese bis zum 31.12.2023 bewilligt oder beantragt wurden, in dem bewilligten oder beantragten Umfang auf der Grundlage des bisherigen Rechts erbracht werden. So kann etwa eine bis 31.12.2023 bewilligte Badekur auch noch nach Außerkrafttreten des BVG angetreten oder (weiter) durchgeführt werden.

7 Entsprechendes gilt nach **Absatz 3** für einzelne Leistungen der Krankenbehandlung (§ 10 Abs. 4 und 5 BVG), die bis zum 31. Dezember 2023 bestandskräftig festgestellt oder beantragt wurden. Angehörige von Schwerbeschädigten, Hinterbliebene etc. erhalten über den Besitzstandsschutz nach Absatz 3 hinaus grundsätzlich keine Leistungen der Krankenbehandlung nach Kapitel 5. Für die Absicherung gegen Krankheit besteht aber nach § 151 Vertrauensschutz, sodass keine Versorgungslücke entsteht.

8 Der **Umfang der Bestandsleistungen** richtet sich dabei im Gegensatz zu den Vertrauensschutzfällen weiterhin nach dem BVG (§ 11 BVG). Die Heilbehandlung umfasst ambulante ärztliche und zahnärztliche Behandlung, Versorgung mit Arznei- und Verbandsmitteln, Versorgung mit Heilmitteln einschließlich Krankengymnastik, Bewegungstherapie, Sprachtherapie und Beschäftigungstherapie sowie mit Brillengläsern und Kontaktlinsen, Versorgung mit Zahnersatz, Behandlung in einem Krankenhaus (Krankenhausbehandlung), Behandlung in einer Rehabilitationseinrichtung, häusliche Krankenpflege, Versorgung mit Hilfsmitteln, Belastungserprobung und Arbeitstherapie, nichtärztliche sozialpädiatrische Leistungen, Psychotherapie als ärztliche und psychotherapeutische Behandlung und Soziotherapie, Stationäre Behandlung in einer Kureinrichtung (Badekur), Ersatzleistungen (§§ 22ff. OrthV), Versehrtenleibesübungen, Versorgungskrankengeld mit Beitragsentrichtung.

Die Leistungen werden in dem bewilligten bzw. beantragten Umfang erbracht und nicht nach den Regelungen des SGB V. Beispielsweise können auch unter den Vorschriften des BVG bewilligte Badekuren nach dem Außerkrafttreten des BVG angetreten bzw. durchgeführt werden. Ebenso könnten Brillengläser oder Kontaktlinsen nach § 11 Abs. 1 Nr. 3 oder in Einzelfällen auch ein Brillengestell nach § 11 Abs. 6 Satz 2 BVG beschafft werden, wenn diese noch vor dem Außerkrafttreten des BVG beantragt oder bewilligt wurden.

Nach **Abs. 4** werden die bestandsgeschützten Leistungen der Heil- und Krankenbehandlung nach Abs. 2 und 3 weiterhin durch die Verwaltungsbehörden und Krankenkassen erbracht, die bis zum Außerkrafttreten des BVG nach § 18c Abs. 1 BVG zuständig waren. Im Rahmen dieser Zuständigkeit erbringen die Verwaltungsbehörden Zahnersatz, Versorgung mit Hilfsmitteln, Bewegungstherapie, Sprachtherapie, Beschäftigungstherapie, Belastungserprobung, Arbeitstherapie, Badekuren nach § 11 Abs. 2 und § 12 Abs. 3 BVG, Ersatzleistungen, Versehrtenleibesübungen, Zuschüsse zur Beschaffung von Zahnersatz, Beihilfe zu den Aufwendungen für fremde Führung, Erstattungen nach § 16g, Beihilfe nach § 17, Leistungen nach § 18 Abs. 3 bis 8 und § 24, soweit die Verwaltungsbehörde für die Erbringung der Hauptleistung zuständig ist, Kostenerstattungen an Krankenkassen, Beiträge zur gesetzlichen Rentenversicherung für Zeiten des Bezugs von Versorgungskrankengeld, Ersatz der Aufwendungen für die Alterssicherung sowie Beiträge zur Arbeitsförderung. Die übrigen Leistungen des § 11 BVG werden von den Krankenkassen für die Verwaltungsbehörde erbracht. 9

Da die nach Abs. 4 weiterhin zuständigen **Krankenkassen** Leistungen kraft gesetzlichen Auftrags erbringen, werden ihnen Aufwendungen und Verwaltungskosten pauschal nach § 60 erstattet. 10

Die Abs. 2 und 3 sorgen dafür, dass lange Zeit (z.B. bis zu 78 Wochen Zahlung von Versorgungskrankengeld) das **BVG-System** neben dem SGB XIV-System aufrechterhalten werden muss. Durch diese weitere BVG-Blase (eine weitere Blase findet sich in § 145) muss die Verwaltungsbehörde entsprechende Sachkenntnis, Verfahrensabläufe und Formulare nach dem BVG noch über Jahre vorhalten. Eigentlich sollten mit Einführung des SGB XIV Parallelsysteme vermieden werden, stattdessen wurden zusätzliche geschaffen. 11

Im BVG bestanden nur Soziales Entschädigungsrecht und Krankenversicherungsrecht nebeneinander.

Im **SGB XIV** existieren parallel das alte Recht des BVG, das neue Recht des SGB XIV in Bezug auf die ergänzenden Leistungen, das Hilfsmittelrecht des SGB VII einschließlich der Rechtsverordnung nach § 31 Absatz 2 des SGB VII und der gemeinsamen Richtlinien der Verbände der Unfallversicherungsträger über die Hilfsmittelversorgung im Bereich der gesetzlichen Unfallversicherung nach § 31 Absatz 2 Satz 2 SGB VII und das Leistungsrecht des SGB V, zusammen mit den Krankenkassensatzungen. Zum Teil überlappen sich diese Versorgungssysteme bei derselben Person: Ein Geschädigter erhält für die

Behandlung der Schädigungsfolgen Leistungen der Krankenkasse, Hilfsmittel der Unfallkasse mit ergänzenden Leistungen nach dem 5. Kapitel des SGB XIV, gleichzeitig führt er 2024 eine Badekur nach § 11 Abs. 2 BVG und seine Frau eine nach § 12 Abs. 3 BVG durch.

12 Der Umfang, in dem das BVG in das neue SGB XIV hineingezogen wird, nimmt immer mehr zu. Mit dem SGB XII/SGB XIV-Anpassungsgesetz wurde § 18a BVG sowohl in Abs. 2 als auch in Abs. 3 ergänzt.[867] In beiden Absätzen heißt es: § 18a BVG in der am 31.12.2023 geltenden Fassung findet auf Leistungen nach Satz 1 und 2 weiter Anwendung. Die Wiederaufnahme war notwendig, um Dauer von Leistungen der Heil- und Krankenbehandlung und die Feststellung des Dauerzustandes in Bezug auf die Gewährung von Versorgungskrankengeld festzulegen.

§ 18a BVG

(1) Die Leistungen nach den §§ 10 bis 24a werden auf Antrag gewährt; sie können auch von Amts wegen gewährt werden. Die Ausstellung eines Ausweises gilt als Antrag. Ist der Berechtigte Mitglied einer Krankenkasse, gelten Anträge auf Leistungen nach diesem Gesetz zugleich als Anträge auf die entsprechenden Leistungen der Krankenkasse, Anträge auf Leistungen der Krankenkasse zugleich als Anträge auf die entsprechenden Leistungen nach diesem Gesetz.

(2) Die Leistungen nach den §§ 10 bis 24a werden, sofern im Folgenden nichts anderes bestimmt ist, vom 15. des zweiten Monats des Kalendervierteljahrs, das der Antragstellung vorausgegangen ist, frühestens jedoch von dem Tag an gewährt, von dem an ihre Voraussetzungen erfüllt sind. Von Amts wegen werden die Leistungen von dem Tag an gewährt, an dem die anspruchsbegründenden Tatsachen der Krankenkasse oder Verwaltungsbehörde bekannt geworden sind.

(3) Versorgungskrankengeld ist von dem Tag an zu gewähren, von dem an seine Voraussetzungen erfüllt sind, wenn es innerhalb von zwei Wochen nach Eintritt der Arbeitsunfähigkeit oder nach dem Beginn der Behandlungsmaßnahme oder nach Wegfall des Anspruchs auf Fortzahlung des Lohnes oder Gehalts beantragt wird, sonst von dem Tage der Antragstellung an. Als Antrag gilt auch die Meldung der Arbeitsunfähigkeit. Ist der Antrag nicht fristgerecht gestellt, so ist das Versorgungskrankengeld für die zurückliegende Zeit zu gewähren, wenn unvermeidbare Umstände die Einhaltung der Frist unmöglich machten. Von Amts wegen wird Versorgungskrankengeld von dem Tag an gewährt, an dem die anspruchsbegründenden Tatsachen der Krankenkasse oder Verwaltungsbehörde bekannt geworden sind. Die Sätze 1 bis 4 gelten auch für die Beihilfe nach § 17.

(4) Für Leistungen nach den §§ 10 bis 24a, die in Monatsbeträgen zu gewähren sind, gilt § 60 sinngemäß.

867 Die nächste Regelung, die vom BVG ins SGB XIV übernommen wird, steht schon an: § 22 Abs. 3 BVG.

(5) Leistungen nach den §§ 10 bis 24a, die in Jahresbeträgen zu gewähren sind, werden vom ersten Januar des Jahres der Antragstellung an, frühestens vom Ersten des Monats an, in dem die Voraussetzungen erfüllt sind, gewährt. Von Amts wegen werden diese Leistungen vom ersten Januar des Jahres an gewährt, in dem der Krankenkasse oder der Verwaltungsbehörde die anspruchsbegründenden Tatsachen bekannt geworden sind, frühestens vom Ersten des Monats an, in dem die Voraussetzungen erfüllt sind. Auf einmalige Geldleistungen besteht nur Anspruch, wenn sie vor Ablauf von zwölf Monaten nach Entstehen der Aufwendungen beantragt werden.

(6) Die Leistungen nach den §§ 10 bis 24a werden, sofern im Folgenden nichts anderes bestimmt ist, bis zu dem Tag gewährt, an dem ihre Voraussetzungen entfallen. Sie werden bis zum Ablauf des Kalendervierteljahrs, in dem ihre Voraussetzungen entfallen sind, weiter gewährt, wenn die Behandlungsbedürftigkeit oder der regelwidrige Körperzustand fortbesteht. Tritt der Wegfall durch eine Einkommenserhöhung ein, gelten die Voraussetzungen als mit dem Zeitpunkt entfallen, in dem der Berechtigte Kenntnis von der Erhöhung erlangt hat. Beruht der Wegfall auf dem Tod des Schwerbeschädigten oder des Pflegezulageempfängers, enden die Leistungen mit Ablauf des sechsten auf den Sterbemonat folgenden Monats.

(7) Versorgungskrankengeld und Beihilfe nach § 17 enden mit dem Wegfall der Voraussetzungen für ihre Gewährung, dem Eintritt eines Dauerzustands, der Bewilligung einer Altersrente aus der gesetzlichen Rentenversicherung oder der Zahlung von Vorruhestandsgeld. Ein Dauerzustand ist gegeben, wenn die Arbeitsunfähigkeit in den nächsten 78 Wochen voraussichtlich nicht zu beseitigen ist. Versorgungskrankengeld und Beihilfe werden bei Wegfall der Voraussetzungen für ihre Gewährung bis zu dem Tag gewährt, an dem diese Voraussetzungen entfallen. Bei Eintritt eines Dauerzustands oder Bewilligung einer Altersrente werden Versorgungskrankengeld und Beihilfe, sofern sie laufend gewährt werden, bis zum Ablauf von zwei Wochen nach Feststellung des Dauerzustands, bei Altersrentenbewilligung bis zu dem Tag gewährt, an dem der Berechtigte von der Bewilligung Kenntnis erhalten hat. Bei Zahlung von Vorruhestandsgeld enden Versorgungskrankengeld und Beihilfe nach § 17 mit dem Tag, der dem Beginn des Vorruhestandes vorausgeht. Werden die Leistungen nicht laufend gewährt, so werden sie bis zu dem Tag der Feststellung des Dauerzustands oder des Beginns der Altersrente gewährt. Die Feststellung eines Dauerzustands ist ausgeschlossen, solange dem Berechtigten stationäre Behandlungsmaßnahmen gewährt werden oder solange er nicht seit mindestens 78 Wochen ununterbrochen arbeitsunfähig ist; Zeiten einer voraufgehenden, auf derselben Krankheit beruhenden Arbeitsunfähigkeit sind auf diese Frist anzurechnen, soweit sie in den letzten drei Jahren vor Eintritt der Arbeitsunfähigkeit liegen. Badekuren und stationäre Behandlungen in Rehabilitationseinrichtungen enden mit Ablauf der für die Behandlung vorgesehenen Frist. Leistungen, die in Jahresbeträgen zuerkannt werden, enden mit Ablauf des Kalenderjahrs, in dem die Voraussetzungen für ihre Gewährung entfallen sind.

13 Problematisch ist die Versorgung mit **Hilfsmitteln** auf der Grundlage der Orthopädieverordnung. Zuständige Verwaltungsbehörden wären die Orthopädischen Versorgungsstellen (§ 24 Abs. 2 Satz 1 SGB I), die ab 1.1.2024 nicht mehr existieren. Hilfsmittelversorgungen mit der Anpassung, Wartung und Instandsetzung individuell angepasster und wiedereinsetzbarer Hilfsmittel (§ 13 Abs. 3 und 4 BVG) oder die Versorgung mit Stoma- und Inkontinenzartikeln (§ 16 Nr. 4 OrthV) können sich über einen längeren Zeitraum erstrecken. Für die Hilfsmittelversorgung nach § 46 sind mit Inkrafttreten des SGB XIV die Unfallversicherungen der Länder im Auftrag der Verwaltungsbehörde zuständig. (§ 57 Abs. 5 Satz 1), die sind als Leistungsträger nach § 143 nicht vorgesehen.

14 **Abs. 5** wurde durch das SGB XII/SGB XIV AnpG gestrichen.[868] Es handelt sich um eine rechtsförmliche Folgeänderung zur Neufassung des § 60. Die dortigen Regelungen zur Erstattung der Aufwendungen der Krankenkassen und der Verwaltungskostenpauschale gelten nun auch für die in § 143 und § 151 geregelten Leistungen, sodass Abs. 5 ersatzlos gestrichen werden konnte.

Soweit die Krankenkassen nach Abs. 4 zuständig sind, erbringen sie Leistungen kraft gesetzlichen Auftrages. Ihr Anspruch auf Erstattung ihrer Aufwendungen (S. 1) und Verwaltungskosten (S. 2) für Bestandsfälle nach § 143 und Vertrauensschutzfälle nach § 151 werden nicht mehr spitz erstattet, wie im ursprünglichen Gesetzentwurf vorgesehen, sondern werden zusammen mit den Neufällen im Zuge der Auftragsverwaltung nach dem 5. Kapitel pauschal nach § 60 zwischen den Krankenkassen und den TdSE abgerechnet.

§ 144
Geldleistungen

(1) [1]Berechtigte nach § 142 Absatz 1, die im Dezember 2023 Geldleistungen erhalten haben, erhalten einen monatlichen Betrag, der sich aus der Summe dieser Geldleistungen ergibt. [2]Geldleistungen im Sinne des Satzes 1 sind folgende Leistungen nach dem Bundesversorgungsgesetz in der am 31. Dezember 2023 geltenden Fassung:

1. **die Führzulage nach § 14,**
2. **der Berufsschadensausgleich nach § 30 Absatz 3 bis 12,**
3. **die Grundrente nach § 31 Absatz 1 Satz 1 und den §§ 38, 40, 42, 45, 46,**
4. **die Alterszulage nach § 31 Absatz 1 Satz 2,**
5. **die Schwerstbeschädigtenzulage nach § 31 Absatz 4,**
6. **die Ausgleichsrente nach den §§ 32, 34, 41, 47,**

868 BGBl. I 2023 Nr. 408.

7. der Ehegattenzuschlag nach § 33 a,
8. der Kinderzuschlag nach § 33 b,
9. die Pflegezulage nach § 35 Absatz 1,
10. der nach § 35 Absatz 6 Satz 2 den Beschädigten und Hinterbliebenen von den Versorgungsbezügen zu belassende Betrag,
11. der Schadensausgleich nach § 40 a,
12. der Pflegeausgleich nach § 40 b,
13. die Witwen- und Waisenbeihilfe nach § 48 sowie
14. die Elternrente nach den §§ 49 bis 52.

[3]Der sich nach Satz 2 ergebende Betrag wird um 25 Prozent erhöht. [4]Bei der Berechnung der von Einkommen beeinflussten Leistungen nach Satz 2 bleiben Anrechnungen von einmaligen Leistungen im Wege der Verrentung unberücksichtigt. [5]Ist eine Grundrente kapitalisiert nach § 72 Bundesversorgungsgesetz oder nach § 1 Absatz 1 Rentenkapitalisierungsgesetz-KOV, verringert sich der Betrag nach Satz 1 während des Abfindungszeitraums um den kapitalisierten Betrag. [6]Bei der Feststellung der Geldleistungen bleiben Beträge unberücksichtigt, die nach § 65 des Bundesversorgungsgesetzes zum Ruhen der Versorgungsleistungen geführt haben.

(2) [1]Der Anspruch nach Absatz 1 Satz 1 und 2 erlischt
1. bei Witwen und Witwern durch Wiederverheiratung einer Witwe oder eines Witwers,
2. bei Waisen durch Wegfall der Voraussetzungen nach § 45

des Bundesversorgungsgesetzes in der bis zum 31. Dezember 2023 geltenden Fassung. [2]Das Erlöschen betrifft nur den von einem oder einer Berechtigten abgeleiteten Anspruch.

(3) Der Betrag nach Absatz 1 Satz 1 und 2 verringert sich um folgende Anteile, wenn die Anspruchsvoraussetzungen der folgend genannten Leistungen dem Grunde nach wegfallen:
1. den Anteil des Ehegattenzuschlags nach § 33 a,
2. den Anteil des Kinderzuschlags nach § 33 b des Bundesversorgungsgesetzes in der bis zum 31. Dezember 2023 geltenden Fassung.

(4) Für Berechtigte nach § 142 Absatz 2 gilt Absatz 1 entsprechend, wenn für Dezember 2023 ein Anspruch auf die in Absatz 1 genannten Geldleistungen festgestellt wird.

Erläuterungen

Abweichend von § 142 Absatz 1 werden die in § 144 Absatz 1 Satz 2 abschließend aufgezählten unbefristeten laufenden Geldleistungen nicht weiter nach dem BVG bzw. den hierauf verweisenden Gesetzen erbracht. Vielmehr werden nach Absatz 1 Satz 1 die Beträge, die die berechtigte Person 1 für den Dezember 2023 erhalten hat, addiert. Dieser Betrag wird gem. Satz 3 um 25 Prozent erhöht, um zu kompensieren, dass Leistungen, die sich bei Fortgeltung des BVG weitere Leistungsansprüche hätten ergeben können, im neuen Recht nicht mehr enthalten sind, z.B. Ansprüche auf eine Badekur, auf Versehrtenleibesübungen, auf Kranken-, Alten- oder Erholungshilfe. Die sich so ergebende Summe wird monatlich ab Januar 2024 unbefristet gezahlt.[869]

2 Bei der Gesamtsumme plus 25 % Aufschlag nach § 144 handelt es sich um eine neue Geldleistung. Die einzelnen laufenden Geldleistungen des BVG, die hier zusammenaddiert wurden, verlieren ihren Leistungszweck und somit auch ihren Anrechnungsschutz.

3 Über die neue Geldleistung ergeht nach dem Inkrafttreten des SGB XIV von Amts wegen ein Bescheid des TdSE. Mit dem Inkrafttreten des SGB XIV zum 1.1.2024 kam es zu einer wesentlichen Rechtsänderung. Die Leistung muss nicht von den Berechtigten beantragt werden. Bei dem zu erlassenden Bescheid handelt es sich um einen Bescheid nach § 48 Abs. 1 Satz 2 Nr. 1 SGB X. Allein die 25 %-Anhebung der Leistungshöhe sorgt dafür, dass es sich um einen Bescheid zu Gunsten der Berechtigten handelt. Soweit in den tatsächlichen oder rechtlichen Verhältnissen, die beim Erlass eines Verwaltungsaktes mit Dauerwirkung vorgelegen haben, eine wesentliche Änderung eintritt, ist der Verwaltungsakt mit Wirkung für die Zukunft aufzuheben. Die bisherigen Leistungsbescheide nach dem BVG sind mit Wirkung zum 01.01.2024 aufzuheben.

4 § 144 SGB XIV zählt abschließend die laufenden Geldleistungen nach dem BVG auf, die zu summieren sind. Die Summe des Betrages nach § 144 Abs. 1 S. 1 SGB XIV ist um 25 % zu erhöhen.

Nach § 142 Abs. 1 Satz 1 erhalten Berechtigte, die im Dezember 2023 Geldleistungen erhalten haben, einen monatlichen Betrag, der sich aus der Summe dieser Geldleistungen ergibt. Dieser erste Satz birgt bereits einigen Interpretationsbedarf. Zum einen erhalten die Berechtigten die **Dezemberzahlungen** schon im November 2023 (§ 66 Abs. 1 Satz 1 BVG). Zum anderen können Teile der monatlichen **Bezüge an Dritte** ausgezahlt werden und die Berechtigten erhalten auf ihr Konto nur eine Teilzahlung. Es sind viele Konstellationen denkbar in denen die monatlichen Versorgungsbezüge aufgeteilt und an verschiedene Empfänger ausgezahlt werden. Das ist z.B. der Fall bei stationären Unterbringungen in Pflegeheimen und anderen stationären Einrichtungen, bei Darlehen der Kriegsopferfürsorge zahlt die Bundeskasse

869 SozERG, Drs. 19/13824, S. 149.

Trier die Darlehensraten aus den monatlichen Bezügen direkt auf die Darlehenskonten der Bundeskasse Halle aus, bei Rentenkapitalisierungen (s. Rn. 7 zu § 144) wird die kapitalisierte Grundrente an die KfW-Bank gezahlt, bei Pfändungen an die Gläubiger. Teile der Geldleistungen können auf Wunsch des Berechtigten direkt an Verwandte oder Vermieter gezahlt werden. Die Aufteilung der monatlichen Geldleistung auf Veranlassung des Berechtigten an mehrere Empfänger ändert nichts daran, dass von dem kompletten Auszahlungsbetrag aller Geldleistungen nach dem BVG im Einzelfall des Berechtigten für den Dezember 2023 bei der Berechnung der Geldleistung nach § 144 auszugehen ist. Die Zahlungsmodalitäten spielen dabei keine Rolle und können auch nach Inkrafttreten des SGB XIV beibehalten werden.

Entscheidend ist die bestandskräftig festgestellte Höhe der einzelnen Leistungen, die für Dezember 2023 im Fall des Berechtigten tatsächlich ausgezahlt wurden. Wenn sie als Teil einer anderen Sozialleistung ausgezahlt wurden (z. B. als Teil der Heimkosten nach § 35 Abs. 6 BVG), müssen sie wieder herausgerechnet werden.

Kurzfristige Unterbrechungen im Leistungsbezug unmittelbar vor dem 31. Dezember 2023 lassen die Ansprüche auf Leistungen unberührt. Der Grundsatz des § 142 Abs. 1 Satz 2 gilt für das gesamte 23. Kapitel. Berechnet wird der zustehende Geldbetrag erst dann, wenn der Unterbrechungsgrund beseitigt und die Geldzahlung wieder aufgenommen wurde.

Bei **vorläufig** festgestellten Leistungen, z. B. nach § 60a BVG kommt es nach der vorläufigen zu einer endgültigen Berechnung der Gesamtsumme, wenn der korrekte Zahlbetrag für Dezember 2023 nachträglich festgestellt wurde.

„Eingefrorene Geldleistungen“ nach § 48 Abs. 3 SGB X sind nicht im ab- 5
schließenden Leistungskatalog des § 144 aufgezählt. Sie zählen u. U. zu den Geldleistungen nach § 142 (s. Rn. 14 zu § 144).

Bei der Berechnung der von Einkommen beeinflussten Leistungen nach § 144 6
Abs. 1 Satz 4 SGB XIV bleiben Anrechnungen von **einmaligen Leistungen** im Wege der Verrentung gemäß § 144 Abs. 1 Satz 4 SGB XIV unberücksichtigt. Gemeint sind z. B. Einmalbeträge aus Lebensversicherungen oder Sozialplänen bei Insolvenz der Arbeitgeber. § 144 weicht hier von der Regelung im BVG zugunsten der Berechtigten ab, indem es von einer Anrechnung solcher Zahlungen bei einkommensabhängigen Leistungen absieht. Im BVG werden solche Einmalzahlungen in Monatsbeträge umgelegt auf der Grundlage des im Versicherungswesen für die Verrentung des Kapitals üblichen Verfahrens.[870]

870 Auf der Grundlage der Sterbetafel DAV 2004 R wird das voraussichtliche Lebensalter und die Sterblichkeitswahrscheinlichkeit berechnet. (s. z. B. BMAS-RS SER 2 – 54422 vom 20.10.2014).

Hier kommt es zu einem weiteren Systembruch, denn sofern eine Anrechnung solcher verrenteten Beträge auf die Versorgungsbezüge für Dezember 2023 stattgefunden hat, ist die Geldleistungen nach § 144 SGB XIV für Januar 2024 neu zu berechnen, ohne den verrenteten Betrag zu berücksichtigen.

7 Nach Abs. 1 Satz 5 verringert sich bei einer **Kapitalisierung der Grundrente** nach §§ 72 ff. BVG und dem KOV-RentKapG der festzustellende Geldbetrag nach § 144 während des Abfindungszeitraums um den kapitalisierten Betrag.

Nach der Feststellung der Summe der Geldleistungen nach § 144 Abs. 1 Satz 1 SGB XIV wird der monatliche Rentenbetrag, der der Kapitalisierung zugrunde lag, von dieser Summe abgezogen. Bei der Berechnung der 25 %-Erhöhung ist aber von dem Gesamtbetrag der Grundrente auszugehen. Es handelt sich um einen weiteren Fall, in dem Teile der monatlichen Bezüge im Dezember 2023 an Dritte ausgezahlt wurden (vgl. Rn. 3 zu § 144). In diesem Fall die Darlehensrate in Höhe der kapitalisierten Grundrente an die KfW-Bank als Darlehensgeber. Die Darlehensraten sind Bestandteil der monatlichen Bezüge der Berechtigten. Sie werden als Teil der Gesamtsumme nach § 144 auf der Grundlage des § 150 jährlich angepasst und zum 1.1.2024 um 25 % erhöht.

8 Nach Absatz 1 Satz 6 bleibt der Teil der Versorgungsbezüge, der nach **§ 65 BVG** ruht, bei der Berechnung der Geldleistungen nach § 144 SGB XIV unberücksichtigt. Der Anspruch nach dem BVG ruht in Höhe der Leistungen der Unfallversicherung oder der beamtenrechtlichen Unfallfürsorge, wenn der Anspruch auf Versorgungsbezüge auf derselben Ursache – sprich demselben schädigenden Ereignis – beruht.

9 **Abs. 2** regelt das Erlöschen des sich aus Absatz 1 ergebenden Betrages bei bestimmten Sachverhaltsänderungen und Änderungen der Anspruchsvoraussetzungen. Der **Anspruch auf Hinterbliebenenversorgung erlischt**, wenn Verwitwete wieder heiraten oder bei Waisen die Voraussetzungen des § 45 BVG für die Waisengrundrente entfallen, z.B. weil die Berechtigten die Altersgrenze von 18 bzw. 27 Jahren erreichen.

Das Gesetz zur Förderung eines inklusiven Arbeitsmarktes hat eine Gesetzeslücke geschlossen, indem es in § 144 Abs. 2 den Satz anfügte: „Das Erlöschen betrifft nur den von einem oder einer Berechtigten abgeleiteten Anspruch."[871] Wenn Berechtigte gleichzeitig Geschädigte und Hinterbliebene sind, z.B. bei Schockschäden aufgrund einer Tötung des Ehepartners oder Elternteils, erlischt nur der Teilbetrag der Hinterbliebenenversorgung als

871 Art. 8 Nr. 4 des InkArbFG vom 13.6.2023.

abgeleiteter Anspruch. Die Ansprüche auf den Betrag nach § 144 in Höhe der Beschädigtenversorgung bleiben bestehen. Der ursprüngliche Wortlaut ließ die Auslegung zu, dass immer der komplette Anspruch nach § 144 erlischt. Das war vom Gesetzgeber nicht gewollt.

Nach **Abs. 3** verringert sich der monatliche Betrag um den Anteil des Ehe- **10**
gatten- und des Kinderzuschlages, sobald Voraussetzungen nach §§ 33a und 33b BVG wegfallen. Das ist der Fall bei einer Scheidung oder wenn der Ehepartner verstirbt und wenn der Kinderstatus entfällt, z. B. weil die Altersgrenze von 18 bzw. 27 Lebensjahren erreicht wurde.

Die Geldleistung nach § 144 verringert sich ausschließlich um den Betrag, der im Dezember 2023 in §§ 33a und 33b BVG festgeschrieben war. Das sind und bleiben 100 Euro Ehegattenzuschlag nach § 33a BVG und 250 Euro Kinderzuschlag i. H. d. Kindergeldes 2023 nach § 33b BVG.

Die Anpassungen nach § 150 und die 25 %-Erhöhung nach § 144 werden nicht rückabgewickelt. Die 25 %-Erhöhung ersetzt einmalige Geldleistungen des BVG, die im SGB XIV entfallen sind und in keinem Zusammenhang mit Ehegatten- und Kinderzuschlag stehen. Die jährliche Anpassung betrifft die Geldleistung nach § 144 als neue Leistung des SGB XIV. Diese Gesamtleistung wird unabhängig von darin enthaltenen früheren Einzelleistungen als Ganzes jährlich angepasst.

Abs. 4 betrifft offene Anträge auf Leistungen nach dem BVG, die bis zum **11**
31. Dezember 2023 gestellt wurden, die aber erst nach dem 1.1.2024 entschieden wurden. Wurden rückwirkend, also für den Zeitraum bis Ende 2023, Leistungen bewilligt, erhalten Berechtigte diese Leistungen bis Ende 2023 nach dem BVG bzw. dem hierauf verweisenden Gesetz. Ab dem 1. Januar 2024 erhalten sie rückwirkend den nach § 144 zu errechnenden Betrag.

Führzulage (§ 144 Abs. 1 Satz 2 Nr. 1 bzw. § 14 BVG) und **Kleider- und** **12**
Wäscheverschleiß (§ 144 Abs. 1 Satz 2 Nr. 2 bzw. § 15 BVG) sind sowohl im 5. als auch im 23. Kapitel als Leistung für Bestandsfälle enthalten.

Beide Leistungen sind im BVG und im SGB VII Teil der Heil- und Krankenbehandlung (§§ 10 bis 24 BVG) bzw. im SGB VII insbesondere Leistungen der Hilfsmittelversorgung (§ 31 SGB VII). Beide laufenden Geldleistungen werden von BVG und SGB VII als Folgekosten der Hilfsmittelversorgung angesehen und gehören daher zu deren Leistungsspektrum.

Nach § 46 Abs. 1 Nr. 1 i. V. m. § 2 Abs. 2 OrthVersorgUVV erhalten Versicherte, die infolge eines Versicherungsfalls erblindet sind, zum Unterhalt eines Blindenführhunds oder zu den Aufwendungen für fremde Führung einen monatlichen Zuschuss in Höhe des in § 14 des Bundesversorgungsgesetzes jeweils festgesetzten Betrags.

Der Kleider- und Wäscheverschleiß ist im 5. Kapitel sogar zweimal aufgeführt einmal in § 46 Abs. 1 Nr. 2 und ein weiteres Mal in Abs. 2 Nr. 2 i. V. m. Nr. 5 UK-Hilfsmittel-RL: Verursachen die Gesundheitsschäden außergewöhnlichen Verschleiß an Kleidung und Wäsche, sind die dadurch entstehenden Kosten durch einen monatlichen Pauschbetrag zu ersetzen. Für Voraussetzungen und Höhe der Entschädigung für Kleider- und Wäscheverschleiß gilt § 15 Bundesversorgungsgesetz entsprechend.

Der Kleider- und Wäscheverschleiß wurde mit dem SGB XII/SGB XIV-ÄndG gestrichen. Laut Gesetzesbegründung wurde mit der Änderung eine unbeabsichtigte Doppelbegünstigung beseitigt. Nach § 143 Abs. 1 Satz 1 i. V. m. § 46 Abs. 1 Satz 1 Nr. 2 erhalten Geschädigte, mit einem Anspruch auf Heilbehandlung nach § 10 Abs. 1 BVG einen Pauschbetrag für außergewöhnlichen Verschleiß von Kleidung und Wäsche. Eine zusätzliche Berücksichtigung in § 144 Abs. 1 ist daher nicht gerechtfertigt.

Die Führzulage müsste ebenfalls aus § 144 gestrichen werden.

13 In Absatz 1 Satz 2 Nr. 4 ist in der Grundrente nach § 31 Absatz 1 Satz 1 BVG auch das besondere berufliche Betroffensein nach § 30 Abs. 2 BVG enthalten. Es wird zwar nicht ausdrücklich als Geldleistung aufgelistet, zählt aber zum Gesamt-GdS i. S. v. § 144 Abs. 1 Satz 2 Nr. 4 und § 152 Abs. 1 Satz 2.

14 In § 144 Abs. 1 Satz 2 Nr. 10 müsste der nach § 35 Absatz 6 Satz 2 den Beschädigten und **„Hinterbliebenen“** von den Versorgungsbezügen zu belassende Betrag korrigiert werden, denn nicht Hinterbliebene, sondern **„Angehörige“** erhalten eine Leistung nach § 35 Abs. 6 Satz 2 in Höhe der Hinterbliebenenbezüge.

Noch gravierender ist aber die Tatsache, dass diese Leistung ab 1.1.2024 nicht mehr existiert, sondern die Versorgungsbezüge in voller Höhe an die Pflegebedürftigen auszuzahlen sind. Die Geldbeträge nach § 35 Abs. 6 BVG waren nie eine eigenständige Geldleistung nach dem BVG, sondern nur Teilbeträge der monatlichen Bezüge (sog. „Taschengeld“ oder „Barbetrag“ in anderen Sozialgesetzen), die den Pflegebedürftigen und Angehörigen bei stationärer Pflege verblieben, während der Hauptteil der monatlichen Versorgungsbezüge direkt als Teil der Heimkosten an die Pflegeheime ausgezahlt wurde.

Nach § 35 Abs. 6 BVG werden für Beschädigte, die infolge der Schädigung dauernder Pflege im Sinne des Absatzes 1 bedürfen, wenn geeignete Pflege sonst nicht sichergestellt werden kann, die Kosten der nicht nur vorübergehenden Heimpflege, soweit sie **Unterkunft, Verpflegung** und Betreuung einschließlich notwendiger Pflege umfassen, unter **Anrechnung auf die Versorgungsbezüge** übernommen. Jedoch ist den Beschädigten von ihren Versorgungsbezügen zur Bestreitung der sonstigen Bedürfnisse ein Betrag in Höhe der Beschädigtengrundrente nach einem Grad der Schädigungsfolgen von 100 und den Angehörigen ein Betrag mindestens in Höhe der Hinterbliebenenbezüge zu belassen.

Nach § 146 Abs. 1 erhalten alle Personen, die Leistungen nach § 35 Abs. 2 und 6 BVG in der am 31. Dezember 2023 geltenden Fassung erhalten haben oder nach § 142 Absatz 2 erhalten würden, ab dem 1. Januar 2024 Leistungen nach Kapitel 7.

Geschädigte erhalten bei schädigungsbedingter Pflegebedürftigkeit Leistungen entsprechend dem Vierten Kapitel des Elften Buches und ergänzende Pflegeleistungen nach § 75 **ohne Anrechnung auf ihre Versorgungsbezüge**, ihr Einkommen oder Vermögen. Ergänzende Leistungen in Bezug auf die stationäre Pflege sind in § 75 abschließend aufgezählt und umfassen **nicht die Kosten für Unterkunft und Verpflegung**. Die Aufwendungen für Unterkunft und Verpflegung sind grundsätzlich von den Pflegebedürftigen selbst zu tragen (§ 82 Abs. 1 Nr. 2 SGB XI).

Ab 1.1.2024 gibt es keine Gesetzesgrundlage mehr dafür, monatlich Bezüge einzubehalten und nur einen Teilbetrag auszuzahlen. (s. § 146 Rn. 3).

§ 145
Befristete oder auf Zeit erbrachte Leistungen

(1) [1]Berechtigte nach § 142 Absatz 1 oder Absatz 2, die

1. **im Dezember 2023 befristete Geldleistungen oder befristete Sachleistungen nach dem Bundesversorgungsgesetz in der am 31. Dezember 2023 geltenden Fassung oder nach einem Gesetz, das das Bundesversorgungsgesetz ganz oder teilweise für entsprechend anwendbar erklärt, bezogen haben, und**
2. **binnen zwei Wochen nach Ablauf der Befristung die Weiterbewilligung der Leistung nach dem Bundesversorgungsgesetz in der am 31. Dezember 2023 geltenden Fassung oder nach einem Gesetz, das das Bundesversorgungsgesetz ganz oder teilweise für entsprechend anwendbar erklärt, in der am 31. Dezember 2023 geltenden Fassung beantragen,**

erhalten die bezogenen Leistungen nach dem Bundesversorgungsgesetz in der am 31. Dezember 2023 geltenden Fassung oder nach einem Gesetz, das das Bundesversorgungsgesetz ganz oder teilweise für entsprechend anwendbar erklärt, weiter

bis längstens zum 31. Dezember 2033. [2]Satz 1 findet auf Leistungen nach § 143 Absatz 2 und Absatz 3 keine Anwendung.

(2) Leistungen im Sinne des Absatzes 1 sind insbesondere folgende Leistungen nach dem Bundesversorgungsgesetz in der am 31. Dezember 2023 geltenden Fassung:
1. **die Hilfe zur Pflege nach § 26 c,**
2. **die Leistungen zur Weiterführung des Haushalts nach § 26 d für Hinterbliebene,**
3. **die Erziehungsbeihilfe nach § 27,**
4. **die Ergänzende Hilfe zum Lebensunterhalt nach § 27 a für Hinterbliebene sowie**
5. **die Eingliederungshilfe für Menschen mit Behinderungen nach § 27 d Absatz 1 Nummer 3.**

(3) Soweit die Weiterbewilligung der Leistung für Zeiten ab dem 1. Januar 2024 beantragt wird, richtet sich der Einsatz von Einkommen und Vermögen nach dem Bundesversorgungsgesetz und nach der Verordnung zur Kriegsopferfürsorge jeweils in der am 31. Dezember 2023 geltenden Fassung mit der folgenden Maßgabe, dass:
1. **an die Stelle der Einkommensgrenze nach § 25 e Absatz 1 in der am 31. Dezember 2023 geltenden Fassung des Bundesversorgungsgesetzes die Einkommensgrenze nach § 107 Absatz 1 tritt,**
2. **an die Stelle des Grundbetrags nach § 26 c Absatz 5 Satz 1 Nummer 1 des Bundesversorgungsgesetzes in der am 31. Dezember 2023 geltenden Fassung ein Betrag in Höhe des Vierfachen der Regelbedarfsstufe 1 nach der Anlage zu § 28 des Zwölften Buches tritt,**
3. **an die Stelle des Grundbetrags nach § 26 c Absatz 5 Satz 1 Nummer 2 des Bundesversorgungsgesetzes in der am 31. Dezember 2023 geltenden Fassung ein Betrag in Höhe des Achtfachen der Regelbedarfsstufe 1 tritt,**
4. **an die Stelle der Einkommensfreibeträge nach der Verordnung zur Kriegsopferfürsorge in der am 31. Dezember 2023 geltenden Fassung die Einkommensfreibeträge der Verordnung nach § 109 treten und**
5. **bei der Ermittlung der Vermögensschonbeträge nach § 25 f des Bundesversorgungsgesetzes in der am 31. Dezember 2023 geltenden Fassung an Stelle des Betrages von**
   a) **40 Prozent des Bemessungsbetrages ein Betrag in Höhe des 40fachen der Regelbedarfsstufe 1 zugrunde gelegt wird,**
   b) **35 Prozent des Bemessungsbetrages ein Betrag in Höhe des 35fachen der Regelbedarfsstufe 1 zugrunde gelegt wird,**
   c) **20 Prozent des Bemessungsbetrages ein Betrag in Höhe des 20fachen der Regelbedarfsstufe 1 zugrunde gelegt wird und**
   d) **2 Prozent des Bemessungsbetrages ein Betrag in Höhe des zweifachen der Regelbedarfsstufe 1 zugrunde gelegt wird.**

(4) Die Absätze 1 bis 3 gelten nicht, wenn die Leistungen nach Kapitel 1 bis 4 und 6 bis 22 erbracht werden können und diese für die Berechtigten mindestens gleichwertig sind.

Erläuterungen

Die Vorschrift regelt den Besitzstandsschutz hinsichtlich befristeter oder auf Zeit erbrachter Leistungen. Bis zum 31. Dezember 2033 kommt eine Weiterbewilligung in Betracht, wenn diese unmittelbar im Anschluss an die Beendigung der Befristung beantragt wird und die Voraussetzungen nach dem BVG weiter vorliegen. Der Weiterbewilligungsantrag kann noch während des laufenden Bewilligungszeitraums oder bis zu zwei Wochen nach Beendigung der Befristung gestellt werden. Für Weiterbewilligungsanträge, die ab dem 1. Januar 2034 gestellt werden, gilt das neue Recht. 1

Die bisherigen Leistungen der Kriegsopferfürsorge (§§ 26–27d BVG) werden i. d. R. auf ein Jahr befristet oder auf Zeit, solange die Voraussetzungen vorliegen, erbracht.

Bestandsschutzfälle, z. B. Hinterbliebene, wenn der Geschädigte an Nichtschädigungsleiden verstorben ist, oder Geschädigte für nichtschädigungsbedingte Bedarfe, haben nur Vertrauensschutz im 23. Kapitel und keinerlei Ansprüche nach den Kap. 1 bis 22. Wenn sie den Schutzbereich des 23. Kapitels verlassen, müssten sie die Folgeanträge auf Sozialhilfe und Eingliederungshilfe bei den jeweiligen Trägern stellen. Direkte Anträge auf Leistungen der Sozialen Entschädigung nach Kapitel 1–22, ohne dass ein Anspruch nach Kap. 23 festgestellt wurde, würden durch die Konzentration auf die schädigungsbedingten Bedarfe des Geschädigten und den Ausgleich der anerkannten Schädigungsfolgen im SGB XIV abgelehnt. 2

Für diese Bestandsschutzfälle schafft § 145 eine „BVG-Blase", die noch bis zu 10 Jahre lang, Fälle mit den bereits gewährten Kriegsopferfürsorgeleistungen auf der Basis des BVG und der KFürsV weiter versorgt. Das SGB XIV stellt in Bezug auf Hinterbliebene die Altfälle besser als die Hinterbliebenen, deren Partner nach dem 1.1.2024 an den Schädigungsfolgen gestorben sind und die daher einen Anspruch auf Leistungen der Kapitel 1 bis 22 haben. „Neue" Hinterbliebene erhalten fürsorgerische Leistungen nach Kap. 11 nur solange sie nicht in der Lage sind, ihre Bedarfe aus eigenen Einkommen und Vermögen zu decken (§ 92 Abs. 6 Satz 1). Ergänzende Hilfe zum Lebensunterhalt erhalten Altfälle nach § 145 Abs. 2 Nr. 4 maximal noch 10 Jahre lang bis zum 31.12.2033, Neufälle längstens für einen Zeitraum von bis zu fünf Jahren nach dem Tod der Geschädigten (§ 93 Abs. 1 S. 2).

§ 145 ist eine Ausnahme zu § 137 SGB XIV, nach dem für Anträge, die ab dem Tag des Inkrafttretens des SGB XIV gestellt werden, das neue Recht gilt. Die Vorschrift setzt hierfür voraus, dass die leistungsberechtigte Per- 3 son unmittelbar im Anschluss an die Beendigung der Befristung die Weiterbewilligung der Leistungen beantragt. Ein solcher Weiterbewilligungsantrag kann noch während des laufenden Bewilligungszeitraums gestellt werden. Nach Ablaufen der Frist muss innerhalb von zwei Wochen ein Folgeantrag gestellt sein. Der Besitzstandsschutz gilt im vollen Umfang auch für alle Folgeanträge, wenn sie jeweils zwei Wochen nach Ablauf des Leistungszeitraums gestellt werden. Die Kette besitzstandsgeschützter Weiterbewilligungen reicht maximal bis zum gesetzlich bestimmten Ende am 31. Dezember 2033. Für Folgeanträge, die ab dem 1. Januar 2034 gestellt werden, gilt das neue Recht.

Mit dem SGB XII/SGB XIV-AnpG wurde Satz 2 angefügt:[872] „Satz 1 findet auf Leistungen nach § 143 Abs. 2 und 3 keine Anwendung."

Durch die Änderung wird verdeutlicht, dass sich § 145 auf Leistungen der Kriegsopferfürsorge konzentriert und keine Leistungen der Krankenbehandlung betrifft. Die Änderung regelt das Normenverhältnis zwischen § 143 Abs. 2 und 3 und § 145 Abs. 1. Es wird klargestellt, dass auf Leistungen nach § 143 Abs. 2 und 3, zu denen auch befristete Geldleistungen, wie das Versorgungskrankengeld nach §§ 16 ff. BVG und die Beihilfe bei erheblicher Beeinträchtigung der Erwerbsgrundlage nach § 17 BVG zählen, die Regelung des § 145 Abs. 1 keine Anwendung findet. Maßgeblich für Beginn, Dauer und Beendigung dieser Leistungen sind vielmehr die neu eingefügten Sonderregelungen des § 143 Abs. 2 Satz 3 und Abs. 3 Satz 3, wonach § 18a BVG in der am 31.12.2023 geltenden Fassung Anwendung findet. (s. Rn. 12 zu § 143).

4 Absatz 2 nennt die Hauptanwendungsfälle der Norm. Befristete Leistungen des Bestandsschutzes nach § 145 sind insbesondere

- die Hilfe zur Pflege nach § 26c BVG,
- die Hilfe zur Weiterführung des Haushalts nach § 26d BVG für Hinterbliebene,
- die Erziehungsbeihilfe für Waisen und Kinder von Beschädigten nach § 27 BVG,
- die ergänzende Hilfe zum Lebensunterhalt für Hinterbliebene nach § 27a BVG sowie
- die Eingliederungshilfe für Menschen mit Behinderungen nach § 27d Abs. 1 Nr. 3 BVG.

5 Grundsätzlich gelten die Vorschriften des BVG und der KFürsV in der am 31.12.2023 geltenden Fassung für den gesamten geschützten Zeitraum bis 31.12.2033 fort, obwohl das Recht mit Inkrafttreten des SGB XIV außer

872 BGBl. I 2023 Nr. 408.

Kraft getreten ist. Wegen dieser künstlichen BVG-Blase müssen die TdSE 10 Jahre lang Fachkenntnisse, Verfahrensweisen und Berechnungsmodalitäten in den IT-Systemen nach altem und neuem Recht parallel aufrechterhalten.

Leistungen nach § 145, die einkommensabhängig sind, werden regelhaft unter dem Vorbehalt weitergezahlt, dass sich die wirtschaftlichen Verhältnisse nicht maßgeblich ändern. Bei jedem Folgeantrag wird das Einkommen nach **Abs. 3** neu berechnet. Abs. 3 regelt den Einsatz von Einkommen und Vermögen bei einer ab dem 1. Januar 2024 beantragten Weiterbewilligung. Grundsätzlich gelten weiter die Vorschriften des BVG und der KFürsV jeweils in der am 31. Dezember 2023 geltenden Fassung. Dies gilt im Hinblick darauf, was als Einkommen und Vermögen zu berücksichtigen ist, wessen Einkommen und Vermögen einzusetzen ist und welche Besonderheiten der Einkommens- und Vermögensberechnung bei den einzelnen Leistungen (z. B. Erziehungsbeihilfe nach § 27 BVG) bestehen. 6

Eine Ausnahme von diesem Grundsatz, wonach sich der Einsatz von Einkommen und Vermögen nach dem BVG und der KFürsV richtet, gilt für die Einkommensgrenze und für die Vermögensschonbeträge, soweit die Weiterbewilligung der Leistung für Zeiten ab dem 1. Januar 2024 beantragt wird. Für diese Einkommensgrenze gilt nicht § 25e Absatz 1 BVG, sondern § 107 Absatz 1. Diese Einkommensgrenze setzt sich zusammen aus einem Grundbetrag i. H. des Dreifachen der Regelbedarfsstufe 1 (502 €) = 1.506 €, den Aufwendungen für die Unterkunft und einem Familienzuschlag für nicht getrenntlebende Ehegatten bzw. überwiegend unterhaltene Personen i. H. v. 90 % der Regelbedarfsstufe 1 (502 €) = 452 €. 7

In § 145 Abs. 3 Nrn. 2 und 3 steht noch der falsche Gesetzesbezug. Anstelle des § 27d Absatz 5 Satz 2 Nrn. 1 und 2 BVG müsste dort eigentlich auf § 26c Abs. 5 S. 1 Nrn. 1 und 2 BVG verwiesen werden. Der fehlerhafte Bezug entstand ursprünglich, weil im Jahr 2019 zeitgleich mit der Entstehung des SGB XIV das BVG[873] durch das SGB IX/SGB XII-ÄndG angepasst wurde. Die Änderungen in § 26c BVG traten zum 1.1.2020 in Kraft und konnten daher im SGB XIV in der ersten Fassung vom 19.12.2019 nicht berücksichtigt werden. 8

Der Versuch die fehlerhafte Verweisung mit dem Gesetz über die Entschädigung der Soldatinnen und Soldaten[874] (Soldatenentschädigungsgesetz –

873 Artikel 6 Nr. 2 – Gesetz zur Änderung des Neunten und des Zwölften Buches Sozialgesetzbuch und anderer Rechtsvorschriften (SozRAnpG 2020) v. 30.11.2019 BGBl. I S. 1948 (Nr. 44); Geltung ab 1.1.2020.

874 Gesetz über die Entschädigung der Soldatinnen und Soldaten (Soldatenentschädigungsgesetz – SEG, Artikel 48 G. v. 20.8.2021 BGBl. I S. 4026 Nr. 60 Änderung des Sozialgesetzbuchs Vierzehntes Buch).

SEG) in Artikel 48 zu korrigieren, hat nur zu der aktuell in § 145 Abs. 3 Nrn. 2 und 3 stehenden Verschlimmbesserung geführt, indem man „§ 27d Absatz 5 Satz 1“ durch die Angabe „§ 27d Absatz 5 Satz 2“ ersetzt hat.

§ 26c Abs. 5 a.F. Bei der Festsetzung der Einkommensgrenze sind folgende Regelungen entsprechend anzuwenden:

1. § 27d Absatz 5 Satz 1 Nummer 1 und Satz 2 bei der Pflege in einer stationären Einrichtung, wenn sie voraussichtlich auf längere Zeit erforderlich ist, sowie bei der häuslichen Pflege von Pflegebedürftigen der Pflegegrade 2 oder 3 und
2. § 27d Absatz 5 Satz 1 Nummer 2 sowie Satz 2 und 3 bei dem Pflegegeld für Pflegebedürftige der Pflegegrade 4 oder 5.

§ 26c Abs. 5 n.F. (ab 1.1.2020) Bei der Festsetzung der Einkommensgrenze tritt an die Stelle des Grundbetrages nach § 25e Absatz 1 Nummer 1 ein Grundbetrag

1. in Höhe von 4,25 Prozent des Bemessungsbetrages bei
   a) der Hilfe zur Pflege in einer stationären oder teilstationären Einrichtung, wenn diese Hilfe voraussichtlich auf längere Zeit erforderlich ist, sowie
   b) der häuslichen Pflege von Pflegebedürftigen der Pflegegrade 2 und 3,
2. in Höhe von 8,5 Prozent des Bemessungsbetrages beim Pflegegeld für Pflegebedürftige der Pflegegrade 4 oder 5.

9 Richtig ist: Für Beschädigte wegen Nichtschädigungsfolgen oder Familienangehörige und Hinterbliebene, die Hilfe zur Pflege nach § 26c BVG erhalten und für die bislang nach § 26c Abs. 5 Satz 1 Nrn. 1 und 2 BVG eine besondere Einkommensgrenze galt, wird der Grundbetrag auf das Vierfache (4 x 502 € = 2.008 €)[875] bzw. auf das Achtfache der Regelbedarfsstufe 1 (8 x 502 € = 4.016 €)[876] erhöht. Auf diese Weise bleiben die besonderen Einkommensgrenzen für Bestandsfälle auch nach Inkrafttreten dieses Gesetzes erhalten.

Für die ergänzende Hilfe zum Lebensunterhalt nach § 27a BVG gelten weiterhin die Bestimmungen des Dritten Kapitel SGB XII.

Für den Einsatz von Einkommen und Vermögen bei der Eingliederungshilfe nach § 27d Abs. 5 BVG sind weiterhin die Bestimmungen von Teil 2

In § 145 Absatz 3 Nummer 2 und 3 des Sozialgesetzbuchs Vierzehntes Buch – Soziale Entschädigung – vom 12.12.2019 (BGBl. I S. 2652), das zuletzt durch Artikel 8 Absatz 7 des Gesetzes vom 16.6.2021 (BGBl. I S. 1810) geändert worden ist, wird jeweils die Angabe „§ 27d Absatz 5 Satz 1“ durch die Angabe „§ 27d Absatz 5 Satz 2“ ersetzt.

875 Stand 12/2023.

876 Stand 12/2023.

Kapitel 9 SGB IX mit den Abweichungen nach § 136 Abs. 2 SGB IX anzuwenden.

An die Stelle der Einkommens- und Vermögensschonbeträge nach der KFürsV (§§ 42 bis 46 i. d. F. 31.12.2023) treten die Freibeträge nach § 2 Abs. 2 und 3 der VO nach § 109 SGB XIV. Dies erleichtert die Rechtsanwendung und gewährleistet eine jährliche Anpassung dieser Freibeträge.

Die Höhe der Einkommensgrenzen und Vermögensschonbeträge ist so bemessen, dass die Berechtigten gegenüber Beziehern von Sozialhilfe bessergestellt bleiben. 10

Grundsätzlich ist der Gesamtbetrag des § 144 als Einkommen anrechnungsfähig, z. B. durch andere Sozialleistungsträger bis zur Höhe eines GdS 100 das sind 891 Euro[877] (s. § 154).

Beim Einsatz des Geldbetrages nach § 144 als Einkommen nach § 145 ist durch die hohen Einkommensgrenzen sichergestellt, dass die früher im BVG vor Anrechnung als Einkommen geschützten Bestandteile dieses Gesamtbetrages (maximal 3658 Euro)[878], wie Grundrente (maximal 891 Euro GdS 100), Schwerstbeschädigtenzulage (maximal 891 Euro GdS 100) und Pflegezulage (maximal Stufe 6 z. Zt. 1876 Euro) theoretisch ganz oder weithin von der Anrechnung befreit sind.

Nach **Abs. 4** besteht kein Besitzstandsschutz für die Weiterbewilligung befristeter oder auf Zeit erbrachter Leistungen, wenn die zuvor bezogene Leistung auch nach neuem Recht – in unveränderter oder modifizierter Form – erbracht werden kann. Dies führt zu einem vollständigen Wechsel in das neue Recht, wenn das alte Recht nicht insgesamt günstiger ist. 11

Die Weiterbewilligung ist dann nach den Kapiteln 1 bis 4 und 6 bis 22 geregelt.

Kapitel 5 wurde durch das SGB XII/SGB XIV-AnpG ausgespart.[879] Aufgrund der vom Grundsatz des § 142 abweichenden Sonderregelungen in den §§ 143 und 151 erhalten alle Bestandsschutzfälle, Bestandsfälle und Neufälle Leistungen der Krankenbehandlung nach dem 5. Kapitel.

Grundsätzlich ist es immer das Ziel des Gesetzgebers, möglichst viele Berechtigte aus dem BVG-Bestandsrecht in den Leistungsbereich des SGB XIV zu überführen. Der TdSE prüft dabei immer im Sinne der Berechtigten, welche Leistungsbasis günstiger ist. Einmalige Leistungen sind generell vom Besitzstand ausgeschlossen.

877 Stand 12/2023.
878 Stand 12/2023.
879 BGBl. I 2023 Nr. 408.

12 **Synopse** der Leistungen der Kriegsopferfürsorge nach §§ 25 ff. BVG mit den Leistungen zur Teilhabe und den fürsorgerischen Leistungen nach den Kapiteln 6 und 11 SGB XIV.

BVG	SGB XIV
§ 26 Leistungen zur Teilhabe am Arbeitsleben	§ 63 Leistungen zur Teilhabe am Arbeitsleben
§ 26a Übergangsgeld; Unterhaltsbeihilfe	§ 64 Unterhaltssichernde und andere ergänzende Leistungen
§ 26b Krankenhilfe	keine entsprechende Leistung
§ 26c Hilfe zur Pflege	nur als Besitzstand gem. § 145; ansonsten §§ 67, 68 (nur beim Zusammentreffen von Teilhabeleistungen mit Pflegeleistungen werden die Pflegeleistungen als Bestandteil der Teilhabeleistungen erbracht); Leistungen bei schädigungsbedingter Pflegebedürftigkeit regelt Kapitel 7
§ 26d Hilfe zur Weiterführung des Haushalts	für Hinterbliebene nur als Besitzstand gem. § 145; ansonsten § 95 Leistungen zur Weiterführung des Haushalts
§ 26e Altenhilfe	keine entsprechende Leistung
§ 27 Erziehungsbeihilfe	nur als Besitzstand gem. § 145; ansonsten nur teilweise Übereinstimmung mit – § 93 Leistungen zum Lebensunterhalt – § 94 Leistungen zur Förderung einer Ausbildung
§ 27a Ergänzende Hilfe zum Lebensunterhalt	für Hinterbliebene nur als Besitzstand gem. § 145; ansonsten § 93 Leistungen zum Lebensunterhalt
§ 27b Erholungshilfe	keine entsprechende Leistung
§ 27c Wohnungshilfe	§ 66 Leistungen zur sozialen Teilhabe
§ 27d Hilfen in besonderen Lebenslagen	Eingliederungshilfe für Hinterbliebene und Angehörige mit Behinderungen gem. § 27d Abs. 1 Nr. 3 BVG nur als Besitzstand gem. § 145; ansonsten für Geschädigte: – § 65 Leistungen zur Teilhabe an Bildung – § 66 Leistungen zur sozialen Teilhabe – § 96 Leistungen in sonstigen Lebenslagen

§ 146
Pflegeleistungen für Geschädigte

(1) Personen, die Leistungen nach § 35 Absatz 2 und 6 des Bundesversorgungsgesetzes in der am 31. Dezember 2023 geltenden Fassung erhalten haben oder nach § 142 Absatz 2 erhalten würden, erhalten ab dem 1. Januar 2024 Leistungen nach Kapitel 7.

(2) [1]Personen, die bis zum 31. Dezember 2023 Leistungen der Pflegezulage nach § 35 Absatz 1 Bundesversorgungsgesetz erhalten haben, können nach Feststellung des monatlichen Betrags nach § 144 Leistungen im Sinne des Absatzes 1 beantragen. [2]Der monatliche Betrag nach § 144 ist dann um den Betrag zu mindern, der der Pflegezulage nach § 35 Absatz 1 des Bundesversorgungsgesetzes im Dezember 2023 entsprach.

Erläuterungen

Die Pflegezulage als Geldleistung nach § 35 Absatz 1 BVG fließt ab dem 1. Januar 2024 in den nach § 144 zu errechnenden Gesamtbetrag ein (§ 144 Abs. 1 S. 2 Nr. 9). Wird die Pflegeleistung aber als **ambulante oder stationäre Sachleistung** erbracht, z. B. als Erstattung der Kosten einer besonderen ambulanten Pflegekraft (§ 35 Absatz 2 BVG) oder als Erstattung der Kosten für stationäre Pflege in einem Pflegeheim (§ 35 Absatz 6 BVG), sieht Abs. 1 vor, dass Geschädigte Leistungen nach Kapitel 7 erhalten. 1

Das Wahlrecht nach § 152 SGB XIV gilt für schädigungsbedingte Pflegesachleistungen der Pflegezulageempfänger nach § 35 Abs. 2 und 6 BVG nicht. Dieser Personenkreis wechselt automatisch in das 7. Kapitel.

Das bedeutet, die Pflegesachleistung wird von der Pflegekasse im Auftrag der TdSE erbracht. Um einen für die Pflegebedürftigen reibungslosen Übergang der Zuständigkeit auf die PK zu gewährleisten, muss die PK schon vor dem 1.1.2024 über Pflegebedürftigkeit, Pflegegrad und die damit verbundenen Leistungsansprüche entscheiden. Die TdSE müssen ebenfalls vor dem 1.1.2024 bereits über die ergänzenden Leistungen nach § 75 entscheiden, damit die Pflegeleistungen ohne Unterbrechung durch Pflegeheime und ambulante Pflegedienste weiter erbracht und abgerechnet werden können.

Pflegeleistungen nach Kapitel 7 umfassen die volle Erstattung der angemessenen Kosten der ambulanten Pflege, einschließlich der häuslichen Pflege im Arbeitgebermodell, und der stationären Pflege. Die bisherigen Pflegearbeitsverträge werden nach § 76 weiterbezahlt. Der Wechsel zu den Leistungen des 7. Kapitel ist für die Geschädigten nicht nachteilig.

2 In Bezug auf alle anderen Leistungsbereiche, mit Ausnahme der Krankenbehandlung nach Kapitel 5, besitzen die Berechtigten ein **Wahlrecht**, sodass es zu Mischfällen kommen kann, die gleichzeitig altem und neuem Recht unterliegen. Daher ist in jedem Fall eine intensive Beratung notwendig und eine Vergleichsberechnung.

3 Besonders problematisch sind stationäre Pflegefälle des § 35 Abs. 6 BVG, die entscheiden, in Bezug auf die anderen Leistungen Bestandsfälle des 23. Kapitels zu bleiben.

Nach **§ 144 Abs. 1 Satz 2 Nr. 10** erhalten diese Personen im Bestandsschutz nur einen Teil ihrer monatlichen Bezüge, nämlich die Geldbeträge nach § 35 Abs. 6 Satz 2 BVG. Diese Geldbeträge sind keine eigenständige Geldleistung nach dem BVG, sondern nur ein Teilbetrag der monatlichen Bezüge (sog. „Taschengeld" oder „Barbetrag"), der den Pflegebedürftigen und Angehörigen bei stationärer Pflege verblieb, während der Hauptteil der monatlichen Versorgungsbezüge direkt an die Pflegeheime ausgezahlt wurde.

§ 35 Abs. 6 BVG: Für Beschädigte, die infolge der Schädigung dauernder Pflege im Sinne des Absatzes 1 bedürfen, werden, wenn geeignete Pflege sonst nicht sichergestellt werden kann, die Kosten der nicht nur vorübergehenden Heimpflege, soweit sie **Unterkunft, Verpflegung** und Betreuung einschließlich notwendiger Pflege umfassen, unter Anrechnung auf die Versorgungsbezüge übernommen. Jedoch ist den Beschädigten von ihren Versorgungsbezügen zur Bestreitung der sonstigen Bedürfnisse ein Betrag in Höhe der Beschädigtengrundrente nach einem Grad der Schädigungsfolgen von 100 und den Angehörigen ein Betrag mindestens in Höhe der Hinterbliebenenbezüge zu belassen.

Nach § 146 Abs. 1 erhalten alle Personen, die Leistungen nach § 35 Abs. 2 und 6 BVG in der am 31. Dezember 2023 geltenden Fassung erhalten haben oder nach § 142 Absatz 2 erhalten würden, ab dem 1. Januar 2024 Leistungen nach Kapitel 7.

Geschädigte erhalten bei schädigungsbedingter Pflegebedürftigkeit Leistungen entsprechend dem Vierten Kapitel des Elften Buches und ergänzende Leistungen nach § 75 **ohne Anrechnung auf ihre Versorgungsbezüge**, ihr Einkommen oder Vermögen. Ergänzende Leistungen in Bezug auf die stationäre Pflege sind in § 75 abschließend aufgezählt und umfassen **nicht die Kosten für Unterkunft und Verpflegung**. Die Aufwendungen für Unterkunft und Verpflegung sind grundsätzlich von den Pflegebedürftigen selbst zu tragen (§ 82 Abs. 1 Nr. 2 SGB XI). D. h. den Berechtigten sind die monatlichen Bezüge ab 1.1.2024 in voller Höhe mit 25 % Erhöhung nach § 144 Abs. 1 Satz 3 auszuzahlen, damit sie mit ihren Einkünften ihren Lebensunterhalt sicherstellen können. Das nächste Problem ergibt sich, wenn das Einkommen der Pflegebedürftigen nicht ausreicht, um den Lebensunterhalt zu decken. Dann würde der Pflegebedürftige fürsorgerische Leistungen nach dem 11. Kapitel benötigen, automatisch übergeleitet wurde der Pflegefall aber nur in das 7. Kapitel. In solchen Fällen müsste der Pflegebedürftige aus dem Versorgungssystem des SGB XIV hinaus an seine Wohngeldstelle und das Sozialamt verwiesen werden. Diese Vorgehensweise ist nicht i. S. d. Gesetzgebers.

Die TdSE haben sich daher bei der Länderreferentenbesprechung am 13./14.09.2023 darauf geeinigt, die Kosten für Unterkunft und Verpflegung als ergänzende Leistung nach § 75 zu erbringen und dafür weiterhin an den Pflegebedürftigen und seine Angehörigen nur den Barbetrag nach § 144 Abs. 1 Satz 2 Nr. 10 auszuzahlen und die restlichen monatlichen Bezüge einzubehalten und auch nicht um 25 % aufzustocken.

Das kann nur eine Übergangslösung sein. Besser wäre es, die stationären Pflegefälle nicht nur in das 7. Kapitel, sondern komplett in das neue Recht zu überführen. Am einfachsten ist das zu erreichen, wenn die Berechtigten nach § 152 wählen würden, ins neue Recht zu gehen.

Nach **Abs. 2** können Beschädigte, die bis zum 31. Dezember 2023 eine Pfle- 4
gezulage nach § 35 Absatz 1 BVG bezogen haben, auch nach dem 1. Januar 2024 jederzeit in das Modell der Pflegesachleistung mit Erstattung der tatsächlichen Kosten einer ambulanten oder stationären Pflege nach Kapitel 7 wechseln und Leistungen nach § 146 Abs. 1 SGB XIV beantragen. Der Antrag ist zeitlich nicht begrenzt, wie z.B. das Wahlrecht nach § 152 und ist vor allem für Fälle gedacht, in denen sich die Pflegesituation im Laufe des Lebens ändert, sich der Pflegebedarf erhöht, eine Geldleistung nicht mehr ausreicht und stattdessen ambulante und stationäre Pflegesachleistungen notwendig werden.

Um eine Doppelleistung zu vermeiden, wird dann die Summe nach § 144 um die reine Geldleistung gemindert, die zum Zeitpunkt der Feststellung auf die Pflegezulage nach § 35 Abs. 1 BVG entfiel. Die 25 %-Erhöhung nach § 144 Abs. 1 Satz 3 und etwaige Anpassungen nach § 150 über die Jahre hinweg bleiben unberücksichtigt. Ein Herausrechnen des auf die pauschale Pflegezulage entfallenden dynamisierten Betrags wäre nach Ansicht des Gesetzgebers zu aufwändig.[880] Im Übrigen verbleibt der Pflegebedürftige ein Besitzstandsfall.

Sollte ein Besitzstandsfall erstmals Pflegeleistungen beantragen, ohne jemals 5
Pflegezulage nach § 35 BVG bezogen zu haben, handelt es sich um einen Fall

880 SozERG, Drs. 19/13824, S. 230.

nach § 137. Die Pflegeleistungen werden nach dem 7. Kapitel beantragt, aus dem Besitzstandsfall wird ein Mischfall mit Ansprüchen nach altem und neuem Recht.

§ 147
Pflegeausgleich bei langjähriger schädigungsbedingter Pflege

[1]Witwen und Witwer erhalten einen monatlichen Pflegeausgleich, wenn

1. **die oder der Geschädigte schädigungsbedingt pflegebedürftig war,**
2. **sie die Geschädigte oder den Geschädigten während ihrer Ehe bereits vor Inkrafttreten dieses Buches gepflegt haben,**
3. **die Pflegezeit insgesamt mehr als zehn Jahre betragen hat und**

sie nicht einen monatlichen Betrag nach § 144 Absatz 1 erhalten, in dem eine Geldleistung nach § 144 Absatz 1 Satz 2 Nummer 12 enthalten ist.

[2]Der monatliche Pflegeausgleich beträgt für jedes Jahr der über zehn Jahre hinausgehenden Pflegezeit 21 Euro. [3]Kalendermonate, in denen die Pflege nicht unentgeltlich geleistet wurde, werden dabei nicht mitgezählt. [4]Die anzurechnende Gesamtpflegezeit wird auf volle Jahre aufgerundet.

Erläuterungen

A. Altes Recht

1 Nach § 40b BVG konnten Witwen und Witwer, die ihre Ehepartnerin oder ihren Ehepartner mehr als zehn Jahre gepflegt hatten, einen monatlichen Pflegeausgleich erhalten.

Voraussetzung ist, dass die Pflegebedürftigkeit schädigungsbedingt war, dass bereits vor Inkrafttreten des SGB XIV Pflegeleistungen während der Ehe erbracht wurden und die Pflegezeit insgesamt mehr als zehn Jahre betragen hat.

Die Dauer der Pflege ergibt sich aus den Monaten, in denen der Geschädigte während der Ehe oder Lebenspartnerschaft aufgrund der Schädigung mindestens hilflos im Ausmaß der Stufe II gemäß § 35 Abs. 1 BVG oder aufgrund der Schädigung erblindet war. Monate, in denen die Ehegattin oder der Lebenspartner die Pflege nicht unentgeltlich erbracht hat, bleiben unberücksichtigt. Gleiches gilt für Monate, in denen ein wesentlicher Teil der Pflege von anderen Personen übernommen wurde, es sei denn, diese Pflegeleistung anderer Personen dauerte jeweils nicht länger als drei Monate. Die gesamte Pflegezeit wird auf ganze Jahre aufgerundet. Der Pflegeausgleich betrug nach § 40b Abs. 2 BVG für jedes Jahr der über 10 Jahre hinausgehenden Pflegezeit 0,5 vom Hundert des im Zeitpunkt des Leistungsbeginns geltenden Betrags der Pflegezulagestufe, nach der der Beschädigte jeweils Anspruch auf Pflegezulage hatte oder die dem Umfang seiner Hilflosigkeit nach § 35 Abs. 1 entsprochen hätte.

Außerdem war eine jährliche Anpassung (§ 40b Abs. 2 S. 3 BVG), eine entsprechende Geltung für Elternteile (§ 40b Abs. 3 BVG), ein Mindestbetrag von 10 Euro (§ 40b Abs. 4 BVG), sowie die Geltung in dem in Art. 3 des Einigungsvertrags genannten Gebiets (§ 40b Abs. 5 BVG) geregelt.

B. Neues Recht

§ 147 ist eine besondere Vertrauensschutzregelung für diejenigen, die zum Teil bereits seit Jahrzehnten auf den Erhalt des Pflegeausgleichs nach § 40b BVG vertraut haben und erst nach dem 1.1.2024 die Voraussetzungen erfüllen. Nach § 147 werden Hinterbliebene entschädigt, die ihren Partner unentgeltlich ohne Arbeitsvertrag gepflegt haben. Die Höhe der Leistung orientiert sich an dem Höchstbetrag von Pflegeausgleichen nach dem Recht des BVG und berücksichtigt die bis zum Inkrafttreten des SGB XIV stattgefundenen Anpassungen.[881] Dies bedeutet, dass die Leistung nach § 147 Sätze 2–4 SGB XIV günstiger für die Leistungsberechtigten ist als das BVG. 2

Die Leistung gibt es – wie auch die Witwenbeihilfe nach § 148 – im SGB XIV nur noch im Rahmen des Vertrauensschutzes für Bestandsschutzfälle. Bei allen Neufällen mit pflegenden Partnern ist den Pflegebedürftigen daher zu empfehlen, einen Pflegevertrag nach § 76 Abs. 1 Satz 3 mit ihren pflegenden Angehörigen abzuschließen.

881 SozERG, Drs. 19/13824, S. 230.

Zur Leistungsgewährung nach §§ 147, 148 müssen ein weiteres Mal über Jahre Fachkenntnisse, Prüfverfahren und IT-Verfahren des BVG bei den TdSE vorgehalten werden.

3 **Witwen und Witwer** im Sinne des Gesetzes sind Personen, die mit dem verstorbenen Ehegatten oder Lebenspartner bis zu dessen Tod verheiratet oder verpartnert waren und nicht wieder geheiratet oder eine neue Lebenspartnerschaft begründet haben. Keinen Anspruch haben Hinterbliebene aus rechtlich nicht gleichgestellten Lebensgemeinschaften.

Witwen und Witwer erhalten einen monatlichen Pflegeausgleich, wenn

1. die oder der Geschädigte **schädigungsbedingt pflegebedürftig** war,
2. sie die Geschädigte oder den Geschädigten während ihrer **Ehe** bereits vor Inkrafttreten dieses Buches gepflegt haben und
3. die **Pflegezeit** insgesamt mehr als zehn Jahre betragen hat und
4. die Pflege **unentgeltlich** geleistet wurde (§ 147 Satz 3).

Sie müssen alle vier Voraussetzungen des § 147 erfüllen, um einen Anspruch auf Pflegeausgleich zu haben.

4 Die strengen anspruchsbegründenden Voraussetzungen des § 40b BVG können im neuen Recht nicht erfüllt werden, schon deshalb, weil es keine Pflegestufe II nach § 35 BVG mehr gibt.

Nach § 147 genügt es, wenn vor dem 31.12.2023 die Pflegestufe II nach dem BVG von den Verwaltungsbehörden anerkannt wurde oder die Pflegekasse nach § 72 die Pflegebedürftigkeit mit einen Pflegegrad von mindestens 1 festgestellt hat und der TdSE nach dem 1.1.2024 nach dem neuen Recht anerkannt hat, dass es sich um eine **schädigungsbedingte Pflegebedürftigkeit** handelt. Pflegekasse und TdSE können die schädigungsbedingte Pflegebedürftigkeit nach dem 7. Kapitel rückwirkend für einen Zeitraum vor dem 1. Januar 2024 feststellen.

Nach § 71 Abs. 2 ist die Pflegebedürftigkeit auch schädigungsbedingt, wenn Gesundheitsstörungen, die keine Schädigungsfolge sind, im Zusammenwirken mit anerkannten Schädigungsfolgen Pflegebedürftigkeit verursachen und die Auswirkungen der Schädigungsfolgen für die Beurteilung der Pflegebedürftigkeit den anderen Gesundheitsstörungen annähernd gleichwertig sind.

Der mit dem 3. Pflegestärkungsgesetz (PSG III) seit 1.1.2017 geänderte Begriff der Pflegebedürftigkeit spielt im BVG und daher auch im SGB XIV keine Rolle. Weil das das PSG II und III bewusst im BVG nicht umgesetzt wurden. Die Pflegezulage nach § 35 BVG knüpfte nicht an den neuen erweiterten Begriff der Pflegebedürftigkeit nach dem SGB XI an, sondern verblieb bei dem BVG-eigenen Begriff der Hilflosigkeit (§ 35 Abs. 1 BVG).

Die **Ehe** muss bereits vor dem 01.01.2024 bestanden haben und ein Partner muss den anderen bereits vor dem 01.01.2024 gepflegt haben. Die Ehe muss jedoch nicht während der gesamten anzurechnenden Pflegezeit bestanden haben. Um einen Anspruch auf Pflegeausgleich zu erwerben, genügt bereits ein Pflegetag vor dem Inkrafttreten des SGB XIV, wenn die übrigen Voraussetzungen für den Leistungsbezug erfüllt sind. 5

Nach § 147 S. 1 Nr. 3 SGB XIV muss die **Pflegedauer** insgesamt mehr als **10 Jahre** betragen haben. Die Pflegezeit muss nicht zusammenhängend sein, um die Voraussetzungen für einen Pflegeausgleich zu erfüllen. Es kommt nur auf die Gesamtdauer der Pflege von 10 Jahren an. Dabei spielt es keine Rolle, ob andere Personen ebenfalls an der Pflege beteiligt waren. 6

Anspruch auf Pflegeausgleich haben nur Witwen und Witwer, die **unentgeltlich** ihren Partner gepflegt haben. Die Beschränkung des § 147 Satz 3 auf Zeiten der unentgeltlichen Pflege durch Verwitwete bezieht sich nicht nur auf den die 10-Jahres-Grenze übersteigenden Zeitraum des Satzes 2, sondern wie in § 40b BVG auf den gesamten Leistungsanspruch nach § 147. Sonst käme es bei entgeltlich pflegenden Ehepartnern zu einer Doppelleistung. Darüber hinaus würde der ursprüngliche Sinn des Pflegeausgleiches nach § 40b BVG, unentgeltliche Pflege zu honorieren, konterkariert. Vertrauensschutz können auch nur Hinterbliebene genießen, die nach dem BVG einen Anspruch gehabt hätten. Entgeltlich pflegende Witwen und Witwer hatten und haben keinen Anspruch auf Pflegeausgleich, Vertrauensschutz besteht für sie nicht. 7

Im Gesetzeswortlaut des § 40b BVG wird die Voraussetzung der unentgeltlichen Pflege deutlicher als in § 147: „Die Witwe oder der hinterbliebene Lebenspartner eines Beschädigten, der hilflos im Sinne des § 35 Abs. 1 war, erhält einen Pflegeausgleich, wenn sie den Beschädigten während ihrer Ehe oder Lebenspartnerschaft länger als 10 Jahre gepflegt hat. Als Pflegezeit zählen die Kalendermonate, in denen der Beschädigte während der Ehe oder der Lebenspartnerschaft infolge der Schädigung mindestens in einem der Stufe II entsprechenden Umfang hilflos im Sinne des § 35 Abs. 1 war oder der Beschädigte infolge der Schädigung blind war. Kalendermonate, in denen die Ehefrau oder der Lebenspartner die Pflege nicht **unentgeltlich** geleistet hat, werden nicht mitgezählt. Dies gilt auch für Kalendermonate, in denen ein mehr als nur geringfügiger Teil der Pflege von Dritten erbracht worden ist, es sei denn, diese Pflegetätigkeit Dritter hat jeweils nicht länger als drei Monate gedauert. Die anzurechnende Gesamtpflegezeit wird auf volle Jahre aufgerundet.“

Der Gesetzgeber wollte den anspruchsberechtigten Personenkreis nicht ausweiten, sondern den bisherigen Anspruchsberechtigten Vertrauensschutz gewähren.

Geringfügige Zuwendungen, die keinen entlohnenden, sondern vielmehr einen anerkennenden Charakter haben, wie z. B. der Entlastungsbetrag nach § 45b SGB XI, das anteilige Pflegegeld nach § 38 SGB XI bei Kombileistungen oder die Leistung an unentgeltlich pflegende Angehörige im Rahmen des familiären Privilegs nach § 35 Abs. 2 BVG bleiben unberücksichtigt.

8 Eine Möglichkeit, den anspruchsbegründenden **Umfang der Pflege** zu bestimmen, ist die Anwendung der Vorschriften des § 19 S. 2 SGB XI. Diese besagen, dass die Pflege mindestens zehn Stunden pro Woche umfassen muss, die auf mindestens zwei Tage in der Woche verteilt sind. Wichtig ist dabei, dass es sich bei der Pflege nicht nur um Betreuung oder hauswirtschaftliche Versorgung handelt, sondern um pflegerische Tätigkeiten, die aufgrund einer anerkannten Schädigung erforderlich sind. Eine neben der Pflegetätigkeit ausgeübte Berufstätigkeit ist unschädlich, wenn der erforderliche Pflegeumfang ausreichend abgedeckt war.

9 Nach **Abs. 2** erhalten Witwen und Witwer nach dem 10. Jahr für jedes weitere Pflegejahr, zusätzlich 20 Euro Pflegeausgleich pro Monat. Dabei wird aus Gründen der Einfachheit immer auf ganze Jahre aufgerundet. Dieser Betrag wird jedes Jahr nach § 150 angepasst.

§ 148
Monatliche Entschädigungszahlung für Witwen und Witwer bei nicht schädigungsbedingtem Tod

(1) Witwen und Witwer eines oder einer nicht schädigungsbedingt verstorbenen Geschädigten erhalten eine monatliche Entschädigungszahlung, wenn

1. **die Schädigung bereits vor dem Inkrafttreten dieses Buches eintrat,**
2. **die Ehe bereits vor Inkrafttreten dieses Buches bestand,**
3. **der oder die Geschädigte aufgrund der Schädigungsfolgen gehindert war, eine entsprechende Erwerbstätigkeit auszuüben und dadurch die von dem oder der Geschädigten abgeleitete Witwenrente oder Witwerrente aus der gesetzlichen Rentenversicherung nachweislich um mindestens 10 Prozent gemindert ist und**
4. **sie nicht einen monatlichen Betrag nach § 144 Absatz 1 erhalten, in dem eine Geldleistung nach § 144 Absatz 1 Satz 2 Nummer 13 enthalten ist.**

(2) Die Voraussetzungen des Absatzes 1 Nummer 3 gelten als erfüllt, wenn der oder die Geschädigte zum 31. Dezember 2023 Anspruch auf

1. die Grundrente eines Beschädigten nach § 31 des Bundesversorgungsgesetzes mit einem Grad der Schädigungsfolgen von 100 oder
2. eine Pflegezulage nach § 35 Absatz 1 des Bundesversorgungsgesetzes oder
3. mindestens fünf Jahre Berufsschadensausgleich nach § 30 des Bundesversorgungsgesetzes

hatte.

(3) Die Voraussetzungen des Absatzes 1 Nummer 3 gelten auch als erfüllt, wenn der oder die Geschädigte nach dem 31. Dezember 2023 Anspruch auf

1. eine Entschädigungszahlung eines Geschädigten mit einem Grad der Schädigungsfolgen von 100 nach § 83 Absatz 1 oder
2. Leistungen wegen Pflegebedürftigkeit nach Kapitel 7 nach einem Pflegegrad mindestens der Stufe 3 oder
3. mindestens fünf Jahre Berufsschadensausgleich nach Kapitel 10

hatte.

(4) Der Anspruch auf die in Absatz 2 Nummer 1 und 2 und Absatz 3 Nummer 1 und 2 genannten Leistungen muss im Zeitpunkt des Todes des Geschädigten bestanden haben.

(5) [1]Die monatliche Entschädigungszahlung beträgt 523 Euro. [2]Sie beträgt 784 Euro für Witwen und Witwer von Geschädigten mit einem Grad der Schädigungsfolgen von 100.

(6) [1]Berechtigte nach Absatz 1 erhalten auf Antrag eine Abfindung anstelle der monatlichen Entschädigungszahlung. [2]Der Antrag ist innerhalb eines Jahres nach Bewilligung der Entschädigungszahlung zu stellen.

(7) Die Abfindung beträgt 62 742 Euro bei einer monatlichen Entschädigungszahlung nach Absatz 5 Satz 1, 94 113 Euro bei einer monatlichen Entschädigungszahlung nach Absatz 5 Satz 2.

(8) [1]Auf die Abfindung sind bereits geleistete monatliche Entschädigungszahlungen anzurechnen. [2]Mit der Zahlung der Abfindung sind alle Ansprüche auf die monatlichen Entschädigungszahlungen bei nicht schädigungsbedingtem Tod abgegolten.

Erläuterungen

Übersicht Rn.

1 Nach dem BVG konnten Witwen und Witwer auch bei nicht schädigungsbedingtem Tod der oder des Geschädigten eine monatliche Witwenbeihilfe erhalten. § 148 trägt dem **Vertrauensschutz** auf diese Leistung durch eine dem bisherigen Recht weitgehend entsprechende Regelung Rechnung. Die Vertrauensschutzregelung gilt für diejenigen, die zum Teil bereits seit Jahrzehnten auf den Erhalt der Witwenbeihilfe nach § 48 BVG vertraut haben und erst nach dem 1. Januar 2024 die Voraussetzungen erfüllen. Nach § 148 werden Hinterbliebene entschädigt, die keinen Anspruch auf Witwengrundrente nach § 38 BVG oder monatliche Entschädigungszahlungen nach § 83 SGB XIV haben, weil der Geschädigte nicht an den anerkannten Schädigungsfolgen verstorben ist.[882] Wenn ihre wirtschaftliche Lage schädigungsbedingt beeinträchtigt ist, weil die Schädigungsfolgen den Geschädigten zu Lebzeiten daran gehindert haben, während seines Erwerbslebens eine Hinterbliebenenversorgung aufzubauen und den Lebensunterhalt seiner Familie sicherzustellen.

2 Die Witwenbeihilfe gibt es – wie auch den Pflegeausgleich nach § 147 – im SGB XIV nur noch im Rahmen des Vertrauensschutzes für Bestandsschutzfälle, deren Ansprüche bereits zu Zeiten des BVG begründet wurden. Die Waisenbeihilfe wurde komplett gestrichen. Zur Leistungsgewährung nach § 148 müssen ein weiteres Mal Fachkenntnisse, Prüfverfahren und IT-Verfahren des BVG bei den TdSE nach dem 1. Januar 2024 noch über Jahre hinweg vorgehalten werden und sogar modifiziert werden, weil das Recht des § 48 BVG in § 148 vereinfacht wurde.

3 Der überwiegende Teil der Geschädigten stirbt nicht an den Folgen der Schädigung. Die **Hinterbliebenen von Neufällen**, die ihre Erstanträge nach dem 1.1.2024 stellen, haben keinerlei Anspruch auf Hinterbliebenenversorgung nach dem SGB XIV, wenn der Geschädigte nicht an den Schädigungsfolgen verstirbt. Bei Versorgungsdefiziten sind diese Hinterbliebenen an den Sozialhilfeträger zu verweisen. Das hat zur Folge, dass die Zahl der Hinterbliebenen im Sozialen Entschädigungsrecht nach dem 1. Januar 2024 stark zurückgehen wird.

A. Altes Recht

4 § 148 spiegelt die **Witwenbeihilfe**, nicht die Waisenbeihilfe nach § 48 BVG im neuen Recht, wider. Nach § 48 Abs. 1 BVG wurde der Witwe, dem hinterbliebenen Lebenspartner und den Waisen (§ 45 BVG) eine Witwen-

882 80 Jahre nach dem 2. Weltkrieg trifft dies z. B. auf alle „Kriegerwitwen" zu.

und Waisenbeihilfe gezahlt, wenn ein rentenberechtigter Beschädigter nicht an den Folgen der Schädigung gestorben war und der Beschädigte zu Lebzeiten durch die Folgen der Schädigung gehindert war, eine entsprechende Erwerbstätigkeit auszuüben, und dadurch die aus der Ehe mit dem Beschädigten hergeleitete Witwenversorgung gemindert war.

B. Neues Recht

Witwen und Witwer im Sinne des Gesetzes sind Personen, die mit dem verstorbenen Ehegatten oder Lebenspartner bis zu dessen Tod verheiratet oder verpartnert waren und nicht wieder geheiratet oder eine neue Lebenspartnerschaft begründet haben. Keinen Anspruch haben Hinterbliebene aus rechtlich nicht gleichgestellten Lebensgemeinschaften. 5

Witwen und Witwer eines nicht schädigungsbedingt verstorbenen Geschädigten erhalten nach § 148 Abs. 1 SGB XIV eine monatliche „Entschädigungszahlung bei nicht schädigungsbedingtem Tod", wenn 6

1. die Schädigung bereits vor dem Inkrafttreten des SGB XIV zum 1.1.2024 eintrat,
2. die Ehe bereits vor dem 1.1.2024 bestand und
3. Geschädigte aufgrund der Schädigungsfolgen gehindert waren, eine entsprechende Erwerbstätigkeit auszuüben und dadurch die von dem oder der Geschädigten abgeleitete Witwenrente oder Witwerrente aus der gesetzlichen Rentenversicherung nachweislich um mindestens 10 Prozent gemindert ist.

Sie müssen alle drei Voraussetzungen des § 148 Abs. 1 erfüllen, um einen Anspruch auf eine Entschädigungszahlung bei nicht schädigungsbedingtem Tod zu haben.

Erste Voraussetzung ist, dass die Schädigung bereits vor Inkrafttreten des SGB XIV am 01.01.2024 eintrat. Es genügt nicht, wenn ein Antrag vor dem 01.01.2024 auf Beschädigtenversorgung nach dem Sozialen Entschädigungsrecht gestellt worden ist. Der Antrag birgt keinen Vertrauensschutz, sondern nur die **Erstanerkennung**. 7

Zweite Voraussetzung ist, dass die **Ehe** bereits vor dem 1. Januar 2024 rechtsgültig bestand.

Diese beiden Voraussetzungen sind relativ einfach durch Vorlage des Erstanerkennungsbescheides und der Heiratsurkunde nachzuweisen.

8 Komplizierter, aber nicht mehr so kompliziert wie in § 48 BVG, ist der Nachweis der dritten Voraussetzung. Die Geschädigten müssen aufgrund der Schädigungsfolgen gehindert worden sein, eine entsprechende Erwerbstätigkeit auszuüben, wodurch die von dem oder der Geschädigten abgeleitete **Witwenrente oder Witwerrente** aus der gesetzlichen Rentenversicherung **nachweislich um mindestens 10 % gemindert** ist.

Der TdSE muss fiktiv berechnen, welche Versorgung die Geschädigten ohne die Schädigung hätten erreichen können. Dabei muss das gesamte Erwerbsleben der Verstorbenen nachvollzogen werden, um schädigungsunabhängige Ursachen einer mangelnden Versorgung herauszufiltern. Schädigungsunabhängige Minderungen müssen unberücksichtigt bleiben. Der fiktive Betrag ist mit der tatsächlichen Hinterbliebenenversorgung der Witwe oder des Witwers unter Berücksichtigung der Witwen-/Witwerrente der gesetzlichen Rentenversicherung und aller Witwen-/Witwerversorgungen aus abhängiger Beschäftigung des Verstorbenen, z. B. Betriebsrenten und Pensionen, Hinterbliebenenversorgung aus einer Zusatzversorgungskasse des öffentlichen Dienstes usw. zu vergleichen. Beträgt die Minderung 10 %, ist die dritte Voraussetzung nach § 148 erfüllt.

9 Nach **altem Recht** des § 48 Abs. 1 BVG hätte die tatsächliche Hinterbliebenenversorgung keine Rolle gespielt, sondern ein zweiter fiktiver Vergleichsbetrag hätte errechnet werden müssen über die Versorgung, die der Geschädigte trotz der Schädigung hätte zumutbar aufbauen können.

Diese beiden fiktiven Beträge wären dann verglichen worden: ein Vergleich zwischen der Versorgung, die der Geschädigte trotz der Schädigung hätte zumutbar aufbauen können und der Versorgung, die er ohne die Schädigung hätte aufbauen können.

Aber § 48 Abs. 1 Satz 3 BVG – „Der nach der Tabelle maßgebende Vomhundertsatz der Minderung ist auf die Witwenversorgung zu beziehen, die sich ohne die Minderung im Sinne des Satzes 1 und ohne die Anrechnung eigenen Einkommens der Witwe ergäbe." – hat es – Gott sei Dank – nicht in § 148 geschafft.

§ 48 Abs. 1 BVG war eine der komplexesten Sozialleistungen in diesem Land. Die Zahl der Sachbearbeiterinnen und Sachbearbeiter, die die Witwenbeihilfe nach § 48 Abs. 1 Sätze 1 bis 3 BVG unbestritten annähernd richtig berechnen konnten, befand sich im niedrigen einstelligen Bereich. Schon immer haben Sachbearbeiterinnen und Sachbearbeiter stattdessen lieber die Vermutungstatbestände nach § 48 Abs. 1 Sätze 5 und 6 BVG herangezogen, um über die Witwenbeihilfe zu entscheiden.

Die Vermutungstatbestände des § 48 Abs. 1 Sätze 5 und 6 BVG finden sich in § 148 Abs. 2 wieder: 10

Die Voraussetzungen des Absatzes 1 Nummer 3 gelten als erfüllt, wenn der oder die Geschädigte zum 31. Dezember 2023 Anspruch auf

1. die Grundrente eines Beschädigten nach § 31 des Bundesversorgungsgesetzes mit einem Grad der Schädigungsfolgen von 100 oder
2. eine Pflegezulage nach § 35 Absatz 1 des Bundesversorgungsgesetzes oder
3. mindestens fünf Jahre Berufsschadensausgleich nach § 30 des Bundesversorgungsgesetzes hatte.

Die Vermutungstatbestände gelten nach Abs. 3 auch dann, wenn der Geschädigte nach dem 31. Dezember 2023 Anspruch auf entsprechende Leistungen nach neuem Recht hatte. 11

Wenn der oder die Geschädigte Anspruch auf

1. eine Entschädigungszahlung eines Geschädigten mit einem Grad der Schädigungsfolgen von 100 nach § 83 Absatz 1 oder
2. Leistungen wegen Pflegebedürftigkeit nach Kapitel 7 nach einem Pflegegrad mindestens der Stufe 3 oder
3. mindestens fünf Jahre Berufsschadensausgleich nach Kapitel 10 hatte.

Abs. 4 stellt klar, dass sich die Vermutungstatbestände nicht nachträglich feststellen lassen, sondern bereits beim Tod des Geschädigten erfüllt sein müssen. Es muss bei den Vermutungsregelungen bei der jeweils ersten Alternative der Anspruch auf eine Grundrente nach einem GdS von 100 nach § 31 BVG bzw. eine Entschädigungszahlung nach einem **GdS von 100** nach § 83 Abs. 1 bzw. bei der jeweils zweiten Alternative der Anspruch auf Pflegezulage nach § 35 Abs. 1 BVG bzw. auf Leistungen wegen **Pflegebedürftigkeit** nach Kap. 7 mindestens nach Pflegegrad 3 **zum Zeitpunkt des Todes** tatsächlich bestanden haben. Die beiden Vermutungstatbestände können nicht nachträglich festgestellt werden. 12

Der mindestens fünf Jahre lang bestehende Anspruch auf **BSA** wird in Absatz 4 nicht aufgeführt. Hier wird das alte Recht des § 48 BVG ins neue Recht übernommen und das bedeutet, BSA braucht vom Geschädigten tatsächlich nicht bezogen, nicht einmal beantragt worden zu sein. Es muss nur **fiktiv** aus der Akte erkennbar sein, dass fünf Jahre lang ein Anspruch auf BSA nach dem BVG und/oder dem SGB XIV bestanden hätte.

Abs. 5 bis 8 regeln die Höhe der Entschädigungszahlung, ihre Abfindung und die Anrechnung bereits geleisteter Entschädigungszahlungen. 13

Die Entschädigungszahlung beträgt 500 € monatlich, bei Verwitweten von Geschädigten mit einem GdS von 100 beträgt die monatliche Zahlung 750 €.

Die monatlichen Entschädigungszahlungen und Abfindungssummen des § 148 nehmen an der jährlichen Anpassung nach § 150 teil.

14 Nach **Abs. 7** haben Verwitwete Anspruch auf eine Abfindungszahlung i. H. v. 60.000 Euro bzw. 90.000 Euro bei Verwitweten von Geschädigten mit einem GdS von 100. Das entspricht jeweils dem 120-fachen der monatlichen Entschädigungszahlung, sprich den monatlichen Entschädigungszahlungen von 10 Jahren. Nach Ablauf der 10 Jahre lebt der Anspruch auf die monatlichen Entschädigungszahlungen nicht wieder auf. Mit Inanspruchnahme der Abfindung sind alle Ansprüche auf monatliche Entschädigungszahlungen für Witwen und Witwer bei nicht schädigungsbedingtem Tod abgegolten. Auch die sich aus den jährlichen Anpassungen ergebenen Leistungsdifferenzen werden nicht ausgezahlt.

15 Nach **Absatz 8** muss der Antrag auf Abfindung innerhalb eines Jahres nach Bewilligung der Entschädigungszahlung gestellt werden. Bereits geleistete monatliche Entschädigungszahlungen sind auf die Abfindungssumme anzurechnen.

Abschnitt 2
Neufeststellungen und Anpassung

§ 149
Neufeststellungen

(1) [1]Neufeststellungen zur Anspruchsberechtigung und zum Grad der Schädigungsfolgen erfolgen auf Antrag und richten sich nach den Kapiteln 1 bis 22. [2]Neufeststellungen können auch von Amts wegen erfolgen.

(2) [1]Könnten nach Kapitel 1 bis 22 keine oder geringere Leistungen als vor Stellung des Neufeststellungsantrags beansprucht werden, werden mindestens die nach diesem Kapitel vor Stellung des Neufeststellungsantrags bezogenen Leistungen weiter erbracht. [2]Dies gilt nicht, wenn sich die nicht mehr bestehende Anspruchsberechtigung oder der geringere Leistungsumfang aus einer festgestellten Verringerung des Grades der Schädigungsfolgen ergeben.

Erläuterungen

Übersicht

A. Zu § 149 (Neufeststellungen)

Die allgemeinen Grundsätze des Besitzstandsrechts sind in § 142 festgelegt. Dieser besagt, dass die bisherigen Leistungen unverändert fortgesetzt werden. Nur in bestimmten Fällen, die im 23. Kapitel geregelt sind, wie z.B. in §§ 144 und 145, gelten abweichende Bestimmungen. 1

Eine wesentliche Einschränkung des Besitzstandsrechts nach § 142 ergibt sich aus § 149. Dieser legt fest, dass Neufeststellungen zur Anspruchsberechtigung und zum Grad der Schädigungsfolgen auf der Grundlage des neuen Rechtes nach den Kapiteln 1 bis 4 und 6 bis 22 zu treffen sind.

§ 149 betrifft Fälle, die ihr Wahlrecht nach § 152 ausgeübt und entschieden haben, Bestandsfälle nach dem 23. Kapitel zu sein. Diese Fälle können nach getroffener Wahl jederzeit Anträge auf Feststellung neuer Schädigungsfolgen oder Anerkennung von Verschlimmerung bereits anerkannter Schädigungsfolgen stellen. Auf der anderen Seite ist auch von Amts wegen, nach Ausübung des Wahlrechtes eine Überprüfung der anerkannten Schädigungsfolgen z.B. im Zuge einer Nachuntersuchung möglich.

Die Veränderungen in tatsächlicher oder rechtlicher Hinsicht „zwingen“ Fälle, die sich eigentlich für den Besitzstand entschieden haben, zu einem Wechsel in das neue Recht.

Die langfristige Vision besteht darin, dass alle Besitzstandsfälle schrittweise in das neue Leistungssystem integriert werden und nur noch die die Bestandsschutzfälle im 23. Kapitel verbleiben.

Abs. 1 betrifft das Verfahren zu Neufeststellungen zur Anspruchsberechtigung und zum GdS bei dem Besitzstandsschutz unterfallenden Personen. Nach Abs. 1 können sowohl Betroffene als auch die zuständige Be- 2 hörde ein entsprechendes Verfahren einleiten. Für die Entscheidung im Neufeststellungsverfahren gelten die Kapitel 1 bis 22.

3 **Abs. 2** schützt antragstellende Altfälle vor sich selbst. Gerade im Alter neigen Geschädigte dazu, Altersbeschwerden wie z.B. Schwerhörigkeit auf die Schädigungsfolgen „Knalltrauma im 2. Weltkrieg" zurückzuführen und stellen immer wieder Anträge auf Anerkennung weiterer Schädigungsfolgen. Diese Anträge sind mit einem gewissen Risiko verbunden, wenn bei der Prüfung herauskommt, dass Leistungen, wie Pflege, Hilfsmittel, Teilhabe aufgrund von Altersbeschwerden und Nichtschädigungsleiden und nicht mehr wesentlich wegen der anerkannten Schädigungsfolgen benötigt werden. Die TdSE wären nicht mehr zuständig.

Abs. 2 sichert den Besitzstand auch bei der Entscheidung über einen Neufeststellungsantrag. Unabhängig von deren Inhalt erhalten Berechtigte die bis zur Neufeststellung bezogenen Besitzstandsschutzleistungen weiter. Dadurch wird sichergestellt, dass durch einen Neufeststellungsantrag und die damit verbundene Anwendung des neuen Rechts keine Leistungsverschlechterung eintritt. Das gilt jedoch nicht, wenn Ansprüche wegen einer Verringerung des GdS wegfallen oder sich reduzieren. In diesem Fall wäre es auch bei Berechtigten nach § 142 nicht angemessen, Leistungen unverändert weiterzuzahlen.

4 Die **Gesetzesbegründung** lautet:[883] Absatz 1 der Vorschrift regelt, wer das Verfahren zu Neufeststellungen zur Anspruchsberechtigung und zum GdS einleiten darf. Satz 1 bestimmt, dass bei Personen, die dem Besitzstandsschutz unterfallen, Neufeststellungen zur Anspruchsberechtigung und zum GdS auf Antrag erfolgen können. Auf diese Weise haben die Betroffenen die Möglichkeit, Änderungen auch in Besitzstandsfällen auf eigene Initiative feststellen zu lassen. Satz 2 eröffnet der Behörde ein Ermessen auf Neufeststellung von Amts wegen. Die Entscheidung im Neufeststellungsverfahren erfolgt auf Basis der Kapitel 1 bis 22.

Absatz 2 der Regelung sieht vor, dass auch bei der Entscheidung über einen Neufeststellungsantrag der Besitzstand gewahrt bleibt. Ergibt die Prüfung des Neufeststellungsantrags, dass die antragstellende Person nach dem neuen Recht der Art oder dem Umfang nach weniger Leistungen beanspruchen kann als vor Stellung des Neufeststellungsantrags, erhält sie die bis dahin bezogenen Besitzstandsschutzleistungen weiter. Dadurch wird sichergestellt, dass Berechtigte nach § 142 durch einen Neufeststellungsantrag und die damit verbundene Anwendung des neuen Rechts nicht schlechter gestellt werden.

883 SozERG, Drs. 19/13824, S. 230.

Das gilt jedoch nicht, wenn der Wegfall des Anspruchs oder eine geringere Leistung nicht auf das Außerkrafttreten des BVG und die Anwendung des neuen Rechts zurückzuführen ist, sondern auf eine festgestellte Verringerung des GdS. In diesem Fall wäre es auch bei Berechtigten nach § 142 nicht angemessen, Leistungen unverändert weiter zu zahlen.

B. Altes Recht

In **§ 62 BVG** galten besondere Regeln für die Neufeststellung Schädigungsfolgen, GdS und Versorgungsbezügen, die von § 149 weitgehend ausgehebelt werden. Stattdessen bestimmt § 149 Abs. 2, wenn nach Kapitel 1 bis 22 keine oder geringere Leistungen als vor Stellung des Neufeststellungsantrags beansprucht werden können, werden mindestens die nach diesem Kapitel vor Stellung des Neufeststellungsantrags bezogenen Leistungen weiter erbracht. Es sei denn, die Minderung beruht auf einer festgestellten Verringerung des Grades der Schädigungsfolgen. Die mögliche Leistungsminderung wegen eines geringeren GdS kollidiert mit den Regelungen des § 62 BVG. 5

§ 62 Abs. 2 BVG bestimmte, dass der GdS rentenberechtigter Beschädigter nicht vor Ablauf von zwei Jahren nach Bekanntgabe des Feststellungsbescheids niedriger festgesetzt werden darf. Ist durch Heilbehandlung eine wesentliche und nachhaltige Besserung des schädigungsbedingten Gesundheitszustandes erreicht worden, ist die niedrigere Festsetzung schon früher zulässig, jedoch frühestens nach Ablauf eines Jahres nach Abschluss dieser Heilbehandlung.

§ 62 Abs. 3 BVG hat geregelt, dass bei Versorgungsberechtigten, die das 55. Lebensjahr vollendet haben, der Grad der Schädigungsfolgen wegen Besserung des schädigungsbedingten Gesundheitszustandes oder einer Änderung der Verordnung nach § 30 Abs. 17 BVG infolge neuer medizinisch-wissenschaftlicher Erkenntnisse nicht niedriger festzusetzen ist, wenn er in den letzten zehn Jahren seit Feststellung nach diesem Gesetz unverändert geblieben ist. Entsprechendes gilt für die Schwerstbeschädigtenzulage, wenn deren Stufe in den letzten zehn Jahren seit Feststellung unverändert geblieben ist. Veränderungen aus anderen als medizinischen Gründen bleiben bei der Berechnung der Frist unberücksichtigt.

Der Gesetzgeber hat sich gegen die Aufnahme der Regelungen des § 62 BVG ins SGB XIV entschieden. Das hat zur Konsequenz, dass bei Neufeststellungen nach § 149 u. U. in nach § 62 BVG bis 31. Dezember 2023 gesicherte Rechtspositionen rückwirkend eingegriffen würde.

Derjenige, dem noch vor dem 1. Januar 2024 der Feststellungsbescheid bekannt gegeben wurde, hat nach § 62 Abs. 2 BVG eine verfestigte Rechtsposition dahingehend, dass dessen GdS nicht vor Ablauf von zwei Jahren (bzw. frühestens einem Jahr) herabgesetzt werden darf. Die Rechtsposition gilt für maximal zwei Jahre.

Bei Berechtigten, die bis zum 31. Dezember 2023 das 55. Lebensjahr bereits vollendet hatten und bei denen der 10-Jahres-Zeitraum erfüllt war, griffe der TdSE durch die Herabsetzung des GdS im Rahmen einer Neufeststellung nach § 149 in ihre zum 31. Dezember 2023 gesicherte Rechtsposition nach § 62 Abs. 3 BVG ein.

Bei beiden Fallkonstellationen handelt es sich um echte Rückwirkungen, die nach dem Urteil des BSG[884] unzulässig sind. Eine Rechtsnorm entfaltet echte Rückwirkung, wenn sie nachträglich in einen abgeschlossenen Sachverhalt ändernd eingreift. Eine Herabsetzung des GdS im Rahmen einer Neufeststellung nach § 149 ist dementsprechend bei diesen Bestandsfällen nicht möglich.

C. Neues Recht

6 Wenn ein Berechtigter, der unter § 142 fällt, eine Neufeststellung der Schädigungsfolgen oder des GdS beantragt oder der TdSE ein Neufeststellungsverfahren von Amts wegen einleitet, muss die Verwaltung ihre Entscheidung nach den **Kap. 1 bis 22** treffen. Eine Neufeststellung hat dann, wie eine Wahlentscheidung nach § 152, zur Folge, dass das neue Recht zur Anwendung kommt. Nur wer nach dem Neufeststellungsverfahren weiterhin Besitzstandsschutzleistungen bezieht, weil die Leistungen nach Kap. 1 bis 22 niedriger wären, bleibt ein Bestandsfall des 23. Kapitels.

Dies gilt nicht, wenn sich die nicht mehr bestehende Anspruchsberechtigung oder der geringere Leistungsumfang aus einer festgestellten Verringerung des Grades der Schädigungsfolgen ergeben. Dann ist der Verwaltungsakt, soweit in den tatsächlichen oder rechtlichen Verhältnissen eine Änderung des GdS zu Ungunsten des Berechtigten eingetreten ist, mit Wirkung für die Zukunft aufzuheben (§ 48 Abs. 1 Satz 1 SGB X). In den Fällen des § 48 Abs. 1 Satz 2, wenn der GdS zu Gunsten des Berechtigten neu feststellt wird für einen Zeitraum vor dem 31. Dezember 2023, sind für diesen Zeitraum Leistungen nach den Kapiteln 1 bis 22 zu gewähren und mit den tatsächlich gezahlten Leistungen nach dem BVG zu verrech-

884 BSGE v. 23.6.2020 – B 2 U 10/18 R.

nen. Der Differenzbetrag wird ausgezahlt. In seltenen Fällen, wenn der Berechtigte z. B. seine Mitteilungspflicht vorsätzlich oder grob fahrlässig versäumt hat, besteht die Möglichkeit, dass der Leistungsanspruch nach Kapitel 1 bis 22 für Zeiträume vor dem 01.01.2024 geringer ist als der tatsächlich ausgezahlte Betrag nach dem BVG. Dann verhindert auch § 149 Abs. 2 nicht die Rückforderung. Ergibt die Neufeststellung, dass die Schädigungsfolgen folgenlos abgeheilt sind, besteht kein Anspruch mehr auf Leistungen nach irgendeinem Kapitel des SGB XIV.

Bei einer Neufeststellung des Grades der Schädigungsfolgen oder der Anspruchsberechtigung nach dem neuen Recht können Geschädigte die volle Bandbreite der Leistungen in Anspruch nehmen, die das SGB XIV vorsieht. Dazu gehören auch die Möglichkeit, sich die monatliche Entschädigungszahlung für jeweils fünf Jahre abfinden zu lassen (§ 84 SGB XIV) oder für Witwen und Witwer, eine endgültige Abfindung zu erhalten (§ 86 SGB XIV). Eine Einschränkung des Leistungsspektrums, wie sie bei einer Wahlentscheidung nach § 152 gilt, ist nach § 149 nicht vorgesehen. Denn Neufeststellungen sind selten und belasten nicht in unvorhersehbarem Maße die Haushalte der TdSE. 7

Der TdSE hat die Möglichkeit, **von Amts wegen** ein Neufeststellungsverfahren einzuleiten, wenn er es für erforderlich hält. Dies kann der Fall sein, wenn eine Nachuntersuchung des Berechtigten angezeigt ist oder wenn sich die rechtliche oder tatsächliche Situation wesentlich verändert hat (§ 48 SGB X). § 149 betrifft ausschließlich Neufeststellungen der Schädigungsfolgen und des GdS, Prüfungsverfahren über die Rechtmäßigkeit von Verwaltungsakten nach §§ 44 ff. SGB X sind davon nicht betroffen. 8

D. Diskussion und offene Fragen 9

I. Anspruchsberechtigung im engeren oder weiteren Sinne

Geht man davon aus, dass § 149 ausschließlich die Feststellung neuer Schädigungsfolgen, eines neuen GdS oder die Anerkennung von Verschlimmerung bereits anerkannter Schädigungsfolgen betrifft, genügt die bisherige Kommentierung. 10

In der Praxis haben sich aber gerade um diesen Paragrafen Diskussionen entwickelt, die vor allem dadurch entstanden sind, dass im Gesetzestext ganz allgemein von „Anspruchsberechtigung" die Rede ist und nicht von Anspruchsberechtigung in Bezug auf die anerkannten Schädigungsfolgen. Eine Anspruchsberechtigung ist die Voraussetzung für den Erhalt einer bestimmten Geld-, Dienst- oder Sachleistung oder eines bestimmten Rechts.

Bei einer weiten Auslegung des Begriffs der Anspruchsberechtigung, könnten schon Veränderungen in der **Höhe der Leistungen**, wie z.B. die jährliche Anpassung nach § 150 oder Änderungen der wirtschaftlichen Verhältnisse, zu einer Anwendung des § 149 und in letzter Konsequenz zu einem Übergang ins neue Recht führen. Damit wäre aber das Wahlrecht nach § 152 ausgehebelt, weil spätestens am 1.7.2024 mit der Anpassung nur noch die Vertrauensschutzfälle im Besitzstand verbleiben würden und alle anderen Fälle ins neue Recht wechseln müssten.

II. Bestandsfälle beantragen neue Leistungen der Kapitel 1–4, 6, 8–22

11 Das Wahlrecht nach § 152 umfasst immer alle Leistungen über die zum Zeitpunkt der Wahl entschieden ist oder über die ein Verfahren anhängig ist.

§ 149 betrifft Fälle, die ihr Wahlrecht nach § 152 ausgeübt und entschieden haben, Bestandsfälle nach dem 23. Kapitel zu bleiben und Anträge nur auf Feststellung neuer Schädigungsfolgen oder Anerkennung von Verschlimmerung bereits anerkannter Schädigungsfolgen stellen.

Bestandsfälle können nach ihrer Wahl aber auch erstmalig einen Antrag auf neue Leistungen stellen, z.B. auf eine Teilhabeleistung.

Benötigen Bestandsfälle nach getroffener Wahl eine neue Leistung, die sie zur Zeit des Übergangs zum SGB XIV noch nicht bezogen haben, können sie jederzeit einen Antrag stellen. Ein Antrag auf eine Leistung der Krankenbehandlung oder auf Pflegeleistungen ist dabei unschädlich und wird auch für Bestandsfälle nach §§ 143, 146 und 151 nach dem 5. bzw. 7. Kapitel des SGB XIV entschieden.

In allen anderen Fällen, z.B. bei einem Antrag auf eine Teilhabeleistung nach Kapitel 6 des SGB XIV, handelt es sich um Anträge nach § 137, die den Status als Bestandsfall verändern. Wenn dem Antrag stattgegeben wird, landet der Bestandsfall trotz gegenteiliger Wahl, komplett im neuen Recht. In § 137 gibt es keine Prüfung, wie in § 149 Abs. 2, ob der Verbleib in Kapitel 23 günstiger wäre. Mischfälle zwischen altem und neuem Recht sind mit Ausnahmen der Krankenbehandlung und schädigungsbedingten Pflege nicht gewünscht. Der Berechtigte kann den Wechsel ins neue Recht nicht dadurch vermeiden, dass er den Antrag bei einem anderen Sozialleistungsträger, z.B. dem Träger der Sozialhilfe oder Eingliederungshilfe stellt, weil diese Träger für schädigungsbedingte Bedarfe nachrangig zuständig sind und den Antrag an den vorrangig zuständigen TdSE abgeben würden.

§ 150
Anpassung, Verordnungsermächtigung

[1]Der nach den §§ 144 und 145 festgestellte Geldbetrag sowie die Beträge aus den §§ 147 und 148 werden jeweils entsprechend dem Prozentsatz angepasst, um den sich der aktuelle Rentenwert in der gesetzlichen Rentenversicherung verändert. [2]Die sich nach Satz 1 ergebenden Beträge sind bis 0,49 Euro auf volle Euro abzurunden und ab 0,50 Euro auf volle Euro aufzurunden. [3]Die Anpassung erfolgt durch Rechtsverordnung des Bundesministeriums für Arbeit und Soziales mit Zustimmung des Bundesrates jeweils zum gleichen Zeitpunkt, zu dem die Renten der gesetzlichen Rentenversicherung angepasst werden.

Erläuterungen

Übersicht **Rn.**

1 Der nach den §§ 144 und 145 festgestellte Geldbetrag sowie die Beträge aus den §§ 147 und 148 werden jeweils entsprechend dem Prozentsatz angepasst, um den sich der aktuelle Rentenwert in der gesetzlichen Rentenversicherung verändert. Die sich nach Satz 1 ergebenden Beträge sind bis 0,49 Euro auf volle Euro abzurunden und ab 0,50 Euro auf volle Euro aufzurunden. Die Anpassung erfolgt durch Rechtsverordnung des Bundesministeriums für Arbeit und Soziales mit Zustimmung des Bundesrates jeweils zum gleichen Zeitpunkt, zu dem die Renten der gesetzlichen Rentenversicherung angepasst werden. Die Vorschrift zur Anpassung nach § 150 ist eine Parallelregelung zu § 110.

2 Sowohl § 110 als auch § 150 enthalten eine Verordnungsermächtigung. Es bietet sich an, beide Verordnungen jedes Jahr zusammen zu erlassen.

3 § 150 regelt die Anpassungen der laufenden monatlichen Geldleistungen des 23. Kapitels des SGB XIV. Die jährliche Anpassung der Geldleistungen nach §§ 144, 145, 147 und 148 ist notwendig, damit der Besitzstandsschutz nicht durch Inflation entwertet wird. Maßgeblich ist dabei die prozentuale Änderung des aktuellen Rentenwertes der gesetzlichen Rentenversicherung.

4 Nicht angepasst werden die laufenden monatlichen Geldleistungen nach § 142, wie z.B. das Blindengeld.

A. Altes Recht

5 **§ 56 BVG**

(1) Die Leistungen für Blinde (§ 14), der Pauschbetrag als Ersatz für Kleider- und Wäscheverschleiß (§ 15), die Grundrenten und die Schwerstbeschädigtenzulage (§ 31 Abs. 1 und 4, §§ 40 und 46), die Ausgleichs- und Elternrenten (§§ 32, 41, 47 und 51), der Ehegattenzuschlag (§ 33a), die Pflegezulage (§ 35) und das Bestattungsgeld (§§ 36, 53) werden jeweils entsprechend dem Vomhundertsatz angepaßt, um den sich die Renten der gesetzlichen Rentenversicherung verändern. Gleichzeitig wird der Bemessungsbetrag (§ 33 Absatz 1) entsprechend dem Prozentsatz angepasst, um den sich die für die Rentenanpassung maßgebenden Bruttolöhne und -gehälter je Arbeitnehmer (§ 68 Absatz 2 in Verbindung mit § 228b des Sechsten Buches Sozialgesetzbuch) verändern.

(2) Die Bundesregierung hat durch Rechtsverordnung mit Zustimmung des Bundesrates die in §§ 14, 15, 31 Absatz 1 und 4, 32, 33 Absatz 1, 33a, 35, 36, 40, 41, 46, 47, 51 und 53 bestimmten Beträge entsprechend Absatz 1 jeweils zum gleichen Zeitpunkt, zu dem die Renten der gesetzlichen Rentenversicherung angepasst werden, zu ändern. Dabei sind in § 15 die dort genannten Pauschbeträge durch Multiplikation der niedrigsten und der höchsten Bewertungszahl mit dem Multiplikator zu ermitteln. Die sich nach Satz 1 und 2 ergebenden Beträge sind bis 0,49 Euro auf volle Euro abzurunden und ab 0,50 Euro auf volle Euro aufzurunden. Abweichend hiervon ist der Multiplikator in § 15 auf 3 Dezimalstellen nach dem Komma zu runden.

B. Neues Recht

6 **§ 110 Höhe und Zeitpunkt der Anpassung, Verordnungsermächtigung**

(1) Die Höhe der Entschädigungszahlungen nach Kapitel 9, der Betrag nach § 89 Absatz 8 Satz 1 sowie die Höhe der Einmalzahlungen nach § 102 Absatz 4 und 5 werden jeweils entsprechend dem Prozentsatz angepasst, um den sich der aktuelle Rentenwert in der gesetzlichen Rentenversicherung verändert.

(2) Die sich durch die Anpassung ergebenden Beträge sind bis 0,49 Euro auf volle Euro abzurunden und ab 0,50 Euro auf volle Euro aufzurunden.

(3) Die Anpassung erfolgt durch Rechtsverordnung des Bundesministeriums für Arbeit und Soziales mit Zustimmung des Bundesrates jeweils zum gleichen Zeitpunkt, zu dem die Renten der gesetzlichen Rentenversicherung angepasst werden.

(4) Die Anpassung nach Absatz 1 wirkt sich nicht auf bereits ausgezahlte Leistungen aus, insbesondere nicht auf die Abfindung nach den §§ 84 und 86.

Abschnitt 3
Vertrauensschutz für die Absicherung gegen Krankheit

§ 151
Absicherung gegen Krankheit

(1) [1]Personen, die bis zum 1. Januar 2024 nach § 10 des Bundesversorgungsgesetzes oder in entsprechender Anwendung des § 10 des Bundesversorgungsgesetzes Leistungen der Heil- oder Krankenbehandlung für Nichtschädigungsfolgen erhalten haben, haben hinsichtlich der Behandlung von Nichtschädigungsfolgen Anspruch auf Leistungen bei Krankheit nach dem Dritten Kapitel des Fünften Buches. [2]§ 44 Absatz 2 gilt entsprechend. [3]Ansprüche nach § 143 bleiben von Satz 1 unberührt. [4]Die Leistungen nach Satz 1 erbringt für die zuständige Verwaltungsbehörde die Krankenkasse, die von der Person entsprechend § 173 des Fünften Buches gewählt wurde. [5]§ 175 Absatz 4 Satz 1 bis 5 des Fünften Buches gilt entsprechend. [6]§ 45 Satz 1 gilt entsprechend. [7]Die Berechtigten erhalten von der gewählten Krankenkasse eine elektronische Gesundheitskarte nach § 291 des Fünften Buches.

(2) weggefallen

(3) Der Anspruch nach Absatz 1 ruht für die Dauer einer Mitgliedschaft in der gesetzlichen Krankenversicherung.

Erläuterungen

Übersicht

Die Vorschrift regelt, dass Personen, die bis zum 31. Dezember 2023 nach § 10 Absatz 2 und 4 bis 6 BVG Leistungen der Heil- oder Krankenbehandlung für Nichtschädigungsfolgen erhalten haben, bei Krankheit in gleichem Umfang wie Versicherte in der gesetzlichen Krankenversicherung Leistungen erhalten. Aus der entsprechenden Anwendung des § 44 Absatz 2 ergibt sich, dass Sachleistungen ohne Beteiligung an den Kosten erbracht werden. § 151 Abs. 1 Satz 1 setzt voraus, dass die Personen Leistungen der Heil- und Krankenbehandlung für Nichtschädigungsfolgen i. S. v. § 10 BVG tatsächlich erhalten haben. Nicht ausreichend ist, wenn die Betroffenen nur zu dem berechtigten Personenkreis gehören. 1

Die Leistungen werden von der Krankenkasse erbracht, die die berechtigte Person nach den Grundsätzen des § 173 des Fünften Buches gewählt hat. Die zuständige Verwaltungsbehörde informiert die Berechtigten rechtzeitig vor Außerkrafttreten des BVG über die notwendigen Schritte. Für die Nachweispflicht gegenüber Ärzten und anderen Leistungserbringern gilt § 45 entsprechend. Berechtigte werden mit einer elektronischen Gesundheitskarte ausgestattet und können so die Leistungen in Anspruch nehmen wie Versicherte der gewählten Krankenkasse.[885]

A. Altes Recht

2 Das BVG unterschied zwischen Heil- und Krankenbehandlung. Einen Anspruch auf Heilbehandlung hatten ausschließlich Geschädigte für sich selbst, im Wesentlichen zur Behandlung der Gesundheitsstörungen, d.h. Krankheiten, Teilhabestörungen und Behinderungen, die durch die anerkannten Schädigungsfolgen verursacht wurden (§ 10 Abs. 1 BVG). Bei Schwerbeschädigten mit einem GdS von mindestens 50 konnte, wenn kein Ausschlussgrund nach § 10 Abs. 7 BVG vorlag, ein Anspruch auf Heilbehandlung der Nichtschädigungsleiden zulasten des SER hinzukommen (§ 10 Abs. 2 BVG). Eine Schwerbeschädigung lag nach § 31 Abs. 2 BVG vor, wenn ein GdS von mindestens 50 anerkannt war.

3 Einen Anspruch auf Krankenbehandlung nach § 10 Abs. 4 S. 1 Buchst. a BVG hatten Schwerbeschädigte für ihre Ehegatten, Lebenspartner, Kinder und sonstige Angehörige, die mit ihnen in häuslicher Gemeinschaft leben und von ihnen überwiegend unterhalten werden.

Einen Anspruch auf Krankenbehandlung nach § 10 Abs. 4 S. 1 Buchst. b BVG hatten Empfänger einer Pflegezulage nach § 35 BVG für ihre Pflegepersonen, die sie unentgeltlich und nicht nur vorübergehend pflegten, d.h. für einen Zeitraum von mindestens sechs Monaten.

4 Einen Anspruch auf Krankenbehandlung nach § 10 Abs. 4 S. 1 Buchst. c BVG hatten Witwen, hinterbliebene Lebenspartner, Waisen und Eltern, wenn sie Hinterbliebenenrente (§§ 38 ff. BVG) bzw. -beihilfe (§ 48 BVG) beziehen.

5 Einen Anspruch auf Krankenbehandlung nach § 10 Abs. 4 S. 3 BVG hatten Hinterbliebene, die nach dem Tode eines nach dem BVG anerkannten Schwerbeschädigten, weder Anspruch auf Hinterbliebenenrente oder -beihilfe nach

885 SozERG, Drs. 19/13824, S. 231.

§§ 38ff. BVG hatten, wenn sie nachweislich keinen wirksamen Krankenversicherungsschutz unter zumutbaren Bedingungen erreichen konnten.

Einen Anspruch auf Krankenbehandlung nach § 10 Abs. 5 BVG hatten Beschädigte mit einem GdS von unter 50 und Witwen und hinterbliebene Lebenspartner nach §§ 38ff. BVG, solange sie eine Leistung zur Teilhabe am Arbeitsleben absolvierten für ihre Angehörigen. 6

Einen Anspruch auf Heilbehandlung nach § 10 Abs. 2 und Krankenbehandlung nach § 10 Abs. 4 und 5 BVG bestand nur, wenn kein Ausschlussgrund nach § 10 Abs. 7 BVG vorlag. 7

Die Ansprüche nach den Absätzen 2, 4, 5 und 6 waren ausgeschlossen,

a) wenn der Berechtigte ein Einkommen hat, das die Jahresarbeitsentgeltgrenze der gesetzlichen Krankenversicherung übersteigt, es sei denn, dass der Berechtigte Anspruch auf Pflegezulage hat oder die Heilbehandlung wegen der als Folge einer Schädigung anerkannten Gesundheitsstörung nicht durch eine Krankenversicherung sicherstellen kann, oder
b) wenn der Berechtigte oder derjenige, für den Krankenbehandlung begehrt wurde (Leistungsempfänger), nach dem 31. Dezember 1982 von der Versicherungspflicht in der gesetzlichen Krankenversicherung auf Antrag befreit worden war oder
c) wenn der Leistungsempfänger ein Einkommen hatte, das die Jahresarbeitsentgeltgrenze der gesetzlichen Krankenversicherung überstieg, es sei denn, dass der Berechtigte Anspruch auf Pflegezulage hatte, oder
d) wenn ein Sozialversicherungsträger zu einer entsprechenden Leistung verpflichtet war oder
e) wenn Anspruch auf entsprechende Leistungen aus einem Vertrag, ausgenommen Ansprüche aus einer privaten Kranken- oder Unfallversicherung, bestand oder
f) wenn und soweit die Heil- oder Krankenbehandlung durch ein anderes Gesetz sichergestellt war.

„Entsprechende Leistungen" waren Leistungen, die nach ihrer Zweckbestimmung und der Art der Leistungserbringung übereinstimmten.

Die Ansprüche, die ein Berechtigter nach § 10 Abs. 2, 4, 5 und 6 BVG für sich hatte, wurden durch das Bestehen einer Familienversicherung nach § 10 SGB V nicht ausgeschlossen.

B. Neues Recht

8 Personen, die bis zum 1. Januar 2024 nach § 10 BVG Leistungen der Heil- oder Krankenbehandlung für Nichtschädigungsfolgen erhalten haben, haben hinsichtlich der Behandlung von Nichtschädigungsfolgen Anspruch auf Leistungen bei Krankheit nach dem Dritten Kapitel des SGB V.

§ 10 BVG unterschied zwischen Anspruchsberechtigten und Leistungsempfängern. Geschädigte, Schwergeschädigte und Hinterbliebene hatten unter bestimmten Voraussetzungen einen Krankenbehandlungsanspruch **für** ihre Angehörigen oder Pflegepersonen. Angehörige und Pflegepersonen erhielten die Krankenbehandlungsleistungen aufgrund dieses abgeleiteten Anspruchs. Nach § 151 Abs. 1 Satz 1 sind ab 1.1.2024 diese Angehörigen und Pflegepersonen selbst Anspruchsberechtigte auf Leistungen der Krankenbehandlung.

Anspruchsberechtigte sind alle Personen, die zum 31.12.2023 tatsächlich Leistungen der Heil- und Krankenbehandlung zur Behandlung von Nichtschädigungsleiden erhalten haben. Ausschlussgründe spielen bei der Prüfung des Anspruchs nach § 151 keine Rolle. Die Ausschlussgründe betrafen die Geschädigte und Hinterbliebene. Durch den Übergang der Anspruchsberechtigung auf die Leistungsempfänger ist diese Prüfung obsolet. Eine Prüfung der Ausschlussgründe nach § 10 Abs. 7 BVG ist nach dem 1.1.2024 nicht mehr vorgesehen. Geblieben ist nach **Abs. 3** nur die Prüfung, ob die Anspruchsberechtigten Mitglied der gesetzlichen Krankenversicherung sind.

9 Anspruchsberechtigte erhalten nicht mehr Leistungen im Umfang der Krankenbehandlung nach § 12 BVG (z. B. einen 80 %-Zuschuss zum Zahnersatz oder Badekuren), sondern nach dem 3. Kapitel des SGB V zu den Konditionen des Krankenkassenrechts.

Anspruchsberechtigte nach § 151 sind bessergestellt als Krankenversicherte nach dem SGB V und Neufälle nach dem SGB XIV. Nach § 151 Abs. 1 Satz 2 i. V. m. § 44 Abs. 2 erhalten sie Sachleistungen ohne Beteiligung an den Kosten. Für die Garantie der kostenfreien Sachleistung sind nicht die Krankenkassen, sondern die TdSE zuständig, die den Berechtigten die Eigenanteile und Zuzahlungen erstatten müssen. Die Krankenkassen erbringen ausschließlich die Leistungen nach § 151 Abs. 1 Satz 1 (§ 151 Abs. 1 Satz 4).

10 Krankenbehandlungsleistungen nach § 151 Abs. 1 Satz 1 i. V. m. dem 3. Kapitel des SGB V sind

1. Primäre Prävention und Gesundheitsförderung

2. Medizinische Vorsorgeleistungen
3. Empfängnisverhütung
4. Schwangerschaftsabbruch und Sterilisation
5. Leistungen bei Schwangerschaft und Mutterschaft, einschließlich Mutterschaftsgeld
6. Leistungen zur Erfassung von gesundheitlichen Risiken und Früherkennung von Krankheiten
7. Künstliche Befruchtung
8. Ärztliche und zahnärztliche Behandlung
9. Kieferorthopädische Behandlung
10. Arznei- und Verbandmittel
11. Heilmittel
12. Hilfsmittel
13. Häusliche Krankenpflege
14. Soziotherapie
15. Spezialisierte ambulante Palliativversorgung
16. Außerklinische Intensivpflege
17. Haushaltshilfe
18. Krankenhausbehandlung
19. Stationäre und ambulante Hospizleistungen
20. Kurzzeitpflege bei fehlender Pflegebedürftigkeit
21. Übergangspflege im Krankenhaus
22. Leistungen zur medizinischen Rehabilitation
23. Belastungserprobung und Arbeitstherapie
24. Ergänzende Leistungen zur Rehabilitation
25. Nichtärztliche sozialpädiatrische Leistungen
26. Nichtärztliche Leistungen für Erwachsene mit geistiger Behinderung oder schweren Mehrfachbehinderungen
27. Krankengeld
28. Zahnersatz
29. Fahrkosten

§ 151 sichert in erster Linie Menschen ab, die ohne Vertrauensschutz keinerlei Ansprüche mehr nach dem SGB XIV hätten. Die größte Personengruppe, die nach § 151 **Vertrauensschutz** genießt, sind Witwen- und Waisenbeihilfeempfänger. **11**

Hinterbliebene von nicht schädigungsbedingt Verstorbenen, Angehörige und Pflegepersonen haben nur Leistungsansprüche als Vertrauensschutzfälle nach den §§ 147, 148 und 151. Verlässt dieser Personenkreis den gesicherten Raum des 23. Kapitels, besteht kein Anspruch auf Weiterversorgung nach den Kapiteln 1 bis 22. Diese Menschen müssen dann an den Sozialhilfeträger und den Eingliederungshilfeträger verwiesen werden. Die Krankenbehandlung kann in ihren Fällen, wenn der Grundanspruch nach § 151 entfällt, nicht als Härtefall nach § 42 Abs. 2 bis 4 oder § 100 ins neue Recht übernommen werden. Denn diese Fälle haben keine Ansprüche nach dem neuen Recht.

12 Berechtigte nach § 151, verlieren den Vertrauensschutz nicht, wenn sie Anträge auf neue Krankenbehandlungsleistungen nach dem 3. Kapitel des SGB V stellen, die sie bislang noch nie erhalten haben. Sie sind bei Krankheit lebenslang im Rahmen der Leistungen nach dem 3. Kapitel des SGB V abgesichert. **§ 137** greift in Bezug auf Leistungen nach §§ 143 und 151 und dem 5. Kapitel nicht.

13 Anspruchsberechtigte auf Heilbehandlung nach **§ 10 Abs. 2 BVG** können u. U. ein Härtefall in Bezug auf die Behandlung der Nichtschädigungsleiden nach § 42 Abs. 2 werden. Sie besitzen als Geschädigte einen Grundanspruch nach den Kapiteln 1 bis 22, auch wenn sie den Vertrauensschutzbereich verlassen. Ihnen sollte nur klar sein, dass die Härtefallprüfung nach § 42 Abs. 2 nach sehr viel strengeren Kriterien abläuft als die alte Prüfung der Ausschlussgründe nach § 10 Abs. 7 BVG.[886]

14 Die Leistungen nach Abs. 1 Satz 1 werden nach Satz 4 von der Krankenkasse erbracht, die die berechtigte Person zum Zeitpunkt des Außerkrafttretens des BVG nach den Grundsätzen des § 173 SGB V wählt. Die zuständige Verwaltungsbehörde informiert die Berechtigten rechtzeitig vor Außerkrafttreten des BVG über die notwendigen Schritte.[887] Bei der Wahl der Krankenkasse gelten § 175 Abs. 4 Sätze 1 bis 5 SGB V entsprechend. D. h. Versicherungspflichtige und Versicherungsberechtigte sind an die von ihnen gewählte Krankenkasse mindestens zwölf Monate gebunden. Satz 1 gilt nicht bei Ende der Mitgliedschaft kraft Gesetzes. Zum oder nach Ablauf des in Satz 1 festgelegten Zeitraums ist eine Kündigung der Mitgliedschaft zum Ablauf des übernächsten Kalendermonats möglich, gerechnet von dem Monat, in dem das Mitglied die Kündigung erklärt. Bei einem Wechsel in eine andere Krankenkasse ersetzt die Meldung der neuen Krankenkasse über die Ausübung des Wahlrechts nach Absatz 2 Satz 1 die Kündigungserklärung des Mitglieds; die Kündigung gilt mit Zugang der Meldung der neuen Krankenkasse über die Ausübung des Wahlrechts nach Absatz 2 Satz 1 bei der bisherigen Krankenkasse als im Zeitpunkt des Zugangs der Wahlerklärung nach Absatz 1 Satz 1 bei der neuen Kran-

886 S. Komm. zu § 42 Rn. 9.
887 SozERG, Drs. 19/13824, S. 231.

kenkasse erklärt. Erfolgt die Kündigung, weil keine Mitgliedschaft bei einer Krankenkasse begründet werden soll, hat die Krankenkasse dem Mitglied unverzüglich, spätestens jedoch innerhalb von zwei Wochen nach Eingang der Kündigungserklärung eine Kündigungsbestätigung auszustellen; die Kündigung wird wirksam, wenn das Mitglied innerhalb der Kündigungsfrist das Bestehen einer anderweitigen Absicherung im Krankheitsfall nachweist.

Abs. 1 S. 5 verpflichtet die berechtigten Personen ihre Leistungsberechtigung gegenüber Ärzten und anderen Leistungserbringern nachzuweisen entsprechend § 45 Satz 1. Der Bezug auf Satz 2 wurde durch das SGB XII/SGB XIV-AnpG gestrichen, da Satz 1 und 2 zusammengefasst wurden[888]. Für die **Nachweispflicht** gilt nach § 45 S. 1 der § 15 Abs. 2 bis 6 SGB V entsprechend. Berechtigte werden mit einer elektronischen Gesundheitskarte ausgestattet und können so die Leistungen genauso in Anspruch nehmen wie Versicherte der gewählten Krankenkasse. **15**

Abs. 2 wurde durch das SGB XII/SGB XIV AnpG gestrichen[889]. Es handelt sich um eine rechtsförmliche Folgeänderung zur Neufassung des § 60. Die dortigen Regelungen zur Erstattung der Aufwendungen der Krankenkassen und der Verwaltungskostenpauschale gelten nun auch für die in § 151 und § 143 geregelten Leistungen, sodass Abs. 5 ersatzlos gestrichen werden konnte. Krankenbehandlungsleistungen für Vertrauensschutzfälle nach § 151 und Bestandsfälle nach § 143 werden nicht mehr spitz, sondern zusammen mit den Neufällen im Zuge der Auftragsverwaltung nach dem 5. Kapitel pauschal nach § 60 zwischen der KK und den TdSE abgerechnet. **16**

Abs. 3 regelt laut Gesetzesbegründung das Konkurrenzverhältnis zwischen dem Anspruch nach Absatz 1 und einer nachträglich begründeten Mitgliedschaft in der gesetzlichen Krankenversicherung.[890] **17**

Vor dem 31.12.2023 wurde bei allen Vertrauensschutzfällen festgestellt, dass keine Ausschlussgründe nach § 10 Abs. 7 BVG vorlagen und der Anspruch auf Heil- und Krankenbehandlung nach § 10 Abs. 2, 4 und 5 BVG bestand. Nach dem 1.1.2024 werden die Ausschlussgründe nicht mehr geprüft.

Der Anspruch auf Krankenbehandlung nach § 151 kann aber entfallen, wenn nach dem Inkrafttreten des SGB XIV, die Berechtigten Mitglied der gesetzlichen Krankenversicherung werden. Denn dann ist das Risiko gegen Krankheit anderweitig sichergestellt. Der originäre Krankenversicherungs-

888 Es handelt sich um eine Folgeänderung zur Neufassung zu § 45. SGB XII/SGB XIV AnpG, Art 10 Nrn. 4, 26.

889 BGBl. I 2023 Nr. 408.

890 SozERG, Drs. 19/13824, S. 231.

schutz der GKV geht dem Anspruch nach § 151 vor, unabhängig davon, ob es sich um eine Pflichtversicherung, Familienversicherung oder freiwillige Versicherung handelt. Dabei ist es unerheblich, dass der Anspruch nach § 151 günstiger für den Versicherten ist, z. B. wegen des Anspruchs auf kostenfreie Sachleistungen. Eine freiwillige Versicherung ist den Berechtigten nicht anzuraten. Sie verlieren ihre Privilegien und müssen Versicherungsbeiträge zahlen. Wenn eine freiwillige Versicherung abgeschlossen wurde, ruht der Anspruch nach § 151.

Abschnitt 4
Wahlrecht

§ 152
Wahlrecht

(1) [1]Anstelle der Leistungen nach diesem Kapitel können Berechtigte nach § 142 die Erbringung von Leistungen nach den Kapiteln 1 bis 4 und 6 bis 22 mit Ausnahme der §§ 84 und 86 wählen. [2]In diesem Fall

1. **gelten die bisher anerkannten Schädigungsfolgen sowie die Feststellung des Grades der Schädigungsfolgen für die Entscheidung über die Leistungen nach den Kapiteln 1 bis 4 und 6 bis 22 als rechtsverbindlich festgestellt;**
2. **wird der nach § 87 Absatz 1 des Bundesversorgungsgesetzes zum 31. Dezember 2023 berechnete Betrag festgesetzt und jährlich unter Berücksichtigung des § 110 Absatz 1, 2 und 4 angepasst. Dieser Betrag tritt an die Stelle der Leistung nach Kapitel 10.**

(2) [1]Das Wahlrecht ist innerhalb von zwölf Monaten nach Eintritt der Bestandskraft der Entscheidung über Leistungen nach diesem Kapitel auszuüben. [2]Die Ausübung des Wahlrechts ist unwiderruflich. [3]Sie wirkt zurück auf den 1. Januar 2024. [4]Bereits erbrachte Leistungen nach § 144 werden angerechnet. [5]Die bis zur Bekanntgabe des Bescheides über die einer berechtigten Person zustehenden Leistungen nach den Kapiteln 1 bis 4 und 6 bis 22 erbrachten Leistungen nach § 144 werden auf folgende Leistungen angerechnet:

1. **monatliche Entschädigungszahlung nach § 83 Absatz 1,**
2. **monatliche Entschädigungszahlung bei schwersten Schädigungsfolgen nach § 83 Absatz 2,**
3. **monatliche Entschädigungszahlung an Witwen und Witwer sowie an Partner einer eheähnlichen Gemeinschaft nach § 85,**
4. **monatliche Entschädigungszahlung an Waisen nach § 87,**
5. **monatliche Entschädigungszahlung an hinterbliebene Eltern nach § 88 und**
6. **Berufsschadensausgleich nach § 89.**

(3) Ist eine Rente kapitalisiert nach § 72 des Bundesversorgungsgesetzes oder nach § 1 Absatz 1 des Rentenkapitalisierungsgesetzes-KOV, verringert sich die Entschädigungszahlung nach § 83 während des Abfindungszeitraums um den kapitalisierten Betrag.

(4) [1]Berechtigte nach § 142, die ausschließlich eine Grundrente nach den §§ 31, 40, 45 Absatz 1 oder Absatz 3 Satz 1 Buchstabe a bis c des Bundesversorgungsgesetzes im Dezember 2023 erhalten haben, erhalten ab dem 1. Januar 2024 Leistungen nach den Kapiteln 1 bis 4 und 6 bis 22 mit Ausnahme der §§ 84 und 86. [2]§ 152 Absatz 1 Satz 2 gilt entsprechend. [3]Satz 1 gilt nicht für Berechtigte, denen Leistungen nach § 143 Absatz 2 oder Absatz 3 zustehen oder die einen Anspruch als Vollwaise nach § 46 des Bundesversorgungsgesetzes haben.

Erläuterungen

Den Berechtigten steht ein Wahlrecht nach § 152 SGB XIV zu. Sie können anstelle der Leistungen nach dem BVG oder einem Gesetz, das das BVG ganz oder teilweise für anwendbar erklärt, auch Leistungen nach den Kapiteln 1 bis 4 und 6 bis 22 des SGB XIV mit Ausnahme der §§ 84, 86 wählen. In dem Fall gelten die bisher anerkannten Schädigungsfolgen sowie die Feststellung des GdS als rechtsverbindlich festgestellt. Berechtigte müssen sich insgesamt für Leistungen des Besitzstandsschutzes oder des neuen Rechts entscheiden. Ein Wahlrecht hinsichtlich einzelner Leistungen gibt es nicht. Einzelne Leistungen des neuen Rechts bzw. des Besitzstandes gezielt auszuwählen, ist nicht möglich. **1**

Das Wahlrecht ist nach Absatz 2 innerhalb von 12 Monaten nach bestandskräftiger Gestellung über Leistungen des Besitzstandsschutzes auszuüben. Die Ausübung des Wahlrechts ist unwiderruflich.

Entscheiden sich Berechtigte für das neue Recht, trifft Absatz 3 eine Sonderregelung zur Entschädigungszahlung nach § 83, wenn eine Rente nach § 72 BVG oder nach § 1 Absatz 1 Rentenkapitalisierungsgesetz-KOV kapitalisiert ist.

§ 152 hat im Jahr 2023 noch vor seinem Inkrafttreten grundlegende Änderungen erfahren durch **2**

- das Gesetz zur Förderung eines inklusiven Arbeitsmarktes (InklArbFG) vom 13. Juni 2023
- das Gesetz zur Anpassung des Zwölften und des Vierzehnten Buches Sozialgesetzbuch und weiterer Gesetze vom 22. Dezember 2023.

3 Anstelle der Leistungen des Besitzstandes können die Berechtigten die Leistungen des neuen Rechts nach den Kapiteln 1 bis 4 und 6 bis 22 wählen. Das Kapitel 5 wurde hier ausgenommen, da Berechtigte, deren Anspruch auf Leistungen der Heil- und Krankenbehandlung zum 31.12.2023 bestandskräftig nach dem BVG festgestellt war, nach §§ 143, 151 in jedem Fall Leistungen nach Kapitel 5 des SGB XIV erhalten, sodass ein Wahlrecht dahingehend nicht besteht.

4 Die Leistungen, die der Berechtigte nach Kapitel 1 bis 4 und 6 bis 22 wählt, beruhen in Bezug auf Umfang und Höhe nach Abs. 1 S. 2 auf den zuvor **anerkannten Schädigungsfolgen** und dem festgestellten **GdS**.

Die Rechtsvorschrift bezieht sich auf den GdS ohne Unterscheidung nach § 30 Abs. 1 oder 2 BVG. Das bedeutet, dass bei Personen, die eine besondere oder außergewöhnliche berufliche Betroffenheit nach **§ 30 Abs. 2 BVG** anerkannt bekommen haben, der erhöhte GdS nach § 30 Abs. 1 und 2 BVG als feststehend gilt.

5 Durch das SGB XII/SGB XIV AnpG gehört zum **Bestandsschutz** auch das vereinfacht festgestellte **Vergleichseinkommen** bei der BSA-Berechnung für Altfälle nach **§ 87 BVG**.

Beim Berufsschadensausgleich (BSA) wurde 2011 für die Fälle, für die bereits vor dem 1. Juli 2011 ein BSA beantragt worden war, in § 87 Absatz 1 BVG eine sogenannte **Altfall-Regelung** eingeführt. Nach dieser Regelung wurde aus Vereinfachungsgründen das damalige Vergleichseinkommen betragsmäßig zum 30. Juni 2011 festgestellt und in der Folge jährlich entsprechend dem Anpassungssatz der Renten aus der gesetzlichen Rentenversicherung angepasst. Auch in diesen Altfällen ist es nach § 87 Absatz 1 BVG möglich, das Wahlrecht gem. § 152 Absatz 1 Satz 1 SGB XIV auszuüben und Entschädigung nach dem neuen Recht des SGB XIV zu wählen. Dazu müssten die zuständigen Verwaltungsbehörden alle diese Fälle betreffenden Akten, teilweise zurückgehend bis in die 60er-Jahre des letzten Jahrhunderts, händisch heraussuchen, um dann ebenfalls wiederum händisch eine Neuberechnung vorzunehmen. Der dazu erforderliche Aufwand ist angesichts der geringen Zahl an Berechtigten unverhältnismäßig und nicht vertretbar. Anzunehmen ist zudem, dass in vielen Fällen die relevanten Unterlagen nicht mehr oder jedenfalls nicht mehr vollständig auffindbar sind und eine nachvollziehbare Neuberechnung daher sehr erschwert oder gar unmöglich gemacht würde. Deswegen wird eine Regelung in § 152 Absatz 1 Satz 2 Buchstabe b getroffen, die den Betroffenen den bisherigen BSA betragsmäßig erhält und eine verlässliche Anpassung in der Zukunft sichert.

§ 152 gewährleistet zum Inkrafttreten des SGB XIV den Bestandsschutz für anerkannte Schädigungsfolgen, den GdS und das nach § 87 BVG festgelegte Vergleichseinkommen unabhängig davon, welche Wahl die Berechtigten treffen. Im weiteren Verlauf nach Ausübung des Wahlrechtes ist es möglich, durch Anträge oder von Amts wegen bei geänderter Sach- und Rechtslage nach **§ 149** von dem ursprünglichen GdS und den anerkannten Schädigungsfolgen abzuweichen. 6

Um eine fundierte Wahl zwischen dem Besitzstand und der neuen Option zu treffen, müssen die Berechtigten über die jeweiligen Leistungen informiert sein. Nur so können sie abwägen, welche Alternative für ihre individuelle Situation vorteilhafter ist. 7

Die **Beratung** der Anspruchsberechtigten nach § 14 SGB I ist eine wichtige Aufgabe der Verwaltungsbehörden. Sie soll sicherstellen, dass die Anspruchsberechtigten ihre Rechte und Pflichten kennen und die für sie vorteilhafteste Leistung wählen können. Um eine fundierte Wahl zu treffen, müssen die Berechtigten wissen, wie hoch die Besitzstandsleistungen nach dem 23. Kapitel im Vergleich zu den Leistungen nach dem neuen Recht der Kapitel 1 bis 4 und 6 bis 22 voraussichtlich sein werden. Aus § 14 SGB I ergibt sich daher ein Anspruch der Berechtigten gegenüber der TdSE auf eine Vergleichsrechnung und eine umfangreiche Beratung über die Vor- und Nachteile beider Leistungssysteme.

Dabei sind nicht nur die laufenden monatlichen Geldleistungen zu berücksichtigen, sondern auch die Leistungen im Bereich der **Gesundheitsversorgung, der Pflege und der Kriegsopferfürsorge**. Besonders wichtig, weil im neuen Recht überhaupt nicht vorgesehen, ist eine Beratung über die abgeleiteten Ansprüche nach § 10 Abs. 4a und b und Abs. 5 BVG und § 25 Abs. 4 BVG. 8

- § 10 Abs. 4 BVG Krankenbehandlung wird
  a) dem Schwerbeschädigten für den Ehegatten oder Lebenspartner und für die Kinder (§ 33b Abs. 1 bis 4 BVG) sowie für sonstige Angehörige, die mit ihm in häuslicher Gemeinschaft leben und von ihm überwiegend unterhalten werden,
  b) dem Empfänger einer Pflegezulage für Personen, die seine unentgeltliche Wartung und Pflege nicht nur vorübergehend übernommen haben gewährt.
- Abs. 5 Krankenbehandlung wird ferner gewährt
  a) Beschädigten mit einem Grad der Schädigungsfolgen von weniger als 50 für sich und für die in Absatz 4 Buchstabe a genannten Angehörigen,

b) Witwen und hinterbliebenen Lebenspartnern (§§ 38, 42 bis 44 und 48) für die in Absatz 4 Buchstabe a genannten Angehörigen,

sofern der Berechtigte an einer Leistung zur Teilhabe am Arbeitsleben teilnimmt.

– § 25 Abs. 4 BVG Beschädigte erhalten Leistungen der Kriegsopferfürsorge auch für

Familienmitglieder, soweit diese ihren nach den nachstehenden Vorschriften anzuerkennenden Bedarf nicht aus eigenem Einkommen und Vermögen decken können. Als Familienmitglieder gelten

1. der Ehegatte oder der Lebenspartner des Beschädigten,
2. die Kinder des Beschädigten,
3. die Kinder, die nach § 33b Abs. 2 als Kinder des Beschädigten gelten, und seine Pflegekinder (Personen, mit denen der Beschädigte durch ein familienähnliches, auf längere Dauer berechnetes Band verbunden ist, sofern er sie in seinen Haushalt aufgenommen hat und ein Obhuts- und Pflegeverhältnis zu den Eltern nicht mehr besteht),
4. sonstige Angehörige, die mit dem Beschädigten in häuslicher Gemeinschaft leben,
5. Personen, deren Ausschluss eine offensichtliche Härte bedeuten würde,

wenn der Beschädigte den Lebensunterhalt des Familienmitglieds überwiegend bestreitet, vor der Schädigung bestritten hat oder ohne die Schädigung wahrscheinlich bestreiten würde. Kinder gelten nach Satz 2 Nr. 2 und 3 über die Vollendung des 18. Lebensjahrs hinaus als Familienmitglieder, wenn sie mit dem Beschädigten in häuslicher Gemeinschaft leben oder die Voraussetzungen des § 33b Abs. 4 Satz 2 bis 7 erfüllen.

9 Selbst der einfachste Fall ist sehr schwer zu entscheiden: Z.B. der Fall eines 60-jährigen Taxifahrers mit seit 40 Jahren anerkannter Grundrente nach GdS 50 und seiner 35-jährigen Tochter, die schwerstbehindert geboren wurde und seit 35 Jahren auf Kosten der Kriegsopferfürsorge in einem Pflegeheim untergebracht ist. Aktuelle Leistungen an den Geschädigten 311 Euro Grundrente nach § 31 BVG und 3500 Euro Hilfe zur Pflege nach § 26c BVG.

Nach dem BVG hätte die Tochter ggf. nach dem Tod ihres Vaters einen eigenständigen Hinterbliebenenanspruch als „gebrechliche Waise" nach § 38 BVG oder § 48 BVG i. V. m. § 45 Abs. 3d BVG und erhielte lebenslang eine Waisenrente und Leistungen der Kriegsopferfürsorge.

Nach dem SGB XIV ist die Tochter kein Vertrauensschutzfall nach § 148 und hat als 35-Jährige keine eigenen Ansprüche nach § 87 Abs. 4 auf Waisenrente. Die Entschädigungszahlung des Vaters ist sowohl beim TdSE als auch beim Eingliederungshilfe- oder Sozialhilfeträger anrechnungsfrei.

Nach dem § 152 gibt es drei mögliche Leistungsvarianten:

- Der Vater wählt, ein Bestandsfall nach dem 23. Kapitel zu sein. Er erhält nach § 144 ab 1.1.2024 eine monatliche Geldleistung i.H.v. 389 Euro (GdS 50 plus 25 %) und die Kosten für die Unterbringung seiner Tochter, wenn ein unbefristeter Bescheid nach § 26c BVG vorliegt nach § 142, solange er lebt. Danach ist für die Unterbringung der Tochter der Eingliederungshilfe- oder Sozialhilfeträger zuständig.
- Wenn ein befristeter Bescheid nach § 26c vorliegt, erhält er die Leistung für seine Tochter nach § 145 Abs. 2 Nr. 1 längstens bis zum 31. Dezember 2033. Danach ist für die Unterbringung der Tochter der Eingliederungshilfe- oder Sozialhilfeträger zuständig.
- Der Vater wählt nach § 152 die Leistungen des neuen Rechtes und erhält nach § 83 Abs. 1 Nr. 2 ab 1. Januar 2024 monatlich 800 Euro. Für die Unterbringung der Tochter ist bereits ab 1. Januar 2024 der Eingliederungshilfe- oder Sozialhilfeträger zuständig. Im Rahmen des § 145 SGB XIV erbrachte Leistungen können nach Ausübung des Wahlrechts rückwirkend zum Januar 2024 zurückgefordert werden.

Die Beratung sollte immer die **Ansprüche nach anderen Sozialleistungs-** 10
systemen, die durch die Wahl in Anspruch genommen werden können, miterfassen. Bei Beratungen über Leistungen der Kriegsopferfürsorge sollten KOF-Sachverständige auf alle Fälle mit herangezogen werden.

Vertrauensschutzfällen nach §§ 147, 148 und 151 sollte durch die Beratung 11
klar gemacht werden, dass sie keinerlei Ansprüche nach den Kapiteln 1 bis 22 haben. Wer den Vertrauensschutzbereich verlässt, ist kein Härtefall nach § 42 Abs. 3 und 4 oder § 100.

Die Beratung soll die Berechtigten über die Unterschiede zwischen dem alten und dem neuen Recht informieren und ihnen die Folgen einer Wahlerklärung für ihre Ansprüche verdeutlichen. Die **Beratung** soll **jedoch keine Empfehlung** für oder gegen eine Wahlerklärung enthalten, da dies die Entscheidungsfreiheit der Berechtigten beeinträchtigen könnte. Die Beratung soll sachlich, neutral und verständlich sein.

Die Beratung muss auch die unterschiedlichen **Auswirkungen** der Leistungen **auf andere Sozialleistungen** berücksichtigen. Geldleistungen nach dem 23. Kapitel SGB XIV werden bei der Berechnung anderer Sozialleistungen oder Leistungen nach dem AsylbLG als Einkommen nicht angerechnet, solange sie nicht höher sind als eine Grundrente nach § 31 Abs. 1 S. 1 BVG in der am 31. Dezember 2023 gültigen Fassung für einen GdS von 100 (891 €) zuzüglich der Anpassungen nach § 150. Wenn das Wahlrecht ausgeübt wird, sind dagegen nur Geldleistungen des Kapitel 9 des SGB XIV anrechnungsfrei.

12 Es ist auch wichtig, die bisherige **Pfändung** von Leistungen durch Pfändungs- und Überweisungsbeschlüsse zu beachten. Nach dem alten Recht ist die gesamte Geldleistung nach § 144 SGB XIV gemäß § 9 SGB XIV unpfändbar, während nach dem neuen Recht nur die Entschädigungszahlungen und Abfindungen nach Kapitel 9 des SGB XIV unpfändbar sind.

13 Bei einer **fehlerhaften oder unvollständigen Beratung** greift der sozialrechtliche Herstellungsanspruch. Der **sozialrechtliche Herstellungsanspruch** hat seinen Ursprung in der Rechtsprechung des Bundessozialgerichts (BSG) und basiert auf dem allgemeinen Rechtsgrundsatz Treu und Glauben (§ 242 BGB). Der sozialrechtliche Herstellungsanspruch entsteht, wenn der TdSE eine fehlerhafte oder unvollständige Beratung erteilt hat. Der Anspruch zielt darauf ab, den Betroffenen so zu stellen, als ob die Beratung richtig oder vollständig gewesen wäre. Der Herstellungsanspruch kann sowohl auf Leistungen als auch auf Rechtsänderungen gerichtet sein.

14 Das Wahlrecht ist an eine **Frist gebunden**. Die Frist von zwölf Monaten läuft nach Abs. 2 S. 1 ab dem Tag, an dem die Leistung nach Kap. 23 rechtskräftig festgestellt wird, und endet nach § 26 Abs. 1 SGB X i.V.m. § 188 Abs. 2 BGB an dem entsprechenden Tag des nächsten Jahres, der die gleiche Zahl wie der Fristbeginn hat.

Die Berechnung der Frist richtet sich nach § 26 SGB X, der auf die Vorschriften der §§ 187–193 BGB Bezug nimmt. Der Fristbeginn ist gemäß § 152 Abs. 2 SGB XIV der Tag, an dem die Entscheidung über die Leistungen nach Kapitel 23 bestandskräftig wird. Wenn die Entscheidung hierüber in mehreren Bescheiden getroffen wird, läuft die Frist ab dem Tag, an dem der letzte dieser Bescheide bestandskräftig wird. Ein Bescheid wird bei Bekanntgabe an einen Empfänger im Inland nach einem Monat (§ 84 Abs. 1 S. 1 SGG) und bei Bekanntgabe an einen Empfänger im Ausland nach drei Monaten (§ 84 Abs. 1 S. 2 SGG) bestandskräftig.

15 Die **„Feststellung aller Ansprüche"** gilt nicht nur für die Geldleistungen nach § 144 SGB XIV, sondern für alle Leistungen dieses Kapitels. Leistungen nach §§ 147 und 148 sind nicht auszunehmen, denn auch Verwitwete, die schon vor dem 01.01.2024 ihren Ehepartner verloren haben, können ab diesem Datum erstmals diese Leistungen erhalten, wenn sie nach altem Recht noch keinen Anspruch auf Witwenbeihilfe oder Pflegeausgleich hatten, nach dem 1.1.2024 auf der Grundlage der §§ 147, 148 aber schon. Des-

halb muss auch die Entscheidung über diese Leistungen abgewartet werden, bevor die Frist zu laufen beginnt.

Die Frist kann sich um mehrere Jahre verzögern, wenn über die Leistung mit Bestandsschutz noch im Verwaltungs- oder Sozialgerichtsverfahren gestritten wird oder wenn die Entscheidung über die Besitzstandsleistungen aus diesem Grund noch nicht rechtskräftig ist.

Absatz 2 S. 2 stellt fest, dass die „Ausübung des Wahlrechts unwiderruflich ist". Die Ausübung des Wahlrechts ist eine einseitige Willenserklärung, die an eine Behörde (den Träger der sozialen Entschädigung) gerichtet ist und daher der Form des § 130 Abs. 1 i. V. m. Abs. 3 BGB unterliegt. Die Willenserklärung wird mit dem Eingang bei der Behörde wirksam, es sei denn, der Träger erhält vorher oder gleichzeitig einen Widerruf (siehe § 130 Abs. 1 S. 2 BGB). Ein späterer Widerruf ist unwirksam. Nach dem Wirksamwerden der Willenserklärung kann diese nur noch nach den Vorschriften der §§ 119 ff. BGB angefochten werden. 16

Die Wahlentscheidung ist bindend und kann nicht widerrufen werden. 17
Nachdem der Berechtigte seine Wahl getroffen hat, erlässt die Behörde einen **Bescheid nach § 48 Abs. 1 S. 2 Nr. 1 SGB X**, der die bisherigen Leistungen des BVG-Besitzstandes zum 1. Januar 2024 aufhebt und die neuen SGB XIV-Leistungen entsprechend der Wahl gewährt.

Durch die Änderung des § 152 SGB XIV im Gesetz zur Förderung eines 18
inklusiven Arbeitsmarktes wurde in § 152 Abs. 2 S. 3 SGB XIV normiert, dass die Wahlentscheidung auf den 01.01.2024 zurückwirkt.

Laut Gesetzesbegründung zur Förderung eines inklusiven Arbeitsmarktes (InklArbFG) vom 13.6.2023 lässt die Formulierung in § 152 Absatz 2 Satz 1 SGB XIV unterschiedliche Auslegungen zu, ob die nach den Kapiteln 1 bis 22 gewählten Leistungen erst für die Zeit nach der Wahlausübung („ex nunc") oder bereits ab Inkrafttreten des neuen Rechts am 1. Januar 2024 („ex tunc") beansprucht werden können. Im Interesse der Berechtigten ist die Klarstellung geboten, dass die Entscheidung für das neue Recht rückwirkend zum Inkrafttreten des SGB XIV gilt. Sonst würden Berechtigten die nach der gesetzgeberischen Absicht zugedachten Vorteile regelmäßig für längere Zeit vorenthalten; mindestens bis zur Bestandskraft des Bescheides über die Besitzstandsleistungen. Auf die Dauer des Verwaltungsverfahrens bis zu diesem Bescheid haben Berechtigte aber nur wenig Einfluss. Nach diesem Bescheid benötigen Berechtigte zudem weitere Zeit bis zur Abgabe der unwiderruflichen Wahlerklärung, die Berechtige erst nach gründlicher Beratung und sorgfältiger Abwägung abgeben sollten.

19 Im SGB XII/SGB XIV-AnpG soll festgelegt werden, dass die bis zur Bekanntgabe des Bescheides über Leistungen nach den Kapiteln 1 bis 4 und 6 bis 22 erbrachten Leistungen nach § 144 auf die

- monatliche Entschädigungszahlung nach § 83 Abs. 1 SGB XIV,
- monatliche Entschädigungszahlung bei schwersten Schädigungsfolgen nach § 83 Abs. 2 SGB XIV,
- monatliche Entschädigungszahlung an Witwen und Witwer sowie an Partner einer eheähnlichen Gemeinschaft nach § 85 SGB XIV,
- monatliche Entschädigungszahlung an Waisen nach § 87 SGB XIV,
- monatliche Entschädigungszahlung an hinterbliebene Eltern nach § 88 SGB XIV und den
- Berufsschadensausgleich nach § 89 SGB XIV

angerechnet werden.

Die Änderung von § 152 Absatz 2 Satz 4 greift – in leicht geänderter Formulierung – eine Anregung des Bundesrates (Stellungnahme zum Entwurf eines Gesetzes zur Förderung des inklusiven Arbeitsmarktes BR-Drucksache 682/22 – Beschluss) auf. Die Leistungen, auf die eine Anrechnung bereits erbrachter Leistungen stattfindet, werden konkret und abschließend benannt. Damit wird die Transparenz der Regelung für Bürger und Bürgerinnen sowie die Verwaltung erhöht.

20 Der im SGB XII/SGB XIV-AnpG vorgesehene § 152 Abs. 4 SGB XIV soll regeln, dass Berechtigte nach § 142 SGB XIV, die ausschließlich eine Grundrente nach §§ 31, 40, 45 Abs. 1 oder § 45 Abs. 3 S. 1 lit. a bis c BVG im Dezember 2023 erhalten haben, ab 01.01.2024 Leistungen nach Kapitel 1 bis 4 und 6 bis 22 mit Ausnahme der §§ 84 und 86 erhalten. Dabei gilt § 152 Absatz 1 Satz 2 entsprechend. Diese Regelung soll nicht für Berechtigte gelten, denen Leistungen nach § 143 Abs. 2 oder 3 zustehen oder die einen Anspruch als Vollwaise nach § 46 des Bundesversorgungsgesetzes haben.

Die Regelungen zum Wahlrecht sind bei denjenigen Fallgestaltungen notwendig, die eine Vielzahl von Einzelleistungen aus dem bisherigen Leistungsspektrum erhalten. Allerdings existiert auch eine Vielzahl von Fallgestaltungen, bei denen vernünftigerweise das den Betroffenen eingeräumte Wahlrecht nach § 152 des Vierzehnten Buches Sozialgesetzbuch (SGB XIV) nur dahingehend ausgeübt werden kann, dass das Leistungsgerecht des SGB XIV gewählt wird, da die dortigen Leistungen bedeutend höher sind als die Besitzstandsleistungen. Zur Verwaltungsvereinfachung und Entlastung der Betroffenen können mit dem Absatz 4 eindeutige Fallkonstellationen durch eine gesetzliche Regelung in das günstigere Leistungsrecht des SGB XIV überführt werden.

Die geplante Gesetzesänderung bringt eine Vereinfachung für die Empfänger von Grundrenten für Beschädigte, Verwitwete und Waisen (außer Vollwaisen und gebrechlichen Waisen), die von dem neuen Recht profitieren können. Sie werden automatisch zum 1.1.2024 in das neue Recht übergeleitet, ohne dass sie eine schriftliche Erklärung abgeben müssen, um die höheren Entschädigungsleistungen zu erhalten. Diese Personengruppe bekommt ab 1.1.2024 direkt Leistungen nach den Kapiteln 1 bis 22.

Diese Vorschrift gilt nicht für Berechtigte, die im Dezember 2023 neben der Grundrente noch andere Leistungen, z. B. der Kriegsopferfürsorge, erhalten haben oder deren Grundrenten nicht in voller Höhe ausgezahlt werden oder die Anspruch auf Leistungen nach § 143 Abs. 2 und 3 SGB XIV haben. Diese Berechtigten sind von dieser Regelung ausgenommen.

Absatz 3 soll vermeiden, dass es zu einer doppelten Begünstigung kommt. **21**
Diese würde entstehen, wenn die Vorschrift in § 144 Absatz 1 Satz 5, nach der sich für den nach der Kapitalisierung einer Grundrente verbleibenden Abfindungszeitraum die festgesetzte Besitzstandsleistung um den kapitalisierten Betrag ohne Anpassung nach § 150 bis zum Ende des Abfindungszeitraumes reduziert, bei einem Übergang in das neue Recht keine Entsprechung hätte. Daher wird die Entschädigungszahlung nach § 83 SGB XIV entsprechend gekürzt.

§ 153
Schriftform

Die Geltendmachung des Wahlrechts bedarf der Schriftform und ist gegenüber dem Träger der Sozialen Entschädigung zu erklären.

Erläuterungen

Die Vorschrift statuiert ein Schriftformerfordernis für die Ausübung des **1**
Wahlrechts nach § 152. Adressat des Wahlrechts ist der Träger der Sozialen Entschädigung. Das Wahlrechts wird durch eine einseitige, öffentlich-rechtliche Willenserklärung ausgeübt, die der Empfangsbedürftigkeit unterliegt. Die entsprechende Anwendung der Vorschriften des Bürgerlichen Gesetzbuches ergibt sich aus § 61 S. 2 SGB X; dies betrifft insbesondere den Zugang der Erklärung (§ 130 BGB), ihre Auslegung (§ 133 BGB) und die Möglichkeit der Anfechtung bei Irrtümern oder Täuschungen (§§ 116ff. BGB).

2 Nach § 6 KOVVfG sind Anträge in Versorgungsangelegenheiten bei dem zuständigen Versorgungsamt zu stellen. Die Formanforderungen für Anträge im Sozialen Entschädigungsrecht sind im Allgemeinen nicht hoch und richten sich nach §§ 16, 36a SGB I. Es gilt weitgehend der Grundsatz der Nichtförmlichkeit des Verwaltungsverfahrens (§ 9 S. 1 Hs. 1 SGB X).

3 In § 153 werden strengere Anforderungen an die Förmlichkeit gestellt. Die Schriftform im Sozialrecht ist eine gesetzliche Anforderung für bestimmte Rechtshandlungen, die im Bereich des Sozialrechts vorgenommen werden. Sie soll die Rechtssicherheit erhöhen, indem sie die Beweisbarkeit und die Klarheit von Erklärungen und Entscheidungen fördert.

Bezogen auf die Wahlentscheidung des § 152 soll sie den Berechtigten die Unwiderruflichkeit ihrer Entscheidung zwischen altem und neuem Recht verdeutlichen und die getroffene Entscheidung beweissicher dokumentieren.

4 Die **Schriftform** erfordert, dass die Rechtshandlung schriftlich niedergelegt und von dem Erklärenden oder dem Vertreter eigenhändig unterschrieben wird oder von einem Notar beurkundet wird. (§ 126 BGB i. V. m. § 61 S. 2 SGB X). Die Unterschrift muss lesbar sein oder zumindest den Namen des Unterzeichnenden erkennen lassen. Eine durch Rechtsvorschrift angeordnete Schriftform kann, soweit nicht durch Rechtsvorschrift etwas anderes bestimmt ist, durch die elektronische Form ersetzt werden (§ 36a SGB I). Die elektronische Form erfordert, dass die Rechtshandlung mit einer qualifizierten elektronischen Signatur versehen wird, die den Anforderungen des Vertrauensdienstegesetzes entspricht.

Das Schriftformerfordernis bedeutet, dass der Berechtigte die Wahlentscheidung als seine Willenserklärung in einem schriftlichen Dokument abgeben muss.

Ein Telefax und Scans gelten nicht als schriftliche Urkunde im Sinne des Schriftformerfordernisses, da beide Dokumentformen keine eigenhändigen Unterschriften enthalten, sondern nur eine elektronische bzw. digitale Kopie. Daher können ein Telefax oder ein Scan nur als vorläufige Mitteilung für eine Wahlentscheidung dienen, die durch eine schriftliche Urkunde im Postweg nachgereicht werden muss.

5 Der **Postweg** gilt als der übliche Weg, um schriftliche Urkunden im Sinne der Schriftformerfordernis zu übermitteln. Dabei muss darauf geachtet werden, dass die schriftliche Urkunde rechtzeitig beim Empfänger ankommt und dass sie nicht beschädigt oder verloren geht. Der Postweg kann je nach Entfernung und Verkehrslage mehrere Tage oder Wochen dauern. Die Erklärung muss dem TdSE zugehen. Sofern die Berechtigten die Erklärung gegen-

über einem anderen Leistungsträger i. S. d. § 12 SGB I abgeben, wird die Frist nur dadurch gewahrt, dass der andere Leistungsträger sie weiterleitet und sie innerhalb der Jahresfrist dem TdSE zugeht.

Wenn das Schriftformerfordernis nicht eingehalten wird, ist die Erklärung in der Regel nichtig.

Abschnitt 5
Anrechnung

§ 154
Anrechnungsvorschrift

Geldleistungen nach diesem Kapitel bleiben bei anderen Sozialleistungen und bei Leistungen nach dem Asylbewerberleistungsgesetz als Einkommen unberücksichtigt, soweit sie den Betrag einer Grundrente nach § 31 Absatz 1 Satz 1 des Bundesversorgungsgesetzes in der am 31. Dezember 2023 geltenden Fassung nach einem Grad der Schädigungsfolgen von 100 zuzüglich der seitdem vollzogenen Anpassungen nach § 150 nicht überschreiten.

Erläuterungen

Übersicht **Rn.**

1 Die Vorschrift regelt die Höhe der Anrechnung von Geldleistungen nach Kapitel 23 auf Sozialleistungen außerhalb dieses Buches. Um dem Umstand Rechnung zu tragen, dass bestimmte Geldleistungen, wie die Grundrente nach dem BVG, anrechnungsfrei waren, ist eine Anrechnung erst ab der Höhe einer Grundrente nach GdS 100 im Jahr 2023 vorgesehen (891 Euro). Zudem wird ausdrücklich klargestellt, dass Geldleistungen nach Kapitel 23 auf die Leistungen nach dem AsylbLG nicht anzurechnen sind. Diese Klarstellung ist erforderlich, da Leistungen nach dem AsylbLG nicht vom Begriff der Sozialleistungen nach § 11 Satz 1 SGB I erfasst werden.[891]

891 SozERG, Drs. 19/13824, S. 232.

A. Altes Recht

2 Bislang gab es im BVG nur in § 83 BVG eine Vorschrift über die Anrechnung von Versorgungsbezügen bei der Bemessung des Arbeitsentgelts von Beschäftigten. Versorgungsbezüge nach dem BVG von Beschädigten und Hinterbliebenen dürfen nicht zum Nachteil des Beschäftigten berücksichtigt werden; insbesondere ist es unzulässig, die Versorgungsbezüge ganz oder teilweise auf das Entgelt anzurechnen. Das gilt auch für Leistungen, die mit Rücksicht auf eine frühere Tätigkeit an den ehemals Erwerbstätigen oder seine Hinterbliebenen zur Erfüllung eines Rechtsanspruchs oder freiwillig erbracht werden.

3 Es gab im BVG keine Vorschrift über die Anrechenbarkeit von Versorgungsbezügen auf einkommensabhängige Sozialleistungen anderer Sozialleistungsträger. Beschädigtengrundrenten sind wegen ihres immateriellen Gehalts vom anzurechnenden Einkommen frei und ebenso, trotz wohl überwiegender Unterhaltsersatzfunktion, die Hinterbliebenengrundrenten. Entsprechende Vorschriften zur „Unantastbarkeit der Grundrente“[892] finden sich in den jeweiligen Sozialgesetzbüchern (z. B. § 82 Abs. 1 Nr. 2 SGB XII).

B. Neues Recht

4 § 28 Abs. 2 bestimmt, dass die neuen Entschädigungsleistungen nach Kap. 9 und Einmalzahlungen nach § 102 Abs. 4 und 5 auf andere einkommens- oder vermögensabhängige Sozialleistungen sowie auf Leistungen nach dem AsylbLG nicht anzurechnen sind.

5 § 154 bestimmt, dass Geldleistungen nach Kapitel 23 bei anderen Sozialleistungen und bei Leistungen nach dem Asylbewerberleistungsgesetz als Einkommen unberücksichtigt bleiben, soweit sie den Betrag einer Grundrente nach § 31 Absatz 1 Satz 1 des Bundesversorgungsgesetzes in der am 31. Dezember 2023 geltenden Fassung nach einem Grad der Schädigungsfolgen von 100 zuzüglich der seitdem vollzogenen Anpassungen nach § 150 nicht überschreiten.

6 Geldleistungen nach dem 23. Kapitel sind die laufenden monatlichen Geldleistungen nach §§ 144, 145, 147 und 148.

7 Der monatliche Geldbetrag des **§ 144** ist eine eigenständige neue Geldleistung des SGB XIV. Sie umfasst alle dort aufgezählten Einzelleistungen.

892 BSG Urt. v. 12.6.2003 – B 9 V 5/02 R.

Darunter fallen neben den anrechnungsfreien Grundrenten und Leistungen zum Ausgleich schädigungsbedingten Mehraufwandes auch solche, die weggefallenes Einkommen oder entgangenen Unterhalt ersetzen sollen und damit anrechnungsfähig sind, z.B. der Berufsschadensausgleich nach § 30 Abs. 3 bis 12 BVG oder die Ausgleichsrente nach § 32 Abs. 1 S. 1 BVG.

Für die neue Geldleistung des § 144 Abs. 1, die sich aus den dort aufgezählten anrechnungsfreien und anrechnungsfähigen Leistungen des BVG zusammensetzt, aber eine eigenständige neue Geldleistung nach dem SGB XIV bildet, bestimmt § 154 eine eigene Anrechnungsvorschrift, unabhängig von den früheren Einzelleistungen.

Obwohl nach § 145 ebenfalls monatliche laufende Geldleistungen, wie 8
z.B. ergänzende Hilfe zum Lebensunterhalt nach § 27a für Hinterbliebene, geleistet werden, gilt für Leistungen nach § 145 nicht die Anrechnungsvorschrift des § 154. Es handelt sich um Sozialhilfeleistungen, die das Existenzminimum absichern. Auf Leistungen nach § 145 kann nichts angerechnet oder abgezogen werden, weil man sich bereits auf der untersten Ebene im Netz der sozialen Sicherung befindet.

Für alle anderen Geldleistungen des 23. Kapitels legt § 154 die gleiche An- 9
rechnungsgrenze fest, sodass aufwendige Einzelfallberechnungen entfallen.[893] Anrechnungsfrei bleibt ein Betrag in Höhe der Grundrente bei einem GdS 100 am 31. Dezember 2023 (891 Euro)[894], der sich ab 1. Juli 2024 im Zuge der Anpassungen nach § 150 jährlich erhöht.

Abschnitt 6
Kostentragung und Zuständigkeit

§ 155
Kostentragung

(1) Der Bund trägt die Kosten für Leistungen an Personen, deren nach § 142 festgestellter Anspruch am 31. Dezember 2023

1. **auf dem Bundesversorgungsgesetz oder dem Häftlingshilfegesetz beruhte, in Höhe von 94,5 Prozent der Ausgaben, die den Ländern entstehen,**
2. **auf dem Zivildienstgesetz beruhte, in voller Höhe,**
3. **auf dem Opferentschädigungsgesetz beruhte, in Höhe von 40 Prozent der Ausgaben, die den Ländern durch Geldleistungen entstehen,**

893 SozERG, Drs. 19/13824, S. 232.
894 Stand 12/23.

4. auf dem Opferentschädigungsgesetz beruhte, in voller Höhe, wenn die Voraussetzungen von § 4 Absatz 6 des Opferentschädigungsgesetzes erfüllt waren,

5. auf dem Strafrechtlichen Rehabilitierungsgesetz beruhte, in Höhe von 65 Prozent der Ausgaben, die den Ländern durch Geldleistungen entstehen,

6. auf dem Verwaltungsrechtlichen Rehabilitierungsgesetz beruhte, in Höhe von 60 Prozent der Ausgaben, die den Ländern durch Geldleistungen entstehen.

(2) Zu den Geldleistungen gehören nicht solche Geldbeträge, die zur Abgeltung oder an Stelle einer Sachleistung gezahlt werden.

Erläuterungen

1 Die Kostenaufteilung zwischen Bund und Land für die Besitzstandsfälle des BVG und der verschiedenen sog. Nebengesetze sind im Wesentlichen an die Regelungen des früheren Rechts angelehnt.[895] Neue Bestimmungen über die Kostentragung gibt es in Bezug auf BVG, HHG und StrRehaG.

2 Der Bund übernimmt für die Besitzstandsfälle des **BVG** und des **HHG** nur noch 94,5 % der Gesamtausgaben, obwohl § 134 Abs. 2 und Art. 120 Abs. 1 GG eine vollständige Kostenübernahme für Kriegsfolgelasten vorsehen. Bislang gab es eine Sonderregelung für die Kosten der Kriegsopferfürsorge bei diesen beiden Gesetzen. Nach § 1 Absatz 1 Nummer 8 des Ersten Gesetzes zur Überleitung von Lasten und Deckungsmitteln auf den Bund zahlt der Bund die Aufwendungen für Kriegsbeschädigte, Kriegshinterbliebene, ihnen gleichgestellte Personen und für Angehörige von Kriegsgefangenen zu 100 %, jedoch die Aufwendungen für die Kriegsopferfürsorge nach den §§ 25 bis 27l des Bundesversorgungsgesetzes nur zu 80 %, soweit nicht die Leistungen der Kriegsopferfürsorge an Empfänger außerhalb des Geltungsbereiches dieses Gesetzes gewährt werden. 20 % tragen die Länder. Dieser Kostenanteil von 20 % bei KOF-Leistungen wird in § 154 auf alle BVG und HHG-Fälle umgelegt. Damit wird laut Gesetzesbegründung dem Umstand Rechnung getragen, dass es nach dem SGB XIV keine gesplittete Kostentragungsregelung für Entschädigungsleistungen des Besitzstandes geben soll. Der Bund trägt die Kosten für Leistungen nach Kapitel 23, die auf dem BVG beruhten, in Höhe von 94,5 Prozent der Ausgaben, die den Ländern entstehen. Die gesplittete Kostentragung für fürsorgerische Leistungen (80 Prozent der Ausgaben trägt der Bund, 20 Prozent die Länder) und die alleinige Kostentragung des Bundes für Versorgungsleistungen resultierte bei den Ist-Ausgaben im Durchschnitt der Jahre 2010 bis 2018 in einem Anteil der

895 § 1 Abs. 1 Nr. 8 ÜblG1; § 13 HHG; § 4 OEG Kostenträger; § 51 ZDG.

Länder an den Gesamtausgaben von rund 5,3 Prozent. Der Anteil der Ausgaben für fürsorgerische Leistungen an den Gesamtausgaben steigt wohl kontinuierlich leicht an.[896]

Dass die Kostenaufteilung vom KOF-Bereich auf alle BVG- und HHG-Fälle übertragen wird, führt zu einem zusätzlichen Verwaltungsaufwand. Statt in 5–10 % der Fälle (max. 2500) bei der Abrechnung eine Kostenaufteilung für KOF-Leistung im Verhältnis 80 % Bund zu 20 % Land zu berücksichtigen, muss ab 1.1.2024 in 100 % der Fälle (25.000) und bezogen auf alle Geld-, Sach- und Dienstleistungen eine Kostenaufteilung von 94,5 % Bund zu 5,5 % Land in die jeweiligen Abrechnungssysteme für KOV und KOF eingegeben, abgerechnet und zwischen Bundes- und Landeshaushalt umgebucht werden. 3

Eine weitere Änderung findet sich in Absatz 1 Nr. 5 in Bezug auf § 20 StrRehaG. Bislang trägt der Bund 65 % aller Ausgaben, die den Ländern entstehen. Die Abrechnung unterschied nicht zwischen Geld- und Sachleistungen. Ab 1.1.2024 übernimmt der Bund nach Abs. 1 Nr. 5 nur noch 65 % der Geldleistungen. 4

Abs. 2 stellt klar, dass anstelle einer Sachleistung erbrachte Zahlungen nicht als Geldleistung im Sinne dieses Kapitels gelten (vgl. § 133 S. 3). Das BMAS hat in Abstimmung mit BMI, BMJ, BMF und den Ländern eine Liste zusammengestellt, in der Sach- und Geldleistungen im SGB XIV definiert werden. 5

§ 156
Pauschaliertes Abrechnungsverfahren

(1) Zur Vereinfachung der Abrechnung erstattet der Bund den Ländern in einem pauschalierten Verfahren

1. **für Leistungen nach § 155 Absatz 1 Nummer 3 jeweils 22 Prozent der ihnen entstandenen Ausgaben und**
2. **für Leistungen nach § 155 Absatz 1 Nummer 6 jeweils 57 Prozent der ihnen entstandenen Ausgaben.**

(2) Der Bund überprüft in einem Abstand von fünf Jahren, erstmals im Jahr 2024, die Voraussetzungen für die in Absatz 1 genannten Quoten.

896 SozERG, Drs. 19/13824, S. 232.

Erläuterungen

1 Die Regelung übernimmt zur Vereinfachung der Abrechnung von Kosten zwischen Bund und Ländern für Leistungen des Besitzstandes das vereinfachte pauschalierte Abrechnungsverfahren nach § 4 Abs. 7 Satz 3 und 4 OEG bzw. § 17 VwRehaG.

Die nach bisherigem Recht geltenden Quoten werden fortgeführt.

Die pauschalierte Abrechnung war 2009 eingeführt worden. Die genauen Kostenanteile basierten auf den tatsächlichen Bundes- und Länderausgaben für Leistungen nach dem OEG und dem VwRehaG in den Jahren 2004 bis 2006. Dies ergab einen prozentualen Kostenanteil von 22 % (OEG), 57 % (VwRegaG) für den Bund und 78 % (OEG) und 43 % (VwRehaG) für die Länder. Diese Aufteilung entspricht den jeweils von Bund und Ländern zu tragenden Anteilen an den Geldleistungen bezogen auf die Gesamtausgaben nach dem OEG und dem VwRehaG.

Die Pauschalierung wurde notwendig, weil in der Praxis eine sachgerechte Trennung zwischen Geld- und Sachleistungen lange Zeit höchst umstritten war. Die Problematik war weder durch das Weisungsrecht des Bundes noch durch Rechtsprechung zu lösen.[897]

2 Nach Abs. 2 findet eine Überprüfung der Quoten entsprechend dem bisherigen Verfahren weiterhin alle fünf Jahre statt. Dabei wird überprüft, ob sich das Verhältnis von Geldleistungen und Sachleistungen an den Gesamtkosten in dem Zeitraum seit der letzten Überprüfung geändert hat.[898]

§ 157
Zuständigkeit

Für die Durchführung dieses Kapitels sind die nach Landesrecht bestimmten Träger zuständig.

897 Drittes Gesetz zur Änderung des Opferentschädigungsgesetzes vom 25.6.2009, BGBl. I 1580. BT-Drs. 16/12697, 5, 15.
898 SozERG, Drs. 19/13824, S. 232.

Erläuterungen

Die Zuständigkeit für die Durchführung des Kapitels 23 über die Vorschriften zu Besitzständen im Bereich der Sozialen Entschädigung wurde durch das Gesetz zur Förderung eines inklusiven Arbeitsmarktes vom 13. Juni 2023 geändert. Für die Durchführung des Besitzstandsrechts nach Kapitel 23 sind die nach Landesrecht bestimmten Träger zuständig.[899] Die Neufassung der Regelung gibt den Ländern die Möglichkeit, im Rahmen ihrer Verwaltungshoheit bei der Durchführung des Gesetzes die zuständigen Behörden selbst zu bestimmen. 1

Zuvor waren die TdSE zuständig, die zum 31. Dezember 2023 sachlich zuständig waren. Diese Regelung war korrekturbedürftig, weil es vor dem 31.12.2023 keine TdSE gab. Diese werden erstmals in § 111 definiert: TdSE sind die Länder. 2

Die Regelung war ab 1.1.2024 nicht in allen Leistungsbereichen umsetzbar. 3

Bis zum 31.12.2023 regelte das Gesetz über die Errichtung der Verwaltungsbehörden der Kriegsopferversorgung (KOVVwG) den Aufbau der Versorgungsverwaltungen. Die Länder waren verpflichtet, eine besondere Verwaltungsstruktur in Form einer in Stadtstaaten zwei- oder in Flächenländern dreistufigen Versorgungsverwaltung vorzuhalten. § 1 Abs. 1 KOVVwG legte fest, dass die Versorgung der Kriegsopfer von Versorgungsämtern und Landesversorgungsämtern durchgeführt wurde.

Entsprechend ist auch in § 24 Abs. 2 SGB I geregelt, dass für die Versorgungsleistungen bei Gesundheitsschäden die Versorgungsämter, Landesversorgungsämter und orthopädischen Versorgungsstellen zuständig sind. Es wird im bisherigen SER noch unterschieden zwischen den Trägern der Kriegsopferversorgung (KOV) und den Trägern der Kriegsopferfürsorge (KOF).

In Art. 28 Nr. 3 des Gesetzes zur Regelung der Sozialen Entschädigung wurde § 24 Abs. 2 SGB I geändert: 4

> (2) Zuständig sind die nach Bundesrecht oder Landesrecht bestimmten Träger der Sozialen Entschädigung. Bei der Durchführung der Krankenbehandlung wirken die Träger der gesetzlichen Krankenversicherung und bei der Durchführung der Hilfsmittelversorgung die Träger der gesetzlichen Unfallversicherung mit.

899 Änderung durch InklArbFG vom 13.6.2023.

Gleichzeitig wurden mit Art. 58 Nr. 12 und 13 die Gesetze über die Errichtung und sachliche Zuständigkeit aufgehoben:

In Art. 58 Nr. 12 wurde das Gesetz über das Verwaltungsverfahren der Kriegsopferversorgung in der Fassung der Bekanntmachung vom 6. Mai 1976 (BGBl. I S. 1169), das zuletzt durch Artikel 156 des Gesetzes vom 29. März 2017 (BGBl. I S. 626) geändert worden ist und in Nr. 13 das Gesetz über die Errichtung der Verwaltungsbehörden der Kriegsopferversorgung in der im Bundesgesetzblatt Teil III, Gliederungsnummer 833-2, veröffentlichten bereinigten Fassung, das zuletzt durch Artikel 25 des Gesetzes vom 3. Mai 2000 (BGBl. I S. 632) geändert worden ist, aufgehoben.

Eine SER-Verwaltungsstruktur ist den TdSE damit gesetzlich nicht mehr vorgeschrieben.

5 Die Aufhebung können die Länder zur Umstrukturierung nutzen. So können z. B. die Orthopädischen Versorgungsstellen aufgelöst werden, weil für Hilfsmittel und Ersatzleistungen nach § 57 Abs. 5 ab 1.1.2024 die Unfallkassen der Länder zuständig sind.

Einige Länder werden auch die zurzeit oft noch kommunal organisierten 404 Fürsorgestellen in die Landesverwaltungen der TdSE eingliedern.

6 Vor diesem Hintergrund war es auch aus praktischer Sicht nicht möglich, dass die bisher auf Landes- oder Kommunalebene sachlich zuständigen Behörden auch weiterhin für die Besitzstandsverfahren nach dem Kapitel 23 zuständig sein konnten.

Abschnitt 7
Umsetzung

§ 158
Umsetzungsbegleitung

[1]Zur Begleitung der Umsetzung der Vorschriften zu Besitzständen treffen sich Bund und Länder einmal jährlich, erstmalig zwei Jahre nach Inkrafttreten dieses Buches, zum Erfahrungsaustausch, insbesondere zu

1. der Wirkung der Regelungen zu Besitzständen,
2. der Praktikabilität der Abläufe bei der Umsetzung der Regelungen sowie
3. dem Übergang vom Bundesversorgungsgesetz und dem Opferentschädigungsgesetz auf dieses Buch.

[2]Die Erkenntnisse sollen bei der Weiterentwicklung des Sozialen Entschädigungsrechts berücksichtigt werden.

Erläuterungen

§ 158 regelt die Umsetzungsbegleitung zu den Vorschriften zu Besitzständen im Sozialen Entschädigungsrecht. Er sieht vor, dass sich Bund und Länder einmal jährlich zum Erfahrungsaustausch treffen, um die Wirkung und Praktikabilität der Regelungen zu evaluieren. Der erste Erfahrungsaustausch soll zwei Jahre nach Inkrafttreten des SGB XIV stattfinden, das am 1. Januar 2024 in Kraft tritt. Die Erkenntnisse aus dem Erfahrungsaustausch sollen bei der Weiterentwicklung des Sozialen Entschädigungsrechts berücksichtigt werden. 1

Laut Gesetzesbegründung[900] stellen die Vorschriften zu Besitzständen ein wichtiges Element der Reform des Sozialen Entschädigungsrechts dar. Mithilfe der Umsetzungsbegleitung durch Bund und Länder soll überprüft werden, ob die Vorschriften zu Besitzständen die vorgesehenen Wirkungen erreichen. Es soll ferner beobachtet werden, welche Fragestellungen sich bei der praktischen Umsetzung stellen. Die Umstellung auf das neue Recht sowie das Erfordernis, das bisherige Recht in Besitzstandsfällen weiter anzuwenden, führen zu einem erhöhten Aufwand für die Verwaltung. Im Rahmen der Implementierungsbegleitung sollen auch die sich in diesem Zusammenhang ergebenden Herausforderungen für die Verwaltung untersucht werden. Die Umsetzungsbegleitung ermöglicht es, Fragen im Bereich des Besitzstandes frühzeitig zu identifizieren und einer einvernehmlichen Lösung zuzuführen. Auch dies soll zu einer bundeseinheitlichen Umsetzung der Vorschriften zu Besitzständen beitragen. Nach S. 2 sollen die Erkenntnisse auch bei der Weiterentwicklung des SER berücksichtigt werden. 2

§ 158 stellt den bisherigen in den letzten Jahren eher unregelmäßig stattfindenden überregionalen Erfahrungsaustausch des BMAS auf eine gesetzliche Basis. Für die Organisation des Erfahrungsaustausches ist die Bundesstelle für Soziale Entschädigung – BfSE – in ihrer Rolle als Kompetenzzentrum für Soziale Entschädigung zuständig (§ 124 Abs. 4 Nr. 3). 3

900 BT-Drs. 19/13824, 232 f.